"十三五"国家重点图书出版规划项目

国家出版基金项目
NATIONAL PUBLICATION FOUNDATION

国际汉藏语研究译丛

汉语上古音手册

上海教育出版社
SHANGHAI EDUCATIONAL PUBLISHING HOUSE

A Handbook of Old Chinese Phonology

[美]白一平 著
龚群虎 陈鹏 翁琳佳 译

"十三五"国家重点图书出版规划项目

国际汉藏语研究译丛编委会

主　编：梅祖麟　康奈尔大学亚洲研究系
编　委（按姓氏笔画为序）：
　　　　丁邦新　香港科技大学人文学院
　　　　王士元　香港中文大学电子工程系
　　　　沈家煊　中国社会科学院语言研究所
　　　　张洪年　香港中文大学中文系
　　　　罗杰瑞　华盛顿大学亚洲语文系
　　　　黄正德　哈佛大学语言学系
　　　　蒋绍愚　北京大学中文系
　　　　潘悟云　上海师范大学语言研究所

出 版 说 明

　　为了方便国内学者了解国际汉藏语研究领域的进展情况，促进中外语言学研究之间的交流、沟通，相互借鉴，共同提高，本社拟出版"国际汉藏语研究译丛"，这个想法得到了梅祖麟先生的赞许，并给予了实际指导和推动，同时也得到各位编委的热情支持和大力帮助。

　　"国际汉藏语研究译丛"所收是近些年来出版或发表的，以汉藏语及相关语言为研究对象的专著，当然还有论文，相关论文以专题研究的形式结集编译出版。

　　"国际汉藏语研究译丛"将是开放的丛书，既没有出版时间的限定，也不规定具体的品种数，希望随着国际汉藏语研究不断取得新的进展，我们的这套译丛也能常出常新。

上海教育出版社

2004 年 10 月

汉译本序

《汉语上古音手册》(A Handbook of Old Chinese Phonology)的英文版是 1992 年出版的,现在有中文译本可以提供给中国读者,这让我很高兴。我衷心感谢译者龚群虎教授和陈鹏、翁琳佳同学的艰苦和复杂的工作。在这里我想简单地总结一下这本书的背景和主要结论。

众所周知,上古音的研究在中国有悠久的历史,但用语音符号来构拟上古音的主要先驱是瑞典学者高本汉(Bernhard Karlgren,1889—1978)。高本汉的重要贡献是不可否认的,可是从现代语言学的观点来看,他的构拟系统尚有不少问题。他虽然用语音符号,但是他没有接受音位理论(phonemic theory),结果他构拟的上古语音中,有一部分有很不自然的分布。比如他构拟的元音 *å 只出现于鱼部二等,如"家" *kå 和"瓜" *kwå;他的 *e 只出现于他的 *i 之后,等等。互相押韵的字不一定有同一元音(如之部的字可以有 *ə、*ɛ 或 *ŭ 三个元音),甚至于有同一元音的字不一定押韵(如"角" *kŭk 属于屋部,但"郁" *·iŭk 属于职部)。高本汉在发表他的上古音构拟以后,有不少学者提出修改的建议,但他们的系统还保留着高本汉的一些缺点。

到了 1971 年,有一个很重要的突破:李方桂先生发表了《上古音研究》,他避免了很多高本汉系统的毛病。比如在李先生的系统里,押韵的字一定有相同的元音(早在 20 世纪 50 年代,王力先生也提出了这个原则)。在李先生的系统里,所有传统元部的字都以 *-an 为韵。同时,李先生只构拟四个元音(*i、*u、*ə、*a)和三个复合元音(*ia、*ua、*iə),比高氏的元音系统简单得多,比较像自然语言的样子。以后很多研究上古音的人都是以李先生的系统为出发点,包括我和沙加尔(Laurent Sagart)。

不过李先生的系统也有一些问题。比如李先生试图用 *a 和 *ia 的区别来解释一部分重纽音节的来源(高本汉完全忽略了重纽问题)。如"夭"字(宵部宵韵,重纽三等)李先生构拟为·jagw,而"要"字(宵部宵韵和要韵,重纽四等),他构拟为·jiagw、jiagwh。但这样做不能完全解决重纽问题。比如"弁"(線韵,重纽三等,《广韵》皮变切)、"便"(線韵,重纽四等,《广韵》婢面切)两个字他只好都构拟为 *bjianh(李方桂 1971[1980]:55)。他不能把三等的"弁"构拟为 *bjanh,因为 *bjanh 是"飯"字的构拟(願韵三等,《广韵》扶万切)。

如果采用雅洪托夫(S. E. Jaxontov)和蒲立本(E. G. Pulleyblank)的一些假设,可以为上古音只构拟六个元音,即本书的 *i、*ɨ、*u、*e、*a、*o,不必构拟复合元音。这样可以解决重纽问题,元音系统也比李先生的更简单、更自然,整个系统有更多的对称性(参见本书的第七章)。20世纪70年代初,我念博士的时候,我的老师包拟古(Nicholas C. Bodman)先生已经提出了六元音假设,可是有一些问题他还没有解决。我在1977年的博士论文里就专门做了关于重纽问题的研究,把六元音系统讲得更详细,解决了一些问题。斯塔罗斯金(S. A. Starostin)和郑张尚芳两位先生不谋而合也构拟了差不多一样的六元音系统。

但六元音假设也提出了一些新问题:有的字虽然同属于一个传统韵部,但是必须构拟不同的元音。比如按照本书的系统,"亶""肩""鍛"这三个字虽然同属于传统元部,可是它们的构拟分别是 *tanʔ、*ken、*tons;在传统的文部里,"辰"和"鹑"两个字也分别是 *djɨn 和 *djun。这个冲突该怎样解决? 有三个可能性:

(1)可能六元音的构拟系统代表的是《诗经》的语言,传统的韵部也没有问题,可是在《诗经》里,互相押韵的字不一定要有同一个元音。

(2)可能传统的韵部没有问题,只是六元音系统代表的是比《诗经》时代更早的一个语言阶段;到了《诗经》时代,有的元音已经变为复合元音,结果跟传统韵部一致:如元部有 *-en > *-ian,*-on > *-uan,文部有 *-un > *-uɨn 等。

(3) 可能六元音系统代表的确实是《诗经》的语言，但传统韵部分得不够细，忽略了一些押韵区别：比如可能传统元部其实应该分成三个不同的韵部，即 *-an、*-en、*-on；传统文部可能应该分成 *-in、*-un 这两个韵部等。

我一直不愿意接受第一个可能性，但在 20 世纪 80 年代，我还没有详细地分析《诗经》韵文，不知道应该选择第二个可能性还是第三个可能性。为了写这本书，我设计了一个统计学方法，以检验关于押韵的假设。比如为了发现我构拟为 *-in 的字和 *-un 的字应该算一个韵部还是两个韵部，我先用这个方法来估算 *-in 和 *-un 的字分用的程度，然后用该分用程度去检验零假设（零假设（the null hypothesis）是两类字都属于一个韵部（此处即传统文部），应该能很自由地互相押韵），如果分用的程度特别高，那就要否定零假设，承认 *-in 和 *-un 可以算两个不同的韵部。

这个统计方法的解释说明在本书的第三章；第十章就用它来分析六元音假设跟传统韵部不一致的地方。结论是，有的传统韵部确实应该分成两个或三个不同的韵部（清代学者忽略这些区别是可以理解的：他们没接触过现代的统计学，语言学也还没有发展出音位观念）。例外的合韵例子是有的（按照传统韵部也有不少合韵的例子），还有几个韵部的韵文太少了，达不到有显著性的结论（如有唇音韵尾的韵部）。总的来看，可以说，六元音假设虽然跟传统韵部不一致，但它跟《诗经》韵文本身是一致的。例外是有的，可是太少了：不能认为这只是偶然的现象，只好承认传统韵部忽略了一些押韵区别。所以上面所提到的第三个可能性是可以接受的。本书虽然还提到不少别的问题，可这是它的核心结论。

最后要提到我和沙加尔 2014 年的 *Old Chinese: A New Reconstruction*，这本书的中文译本《上古汉语新构拟》已经出版了。本书和新书之间的关系是什么？《上古汉语新构拟》的"新"内容主要是关于声母的一些新假设。元音和韵母的构拟基本上只有两个变化：(1)《上古汉语新构拟》接受了斯塔罗斯金的假设，除了 *-j 和 *-n 韵尾以外，还构拟了

*-r 韵尾。本书的 8.1.1.2 节提到这个假设,可是本书没有接受。(2)《上古汉语新构拟》不用 *-j-介音来构拟中古的三等字。《上古汉语新构拟》接受了罗杰瑞(Jerry Norman)关于声母假设的一部分,说中古的一、二、四等字在上古音有咽化(pharyngealized)声母,中古的三等字有非咽化声母。《上古汉语新构拟》不讨论统计学的方法,也不再重复《诗经》韵文的分析。这些内容只在本书有详细的讨论。

白一平(William H. Baxter)
于美国安娜堡(Ann Arbor)
2020 年 12 月

目　录

第一章　绪论 ··· 1
　1.1　研究目标 ·· 1
　1.2　汉语的现在与过去 ·· 6
　　　1.2.1　汉语音节结构 ··· 7
　　　1.2.2　方言还是语言？ ·· 8
　　　1.2.3　汉语方言分区 ··· 9
　　　1.2.4　汉语史的书面文献 ·· 11
　　　1.2.5　汉语史的分期 ··· 14
　1.3　标记及格式 ··· 15
　1.4　研究方法 ·· 17
　　　1.4.1　理论假设 ·· 17
　　　1.4.2　音系构拟的特性 ·· 18
　　　1.4.3　构拟的自然性 ··· 20
　　　1.4.4　奥卡姆剃刀原理 ·· 22
　　　1.4.5　关于上古汉语的界定 ··· 24
　　　1.4.6　藏缅语的证据 ··· 25

第二章　中古汉语音系 ·· 28
　2.1　建立新转写体系的必要性 ·· 28
　2.2　中古汉语研究的主要证据来源 ····································· 33
　　　2.2.1　韵书 ··· 34
　　　2.2.2　等韵学 ··· 42
　2.3　中古汉语声母 ·· 45
　　　2.3.1　唇音 ··· 47
　　　2.3.2　齿音（舌头音） ·· 50
　　　2.3.3　边音（半舌音） ·· 51
　　　2.3.4　翘舌塞音（舌上音） ··· 51

		2.3.5	齿咝音(齿头音)	52
		2.3.6	腭化咝音	53
		2.3.7	硬腭鼻音和滑音	57
		2.3.8	翘舌咝音	59
		2.3.9	舌根音(牙音)	60
		2.3.10	喉音	61
		2.3.11	声母的自然类	62
	2.4	中古汉语韵母		64
		2.4.1	韵母的分布类	67
		2.4.2	中古汉语韵母小结	86

第三章	作为历史音韵学证据的押韵			91
	3.1	押韵及音系结构		92
		3.1.1	定义押韵	93
	3.2	分析押韵材料的一种统计学方法		103
		3.2.1	关于选取押韵字的概率模型	106
		3.2.2	为单独的押韵序列建模	107
		3.2.3	评估样本序列	109
		3.2.4	不同长度序列的组合结果	113
		3.2.5	频率初始估计的准确性	117
		3.2.6	无混合押韵序列的小样本分析法	121
		3.2.7	实现问题	124
	3.3	例证		135
		3.3.1	冬部和侵部	135
		3.3.2	一个负面例子:真部字中的高元音和中元音	142

第四章	上古汉语押韵的传统研究			147
	4.1	传统音韵学:成就及局限性		147
	4.2	现代版本的传统分析		149
	4.3	传统押韵分析的发展		158
		4.3.1	叶韵说	158
		4.3.2	吴棫(约 1100—1154)	162
		4.3.3	陈第(1541—1617)	162
		4.3.4	顾炎武(1613—1682)	163

- 4.3.5 江永(1681—1762) ······ **165**
- 4.3.6 段玉裁(1735—1815) ······ **168**
- 4.3.7 戴震(1724—1777) ······ **171**
- 4.3.8 孔广森(1752—1786) ······ **174**
- 4.3.9 王念孙(1744—1832) ······ **176**
- 4.3.10 江有诰(卒于1851年) ······ **180**
- 4.4 讨论与解释 ······ **181**

第五章 上古汉语音节：概要 ······ **185**
- 5.1 前冠音 ······ **185**
- 5.2 声母 ······ **187**
- 5.3 介音 ······ **188**
- 5.4 主元音 ······ **191**
- 5.5 韵尾和复韵尾 ······ **192**
- 5.6 音节演变：上古汉语到中古汉语 ······ **194**

第六章 上古汉语音节：声母 ······ **197**
- 6.1 单声母 ······ **198**
  - 6.1.1 双唇声母 ······ **198**
  - 6.1.2 舌齿声母 ······ **202**
  - 6.1.3 非鼻音的响音 ······ **207**
  - 6.1.4 舌齿咝音 ······ **216**
  - 6.1.5 舌根音和喉音 ······ **220**
  - 6.1.6 圆唇舌根音和圆唇喉音声母 ······ **231**
- 6.2 复声母 ······ **235**
  - 6.2.1 清浊交替与前冠音 *ɦ- ······ **235**
  - 6.2.2 前冠音 *N- ······ **238**
  - 6.2.3 带 *s- 的复声母 ······ **240**
  - 6.2.4 带 *l 的复声母 ······ **252**

第七章 上古汉语音节：介音和主元音 ······ **255**
- 7.1 不带介音的音节：一等和四等 ······ **256**
  - 7.1.1 圆唇元音假设 ······ **256**
  - 7.1.2 前元音假设 ······ **261**

   7.1.3 六元音体系 ·· 270
   7.1.4 与李方桂构拟体系的比较 ························· 277
   7.1.5 后接其他韵尾的主元音情况 ······················ 280
  7.2 带 *-r-介音的音节：二等 ··································· 283
   7.2.1 *r-色彩与 *r-脱落 ··································· 284
   7.2.2 *r-假设的证据 ·· 287
   7.2.3 带 TSr-类声母的二等音节 ·························· 294
  7.3 带 *-j-和 *-rj-介音的音节：三等 ························ 296
   7.3.1 三等韵母及其上古来源 ···························· 297
   7.3.2 *rj-假设 ·· 309
   7.3.3 中古汉语重纽区别的性质 ························· 312
   7.3.4 *-j-的来源及语音性质 ······························ 317

第八章 上古汉语音节：韵尾和复韵尾 ······················· 321
  8.1 上古汉语韵尾 ·· 322
   8.1.1 韵尾 *-Ø、*-j 和 *-w ······························· 322
   8.1.2 鼻韵尾 *-m、*-n 和 *-ng ·························· 329
   8.1.3 清塞韵尾：*-p、*-t、*-k 及 *-wk ··············· 331
  8.2 复韵尾与声调的演变 ······································ 335
   8.2.1 声调的上古汉语来源 ······························ 335
   8.2.2 去声的来源 ··· 341
   8.2.3 上声的来源 ··· 355
  8.3 高本汉的浊塞尾假设 ······································ 360
   8.3.1 浊塞尾假设的产生 ································· 361
   8.3.2 与入声的直接接触和间接接触关系 ··········· 365
   8.3.3 浊塞尾的构拟不可信 ······························ 369
   8.3.4 入声接触的解释 ···································· 373
  8.4 与其他构拟体系的比较 ··································· 377

第九章 《诗经》文本及其用字 ······························· 381
  9.1 汉字的发展阶段 ·· 382
  9.2 谐声字及其解释 ·· 385
  9.3 《诗经》文本 ·· 394
   9.3.1 《诗经》的现状 ····································· 394

9.3.2	《诗经》中的"声之误"	397
9.3.3	影响押韵字的"声之误"	401

第十章 新上古汉语韵部分类 409
- 10.1 收锐音韵尾的音节 412
  - 10.1.1 传统元部 412
  - 10.1.2 传统的月部和祭部 436
  - 10.1.3 传统歌部 463
  - 10.1.4 传统真部 474
  - 10.1.5 传统文部 477
  - 10.1.6 传统质部 487
  - 10.1.7 传统物部 491
  - 10.1.8 传统的脂部和微部 501
- 10.2 开音节或舌根音韵尾音节 523
  - 10.2.1 传统之部 523
  - 10.2.2 传统职部 532
  - 10.2.3 传统蒸部 537
  - 10.2.4 传统鱼部 539
  - 10.2.5 传统铎部 546
  - 10.2.6 传统阳部 552
  - 10.2.7 传统支部 554
  - 10.2.8 传统锡部 558
  - 10.2.9 传统耕部 561
  - 10.2.10 传统侯部 564
  - 10.2.11 传统屋部 567
  - 10.2.12 传统东部 569
  - 10.2.13 传统幽部 571
  - 10.2.14 传统觉部 585
  - 10.2.15 传统冬部 591
  - 10.2.16 传统宵部 593
  - 10.2.17 传统药部 601
- 10.3 收唇音尾的音节 605
  - 10.3.1 传统谈部 605
  - 10.3.2 传统盍部 612

  10.3.3 传统侵部 ··· **619**
  10.3.4 传统缉部 ··· **628**
 10.4 上古韵部总结 ··· **633**

附录 A 上古汉语到中古汉语的音变 ·· **639**
附录 B 《诗经》押韵 ··· **663**
附录 C 《诗经》韵字 ··· **857**

参考文献 ··· **939**
索引 ··· **981**
汉译本后记 ·· **997**

第一章 绪 论

1.1 研究目标

这项研究提出一套新的上古汉语(Old Chinese)的语音构拟体系。上古汉语是周代早期及中期的语言,大体上是公元前11世纪到公元前7纪的语言。[1] 我假定上古汉语是现代所有汉语形式的祖先,也假定上古汉语是目前能单用汉语内部证据构拟出来的最早阶段的汉语形式。

上古汉语在东亚的语言和历史研究中占据了关键的位置,上古时期汉人开始创造世界上最伟大的文学之一,其中既反映又塑造了东亚人民上千年来的文化。不过我们对早期文献的了解遇到一些阻碍,因为我们对用来书写此文学的语言的知识尚很贫乏,大部分已经有深入研究的早期汉语典籍里尚有许多没有回答或者回答得不好的问题。早期汉语的词汇给人的印象是数目庞大却缺乏规律性,许多词意思相近而这些词之间的关系尚不清楚。我们对早期汉语的方言的知识也相当贫乏。对上述这些问题进行研究的一个重要步骤,就是构拟出一个更完备的上古汉语音系。

汉藏语言是人类重要的一组语言,语言数目很多,却未充分开展研究。汉语是这组语言中可恢复到年代最远的语言。正如印欧语系的构拟澄清了西亚和欧洲的史前史,对汉藏语言演化的了解,无疑将有助于我们认识东亚的历史及史前史。汉语是汉藏语系里文献记录最丰富的语言,若无更好的汉语上古音构拟,汉藏语系的构拟将很难

---

[1] 周代统治商代的时间是有争议的,这个问题已经超出了本书的讨论范围。一般认为,这个时间早至公元前1122年,由汉代的刘歆(卒于公元23年)提出;晚至公元前1018年(由周法高提出,见周法高,1971)。最近,Nivison(1983)认为这个时间是公元前1045年,而Pankenier(1981—1982)认为是在公元前1046年。

有进展。

  汉语在人类语言的研究中也处于关键地位,因为它可帮助我们纠正当今许多语言研究中的欧洲偏向。在近来的一些语言学研究中,我们往往把欧洲的东西与全人类的东西混同起来。只有把非欧洲语言的语言和历史也了解清楚,才能有信心来讨论人类语言机制的特点。我正是在这个大目标的背景之下,试图在这项研究中提出一个更加完备的汉语上古音构拟体系。

  音系的构拟包括两个方面的含义:一是构拟一个音系,其中确定了一套可能的要素、要素间可能的搭配关系,这些要素及搭配在后世语言中的演变;二是应用这个体系拟出后世语言的词语。我们可以用原始印欧语构拟形式 *$\acute{k}mtóm$(一百)为例来作说明。这个构拟的形式告诉我们 *$\acute{k}$、*$m̥$、*t 等在原始印欧语中是可能的音,它还可以预测原始印欧语的 *$\acute{k}$ 的后世形式在拉丁语中为 c-、希腊语中为 k、梵文中为 $\acute{s}$;还可以预测原始印欧语的 *$m̥$ 在希腊语和梵文里演变为 a,等等。我们利用这个体系构拟出某些原始印欧语的形式,这些形式与印欧语的材料一致:因此我们构拟了 *$\acute{k}mtóm$(一百)这个形式来解释拉丁语的 $centum$、希腊语的(he-)$katón$ 和梵文的 $\acute{s}atám$。给单个的词作构拟形式同构拟整个音系是不同的。即使整个构拟体系没有问题,单个的构拟形式也有可能是错的。

  尽管把构拟体系与该体系的应用区别开来是有用的,不过这两方面有着密切的联系。一个体系只有能成功地应用才可判断它是否完备。构拟的体系并不是对材料进行简单总结,而是可对现有及未见语言材料进行预测的一套假设。

  目前的研究主要专注于建立一个更为完备的上古音构拟体系,并应用于足够多的现有可见材料,以此证明其较前人的体系有所提高。对早期汉语典籍中发现的具体词汇的详细构拟,将是一本类似词源词典的工作(预计这本词典工程浩大),超出了本书所能涉及的范围。尽管我构拟了两千多个词(见附录 C),这些构拟中的许多部分亦是尝试性的或不完备的,很大一部分也可能有错误。但我相信,尽管存在这些缺陷,这些构拟仍可以反映出对上古音的一些新认识,基于其上的发展亦是可能的。

构拟上古音的可见材料有如下形式:

1. *上古汉语时期的文本文献*:这些文本文献既包括周代的青铜器铭文,也包括诸如《诗经》[1]、《书经》和部分《易经》等早期典籍。这些包含有韵文的文献,对早期发音的构拟尤具价值。《诗经》是早期韵文的最主要材料,本书的研究即基于《诗经》押韵。关于《诗经》文本历史的讨论参见第九章。
2. *汉字及其结构*:早期汉语的汉字与发音联系比目前更为紧密,因此汉语的汉字经常向我们提供早期发音的线索。研究中关于对汉字证据的使用参见第九章相关讨论。
3. *中古汉语发音*:中古汉语时期(粗略而言,指隋唐时代)的发音,相当完备地记录于同时代的资料中。由于这些资料所代表的语言从上古汉语继承而来,因此亦是我们研究上古汉语的主要信息来源。源于中古汉语证据的讨论参见第二章。

上古汉语,即周代早期到中期的汉语,很可能是目前所能较详细且完备构拟的最早汉语时代。商代(前16—前11世纪)的甲骨文时代更早,但问题也更多:内容限制多,通常难以解释且无韵。目前,对周代早期汉语的知识完善,最有希望扩展我们对早期汉语历史以及汉语与其他语种之间关系的认识。

对上古汉语构拟的研究已经有了相当长的历史。清代(1644—1911)儒学家为通经而研究上古音并留下了丰富的研究成果,这些成果是所有清代之后研究的基础。瑞典学者高本汉(1889—1978)首次将欧洲历史语言学方法应用于汉语:首先用于中古汉语(他称之为"Ancient Chinese"),其次为上古汉语(他称之为"Archaic Chinese")。[2] 其他学者修正了他的构拟体系,或提出了其他方法。[3] 我的上古汉语

---

[1] 《诗经》在汉语中又被称为《毛诗》(因汉代研究《诗经》的学者姓毛之故),或者简称为《诗》。重要的英译本有:Legge(1893—1895[1960]),Waley(1954),高本汉(Karlgren)(1974)以及Pound(1954)。Couvreur(1934)将其翻译成法文和拉丁文。

[2] 高氏构拟在高本汉(1954)中作了总结。关于汉语不同时期的称呼的术语见下文1.2.5节讨论。

[3] 例如董同龢(1944[1948]);雅洪托夫(Jaxontov)(1959, 1960a, 1960b, 1963, 1965);李方桂(1935, 1970[1980], 1971[1980], 1974—1975, 1976 (转下页)

构拟方法,与前人有以下诸方面的不同:

1. 我特别注意音系及其音变构拟的自然性。高本汉视自己为语音的构拟而非音系构拟,且对音系结构关注甚少。由此导致的结果便是,他所构拟的体系经常缺乏自然语言音系中常见的对称性及规律性。例如,正像丁邦新(1975:19)指出的那样,他所构拟的上古汉语(他称之为"Archaic Chinese")元音体系看起来就如同是对于语音符号的任意汇集:

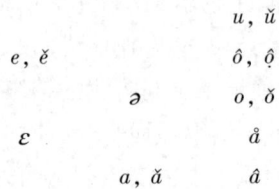

尽管后世的学者对高本汉的构拟做了许多调整,但他们并未完全使元音体系更为自然。[1] 我确信,当我们构拟的体系及音变,是在所观察到的人类语言实际变化的限度之内,这样的基础才最为牢固。

2. 我对中古音的规律及其所提供的早期语音线索尤为重视。比

(接上页)[1980],1983);李荣(1956);陆志韦(1947[1971]);梅祖麟(1970,1982a,1982b);蒲立本(Pulleyblank)(1962,1963,1977—1978,1984,1986);许思莱(Schuessler)(1987);邵荣芬(1982);斯塔罗斯金(Starostin)(1989);王力(1937,1980b);余迺永(1980,1985);郑张尚芳(1987);周法高(1954[1968],1968a,1969)。斯塔罗斯金1989年的研究,提出了一个与本书在很多方面非常相似的体系,本书即将杀青之际,斯塔罗斯金的研究亦已发表。两种体系间的一些比较见注释。白一平(Baxter)(1987a)基于早期发表的著作,对斯塔罗斯金的体系进行了初步的最基本的评论。

〔1〕 自然性必须跟对称性和简洁性区别开来。蒲立本(1963,1977—1978)提出了一个只包含两个元音的上古汉语构拟体系,其他的差别只用这两个元音周围的辅音来承担。这个体系既简单且对称,从抽象的角度看甚至很雅致;然而在自然语言中这种现象是极不常见的。尽管这样的体系是存在的(如蒲立本所指出的在高加索语言中),而我则认为,除非材料逼得我们非要如此构拟,我们需要尽量避免构拟这种很不常见的类型。关于这点的进一步讨论,参见1.4.3。

如,正像雅洪托夫(S. E. Jaxontov)(1960b)首先指出的那样,中古汉语中-w-介音的分布,强烈地暗示着在上古汉语中,它并非是一个独立的介音成分,而只是一个唇化声母 $*k^w$-等中的要素。

3. 我对清代学者所形成的对上古押韵的传统分析,应用新的统计方法进行了重新审视及修正。如前所述,早期汉语典籍中的押韵为上古汉语的音韵构拟提供了至关重要的证据。清代,音韵学研究大放异彩,一系列优秀的学者对上古汉语韵部做了归类,指出上古汉语中某些字与另外一些字之间的押韵关系。尽管高本汉与清代音韵学家有分歧,然而大部分对上古汉语构拟的现代研究(如:李方桂 1971[1980];蒲立本(Pulleyblank)1977—1978)假定这种传统分析大体上是站得住脚的。但是,尽管清代音韵学家取得了辉煌的成果,上古汉语的押韵仍需要应用现代方法重新审视。(第三章中提出了对押韵分析的统计学方法;上古汉语音韵学传统研究的讨论参见第四章)

4. 我对汉字作为音韵学研究证据的使用有新的方法。前人的上古音研究主要依靠于传统典籍现代版本的汉字,或是使用《说文解字》(公元 100 年)这本汉代(公元前 206 年到公元 220 年)字典中的小篆。[1] 这两种形式都反映了周代晚期的音韵演变,用于构拟上古汉语时有年代错位。有一些对于传统上古音韵分类的缺陷可以追溯到清代音韵学家使用了晚期字形的结果。关于这点,我在第九章及白一平(付印中)中将进一步讨论。

目前的研究源于包拟古(Bodman)在 1971 年的一篇论文,此文提出了对上古汉语的一种构拟体系。在此构拟体系中,包拟古假定只有六个元音。在我的博士论文(白一平(Baxter) 1977)中,我把此体系用

---

[1] 尽管高本汉的《汉文典》(*Grammata serica recensa* 1957)也包括了一些甲骨文和金文,这些古文字对他的构拟没有任何重大的影响。事实上,高本汉引用这些字的条件是:"只包括跟后世的小篆和现代标准汉字有直接对应的形式。"(1957:5)正如 Barnard(1978)所指出的,他这样做就把这些对早期音韵学研究可能有重要意义的形式排斥出去了。详细的讨论见第九章。

到了所谓中古汉语重纽区别的来源（参见第二章和第七章），并对上古汉语提出了一个部分的构拟体系。包拟古和我后来的一些论文对由此而来的体系进行了测试、提炼及修改。现在的研究就是对这个体系的完整展示并提出了支持证据及论证。[1]

本书的总体计划是对现有证据进行检查且提出一个上古汉语的构拟体系，并以《诗经》押韵来测试此体系的预测性。中古汉语音系的描述参见第二章，该章还展示了本书中使用的中古汉语的表示法。第三章审视了把押韵作为音韵学研究证据的理论及统计学问题，而第四章则总结了传统的上古汉语押韵分析及其历史。这些章节为第五章至第八章所提出的上古音构拟体系本身提供了基础。第九章讨论《诗经》的文本及汉字。第十章以第九章为基础，对我们所提出的构拟体系用《诗经》押韵进行预测。第十章逐个讨论传统韵部的构拟；在我的构拟体系预测出前人所未识别的押韵区别之处，则利用《诗经》押韵对这种预测进行测试。测试时应用的方法是第三章中所提出的统计方法。书后附有三个附录供参考：附录 A 是我们所提出的语音演变表；附录 B 是《诗经》押韵表；附录 C 是按字母顺序排列的《诗经》韵字表，其中每个字都提供了构拟及在《诗经》中出现的位置。

绪论的后半部分将提供对汉语及其历史的基础背景知识，讨论一些方法论问题，并介绍一些本书所用的术语及标记符号。

1.2　汉语的现在与过去

此节讨论下文中会提及的汉语古今各种形式。为了便于讨论，先介绍一下有关汉语音节结构位置的一套术语。汉语诸方言及其不同历史时期的音节结构比较接近，用这套术语不至于引起混乱，但是讨论上古汉语时，要对这套术语作些改变。

---

[1] 见白一平（1979，1980a，1980b，1982，1983b，1984，1985，1986a，1986b）；包拟古（1972，1973，1974a，1974b，1975，1976，1978，1980，1985）。在早期的论文中，我们把这套体系称为"包拟古－白一平体系"，这个名称精确地反映了此体系的主要观点。然而，本书中所提出的体系是我自己的观点，并不一定是包拟古的。

1.2.1 汉语音节结构

汉语音节通常可分成三个部分：
1. 声母：音节开头的辅音
2. 韵母：声母之外的部分
3. 声调：加于音节之上的音高模式

韵母可再分成三个部分：
1. 介音：主元音之前的音段
2. 主元音：音节的音核
3. 韵尾：主元音之后的音段

这些术语总结如下图：

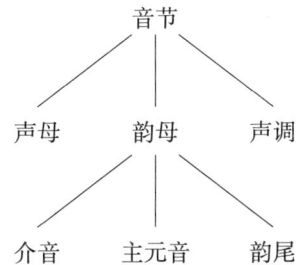

一般认为介音在押韵中不起作用，所以有时主元音跟韵尾一起归为韵类。不过我一般会用"韵"（Rhyme），而不是中古汉语韵书《切韵》中的韵类。从术语上说，韵类与韵并不对应。[1] 有了这套术语，我们可以通过音节中每个位置出现的所有要素，以及这些要素组合的限制，对各种形式汉语的音系进行描写。

对上古汉语来说，这套术语体系必须加以修改才能使用，因为上古汉语允许在声母和韵母位置都可以出现复辅音，这里我引进一个声母前置辅音的概念，用它来表示复辅音声母中的第一个音段（诸如 *sk- 中的 *s-）；另外再引进一个韵尾后置辅音，用它来表示音节结尾的复

---

[1]《切韵》的韵类与音系的韵类是不同的，因为具有相同的主元音和韵尾而有不同介音的中古汉语音节，有时在《切韵》中被归为不同的韵类。关于《切韵》编排方式的讨论见 2.2.1。

辅音中的最后一个音段(诸如 *-ks 中的 *-s)。在我们提出的构拟体系中,我们假定中古汉语的声调是源于上古汉语的韵尾及其后置辅音,并且认为上古汉语的音节并没有像中古汉语这样的声调的区别。(关于上古汉语音节结构的概述见第五章。)

1.2.2 方言还是语言?

现代汉语一般认为包括许多相互有关系的方言。这些方言分布在中国及有中国人居住的地方。许多这些所谓的方言互相之间不可懂;如果我们关于方言的术语是同样一种语言中间相互可以听懂的不同言语形式的话,那么汉语的这些形式则应该叫作不同的语言而不是方言。不过,汉语的"方言"这个词并无此种含义。[1] 大部分中国人似乎感觉操不同方言的人,因为有一个共同的书写体系、文化及历史而把所有的这些形式当作一种语言。这并不像有人所认为的那样是一种误解,这种认识涉及知识传统的差别。

从中国所流行的语言学观点来看,某种语言的社会语言特点与使用这种语言的社会组织所处的阶段紧密相关。这种紧密联系的观点,受苏联马克思主义关于社会发展中语言地位的观点的影响,在中国的关于语言和方言的讨论中处于中心地位,所以我们有必要对此做一个简要的概括。

按这种观点来看,社会组织是分阶段发展的,从最早的氏族(俄语 rod),发展到部落(俄语 plemja),再发展到部族(俄语 narodnost′),接着发展到民族(俄语 nacija),最终发展成为多民族国家(俄语 mnogonacional′noe gosudarstvo)。

语言的发展与社会发展阶段是相对应的:一个氏族有氏族语言,氏族语言只在很小的地区流行,此时很少有方言分歧。一个部落有部落语言,用于边界地区,此时就会发生共通语或标准语与当地不同方言间的差别。这种趋势一直发展到部族的语言,这个阶段是从部落到民

---

[1] 1979 年版的《辞海》把"方言"简单地定义为"一种语言的地方变体",并未提及相互的可懂度。相反,在 *Webster's New World dictionary*(1980)的方言词条里提到:"在某种程度上,方言之间互相是可懂的,而语言与语言之间是不可懂的。"不过许多其他的英文字典关于方言的定义也未提到可懂度问题。

族之间的过渡状态。

一般情况下,一个民族被认为拥有自己的共同语,这个共同语以一种政治、经济和文化发达的地区的方言为基础。在这个阶段,方言的作用就逐渐消失。方言在共同语的影响之下,倾向于消亡。比如,中国大部分的人——大体上在西方称为华人——官方正式地称之为汉民族或者汉族。从法律上,他和其他的诸如藏族、蒙古族等不同的民族是等同的。汉族之间的共同语是普通话或标准官话,以北方方言或官话为基础。

最后,在一个诸如中国或者苏联这样一个多民族的国家里,存在着一个共同交际语或者族际语言(俄语 *mežnacional'nyj jazyk*)。不同的民族可以用这种语言进行交流。在中国,普通话既作为汉族的共同语,也作为全国的共同交际语。[1]

一般来说,拥有语言是一个民族的主要特征,那么仅仅因为粤语和官话之间不可懂,就把他们视为不同的语言,就会暗示着讲这些语言的人是属于不同民族的。这样的结论,从历史上来看是不准确的,政治上也是不可接受的。

上面的这些术语的使用并无内部不一致的地方;这套术语只是把纯粹的语言学因素以及历史和社会语言的因素考虑在内,来决定语言的边界划分。当然,在西方,划分语言的边界也不是只通过纯粹的语言学标准来划分:尽管瑞典语、丹麦语与挪威语之间相互是可懂的,这些语言仍被视作不同的语言。基于此,我将袭用"方言"这个词来表示汉语的不同变异形式。

1.2.3 汉语方言分区

关于汉语方言如何来分区及命名,存在不同看法。下面这种分区是詹伯慧(1981[1985])的分类。詹伯慧把汉语分为七大方言:

1. 北方方言

---

[1] 这里讨论的依据是《辞海》(1979)的相关词条,尤其是词条:氏族语,部落语,共同语,共同交际语及方言,以及 *Bol'šaja sovetskaja ènciklopedija*(1970—1981),尤其是词条:*nacija*, *narodnost'* 及 *nacional'nyj jazyk*。

2. 吴方言
3. 湘方言
4. 赣方言
5. 客家方言
6. 粤方言
7. 闽方言

后文我们将涉及这些方言,下文简要地对每一个方言进行介绍。

1. 北方方言,英语一般称之为 Mandarin dialects(它是早期官话的翻译),尽管 Mandarin 有时候用来指标准语或普通话。汉族中讲这些方言的大概占 70%,大约占讲汉语区域的 3/4,包括长江以北以及部分长江南岸的汉族居住区,还包括四川、云南和贵州等西南省份。这些方言很少保留辅音韵尾(比如一般没有 -p、-t、-k 这样的韵尾)。他们的声调体系很简单(一般仅有四到五个声调,尽管有的方言少则三个,多则六个)。标准语普通话"以北京语音为标准音、以北方话为基础方言、以典范的现代白话文著作为语法规范"(《辞海》1979)。

最近李荣(1985)提出,迄今归类为官话的在山西省以及相邻地区的一些方言,应该分出来作为一个独立的方言,称之为晋语——晋是山西省的简称。[1]

2. 吴方言的区域,是长江三角洲流域。包括浙江大部分、江苏和安徽的部分地区。吴方言保留了中古汉语浊塞音声母(b-、d-、g-等);在大部分其他方言中,这些中古浊声母已经清化。大部分吴方言有七到八个声调。尽管上海话是吴方言的一种,但它只有五个声调,其声调体系相对典型的吴方言如苏州话而言比较简单。

3. 湘方言或称湖南方言的区域在湖南省的大部分地区(湘是湖南的简称)。湘方言最明显的特征是 hu-、f- 不分,以及 n-、l- 分不清(因此,湖南听起来好像是 Fúlán)。跟吴方言的情况类似,中

---

[1] 涉及的方言在山西邻近地区保留入声,即以 -p、-t、-k 收尾的字仍然保持独立的调类。

古汉语的浊塞声母(b-, d-等等)在湘方言中被广泛地保留(尽管湖南省会的长沙话中没有保留)。

4. 研究较少的赣方言或者江西方言,分布在江西省的大部分地区(赣为江西简称)。中古汉语的浊塞音和塞擦音在这个方言里变成清的送气音。

5. 客家(Hakka)方言分布在中国南方不同地区,尤其集中地分布在广东的东北部,江西的南部以及福建的西部和北部。(术语Hakka 取自广东话客家的发音)。客家人一般认为是源自中国北方,因为政治动荡的原因,数次移民的结果,尤以宋代末年的移民为主,他们同时带来了北方的语言。在南方,客家人从文化和语言上区别于相邻地区的人。客家方言里中古汉语浊塞音声母一般变成清的送气音,这点与赣方言相同。前元音前的舌根音声母(k-、kh-等等)在许多方言中间已经腭化,而在客家方言中则被广泛保留。这点也跟粤方言和闽方言相同。客家方言一般缺少前高圆唇介音-$ü$-([y])。

6. 粤方言分布在广东和广西大部分地区并广泛地分布在海外华人地区(标准的粤方言以广州话为标准,香港话也属于粤方言)。粤方言声调复杂,一般保留中古汉语的-p、-t、-k 入声尾。跟客家话及闽方言类似,舌根音声母并没有腭化。

7. 闽方言或者福建方言,显然跟其他方言分离的时间较早,内部差异也相当大。一般内部可以分作闽北话和闽南话,尽管对闽方言的内部分区尚存争议。闽方言的总体特点是没有唇齿声母[f]。此[f]音是闽方言和其他方言分化出去之后,其他方言演变中产生的创新。闽北话一般分布在福建北部,包括福建省会城市福州。闽南话分布在福建南部、广东东部、台湾及海南地区。福建话广泛地分布于东南亚的华人地区。

1.2.4 汉语史的书面文献

仅仅使用比较法,我们也可以从现代方言中对汉语史了解很多。最近的一些研究已经采取了此方法,试图对书面文献较少或缺乏的方言使用独立于书面文献之外的证据。[1] 但是汉语音韵学一般对书面文献的依赖很大。比如高本汉构拟的中古音类,便基于汉语音韵学著作书面文献中所呈现的区别;他仅用方言材料为这些音类确定音值。

有人或许会质疑,汉语的非拼音文字的书面材料对历史语言学的作用价值。事实上,汉语的书面文献为汉语音韵学的研究提供多种有用的信息。有些证据是间接的,来自(1)谐声字;(2)押韵;(3)转写。下文我们对这三种情况分别加以探讨:

1. *谐声字*　汉字造字初期的读音并非完全是隐蔽的。大部分字是谐声字。这种字包括两个部分:形旁和声旁。谐声字的声旁,在语音上是与谐声字听起来相似的一个汉字;而形旁则是用来区别一个形声字与另外一个声音相同的形声字的语意。比如,"河"这个谐声字,由声旁"可"(可以,能够)与形旁"氵"(水的简化形式)组成。"可"作为"河"的声旁是因为它和"河"的发音比较相近,而形旁"氵"(水)就是因为这个字的意思是河流,这样就和用"可"这个声旁的其他汉字区分开来。用同一个声旁的所有汉字,称为一个"谐声系列"。因为很多谐声字由上古汉语时期创造出来,所以谐声字是上古汉语信息的主要来源。[2] 在"河"这个例子中,"可"仍然跟"河"听起来比较相似,但是在其他的字中,因为从上古汉语到现代语音演变的原因,同一个谐声系列中的字,其现代发音很少或者并不相似。

2. *押韵*　事实上现代之前的所有汉语诗歌均押韵,押韵的习惯也给我们提供了音韵学的重要证据。(关于把押韵作为历史音韵学研究的证据讨论见第三章。)幸运的是,最早期的一个广泛的诗歌总集《诗经》,跟谐声字大体上反映了同一个时代的读音。所以这两种证据可以结合在一起构拟上古音。

3. *转写*　汉语典籍中有些汉字有时也单纯用作记录外来词的读

---

〔1〕参见 Ballard(1969);包拟古(1983),McCoy(1966,1980,1986);罗杰瑞(Norman)(1969,1973,1974,1977—1978,1981,1986)。

〔2〕可是因为谐声字并不是同时造出来的,他们在构拟上古音时的价值并非是等同的。对此更完备的讨论见第九章。

音：比如佛经中的专有名词或者技术词汇。例如，现代汉语中，Washington写作华盛顿，这三个字的意思（华丽——繁盛——停顿）基本上跟名词本身无关，尽管在这种情况下，往往会用一些中性的或者略带褒扬含义的语素。中国古代也用这种方法来记录外来专有名词。在能够确定原来外语词的情况下，这种汉字的记录就提供了一个读音的线索。相似地，日本早期用汉字作为书面语记录日语本族词，称为"万叶假名"。后来的假名字母便由此产生而来（见 Miller 1967：90—99）。

相反地，有时候非汉语的字母文字，比如藏文、维吾尔文，元代（1279—1368）官方所用的基于藏文的八思巴字母，以及最近的拉丁字母，也用来转写汉语的文本。[1]

另外跟转写非常近似的情况，是在日本、朝鲜和越南语言中有大量的汉语借词（分别称为日本汉字音、朝鲜汉字音和汉越语，总体地称之为 Sino-xenic[2]）。在唐代，中国的文化对日本、朝鲜和越南的影响尤其强大。在这些国家，汉语广泛地被用为文学语言。结果，这些语言从汉语中借用了大量的词汇，改变这些词的汉语读音从而适合本族音韵体系。研究汉语音韵史的时候，通常使用这些词最早的书写形式，而不用现在的口语形式，因此，事实上这些词是外语中的汉语词。

除了这些间接的书面语证据之外，还有追溯到汉代（公元前206年至公元220年）的文献，这些文献直接记录语言。我们可以方便地将其分作四种类型：

1. **典籍训释** 很多著作用于解释经典中疑难字的读音，这些训释有时见于某些典籍的注释版本中间，有时则专门汇集成册，供阅读经典之用。陆德明的《经典释文》（公元583年）就是后一种情况中的一本重要著作。
2. **辞源学著作** 有很多著作讨论汉字读音、意义及其来源，但与典籍并无直接联系。这些著作包括《尔雅》（可能撰于西汉年

―――――――――――

[1] 关于这种外文转写的例子参见 Csongor（1953,1954,1960,1962）；Ligeti（1956,1961,1968）；蒲立本（1962,1965,1973a）。

[2] 据罗杰瑞（1988：34），此术语由 Samuel E. Martin 创造而来。

间),许慎的《说文解字》(完成于公元 100 年,以后简称《说文》),刘熙(公元 2 世纪;见包拟古 1954)的《释名》,顾野王的《玉篇》(公元 548 年),甚至包括方言的研究,诸如扬雄(公元前 53 年至公元 18 年)的《方言》。

3. *韵书*　韵书是按押韵分类的真正的词典。最有名的是陆法言的《切韵》(公元 601 年)。按押韵来归类的目的在于写诗,当然它也是非拼音文字字典规定的逻辑方式。关于韵书传统的详细讨论见第二章。

4. *韵图*　韵图就是把汉字按照其声母和韵母(见上节 1.2.1)的分别而归并的音系配合表。配合韵图有一套术语体系来描写汉语音节的语音特征:一套声母的三十六字母,一套关于元音音质的字母,还有一套主元音前面圆唇介音有无的术语等。韵图这个传统亦在第二章中讨论。

1.2.5　汉语史的分期

把汉语史划分成不同的时期便于研究,但总有点儿人为性,因为语言是渐进式的持续发展的。那些证据比较充足的时期,往往有一个名称,而其他时期则一般没有公认的名称。我并无意于穷尽汉语史所有的术语;然而以下这些术语是有用的:

1. *上古汉语*(Old Chinese,简称 OC):周代早期、中期的语言,它是上古早期文献及周代的铜器铭文,与高本汉所谓的"Archaic Chinese"大体等同(见高本汉 1954)。在汉语中一般称之为"上古汉语"。我在下文中将对这一术语的使用做一个详细的界定(1.4.5 节)。

2. *早期中古汉语*(Early Middle Chinese,简称 EMC):公元 601 年的《切韵》里所反映的语言,大体代表了公元 6 世纪保守的文学语言。因为韵书的传统提供了这个语言的详细信息,因此早期中古汉语是上古汉语主要的证据来源之一。我对早期中古汉语转写形式的描写详见第二章。

3. *晚期中古汉语*(Late Middle Chinese,简称 LMC):由宋代韵图所代表的晚唐时期的语言,现代汉语方言中的区别只能追溯到晚期中古汉语,尽管很多方言还保留着一些更早时期的语音区别。晚期中古汉语同时也是汉语域外借词(Sino-xenic)主要层次的来源(除了日本汉字音的吴音层之外;见第二章)。闽方言的一些区别,可以追溯到早期中古汉语,所以它与其他方言分化得更早些。[1]

4. *古官话*(Old Mandarin,简称 OM):这个术语用来指以《中原音韵》(1324)之类著作所代表的早期官话形式。《中原音韵》是元代的韵书,旨在为元曲提供标准押韵的韵书(参见 Stimson 1966)。

高本汉关于中古汉语的术语(Ancient Chinese)既包括早期中古汉语也包括晚期中古汉语;我采用蒲立本(1970—1971,1984)把中古汉语分为早期、晚期的这种观点。严格说来,中古汉语这个术语,既包括早期也包括晚期中古汉语,不过我们所关注的是前者,所以我通常宽泛地用中古汉语这个术语来指早期中古汉语。

汉语的其他阶段,因为缺乏一致的名称,一般直接用历史分期来命名。因此我们可以说商代晚期(公元前 11 世纪或公元前 12 世纪)、战国时期(前 475—前 221)或者东汉(21—220)的汉语。

1.3 标记及格式

下面讨论一下引例的格式。典型的引例写作如下形式:

(1) 人 *rén*<*nyin*<* *njin*(人)

说明如下:
1. 所引汉字不用简化字,采用繁体字形。
2. 在引例中,用拼音形式提供现代读音,这种读音以中国大陆新近出版的字典标准音为据(这些音有时与早期版本的字典或者台湾地区的字典中的发音偶有不同)。

---

[1] 例如,我们会在下文(10.2.5.1)中看到,上古汉语 *-*jAk* 及 *-*jek* 在早期中古汉语中合并为 -*jek*;而在闽方言口语词中还保留着此种差别。

3. 现代读音如果非中古汉语读音的规则演变形式,我一般给现代读音加一个"[ ]"以示不规则。例如,汉字"洵",在《诗经》31.5 表示远方。现在的读音为 xún,而以中古汉语 xwen 的读音,它的现代形式应该是 xuān(洵 xún 的读音显然是因为其右边的声旁"旬"xún 发音所致;"旬"的意思是十天),因此这个引例我就写作:

(2) 洵[xún]<xwen< * hwin(远方)。

4. (早期)中古汉语的发音的转写法详见第二章(从此章中提供的信息可以推出高本汉对应的标记形式)。中古汉语跟现代汉语发音形式的区别是现代汉语拼音形式标了调号,而上古汉语标了 * 号。
5. 上古汉语的构拟形式是采用本书的上古汉语体系。
6. 这些读音之后是释义,释义比较简单,只是为了提示而已;释义一般直接采自高本汉的《汉文典》(Grammata serica recensa 1957) 及许思莱(Schuessler)(1987),这些字典用起来非常方便。关于一个汉语词的详细的意义,或者我们所理解的意义,需要细心地比较各种用法,以及可能的词源联系才能得出,在大多数情况下已经超出了本书的范围。

《诗经》中的诗用编号的形式来引用,诸如"《诗经》198.2",198 是诗的篇目编号,随后的 2 表示诗里的章号,均根据《毛诗引得》(哈佛燕京学院 1934[1962])。读者可以以此在本书的附录 B 中查到相应的《诗经》部分。《诗经》押韵序列的引用形式用字母来表示,"198.2A"表示《诗经》编号为 198 篇中第 2 章的第一个,"198.2B"表示此章中第二个,以此类推(某章中的第一个押韵序列总是标有 A,哪怕它是这章中唯一的序列)。

每一种构拟的音变在本书中都有一个名称(比如 * r-脱落音变表示介音 * r 脱落的音变),这种形式如前文所示用黑体表示。附录 A 是所有构拟音变的总结。

1.4 研究方法

1.4.1 理论假设

此项研究的重心在于恢复上古汉语音韵的基本事实,并不在于研究音系学理论。把事实跟理论截然分开当然是不对的,任何历史音韵学的研究都有理论假设,无论它是明确提出抑或是隐含的。作为此项研究的理论假设并没有太大的分歧,不过在这一节中,我还是做了一些解释。

我假定,一个语言的音系包括两个方面:(1)这些音系表达了语言最基本的音系区别;(2)一套具有普遍性的音系规则。音系的表达及音系规则本身这两者都随着时间而演变,系统中一部分的演变可以对其他的部分产生影响。

音系表达中的单位可以称为音位(我并不像美国结构主义语言学研究中所主张的那样,一个音位必须是双向的(biuniqueness))。我视音位为音素特征,此种区别特征很可能是一个全世界普遍性的集合。谈到这些特征的时候,我采纳乔姆斯基和哈勒(Chomsky & Halle)(1968)的体系以求方便,需要时再加一些范畴和术语。大多数情况下,音位均写在"//"中,用国际音标字母表示。

音系因为一方面跟语言的社会功能密切相关,一方面又和人类发音的生物属性相关,因此它的差异是有限的。如果一个系统太简单,比如只有一个音节,那么它在功能上则是不完备的。如果它太复杂,比如有一万个不同的元音,那么它就既无法学又无法用。我们可以大体上认为这样极端的体系是不自然的。语音演变的差异性同理也是有限度的。关于音系的一个完备的普通理论应该解释这些差异的来源,无论它是因为历史的原因,还是发音的原因,或是两者兼备。而超出上述所提到的两种极端情况之外,要确定音系的自然性是一件难事。下文我会再回到这个问题上。

关于音系表征与实际发音的关系问题,现代语言学一直存在争议。此种争议的一个方面是关于当说话人在建立抽象的语素表征来解释形态交替的问题。比如在英语中,*knife*[naif]和*knives*[naivz]来自同一个词根,还是两个词根/naif/~/naiv/?这样的问题在汉语历史中很少用到。因为形态交替的情况在汉语中是相当罕见的。[1]

最近许多音系学的研究,探讨在音节中如何组织这些语音特征。尽管我对这种研究持赞成态度,但我在这里并不用普通的音节理论来探讨上古汉语。前文讨论的音节结构的传统术语体系,出于描述性的目的已经足够,也可能与任何合理的音节结构进行对应。

1.4.2 音系构拟的特性

有时候音系的构拟被视为只是用多多少少表音的字母汇集起来代表一个早期的读音。这种概括虽然有它的道理,可是却掩盖了构拟的理论结构。作为构拟中间可视形式的拼写,反映着关于某种语言的音系及其演变的一套假设,这些假设之间的联系程度复杂:除非接受了假设 B,在体系上才能够假设 A;接受了假设 B 使得接受假设 C 变得不可能。诸如此类的关系。这些假设,作为构拟中间的理论结构,在构拟拼写中只是间接地被表达出来。

例如,高本汉的上古汉语构拟假设上古汉语的声母跟梵文一样,从发音方法上有四套:

不送气清辅音(例如 *k-、*p-、*t-)

送气清辅音(例如 *k'-、*p'-、*t'-)

不送气浊辅音(例如 *g-、*b-、*d-)

---

[1] 上古汉语具有形态的变化(morphological processes),这个形态变化有时会引起抽象度的话题。例如,我构拟了上古汉语 *-ajs>中古汉语-aH 及上古汉语 *-ats>*-ajs>中古汉语-ajH 这样的演变。在这些韵母中,原来 *-ajs 中的[j]脱落了(我把这种脱落的音变称作 ***-aj 单元音化**),但来源于 *-ats 的 *-ajs 中的[j],在中古汉语里还有所保留。我对此的解释是,把 ***-aj 单元音化**的演变年代放在 *-ats 变成 *-ajs 之前(这是**韵尾复辅音简化**演变中的一部分)。然而,*-ats 的形式经常跟 *-at 产生形态交替(morphological alternates),所以我们也可以用抽象音韵表征来提出另外一种分析。在这种分析中,从 *-ats 到 *-ajs 的演变可以发生在韵尾 *-j 脱落之前,只要后边的变化只是对下层的/j/产生影响,而不影响源于下层/t/的[j]。在这种情况下,我选择了非抽象的解决办法,因为这种解决方法可以更容易预见年代。

送气浊辅音(例如 *g'-、*b'-、*d'-)

高本汉的构拟同时也包括了相关的一套假设,即上古汉语不送气的浊声母如 *g-、*b-、*d-等后来消失了,而送气的浊声母如 *g'-、*b'-、*d'-等则一直保留至中古汉语(即高本汉的"Ancient Chinese")。这些假设均无法直接从他的某个字的直接构拟中看出来。

构拟语音形式的同时也构拟语音演变的重要性不容忽视。要对一个语言的语音史进行充分完备的描写,仅描写自己认为曾经存在过的这种语言尚存不足,即使对此语言的音系构拟体系是可能的(plausible)。任何一种构拟的形式都隐含着一套语音的演变,通过这种演变,后世的语言才由此派生而出。所以这些演变必须在构拟具体的词形的同时被构拟出来。我尝试在我的构拟中把这点当作最基本的前提(参见附录 A 中关于语音演变的总结)。最终,我们有可能把这些演变更清楚地界定出来,同时找出这种演变发生的时间和区域,并运用这些演变规律来审视早期的汉语方言——也许还可以依照语音学上的证据来确定早期典籍的年代和地点,这正如我们有时候用比较了解音系语音史的语言诸如英语所做的情况一样。

音系的演变使实际发生的范围有很大差异性:有些演变影响到一个语言中的大部分语素(比如英语的元音大转移,影响的范围是长元音);也有一些我们称之为小的音变情况,只影响几个音节或只对一个音节发生作用。我们举一个这种小演变的例子,普通话中新近发生演变的 *yóng* 变 *róng*[1]:

(3) 榮 *róng*<*yóng*<*hjwæng*(荣誉)
(4) 融 *róng*<*yóng*<*yuwng*(融化)
(5) 容 *róng*<*yóng*<*yowng*(容纳)

这个音节,在其他声调中(*yōng*、*yǒng*、*yòng*)并未受到影响,而其他

---

[1] 普通话的 *r*-声母一般是中古汉语 *ny*-而非 *y*-的反映形式,例如:戎 *róng*<*nyuwng*(武器,军队)。

的声母为 y- 的这种音节也没有受到影响。[1] 本书时而会提到像此类小的音变。[2] 当然,有时候看起来是一个小音变,后来有可能变成一个普遍性的特例;不过小的音变本身并非是不可能的。

我们的构拟假设应该在方法论假设的范围之内,也就是说,假设在原则上是可能的,假设它的来源是什么,这假设要解释哪些材料,以及如何在不同假设中挑选一个更好的。比如高本汉如上所述的假定汉语跟梵文一样,从发音方法角度有四套不同的塞音,此假设其实对上古汉语来说亦为一种可能性。他有充分的理由假定上古汉语中一些最基本的规则,跟其他语言中的规则没有太大的分歧。当然,另外一个可能性是汉语的规则是完全不同的一套,与梵文或其他语言之间的比较因此毫无关系。

尽管做上古音构拟的学者们都似乎接受许多基本的假设,但本节余下部分依然有必要对目前的研究中的一些基本研究方法论的假设进行阐述。

1.4.3 构拟的自然性

第一条假设与构拟的目标有关:

假定 1:构拟的语言应该是一个自然的共时体系,从这个共时体系中,已知后世的阶段可以通过自然的历史演变派生出来。

这里的自然可以指在一个自然语言中存在的可能。对人类语言的音系及音系演变的理论研究可以为我们大致推测哪一种共时的体系和历史的演变是自然的,哪一种是不自然的。不幸的是,迄今为止这样的理论尚不存在。因为没有这样的理论,我们就必须依赖我们对语言结构及其演变的经验。我们在构拟音系结构及其演变的时候,如果很容易在其他的语言中发现平行的情况,则对这种构拟有信心,如果在其他

---

[1] 李荣的一篇论文中探讨了这个演变(李荣的名字本身便受了此种演变的影响);见李荣(1982[1985])。简单说来,早期的 yóng 变成了 yōng。现在还有几个读作 yóng 的情形,很可能是通过早期字典构拟出来的文读形式。请注意类似的另一个合并形式:中古 ywejH(如尖锐的"锐",睿智的"睿")与中古 nywejH(如蚋翼的"蚋")合并为 ruì。

[2] 例如,中古汉语的音节形式 Kwεn 似乎在较早时期即变成 Kwæn,在 -ε- 和 -æ- 的一般合并之前;参见 10.1.1。

语言中很难发现类似情况,则对这种构拟持怀疑态度。

举例来说,我们所了解的元音体系的经验告诉我们,元音体系有一定的对称性,而且在元音的数目上是有限的。因此没有人能够接受这样一个体系,即这个体系中包括了国际音标表中能够找到的所有元音。大部分一套任意的子集也很难被视为一个自然的元音体系。正如上文所述,正是这种思考,使我们对高本汉的上古汉语构拟不满意。

当然,不同语言类型之间有差异;对一种语言来说是自然的,而对另外一种语言来说可能是不自然的。如果我们认为自然性是可能的人类语言中间的制约体系,那么他们中的一些制约可能是无条件的,可以用于任何人类语言;这种情况可以写成下面形式:

对任何自然语言 L,p(L) 为真,

这里的 p(L) 是一个命题,涉及语言 L 的命题。"所有语言都有音节",这个命题则是此种类型的限制。其他的别的限制也许是有条件的,可以列为以下逻辑式来表达:

对任何自然语言 L 而言,如果 p(L) 那么 q(L)。

比如,假如只是对有声调语言即可归为此类。

然而,我基本上认为一个语言的类型并非恒久不变的,而是会随时间而变化的。有一些作者谈到汉语的特点(比如声调,没有词形变化等等)的时候,好像认为这些特点一直恒久不变而且总是如此。语言的一些特点确实可以保持很长时间,而我认为任何语言真正恒久不变的特点是那些在所有人类语言中间可能的普遍的特点。由此我们可以假定,上古汉语也许从类型上与中古汉语和现代汉语有很大的不同。我们也可以看到,类型特点并不是证明语言亲属的可靠的材料;正如我们不能够仅仅因为有声调,就认为两种语言是同源的一样。

部分是因为历史的原因,结构的自然性在上古汉语构拟中没有得到足够的注意。我们可以看到清儒在划分韵部的时候有对韵部对称性的喜好,他们似乎有了音系结构的概念。可是这样的结构是抽象的,没有基于现代意识上的语音自然性的制约。上文已经提到,高本汉的构拟没有注意到自然性。

除了高本汉的体系外,许多其他的流行的上古汉语的构拟体系,作为音系结构也缺乏现实性,尽管除去这点之外,他们对所见的证据解释得相当好。比如王力(1980b)构拟的体系允许主元音前有 7 种不同的半元音以及半元音的组合: *-e-、*-i-、*-y-、*-u-、*-o-、*-iu-以及 *-yu-;我怀疑是否存在哪种已知的语言有这样的一套介音(尽管有这样一套丰富的介音体系,王力的体系仍然无法解释很多重要的语音区别)。李方桂的体系(1971[1980])对上古汉语证据的解释力更为完备,不过他的体系里,主元音之前有 *-j-、*-i-及 *-ji-的这样一套区别,也许并非不可能,却是不太适当的。蒲立本为上古汉语只构拟了两个主要元音(见注释 5*)。我主张除非是材料迫使我们只能这样构拟从类型上很不寻常的体系,否则不主张这样做。(对于构拟上古汉语的工作而言,我认为一个简单的、没有这么不寻常的体系对证据的解释力事实上更强。)由此我们引来了与第一个假设紧密相关的另一个假设:

假定 2:由于很多的假设可能在某一个时间里跟我们的知识是一致的,所以最好首选在类型上最常见的假设。

肯定地选择一种假设而同时否定另外一种假设,这种情形是很少遇到的;所以我们需要一种方法,能够从不同假设中,选择那些看起来与当前我们的知识一致的假设。很有可能,类型上比较普通的这种解决方式比复杂的和不平常的解决方式要少一些;如果我们从简单的解决方式开始,当普通的解决办法不完备之时,再选用更复杂的解决方法,如果简单方法存在,我们应该能够找到它。

在判断何种形式为类型学不常见、何种常见时,我们必须依靠对语言结构以及语言演变的经验来认识;迄今为止还没有一种音系学理论让我们可以充分地完成此事。重申一次,语言的常见与不常见的现象因语言类型的不同而不同。

1.4.4　奥卡姆剃刀原理

第三个假定是奥卡姆剃刀原理(Ockham's Razor)。

假定 3:此假定是将几种现象放在一起的假设胜于只对一种现象

---

* 此为原书注释 5。内容见本书第 4 页注释 2。

所作的假设。

我们以构拟下列汉字音为例说明这个问题：

(6) 藍 lán<中古 lam（靛蓝）
(7) 監 jiān<中古 kæm（监视）
(8) 鑾 luán<中古 lwan（銮铃）
(9) 蠻 mán<中古 mæn（南蛮）

注意例(6)，是用例(7)"監"作为声符的谐声字。例(8)和例(9)的声符相同。在这两种情形下，我们看到的情况是中古（及现代汉语）声母 l-与中古汉语的声母"監"的 k-及"蠻"的 m-在同一个谐声系列。由于同一个谐声系列中的字的声母接近，高本汉便把这些字构拟成包含 l-的复辅音声母：

藍　高本汉的构拟：*glâm
監　高本汉的构拟：*klam
鑾　高本汉的构拟：*blwân
蠻　高本汉的构拟：*mlwan

请注意在这些词中他构拟了两个不同的元音：*â>中古-a-及 *a>中古-æ-。他的 *â 和 *a 这两个韵在上古汉语诗歌中押韵，尽管它们的后世形式-a-和-æ-到中古汉语就不押韵了。高本汉对此现象的解释是假定上古汉语时期的押韵比中古汉语时期松散。因此他对这几个字及其历史演变的解释是用以下几个假设来完成：(1) 上古汉语中带 l-的复辅音声母;(2) 上古汉语主元音有 *â 和 a 的区别;(3) 押韵严格度的变化。

然而，雅洪托夫(1960a)提出了另外一种解释,其中一部分上文已经做了总结：根据他的解释,中古-æ-由上古 *-a-发展而来,条件是其前的 *-l-消失之后。这使得高本汉构拟中的 *â 和 *a 的区别在上古汉语是不必要的。我在这里的构拟体系采用雅洪托夫的观点,不过用 *r 代替他的 *l。我的构拟如下：

藍 *lán* < *lam* < * *g-ram*
監 *jiān* < *kæm* < * *kram*
鑾 *luán* < *lwan* < * *b-rwan* (< * *b-ron*)
蠻 *mán* < *mæn* < * *mrwan* (< * *mron*)

这个雅洪托夫的单条假设同时解释了以下内容：(1) 这些字中，中古汉语 *l-* 跟其他的声母同在一个谐声系列；(2) 中古汉语-*a*-与-*æ*-的区别；(3) 从上古汉语到中古汉语押韵习惯的改变(此种改变是因为上古的 *-*a*-演变为/a/和/æ/)，而高本汉对这些现象都是分别解释的。按照上文所述的假定 3，我们优先选用雅洪托夫的解决方式。

1.4.5 关于上古汉语的界定

最后一个假定更精确地界定了这里所提到的"上古汉语"，此界定由在构拟时所使用的证据材料而定。从严格意义上讲，这里所定义的"上古汉语"即具有以下属性的阶段的语言：

假定 4：上古汉语的构拟应该解释《诗经》押韵、周代的谐声字、中古汉语音系以及现代汉语方言。

更宽泛地说，"上古汉语"可以用来指周代早期和中期任何一种汉语。在这种意义上的上古汉语则不必是某个单一时期的体系；我们可以用它来指上古汉语不同的时期和方言。

对历史语言学中常用的术语而言，"上古"(old)语言指书面文献所能见的最早形式；"现代"(modern)指当代的语言形式；"中古"(middle)语言则是两者中间的形式。不能通过文献证实的更早构拟形式被称为"原始"(proto-)语言。这套术语体系由印欧历史比较语言学发展而来，首先用于由字母书写体系的语言。"上古"语言和"原始"语言的区别依据是基于这样一个想法之上：从现有的书面文献(由于他们以拼音文字书写)中相对容易搞清楚上古语言的音系；而这个"原始"语言的形式没有书面证据，必须进行构拟。

然而我们很难在汉语中也做这样的划分，最早可见的典籍文献并非如拉丁语或者古英语那样的形式；我们必须像印欧语言研究者构拟原始日耳曼语(Proto-Germanic)或者原始斯拉夫语(Proto-Slavic)[1]那样来构拟它。同时,文献本身的确提供了虽不完备却独立的证据。因此"上古汉语"的构拟与传统印欧语系术语中的"上古"(old)和"原始"(proto-)语言均可相类比。上古汉语在某种程度上是有文献证据的,因为早期文献提供了如押韵、谐声等证据。然而它必须要进行构拟,以便解释由之派生而来的中古汉语的一些区别。

假定4并不要求我们把上古汉语构拟成《诗经》语言,只需其能解释《诗经》语言。我们不能够预先假定从其他证据所能构拟出来的所有上古汉语特征,亦存在于由《诗经》所呈现的各种汉语形式中。但是从定义角度而言,如果上古汉语并不等于《诗经》语言,我们必须至少要把上古汉语定义成《诗经》语言的祖语。类似地,有可能《诗经》里所代表的不同汉语形式,并非为中古汉语直接的祖先;然而我们需将上古汉语定义为中古汉语的祖语。[2]

假定4既提到了中古汉语,也提到了现代汉语方言。如果我们假定现代方言是从中古汉语发展而来的,那么这样一个假定是冗余的;能够解释中古汉语,自然就可以解释这些汉语方言。然而正如上文所提到的,至少有一个大方言,即闽方言,是中古汉语这个阶段之前就分离出去的,因此它不能视作由中古汉语派生而来。原则上,上古汉语的构拟也应该能够解释这些方言。事实上,因为闽方言及其历史的构拟还在初级阶段,我很大程度上忽略了定义中的这一部分。对闽方言的进一步研究,有可能会纠正我们构拟的不足。

1.4.6 藏缅语的证据

藏缅语的证据是否能用来构拟上古汉语?正像我所定义的,上古

---

[1] 当然,"上古"(old)印欧语言的书面文献在某种情况下也需要构拟;因为这些文献并未直接表示它所代表的语言。可是这些文字提供的证据肯定比汉字所表示的要直接。

[2] 张琨(Chang and Chang, 1972)认为,《诗经》语言与《切韵》祖语很不一致;这两者均从他们所称的"原始汉语"(Proto-Chinese)发展而来。而我采纳包拟古对"原始汉语"术语的用法,跟他们的主张有所不同(见下文)。张氏对"原始汉语"术语的用法相当于我这里的"上古汉语"。然而,我认为,上古汉语(严格意义上)与《诗经》汉语之间差别甚微。

汉语是我们能够解释上古汉语押韵和文字证据，能够解释中古汉语以及现代方言的一个音系。那么很显然，只依据藏缅语中存在而在汉语中无法找到的证据来构拟上古汉语的一些语音区别，这在方法论方面是不严密的。例如，藏缅语表现出来了一个 *-n 韵尾与 *-l 韵尾之间的对立，如果这种差别并未在汉语中呈现，那么把这种 *-n 韵尾与 *-l 韵尾之间的差别应用于上古汉语构拟的话，则会混淆分析层次。我相信大家很少在这点上有争议。

另一方面，如果我们希望进一步探讨已经有足够证据支持的汉语和藏缅语有亲属关系的假设，那么我们就希望可以在上古汉语以及假定的祖先的中间时期构拟一个体系，把我们所认为有亲属关系的语音区别包括进来。包拟古（1980）的原始汉语构拟便使用了此类证据。这样的构拟只是探索汉语及其他语言之间可能联系的一种方式；如没有此类证据，我们对这种联系的认识很难深化。只要我们不把藏缅语之间的语言区别和汉语本身的区别混淆起来，我看不出这种构拟有何不妥之处。

此外，在寻找解释汉语证据的可能性假设的时候，对我来说，似乎把目光投向这些藏缅语证据（就此而言，或者把目光投向其他语言，投向常识，投向蓍草（yarrow stalks））来寻找如何解释汉语内部构拟问题的一些思路，是完全正当的——只要我们把这些假设用汉语证据检验即可。下文举一个假定的例子，我们假设原始藏缅语中有 *-n 韵尾和 *-l 韵尾的对立；假定我们在上古汉语中也找到了语音形式和意义相似的一对词例，而这对词例在中古汉语中一个字收-n 尾，而另一个收-w 尾；假定我们可以在这样的词例和以 *-l 收尾的藏缅语之间，找到很多明显的例子。我们就可以有理由去验证这样一个假设：即上古汉语也有 *-n 和 *-l 韵尾的对立，有可能与藏缅语的区别是一样的，*-n 一直未变，在中古汉语中仍为-n，而 *-l 在有些方言中演变成为-n 韵尾，在有些方言中则演变为-w 韵尾。（此例基于包拟古 1980：75—79 的一份真实报告。）

我们最终接受这个假设与否，当然取决于事实以及论证。然而这个假设并未因我们从藏缅语中得到启示而受影响。事实上，如果这个假设可以解释事实，那么（依据我们上面的第三个假定）由于它不光解释了汉语的证据,还在更大的汉藏语系的层次上解释了上古汉语的演变,因而它比其他的解释更有优势。

当然也有一些边界的现象让我们很难做出判断。然而通常而言,假设本身的有效性是独立于从哪里得到的启示本身的。我们所要记得的就是关于上古汉语的假设都必须首先用汉语的证据来检验。

第二章 中古汉语音系

2.1 建立新转写体系的必要性

正如第一章所指出的,中古汉语是上古汉语构拟的主要证据材料之一。本章即描写现有的中古汉语的证据,总结中古汉语的音系结构,并介绍一种(早期)中古汉语音系的转写体系。

我们有必要对这里所介绍的中古汉语转写加以解释。因缺乏一个方便且完备的汉语中古音标记体系,汉语历史音韵学研究受到了严重的阻碍。高本汉的中古汉语在好几本参考书[1]中可以找到,于是便成了一个事实上的标准,这并非一件幸事。尽管高本汉的构拟作为首个对中古汉语进行的详细语音构拟,有其重要的历史价值,但这个体系既不方便又有严重的缺陷。有些缺陷在最近提出的一些构拟体系[2]中得到了修正,不过我尚未见到哪种体系可以完全适合作为一种标准的标记体系;任一体系一方面有很多毫无争议的地方,另一方面则都带有作者本身对某些问题的解决办法,而大家对这些办法尚未达成共识;任一体系都很可能无法为其他音韵学研究者所接受。如果我们把转写和音系构拟区别开来,或许可以消除此种困境。我这里介绍的标记体系,并非为一个构拟体系;而更像是一个方便的转写体系。这种方便的转写体系,既充分代表了中古汉语的语音区别,又保留了尚有争议的问题。我希望在中古汉语构拟细节上有分歧的学者能够接受这套体系并把它作为有用的共同的转写体系。(即使有的学者不愿意采纳这套体

---

〔1〕 主要参考书包括高本汉的《中日汉字分析字典》(1923[1973]),《汉文典》(1940)及《汉文典(修订本)》(1957),沈兼士的《广韵深析》(1945[1977]),周法高的《汉字古今音汇》(1974b)等。

〔2〕 实例包括周法高(1954[1968],1968a),李荣(1956),Martin(1953),邵荣芬(1982)及蒲立本(1962,1984)。

第二章　中古汉语音系

系作为标准的转写体系，也可以发现这套体系的用处。因为对这套体系稍加简单替代，便可完全地打出字来，因而容易应用于电脑。）在等待解决分歧观点的解释的同时，我们没有理由不建议一种令人满意的中古音标记体系。[1]

为了解释建立除高本汉体系之外的标准体系的必要性，我将高本汉的中古汉语构拟中的主要缺陷概括如下：

首先，高本汉没有标注出在早期中古汉语材料中所表明的并且与构拟上古音有关的一些区别。例如：

1. 高本汉没有区别《切韵》中的"脂"Zhī、"之"Zhī 两韵，均构拟成 -i；例如，他把以下两例中的字音都构拟成 kji，尽管前一个在"脂"Zhī 韵，而第二个在"之"Zhī 韵（我把我的转写也列于其中以供比较）：

（10）饥 jī（饥饿）（高本汉：kji，白一平：kij）
（11）箕 jī（簸箕）（高本汉：kji，白一平：ki）

2. 高本汉没有区别《切韵》中的"佳"Jiā、"夬"Guài 两韵，均构拟成 -(w)ai；例如，他把以下两例中的字音都构拟成 kwai-，尽管韵书中这两字分属不同韵类：

（12）卦 guà（占卦）（高本汉：kwai-，白一平：kwɛiH）
（13）夬 guài（分开）（高本汉：kwai-，白一平：kwæjH）

---

[1] 事实上，汉语著作中已经有一套多多少少标准化的中古汉语读音标写体系，在这个体系里，用传统的音韵学的类别来标识中古音节的发音。例如在很有用的《古今字音对照手册》（丁声树和李荣 1981）中，中古汉语"先 xiān"（我的转写为中古 sen）的发音标写如下："山开四平先心"。"山"表示的是山摄或"先 xiān"所属的宽泛的韵类（以 -n 或 -t 收尾的主元音为非高元音的音节）；"开"表示这个字是开口音（即没有圆唇介音-w-）；"四"表示这个字在四等韵中（即在例如《韵镜》类的韵图第四行；见下文 2.2.2)；"平"表示这个字是平声；"先"是指这个字在《广韵》中所处的位置；"心"是辅音声母 s-音节的传统名称。这个标写体系非常精确，在中国韵书中相当标准，对熟悉分类的人来说非常方便。然而，对非专业人士则很困难。我的转写体系表示的是相同的信息，但采用了更方便易掌握的形式。

3. 高本汉对《切韵》某些韵中的所谓重纽（详见2.4.1.4）未加区别；例如，高本汉把以下的两例均构拟成 mi̯ět，虽然他们在《切韵》中被分开列出，且反切亦不同：

(14) 密 mì（紧密）（高本汉：mi̯ět，白一平：mit）
(15) 蜜 mì（蜂蜜）（高本汉：mi̯ět，白一平：mjit）

其次，正如第一章所提到的，高本汉很少注意他所构拟的要素的分布，或很少注意这些要素是否为区别性要素。他认为音位的描写是一种"狂热"，即试图"用最少最简单的符号来描写某种语言，最好这些符号不超出美国打字机键盘范围"（1954：366）。他的这个观点使其把音系上（甚至于在语音上）相同的音也标成不同的音。例如，高本汉的中古汉语元音-e-和-ä-这两个音是互补分布的，因为-e-只在-i-后出现，而-ä-只在-i̯-后边出现。（高本汉将-i̯-描述为"强元音"介音，而将-i-描写成"弱辅音"介音。）此外，高本汉构拟成-e-的词，与他构拟成-ä-的词似乎在中古时期的诗歌中自由押韵。我们用下面一对例子举例说明他所构拟的这些元音：

(16) 先 xiān（首先） 高本汉：sien（白一平：sen）
(17) 仙 xiān（神仙） 高本汉：si̯än（白一平：sjen）

所有的证据都表明，早期中古汉语这两个字的主元音相同，只是前面的介音不同；我把他们相应地写成 sen 和 sjen。高本汉的构拟中介音和主元音皆不相同，这就使得中古汉语的音韵结构和中古汉语诗歌的押韵规律模糊了。

第三，高本汉不单把同一个元音用多个符号来标识，有时候还把完全不同的元音写成同一个符号。这有可能是他没有看出早期中古汉语和晚期中古汉语差别的缘故。例如，以下两例的主元音高本汉均构拟成-ə-：

(18) 根 gēn（树根） 高本汉：kən（白一平：kon）

(19) 斤 *jĭn*（斧头；狡猾）　高本汉：*kiən*（白一平：*kjɨn*）

按高本汉的构拟，这两个字应该正好押韵。或许在晚期中古汉语中确实如此[1]，然而早期中古汉语中这类的押韵非常罕见。相反，早期中古汉语中大量的倾向是高本汉的 -*ən* 和 -*uən* 与他构拟的 -*iɒn* 和 -*iwɒn* 这两个韵母押韵，而非与他所构拟的 -*iən* 和 -*iuən* 押韵（隋代的材料参见李荣 1961—1962[1982]：167–182）。这很可能表示早期中古汉语中高本汉的韵母 -*ən* 和 -*uən* 与他所构拟的韵母 -*iɒn* 和 -*iwɒn* 具有相同的主元音；相应地，我把前者标写成 -*on* 和 -*won*，后者则标写为 -*jon* 和 -*jwon*。这里的 -*o* 很可能最好解释成后中不圆唇元音[ʌ]。

第四个问题虽然理论上并不重要，但在应用上却很不便利。高本汉使用的符号很难打字，尤其在打字机或电脑上。而且对非专业领域的人士来说，这些符号令人迷惑且易引起误解，因为人们很难准确地打出来，以致倾向于省略那些很麻烦的区别符号来简化高本汉的符号。问题是，尽管他的一些区别符号是多余的，可以安全地省略掉，然而还有一些虽然看起来不显著的符号却标写着很重要的语音区别。例如，把高本汉的 *liĕn*（我写作 *lin*）的上下加符号移去，看起来就完全成了他写的另外的构拟 *lien*（我写作 *len*）。

这里所介绍的中古汉语转写体系在设计的时候避免了以上缺陷。它的一些主要特点如下：

1. 它把《切韵》音系中所有的区别包括高本汉忽视的区别都表达出来了。
2. 利用一些简单的替换，这个体系中的符号完全可以用常用的字母来表示，用普通的打字机和计算机键盘就可以打出来，没有上加符号和下加符号，也没有上标和下标。在便于打字的转写版本中，所有的符号都使用标准的 ASCII 码，可以在任何标准的文字处理或者数据库软件中使用。我们期望有一天计算机世界里有一个公认的标准方式来处理上下标符号以及语音符号，

---

[1] 在等韵图中把这两个字都归为同一摄，也许表明他们在晚期中古汉语中押韵，尽管这个摄分类的含义仍有争议。

不过这一天尚未到来；在这之前，设计一个实用的转写体系之时，有必要考虑只使用美国键盘上的这些符号，尽管这一点被高本汉所取笑。但是除去打字方便之外，避免使用上下标符号以及尽量减少特殊符号还会使转写便于阅读和记忆，尤其对非专业人士更是如此。

3. 由于可用的符号数目有限，我们使用字母来表示高本汉用上下标符号之处。例如：-y-一般用来表示腭化；高本汉的腭化表示符号 ś-标写为 sy-。

4. 所有《切韵》中的同一个韵类，都标写为相同的主元音。相反则不尽然，即《切韵》中不同的韵并不一定都拥有不同的主元音。例如先 xiān<sen（首先）和仙 xiān<sjen（神仙），如上所述，主元音均写作-e-，尽管这两个字分属《切韵》不同的韵类，理由是他们在隋代诗歌中押韵。

需要强调的是，我并不把这里所提出的中古汉语转写视为汉语任何共时时期（synchronic）的一个构拟体系。其中许多这种标写符号仅仅是汉语音韵学传统中保留的区别标记，多少带有任意性。事实上，因为《切韵》所反映的区别多于现在任何方言中所保留的区别（见下文 2.2.1.1），很可能任何一种真正的语言学构拟都无法全部反映这些区别。这里所提出的标写体系，仅仅是用一个简单且较实用的形式，把汉语语言学传统中对每个字的语音信息表示出来。

下文 2.2 节讨论中古汉语韵书和韵图。中古汉语的转写体系详见 2.3 节（中古声母）和 2.4 节（中古韵母）。尽管 2.3 节和 2.4 节才给出转写的体系，我在 2.2 节的讨论里将开始引用这个体系来举例，这样韵书和韵图的讨论将容易一些。为使这些例子看起来更清楚，我先将转写体系的标写习惯说明如下：

1. 声母位置的 ʔ-表示喉塞音[ʔ]；此符号如果打不出来，则可以用 '-替代。声母位置的 h-代表浊的喉擦音，其音值很可能是[ɦ]或[ɣ]。

2. 声母的次要性发音特征，使用字母而非上加和下加符号表示。因而-y-表示腭化：高本汉的 ś 则在这里表示为 sy 等等。类似地，-r-代表的是翘舌发音，其作用相当于高本汉的加于字母之下的点。[1]

3. 当写作-y-的腭化音与第一个字母为-j-的韵母结合时,则-j-省略。因此,一个音节中其声母为 tsy-、韵母为-jang 时便写作 tsyang,而非 tsyjang。这种写法使音节简略一些,同时并未引起语音对立消失,因为腭化声母仅仅出现在韵母带-j-或者-i-之时(在腭化声母之后-ji-及-i-从不对立)。

4. 主元音的书写习惯如下:(1) -æ-可以解释成前低(不圆唇)元音[æ];当这个符号无法打出时,可用-ae-替代。(2) 符号-ɛ-其音值可以解释为前中(不圆唇)元音[ɛ];无法打出时可用 -ea-替代。(3) 符号-ɨ-用来表示央高不圆唇元音[ɨ];无法打出时可用-+-替代。(4) 字母-o-最好解释为后中不圆唇元音[ʌ]。

5. 传统的汉语调类平上去入不用上加符号来标记,直接用音节的最后一个字母来标记。上声用后缀-X 标识,去声后缀-H。(当然声调也可以不用小的大写字母来表示,不过这样只是为了区别音节起首的 x-和 h-。)入声则直接分别标识为-p、-t、-k;音节不以-X、-H、-p、-t、-k 收尾的则都是平声。

2.2 中古汉语研究的主要证据来源

从中古汉语时期以来的传统汉语音韵学文献,极为丰富详尽。因而从高本汉一直到现在的学者都将其作为构拟中古汉语音韵范畴的主要基础。同时,用其他的材料——主要是现代汉语方言和其他语言中的汉语借词——作为辅助,对音韵范畴的音值进行拟测。所用的主要书面材料有:(1)《切韵》系列的韵书,韵书中的汉字按韵排列并标识出了每个音节的读音(读音表示方法详见下文介绍);(2) 诸如以《韵镜》为代表的韵图。《韵镜》是按声母和韵母的搭配制成的表格。这两类材料将在 2.2.1 和 2.2.2 中分别介绍。

---

〔1〕 不过我的-r-不是总跟高本汉的下标点相对应。我采纳罗常培(1931b)的做法,把声母 tr-、dr-、trh-和 nr-视为翘舌音,用-r-来标写。而高本汉则把他们视为硬腭塞音 ȶ-、ȡ'-、ȶ'-及 ń-。见下文 2.3.4。

大量依靠书面材料是正确的，因为韵书和韵图经常保留了现代方言中已经丧失和只有部分保留的那些区别，且这些区别单靠比较法的构拟无法恢复。2.1 节中提到的所谓重组的区别能够很好地说明这个问题："密" *mì<mit*（紧密）和"蜜" *mì<mjit*（蜂蜜），以及许多这样类似的词对，在韵书和韵图中被系统性地区别对待，而且有足够的证据证明，这样的区别真实存在。但是这些区别在现代方言中几乎荡然无存，而没有书面材料则很难恢复这种区别。同时我认为，这些区别对构拟一个正确的上古汉语元音体系非常重要。

然而，我们应该牢记主要依靠书面证据材料的危险性。我们有充分的理由认为，一些传统音韵学中的区别是人为的且不正确的。例如，早期中古汉语中我写作 *dzy-* 和 *zy-* 的早期中古汉语声母在一般的韵图中写反了，因此第一个被视为擦音，而第二个被视作塞擦音。出现这种错误的原因很可能是在晚期中古汉语时期这两个声母已经产生了合并（见下文 2.3.6）。而且这个书面文献并未能够全面呈现（represent）各种方言，应用于某些现代方言（比如闽方言）的历史时，也可能是无关的或误导性的。尽管我仍或多或少地利用传统的方法即以书面文献为依据来讨论中古汉语，而现代方言的进一步研究或许将对这种有可能的偏差进行重要的更正。

2.2.1　韵书

从名称上看，韵书早在魏晋时期（公元 220—420 年）就为人所知，而真正的最重要的一系列韵书始于公元 601 年隋朝（581—618）陆法言所编的《切韵》。尽管韵书的本意是为了便于写诗，却逐渐地带上了其他通用词典的特点，提供了当时文学语言词汇的发音、意义和书写形式。

韵书里的发音用反切（高本汉翻译为"turning and cutting"，1954：213）来表示。反切用两个汉字来表示某个字的读音：反切上字与所切音字的声母相同，而反切下字与所切音字的韵母相同。如"東" *dōng <* 中古 *tuwng*（东方）用"德红"两字相切，即"*dé+hóng*"，或者用中古汉语的发音形式：*t*(*ok*)+(*h*)*uwng*，表示这个字的发音声母为 *t-*，韵母为 *-uwng*。反切字一般用常用字，所以读者可以通过这些他们已知的字的

读音来拼出不熟悉的字的读音。

反切法被认为是公元 2 世纪时开始产生的——很可能受印度音系描写法的影响。在此之前,唯一可知的汉字注音方法是使用同音字;无同音字时(或没有可能会被认识的同音字时),有必要求助于近音字。这种注音方式称之为直音法,被广泛用于汉代的经典注疏中。反切法在标音精细程度上是一个很大的进步。[1]

《切韵》传统的韵书,编排方式都颇为接近,可以总结如下:

1. *调类* 每本韵书都分作四个部分,每部分是一个中古汉语的调类,其顺序为平上去入。大部分的韵书为每一个声调另立一卷,只是平声分作两卷,因平声赅字太多的缘故。
2. *韵* 每个调类进一步分成韵,其标志是此韵的第一个字:"東" dōng<*tuwng*(东方)这个字则是"東" Dōng 韵的第一个字,依此类推。在《切韵》中,每个韵类的所有字是可以互相押韵的,不过它们的韵母不一定完全相同:例如"東" Dōng 韵就包含了两类中古汉语的韵母-*uwng* 和-*juwng*。

一般来说,每个平声韵都有相应的上声和去声韵。而用鼻音收尾的阳声韵也有对应的以相应清塞音收尾的入声韵;例如中古-*et* 即被视为所对应-*en*(平声)、-*enX*(上声)及-*enH*(去声)的入声韵。为了方便起见,人们不管声调,仅用平声韵的首字来作整个一组韵的代表。例如:"東"Dōng 有时不只是代表平声韵,广义上也代表相应的上声韵"董" Dǒng(其韵母为-*uwngX* 及-*juwngX*)和去声韵"送" Sòng(其韵母为-*uwngH* 及-*juwngH*);有时还可以包括对应的入声韵"屋" Wū(其韵母为-*uwk* 及-*juwk*)。这些韵的顺序基本按四个声调的顺序排列;即首先为平声韵,其后依次为与第一个韵相对应的上声韵、去声韵和入声韵。然而也有一些例外的情况。例如《切韵》里有四个韵只有去声:"祭" Jì、"泰" Tài、"夬" Guài 及"廢" Fèi。

同一个声调下的各个韵并无明显的次序,只是相似的韵被编排在一起。例如"陽" Yáng 韵(包括含有韵母-*jang* 和-*jwang* 的字)和"唐" Táng 韵(包括含有韵母-*ang* 和-*wang* 的字)相邻,反映出这两个

---

[1] 关于直音及其他早期注音方式的有用研究,见柯蔚南(1983)。

韵的四个韵母在当时的诗歌中同押。作为韵目名称的字,似乎是有意图的:如果相邻两韵的韵目代表字所用的中古声母相同,很可能表示这两韵在当时某些方言中读音相似或相同。例如,"先"Xiān(中古 sen)和"仙"Xiān(中古 sjen)两韵相邻,首字均以 s-起首;这两韵中的字在中古汉语中可以自由通押,后来在大部分汉语方言中,这种区别都消失了。相似地,"删"Shān(中古 sræn)和"山"Shān(中古 srɛn)两韵相邻,首字均为声母 sr-;他们在现代汉语方言中亦已合并,而这种合并在《切韵》时代一些方言中已经出现。[1]

3. *同音字组*　在每个韵里,完全同音的字组织在一起构成同音字组。每个字下均有一个解释,有些解释非常简单,有些(尤其是在后期的韵书里)则较长,且指示出古代典籍中的用法。此外,在每个同音字组的首字之下,提供了以反切形式表现的本组字的读音,其结构为"AB 反"或"AB 切",A 代表的是反切上字,B 代表的是反切下字(见上文)。每个同音字组中的字数在同音字首字之下列出。如果某个汉字是多音字,有可能用以下两种方式之一表示:(1)同一个字按照其不同的读音归为不同的同音字组;(2)汉字只出现在一个同音字组中,或者加上一个异读反切,或者用另外一个同音字来表示它的读音。韵书中同音字组之间的编排尽管偶尔会有一些规律性,但总体来讲,他们的排列并无明显的原则。

2.2.1.1　《切韵》

关于《切韵》的来源及其编排方式,我们有幸还可以看到公元 601 年陆法言自己的《切韵》序。虽然《切韵》由陆法言最后定稿,而始于二十余年前的初稿,则据说是在陆法言家里由几位学者商定而来。陆描述了当时《切韵》是如何讨论而来的情景:

---

〔1〕　周祖谟(1943[1966]:417)给出了可以暗示郭璞(276—324)语言中的-ɛn 和-æn——或者其早期的形式——已经发生了合并的例子。王仁煦版的《切韵》开头的注释(见 2.2.1.2)指出,李季节《音谱》里的这两个韵并未区分,李是北齐时代(550—577)的官员。

"夜永酒阑,论及音韵。以今声调,既自有别。诸家取舍,亦复不同。……吕静《韵集》,夏侯该《韵略》,阳休之《韵略》,李季节《音谱》,杜台卿《韵略》等,各有乖互。江东取韵,与河北复殊。因论南北是非,古今通塞。欲更捃选精切,除削疏缓,萧(该)颜(之推)多所决定。魏著作(彦渊)谓法言曰:'向来论难,疑处悉尽,何不随口记之。我辈数人,定则定矣。'法言即烛下握笔,略记纲要,博问英辩,殆得精华。"(摘自周祖谟1968:35)。

陆法言《切韵》序中提到了五本早期韵书,现已亡佚。尽管当时的写作中提到这些韵书,我们除了书名及作者之外,对此一无所知。我们所能得到的关于这些韵书内容的最确切信息,来源于后期版本的王仁煦《刊谬补缺切韵》(见下文),其中将《切韵》与早期韵书作了比较。总体而言,《切韵》似乎保留了所有韵书的区别。

《切韵》具体代表的是什么语言一直存在争议。它所代表的是具体某一时间地点的语言还是包括了所有不同地区的语音差别,也可能是不同时间的语音差别? 尤其重要的问题是,《切韵》的音系,所代表的是不是任意的、人为的,抑或是以某种方式准确记录了当时具体的语音。

就这个问题,高本汉在没有任何论证的情况下认为《切韵》所代表的语言如下所述:

"尤其是陕西长安的方言;这种方言在唐代变成了一种通用语,除了沿岸省份福建以外,全国其他的城市以及其他中心地区的知识阶层都使用这种语言。"(高本汉1954:212)

长安(即现在的西安),曾经是隋唐时代的首都,因为《切韵》成书于隋朝,《切韵》的作者把这种方言作为标准看来也是合乎逻辑的。不过,对此观点也有一些强烈的反对意见。隋代于公元590年重新统一中国,根据《切韵》序来看,《切韵》作者们开始那场夜间音韵学讨论是在此时间之后。正如陈寅恪(1949)和周祖谟(1963[1966])所指出的,当时长安方言也许在文化上并不比更东边的主要文化中心洛阳、邺(河北南部)和金陵(即现在的南京)的地位高。陆法言认为对《切韵》贡献最大的颜之推(531—595),在其著作中,正面地提到过洛阳话与金陵话,并未提到长安。《切韵》的几个作者没有一个来自长安;其中三个是金陵人,剩下的是邺人。而且我们有独立的资料可以显示长安的方言与《切韵》所表示的音系,有许多重要的差异(张琨 1974:67—69)。的确,《切韵》序本身强烈地暗示着作者的意图是要建立一种任何一个地方的语言都不能反映的国家标准。这就可以解释为什么《切韵》保留了所有前人韵书区别的事实。

尽管我们不能假定《切韵》代表着某一个具体时期和地点的语言,其所代表的音系却并不会比一个普通的诸如美国词典所表示的音系更具人为性。典型的美国词典里,会包括超出任何一种英语所保留的区别;因此它收录了类似[hw]和[w]这样的区别(由某些美国人创造而来,标准的英国英语并没有这样的区别)。比如 father(父亲)这样的词中的[a:]和 cot(帆布床)中的[ɔ]这样的区别(这种区别在标准英国英语里有所保留,而大部分的美国英语变体中均无保留)。其结果并没有精确地代表任何一个地区的读音,然而也绝非是人为的。[1]

因此我们不能把《切韵》标准的人为性过分夸大。后来的一些学者比如清代学者戴震(1723—1777)怀疑《切韵》中很多的区别并无事实根据;而两百个不同的韵(分调类计算)似乎是不现实的(王力 1936—1937[1957]:245—246)。不过,大部分《切韵》中所标明的细微差别可被大体上同时代的材料确认:诸如《玉篇》《经典释文》、玄应的《一切经音义》(周祖谟 1963[1966],周法高 1948b[1968];关于这些材料的情况详见下文 2.2.1.3)。正如蒲立本所说:

"也许公元 600 年的时候,没有一种方言还保留着《切韵》里所划分的所有语音区别,可是也许我们可以肯定,所有的这些区别可以在当时所有文化阶层所说的话里找到。"(蒲立本 1962:65)

---

[1] 首次试图对现代汉语规范化的尝试,见《国音字典》(教育部读音统一会 1919),类似地,也包括了取自数种方言的发音区别;例如,包含了入声的区别,也包括了前元音前的[s-]和[ɕ-]即所谓尖音和团音的区别。(这种区别在 Mathews1943 中仍然保留。)赵元任据称是唯一学会说这个版本的标准汉语的人。1932 年,这种发音标准被放弃了。国语发音的基础采纳了北京话的发音(赵元任 1976:103)。

(关于《切韵》及其所代表语言的进一步讨论见周祖谟1963[1966]及张琨1974。)

2.2.1.2 《切韵》的修订

目前我们所知的《切韵》在唐代和宋代经过了数次修订。主要的修订版本见表2.1(源于张琨1974:74)。到现代,《广韵》(1007—1008)和《集韵》(1038—1039)是唯一可见的《切韵》版本,且持续了很多年。《广韵》是宋代(960—1279)由陈彭年(961—1017)和邱雍所领导的一批学者奉朝廷之命编撰而成。其后《集韵》由丁度(990—1053)在《广韵》基础上,于宋代晚些时候编写而成。令人遗憾的是,现在版本的《集韵》由于很多明显的错误,其音韵价值大大减少,这些错误很可能是其成书之后才被增加进去的(王力1981:72—74)。两个版本中更早的是《广韵》,被认为——事实证明的确如此——保留了《切韵》中所有的语音范畴,尽管两者相隔了四百年;因为早期的韵书已全部佚失,到目前为止《切韵》的音韵研究只能以《广韵》为据。

然而从1900年开始,早期一些版本的残卷渐渐面世。吐鲁番的敦煌洞穴中发现了韵书残卷;有的出现在北京。大部分是手抄本,尽管也发现了一些印刷本。王国维(1877—1927)认为保存在大英博物馆中的三种敦煌《切韵》残卷中的两种是长孙讷言的版本,另外一种代表陆法言原著版本(引自王力1936—1937[1957]:178—180)。王仁煦的《刊谬补缺》本见于敦煌残卷以及北京的故宫博物院残卷。《唐韵》的残卷亦重见光明。1937年出版的《十韵汇编》包含了这些残卷和《广韵》(刘,罗,魏1937)。

表2.1 《切韵》的主要版本(源自张琨1974:74)

时　期	主要作者	书　名
601年	陆法言	切韵
677年	长孙讷言	切韵
706年	王仁煦	刊谬补缺切韵

续表

时　期	主要作者	书　名
720 年	孙　愐	唐韵（第一版）
751 年	孙　愐	唐韵（第二版）
763—784 年	李　舟	切韵
1007—1008 年	陈彭年，邱　雍	广韵
1038—1039 年	丁　度	集韵

最具戏剧性的发现发生于 1947 年，当时王仁煦的一个几乎完整的《刊谬补缺切韵》手稿在北京的故宫博物院发现（周祖谟 1966c）。董同龢（1948b[1974]，1952[1974]）和李荣（1956）都对此有研究；龙宇纯 1968 年也出版了一个修订版本。

《切韵》的不同修订版本并不只是改正原版的错误，而是增加了字和每个字的信息。原版《切韵》作者的主要目的似乎是建立一套语音体系而并不主要是编写一本词典；即使在《广韵》里，释义部分也是极为简明，在早期版本里则更为简要。后期版本中编进去的其他材料主要是使这本书更具词典的用途。

至少直到《广韵》，《切韵》原版的语音体系大体没有改变；后期版本中的反切，跟原版不是完全一样就是几乎总是等同。韵母的总数，从《切韵》的 193 增至《广韵》的 206，不过这种增加并不具有音韵学的价值；这些改动涉及的内容或填补偶尔的空缺，或将同一韵中的韵母分为不同的韵，尽管早期版本已经不做此种分类而置于同一韵中。（例如，中古汉语韵母 -an 和 -wan 在《切韵》中置于同一韵类，而在《广韵》中则置于不同韵类。）较早与后来版本中唯一重要的音韵区别在于中古的 dzr- 和 zr-，在王仁煦版本里仍然保存着他们之间的区别，而在《广韵》里这种区别并未保留（董同龢 1952 [1974]：517—518）。

此项研究中，大部分中古汉语的读音取自《广韵》，因为它有较好的索引版本，而且文本错误相对较少，它仍然是目前最方便使用的韵书。

2.2.1.3 反切材料的其他来源

除了韵书之外,中古汉语时期还有几种提供反切材料的重要著作,下文讨论此类著作中主要的几本。

陆德明的《经典释文》包含了十四本经典典籍中的字音。[1] 尽管一般认为陆德明是唐代(618—907)的人,他大约生于550年,卒于630年,而《经典释文》很可能成于583年,这个时代事实上早于《切韵》(见林焘1962,周祖谟1966a:275,王力1981:63)。此书为经典中的难字或是一个字不常见的读音均提供了读音(通常用反切注音)。陆德明提到了许多前朝语文学的著作,很多今已佚失,仅从《经典释文》中知道它们的存在。《经典释文》的语音体系跟《切韵》非常接近,有一些差异很可能反映了陆德明的家乡吴地的知识阶层的读音特点。[2] 在构拟《诗经》押韵字的时候,除却那些在《切韵》中没有区别的地方,我一般采纳《经典释文》的读音。

早期中古汉语的另外一个主要材料就是顾野王(519—581)于543年编成的《玉篇》。《玉篇》是按《说文解字》体例编成的词典,其中汉字按照542个部首排列。[3] 每一个汉字都注了反切读音。原版《玉篇》有三十卷,篇幅巨大且不利于使用,唐宋时期对其有好几个版本的缩简,不过通常都改变了它的反切;原版《玉篇》有一些残卷遗存(一共大约有16917个字条,残卷中仅存两千余条),目前所见的《玉篇》版本并不是一个早期中古汉语音系学可以依靠的版本。

然而在804年来到中国的日本和尚空海(Kūkai,774—835)所

---

[1] 包括《周易》(或称〈易经〉)、《古文尚书》《毛诗》(或称《诗经》)、《周礼》《仪礼》《礼记》《左传》《公羊传》《穀梁传》《孝经》《论语》《老子》《庄子》及《尔雅》。

[2] 最显著的是韵母 -i(之 Zhī 韵)与 -ij(脂 Zhī 韵)相混;-jin 和 -jit(殷 Yīn 韵和迄 Qì 韵)与 -in 和 -it(分别为真 Zhēn 韵和质 Zhì 韵的重纽三等韵)相混;声母 dz- 与 z- 相混;这些特点也在顾野王编的《玉篇》残卷及吴地区的发音特征中有所反映;见下文。

[3] 《说文》用了稍有不同的540部首,现代的214部首首先是在晚明梅膺祚于1615年编撰完成的《字汇》中使用;后来被《康熙字典》(1716年)采纳,于是成了标准。见王力(1981:104—105)。

编的字典《篆隶万象名义》的底本是原版《玉篇》。据周祖谟对这本书的考证(1966a),此书所用的反切与《玉篇》残卷的对照,说明这两者均忠实地保留了原本《玉篇》的音系。周祖谟对这些反切的分析揭示出其语音体系与《经典释文》的音系非常相似;《篆隶万象名义》中最主要的差别反映出唇声母 p-、ph- 及 b- 分别分化成双唇和唇齿两套声母。[1]

包含反切的其他几本著作也对中古汉语及其变体的研究有重要意义,这里只能简单地提一下。其中一本由玄应和尚于 655 年编成的《一切经音义》。玄应是从印度取经的玄奘和尚的门徒。这本书提供了佛经里很多文本的反切字音(见周法高 1948b[1968])。一个世纪之后,慧琳和尚也编了一本同名但更大的著作(见黄淬伯 1930)。

2.2.2 等韵学

等韵图的传统研究在汉语里称为等韵学。(关于"等"这个字的含义见下文。)它包含了许多音韵配合表以及伴随着的文字说明,这种形式很可能起源于晚唐。等韵图所代表的语言阶段(晚期中古汉语)跟《切韵》所代表的语言阶段有点不同;不过如果细心使用的话,韵图仍然在构拟早期中古汉语的时候非常有用,许多等韵学的术语也可以在早期中古汉语时期使用。

在现存最早的等韵图里,对早期中古汉语研究最有用的是《韵镜》和《七音略》。我在下文把它称之为早期韵图,与对早期中古汉语语言研究用途较小的晚期韵图加以区别。

目前所见版本的《韵镜》是张麟之分别于 1161 年和 1203 年写了两篇序言的版本。《七音略》包含在宋代学者郑樵(1108—1166)的《通志》里(详见罗常培 1935)。这两者都显示出宋代之前的风格。下文将对《韵镜》的编排作一个简单介绍,以使读者对何为韵图有一个精确的理解。讨论的大部分内容也可用于与之相似的《七音略》。

---

[1] 周祖谟认为,唇齿音对应的 p- 和 ph- 在《万象名义》中仍然区分,暗示他们曾经是唇齿塞擦音 [pf] 和 [pfʻ],而不是擦音;后来在唐代已有证据显示它们已经合并为简单的擦音 [f]。正如某些汉语南方方言一样,《万象名义》并没有反映来源于早期 m- 的唇齿声母。见周祖谟(1966a: 280—283, 305—306)。

《韵镜》里有四十三个表(或称作转),这些表中,韵书的音节根据其语音特征放在表格里。四十三转中的每一个表都包括了一套韵母,以及可能的声母和所有的声调。在一张表里,字在表里按韵母横排,按声母竖排。

2.2.2.1　韵母在《韵镜》中的表示法

(不计调类的情况下)《韵镜》中一张韵图中可以列四个不同的韵母,不过这些韵母在任何一张表中都有相同的韵尾(例外的情况是,入声韵带的是清塞尾,而其他调的韵带鼻韵尾),且很可能带有在晚期中古汉语中相同的主元音或者相近的主元音。每张表都描述成内转或是外转——这两个术语的意思尚不完全清楚。[1] 此外,开合(开口和合口的缩写)用来表示在主元音前面是否带介音-w-:合口表示有此介音,开口则无此介音。这些术语本书中将频繁使用。[2]

每张表有十六行,分成四组,每组四行。由四行构成的每组对应四声中的一个调类。每个声调组里的每一行都称之为"等",一般用数字表示为一等、二等、三等、四等。

这些"等"的语音含义是一个有争议的问题,汉语的音韵学传统对此很少直接阐明。大部分当代的研究者根据方言假定(在等韵图所代表的阶段)三等和四等带某种前高介音,而一等、二等则不带。大家还认为,一等韵母的元音发音比二等韵母的元音发音更靠后一些。现代汉语中几乎没有留下三等和四等的差别;对此研究者们提供了许多不同的解释,有人认为是介音上的区别,有人认为是主元音上的区别,而有人以为两者皆有。

表 2.2 是对《韵镜》里相邻两转(23 及 24)里的韵母排列的示例。这些韵母是用下文将要介绍的中古汉语标记法来转写的。表 2.3 是这些韵母在北京话和广州话舌根音声母之后的读音形式。

---

[1] 有人认为外转表示韵图中有二等韵,而内转没有。也有人认为内转和外转表示的是元音的音质,相应地表示高和低。见罗常培(1933)和李新魁(1983:19—23)的讨论。

[2] 有一些图上带有开合的标识,其意未明。

表 2.2　中古汉语韵母在《韵镜》相邻两转中的表示法

声调	等	第 23 转(外转,开口)	第 24 转(外转,合口)
平	一	-an	-wan
	二	-æn	-wæn
	三	-jen	-jwen
	四	-en	-wen
上	一	-anX	-wanX
	二	-ænX	-wænX
	三	-jenX	-jwenX
	四	-enX	-wenX
去	一	-anH	-wanH
	二	-ænH	-wænH
	三	-jenH	-jwenH
	四	-enH	-wenH
入	一	-at	-wat
	二	-æt	-wæt
	三	-jet	-jwet
	四	-et	-wet

表 2.3　上述四等在普通话和广州话中的读音示例

例字	等	中古汉语	普通话	广东话
肝(肝脏)	一	kan	gān	gòn
姦(通奸)	二	kæn	jiān	gàan
蹇(瘸子)	三	kjenX	jiǎn	gín
肩(肩膀)	四	ken	jiān	gìn
官(官员)	一	kwan	guān	gùn
關(关闭)	二	kwæn	guān	gwàan

续表

例　字	等	中古汉语	普通话	广东话
卷（卷起）	三	kjwenX	juǎn	gyún
涓（小溪）	四	kwen	juān	gyùn

2.2.2.2 《韵镜》里的声母表示法

《韵镜》的每张表有二十三栏，分别代表表中音节的声母。[1] 二十三栏根据发音的部位分作唇音、齿音等。每组中的声母依照发音的方法排列。例如，每张表的前四栏都是唇音声母字，顺序依此是：p-（不送气清塞音），ph-（送气清塞音），b-（浊塞音）和 m-（鼻音）；这个顺序在其他组中亦相同。发音方法和部位均有传统的术语，这些术语因韵图的不同亦有不同。

等韵图中还包括声母的传统名字，称为三十六字母，但《韵镜》里并没有这套内容。这套声母并不完全跟早期中古汉语声母对应，早期汉语声母只能从韵书传统的反切分析中得出，因为三十六字母比韵书要晚，很可能反映的并不是早期中古汉语的读音，而是晚期的读音。尽管《韵镜》表的二十三栏中包括了三十六字母，晚出的一些韵图直接用三十六栏，一栏为一个声母（比如《切韵指掌图》）。有关发音部位和发音方法的传统术语见 2.3 的表及讨论，彼处亦将详论中古汉语的声母。

2.3　中古汉语声母

表 2.4 列出了我的转写体系标写的中古汉语声母。表中所用的符号都有它们的标准音值，下文几个是例外：

1. 塞音和塞擦音的送气属性用 -h- 表示；这个 -h- 等同于国际音标中

---

[1] 事实上韵图时期声母数目是超过二十三个的，不过有的列对应多个声母；例如齿音声母 t 和翘舌声母 tr 被置于同一列中，t 属于一四等，tr 属于二三等。因此，一个词所处的等既可以确定它的声母，又可以确定它的韵母。

的[ʰ]或[ʻ]。
2. 字母-r-并不是一个独立的音段，只是代表前面辅音的翘舌发音。
3. 类似地，-y-表示其前边辅音的腭化形式。
4. 声母 h-代表浊的喉擦音，很可能相当于国际音标中的[ɦ]或[ɣ]（这些音的具体发音部位尚不清楚），与其对应的清音是 x-。

表 2.4　中古汉语声母

唇音	p-	ph-	b-	m-		
齿音	t-	th-	d-	n-		
边音				l-		
翘舌音	tr-	trh-	dr-	nr-		
齿咝音	ts-	tsh-	dz-		s-	z-
翘舌咝音	tsr-	tsrh-	dzr-		sr-	zr-
硬腭音	tsy-	tsyh-	dzy-	ny-	sy-	zy-	y-
舌根音	k-	kh-	g-	ng-		
喉音	ʔ-				x-	h-

正如表 2.4 所示，中古汉语的口塞音和塞擦音有三套，表示如下：
1. *不送气清音*。传统的音韵学术语称之为全清。[1] 这些声母在现代方言中一般仍然是不送气清音。
2. *送气清音*。传统的音韵学术语称之为次清。[2] 在我的转写体系里，送气用字母-h-表示，在标写的时候，永远写在标记诸如-y-（腭化）或-r-（翘舌）等次要性发音的符号之后。（当然 h-是独

―――――――
〔1〕　传统音韵学术语的翻译我采用蒲立本(1984)的方式。
〔2〕　蒲立本(1984:68)认为"次"只是表示清的送气音，在传统上是列于清的不送气音之后，很可能受梵文术语 *dvitīya*（第二）的影响，*dvitīya* 在 *devanāgarī* 字母里，也用来同样表示清的送气音。

立的声母,它代表的是浊喉擦音声母;见上文。)在现代方言中,送气清音声母一般保持不变。

3. *浊音*。浊阻塞音的传统术语为全浊。鼻音以及边音 *l*-这样的浊响音传统上称之为次浊。[1] 高本汉把全浊塞音和塞擦音声母构拟成送气的浊音,书写上是 *b'*-、*d'*-、*dz'*-等。不过,因为很少有证据支持送气的构拟,因此我采纳李荣(1956)及其他学者的方法,只是把他们简单地表示成浊音。全浊声母在大多数方言中已经清化,因声调和方言的不同变成送气或不送气清音。(例如在北方话里,平声中的浊声母变成送气清音,而在其他声调中浊声母变成不送气清音。)吴方言和其他(包括湘方言)几个方言中,浊声母仍然保留为一套独立的类型。

我们现在从发音部位的角度再详细地讨论一下这些中古声母。为了便于比较,我不但提出自己的标写法,同时把高本汉(1954)和蒲立本(1984)的也列出来供参考。而且我还将讨论传统的三十六字母名称以及汉语音韵学中惯用的术语。

2.3.1 唇音

中古汉语唇音声母如表 2.5 所示:

表 2.5 中古汉语唇音声母

白一平	高本汉	蒲立本(早期中古汉语)
p-	p-	p-
ph-	p'-	p'-
b-	b'-	b-
m-	m-	m-

---

〔1〕 和次清一样,次浊可能是表示这些浊的响音传统上列在浊的阻塞音之后。这两类浊的声母有时对声调的发展有不同的影响。例如,在北方话里,全浊上声字变为现在的第四声(例如:坐 zuò<dzwaX),而带次浊声母的上声音节,则与清的声母一样保持第三声不变(例如:"马"mǎ<mæX)。

请注意早期中古汉语并没有唇齿音声母 f-或 v-；在后来包括韵图所代表的晚期中古汉语出现了这样的声母，这些声母是在某些条件下从双唇声母中变化而来。此种变化我们可以称为**唇齿化**的音变（见附录 A），可用以下公式表达：

$$P \longrightarrow F/\_\_\_j[\,V,+后\,]$$

即早期中古汉语唇音声母在其后有介音-j-且是后元音（在我的体系里标记为-i-、-u-、-a-或-o-）的情况下演变成唇齿音。

这个演变是赵元任（1941）提出的。赵元任对这个演变式有一些怀疑，因为高本汉构拟的一些后元音音节并没有发生类似的演变：例如"兵"bīng<pjæng（高本汉写作 piɒng），"品"pǐn<phimX（高本汉写作 p'iəm：）及"冰"bīng<ping（高本汉写作 piəng）。而正像我的转写体系所暗示的，我怀疑在唇齿化音变发生的时候，这些音节所带的是前元音（关于前两个所带前元音的例子见蒲立本 1962：74—75, 78—79）。当然，唇齿化音变的其他演变式也是可能的（见蒲立本 1984：86—91）。

在现代的北方话（modern Mandarin）里，中古汉语的 p-、ph-及 b-在上述条件下都演变成了 f-；唇齿化的 m-很可能在早期官话中演变成了 v-，后来在标准汉语中与 w-合流：

(20) 風 fēng<pjuwng（风）
(21) 芳 fāng<phjang（芳香）
(22) 伐 fá<bjot（征伐）
(23) 無 wú（<早期官话 vú）<mju（没有）

除了唇齿化的音变之外，现代方言中中古汉语的唇音声母一般都保留。

闽方言的特点就是除了在唐代（618—907）及其后明显借自其他方言的文读字之外，没有受到唇齿化音变的影响，其他方言读作［f］音的字，闽方言的白读（源于早期语言的祖语而不是借词），仍然发作双唇音；在文读字里[f]借入之后一般都读作[h(u)]或[x(u)]。例如在厦门话里，"分"fēn<中古 pjun 有以下两读：

分 pun 1（白读）
分 hun 1（文读）

对应的普通话是

（24）分 fēn<pjun（分开）

客家方言也保留了那些常用字的双唇声母读音，这些字在其他方言中读作唇齿音。[1]

反映晚期中古汉语的传统音韵学术语把双唇音声母称为重唇音，由之发展而来的唇齿音声母称为轻唇音。三十六字母里有四个重唇音和四个相应的轻唇音。重唇音声母的早期中古汉语读音形式如下：

幫 Bāng<Pang　　　　p-
滂 Pāng<Phang　　　ph-
並 Bìng<BengX　　　b-
明 Míng<Mjæng　　　m-

传统的轻唇音声母名称如下：

非 Fēi<Pjɨj　　　晚期中古 f-　　　<早期中古 p-
敷 Fū<Phju　　　晚期中古 f-　　　<早期中古 ph-
奉 Fèng<BjowngX　晚期中古 fɦ-　　<早期中古 b-
微 Wēi<Mjɨj　　　晚期中古 v-　　　<早期中古 m-

────────

〔1〕见詹伯慧（1981[1985]：152,185）。尽管詹伯慧认为这是上古汉语中遗留的一种特征，其在早期中古汉语也有保留；闽方言和客家话缺乏唇齿音的特点，与《切韵》所反映的语言没有区别。这一点并未被广泛理解；很可能是因为传统三十六字母区分双唇音和唇齿音的影响，有时候缺少唇齿音被认为是前《切韵》的特征。

以上晚期中古汉语的构拟采用蒲立本(1984)。尽管等韵图里保存了"非"Fēi(源于早期中古汉语声母 p-)和"敷"Fū(源于早期中古汉语声母 ph-)之间的区别,蒲立本(1984:69)认为这些声母语音上在晚期中古汉语没有区别,此种区别是基于早期中古汉语反切而得出的一个人为的区别;而不送气的[f]和送气的[f']之间的区别将非常罕见。不过,有可能在早期唇齿化时期,中古汉语 p-及 ph-分别变成了唇齿的塞擦音[pf]和[pf'],随后才合流为[f]。

至于"微"Wēi 的语音地位,即来源于早期中古汉语 m-的唇齿声母"微"母的语音地位,也是有问题的。这个字母经常用国际音标的唇齿鼻音(labiodental nasal)[ɱ]表示。(例如《辞海》的语言文字分册 1978:43。)而根据 Ladefoged(1971:37),唇齿的鼻音[ɱ]一般只是用作其他鼻音的条件变体;还尚未见到哪种语言中[ɱ]和[m]在音系上有这样的区别。蒲立本把这个声母在晚期中古汉语中构拟成双唇近音的[ʋ]。注意早期中古汉语带 m-声母的字在有些南方方言中并没有发现唇齿化的痕迹;试比较:

(25) 晚:粤语 máahn(晚),普通话 wǎn<早期中古 mjonX

与其假定唇齿化音变在这些方言中曾经发生后又倒退回去,不如假定在这些方言中发生了另外形式的变化,这种变化从未影响早期中古汉语的 m-。

2.3.2 齿音(舌头音)

中古汉语的齿音声母如表 2.6 所示:

表 2.6 中古汉语齿音声母

白一平	高本汉	蒲立本(早期中古汉语)
t-	t-	t-
th-	t'-	t'-
d-	d'-	d-
n-	n-	n-

尚不清楚在发音上应该把这些音看成齿音还是齿龈音，不过除此之外他们在构拟上很少有分歧。现代汉语方言中一般表现为齿龈音；不过请注意在许多方言中 n- 跟 l- 经常混淆。这些声母的传统名称如下：

端 Duān<Twan   t-
透 Tòu<ThuwH   th-
定 Dìng<DengH   d-
泥 Ní<Nej   n-

2.3.3 边音（半舌音）

中古汉语边音声母在我的转写中标为 l-。高本汉和蒲立本都构拟成 l-。对这个声母大家很少有分歧。其传统的名称是"来"母：

來 Lái<Loj   l-

现代方言中，这个声母一般保持为 l- 形式，只是偶尔与 n- 合并。

2.3.4 翘舌塞音（舌上音）

中古汉语舌上音如表 2.7 所示：

表 2.7   中古汉语舌上音

白一平	高本汉	蒲立本（早期中古汉语）
tr-	ṭ-	tr-(t-)
trh-	ṭ'-	tr'-(t'-)
dr-	ḍ'-	dr-(d-)
nr-	ń	nr-(n-)

高本汉把这些声母都构拟成硬腭塞音，不过正如罗常培（1931b）所提出的，这些音更应当构拟成翘舌塞音，因为它们都被用来规则地转写梵文中的翘舌塞音。正如蒲立本（1984：66）所观察到的，这些声母在汉越语中也表现为翘舌音，例如：

(26) 知 zhī<trje(认知),汉越语: tri

如上所述,在我的转写里,-r-仅仅是一个翘舌的标记,并不是一个独立的音段。翘舌塞音声母和齿音声母几乎是互补分布的,两类声母的反切有时也相混。蒲立本令人信服地证明,齿音和翘舌声母的相混是南方方言的特征(1984:168—169)。我们找到了一个与之对立的词对:

(27) 地 dì<dijH(地面)
(28) 稚 zhì<drijH(幼稚)

不过,音节 dijH 是不规则的,一般来说,纯粹的齿塞音声母并不与以-i-和-j-开头的韵母(即所谓的三等韵母,见下文 2.4)一起出现。正因为有这样的一个对立,对这种区别的转写才具有价值,且在传统音韵学中也是区别对待的,我在我的中古汉语转写体系里也保留了齿音和翘舌塞音声母的区别。

大部分现代方言里,nr-已经与 n-产生了合并,而 tr-、trh-及 dr-已与硬腭音(palatal)及翘舌塞擦音合并。然而在闽方言中,无论是文读还是白读,一般都是齿塞音,既跟中古汉语 tr-、trh-及 dr-对应,也跟中古汉语 t-、th-和 d-对应。例如:

(29) 中 zhōng<trjuwng(中间),厦门话 tiong 1(文读)
(30) 茶 chá<dræ(茶叶),厦门话 te 2(白读)

翘舌塞音声母的传统名称是:

知 Zhī<Trje   tr-
徹 Chè<Trhjet   trh-
澄 Chéng<Dring   dr-
娘 Niáng<Nrjang   nr-

2.3.5　齿龊音(齿头音)

中古汉语的齿龊音声母如表 2.8 所示:

表 2.8　中古汉语齿咝音声母

白一平	高本汉	蒲立本（早期中古汉语）
ts-	ts-	ts-
tsh-	ts'-	ts'-
dz-	dz'-	dz-
s-	s-	s-
z-	z-	z-

关于这些音的构拟很少有分歧，它们的传统名称为：

精 Jīng<Tsjeng　　　　　ts-
清 Qīng<Tshjeng　　　　tsh-
從 Cóng<Dzjowng　　　 dz-
心 Xīn<Sim　　　　　　s-
邪 Xié<Zjæ　　　　　　z-

在很多方言里（包括主要的北方方言），这些音在前高元音前已经腭化，与同样语音环境下腭化的舌根音声母合并。例如，在标准汉语普通话里，原来的齿咝音和舌根音在这种条件下合并为硬腭音 j-、q-和 x-。下面是一对例子：

（31）津 jīn<tsin（浅滩）
（32）巾 jīn<kin（方巾）

有些方言里还可以区分出这些区别（例如[tsin]对应[cin]）。在保持这种区别的方言里，原来的齿咝音传统上称为尖音，而由舌根音腭化的音传统上称为团音。

2.3.6　腭化咝音

中古汉语的腭化咝音如表 2.9 所示：

表 2.9 中古汉语的腭化咝音声母

白一平	高本汉	蒲立本（早期中古汉语）
tsy-	tś-	tɕ-
tsyh-	tś'-	tɕ'-
dzy-	ź-	dʑ-(ʑ-)
sy-	ś-	ɕ-
zy-	dź'-	ʑ-

这些声母只是与带前高介音或-j-或-i-这样的元音的韵母来组合；正如前文所提到的，在拼写上如果声母包含一个腭化符号-y-，那么其后的-j-符号统一省略掉。

腭化声母中主要的争议是我写作的 dzy-和 zy-。我的中古汉语转写体系采纳陆志韦（1947[1971]：11—13）及蒲立本（1962：67—68，1984：169—170）所提出的观点，在这两个声母类别有分别的方言里，即高本汉所构拟成 ź-的音事实上是塞擦音，而他构拟为 dź'-的却是一个擦音。这种混乱源于韵图，韵图把 zy-和 dz-及 dzr-放在同一栏里，却把 dzy-与 z-及 zr-放在同一栏里。这种排放方式或许反映出在晚期中古汉语时代，dzy-和 zy-通常已经相混。有几个证据支持陆志韦及蒲立本对这些声母的处理方式：

1. 正如蒲立本所指出的，对 dzy-和 zy-的这种处理方式使得对颜之推（《切韵》作者之一）《颜氏家训》中的一些话可以进行内部一致的解释。颜之推说南方的读音：

   钱 dzjen 读作涎 zjen
   石 dzyek 读作射 zyek
   贱 dzjenH 读作羡 zjenH
   是 dzyeX 读作舐 zyeX

我们所采纳的解释是左边一栏都带塞擦音，而右边一栏则带擦音声母。假如采用高本汉的解释，则这个内部就不一致（参见周祖谟 1943

第二章 中古汉语音系

［1966］：412—413）。

2. 中古 *dzy*-(高本汉的 *ź*-)倾向于用于转写梵文的浊硬腭音 *j*-,而中古 *zy*-(高本汉的 *dź'*-),一般用来转写梵文的 y 或 *ś*(参见蒲立本 1962：68)。

3. 这个证据没有上面的那么重要,但是也很有意义,即中古的 *dzy*- 似乎跟齿塞音 *t*-、*d*-等有谐声关系,这支持将其上古形式构拟成 *dj-。从上古的 *dj-演变成中古的腭化塞擦音 *dzy*-就显得比较自然。例如:

(33) 禪 shàn<dzyenH<*djans(禅让)[1]

声符为

(34) 單 dān<tan<*tan(单个)

中古 *zy*-的上古构拟正像我们看到的那样,会更复杂一些。不过我们可以看出,它与我们所构拟的 *l-或 *j-是有谐声关系的。这亦与我们所采纳的它在中古汉语时期是擦音而不是塞擦音的解释相吻合。

在晚期中古汉语的韵图所反映的音系中,硬腭声母 *tsy*-、*tsyh*-、*dzy*-、*sy*-和 *zy*-以及翘舌声母 *tsr*-、*tsrh*-、*dzr*-、*sr*-及 *zr*-都视为同一类,称为正齿音。这两类声母很可能在晚期中古汉语已经合并,发生这种演变的原因或者是早期中古汉语-*i*-和-*j*-脱落或者是在翘舌咝音 TSr-后产生了后化;我把这类演变称作 **TSrj->TSr-**(见附录 A)。[2] 因为硬腭的声母只在-*i*-或-*j*-前面出现,这种演变使硬腭音和翘舌咝音呈互补分布,所以可以重新分析为同一个系列。(翘舌音声母在等韵图中仍放在二

---

[1] 当然,"禪"也读作 chán<dzyen,含义是冥想,梵文为 dhyāna(日语对应读音是 zen)。如果这个读音在上古汉语时期也存在的话,我们可以把它构拟成 *djan,看起来跟梵文 dhyāna 对应很好;然而这个读音很可能是在上古 *dj-已经腭化为 dzy-后才从某种印源借入的,很可能是带有硬腭声母的俗梵文形式,如巴利文 jhāna。

[2] 见蒲立本(1984：83,169)。这个音变具体是如何形成的尚不清楚,不过与目前的研究没有直接关系。

等,而硬腭音则放在三等,其原因很可能是随后所带的元音不同,而不是因为声母本身不同所致。)

例如,在所见的各版本的《切韵》中,下面这个字:

(35) 生 shēng<srjæng(出生,生活)

其反切是"所京反",即 srjoX+kjæng = srjæng

然而在其后的《广韵》中则变成了"所庚切",即 srjoX + kæng = sræng。

这个反切则反映出 -j- 在翘舌咝音声母 sr- 后发生了脱落[1](韵图中所保留的反切并没有系统性反映出这样的变化,不过这样的演变似乎在韵图时代已经完成)。因为声母 sy- 只在前介音或者前元音之前出现, sr- 后的 -j- 脱落之后,则 sy- 和 sr- 呈互补分布,于是很可能就被重新分析为晚期中古汉语中同一个声母的变体。

正齿音的传统名称如下:

照 Zhào<TsyewH	晚期中古 tṣ-	<早期中古 tsy- 及 tsr-
穿 Chuān<Tsyhwen	晚期中古 tṣʻ-	<早期中古 tsyh- 及 tsrh-
牀 Chuáng<Dzrjang	晚期中古 (t)ṣh-	<早期中古 zy- 及 dzr-
審 Shěn<SyimX	晚期中古 ṣ-	<早期中古 sy- 及 sr-
禪 Shàn<DzyenH	晚期中古 ṣh-	<早期中古 dzy- 及 zr-

传统的三十六字母影响很大,以至于早期中古汉语硬腭音和翘舌咝音的区别,直至晚清学者陈澧(1810—1882)在其开创性的研究《切韵考》(1842[1965])中对《广韵》反切分析才被发现。因为这种区别在传统的音韵中被忽视了,如果我们想对早期中古汉语硬腭和翘舌咝音在称

---

[1] 请进一步注意,这个词在现代方言中的演变似乎是它以前的韵母为 -æng 而非 -jæng;例如,生 shēng<srjæng 在广州话中读作 sàang 或 sàng,而非我们通常所期待的来源于 -jæng 的 sèng 或 sìng 形式。(在官话中无法区分中古 -jæng 与 -æng。)我为与《切韵》保持一致,仍然在这种情况下把它写作 srjæng,以更好地标识早期中古汉语。

呼上有所区别,则传统的这些字母称呼必须有所更动。由于韵图中总是将翘舌咝音放在二等,而硬腭咝音放在三等里,一个普通的解决办法就是在他们的传统称呼后加上二或者三作为下标来相应地加以区别。然而,在现代的汉语历史音韵学中,现在通常也用新增的一套名称(参见丁声树和李荣 1981)。修订之后,硬腭的声母便称作

  章 Zhāng<Tsyang   tsy-   (或"照三 Zhào sān")
  昌 Chāng<Tsyhang tsyh-   (或"穿三 Chuān sān")
  禅 Shàn<DzyenH   dzy-   (或"禅三 Shàn sān")
  书 Shū<Syo   sy-   (或"审三 Shěn sān")
  船 Chuán<Zywen   zy-   (或"牀三 Chuáng sān")

(翘舌咝音修订以后的称呼见下文 2.3.8。)

现代标准汉语普通话中,硬腭咝音演变成翘舌音 zh-、ch- 及 sh-,已同翘舌塞音和咝音合并。例如下边的三个音节已经合并为标准汉语普通话的 Zhēn:

(36) 珍 zhēn<trin(珍贵)(翘舌塞音)
(37) 真 zhēn<tsyin(真实)(硬腭塞擦音)
(38) 榛 zhēn<tsrin(榛子)(翘舌塞擦音)

在有些方言中,这些声母进一步跟齿咝音合并,例如很多人把普通话的 zh-、ch-、sh- 发成 z-、c-、s-。

2.3.7 硬腭鼻音和滑音

中古汉语硬腭鼻音和滑音如表 2.10 所示:

表 2.10 中古汉语硬腭鼻音和滑音

白一平	高本汉	蒲立本(早期中古汉语)
ny-	ńź-	ɲ-
y-	i̯-	j-

从早期中古汉语音系的角度来看,这两套声母恰好如同上文所谈的硬腭咝音一样,是互补分布的,不过在这里我把它们区别开来,因为等韵图是把它们加以区别的。

声母 *ny*-传统上称作半齿音;其传统名称为:

日 Rì<Nyit   *ny*-

高本汉把中古 *ny*-构拟成 *ńź*-,目的是要解释它的后世形式在某些方言中是鼻音,在另一些方言中却是一个浊的擦音(例如,标准汉语普通话为 *r*-)。然而,大家广泛认为在早期中古汉语中,它只是一个硬腭鼻音而已。

在韵图中,早期中古汉语 *y*-显然跟硬腭化的声母 *h*-合并,我将其写作 *h(j)*-。(中古的 *h*-代表浊的舌根擦音或喉擦音;像其他喉音声母一样,似乎它在-*j*-或-*i*-之前有一个特别的硬腭化的变体。)在韵图传统中,它的名称称作

喻 Yù<YuH   *y*-及 *h(j)*-。

此声母包含于喉音中。然而,带声母 *h(j)*-及 *y*-的字在韵图里仍然有区别,因为 *h(j)*-是在三等而 *y*-放在四等。这种对立如下例所示:

(39) 尤 yóu<hjuw(尤其)(三等)
(40) 由 yóu<yuw(缘由)(四等)

这种情况在很多方面与硬腭音和翘舌咝音合并的现象是可以类比的。上例中的两个词在传统上都认为带"喻"Yù 母,但陈澧通过《广韵》反切的分析表明他们在早期中古汉语期间是不同的声母。因此,传统的"喻"Yù 母通常修改为如下形式:按等分成"喻三"、"喻四"或将它们替换成如下的名称:

云 Yún<Hjun   *h(j)*-   (或"喻三 Yù sān")
以 Yǐ<YiX   *y*-   (或"喻四 Yù sì")

y-声母通常在现代方言中表现为前高滑音(有时后带前高介音的,就分析为零声母)。

2.3.8 翘舌咝音

中古汉语翘舌咝音声母如表 2.11 所示。《切韵》对 dzr-和 zr-作了区别(后者只出现于两个字中),可是它们在《广韵》里并无区别,高本汉的构拟以《广韵》为基础,所以并没有把 zr-这个声母包括进去。

表 2.11　中古汉语翘舌咝音声母

白一平	高本汉	蒲立本(早期中古汉语)
tsr-	tṣ-	tṣ-
tsrh-	tṣ'-	tṣ'-
dzr-	dẓ'-	dẓ-
zr-	—	ẓ-

如上所示,翘舌咝音在韵图里与硬腭咝音合并在一起,传统的声母名称必须加以修正才能区分出早期中古汉语的这两套音,不过对 zr-声母尚无标准称呼:

莊 Zhuāng<Tsrjang	tsr-	(或"照二 Zhào èr")
初 Chū<Tsrhjo	tsrh-	(或"穿二 Chuān èr")
崇 Chóng<Dzrjuwng	dzr-	(或"牀二 Chuáng èr")
生 Shēng<Srjæng	sr-	(或"審二 Shěn èr")
[无标准称呼]	zr-	("禪二 Shàn èr")

现代北方话里翘舌咝音规则地变成翘舌音 zh-、ch-、sh-,与翘舌塞音和硬腭咝音(见上文)合并。然而,有为数不少的字音变成了普通的齿咝音 z-、c-、s-,即使这些方言里有 zh-、ch-、sh-的分别。这种不规则性很可能反映了方言的混合。如下例除了文读:

(41) 色 sè<srik(颜色)

我们还有一个白读形式:

(42) 色 shǎi<srik (颜色)

前者是 s-声母,后者是 sh-声母。

2.3.9　舌根音(牙音)

中古汉语的舌根音声母如表 2.12 所示。对这一套声母的构拟很少有分歧意见。口塞音 k-、kh-和 g-在大部分方言中还保留为舌根音,尽管在很多方言里它们在前高元音和滑音之前已经腭化——如标准的普通话里变为 j-及 q-。南方有些方言(粤语、客家话和闽方言)并没有发生这种腭化,在所有位置上,一般都保留了原始舌根音的形式。例如:"金",中古 kim(黄金),标准汉语是 jīn,而在广州话里是 gàm。

表 2.12　中古汉语舌根音声母

白一平	高本汉	蒲立本(早期中古汉语)
k-	k-	k-
kh-	k'-	k'-
g-	g'-	g-
ng-	ng-	ŋ-

舌根鼻声母 ng-(代表国际音标[ŋ],并不是前冠鼻音的浊塞音),在标准普通话中已不能独立地出现在声母位置。一般情况下其在此位置已消失,不过在几个例外的词里它表现为普通话的 n-,条件是这个音后接的是[i]或[j],例如:"牛"niú<ngjuw(公牛),"逆"nì<ngjæk(逆反)。

这些声母传统上称为:

见 Jiàn<KenH　　　　　k-
溪[Xī]<Khej　　　　　kh-
群 Qún<Gjun　　　　　g-

疑 Yí<Ngi   ng-

注意,"溪"[xī]<khej 这个字的发音是不规则的;按规则形式应当为 qī。(此音是这个字的另外一种读音形式。)

2.3.10 喉音

中古汉语的喉音声母如表 2.13 所示。当喉塞音符号ʔ-打不出来的时候,可以用'-来表示。也为了打字方便起见,用 x-来代表清擦音声母,而用 h-代表浊擦音;具体发音的部位很难确定,因方言的不同而不同(可以参见这些声母在现代方言中的后世形式)。所以 x-语音上代表的就是[x]或[h],而 h-有可能代表的是[ɣ]或[ɦ]。(这就是为什么蒲立本根据这个原因给这一组做了很多的构拟。)

表 2.13 中古汉语的喉音声母

白一平	高本汉	蒲立本(早期中古汉语)
ʔ-	˙-	ʔ-
x-	χ-	x- ~ h-
h-	ɣ-	ɣ- ~ ɦ-
h(j)-	ji-	w- ~ H-

写作 h(j)-的声母很可能只是 h-的音位变体,反切似乎偶有这方面的指向,我的转写体系也把它进行这样处理。[1] 然而,在韵图中,h(j)-与 h-并不在同一栏内,而与硬腭音 y-同一栏:h(j)-归为三等而 y-归作四等,两者都被称作"喻"Yù 母(见上文)。

现代汉语方言里,跟中古ʔ-声母对应的,从语音上可能是喉塞音,也可能不是,但当声调因声母的清浊而分化的时候,带中古喉塞声母ʔ-的音节一般都是按着清声母音节的变化而变化。中古 x-和 h-在方言

---

[1] 由葛毅卿(1932)首次提出,现已被广泛采纳;见蒲立本(1962:66)及其进一步的文献。蒲立本本来接纳了这种观点,不过近来趋向稍有不同,认为 h-和 h(j)-属于同一音位,是南方方言后来语音合流的结果(1984:164)。

中一般表现为某种喉擦音，而现代大部分方言里反映的都是晚期中古汉语 y- 和 h(j)- 合并后的形式。

这些声母在传统上称为：

影 Yǐng<ʔjængX   ʔ-
晓 Xiǎo<XewX   x-
匣 Xiá<Hæp   h-
喻 Yù<YuH   h(j)- 及 y-

正如上文所述，h(j)- 与 y- 之间的区别可换用以下两个字母来称呼：

云 Yún<Hjun   h(j)-   （或"喻三 Yù sān"）
以 Yǐ<YiX   y-   （或"喻四 Yù sì"）

2.3.11 声母的自然类

从声母的语音特征及其分布中，我们很容易看出一些声母的自然类。

首先我们可以将声母分成钝音（grave）和锐音（acute），这两个术语是借自 Jakobson 和哈勒（1971）的语音特征体系。钝音声母包括唇音、舌根音和喉音——这些音在乔姆斯基和哈勒（1968）中用 [-coronal] 来表示——剩下的都是锐音声母，这些音在体系里是 [+coronal]（包括 y-，传统上归作喉音）。[1] 钝音和锐音的区别在汉语历史音韵学中至关重要；许多重要的语音演变只限于其中一类，例如，上古汉语的韵母 *-jan 在钝音声母后演变为中古 -jon，而在锐音声母后却演变为 -jen（与原始 *-jen 合并），如下例：

(43) 言 yán<ngjon< *ngjan（语言）
(44) 然 rán<nyen< *njan（然后）

---

[1] 余迺永（1985：xvi）使用了一个类似的术语，用"钝音"表示 grave initials，"锐音"表示 acute initials。

经过这些演变,中古汉语某些类型的韵母(如上例中的-jon)只出现在钝音声母之后,因此钝音和锐音声母在中古汉语分布上有很大的不同。

我还把中古汉语声母归成简单声母和复杂声母两类。表2.14中的19个声母是简单声母。

表2.14 中古汉语简单声母

唇音	p-	ph-	b-	m-		
齿音	t-	th-	d-	n-		
边音					l-	
齿咝音	ts-	tsh-	dz-		s-	
舌根音	k-	kh-		ng-		
喉音	?-				x-	h-

简单声母可以按其分布进行定义:它们包括所有带中古汉语一等韵的声母(见下文)。我们将会看到一等韵在上古汉语中构拟成不带 *-j-或 *-r-这些介音的形式。[1] 简单声母自成一类,没有诸如腭化或者翘舌这样次要性的发音特征。

复杂声母见表2.15,这些声母不带一等韵,包含了硬腭和翘舌声母,另加 z-和 g-。

表2.15 中古汉语复杂声母

翘舌塞音	tr-	trh-	dr-	nr-			
齿咝音						z-	
硬腭音	tsy-	tsyh-	dzy-	ny-	sy-	zy-	y-
翘舌咝音	tsr-	tsrh-	dzr-		sr-	zr-	
舌根音			g-				

下文我们将会看到中古汉语的复杂声母反映了被介音 *-j-或 *-r-

---

〔1〕 有一个例外,即有些以中古 tsh-(可能包括一些 s-)声母起首的一等字,很可能要构拟成 *sr-;见白一平(1983b)和下文6.2.3.1节。

影响了的上古声母辅音。不带这些介音时,中古汉语只反映了简单声母。

声母 z-和声母 g-应该归作简单声母,可是我把它们放在复杂声母里,依据也是它们的分布情况:这两个音从不带中古汉语一等韵。从共时(synchronic)的角度来看,这种分布可能是很偶然的,不过,目前这种分类方式对历史音韵的研究来说较为方便。

2.4 中古汉语韵母

正如第一章所述,韵母至少要有一个主元音;主元音之后可以带一个韵尾,它的前面亦可带一个或多个介音。我的中古汉语转写体系有类似的结构。我首先将不同位置上各个体系中的要素总结一下,然后再详细地描述中古韵母。

表 2.16 中所列的八个要素可以出现在我的转写体系的主元音位置。

表 2.16　中古汉语主元音

i	$ɨ$	u
e		o
$ɛ$		
$æ$	a	

为了打字方便,可以用双字母的 -ae- 和 -ea- 分别来替换 -æ- 和 -ɛ-,用 -+- 来替换 -ɨ-。-o- 被认为可以代替后中不圆唇元音 [ʌ]。

这些主元音后可以带如表 2.17 所示的韵尾(当然不是所有的组合都会出现)。

表 2.17　中古汉语韵尾

零韵尾	-w		-j	-i
-ng	-wng	-m	-n	
-k	-wk	-p	-t	

符号-*i* 只在韵母-*ɛi* 和-*wɛi*（即《切韵》"佳"Jiā 韵）中写作韵尾。这是为了将这些韵尾与-*ɛj* 和-*wɛj*（"皆"Jiē 韵）和-*æj* 以及-*wæj*（只有去声的"夬"Guài 韵）相区别。这三种韵母-*ɛj*、-*ɛi* 及-*æj* 是否在同一种方言中相互有区别，这一点值得怀疑。可是它们在《切韵》里是分开的，且有不同的上古汉语的来源，因此有必要在标记时把它们区别开来。

诸如-*wng* 和-*wk* 这样的组合，可以认为本即如此，也可以解释为圆唇舌根音/ŋʷ/和/kʷ/，或简单地理解为节省元音标写符号的办法。不过把它们解释成与-*ng* 及-*k* 不同的韵尾也并非不现实。这种解释可以得到《切韵》的支持，在《切韵》里，收-*wng*（以及相应的入声-*wk*）尾的韵，一开始便放在一起[1]：

東 Dōng(Tuwng)
冬 Dōng(Towng)
鍾 Zhōng(Tsyowng)
江 Jiāng(Kæwng)

与之相对的其他以-*ng* 收尾的韵（与其对应的入声为-*k*）排放的位置远一些。[2] 这种排列暗示着，《切韵》作者感觉-*wng* 和-*wk* 是与-*ng* 和-*k* 相区别的不同韵尾。

我转写体系中的基本介音有-*j*-和-*w*-；它们亦可以复合的-*jw*-形式出现。带-*w*-介音的形式传统上称为"合口"，与没有此介音的韵母即"开口"对应。正如赵元任（1941）所示，介音-*w*-在唇音声母后并无对立：即诸如-*an* 和-*wan* 这样的韵母在唇音之后是不对立的。在韵图中唇音声母的字有时列为开口，有时列为合口；反切亦然，一个诸如中古 *pan* 这样的音节，其反切下字可以是开口的 *kan* 也可以是合口的 *kwan*（我当然也可能用另外一个唇音声母字比如 *man* 来充当反切下字）。在我的转写体系里，只有《切韵》清楚地标为合口的唇音声母音节，我

―――――――――
　〔1〕　按惯例，我以平声赅上去入。
　〔2〕　收-*ng* 尾的韵类并没有都在一起，至少王仁煦的《刊谬补缺切韵》如此；他们与收-*m* 和-*w* 尾的韵类混在一起。不过收-*n* 尾的都相聚排列（见李荣 1956：73—75）。到了《广韵》时代，收-*ng* 尾和收-*m* 尾的列于分开但是连续排列的组中。

才加上-w-。其原因在于可以从转写中恢复出《切韵》的区别。例如：

(45) 奔 bēn<pwon(奔跑)

尽管并无 pon 音节的对立，这个字仍带了-w-介音，理由是在《切韵》中，它与其他带-won 音的字一起列在"魂"Hún(Hwon)韵，而并不列在韵尾为-on 的"痕"Hén(Hon)韵里。另一方面，

(46) 瞒 mán<man(欺瞒)

这个字并没有带-w-，因为-an 和-wan 在《切韵》中都列于同一韵"寒"Hán(Han)韵中。[1]

除了基本的-j-和-w-这两个介音以外，我还在介音和主元音之间加了一个-i-，以此来区别某些"重纽"(详见下文)。下面是一对重纽的例子：

(47) 弁 biàn<bjenH(帽子)
(48) 便 biàn<bjienH(便利)

尽管这两个词在现代方言中已经合并，《切韵》里它们是分列的，并有不同的反切。而且，"弁"bjenH 在韵图中归作三等，而"便"bjienH 归作四等；因此这样的音节相应地称之为重纽三等和重纽四等音节。在我的转写中，仅重纽四等包含了-j-和-i-(或写成-ji-或写成-jwi-)；重纽三等

---

[1] 在《广韵》中，-an 和-wan 排于寒 Hán(Han)和桓 Huán(Hwan)两个不同的韵类；唇音声母字排于桓韵。高本汉采用《广韵》而非《切韵》，他给独立的合口韵构拟了强元音-u-，给既有合口又有开口的合口韵类构拟了弱辅音-w-；他认为-u-很强，足以影响整个韵类，而-w-则不能；因此他把"瞒"mán<man(欺瞒)构拟成muân，带-u-，因为《广韵》把它放在独立的合口韵类(桓 Huán<Hwan)里，但是他把"蛮"mán<mæn(南蛮)构拟成 mwan，带-w-，因为《广韵》把它排列在既有开口又有合口字的删 Shān(Sræn)韵中。高本汉的-u-和-w-的这种区别在中古汉语中并未对比地使用，在唇音声母之后出现与否，也不是区别性的；这是高本汉拒绝屈服于所谓音位假想的另外一个例子。

音节(包括其他三等音节),或带-j-或带-i-,但不能同时两者都带。有人认为重纽的区别是介音的区别,有人认为是主元音的区别;我的转写体系(与李方桂1971[1980]类似)只是为了从书写形式上能够区别,至于具体的语音解释,还需进一步讨论。[1]

2.4.1 韵母的分布类

与声母情形相似,我们很容易地给中古汉语韵母各个不同分布类赋予一个名称。传统上韵母是按照韵图中的地位来分类:列在韵图一等中的早期中古韵母称作一等韵,余者类推。这些术语很方便且被广泛使用,尽管我们必须记清楚韵图代表的是晚期中古汉语的音系而非早期中古汉语的音系,而且晚期的一些范畴(categories)不一定都能用于早期。下文我按不同类型(category)来讨论早期中古汉语韵母。

2.4.1.1 一等韵

一等韵是放在韵图中一等位置的韵母,它们在韵图中的排列方式如表 2.18 所示,表中以一等韵母 -an 为例。

表 2.18 韵图中的一等韵

	P-	T(r)-	K-	TS(r, y)-	l-	y-
一	Pan	Tan	Kan	TSan	lan	—
二	—	—	—	—	—	—
三	—	—	—	—	—	—
四	—	—	—	—	—	—

表 2.18 以及后面类似的表中,所讨论韵母的音节类型按韵图的惯例来排列,大写字母代表声母的类型:

— P- 代表唇音声母系列 p-、ph-、b- 及 m-。

---

[1] 高本汉没有区别重纽,正如我在前文 2.1 中所指出的那样;在他的中古汉语构拟中,这两个字都是 b'iän-。

— T(r)-代表齿音及翘舌塞音声母：T-代表 t-、th-、d- 及 n-（在一、四等位置），Tr-代表翘舌塞音声母 tr-、trh-、dr- 及 nr-（在二、三等位置）。

— K-代表舌根音和喉音声母 k-、kh-、g-、ng-、ʔ-、x- 及 h-。

— TS(r, y)-代表塞擦音和擦音声母：TS-代表在一、四等位置的齿咝音声母 ts-、tsh-、dz- 及 s-，以及只在四等位置的 z-；TSr-代表只在二等位置的翘舌咝音 tsr-、tsrh-、dzr-、sr- 及 zr-；TSy-代表仅出现在三等位置的硬腭音 tsy-、tsyh-、dzy-、ny-、sy- 及 zy-。

声母 l- 和 y- 分开排列，因为它们具有不同的特点：l- 在分布上与齿塞音相似，但不像它们，它在一、二、三、四等都会出现（虽然二等较少）；y- 与其他的硬腭音分布相同，但是它却放在四等而非三等里。

表 2.19 一等韵

中古韵母		高本汉构拟		切　　韵
-a	-wa	-â	-uâ	歌 Gē(Ka)
-ajH	-wajH	-âi-	-wâi-	泰 Tài(ThajH)（仅有去声）
-aw		-âu		豪 Háo(Haw)
-an	-wan	-ân	-uân	寒 Hán(Han)
-ang	-wang	-âng	-wâng	唐 Táng(Dang)
-am		-âm		谈 Tán(Dam)
-oj	-woj	-ậi	-uậi	咍 Hāi(Xoj), 灰 Huī(Xwoj)
-on	-won	-ən	-uən	痕 Hén(Hon), 魂 Hún(Hwon)
-ong	-wong	-əng	-wəng	登 Dēng(Tong)
-owng		-uong		冬 Dōng(Towng)
-om		-ậm		覃 Tán(Dom)
-u		-uo		模 Mú(Mu)
-uw		-ậu		侯 Hóu(Huw)
-uwng		-ung		東 Dōng (Tuwng)

一等韵仅与 19 个简单声母配合（见前文表 2.14）。在我的转写体

系里，一等韵的主元音都是后元音（[+back]）-a-、-o-或-u-，之前不带-j-或-y-介音。（记得带-y-的声母后介音-j-习惯上被省略。）以上这些特征可以辨识出一等韵。一等韵包括表2.19中所列韵母，并列出了相应《切韵》的韵类。在此表及随后类似的表中，我只列出平声（除非那些只带去声的韵母）。一般来说，除了个别空缺之外，带鼻音尾-m、-n、-ng和-wng的韵都有对应的带-p、-t、-k和-wk的入声韵母。表中亦包括了高本汉的中古汉语构拟，以便比较。

《切韵》里，一等韵一般来说都是一个韵类带一个韵母，并不与其他韵母结合放在同一个韵类里；唯一的例外如下：

— "東"Dōng（Tuwng）韵里既有一等韵母-uwng也有三等韵母-juwng。
— "歌"Gē（Ka）韵既包括了一等韵母-a和-wa，也包括了几个三等韵母-ja及-jwa（例如"迦"jiā<kja，用来转写梵文 ka；还有"靴"xuē<xjwa（靴子））。

2.4.1.2 四等韵

四等韵在韵图上仅出现在四等位置。（我还把这类韵母称作纯四等韵以便跟重纽四等韵相区别，重纽四等韵事实上是三等韵的一个次类，见下文。）它们在韵图中的排列方式如表2.20，以四等韵母-en为例。

表2.20　韵图中的四等韵

	P-	T(r)-	K-	TS(r, y)-	l-	y-
一	—	—	—	—	—	—
二	—	—	—	—	—	—
三	—	—	—	—	—	—
四	Pen	Ten	Ken	Tsen	len	—

四等韵与一等韵完全一样：只与19个既不腭化又不翘舌的简单声母配合。从早期中古汉语的角度来看，一等和四等韵在一起形成一个自然分布类。在我的转写中，四等韵都具有一个-e-主元音，前面不

带-*j*-或-*y*-介音。在早期中古汉语里，一等和四等韵的区别在于一等韵的主元音是后元音，而四等韵的主元音是前元音-*e*-。早期中古汉语四等韵母及其对应的《切韵》韵类如表 2.21。四等韵在《切韵》中总是独立排列。[1]

表 2.21 四等韵

中古韵母		高本汉构拟		切　　韵
-*ej*	-*wej*	-*iei*	-*iwei*	齊 Qí(Dzej)
-*ew*		-*ieu*		蕭 Xiāo(Sew)
-*en*	-*wen*	-*ien*	-*iwen*	先 Xiān(Sen)
-*eng*	-*weng*	-*ieng*	-*iweng*	青 Qīng(Tsheng)
-*em*		-*iem*		添 Tiān(Them)

晚期中古汉语中，四等韵很可能经历了在元音-*e*-前增加一个前滑音的演变：

∅ ──→*j*/C＿*e*

这种演变的结果就是早期中古汉语-*en* 与-*jien* 在钝音声母的音节中发生了合并，与-*jen* 在锐音声母音节中也发生了合并。

2.4.1.3　二等韵

二等韵在韵图上仅出现在二等位置。[2] 二等韵在韵图中排列的

---

〔1〕 有个例外，即齊 Qí(Dzej)韵包含了两个带硬腭声母的不规则形式，本该置于三等韵-*jej*，因为韵书中没有其他方便的位置放置它们："杉"*dzyej*(月季科的一种树，今读为 *yí*)和"臡"*nyej*(带骨的腌肉，今读作 *ní*)。这些字很可能代表的是方言字或早期的反切读音；从它们的声旁来看，这些字的韵母是-*je* 而非-*jej*。

〔2〕 臻 Zhēn(Tsrin)韵只出现于二等，这是因为这个韵里面只包含了带翘舌咝音声母的字。其韵母与真 Zhēn(Tsyin)韵三等韵母-*in* 互补分布。正如我们将要看到的，带翘舌音声母的时候，带三等韵母的音节被排列在韵图的二等中，而声母是其他形式时，则排在三等或四等。基于这些原因，我把臻 Zhēn(Tsrin)韵仅视为真 Zhēn(Tsyin)韵的对应翘舌声母韵类，两者的韵母均写成-*in*。（转下页）

方式见表2.22,以二等韵母-æn为例。我的转写中,二等韵主元音或是-æ-或是-ɛ-,之前不带-j-(或-y-)。二等韵基本上只与唇音、舌根音、喉音及翘舌塞音和翘舌咝音声母相结合(尽管偶尔也跟其他声母结合〔1〕)。二等韵及相应的《切韵》韵类见表2.23。

表2.22 韵图中的二等韵

	P-	T(r)-	K-	TS(r, y)-	l-	y-
一	—	—	—	—	—	—
二	Pæn	Træn	Kæn	Tsræn	—	—
三	—	—	—	—	—	—
四	—	—	—	—	—	—

表2.23 二等韵

中古韵母		高本汉构拟		切 韵
-æ	-wæ	-a	-wa	麻 Má(Mæ)
-æjH	-wæjH	-ai-	-wai-	夬 Guài(KwæjH)(仅有去声)
-æw		-au		肴 Yáo(Hæw)
-æn	-wæn	-an	-wan	删 Shān(Sræn)
-æng	-wæng	-ɒng	-wɒng	庚 Gēng(Kæng)
-æwng		-ång		江 Jiāng(Kæwng)
-æm		-am		衔 Xián(Hæm)
-ɛɨ	-wɛɨ	-ai	-wai	佳 Jiā(Kɛɨ)
-ɛj	-wɛj	-ăi	-wăi	皆 Jiē(Kɛj)
-ɛn	-wɛn	-ăn	-wăn	山 Shān(Srɛn)

(接上页)在《切韵》中把臻 Zhēn(Tsrin)韵从真 Zhēn(Tsyin)韵中分列出来,可能表示在那个时代某些方言里已经开始发生了 *TSrj->TSr-* 这样的音变,这个音变使 *TSr-* 后的前高音素脱落。

〔1〕例如:"冷"*lěng<læng*X(寒冷)和"打"中古 *tæng*X(打击),后者在官话中读作 *dǎ*,但在吴方言中带-ng 韵尾。

续表

中古韵母		高本汉构拟		切韵
-ɛng	-wɛng	-ɛng	-wɛng	耕 Gēng(Kɛng)
-ɛm		-ăm		咸 Xián(Hɛm)

大部分的二等韵在《切韵》中是独立的韵类,只有如下两个例外:

— "麻"Má(Mæ)韵既有二等韵母-æ 和-wæ 也有三等韵母-jæ。
— "庚"Gēng(Kæng)韵既包含有二等韵母-æng 和-wæng,也包含了三等韵母-jæng 及-jwæng。

二等韵的主元音-æ-和-ɛ-在晚期中古汉语中发生了合并,很可能这种合并在《切韵》时期的某些方言中已经发生。注意有一些二等韵类在《切韵》中是相邻排列的,其中一个是-æ-,另一个是-ɛ-,两个韵类的名称声母均相同:

"删"Shān(Sræn)和"山"Shān(Srɛn)
"庚"Gēng(Kæng)和"耕"Gēng(Kɛng)
"衔"Xián(Hæm)和"咸"Xián(Hɛm)

给相邻的韵类名称用相同的声母,很可能表示某些方言在早期中古汉语中没有区别这些韵类。还有一些独立的证据可以证明这个事实。我们从王仁昫《刊谬补缺切韵》(见上文 2.2.1.2)的开头韵目注释中可以看到,-ɛ-和-æ-在《切韵》序中提到但今已佚失的《音谱》中,并未区别。《音谱》的作者李季节是北齐时期(550—577)现今河北南部地区人。而且周祖谟(1943[1966]:417)也举例说明郭璞不区分韵母-æn 和-ɛn,郭璞(276—324)亦来自黄河以北。《切韵》的作者之一颜之推批评北方人把

(49) 洽[qià]<hɛp(融洽)

读作

(50) 狎 *xiá* < *hæp*（狎褻）

（见周祖谟 1943[1966]：413）。然而尚不清楚这样的混淆是不是所有北方话的特征；王仁昫所提到的一些韵书也区分-æ-和-ɛ-两韵，这些韵书亦由北方人撰写。

有时我们预期找到一对二等韵却发现其中只有一个：例如，只有-æw却没有对应的-ɛw。也许《切韵》时代-ɛ-和-æ-就已经在-w 之前发生了合并。

2.4.1.4 三等韵（腭化韵）

前文尚未讨论过的其他韵母均属于传统上所称的"三等韵"。在我的转写体系里，三等韵具有下列一个或多个特征：(1) 介音-*j*-，(2) 带-*y*-声母（后接的-*j*-依照拼写规则省略）或 (3) 主元音为-*i*-。由于它们出现在韵图的三等位置，所以称为三等韵；不过，有三等韵母的音节也可以因声母的不同而出现在二等或四等位置上。这些韵母最好称为腭化或喻化韵母，因为似乎它们前面的声母有条件地发生腭化——高本汉把这种现象称为"喻化"(yodisation)。

三等韵母前腭化的音位变化证据来源于反切传统，即三等韵的反切上字一般也是三等韵。例如：

(51) 薑 *jiāng* < *kjang*（生姜）

它的韵母是三等韵-*jang*，而它在《切韵》中的反切是

"居良反"，即 *k*(*jo*) + (*l*)*jang* = *kjang*

反切上字"居"*jū* < *kjo*，这个字本身也带一个三等的韵母(-*jo*)。另一方面，非三等韵的字一般也用非三等的韵母反切上字来拼写；例如：

（52）剛 gāng<kang（刚强）

带一等韵母-ang，其反切是

"古郎反"，即 k(uX)+(l)ang=kang

反切上字的韵母是一等韵母-uX。一等韵的字可以用作二等或四等韵的反切上字，反之亦然，不过，三等和非三等反切上字相混的现象极少。

这就暗示着在诸如-jang 和-jo 三等韵母前的 k-声母在语音上区别于在其他韵母前出现的 k-声母。最自然的假定似乎就是三等声母像"居"jū<kjo 这样的反切上字代表的是靠前的或腭化的 k-声母，其条件是其后带前高元音或者介音。[1] 这一类反切上字具有腭化分类的现象在钝音声母中最为明显。这种解释与对三等韵的共同特征意见相符：即如我的转写体系所暗示的，三等韵带前高介音或者是主元音-j-或-i-。我认为这个特征是由上古汉语介音 *-j-的影响所致。

同时请注意，硬腭声母 tsy-等也只接三等韵，而齿音 t-、th-、d- 及 n- 从不与三等韵结合。（很明显这些齿音声母后接三等韵的例子可能表示的是代表着这些声母与翘舌塞音声母 tr-已经合流后的方言。）因为有这样的分布，中古汉语硬腭音在大部分情况下可以构拟为齿音在 *-j- 之前腭化的形式：

---

[1] 在另外一个放弃所谓的音位假想（1954：366）的例子中，高本汉首次把喻化（腭化）的 k-写作 kj-，以与普通的 k-相区别；因此在他早期的著作中，把"薑"jiāng<kjang（生姜）写作 kji̯ang，用喻化声母 kj-，加上韵母-iang 来表示。（高本汉用-i-来表示滑音，相当于我这里的-j-。）他后来为了"印刷简化"（1954：222），在-i-前省略了-j-，因为在他的-i-之前的以-j-标识的腭化是可以预测的。不过，他的元音-i-前的腭化则是不可预测的，因为在他的体系里-i-既可以出现在三等也可以出现在四等；因此当声母为腭化声母时他在-i-前仍然保留着-j-。例如，他把"基"jī<ki（基地）写作 kji（腭化 k-，三等），而"雞"jī<kej（小鸡）写作 kiei（普通 k-，四等）。类似地，他在"機"jī<kji̯j（机械）（高本汉构拟为 kjei）和"歸"guī<kjwi̯j（回归）（高本汉构拟为 kjwei）的构拟中保留了-j-，因为韵母-ei 和-wei 并不以-i-起首。

*tj->tsy-

*thj->tsyh-

*dj->dzy-

*nj->ny-

  蒲立本对这个事实的解释(1984)与此不同,因为这个问题对上古汉语构拟有意义,我这里将简要地讨论一下他的观点。[1] 他认为,早期中古汉语三等韵的共同特征是它们都是以高元音/i/、/ɨ/或/u/开头。这类韵母被认为反映了蒲立本称之为 B 类音节(type-B syllables)的上古汉语音节类型,在音节的第一个莫拉(mora)上带重音。

  当然对于三等韵带前高介音的传统观点提出相异解释是值得的,不过我对蒲立本的中古汉语构拟有好几个问题。第一,把腭化声母 *TSy-* 的变化视作前高滑音的影响,比把它视作只是高元音本身更为自然。而且,把三等韵的区别视作主元音的属性,在三等韵和非三等韵押韵的解释上较为困难。例如,"東" Dōng(Tuwng)韵既包括我写作 -*juwng* 的三等韵,又包括我写作 -*uwng* 的一等韵。按照蒲立本的假设,三等韵必须以高元音开头,而一等韵却不能如此;因此他把"東" Dōng(Tuwng)韵的这两个韵母相应地构拟成/-uwŋ/和/-owŋ/,分别带不同的元音,尽管《切韵》把它们归为同一个韵类,而且在诗歌中自由押韵。类似地,蒲立本的/-ian/(我的构拟为 -*jon*)与他的/-ən/(我的构拟为 -*on*)押韵,却不与他的/-ian/(我的构拟为 -*jen*)押韵;他的/ian/却与他自己构拟的/-ɛn/(我的构拟为 -*en*)押韵。[2]

  三等韵是一个很大的类,可用几种办法进行细分,我将讨论它的如下分类:

---

 [1] 更详细的讨论见我(白一平 1987b)对蒲立本(1984)的评论。

 [2] 如果我们把蒲立本的/-ian/、/-uan/和 -ian/(我的 -*jon*、*jwon* 和 -*jen*)相应地替换成/-iən/、/-uən/和/-iɛn/,便可以在他的体系里解释这些韵母之间的押韵现象。不过,/-uwŋ/和/-owŋ/(我的 -*juwng*、-*uwng*)这样出人意料的押韵仍然难以解释。另外注意,蒲立本的体系需要诸如/-waăŋ/~/-uaăŋ/(我的 -*wang*~-*jwang*)这种类型上如此不寻常的对比。

— 独立三等韵
— 混合三等韵
— 重纽韵

独立三等韵

独立的三等韵又叫作纯三等韵,因为它们只在韵图的三等位置出现,也只带钝音声母。它们在韵图中的排列方式如表 2.24,以三等韵母 -jon 为例。

表 2.24　韵图中的独立三等韵

	P-	T(r)-	K-	TS(r, y)-	l-	y-
一	—	—	—	—	—	—
二	—	—	—	—	—	—
三	Pjon	—	Kjon	—	—	—
四	—	—	—	—	—	—

这一类韵母及其相应的《切韵》韵类见表 2.25。

表 2.25　独立三等韵

中古韵母		高本汉构拟		切　韵
-jɨj	-jwɨj	-e̯i	-we̯i	微 Wēi (Mjɨj)
-jojH	-jwojH	-i̯ɒi-	-i̯wɒi-	廢 Fèi (PjojH) (仅有去声)
-jɨn		-i̯ən		殷 Yīn (ʔJɨn)
-jun		-i̯uən		文 Wén (Mjun)
-jon	-jwon	-i̯ɒn	-i̯wɒn	元 Yuán (Ngjwon)
-jæm		-i̯ɒm		嚴 Yán (Ngjæm)
-jom		-i̯wɒm		凡 Fán (Bjom)

在《切韵》中,这些韵都是独立的韵类。韵母 -jæm 和 -jom 事实上是互补

分布的,也许应该构拟成同一个韵母,不过我在这里依照《切韵》对它们加以区别,即使这种区别可能是人为的。"庚"Gēng(Kæng)韵的三等韵母我分别写作-jæng 和-jwæng,有时被视为独立三等韵,不过我则倾向于把它们归作重纽三等韵(见下文)。

与独立三等韵结合的唇音声母后来演变为唇齿音声母。这种结果称为**唇齿化**演变,我用这个演变来解释后跟-j-外加一个后元音的唇音声母上的演变(见上文 2.3 节)。这里是几个例子:

(53) 飛 fēi<pjij(飞翔)
(54) 廢 fèi<pjojH(废除)
(55) 分 fēn<pjun(分割)
(56) 翻 fān<pjon(翻倒)
(57) 凡 fán<bjom(凡是)

(唇音声母不能与独立三等韵母-jin 或-jæm 结合。)

为何独立的三等韵只出现在钝音声母之后?这种分布源于我称为**锐音前化**的结果(见附录 A),这种演变使 *-j-之后的后元音在某些带锐音声母的特定音节中前化。例如原始的 *-jin 在锐音声母后变为中古的-in(与原始 *-jin 合并);然而在钝音声母后,*-jin 则仍然保持区别。例如:

(58) 振 zhēn<tsyin< * tjin(众多貌;盛貌)
(59) 斤 jīn<kjin< * kjin(斧,狡猾)

类似地,*-jan 在锐音声母后变为中古-jen,而在钝音声母后仍保留为中古-jon。

(60) 然 rán<nyen< * njan(燃烧;因此)
(61) 言 yán<ngjon< * ngjan(言语)

(中古-jon 语音上很可能是[jʌn],经过 * **a-高化**演变后,从上古 *-jan

派生而来。)

最终，独立三等韵又与其他分布更广的韵母发生了合并；例如早期中古汉语-jon 与-jen 在晚期中古汉语中发生了合并。

混合三等韵

我把这一组称为混合三等韵，因为它们在韵图中因声母不同而分别排列在二等、三等或四等中。它们在韵图中排列方式如表2.26，以韵母-jang 为例。

表 2.26　混合三等韵在韵图中的排列方式

	P-	T(r)-	K-	TS(r, y)-	l-	y-
一	—	—	—	—	—	—
二	—	—	—	TSrjang	—	—
三	Pjang	Trjang	Kjang	TSyang	ljang	—
四	—	—	—	TSjang	—	yang

此组韵母及其对应的《切韵》韵类见表 2.27。

表 2.27　混合三等韵母

中古韵母		高本汉构拟		切　韵
-i		-i̯		之 Zhī(Tsyi)
-ing	-wing	-i̯əng	-i̯wəng	蒸 Zhēng(Tsying)
-ju		-i̯u		虞 Yú(Ngju)
-jo		-i̯wo		魚 Yú(Ngjo)
-ja	-jwa	-i̯â	-i̯wâ	歌 Gē(Ka)
-jæ		-i̯a		麻 Má(Mæ)
-jang	-jwang	-i̯ang	-i̯wang	陽 Yáng(Yang)
-juw		-i̯əu		尤 Yóu(Hjuw)
-juwng		-i̯ung		東 Dōng(Tuwng)
-jowng		-i̯wong		鍾 Zhōng(Tsyowng)

尽管这里大部分韵母与《切韵》的韵类相对应,有的韵类里也包含一等和二等韵母:

— "歌"Gē(Ka)韵包括了一等韵母-a 和-wa 以及少见的三等韵母-ja 和-jwa。
— "麻"Má(Mæ)韵既包含了二等韵母-æ 和-wæ,也包含了混合三等韵母-jæ。
— "東"Dōng(Tuwng)韵里既包含了一等韵母-uwng,也包含了混合三等韵母-juwng。

在-ju、-jang、-juw、-juwng 和-jowng 这些韵母前的唇音声母演变为唇齿声母,而-i 或-ing 前则没有变化;唇音声母在此组的其他韵母之前并不出现。

重纽韵

传统术语的重纽是指具有下列特征的某些成对的《切韵》韵类音节:[1]

— 两个音节声母相同(总是钝音声母)
— 两个音节都带三等韵母(宽泛地说,引起腭化变体的韵母)
— 这些音节没有开口(不带-w-)合口(带-w-)的对立
— 这些音节反切用字不同[2]
— 在韵图中,一个音节列入三等,另一个音节列入四等

这些成对的音节称为重纽,它们所带的韵母即称为重纽韵;韵图中排为三等的重纽字韵母称为重纽三等韵,排入四等的重纽字韵母称为重纽四等韵。《切韵》中包含重纽的韵类(可称之为重纽韵类)也包含锐音声母的字,它们并未带有这样的对立;锐音声母字与混合三等韵中的锐

---

[1] 纽这个术语代表《切韵》类韵书同音字组首字上的小圆圈,表示一个新同音字组的开始;因此,所列的每个音节都有一个纽(罗杰瑞1988:27)。
[2] 重纽三等字的反切下字最常用其他重纽三等字;重纽四等的反切下字一般是其他重纽四等字或带锐音声母的字。《切韵》中有一个例外的情形,重纽音节 khjew(三)和 khjiew(四)反切相同(李荣1956:43—45)。

音声母字分布情况一样。

在我的转写中，排为三等的重纽字带-j-或-i-，但不能两个同时都带，而排为四等的重纽字同时带-j-和-i-。为了清楚起见，我还加上（三）或（四）表示它是重纽韵母。下文是各个不同韵类中重纽对立的例子。

"支"Zhī(Tsye)韵：

(62) 陂 bēi<pje(三)(水岸)
(63) 卑 bēi<pjie(四)(卑微)
(64) 虧 kuī<khjwe(三)(亏空)
(65) 窺 kuī<khjwie(四)(偷窥)

"脂"Zhī(Tsyij)韵：

(66) 器 qì<khijH(三)(器皿)
(67) 棄 qì<khjijH(四)(丢弃)
(68) 媚 mèi<mijH(三)(献媚)
(69) 寐 mèi<mjijH(四)(睡觉)
(70) 軌 guǐ<kwijX(三)(车轨)
(71) 癸 guǐ<kjwijX(四)(天干第十位)

"真"Zhēn(Tsyin)韵：

(72) 貧 pín<bin(三)(贫穷)
(73) 頻 pín<bjin(四)(河岸;频繁)
(74) 麕 jūn<kwin(三)(小鹿)
(75) 均 jūn<kjwin(四)(平均)
(76) 筆 bǐ<pit(三)(书写工具)
(77) 必 bì<pjit(四)(必需)
(78) 密 mì<mit(三)(秘密;紧密)
(79) 蜜 mì<mjit(四)(蜂蜜)
(80) 乙 yǐ<ʔit(三)(天干第二位)

第二章　中古汉语音系　　　　　　　　　　　　　81

(81) 一 yī<ʔjit(四)(一个)

"仙"Xiān(Sjen)韵：

(82) 弁 biàn<bjenH(三)(帽子)
(83) 便 biàn<bjienH(四)(方便)
(84) 眷 juàn<kjwenH(三)(眷恋)
(85) 绢 juàn<kjwienH(四)(绢丝)

"宵"Xiāo(Sjew)韵：

(86) 乔 qiáo<gjew(三)(高,上升)
(87) 翘 qiáo<gjiew(四)(尾长毛)
(88) 夭 yāo<ʔjew(三)(夭娆)
(89) 腰 yāo<ʔjiew(四)(腰,要求)

"侵"Qīn(Tshim)韵：

(90) 音 yīn<ʔim(三)(声音)
(91) 愔 yīn<ʔjim(四)(安静,和悦)

"盐"Yán(Yem)韵：

(92) 淹 yān<ʔjem(三)(淹没)
(93) 厌 yān<ʔjiem(四)(满足,安静)

依靠韵图和反切读音，我们通常即使在没有最小对立的情况下，也可以判定出重纽三等和重纽四等韵母的区别。例如：

(94) 巾 jǐn<kin(三)(毛巾)

在《韵镜》中列为重纽三等；尽管平声中并没有对立的重纽四等 kjin，我

们也可以把它认定为重纽三等韵母-*in*。相反,在上声中见到:

(95) 紧 *jǐn*<*kjinX*(四)(绑紧)

在《韵镜》中排列于四等韵中;我们可以认定其为重纽四等韵母-*jin*,尽管上声中并没有对立的三等 *kinX*。

对这些对立的解释一度曾是有争议的问题。首先争议的便是在中古汉语构拟中是否需要反映这些区别。传统小学家章炳麟(1867—1936)认为《切韵》中的重纽区别正如《切韵》中其他的许多区别一样,都是《切韵》之前保留的人为区别。王力采纳了他的观点,在他构拟的中古汉语中省略了重纽的区别。[1] 高本汉在其中古汉语构拟中亦无构拟重纽的区别,对此他并未明确地加以解释。

重纽区别在现代方言中大部分已经消失,在某些中古汉语方言中业已消失亦非不可能;但是《切韵》中这种区别不像是仅对早期现象的人为的保留;重纽区别的痕迹,在汉越语、朝鲜汉字音以及书写古日语的万叶假名中可以找到,甚至保留在元代用于转写古官话的八思巴字母中。在闽方言中也有对重纽区别的例子(当然我们不应该忘记这些闽方言在《切韵》之前已与其他方言分离)。[2]

第二个有争议的问题是在同一个韵类里带钝音声母的韵母与带锐音声母的韵母是否相同?例如,在"真"Zhēn(Tsyin)韵中,有两个重纽音节,

(96) 貧 *pín*<*bin*(三)(贫穷)
(97) 頻 *pín*<*bjin*(四)(河岸;频繁)

---

[1] 王力关于《切韵》存古性质的见解见王力(1984:71)。
[2] 例如在福州话里:
　　麀 *jūn*<*kwin*(三)(小鹿),福州话:[kuŋ]
　　均 *jūn*<*kjwin*(四)(平均),福州话:[kiŋ]
　　这些例子来自邵荣芬(1982:79)所引的 Maclay 和 Baldwin(1929)的一本福州方言字典。

锐音声母如

(98) 真 zhēn<tsyin（真实）

"真"zhēn<tsyin 的韵母是与"貧"pín<bin（三）韵母相同,还是和"頻"pín<bjin（四）韵母相同呢？下面是可能的解释：

1. "真"zhēn<tsyin 与重纽四等"頻"pín<bjin（四）的韵母相同,而与"貧"pín<bin（三）对立。持这个观点的见董同龢（1948a[1974]）和周法高（1948a[1968]）早期关于重纽问题的论文。李荣（1956）也持此种观点。
2. "真"zhēn<tsyin 与重纽三等"貧"pín<bin（三）韵母相同,而与重纽四等"頻"pín<bjin（四）的韵母对立。持这种观点的见邵荣芬（1982：70—80）。
3. 部分的锐音声母音节与重纽三等"貧"pín<bin（三）同音,而另一部分则与重纽四等"頻"pín<bjin（四）同音。陆志韦持此种观点（1947[1971]：24—29）：他认为同一个韵中翘舌声母和 l-声母的韵母与重纽三等韵母相同,而其他的锐音声母音节的韵母则与重纽四等的韵母相同。此观点在反切中有一些谐声证据。
4. 重纽三等"貧"pín<bin（三）韵母和重纽四等"頻"pín<bjin（四）韵母之间的区别在锐音声母后产生中和。如果音系理论允许的话,这是最保险（但也是最弱的）解释。

目前,我采用最后一种观点便足够,这种观点至少并没有与事实产生抵触。在我的中古汉语转写体系中,重纽四等韵母用特殊符号标记,带-j-和-i-。尽管这种标记方法对上面的第二种解释有利,但这仅仅是一个书写上的办法,而不应把它视为音系解释。

第三个有争议的问题就是重纽到底是音节中哪一个要素的区别。在这点上主要有两种看法：

1. 重纽区别是主元音的区别。
2. 重纽区别是介音的区别。

董同龢（1948a[1974]）和周法高（1948a[1968]）持主元音区别说,这种观点的支持证据是重纽的差别与上古汉语押韵的差别相关联。例如,重纽四等"頻"*pín*<*bjin*(四)和三等"貧"*pín*<*bin*(三)在清代音韵学家的分析中分属不同上古韵部(传统上分别称为"真"Zhēn 部和"文"Wén 部,见下文第四章)。正是这种与上古押韵的关联,使章炳麟认为这种差别是人为写在《切韵》中的古代的差别。

河野六郎(Kōno Rokurō,1939)、有坂秀世(Arisaka Hideyo,1937—1939[1957],1962)、陆志韦(1947[1971]:24—29)及其他学者所提出的介音区别说,其支持证据是重纽三等和重纽四等在《切韵》为同一个韵类。"頻"*pín*<*bjin* 和"貧"*pín*<*bin* 在《切韵》中都属于"真"Zhēn(Tsyin)韵类,人们广泛认为《切韵》的作者在韵类归字中分类尤细,不会把不同主元音的字放在同一个韵类里。[1] 然而,具有不同介音的字放在同一个韵类里则是很常见的。

这两种解释可能都对,只是因方言和具体历史时期不同而不同。重纽区别的解释详见第七章,我们将看到中古汉语重纽的区别既反映上古汉语介音的区别,又反映上古汉语主元音的区别。

重纽韵及其相应的《切韵》韵类见表 2.28。

表 2.28 中古汉语重纽韵

切　　韵		中古韵母	高　本　汉
支 Zhī(Tsye)	三:	-je, -jwe	-i̯e, iwe̯
	四:	-jie, -jwie	
脂 Zhī(Tsyij)	三:	-ij, -wij	-i, -wi
	四:	-jij, -jwij	
祭 Jì(TsjejH)(仅有去声)	三:	-jejH, -jwejH	-i̯äi-, i̯wäi-
	四:	-jiejH, -jwiejH	
真 Zhēn(Tsyin)	三:	-in, -win	-i̯ĕn, -i̯wen
	四:	-jin, -jwin	-i̯ĕn, -i̯uĕn

---

[1] 高本汉在他中古汉语构拟中提出了这个假设。蒲立本放弃了这个假设,而采用了他自己关于三等韵母自然性的理论(见上文 2.4.1.4),尽管他认为介音的区别是重纽的区别(1984:171—176)。

续表

切韵	中古韵母		高本汉
仙 Xiān(Sjen)	三：	-jen, -jwen	-i̯än, -i̯wän
	四：	-jien, -jwien	
宵 Xiāo(Sjew)	三：	-jew	-i̯äu
	四：	-jiew	
侵 Qīn(Tshim)	三：	-im	-i̯əm
	四：	-jim	
盐 Yán(Yem)	三：	-jem	-i̯äm
	四：	-jiem	
庚 Gēng(Kæng)	三：	-jæng, -jwæng	-i̯ɒng, -i̯wɒng
清 Qīng(Tshjeng)	四：	-jieng, -jwieng	-i̯äng, -i̯wäng
幽 Yōu(ʔJiw)	四：	-jiw	-i̯ĕu

表 2.28 包含了三套韵母，这些韵母就宽泛意义而言均可算作是重纽韵母：

1. "庚" Gēng(Kæng)韵的韵母-jæng 和-jwæng 可视作重纽三等韵；"清" Qīng(Tshjeng)韵的韵母-jieng 和-jwieng 可视为相应的重纽四等韵。这些韵母之间的关系正如其他的重纽三等和四等之间的关系，除非它们碰巧被放在《切韵》的不同韵类中。就宽泛意义而言，它们都是三等，与独立三等韵不同的是，它们并不引起唇音声母的唇齿化。韵母-jæng 和-jwæng 在韵图中列为三等，而-jieng 和-jwieng 则列入四等。为了和其他重纽四等韵母的转写一致起见，我在钝音声母后把-jieng 和-jwieng 写作既带-j-也带-i-。"清" Qīng(Tshjeng)韵也包含了锐音声母的音节；我把这些音节中的韵母写作-jeng。在锐音声母后不出现-jweng。

2. "幽" Yōu(ʔJiw)韵(韵母-jiw)可以视为一个重纽四等韵。《切韵》的"幽" Yōu(ʔJiw)韵大部分的字都带钝音声母，在韵图中列入四等。这些字的反切表明它们带腭化或称为喻化声母的变体。所以它们的韵母必须被视为(宽泛意义上的)三等韵母,而并非纯粹的四等韵母。因为这些带钝音声母的字被列于四等,所以我在转写时把它们的韵母写作-*jiw*,既带-*j*-也带-*i*-,把它们算作重纽四等韵,尽管它们并没有三等韵与之相对。"幽"Yōu(ʔJiw)韵还包含了几个锐音声母字,这几个字的韵母我写作-*iw*。[1]

2.4.2 中古汉语韵母小结

传统上,中古汉语的韵母通常来源于等韵图的 16 摄。摄的分类很可能是基于晚期中古汉语相似语音的分类,而非基于早期中古汉语;例如,尽管-*on* 和-*won* 与-*jon* 和-*jwon* 在早期中古汉语中押韵(在《切韵》中两韵相邻排列),它们却分属不同的摄。然而传统的摄的分类由于把相似的韵母排列在一起,不失为一种对中古汉语有用的分类。按 16 摄分类的中古汉语韵母见表 2.29。每摄中韵母按等分列,高本汉的中古汉语构拟也列在表中以供比较。

表 2.29 按 16 摄排列的中古汉语韵母

	白一平	高本汉	切韵
	1. 通摄 Tōng(Thuwng)*shè*		
一	-uwng	-ung	東 Dōng(Tuwng)
	-owng	-uong	冬 Dōng(Towng)
三	-juwng	-i̯ung	東 Dōng(Tuwng)
	-jowng	-i̯wong	鍾 Zhōng(Tsyowng)
	2. 江摄 Jiāng(Kæwng)*shè*		
二	-æwng	-ång	江 Jiāng(Kæwng)

───────

[1] -*iw* 和-*juw* 之间的区别反映了上古汉语 *-*jiw* 和 *-*ju* 之间的区别,在大多数中古汉语方言中锐音声母之后似乎都消失了,原来的 *-*jiw* 在锐音声母后变成了-*juw*(见 10.2.13)。幽 Yōu(ʔJiw)韵中的锐音声母很可能代表着保留这种区别的方言的特征。

续表

	白一平	高本汉	切韵
		3. 止摄 Zhǐ(TsyiX)shè	
三	-j(w)(i)e	-(w)i̯e	支 Zhī(Tsye)
	-(j)(w)ij	-(w)i	脂 Zhī(Tsyij)
	-i	-i	之 Zhī(Tsyi)
	-j(w)ɨj	-(w)e̯i	微 Wēi(Mjɨj)

注意：在高本汉的体系中，韵母-e̯i 和-we̯i 前总带-j-，但是严格来说这是声母的喻化而非韵母的一部分。

		4. 遇摄 Yù(NgjuH)shè	
一	-u	-uo	模 Mú(Mu)
三	-jo	-i̯wo	鱼 Yú(Ngjo)
	-ju	-i̯u	虞 Yú(Ngju)

		5. 蟹摄 Xiè(HɛɨX)shè	
一	-oj	-ậi	咍 Hāi(Xoj)
	-woj	-uậi	灰 Huī(Xwoj)
	-(w)ajH	-(w)âi	泰 Tài(ThajH)(仅有去声)
二	-(w)ɛj	-(w)ăi	皆 Jiē(Kɛj)
	-(w)ɛɨ	-(w)ai	佳 Jiā(Kɛɨ)
	-(w)æjH	-(w)ai-	夬 Guài(KwæjH)(仅有去声)
三	-jw(i)ejH	-i̯(w)䍃i-	祭 Jì(TsjejH)(仅有去声)
	-j(w)ojH	-i̯(w)ɒi-	废 Fèi(PjojH)(仅有去声)
四	-(w)ej	-i(w)ei	齐 Qí(Dzej)

		6. 臻摄 Zhēn(Tsrin)shè	
一	-on	-ən	痕 Hén(Hon)
	-won	-uən	魂 Hún(Hwon)

	白一平	高本汉	切　　韵
三	-in	-i̯ɛn	臻 Zhēn(Tsrin)
	-(j)(w)in	-i̯(w)ěn, -i̯uěn	真 Zhēn(Tsyin)
	-jɨn	-i̯ən	殷 Yīn(ʔɨn)
	-jun	-i̯uən	文 Wén(Mjun)

注意：高本汉将重纽三等韵母-win 写作-iwěn，重纽四等韵母-jwin（及锐音声母之后的-win）写作-i̯uěn，因为前者在《广韵》中属于同一个韵类为-in 和-jin（高本汉写作-i̯ěn），而后者则属于《广韵》中的不同韵类。这是高本汉标识体系中唯一一个反映了重纽三等和四等韵母区别的例子。

7. 山摄 Shān(Srɛn)shè			
一	-(w)an	-(u)ân	寒 Hán(Han)
二	-(w)æn	-(w)an	删 Shān(Sræn)
	-(w)ɛn	-(w)ăn	山 Shān(Srɛn)
三	-j(w)(i)en	-i̯(w)än	仙 Xiān(Sjen)
	-j(w)on	-i̯(w)ɒn	元 Yuán(Ngjwon)
四	-(w)en	-i(w)en	先 Xiān(Sen)

8. 效摄 Xiào(HæwH)shè			
一	-aw	-âu	豪 Háo(Haw)
二	-æw	-au	肴 Yáo(Hæw)
三	-j(i)ew	-i̯äu	宵 Xiāo(Sjew)
四	-ew	-ieu	萧 Xiāo(Sew)

9. 果摄 Guǒ(KwaX)shè			
一	-(w)a	-(u)â	歌 Gē(Ka)
三	-j(w)a	-i̯(w)â	歌 Gē(Ka)

10. 假摄 Jiǎ(KæX)shè			
二	-(w)æ	-(w)a	麻 Má(Mæ)

	白一平	高本汉	切　韵
三	-jæ	-i̯a	麻 Má(Mæ)
11. 宕摄 Dàng(DangH)shè			
一	-(w)ang	-(w)âng	唐 Táng(Dang)
三	-j(w)ang	-i̯(w)ang	陽 Yáng(Yang)
12. 梗摄 Gěng(KængX)shè			
二	-(w)æng	-(w)ɒng	庚 Gēng(Kæng)
	-(w)ɛng	-(w)ɛng	耕 Gēng(Kɛng)
三	-j(w)æng	-i̯(w)ɒng	庚 Gēng(Kæng)
	-j(w)(i)eng	-i̯(w)äng	清 Qīng(Tshjeng)
四	-(w)eng	-i̯(w)eng	青 Qīng(Tsheng)
13. 曾摄 Zēng(Tsong)shè			
一	-(w)ong	-(w)əng	登 Dēng(Tong)
三	-(w)ing	-i̯(w)əng	蒸 Zhēng(Tsying)
14. 流摄 Liú(Ljuw)shè			
一	-uw	-ə̯u	侯 Hóu(Huw)
三	-juw	-i̯ə̯u	尤 Yóu(Hjuw)
	-(j)iw	-i̯ĕu	幽 Yōu(ʔJiw)
15. 咸摄 Xián(Hɛm)shè			
一	-om	-ậm	覃 Tán(Dom)
	-am	-âm	談 Tán(Dam)
二	-ɛm	-ăm	咸 Xián(Hɛm)
	-æm	-am	銜 Xián(Hæm)
三	-j(i)em	-i̯äm	鹽 Yán(Yem)

	白一平	高本汉	切　韵
	-jæm	-i̯ɒm	严 Yán(Ngjæm)
	-jom	-i̯wɒm	凡 Fán(Bjom)
四	-em	-iem	添 Tiān(Them)
16. 深摄 Shēn(Syim)shè			
三	-(j)im	-i̯əm	侵 Qīn(Tshim)

第三章 作为历史音韵学证据的押韵

本章讨论把押韵尤其是上古汉语押韵作为历史音韵学证据的方法论问题。以此使用押韵材料，研究者必须对押韵与音系之间的关系作一些显式或隐式的假设。有时我们假定，当且仅当适当定义了的子序列在音位上对等时，两个语言序列才押韵；我们可将此称为"音位对等假设"。如果此假设一直为真，那么音韵学家的生活就简单至极；可是在世界文学中，押韵体系与此假设在许多方面都有冲突。尽管如此，我们仍可得出以下结论：对上古汉语而言，把这个假设规定得弱一些，仍允许我们在构拟上古汉语音系时使用《诗经》押韵的材料，这一点仍是安全的。这些问题的讨论见 3.1。

不规则押韵及押韵材料太少使分析出现其他问题。偶然的不规则押韵使不同押韵类型之间本来清晰的区别变得模糊；我们需要一些办法来保证这类不规则押韵不将我们引向歧途。不过，即使所有的押韵材料都与理想的假设相一致，我们验证理论假设的可靠性也受押韵材料大小的限制，因为真正出现的押韵只占理论上可能押韵的一小部分。3.2 节将讨论这个问题并提出测试押韵模式假设的一些统计学方法。3.3 节中将结合实例来阐明这些方法。

对上古汉语押韵的分析是清代大盛的传统汉语音韵学的主要内容。关于这种研究，将在第四章中讨论。现代学者对清代学者极为推崇，因而对他们的研究结果鲜有质疑。不过，目前研究中重要的一个主题就是揭示清代学者在传统分析中所忽视了的，但是对正确构拟汉语上古音非常重要的押韵区别。本章中所介绍的统计工具将协助我们对传统的分析重新审视并加以细化。

3.1 押韵及音系结构

相比散文而言,诗歌典型地(虽非必然地)具有一些结构上的限制,例如,每句中有音节数目的限制,以及每一节中行数的限制,或要求某些行之间押韵。除了这些结构的限制之外,不同的诗人还会使用各种语言上的雕饰,但在结构上并不一定有这样的要求。这些限制和语言修饰使诗歌形成一种特别的形式。对于任何的语言形式,诗人都可以使用这些限制及语言修饰以吸引注意力:音系方面有押韵、头韵和韵律(meter)等;词和词之间,一句中某些位置要求或者禁止;句法的范畴方面,比如何时需要语法上的对仗;语义方面,在对应的语法单位上何时需要同样语义的词;[1] 书写方面,就像希伯来圣经中的 acrostic psalms(如 Psalms 111 和 112),在这部分里,每行都用希伯来字母按顺序起头。这些手段可能会被同时组合使用。

押韵是数种需要涉及音位对等的诗歌手段中的一种。其他的手段有头韵(起首辅音对等)、准押韵(assonance)(仅元音对等)以及辅音韵(consonance)(非开头位置的辅音对等)。因诗歌形式而定,这些语音关系既可以雕饰性和随意性地使用,也可以作为诗歌自身形式的区别性特点。莎士比亚戏剧中的诗歌有时押韵,然而决定诗歌形式特征的似乎是韵律(meter)而非押韵。但在十四行诗中,押韵则是决定这种诗歌形式的一个特征(尽管英文的十四行诗押韵模式有多种)。在现代英文诗歌中,头韵主要是一种雕饰性的手段,但在早期日耳曼语诗歌形式中是必要的,出现在可预测的诗句位置中。Nicholas Poppe 曾提到,有一种蒙古诗歌形式,在四行诗的每一行都要用同一个辅音起头(Poppe 1970,引自 Molino & Tamine 1982:57)。在大部分汉语诗歌中,

---

〔1〕 汉语格律诗所要求的语义和语法上的对应是众所周知的。在其他的一些语言中多少会有一些固定语义搭配的词语出现在诗句中。比如在希伯来语中 harîm(山)和 gᵉbā'ôt(丘陵)经常成对出现,正如"Zion"和"Jerusalem"一样。同样的现象在 Quechua 语中也有出现,见 Mannheim(日期未详)。

押韵是诗歌形式中的一个要素;然而,在《诗经》"周颂"部分的早期诗歌里发现,押韵并非可规律性地预测,可认为只是修饰性的。

3.1.1　定义押韵

很难对所有语言及诗歌的押韵下一个普适定义。我们开始可以把押韵描述成语言序列之间的一个关系。"押韵"这种关系可以用数学关系正式地表达为有序对偶集(a set of ordered pairs),因此当 A 和 B 是语言序列时,"A 与 B 押韵"这个陈述就可以在形式上等同于"有序对偶$\langle A, B\rangle$是'押韵'关系的一个要素"。如果我们把"押韵"简写为表示关系的"R",我们就可以写为"$\langle A, B\rangle \in R$",或者采用类似"$a = b$"或"$a < b$"的"$A\,R\,B$"的表达式。

"押韵"关系如果用来表达"押韵"这种说法的普通含义的话,就必须因不同的语言、不同的时期以及不同的诗歌体裁和风格而定义;不能对所有的语言序列都定义成同一个关系 R,我们必须假定有一套因不同语言而不同的押韵关系,诸如 $R_{汉语}$("汉语中的押韵")、$R_{法语}$("法语中的押韵")等。甚至于 $R_{汉语}$ 这种押韵关系也不够具体,因为我们还得区分出"在律诗中押韵"和"在京剧中押韵"等。因而我们在用一般的术语来描写押韵的时候,我们所涉及的并不是一个单一的押韵关系,而是一大类因语言、时代以及体裁不同而不同的诸多的押韵关系。

那么押韵关系有什么样的特性呢?数学方法对于这种关系也许同样有用。押韵关系似乎明显地具有对称性,也就是说,如果 A 与 B 押韵,那么 B 与 A 押韵,或者表示为:

$$A\,R\,B \Rightarrow B\,R\,A$$

押韵通常也被假定具有传递性:也就是说如 A 与 B 押韵,而 B 与 C 押韵,那么 A 与 C 也押韵:[1]

---

[1]　或许可以在押韵关系不具备传递性的基础上建立一个模糊理论(fuzzy theory)。举个例子,我们定义音位距离函数 D 为适当的语言序列对指定一个数值。那么我们可以认为,如果 A、B 押韵那么 $D(A, B)$ 则小于某确定数值。根据这个函数我们可以去确定 A、B、C 三者之间的关系,可能出现的一种情况是 $D(A, B)$ 和 $D(B, C)$ 都小于某一确定的值,但 $D(A, C)$ 并没有小于这个值。

$$(A\ R\ B)\ \&\ (B\ R\ C) \Rightarrow A\ R\ C$$

押韵关系是否带有自反性(reflexive)？即是否每一个押韵序列都能与自身押韵呢？对这个问题有几个不同的意见。有一些关于押韵的传统定义认为一个字不跟自身押韵。比如王力曾经说，在汉语的诗和词中，一个字不能同自身相押，但是在曲中，这种限制就松散很多了，因为在曲中用韵比较长（例如有时是整场戏都在押韵），这时同一个字可能出现多次（王力 1957[1973]：762）。这种自身不相押的限制似乎是因为这种自身押韵方式从审美角度来看过于简单。在定义押韵的时候，最简单的办法似乎是允许一个序列自身相押，只是这样的押韵在某些体裁的诗歌中并不恰当。

如果同意押韵具有自反性(reflexive)，我们就会发现这样的关系是符合具有对称性、传递性和自反性的等价关系的数学定义。从一个众所周知的数学结果中可以得知，一个集合上的任何等价关系都可以划分为互不相交的等价类。也就是说，可以划分为互不重叠的子集，这些子集的每一个成员都与这个子集的任何一个成员（包括它自己）存在关系 R，而不与其他任何集合外的元素存在关系 R。换句话说，押韵关系定义了一个集合，这个集合中有诸个互不重复的押韵类，在一个类中其成员相互押韵，而不与其他类押韵。[1] 那么一种确定押韵关系的办法是确定出韵类及它们的内部成员；事实上，这就是汉语传统音韵学在韵书如公元 601 年的《切韵》（早期中古汉语）或公元 1324 年的《中原音韵》（早期官话）中所说的押韵。

至此，我把押韵关系模糊地定义为"语言序列"之间的对等关系。押韵用的到底是什么样的序列，以及我们要断定这两个序列是否相互押韵时，必须对这两个序列知道些什么呢？我不试图对这些做精确的正式回答，不过我们可以将事实适度澄清一下。"押韵"有时候谈的是一个字，有时候谈的是一个整句，不过我们说某一行和另外一行押韵时，事实上只是这些行的最后部分是相关的；我们可以把这些部分称为

---

[1] 即使我们定义押韵没有自反性，押韵的对称性和传递性仍然可以保证每一个字都会和序列中除了自己本身的其他字押韵，即一个语言序列内部是相互押韵的。

某一行的"押韵部分"。尽管押韵部分短于一整行，可是有时候是大于一个词的。例如在 W.S.Gilbert 的《恶梦》(Nightmare) 中，他用 plunder you 和 under you 押韵：

> For your brain is on fire—the bedclothes conspire of usual
>   slumber to plunder you;
> First your counterpane goes, and uncovers your toes, and
>   your sheet slips demurely from under you.

在 Jonathan Swift 的 "On Poetry, A Rhapsody" 这首诗中，"bite 'em" 与 "ad infinitum" 押韵：

> So, naturalists observe, a flea
> Hath smaller fleas that on him prey;
> And these have smaller still to bite 'em;
> And so proceed ad infinitum.

汉语诗歌的韵脚有时候也大于一个字。例如，《诗经》98 第一章里，押韵的字是每行中倒数第三个字，其后的两个字每行均相同（翻译采纳自高本汉，1974）*：

> 俟我於著乎而 sì wǒ yú ZHÙ HŪ ÉR
> 充耳以素乎而 chōng ěr yǐ SÙ HŪ ÉR
> 尚之以瓊華乎而 shàng zhī yǐ qióng HUĀ HŪ ÉR
> Lo! He waited for me in the SPACE BETWEEN THE
>   SCREENING WALL AND THE GATE.
> Lo! He had ear-stoppers of WHITE(material).
> On them he had (the FLOWER of =) the most exquisite of *qióng* stones.

---

* 译者注：此处指《诗经》的英文翻译，为便于读者查阅对照，特将英文翻译附录在《诗经》原文后。本书中类似情形一律采用此种方式。

尽管以上例子超过一般所定义的字数，不过可以认为在这些情况下，第一个押韵字后的部分是附着性的，事实上在押韵的时候，只涉及一个语音字。英语里一般如果从最后一个重读元音到结尾能对应的话，则两行押韵；对于大部分其他语言，这亦为一个合理的解释。

而子序列（substrings）中，到底是什么要对应押韵，它们的对应该多么严格呢？西方对押韵传统的描写通常都只是说"语音"相同；中国的一些描写把押韵说成是"和谐"。现代的语言学家创立了音位（phoneme）概念作为一个语音单位，由于这个语音单位对说话者来说是心理现实，因此把音位这个单位用来作为押韵的基本单位就相当自然。这可以解释有些只是在语音上有区别的音位之间的押韵。Baudouin de Courtenay 指出，俄语中转写为 i 和 y 的元音虽然在语音上是有区别的，但实际上属于同一个音位（受其前的辅音影响而产生变化），且这两个音"完全押韵"（1903 [1963]: 37）。押韵是基于音位对等的假设可以作如下定义：[1]

> 音位对等假设：语言序列 A 和语言序列 B 当且仅当从最右边的一个重读元音到音节末尾的音位相等时押韵。

因为这是一个"当且仅当"的判断，我们可以把它分解成"当"和"仅当"两部分。其"仅当"部分相当于说：

> 押韵对等暗示着音位对等。

"当"部分则是：

> 音位对等暗示着押韵对等。

上面的两个判断如果总是成立，对音韵学家就非常方便，因为这样的话，押韵就跟音系成镜像关系。很遗憾，这两个判断总的来说都不能成立。

---

[1] 我把"音位"到底应该如何定义的问题留了下来。我在这句话中也绕过了声调的问题；在声调语言中，押韵有时需要声调一致，有时则不需要，这取决于诗歌体裁。

这种音位对等假设假定文学中的押韵关系可以纯粹用音系学的术语来定义。在有的情况下这点也许成立。不过，纯粹用音系学的术语来定义押韵关系有时并不适用于诗歌，理由如下：
1. 音系随时间和地域的差别而变，而文学的传统可能持续数个世纪，也可以涵盖多个方言区域。因此，押韵时音系学的标准常常被辅以非音系学的习惯，这些习惯使得作诗有个标准而且在相当长的一段时间里以及在一个大的地理区域中，保持一致。这些惯例可以让诗人用其他的方言来进行押韵或者试图采用其他方言来押韵——押韵无须表现出一定的一致性。
2. 单纯基于音系所作出的分类有时对诗人造成很大负担；毕竟相关语言的要素并不会考虑到诗人作诗的方便与否。因此，我们可以把文学上的惯例称为"君子协定"，为了使诗人作诗容易一些，允许某些语音上不严格的押韵出现，甚至这些押韵在任何方言都是不严格的。
3. 相反，有时对押韵的分类纯粹按照音系的话，有可能使得诗人的工作变得实在太容易而缺乏趣味。这很可能是很多传统中不允许一个字自身相押的原因。在词形变化丰富的语言里，用同一个词尾来相押有时被认为是不优雅的，至少是太容易的。在法语诗歌中（俄语亦同），只包含一个元音的押韵是不允许的，除非这个元音前还有个相同的辅音；效果就是要求押韵的这部分至少有两个音段。像日语这样的语言，因为它的音系结构简单，所能允许的押韵非常少，因此在作诗时，可能完全不使用押韵这个手段。

基于以上原因，在某个文学传统中押韵的系统，可能与音位对等假设的任何一个部分都冲突。音位对等假设与押韵在德国诗歌中冲突，例如前圆唇元音[y:][y][ø:]及[œ]通常与所对应的前不圆唇元音[i:][i][e:]及[ɛ]押韵（Manaster Ramer 日期未详）。这是不同音位通押的明显的例子。[1] 一方面，这种押韵的习惯是沿袭

---

〔1〕 尽管正如 Manaster Ramer 指出的那样，对德语元音的一些音位分析会认为可以从底层的后圆唇元音衍生出前圆唇元音，但不会有人认为前圆唇元音和前不圆唇元音本质上是一样的。

自那些自身方言中明显缺乏区别,并用这些音来自由押韵的古代著名诗人(如歌德 Goethe),例如,在《浮士德》(Faust)中歌德用 zieht 和 blüht 来押韵(标准德语分别发音为[tsi:t]/[bly:t]);而另一方面,这样的一种惯例使诗人在找押韵词时更方便些。在这里,对传统的模仿,方言的考虑以及有利于诗人创作的君子协定这几个因素都起了作用。

如果押韵体系对音位上相同的序列加以区别,则违反了音位对等假设的"当"这一部分。一个办法是把押韵作语音学的定义而非作音系学的定义;俄语就是这样的例子,例如,如果俄语中的 i 和 y 不能押韵的话。然而很难发现关于次音位(subphonemic)分类的语音押韵的清晰例子;大部分明显的例子证明押韵分析会因音系分析的不同而不同。例如根据 Hartman 对汉语官话的分析(1944[1957]),他将汉语中的开音节尾高元音[ɨ][i][u]及[y]分析为/i/、/yi/、/wi/及/ywi/,他们均带有主元音/i/(这只是代表[+高]的属性)。如果这个/i/被认为是主元音,那么根据音位对等假设,这四个韵母就可押韵。但事实上它们并不押韵:尤其是[i]和[u]未见相押(即 Hartman 所分析的/yi/和/wi/)。如果 Hartman 的分析正确,这个就是一个次音位层次的押韵区别;不过我们尚不清楚这是否为一种正确的分析。

除此之外,即使存在次音位层次的语音区别,那它也几乎不会被用到押韵当中。[1] 如果音位的确是具有心理现实(psychologically real)的语音单位,我们很容易看到为何如此:要观察到这种次音位在押韵中的区别,诗人必须使用语音的区别,而这正是操本族语的人所注意不到的。

尽管对在押韵中次音位语音区别的识别相当罕见,还是有其他的方面与这个音位对等假设的"当"这一部分冲突。例如,由于拼写、词源或者传统等非语音的因素,使语音和音系上完全对等的序列,可能不会被认为是很好的押韵。例如,古典法语诗歌的押韵一部分来源于语音,一部分来源于正字法:拼写中的最后的辅音,即使现在已不发音,

---

[1] Manaster Ramer(日期未详)提出了在韵律中使用次音位差别的几个可能的情况,尽管没有一个例子涉及押韵。例如,在 Kalevala 的传统芬兰诗歌中,双元音在辅音之前或最后发音会发得很长,但在元音之前很短,这种长度的区别可以明显在韵律中观察到。

第三章 作为历史音韵学证据的押韵

同样影响押韵。例如下文这对

soi[swa]（自己）
vois[vwa]（看（1 sg.））

并不被看作是一个好的押韵，因为在正字法上 vois 有韵尾-s。这种押韵的习惯有可能是模拟了这些辅音还在发音时候的诗歌的押韵习惯。[1]

汉语诗歌的押韵提供了既与音位对等假设的"当"抵触，亦与"仅当"抵触的例子。例如传统的近体诗（包括律诗和绝句）被认为按照《平水韵》来押韵，《平水韵》编写于金朝（1115—1234），在当时便已经很古老，部分依据《切韵》之类的早期韵书来编写。《平水韵》中有 106 个韵，按四声分类（平声韵 30 个，上声韵 29 个，去声韵 30 个，入声韵 17 个）。《平水韵》中分韵的人为性的例子如中古汉语的-on 和-won 与中古汉语的-jon 和-jwon 相押韵，这种押韵方法出现在早期中古汉语时期，所有的这些词全部放在"上平十三元 Yuán（中古 Ngjwon）"中——尽管-jon 早已同-jen 和 -en 合并，而-jwon 也早已同-jwen 和-wen 合并。于是下面的词

（99）言 yán<ngjon（言辞）

---

[1] 古老的押韵规则要求最后的辅音要么在读音形式上相同，要么在连读中发音相同；因此 doux [du]和 vous [vu]是可以接受的押韵词。有人可能会争辩说，是潜在的连读而不是正字法支配着这种押韵。因此，传统的法语押韵可能被认为是抽象的，而不是仿古的——基于音系上的派生角度，那里末辅音还没有被删除。但是值得注意的是，法国古典诗人似乎觉得，他们可以通过简单地改变拼写来违反关于末尾辅音的押韵规则：Racine 把 vois 写成 voi，以便在 Phèdre 中使得"après soi/je vous voi"押韵，而维克多·雨果把 Londres "伦敦"写成 Londre 使得它可以和 confondre 押韵（例子来自 Molino 和 Tamine 1982：69）。在其他情况下，比如结尾"mute e"的韵律处理，显然，法语传统承认任何修改都不支持的区别（例如，同音异义词 foi（信心）和 foie（肝脏）的区别）；据推测，无论多么抽象，这些区别都不会成为任何共时音位学的一部分。假定传统和正字法而不是抽象的音位学，才是这种诗歌惯例中有效的约束，这是比较符合经济性原则的。关于这个和其他指称在诗歌中使用抽象音韵的例子，见 Manaster Ramer（日期未详）。

则需要与以下两字在"元"Yuán 韵中押韵：

（100）根 *gēn*<*kon*（树根）

及

（101）村 *cūn*<*tshwon*（村落）

然而下面这个字

（102）妍 *yán*<*ngen*（美丽）

在现代方言中跟"言"*yán*（言辞）同音，却押"先"Xiān 韵。正因为如此才有了"该死的十三元"的说法。值得注意的是，这种押韵的习惯对音位对等假设的两部分都冲突：同音的"妍"*yán* 和"言"*yán* 并不相押，而主元音不同的"言"*yán* 和"根"*gēn* 却押韵。

对音位对等假设不同的违反情况，通常反映出不同的文学及文化背景。音位上不同的序列（strings）的押韵，并没有纯粹的音系上对等的押韵那么自然，不过这种惯例相对来说还是不难学的，而且它让诗人的押韵更为容易，因此这样的传统也许会保留较长时间。一个德国的诗人如果要用传统方法押韵，他所需要学习的无非是哪一对元音在押韵时是对等的；他并不需要带一本韵书，也不需要记一长串押韵字及这些字所在的押韵类型。不过这种惯例也可能被抛弃，如果有一个让押韵更为精确的标准出现的话。《切韵》——至少在唐代所用的时候——很可能就代表着这样一种押韵标准的替换。

尽管允许音系上不同的序列（strings）之间押韵的惯例相当常见，但音系上人为的押韵区别相对难学一些，所以一般会存在一种规定哪些字和哪些字相互押韵的文学。这种文学可以是口传的，当然如果这种文学是书面的，则押韵的体系更容易保存。法语和汉语的古典诗歌惯例即是如此。这样的押韵体系对诗人来说一般比较难，随着音系演变的增加，抛弃这种人为的古典标准使诗歌更接近于日常发音的压力也相应增加。这种情形在汉语诗歌的历史上发生过不止一次。

上述这些问题如何影响我们把押韵作为音系证据呢？很显然，从押韵对等中推断出音位的对等是危险的（尽管并不总是错的）；果真如此的话，我们就会错误地得出德语的前圆唇元音早已消失。类似地，在现代汉语诗歌中，[ɨ][i]和[y]这三个韵传统上允许押韵，这一点也会使我们对现代汉语音系产生错误的结论。[1]

从押韵的区别上来推断出音系的区别则没有那么危险。正如我们所见的，尽管押韵体系中可以包含音系中并没有区别的人为区别，不过这些区别面对许多相反的力量：这种区别会使人难学难用，很可能还需要有一种规范性的文学作品，让人知道诗歌应该怎么写。只要仍然有这样的条件，人为的这种押韵区别可以保存数百年，正如法语的古典诗歌跟汉语的近体诗所反映的情况。如果我们假定这些体系中的区别反映出当时的音系，那么就会在许多方面出错。对音系学家来说，幸运的是，人为的惯例只用在某些诗歌体裁里；可能存在更直接反映当时音系的其他体裁。

很可能我们可以安全地假定上古汉语诗歌中这种人为的押韵区别相对较少。我们尚未见到某种文学中关于作诗的人为押韵的规定。而且，上古汉语诗歌时期的社会背景与唐代及其后不同，在唐代及其后的时期，用标准的形式来作诗的能力是做官资格的一部分。《诗经》中所发现的音系上的差异性也暗示标准化的力量并不太强。[2] 在这种情

---

[1] 关于通用的普通话押韵，参见罗常培（1950）。如果诗人只是偶尔使用音系上不准确的押韵，或使用频率明显低于音系上准确的押韵，那么统计方法就有可能在足够大的语料库中区分出这些差异。如果不准确的押韵像准确的押韵一样随意使用，出错的风险是最大的。

[2] 有时认为（例如，屈万里 1963[1983]）《诗经》的押韵——或者至少国风部分是统一的，所以必定有一套适合它的语音系统。我们会在第十章中看到，事实上有很多《诗经》押韵现象存在很鲜明的方言色彩；例如，在东部方言中，收 *-n 尾的字倾向于与收 *-j 的字押韵，在西部方言中，收 *-m 倾向于与收 *-ng 尾的字押韵。在任何情况下，强加《诗经》内部是统一的论点在我看来都是循环论证。《诗经》押韵的韵类被认为是从《诗经》本身整体归纳而来的；在这样一个系统中，在《诗经》的一个部分而不是在其他部分所作的区分往往会被忽略（除非这种区分在中古汉语中仍然存在，如前面提到的两个例子）。这些韵类与《诗经》相当吻合并不奇怪，因为它们首先是以《诗经》押韵经验为基础的。

况下，上古汉语诗歌中清楚的押韵区别很可能反映的便是当时的音系区别。

不过我怀疑《诗经》中可能包括一些不完全对应的但传统上常用的押韵，这些押韵反映的是更早阶段的音系。我们常会注意到《诗经》中有重复及程式化的痕迹，意味着至少这些部分的创作是口传。在诸如《荷马史诗》这类主要使用节律的口头诗歌里，诗人使用与所规定的韵律相配的传统表达，这些表达是大于一个词的。在使用押韵的口头诗歌中，类似地，我们也预料到会出现那些诗人在作诗时可以即兴使用的传统押韵序列。这里暂不考虑《诗经》中间有多大的比例是这样编写出来的；无论怎样，任何读者都可以很清楚地发现《诗经》中有现成的重复的表达。

一旦这些现成的押韵序列变成文学传统的一部分，即使在发音改变后已经不能够押韵了，它们还会被持续使用。下边两个词的押韵即如此类：

（103）懷 *huái* < 中古 *hwɛj* < *gruj（渴望）
（104）歸 *guī* < 中古 *kjwij* < *kʷjij（回归）

我将会在 10.1.8 中表明上古汉语中有 **-uj* 和 **-ij* 之间的区别，为了解释这两个词的总体押韵情况，我们必须将"懷" *huái* 构拟为 **-uj*，而"歸" *guī* 构拟成 **-ij*。[1] 不过在《诗经》68.1−3、101.1 及 251.2 中，"歸" *guī* 似乎与 **-uj* 押韵。其中 68.1−3 和 101.1 这两处与"懷" *huái* 押韵。我怀疑"歸" *guī* < *kʷjij 从更早期的 *kʷjuj（在我的体系中只出现这一处）异化而来，我假定这一对现成的押韵于两个词同音之时制造出来，异化之后，使得押韵不精确但仍被使用。（这类不精确的传统押韵并不多，不过正因为它的存在，使我们混淆了本来有清楚区别的 **-uj* 和 **-ij*。）

〔1〕例如，"歸"在以下韵段中押 **-ij* 韵：《诗经》2.3、13.3、28.1−3、36.1−2、41.2、88.2、147.2、154.2、156.1、156.4、162.1、162.2、167.1−3、168.6、169.2、174.1、204.2、209.5（可能是不规则的押 **-ij* 韵的段落）、259.6、260.2、263.6、298.2。"懷"在以下韵段中押 **-uj* 韵：《诗经》3.2、30.4、156.2、164.2、201.2。

3.2 分析押韵材料的一种统计学方法

上一节讨论了押韵体系与音系之间的关系。无论一个特定的押韵体系是以音系为基础还是也考虑其他的方面,我们都假定它给诗人作诗提供了一个可以遵从的模式。现在让我们考虑在特定的语料用韵的基础上,如何来测试关于这个押韵体系的一些假设。

押韵体系与某一个特定语料中用韵之间的关系,正如语言学中语言(langue)与言语(parole)之间的关系,或者语言能力(competence)与语言行为(performance)之间的关系。由于多种原因,我们所见到的在语料中的用韵可与所规定的押韵体系在诸多方面有所偏离。诗人有可能找不到既能满足他所要表达的内容又符合押韵体系的押韵词;或者诗人在押韵的时候用韵不够熟练或用韵太松太宽;或者诗人故意地想蔑视传统的约定。这只是部分情况,一套文学的惯例一旦建立,对其尊重或戏弄或假装忽视等情形会层出不穷。例如,为了表示非正式或者不和谐的印象,诗人有可能故意地从宽用韵(假如这种从宽用韵的含义在这种文化中就是表达这种含义的话);这种从宽用韵的情形又会变成一种文学惯例,又会被从宽使用等。

已知现有的押韵体系在使用上如此复杂,那么我们如何应用实际的文本来测试我们关于押韵的各种假设呢?典型的这种押韵假设是这样的一个陈述:即两组词 A 和 B 是否自由通押。要确定这样一个陈述正确与否,我们需要作一些统计。那么我们统计什么呢?一般我们会算押韵序列:统计出不通押的押韵序列(只有词组 A 或者词组 B 的序列)的总数,以及通押的序列(其中词组 A 和词组 B 同时出现)的总数。为了证明 A 和 B 是不同的韵类,我们会指出不通押的序列比通押的序列多;或者说,通押的序列里只占了总数的多少百分比;或者说,不存在 A 和 B 的通押现象。

汉语音韵学中,使用押韵证据的时候经常会作出上述这样的论断。例如,王力(1937)指出上古汉语的"脂"部应该分作"脂"Zhī 和"微"Wēi 两部。他对《诗经》用韵的证据讨论总结如下:

上述 110 例(押韵序列),脂微可视为分押的有 84 例,约占总数的

3/4；脂微可视为通押者，有 26 例，少于总数的 1/4……

最可注意的是长篇用韵不杂的例子。（此处列举了好几个脂微分押的例子，在长度为五到八之间的分押序列。）这些都不能认为偶然的现象。（王力，1937[1980]：146）[1]

此类论证存在不少尚待解决的问题，比如：
1. 王力认为长的分押押韵序列，比短的分押押韵序列更重要。然而，在计算押韵序列时，他并没有根据押韵序列的长短区分计算方式。直观来说，也应该清楚，押韵序列不是一个合适的计数单位，除非不同长度的序列以某种计算方式被区别对待。
2. 只简单地比较不通押和通押序列的数目，做不到把 AB 两组出现的相对频率考虑在内。押韵时，有些词更为常用，这就会导致这些常用词频频随机出现在不通押的序列中。例如，A 组字比 B 组字常用的多，那么 A 组字出现在不通押序列就更常见，而 A 和 B 通押的情况就会比较少，原因只是 B 组字相比 A 组字不常用。
3. 在汉语里，如果分析押韵的时候忽略声调，则仅比较通押和不通押的序列就会引起误解。例如，假定大部分 A 组字都是平声，而多数的 B 组字都是上声，那么在声调影响押韵的诗歌里，A 组和 B 组押韵的唯一区别就是声调。
4. 最后，也是最基本的，有些不规则的押韵有可能出现，原因如前所说；多数研究者，都会认为少数 A 组和 B 组的通押不足以让我们把 A 组和 B 组视为同一个韵部。然而大家对这一点没能达成共识：多少个通押的韵脚才足以促使我们认为它们在同一韵部。王力说出了他对所用材料的判断："这些都不能认为偶然的现象。"我相信他的判断是正确的；[2] 不过，他并没有对此

---

[1] 这条引用基于该文 1980 年的重印版本（王力 1937[1980]：146，我翻译）；在早期版本中，列出的数字略有不同（如王力 1937[1958]：143）。

[2] 虽然王力整体分离脂部和微部的观点是正确的，但是对于具体某些字的归部依旧存在错误。我将把这些问题放在 10.1.8 中展示，即如果我们以另一种方式定义脂部和微部的边界，我们可以展现出一个更具系统性的音系面貌以及减少不规则押韵序列的数量。

进行论证。材料所呈现的什么样的格局才可以或者不能够视为偶然,恰好是个概率和统计的问题。

本节的主要目的即提供一个测试有关押韵各种假设的统计方法。这种方法避免了上面所指出的一些问题,亦是我之前对这方面研究的细化(白一平 1979,1982,1986b)。3.2.1—3.2.6 节提出并用假设的简单例子来解释这种方法;3.2.7 节讨论这种方法实际应用时的几个问题。在 3.3 节中我们用上古汉语《诗经》中押韵的例子来解释这种方法。

这里所描述的方法不可避免地涉及一定量的数学内容,不过我试图尽量直观地解释。对数学没有耐心的读者请放心,本书其余部分关于上古汉语押韵的论证并不都需要完全理解这种方法的细节;大部分的论证也可以凭直觉来进行理解。另外,我并不是说这种方法使所有前人的非数学方法的押韵研究都失效,前人的很多研究都很有见地。然而要对上古汉语押韵进行完备的分析,就不能忽略统计方法。

此处所提出的统计方法背后的道理如下:如果 AB 两组字通押的现象在概率上显著地小于偶然现象,那么 AB 两组可以视为不同的韵部。在统计了样本中通押的总数后,我们比较统计量是否与预先的 A 组 B 组自由押韵的零假设有显著差异。(由于不同长度的押韵序列,其通押序列的概率也不同,因而不同长度的押韵序列要分别分析,其结果可用 3.2.4 中所介绍的方法结合起来。)假如所观察到的通押数目,显著地小于预期,那么 AB 两组字则不能够自由押韵。这就让我们可以通过这种方式区分自由、规则押韵和偶然不规则押韵。

用统计的方法测试各种假设的一般程序可归纳如下:先对所考察的现象提出一种统计模型;这个模型的形式是一个根据现象建立的数学结构,称作"概率空间",由集合 Ω 得以定义,此集合与所考察实验的可能结果相对应。例如,如果实验是从一副牌中随意抽取一张牌,那么 Ω 就包括了这副牌中的 52 张。概率空间 Ω 被设计成如下形式:某个概率(即 0—1 之间的一个数字)可以被赋值为 Ω 的各个子集。因此,假如 A 是 Ω 的一个子集,代表某种可能的事件,那么概率函数 **P** 就设计为 **P**$[A]$ 是 0—1 之间的一个数字,与 A 出现的可能性相对应。例如,如果 Ω 代表了一副牌,这副牌中所有黑桃组成的十三个元素的集合则代表随机抽取一张牌为黑桃的结果；其概率 13/52 = 0.25 是这一事件的赋值。因为任何一个集合是其本身的子集，$\mathbf{P}[\Omega]$ 是确定的，其值为 1；类似地，空集 ∅ 是所有集合的子集，因此 $\mathbf{P}[\varnothing]$ 是确定的，其值为 0。（关于这些概念更详细的讨论，见 Hoel, Port 及 Stone 1971 第一章。）

3.2.1 关于选取押韵字的概率模型

为了测试有关押韵的一些假设，我们必须建立一个诗人选择押韵字这个程序的统计模型，以便于设计一个适合的概率空间。当然影响诗人用词的因素是很多的，我们仅对涉及押韵系统的这些因素感兴趣。为便利起见，我们可以假定诗人一旦选择了一个押韵序列在哪个韵部，在此韵部中其所选的押韵字是随机的。在传统概率与统计中，经常用从一个缸中取球作为随机提取的模型，那我们就想象一个用上古汉语作诗的诗人周围摆了好多大缸——每口缸代表一个上古韵部。每个缸里都有许多球，每个球上都写了一个可以用来押韵的汉字，任何一个缸里的球都属于同一韵部，互相之间可以自由押韵。

如果诗人想选一个押韵字，他只需把手伸到某个缸里从中探取一个球，把球上的字写下来，然后把球放回原来的缸里。诗人如果要选两个相押韵的字，就需要把这个过程重复一遍：在同一个缸里取两次，如此类推。假定某个缸里的每一个球被取出来的可能性与其他球一样，不过显然某些字比另外一些字更多地用来押韵。因此我们就假定代表某一些字的球，比代表另外一些字的球多。对每个字来说，上面写这个字的球的多少是与其被选作押韵字的概率相对应的。

假定我们想测试关于 AB 两组字不能够自由通押的假设——即假定它们是存放在不同缸里，我们很难直接地测试这个假设。我们知道，尽管 A 组与 B 组是属于不同的韵部，但是偶尔它们也会通押；因为上文所提的"操作因素"的缘故，也就是诗人有可能偶尔从错的缸里取出来一个字。可是我们并不能预测这种出错情形的频率。然而我们可以测试相反的假设，即 A 和 B 自由通押的假设：如果我们假设 A 组和 B 组放于同一个缸中，那么计算出诗人用 A 和 B 组字押韵的频率就相对容易一些。于是这个预测可以跟我们在语料中实际发现的相互通押的个数进行比较。如果通押的情形显著性地少于我们所预计的,我们就可以得出 A 和 B 并不能自由押韵的结论。在这种情况下,A 组和 B 组自由押韵——即它们在同一个缸中——是零假设。现在让我们详细地看一下对这样一个假设是怎么进行测试的。

3.2.2 为单独的押韵序列建模

我们可以为在同一个缸里的 AB 两组字建模:假定在同一个缸里,这些球上面不光标记着汉字,还写着字母 A 和 B(诗人并不注意 A 和 B)。假如诗人从缸里提取数次,他们选中 A 组字和 B 组字的频率分别是多少呢?

为了计算出上面的数据,我们必须首先估计出在同一个缸里 A 组字和 B 组字的相对频率。我们并不被允许直接在缸里查看;可是如果我们手头有诗人用这个缸里的字所押韵写成的诗,我们就可以用这个样本中 A 组字和 B 组字的相对频率来估计选中 A 组字和 B 组字的频率。为简便起见,假定我们的样本中包含了 50 对押韵的情况,也就是 100 个押韵字;假定这 100 个字中有 70 个是 A 组的,B 组的有 30 个;我们用 $P[A]$ 来表示某个 A 字被选中的概率。(总的来说,$P[X]$ 代表 X 事件的发生概率。)于是我们就可以来估算出 $P[A]$ 的概率为 $70/100 = 0.7$,$P[B]$ 概率为 $30/100 = 0.3$。(这种估算的可靠度在下文 3.2.5 节中讨论。)

照此模型,选择一个单独的押韵字被称作伯努利试验(Bernoulli trial)——有两种可能性的随机提取试验(在本例中,或者是 A 或者是 B)。[1] 讨论伯努利试验的时候一般把一种结果定为"成功",另外一种定为"失败";我们就在这里随意地把选择 A 字视为成功,而把选择 B 字视为失败。成功的概率(在此例中即 $P[A]$ 的真值)传统上写作小写的 p;失败的概率(在此例中即 $P[B]$ 的真值)一般写作 q。这里所涉及

---

[1] 这里提到的伯努利是 Jacques Bernoulli(1654—1705),瑞士数学家,概率研究的先驱。

的概率空间可以用包含两个要素{成功,失败}的集合来表达,其中 $p =$ **P**[{成功}],而 $q =$ **P**[{失败}]。(仅有两种结果,显然 $p + q = 1$ 且 $q = 1 - p$。)伯努利试验的概念将在下文讨论中多次出现。

现在我们假定诗人从缸里抽取球来写两句押韵的诗(couplets)。A 和 B 两组字在这两句中,不混在一起的可能性的概率——也就是,或者选择两个 A 组字或者选择两个 B 组字的情形的概率有多大?选两个押韵字可以把它视为选一个押韵字的重复。假如两个押韵诗句上面都有同样的字母,那么诗人或者必须选 AA 或者必须选 BB。根据基本的概率理论,两个独立事件的出现概率是它们各自概率的乘积。因此我们可以很容易地计算出 **P**[AA] 和 **P**[BB] 的值:

$$\mathbf{P}[AA] = (\mathbf{P}[A])(\mathbf{P}[A]) = (0.7)(0.7) = 0.49$$
$$\mathbf{P}[BB] = (\mathbf{P}[B])(\mathbf{P}[B]) = (0.3)(0.3) = 0.09$$

选择没有通押的两个字的概率——也就是 AA 和 BB 的概率——也就是 **P**[AA] 与 **P**[BB] 的和。我们把这个概率称作 **P**[不通押] 或 **P**[U]:

$$\mathbf{P}[U] = \mathbf{P}[AA] + \mathbf{P}[BB] = 0.49 + 0.09 = 0.58$$

通押的两个字的概率,我们可以称为 **P**[通押] 或 **P**[M],也可以用类似的方法求得。一个通押的句子既可以是 A 后面跟着 $B(AB)$,也可以是 B 后面跟着 $A(BA)$,于是我们计算出

$$\begin{aligned}\mathbf{P}[M] &= \mathbf{P}[AB] + \mathbf{P}[BA] \\ &= (\mathbf{P}[A])(\mathbf{P}[B]) + (\mathbf{P}[B])(\mathbf{P}[A]) \\ &= (0.7)(0.3) + (0.3)(0.7) \\ &= 0.21 + 0.21 = 0.42\end{aligned}$$

注意选择一个押韵对亦是一个具有 M 和 U(通押和不通押)两种可能性的伯努利试验。在此例中,我们把 M 称作"成功",U 称作"失败";那么成功的概率 p 即是 **P**[M] 的真值,而失败的概率 q 即 **P**[U] 的真值。与前相同,一个押韵序列要么通押要么不通押,所以 **P**[M] 与 **P**[U] 的和必然为 1。那么计算 **P**[M] 的另外一种方法是 1 减去 **P**[U]:

$$\mathbf{P}[M] = 1 - \mathbf{P}[U] = 1 - 0.58 = 0.42$$

计算一个更长的押韵序列是否通押的概率也可用相似的方法。如对一个包含有三个押韵字的序列,我们可以计算获得不通押序列的概率为:

$$\mathbf{P}[U] = \mathbf{P}[AAA] + \mathbf{P}[BBB]$$
$$= \mathbf{P}[A]^3 + \mathbf{P}[B]^3 = (0.7)^3 + (0.3)^3 = 0.37$$

获得通押序列有六种方法:AAB、ABA、BAA、ABB、BAB 及 BBA;因此我们可以计算:

$$\mathbf{P}[M] = \mathbf{P}[AAB] + \mathbf{P}[ABA] + \mathbf{P}[BAA]$$
$$+ \mathbf{P}[ABB] + \mathbf{P}[BAB] + \mathbf{P}[BBA]$$
$$= 3\mathbf{P}[A]^2\mathbf{P}[B] + 3\mathbf{P}[A]\mathbf{P}[B]^2$$
$$= (3)(0.7)^2(0.3) + (3)(0.7)(0.3)^2$$
$$= 0.63$$

或者更简单地,既然一个序列符合要么通押要么不通押的二项分布,我们可以得出:

$$\mathbf{P}[M] = 1 - \mathbf{P}[U] = 1 - 0.37 = 0.63$$

注意,不通押序列的概率 $\mathbf{P}[U]$ 在三个字的序列中(0.37)要小于两个字的序列(0.58)。这与我们的直觉相同,即长序列中不通押的可能性要小于短序列。

一般来说,对于一个长度为 n 的序列,我们可用以下公式计算 $\mathbf{P}[U]$ 和 $\mathbf{P}[M]$:

$$\mathbf{P}[U] = \mathbf{P}[A]^n + \mathbf{P}[B]^n$$
$$\mathbf{P}[M] = 1 - \mathbf{P}[U]$$

3.2.3 评估样本序列

现在让我们转向关于样本中通押序列的个数是否显著少于零假设所预计的问题。开始这个问题前,假设我们有一个仅包含五对押韵的序列,如前所述,$\mathbf{P}[A] = 0.7$,$\mathbf{P}[B] = 0.3$。这五对押韵中,既可以是全部不通押(*UUUUU*),也可以是全部通押(*MMMMM*),或者部分通押部分不通押（比如 UUMMU, MMMUU）。我们把 m 个通押标记为 $\mathbf{P}[M=m]$。

五对押韵中完全没有通押的概率 $\mathbf{P}[M=0]$ 是什么呢？我们已经计算出两个字的序列中 $\mathbf{P}[U]=0.58$ 及 $\mathbf{P}[M]=0.42$。所涉及的概率空间可以表示为由 U 和 M 组成的长度为 5 的所有字符串的集合。基于此，我们可以得出：

$$\mathbf{P}[M=0] = \mathbf{P}[UUUUU]$$
$$= (\mathbf{P}[U])(\mathbf{P}[U])(\mathbf{P}[U])(\mathbf{P}[U])(\mathbf{P}[U])$$
$$= (0.58)^5 = 0.0656$$

五对押韵中只有一对通押的概率 $\mathbf{P}[M=1]$ 如何呢？有五种方式可以得到一对通押：第一对通押（MUUUU），第二对（UMUUU），第三对（UUMUU），第四对（UUUMU）或第五对（UUUUM）。这五种情况中的每一种的概率为

$$(\mathbf{P}[M])(\mathbf{P}[U])^4 = (0.42)(0.58)^4 = 0.0475$$

既然得到一对通押的情况有五种，则获得一对通押的概率为：

$$\mathbf{P}[M=1] = 5(\mathbf{P}[M])(\mathbf{P}[U])^4 = (5)(0.0475) = 0.238$$

一般来说，在有五对押韵的样本中 $\mathbf{P}[M=m]$ 可由下列公式计算：

$$\mathbf{P}[M=m] = C_m^5 \mathbf{P}[M]^m \mathbf{P}[U]^{5-m}$$

符号"C_m^5"表示从五对中随意取 m 对的组合数。有些读者会认出上述解释为 $\mathbf{P}[M]^m$ 在 $(\mathbf{P}[M]+\mathbf{P}[U])^5$ 的二向式扩展。

这一现象并非巧合；每次押韵都代表一次伯努利试验（结果要么是押韵，要么是不押韵），在重复的伯努利试验中 $\mathbf{P}[M=m]$ 符合二项分布。[1] 更一般地说，即在 n 个对偶句中有 m 个是押韵的概率为：

$$\mathbf{P}[M=m] = C_m^n \mathbf{P}[M]^m \mathbf{P}[U]^{n-m}$$

下面让我们依靠一些具体的（假设的）例子来说明这些计算。

---

[1] 读者可以参考任何基本概率论的教科书，如 Hoel, Port. & Stone (1971)，了解细节。

3.2.3.1 例 1：5 个对偶句，只有 1 个押韵相混

还是继续上文 $\mathbf{P}[A] = 0.7$ 和 $\mathbf{P}[B] = 0.3$ 的概率假设，我们的样本包含了 5 个对偶句，其中只有 1 个是 A 组词与 B 组词相押。试试看我们是否能根据统计方法把通押视为不规则现象，得出 A 和 B 仍然是独立的韵部的结论。从上文内容可知就算 A 和 B 是两类可以相互押韵的类，它们仍有 0.238 的概率在模型中只出现一个韵相混的情况，以及有 0.0656 的概率出现所有韵都不相混的情况。因此，即使 A 和 B 是两类可以相互押韵的韵部，它们也会出现不超过一个押韵的情况，概率为：

$$\mathbf{P}[M \leqslant 1] = \mathbf{P}[M = 0] + \mathbf{P}[M = 1] = 0.0656 + 0.238 = 0.304$$

也就是说，即使 A 和 B 自由押韵（即在同一个缸里），这一小部分混押的情况也有 30% 的出现概率。因此在此模型下，只要有一个押韵对出现，就不能说明 A 和 B 是两个独立的韵部。

3.2.3.2 例 2：5 个对偶句，押韵相混数为零

尽管在这 5 个对偶句的样例中押韵相混数为零，我们也不能确定它在统计学上有意义。正如上文所示，即使 A 和 B 是可以相互押韵的两类，仍有一定的概率出现押韵相混数为零的情况：

$$\mathbf{P}[M = 0] = \mathbf{P}[UUUUU] = 0.0656$$

也就是说，在 A 和 B 两类可相互押韵的前提下，仍有十五分之一的概率出现上述情况。

对于多低的概率才可以认为 A 和 B 类之间的押韵没有显著性，并没有硬性规定。但是在社会科学领域的应用中一般要求至少小于 0.05 或 5%（二十分之一的概率）。这说明对于小样本而言，即使所有的数据都与假设一致，假设也可能无法被证实。但请注意，P 值大于 0.05 并不意味着该零假设为真；而只意味着样本所呈现的数据还不足以否定它。

更进一步，我们想知道在 A 类和 B 类可以自由通押的前提下，在含有 n 个对偶句的样本中，m 个对偶句偶然相混的数学期望是多少。

这里讨论的就不再是存在 m 个混押对偶句的可能性，而是可能会出现不超过 m 个对偶句混押的概率。即，不是 $\mathbf{P}[M=m]$ 而是 $\mathbf{P}[M\leqslant m]$。我们可以通过对 $\mathbf{P}[M=i]$（$0\leqslant i\leqslant m$）求和计算 $\mathbf{P}[M\leqslant m]$ 的值：

$$\mathbf{P}[M\leqslant m] = \mathbf{P}[M=0] + \mathbf{P}[M=1] + \cdots + \mathbf{P}[M=m-1] + \mathbf{P}[M=m]$$

或用更简洁的公式表示：

$$\mathbf{P}[M\leqslant m] = \sum_{i=0}^{m}\mathbf{P}[M=i] = \sum_{i=0}^{m}c_i^n\mathbf{P}[M]^i\mathbf{P}[U]^{n-i}$$

$\mathbf{P}[M\leqslant m]$（可简称 $\mathbf{P}$）是一个衡量样本表现和零假设多么不相似的度量。如果 $\mathbf{P}$ 值非常小，小于 0.05，那么我们可以拒绝零假设，得出 A 类和 B 类不能自由押韵的结论。需要注意的是，$\mathbf{P}$ 的取值不仅取决于混押和不混押的序列数量，还取决于 A 类和 B 类字的出现频率，押韵序列的长度（目前为止的例子中是两个，但下文会有更多情况），以及样本中对偶句数量的多少。因此本文提出的公式避免了测量方法过简的问题，不再是简单的比率或押韵序列的百分比。

3.2.3.3 例 3：20 个对偶句，其中 4 句混押

仍旧假设 $\mathbf{P}[A]=0.7$，$\mathbf{P}[B]=0.3$，假设现在不是 5 个对偶句有一个混押的样本，而是 20 个对偶句 4 个混押的样本。在这个例子中，尽管混押数占总对偶句的百分比与例 1 中的情况一致（20%），但样本容量扩大了。在此样本中 $n=20$，$m=4$，计算如下：

$$\mathbf{P}[M\leqslant 4] = \sum_{i=0}^{4}\mathbf{P}[M=i] = \sum_{i=0}^{4}c_i^{20}\mathbf{P}[M]^i\mathbf{P}[U]^{20-i}$$

代入和上文相同的 $\mathbf{P}[M]$ 和 $\mathbf{P}[U]$ 数值，得出的结果是 $\mathbf{P}=0.035$。

也就是说，如果 A 类和 B 类字可以自由押韵，在 20 个对偶句中只有不超过 4 个混押的数学期望仅有 3.5%。如果我们把拒绝域定为 $P<0.05$，那么我们认为这个样本可以作为说明 A 类和 B 类是两个独立韵部的有效证据。

第三章 作为历史音韵学证据的押韵

值得注意的是,尽管在此样本中混押的占比和例1中一致(都是20%),但大样本容量的数据可以作为两个独立韵部的有效证据而小样本却不行。相比之下,王力在前文引用的文章中所使用的简单计算混合押韵比例的方法,忽视了样本量对结果的影响。

3.2.4　不同长度序列的组合结果

在前文的例子中,我们假设要测试的押韵序列样本完全由对句组成(两个字的押韵序列)。然而,在实践中,我们使用的样本通常包含各种长度的序列。为了说明这种可能性,让我们假设一个由5个两字押韵序列和4个三字押韵序列组成的样本;假设两个字的序列中不存在A类和B类混押的情况,而三字押韵序列中有一个混押的情况(依旧使用上文$\mathbf{P}[A]=0.7$和$\mathbf{P}[B]=0.3$的概率假设)。我们的步骤是分别先计算二字序列的$\mathbf{P}(\mathbf{P}_2)$值,再计算三字序列的$\mathbf{P}(\mathbf{P}_3)$值,然后用数学方法把它们组合起来。

让我们用M_2和M_3分别代替二字序列和三字序列。二字序列在这个例子中的情况和上文中的例2一致,所以:

$$\mathbf{P}_2 = \mathbf{P}[M_2 \leqslant 0] = 0.0656$$

为了计算$\mathbf{P}_3 = \mathbf{P}[M_3 \leqslant 1]$,我们必须首先计算三字序列的$\mathbf{P}[U]$值:

$$\mathbf{P}[U] = \mathbf{P}[A]^3 + \mathbf{P}[B]^3 = (0.7)^3 + (0.3)^3$$
$$= 0.343 + 0.027 = 0.370$$

据此我们可知三字序列的$\mathbf{P}[M]$值为:

$$\mathbf{P}[M] = 1 - \mathbf{P}[U] = 0.630$$

继续前文提到的计算方法,我们可以计算出$\mathbf{P}[M_3 = 0]$和$\mathbf{P}[M_3 = 1]$:

$$\mathbf{P}[M_3 = 0] = \mathbf{P}[UUUU] = (0.370)^4 = 0.0187$$
$$\mathbf{P}[M_3 = 1] = \mathbf{P}[MUUU] + \mathbf{P}[UMUU] + \mathbf{P}[UUMU] + \mathbf{P}[UUUM]$$
$$= 4\mathbf{P}[M]\mathbf{P}[U]^3$$
$$= 4(0.63)(0.37)^3 = 0.1276$$

有了这些数据，我们可以计算 $\mathbf{P}_3 = \mathbf{P}[M_3 \leq 1]$：

$$\mathbf{P}_3 = \mathbf{P}[M_3 \leq 1] = \mathbf{P}[M_3 = 0] + \mathbf{P}[M_3 = 1]$$
$$= 0.0187 + 0.1276 = 0.146$$

可见，不管是 $\mathbf{P}_2(=0.0656)$ 还是 $\mathbf{P}_3(=0.146)$ 都没有达到小于 0.05 的拒绝域，不足以说明两类字是相互独立的两个韵类。也就是说，单看两类押韵自身，5 个两字序列和 4 个三字序列都没能否定 A 和 B 可以自由押韵的零假设。但如果我们同时评估两个样本呢？

本质上，我们目前使用的方法是通过评估大量的押韵序列来检验零假设，测试混押和非混押的极端分布。我们通过统计混押和非混押的数量来测量样本的极值：混押数量越少，样本越极端。我们在极端情况出现的可能性小于 0.05 时拒绝零假设。也就是说，如果样本中的混押序列数为 m，那么我们需要计算 $\mathbf{P}[M \leq m]$ 的值是否小于 0.05。

请注意，$\mathbf{P}[M \leq m]$ 本身的值也可以用来衡量一个特定观测量 m 的极值；$\mathbf{P}[M \leq m]$ 的值越小，m 的值越极端。函数 $F(m) = \mathbf{P}[M \leq m]$ 被称为随机变量 M 的"分布函数"。

现在，样本包含 5 个二字押韵序列和 4 个三字押韵序列，我们可以把每个试验的结果看作一个有序对 $\langle m_2, m_3 \rangle$，其中 m_i 是样本中序列长度为 i 的押韵组数量。本次实验可能结果的概率空间为以下有序对的集合：

$$\Omega = \{\langle m_2, m_3 \rangle \mid m_2 \in \{0, 1, 2, 3, 4, 5\},$$
$$m_3 \in \{0, 1, 2, 3, 4\}\}$$

每个有序对 $\langle m_2, m_3 \rangle$ 都可以看作是有限二维空间 Ω 中的一个点，共有 $6 \cdot 5$ 或 30 个点。任何特定点 $\langle m_2, m_3 \rangle$ 的概率就是 m_2 和 m_3 的概率乘积：

$$\mathbf{P}[\langle m_2, m_3 \rangle] = (\mathbf{P}[M_2 = m_2])(\mathbf{P}[M_3 = m_3])$$

为了使用这些有序对（或矩阵中的点）来检验假设，任何特定有序对 $\langle m_2, m_3 \rangle$ 的极值都需有一个合适的度量。正如我们所看到的，不考虑序列的长度，简单地计算观察到的混押序列的总数 $m_2 + m_3$ 是不行的，因为在概率上三字混押序列比二字混押序列更容易获得。相反，我们要通过统计学上的评估去测量点 $\langle m_2, m_3 \rangle$ 的极值：

第三章 作为历史音韵学证据的押韵

$$F(\langle m_2, m_3\rangle) = (\mathbf{P}[M_2 \leqslant m_2])(\mathbf{P}[M_3 \leqslant m_3])$$

也就是说,我们会用随机变量为 M_2、M_3 的分布函数的积去评估矩阵中的点 $\langle m_2, m_3\rangle$。此方法同时考虑了押韵序列的长度和样本的大小,可以反映有序对各分量的极值性:$F(\langle m_2, m_3\rangle)$ 的值越小,有序对 $\langle m_2, m_3\rangle$ 的极端性就越强。

现在我们可以测量一个特定有序对 $\langle m_2, m_3\rangle$ 的极值,我们的下一步是找出在零假设下得到这样一个极值对的概率。我们计算这个概率的方法是,找出所有与观察到的有序对一样极端的对,并将它们各自的概率相加。在我们考虑的例子中,观察值是 $m_2 = 0$ 和 $m_3 = 1$,即有序对 $\langle 0, 1\rangle$。用 E 表示所有至少和 $\langle 0, 1\rangle$ 一样极端的有序对的集合:

$$E = \{\langle m_2, m_3\rangle \mid \langle m_2, m_3\rangle \in \Omega \ \& \ F(\langle m_2, m_3\rangle) \leqslant F(\langle 0, 1\rangle)\}$$

那么随机得到一对极值为 $\langle 0, 1\rangle$ 的概率就是集合 E 中每一对有序对出现的概率之和:

$$\begin{aligned}
&\mathbf{P}[F(\langle m_2, m_3\rangle) \leqslant F(\langle 0, 1\rangle)] \\
&= \mathbf{P}[(\mathbf{P}[M_2 \leqslant m_2])(\mathbf{P}[M_3 \leqslant m_3]) \\
&\quad \leqslant (\mathbf{P}[M_2 \leqslant 0])(\mathbf{P}[M_3 \leqslant 1])] \\
&= \sum_{\langle m_2, m_3\rangle \in E} (\mathbf{P}[M_2 = m_2])(\mathbf{P}[M_3 = m_3])
\end{aligned}$$

样例中两字押韵组部分的 $\mathbf{P}[M_2 \leqslant m_2]$ 和 $\mathbf{P}[M_2 = m_2]$ 的值如表3.1所示;三字组押韵部分的 $\mathbf{P}[M_3 \leqslant m_3]$ 和 $\mathbf{P}[M_3 = m_3]$ 如表3.2所示(数据均保留四位小数)。

表3.1　五个序列中的 $\mathbf{P}[M_2 \leqslant m_2]$ 和 $\mathbf{P}[M_2 = m_2]$
　　　　($\mathbf{P}[A] = 0.7, \mathbf{P}[B] = 0.3$)

m_2	$\mathbf{P}[M_2 = m_2]$	$\mathbf{P}[M_2 \leqslant m_2]$
0	0.0656	0.0656
1	0.2376	0.3033
2	0.3442	0.6475

m_2	$P[M_2 = m_2]$	$P[M_2 \leq m_2]$
3	0.2492	0.8967
4	0.0902	0.9869
5	0.0131	1.0000

表 3.2 四个序列中的 $P[M_3 \leq m_3]$ 和 $P[M_3 = m_3]$
($P[A] = 0.7$, $P[B] = 0.3$)

m_3	$P[M_3 = m_3]$	$P[M_3 \leq m_3]$
0	0.0187	0.0187
1	0.1276	0.1463
2	0.3260	0.4724
3	0.3701	0.8425
4	0.1575	1.0000

观测到的一对 $\langle 0, 1 \rangle$ 的极值用 $F(\langle 0, 1 \rangle)$ 来度量,$F(\langle 0, 1 \rangle)$ 定义为 $\langle 0, 1 \rangle$ 各组分布函数的乘积:

$$F(\langle 0, 1 \rangle) = (P[M_2 \leq 0])(P[M_3 \leq 1])$$
$$= (0.0656)(0.1463) = 0.009597$$

下一步是对概率空间 Ω 中和 $\langle 0, 1 \rangle$ 一样极端的点的概率进行求和。即:点 $\langle 0, 0 \rangle$,$\langle 1, 0 \rangle$ 和点 $\langle 0, 1 \rangle$,如表 3.3 所示。

表 3.3 概率空间 Ω 中 $F(\langle m_2, m_3 \rangle) \leq F(\langle 0, 1 \rangle)$ 的点

$\langle m_2, m_3 \rangle$	$P[M_2 \leq m_2]$	$P[M_3 \leq m_3]$	$F(\langle m_2, m_3 \rangle)$	$P[\langle m_2, m_3 \rangle]$
$\langle 0, 0 \rangle$	0.0656	0.0187	0.001227	0.001227
$\langle 0, 1 \rangle$	0.0656	0.1463	0.009597	0.008371
$\langle 1, 0 \rangle$	0.3033	0.0187	0.005672	0.004443

注意,表 3.3 中 $F(\langle m_2, m_3 \rangle)$ 是前两列的乘积。

在概率空间中偶然落入这一点的概率就是上述三字点的概率之和(即,表 3.3 中最后一列数据的和):

$$\mathbf{P} = \mathbf{P}\,[\,\langle 0,\,0\rangle\,] + \mathbf{P}\,[\,\langle 0,\,1\rangle\,] + \mathbf{P}\,[\,\langle 1,\,0\rangle\,]$$
$$= 0.001227 + 0.008371 + 0.004443$$
$$= 0.01404$$

由于 **P** 只要小于 0.05,我们就可以认为这一样本支持 A 和 B 是两类不相互混押的韵的结论,尽管单独从三字押韵序列和两字押韵序列提供的证据来看都是不显著的。

我们经常需要通过应用上述数学计算过程以实现组合来自不同押韵序列长度和不同声调类别的样本的结果。实际上这通常需要使用计算机,因为此类样本的概率空间可能是多维的,而且可能需要对数千个点进行计算。为了这项研究,我编写了一个 Pascal 程序,它可以通过实现上述计算过程来合并来自多个样本的结果。[1]

3.2.5 频率初始估计的准确性

回想一下上面概述的一系列计算是从 $\mathbf{P}[A]$ 和 $\mathbf{P}[B]$ 的估计值开始的,$\mathbf{P}[A]$ 和 $\mathbf{P}[B]$ 分别是 A 和 B 两组字的相对频率。$\mathbf{P}[A]$ 的"真实"值是在一个很大的押韵序列样本中 A 组字的相对频率。但是我们实际使用 $\mathbf{P}[A]$ 的值是我们现有样本中 A 组字的频率。押韵字的样本越小,对 $\mathbf{P}[A]$ 的真实值的估计就越不准确。这一估计的准确性影响到我们以后所有计算的准确性。

幸运的是,统计方法也可以用来估计这个初始估计的准确性。有很多统计方法可以使用,我在这里讨论两个:(1) 二项分布的直接估计,适用于较小的样本;(2) 近似的棣莫弗-拉普拉斯(DeMoivre-Laplace)定理,适用于较大的样本(第一种方法对于大样本统计过于复杂)。

---

[1] 这个程序是为我自己使用而编写的,并不是非常优秀的程序,但我很乐意与任何希望使用这种技术的人分享它。该程序还包含了下面第 3.2.6 节中讨论的修改版。我非常感谢密歇根大学统计研究实验室的 John Warner,感谢他在开发这一程序方面的帮助。

3.2.5.1 用二项分布法计算初始估计的准确性

假设我们有一个只有十个韵组成的样本,其中 7 个 A 类字,3 个 B 类字。我们对基于这个样本的 $\mathbf{P}[A]$ 的估计是 $7/10 = 0.7$。我们想知道估计的准确性是多少。本小节涉及的计算方法的基础是计算这个尺寸的样本中 A 组字的数量与期望值的变化程度和频率。

再次强调,我们将这个样本中的事件视为重复的伯努利试验,有且仅有两种结果可能出现:"成功"(一个 A 类字)、"失败"(一个 B 类字)。我们记下成功的可能性 $\mathbf{P}[A]$ 的真值为 p,样本的大小为 n,给定样本中 A 类字的数量为 X。基于本模型的 p 的估计记为 $\bar{p} = X/n$。在这个模型中,$n = 10$,$X = 7$,所以估计是 $7/10 = 0.7$。

即使 0.7 是 p 的真实值(当样本中的 n 趋向于无穷大时我们所得到的数值),也不是每个随机抽取的 10 个押韵字中都有 7 个 A。虽然 7 是 X 最有可能的值,但 X 可以取 0(没有 A 类字)到 10(全是 A 类字)之间的任何值。我们将 X 取 x 值的概率记为 $\mathbf{P}[X = x]$。我们可以对不同的 x 值计算 $\mathbf{P}[X = x]$,就像前文计算 n 个押韵序列样本中混押序列的数量 $\mathbf{P}[M = m]$ 的值一样。

将 p 记为 $\mathbf{P}[A]$ 的真值,然后将 $q(= 1 - p)$ 记为 $\mathbf{P}[B]$ 的真值,那么 10 个字全是 A 类字的概率是:

$$\mathbf{P}[X = 10] = p^{10} = (0.7)^{10} = 0.02825$$

而 10 个字中没有一个是 A 类字的可能性为:

$$\mathbf{P}[X = 0] = q^{10} = (0.3)^{10} = 0.000006$$

有 10 种只有一个 A 类字的组合方式(*ABBBBBBBBB*、*BABBBBBBBB*、*BBABBBBBBB* 等),所以 10 个字中有一个字为 A 的可能性为:

$$\mathbf{P}[X = 1] = 10pq^9 = 10(0.7)(0.3)^9 = 0.000138$$

一般来说,根据 10 次重复伯努利试验成功的概率,随机变量 X 存在二项分布,其分布概率的公式为:

$$\mathbf{P}[X = x] = C_x^{10} p^x q^{10-x}$$

这个例子中 $\mathbf{P}[X = x]$ 的值如表 3.4 所示。

表 3.4　$p = 0.7$, $n = 10$ 时 $P[X = x]$ 的值

x	$P[X = x]$	x	$P[X = x]$
0	0.000006	6	0.200121
1	0.000138	7	0.266828
2	0.001447	8	0.233474
3	0.009002	9	0.121061
4	0.036757	10	0.028248
5	0.102919		

我们可以看到，正如所预期的那样，$P[X=x]$ 的值在 $x=7$ 时最大，大约为 0.27；但 $x=6$ 和 $x=8$ 的概率相比之下只小了一点点，前者大约是 0.20，后者大约是 0.23。但是 X 的值低至 0 或 1 是不太可能的，而 $x=10$ 的出现概率仅有大约 3%。

请注意，实际 p 值的估计值 $\bar{p}$ 是由 X 除以 n 计算出来的，因此 $\bar{p}$ 也是一个与 X 分布相同的随机变量：也就是说，因为 X 取值为 7 的概率是 0.27，所以 $\bar{p}$ 取 7/10 = 0.7 的概率也是 0.27。同样地，$\bar{p}$ 取 0.6 的概率是 0.20，$\bar{p}$ 取 0.8 的概率是 0.23，等等。

虽然表格是在假设 $P[A]$ 的真实值为 0.7 的基础上计算出来的，但是它也可以用来估计真实值与 0.7 的距离。因此如果我们的样本中有 7 个 A 类字，那么 $P[A]$ 的真实值很可能是 0.6 或 0.8，而不太可能低于 0.4。通过对 X 在 7 附近取值的概率进行求和，我们建立了所谓的置信区间，用来估计 $P[A]$ 的真实值。例如，X 处于 5—9 之间的置信区间概率为：

$$P[5 \leqslant X \leqslant 9] = P[X=5] + P[X=6] + P[X=7]$$
$$+ P[X=8] + P[X=9]$$
$$= 0.103 + 0.200 + 0.267 + 0.233 + 0.121$$
$$= 0.924$$

由于 $\bar{p}$ 的分布与 X 的分布相同，这也是 p（$P[A]$ 的真实值）在 0.5 到 0.9 范围内的概率。这就给了我们所想要的东西：我们对 $P[A]$ 初

始频率估计的准确性。

那我们将如何用这些信息去检验关于押韵的假设呢？在使用 $P[A]$ 的最佳估计值计算 **P** 后，我们还可以用 $P[A]$ 的任何值计算 **P**，只要在置信区间内给出 **P** 的最大值。这样我们可以知道在最坏情况下的 **P** 的值：对 $P[A]$ 错误的初始估计使我们的结果偏向于拒绝零假设。但如果 **P** 的最大值依旧小于 0.05，那么零假设被拒绝的可信度就更高。（这个方法会在下面的 3.3 节中举例详细介绍。）

3.2.5.2 用棣莫弗-拉普拉斯定理计算初始估计的准确性

对于较大的样本，3.2.5.1 节所述的方法会变得相当复杂，而一种更为方便快捷的方法也可以得出令人满意的结果。这种方法将用到棣莫弗-拉普拉斯定理，即当 n 变大时，二项分布（基于 n 次重复的伯努利试验）接近于正态分布。[1] 正如前文所举的例子一样，我们进行 n 次伯努利试验，其中 p 是成功的概率，q 是失败的概率。然后 $\bar{p}$ 就是 X/n，对 p 的概率估计就是基于此模型。根据棣莫弗-拉普拉斯定理，统计量如下：

$$Z = \frac{(\bar{p} - p)}{\sqrt{pq/n}}$$

n 的值越大，Z 越接近正态分布。[2] 因此，根据正态分布的性质，Z 在 -1.96 到 1.96 的区间内的概率约为 0.95：

$$-1.96 \leq \frac{(\bar{p} - p)}{\sqrt{pq/n}} \leq 1.96$$

这个不等式可以解出 $|\bar{p}-p|$，即 $\bar{p}$ 和真实 p 值之间的距离，我们可通过变换式子得出：

---

[1] Abraham DeMoivre（1667—1754），英国数学家，《概率学说》(1716) 的作者，也是艾萨克·牛顿的密友。Pierre Simon, Marquis de Laplace (1749—1827)，法国数学家，因其在天体力学和概率方面的研究而闻名。

[2] 关于这个定理及其应用的细节，请参见 Mosteller, Rourke 和 Thomas 1961：280-283, 291-292。

第三章 作为历史音韵学证据的押韵

$$|\bar{p} - p| \leq (1.96)\sqrt{pq/n}$$

这个公式在 n 的数值很大时可以作为 3.2.5.1 节中的直接方法的替代方法,去计算 $\bar{p}$ 的置信区间。[1] 为了阐明这个公式,我们假设在一个例子中共有 100 个韵字,其中有 A 类字 70 个,B 类字 30 个。p 和 q 在前文分别被估计为 0.7 和 0.3。我们希望可以为这些估计量建立置信区间。根据定理,有 0.95 的可能性:

$$|\bar{p} - p| \leq (1.96)\sqrt{\frac{(0.7)(0.3)}{100}}$$

也就是说,当概率是 0.95 时需满足:

$$|\bar{p} - p| \leq 0.09$$

因此我们可以得出结论,有 0.95 的可能性 p 的真实值在 0.09 至 0.70 这个区间浮动。因此 95% 的置信区间是在 0.61 到 0.79 这个范围之内。[2] (和前面样本数为 10,置信区间在 0.5 至 0.9 之间进行对比。)除了用 **P**[A] 的最佳估计值计算 **P** 之外,我们还可以检查在这个置信区间内 **P** 取 **P**[A] 值时的最大值。

3.2.6 无混合押韵序列的小样本分析法

前一节所讨论的方法最适用于大样本,且需在 $P[A]$ 和 $P[B]$ 相差不大的情况下。不过在当 **P**[A] 或 **P**[B] 非常小的小样本中,问题就出现了。比如说,如果 **P**[A] 非常小的话,那么 **P**[U] 就会非常大;也就是说,如果 A 类字非常不常见,那么 A 类字和 B 类字相混的序列也会因为 A 类字不常出现的单一原因而不常见,而并非是由 A 类字和 B 类字不同属一个韵导致的。即使样本中没有一个序列是混合的,情况也可

---

[1] 根据 Mosteller, Rourke & Thomas(1961: 291),如果"我们确信 np 从 0 到 n 都至少是 $3\sqrt{(npq)}$",就可以使用这个近似值。因此,如果 $n = 100$, $p = 0.7$, $q = 0.3$,则 $np = 70$, $3\sqrt{(npq)} = 13.75$; 70 与 0 和 100 至少是 13.75,所以可以用棣莫弗-拉普拉斯定理。另一方面,$n = 10$,则 $np = 7$, $3\sqrt{(npq)} = 6.3$; 7 到 10 的距离小于 6.3,因此棣莫弗-拉普拉斯定理是不合适的,应该使用二项分布的直接方法。

[2] 在计算机的帮助下,更精确的算法甚至可以直接用于 $n = 100$;根据这种方法,**P**[A] 在 0.61 到 0.79 之间的概率实际上约为 0.96。

能与零假设一致。

举一个将在第十章出现的实际例子。A 组是一类我构拟为 *-en 的字,然后 B 组是一类我构拟为 *-an 或 *-on 的字。我们希望检验 A 组字和 B 组字是不是两类已经分开的韵类。(*-an 和 *-on 是否不同将另行讨论。)在整个样本中随机抽取到一个 A 组字的概率为:

$$p = \mathbf{P}[\,*\text{-}en\,] = 0.039$$

而在整个样本中随机抽取到一个 B 组字的概率为:

$$q = \mathbf{P}[\,*\text{-}an\,或\,*\text{-}on\,] = 0.961$$

让我们考虑一个由 13 个两字押韵序列组成的例子,在所有例子中都未出现 A 类字和 B 类字相混的情况:有 12 个 B 类字单押的押韵序列和 1 个 A 类字单押的押韵序列。[1] 那么这样的例子是否为 A 类字和 B 类字是两类分开的韵部提供了显著的证据呢? 如果我们用前文提到的方法去检验不混押的序列数量,那么我们将不会得到一个有显著区别的结果。具体来说,两字押韵序列未混合的概率是:

$$\mathbf{P}[\,U\,] = p^2 + q^2 = (0.039)^2 + (0.961)^2 = 0.925$$

(这一结果和最开始我们认为如果 A 类字不常见那么 A 类字和 B 类字相混的序列也会不常见的直觉相一致。)

那么 13 个两字押韵序列的样本全部是未混合的情况的概率是:

$$\mathbf{P}[\,M = 0\,] = \mathbf{P}[\,U\,]^{13} = (0.925)^{13} = 0.363$$

由此可见,在这个样本中有三分之一多一点的概率随机出现一个混押都没有的情况,即使是在 A 类字和 B 类字可以自由押韵的前提下。13 个押韵序列都没有出现混押的事实本身并不是 A 和 B 押韵分离的显著证据。这种现象出现的原因是在这个例子中,即使是最极端的输出结果(即事件 $M = 0$),它的概率依旧大于 0.05 的标准水平。

然而,这种计算忽略了一个重要的事实,即一个未混合序列匹配一

---

[1] 一个已经存在在我脑中的例子是元部的二字平声押韵序列,其中的一些字可以被准确地分为 *-en 组和非 *-en 组;见下文 10.1.1 (表 10.8)。

个 A 类字和另一个 A 类字。更直观地说,如果 A 类字覆盖的字很少,那么它们同时出现的概率则会更小。如果 A 和 B 可以自由地押韵,那么如果样本中有任何 A 类的字,我们应该会发现它们大部分时间与 B 类字押韵,而不是与其他 A 类字押韵。上面提到的方法忽略了这个事实,只单纯测量非混合韵的数量,而不考虑具体是 A 类字还是 B 类字。因此,本文将一个更灵敏的测试应用于小样本,小样本一般有以下特点:

1. $\mathbf{P}[A]$ 非常小
2. 没有混押的押韵序列
3. 至少有 1 个未混押的 A 类字的押韵序列

在这种情况下,相较于测量不存在混合押韵序列的概率,我们可以测量极端事件发生的概率:所有的序列都是未混合的,另外,至少有一个未混合的序列是 A 类字的单押序列。因为这种现象在本文涉及的研究中不止一次出现,我将推导出一个适用面更广的公式去解决它。

设 p 为 $\mathbf{P}[A]$,即 A 类字被选为押韵字的概率,设 $q = 1 - p$ 为 $\mathbf{P}[B]$,即 B 类字被选为押韵字的概率。在 n 个序列的样本中,每个序列的长度为 L,设 $\mathbf{P}$ 是无 A 类和 B 类字混合押韵的序列的概率,并且至少有一个序列是一个未混合押韵的 A 类字序列。我们怎么找到 $\mathbf{P}$ 呢?我们之前提到过,n 个序列长度为 L 的样本不混合押韵的概率是:

$$\mathbf{P}[M = 0] = \mathbf{P}[U]^n = (p^L + q^L)^n$$

现在我们设想一种情况,其中所有 n 个押韵序列都是不混押的,而且它们都是 B 类字的押韵序列。因为 q 是选择 B 类字的概率,所以这个事件发生的概率为:

$$\mathbf{P}[\text{不混押的 } B = n] = (q^L)^n$$

这个事件是前面提到的 $M = 0$ 事件的一个子集。所有押韵序列都不混押,但不是所有序列都是 B 类字单独押韵的概率(即至少有一个押韵序列是 A 类字的单独押韵序列),所以还应减去所有序列都不混且都是 B 类字的概率:

$$\mathbf{P} = \mathbf{P}[M = 0] - \mathbf{P}[\text{不混押的 } B = n] = (p^L + q^L)^n - (q^L)^n$$

这便是我们找到的公式。它衡量的是比只得到未混合序列更极端事件的概率,即得到未混合的押韵序列,且其中只有一个来自不常见的 A 类字或 B 类字。把它应用到刚才提到的特殊情况,我们可以计算得到,13 个未混押的押韵对中,至少有一对 A 类字的概率:

$$\mathbf{P} = (p^L + q^L)^n - (q^L)^n$$
$$= [(0.039)^2 + (0.961)^2]^{13} - [(0.961)^2]^{13}$$
$$= 0.008$$

这样就远远低于我们 0.05 的标准水平,因此它就可以被认为是 A 类字和 B 类字组在样本中不自由押韵的显著证据。

有趣且幸运的是,这个统计数据的值并不十分依赖于 p 的初始估计值的准确性;[1] 这使得它对于满足上述条件的小样本特别有用,因为在这样小的样本中初始预设值 p 和 q 不是非常准确。

3.2.7 实现问题

以上讨论大部分采用假设的例子来描述有关押韵各种假设的统计方法。将此方法应用到实际材料统计时,会出现一些附加的问题,这些问题会影响结果的准确性以及我们对这个结果的信心。本部分讨论几个这方面的问题。

3.2.7.1 押韵字选择的独立性

使用以上方法时,我们假定押韵序列类似于:不断从同一个缸里重复取出球的过程。此数学模型基于这样的假设:每一个押韵字的抽取都是独立的。在《诗经》押韵的某些情况下,这种假设显然不正确,因为有一些诗的结构中,利用了同一个押韵字在同一首诗不同部分重复的情形。例如《诗经》46《鄘风·墙有茨》,这里采用高本汉(1974)的

---

[1] 原因是如果 p 较低,**P** 表达式中的两项对 p 值的微小调整的反应类似。如果 p 降低,$(p^L+q^L)^n$ 增加,但 $(q^L)^n$ 增加;所以如果它们的差异很小,它也会很小。类似地,如果 p 稍微增加,那么 $(p^L+q^L)^n$ 减少,但是 $(q^L)^n$ 也减少。

第三章 作为历史音韵学证据的押韵

翻译；押韵字的拼音大写，并在右侧提供中古汉语形式：

第一章：

    牆有茨　　　　qiáng yǒu cí
    不可埽也　　　bù kě SǍO yě　　　　埽 sawX
    中冓之言　　　zhōng gòu zhī yán
    不可道也　　　bù kě DÀO yě　　　　道 dawX
    所可道也　　　suǒ kě DÀO yě　　　　道 dawX
    言之醜也　　　yán zhī CHǑU yě　　　醜 tsyhuwX
    On the wall there is the Tribulus,
      it cannot be BRUSHED AWAY;
    the words of the (inner trellis-work=) inner chamber,
    they cannot be TOLD;
    what can be TOLD
    is (still) the UGLIEST of tales.

第二章：

    牆有茨　　　　qiáng yǒu cí
    不可襄也　　　bù kě XIĀNG yě　　　襄 sjang
    中冓之言　　　zhōng gòu zhī yán
    不可詳也　　　bù kě XIÁNG yě　　　詳 zjang
    所可詳也　　　suǒ kě XIÁNG yě　　　詳 zjang
    言之長也　　　yán zhī CHÁNG yě　　　長 drjang
    On the wall there is the Tribulus,
      it cannot be REMOVED;
    the words of the inner chamber,
    they cannot be TOLD IN DETAIL;
    what can be TOLD IN DETAIL
    is (still) the LONGEST of tales.

第三章：

    牆有茨　　　　qiáng yǒu cí
    不可束也　　　bù kě SHÙ yě　　　　束 syowk
    中冓之言　　　zhōng gòu zhī yán
    不可讀也　　　bù kě DÚ yě　　　　讀 duwk

| 所可讀也 | suǒ kě DÚ yě | 讀 duwk |
| 言之辱也 | yán zhī RǓ yě | 辱 nyowk |

On the wall there is the Tribulus,
it cannot be BUNDLED;
the words of the inner chamber,
they cannot be RECITED;
what can be RECITED
is (still) the most SHAMEFUL of tales.

每章中的押韵字是：

第一章：埽 sǎo/ 道 dào/ 道 dào/ 醜 chǒu
第二章：襄 xiāng/ 詳 xiáng/ 詳 xiáng/ 長 cháng
第三章：束 shù/ 讀 dú/ 讀 dú/ 辱 rǔ

请注意在每一诗章中，第二个和第三个押韵字完全一样。这是此诗结构中重要的有规律的重复部分。一旦决定以这种格律来作诗，诗人并不是独立提取第二个和第三个押韵字；而好像是从缸里取出一个球，把上面的字抄写两次。为了统计分析的目的，此类押韵序列被视为三字押韵序列而非四字押韵序列；否则按照我们正在测试的假设，假如它们恰好不通押，则它们所占的比重会比实际要大。为了避免产生这种问题，在统计时很可能最好只算序列中第一个字而省略掉任何重复押韵字。

同样的问题，也出现在多章中重复行的诗句中，例如《诗经》21《召南·小星》：

第一章：

嘒彼小星	huì bǐ xiǎo XĪNG	星 seng
三五在東	sān wǔ zài DŌNG	東 tuwng
肅肅宵正	sù sù xiāo ZHĒNG	正 tsyeng
夙夜在公	sù yè zài GŌNG	公 kuwng
寔命不同	shí mìng bù TÓNG	同 duwng

Minute are those little STARS,

the Triad and the Quint are in the EAST;

hurriedly we walk in the NIGHT,

in the early morning and in the late night we are in the PALACE;

truly, our lot is not the SAME(as hers).

第二章:

嘒彼小星	huì bǐ xiǎo XĪNG	星 seng
維參與昴	wéi shēn yǔ MǍO	昴 mæwX
肅肅宵征	sù sù xiāo ZHĒNG	征 tsyeng
抱衾與裯	bào qīn yǔ CHÓU	裯 drjuw
寔命不猶	shí mìng bù YÓU	猶 yuw

Minute are those little STARS,

There are only(visible) the *Shēn* and the *MǍO*;

hurriedly we walk in the NIGHT,

we carry in the arms the coverlet and the (night) CHEMISE;

truly our lot is not LIKE(hers).

这里是每章中的两个押韵序列,我们把它们标注为 A 和 B:

21.1A: 星 *xīng*/正 *zhēng*

21.1B: 東 *dōng*/公 *gōng*/同 *tóng*

21.2A: 星 *xīng*/正 *zhēng*

21.2B: 昴 *mǎo*/裯 *chóu*/猶 *yóu*

注意 21.1A 和 21.2A 相同,而 21.1B 和 21.2B 是不同的。每一章中的 A 韵把这两章粘连在一起;这两个序列相同肯定不是因为偶然的原因,在以统计为目的时不应该被视为独立的押韵序列。在测试押韵时,这样重复的行只能被算作一次。

另一个押韵字选择可能不独立的情况是固定押韵序列,在这种情况下,押韵字被作为一个组合一起选择(见前文 3.1 的讨论)。这样的情形则与我们关于每个押韵字是独立提取的假设相抵触;一旦选上了一个字,其他的字则是可预测的。固定押韵在某种情况下也许可以被视为更早时期语音音系的保留。

3.2.7.2 循环论证的危险性

至少在两种情况下,我们测试的假设以及所用来测试这种假设的材料有可能相互依赖,以至在使用统计方法中产生了一种循环因素。第一种情况是,押韵材料本身被用作来判定如何把押韵字指派到 A 组或者 B 组;第二种情况是,被测试的假设又用来决定哪些字作为一个押韵序列。下面简要地讨论一下这两种情况。

利用押韵材料重建构拟音位中上古对应有分歧(phonologically ambiguous)的字

利用上述方法来测试押韵假设时,这个假设必须告诉我们哪些字指派给 A 组,哪些字指派给 B 组;我们才可以估算出 A 组字和 B 组字分别押韵是偶然所为的这种倾向的可能性。当我们必须依赖部分押韵证据来确定哪些字在 A 组哪些字在 B 组时,就有可能出现潜在的循环论证的问题。

在一个典型上古汉语押韵假设中,我们仅凭这些押韵字的中古汉语语音形式就可以把这些字指派到 A 组或者 B 组;在其他情况下,中古汉语的发音并不足以决定哪些字应该指派给哪一组,必须求助于其他证据。(如果从上古汉语到中古汉语期间出现了语音合并的话,就会出现这种情形。)只有当押韵作为唯一可以找到的其他证据的时候,才会出现循环论证。

例如下文中我会论证在传统的"文"Wén 部有一个显著性的押韵区别,此区别存在于一部分我构拟成 $*$-in 的字和另一部分我构拟成 $*$-un 的字之间。有一些字我们可以靠它们的中古汉语语音形式来确定,哪些归属于 $*$-in,哪些归属于 $*$-un;如中古汉语 kon 在我的体系里只能源自 $*kin$,而中古汉语 $twon$ 只能源自 $*tun$。这些情况都是对应无分歧的(unambiguous)。其他音节源自 $*$-in 还是 $*$-un,必须有别的证据支持其构拟。例如,中古汉语 $kwon$ 音节可以反映 $*k^w in$ 或 $*kun$;仅从中古汉语语音上是无法确定的。如果我们根据一个音位中上古对应有分歧(phonologically ambiguous)的字是与 $*$-in 还是 $*$-un 押韵来构拟这个字,那么用这些押韵来衡量 *-in 和 *-un 的分离不是循环论证的吗?

这种论证到底在多大程度上是循环论证的?这是一个概率的问题,这个问题我还没有解决。如果 A 组和 B 组是用独立的标准来确定的,那么 A、B 两组互相通押的情况是如此之少,以至于它们之间的这种分别不能被视为偶然。问题的另一方面,把某一样本的押韵字分成彼此不相重合的两组,到底有多么容易。如果这样的一个分别可以被偶然发现,那么一个只建立在押韵材料上(而不是其他独立证据上)的这种显著的押韵区别,则可能是没有音位区别的偶然现象。

虽然我对后一个问题没有一个通用的解决方案,但很明显,答案取决于样本的大小和组成,选择的组的大小,以及组内韵字的频率分布。要注意对于样本数为 n 的对象,有 2^n 种方式将他们分为两组,即使 n 是一个适度小的数值,2^n 也将是一个很大的数值。问题是,对于给定的样本,这 2^n 种可能是否导致在押韵上很少会出现重复的组。直观地说,如果样本的大小相对于押韵组的字数量较大,偶然发生的概率就会降低。换句话说,如果反复使用相同的押韵字;如果样本中包含许多低频率的押韵字,则更有可能发生这种情况。如果这些判断是正确的,就有可能表明某些类型的样本的循环论证危险是最小的。

然而,避免由音位对应有分歧的字引起的可能的循环论证的最好方法是直接从统计分析中排除这些字。如果我们有一个由三字组成的押韵序列,其中两个字是音位对应无分歧的字,另一个是音位对应有分歧的字,那么我们便将其视为两字组成的押韵序列。在大多数情况下,有足够的音位对应无分歧的韵字可以让我们去检验假设是否为真。一旦以这种方式确认了押韵的区别,那么我们就可以利用任何有效证据,包括押韵,来构拟音位对应有分歧的字。

当然,在某些情况下,消除音位对应有分歧的字会让我们完全没有押韵数据。举个例子,在我的构拟中认为传统歌部内部应再分为 *-aj 和 *-oj 两类;但是在整本《诗经》中只有一个 *-oj 参与到押韵序列(85.1B),其中包含一个只能被构拟为 *-oj 的字("吹" chuī <tsyhwe < *thjoj(吹风))和一个音位对应有分歧的字("和" hè <hwaH(响应)),可以对应 *g^wajs、*wajs 或 *gojs)。如果我们基于这个押韵来构拟"和" hè 的上

古音,那么我们会将它构拟为 *gojs,但是如果再用这个构拟去证明歌部可以二分为 *-aj 和 *-oj 两类就会是循环论证了。还有其他一些很好的论据证明了这一区别的存在,包括整体的圆唇元音系统(进一步的讨论见 10.1.3);但该样本并没有提供统计上的支持。[1] 诸如此类的例子说明,这里概述的统计方法最适合于大量押韵数据,但通常会在个别极端例子中失效。

确定押韵序列时的循环论证

除此之外还有另一种形式的循环论证。即有时我们无法确定《诗经》中的一首诗里哪些字参与了押韵,除非依靠我们假设什么与什么押韵。如果我们的样本中仅仅包括那些我们假设押韵的序列,那么我们再用它去论证我们的押韵假设就将是一个循环论证的过程。用中国的俗语来说,就是"削足适履"。这一问题一般很难被完全避免,但可以通过避免使用有争议的假设来确定押韵序列并尽可能使用其他标准以达到统计目的,从而将这个问题最小化。

比如说,以王力在 1937 年进行上古押韵研究时对《诗经》41 的第二章(《邶风·北风》)的分析为例(翻译采用高本汉 1974):

第二章:

北風其喈	běi fēng qí JIĒ	喈 kɛj
雨雪其霏	yù xuě qí FĒI	霏 phjɨj
惠而好我	huì ér hào wǒ	
攜手同歸	xié shǒu tóng GUĪ	歸 kjwɨj
其虛其邪	qí xū qí XÚ	邪 zjo
既亟只且	jì jí zhǐ JŪ	且 tsjo

The North wind is CHILLY,
the falling snow is THICK;
if you are affectionate and love me,
I will hold your hand and GO HOME with you;

---

〔1〕 除了这些之外,将"和"构拟为 *goj(s) 大概率正确是因为这个字在《老子》中和 *-oj 押韵(见 10.1.3)。

第三章　作为历史音韵学证据的押韵　　　　　　131

you are so modest, you are so SLOW,

but OH, there is urgency!

学者们大体将这一章区分为两个押韵序列：

41.2A：喈 *jiē*/霏 *fēi*/歸 *guī*

41.2B：邪 *xú*/且 *jū*

然而，根据王力的构拟，喈 *jiē* 属于脂部，而霏 *fēi* 和歸 *guī* 属于微部，因此这个序列在他的系统里一般被分析为不合规则的。王力指出序列 41.2A 仅由霏 *fēi* 和歸 *guī* 二字组成，在第一行的喈 *jiē* 不被认为是一个入韵的字（1937［1980］：145）。（这一提议与《诗经》中奇数行押韵的一般原则是一致的。）因此他认为 41.2A 是一个未混合的微部的押韵序列，以此支持他脂微分部的假设。

然而，这首诗的整体结构与这种分析相矛盾，当我们考察另外两章时，这一点就很明显了：

第一章：

北風其涼	*běi fēng qí* LIÁNG	涼 *ljang*
雨雪其雱	*yù xuě qí* PĀNG	雱 *phang*
惠而好我	*huì ér hào wǒ*	
攜手同行	*xié shǒu tóng* XÍNG	行 *hæng*
其虛其邪	*qí xū qí* XÚ	邪 *zjo*
既亟只且	*jì jí zhǐ* JŪ	且 *tsjo*

The North wind is COLD,

the falling snow is VOLUMINOUS;

if you are affectionate and love me,

I will hold your hand and GO with you;

you are so modest, you are so SLOW,

but OH, there is urgency!

第三章：

莫赤匪狐	mò chì fěi HÚ	狐 hu
莫黑匪烏	mò hēi fěi WŪ	烏 ʔu
惠而好我	huì ér hào wǒ	
攜手同車	xié shǒu tóng JŪ	車 kjo
其虛其邪	qí xū qí XÚ	邪 zjo
既亟只且	jì jí zhǐ JŪ	且 tsjo

Nothing is so red as the FOX,
nothing is so black as the RAVEN;
if you are affectionate and love me,
I will hold your hand and go with you in your CARRIAGE;
you are so modest, you are so SLOW,
but OH, there is urgency!

  注意，第3、5、6行在三个诗章中都是一样的，在诗章1、3中，第1、2、4行有押韵，重复的第5、6行也有押韵；唯一不押韵的行是重复的第3行。这强烈暗示了第二章中也有相同的押韵结构，因此"霏"*fēi*也是一个入韵的字。再者，在诗的第一章和第二章中，第一行都是"北风其X"的格式，只有最末一个字有区别。部分重复的诗句从一章到另一章，只有押韵的字改变，是《诗经》中常见的模式（与每段第四行的"携手同X"相比）。这些形式上的特征是"霏"*fēi*属于41.2A押韵序列的强有力的证据，因此王力试图使数据符合他的假设的尝试应该被拒绝。[1]

  只要有可能，我们对押韵字的识别应该基于形式的标准，如本例中所示的重复模式。但不是所有的诗歌都会提供如此清楚的形式标准；以《小雅》中较长的叙事诗（《诗经》161－234）为例，会倾向于拥有较为宽松的押韵结构，不同章节之间有较少的重复结构。其中偶数行的末

---

〔1〕 实际上，王力在后来更正的版本中（1980b：172）回归了原来的分析，将它视为脂微合韵的押韵段落。但事实上，正如我后文要论述的那样，王力没能给脂部和微部之间划出合适的界限。"嘒"在《诗经》中明确地与微部字押韵，应该归属于微部。

字基本都参与押韵,而奇数行一般不会参与。[1] 为了避免循环论证,在此类诗歌中可简单地将所有奇数列的末字全部排除在押韵序列之外;但如果我们这样做,我们应该对所有章节都这样做,而不只是那些与我们的假设不一致的章节。

3.2.7.3 不规则的押韵

另一个问题是如何计算包含不规则项的押韵序列。声调的不规则性说明了这个问题。在《诗经》中,押韵有一个普遍的趋势,那就是观察声调类别,因此正如上面所解释的那样,把所有的声调类别放在一起会使结果产生偏差。然而,仍有相当数量的押韵序列似乎混合了不同声调类别的字。[2] 比如,92.2B 中的押韵序列(《郑风·扬之水》):

薪 xīn<sin(木柴)
人 rén<nyin(人)
信 xìn<sinH(信任)

根据中古来源,前两个字是平声,而第三个字是去声。[3] 在这种情况下,有三种选择:

1. 忽视不规则,把它当作三个平声字的押韵序列;
2. 排除掉不规则的字,把它当作一个两个平声字的押韵序列;
3. 完全排除掉整个序列。

不同的样例对应不同的最佳处理方式。最重要的是要考虑到不要

---

〔1〕 正如《诗经》177《小雅·六月》中的例子一样。这种诗歌一般每章都有八行诗句,内容有一定的政治性,讲述特定的历史和人物。

〔2〕 声调不规则押韵的存在可能有几个原因。除了押韵本身,我们对声调的认识只有中古汉语的证据,但这个证据并不总是可信的:上古汉语与中古汉语之间的某些项可能由于各种原因而改变了声调范畴。因此,从中古汉语的角度来看,一些声调不规则的韵脚在上古时期可能是有规律的。详见下文 8.2.1 节的讨论。

〔3〕 实际上,信 xìn<sinH 在《诗经》中只与平声字押韵,所以在上古汉语中应构拟为平声;见序列 51.3A(还包括"命"ming<mjængH(命令),也应在上古音中构拟为平声字)、125.1A、191.4A、194.3A、200.3A。

让你的决定影响了最后结果。比如，如果混合押韵只出现在调类不规则的押韵中，那么为了对零假设公平，最好在计算时包含这个序列。另一方面，如果已经有大量的数据，并且省略不规则序列不会引入任何偏差，那么省略它们是安全的。其他类型的不规则也是如此，只要它们与正在测试的假设无关。

3.2.7.4 统计分析的角色

在前几段中提出的考虑清楚地表明，这里提出的统计押韵分析方法并没有使押韵数据的分析过程自动化；它只是一种工具，用来衡量数据的特定特征偶然出现的可能性有多大。基本上，它所做的是提供一个更客观的判断基础，就像上面提到的王力那样，脂部和微部分别押韵的倾向"不能认为偶然的现象"。与任何工具一样，如果要给出有效的结果，必须谨慎使用。我将以一些附加说明来结束本节。

首先，请注意，这种统计方法是测试假设的一种方法，而不是生成假设的方法。换句话说，它（部分地）提供了一个评估度量，而不是一个发现过程。一般情况下，我们所考察的假设不仅反映了基于押韵数据的复杂推理，而且还反映了中古汉语的音系结构、上古汉语书写体系的模式、似是而非的音系结构概念和音系变化等。到目前为止，我们还不能简单地将原始的押韵数据输入到计算机中，然后在输出窗口得到我们的构拟。

其次，押韵的统计分析并不是评估上古音构拟假设的唯一方法。有时我们应该接受其他有说服力的假设，即使押韵的证据在统计学上并不显著（在我的判断里，$*-aj$ 和 $*-oj$ 的区别就属于这种情况）。假设是否为真必须通过汉语语音史的全局来判断，而不是仅仅通过押韵证据。

第三，即使统计数据告诉我们 A 组和 B 组的单独押韵不太可能是偶然发生的，这也不能证明我们在正确的地方画出了 A 和 B 之间的边界。将一组字分为 A 组和 B 组可能有几种不同的方法，这将使 P 值显著降低；如果我们误把少数 A 组字放入 B 组，A 和 B 是两个分开的韵类的倾向性依旧会很强。我们在王力的脂微分部的问题中对此有具体的说明：尽管在后文会指出王力并没有为两个韵部划出一个正确的边界,但在统计学上,正如王力所区别的那样,脂部和微部的分离是显著的。(具体计算我在此省略。)当考虑除押韵数据以外的证据时,我们也不能确定 P 值最低的假设必然是最佳的。

尽管这些限制必须时刻出现在我们的脑海中,统计参数最终是确定我们在数据中发现的模式是否显著的唯一方法。现在,我将用两个具体例子的实际数据举例说明该方法。

3.3 例证

为了说明这种押韵分析方法的应用,我将讨论两个关于押韵观点的例子,这些观点可以用统计学的方法来检验。它们是:

——传统分类中的冬部和侵部实际上是一个韵部。
——根据在中古汉语中为高元音还是中元音,传统分类中的真部应该离析为两个韵部。

在第一种情况中,我们会发现冬部和侵部之间尽管偶尔会有接触,但在押韵上有明显区别。在第二种情况中,我们将找不到显著的押韵区别;我在此用这个来说明此方法的一个负面结果。

3.3.1 冬部和侵部

上古韵部分析中一个著名的争论就是过去的冬侵分部是不是正确的。在传统描述中,上古冬部包括:

——来自冬 Dōng(Towng)韵中古读-*owng* 的所有字
——来自江 Jiāng(Kæwng)韵中古读-*æwng* 的部分字
——来自東 Dōng(Tuwng)韵中古读-*juwng* 的大部分字

我将这一韵部构拟为 *-*ung*;李方桂将它构拟为 *-*əngw*(见后文10.2.15)。

上古侵部包括:

——来自覃 Tán(Dom)韵中古读-om 的大部分字
——来自咸 Xián(Hεm)韵中古读-εm 的大部分字
——来自侵 Qīn(Tshim)韵中古读-im 的所有字
——来自東 Dōng(Tuwng)韵中古读-juwng 的少部分唇音声母字，比如"風"fēng<pjuwng(风)（原-m 尾被认为在其唇音声母的影响下发生了异化）

李方桂将此韵部构拟为 *-əm。我将其构拟为 *-im、*-um 和 *-im（见后文 10.3.3）；但目前而言我们要先采取过去的分析，所以我们先将其视为一个单一的韵部。

根据王力的研究，清代学者严可均(1762—1843)是第一个提出两个韵部应该合并的人。这一观点在后来依次被章炳麟、于省吾和王力接受。这一观点基于两个韵部在《诗经》押韵中的大量接触。比如下面所举的押韵序列（由高本汉翻译 1974）：

来自《诗经》128.2(《秦风·小戎》)：

| 骐駵是中 | qí liú shì ZHŌNG | 中 trjuwng |
| 騧驪是驂 | guā lí shì CĀN | 驂 tshom |

The black-mottled greys and the black-maned bays are in the CENTRE (in the yoke),

the blace-nosed yellows and the blacks go as OUTSIDE HORSES

来自《诗经》255.1（《大雅·荡》）

天生烝民	tiān shēng zhēng mín	
其命匪谌	qí mìng fěi CHÉN	谌 dzyim
靡不有初	mǐ bù yǒu chū	
鲜克有终	xiǎn kè yǒu ZHŌNG	终 tsyuwng

Heaven gives birth to the multitudinous people,
but its charge is not to be RELIED ON;
there is nobody who has not a beginning,
but few can have a (normal) END.

在这些例子里，"中"zhōng<trjuwng 和"终"zhōng<tsyuwng 来自传统的冬部，但"駸"cān<tshom 和"谌"chén<dzyim 来自侵部。由于这些例子，王力相信这两个韵部在《诗经》里是一个单独的韵部，尽管它们由于后续的音变分为了两类。王力对它们的构拟如下所示：[1]

中 * tiuəm
駸 * tsəm
谌 * zjiəm
终 * tjiuəm

他的观点是在战国时期（公元前 475 年—公元前 221 年），末尾的 *-m 在前面的-u-的作用下异化为 *-ng，导致两类字的分化（王力 1980b：8, 12–13）。

让我们依据《诗经》的押韵来检测王力的假设，探究冬部和侵部的分离是否有显著的倾向性。为了进行这项检验，我们首先要做的是确定用于统计分析的押韵数据的语料库。

正如我前文所指出的，混合了不同声调的押韵序列会干扰分析。由于《诗经》中大部分冬部和侵部的押韵序列都是平声字的押韵序列，因此在这里我只对涉及平声字的押韵序列进行分析。凑巧的是，几乎所有的冬部字和侵部字的混押都发生在平声字的押韵序列中。唯一的例外是在《诗经》250.4C（《大雅·公刘》）中去声字的

(105) 饮 yǐn<ʔimH（给水喝）

和一个平声字押韵

(106) 宗 zōng<tsowng（祖先）

---

[1] 在王力的符号系统中 ts-表示送气的[tsʿ]，即我系统中的 tsh-。他的 tz-代表不送气的[ts]，即我的 ts-。王力系统中声母后面的-j-代表腭化成分。

也有可能第二个字本来也有去声的读音，但未能在中古音中得到保留（在这里它作动词，不排除其有变调词缀的可能）；但为了确保公平地对待王力原来的假设，我会将它视为混合冬部和侵部的平声押韵序列，否则我将排除掉所有含有非平声字的序列。

另一个问题与下面这个字有关

(107) 風 *fēng*<*pjuwng* (风)

仅从这个字的中古读音判断，它既可以属于冬部也可以属于侵部；但一般出于对其押韵现象的考虑将它归为侵部。如果冬部和侵部确实是可以区分的两个韵部，那么将"風"归入侵部应是毋庸置疑的；因为它仅和侵部字押韵，而从来不和冬部字押韵。[1] 但由于其中古的读音 *pjuwng* 导致其音位对应有分歧，我将把所有含有这个字的押韵序列排除在要统计的数据之外，以避免可能出现的循环论证。我也会将不规则的侵部或冬部和其他韵部混押的押韵序列排除在外，因为这些和我们现在所讨论的问题毫无关系。[2]

分析的第一步是估计侵部字和冬部字的相对频率。根据我的统计，侵部平声字作为韵脚出现了62次，冬部平声字作为韵脚出现了33次，二者相加共95次（含有"風"的押韵序列已被排除在外）。因此，随机选择的一个韵脚是侵部字的概率为：

P[侵] = 62/95 = 0.65

以及随机选择的一个韵脚是冬部字的概率为：

P[冬] = 33/95 = 0.35

我们可以用棣莫弗-拉普拉斯定理去计算如此估计的准确度，有0.95的可能性：

---

〔1〕《诗经》中包含"風" *fēng*<*pjuwng* 的押韵序列有：27.4A、35.1A、132.1A、199.4A、257.6A、260.8B。

〔2〕在一些例子中侵部字和蒸部字押韵，我将这些构拟为 *-ing*（李方桂构拟为 *-əng*）。

第三章 作为历史音韵学证据的押韵

$$|\bar{p}-p| \leq (1.96)\sqrt{pq/n}$$
$$= (1.96)\sqrt{\frac{(0.65)(0.35)}{95}}$$
$$= 0.10$$

换句话说,有 0.95 的概率 P[侵]的实际值介于 0.55—0.75 之间,(同样 P[冬]的实际值有 0.95 的概率介于 0.25—0.45 之间)。

现在我们开始分析《诗经》中发现的相关押韵序列。首先,考虑两字的押韵序列,从不混押的序列开始。共有 17 个规则的两字的侵部字的未混合押韵序列,具体属于哪首诗哪个章节如下所示,"A""B"分别表示序列是属于一个章节的第一个押韵序列还是第二个押韵序列(具体押韵序列见附录 B):

7.3B, 20.2A, 32.1A, 32.4A, 33.2A, 144.1A, 149.3A, 164.7B. 186.4B, 218.5B, 229.4B, 229.6A, 240.1A, 241.4A, 252.1B, 264.7A, 299.6A

共有 6 个两字的未混合押韵的冬部字的押韵序列:

13.2A, 35.6A, 36.2B, 48.1B, 50.1A, 247.3A

最后,共有 5 个冬部和侵部混押的两字押韵序列(包括包含一个去声字的 250.4C 押韵序列):

128.2B, 154.8A, 240.3A, 250.4C, 255.1B

因此我们共有 28 个两字押韵序列,其中 5 个是混押序列。根据我们的估计,未混押序列出现的概率应为:

$$\mathbf{P}[U] = (0.65)^2 + (0.35)^2 = 0.55$$

然而,根据我们置信区间对极端值的计算,其真值最低可为:

$$\mathbf{P}[U] = (0.55)^2 + (0.45)^2 = 0.51$$

或者最高可为:

$$\mathbf{P}[U] = (0.75)^2 + (0.25)^2 = 0.63$$

我们会将这三个结果都带入到最终 P 的运算中。

现在,由于我们的例子中包含 5 个混押的两字押韵序列,因此要去计算 $\mathbf{P}[M_2 \leq 5]$,即在 28 个押韵序列中,有不超过 5 个混押序列的概率。其结果如下：

$$P[M_2 \leq 5] = \sum_{i=0}^{5} c_i^{28} P[M]^i P[U]^{28-i}$$

其结果在表 3.5 中列出。

表 3.5　$P[M_2 \leq 5]$，$n = 28$

	P[侵]	P[U]	$P[M_2 \leq 5]$
最低估计	0.55	0.51	0.0007
最佳估计	0.65	0.55	0.0025
最高估计	0.75	0.63	0.0243

　　这就意味着如果按照我们对 P[侵] 的最佳估计值，如果侵部和冬部是完全可以自由押韵的话，那么仅有 0.0025 的概率会在这个容量的样本的两字序列中出现混押的状况。就算我们所用的是 0.63 的 P[U] 值（0.95 置信区间中所取的最大值），两个韵部偶然相混的概率也仅有 0.024，在 0.05 的拒绝域之下。（如果我们没有排除含有"风"的押韵序列，这个值会更低。）这是一个强有力的证据，尽管它们在少数情况下彼此押韵，但侵部和冬部有明显的分别押韵的倾向。

　　现在，让我们转向不止两个字的押韵序列。同样地，我们首先排除音位对应有分歧的"风"，含有其他韵部的押韵序列，含有不是平声字的押韵序列。共有 3 个三字组的押韵序列，全部是不混押的（28.3B，91.1A，220.2B）。我们对三字组不混押的最佳估计值 P[U] 为 0.32，在 0.95 的置信区间是 0.26—0.44。对估计值 $P[M_3 = 0]$ 的计算在下面的表 3.6 中给出。

表 3.6　$P[M_3 = 0]$，$n = 3$

	P[侵]	P[U]	$P[M_3 = 0]$
最低估计	0.55	0.26	0.018
最佳估计	0.65	0.32	0.033
最高估计	0.75	0.44	0.085

因此，即使除去两字押韵序列，如果采用 P[侵]最佳估计的数值，那么三字序列的小样本本身也是显著的（P[$M_3=0$]=0.033），不过如果我们取 P[侵]的置信区间中的极值就会变得不显著，其结果高达 0.085。

同样地，共有 2 个四字押韵序列，都是不混押的：161.3A 和 248.4A（每个序列实际上有五个字长，但它被算作四字序列，因为每个序列中有一个字是重复的）[1]。这个样本自身也是显著的，除非我们对 P[侵]的估计过低，详见表 3.7。

表 3.7　P[$M_4=0$], $n=2$

	P[侵]	P[U]	P[$M_4=0$]
最低估计	0.55	0.13	0.017
最佳估计	0.65	0.19	0.036
最高估计	0.75	0.32	0.103

最终，还有 1 个五字的未混押序列（168.5A）和 1 个如果排除掉去声韵脚，可以被处理成五字混合押韵序列（258.2A）。[2] 毫不意外，这两个序列的输出结果是自身不显著的，具体的计算结果如表 3.8 所示。

表 3.8　P[$M_5 \leqslant 1$], $n=2$

	P[侵]	P[U]	P[$M_5 \leqslant 1$]
最低估计	0.55	0.07	0.135
最佳估计	0.65	0.12	0.226
最高估计	0.75	0.24	0.422

---

[1]　我在 14.1A 中省略了一个没有混押的四字序列，因为这篇几乎一字不差地按照下面提到的五字序列 168.5A 重复，不应该被视为一个独立的押韵序列。我也选择省略了两个不混押序列 208.4A 和 299.8A，这两个序列都由五个韵脚字组成，但都包含一个非平声字。在不那么严格的标准下可将其视为不混押的四字序列。

[2]　注意，我只在支持零假设的情况下，在这里和两字序列 250.4C 中做这样的例外。

当二字序列、三字序列、四字序列、五字序列的结果用 3.2.4 节中所描述的方法整合到一起时,我们得到了整体样本的值:

$$P = 0.00000522$$

对于在 0.95 置信区间内的任何 **P**〔侵〕,这个值都不超过 0.000577。因此我们有相当充足的理由可以确信传统的冬侵分部是正确的。

然而,我们应该注意几点。首先,押韵分析并不能证明冬部不是像王力所指出的那样从侵部演化而来的;这一演变可能发生于更早的时期。事实上,《诗经》中的部分内容可能反映了王力所假设的音系是正确的。但是,如果结合整本《诗经》全部的押韵内容,可以看到它为冬侵分部的现象提供了强有力的证据。因此这一事实在任何一个可以令人满意的对《诗经》押韵的解释中都不能被忽略。

此外,虽然押韵分析清楚地驳斥了冬部和侵部可以自由押韵的零假设,但无法去解释那些二者混押的情况。而我们的目标应该是为所有数据提供解释。在 10.3.3 中,我将考虑冬部和侵部之间的韵脚相互接触的现象反映了一种方言,在该方言里,音节末尾的 *-m 和 *-ng 发生了合并。

3.3.2　一个负面例子:真部字中的高元音和中元音

作为支持零假设的一个例子,让我们讨论一个关于上古真部的可能的假设。根据传统的划分,这个韵部包含:

——来自山 Shān(Srɛn)韵中古读-ɛn 和-wɛn 的部分字
——来自真 Zhēn(Tsyin)韵中古读-in 和-win 的部分字,中古读-jin 和-jwin 的全部字
——来自先 Xiān(Sen)韵中古读-en 和-wen 的部分字
——少部分带其它韵母的不规则的字(例如,"命"mìng<mjæng H),本例中我们将忽略它们

在中古汉语时期,韵母为-(w)ɛn 和-(w)en 的元音会被认为是中

元音(或者至少是不高的元音),而韵母为-(j)(w)in 的元音会被认为是高元音。然而在上古汉语中,我将所有真部字都构拟为高元音 *-in;我认为上古的 *-in 到中古分化为了高元音和中元音两类,条件是是否有 *-j-介音存在于主元音之前:

上古 * -in>-in　在 *-j-之后
　　　　-en　其他位置

从押韵实践来看,这一变化(我将其称为**高元音>中元音(hi>mid)**)大概发生于东汉末,因为在魏晋时期已经在诗歌押韵中有所体现(见丁邦新 1975：245—246)。而又在这之后发展出中古-(w)εn 和-(w)en 的对立。

然而,我们想检验的假设是中古存在的真部高元音和中元音的区别其实早在《诗经》时代就已经存在,并且影响到了《诗经》押韵。在接下来的计算中,A 组包含到中古演变为-(w)εn/-(w)ən 的上古真部字;而 B 组包含了中古变为-(j)(w)in 的上古真部字。A 组和 B 组在《诗经》中是否真的存在明显的分别押韵的趋势?

在这个例子中,我们采取和上个例子中相同的措施,即只计算平声字的押韵,然后忽略与其他韵部的不规则押韵。

首先,我们计算 P[A]和 P[B],即这个韵部中的 P[中]和 P[高]。根据我的统计,共有 61 个真部中元音平声字出现,以及 95 个真部高元音平声字出现,共计 156 个,因此:

$$P[\text{中}] = 61/156 = 0.39$$
$$P[\text{高}] = 95/156 = 0.61$$

根据棣莫弗-拉普拉斯定理,P[中]在 0.95 的置信区间是 0.31 到 0.47。

我们首先计算两字押韵序列,我们找到 5 个不混押的两字中元音押韵序列:

178.1B,178.3A,178.3D,184.2A,204.7A

有 10 个不混押的两字高元音押韵序列:

6.3A,15.1A,32.2A,51.3A,68.1A,87.1A,203.3B,219.3A,229.4A, 260.4B

共有 20 个中元音和高元音混押的两字押韵序列：

31.5B,45.1B,65.1D,102.1A,156.3C,190.4B,191.3B,193.7B, 196.1A,200.5B,210.3B,229.3A,235.1A,238.4A,249.1B,259.3B, 264.2A,264.3B,275.1B,282.1E

这些加起来共有 35 个押韵序列，其中 20 个是混押的，计算结果在表 3.9 中给出。

表 3.9 $P[M_2 \leq 20]$, $n = 35$

	$P[中]$	$P[U]$	$P[M_2 \leq 20]$
最低估计	0.31	0.57	0.968
最佳估计	0.39	0.52	0.895
最高估计	0.47	0.50	0.845

因此两字组押韵序列中包含混押序列的数量支持了我们的零假设——中古能区分的中元音和高元音在上古汉语中可以互相自由押韵。35 个序列中有 20 个混押序列不可能是偶然相遇的结果，这个混合序列的数目在 85% 的情况下会随机发生，尽管 $P[中]$ 的估计值是非常低的。尽管如此，我们还是要进一步计算那些更长的押韵序列。

对于三字押韵序列，我们找到了 1 个不混押的序列（163.5A）和 8 个混押序列（24.3A,77.1A,118.1A,152.4A,234.2A,239.3A,258.1A, 259.1A），共 9 个序列，计算结果在表 3.10 中给出。

表 3.10 $P[M_3 \leq 8]$, $n = 9$

	$P[中]$	$P[U]$	$P[M_3 \leq 8]$
最低估计	0.31	0.36	0.982
最佳估计	0.39	0.29	0.954
最高估计	0.47	0.25	0.925

同样地，不能认为 9 个序列中有 8 个混押序列比是小于随机期

望的。

在这个例子中共有 3 个四字押韵序列，全部是混押的。即 $\mathbf{P}[M_4 \leq 3] = 1$。也就是说，在一个有三个序列的样本中，混押序列的数量不可能超过三个。同样地，只有 1 个五字押韵序列，它是混押的，因此显然是 $\mathbf{P}[M_5 \leq 1] = 1$。

当二字序列、三字序列、四字序列、五字序列按照 3.2.4 节所述的程序整合到一起时，我们得到值：

$$\mathbf{P} = 0.985$$

事实上，对于 0.95 置信区间内的 $\mathbf{P}[$中$]$ 的任何值，$\mathbf{P}$ 的值都不会低于 0.965。这说明至少在《诗经》的平声韵里，后来在中古时期主元音变为高元音和中元音的真部字的通押数量并不低于预期的偶然数量。因此我们可以得出结论：中古变为高元音的真部字和变为中元音的真部字在上古音中的确可自由押韵。

第四章 上古汉语押韵的传统研究

4.1 传统音韵学：成就及局限性

正如第一章所指出的，上古汉语诗歌押韵，尤其是《诗经》押韵，是汉语上古音系构拟中至关重要的证据材料。然而亦如前一章所表明的，以音系构拟而对押韵材料进行的研究是一件微妙的事情；只有细心并且明确地处理所涉及的统计问题才可以期待得到可靠的结果。我们遇到的问题也并不仅仅限于统计问题；正如我们对待任何古代文献那样，还会存在文本的传承及阐释问题。

本项研究的主题之一就是前人的上古汉语押韵分析并不完备，尚需重新考察。20世纪上古汉语构拟研究很大程度上依赖于清代学者的研究。本章总结这些学者的研究及著作并予以简要评述。

清代音韵学家的研究受到尊重是可以理解的。清代学者具备现代学者无可匹敌的古文献知识。作为他们教育的一部分，他们可以直接背诵包括《诗经》在内的基础文献。这使得他们在古典文献中进行联系比较的能力甚至超过当代博览群书的学者。尽管我们有索引和现代的电子化文献，我们仍然比不上段玉裁和王念孙的博学。这些清代学者的著作似乎是真知灼见取之不尽用之不竭的源泉，仍然有助于现代的研究。对这些前辈学者我们表示尊重甚至敬畏，是完全正确的。

不过，清代音韵学家辉煌的成就也有一些局限性，影响了现代的研究者：

— 尽管他们时而在发音方面表现出令人印象深刻的理解，然而清代音韵学家不具备方便的语音标记手段。

— 尽管清代学者完全认识到语言随着时间而演变，但他们缺乏在19世纪欧洲历史语言学中起非常重要作用的一个概念，即语音规则演变的概念。

— 除了早期梵文的重要影响之外,大部分的传统音韵学研究对汉语之外的其他语言不了解。
— 清代学者除了最后一代传统音韵学家之外,没有接触到 20 世纪丰富的有关汉语古文字的发现和研究。
— 最后,可想而知,清代学者不具备从押韵的文献中提取归纳出韵部所涉及的统计学知识。

这些局限如果对传统学者有关汉语上古音系和押韵的结论没有影响的话,则会令人吃惊。然而人们很少对他们的结论提出异议。除了一些个别例外之外[1],大部分的现代研究采纳王念孙和江有诰的韵部,仅对其进行很少的基本修改;对上古音的构拟被视作给这些韵部设计语音表达,并使其可以解释中古汉语音节。

对上古汉语押韵的分析通常是确立一套韵部,并假定每一个韵部中的字相互押韵,此类分析的不足主要表现在以下两个方面:

1. 本来押韵的字会被预测为不押韵(即错误地把它们划分到不同的韵部里)。
2. 本来不押韵的字,被预测为押韵(将它们错误地归在同一个韵部)。

第一类错误容易被发现,当真实出现的押韵情况与所归纳的韵部相矛盾时。第二类错误则较难发现,因为这种情况只能靠押韵材料里缺少某种类型的押韵才可能揭示出来。押韵的分析与押韵材料不相抵触时,这种押韵分析在有限意义下是完备的,但是仍不能保证不发生第二种类型的错误。

上古汉语传统音韵分析的不完备性主要表现在第二种类型;清代音韵学家忽视了一些押韵区别,而阻碍他们对韵部进行更细的划分。

---

[1] 正如我们在第三章中所看到的(将在 10.1.18 中进一步讨论),王力对传统韵部作了一个重要的修订,把"脂"Zhī 部二分为"脂"Zhī 和"微"Wēi 两部,这种分部已经为后世多数研究者所采纳。高本汉提出了好几个传统分析中所没有的韵部区分(例如在他的体系中 *-o 与 *-âg、*-u 与 *-ug、*-â 与 *-âr 的区别),不过这些提议没有得到广泛的采纳;同样雅洪托夫关于数个传统韵部中圆唇音和非圆唇音的区别也没有被采纳。后文讨论中我将提出雅洪托夫是正确的,高本汉除了 *-â 与 *-âr 的区别之外,其他韵部区别的提议至少处于正常的轨道上。

换句话说,传统分析中所发现的区别是正确的,正确到他们当时能够做到的程度;只是他们没有走得更远。我们会看到清代学者所归纳出来的韵部数目,随着上古汉语押韵区别的发现而逐渐增加。此项研究中所提出的押韵区别就是朝着这个趋势的自然延伸。

为了方便地描述传统分析的发展,我在4.2中先列出现代版本的传统韵部。第十章中会对每个韵部进行详细讨论,这里仅出于服务本章的目的对此作一个简单总结。4.3总结传统分析的历史。尽管有数种汉语文献谈到这个话题(例如:王力1936—1937[1957]:269—451以及董同龢1968:237—262,这也是本章的重要来源),我尚未见到这个话题有系统的英文文献;此项研究的历史一方面让我们洞察到它的成就,同时也让我们看到它的缺点。最后,4.4中讨论清代音韵学家研究的一些局限是如何让他们得到那些结论的。

4.2 现代版本的传统分析

尽管大部分现代研究者采纳基本相同的一套上古韵部,不过他们所使用的韵部名称却有一些小的差异。这里所提出的韵部名称采纳自周祖谟(1966b)。[1]这个体系基本是王念孙和江有诰的体系,但有两点不同:(1)这里加上了王力提出的"脂"Zhī、"微"Wēi之别;(2)入声字独立分部。[2]传统上《广韵》韵类的名称被用作上古汉语韵部的名称;例如《广韵》的"之"Zhī(Tsyi)韵都属于同一个上古汉语韵部,传统上称呼为"之Zhī部"。(注意在汉语里,《切韵》和《广韵》的韵通常称呼为"韵",上古汉语的韵类往往称为"部"。)

传统上一个上古汉语的韵部一般都包括中古汉语韵母以及本部中所用的谐声字声旁的汉字。一般来说,同一个谐声系列的汉字属于同

---

〔1〕 其他关于传统韵部的总结可参阅董同龢(1968:237—262),李方桂(1971[1980],1974—1975),罗常培和周祖谟(1958:16—44),王力(1936—1937[1957]:414—440)。

〔2〕《诗经》中那些中古汉语收元音韵尾的字(传统上称之为阴声字)有时与入声字押韵。(此类押韵的解释见第八章讨论。)正是由于这种原因,王念孙和江有诰把入声字和阴声字放在同一个韵部里。

一个上古汉语韵部;用段玉裁的话来说,"同声必同部"。运用这个原则,如果同一个谐声系列中的另外一个字出现在押韵中,甚至那些并没有在上古汉语诗歌押韵中出现的汉字也可以被归作某个韵部。[1]

在第十章中我们会逐个详细讨论上古韵部;下面表4.1总结中,我仅列出属于每个韵部的中古韵母,并注明等和《切韵》的韵类以及该韵部在第十章所讨论的位置。此处略去罕见的及不规则的语音演变。对非专业人士来说,传统的韵部汉字名称有些令人疑惑。我在列出韵部的同时也提供李方桂(1971[1980])体系的构拟,他的体系严格遵循着传统的韵部分析。注意,这里注明李方桂仅为读者阅读记忆之便。随后章节中,我将提出一套新的,而且与此有很大区别的构拟形式。

表 4.1　上古汉语韵部:据周祖谟(1966b)

等	中古汉语韵母	切　　韵
	1. 之 Zhī(Tsyi),李方桂构拟:*-əg(见10.2.1)	
一	-(w)oj	哈 Hāi(Xoj),灰 Huī(Xwoj)
	-uw	侯 Hóu(Huw)
二	-(w)εj	皆 Jiē(Kεj)
三	-i	之 Zhī(Tsyi)
	-(w)ij	脂 Zhī(Tsyij)
	-juw	尤 Yóu(Hjuw)
	2. 職 Zhí(Tsyik),李方桂构拟:*-ək(见10.2.2)	
一	-(w)ok	德 Dé(Tok)
二	-(w)εk	麥 Mài(Mεk)
三	-(w)ik	職 Zhí(Tsyik)
	-juwk	屋 Wū(ʔUwk)

[1] 不过在确定一个谐声系列时,清代音韵学家一般采用《说文解字》中的文字以及对文字的分析。我在第九章会提出这种做法将使押韵分析受到汉代读音影响的偏向;只有周代的谐声字才是相关的。

续表

等	中古汉语韵母	切　韵
3. 幽 Yōu(ʔJiw), 李方桂构拟：*-əgw（见 10.2.13）		
一	-aw	豪 Háo(Haw)
	-uw	侯 Hóu(Huw)
二	-æw	肴 Yáo(Hæw)
三	-juw	尤 Yóu(Hjuw)
	-jiw	幽 Yōu(ʔJiw)
	-wij	脂 Zhī(Tsyij)
四	-ew	萧 Xiāo(Sew)
4. 觉 Jué(Kæwk), 李方桂构拟：*-əkw（见 10.2.14）		
一	-owk	沃 Wò(ʔOwk)
二	-æwk	觉 Jué(Kæwk)
三	-juwk	屋 Wū(ʔUwk)
四	-ek	锡 Xī(Sek)
此部有时又称"沃"Wò(ʔOwk)部。		
5. 宵 Xiāo(Sjew), 李方桂构拟：*-agw（见 10.2.16）		
一	-aw	豪 Háo(Haw)
二	-æw	肴 Yáo(Hæw)
三	-j(i)ew	宵 Xiāo(Sjew)
四	-ew	萧 Xiāo(Sew)
6. 药 Yào(Yak), 李方桂构拟：*-akw（见 10.2.17）		
一	-ak	铎 Duó(Dak)
	-owk	沃 Wò(ʔOwk)
	-uwk	屋 Wū(ʔUwk)
二	-æwk	觉 Jué(Kæwk)
三	-jak	药 Yào(Yak)
四	-ek	锡 Xī(Sek)

等	中古汉语韵母	切　　韵
7. 侯 Hóu(Huw),李方桂构拟：*-ug(见 10.2.10)		
一	-uw	侯 Hóu(Huw)
三	-ju	虞 Yú(Ngju)
8. 屋 Wū(ʔUwk),李方桂构拟：*-uk(见 10.2.11)		
一	-uwk	屋 Wū(ʔUwk)
二	-æwk	覺 Jué(Kæwk)
三	-jowk	燭 Zhú(Tsyowk)
9. 魚 Yú(Ngjo),李方桂构拟：*-ag(见 10.2.4)		
一	-u	模 Mú(Mu)
二	-(w)æ	麻 Má(Mæ)
三	-jo	魚 Yú(Ngjo)
	-ju	虞 Yú(Ngju)
	-jæ	麻 Má(Mæ)
10. 鐸 Duó(Dak),李方桂构拟：*-ak(见 10.2.5)		
一	-(w)ak	鐸 Duó(Dak)
二	-(w)æk	陌 Mò(Mæk)
三	-j(w)ak	藥 Yào(Yak)
	-jek	昔 Xī(Sjek)
11. 歌 Gē(Ka),李方桂构拟：*-ar(见 10.1.3)		
一	-(w)a	歌 Gē(Ka)
二	-(w)æ	麻 Má(Mæ)
三	-j(w)e	支 Zhī(Tsye)
	-jæ	麻 Má(Mæ)

第四章　上古汉语押韵的传统研究

续表

等	中古汉语韵母	切　　韵
12. 支 Zhī(Tsye),李方桂构拟：*-ig(见 10.2.7)			
二	-(w)ɛɨ	佳 Jiā(Kɛɨ)
三	-j(w)(i)e	支 Zhī(Tsye)
四	-(w)ej	齐 Qí(Dzej)

此部又称"佳"Jiā(Kɛɨ)部。

等	中古汉语韵母	切　　韵
13. 锡 Xī(Sek),李方桂构拟：*-ik(见 10.2.8)			
二	-(w)ɛk	麦 Mài(Mɛk)
三	-j(w)(i)ek	昔 Xī(Sjek)
四	-(w)ek	锡 Xī(Sek)
14. 脂 Zhī(Tsyij),李方桂构拟：*-id(见 10.1.8)			

"脂"Zhī 部和"微"Wēi 部的区别由王力首次提出,多数学者予以采纳。据王力研究,此部包括如下韵母：

等	中古汉语韵母	切　　韵
二	-ɛj	皆 Jiē(Kɛj)
三	-(j)ij	脂 Zhī(Tsyij)
四	-(w)ej	齐 Qí(Dzej)

第十章中,我提出王力归作"脂"Zhī 部（李方桂构拟：*-id）的一些字应归作"微"Wēi 部（李方桂构拟：*-əd）。见 10.1.8 中的讨论。

等	中古汉语韵母	切　　韵
15. 质 Zhì(Tsyit),李方桂构拟：*-it(见 10.1.6)			
二	-(w)ɛt	黠 Xiá(Hɛt)
三	-(j)(w)it	质 Zhì(Tsyit)
四	-(w)et	屑 Xiè(Set)
16. 微 Wēi(Mjɨj),李方桂构拟：*-əd(见 10.1.8)			

本部由王力(1937)首次提出,据王力研究,本部包括以下韵母：

等	中古汉语韵母	切　　韵
一	-(w)oj	哈 Hāi(Xoj),灰 Huī(Xwoj)
二	-wɛj	皆 Jiē(Kɛj)

续表

等	中古汉语韵母	切 韵
三	-j(w)ɨj	微 Wēi(Mjɨj)
	-wij	脂 Zhī(Tsyij)

第十章中,我会提出本部还包括一些开口韵母-ij, -ɛj 及-ej。

17. 物 Wù(Mjut),李方桂构拟：*-ət(见 10.1.7)

等	中古汉语韵母	切 韵
一	-(w)ot	没 Mò(Mwot)
二	-(w)ɛt	黠 Xiá(Hɛt)
三	-jɨt	迄 Qì(Xjɨt)
	-jut	物 Wù(Mjut)
	-(w)it	质 Zhì(Tsyit)
四	-et	屑 Xiè(Set)

此部又称"术"Shù(Zywit)部。

18. 祭 Jì(TsjejH),李方桂构拟：*-ad(h)(见 10.1.2)

等	中古汉语韵母	切 韵
一	-(w)ajH	泰 Tài(ThajH)
二	-(w)æjH	夬 Guài(KwæjH)
	-(w)ɛjH	皆 Jiē(Kɛj)(仅去声)
三	-j(w)ojH	废 Fèi(PjojH)
	-j(w)(i)ejH	祭 Jì(TsjejH)
四	-(w)ejH	齐 Qí(Dzej)(仅去声)

本部仅有去声字；包含了《广韵》中数个仅出现去声而无其他平上入声的韵。

19. 月 Yuè(Ngjwot),李方桂构拟：*-at(见 10.1.2)

等	中古汉语韵母	切 韵
一	-(w)at	末 Mò(Mat)
二	-(w)æt	鎋 Xiá(Hæt)
	-ɛt	黠 Xiá(Hɛt)
三	-j(w)ot	月 Yuè(Ngjwot)

续表

等	中古汉语韵母	切　韵
	-j(w)(i)et	薛 Xuē(Sjet)
四	-(w)et	屑 Xiè(Set)

20. 缉 Qī(Tship),李方桂构拟：*-əp(见 10.3.4)

等	中古汉语韵母	切　韵
一	-op	合 Hé(Hop)
二	-ɛp	洽 Qià(Hɛp)
三	-(j)ip	缉 Qī(Tship)
四	-ep	帖 Tiē(Thep)

21. 盍 Hé(Hap),李方桂构拟：*-ap(见 10.3.2)

等	中古汉语韵母	切　韵
一	-ap	盍 Hé(Hap)
二	-æp	狎 Xiá(Hæp)
	-ɛp	洽 Qià(Hɛp)
三	-j(i)ep	葉 Yè(Yep)
	-jæp	業 Yè(Ngjæp)
	-jop	乏 Fá(Bjop)
四	-ep	帖 Tiē(Thep)

本部又称"葉"Yè(Yep)部。

22. 談 Tán(Dam),李方桂构拟：*-am(见 10.3.1)

等	中古汉语韵母	切　韵
一	-am	談 Tán(Dam)
二	-æm	銜 Xián(Hæm)
	-ɛm	咸 Xián(Hɛm)
三	-j(i)em	鹽 Yán(Yem)
	-jæm	嚴 Yán(Ngjæm)
	-jom	凡 Fán(Bjom)
四	-em	添 Tiān(Them)

续表

等	中古汉语韵母	切　韵
23. 侵 Qīn(Tshim),李方桂构拟：*-əm（见 10.3.3）		
一	-om	覃 Tán(Dom)
二	-ɛm	咸 Xián(Hɛm)
三	-(j)im	侵 Qīn(Tshim)
	-juwng	東 Dōng(Tuwng)
四	-em	添 Tiān(Them)
24. 蒸 Zhēng(Tsying),李方桂构拟：*-əng（见 10.2.3）		
一	-(w)ong	登 Dēng(Tong)
二	-(w)ɛng	耕 Gēng(Kɛng)
三	-ing	蒸 Zhēng(Tsying)
	-juwng	東 Dōng(Tuwng)
25. 冬 Dōng(Towng),李方桂构拟：*-əngw（见 10.2.15）		
一	-owng	冬 Dōng(Towng)
二	-æwng	江 Jiāng(Kæwng)
三	-juwng	東 Dōng(Tuwng)

此部又称"中"Zhōng(Trjuwng)部。

26. 東 Dōng(Tuwng),李方桂构拟：*-ung（见 10.2.12）		
一	-uwng	東 Dōng(Tuwng)
二	-æwng	江 Jiāng(Kæwng)
三	-jowng	鍾 Zhōng(Tsyowng)
27. 陽 Yáng(Yang),李方桂构拟：*-ang（见 10.2.6）		
一	-(w)ang	唐 Táng(Dang)
二	-(w)æng	庚 Gēng(Kæng)
三	-j(w)ang	陽 Yáng(Yang)
	-j(w)æng	庚 Gēng(Kæng)

续表

等	中古汉语韵母	切　　韵
28. 耕 Gēng(Kɛng),李方桂构拟：*-ing(见 10.2.9)		
二	-ɛng	耕 Gēng(Kɛng)
三	-j(w)(i)eng	清 Qīng(Tshjeng)
	-j(w)æng	庚 Gēng(Kæng)
四	-eng	青 Qīng(Tsheng)
29. 真 Zhēn(Tsyin),李方桂构拟：*-in(见 10.1.4)		
二	-(w)ɛn	山 Shān(Srɛn)
三	-(j)(w)in	真 Zhēn(Tsyin)
四	-(w)en	先 Xiān(Sen)
30. 文 Wén(Mjun),李方桂构拟：*-ən(见 10.1.5)		
一	-(w)on	痕 Hén(Hon),魂 Hún(Hwon)
二	-(w)ɛn	山 Shān(Srɛn)
三	-jɨn	殷 Yīn(ʔJɨn)
	-jun	文 Wén(Mjun)
	-(w)in	真 Zhēn(Tsyin)
四	-en	先 Xiān(Sen)
本部又称"谆"Zhūn(Tsywin)部。		
31. 元 Yuán(Ngjwon),李方桂构拟：*-an(见 10.1.1)		
一	-(w)an	寒 Hán(Han)
二	-(w)æn	删 Shān(Sræn)
	-(w)ɛn	山 Shān(Srɛn)
三	-j(w)on	元 Yuán(Ngjwon)
	-j(w)(i)en	仙 Xiān(Sjen)
四	-(w)en	先 Xiān(Sen)

4.3 传统押韵分析的发展

在本节中,我们通过考察对上古汉语押韵有过研究的主要人物的音韵学研究,大体上介绍一下传统上古汉语押韵研究的历史沿革。我们从这些研究之前的一些关于押韵的学说开始探讨。

4.3.1 叶韵说

尽管语音发生了演变,《诗经》里的一些诗,到了现代仍然押韵,并且在汉语的发展历史中一直押韵。例如《诗经》6《周南·桃夭》在现代标准汉语中仍然押韵:

第一章:華 *huā*/家 *jiā*

第二章:實 *shí*/室 *shì*

第三章:蓁 *zhēn*/人 *rén*

其他情况下,从诗的押韵结构我们可以很清楚哪些字是本来押韵的,而有些原本押韵的地方现在已不能押韵。例如《诗经》8《周南·芣苢》(翻译采用高本汉,1974)。

采采芣苢	*căi căi fóu yĭ*	
薄言采之	*bó yán CĂI zhī*	采 *tshojX*
采采芣苢	*căi căi fóu yĭ*	
薄言有之	*bó yán YŎU zhī*	有 *hjuwX*
采采芣苢	*căi căi fóu yĭ*	
薄言掇之	*bó yán DUŌ zhī*	掇 *twat*
采采芣苢	*căi căi fóu yĭ*	
薄言捋之	*bó yán LUŌ zhī*	捋 *lwat*
采采芣苢	*căi căi fóu yĭ*	
薄言袺之	*bó yán JIÉ zhī*	袺 *ket*
采采芣苢	*căi căi fóu yĭ*	
薄言襭之	*bó yán XIÉ zhī*	襭 *het*

Colorful[1] is the plantain, we GATHER it;
colorful is the plantain, we HOLD it.

Colorful is the plantain, we PICK it;
colorful is the plantain, we PLUCK it.

Colorful is the plantain, we TAKE [IT] IN OUR HELD-UP
　FLAPS;
colorful is the plantain, we TAKE IT IN OUR TUCKED-UP
　FLAPS.

诗的第二章与第三章在押韵上仍然很完美:
　　第二章:掇 *duō*/捋 *luō*
　　第三章:袺 *jié*/襭 *xié*
从诗的结构来看,很清楚第一章的押韵情况是:
　　第一章:采 *cǎi*/有 *yǒu*
这些字在第一章中的位置与第二、第三章的押韵字位置一样;事实上除了押韵字之外,这三章其他用字是对应的。但"采"*cǎi*<*tshojX*(采摘)和"有"*yǒu*<*hjuwX*(拥有,持有)在中古汉语中不押韵,在现代汉语里也不押韵,而且很可能在自汉代以来的主要方言中都不押韵。[2] 在像这样的有紧密和重复结构的诗里,很容易判定押韵字,尽管语音的演变让后

────────

　〔1〕 这是我对高本汉翻译的调整。高本汉把"采采"视为动词"采"的重叠形式,表达一种重复的动作;这是《毛传》中的传统解释。不过根据丁声树(1940)令人信服地提出及物动词从不在《诗经》中以这种形式出现,这里的"采采"(及《诗经》3 中"采采卷耳"的"采采")应该被视为后面名词的修饰语,这种用法由清代学者戴震和马瑞辰提出。"采采"这样的表达也出现在《诗经》129 和 150 中;尽管戴和马认为它的意思是"众多貌"或"盛",不过理解为"色彩鲜艳的"或许更为准确(见高本汉 1942—1946[1964],注释 318)。
　〔2〕 "有"本属于"之"Zhī 部(李方桂构拟:*-əg),不过到中古汉语中它的韵母变为-*juw*(或-*juwX*, -*juwH*),与传统的"幽"Yōu 部(李方桂构拟:*-əgw)合流。据罗常培和周祖谟(1958:13),这种演变始于西汉时期。这种押韵中的变化源于我称之为**圆唇成分同化**的语音演变;详见 10.2.1。

世读者所见到的都已经不押韵了。

毫无疑问,很早以来中国人在读《诗经》时已经注意到了此类例子,不过起初他们并没有直接明白上古汉语的发音跟他们当时的发音存在着系统上的差异。在拼音文字中,我们容易觉察到语音的逐渐演变,而相对稳定的汉字却掩盖了这种演变。起初人们在处理《诗经》中押韵处明显不再押韵的办法就是改变用韵字的发音,而使其押韵。一个常引用的例子是《诗经》28.3《邶风·燕燕》,其中下列三字押韵:

音 $yīn<ʔim$(声音)
南 $nán<nom$(南方)
心 $xīn<sim$(心脏)

尽管"音"$yīn<ʔim$ 和"心"$xīn<sim$ 在中古汉语和现代汉语中仍然押韵,而在南北朝时(420—589)——也许在其他方言中更早——"南"$nán<nom$ 字与它们读起来并不押韵。[1]《经典释文》中,引用了6世纪沈重有关《诗经》的著作中的反切"乃林反",即 $nojX+lim=nim$,为"南"字这样注音的目的是为了"协句",使《诗经》押韵。

这种把押韵字改变读音使他们在当代可以押韵的方法称为"叶韵 $xié\ yùn$"。叶韵大盛于宋代;例如朱熹有关《诗经》的著作《诗集传》中使用了大量的叶韵。在上例《诗经》8.1 中朱熹对押韵字作了如下的注释:

"采"$cǎi<tshojX$(采摘):朱熹说"叶此履反[叶音读法为 $tshjeX+lijX$]"[2];这种注音很可能是使此音叶为上声调的[ts^hi]。
"有"$yǒu<hjuwX$(拥有,持有):朱熹说"叶雨已反[叶音读法为 $hjuX+$

―――――――

[1] 见王力(1936[1980]:44)。关于魏晋时期,丁邦新(1975:168—172)把中古汉语的-im 和-om 放在同一个上古韵部中,不过从他的材料来看,有些方言中这两者已经分化。吴郡(今苏州附近)的陆机(261—303)似乎混用这些中古韵类(见丁邦新 1975:169 的材料),不过河东(今山西)的郭璞(276—324)对这些韵似乎是分用的。

[2] 由于没有朱熹发音的构拟形式,我提供他中古汉语的反切,尽管这在时代上是错的。

kiX]";这种读音把叶音形式读为上声的[i],也有可能是[wi]。

在《诗经》28.3 中,朱熹采纳沈重所提出的读音,尽管反切用字不同:

"南"*nán*<*nom*(南方):朱熹说"叶尼心反[叶音读法为 *nrij+sim*]";这个读音很可能叶读为[nim],使它与"音"*yīn*<*ʔim* 和"心"*xīn*<*sim* 押韵。

显然,朱熹对当时《诗经》中已不再押韵的用韵字,都作了叶韵的处理。我们似乎有理由得出这样的结论,即在朱熹的时代,朗诵《诗经》的时候有这样一种使用叶韵的习惯。

叶韵的办法并不一定代表着诗韵中的上古汉语即如此;或许这只是一种读《诗经》时听起来更好的办法。不过使用叶韵的人通常相信上古汉语时期为了押韵也使用这种改变押韵字读音的办法。这种有关上古发音及押韵的学说,会遇到一些明显的问题。正如后世对朱熹叶韵的评论所指出的,朱熹在不同的地方对同一个字使用不同的叶韵且显然并不认为这是个问题;例如在《诗经》17《召南·行露》中对"家"*jiā*(家庭)这个字就有两个不同的叶韵读法:诗的第二章中读作 *kuwk* 而在第三章中则是 *kuwng*。[1]

明代学者杨慎(1488—1559)认为古代用同一个字的不同叶韵读音以区别意义。[2] 然而如果一个字的读音有如此随意的改变,应用上古汉语或者作诗是很难想象的。董同龢曾引用明代学者焦竑(1540—1620)的话:

以此之法,东则为西,南则为北,上则为下,前则为后;字无正音,诗无正字。(转引自董同龢 1968:238)

对诗中不再押韵部分处理的另外一个办法则是假定上古汉语押韵

---

〔1〕 朱熹显然假定诗第二章中的"家"*jiā*<*kæ* 与"角"*jiǎo*<*kæwk*、"屋"*wū*<*ʔuwk*、"狱"*yù*<*ngjowk* 及"足"*zú*<*tsjowk* 押韵;与诗第三章中的"墉"*yōng*<*yowng*、"讼"*sòng*<*zjowngH* 及"從"*cóng*<*dzjowng* 押韵。

〔2〕 原文见王力(1936—1937[1957]:279—282)。

的标准更为宽松。《经典释文》的作者陆德明则拒绝采用沈重对《诗经》28.3 中"南"*nán<nom* 字叶音为 *nim* 的形式,他说:"古人韵缓;不烦改字。"[1]

无论叶韵说还是陆德明所谓"韵缓"之说,均没有注意到汉语从上古时期以来发生了巨大的变化。音变的这一发现是后世学者才注意到的。

4.3.2　吴棫(约 1100—1154)

宋代有几位学者撰文讨论过上古押韵问题。广为人知也是当今仅存的文献由吴棫[2]撰写。吴棫的《韵补》把汉字归作九个大的韵部(尽管这些韵部没有显式地开列出来),并使用类似叶韵的反切为其注音。例如"江"*jiāng<kæwng*(长江)在上古汉语中与中古汉语的 -*uwng* 韵字相押,吴棫把它注为"沽红切"(即 *ku+huwng=kuwng*),现代汉语读来就是 *gōng*。表面上看起来这与叶韵说很相似。然而,叶韵的读音通常是即兴的也是个别的《诗经》押韵,吴棫则是更系统地考察上古汉语押韵,来解释与哪些中古的韵类典型地相互通押。不过他的研究内部并不一致,许多字就出现于不同的韵部,并没有明显的理由。这种混淆部分地来自他收录了从《诗经》到北宋这一漫长历史时期以来的韵读的原因,这一点上吴棫受到了后世学者的批评。

4.3.3　陈第(1541—1617)

一般认为明代学者陈第[3]是首位对《诗经》押韵及其演变真正有当代理解的学者。在其著作《毛诗古音考》(1606)中,他认为古人并不会随意地改动字音来押韵;而是古人根据当时的发音押韵,不过当时的发音与现在的发音有别,他对音变的解释和描述经常被引用:

---

[1]　古人韵缓;不烦改字。
[2]　吴棫字才老;祖籍福建建安(现在的建瓯)。见《辞海:语言文字分册》(1978:68)和周祖谟(1945[1966])。
[3]　陈第字季立;福建人。

盖时有古今，地有南北；字有更改，音有转移；亦势所必至。故以今之音读古之作，不免乖剌而不入。[1]

在《毛诗古音考》中，陈第提出了符合上古汉语押韵的上古读音；尽管他所提出的读音与早期叶韵的读音类似，他则表明通常每种情况下只需改动其中一个字的读音，例如：

（108）采 *căi*<*tshojX*（采摘）

古代读作

（109）泚 *cĭ*<*tshjeX*（清楚）

这样的注音很可能代表了[tsʰi]或[tsʰi]的上声读音。对陈第来说，这并不是一个为了押韵采用的临时的一个读音变化，而是本来的读音。这种解释跟早期叶韵说相比，是一个很大的进步。[2]

4.3.4 顾炎武（1613—1682）

顾炎武[3]是明末清初的知名学者，作为明代遗民，他反对满族的统治，拒绝为清朝统治者为官效劳。他把明代的灭亡部分地归结于宋学派的哲学，他推崇汉儒及其研究方法（与当时的显学宋学派对立）。他提出一个更为客观、新颖的治学方法，这种方法称为汉学派。

尽管顾炎武在诸多领域都颇有成就，但他最知名的还是《音学五书》

---

[1]"盖时有古今，地有南北；字有更改，音有转移；亦势所必至。故以今之音读古之作，不免乖剌而不入。"转引自王力（1936—1937[1957]：282）。
[2] 陈第所提出古人的读音有时也在现在的复古的学者著作中使用；例如"采"的这个读音由张允中（1987：9）提供。
[3] 顾炎武本名绛；字宁人；祖籍江苏昆山亭林村。1645年当满族人攻占南京后，他出于崇尚南宋爱国人士王炎五的原因把自己名字改为炎武。（张起之1982：1）（似乎对他而言，"五" *wŭ*<*nguX* 与 "武" *wŭ*<*mjuX* 是同音字。）人们用他的家乡村庄的名字又称他为亭林先生，他还用过别号蒋山傭。参见 Hummel（1943—1944：421—426）和王力（1936—1937[1957]：285—296）。

关于音韵学的研究。《音学五书》印制于 1667 年,包括以下五本著作:

—《音论》
—《诗本音》
—《易音》
—《唐韵正》
—《古音表》

在《古音表》中,顾炎武为上古汉语确立了十个韵部,每个韵部中采用所包含的《广韵》韵目来表达(见表 4.2)。不过他对入声韵的处理与《广韵》有别,诸如"職"Zhí(Tsyik)这样的入声韵与阳声韵"蒸"Zhēng(Tsying)并列,顾炎武则把"職"Zhí(Tsyik)跟上古汉语中的阴声韵"之"Zhī(Tsyi)列在一起。把入声韵与阴声韵并列起来是基于《诗经》阴入通押的事实,例如《诗经》192.10 的押韵序列用韵字:

輻 fú<pjuwk(车辐)
載 zài<tsojH(载重)
意 yì<ʔiH(思考)

顾炎武把这三个韵字都列在他的古韵第 2 部(见表 4.2)。把"意"yì<ʔiH 列为入声也缘于下面确定为同源的谐声字:

(110) 憶 yì<ʔik(回忆)

例外的是顾炎武的第 10 部,带-p 尾的入声韵与带-m 尾的阳声韵列在一起,与《广韵》类似。[1] 顾炎武的上古韵部见表 4.2 的总结。顾炎武的每一个韵部之后我根据周祖谟(见前文表 4.1)开列出对应的传

---

〔1〕 顾炎武的分析中有这种不对称的现象很可能源于他找不到与收-p 尾的入声韵相对应的阴声韵;因此他把入声韵与收-m 尾的阳声韵归在一起。没有与收-p 尾的入声韵相对应的阴声韵的原因是 *-ps > *-ts 的语音演变所致;见下文 8.2.2.1 和 10.3。

统的上古韵部,并附上李方桂的构拟作为参考。

如表 4.2 所示,不少后世学者后来又发现了一些新的分部区别,然而顾炎武已经清楚地确立了几个后世作为分析标准的上古韵部。顾炎武细心客观的研究成为后世学者的典范。

表 4.2 顾炎武的上古汉语韵部

韵 部	内 容
1	東 Dōng(李方桂构拟:*-ung) 冬 Dōng(李方桂构拟:*-əngw)
2	支 Zhī 和錫 Xī(李方桂构拟:*-ig 和 *-ik) 脂 Zhī 和質 Zhì(李方桂构拟:*-id 和 *-it) 之 Zhī 和職 Zhí(李方桂构拟:*-əg 和 *-ək) 微 Wēi 和物 Wù(李方桂构拟:*-əd 和 *-ət) 祭 Jì 和月 Yuè(李方桂构拟:*-ad 和 *-at)
3	魚 Yú 和鐸 Duó(李方桂构拟:*-ag 和 *-ak) 侯 Hóu 和屋 Wū(李方桂构拟:*-ug 和 *-uk)
4	真 Zhēn(李方桂构拟:*-in) 文 Wén(李方桂构拟:*-ən) 元 Yuán(李方桂构拟:*-an)
5	宵 Xiāo 和藥 Yào(李方桂构拟 *-agw 和 *-akw) 幽 Yōu 和覺 Jué(李方桂构拟:*-əgw 和 *-əkw)
6	歌 Gē(李方桂构拟:*-ar)
7	陽 Yáng(李方桂构拟:*-ang)
8	耕 Gēng(李方桂构拟:*-ing)
9	蒸 Zhēng(李方桂构拟:*-əng)
10	侵 Qīn 和緝 Qī(李方桂构拟:*-əm 和 *-əp) 談 Tán 和盍 Hé(李方桂构拟:*-am 和 *-ap)

4.3.5 江永(1681—1762)

江永[1]是古典研究中皖学派的创始人。与其他清代音韵学家不

---

[1] 江永字慎修;祖籍婺源(现属江西省,以前归安徽)。见王力(1936—1937[1957]:136—141,296—307)。

同的是,他精于等韵学的研究。他的音韵学著作包括:

—《古韵标准》
—《音学辨微》
—《四声切韵表》

江永对顾炎武音韵学研究的评价被经常引用的是:"考古之功多;审音之功浅。"[1]江永发现了顾炎武没有注意到的四个古音分部区别(见表4.3):

表4.3 江永的上古汉语韵部(不含入声)

江永的韵部	顾炎武的韵部	内容
1	1	東 Dōng(李方桂构拟:*-ung) 冬 Dōng(李方桂构拟:*-əngw)
2	2(阴声)	支 Zhī(李方桂构拟:*-ig) 脂 Zhī(李方桂构拟:*-id) 之 Zhī(李方桂构拟:*-əg) 微 Wēi(李方桂构拟:*-əd) 祭 Jì(李方桂构拟:*-ad)
3	部分3(阴声)	魚 Yú(李方桂构拟:*-ag)
4	4(高元音部分)	真 Zhēn(李方桂构拟:*-in) 文 Wén(李方桂构拟:*-ən)
5	4(低元音部分)	元 Yuán(李方桂构拟:*-an)
6	部分5(阴声)	宵 Xiāo(李方桂构拟:*-agw)
7	6	歌 Gē(李方桂构拟:*-ar)
8	7	陽 Yáng(李方桂构拟:*-ang)
9	8	耕 Gēng(李方桂构拟:*-ing)
10	9	蒸 Zhēng(李方桂构拟:*-əng)

[1] "考古之功多;审音之功浅。"见王力(1936—1937[1957]:296)。

第四章　上古汉语押韵的传统研究

续表

江永的韵部	顾炎武的韵部	内　　容
11	部分 3 和 5（阴声）	侯 Hóu（李方桂构拟：*-ug） 幽 Yōu（李方桂构拟：*-əgw）
12	10（高元音部分）	侵 Qīn（李方桂构拟：*-əm）
13	10（低元音部分）	談 Tán（李方桂构拟：*-am）

1. 他把顾炎武的第 4 部（收-n 韵尾）分作 4、5 两部。江永的第 4 部可被认作是顾炎武第 4 部高元音部分，对应标准分析的"真"Zhēn 部和"文"Wén 部（李方桂构拟：*-in 和 *-ən）。江永的第 5 部即顾炎武的第 4 部低元音部分，对应"元"Yuán 部（李方桂构拟：*-an）。
2. 类似地，江永把顾炎武第 10 部（收-m 韵尾）分作高元音和低元音两部：江永的第 12 部对应后来的"侵"Qīn 部（李方桂构拟：*-əm）；他的第 13 部对应"談"Tán 部（李方桂构拟：*-am）。
3. 江永还把顾炎武第 3 部分作后来的"魚"Yú 部（李方桂构拟：*-ag）和"侯"Hóu 部（李方桂构拟：*-ug）；前者江永归作第 3 部，后者归作第 11 部。
4. 最后，江永发现了顾炎武第 5 部中"宵"Xiāo 部（李方桂构拟：*-agw）和"幽"Yōu 部（李方桂构拟：*-əgw）的区别，他把它们分别列为第 6 部和第 11 部。

尽管他发现了四个韵部区别，江永的第 11 部包含了"侯"Hóu 部（李方桂构拟：*-ug）和"幽"Yōu 部（李方桂构拟：*-əgw）两个；这是对顾炎武的倒退，顾炎武把前者归作第 3 部（与"魚"Yú 部一起，李方桂构拟：*-ag），后者归为第 5 部（与"宵"Xiāo 部一起，李方桂构拟 *-agw）。这样一来，江永确定了十三个上古韵部（10 个韵部加 4 个韵部又减去 1 个），而顾炎武确定的只有十部。而且与顾炎武不同的是，江永为入声韵确立了八个不同的韵部。[1] 他的十三个非入声韵部总

---

〔1〕　如江永这样把入声韵分列出来，有时被人们称之为"审音派"，而像顾炎武那样把阴声和入声合在同一韵部则被称为"考古派"。很明显地这种说法源于江永对顾炎武的评论。参见王力（1980b：7）。

结见表 4.3。江永的八个入声韵部和表 4.3 中所列的八个阳声韵部平行(即 1、4、5、8、9、10、12 及 13 部)。

江永所增加的这些韵部现已被广泛地认为是正确的。那么顾炎武为什么没有发现这些区别呢？我在 4.1 节中曾经指出,判断在中古不押韵而在上古押韵的这种情形容易；而在中古押韵的时候容易忽视上古押韵的区别。也就是说,语音分裂比语音合并让我们更容易发现上古语音的区别。另外清代学者倾向于认为《广韵》韵是自然单位,这使得再分部更为困难。

比如顾炎武的第 3 部包括中古汉语韵母-u、-ju 和-uw 等。顾炎武注意到在《诗经》中中古汉语的-u 跟-ju 押韵,也注意到-ju 和-uw 押韵。例如:"徒" tú<du 与"夫" fū<pju 在 193.4B 处押韵,"驱" qū<khju 与"侯" hóu<huw 在 54.1A 处押韵。于是很自然地就把中古汉语-u、-ju 和-uw 归为同一韵部。被顾炎武忽视而被江永后来发现的是,中古汉语中与-u 押韵的-ju 字并不同于与-uw 押韵的-ju 字；在前例中,"夫" fū<pju 和"驱" qū<khju 在上古汉语中并不押韵,尽管它们在中古汉语中的韵母相同。中古汉语的-ju 代表了上古汉语两个不同韵部的合并音,这种语音合并使顾炎武走向迷途。

江永对顾炎武体系里所增加的其他语音区别同样是在合并音掩盖下的区别。在顾炎武的第 4 部(收-n 尾的字),江永发现照中古汉语-en 可以分为两个互不相押的韵部,使整个韵部再分作两部成为可能。同样的情形也见于顾炎武的第 10 部中中古汉语为-em 的字,以及顾炎武第 5 部中中古汉语为-ew 的字。正如我们将看到的,清代学者对上古汉语押韵的逐步细化就是发现越来越多类似区别的过程。

4.3.6 段玉裁(1735—1815)

江永之后另外一个重要的学者是段玉裁。[1] 段玉裁 1760 年 25 岁时就通过了地方考试,然后赴京参加科举考试；就是在那里他接触到

---

[1] 段玉裁祖籍江苏金坛,字若膺,又字懋堂。见 Hummel(1943—1944: 782—784)及王力(1936—1937[1957]:307—320)。

第四章 上古汉语押韵的传统研究

顾炎武的音韵学著作并对音韵学发生兴趣。虽然他的科举考试未能如愿,他仍留在北京并于1763年见到了戴震(见下文)。尽管戴震比段玉裁年长,并且段玉裁后来成为戴震的弟子,然而段玉裁主要的音韵学发现明显地先于戴震,戴震的音韵学著作撰于其晚年。[1] 除了发现上古语音区别之外,段玉裁还在研究《说文解字》方面作出重大贡献,他的主要音韵学著作有:

— 《六书音均表》(序言日期为1777年)
— 《说文解字注》(1807年)

段玉裁对押韵研究的主要贡献可以总结为三个方面:
1. 他在顾炎武的第2部和江永的分析中分列出"之"Zhī部和"職"Zhí部(李方桂构拟:*-əg 和 *-ək)及"支"Zhī部和"錫"Xī部(李方桂构拟:*-ig 和 *-ik)。
2. 他分列出"侯"Hóu部(李方桂构拟:*-ug)(他自己的第4部);顾炎武则把它与"魚"Yú部(李方桂构拟:*-ag)同列,而江永则把它混入"幽"Yōu部(李方桂构拟:*-əgw)。[2]
3. 最后,他发现了"真"Zhēn部(李方桂构拟:*-in)和"文"Wén部(李方桂构拟:*-ən)的区别(他自己的第12部和第13部),之前此两部被视为同一韵部(江永的第4部,顾炎武第4部的一部分)。[3]

经过这样的再分部,得出了十七个韵部,他把这十七个韵部根据近似的语音以及偶尔的不规则押韵归作六大类,表4.4是段玉裁的韵部总结。

---

[1] 戴震为段玉裁《六书音均表》所作序中,注的日期为乾隆丁酉年(即1777年);戴震说到段玉裁在九年之前(即1768年)告诉了他三个重要的发现(见下文)。

[2] 然而段玉裁还是把与"侯"Hóu部对应的入声韵部"屋"Wū部(李方桂构拟:*-uk)与"幽"Yōu和"覺"Jué归在他的第3部;见表4.4。如果把"屋"Wū部(李方桂构拟:*-uk)归为他的第4部则会更为一致。

[3] 然而段玉裁把"質"Zhì部(李方桂构拟:*-it)与阳声韵的"真"Zhēn部归为他的第12部;如归在其第15部则会更一致。

表 4.4　段玉裁的上古汉语韵部

类	部	内　　容
1	1	之 Zhī 和職 Zhí(李方桂构拟：*-əg 和 *-ək)
2	2	宵 Xiāo 和藥 Yào(李方桂构拟：*-agw 和 *-akw)
	3	幽 Yōu 和覺 Jué(李方桂构拟：*-əgw 和 *-əkw) 屋 Wū(李方桂构拟：*-uk)
	4	侯 Hóu(李方桂构拟：*-ug)
	5	魚 Yú 和鐸 Duó(李方桂构拟：*-ag 和 *-ak)
3	6	蒸 Zhēng(李方桂构拟：*-əng)
	7	侵 Qīn 和緝 Qī(李方桂构拟：*-əm 和 *-əp)
	8	談 Tán 和盍 Hé(李方桂构拟：*-am 和 *-ap)
4	9	東 Dōng(李方桂构拟：*-ung) 冬 Dōng(李方桂构拟：*-əngw)
	10	陽 Yáng(李方桂构拟：*-ang)
	11	耕 Gēng(李方桂构拟：*-ing)
5	12	真 Zhēn 和質 Zhì(李方桂构拟：*-in 和 *-it)
	13	文 Wén(李方桂构拟：*-ən)
	14	元 Yuán(李方桂构拟：*-an)
6	15	脂 Zhī(李方桂构拟：*-id) 微 Wēi 和物 Wù(李方桂构拟：*-əd 和 *-ət) 祭 Jì 和月 Yuè(李方桂构拟：*-ad 和 *-at)
	16	支 Zhī 和錫 Xī(李方桂构拟：*-ig 和 *-ik)
	17	歌 Gē(李方桂构拟：*-ar)

尽管大家注意到上古汉语押韵与谐声系列之间的关联已有一段时间[1]，是段玉裁首次清楚地阐明了具有同声必同部的原则：

---

[1] 例如,宋代学者徐蒇(吴棫的朋友)在为吴棫《韵补》所撰写的序言中就使用了谐声系列的证据。

一声可谐万字,万字而必同部;同声必同部。[1]
段玉裁将同声必同部的原则用于其《说文解字注》,他把每一个字都放在他所设立的十七个韵部之中,无论这些字在上古汉语诗歌中用于押韵与否。

段玉裁的贡献不只限于发现了几个新的韵部;他把韵部系统地与文字结合起来,将音韵学和古文字学捆绑起来。在他的《说文》研究中,他还首次讨论语义演变,指出在许多情况下字义的古今演变。他名副其实地是一位清代最有影响的音韵学家。

4.3.7 戴震(1724—1777)

戴震[2]是江永(也是安徽人)的弟子;他比段玉裁年长十二岁,段玉裁尊其为师,但我们可以看到,戴震自认为他的一些想法来自段玉裁。戴震的学生还有孔广森[3]和王念孙(见下文),他还是音韵学家钱大昕(1728—1804)[4]的朋友。戴震不但是个音韵学家,他还研究哲学和数学,他是清代学术史上举足轻重的人物。在他从事的官修《四库丛书》的过程中,有人指控他剽窃,引起的争议延续到20世纪。[5] 戴震的音韵学著作有:

——《声类表》(印于1777年,戴震去世前夕)
——《声韵考》(印于戴震去世之后)

尽管戴震注意到段玉裁确定的上古韵部的区别,他的韵部体系还是有些不同,在其《声韵考》中,戴确立了二十五个韵部,这些韵部归作九个

---

[1] 引自余迺永(1985:7)。
[2] 戴震字东原;祖籍安徽休宁。见Hummel(1943—1944:695—700,970—982)及王力(1936—1937[1957]:320—336)。
[3] 关于孔广森,见下文4.3.7。戴震的女儿嫁给了孔广森的弟弟孔广根;见洪固(1978:7)。
[4] 钱大昕祖籍江苏嘉定(现属上海市);字晓徵,又字辛楣,号竹汀。他对上古汉语声母的研究有重要贡献,包括古无轻唇、古无舌上等诸多发现。见Hummel(1943—1944:152—155)及王力(1936—1937[1957]:336—348)。
[5] 胡适(1943)就此事积极地为戴震辩护。

大类；他的体系见表 4.5，表中列出戴震的命名（附现代读音和中古汉语发音），以及后世标准分析中的名称。

表 4.5 戴震的上古汉语韵部

类	部	内　　容
1	1：阿 Ē<ʔa	歌 Gē(李方桂构拟：*-ar)
	2：乌 Wū<ʔu	鱼 Yú(李方桂构拟：*-ag)
	3：垩 È<ʔak	铎 Duó(李方桂构拟：*-ak)
2	4：膺 Yīng<ʔing	蒸 Zhēng(李方桂构拟：*-əng)
	5：噫 Yī<ʔi	之 Zhī(李方桂构拟：*-əg)
	6：亿 Yì<ʔik	职 Zhí(李方桂构拟：*-ək)
3	7：翁 Wēng<ʔuwng	东 Dōng(李方桂构拟：*-ung) 冬 Dōng(李方桂构拟：*-əngw)
	8：讴 Ōu<ʔuw	侯 Hóu(李方桂构拟：*-ug) 幽 Yōu(李方桂构拟：*-əgw)
	9：屋 Wū<ʔuwk	屋 Wū(李方桂构拟：*-uk) 觉 Jué(李方桂构拟：*-əkw)
4	10：央 Yāng<ʔjang	阳 Yáng(李方桂构拟：*-ang)
	11：夭 Yāo<ʔjaw	宵 Xiāo(李方桂构拟：*-agw)
	12：约 Yuē<ʔjak	药 Yào(李方桂构拟：*-akw)
5	13：婴 Yīng<ʔjieng	耕 Gēng(李方桂构拟：*-ing)
	14：娃 Wá(ʔɛi)[a]	支 Zhī(李方桂构拟：*-ig)
	15：戹 È<ʔɛk	锡 Xī(李方桂构拟：*-ik)
6	16：殷 Yīn<ʔjɨn	真 Zhēn(李方桂构拟：*-in) 文 Wén(李方桂构拟：*-ən)
	17：衣 Yī<ʔjɨj	脂 Zhī(李方桂构拟：*-id) 微 Wēi(李方桂构拟：*-əd)
	18：乙 Yǐ<ʔit	质 Zhì(李方桂构拟：*-it) 物 Wù(李方桂构拟：*-ət)

续表

类	部	内容
7	19：安 Ān<ʔan	元 Yuán（李方桂构拟：*-an）
	20：霭 Ǎi<ʔajH	祭 Jì（李方桂构拟：*-ad）
	21：遏 È<ʔat	月 Yuè（李方桂构拟：*-at）
8	22：音 Yīn<ʔim	侵 Qīn（李方桂构拟：*-əm）
	23：邑 Yì<ʔjip	缉 Qī（李方桂构拟：*-əp）
9	24：醃 Yān<ʔjem	谈 Tán（李方桂构拟：*-am）
	25：饁 Yè<yep	盍 Hé（李方桂构拟：*-ap）

ᵃ 这个字的读音 wá 不见于《广韵》，《广韵》的读音是：中古汉语 ʔei。

表 4.5 表明戴震比其同时代的其他学者更关注于语音结构。同其师江永类似，戴震也将入声分列为不同的韵部，从而让他被列为"审音派"而不是"考古派"。戴震所设立的韵部名称极有趣，他不用《广韵》的韵类名称，而选用的都是以中古汉语喉塞音起首的字（只有第 25 部例外），他区分的九大类一般包括一个与阴声韵部及入声韵韵部所对立的阳声韵韵部，尽管也有一些例外。

戴震在音系平行性方面的关注对他的研究既有助益又有影响。他注意到"祭"Jì 和"月"Yuè（李方桂构拟：*-adh 和 *-at）和鼻音收尾的"元"Yuán 部（李方桂构拟：*-an）平行，把它们分列为不同的韵部（他的第 20 和第 21 部，与第 17 和第 18 部对应）。这里对音系平行性的关注使他超越了段玉裁，段玉裁把这两个韵都归作他的第 15 部，与"脂"Zhī、"微"Wēi 和"物"Wù（李方桂构拟：*-id、*-əd 和 *-ət）平行，尽管他把平行的鼻音收尾的"元"Yuán 部（李方桂构拟：*-an）独立分部。不过同样对平行性的关注也使得戴震拒绝了段玉裁"真"Zhēn（李方桂构拟：*-in）和"文"Wén（李方桂构拟：*-ən）的分部，因为与其对应的"脂"Zhī（李方桂构拟：*-id）和"微"Wēi（李方桂构拟：*-əd）两部的区别尚未被发现。

4.3.8　孔广森(1752—1786)

　　孔广森[1]仅有 34 岁生年。他的主要音韵学著作是《诗声类》。与其师戴震不同的是，孔广森入声韵并没有分列；很可能受自己北方方言的影响，他相信上古无入声，入声只是南方方言中的语言现象。不过和戴震一样，孔广森对其所设立的十八个韵部的对称性尤为注意：阴阳各设九部。他的韵部见表 4.6 总结，并附上后人所分析的对应韵部。

　　与戴震类似，孔广森对对称的追求在其分析中也是有利有弊。孔广森的主要贡献是发现了"東"Dōng(李方桂构拟：*-ung)和"冬"Dōng(李方桂构拟：*-əngw)两部之别——孔广森自己的阳声韵部第 5 部和第 6 部——这两部与"侯"Hóu(李方桂构拟：*-ug)和"幽"Yōu(李方桂构拟：*-əgw)这两个阴声韵部对应。尽管孔广森所标识的阴和阳这样总体的韵部对应，人们之前已有认识，显然是孔广森清楚地提出"阴阳对转"这一术语，来解释阴声韵部和阳声韵部之间偶尔的接触关系。例如：

　　(111) 寺 sì<ziH(厅堂)

是下面这个字的声符

　　(112) 等 děng<tongX(台阶的级)

前者在"之"Zhī 部(李方桂构拟：*-əg)，后者在"蒸"Zhēng 部(李方桂构拟：*-əng)；第一个在孔广森的阴声第 8 部，第二个在阳声第 8 部。于是这样的阴阳对转指的是段玉裁同声必同部的一类系统性例外。

---

[1] 孔广森山东曲阜人，是孔子第七十代后裔。他字众仲，又字撝约；号顨轩。见 Hummel(1943—1944：434)，王力(1936—1937[1957]：348—367)。

第四章 上古汉语押韵的传统研究

表 4.6 孔广森的上古汉语韵部

部	内　　容
阳声韵部：	
1：元 Yuán	元 Yuán（李方桂构拟：*-an）
2：丁 Dīng	耕 Gēng（李方桂构拟：*-ing）
3：辰 Chén	真 Zhēn（李方桂构拟：*-in） 文 Wén（李方桂构拟：*-ən）
4：陽 Yáng	陽 Yáng（李方桂构拟：*-ang）
5：東 Dōng	東 Dōng（李方桂构拟：*-ung）
6：冬 Dōng	冬 Dōng（李方桂构拟：*-əngw）
7：侵 Qīn	侵 Qīn（李方桂构拟：*-əm）
8：蒸 Zhēng	蒸 Zhēng（李方桂构拟：*-əng）
9：談 Tán	談 Tán（李方桂构拟：*-am）
阴声韵部：	
1：歌 Gē	歌 Gē（李方桂构拟：*-ar）
2：支 Zhī	支 Zhī 和錫 Xī（李方桂构拟：*-ig 和 *-ik）
3：脂 Zhī	脂 Zhī 和質 Zhì（李方桂构拟：*-id 和 *-it） 微 Wēi 和物 Wù（李方桂构拟：*-əd 和 *-ət） 祭 Jì 和月 Yuè（李方桂构拟：*-ad 和 *-at）
4：魚 Yú	魚 Yú 和鐸 Duó（李方桂构拟：*-ag 和 *-ak）
5：侯 Hóu	侯 Hóu 和屋 Wū（李方桂构拟：*-ug 和 *-uk）
6：幽 Yōu	幽 Yōu 和覺 Jué（李方桂构拟：*-əgw 和 *-əkw）
7：宵 Xiāo	宵 Xiāo 和藥 Yào（李方桂构拟 *-agw 和 *-akw）
8：之 Zhī	之 Zhī 和職 Zhí（李方桂构拟：*-əg 和 *-ək）
9：合 Hé	緝 Qī（李方桂构拟：*-əp） 盍 Hé（李方桂构拟：*-ap）

不过正如戴震一样，孔广森忽略了一些韵部的区别，目的是使得他的韵部归纳更为有序。例如，在他的阳声韵第 3 部中像戴震一样把

"真"Zhēn 和"文"Wén（李方桂构拟：*-in 和 *-ən）二部合二为一，尽管段玉裁已经发现它们之间是有区别的；在他的阴声韵第 3 部和第 9 部，孔把其师戴震所分类的韵部合并在一起。另外，他的平行对称体系也并非完美：他的阳声韵第 7 部（李方桂构拟：*-əm）和阴声韵第 7 部（李方桂构拟：*-agw 和 *-akw）之间的对应与阳声韵第 9 部（李方桂构拟：*-am）和阴声韵第 9 部（李方桂构拟：*-əp 和 *-ap）之间的对应，这两者也是不对称的。

4.3.9　王念孙(1744—1832)

如前所述，王念孙[1]是戴震的弟子。根据他写给江有诰的信中所言，王念孙在研究了顾炎武和江永的著作之后，建立了他自己一套二十一个韵部的体系；后来见到了段玉裁的著作，才注意到他与段玉裁分别做出了同样的发现。[2]（下文我们会看到，江有诰独立研究得出与段玉裁同样的发现。）王念孙主要的音韵学著作有：

— 《毛诗群经楚辞古韵谱》（也叫《古韵谱》）
— 《韵谱》
— 《合韵谱》

上述著作在其生前均未发表。《毛诗群经楚辞古韵谱》收录在由罗振玉[3]编的《高邮王氏遗书》（序言日期 1925 年）中。《韵谱》和《合韵谱》均未正式发表，之前归罗振玉所藏，后来据说藏于北京大学。[4] 王念孙另外的著作有《读书杂志》（印于 1812—1831 年），其中内容为

---

〔1〕　王念孙祖籍江苏高邮；字怀祖，号石臞。见 Hummel(1943—1944：829—831)，王力(1936—1937[1957]：367—370,377—381)。

〔2〕　王念孙的信见江有诰《诗经韵读》及王力(1936—1937[1957]：384—386)。

〔3〕　罗振玉(1866—1940)祖籍浙江上虞；字叔蕴，又字叔言，号雪堂。他是甲骨金文收藏家和分类家，是 20 世纪汉语古文字研究的重要人物。政治上他支持清政府，反对 1911 年的辛亥革命，后来支持日伪满洲国。

〔4〕　见陆宗达(1931,1935)。罗常培和周祖谟(1958：10 注)仍然谈到这些手稿藏于北京大学。

对多种经籍的注释,和《广雅疏证》。[1]

王念孙所设立的二十一部上古音体系见表 4.7,并附周祖谟对应的韵部名称。他的分析与表 4.1 中现代版本韵部分析的主要区别,除了名称之外,有如下三点:

1. 按照考古派的传统,王念孙没有给入声独立分部,而是把它们包括在相应的阴声韵部之中(如他把李方桂的构拟 *-ək 和 *-əg 放在同一韵部)。
2. 另外一个主要的区别就是设立一个"至"Zhì 部。本部包括了李方桂构拟为 *-it 的入声韵字,以及与入声字 *-it 有比较紧密谐声关联的少数去声字。例如:

(113) 至 zhì<tsyijH(到达)

这个字本身作为韵部名称就是个去声字,它是下面这个入声字的声符:

(114) 室 shì<syit(房间)

李方桂把这两个字分别构拟成 *tjidh 及 *sthjit。[2]

王念孙所作的"至"Zhì 和"脂"Zhī 的区别为后来王力提出"脂"Zhī 和"微"Wēi(李方桂构拟: *-id 和 *-əd)分部做好了铺垫,但是"脂"Zhī 和"微"Wēi 分部并没有完全对应,即便对去声字而言。有一些去声字李方桂(采纳王力的分部)构拟成 *-id,但王念孙将其归为"脂"Zhī 部而非"至"Zhì 部,例如:

(115) 四 sì<sijH(四),李方桂构拟: *sjidh
(116) 弃 qì<khjijH(放弃),李方桂构拟: *khjidh

---

[1]《广雅》为魏朝(220—265)张揖所撰,是《尔雅》的扩充版本。
[2] 见李方桂(1971[1980]: 64—65)。"室"shì<syit 见于李方桂(1976[1980]: 89),李提供了另一个演变的途径 *sth->tsh-(尤其是 *sthj->tshj-),似乎与他先前构拟的"室"shì<syit 的演变式 *sthj->sy-相矛盾。我的构拟如下:"至"zhì<tsyijH< *tjits 和"室"shì<syit< *stjit。

(117) 惠 huì<hwejH(恩惠),李方桂构拟：* gwidh

根据王力所提出的"脂"Zhī 和"微"Wēi(李方桂构拟：*-id 和 *-əd)分部,这三个字及与其类似的字应该归并在前元音的"脂"Zhī 部,正如李方桂的构拟所暗示的那样(王力 1937[1980]：130—134)。

我们在参考高本汉的著作时,尤其要注意跟其他现代学者不同的是,他似乎采取王念孙的观点而从未采纳王力的发现。他把"至"zhì<tsyijH 构拟为 * tiĕd,放在其第 XI 部中(与王念孙的"至"Zhì 部去声部分对应),但他把以上另外三字分别构拟为 * siəd, * k'iɛd 和 * g'iwəd,列在其第 VI 部中(与王念孙的"脂"Zhī 部去声部分大体上对应)。类似地,对非去声字,他则没有区别王力所提出的"脂"Zhī 和"微"Wēi 分别;他的 *-ər 与李方桂的 *-id 和 *-əd 两者都对应。(这个问题将在 10.1.8 中详细讨论。)

3. 最后,王念孙的二十一韵部没有采纳孔广森的"東"Dōng(李方桂构拟：*-ung)和"冬"Dōng(李方桂构拟：*-əngw)的分部;然而他在其后的《合韵谱》中采纳了孔广森的这种分部,这样就形成了二十二部的格局。[1]

表 4.7　王念孙的上古汉语韵部

部	内　　　容
1：東 Dōng	東 Dōng(李方桂构拟：*-ung) 冬 Dōng(李方桂构拟：*-əngw)
2：蒸 Zhēng	蒸 Zhēng(李方桂构拟：*-əng)
3：侵 Qīn	侵 Qīn(李方桂构拟：*-əm)
4：談 Tán	談 Tán(李方桂构拟：*-am)
5：陽 Yáng	陽 Yáng(李方桂构拟：*-ang)
6：耕 Gēng	耕 Gēng(李方桂构拟：*-ing)

---

[1] 王念孙的书信表明他大概于 1821 年或 1822 年采纳了这种区别;见陆宗达(1932：167—168)。

第四章 上古汉语押韵的传统研究

续表

部	内 容
7：真 Zhēn	真 Zhēn（李方桂构拟：*-in）
8：谆 Zhūn	文 Wén（李方桂构拟：*-ən）
9：元 Yuán	元 Yuán（李方桂构拟：*-an）
10：歌 Gē	歌 Gē（李方桂构拟：*-ar）
11：支 Zhī	支 Zhī 和錫 Xī（李方桂构拟：*-ig 和 *-ik）
12：至 Zhì	質 Zhì（李方桂构拟：*-it）和脂 Zhī（李方桂构拟：*-id）部分去声
13：脂 Zhī	脂 Zhī（李方桂构拟：*-id）的其余部分 微 Wēi 和物 Wù（李方桂构拟：*-əd 和 *-ət）
14：祭 Jì	祭 Jì 和月 Yuè（李方桂构拟：*-ad 和 *-at）
15：盍 Hé	盍 Hé（李方桂构拟：*-ap）
16：缉 Qī	缉 Qī（李方桂构拟：*-əp）
17：之 Zhī	之 Zhī 和職 Zhí（李方桂构拟：*-əg 和 *-ək）
18：魚 Yú	魚 Yú 和鐸 Duó（李方桂构拟：*-ag 和 *-ak）
19：侯 Hóu	侯 Hóu 和屋 Wū（李方桂构拟：*-ug 和 *-uk）
20：幽 Yōu	幽 Yōu 和覺 Jué（李方桂构拟：*-əgw 和 *-əkw）
21：宵 Xiāo	宵 Xiāo 和藥 Yào（李方桂构拟：*-agw 和 *-akw）

王念孙的分析（与将在下文提到的江有诰的分析几乎完全对应）标志着清代学者在上古汉语押韵分析上的研究到达了顶峰。尤其值得注意的是，王念孙和江有诰似乎是分别独立地做出了相同的结论，甚至未参考段玉裁的研究。现代学者在构拟上古音体系的时候，尤其依赖这两位学者的研究，仅有一些微小的调整。高本汉的构拟体系与董同龢和李方桂体系的差异主要源于高本汉主要采纳王念孙体系的缘故。

4.3.10 江有诰(卒于1851年)

江有诰[1]阅读过顾炎武和江永的著作,但在不了解其他后来学者的情况下,独立得出他自己的二十部上古音体系,后来接受孔广森"東"Dōng(李方桂构拟:*-ung)和"冬"Dōng(李方桂构拟:*-əngw)分部的影响扩展为二十一韵部。段玉裁在江有诰《诗经韵读》一书的序言中写道:

> 今年春,歙江君晋三寓书于余论音,余知其未见戴孔之书也,而持论与之合,余甚伟其所学之精。秋九月谒余枝园,出所著书请序,余谛观其书,精深邃密,盖余与顾氏孔氏皆一于考古,江氏戴氏则兼以审音,而晋三于二者尤深造自得。[2]

除去韵部名称中的偶尔区别之外,江有诰的韵部与王念孙相同,不同的地方只是王的"至"Zhì部在江有诰的体系里是"脂"Zhī部的一部分。于是在加入孔广森"東"Dōng(李方桂构拟:*-ung)和"冬"Dōng(李方桂构拟:*-əngw)分部之后,江有诰的体系是二十一部,而王念孙体系的最终版本是二十二部。江有诰的体系见表4.8。这个体系除了没有反映后来王力"脂"Zhī和"微"Wēi分部以及独立的入声韵部之外,跟4.2中介绍的"现代"版本的清代韵部基本一致。

表4.8 江有诰的上古汉语韵部

部	内　　容
1:之 Zhī	之 Zhī 和職 Zhí(李方桂构拟:*-əg 和 *-ək)
2:幽 Yōu	幽 Yōu 和覺 Jué(李方桂构拟:*-əgw 和 *-əkw)
3:宵 Xiāo	宵 Xiāo 和藥 Yào(李方桂构拟 *-agw 和 *-akw)
4:侯 Hóu	侯 Hóu 和屋 Wū(李方桂构拟:*-ug 和 *-uk)

---

[1] 江有诰祖籍安徽歙县;字晋三。见王力(1936—1937[1957]:370—377,379—391)。

[2] 转引自王力(1936—1937[1957]:379—380)。

续表

部	内 容
5：魚 Yú	魚 Yú 和鐸 Duó(李方桂构拟：*-ag 和 *-ak)
6：歌 Gē	歌 Gē(李方桂构拟：*-ar)
7：支 Zhī	支 Zhī 和錫 Xī(李方桂构拟：*-ig 和 *-ik)
8：脂 Zhī	脂 Zhī 和質 Zhì(李方桂构拟：*-id 和 *-it) 微 Wēi 和物 Wù(李方桂构拟：*-əd 和 *-ət)
9：祭 Jì	祭 Jì 和月 Yuè(李方桂构拟：*-ad 和 *-at)
10：元 Yuán	元 Yuán(李方桂构拟：*-an)
11：文 Wén	文 Wén(李方桂构拟：*-ən)
12：真 Zhēn	真 Zhēn(李方桂构拟：*-in)
13：耕 Gēng	耕 Gēng(李方桂构拟：*-ing)
14：陽 Yáng	陽 Yáng(李方桂构拟：*-ang)
15：東 Dōng	東 Dōng(李方桂构拟：*-ung)
16：中 Zhōng	冬 Dōng(李方桂构拟：*-əngw)
17：蒸 Zhēng	蒸 Zhēng(李方桂构拟：*-əng)
18：侵 Qīn	侵 Qīn(李方桂构拟：*-əm)
19：談 Tán	談 Tán(李方桂构拟：*-am)
20：葉 Yè	盍 Hé(李方桂构拟：*-ap)
21：緝 Qī	緝 Qī(李方桂构拟：*-əp)

江有诰在设立上古汉语韵部和中古汉语韵类之间的关系上尤为细致。这也是为什么段玉裁评论他无论在考古还是审音方面皆"尤深造"。

4.4 讨论与解释

王念孙和江有诰为代表的上古汉语押韵的传统研究是重大的学术成就，不过如果考察其历史，我们仍然会发现一些有局限性的线索。正如我们所看到的,中国学者容易发现分化了的上古韵部,这是因为本来押韵的地方在现代读音中不再押韵了。这样的情形给我们一种印象,正如陆德明所说"古人韵缓"(见上文 4.3.1 节)的感觉。由于《广韵》分出了一个很详尽的有 206 韵的体系,由于没有更方便的标注办法,传统的音韵学家采用《广韵》的韵类来作为分析上古汉语押韵的单位。他们首先观察到在上古诗歌中,《广韵》中某某韵似乎与另一某某韵通押这种现象。

只是后来他们逐渐地发现《广韵》中同一个韵类中的字,必须归为上古不同的韵部。例如顾炎武发现,"麻"Má(Mæ)韵有两个不同的来源(见其第 3 部和第 6 部)。类似地,江永认识到《广韵》中的"先"Xiān(Sen)韵和"山"Shān(Srɛn)韵有不同来源,因而他把"元"Yuán(在其第 5 部,李方桂构拟:*-an)确定为一个独立的韵部。随着更多这种情形的发现,更为精细的上古押韵的分析才成为可能。因此我们看到上古汉语韵部个数的发展倾向是逐步增多:陈第确立九部,顾炎武十部,江永十三部,段玉裁十七部,江有诰二十一部,而王念孙最终确立了二十二部。

尽管大家注意到越来越多的《广韵》韵类有不止一个来源,但正如我们用《广韵》韵类名称作为上古韵部名称所显示的一样,以《广韵》韵类为思考单位的倾向仍然十分强烈。清代音韵学家所认识的大部分韵部都相当直接地跟《广韵》韵类相联系;通常韵部的名称就是所包含的最大的《广韵》韵类的名称。因此《广韵》的"之"Zhī(Tsyi)可用作上古汉语"之"Zhī 部(李方桂构拟:*-əg)的名字,因为所有的"之"Zhī(Tsyi)韵字全部来自"之"Zhī 部;类似地,"元"Yuán 被用作"元"Yuán部(李方桂构拟:*-an)的名称,因为所有的"元"Yuán(Ngjwon)韵字全部来自"元"Yuán 部。

我们来看"支"Zhī(Tsye)、"脂"Zhī(Tsyij)和"之"Zhī(Tsyi)这三个《广韵》的韵类。在大多数现代方言里,这三个韵类完全合流;它们在《广韵》中相邻并列在一起,在律诗中它们可以"同用"。唐以后的中国人有理由认为,这样的三分是人为的、任意的。段玉裁发现这种三分反映了上古押韵的区别,王念孙和江有诰显然也分别独立地得出了这样的结论。不过得出这样的结论并不要求这些学者放弃上古汉语韵部直

第四章 上古汉语押韵的传统研究

接被反映到《广韵》中的假设。这样下意识的假设持续限制了他们的分析，尽管他们发现了更多有关上古汉语与中古汉语之间的复杂性。

另外一个相关的局限性当然就是传统音韵学缺乏一种方便的标音体系。我在这里提及传统上古汉语韵部的时候，既标出它的传统名称，也标出李方桂的构拟体系。至此，读者很可能喜欢后者，因为它比前者更为方便。例如，*-əg、*-ək 和 *-əng 之间部分的联系，很容易地用同一个元音 *ə 表达出来。（如果我们了解基本的语音学知识的话，我们会发现，他们的韵尾都是舌根音，尽管在这个方面西方的标音体系并不完全理想。）如果我们把另外的三组 *-ag、*-ak 和 *-ang 放在一起，我们可以根据元音的高低和韵尾发音部位很容易地把他们分作两组：

| *-əg | *-ək | *-əng |
| *-ag | *-ak | *-ang |

用这种标音的方法，每一行和每一列都有一个共同的对应符号。而传统的用汉字的标记方法则不提供这样的线索：

| 之 | 職 | 蒸 |
| 魚 | 鐸 | 陽 |

清代音韵学家了解这种结构上的联系，有时候还有表达这种关系的术语。如"阴""阳""入"，对应了上面的横向关系即韵尾之间的发音方法。不过在没有方便的分析性的标记的时候，要认识这样的结构关系属于相当微妙的事情，我们已经看到清代的学者并不总是能够看到这样的结构。

第九章将会进一步讨论传统音韵学中的局限性，即对受了《诗经》之后语音演变影响的《说文解字》中汉字分析的依赖。

传统音韵学研究并不止于王念孙和江有诰，不过押韵的分析几乎达到了传统方法所能达到的极限。（另外，在19世纪后半叶，中国最好的学者可能忙于其他问题的研究。）黄侃（1886—1935）是章炳麟（1868—1936）的学生，他探讨了韵母与声母辅音之间的分布规律，提出了一些可以导致本书中的一些假设的想法；不过他没有能够把这些想法与前人的关于押韵的发现结合起来。

　　回顾历史，并同时注意到当时研究的局限性，一方面景仰清代音韵学家的研究，一方面发现清代学者的研究仍需要修订，也不必惊讶。后边几章将阐述作为我提出修订基础的一些假设。

第五章　上古汉语音节：概要

从第五章到第八章，是关于我提出的上古汉语构拟体系中的主要假设。如果我们先撰写一个概要，交代一下我们假定的上古汉语基本的音节结构及在每个结构位置上可以出现的要素，那么后边章节的讨论就更为清楚一些。第六章、第七章及第八章用这里所交代的音节结构作为框架，对构拟体系的基本假设进行更详细的讨论。

我们用前冠音（pre-initial）、声母（initial）、介音（medial）、主元音（main vowel）、韵尾（coda）和复韵尾（post-coda）这些术语来代表上古汉语音节中不同的结构位置。举例如下：

(118) 产[*chǎn*]<*srenX*< *sngrjanʔ（生育）〔1〕

在此例中，我把 *s-称作前冠音，*ng 称作声母；前冠音和声母一起可称作音节的"声母部分（initial portion）"，而声母可视为"声母部分"的中心（head）。音节剩余部分是韵母（final），包含了介音（medials）*-*rj*-、主元音 *-*a*-、韵尾 *-*n*- 及复韵尾 *-*ʔ*（这个复韵尾，我们假定为中古汉语上声的来源）。本章其余部分对上述音节结构每一个位置作了简要的讨论。

5.1　前冠音

在前冠音的位置上，我构拟的有：*s-、*S-、*ɦ-和 *N-这几个。

---

〔1〕 现代汉语 *chǎn* 的读音是不规则的；从中古汉语 *srenX* 只能产生 *shǎn*。*chǎn* 的读音至少在《中原音韵》时已经出现。现代汉语 *chǎn* 的中古形式应该是 *tsrhenX*，有可能是由上古复辅音声母 *sngr-演变而来的变体。

前冠音 *s-与其后的声母可以组成 *st-、*sm-等类型的复辅音。我构拟这个前冠音来解释字形上和形态上的一些联系；例如在下例中我构拟了上古汉语 *sm-：

(119) 丧 sāng<sang< *smang(丧葬) 又作 sàng<sangH< *smangs(丧失)

由于此例与下例具有字形上及形态上的联系[1]

(120) 亡 wáng<mjang< *mjang(无；死亡)

以 *s-起首的复辅音后来简化消失了(例如上例的情况 *sm->s-)。

在前冠音 *s-的复辅音似乎通过语音换位的办法构成塞擦音的情况下，有时候我偶尔会写成大写的 *S-，例如：

(121) 泉 quán<dzjwen< *Sgʷjan(泉水)

像"泉"quán<dzjwen 这样的字还可以构拟成 *dzjon，但是正如雅洪托夫(1960b：106)所指出的，这个词只跟 *-an 押韵(见附录 C)，所以我把它构拟成 *Sgʷjan，这里的圆唇舌根音 *gʷ-用来解释中古汉语合口韵母-jwen。大写的 *S-仅是一个标记符号，用来标记那些似乎后来发展为语音换位的 *s-的情形；这类换位的条件尚不清楚。

前冠音 *ɦ-可用于清声母之前，产生中古汉语的浊声母：例如 *ɦp->中古汉语 b-。我构拟 *ɦ-的目的是为了解释通过清浊声母交替而产生的形态关系。例如下列两字有明显的关联：

(122) 败 bài<bæjH< *ɦprats(被打败)
(123) 败 bài<pæjH< *prats(打败)

---

[1] 《说文解字》中的"亡"wáng 又作为"丧"sāng~sàng 的声训，既是"丧"的语音成分，又是它的语义成分(丁福保 1928—1932[1976]：665)。因此这三个词很可能是同一个词根的表现形式。

(为了便于打字,*ɦ-也可用大写的 *H-代替。)不过并不是所有的中古汉语浊声母都源于带 *ɦ-冠音的复辅音,中古汉语 b-也可能源于上古汉语 *b-。

前冠音 *N-是一个鼻化音,它产生中古汉语的鼻音,例如 *Nk->中古汉语 ng-([ŋ])。与前冠音 *s-类似,*N-这个构拟也是用来解释字形上或者形态上的关联。在多数情况下,中古汉语的鼻音声母与其他鼻音声母出现于同一谐声系列中(或者同一谐声系列中出现我们构拟为清鼻音 *hm-、*hn-或 *hng-开头的字;见下文)。这种情况下我们最好直接构拟 *m-、*n-、*ng- 和 *ng^w-。不过在同一个谐声系列里还出现口塞音的话,我们可以构拟 *N-开头的复辅音,例如:

(124) 元 yuán<ngjwon< *Nkjon(头;最高)

是下例这个字的声符,二者也可能是同源词:

(125) 冠 guān<kwan< *kon(帽子)

(《说文》中"元"yuán(头)既是"冠"guān(帽子)的声符,又是它的语义要素;见丁福保 1928—1932[1976]:3357)。不过并不是所有的中古汉语的鼻音只有这一个来源;例如中古汉语 ng-也可能直接源于 *ng-([ŋ])的双字母符号)。

5.2 声母

我们所构拟的上古汉语声母见表5.1。[1]

---

[1] 声母 *x-从语音上来看,可以是[x]也可以是[h],不过我用 *x-做标记是为了避免 *xr-(其后带介音 *-r-)和 *hr-(代替国际音标[r]的符号,代表声母 *r-的清化形式)之间的标记冲突。声母 *hw-代表的是 *w-声母的清化形式,也可以被认为是 *x-的圆唇化形式。

表 5.1 上古汉语的声母

*p-	*ph-	*b-	*m-	*hm-	*w-	*hw-
*t-	*th-	*d-	*n-	*hn-	*l-	*hl-
					*r-	*hr-
					*j-	*hj-
*ts-	*tsh-	*dz-			*z-	*s-
*k-	*kh-	*g-	*ng-	*hng-		
*k^w-	*k^wh-	*g^w-	*ng^w-	*hng^w-		
*ʔ-	*x-	*ɦ-				
*$ʔ^w$-						

为了打字方便起见,我们可以用 *kw- 来替换 *k^w- 等这样带上标的形式,也可以用 *'-这种形式来替代喉塞音声母 *ʔ-。

第六章将对这些声母进行更详细的讨论;这里交代一下这套声母与中古汉语声母的几个重要区别就足够了:

—— 这里有一套独立的圆唇舌根音和圆唇喉音声母 *k^w-、*k^wh-等,与 *k-、*kh-等相区别。
—— 构拟形式中既有 *r- 又有 *l-。
—— 响音 *m-、*n-、*ng-、*ng^w-、*r-、*l-、*w- 及 *j- 均具有与此对应的清音系列 *hm-、*hn-、*hng-、*hng^w-、*hr-、*hl-、*hw- 及 *hj-。(这些可以认为是国际音标[m̥],[n̥],[ŋ̥]等)
—— 与中古汉语不同,上古没有明显的硬腭阻塞音或翘舌阻塞音。

剩下的位置——介音、主元音、韵尾和复韵尾——构成了音节的韵母。

5.3 介音

我们构拟的介音有 *-r-、*-j- 及(偶尔也用到)*-l-;我们还假定有 *-rj- 和 *-lj- 这样的组合。介音 *-r- 用来解释中古汉语二等音节,以及带翘舌声母的音节；这种可以称之为"*r-假设"的构拟归功于雅洪托夫(尽管他的构拟形式是 *l 而不是 *r；见雅洪托夫 1960a, 1963)。二等音节中的 *-r- 如下例：

（126）監 jiān<kæm< *kram（监视）

在有的情况下，我假定 *-r- 前的原本的浊辅音后来消失了；在这种情况下，中古汉语的声母则是 l-：

（127）藍 lán<lam< *g-ram（靛蓝）

声母起首的舌根音可以被原始台语 *gram（A2 调，见李方桂 1977：231）这个字证实。"*r-假设"可以解释 l-起首的字和二等字出现在同一谐声系列中的现象，如上例"監" *kram 即"藍" *g-ram 的声符。

　　介音 *-j- 的构拟解释中古三等音节(我标注为-j-或-i-或两者同时使用)；从这一点上来看，目前我们这个体系与高本汉的体系类似（不过我标写为 *-j- 的地方，高本汉用 *-i- 来表示）。不过与高本汉不同的是，我构拟的这个 *-j- 是用来解释由原本的齿音到硬腭音的演变——有时候是从舌根音到硬腭音的演变。下面两例我们用来说明从上古汉语齿音和舌根音到中古汉语硬腭音的演变：

（128）織 zhī<tsyik< *tjik（编织）
（129）兒 ér<nye< *ngje（孩子，儿子）

蒲立本(1962)首次提出三等韵母和腭化的基本理论，尽管他不把 *-j- 作为腭化的条件，而是提出了一种韵律特征。相反，高本汉把中古汉语塞擦音 tsy- 等构拟成硬腭塞音 *ṯ-，且完全没有注意到舌根音腭化的这种语音演变。

　　*-rj- 这个复合的介音构拟解释中古带翘舌声母的三等音节，以及多数重纽三等韵母。后者关于重纽三等的这种想法也始见于蒲立本(1962)（形式稍有区别）；我们可以称之为"*rj-假设"。因此我们在下

面两例中构拟作 *-rj-：

(130) 生 shēng<sræng<srjeng<*srjeng（出生，生活）
(131) 變 biàn<pjenH<*prjons（变化）

注意后一例中的声符是

(132) 戀 luán<lwan<*b-ron（銮铃）

（戀 luán 的起首唇音被泰语词 phruan<*br-（家畜颈铃）证实；见包拟古 1980：74。）三等韵母构拟 *-r- 可以很好地解释像"變"biàn 这样三等韵母字和中古汉语 l-声母字、二等字出现于同一谐声系列的情形。例如：

(133) 蠻 mán<mæn<*mron（南蛮）

对某一些谐声来说，既有必要构拟 *-l- 又有必要构拟 *-r-，尽管 *-l- 的理论尚无介音 *-r- 的理论那么有解释力，而且通常不太容易有信心做 *-l- 的构拟。与其他介音不同的是，*-l- 似乎对其后韵母部分的演变不起作用，从历时角度来看，也许把它视为声母的一部分更为妥当。第六章将对此问题进一步讨论。

这套介音中明显不存在的是高本汉构拟的"强元音 *-i-"，他用此来解释四等韵母，我们的构拟体系里也没有他用来解释中古汉语-w-的圆唇介音 *-w-。我的体系里有两个重要的假设可以让我废除这两个介音：分别是"前元音假设"和"圆唇元音假设"。

简单地说，前元音假设假定上古汉语并没有"强元音"介音 *-i-；高本汉构拟为 *-i- 的四等音节，我构拟的主元音是前元音 *-i- 或 *-e-，不带介音（见下文 5.4 节）[1]，例如：

――――――

[1] 这里有一个例外：诸如"先"xiān<sen<*sin（首先）这样的四等音节，高本汉构拟成 *-iə-，我把其主元音构拟成 *-i-，后来通过一个 *i-前化（见第七章及附录 A）的演变使其前移。

（134）坚 jiān<ken< *kin（坚硬，坚强）（高本汉构拟为：*kien）
（135）肩 jiān<ken< *ken（肩膀）（高本汉构拟为：*kian）

上面两个音节 *kin 和 *ken 后来合并为中古汉语的 ken，这个合并的过程我称之为**高元音>中元音（hi>mid）**，见第七章的讨论。

圆唇元音假设归功于雅洪托夫（1960b），这个假设是假定上古汉语没有自由出现的介音 *-w-，中古汉语介音 -w- 或是源于上古汉语的圆唇声母，如 *k^w-，或是源于圆唇主元音，如 *o 或者 *u。因此诸如中古汉语 kwan 有可能由 *k^{w}an 或 *kon 演变而来；但是由于我并没有为上古汉语构拟像 *t^w- 这样的圆唇锐音（舌冠）声母，诸如中古汉语 twan 这样锐音声母之后带 -w- 音节的来源，必然要构拟成 *ton；排除了类似 *twan 或 *t^{w}an 这种形式的构拟。在这种情况下，我认为中古汉语 -w- 的来源是**圆唇元音双元音化（rounding diphthongization）**过程的结果，它发生的条件是圆唇元音后带锐音韵尾（*o>*wa 及 *u>*wɨ）。前元音假设和圆唇元音假设将在第七章中作进一步讨论。

5.4 主元音

作为韵母的核心元素，也是唯一不可或缺的部分即是主元音。主元音一共有六个，见表 5.2。

表 5.2　上古汉语主元音

*i	*ɨ	*u
*e		*o
	*a	

（为打字简便起见，可以用 *+ 来代表 *ɨ）。如果用区别特征来分析的话，可以认为这些元音的区别特征有三个：[±高]、[±后]及[±圆]；需要说明的是，我认为以[+低]来作 *a 的区别特征是冗余的。表 5.3 是对这些元音区别特征的分析。

表 5.3　上古汉语主元音特征分析

元　音	[±高]	[±后]	[±圆]	[±低]
*i	+	−	−	(−)
*ɨ	+	+	−	(−)
*u	+	+	+	(−)
*e	−	−	−	(−)
*o	−	+	+	(−)
*a	−	+	−	(+)

到中古汉语时期，这套元音体系产生了巨大的变化，其变化的条件主要是声母和介音位置的元素。

5.5　韵尾和复韵尾

上古汉语音节的主元音之后可以带如表 5.4 中所列的韵尾。

表 5.4　上古汉语韵尾

*-∅	*-k	*-ng
*-j	*-t	*-n
*-w	*-wk	
	*-p	*-m

韵尾 *-wk 也可写作 *-k^w。这个韵尾在结构上是孤立的，没有相应的 *-wng。[1] 上古汉语中也很可能有诸如韵尾 *-l 或 *-r 或者两者兼有，不过这样的韵尾仅根据汉语内部的证据是很难构拟的。

这个韵尾表中没有浊塞音 *-g、*-d、*-b，这些音高本汉用来构拟

---

[1]　我以前的著作（如白一平 1980b）里把 *-wk 构拟成 *-wʔ，目的是为了解释这个罕见的韵尾分布。我并没有完全放弃以前的这种想法，不过我现在用更为保守的标记方法把它标记成 *-wk，因为复韵尾 *-ʔ 已经用来标记中古汉语上声的来源。

阴声韵以解释押韵和谐声中阴入接触的现象。(李方桂也构拟了韵尾 *-gw。)我放弃这些浊塞音韵尾的理由可参阅第八章,这里仅简要地介绍一下。原因之一是为上古汉语这样的语言构拟浊塞音从类型学上来看有点古怪;浊尾的这种对立即使在欧洲语言中也不太常见,事实上并未见于汉语及类型学上与汉语相近的语言。此外,如果像某些语言体系里那样自由地构拟浊辅音韵尾,则没有开音节或以滑音结尾的音节,从类型学来看,这种构拟也很奇怪。更重要的是,其他一些假设(诸如去声源于 *-s 假设)似乎比浊塞尾更能解释语言现象。

表 5.4 中的韵尾其后可以带一个如下的复韵尾,这些复韵尾后来发展为中古汉语的声调:
1. *-s　中古汉语去声的来源
2. *-ʔ　中古汉语上声的来源

我假定任何一个韵尾其后都可以带一个上述复韵尾。与前冠音类似,复韵尾通常起派生的形态作用,尽管我们并没有必要假定每个音节中的复韵尾都具有这样的功能。

*-s 尾可引起其前的清塞音消失,例如:

(136) 恶 è<ʔak< *ʔak(恶毒),也读作 wù<ʔuH< *ʔaks(厌恶)

如果我们假定 *ʔ 之前的塞音也消失的话,中古汉语的上声字也可能源自上古汉语带清塞音韵尾的音节。这个假设使我们可以解释下例中的词根 *p(j)ik:

(137) 负 fù<bjuwX< *ɦpjɨ(k)ʔ(背负)
(138) 北 běi<pok< *pɨk(背面;北面)
(139) 背 bèi<pwojH< *pɨks(脊背)
(140) 背 bèi<bwojH< *ɦpɨks(背对,背叛)

需要注意的是,尽管复韵尾 *-ʔ 和 *-s 分别是中古汉语上声和去声的来源,它们在上古汉语中的分布与中古汉语声调的分布有所不同。中古汉语中的入声内部并没有声调的区别;这就有可能把入声算作声调中的第四个调类。然而在我们所构拟的上古汉语音系中，复韵尾 *-ʔ 和 *-s 可出现于包括清塞音在内的所有韵尾之后。换句话说，在上古汉语里入声和非入声中都有平上去三声。如表 5.5 所示。

表 5.5 上古汉语复韵尾到中古汉语声调的演变

复韵尾	非入声	入声
*-∅ >平/入：	*-i >-oj	*-ik>-ok
*-ʔ >上：	*-iʔ >-ojX	*-ikʔ >-ojX
*-s>去：	*-is>-ojH	*-iks>-ojH

5.6 音节演变：上古汉语到中古汉语

我们可以通过考察上古汉语音节中每个位置上的要素的命运来总结从上古汉语到中古汉语语音的演变：

1. 前冠音的位置完全消失，前冠音与其后的声母合并形成一个单声母，例如：

   (141) 敗 bài<bæjH< *ɦprats（被打败）

   (142) 喪 sāng<sang< * smang（丧葬）

2. 上古汉语声母既受前面的前冠音影响（如前所述），也受其后的介音影响，例如齿音后接 *-j-介音时变为硬腭音，其后接 *-r-时变为翘舌塞音；只有在其后没有介音的情况下仍然保留为齿音，我们可以用一个谐音系列来表示这个演变：

   (143) 團 tuán<dwan< * don(< *ɦton ?)（圆）

   (144) 專 zhuān<tsywen< * tjon（专门）

   (145) 轉 zhuǎn<trjwenX< * trjonʔ（转动）

声母的另外一个演变是诸如 * kʷ-圆唇舌根音和圆唇喉音声母的

圆唇特征被重新分析为介音-w-,与锐音韵尾之前的圆唇元音的双元音化而产生的-w-合流。例如:

(146) 官 guān<kwan<*kʷan(官员)

与下例合并

(147) 冠 guān<kwan<*kon(帽)

3. 在介音位置,介音 *-j-显然仅发生了很小的变化(尽管其语音特性有可能产生了变化)。在钝音声母后,*-r-介音脱落;我把这种演变称为"***r-脱落**"。而在锐音声母后,*-r-似乎保留为声母中的一种翘舌特征。[1] 最后,通过唇化声母(前文所述)的再分析和某些韵母中圆唇元音的双元音化过程,产生了-w-介音。

4. 上古汉语的元音体系发生了巨大的变化,其影响条件是音节中其他的要素,尤以介音和韵尾的影响为甚。前文已述**圆唇元音双元音化(rounding diphthongization)**的演变,另外一个影响广泛的演变是**高元音>中元音(hi>mid)**,在其前没有 *-j-的情况下,高元音变为中元音,例如下例中的 *i 变为 *e:

(148) 坚 jiān<ken<*kin(坚硬)

于是就与下例合并

(149) 肩 jiān<ken<*ken(肩膀)

不过在 *-j-之后,高元音和中元音的区别仍然保留到中古汉语,见下两例:

---

[1] 不过,蒲立本提出中古汉语南方方言中缺少齿音和翘舌音的对立(1984:168—169)。

(150) 必 bì<pjit(四)<*pjit(必须)

(151) 鳖 biē<pjiet(四)<*pjet(乌龟)

另外一类元音的演变受介音 *-r-影响。我假定 *-r-消失之前对其后的元音音质产生了影响,我把这种元音的演变称为"*r-色彩(*r-color)"。例如我假定"监"*kram(监视)变为[kræm]的语音形式即为 *r-色彩的结果。首先这里的[æ]很可能是/a/的音位变体;但在介音 *-r-消失之后,[a]与[æ]就产生了语音对立。因为这种演变,二等音节中的 *-r-最终产生了中古汉语二等字中的元音,我把这些二等元音写成-æ-和-ɛ-。

*r-色彩引起的变化同样可以解释部分重纽的演变。多数情况下(根据蒲立本 1962:111—114),我在构拟三等重纽音节的时候用 *-rj-后带前元音或后元音;相对的重纽四等则用 *-j-后带前元音。这种演变的情况见下例:

(152) 旻 mín<min(三)<*mrjin(苛刻)

(153) 珉 mín<min(三)<*mrjin(一种宝石)

(154) 民 mín<mjin(四)<*mjin(人民)

5. 上古汉语的韵尾似乎相对稳定,除了诸如"恶"wù<ʔuH<*ʔaks(厌恶)和"负"fù<bjuwX<*ɦpjɨ(k)ʔ(背负)中复韵尾 *-s 和 *-ʔ(见上文)的消失之外。少数情况下由于异化的原因也产生了韵尾的变化,例如下例中中古汉语-ng<上古汉语 *-m:

(155) 风 fēng<pjuwng<*p(r)jɨ/um(风)

6. 用来解释中古汉语声调的复韵尾 *-ʔ 和 *-s,可被视为在中古汉语时期从音段成分转化为超音段成分(尽管我们一点也不清楚这样的对立是不是仅仅涉及中古汉语的音高)。

在第六、七、八三章中我们将详细讨论上古汉语音节的演变。

第六章 上古汉语音节：声母

与上古汉语的韵母相比，上古汉语的声母更难构拟，这是因为有关声母的证据更少一些的缘故。《诗经》押韵可以为我们提供主元音和韵尾的许多信息，却不能提供任何声母的信息。因此我们必须主要依靠中古汉语声母以及汉字所提供的证据来构拟上古汉语声母。我们的基本策略是把中古汉语的声母投射到过去，并与汉字所提供的证据相一致。

从比较明显的形态变化中我们也可以搜集到另外一些有关声母的证据。比如，前一章所提到的，下例中的声母最好构拟成 *sm- 而不是 *s-：

(156) 丧 sāng<sang< *smang（丧葬），又读作 sàng<sangH< *smangs（丧失）

这是因为此字很可能与下例有关系

(157) 亡 wáng<mjang< *mjang（消失）

尽管我们对上古汉语形态的了解还很肤浅，然而这样的一些联系通常会向我们揭示出许多有关上古汉语声母体系的信息。

还有一些与上古汉语声母有关的证据尚未被充分地利用起来。根据现代闽方言构拟出来的原始闽语（包拟古 1969：344；罗杰瑞 1974）的声母与中古汉语的声母差异很大，尽管在这里还没有被利用起来，但是最终应该在上古汉语的构拟体系中进行解释。其他语言，诸如苗瑶语族里的早期汉语借词也可能提供有关上古汉语声母的另外一些信息。汉语与藏缅语言的比较，也能够澄清一些问题。基于上述这些理由，这里所提供的上古汉语声母的构拟，必须视为临时性的构拟。[1]

下文 6.1 节讨论单声母及其后世形式（包括其后带 *-r- 或 *-j-介音的后世形式）；6.2 节中讨论复声母。

6.1 单声母

在这一节中，我们按照发音部位分组来讨论单声母。有关上古汉语声母的发音方法，完全是在中古汉语的基础上构拟出来的，因为此项研究中，其他可用的证据都无法提供有用的信息。

6.1.1 双唇声母

我为上古汉语构拟了五个双唇单声母；除过后来变作早期中古汉语 x-形式的清鼻音 *hm-声母之外，其他声母在早期中古汉语一直没有变化：

*p- > p-
*ph- > ph-
*b- > b-
*m- > m-
*hm- > x(w)-

以下举例说明这些声母的历史演变：
*p- > p-：

(158) 卜 bǔ < puwk < *pok（占卜）
(159) 壁 bì < pek < *pek（墙壁）

*ph- > ph-：

---

[1] 关于更为大胆地试图将上面提及的证据也纳入构拟之中，见白保罗（1976b, 1987）。斯塔罗斯金（1989: 49—133）提出的上古汉语声母辅音构拟的确将部分闽语声母的证据纳入其中。

（160）破 pò<phaH<*phajs（打破）
（161）怕 pà<phæH<*phraks（害怕）

*b->b-：

（162）朋 péng<bong<*bi̯ng（朋友）
（163）白 bái<bæk<*brak（白色）

*m->m-：

（164）墨 mò<mok<*mi̯k（墨汁）
（165）麥 mài<mɛk<*mri̯k（麦子）

*hm->x(w)-：

当中古汉语声母 x-和 m-出现于同一个谐声系列中时，我将其上古汉语形式构拟成*hm-：

（166）黑 hēi<xok<*hmi̯k（黑色）
（167）忽 hū<xwot<*hmut（疏忽；忽然）
（168）威 xuè<xjwiet（四）<*hmjet（毁灭）

比较下面三个在字形上（有时从词源上）相关联的带中古 m-<*m-的例子：

（169）墨 mò<mok<*mi̯k（墨汁）
（170）勿 wù<mjut<*mjut（不要）
（171）滅 miè<mjiet（四）<*mjet（消灭）

*hm-到 x(w)-的演变，很可能发生在汉代（柯蔚南 1983：66—67）；至于为什么*hm-有时候演变成后世的 x-（如上例"黑"*hmi̯k>xok），有时却又演变成 xw-（如上述其他例子），原因尚不清楚。

从音系学的观点来看，双唇单声母到早期中古汉语并没有发生变化,不过很可能在其后带 *-j-或者是 *-rj-的时候产生了腭化变体。在必要的时候我把这些音位变体写作 p(j)-、ph(j)-等。这些音位变体的证据是反切上字对带不带 *-j-介音的音节时有区别的倾向。例如带腭化声母 p(j)-的字,其反切上字倾向于使用声母也带 p(j)-的字,而不是带 p-声母的字。我假定在晚期中古汉语,当腭化双唇音所在的音节主元音具有[+后]特征的时候,双唇音声母演变成为唇齿音声母。[1] 采纳蒲立本晚期中古汉语的构拟,我们构拟出在早期中古汉语后元音音节的演变如下:

*pj->早期中古汉语 p(j)->晚期中古汉语 f-
*phj->早期中古汉语 ph(j)->晚期中古汉语 f-
*b->早期中古汉语 b(j)->晚期中古汉语 fɦ-[2]
*m->早期中古汉语 m(j)->晚期中古汉语 v-

注意早期中古汉语 p-和 ph-之间这种送气与不送气的区别在晚期中古汉语唇齿音声母中不复存在。这种演变情况见下例;晚期中古汉语的构拟形式采用蒲立本(1984)的体系。

上古汉语 *pj->早期中古汉语 p(j)->晚期中古汉语 p-后接早期中古汉语前元音:

(172) 悲 bēi<晚期中古汉语 pi<早期中古汉语 pij(三)<*prjɨj(悲伤)
(173) 丙 bǐng<晚期中古汉语 piajŋ´<早期中古汉语 pjæŋX<*prjaŋʔ(天干第三位)
(174) 賓 bīn<晚期中古汉语 pjin<早期中古汉语 pjin(四)<*pjin(宾客)

上古汉语 *pj->早期中古汉语 p(j)->晚期中古汉语 f-后接早期中古汉语后元音:

―――――
〔1〕 正如第二章所涉及的那样,这种语流音变还有其他的原因。
〔2〕 根据蒲立本晚期中古汉语的构拟,早期中古汉语的浊阻塞音后来发展为带[ɦ]的清阻塞音,[ɦ]表示一种低语似的发音。见蒲立本(1984:67—68)。

（175）非 fēi<晚期中古汉语 fji<早期中古汉语 pjɨj< * pjɨj（不是）
（176）方 fāng<晚期中古汉语 faǎng<早期中古汉语 pjang< * pjang（地方）

上古汉语 * phj->早期中古汉语 ph(j)->晚期中古汉语 p'-后接早期中古汉语前元音：

（177）匹 pǐ<晚期中古汉语 p'jit<早期中古汉语 phjit（四）< * phjit（匹配）
（178）胚 pēi<晚期中古汉语 p'i<早期中古汉语 phij（三）< * phrji（胚胎）

上古汉语 * phj->早期中古汉语 ph(j)->晚期中古汉语 f-后接早期中古汉语后元音：

（179）翻 fān<晚期中古汉语 faan<早期中古汉语 phjon< * phjan（翻转）
（180）赴 fù<晚期中古汉语 fuǎ<早期中古汉语 phjuH< * phjoks（奔赴）

上古汉语 * bj->早期中古汉语 b(j)->晚期中古汉语 pɦ-后接早期中古汉语前元音：

（181）瓢 piáo<晚期中古汉语 pɦjiaw<早期中古汉语 bjiew（四）< * bjew（水瓢）
（182）弁 biàn<晚期中古汉语 pɦian`<早期中古汉语 bjenH（三）< * brjons（帽）

上古汉语 * bj->早期中古汉语 b(j)->晚期中古汉语 fɦ-后接早期中古汉语后元音：

（183）服 fú<晚期中古汉语 fɦiuwk<早期中古汉语 bjuwk< * bjɨk（制服）
（184）吠 fèi<晚期中古汉语 fɦjiaj`<早期中古汉语 bjojH< * bjots（犬吠）

上古汉语 * mj->早期中古汉语 m(j)->晚期中古汉语 m-后接早期中古汉语前元音：

（185）蜜 mì<晚期中古汉语 mjit<早期中古汉语 mjit（四）< * mjit（蜂蜜）
（186）明 míng<晚期中古汉语 miajŋ<早期中古汉语 mjæng< * mrjang（明亮）

上古汉语 *mj->早期中古汉语 m(j)->晚期中古汉语 v-后接早期中古汉语后元音：

(187) 物 wù<晚期中古汉语 vut<早期中古汉语 mjut<*mjut(事物)
(188) 亡 wáng<晚期中古汉语 vaǎŋ<早期中古汉语 mjang<*mjang(消失)

需要注意的是，**唇齿化**有一组成体系的例外，即早期中古汉语 m- 并未如预期那样演变成晚期中古汉语的唇齿音 v-。在我的早期中古汉语形式的标记中，这些例外的音节都包含了 mjuw-这个序列。没有**唇齿化**的原因可以解释成早期中古汉语 mjuw-在**唇齿化**音变发生之前，已经演变成 muw-；我们有独立的证据支持这种音变的假设。[1]

(189) 谋 móu<晚期中古汉语 məw<muw<早期中古汉语 mjuw<*mjɨ(谋划)
(190) 梦 méng ~ mèng<晚期中古汉语 məwŋ(`)<muwng(H)<早期中古汉语 mjuwng(H)<*mjɨng(s)(做梦)
(191) 目 mù<晚期中古汉语 məwk<muwk<早期中古汉语 mjuwk<*mjuk(眼睛)

6.1.2 舌齿声母

上古汉语的舌齿声母有 *t-、*th-、*d-、*n-及 *hn-。这些音从上古到中古的演变受其后介音的影响：不带介音时，这些音没有变化(除了 *hn-演变为 th-)；其后带 *-j-介音时演变为硬腭音；其后带 *-r-介音时，演变为翘舌音。

6.1.2.1 后世形式为舌齿音的舌齿音声母

不带介音的情况下，舌齿音声母演变情况如下：

*t->t-
*th->th-
*d->d-

---

〔1〕见河野六郎(Kōno Rokurō 1954〔1979〕)。蒲立本也提及这种演变(1984：123)。

* n->n-

* hn->th-

这些声母跟如下韵母结合时，演变为早期中古汉语一等或四等。

上古汉语 * t->t-：

（192）多 duō<ta< * taj（多）
（193）點 diǎn<temX< * tem?（点，观点）

上古汉语 * th->th-：

（194）推 tuī<thwoj< * thuj（推）
（195）炭 tàn<thanH< * thans（煤炭）

上古汉语 * d->d-：

（196）調 tiáo<dew< * diw（调音，调节）
（197）悼 dào<dawH< * dawks（悲伤）

上古汉语 * n->n-：

（198）難 nán<nan< * nan（困难）
（199）能 néng<[nong]< * ni（一种熊；能够）（表示"熊"这个意思时，中古形式又作 noj，这种形式是上古 * ni 的规则演变形式）[1]

---

[1] 正如高本汉（1957，序号 885a）所指出的，上古汉语押韵中涉及的表示"能够"的"能" néng，暗示着后鼻音韵尾-ng 是后期不规则演变，可能与"能" néng 字为普通辅助动词的地位有关。也许 * ni 的一个非重读变体，因为 * n-声母的原因产生了元音的鼻化。后来这种鼻化被再分析为反映 * ning，而不是 * ni。在第八章中，我引用一个类似的语流音变，来解释"來" lái<loj< * C-ri < * C-rik 中 *-k 韵尾的不规则脱落。英语中也有个类似的音变，即用 it 代替第三人称单数中性代词 hit，it 本来是 hit 的非重读变体（Pyles & Algeo 1982：120—121）。

(200) 年 nián<nen< * nin（年）

上古汉语 * hn->th-：
与中古汉语 n-出现在同一谐声系列中的中古汉语 th-，其上古形式我构拟成 * hn-：

(201) 滩 tān<than< * hnan（沙滩）
(202) 态 tài<thojH< * hnɨs（仪态）

注意比较这两例与前文中的难 * nan 和能 * nɨ 在字形上的联系。

6.1.2.2 舌齿声母演变成后世的硬腭音

当介音为 *-j-（不带 *-r-）时，舌齿音演变为中古汉语硬腭音，其后为三等韵母：

* tj->tsy-
* thj->tsyh-
* dj->dzy-
* nj->ny-
* hnj->sy-

上古汉语 * tj->tsy-：

(203) 柘 zhè<tsyæH< * tjAks（柘树）
(204) 周 zhōu<tsyuw< * tjiw（圆周；四周；周代）

上古汉语 * thj->tsyh-：

(205) 绰 chuò<tsyhak< * thjawk（宽大）
(206) 侈 chǐ<tsyheX< * thjaj?（夸大的）

上古汉语 * dj->dzy-：

(207) 成 chéng<dzyeng< *djeng（完成）
(208) 禪 shàn<dzyenH< *djans（禅让）

前面谈过（见2.3.6），我写作 dzy- 的早期中古汉语声母，高本汉构拟为浊的硬腭擦音 ź-。我不采纳高本汉的这种构拟而写成 dzy- 的理由是，早期中古汉语 dzy- 经常与诸如 *t- 这样的上古汉语舌齿音有谐声上的联系。这种联系暗示着 *dj- 这样的构拟形式后来演变成塞擦音 dzy-，这种演变显得相当自然。例如，上边两例中的声旁可以构拟成 *t- 声母：

(209) 丁 dīng<teng< *teng（天干第四位）
(210) 單 dān<tan< *tan（单独）

上古汉语 *nj->ny-：

(211) 如 rú<nyo< *nja（好像）
(212) 人 rén<nyin< *njin（人）
(213) 耳 ěr<nyiX< *njiʔ（耳朵）

上古汉语 *hnj->sy-：
我把与中古 n-、nr- 或 ny- 处于同一谐声系列的中古 sy- 的上古形式构拟成 *hnj-，例如：

(214) 攝 shè<syep< *hnjep（统摄）
（其声符为"聶" niè<nrjep< *nrjep（诺言））
(215) 恕 shù<syoH< *hnjas（宽恕）
（其声符为"如" *nja（好像））

6.1.2.3 舌齿音演变成后世的翘舌音

当介音为 *-r- 或 *-rj- 时，舌齿音演变为翘舌塞音；其后为中古二等（当介音为 *-r-）或三等（当介音为 *-rj-）韵母：

*tr->tr-

* thr->trh-
* dr->dr-
* nr->nr-
* hnr->trh-

上述中古汉语的形式最好理解为单辅音音位,而不是复辅音,这里的-r-仅代表声母中卷舌发音色彩(feature)。有许多舌齿音后带 *-rj-的形式,其后带 *-r-而不带 *-j-的形式相对少见,原因不明。

上古汉语 * tr->tr-:

(216) 謫 zhé<trɛk< * trek(贬谪)
(217) 致 zhì<trijH< * trjits(使来到,派出)
(218) 豬 zhū<trjo< * trja(猪)

上古汉语 * thr->trh-:

(219) 超 chāo<trhjew< * thrjaw(超过)
(220) 疢 chèn<trhinH< * thrjɨns(发烧)

上古汉语 * dr->dr-:

(221) 濁 zhuó<dræwk< * drok(混浊)
(222) 箸 zhù<drjoH< * drjaks(筷子)
(223) 住 zhù<drjuH< * drjos(停止)

上古汉语 * nr->nr-:

(224) 女 nǚ<nrjoX< * nrjaʔ(女性)
(225) 纽 niǔ<nrjuwX< * nrjuʔ(纽结)

上古汉语 * hnr->trh-:

我把与中古汉语 n-、nr- 或 ny- 在同一谐声系列中的 trh- 的上古形式构拟成 *hnr-：

(226) 耻 chǐ<trhiX< *hnrjiʔ（耻辱）
（其声符为"耳" *njiʔ（耳朵））
(227) 丑 chǒu<trhjuwX< *hnrjuʔ（地支第二位）
（作为声符出现于"纽" *nrjuʔ（纽结））

6.1.3 非鼻音的响音

6.1.3.1 上古汉语 *l- 和 *hl-

上古汉语 *l- 和 *hl- 的构拟始于蒲立本，他发现高本汉构拟成上古汉语舌齿音的系列可以分作两种类型。一种带有以下形式的中古汉语声母：

t-	th-	d-
tsy-	tsyh-	dzy-
tr-	trh-	dr-

此类系列的声母可以构拟成舌齿塞音，正如上文 6.1.2 所示：

*t-	*th-	*d-
*tj-	*thj-	*dj-
*tr-	*thr-	*dr-

下面是此类谐声系列的例字：

(228) 当 dāng<tang< *tang（相当）
(229) 镗 tāng<thang< *thang（鼓声）
(230) 堂 táng<dang< *dang（厅堂）
(231) 掌 zhǎng<tsyangX< *tjangʔ（手掌）
(232) 裳 cháng<dzyang< *djang（下衣）
(233) 惝 chǎng<tsyhangX< *thjangʔ（沮丧）
(234) 埕 chéng<dræng< *drang（支撑）

(235) 瞠 chēng<trhæng< *thrang（瞪眼）

另外一种谐声系列,其典型的中古声母形式为下面这组:

th-	d-	
sy-	zy-	y-
s-	z-	
trh-	dr-	

第二种谐声系列的特点是,他们的中古形式一般来说缺少 t-或 tr-,而通常都包含了中古 sy-或 y-声母的字。这里我采纳蒲立本的提议把这个系列的声母构拟成 *l-和 *hl-。[1] 注意在这里的表达中,中古 l-并不源于上古 *l-而是源于 *r-或者源于带 *r-的复辅音。此类谐声系列的例子如下所示(参见包拟古 1980：103—104 中的藏缅同源词):

(236) 脱 tuō<thwat< *hlot（脱（衣服））（中古又音 dwat< *lot）
(237) 兑 duì<dwajH< *lots（愉快）
(238) 说 shuō<sywet< *hljot（说解）
(239) 悦 yuè<ywet< *ljot（愉悦）

正如上述字例所示,我们可以将这个谐声系列构拟成:

*l->d-
*hl->th-
*lj->y-
*hlj->sy-

通常出现在这个谐声系列中的中古汉语声母 s-、z-、dr-、trh-及 zy-的上古

---

〔1〕 蒲立本(1962：114—119)首次提出这种构拟的时候,他构拟的形式是舌齿擦音 *θ-和 *δ-(等同国际音标的[ð]),而未用 *l-和 *hl-。此处采纳他后来的构拟形式,例如蒲立本(1973b)。

形式构拟就没有这么清楚。正如我们可在下文(6.2.3.1)看到的那样，*s-后面的响音似乎一般都消失，因此我们可以构拟 *sl->s-这样的形式：

(240) 修 xiū<sjuw< *sljiw(修理)

请比较同一谐声系列的字：

(241) 條 tiáo<dew< *liw(枝条)
(242) 滌 dí<dek< *liwk(洗涤)
(243) 悠[yōu]<yuw< *ljiw(悠久)

在这个谐声系列中，中古声母为 z-和 zy-的上古形式则更难解释一些。这两个中古声母有可能是浊的前冠音 *ɦ-分别用于 *sl-及 *hlj-(见下文 6.2.1)：

*ɦsl-> *ɦs->z-
*ɦhlj-> *ɦsy->zy-

这种上古构拟形式 *ɦhl-看起来有一点笨拙，不过这个形式的意思应该是清楚的：它代表的是浊的前冠音 *ɦ-其后带清的边音 *hl-这样的形式，不过这里 *ɦ 的构拟形式带有相当大的臆测性；还有一种可能性即 zy-只是中古 y-< *lj-的方言变异形式。这里我暂时用 z-< *zl-和 zy-< *Lj-这样的标记形式：

(244) 序 xù<zjoX< *zljaʔ (堂屋里的东西墙)
(245) 抒[shū]<zyoX< *Ljaʔ (解除)

至于中古 dr-和 trh-也常出现于 *l-这些谐声系列中，从舌齿声母的类比关系来看，它们应该分别构拟成 *lr-和 *hlr-，例如：

（246）胄 zhòu<drjuwH< * lrjus（头盔）
（247）抽 chōu<trhjuw< * hlrju（抽出）

请比较同一谐声系列中的字：

（248）由 yóu<yuw< * lju（从）
（249）袖 xiù<zjuwH< * zljus（袖子）

在 * lr-的构拟形式中，* l-解释其出现于 * l-谐声系列，而 *-r-解释其中古形式为翘舌音声母。把 * l 和 * r 放在一起的构拟形式看起来相当古怪；不过请注意在藏文中，有 rl-这样的组合形式（如 rlung（风），rlabs（波浪，洪水））。同时，也请注意，一般来说上古汉语 * Cr-这样的复辅音形式（C 表示任何的辅音）很可能反映的是汉藏语 * rC-和 * Cr-这两者的合并音。例如柯蔚南（1986）构拟了汉藏语 ** rtjəkw（击打）这种形式，将藏文 rdug-pa（击打）与下例上古汉语形式联系起来：

（250）築 zhù<trjuwk< * trjuk（击打（即击打松土筑墙）；建筑）（李方桂构拟：
* trjəkw）

柯蔚南还构拟了汉藏语 ** trjit（滑），用它将藏文的 ' dred-pa（滑）与下例上古汉语形式联系起来：

（251）躓 zhì<trijH< * trjits（滑）

上古汉语也可能同时具有 * rC-（* r 为前冠音）和 * Cr-两种形式，后来因为这两种形式产生了合并，因而我们不再能够恢复它们之间的区别（我们可能受要解释形态功能的影响，在 * r 似乎具有形态功能的时候，其复辅音的形式构拟成 * rC-，将这里的 * r 分离在词根之外。类似地，介音 * j 也是一个前缀；参见第七章）。基于上述考虑，保留 * lr-（可能反映更早期的 * lr-和 * rl-）与 * hlr-（可能反映更早期的 * hl-r-和 * r-hl-）这样的构拟似乎也不是没有道理的。

6.1.3.2 上古汉语 *r-, *C-r- 及 *hr-

我将上古汉语 *r- 及相关的声母构拟如下：

*r->y-
*g-r->l-
*b-r->l-
*hr->th-
*hrj->trhj-

在我早期发表的文章中，中古声母 l- 的一个来源是上古汉语 *r-。不过在诸多情况中，中古 l- 似乎与其他语言中带 *r 的复辅音声母对应，而不与单声母 *r- 对应，例如：

（252）孪 luán<lwan<*b-ron（銮铃）

此字请比较泰语 phruan（A2 调）（（家畜）颈铃），原始台语可以构拟成复辅音 *br-（包拟古 1980: 74）。在同一谐声系列中还有下例：

（253）变 biàn<pjenH（三）<*prjons（变化）

根据 *rj- 假设，重纽三等韵母 -jenH 的上古介音形式必须构拟成 *-rj-，因此泰语和汉语谐声的证据都指向一个唇音加 *-r- 的组合复辅音形式。

采纳包拟古（1980: 74）的构拟思路，我把这种复辅音声母构拟成 *g-r- 和 *b-r-，暂时假定所有中古汉语 l- 的上古形式都是这类复辅音。当复辅音中开头的声母确定不下来时，这里记作 *C-r-。我假定单声母 *r- 演变为中古 y-，这种演变形式可以解释包含上古汉语 *r 的谐声系列中出现中古形式为 y- 的情形。[1] *g-r- 和 *b-r- 中的连字符只是

---

[1] 斯塔罗斯金（个人交流）倾向于把中古汉语 l- 的一种来源构拟成单声母 *r-，同时把中古 l- 和 y- 之间的接触关系解释为上古 *r- 和 *l- 之间偶尔出现的接触关系。

一种标记形式，以示这种组合与普通的复辅音 *gr-和 *br-相区别，后者例如：

(254) 下 xià<hæX< *graʔ（下来）
(255) 鲸 qíng<gjæng< *grjang（鲸鱼）
(256) 厖 páng<bæwng< *brong（庞大）
(257) 弁 biàn<bjenH（三）< *brjons（帽）

至于带连字符和不带连字符的两类复辅音形式之间区别的性质尚待判定。一种可能的解释是，我记作 *gr-和 *br-这样的复辅音事实上是 *fikr-和 *fipr-。这个问题也有可能与在闽方言（罗杰瑞1974）中所发现的另外一种发音方法有关。还有一种可能性即我记作 *gr-和 *br-的形式，实际上是 *rg-和 *rb-。目前在本书中我使用连字符以示区别。

上古汉语 *r->y-：

(258) 聿 yù<ywit< *rjut（循；毛笔）

在同一谐声系列中还有律 lù<lwit< *b-rjut（法律）和筆 bǐ<pit（三）< *prjut（毛笔）（这里的 *-rj-对应重纽三等韵）。带声母 *r-的另一例如：

(259) 盐 yán<yem< *r(j)am（食盐）

这个字同一谐声系列中还有"蓝" *g-ram（靛蓝）（见下文）；请比较藏文 rgyam-tshwa（一种食盐），其早期形式可能是 *ryam，经历了李方桂（1959）所提出的 rgy-< *ry-这样的演变。[1] 最后，再举一例：

---

[1] 对这个词的同源词来说，柯蔚南（1986：128）指出前藏文形式为 *gryam，经过换位音变后成为 rgyam。

（260）藥 yào<yak< *rawk（药；治疗）

其声符为樂 yuè<ngæwk< *ngrawk（音乐），又读 lè<lak< *g-rawk（快乐）。

上古汉语 *C-r->l-：
此处大写的 C 表示任何一个辅音（不过可能是浊辅音）。下面是前文已经引用过的几个例子：

（261）䜌 luán<lwan< *b-ron（銮铃）
（262）律 lǜ<lwit< *b-rjut（法律）
（263）藍 lán<lam< *g-ram（靛蓝）

最后一例可比较泰语 khraam（靛蓝），原始台语 *gr-（李方桂 1977：231）。同一谐声系列中还有"監"jiān<kæm< *kram（监视），根据 *r-假设，二等韵-æm 的上古形式中必须构拟-r-介音。

（264）立 lì<lip< *g-rjɨ/up（站立）

（尚不能肯定构拟形式中的元音是 *ɨ 还是 *u；见下文 10.3.4。）请比较嘉戎语 ka-rjap（站立）（包拟古 1980：85）。同一谐声系列中还有：

（265）泣 qì<khip（三）< *khrjɨp（哭泣）

请比较藏文 khrab-khrab（哭泣者）；Thulung 语 khrap（哭泣）；景颇语 khràp（哭泣）；这些例子引自包拟古（1980：85）。
另外一个带 *g-r 声母的例子如：

（266）涼 liáng<ljang< *g-rjang（冷）。

同一谐声系列中还有"京"jīng<kjæng< *krjang（京城），这里必须带

*-rj- 以解释韵母-jæng。"凉" liáng 这个字可以与藏文 grang-ba（冷）比较。

在下例中，我们可以找到上古汉语 * r 之前带着辅音，不过没有一致的证据表明这些辅音究竟是什么。在这种情况下，我仅将其记作 * C-r-：

(267) 六 liù<ljuwk< * C-rjuk（六）

包拟古(1980: 73)举出的与这个词对应比较的有藏文 drug、Lepcha 语 tă-rók、景颇语 krú?、原始彝缅语 * Ckrok 或 * d-krok、泰语 xok<原始台语 * xr-(李方桂 1977: 233)，其意均为"六"。

上古汉语 * hr->th-：
有几例中古汉语 th-和 trh-与中古汉语声母 l-出现于同一谐声系列中；我将其构拟成 * hr-声母：

(268) 體 tĭ<thejX< * hrij?（身体）

可比较同一声符的"禮" lĭ<lejX< * C-rij?（礼仪）。

(269) 獺 tă<that< * hrat（水獭）

其声符为"赖" lài<lajH< * C-rats（依赖）。

上古汉语 * hrj->trh-：

(270) 敕 chì<trhik< * hrjik（整治）（此字右侧偏旁又作"力" lì<lik< * C-rjik（力气），可能是其声符）

(271) 螭 chī<trhje< * hrjaj（魔鬼）（比较"離" lí<lje< * C-rjaj（离开），声符相同）

6.1.3.3　上古汉语 *j-和 *hj-

由于我们在介音和韵尾位置上都为上古汉语构拟了 *j，有理由认为声母位置也可以构拟这个音，也有理由假定其后来演变为中古汉语的 y-。当中古汉语 y-没有理由构拟成 *lj-或 *r-时，我把它的上古形式构拟为 *j-，下面举一个例子：

（272）游 yóu<yuw< *ju（漂游）

此谐声系列（高本汉 1957 的 1080 号谐声）的其他字的中古汉语形式也作 yuw。这个系列里没有出现典型的 *l-谐声系列里常见的中古 d-或 th-声母字。

中古汉语的 y-也跟中古汉语舌齿咝音出现在同一谐声系列中。这种情况下，我亦将其上古声母构拟成 *j-，（临时）假定 *j-和舌齿咝音在语音上足够相似，所以出现在同一谐声系列中。[1] 因此有下面的构拟形式：

（273）酉 yǒu<yuwX< *juʔ（地支第十位）

这个字作为声旁，见于"酒"jiǔ<tsjuwX< *tsjuʔ（酒）。不过中古汉语 y-的上古形式构拟还有许多没有解决的问题。例如，语言比较的证据暗示"酉"yǒu 的上古声母有可能是 *r-（请比较藏文 ru-ma（用作酒酿的凝乳）、景颇语 rú（当地土酒），包拟古 1980：93），因此也许我们应当将其上古形式构拟成 *rjuʔ。

类似地，当没有证据将中古 sy-构拟成 *hlj-、*hnj-或其他形式时，我一般将其上古形式构拟成 *hj-。例如：

（274）手 shǒu<syuwX< *hjuʔ（手）

---

〔1〕 这些情况下，高本汉将中古 y-的上古形式构拟成 *z-(1954：273—274)。

偶尔可见到中古 zy- 与 y- 和 sy- 出现于同一谐声系列中，其上古形式可构拟成 *ɦj-(>ɦsy->zy-)，这里的 *ɦ- 是前冠音，使其后的声母辅音浊化。例如：

(275) 蝇 yíng<ying< *jɨng（苍蝇）
(276) 绳 shéng<zying< *ɦjɨng（绳索）

"蝇" *jɨng（苍蝇）可比较缅语 yang（苍蝇、昆虫），Kanauri 语 yǎng；柯蔚南(1986:82)所构拟的汉藏语 **yəng。

*j-、*hj- 和 *ɦhj- 这种构拟尤其是尝试性的，只有少量的汉字字形上的证据。能让我们构拟成其他形式的重要证据也可能因为偶然的原因而缺失。对这些声母的进一步构拟或者需要新的证据或者需要新的论证方法。

6.1.4 舌齿咝音

中古汉语的一套舌齿咝音在上古汉语中也做了同样的构拟。当声母后面没有介音或者其介音为 *-j- 的时候，这些声母上古形式和中古形式完全一样。当其后介音为 *-r- 的时候，这些音演变为翘舌塞擦音和擦音：

*ts->ts-　　　　　　*tsr->tsr-
*tsh->tsh-　　　　　*tshr->tsrh-
*dz->dz-　　　　　　*dzr->dzr-
*s->s-　　　　　　　*sr->tsh- ~ sr-
*z->z-　　　　　　　*zr->zr-

(*sr->tsh- 这种音变是一个例外，没有演变成中古翘舌音。详见下文讨论。) 下文是上述演变的例子：

上古汉语 *ts->ts-：

（277）祖 zǔ<tsuX<*tsaʔ（祖先）
（278）箭 jiàn<tsjenH<*tsjens（箭头）
（279）足 zú<*tsjowk<*tsjok（脚）

上古汉语*tsr->tsr-：

（280）莊 zhuāng<tsrjang<*tsrjang（庄重）
（281）捉 zhuō<tsræwk<*tsr(j)ok（用手抓）

翘舌声母后边的-j-介音，早在早期中古汉语就已脱落，通常不容易确定到底是否应该为此类翘舌声母的例子构拟上古*-j-形式。我在这里的处理方法是将*j放在圆括号里。《切韵》里没有*TSrjowng 或*TSrjowk的形式（李荣1956：7）；或许我们可以假定，*TSrjong 和*TSrjok中的*-j-脱落，并与本来的*TSrong 和*TSrok 合并，分别成为TSræwng 和TSræwk。

上古汉语*tsh->tsh-：

（282）撮 cuō<tshwat<*tshot（用手指捏取）
（283）清 qīng<tshjeng<*tshjeng（清纯）

上古汉语*tshr->tsrh-：

（284）初 chū<tsrhjo<*tshrja（初始）
（285）嘬 chuài<tsrhwæjH<*tshr(j)ots（咬、吃）
（286）瘡 chuāng<tsrhjang<*tshrjang（疮）
（287）窗 chuāng<tsrhæwng<*tshr(j)ong（窗户）

上古汉语*dz->dz-：

（288）殘 cán<dzan<*dzan（杀戮，残害）
（289）在 zài<dzojX<*dziʔ（存在）

（290）前 qián<dzen<＊dzen(前边)

上古汉语＊dzr->dzr-：

　　（291）柴 chái<dzrɛi＜＊dzr(j)e(木材)
　　（292）狀 zhuàng<dzrjangH＜＊dzrjangs(形状)

上古汉语＊s->s-：

　　（293）三 sān<[sam]＜＊sum(三)

关于这里＊-um 形式的构拟，可参见下文 10.3.3。

　　（294）先 xiān<sen＜＊sin(先)
　　（295）死 sǐ<sijX＜＊sjij?(死亡)

可比较藏缅语＊siy =＊səy(死亡)(白保罗 1972：55)；又见白一平(1985)中关于汉藏语元音对应的相关部分。

上古汉语＊sr->tsh-：
这种演变似乎出现在不带＊-j-介音的音节中。也许＊sr-中的＊r 受＊s 同化而产生浊音清化，演变成＊hr-，接着按照＊hr-的规则性演变式变为＊th-；最后，复辅音声母＊sth-换位演变成 tsh-。这种演变可以归纳如下(为清楚起见，这里加上连字符)：

　　＊sr->＊s-hr->＊s-th->tsh-

(这个演变式在白一平 1983b 中提出。)＊srj-这个复合形式则演变为中古 sr-。我将下列四例的上古形式构拟成＊sr-(而不是＊tsh-)，这是因为这样的构拟与后边所举的中古 sr-<＊srj-例子平行。

第六章　上古汉语音节：声母

(296) 采~採 $căi$<$tshojX$<*$srɨ(k)ʔ$（采集）
(297) 采~綵 $căi$<$tshojX$<*$srɨ(k)ʔ$（色彩丰富的）
(298) 麤~粗 $cū$<$tshu$<*sra（粗疏）[1]

"粗"可能出现于 *sr->tsh-这个音变之后。

(299) 青 $qīng$<$tsheng$<*$sreng$（青绿）

可比较藏缅语 *s-$riŋ$~s-$raŋ$=$śriŋ$（白保罗 1972：85）。

上古汉语 *srj->sr-：
上文最后四例当与下边四例对比来看：

(300) 穡 $sè$<$srik$<*$srjɨk$（收获）
(301) 色 $sè$~$shăi$<$srik$<*$srjɨk$（色彩、脸色）
(302) 疏 $shū$<$srjo$<*$srja$（稀疏）
(303) 生 $shēng$<$sr(j)æng$<*$srjeng$（生活、出生）

上古汉语 *z->z-：

(304) 詞 $cí$<zi<*$zjɨ$（词语）
(305) 詳 $xiáng$<$zjang$<*$z(l)jang$（详察）
(306) 象 $xiàng$<$zjangX$<*$zjangʔ$（大象）

中古汉语声母 z-仅出现于三等韵之前。也许除了后接 *-j-介音的情况之外，原来的 *z-与 *dz-产生了合并。

上古汉语 *zr->zr-：

(307) 俟 $sì$<$zriX$<*$zrjɨʔ$（等待）

---

[1] "粗"的中古形式为 $dzuX$，意思相同，早期形式也许是 *$ɦsraʔ$。

(308) 漦 [lī] <zri< *zrji (龙的涎沫)

中古汉语声母 zr-很少见，明显的例子只见上述两例，因此 *zr-的上古构拟形式似乎有问题。在《广韵》时代，dzr-和 zr-的反切形式已经相混，不过这种区别在王仁煦的《刊谬补缺切韵》及韵图中还有所反映（董同龢 1952[1974]：107）。

6.1.5　舌根音和喉音

上古汉语舌根音和喉音分别构拟成 *k-、*kh-、*g-、*ng-、*hng-、*ʔ-、*x-和 *ɦ-。在其后不带介音的情况下，这些音从上古到中古基本没有产生变化。例外是清鼻音 *hng-演变成中古的 x-，*g-演变成浊擦音（其音值也许是 [ɦ] 或 [ɣ]），我将其记作中古形式 h-：

*k->k-
*kh->kh-
*g->h-
*ng->ng-
*hng->x-
*ʔ->ʔ-
*x->x-
*ɦ->h-

当这些上古声母后接 *-j-介音时，舌根音很可能像唇音声母那样产生腭化了的音位变体，这可以从《切韵》的反切形式中看出来。在这种情况下，*g-并没有演变成中古的 h-，仍然保留为塞音。有时，上古汉语舌根音进一步发展为中古汉语硬腭音 tsy-、tsyh-等。不过这种演变的条件尚不完全清楚。下面我先举一些中古形式仍为舌根音的例子，再讨论硬腭音形式的演变及其来源。

6.1.5.1　中古形式为舌根音的上古舌根音以及喉音

上古汉语 *k->k-：

(309) 高 gāo<kaw< *kaw(高)
(310) 薑 jiāng<kjang< *k(l)jang(生姜)
(311) 角 jiǎo~jué<kæwk< *krok(犄角)
(312) 江 jiāng<kæwng< *krong(长江)

上古汉语 *kh->kh-：

(313) 苦 kǔ<khuX< *khaʔ(苦味)

请比较藏语 kha-ba、缅语 khá(苦味)、藏缅语 *ka(白保罗 1972：18)。

(314) 可 kě<khaX< *khajʔ(可以)
(315) 起 qǐ<khiX< *kh(r)jiʔ(起来)
(316) 契 qì<khejH< *khets(契文)
(317) 泣 qì<khip< *khrjip(哭泣)

上古汉语 *g->h-：

(318) 河 hé<ha< *gaj(黄河)
(319) 紅 hóng<huwng< *gong(粉红)(后来的意思为"红色"；见白一平 1983a)
(320) 瑕 xiá<hæ< *gra(瑕疵)

上古汉语 *gj->gj-：

(321) 鲸 qíng<gjæng< *grjang(鲸鱼)
(322) 渠 qú<gjo< *g(r)ja(运河)
(323) 掘 jué<gjwot~gjut< *gjo/ut(挖掘)

上古汉语 *ng->ng-：

(324) 吾 wú<ngu< *nga(我)

请比较藏语 *nga*、缅语 *nga*、藏缅语 * ŋa（我）（白保罗 1972：93）。

(325) 五 *wǔ*<*nguX*< * *ngaʔ*（五）

请比较藏语 *lnga*、缅语 *ngà*、藏缅语 * *l*-ŋa~ * *b*-ŋa（五）（白保罗 1972：31）。

(326) 魚 *yú*<*ngjo*< * *ng(r)ja*（鱼）

请比较藏语 *nya*、缅语 *ngà*、藏缅语 * ŋya（鱼）（白保罗 1972：47）。

(327) 堯 *yáo*<*ngew*< * *ngew*（高；尧帝）
(328) 虐 *nüè*<*ngjak*< * *ng(r)jawk*（虐待）
(329) 玉 *yù*<*ngjowk*< * *ng(r)jok*（玉石）

上古汉语 * *hng*->*x*-：
我将与中古 *ng*-出现在同一谐声系列中的中古 *x*-的上古形式构拟成 * *hng*-，除非有证据可将其构拟成上古 * *hng*ʷ-。

(330) 滸 *hǔ*<*xuX*< * *hngaʔ*（水边）
(331) 許 *xǔ*<*xjoX*< * *hng(r)jaʔ*（允许）

这两例的声符为"午" *wǔ*<*nguX*< * *ngaʔ*（地支第七位）

(332) 謔 *xuè*<*xjak*< * *hng(r)jawk*（开玩笑）

此字声符为"虐" * *ng(r)jawk*（虐待）（也许这两个字的词根相同）。

(333) 犧 *xī*<*xje*（三）< * *hng(r)jaj*（牺牲）

同一谐声系列中还有"儀" *yí*<*ngje*（三）< * *ng(r)jaj*（礼仪）。

上古汉语 *ʔ->ʔ-:

（334）安 ān<ʔan< *ʔan（安全）
（335）英 yīng<ʔjæng< *ʔrjang（花）
（336）奥 ào<ʔawH< *ʔuks（室中西南角；堂奥）（又读作 yù<ʔjuwk< *ʔ(r)juk（水边深曲之处））
（337）爱 ài<ʔojH< *ʔits（爱）

上古汉语 *x->x-:

（338）歇 xiē<xjot< *xjat（停歇，休息）
（339）欣 xīn<xjɨn< *xjɨn（欣喜）

这里有个问题即是否要给上古 *x-构拟一个诸如 *ɣ-或 *ɦ-之类的浊声母，作为中古 h-的另外一种来源。尽管李方桂试图把中古汉语 h-（和 h(j)-）的上古形式均构拟成 *g-或 *gw-，丁邦新（1977—1978）则表明这种构拟并不完备，丁邦新又增加了 *ɣ-和 *ɣw-两个构拟形式。他的 *ɣw-与我的 *w-对应，以解释大部分中古 hj-，因为中古 hj-多出现于合口音节（带圆唇介音或圆唇主元音的音节）。不过还有少数出现于中古开口音节中的 hj-，在这种情况下我将其上古形式构拟成 *ɦj-。例如：

（340）焉[yān]<hjen（三）< *ɦrjan（句末语气词）

根据中古材料，此字中古又读作ʔjen（或ʔjon[1]）。不过当它用作句末语气词的时候，按照传统应当读作中古 hjen。我们不能将它的上古声母构拟成 *g-，因为 *grjan 的中古形式是 gjen 而不是 hjen。另一方面，我们如果将其声母构拟成 *jan 或 *rjan 之类的零声母，那么其对应的

---

[1] 注意在《切韵》中，-jon< *-jan 与-jen< *-rjan 似乎正在合流，因此上古形式中的 *-r-也可能并无依据。

中古形式则为 yen。由于这个读音很可能是非重读的,这里出现的不规则也许并非偶然;也许此字的中古 hjen 读音是 ʔjen(三) < *ʔrjan 读音的非重读形式。因为 *ɦ-非常少见,这个构拟是有疑问的,不过为了周严起见,我的构拟还是采用了它。

假如上古 *g-和 *ɦ-在含 *-j-介音声母音节(即三等音节)中对立,那么在不带 *-j-的非三等音节中,也应当有相应的对立。李荣(1965[1982])提出了这样的对立用来解释中古汉语当中没有反映的闽方言的某些声母对立。例如他引用的最小对子(上古汉语形式为我的构拟):

	"厚"	"後"
释义:	厚	后边
上古形式:	*g(r)oʔ	*ɦ(r)oʔ
中古形式:	huwX	huwX
普通话:	hòu	hòu
福州话:	kau 6	au 6
厦门话:	kau 6	au 6
潮州话:	kau 4	au 4

罗杰瑞在其原始闽语构拟中,将"厚"声母构拟成 *-g,将"後"声母构拟成 *ø。这也给上古汉语中应该构拟成对立的 *ɦ-和 *g-提供了进一步的证据。[1]

6.1.5.2 发展为中古硬腭音的上古舌根音

在不少情况下,中古汉语硬腭声母与舌根声母出现在同一谐声系

---

〔1〕不过我们不能简单地把上古 *g 和原始闽语 *-g 等同起来,也不能简单地把上古汉语 *ɦ 和原始闽语 *ø(零形式)等同起来。例如有好几个原始闽语零声母的形式,我的上古汉语构拟 *ɦk-理由是与上古带 k-声母词的形态交替关系。例如"闲" *ɦkren(闲暇),这个词有可能与"間" * kren(间隙,中间)同源;又如"黄" *ɦkʷang(黄色),可能与"光" * kʷang(光线)同源;再如"學" *ɦkruk(学习),可能与"覺" * kruk(醒来,觉悟)同源。上面所有词在原始闽语构拟中都是零声母。关于此类复声母的讨论见下文 6.2.1 节。

列中,例如:

(341) 制 zhì<tsyejH(裁(衣服);机构)

此字作为声符出现于

(342) 猘[zhì]〔1〕<kjejH(三)(狂(犬))(又写作"瘈")

高本汉将上例两字分别构拟成 *ţiad 和 *ḳiad,他显然假定 *ţ-和 *ḳ-在语音上足够近似,因为可以出现在同一谐声系列中。董同龢对这个问题的解决办法是构拟一套 *k̂-等硬腭声母,这些声母后来发展为中古 tsy-等。然而这套硬腭声母的构拟形式与普通的舌根音 *k-等构拟在语音上太近似了而出现在同一个谐声系列中(1944[1948]:15—17)。与其把上古汉语的声母体系构拟得如此复杂,倒不如在可能的情况下,把中古的硬腭声母视为上古普通舌根音声母在某些条件下的规则演变形式。不过这个问题迄今尚无十分完备的解决方案。最清楚的演变模式似乎由蒲立本(1962:98—107)首先提出:目前用本书构拟体系来说,即上古舌根声母在其后带 *-j-和前元音时,发展为中古硬腭声母。我将把这个演变称作**舌根音硬腭化(velar palatalization)**。这种演变导致下述中古声母的演变,这些变化出现在前元音 *i 和 *e 之前的声母:

*kj->tsy-
*khj->tsyh-
*gj->dzy-
*ngj->ny-
*hngj->sy-

中古硬腭声母在其谐声及其他证据均指向舌根声母,而且可以证明其

---

〔1〕 现代读音 zhì 显然受了声符读音的影响。

后接前元音时,上古的声母形式构拟成舌根音。下面列出此类演变的例子:

上古汉语 *kj->tsy-(后接前元音):

(343) 支,枝 zhī<tsye< *kje(枝条)

此字作为声符出现于"技"jì<gjeX(三)< *grjeʔ(技术,技能)。

(344) 制 zhì<tsyejH< *kjets(裁(衣服);机构)

此字作为声符出现于"猘"[zhì]<kjejH(三)< *krjets(狂(犬)),这里的 *-rj-既阻止了硬腭化,又同时产生了重纽三等韵母-jejH(见下文)。

(345) 旨 zhǐ<tsyijX< *kjijʔ((食物、酒)甘醇味)

此字作为声符用于"稽"qǐ<khejX< *khijʔ(稽首)(高本汉 1957,序号 552i)。

上古汉语 *khj->tsyh-(后接前元音):

(346) 掣 chè<tsyhet< *khjet(拉)(又读作 tsyhejH< *khjets,按规则,现代读音为 chì)

上古汉语 *gj->dzy-(后接前元音):

(347) 十 shí<dzyip< *gjip(十)

此字可能是"叶"xié<hep< *gip ~ *gep(和谐,协同)的声符,"叶"又作"协",也可能是"计"jì<kejH< *kips 或 *keps(计算)的声符;见 10.3.4。

(348) 嗜 shì<dzyijH< * gjijs（喜好）

(349) 腎 shèn<dzyinX< * gjinʔ（肾脏）

(350) 臣 chén<dzyin< * gjin（奴仆）（此字也是"堅"jiān<ken< * kin（坚硬，坚强）的原始声符）

上古汉语 * ngj->ny-（后接前元音）：

(351) 熱 rè<nyet< * ngjet（热）

声母构拟成舌根音的支持证据是出现在同一谐声系列中的"藝"yì<ngjiejH（四）< * ngJets（栽种；艺术）。（这里大写的 * J 仅是一个标记，表明因尚不清楚的原因而没有出现预期的舌根音的硬腭化；见下文。[1]）

(352) 兒 ér<nye< * ngje（孩子，儿子）

这是"倪"ní<ngej< * nge（幼，弱）的声符，这两字也可能有同源关系。

(353) 繞 ráo<nyew< * ngjew（围绕）

此字声符为"堯"yáo<ngew< * ngew（高；尧帝）。

上古汉语 * hngj->sy-（后接前元音）：

(354) 勢 shì<syejH< * hngjets（势力）

---

[1] 当然，介音组合 *-rj-也阻碍硬腭化的发生。不过如果把"藝"yì 的上古形式构拟为 * ngrjets，则中古的规则变化为 ngrjejH（三）带重纽三等韵母，而不是《韵镜》位置中的四等 ngjiejH（四）。因此有必要将其上古形式构拟成 * ngJets 这样的不规则形式。不过 * ngrjets 也许是正确的构拟形式，这是因为在《韵镜》及等韵图传统中，将"藝"放在四等位置上，可能是个错误（李新魁 1982：168，180；董同龢 1948a[1974]：注释 19）。

请与上文"熱"*ngjet(热)比较。

(355) 燒 shāo<syew< *hngjew(燃烧)

请与上文"繞"*ngjew(围绕)比较。

上古汉语 *xj->sy-(后接前元音):
我把与带前元音的舌根音声母的字出现于同一谐声的中古 sy-构拟成 *xj-:

(356) 收 shōu<syuw< *xjiw(接受)

可比较在同一谐声系列中带前元音的字"叫"jiào<kewH< *kiw(k)s(叫喊)。

6.1.5.3 舌根声母受 *-rj-影响未发生硬腭化的情形

介音组合 *-rj-的构拟用于多数的重纽三等音节,它似乎阻碍**舌根音硬腭化**。(这一点也由蒲立本[1962:104]首次提出。)以下是一些例子,其中一部分前面已经引用过:

(357) 技 jì<gjeX(三)< *grjeʔ(技术,能力)
(358) 猘~瘈[zhì]<kjejH(三)< *krjets(狂(犬))
(359) 耆 qí<gij(三)< *grjij(老)
(360) 鳍 qí<gij(三)< *grjij(鱼鳍)

在上述例子中,介音 *-rj-一方面既解释舌根声母未产生硬腭化的现象,也解释三等重纽韵母。

然而,介音 *-rj-并不能解释所有舌根音声母未产生硬腭化的情况,因为中古的舌根音还出现于重纽四等音节,在这种情况下的介音我构拟成 *-j-,不带 *-r-介音。例如:

（361）藝 yì<ngjiejH（四）< * ngJets（栽种；艺术）

（362）吉 jí<kjit（四）< * kJit（吉祥）

蒲立本为某些此类音节构拟了 *-l-（在他本来的体系中写作 *-δ-），作为阻止硬腭化的附加要素（1962：118—119）。不过，几乎没有独立的证据来证明在这些音节中带有 *-l-。正如上文例子所示，我在此用 *-j- 的大写形式 *-J- 以表示舌根音声母未规则地产生硬腭化的情况。这种任意的符号不能够被严肃地当作构拟体系的一部分，仅仅是对一个尚未解决的问题的标记。

6.1.5.4 后接后元音时的舌根声母的硬腭化

在其后似乎未接前元音的情况下，也有一些舌根声母产生了明显的硬腭化。目前我对此类演变尚无解释。不过我把此类非规则硬腭化的舌根声母用大写标记出来，以引起研究者注意。例如：

（363）赤 chì<tsyhek< * KHjAk（红色）

比较"赫" hè<xæk< * xrak（红色，火焰色）。

（364）車 chē<tsyhæ < * KHjA（车）

此字文读为 jū<kjo< * k(r)ja。[1]

（365）杵 chǔ<tsyhoX< * HNGjaʔ（杵）

---

[1] 出现在"赤"chì< * KHjAK 和"車" chē< * KHjA 构拟形式中的大写字母-A-，只是一个任意的标记，标记的是上古 *-ja 和 *-jak 没有规则地演变为中古 -jo 和 -jak，却演变为中古的 -jæ 和 -jæk；参见 10.2.4.1.和 10.2.5.1。这两个字都发生了不规则变化，这也许并非巧合，也许是在 *-jA 和 *-jAk 这两种上古构拟形式中，出现的明显的不规则前元音，为舌根音硬腭化的规则演变提供了语音条件。不过这一点仍然不能够解释所有不规则的舌根音声母硬腭化的情况。

其声符为"午"*wǔ*<*nguX*<*ngaʔ(地支第七位)。

　　李方桂为上述所引的例子把后来变成硬腭音的舌根音声母构拟成*Krj*-这样的复辅音(1976[1980]:92)。这个表示红色的"赤"李构拟为*khrjiak,同藏文*khrag*(血液)成为一对诱人的同源词。[1] 尽管李氏的构拟能很好地解释这个例子,不过我发现这样的构拟存在几个问题:首先这种构拟不能解释上古**舌根音硬腭化**似乎涉及前元音这个由蒲立本发现的事实;其次,用介音**-r*-作为硬腭化的条件似乎有点不自然,并且与其在体系中其他地方的作用相矛盾,它在其他地方的作用是产生翘舌音;最后,鲜有直接证据证明产生硬腭化的上古舌根音声母中含有**-r*-;与之相反,有丰富的证据证明重纽三等音节中含有**-r*-(见7.3.2)。因此,似乎用复合的**-rj*-来解释重纽区别更好一些。这样的构拟在李方桂的体系中就没有得到足够的解释。[2] 请进一步注意,李氏的*Krj-假设的另一个理由是,这样的构拟填补了**-rj*-的一个分布上的空缺。因为在其体系中,**-rj*-的构拟仅分布于锐音声母之后,以解释中古汉语翘舌声母。然而李氏的构拟中仍然没有**-rj*-后接于唇音声母的情形(仅见一例带问号的例外 *brj-;见李方桂1976[1980]:86)。按我提出的构拟体系,**-rj*-分布于全部类型的声母之后。

----

　　[1]　引自龚煌城(Gong Hwang-cherng 1980:464)。还有另外一个已经建立起来的表示"血"的汉藏语词根:"血"*hwit,藏缅语*s-hwiy ~ *s-hwyəy。如果"赤"的确与藏文词根的*khrag*同源,则其初始意义为"红色",在藏文中委婉表示"血"。如果我们构拟成*hrj->*tsyh*-而非*hrj->*trhj*-,则可以把"赤"构拟成*hrjAk,把"赫"构拟成*xrak;见上文6.1.3.2。

　　[2]　例如,李方桂的构拟体系不区分下边这个最小的对子"弁"*biàn*<*bjenH*(三)(帽)和"便"*biàn*<*bjienH*(四)(方便);在他的体系里,这两个字的上古形式均为*bjianh(1971[1980]:55)。我把这两字分别构拟成**brjons*和*bjens。问题是(宽泛意义上的)中古三等韵母中,有-*jen*、-*jien*和-*jon*三个对立的韵母,而按李方桂的体系只有两个上古的来源:**-jan*和**-jian*。李方桂体系也无法区别"密"*mì*<*mit*(三)(密度)和"蜜"*mì*<*mjit*(四)(蜂蜜)这个最小的对子;把这两个字的上古形式均构拟成*mjit(1971[1980]:64)。在我的体系中,这两个字的上古形式分别为*mrjit(其更早的形式可能为*Nprjit)和*mjit(更早的形式也许为*Npjit)。(*Np-这样构拟的理由是其谐声声符为"必"*pjit。)

6.1.6 圆唇舌根音和圆唇喉音声母

圆唇舌根音和圆唇喉音声母的构拟,其根据是中古介音-w-的来源之一是上古圆唇元音假设。有时这些声母因其他原因也用于其他音节,比如解释谐声关系或其他的语言现象。这里所涉及的声母及其通常的中古对应形式如下所示:

$*k^w$->k(w)-
$*k^w h$->kh(w)-
$*g^w$-<g(w)-后跟$*j,h(w)$-其他情况
$*ng^w$->ng(w)-
$*hng^w$->x(w)-
$*ʔ^w$->ʔ(w)-
$*hw$->x(w)-
$*w$->h(w)-

下文列出这些演变形式的例子。

上古汉语$*k^w$->k(w)-:

(366) 瓜 guā<kwæ<$*k^w ra$(西瓜)
(367) 孤 gū<ku<$*k^w a$(孤儿)

中古 ku 的上古形式既可以是$*ka$也可以是$*k^w a$,这两种上古形式产生了合并。我把"孤"gū 构拟成$*k^w a$以解释它在谐声系列中与"瓜" $*k^w ra$(西瓜)的关系。

(368) 龜 guī<kwij(三)<$*k^w rji$(乌龟)
(369) 决 jué<kwet<$*k^w et$(决定)
(370) 光 guāng<kwang<$*k^w ang$(光线)

上古汉语$*k^w h$->kh(w)-:

(371) 廓 kuò<khwak<*kʷhak(宽广)
(372) 夸~誇 kuā<khwæ<*kʷhra(夸张)
(373) 窥 kuī<khjwie(四)<*kʷhje(窥视)
(374) 犬 quǎn<khwenX<*kʷhi/enʔ(狗)

请比较藏缅语 *kwiy~*kwəy(狗)(白保罗 1972:44)。这个字在我的构拟体系中要求或者是 *i 或者是 *e 作主元音,不过在汉语内部没有证据在两者中作出选择。

上古汉语 *gʷ->g(w)-后跟 *j,h(w)-其他情况:

(375) 狐 hú<hu<*gʷa(狐狸)

此字的声符为"瓜" *kʷra(西瓜),可比较藏缅语 *gwa(狐狸)(白保罗 1972:34)。

(376) 頄 kuí<gwij(三)<*gʷrju(颊骨)

可比较 Lepcha 语 tă-gryu(脸颊)(见包拟古 1980:167)。中古汉语的形式源于异化,见下文 10.2.13 中的讨论。

"黄" huáng<hwang(黄色)可构拟成 *gʷang,然而如果它和"光" guāng<kwang<*kʷang(光)是同源词的话,那么也许它应当构拟成 *ɦkʷang。这个字的中古汉语同音字"皇" huáng<hwang(皇帝)的上古形式也许是 *wang 而不是 *gʷang,因为它的声符是"王" wáng<hjwang<*wjang;例见下文。由于除了后接 *j 之外(即除了后接三等韵母之外),上古的 *gʷ-和 *w-合并为中古的 h(w)-,有时很难区别出这两个声母。谐声系列很难提供帮助,因为 *w-和 *gʷ-均可与 *kʷ-和 *kʷh-出现在相同的谐声系列中。有时候我记作 *(g)ʷ-,表示这种形式的含义是 "*gʷ-或 *w-"。

上古汉语 *ngʷ->ng(w)-:

第六章 上古汉语音节：声母

(377) 訛 é<ngwa< *ng^{w}aj（讹变）
(378) 外 wài<ngwajH< *ng^{w}ats（外边）
(379) 吴 wú<ngu< *ng^{w}a（喊；吴国）

尽管中古 ngu 的上古来源既可以是 *ng^{w}a，也可以是 *nga，这里可以构拟成 *ng^w-，因为它与下面只可以构拟成 *ng^w-的字有谐声上的联系。

(380) 虞 yú<ngju< *ng^w(r)ja（赌徒）

注意，非唇音化的 *ng(r)ja 演变到中古的形式为 ngjo（如"魚"的发音），而不是 ngju（见 10.2.4）。

上古汉语 *hng^w->x(w)-：
能表现这个上古声母的好例子不多，不过我们可以构拟出下面的例子：

(381) 货 huò<xwaH< *hng^{w}ajs（货物）
(382) 化 huà<xwæH< *hng^{w}raj(s)（变化）

比较同一谐声系列中的"訛" *ng^{w}aj（讹变），例见上文。

上古汉语 *ʔ^w->ʔ(w)-：

(383) 淵 yuān<ʔwen< *ʔ^{w}in（深渊）
(384) 枉 wǎng<ʔjwangX< *ʔ^{w}jangʔ（弯曲；冤枉）

上古汉语 *hw->x(w)-：

(385) 華 huā<xwæ < *hwra（花）

此字后作"花"，"華"现在多用作同源的形式 huá<hwæ < *wra（也许

是 *ɦhwra)(华丽)。[1]

(386) 血 xuè~xiě<xwet< *hwit(血液)

比较藏缅语 *s-hwiy~ *s-hwəy(白保罗 1972：51)。

(387) 儇 xuān<xjwien(四)< *hwjen(敏捷,聪明)
(388) 兄 xiōng<xjwæng< *hwrjang(哥哥)

上古汉语 *w->h(w)-~yw-：
上古 *w-通常演变为中古的 h(w)-,例如：

(389) 穴 xué<hwet< *wit(洞穴)
(390) 王 wáng<hjwang< *wjang(君王)
(391) 于 yú<hju< *w(r)ja(去)

比较藏缅语 *s-wa(去)(白保罗 1972：167n)。

(392) 雨 yǔ<hjuX< *w(r)ja?(雨)

比较缅文 rwa、藏缅语 *r-wa(雨)(白保罗 1972：109)。

(393) 雲 yún<hjun< *wjin(云彩)

然而在后接前元音时,上古 *wj-演变为中古 yw-：

(394) 营 yíng<yweng< *wjeng(四周垒土而居)

---

[1] 此例可以说明后起字有可能误导上古汉语语音的研究。现代字形"花"声符是"化"huà<xwæH< *hng^wrajs,其规则的上古形式属于"歌"部(-aj),而非"鱼"部(*-a)。不过据称"花"字首见于魏晋时期(见丁福保 1928—1932[1976]：2697 及其后)这既反映了上古声母 *hw-和 *hng^w-的合流(中古形式为 x(w)-),也反映了汉代 *-ra 和 *-raj 的合流,中古形式为-æ(即 ***-aj 单元音化**)。

(395) 役 yì<ywek< *wjek(战役；劳役)
(396) 遹 yù<ywit< *wjit(不正)

(最后一例可比较"橘"jú<kjwit< *kʷjit(橘子)，两字声符相同。)后接前元音的条件下，上古 *wj-到 yw-的演变与同样条件舌根音声母的硬腭化可以类比；不过诸如 *kʷ-这样普通的圆唇舌根声母似乎不受这种影响。

6.2 复声母

6.2.1 清浊交替与前冠音 *ɦ-

正如前文所述，我(依蒲立本，1973b)为上古汉语构拟了一个 *ɦ-，此音可使其后的塞音声母浊化。前冠音 *ɦ-的临时性构拟用来解释中古汉语形态上清浊交替的音节中的浊声母。高本汉(1933)收集了许多此类例子，在一些最清楚的例子中，前冠音 *ɦ-似乎加在及物动词之前使它变为不及物的或者表示被动的动词：

(397) 見 jiàn<kenH< *kens(看见)
见～现 xiàn<henH< *ɦkens(出现)
(398) 败 bài<pæjH< *prats(打败)
败 bài<bæjH< *ɦprats(被打败)
(399) 壊[huài]<kwɛjH< *krujs(毁坏)
壊 huài<hwɛjH< *ɦkrujs(被毁坏)

陆德明的《经典释文》(公元583[1975]：3)在序言中提到，"败"和"壊"读清声母时为及物动词，读浊声母时表示不及物或者被动用法。这个问题在颜之推的《颜氏家训·音辞篇》也提到了这点(周祖谟1943[1966]：425—426)。

在其他情况下，*ɦ-的含义没有这么清楚，不过毫无疑问地存在此类形态变化：

（400）朝 zhāo<trjew< *trjaw（早晨）
朝 cháo<drjew< *ɦtrjaw（朝见）
潮 cháo<drjew< *ɦtrjaw（早潮）
（401）背 bèi<pwojH< *piks（后背）
背 bèi<bwojH< *ɦpiks（背对）
（402）间 jiān<kɛn< *kren（间隙）
闲 xián<hɛn< *ɦkren（闲暇）
（403）断[duàn]<twanX< *tonʔ（断开；决断）（又读 duàn<twanH< *ton(ʔ)s）
断 duàn<dwanX< *ɦtonʔ（断开；决断）
（404）折 zhé<tsyet< *tjat（使折断）
折 shé<dzyet< *ɦtjat（断了）
（405）夹 jiā<kɛp< *krep（夹住）
狭 xiá<hɛp< *ɦkrep（狭窄）

注意在送气声母之前也可以构拟 *ɦ-以解释中古汉语送气声母和浊声母的交替：

（406）曲 qū<khjowk< *kh(r)jok（弯，弯曲的）
局～踘 jú<gjowk< *ɦkh(r)jok（弯曲的）
（407）仓 cāng<tshang< *tshang（或 *srang?）（仓库）
藏 cáng<dzang< *ɦtshang（或 *ɦsrang?）（躲藏；储藏；储藏室）
（408）清 qīng<tshjeng< *tshjeng（清澈）
晴 qíng<dzjeng< *ɦtshjeng（晴天）
（409）撤 chè<trhjet< *thrjet（拿走），又读作[彻]<drjet< *ɦthrjet
（410）妻 qī<tshej< *tshij（妻子）
齐 qí<dzej< *ɦtshij（整齐，相等）

正如上文所示，也可以 *ɦ-的构拟来解释通过次要性浊化（secondary voicing）而产生的声母，例如 zy-< *Lj-，有可能代表的是 *ɦhlj-，又如 z-< *zl-可能代表的是 *ɦsl-，这些都出现于 *l-类的谐声系列中（见上文 6.1.3）。引起人们兴趣的是，至少有些中古 zy-< *Lj-与罗杰瑞构拟的原始闽语软化的浊声母 *-dž 对应，例如：

(411) 船 chuán<zywen< *Ljon（或 *ɦljon?）（船），原始闽语声母 *-dž（罗杰瑞 1986：381）

(412) 舌 shé<zyet< *Ljat（或 *ɦljat?）（舌头），原始闽语声母 *-dž（罗杰瑞 1986：383）

罗杰瑞（1986）提出原始闽语中那些"软化"的塞音，有可能是早期鼻冠音或者其他冠音的反映。这个假设的部分根据是一些此类闽语词汇和对应的瑶语带鼻冠音。再举一个与原始闽语软化声母对应的上古 *ɦ- 的例子：

(413) 長 cháng<drjang< *ɦtrjang（长），原始闽语 *-d

这里的上古形式构拟成 *ɦt-是因为它很可能与下例同源：

(414) 長 zhǎng<trjangX< *trjang?（长高；增长；年长）

不过与上述例子相左的是，我们发现"晴"（晴天）在原始闽语中被构拟成非软化、非送气的声母 *dz-（罗杰瑞 1986：380），我把"晴"构拟成 *ɦtshjeng，因为它很可能与"清" *tshjeng（清澈）有同源关系。此例似乎也与蒲立本（1973b）所提出的可将原始闽语送气浊塞音 *bh、*dh 等构拟成 *ɦph、*ɦth 等相矛盾；按此假设，"晴" *ɦtshjeng 在原始闽语中当为 *dzh 而不是 *dz。注意"長" *ɦtrjang 在原始闽语构拟中是软化的 *-d 而不是如蒲立本预测出的 *d；不过蒲立本并未尝试解释原始闽语中的软化塞音。

我构拟的 *ɦ-仅出现于清声母之前，而包拟古曾提议这个前冠音也可以出现在浊声母之前以解释原始闽语的送气浊塞音：上古 *b-和 *ɦb-分别发展到原始闽语 *b-和 *bh-，但合并为中古汉语的 b-（1980：56）。我对此假定举不出反例，不过"晴"这个例子暗示原始闽语的不送气浊音也很可能还有其他来源。还有一些学者认为，原始闽语的复杂声母体系源于方言混合（如沙加尔 1984）。显然，如何将闽方言的材料应用于上古汉语构拟当中，这是一个有待于进一步研究的复杂问题,正因为这个原因,我在这方面的相关构拟只能视作临时性的。

6.2.2 前冠音 *N-

当中古声母为 m-、n-或 ng-,但与塞音声母有谐声联系或形态关系(或两者兼有)时,我将这种中古鼻音声母的上古形式构拟成 *N-后接塞音的形式。这种构拟在原始汉藏语的层次上由张琨(Chang & Chang 1977—1978;又见 Chang & Chang 1976,1977)提出。白保罗(1976b:185—187,1987:40—44)提出为上古汉语构拟前冠喉塞音来解释同样的语言现象,例如 *ʔp-、*ʔb->中古 m-。[1] 下面举一个此类情况的例子:

(415) 鉴 mì<mjit(四)< *Npjit(将容器擦净),此字义采自《说文解字诂林》(丁福保 1928—1932[1976]:2126),此字未见于先秦文本。

这里构拟成 *Np-是因为此字与"必"bì<pjit< *pjit(必须)有谐声关系。张琨将"鉴" *Npjit 与藏文'phyid-pa(又作'phyi-ba)(擦)相比较,并将藏文的'a-chung 的前缀" ' "解释为鼻冠音(1977—1978:167;此例又见白保罗 1976b:186)。下面另举一些带前鼻冠音 *N- 的例子:

(416) 武 wǔ<mjuX< *Np(r)jaʔ(武力)

此字作为声符出现于"赋"fù<pjuH< *p(r)jas(赋税)。

(417) 碾 niǎn<nrjenX< *Ntrjenʔ(碾)

此字声符为"展"zhǎn<trjenX< *trjenʔ(展开)。

(418) 元 yuán<ngjwon< *Nkjon(主要的)

---

[1] 注意在我构拟成 *hn-和 *n-的地方,白保罗也用前冠喉塞音的构拟形式,例如他将"嘆"(叹气)构拟成 *tʻân,将"難"(困难)构拟成 *ʔtân(白保罗 1976:185),我分别将这两个字构拟成 *hnan 和 *nan。

据丁福保(1928—1932[1976]：3357)《说文解字诂林》,此字是下例的表意声符：

(419) 冠 guān<kwan< *kon(帽子)(又读作 guàn<kwanH< *kons(戴帽子))

上文两例的韵母构拟成 *-on,这是因为它们在《诗经》中均与 *-on 押韵。如"冠"字的《诗经》押韵情况见《诗经》147.1A。下例出现于《诗经》261.6A 中,与 *-on 押韵的字也可能是同源的：

(420) 完 wán<hwan< *gon 或 *ɦkon(完工,结束)(有可能意为"封盖"?)

这些例子可比较藏文的 mgo(头),及可能的同源词 mgon-po(保护者,主要的;主人,神)。不带韵尾 *n 的上古汉语形式,可比较：

(421) 寇 kòu<khuwH< *khos(打劫;劫匪)

此字的声符可能是"完" *ɦkon(尽管《说文》并没有指出这一点;见丁福保 1928—1932[1976]：1358)。
　　另一个上古 *Nk- 声母的例子可能是：

(422) 研 yán<ngen< *Nken(研磨;钻研)

同一谐声系列中其他的字带塞音声母,例如：

(423) 豜 jiān<ken< *ken(三岁猪)

注意在上述例子中我构拟的 *N- 仅出现于不送气清塞音之前;此鼻冠音当然也可能出现于其他类型的声母之前,不过目前我们缺乏证据来作区别。由于在构拟时到底选择 *Np-、*Nt- 和 *Nk- 还是 *m-、*n- 和 *ng- 的基础是建立在少量的证据之上,有可能会在选择的时候出现错误。为了更清楚地构拟,需要进一步的语言比较工作。

6.2.3 带 * s- 的复声母

不少研究者因不同的原因为上古汉语构拟了 * s-。正如其他问题的处理一样,我这里提出的构拟是尝试性的。我们可以将带 * s- 的复声母分作两类,一类是 * s- 加响音,另一类是加塞音。

6.2.3.1 后接响音的上古汉语 * s- 复声母

高本汉已经为上古汉语构拟了一些带 * s- 头的复声母,他的构拟是为了解释与响音出现在同一谐声系列中的中古 s- 或 sr-,此类 * s- 复声母有充分的谐声证据支持,可以让人有信心地做这样的构拟。例如:

(424) 絮 xù<sjoH< * snjas(生丝),高本汉的构拟:* snio(高本汉 1957,序号 94u)

此字的声符为"如" rú<nyo< * nja(相似,好像),高本汉的构拟:* ńio(高本汉 1957,序号 94g)。

一般情况下,* s- 头后接的响音直接脱落。不过从蒲立本的例子中可以看出 * sn->tsh-[1] 的一种演变,例如"千" qiān(千)的古文字形式似乎将"人" * njin>nyin>rén(人)作为声符。甲骨文中"千" qiān 这个字的写法就是"人"下面加一横(高明 1980:373):

类似的情况也出现在表示"两千""三千"等的字形,表示"两千"时用两横,表示"三千"时用三横(见商承祚《殷虚文字类编》的评述,收入丁福保 1928—1932[1976]:952—953):

〔1〕 蒲立本(1962:133)的实际构拟形式为 * snh-,这里的 * nh 与我的 * hn 对应。

第六章 上古汉语音节：声母

这些证据让我们做下述平行的构拟：

(425) 千 qiān<tshen< *snin（千）
(426) 人 rén<nyin< *njin（人）

我们可以假定 *sn-中的 *n-在其前 *s 的影响下变成清鼻音 *hn，然后规则地演变成 th，再通过与 *s-的换位演变为中古的 tsh-：

* sn->s-hn->s-th->tsh-

不过有数个例子证明似乎显示出 *snj-这个上古形式演变为中古的简单 s-，例如上述"絮" xù（生丝），因此我的构拟形式如下：

* sn->tsh-
* snj->s-

我（白一平 1983b）为 *sr-提出了一个类似的演变式：

* sr->tsh-
* srj->sr-

从上古 *sr-到中古 tsh-的演变式与它从 *sn-到 tsh-的演变式平行：

* sr->s-hr->s-th->tsh-

（这种演变在上文 6.1.4 讨论 *s-声母时已经列出。）不过 *s-后接的响音中除了 *n 和 *r 之外，在中古时期均已脱落，此类演变可以总结如下：

* sm->s-
* sn->s-后跟 *j，tsh-其他情况

*sng->s-
*sng^w->s(w)-
*sr->sr-后跟*j,tsh-其他情况
*sw->s(w)-

理论上来说,响音前也可以加浊的前冠音*ɦ-,这样的组合后来变为相应的浊声母。

注意雅洪托夫(1960a,1963)将我构拟为清鼻音的情形构拟成*s-后加响音的复辅音形式(例如我构拟成*hm->x-的地方他构拟成*sm->x-)。他的这种构拟不容易与目前的构拟协调起来,除非我们增加一个百搭牌,让它产生两种*s-或两种过渡音,或者诸如此类的形式。有可能清鼻音的确在某个时期里源于*s-复辅音,不过对上古汉语时期来说,我构拟的*sm->s-等似乎在解释谐声证据的时候更为自然。

下文例子是*s-与后接响音的复辅音声母。

上古汉语*sm->s-:

(427)戌 xū<swit<*smjit(地支第十一位)

正如李方桂(1945)指出的,此字有可能是下述例子的声符[1]:

(428)威 xuè<xjwiet(四)<*hmjet(熄灭)
(429)滅 miè<mjiet(四)<*mjet(消灭)

这几个字的词根很可能相同。注意在这里前元音*i和*e出现于同一谐声系列中。这种谐声现象偶尔出现,类似的偶尔出现的现象又如*u和*o在谐声系列中的接触。

上文所引的"喪"*smang(丧葬)、*smangs(丧失)很可能与"亡"*mjang(消失)同源。

---

[1] 有些《说文解字》版本也把"戌"xū视为"威"xuè的声符(参见丁福保1928—1932[1976]:4506)。

第六章 上古汉语音节：声母

上古汉语 *sng->s-：
下例的声母很可能应该构拟成 *sng-

(430) 稣 sū<su< *snga（捆成一束）（高本汉 1957，序号 67a）

依《说文》此字声符为"鱼"yú<ngjo< *ng(r)ja（鱼）（丁福保 1928—1932[1976]：3125）。

另一个可构拟成 *sng-的是

(431) 楔 xiè<set< *snget（木楔）

这是包拟古的构拟（1980：69），它的依据是此字很可能与同一谐声系列中下面这个字同源：

(432) 齧 niè<nget< *nget（啮啃）

不过这个系列的字多带中古 k-和 kh-声母，因此也许"齧"当构拟为 *Nket；而"楔"则可构拟成 *sket，与李方桂的构拟 *skiat 对应（1976[1980]：90）。

上古汉语 *sn->tsh-~s-：
除了上文所引的例子"絮"*snjas（生丝）和"千"*snin（千）之外，还可举如下例子

(433) 绥 suí<swij< *snjuj（安抚）

同一谐声系列中还有"馁"něi<nwojX< *nujʔ（饥饿）（高本汉 1957，序号 354d）。

上古汉语 *sl->s-：
中古汉语 s-通常见于 *l-类谐声系列，在这种情况下我将其上古形式构

拟成 *sl->s-：

(434) 錫 xī<sek< *slek（锡）
(435) 賜 [cì]<sjeH< *sljeks（恩赐）

这两例的谐声为"易" yì<yek< *ljek（改变），又读 yì<yeH< *ljeks（容易）。[1]

上文已经引用的另外一例为：

(436) 修 xiū<sjuw< *sljiw（修饰，修理）

同一谐声系列中，还有"條" tiáo<dew< *liw（枝条）。

上古汉语 *sw->s(w)-：

(437) 恤 xù<swit< *swjit（抚恤）

此字的声符为"血" xuè~xiě<xwet< *hwit（鲜血）。

(438) 歲 suì<sjwejH< *swjat(s)（年岁）

此字在《诗经》中与 *-ats（《诗经》72.3A、300.5C）或 *-at（《诗经》154.1B、245.7C）押韵，表明中古的-w一定源于音节的声母部分，而非圆唇主元音。《说文》认为"歲"的谐声为"戉" *smjit，不过这种说法是基于早期汉字形讹后的形式得出的。在铭文中这个字的声符是"戉" yuè<hjwot< *wjat（一种斧头）。此字又带声符"月" yuè<ngjwot< *ng^{w}jat（也许是 *Nwjat?）（月亮）（周法高等1974a，序号0166）。"歲" *swjat

---

〔1〕 李方桂的构拟是："錫" *stik、"賜" *stjigh、"易" *rik（1971[1980]: 68）。在李方桂体系中，多数的 *st->s-（如李方桂1976[1980]: 88—89）在我的体系里则是 *sl-。李方桂的体系没有将 *l-类的谐声系列与 *t-、*th-等舌齿声母区别开来。

第六章 上古汉语音节：声母

作为声符又用于下例：

(439) 翽 huì<xwajH< *hwats（羽翼声）

这个字在《诗经》中也押 *-ats 韵（《诗经》252.7A、252.8A）。类似地，还有下例：

(440) 宣 xuān<sjwen< *swjan（广泛传播）

此字只押 *-an 韵（《诗经》250.2A、259.1B、262.4A）不与 *-on 押韵，因此其中古形式中的 -w- 只能源于上古的声母部分。这个谐声系列（高本汉 1957，序号 164）含有中古汉语的擦音声母，但没有塞音声母，以支持 *w- 或 *hw- 的构拟，例如：

(441) 桓 huán<hwan< *wan（表柱）
(442) 垣 yuán<hjwon< *wjan（墙壁）
(443) 咺 [xuān]<xjwonX< *hwjanʔ（辉煌）

这个系列全部只押 *-an 韵。[1]

下例的声母似乎可构拟成 *ɦsw->z(w)-：

(444) 旬 xún<zwin< *ɦswjin（十天）

此字在《诗经》中押 *-in 韵（《诗经》257.1B），因此中古 -w- 必须源于声母部分，而不是主元音部分。此字作为声符，用于"洵"[xún]<xwen< *hwin（疏远）。

注意：*sj- 的组合尽管表面上可以同 *sw- 进行类比，事实上它的

---

[1] 具体地说，"㮝"（貆）（中古读音为 hwan< *wan，又读 xwan< *hwan，还读 hjwon< *wjan）在《诗经》112.1A 中押 *-an 韵；"垣" yuán<hjwon< *wjan（墙壁）在《诗经》58.2A、197.8A、244.4A 和 254.7A 中押 *-an 韵；"咺" xuān<xjwon< *hwjan（辉煌）在《诗经》55.1B—55.2B 中押 *-an 韵。

结构是不同的,因为 *j 可用作介音,而 *w 则不能。我将 *sj- 中的 *s- 视作占据声母位置的音而非前冠音,因此这种组合在上文 6.1.4 中讨论 *s- 时是作为单声母讨论的。

6.2.3.2　上古 *s- 后接塞音的复声母

在 *s- 后接塞音的复声母构拟中,主要的问题是这类复声母发展到中古的形式究竟是塞擦音 ts-、tsr- 还是擦音 s-、sr- 和 sy-。有一些谐声系列支持后者,尤其是 *sCr->sr-:

(445) 瑟 sè<srit< *sprjit(一种琵琶类乐器)

其声符为"必"bì<pjit(四)< *pjit(必须)。
另一个可能构拟成 *sp- 的是:

(446) 孪 [luán] <srwænH~srjwenH< *sprjons(孪生)

这里构拟成 *sp- 的理由是在同一谐声系列中出现唇音声母,例如:

(447) 銮 luán<lwan< *b-ron(銮铃)
(448) 变 biàn<pjenH< *prjons(变化)

"孪"也许与下例同源:

(449) 双 shuāng<sræwng< *sCr(j)ong(一双)

(也许这两个同源异形字反映了前鼻音 *-n 和后鼻音 *-ng 合并的方言变异。)
由于我已经把中古汉语的声母 l- 构拟成 *C-r-,与 l- 出现在同一谐声系列中的 sr- 也许最好构拟成复声母 *sCr- 而不是简单的 *sr-,*sCr- 中的 *C 后来发生了脱落。

第六章 上古汉语音节：声母

（450）數 shǔ<srjuX< *skrjok? （数数字）（也读作 shù<srjuH< *skrjo(k)s（数字））

下面的读音为 *k 韵尾提供了证据：

（451）數 shuò<sræwk< *skr(j)ok（屡次）

来源于同一个词根的还有下例：

（452）屢[lǚ]<ljuH< *g-rjoks（屡次）

复声母中的舌根音构拟证据来自同一谐声中的另一个字：

（453）屦 jù<kjuH< *krjo(k)s（便鞋）

*sCr-的另一个例子是：

（454）灑 sǎ<srɛiX ~ srjeX< *sCrje? （洒水），也读作中古汉语 srɛiH ~ srjeH< *sCrjes[1]

此字的声符为"麗"lì<lejH< *C-res（成对；美丽）。

从 *sp->s-和 *sk->s-的发展类推一下，我们期待也能够找到 *st->s-这样的演变，不过很难找到明显的例子。李方桂构拟了 *st->s-的形式（1976[1980]：88—89），不过他所举的大多数例子源于 *l-类的谐声系列，这种情况下我的构拟形式是 *sl-。下为上文已举过的例子：

（455）賜[cì]<sjeH< *sljeks（恩赐）（李方桂构拟：*stjigh）

―――――――

[1] srɛiX 和 srɛiH 这两种形式反映了 **TSrj->TSr-**的演变（*-j-在翘舌声母后的消失，见 7.2.2），而 srjeX 和 srjeH 则不反映这样的演变。《广韵》中两种形式均有记录，它们也许反映的是方言上或者是时间上的差别。

基于与藏文的比较，包拟古（1980：57）建议把下例构拟成 * st->s-：

（456）相 *xiàng*<*sjangH*< * *sjangs*(< * *stjangs*?)（相貌）

可比较藏文 *stangs*（举止，风格）。但在汉语内部很难找到 * st->s-的演变证据。

不过有为数不少的中古 *sy*-声母的音节与上古 * *t*-出现于同一谐声系列中，我暂时将这种演变构拟成 * stj->sy-。（这种情况下，与 * skj-和 * spj-相对的硬腭音演变可作如下解释：即舌齿音后接 *-j-腭化之后带 * s-的复声母才发生了简化。）下面是一些例子：

（457）詩 *shī*<*syi*< * *stjɨ*（诗歌）

此字的原初声符似乎为"之"*zhī*<*tsyi*< * *tjɨ*（去）（丁福保 1928—1932[1976]：968）。

（458）書 *shū*<*syo*< * *stja*（书写）

此字早期形式的声符为"者"*zhě*<*tsyæʔ*< * *tjAʔ*（语助词）。

（459）室 *shì*<*syit*< * *stjit*（房子）

此字声符为"至"*zhì*<*tsyijH*< * *tjits*（到达）。

（460）賞 *shǎng*<*syangX*< * *stjangʔ*（奖赏）

请比较同一声符的"當"*dāng*<*tang*< * *tang*（相当）。

除了带 * s-的复声母似乎演变为中古的 s-、sy-和 sr-这些擦音之外，包拟古、蒲立本和其他一些学者提出，中古汉语 TS-和 TSr-类型的塞擦音声母有时也源于上古汉语 * sT-复声母的换位演变。在有些情况下，似乎我们应当构拟出 * sP-和 * sK-这样的复声母，这些声

母先同化为 *sT-，然后产生换位变化，就像本来的 *sT- 一样，演变为中古的 TS 或 TSr-（如果有 *-r-介音）。我暂时采纳这些构拟方法，不过将其与由上古 *sC-简化发展为中古 s-、sr-和 sy-的演变区别开来，我将与其后塞音换位演变为中古塞擦音声母的 *s-记作 *S-。至于 *s-与这种换位 *S-本来是不同的音还是同一个音在不同方言中的反映，目前尚不清楚。

包拟古（1969，1980）举出了一些似乎反映早期 *s-复声母形式的中古 TS 和 TSr-的例子：

(461) 卒 zú<tswot< *tsut< *Stut（士兵；一群人或家庭或国家）

高本汉指出在《说文》小篆中，"卒"字是"衣"字下摆部位加了一横。（高本汉 1957，序号 490a）。包拟古将此字与藏文 sdud（衣袍的皱褶）及其动词 sdud-pa（汇集）联系起来。汉语"卒"zú 的释义也是源于"汇集"这个基本的意思。（"士兵"的释义也可能源于"一组人"这样的意思。）恰好在藏文中，还有一个同音的动词 sdud-pa 表示"关闭、结束"，可与汉语"卒"的另一读音比较：

(462) 卒 zú<tswit< *tsjut< *Stjut（结束；死亡）

当然上述例子不能证明 *ST-复声母在上古汉语时期仍然存在，这种假设的换位音变发生的时间可能更早。有一些来自谐声系列和词族的证据似乎支持为上古汉语时期构拟 *ST-，例如下面是蒲立本（1962：134）的例子：

(463) 戴 dài<tojH< *tɨ(k)s?（顶在头上）

此字的声符《说文解字》（见丁福保 1928—1932[1976]：1142）认为是：

(464) 㞢 zāi<tsoj< *tsɨ(<*Stɨ?)（伤害，毁坏）

另外一个例子是：

(465) 崔[cuī]<dzwoj< *dzuj(< *Sduj?)(高大，崔巍)

其声符是：

(466) 隹 zhuī<tsywij< *tjuj(一种短尾鸟)

上述例子的真实性值得怀疑，因此有必要对它们作重新考察。例如"戴"字，《说文解字》所引用的"古文"形式，并不以"弋"为声符，而其声符似乎是：

(467) 弋 yì<yik< *ljik(用带绳子的箭来射猎)

此字形有可能与"弋"混同起来。此外，铭文似乎显示"戴"字的初文形式是此字的组成部分：

(468) 異 yì<yiH< *ljiks(差异)

此字铭文形式如下：

古文字学家对这些字形的解释意见不一，有些人认为此字是下面这个字的初文：

(469) 翼 yì<yik< *ljik(翅膀；保护)

而更令人信服的看法似乎是这个字是一个人伸双手平衡头顶物的一个描绘，即"戴"dài(顶在头上)这个字的初文(见丁福保 1928—1932 [1976]：1141—1143 和周法高等 1974a，序号 0330，尤其参见书中对杨树达的引用）。此证据暗示着把"戴"的声符确定为"弋"这种形式的原因可能是后世讹所致，并不是"弋"这个词带 *St- 复声母。（"戴" dài<tojH 与 *l- 声母的联系暗示着我们应该把它的上古形式构拟成 *k-lɨks，关于这类的复声母见下文 6.2.4。）

类似地，"隹" zhuī<tsywij（一种短尾鸟）作为"崔"[cuī]<dzwoj（高大，崔巍）的声符也绝不是清楚的。在《说文》中，"崔"见于部首"山" shān（高山）这一部分的末尾，似乎是唐朝人徐铉[1]所加。徐铉的弟弟徐锴的文本中似乎没有为"崔"分立成单独的词条，他将这个字视为"崖"的俗体写法，这个字的注音也不是 dzwoj 而是 twoj。另外，大徐本和小徐本均未注明"隹"zhuī 是"崔"的声符。其中"聲"shēng 即段玉裁修订所加（参见丁福保 1928—1932[1976]：4111, 4121），这个例子证明在为上古汉语时期构拟换位音变的 *S-复声母以解释作为中古塞擦音的来源之一时，其文字证据是相当薄弱的，在此问题上尚需进一步的古文字研究。

不过还有相当数量的证据，来自可能同源的成对词的声母上的交替。包拟古所举的例子如下：

（470）催 cuī<tshwoj< *tshuj (< *Sthuj?)（催促）

此字可能与"推"tuī<thwoj< *thuj（推）同源。

（471）崔[cuī]<dzwoj< *dzuj (< *Sduj?)（高大，崔巍）

此字的同源词还可能有"陮" duì<dwojX< *dujʔ（高大）（高本汉 1957，序号 575b´）。

（472）責 zé<tsrɛk< *tsr(j)ek (< *Strek?)（索取；赔偿；责备）

----

[1] 徐铉（916—991）和徐锴（920—974）即兄弟关系，两人均治《说文》，他们两人通常被称作"大徐"和"小徐"，又称"大小二徐"。徐铉修订过《说文解字》，而徐锴版本的《说文解字》见他的《说文解字系传》。

与此字同源的可能还有"謫"*zhé*<*trɛk*<*trek（责备，惩罚）（又读 *drɛk*<*ɦtrek）。

为了解释此类现象，我尝试性地构拟出如下的复声母演变式：

*St->*ts*-
*Sth->*tsh*-
*Sd->*dz*-
*Str->*tsr*-
*Sthr->*tsrh*-
*Sdr->*dzr*-

上文曾举了一个可能可以反映 **Sg^w*->*dz(w)*-的例子：

（473）泉 *quán*<*dzjwen*<**Sg^wjan*ʔ（泉水）

这样的构拟可以解释这个字在中古时期为合口而在上古汉语中仅押 *-*an* 韵（见附录 C）。

白保罗（1976b：182 及其后）和包拟古（1980：58—68）两人均假定中古汉语的喉音 ʔ-和 *x*-有时分别源于上古的 *sk-和 *skh-（白保罗把这些"前缀"标记成 *s-k-和 *s-kh-，与解释其他演变的复声母 *sk-和 *skh-加以区分）。这种构拟尽管有相当多的语言构拟证据，我（依照包拟古）假定这类构拟如果没有错的话，它反映的是早于上古汉语时期的语音面貌，因为在上古汉语内部很少有直接的构拟证据。

6.2.4 带 *l 的复声母

包拟古（1980：108—113，143—145，168—171）为原始汉语（介于原始汉藏语和上古汉语之间的中间阶段）构拟了两套 *l-复声母。一类写作 **Kl-，其中介音 **l 的作用相当于介音 *r，产生二等（及重纽三等）韵母中的元音；另一类写作 **K-l-，介音 *l 似乎对其后的元音没有影响，除了造成中古声母的区别。由于音节中受影响的部分限于声母，我把它放在这一章而非讨论介音的下一章。我暂时构拟为：

* k-l->t-

* kh-l->th-

* g-l->d-

下面的复声母也可能存在：

* p-l->t-

* ph-l->th-

* b-l->d-

我假定包拟古第一类 * l-复声母在上古汉语时期已经与 * r-复声母合流，然而有证据显示第二类 * l-复声母在上古汉语时期仍然存在，对于这些复声母我仍然使用包拟古的 * k-l-、* kh-l-等中间加连字符的标记，以免与他构拟的原始汉语 **kl-、**khl-等相混。在原始瑶语或原始苗瑶语（Purnell 1970）中，发现多例此类 * K-l-复声母的词，有可能借自（或借到）上古汉语。一个很好的例子是：

(474) 桃 táo<daw< * g-law（桃子）；比较原始瑶语 * klaau 3、原始苗瑶语 * glaau 3 A（桃子）

包拟古同时举了下面这个例子，与南亚语同源词相比较，这个词也可能是从南亚借入汉语的：

(475) 擔 dān<tam< * k-lam（担在肩上）；比较克木语 klam、原始佤语 * klɒm（担在肩上）

可比较同一谐声系列中的"檐"yán<yem< * ljam（屋檐）。这个系列还包括中古硬腭声母（例如这个系列的谐声声符"詹"zhān < tsyem < * Kjamʔ（饶舌））。这一点暗示 * k-l-和"未预料到的"舌根音声母的硬腭化（这里标记作 * K，参见上文 6.1.5.4）这两种现象可能是有联系的。

似乎 * K-l-复声母后接 *-j-演变为中古的翘舌塞音：

(476）腸 cháng<drjang< * g-ljang（肠子）（高本汉 1957，序号 720y）；比较原始瑶语 * klaang 2（肠子）。

此字可比较同一谐声系列的"陽"yáng<yang< * ljang（阳光，太阳）。
下例似乎可找到藏语同源词：

(477）中 zhōng<trjuwng< * k-ljung（中间），比较藏文 gzhung< * g-lyung（中间；脊髓；果核）

东汉时期包含了许多声训的《白虎通义》（引于柯蔚南 1983：156，序号 55），其中以"中"来训"宫"：

(478）宫 gōng<kjuwng< * k(r)jung（宫殿）

此例也许表明"中"zhōng 声母中舌根声母尚有残存。
包拟古将下例视为 * P-l->T- 的一种可能的证明：

(479）匋 táo<daw< * b-lu（陶器）

据《说文》（参见丁福保 1928—1932［1976］：2242），此字声符为"包" bāo<pæw< * pru（包括）。《说文》又说，在《史篇》（即《史籀篇》[1]）中，"匋"又读作：

(480）缶 fǒu<pjuwX< * p(r)juʔ（陶器）

更多的例子及相关讨论见包拟古（1980：108—113），这些例子即是从那里引用的。

---

[1]《史籀篇》是一本字书，传统上称为《史籀》，成于周宣王时期（公元前 827—公元前 782）。据说这本字书是秦代小篆的基础（李学勤 1985：36）。

第七章　上古汉语音节：
　　　　介音和主元音

完备的上古汉语元音构拟体系,必须既能解释中古汉语韵母,也能解释上古汉语的押韵。下面我们来看是否有可能用截至目前所作的假设来解释这些证据。此处有必要对这些假设予以总结:

1. 上古汉语的押韵区别应作音系学的解释,尽管后世诗歌押韵中有一些人为的、非音系学的区别,而上古汉语并非如此。这一观点见第三章中的讨论。

2. 上古汉语没有 *-w- 这样的介音:中古汉语-w-反映的是(1) *K^w-之类的上古汉语圆唇舌根音和圆唇喉音声母,或(2) 后来双元音化了的上古汉语圆唇主元音。即是应归功于雅洪托夫的"圆唇元音假设",此假设在第五章作了简要的介绍。

3. 上古汉语中没有与 *-j-对应的"强元音"介音 *-i-:中古汉语的四等韵母(高本汉及其他学者对这些韵母构拟了 *-i-介音)既在中古汉语中不带前元音介音,也在上古汉语中不带前元音介音。而一般来说,它们的构拟形式为前主元音。这个假设称为"前元音假设",此假设也在第五章中作了简要的介绍。

4. 二等韵母的构拟形式中带介音 *-r-。此假设称为" *r-假设",也归功于雅洪托夫。

5. 三等韵母的上古形式带 *-j-或 *-rj-。组合介音 *-rj-用来解释在同一个上古韵部中的中古汉语三等韵母内部的对立,比如重纽三等和其他韵母的区别。此假设即" * rj-假设",归功于蒲立本。

本章提出的上古汉语介音和主元音的构拟,与上述假设一致,也可解释中古韵母。在下文第十章中,我将用《诗经》押韵的材料测试本构拟的预测性。正如第五章所叙述的那样,我为上古汉语构拟了六个主元音,这些主元音前面都可以带介音 *-r-或者 *-j-,也可以同时带两者。在 7.1 节中,我们将讨论不带 *-r-或 *-j-介音的上古汉语韵母的演变。此类韵母发展为中古汉语一等和四等韵母。从这些不带介音的韵母中,我们可以看出上古汉语元音体系的结构,有时候带介音 *-r-和 *-j-时我们会受到它们的迷惑和影响。在此节中,我将详细地讨论圆唇元音假设和前元音假设。7.2 节中考察带 *-r-介音韵母的构拟,这些韵母后来演变为中古汉语的二等韵母。7.3 节则考察带 *-j-和 *-rj-的上古韵母构拟,这些韵母后来演变为中古的三等韵母。

在每一节中,我们都会考察引起所讨论韵母演变的主要音变类型。对有些音变类型的建立甚至年代的确定,我们都有信心,而另外一些则带有推测性,有待于进一步研究。这里涉及的演变类型见附录 A 中的总结。

上古汉语与上古汉语韵尾构拟相关的一些问题将在第八章讨论,由于在语音演变过程中,韵尾和主元音相互影响,有必要把其中的某些讨论提前到本章中作一些交代。

7.1 不带介音的音节:一等和四等

7.1.1 圆唇元音假设

7.1.1.1 分布上的证据

雅洪托夫(1960b)首次提出圆唇元音假设(即上古汉语没有可自由出现的介音 *-w-)。[1] 中古汉语-w-从分布上来看暗示了这个假设,它可以自由地出现于舌根音和喉音声母之后,而在锐音声母之后则有很大的限制。(为方便起见,我将沿用传统术语,把带介音-w-的韵母或音节称为合口,不带这个介音的韵母或音节称为开口。)例如中古汉语带-ng 韵尾的合口韵母,无例外地都限于舌根音和喉音声母之后[2]:

---

〔1〕 蒲立本(1962:95—96)提出他也独立地得出相同的假设。不过他后来放弃了这个假设(1963:207—208)。我认为他放弃的理由并不能令人信服。

〔2〕 这里没有包括带我标记为-wng 韵尾的韵母,这些韵母有时被认为是合口,不过其圆唇性很可能不是介音的属性,而是主元音或韵尾的属性。

一等：-wang, -wong
二等：-wɛng, -wæng
三等：-jwang, -jwæng, -jwɛng, -wing
四等：-weng

也就是说，有中古汉语诸如 kwang 和 kwong 这样的音节却没有像 twang 或 twong 这样的音节。对这种模式的一种诱人解释即假定上古汉语有一套圆唇舌根音和圆唇喉音声母：*k^w-和*k^wh-等，而其他情况下则没有介音*-w-。因而类似中古汉语 twang 和 twong 这样的音节就无从产生。

不过尽管中古汉语没有 twang 或 twong，却有诸如 twan 和 twon 这样的音节。带-n 韵尾的合口韵母之前出现锐音声母：

一等：-won, -wan
二等：-wæn, -wɛn
三等：-win, -jwen

下面是一些例子：

(481) 敦 dūn<twon（坚实）
(482) 端 duān<twan（端点）
(483) 春 chūn<tsyhwin（春天）
(484) 專 zhuān<tsywen（专一）

不过这种情况还有一些有趣的限制。四等韵母-wen 仍然只限于舌根音和喉音声母之后。事实上四等合口韵（带-we-的韵母）没有出现在锐音声母之后的情况。另外一个有趣的限制即中古汉语锐音声母之后的-w-仅出现于上古构拟形式为锐音韵尾的音节中（在我的体系里，这些锐音韵尾为*-n、*-t 或*-j）。

这种分布事实暗示，中古锐音声母后的-w-是从带锐音韵尾的圆唇主元音双元音化演变而来的：-wan< *-on，-won< *-un，-woj< *-uj 等。这不仅解释了中古-w-分布上的限制，而且还填补了一个上古圆唇元音

分布上的空档,没有这种假设的话,锐音韵尾之前则不会构拟圆唇元音。依照雅洪托夫,我也为上古汉语构拟 *u 和 *o 两个圆唇元音,这两个音在锐音韵尾之前,发生了**圆唇元音双元音化（rounding diphthongization）**（*u>wi, *o>wa）的演变。那么上面四例中的构拟形式如下:

敦 dūn<twon< *tun（坚实）
端 duān<twan< *ton（端点）
春 chūn<tsyhwin< *thjun（春天）
專 zhuān<tsywen< *tjon（专一）

7.1.1.2 谐声证据

圆唇元音假设还有一些个别的谐声上的证据,也就是带锐音韵尾的字和带其他类型韵尾的字有谐声联系。雅洪托夫所举出的例子如下:

（485）寇 kòu<khuwH< *kh(r)os（劫寇）

《说文》将此字处理为"攴" pō（敲击）和"完" wán（完全）组成的会意字（参见丁福保 1928—1932[1976]: 1358）,似有牵强,有可能"完" wán 是这个字的声符[1]:

（486）完 wán<hwan< *gon 或 *ɦkon（完工,完成）

假如这是对的,那么"寇" *kh(r)os 中的 *o 支持将"完" *gon ~ *ɦkon 也构拟元音 *o。仅根据中古汉语的读音,"完" wán<hwan 既可以源于上古的 *gʷan,也可以源于 *gon 这样的上古形式,事实上"完" wán 与

---

[1] 这个字还有另外一个解释,即屋顶下的部分是"人" rén,而不是"元" yuán,受到了击打:"攴"——描绘了正在进行中的犯罪（见丁福保 1928—1932[1976]: 1358,周法高等 1974a,0427 条）。不过这种说法跟青铜器铭文上的字形不一致,铭文中屋顶下的成分明显是"元" yuán<ngjwon< *Nkjon,而不是"人" rén。

此谐声系列中其他的字的确押 *-on 韵,如在《诗经》261.6A 中的押韵。
(又见上文 6.2.2 中关于此字及相关字声母的讨论。)

雅洪托夫的其他例子:

(487) 媪 ǎo<ʔawX< *ʔuʔ(老妇人)

依《说文》(参见丁福保 1928—1932[1976]: 5543),此字的声符是:

(488) 昷 wēn<ʔwon< *ʔun(仁慈)

这个例子支持将声符"昷"的主元音构拟成 *-u,事实上这个系列的字的确押 *-un 韵,例如:

(489) 愠 yùn<ʔjunH< *ʔjuns(恨,愤怒)

此字在《诗经》237.8B 中押 *-un 韵。

雅洪托夫还列举了一个有趣的联绵词:

(490) 町疃[tǐng]tuǎn<thenX-thwanX< * thenʔ -thonʔ(鹿的脚印)(表示这个意思时第一个字也读作 thengX)

这个联绵词见于《诗经》156.2,这个联绵词中的两个字中古汉语均收-n 尾,而两个字的声符均收-ng 尾。下面是我对两个声符的构拟:

(491) 丁 dīng<teng< * teng(天干第四位)
(492) 童 tóng<duwng< * dong(儿童)

类似这样的-n 和-ng 的交替也并不少见。

按照圆唇元音假设,联绵词中的第二个字"疃"tuǎn<thwanX 必须构拟成带圆唇元音 * o 的形式 * thonʔ 以解释中古形式中的-w-介音。其声符"童" * dong 中的 * o 支持这个字的构拟。此外,根据前元音假

设,联绵词中的第一个音节"町"中古 thenX 的主元音必须构拟成 *e,因此整个联绵词的读音形式为"町疃" *then(g)ʔ-thonʔ。做这样的构拟使这个联绵词自然地归作一大类联绵词中：这类联绵词的两个音节除了前一个主元音为 *e,后一个主元音为 *o 之外,音节的其他部分都是相同的。[1] 另一个此类 *e/*o 交替的联绵词是：

(493) 輾轉 zhǎnzhuǎn<trjenX-trjwenX< *trjenʔ-trjonʔ (翻来覆去)

除了雅洪托夫的例子之外,我们还可以举出一些例子：

(494) 短 duǎn<twanX< *tonʔ (短)

依《说文》(参见丁福保 1928—1932[1976]：2260),此字的声符为：

(495) 豆 dòu<duwH< *dos (一种食物容器)

此谐声支持为"短"tonʔ 构拟圆唇元音 *o。
　　一个更为复杂的例子是：

(496) 最 zuì<tswajH<tswats< *tsots (汇集；程度最高)

依小徐本《说文解字》(参见丁福保 1928—1932[1976]：3368),此字为形声字,其声符为：

(497) 取 qǔ<tshjuX< *tshjoʔ (索取)

有多处在对"最"zuì 解释时常用下面这个可能是声训,也可能是同源关系的字：

---

[1] "町疃"在李方桂的构拟体系中当为 *thianx-thuanx,对谐声证据的解释要差一些。

（498）聚 jù<dzjuX～dzjuH< * dzjoʔ ~ * dzjos（聚集）

按照圆唇元音假设，这个证据支持为"最"zuì 构拟出圆唇元音 * o。"最"zuì 这个字本身在《诗经》中没有押韵，而以它为声符的字：

（499）撮 cuō<tshwat< * tshot（小帽）

则在《诗经》225.2A 中押 *-ot 韵。

上述例子中，尽管韵尾的交替不合规则，而对应的主元音则支持圆唇元音的假设。

而圆唇元音假设的主要支持证据来源于押韵证据。主要的押韵证据已由雅洪托夫（1960b）提出，也会在本书第十章中予以考察。

7.1.2 前元音假设

前元音假设主要涉及中古汉语的四等韵母，按照这个假设，中古四等韵母的上古形式中不带介音，这意味着我放弃高本汉为中古和上古汉语都构拟的"强元音"介音-i-。我先讨论高本汉中古汉语的构拟。

7.1.2.1 高本汉中古汉语介音-i-

高本汉的"强元音"介音-i-的构拟是为了区分中古三等韵母和四等韵母，例如：

（500）仙 xiān<sjen（神仙）（三等）
（501）先 xiān<sen（首先）（四等）

大量可见的汉语方言及其他语言中的汉语借词，都证明中古-jen 和-en 之间没有区别。此外，大部分汉语方言中，这两个中古韵母的主元音前都有一个滑音（如普通话韵母-ian［-iɛn］）。高本汉据此推断，这两个中古韵母本来一定就带有某种前高滑音。他把这两个韵母构拟如下：

中古-jen（三等）构拟为-i̯än

中古-en(四等)构拟为-ien

为四等韵母选用"更强"的介音,基于带喉音声母的朝鲜汉字音,例如:

(502) 愆 qiān<khjen(超过;错误)(高本汉构拟:k'i̯än),朝鲜汉字音为 kən
(503) 牵 qiān<khen(拉)(高本汉构拟:k'ien),朝鲜汉字音为 kyən

朝鲜汉字音 kən 和 kyən 的形式采用河野六郎的转写(Kōno Rokurō 1964—1967[1979]);高本汉将这两个形式分别写作 ken 和 kien。高本汉推断,在朝鲜汉字音里:

在喉音之后有清楚的区别:三等为 ken 而四等为 kien,肯定表明在中古汉语中"介音 i"在后者中要更强一些,我们必须为前者构拟一个短的辅音性的 i̯,而为后者构拟一个长的元音性的 i……(1954:248)

高本汉还为这两个中古韵母构拟了不同的主元音:"仙"xiān<sjen(神仙)(高本汉的构拟 si̯än)中为 ä 和"先"xiān<sen(首先)(高本汉的构拟 sien)中为 e。这种元音的区别基于他关于要为不同的《切韵》韵类构拟不同主元音的假设(今天很少有人接受这一点)。由于"仙"Xiān(Sjen)和"先"Xiān(Sen)在《切韵》中属于不同的韵类,高本汉为它们构拟了不同的主元音,这正如他为"唐"Táng(Dang)韵构拟了 â,为"阳"Yáng(Yang)韵构拟了 a,也基于它们是不同的韵类一样。除了高本汉对《切韵》作者编撰方法的假定之外,没有证据证明存在这样的区别。对早期中古汉语押韵研究(例如周祖谟 1963[1966];李荣 1961—1962[1982])表明,那些押韵严整的作者也没有观察到这样的区别。

尽管高本汉相信他恢复了许多中古汉语发音上的细节,然而他对这些要素的总体分布规律很少关注,以现代的观点来看他的构拟,相当值得怀疑。他的 ä 只出现于介音-i̯-之后,他的 e 也只出现于介音-i-之后,诸如 i̯ä 和 i̯e 这样的组合并不出现。同时 ä 和 e 不带介音时,也不单独出现。由于构拟中这种多重的冗余,不但 ä 和

e 互补分布，而且"弱辅音性"的-i-或"强元音性的"-i-都可以在不丧失对比的情况下省略掉，甚至把高本汉的 ä 和 e 都用同一个符号来替换，也是如此。

7.1.2.2 另外一种构拟：四等韵母带零介音

如果我们考察中古汉语四等韵母的声母和韵母的分布，即我们看哪个声母可以跟哪些韵母相配，就可对四等韵母的构拟问题得出一个更为满意的解决办法。《切韵》反切注音表明诸如-jen 这样的三等韵母，可以同许多类型的声母相配，这些声母包括翘舌声母和硬腭声母，也包括钝音声母"喻化"或称作硬腭化的音位变体（参见第二章）。诸如-en 这样的四等韵母，则在分布上无法同一等韵母相区别，因为两者都只同十九个"简单声母"相配，这些声母都未见产生硬腭化和翘舌化。[1] 是后来反映在韵图和现代读音中的音变使得诸如-en 这样的四等韵母与诸如-jen 之类的三等韵母更接近一些，而不像-an 之类的一等韵母。

我们可以把一等和四等韵母都构拟成简单的不带介音的元音来解释它们在分布上的相似性。这一点显然首先是由有坂秀世（Arisaka 1937—1939[1957]）提出来的，他没有采纳高本汉为四等韵构拟的-ie-，而把它构拟成简单的-e 元音。

乍看起来，把四等韵母记作不带介音的-en 之类形式，似乎很难调和作为高本汉构拟强介音-i-基础的朝鲜汉字音证据：朝鲜汉字音为什么用-ən 来表达三等-jen，而用-yən 来对应四等的-en 呢？高本汉在考察这个证据的时候，由于未能区别所谓的重纽韵母-jen（三等）和-jien（四等）而受到了蒙蔽（参见 2.4.1.4 中的讨论）。朝鲜汉字音的实际情况是这样的：

---

[1] 这种格局是由清末民初早期学者黄侃（1886—1935）提出的，黄侃将一等、四等韵母视为"古本韵"。与其相配的 19 个声母称之为"古本纽"，其他的韵母和声母均被视作"古本韵"和"古本纽""變"biàn 来的（见王力 1936—1937[1957]：400—403,409—412）。黄侃并没有确定引起导致这些变式的语音条件。在用"古本韵"确立《切韵》韵类的时候，他似乎也忽略了前清音韵学者所发现的上古汉语押韵区别。不过他的研究表明他对中古汉语的音韵格局有相当精深的认识。

朝鲜汉字音-ən＝中古汉语-jen（三等）

朝鲜汉字音-yən＝中古汉语-en 和-jien（四等）。

正如有坂秀世指出的，这些朝鲜汉字音形式很可能代表的是，我所记为-en 和-jien 的这些中古汉语韵母在借用发生时已经合流的情况。公元8世纪慧琳《一切经音义》中的反切也反映出了这种合流现象（参见上文2.2.1）。这种合并后的形式显然在元音 e 之前插入了一个前高滑音。据河野六郎，朝鲜汉字音的主体层事实上与慧琳音系的语音体系密切相合（1964—1967[1979]：506；又见有坂秀世（1962：74）中河野六郎的评论）。因此朝鲜汉字音所代表的滑音反映的是后《切韵》时期的音变，不能够以此为据而认为《切韵》的语言中也存在类似的滑音。

诸如-en 之类的四等韵母与-jien 之类的重纽四等韵母的合流，也解释了为什么这两种韵母在韵图中放在同一行的这种做法。高本汉在构拟《切韵》音系的时候严重依赖韵图，韵图更多地代表了晚期中古汉语而不是早期中古汉语，因此在这个问题上，高本汉不光是被没有区别重纽韵母所误导，也被他没有区别早期中古汉语和晚期中古汉语而误导。

7.1.2.3　上古汉语 *-i-介音及新的构拟

高本汉将他在中古汉语中构拟的-i-介音向后投射到上古汉语中。让我们仍然用中古-en（高本汉构拟为-ien）作为例子。正如我们在第四章看到的那样，清代音韵学家发现-en 韵母至少有三个不同的上古来源，分别来自传统分析中的上古汉语"真"Zhēn 部、"元"Yuán 部和"文"Wén 部。高本汉相应地为中古汉语-en 的这三个来源作了如下的构拟：

-ien（我的构拟：-en）＜"真"部的 *-ien

-ien（我的构拟：-en）＜"元"部的 *-ian

-ien（我的构拟：-en）＜"文"部的 *-iən

从高本汉构拟的角度来看，上古汉语 *-ien 到了中古时期没有改变，而 *-ian 和 *-iən 的元音在"强"介音-i-的影响下演变为 e。与之形成对比的是，"弱"介音 *-i̯-对其后元音或者引起小的改变，或者不引起任何改变：

-iĕn（我的构拟：-(j)in）<"真"部的 *-i̯ĕn

-iän（我的构拟：-jen）<"元"部的 *-i̯an

-iən（我的构拟：-jin）<"文"部的 *-i̯ən

这些似乎与高本汉有关-i-是强介音，而-i̯-是弱介音的想法相当一致。不过请注意，高本汉的中古汉语-i-和他上古的 *-i-之间存在基本的音系上的区别。正如我们看到的，他中古汉语的-i-在音系上是冗余的也是不必要的，然而在他的上古汉语中则有诸如 *-ian ≠ *-i̯an ≠ *-an 和 *-iən ≠ *-i̯ən ≠ *-ən 这样的对立。

当然，如果我们不给中古汉语构拟-i-介音，为上古汉语构拟介音的理由就会被减弱；使上古的 *-ien、*-ian 和 *-iən 三个音合流为中古的-en，看上去要比合并为-ien 别扭得多。尽管如此，高本汉以后的学者们，还是不愿意放弃他的 *-i-的介音构拟（或者记作其他符号），来构拟四等韵母。这种做法也有很好的理由：有必要构拟类似的介音来调和上古韵部和中古复杂韵类之间的关系。

为了说明这一点，我们可以考察传统上归作"元" Yuán 部的中古韵母。除去合口韵母之外，"元"部包含了下面的七个中古汉语韵母：

一等：-an

二等：-æn，-ɛn

三等：-jon，-jen，-jien

四等：-en

由于在历史音韵学中，我们不做无条件语音裂变的构拟，那么上述七个韵母在上古汉语构拟中，必须指派不同的来源。不过，如果我们采纳传统上所认为的这些韵母在上古汉语时期彼此押韵的假定，则必须把这七个韵母的上古形式构拟成相似的主元音和韵尾，甚至构拟成相同的主元音和韵尾，如果我们接受音位对等假设的话（即规则性押韵的音节其主元音和韵尾必须相同）。一种可能的构拟，即将其主元音构拟成相同而构拟出七个不同的介音。周法高的构拟体系即是如此（周法高等 1974b：xi）：

	中古汉语	周法高
一	-an	*-an
二	-æn	*-ran
	-ɛn	*-rian
三	-jon	*-jan
	-jen	*-ian
	-jien	*-jian
四	-en	*-ean

不过，请注意这个体系里包含了 *-j-、*-i-、*-ji- 和 *-e- 这四种介音，看起来相当不合情理。

蒲立本（1977—1978）的韵母构拟体系也把上述韵母构拟成不同的形式，没有明显地违反音位对等假设。他的构拟中采纳了"A 类"（标记时元音上带锐重音符号）音节和"B 类"（标记时元音带钝重音符号）音节的韵律区别特征。蒲立本起初相信这种区别是元音长短之别（1962），后来他将此描写成音节里不同莫拉（moras）上的重音之别（1977—1978）。（无论这种区别的性质如何，都假定它对押韵没有影响。）一般来说，B 类音节即高本汉构拟成 *-i-，而我构拟成 *-j- 的音节。例如，A 类音节 *-án 对应我的 *-an，B 类音节 *-àn 对应我的 *-jan。把这种区别从介音位置上移到韵律上，这样就避免了我们在周法高构拟体系中所看到的介音位置要素过于拥挤的问题。蒲立本在处理其他区别时，假定了记作 *j、*r 和 *rj 之类的要素，它们代表"声母上或韵母上的特征，这些特征形成 j-、r- 或 rj- 变音特征（umlauts）"（1977—1978：184），这样蒲立本把这七个韵母构拟如下：

	中古汉语	蒲立本
一	-an	*-án
二	-æn	*-ʳán
	-ɛn	*-ʳán
三	-jon	*-àn（带钝音声母）
	-jen	*-àn（带锐音声母）
	-jen（三）	*-ʳàn、*-ʳàn（带钝音声母）
	-jien（四）	*-ʲàn（带钝音声母）
四	-en	*-ʲán

（究竟其前后的辅音如何产生这些"变音特征（umlauts）"，尚未见完备的解释发表。[1]）

然而，多数学者在解释"元"Yuán 部（或者其他韵部的类似问题）的韵母时，或者假定这些带不同主元音的韵母可以彼此押韵，或者忽略一两种中古汉语中的区别，或者两者兼有。高本汉的构拟两者兼有。他构拟了三个不同的 *a（"大"â、长 *a 和短 *ă），同时忽略了-jen（三）和-jien（四）之间的重纽三、四等的区别：

	中古汉语	高本汉
一	-an	*-ân
二	-æn	*-an
	-ɛn	*-ăn
三	-jon	*-i̯ăn
	-jen, -jien	*-i̯an
四	-en	*-ian

董同龢在构拟中解释了所有的区别，不过他允许这四个不同的 *a（在董同龢 1944[1948]中记作 *â、*a、*ă 和 *ä）彼此可以押韵：

---

[1] 从抽象的层次上来看，蒲立本的体系与这里提出的体系很相像：他的"B 类音节"与我的 *j 介音对应；他的 *i 与我的前元音属性[-后音]对应；*r 的功能在两个体系中相同。不过两个体系对上古汉语押韵有不同的预测。

	中古汉语	董同龢
一	-an	*-ân
二	-æn	*-an
	-ɛn	*-än
三	-jon	*-i̯ăn
	-jen	*-i̯an
	-jien	*-i̯än
四	-en	*-i̯än

李方桂通过介音 *r 和 *j 的使用，同时通过允许单元音 *a 与 *ia、*ua 之类的复合元音押韵的方式，在构拟中解释了所有的区别，只是中古的 -jon、-jen 和 -jien 三个韵母在上古只有 *-jan 和 *-jian 两个来源(李方桂 1971[1980]：54—56)[1]：

	中古汉语	李方桂
一	-an	*-an
二	-æn	*-ran
	-ɛn	*-rian
三	-jon	*-jan
	-jen	*-jan, -jian
	-jien	*-jian
四	-en	*-ian

王力的构拟(1980b)遵循音位对等假设，但没有解释所有必要的区别。他构拟了三个不同的介音 *e(二等)、*i(三等) 和 *y(四等)，但没有区别二等中的 -æn 和 -ɛn，也没有区别三等中的 -jon、-jen 和 -jien：

	中古汉语	王力
一	-an	*-an

---

[1] 李方桂的构拟中也使用 *rj 组合，不过他 1971 年的文章(1971[1980])里，这种组合仅限于中古汉语带翘舌声母的音节。后来他又构拟了 *Krj- 作为中古汉语硬腭声母的来源(1976[1980])。

二	-æn, -ɛn	*-ean
三	-jon, -jen, -jien	*-ian
四	-en	*-yan

上述诸家的构拟体系表明，在构拟出一套看起来有道理的介音和元音体系时所遇到的困难：一方面要照顾音位对等假设，另一方面还要照顾传统的韵部。

7.1.2.4 区别 *-an 和 *-en

如果既遵循音位对等假设，又遵循传统韵部，让我们难以构拟出一套看起来自然的体系，那么原因很可能是传统的韵部分类有误。中古汉语不带-i-介音的证据暗示，上古汉语也可能不带这个介音，而一等-an 和四等-en 之间的区别，一直仅仅是主元音上的区别而已。如果传统上"元"Yuán 部的分类既包括 *-an 也包括 *-en 的话，就可以解释此韵部中韵母过多的现象。我的解决办法（遵从包拟古 1971 类似的提议）即如此。我的构拟形式如下：

	中古汉语	白一平
一	-an	*-an
二	-æn	*-ran
	-ɛn	*-ren
三	-jon	*-jan
	-jen	*-rjan, *-rjen
	-jien	*-jen
四	-en	*-en

（这些是带钝音声母的演变情况，钝音声母后保持了所有韵母的对立。）这个构拟解释了上引"元"Yuán 部所包含的七个韵母。注意三等的-jen（三）有 *-rjan 和 *-rjen 两个来源。

这个例子也说明了前元音假设可以作如下表述：

中古汉语前后元音之间的对立，如果不能够解释为介音 *-r-和 *-j-的影响，则在上古汉语中也可构拟成前元音和后元音的对立。

此假设一般要求把四等韵母构拟成上古形式 *i 或 *e。(唯一的例外是受 *i-**前化**影响的音节；见下文。)通常与四等韵母押韵或者有谐声关系的二等或三等韵母也构拟成 *i 或 *e 这样的前元音。

假如上古汉语的押韵要求主元音相同，我所构拟的 *-an 和 *-en 一般互不通押。在第十章中，我们会看到情况的确如此，而且这种构拟还有谐声证据的支持。[1]

7.1.3　六元音体系

为了表明本章开头所列的一些假定如何让我们为上古汉语构拟出六元音体系，我们可以从带-n 韵尾的一等和四等韵母开始考察。这些韵母即所谓的简单韵母，即按照圆唇元音假设和前元音假设，必须构拟成不带介音的上古汉语形式。

中古汉语有 6 个收-n 韵尾的一等和四等韵母，下面同《切韵》韵类一并列出：

-an, -wan	寒 Hán (Han)
-on, -won	痕 Hén (Hon), 魂 Hún (Hwon)
-en, -wen	先 Xiān (Sen)

让我们先来回顾传统汉语历史音韵学对这些韵母上古来源的看法。我们这里仅从开口韵-an、-on 和-en 这些不带中古-w-的韵母开始考虑。按照上古汉语传统押韵的分析(参见上文 4.2 中的总结)。

1. 中古汉语-an (寒韵)仅源于上古"元"Yuán 部(李方桂构拟：*-an)，我将其构拟成 *-an。例如：

---

[1] 董同龢(1944[1948]：95—102)已经观察到在上列的"元"yuán 部韵母中，无论谐声字还是《诗经》押韵都表明中古的-ɛn、-jien 和-en 这三者相互关系密切，而-æn、-jen (三)和-jon 之间的关系密切。因此他为-ɛn、-jien 和-en 构拟了 *ä，而为-æn、-jen 和-jon 构拟了 *a 或 *ă。总的来说，我的 *e 与董氏的 *ä，我的 *a 与他的 *â、*a 和 *ă 对应。

（504）干 gān<kan<*kan（盾牌）

2. 中古汉语-on（痕韵）仅源于"文"Wén 部（李方桂构拟：*-ən），我将其构拟成 *-in。例如：

（505）根 gēn<kon<*kin（树根）

3. 中古汉语-en（先韵）有三个不同的来源：

—— 真部（李方桂构拟：*-in）
—— 元部（李方桂构拟：*-an）
—— 文部（李方桂构拟：*-ən）

下面举出这三个韵部发展到中古-en 的例子。

源于真部的中古-en

下面这些字在《诗经》里经常与真部的"人"rén<nyin（人）这样的字押韵：

（506）天 tiān<then（天空）
（507）田 tián<den（田地）
（508）坚 jiān<ken（坚硬）

高本汉（及董同龢）把这个韵部构拟成 *-ien，在李方桂体系中这些字的构拟形式为 *-in，我也将这个韵部构拟成 *-in。

源于元部的中古-en

（509）肩 jiān<ken（肩膀）（《诗经》97.1 中作为"豣"jiān<ken（三岁猪）的假借字）

这个字在《诗经》97.1 中与传统上所谓元部字押韵,如"還"xuán<zjwen(敏捷)(也读作 huán<hwæn(归还))。

在这种情况下,高本汉和李方桂都将中古-en 构拟成 *-ian,我将其构拟成 *-en。来源于传统上归入元部的其他中古-en 如下:

(510) 见 jiàn<kenH< *kens(看见)
(511) 宴~燕 yàn<ʔenH< *ʔens(宴会)

源于文部的中古-en

(512) 先 xiàn<senH(领先)(来源于"先"xiān<sen(首先))

这个字在《诗经》197.6A 中与文部的"墐"jìn<ginH(涂抹)押韵。类似地,

(513) 殄[tiǎn]〔1〕<denX(停止,毁灭)

这个字在《诗经》237.8A 中与文部的"陨"yǔn<hwinX(坠落)押韵。

在这种情况下,高本汉和李方桂将中古-en 构拟成 *-iən,我将其构拟成-en< *-in,解释详见下文。(重要的是,源于文部的中古-en 都带有锐音声母,由文部演变到中古的形式中,没有明显的诸如 Ken、Kwen 或 Pen 等带钝音声母音节的例子。)

如果我们把中古-en 的三个来源考虑到构拟体系中,至少可以解释下面五种可能性:

1. 源自元部的-an(高本汉构拟:*-an,李方桂构拟:*-an)
2. 源自文部的-on(高本汉构拟:*-ən,李方桂构拟:*-ən)
3. 源自真部的-en(高本汉构拟:*-ien,李方桂构拟:*-in)
4. 源自元部的-en(高本汉构拟:*-ian,李方桂构拟:*-ian)

─────────

〔1〕 现代读音 tiǎn 很可能源自反切"徒典切"(du+tenX)的现代读音;规则发展式当为 diàn。

5. 源自文部的-en（高本汉构拟：*-iən，李方桂构拟：*-iən）

现在让我们来考虑中古合口韵-wan、-won 和-wen，看如何运用圆唇元音假设来解释这些韵母。中古汉语韵母-wen 只带舌根音和喉音声母；也就是说，中古汉语的音节中有 Kwen 而没有 Twen，也没有与 Pen 相区别的 Pwen。这意味着，我们可以仅构拟一个圆唇化的声母 *K^w-来解释-wen 中-w-的所有情况。此外，所有明显的-wen 韵，均来自真部和元部，而不是来自文部。[1]

然而，中古汉语-wan 和-won 中的-w-则不能只用圆唇化的声母 *K^w-来解释，因为-wan 和-won 也出现于诸如"端"duān<twan（端点）或"敦"dūn<twon（坚实）这样的字中，这种情况下无法构拟成圆唇化声母。正如我们前文所见，我们必须为这些字做-wan< *-on 和-won< *-un 这样的构拟：

（514）端 duān<twan< *ton（端点）
（515）敦 dūn<twon< *tun（坚实）

传统上，"端"*ton 属于上古元部，"敦"*tun 属于文部，这两部里其他的字我分别构拟成 *-an 和 *-in。可是，如果音位对等假设也用于上古汉语，那么 *-on 则不应当与 *-an 押韵，*-un 也不应当与 *-in 押韵。因此圆唇元音假设可以预测传统韵部分析中没有发现的押韵区别。雅洪托夫（1960b）令人信服地论证，这些预测是对的，我们将在第十章中确定这一点。

当依照圆唇元音假设而确定的两个新的韵母加进来之后，我们似乎得为七个韵母来构拟不同的主元音：

---

[1] 高本汉也做了这种构拟，不过例证不足。例如他将"犬"quǎn<khwenX（狗）构拟成 *k'iwən（高本汉 1957，479a 条），引用了《礼记·坊记》（1954：292）押"文"Wén 部的"珍"zhēn<trin（<*trjin）（宝物），不过这里是否押韵很不明显，无论如何，屈万里（1983b：353—354）估计《礼记》的这部分编于汉代早期，作为上古汉语音系证据来说，有点太晚了。段玉裁将"犬"quǎn 置于元部（他自己的第十四部，见 4.3.5）；见丁福保（1928—1932[1976]：4381）。这样一来，则可按我的构拟体系 *k^{w}henʔ，尽管也可以构拟成 *k^{w}hinʔ。

1. 源自元部的-an
2. 源自元部的-wan
3. 源自文部的-on
4. 源自文部的-won
5. 源自真部的-(w)en
6. 源自元部的-(w)en
7. 源自文部的-en

不过，如果我们把源于文部的中古-on 和-en（上表中的第 3 和第 7）呈互补分布这个事实考虑在内的话，我们就可以把主元音的总数缩减到六个。正如我们上面所观察到的，清楚地来自文部的中古-en 韵母（上表中的第 7）均带锐音声母。与之相反，清楚地来自文部的中古-on 韵母（上表第 3）均带钝音声母。[1] 这个事实允许我们将两者的上古韵母构拟成 *-in：

(516) 根 gēn<kon< * kin（树根）
(517) 先 xiān<sen< * sin（首先）

上古元音 *i 到中古-o-和-e-的裂变，可用 *i-前化这个音变来解释，这种前化的音变使得 *i 在声母和韵尾均为锐音的情况下发生了前化。受其影响，* sin 前化为 * sin。其后受一种我称为**高元音>中元音**的音变影响，* kin 和 * sin< * sin 相应地低化为中古的 kon[kʌn]和 sen[sen]。**高元音>中元音**音变使得在不含介音 *-j-音节中的高元音低化为中元音。[2]

---

[1] 有一个明显的例外，即"吞"（中古 thon，吞咽），不过《集韵》也记录了此字的 then 读音（见诸桥辙次 Morohashi 1955—1960,3329 条）。《说文》认为"天" tiān<then（天空）为此字的声符（丁福保 1928—1932[1976]：556），这一事实也支持此古读音。正如我们下文将要看到的，then 是上古原先的 * thin（或者也许是 * hlin）经过 *i-前化和**高元音>中元音**演变规则变来的，其中古读音 thon 则反映不规则的没有发生 *i-前化，也许是通过象声影响所致。

[2] 提出这些构拟之后（白一平 1979），我后来发现雅洪托夫已经注意到这种互补分布现象（1965：29），他构拟了一种 *i-前化的音变。他说大约公元前 2 世纪的时候，在"前"声母之后的韵母-ən、-ət 和-ər 演变为-en、-et 和-er。斯（转下页）

因此，包含六个元音的体系，足以解释中古汉语收-n 尾的一等和四等韵母，同时可以解释所有传统韵部分析中这些韵母在上古押韵中的区别（还可以区别传统分析中忽视的押韵区别）。上古汉语中带舌根音、喉音和锐音声母的收 *-n 的简单韵母总的情况见表 7.1。依惯例，我用 *K-来代表任一（没有唇化的）舌根音或喉音声母，用 *T-代表任一锐音声母。

表 7.1　带 *K-和 *T-声母后收 *-n 的上古汉语简单韵母

声　母	*-in	*-ɨn	*-un	*-en	*-an	*-on
*K-	Ken	Kɨn	Kwon	Ken	Kan	Kwan
*T-	Ten	Ten	Twon	Ten	Tan	Twan

下文总结一下这些音节类型的演变情况。

1. 一等韵母反映上古 *[+后] 属性的元音，纯四等韵母反映上古 *[-后] 属性的韵母（例外如 *Tɨn，这些音节中原来的后元音通过 *i-前化的音变产生了前化）。
2. 圆唇元音 *u 和 *o 在锐音辅音前产生双元音化，因此上古的 *-un 和 *-on 相应地演变成中古的-won 和-wan。（我将这种演变称为**圆唇元音双元音化**。）正是这种演变，使 *w 从一个声母的发音特征（如上古汉语中的情形）升格为真正的介音（如中古汉语中的情形）。
3. 上古汉语的 *-in 和 *-en 在不含介音 *-j-的音节中合流为中古的-en。我对这种音变（及一系列与之类似的音变）解释为**高元音>中元音**的音变假设，根据这一假设在前面不带 *-j-介音的情况下高元音低化为中元音（即[-高]元音不过仍然是[-低]元音）。这种音变同样地也使 *-ɨn 演变为中古的-on（[ʌn]）。

让我们现在来考察唇音和唇化声母 *P-和 *Kʷ-。正如赵元任

（接上页）塔罗斯金（1989：386）也采纳此说，例如雅洪托夫将 "妻" qī<tshej（妻子）（高本汉构拟：*ts'iər）的上古形式构拟成 *tshər（第 36 页），并没有带高本汉的 "强元音-i-"，这种构拟与我的构拟 *tshij 平行。这个字斯塔罗斯金构拟为 *shəj（1989：693）。

(1941)所示,中古汉语的-w-在唇音声母之后并不对立。然而《诗经》押韵又使得我们必须在唇音声母之后构拟出圆唇和不圆唇两种主元音。到了中古汉语时期,上古汉语在唇音声母和唇化音声母之后的这种圆唇和不圆唇的对立,通过一种我称为 *w-中和 的音变而消失了。例如:

(518) 奔 bēn<pwon< * pun(奔跑)

这个字在《诗经》里押 *-un 韵(《诗经》49.2B、73.2A),而

(519) 門 mén<mwon< * min(门)

则押 *-in 韵(《诗经》40.1A、93.1A、199.1A 和 261.4C);然而在中古汉语中,这两个字的韵母都是-won。

我假定 * w-中和这种音变是这样的情况:原来的 * Pun 在**圆唇元音双元音化**音变作用下,演变为 * Pwin。于是原来的 * Pun ≠ * Pin 这样的对立变成了 * Pwin ≠ * Pin 这样的对立。之后,* w-中和音变引起 * Pwin 和 * Pin 产生语音合并,变成了中古的 Pwon。类似地,原来的 * Pon 在**圆唇音双元音化**作用下演变为 * Pwan,其后 * Pwan 和 * Pan 合并为中古的 Pan。* w-中和音变是否引起语音上的[w]插入或删除,这一点尚不清楚,不过该对立在各种情况下都消失了。

带唇化声母的音节演变情况也与之类似,我将 * K^wan 和 * Kon 均视为中古 Kwan 的上古来源。上古形式到底构拟为 * K^wan 还是 * Kon 则必须根据《诗经》押韵和谐声证据个别断定:与中古的 Tan< * Tan 押韵的中古 Kwan,其上古形式构拟为 * K^wan,而与中古 Twan< * Ton 押韵的 Kwan,则构拟成 * Kon。类似地,我依照押韵的证据将中古的 Kwon 构拟成 * Kun 或者 * K^win。带圆唇元音的声母是否应该构拟成 * K- 或是 * K^w-或者两种情况都构拟,这一点尚不清楚。在没有理由构拟成 * K^w-的情况下,我把圆唇元音前的声母构拟成 * K-。唇音和唇化声母后带 *-n 的简单韵母演变情况见表 7.2 的总结。

表 7.2 上古汉语 *P- 和 *Kʷ- 声母后带 *-n 的简单韵母

声母	*-in	*-ɨn	*-un	*-en	*-an	*-on
*P-	Pen	Pwon	Pwon	Pen	Pan	Pan
*Kʷ-	Kwen	Kwon	(Kwon?)	Kwen	Kwan	(Kwan?)

因此，我们发现，一个包含六元音的体系足以解释中古汉语以-n 收尾的一等和四等韵母。我们在中古汉语语音要素分布的基础上做了中古构拟，将它与清代音韵学家所发现的上古汉语韵部的区别结合起来，构拟出了这种六元音体系。这个体系还暗示了没有包含在传统上古汉语押韵分析中的一些押韵区别，诸如传统元部中的 *-en、*-an 和 *-on 的区别以及传统文部中的 -ɨn 和 -un 之间的区别。正如下文第十章所示，的确存在这些所预测出的押韵区别。除非我们假定这样的押韵区别是因为其他的非音系上的原因而作出的（正如第三章所论证的，在上古汉语时期这种可能性非常之小），这种上古的押韵习惯是为上古构拟成六元音的坚实证据。我们将看到，同样的六元音体系也适合其他类型的音节形式。

7.1.4 与李方桂构拟体系的比较

李方桂的上古汉语构拟体系广为人知。他的体系严格依从本书4.2中所分析的上古汉语押韵的传统分析，这里有必要将我们的六元音体系与他的元音体系作一比较。尽管李方桂的元音体系有时被称作含有 *i、*u、*ə 和 *a 的四元音体系，不过他的体系中还包含了与我的元音体系在结构上对应的双元音 *ia、*iə 及 *ua，所以他的体系里一共包含七个要素。在这七个单位要素中，除了 *u 之外都可用于 *-n 韵尾之前。表7.3 总结了带-n 韵尾的一、四等音节在李方桂元音体系中的形式。[1]

---

[1] Pen < *Piən 与 Kwen < *Kwiən 这些形式值得怀疑，因为李方桂没有提供这些形式的具体例子。不过他的确将"谲"jué < kwet（奸诈）构拟成 *kwiat（1971 [1980]：47）。与高本汉的构拟 *kiwət（高本汉 1957：5071 条）一致。我认为此处有误，这个字的构拟形式当为 *kʷit（即李氏的 *kwit）。这个谐声系列中的字在《诗经》中没有押韵的例子，我们必须把韵母构拟成 *-it，这是因为在此谐（转下页）

表 7.3　李方桂体系中收 *-n 韵尾的韵母及其中古形式

声母	*-in	*-ən	*-iən	*-an	*-ian	*-uan
*K-	Ken	Kon	Ken	Kan	Ken	——
*T-	Ten	Twon	Ten	Tan	Ten	Twan
*P-	Pen	Pwon	(Pen?)	Pan	Pen	——
*Kʷ-	Kwen	Kwon	(Kwen?)	Kwan	Kwen	——

就这些音节来说，李方桂体系与我的体系在如下几个主要方面存在差异：

1. 我所构拟的 *-en 形式，李氏构拟为 *-ian。这种双元音构拟的理由是依传统押韵分析，此韵母与 *-an 押韵。然而正如我们将在第十章所看到的，*-en 和 *-an 分别押的是不同的韵。

2. 在锐音声母的音节中，我构拟成 *-on 形式的地方，李方桂构拟为 *-uan。理由正如 *-ian 的构拟一样。这种双元音形式的构拟也是基于传统押韵分析中此韵母在元部与 *-an 押韵。不过，请注意我也在 *K- 和 *P- 声母之后构拟了 *-on，而李方桂体系中的 *-uan 在这些声母之后的出现仅限于例外。

3. 李方桂体系没有认识到下述我在构拟中所作的一些语音区别：

　　*Pɨn 和 *Pun（李方桂体系两者均为：*Pən）

　　*Pan 和 *Pon（李方桂体系两者均为：*Pan）

　　*Kʷɨn 和 *Kun（李方桂体系两者均为：*Kwən）

　　*Kʷan 和 *Kon（李方桂体系两者均为：*Kwan）

　　我的构拟体系中这些语音区别用以解释《诗经》押韵中的区别。

4. 在传统文部的构拟中，李方桂将中古 -en 构拟为 *-iən，并且采纳

（接上页）声系列中还有重纽四等韵母（例如"橘"jú<kjwit<*kʷjit（橘子））。高本汉（1954：294）将"遹"yù<ywit<*wjit（出错）列为《诗经》中押 *-əd 的词，可是我找不到这种押韵。也许高本汉认为此字在《诗经》257.15 中和"利"lì<lijH（锋利；利益）押韵。他将后者构拟成 *liəd，在他所发表的押韵表中并没有将此列为押韵的情况（1940：108，1974：220），在任何情况下，*liəd 中的元音 *ə 在这里也是一个错误。

第七章　上古汉语音节：介音和主元音

高本汉的假定,认为此韵母既可同钝音声母搭配,也可与锐音声母搭配(我认为此假定有误)。他还把中古的-on 和-won 的上古来源构拟成同一个形式 *-ən(这在他的体系中是可以的,因为他没有认识到 *-in 和 *-un 之间的押韵区别)。在我的体系中,中古的-on 和-en 这两个韵母具有同一个上古来源 *-in,与 *-in 相别的 *-un 韵母构拟是用来解释传统押韵分析中所忽视了的《诗经》押韵区别的。

因此,我的元音体系与李方桂构拟体系的根本差异在于,我的体系没有完全依照上古汉语押韵的传统分析。例如,在元部之内构拟了三个不同的韵 *-en、*-an 和 *-on,在传统文部构拟了 *-in 和 *-un 两个韵。

在我早期的著作中(白一平 1977,1980b),那时我尚未对传统押韵分析重新进行考察,我的构拟体系与传统韵部之间的差异使得我相信,类似李方桂这样的构拟体系,是适合《诗经》语言的。我假定由中古汉语音系格局所暗示的六元音体系代表了更早期的语言,这个语言既是《切韵》的祖语,也是《诗经》的祖语。在这种思路中,则假定《诗经》语言经历了某些演变(例如 *-en> *-jan, *-on> *-wan 及 *-un> *-win),这种演变使其押韵与传统韵部分析相合。这样一来,则暗示《诗经》可能并不是中古汉语的直接祖语,因为并不是其中所有的演变都被继承到了中古汉语中。例如,中古汉语中经过**圆唇元音双元音化**,而具有 *-on> *-wan 和 *-un> *-win 这样的演变,却没有证据表明中古汉语也有 *-en> *-ian 或 *-jan 这样的双元音化演变。这种论证方式类似于张琨(Chang & Chang 1972)所提出的观点,即把原始汉语(所有汉语形式的祖语)同《诗经》语言区别开来,并假定《诗经》语言经历了某些并没有继承到《切韵》中的语音演变。

然而,对《诗经》押韵本身的考察表明,六元音体系和传统韵部之间主要的分歧均反映出传统押韵分析中的错误,而不是《诗经》里的方言差异。《诗经》语言中的一些语音演变,也许的确没有反映到《切韵》里。(例如,我将在下文中提出原来的 *-ing 通常在《诗经》中变为 *-in,而到了中古时期,则变成了 *-eng。)不过总的来说,《诗经》语言看起来似乎非常接近中古汉语的祖语,即使它并不完全是它的祖语。

正如李方桂(1983：396)所指出的,如果为上古汉语构拟足够复杂的介音的话,也可以少构拟一些元音(正如周法高1969、1970所提出的只有三个主元音的体系),或者构拟复杂的韵尾体系,也可以减少主元音(正如蒲立本1963、1977—1978所提出的只含有两个主元音的构拟体系)。我假定主元音和韵尾均在押韵中都起作用,因而没有一种先验的方式来假定押韵区别是归因于主元音还是归因于韵尾。例如我把传统的阳部和东部分别构拟成 *-ang 和 *-ong,用主元音的区别解释两个韵部的区别。而蒲立本(1977—1978：204)则将其分别构拟成 *-aŋ 和 *-aŋ^w,将其区别归因于韵尾之别。由于这两种构拟均可以解释这种押韵的区别,因而对这两种不同构拟的选择依据不可能是押韵证据本身,而必须是其他方面的原因,或者是方法论上面的考虑。就此例来说,我则认为诸如蒲立本这种两元音体系尽管并非不可能,但因为太不常见,所以难以作为上古汉语构拟中的首要选择。

另一方面,用介音区别来替代元音区别的体系,则无法解释上古汉语押韵的区别(除非我们假定介音影响押韵)。例如,如果用 *-an 和 *-wan 而不采用 *-an 和 *-on 这样的构拟,则不能解释它们在押韵上的区别。[1]

7.1.5 后接其他韵尾的主元音情况

截至目前的讨论都限制在后接 *-n 的音节中,这是因为从这些音节中可以看出上古汉语元音体系的全部情况。这个六元音体系同样完全可以解释带其他类型韵尾的一等和四等音节。带 *-t 和 *-j 韵尾的音节大体上与带 *-n 韵尾的音节平行。带其他类型韵尾的音节,涉及的主元音比带 *-n 音节中的主元音要少一些,则很容易用六元音体系来解释。下面用带 *-ng 韵尾的简单韵母构拟为例,简要地讨论一下主

---

[1] 蒲立本(1963：209)在反对圆唇元音假设的论证时,提出《诗经》押韵中圆唇与不圆唇的区别(这一点他并不否认)可以被认为是《诗经》方言分歧的另一个例证。而在这种《诗经》的方言中, *wa 倾向于变成圆唇的 *(w)o。这种假设可以对材料进行解释,不过注意他要求我们分别构拟出 *k^{w}an 和 *kwan (与我的 *k^{w}an 和 *kon 对应)。在这两者中,只有 *kwan 受这种圆唇化倾向的约束。此外,这种 *w 的奇怪分布(如并不存在类似 *twang 这样的音节),并没有被解释。

元音的构拟。有关这些韵母以及其他韵母的详细讨论见第十章。

中古汉语总共有八个收-ng 韵尾的一等和四等韵母(收-k 韵尾的韵母与此平行)：

韵母	韵目
-uwng	東 Dōng(Tuwng)
-owng	冬 Dōng(Towng)
-ang -wang	唐 Táng(Dang)
-eng -weng	青 Qīng(Tsheng)
-ong -wong	登 Dēng(Tong)

合口韵母-wang、-weng 和-wong 仅与舌根音和喉音声母相配，因此这些韵母中的-w-上古形式可以追溯为 $*K^w$-这类的声母。例如：

(520) 廣 guǎng<kwangX< $*k^w$angʔ (广阔)
(521) 褧[jiǒng]<khwengX< $*k^w$hengʔ (无衬里麻衣)
(522) 肱 gōng<kwong< $*k^w$ing ((上)臂)

剩下的五个开口韵母很容易用六元音体系进行解释。*-n 韵尾之前的不圆唇元音有的发生了演变，有的没有发生演变：**高元音>中元音**音变使高元音 *i 和 *ɨ 低化为中元音(除过前接 *-j-介音的情况)，而 *e 与 *a 没有发生演变。这里也可能涉及另外一个韵母 *-ing，这个韵母因方言的不同而有所不同，在某些方言中演变式为 *-ing> *-in>-en，而在另外一些方言中则产生了 *-ing>-eng 这样的演变：

*-ing>-en~-eng
*-eng>-eng
*-ing>-ong([ʌŋ])
*-ang>-ang

(上述演变的例子详见第十章)。

圆唇元音 *u 和 *o 在锐音韵尾前的形式分别变为为双元音 *wi

和 *wa，而在舌根音韵尾之前，则产生了不同的双元音化演变，尽管具体语音情况尚不清楚，而且也可能还有方言上的差异：

*-ung>-owng
*-ong>-uwng

正如第二章中所提及的，《切韵》将中古汉语韵母-uwng 和-owng 置于开头的处理方式，暗示这种音节曾经具有-wng 和-ng 的区别。在这种情况下，很可能原来的圆唇元音变成了以-w-为第二个要素的双元音（而不像锐音韵尾音节中-w-作为第一个要素的情况）：

(523) 冬 dōng<towng< *tung（冬天）
(524) 東 dōng<tuwng< *tong（东方）

*-u 和 *-o 开音节形式中也产生了平行的音变，即 *-u >-aw 和 *-o>-uw：

(525) 鼛 gāo<kaw< *ku（大鼓）
(526) 投 tóu<duw< *do（投掷）

尽管其声符尚不清楚，我在这里用 *-u(K)>-aw(K) 这样的标记来构拟引起 *-u 和 *-ung 相应地从上古演变为中古-aw 和-owng 这种形式的演变（正如蒲立本 1984 所示，也许这里的-owng 当解释为/awŋ/）。类似地，我用 *-o(K) < *-uw(K) 的形式来标记分别引起 *-o 和 *-ong 由上古形式演变为中古-uw 和-uwng 的语音演变。（注意这两种演变均限于不带介音 *-j-的音节。带介音 *-j-的音节演变形式则不同：上古 *-jung>中古 -juwng、上古 *-ju>中古 -juw、上古 *-jong>中古 -jowng 和上古 *-jo>中古 -ju。）因此 *-ng 中的简单韵母可构拟成如下形式：

*-ing>-(w)en~-(w)eng
*-ɨng>-(w)ong

*-ung>-owng

*-eng>-(w)eng

*-ang>-(w)ang

*-ong>-uwng

上文用我提出的六元音体系解释了上古汉语形式中不带介音的中古一等和四等音节，我们现在可以来考察带 *-r-或 *-j-的音节，或者音节中同时带有这两个介音的情况。

7.2 带 *-r-介音的音节：二等

本书所用的中古汉语转写体系中，二等韵母的主元音形式记作 -æ-或-ɛ-，其前不带-j-或-y-介音。在《切韵》中，这些字的音节大部分分韵列出，我们可以称为二等韵（见上文2.4.1.3）。此外，有两个韵中既包含了二等，又包含了三等：记作中古-æ-、-wæ-和-jæ-的"麻"Má(Mæ)韵和记作中古-æng、-wæng、-jæng 和-jwæng 的"庚"Gēng(Kæng)韵。

《切韵》分列二等韵母的做法与当时的押韵习惯一致，尽管证据材料并不太多，而且有一些例外。隋朝（581—618）和南北朝（420—581）晚期多数的二等韵母，呈与其他韵母分押的趋势。[1] 例如，刘勰（约465—532）的《文心雕龙》每章之后的"赞"（（诗歌的）跋）与《切韵》二等分押的情况相当一致（见周祖谟1963[1966]：466—469）。此书中有好几个押韵序列，仅包含二等韵母，如下面这个例子，见于该书第四十章：

---

［1］ 参见 Juhl(1974)、王力(1936)和李荣(1961—1962[1982])。在李荣的材料中，这种概括似乎仅作用于钝音声母；而在《切韵》中归作二等韵母的翘舌声母字，则倾向于跟三等韵母押韵。例如，"山"shān<srɛn（山脉）通常更多地与-jen 或 -en 的字押韵，而不与韵母为-ɛn 的钝音声母字押韵（李荣 1961—1962[1982]：168）。下面我将论证许多声母为 TSr-类、韵母为二等的字，本来是三等韵母，不应该只为其构拟 *-r-，而应该为其构拟 *-rj-。这些放在二等韵中的字反映了 **TSrj-> TSr-**演变（详见下文），这音变使得 TSr-类声母后的 *-j-消失。李荣的押韵材料所反映的这些方言显然没有经历过或者还尚未经历这种演变。

包 bāo<pæw(包括)
爻[yáo]<hæw(卦符)
交 jiāo<kæw(相遇)
匏 páo<bæw(一种瓜)

在早期中古汉语中,二等韵母独立押韵的这种现象与上古汉语押韵模式形成强烈对比,在上古汉语中二等韵母并不能分列成单独的押韵韵部。下面是《诗经》53.1《鄘风·干旄》的押韵序列,这里中古形式为一等的 -aw 与中古形式为二等的 -æw 通押,这种情况很典型:

旄 máo<maw(牛尾旗)
郊 jiāo<kæw(郊外)

一般来说,带二等韵母的字似乎在大约梁代(502—557)初期分裂成单独的韵类(Juhl 1974;丁邦新 1975:258)。令人满意的上古音构拟应当对这种演变事实加以解释。

7.2.1　*r-色彩与*r-脱落

在目前的构拟体系中,二等韵母的上古形式带介音 *-r-,这些韵母到中古发展为不同的中古汉语韵类的原因可以用两种音变来解释:一种音变我称作 *r-色彩,引起介音 *-r- 后边元音音质的变化;另一种演变称作 *r-脱落,介音 *-r- 在钝音声母后脱落(在锐音声母之后介音 *-r- 仍然保留为翘舌特征)。在 *-r- 保留的情况下,通过 *r-色彩而带来的元音特征大体上可以预见出来,因此可算作音位的变体;然而在 *-r-脱落的音节中,则产生了元音的对立,因此产生了新的元音音位。这些新的音位区别引起了押韵的区别。如果我们把 *r-脱落音变产生的年代定于公元 500 年左右,那么我们就可以解释从那个时间之后二等韵开始出现分押的趋势。

尽管独立的二等韵直到公元 6 世纪才出现,*r-色彩可能出现得相当早,因为在有些情况下,它的确还使一些字从一个韵部转移到另外一个韵部,例如至少在魏晋时期(220—420)原来的 *-rin 不再与原来

的 *-in 押韵，却同原来的 *-en 押韵；类似地，原来的 *-ring 不再与 *-ing 押韵，却与 *-eng 押韵（丁邦新 1975：244—246）。这就意味着我们应该把 *r-色彩出现的年代确定到不晚于东汉，尽管多数情况下还没有影响到押韵，一直到后来，当 *r-脱落音变发生后，引起 *r-色彩音变的特征变成了区别性的，才在押韵上产生了分别。

*r-色彩音变似乎使其后的元音前化和松化（即[-后]和[-紧]）。前边提及的押韵上的分别反映了这种前化的效果，也反映在中古汉语二等韵母之中，这些二等韵母可能最好构拟成前元音，我构拟为-æ-和-ɛ-。[1] 如果介音 *-r-唯一的效果是使其后的元音前化，那么 *-r-介音脱落之后诸如 *kren 则会简单地与原来的 *ken 合流，不过并没有发生这样的合流现象。如下面两例到了中古仍然是有区别的：

（527）肩 jiān<ken<*ken（肩膀）
（528）间 jiān<kɛn<*kren（中间）

尽管这些韵母已经在北方话中合流，但在中古汉语期间它们仍然是有区别的，而且在许多现代方言中也还是有区别的（例如广东话"肩"gìn 和"间"gàan）。在中古汉语中，这两个韵母最好分别构拟成带紧元音 /e/ 的 /ken/（肩）和带松元音 /ɛ/ 的 /kɛn/（间）。

似乎很有可能 *r-色彩这种演变只发生在不圆唇元音上，上古的圆唇元音之所以受到影响，有可能是因为上古圆唇元音已经变成了双元音，或者通过**圆唇元音双元音化**音变，或者通过 *-u(K)>-aw(K) 的演变。例如我们可以解释下例的音变：

（529）卯 mǎo<mæwX<*mruʔ（地支第四位）

如果我们假定 *-u(K)>-aw(K) 的演变先于 *r-色彩的演变，那么 *mru>mraw>mæw。类似地，*r-色彩也作用于下例：

---

[1] 李方桂（1971[1980]：23）提出，介音 *-r-具有使元音央化的作用，这一点似乎是以高本汉有问题的中古汉语二等韵母构拟为基础的，也没有解释上述的押韵的转移。

(530) 關 guān<kwæn<*kron(关卡)

由于先产生了**圆唇元音双元音化**：*kron>krwan>kwæn。（显然 krwan 中的介音-w-并没有阻碍*r-色彩的音变，也许因为 krwan 已经被重新分析为 k^wran。）不过由于传统的"侯"Hóu 部（我构拟为*-o）中并没有二等韵母，*-o 和*-ro 显然合流为中古-uw。正如我们将要看到的，*-rjo 似乎与*-jo 合流，而且*-rju 通常与*-ju 合流。

为了说明 *r-色彩和*r-脱落两种音变以及它们与其他音变之间的交互影响，让我们看一下下面六个字的语音演变情况：

(531) 根 gēn<kon<*kɨn(树根)
(532) 艱 jiān<kɛn<*krɨn(艰难)
(533) 肩 jiān<ken<*ken(肩膀)
(534) 間 jiān<kɛn<*kren(中间)
(535) 干 gān<kan<*kan(盾牌)
(536) 姦 jiān<kæn<*kran(通奸)

影响这些音节的音变见表 7.4 的总结。

表 7.4 收 *-n 尾例字的语音演变

	根	艱	肩	間	干	姦
上古汉语	*kɨn	*krɨn	*ken	*kren	*kan	*kran
*r-色彩	——	[krʊn]	——	[krɛn]	——	[kræn]
高元音>中元音	[kʌn]	[krɛn]				
魏晋(语音的)	[kʌn]	[krɛn]	[ken]	[krɛn]	[kan]	[kræn]
魏晋(音位的)	/kʌn/	/kren/	/ken/	/kren/	/kan/	/kran/
*r-脱落		[kɛn]		[kɛn]		[kæn]
早期中古汉语	kon	kɛn	ken	kɛn	kan	kæn

正如构拟形式所示，上古汉语时期的押韵情况是这样的：

根 gēn < *kin、艱 jiān < *krin 通押，
肩 jiān < *ken、間 *kren 通押，
干 gān < *kan、姦 jiān < *kran 通押。

到了魏晋时期，这种押韵格局已经因 *r-色彩和高元音>中元音的演变而受到了影响。尽管 *r-色彩引起了[ɛ]和[æ]音段的产生，不过在这种语音情况下，这两个音可能分别是/e/和/a/这两个音位的音位变体，以-r-为其条件。因此 *r-色彩对上古 *kren 和 *kran 的影响，在此阶段是语音上的，而不是音位上的。不过 *r-色彩（以及高元音>中元音）音变使得上古 *krin 与上古 *kren 合流为[krɛn]，使得/*krin/产生了到/kren/音位上的演变。此分析与魏晋时期的押韵相合。丁邦新（1975）有关魏晋时期的押韵研究中，"根"gēn < *kin 押"魂"Hún 韵；"艱"jiān < *krin、"肩"jiān < *ken 和"間"jiān < *kren 押"元"Yuán 韵；"干"gān < *kan 和"姦"jiān < *kran 押"寒"Hán 韵。正如表 7.4 所示，这种押韵格局可用 *r-色彩音变和高元音>中元音音变来解释，如果我们假定魏晋时期的押韵基础是音位对等（而不是音质的对等）。

*r-脱落对魏晋时期音系的影响是使得[ɛ]和[æ]在音位上分别与[e]和[a]相对立。如果这个时候的押韵仍然建立在音位对等基础上，则可解释为什么魏晋时期的 *-ren 和 *-ran 到了早期中古汉语则变成独立的二等-ɛn 和-æn。到了晚期中古汉语，早期中古汉语的 kɛn 和 kæn 已经合流（在蒲立本的体系中，晚期中古汉语中记作 kjaan），然而仍然与早期中古汉语的 ken 相别（晚期中古汉语形式为 kjian），许多现代汉语方言中依然如此（比较粤语的"艱""間""姦"gàan，"肩"gin）。[1] 事实上，有证据表明早期中古汉语的-ɛn 和-æn 在有些汉语方言中合并得更早，关于这一点详见10.1.1。

7.2.2 *r-假设的证据

上文中所勾勒的有关二等音节的理论的基本部分可称为 *-r-假

---

[1] 晚期中古汉语二等 kjaan（"艱""間"和"姦"）与晚期中古汉语四等 kjian（"肩"）之间的区别仍可见于《中原音韵》和一些官话方言，这种区别的消失是其后在标准官话中的演变。

设。这个假设来源于雅洪托夫关于二等音节中需构拟 *-l-的提议（1960a）。这个提议被蒲立本所采纳，蒲立本提出他独立地得到了同样的想法（1962：110）。后来蒲立本将其早期的 *-l-替换为 *-r-，正如我所做的那样。李方桂也为二等音节构拟了 *-r-。雅洪托夫最初观点的基础是：（1）二等音节中的元音以及其他的元音除了个别例外形式以外，不出现于中古 l-声母，（2）许多二等字与带中古 l-声母的字谐声。（如前章节所示，我的中古 l-声母来自上古的 * C-r-。）为二等韵母构拟 *-r-则为这些现象作了一个统一的解释。当然，同样重要的是，中古汉语翘舌声母 TSr-和 Tr-（我用介音 *-r-解释翘舌）在《韵图》中规则地排放在二等位置上，而一般的 TS-和 T-则没有。（Tr-声母也见于三等音节。）

高本汉则在中古汉语和上古汉语中都构拟了有区别性的二等元音，例如高本汉将上文中的六个例字构拟如下：

根 gēn<kon< * kin，高本汉构拟：* kən
艰 jiān<kɛn< * krin，高本汉构拟：* kɛn
肩 jiān<ken< * ken，高本汉构拟：* kian
间 jiān<kɛn< * kren，高本汉构拟：* kăn
干 gān<kan< * kan，高本汉构拟：* kân
姦 jiān<kæn< * kran，高本汉构拟：* kan

高本汉这种构拟方法有下述几个问题：

— 它要求我们为上古汉语构拟一个相当复杂的、不对称的、看起来也不自然的元音体系。
— 它要求我们假定上古汉语中不同的元音之间相互通押（例如他的 * kən 与 * kɛn 通押，他的 * kân 与 * kan 通押）。
— 此体系不能解释为什么这些元音在上古汉语时期可以押韵，而到了中古时期不再通押。
— 这个体系不能解释二等韵母和 l-声母音节中频繁的谐声关系。

下边举例说明中古二等和 l-声母字谐声上的联系，这些联系暗示着 * r-

第七章　上古汉语音节：介音和主元音

假设：

1. 正如我们已经看到的，"監"是"藍"的声符：

(537) 監 jiān < kæm < *kram（看；监视）
(538) 藍 lán < lam < *g-ram（靛蓝）（比较泰语 khraam，A2 调 < 原始台语 *gram，李方桂 1977：231）。

高本汉分别将这两字构拟成 *glâm 和 *klam，没有把中古二等元音和谐声证据所反映的复辅音联系起来。在我的体系中，带 *r- 的复辅音既解释了这种谐声上的联系，也解释了中古的演变形式。（关于 *g-r- 这种标记形式及其含义，参见前文 6.1.3.2。）

2. 相似地，"䜌"是"蠻"的声符：

(539) 䜌 luán < lwan < *b-ron（銮铃）
(540) 蠻 mán < mæn < *mron（南蛮）

根据 *r-假设，这里需要构拟成 *-r-以解释二等韵母。（"䜌"可比较泰语 phruan，A2 调（（家畜）颈铃），引自包拟古 1980：74。）（在同一谐声系列中还有"變"biàn < pjenH（三） < *prjons（变化），这里依照 *rj-假设，这个字的上古介音形式需要构拟成 *-rj-以解释其重纽三等韵母，见下文 7.3.2。）

3. "翏"为二等字"膠"的声符：

(541) 翏 liù < ljuwH ~ ljiwH ~ lew < *g-r(j)iw(s)（风呼啸声）
(542) 膠 jiāo < kæw < *kriw（胶）

依照 *r-假设，其上古介音形式需要构拟 *-r-。

4. "录"为二等字"剝"的声符（也可能同源）：

(543) 录 lù < luwk < *b-rok（雕刻）
(544) 剝 bāo ~ bō < pæwk < *prok（剥落）

5. "里"为二等字"埋"的声符:

（545）里 lǐ<liX<＊C-rjɨʔ（乡村）
（546）埋 mái<mɛj<＊mrɨ（埋葬）

6. "降"为"隆"的声符:

（547）降 jiàng<kæwngH<＊krungs（下降），又读作 xiáng<hæwng<＊ɦkrung（降服）
（548）隆 lóng<ljuwng<＊g-rjung（兴隆）

前者据＊r-假设需构拟＊-r-介音,后者是 l-声母字。
7. "龍"为二等字"龐"的声符:

（549）龍 lóng<ljowng<＊C-rjong（龙）
（550）龐 páng<bæwng<＊brong（庞大）

8. "卯"为"柳"的声符:

（551）卯 mǎo<mæwX<＊mruʔ（地支第四位）
（552）柳 liǔ<ljuwX<＊C-rjuʔ（柳树）

前者为二等韵母需构拟＊-r-介音,后者是 l-声母字。
9. "鬲"为二等字"隔"的声符（也用作后者的假借字）:

（553）鬲 lì<lek<＊g-rek（三角容器）
（554）隔 gé<kɛk<＊krek（阻隔）

10. 汉字

（555）樂 lè<lak<＊g-rawk（快乐）

此字亦有二等韵读音：

（556）樂 yuè<ngæwk<＊ngrawk(<＊Ngrawk?)（音乐）

在上述所有例子中，＊-r-假设既解释了中古汉语的形式又解释了汉字谐声的证据。[1] 这种处理方法显然比高本汉对谐声证据和中古元音之间关系未作联系的处理方法更为可取。[2]

同时代的声训或异读也可以证明 *-r-介音的存在，例如下面引自《说文解字》的条目：

綰：惡也；絳也。从糸，官聲。一曰紿也。讀若雞卵。（丁福保1928—1932[1976]：5842）

此条粗略翻译如下[3]：

"綰"wǎn [中古ʔwænX]："邪恶；深红色。"形符是"糸"sī（丝绸）；声符是"官"guān [中古 kwan]（官员）。又可解释为"生丝"，其读音类似于"鸡卵"["雞卵"jī luǎn<kej lwanX]。

"綰"wǎn<ʔwænX，此字韵母为二等，仅根据其中古读音，其上古形式

---

[1] 在李方桂的构拟中，l-声母和二等元音之间的关系更为复杂，因为尽管他用 *-r-来标记二等，他还为一等保留了类似高本汉的 *-l-。按李氏的构拟，我的"樂"lè<lak<＊g-rawk（快乐）为 *nglakw，而我的"樂"yuè<ngæwk<＊ngrawk(<＊Ngrawk?) 为 *ngrakw。

[2] 正如雅洪托夫所示，尽管中古 l-声母的谐声系列中也有带舌根声母的一等字，而这种情况往往涉及相对后起的读音。例如，一等"各"gè<kak<＊kak（每个）是"落"luò<lak<＊g-rak（落下）的声符（后者有可能与下降的"下"同源，"下"xià<hæX<＊graʔ 或 *grakʔ）。不过正如雅洪托夫指出的（1960a：5，1963：91），"各"初始的用法后来写作二等"格"gé<kæk<＊krak（去）。无论如何，从诸如"行"xíng~háng<hæng~hang<＊grang~＊gang 这样的例子来类推，一等与二等偶尔会出现在同一谐声系列中，因此也与 l-声母的字出现在同一谐声系列中。

[3] 这段文字存在一些问题，不过有幸的是，跟我们所用的读若关系不大。详见丁福保（1928—1932[1976]：5842）。此字及相关的汉字已见于铜器铭文，其含义显然与《说文》的释义不同，见周法高等（1974a，1660条）。

可构拟成 *ʔʷranʔ 或 *ʔronʔ。由于此字在《诗经》或其他上古诗歌中并没有用作押韵字，在没有其他证据的情况下，我们无法在这两种构拟中作出取舍。有意思的是，《说文》对其读音的说明："读若鸡卵"。很难判断这里的"雞"jī<kej"鸡"是不是所标识的发音的一部分，不过在任何情况下，可以清楚地看到 l-声母字"卵"是所标识的发音的一部分：

(557) 卵 luǎn<lwanX<*g-ronʔ（蛋）

这一点支持了为"綰"wǎn<ʔwænX 的上古形式构拟 *-r-介音的证据。[1]

与 *r 结合的不圆唇元音的一般演变情况可作如下概括：

$$\left.\begin{array}{l} *ri \\ *rɨ \\ *re \end{array}\right\} \longrightarrow [\varepsilon]$$

$$*ra \longrightarrow [æ]$$

正如我们所看到的，中古-ɛ-和-æ-后来合流，某些音节类型在《切韵》中已经合流。例如在 -w 尾之前，这两个元音没有对立，我们预测有-ɛw<*-riw，不过即使中古存在-ɛw，它已经与-æw 合并，下文为两例：

(558) 膠 jiāo<kæw<*kriw（胶水）
(559) 郊 jiāo<kæw<*kraw（郊野）

有时按规则应当是-ɛ-的时候，其主元音却是-æ-，反之亦然；例如，

---

〔1〕我为"卵"luǎn 这个字构拟了一个其后消失了的 *g-，这是因为依《说文》，此字作为声符用于另外一个字"綸"guān<kwæn<*kron（织绢）（丁福保 1928—1932[1976]：5934），而后者又作为声符用于"關"guān<kwæn<*kron（关闭）（丁福保 1928—1932[1976]：5332a）。（注意这些字也都带有二等韵母，依照 *r-假设，都需构拟 *-r-介音。）尽管我为"卵"luǎn（蛋）构拟了圆唇元音，这并不能作为"綰"wǎn 也带圆唇元音的证据，因为在《说文》时代，"卵" *g-ronʔ 可能已经双元音化为 *(g-)rwanʔ。其后消失的 *g-前缀是不是已经消失，这一点尚难以确定。

*K^wren 演变为中古 Kwæn 而非规则地演变为中古 Kwɛn:

(560) 環 huán<hwæn<*wren(或*g^wren)(圆环)

另一方面,*K^wrak 演变为中古 Kwɛk 而不是规则地演变为 Kwæk:

(561) 獲 huò<hwɛk<*wrak(或*g^wrak)(捕获)

这种现象的出现可以解释为只影响少数音节的小的规则性音变。

正如前文所示,***r-色彩**似乎通常只在原来的 *ru 和 *ro 产生双元音化的情况下才发生作用,如下例中的 ***-u(K) > *-aw(K)**:

(562) 包 bāo<pæw<*praw<*pru(包起来)
(563) 學 xué<hæwk<*grawk<*gruk(或 *fikruk?)(学习)
(564) 降 jiàng<kæwngH<*krawngH<*krungs(下降)

*-rong 和 *-rok 似乎也发生了类似的音变,不过 *-ro 却没有此类变化。*-o 和 *-ro 显然合流为中古-uw(类似地,*-oks 和 *-roks 显然合流为中古的-uwH):

(565) 江 jiāng<kæwng<*krong(长江)
(566) 角 jiǎo~jué<kæwk<*krok(犄角)
(567) 殻 què<khæwk<*khrok(空壳,空)

由于最后一例带介音 *-r-,也许下例这个形声字也带 *r:

(568) 彀 gòu<kuwH<*k(r)oks(张弓)

在锐音韵尾之前,*ru 和 *ro 一般双元音化为 *rwɨ 和 *rwa:

(569) 綸 guān<kwɛn<*krwin<*krun(头巾)(又读 lún<lwin<*C-rjun

（丝带））

（570）關 guān<kwæn<＊krwan<＊kron（关卡）

诸如＊Pron 和＊Prot 这类音节的演变，则更复杂一些。假如**圆唇元音双元音化**的演变早于 **w-中和**的演变（使唇音后-w-失去区别性的演变），那么规则的演变式则为＊Pron>Prwan>Pran>Pæn，此演变式可以解释下例的演变：

（571）蠻 mán<mæn<＊mron（南蛮）

然而下例则说明＊Prot>Pɛt 这样的演变：

（572）拔 bá<bɛt<＊brot（拔出），又读作 bèi<bajH<＊bots（（如森林中树被拔去后）变得稀疏）

（第二个读音＊bots>bajH 的押韵材料支持＊o 的构拟，这个读音的押韵出现于《诗经》237.8C 和 241.3A 中。）这种现象也许反映了一种方言的读音，即＊Prot 的元音没有双元音化为＊wa，仅仅失去圆唇化属性，产生了＊Prʌt>Prɛt>Pɛt 的演变。然而《切韵》并没有 bæt 这样的音节（见邵荣芬 1982：151），因此 bæt 和 bɛt 那时已经产生了合并。

7.2.3 带 TSr-类声母的二等音节

尽管多数带二等韵母的字，都可以构拟成仅带＊-r-介音，但至少有一部分二等字的后世形式带翘舌咝音声母（如中古 tsr-、tsrh-等），这些字中要构拟 *-rj-。通过一种我称之为 **TSrj->TSr-** 的音变作用，这类声母后的 *-j-后来脱落了。（上文 2.3.6 中已简要讨论过这种演变。）例如：

（573）生 shēng<sræng<srjæng<＊srjeng（生活，出生）

中古汉语材料中对此类音节的注音，有些摇摆不定。例如，《切韵》中"生"shēng 的反切为"所京反"，即 sr(joX)+(k)jæng = srjæng，反切下字

"京"*jīng*<*kjæng* 明确地表明是 *sræng*。而《广韵》中的注音则反映为-*æng*："所庚切"，即 *sr(joX)+(k)æng=sræng*，即使在《切韵》中，"生"的去声读音的反切也是-*ængH*，而非-*jængH*："所更反"，即 *srjoX+kængH=særngH*。

我们发现有许多类似的三等和二等韵母交替的情形，例如：

(574) 差 *cī~chā~chāi*<*tsrhje~tsrhɛi ~ tsrhɛj*< * *tshrjaj*(区别)

这里，我怀疑 *tsrhɛi* 和 *tsrhɛj* 来源于早期 *tsrhje* 在两个方言中中古-*je* 读音上微小的区别并经过了 **TSrj->TSr-**的音变。请注意读音 *cī*<*tsrhje* 显然未受 **TSrj->TSr**-音变的影响，仍然保留在现代官话中，尤其保留在"参差"*cēncī*<*tsrhim-tsrhje*(参差不齐)之中，这个字见于《诗经》首篇"关雎"。这一读音反映了保留于《经典释文》中的《诗经》传统读音(或许与现代读音更相关)，也见于朱熹的《诗集传》。[1]

这样的摇摆也许表明在中古汉语时期，**TSrj->TSr-**这种音变正在进行中。三等读音表现的是共时的变异，或者是方言的滞古，或者是早期反切注音的保留，或者是上述所有这些情况。经过 **TSrj->TSr-**音变之后，翘舌音 **TSr-**系声母和硬腭音 **TSy-**系声母，后来呈互补分布，到晚期中古汉语产生合并。

董同龢(1944[1948]：20—21)也注意到这个二等和三等韵母在 **TSr-**系声母之后的常见的交替现象，不过他的解释跟我上文提出的正好相反：他假定这些字本属二等(在他的体系中构拟成不同上古汉语元音)，而三等形式则是后起的。他进一步将翘舌呲音声母的演变原因归于二等元音的影响。这种解释转换到我的体系中，大体上相当于提出 **TSr->TSrj-**这样的音变，而不是 **TSrj->TSr-**的音变。

我认为董同龢的解释有两大困难。首先，语言证据表明：三等的形式仅仅保留于传统的读音中，而保留到现代语言中的形式却是二等

———
[1]《诗经》首篇"关雎"中的"差"*cī* 在《经典释文》中有两个读音 *tsrhje* 和 *tsrhɛi*，不过 *tsrhje* 列在前边，很可能表明它是陆德明更倾向的读音。朱熹的读音只有一个：*tsrhje*。

读音。上例"差"*cī~chā~chāi* 即是一则例子。同样地,"生"*shēng* 在现代方言的读音也说明这一点,尽管官话 *shēng* 既可以认为是 *srjæng* 的后世形式,也可以说是 *sræng* 的后世形式,而粤语读音 *sàang* 表明是 *sræng* 的演变式,而不是 *srjæng* 的演变形式。

　　董同龢处理方法的第二个困难在于,它无法解释源于上古"耕" Gēng 部(我的构拟: *-eng,李方桂构拟: *-ing) 中"生"*shēng* 的韵母 *-æng*。韵母 *-æng* 通常源于上古的"陽"Yáng 部(*-ang);中古汉语的"生"的读音 *sræng* 通常被认为是不规则的(高本汉 1957,812a 条;李方桂 1971[1980]: 69)。一旦我们认为"耕"Gēng 部的韵母 *-rjeng* 规则地演变为中古 *-jæng* 的话,我们就可以解释这个 *sræng* 读音。(关于这一点的进一步讨论见下文 7.3.1.3;又见 10.2.9。)因此上古汉语的 *srjeng* 规则地演变为中古 *srjæng*,在 **TSrj->TSr**- 音变的作用下,演变为 *sræng*。可是如果我们假定"生"*shēng* 上古并不带介音 *-j-*,那么 *-æng* 就无法解释。

　　尽管有些带 *TSr*- 声母的二等字本来上古带 *-j-*介音,我们并没有必要假定所有二等字都带这个介音。我将假定中古声母 **TSr** 系的二等音节有可能反映其上古形式,既可能是 *TSr*- 也可能是 *TSrj*-。

7.3　带 *-j-* 和 *-rj-* 介音的音节:三等

　　迄今为止我们已经讨论了一、四等韵母(构拟中不带介音)和二等韵母(构拟中带介音 *-r-*)。还剩下三等韵母没有讨论,我为三等韵母构拟了 *-j-* 和 *-rj-* 介音。[1] 三等韵母构拟的主要挑战是它数量很大:《切韵》中可确定的上百个韵母中有一半以上属于三等。[2] 在每种情况下,我们都必须决定在构拟中采纳什么样的上古汉语介音和主元音的组合形式。

---

　　[1]　在我的中古汉语标记体系中,三等韵母带 *-j-* 介音或者是元音 *-i-*,或者两者都带,或者声母中带 *-y-*(因为按习惯,标记硬腭声母的 *-y-* 后的 *-j-* 将按习惯略去不写)。

　　[2]　根据邵荣芬的表格(1982: 122—123),《切韵》中有 102 个韵母,54 个韵母是三等,精确的数目因对一些边际情况处理方法的不同而不同。

7.3.1 三等韵母及其上古来源

如果我们用传统上古韵母押韵分析的方法来考察三等韵母,我们会发现一个韵部中可能只包含一个三等韵母(如"東"Dōng 部),也可能包括六个之多(如"元"Yuán 部)。在下面几节中,我将由简入繁地讨论一些有代表性的韵部,为三等韵母建立一个构拟体系。

7.3.1.1 "東"Dōng 部(*-ong)

源于"東"Dōng 部的中古汉语三等韵母只有-jowng,例如:

(575) 衝 chōng<tsyhowng< *thjong(攻城的冲车)

但是尽管来自这个韵部的中古三等韵母只有一个,我们必须在上古形式中构拟出 *-jong 和 *-rjong 两个形式以解释诸如上例所示的中古汉语硬腭声母与翘舌声母的区别,上例是硬腭声母的例子,翘舌声母例如:

(576) 重 chóng<drjowng< *drjong(双重),又读 zhòng<drjowngX< *drjongʔ(更多),zhòng<drjowngH< *drjongs(沉重)

谐声证据还可以证明 *-rjong 也出现于钝音声母之后,例如:

(577) 龔 gōng<kjowng< *krjong(尊敬)

此字的声符为"龍"long<ljowng< *C-rjong(龙)。"龔"gōng 这个字现今主要用作姓氏,在其早期汉字用法中,也用作"供"(供应)和"恭"(恭敬)的假借字(后者也是某西周王的姓氏;见丁福保 1928—1932[1976]:1140)。这个例子暗示上古时期的钝音声母之后,既有 *-jong 也有 *-rjong,但是到了中古时期,产生了合并。(这一点与 *r-色彩音变并不影响圆唇元音的意见相一致,见上文 7.2.1。)因此我们可以把"東"Dōng 部的韵母做如下构拟:

*-ong>-uwng（一等）
*-rong>-æwng（二等）
*-jong, *-rjong>-jowng（三等）

7.3.1.2 "陽" Yáng 部（*-ang）

三等韵母在其他传统韵部中出现的情况更为复杂，例如"陽"Yáng 部包括如下韵母：

一	-ang	-wang
二	-æng	-wæng
三	-jang	-jwang
	-jæng	-jwæng

带-w-的韵母仅出现于舌根和喉音声母之后，因此可为上古汉语构拟 *K^w-类声母，以解释这种情况。这里没有必要把这些问题单独地讨论。

注意这个韵部中，有一等韵母却没有四等韵母，这表明我们应当为此韵部构拟后元音。根据迄今所提出的一系列假设，一等韵母和二等韵母很容易构拟出来：

一	-ang	< *-ang
二	-æng	< *-rang

然而在三等中，我们有两个对立的韵母-jang 和-jæng：

（578）疆 jiāng<kjang（疆界）
（579）京 jīng<kjæng（京城）

尽管这两个字在中古或现代汉语中已不再押韵了，但它们在上古汉语中清楚地押 *-ang 韵（例如在《诗经》241.6 中这两个字通押）。如果把中古形式-jang 构拟成上古 *-jang，则看上去很自然，可是应当如何构拟中古-jæng 的上古形式呢？高本汉把中古-jæng 的上古形式构

拟成 *-iǎng，带短的 * ǎ（与中古 -jang< *-i̯ang 的长元音 * a 对立）。做这样的构拟需要我们假定元音的长短对押韵没有影响。李方桂把中古 -jæng 的上古形式构拟成 *-jiang，不过这个构拟形式从分布形式上是值得怀疑的，因为在李的体系中，*-iang 并不单独出现，仅出现于 *-j- 之后。

我所提出的解决办法是将"京"jīng< kjæng 的上古形式构拟成 * krjang。这里的 *-r- 构拟的证据为"京"jīng 作"凉"的声符：

(580) 凉 liáng< ljang< * g-rjang（凉）

同时请注意，《切韵》将"京"置于"庚"Gēng 韵（Kæng）之中，同我已经将其韵母 -æng 构拟成 *-rang 韵母的二等字并列。如果我们假定 * r-色彩 对带 *-j- 和不带这个介音的音节均起作用的话，那么我们则不需要假定增加任何新的音变即可解释这种中古汉语演变式，即 kjæng< * krjang：无论是 *-rang 还是 *-rjang，* r 将其后的 * a 前化为中古 -æ-。

我们必须在任一锐音声母之后，构拟 *-rjang 韵母，以解释如下这些字：

(581) 霜 shuāng< srjang< * srjang（霜）
(582) 張 zhāng< trjang< * trjang（张弓）

不过，请注意，尽管上古 *-rjang 的元音在钝音声母后产生了前化（如"京"kjæng< * krjang），但原先的后元音在锐音声母后仍得以保留。也许在 * r-色彩 起作用的时候，诸如 * srjang 和 * trjang 之类音节中的 * r 已经被分析为一种声母中的属性。类似地，原来的元音在类似 * g-rjang 这样的音节中也得以保留，这可能是因为当 * r-色彩 起作用的时候，声母 * g- 已经消失，* r- 已居于声母位置。

至于与 l-声母有谐声关系的二等字，kjæng< * krjang 这样的构拟既解释了中古元音 -æ-，也解释了谐声的证据；与此相反，高本汉将"京"jīng 的上古形式构拟为 * kliǎng（高本汉 1957, 755a 条），既

带 *l(以解释与"涼"liáng 的谐声关系),又带短的 *ă(以解释中古韵母-jæng)。类似地,按李方桂的构拟体系这个字则是 *kljiang(1971[1980]:60—61)。此处所提出的构拟形式则用一个要素解释了这两种现象。

让我们来看一个类似的带唇音声母的例子:

(583) 做 fǎng<pjangX< *pjang? (模仿)
(584) 丙 bǐng<pjængX< *prjang? (天干第三位)

请注意"做"fǎng 在中古汉语时期保留了上古的后元音,而后来双唇声母演变为唇齿声母 f-,而"丙"bǐng 的主元音由其前的 *r 影响元音前化,双唇声母不变。这种现象与赵元任(1941)所提出的轻唇化理论吻合,赵元任的理论是双唇声母在后接中古-j-及后元音时变为唇齿声母(见 6.1.1)。在此例中, *-rjang 的构拟也有文字上的支持证据,"丙" bǐng 的早期字形类似如下:

两个"丙"字并置则为:

后边这个形式是"兩"的早期形式:

(585) 兩 liǎng<ljangX< *b-rjang? (一对)

(见周法高等 1974a:1037 条、1038 条和 1846 条。)

我们在"陽"Yáng 部所发现的这种格局可以扩展到其他包括多个三等韵母带后元音的上古韵部中去。例如传统"蒸"Zhēng(*-ing),有类似下面的对子:

(586) 馮 féng<bjuwng< *bjing (冯姓)
(587) 憑 píng<bing< *brjing (凭借)

这里"憑"*bjɨng 中的元音受唇音声母影响已被圆唇化，我将这种演变式称之为**圆唇成分同化**(rounding assimilation)，圆唇成分同化这种演变式对带双唇音、圆唇舌根音，或圆唇喉音声母的上古 *-jɨ、*-jɨng 和 *-jɨk 起作用；对带 *-rj-的音节不起作用，很可能是因为 *r-色彩音变引起的前化影响所致。还可比较下边两对例子：

(588) 否 fǒu<pjuwX<*pjɨʔ（不，错误）
(589) 丕 pī<phij（三）<*phrjɨ（大）
(590) 福 fú<pjuwk<*pjɨk（幸福）
(591) 逼 bī<pik<*prjɨk（逼迫）

除了**圆唇成分同化**演变所致的圆唇化之外，*-jɨng 和 *-rjɨng 的演变与 *-jang 和 *-rjang 平行：仅带 *-j-介音的时候，中古演变式带后元音，作为双唇声母轻唇化的条件；而带 *-rj-组合形式的时候，元音产生了前化，并且避免了轻唇化的产生。

下边这对关系上毫无疑问有联系的字支持构拟 Ping<*Prjɨng：

(592) 冰 bīng<ping<*prjɨng（冰）
(593) 凌 líng<ling<*b-rjɨng（冰）

总而言之，当上古汉语带后元音的韵部包含了多个三等韵母时，在解释时我们通常可以既构拟 *-j-也构拟 *-rj-，同时假定 *r-色彩和 *r-脱落音变作用于带 *-j-的音节，其作用方式与不带 *-j-音节中的情形类似。

7.3.1.3 "耕"Gēng 部（*-eng）

类似地，我们也在带前元音韵母的"耕"Gēng 部（*-eng）发现了两个三等韵母（带-w-介音的韵母仅出现于舌根音和喉音声母之后，略去不计）：

二　　-ɛng
三　　-j(i)eng
　　　-jæng
四　　-eng

(在我中古汉语的标记中,韵母-jeng 在钝音声母之后记作-jieng,表明它在韵图中列入四等位置;见前文 2.4.1.4。)下边的一对例子可以说明此韵部中-jieng 和-jæng 之间的对立:

(594) 名 míng<mjieng(名字)
(595) 鸣 míng<mjæng(鸣叫)

这两个字在《诗经》中均押 *-eng 韵(如"名" míng<mjieng 见《诗经》106.2A,"鸣" míng<mjæng 见《诗经》96.1A)。因为中古汉语-jæng 通常来自上古的"陽"Yáng 部(*-ang),像"耕"Gēng 部的"鸣" míng<mjæng 一直以来被视为不规则形式。[1] 不过来自上古"耕"Gēng 部而中古形式为-jæng 的字,数目不少,其中包括了诸如"平" píng<bjæng(平)和"驚" jīng<kjæng(害怕)。由"陽"Yáng 部的演变:-jæng< *-rjang 类推,我也为"耕"Gēng 部构拟了-jæng< *-rjeng 的演变式。支持带 * rj 的这种构拟形式的例子如:

(596) 命 mìng<mjængH< * mrjeng(s)< * mrjing(s)(命令)

这个字在早期汉字中与"令"通用:

(597) 令 lìng<ljengH< * C-rjeng(s)< * C-rjing(s)(命令)

(此处的 *-eng 也可能源于早期的 *-ing,见 7.1.5 和 10.1.4。)因此,在钝音声母音节中,"耕"Gēng 部韵母的演变情况如下:

*-eng>中古-eng
*-reng>中古-ɛng
*-jeng>中古-jieng

---

[1] 如高本汉(1957,827a 条)和李方桂(1971[1980]:69)。董同龢在解释这种区别时,把"名"míng<mjieng(四)构拟成紧元音(他的 * mieng),"鸣" míng<mjæng(三)构拟成松元音(他的 * miɛng;见董同龢 1944[1948]:91,180)。

第七章 上古汉语音节：介音和主元音

*-rjeng>中古-jæng

上古 *-rjeng 和 *-reng 的中古形式元音不同，这有点令人意外。为了解释《切韵》体系，*r-色彩音变的应用则视介音 *-j-的有无而有区别。[1]

带锐音声母的音节与带钝音声母的音节稍有不同。与钝音声母的情况相似，似乎 *TS-类声母后有 *-rjeng>-jæng 的演变。正如前文所示，这种构拟以及 **TSrj->TSr-** 的演变可以解释中古汉语"生"的演变。

(598) 生 shēng<sræng<srjæng<*srjeng（生活；生育）

在前人的构拟体系中，这个字一般都被视为不规则的。不过 *Trjeng 形式的音节演变为《切韵》的 Trjeng，而不是我们所期待的 Trjæng：

(599) 贞[zhēn]<trjeng<*trjeng（贞洁）

中古汉语方言也许在这些细节上存在着差异，《切韵》对这些韵母的处理也可能并没有精确地代表任何一种方言。

"陽"Yáng 部和"耕"Gēng 部分别是典型的后元音和前元音韵部："陽"Yáng 部有一等韵母(-ang 和-wang)，没有四等韵母。而"耕"Gēng 则有四等韵母(-eng 和-weng)却没有一等韵母。这两部中都有两个三等韵母(除去带-w-介音的韵母不计)，一个带 *-j-介音，另一个带 *-rj-介音。从中古汉语的角度来看，我们可以将"陽"Yáng 部和"耕"Gēng 部钝音声母音节的演变情况列为表 7.5。

---

[1]《切韵》对这些韵母的处理可能有部分的人工成分，-æng 和-ɛng 之间的区别可能在当时的很多方言中业已消失。从诗歌押韵来看，占优势的押韵格局似乎是中古-æng、-ɛng、-jieng、-jæng 和-eng 自东汉一直到隋朝都通押（李荣 1961—1962[1982]：190—197）。

表 7.5　上古汉语 *-ang 和 *-eng 韵母的演变（钝音声母后）

陽 Yáng 部（*-ang）	中古汉语		耕 Gēng 部（*-eng）
*-ang>	一	-ang	
*-rang>	二	-æng	
		-ɛng	< *-reng
*-jang>	三	-jang	
*-rjang>		-jæng	< *-rjeng
		-jieng	< *-jeng
	四	-eng	< *-eng

请注意介音 *-r- 使 *-rang 和 *-rjang 中的元音产生了前化，最终分别与 *-reng（在晚期中古汉语）和 *-rjeng（在早期中古汉语已经开始）产生了合并。由于经过 *r-脱落之后，二等的-ɛng < *-reng 仍然与四等的-eng < *-eng 相区别，三等的-jæng < *-rjeng 与四等-jieng < *-jeng 相区别，介音 *-r- 一定还有其他某种特征或其他一些特征（也许是[-紧音]）。关于三等音节中，*-r- 的具体作用的讨论见下文 7.3.3。

7.3.1.4 "元"Yuán 部（*-an、*-en、*-on）

"陽"Yáng 部和"耕"Gēng 部演变的基本格局可以扩展到诸如"元"Yuán 部这类更为复杂的韵部来使用。传统"元"Yuán 部包含如下中古韵母：

一	-an, -wan
二	-æn, -wæn
	-ɛn, -wɛn
三	-jon, -jwon
	-jen, -jwen
	-jien, -jwien
四	-en, -wen

这个韵部的复杂性在于它既包含了一等韵母（-an、-wan），也包含

了四等韵母(-en、-wen);好像带后元音的"陽"Yáng 部和带前元音的"耕"Gēng 部合并到了一起。[1] 我已经表明,根据前元音假设和 *r-假设,我们必须做如下的构拟:

*-an>-an
*-en>-en
*-ran>-æn(>晚期中古-(j)aan)
*-ren>-ɛn(>晚期中古-(j)aan)

(正如前文所示,"元"Yuán 部还包含了 *-on 韵母的字,不过因为与目前的讨论没有关系,这里略去。)这个格局与"陽"部和"耕"部演变的格局有直接的对应关系:

*-ang>-ang
*-eng>-eng
*-rang>-æng(>晚期中古-(j)aajŋ)
*-reng>-ɛng(>晚期中古-(j)aajŋ)

"元"Yuán 部的三等韵母也同"陽"Yáng 部和"耕"Gēng 部对应:

元 Yuán	陽 Yáng 和耕 Gēng
-jon	-jang
-jen	-jæng
-jien	-jieng

中古 -jon 和 -jang 相类似,很可能在早期中古汉语其主元音都为后元音,另一方面都在晚期中古汉语引起双唇声母的轻唇化。可比较下边两例:

---

[1] 事实上,传统的"元"Yuán 部包含了三个上古汉语的韵部: *-an、*-en 和 *-on。不过因为 *-on 很早就演变为 *-wan,其演变与 *-an 平行。

（600）反 *fǎn* < 晚期中古汉语 *faan´* < 早期中古汉语 *pjonX* < *pjanʔ（反转）

（601）仿 *fǎng* < 晚期中古汉语 *faăŋ´* < 早期中古汉语 *pjangX* < *pjangʔ（模仿）

中古 *-jen* 和 *-jien*，同 *-jæng* 和 *-jieng* 一样，其主元音是前元音，不导致双唇声母的轻唇化。不过 *-jen* 和 *-jæng* 在韵图中列入三等，而 *-jien* 和 *-jieng* 则列入四等位置。由"阳" Yáng 部和"耕" Gēng 部类推，我们可以将"元" Yuán 部三等韵母构拟如下：

**-jan* > 中古 *-jon*（比较 **-jang* > 中古 *-jang*）

**-jen* > 中古 *-jien*（比较 **-jeng* > 中古 *-jieng*）

**-rjan* > 中古 *-jen*（比较 **-rjang* > 中古 *-jæng*）

**-rjen* > 中古 *-jen*（比较 **-rjeng* > 中古 *-jæng*）

从中古汉语的角度来看，这些演变可总结为表 7.6。如果我们把表 7.5 和表 7.6 比较一下，就可以看出此部同"阳" Yáng 部和"耕" Gēng 部的明显平行关系。

表 7.6　上古汉语 **-an* 和 **-en* 韵母的演变

上古汉语 **-an* 韵母	中古汉语		上古汉语 **-en* 韵母
**-an* >	一	*-an*	
**-ran* >	二	*-æn*	
		-ɛn	< **-ren*
**-jan* >	三	*-jon*	
**-rjan* >		*-jen*	< **-rjen*
		-jien	< **-jen*
	四	*-en*	< **-en*

当然，"元" Yuán 部跟作为整体的"阳" Yáng 部和"耕" Gēng 部之间还是有一些区别的。*-jon*（其音值可能为 [jʌn]）中的主元音经历了 **a-* 高化，尤其当其音节中的韵尾是锐音的时候：中古 *-jang* < **-jang* 仍然与中

古-ang < *-ang 押韵，而中古-jon [jʌn] < *-jan 则不与中古-an < *-jan 押韵，而与中古-on [ʌn] < *-in 押韵。[1] 此外，与-jang 不同的是，-jon 仅出现于钝音声母之后。这是因为原来的 *-jan 在锐音声母音节中，经过**锐音前化**的音变前化成了-jen，如下两例：

（602）言 yán < ngjon < *ngjan（言词）
（603）然 rán < nyen < *njan（这样）

另外一个区别是，与-jæng 和-jieng 不同的是，中古-jen 和-jien 同属于《切韵》的"仙"Xiān(Sjen)韵。中古-jen 和-jien 的区别是重纽区别，关于重纽区别见前文 2.4.1.4。（关于重纽的共时和历时分析见下文 7.3.3。）不过，-jæng 和-jieng 分别与重纽韵母-jen 和-jien 的对应关系是清楚的，这里提出的构拟解释了此类平行关系。

7.3.1.5 "宵"Xiāo 部（ *-aw、*-ew）

我们对三等韵部考察的最后一个韵部是"宵"Xiāo 部，"宵"Xiāo 部在很多方面与"元"Yuán 部平行，此部包含了如下中古汉语韵母：

一	-aw
二	-æw
三	-jew
	-jiew
四	-ew

与"元"Yuán 部类似，"宵"Xiāo 部既有一等韵母（-aw），也有四等韵母（-ew），说明此部既有前元音，也有后元音。我们将在第十章看到，这一点也得到了押韵材料的证实。我将其分别构拟成如下形式：

*-aw > -aw

---

[1] 不过，此类押韵表明中古-jon < *-jan 在早期中古汉语仍为后元音。

*-ew>-ew

不过请注意,"宵"Xiāo 部的二等和三等中古韵母少于"元"Yuán 部的。"宵"Xiāo 部的二等韵母仅有-æw,而"元"Yuán 部既有-æn< *-ran 也有 -ɛn< *-ren。也许本来还存在-ɛw< *-rew 这样的韵母,不过即使它存在过也已经与-æw 合并,正如-æn 和-ɛn 后来在晚期中古汉语合并的情况一样。

类似地,"宵"Xiāo 部也只有两个三等韵母:-jew 和-jiew,这一对重纽区别的韵母仅出现于钝音声母之后。这里缺少的是与中古-jon< *-jan和-jang< *-jang 平行的产生轻唇化的韵母。按规则推论下来,我们也许期待一个类似 *Pjaw 这样本来的形式,到晚期中古汉语声母产生轻唇化,不过这种演变并没有发生(其结果是现代官话没有诸如 fāo 的音节)。我可以假定上古本来的 *-jaw 与 *-rjaw 和 *-rjew 合流为三等-jew,这样的话,我们就得出如表 7.7 所示的演变格局。

表 7.7　上古汉语韵母 *-aw 和 *-ew 的演变

上古汉语 *-aw 韵母	中古汉语		上古汉语 *-ew 韵母
*-aw>	一	-aw	
*-raw>	二	-æw	< *-rew
*-(r)jaw>	三	-jew	< *-rjew
		-jiew	< *-jew
	四	-ew	< *-ew

如果在轻唇化声母产生之前,-jon 和-jen 产生了合并,我们则可以在"元"Yuán 部发现类似的情况。事实上在非唇音声母之后,-jon 和-jen 的确产生了合并。这一点可以从 9 世纪慧琳《一切经音义》的反切看出来,也可以从韵图中这些韵母的排列情况反映出来。也有其他几个韵部中带 *-j-和 *-rj-的后元音韵母在早期中古汉语产生合并或产生部分合并,例如 *-jaj 和 *-rjaj 合并为中古-je,*Kjɨ 和 *Krjɨ 合并为中古 Ki,*Kjɨng 和 *Krjɨng 合并为中古 King,*Kjɨk 和 *Krjɨk 合并为中古 Kik。

7.3.2 ＊rj-假设

前文所讨论的韵部，表明我的构拟体系中为三等韵母构拟 *-j- 和 *-rj- 的情况。这种三等音节中对 *-r- 介音效果作用的处理方式，是从蒲立本（1962：111—114）改变而来的，我称为 * rj-假设。这种处理方法可以总结如下：

在上古时期通押的中古三等韵母之间的对立，通常源自 *-j- 和 *-rj- 的对立。尤其是：

— 声母产生轻唇化的音节中的韵母（包括独立的三等韵母），通常源自上古 *-j-后接后元音；[1]
— 重纽四等韵母源自上古 *-j-后接前元音；
— 重纽三等韵母源自 *-rj-后接后元音或前元音（或在某些情况下 *-j-后接在某些音变作用下前化了的后元音）。

正如蒲立本（1962：111—113）指出的，通常谐声证据支持为重纽三等字构拟 * r。上文已经举了"京"* krjang 作为"凉"* g-rjang 声符的例子。下面是其他一些例子：

1. 重纽三等"變"，其声符带 l-声母

（604）變 biàn<pjenH(三)<*prjons(变化)
（605）戀 luán<lwan<*b-ron(鸾铃)

2. 带 l-声母的"律"，其声符与重纽三等"筆"的声符相同

（606）律 lù<lwit<*b-rjut(法律)

---

[1] 有一个例外：在 *r-色彩音变的时期，介音为 *-rj-，主元音为圆唇元音的音节同样也发生了**唇齿化**。由于 *r-色彩音变对圆唇元音没有影响，*r-脱落音变发生之后，后圆唇元音在这种情况下仍然得以保留，尽管早先带 *-r-，同样具备了**唇齿化**的条件。例如"膚"（皮肤）* prja>prjo（通过 *-ja>-jo 音变，见附录 A）>pjo（*r-脱落）>早期中古汉语 pju>fū（比较同一谐声系列中的"廬"lú<lu<*b-ra（食器）。

(607) 筆 bǐ<pit(三)<*prjut(毛笔)

这两种形式很可能来源于同一个词根，两字都是词根义"划线"的引申。[1]

3. 带 l-声母的"立"是重纽三等"泣"的声符

(608) 立 lì<lip<*g-rjip(站立)
(609) 泣 qì<khip(三)<*khrjip(哭泣)(比较藏文 khrab-khrab(哭泣者))

早期的声训和假借也支持 *rj-假设。例如柯蔚南(1983：232，声训119条)引用了高诱(196—219)注《淮南子》中使用的一个声训，重纽三等字"菌"被认为读似 l-声母字"綸"：

(610) 菌[jūn]<gwinX(三)<*grjunʔ(菌菇)[2]
(611) 綸 lún<lwin<*g-rjun(丝带)

注意后边这个字还有二等读音：

(612) 綸 guān<kwɛn<*krun(头巾)[3]

再举一个重纽三等的例子：

(613) 緡 mín<min(三)<*mrjun(线)

这个字见于《诗经》24.3：

---

[1] 类似的比喻如拉丁语 rēgula(直棍，尺子)，引申为"规矩，原则"，经由古法语的传播，英语 rule 的诸个意思均源于此。

[2] 中古汉语 gwinX 也可能源于上古的 *gʷrjinʔ，不过"菌"jūn 的声符似乎是 *-un："囷"qūn<khwin(三)<*khrjun(圆形的谷仓)，这个字在《诗经》112.3A 中押 *-un 韵，"麕"jūn<kwin(三)<*krjun(小鹿)在《诗经》23.1A 中押 *-un 韵。

[3] 见诸桥辙次(1955—1960，27583 条)。表示"头巾"义的"綸"*krun 可能是"巾"jūn<kin(三)<*krjin(头巾)的一个方言形式。

第七章 上古汉语音节：介音和主元音

維絲伊緡

wéi sī yī mín

Of silk is the line

这里押 *-un* 韵。《尔雅》和《毛传》中均将"緡" *mín* < * *mrjun* 训释成：

（614）綸 *lún*<*lwin*<* *g-rjun*（丝带）

（也许用这个 * *g-rjun* 训释 * *mrjun* 的现象表明后来消失了的 * *g*- 在声训的时代,已经从 * *g-rjun* 中消失了。）此外,"緡" *mín* 还出现于：

言緡之絲

yán mín zhī sī

one strings it with silk

在《诗经》256.9 中,也有一个平行的句子：

言綸之繩

yán lún zhī shéng

I twisted the line for him

在《诗经》226.3 中,这里出现的是"綸" *lún*<*lwin* 而不是三等的"緡" *mín*< *min*。这些联系支持为"緡" *mín*<*min*< * *mrjun*（线）构拟 *-rj*-（及圆唇元音 * *u*）,同时还暗示这个字和"綸" *lún*<*lwin*< * *g-rjun*（丝带）都由同一个词根派生出来。

正如介音 *-r-* 的作用那样,介音 *-rj-* 的作用可以认为是由 * **r-色彩音变**导致的,在 * **r-色彩**音变影响下,使其后的音段中产生了某些特征,后来经过 * **r-脱落**音变,当 *-r-* 脱落的时候,这些特征变为区别性的特征。不过这些具体的语音演变,则依赖于如何对中古汉语中重纽区别作共时性分析,这个问题将是下节的主题。

7.3.3 中古汉语重纽区别的性质

如上文所提到的，-jen 和-jien 之间的这种重纽区别在汉语历史音韵学中是一则长期未解之谜，原因是这种区别在现代汉语方言中鲜有痕迹遗存。（正如第二章中所谈到的，在我的中古汉语标记体系中，-j-和-ji-之间的区别仅为标记而已，并不是严肃的共时分析的结果。）我相信，这个问题的答案很可能仰赖于进一步明确地确定《切韵》时期诸方言的特征。《切韵》对这些音节的处理有可能是两种或者多种早期中古汉语形式调和的结果。关于重纽问题的详细讨论已经超越了本书的范围，我也无意在此给出明确答案。不过，因为对中古汉语此类区别的分析，显然与上古汉语构拟有关，我将在这里讨论前人提出的解决方案，及其对上古汉语构拟的意义。

正如前文 2.4.1.4 中提出的，有些学者认为《切韵》中重纽的区别是人为的拟古，因此在他们的中古汉语构拟中并没有构拟出来。尽管有可能有些早期中古汉语的方言中没有这样的区别，而这些区别一直见于晚期中古汉语的韵图及其他材料中，也在朝鲜汉字音、汉越语和日语的万叶假名中留下痕迹，这种重纽区别完全是人为的可能性非常低。

承认重纽区别的学者，根据对重纽解释的观点不同而分作两类。有些认为是介音的区别，而有些学者认为是主元音的区别。有坂秀世（Arisaka Hideyo 1937—1939 [1957]）和河野六郎（Kōno Rokurō 1939）首次严肃地构拟重纽的区别，他们的处理方法是介音不同的处理路子。他们为了解释重纽对立，为中古汉语构拟了两个不同的介音，与高本汉"弱辅音-i-"（我的-j-）对应：一个硬腭介音-i-解释诸如"便"*biàn<bjienH*（方便）之类的重纽四等，和一个非硬腭的介音-ï-以解释诸如"弁"*biàn<bjenH*（帽）之类的重纽三等。[1] 这种解释重纽三、四等的方法似乎有许多优点。正如我们在 7.1.2.1 中所看到的，带舌根声母的重纽四等字

---

[1] 然而，有坂和河野没有采纳高本汉的强元音介音-i-。事实上，是他们率先不采纳这种构拟的。

第七章　上古汉语音节：介音和主元音

在朝鲜汉字音中带介音-y-，而重纽三等的字则不带[1]：

（615）遣 qiǎn<khjienX（四）（派遣），朝鲜汉字音：kyən，有坂构拟：khi̯än:
（616）愆 qiān<khjen（三）（超过），朝鲜汉字音：kən，有坂构拟：khï̯än

我们也可以把朝鲜汉字音解释成保留了硬腭-i-而忽略了非硬腭-ï-。此外，在汉越语中，唇音声母在重纽四等韵母之前则表现为齿音，而在其他情况下则保留为唇音：

（617）民 mín<mjin（四）（人民），汉越语：dân，有坂构拟：mien
（618）珉 mín<min（三）（宝石），汉越语：mân，有坂构拟：mïen

（越南语中写作 d- 的辅音现在依据方言不同分别读作 [z] 或 [j]。）我们可以把汉越语解释成唇音在硬腭介音-i-之前变为齿音，而在非硬腭介音-ï-之前不发生变化。当然，将重纽的区别视为介音区别而不是主元音区别，很好地解释了《切韵》中重纽三、四等处于相同韵类的这一事实。通常我们假定在《切韵》中归于同一韵类的音节，其主元音相同。不过同一个韵类具有不同介音的音节这种情况并不少见。

语料证据似乎更支持将重纽的区别视为中古汉语介音的区别。不过无论中古汉语时期这种重纽区别的共时性性质如何，上古汉语的证据清楚地表明，重纽的区别也涉及主元音上的区别，至少在重纽区别的来源上是如此。下面以-je 和-jie 韵母为例加以说明。在非重纽音节中，中古-je 既可以来自传统的"歌"Gē 部，也可以来自传统的"支"Zhī 部。下列两例在中古汉语中同音，而在上古汉语中押不同的韵：

（619）池 chí<drje< * lrjaj（池塘）（"歌"Gē 部，押 *-aj 韵）

---

[1]　高本汉对这种现象的错误解释使他构拟了"强元音-i-"和"弱辅音-ï-"的区别，见上文 7.1.2.1 和 7.1.2.2。

（620）篪 chí<drje<*lrje（一种竹笛）（"支"Zhī 部,押*-e 韵）

不过中国学者如章炳麟（1869—1936）早就注意到在钝音声母音节中，重纽四等音节-jie 来自其主元音为前元音的"支"Zhī 部，而重纽三等-je 则多来自后元音的"歌"Gē 部。典型的一对例子如下：

（621）陂 bēi<pje（三）<*p(r)jaj（坡）（"歌"Gē 部）
（622）卑 bēi<pjie（四）<*pje（卑微）（"支"Zhī 部）

"真"Zhēn 韵（Tsyin）的情况类似。在非重纽的字中，中古-in 既可以来自主元音为前元音的"真"Zhēn 部（*-in），也可以来自主元音为后元音的"文"Wén 部（*-in 或 *-un），然而重纽四等韵母-jin 的上古来源只有主元音是前元音的"真"Zhēn 部。这种重纽区别与上古韵部之间明显的对应关系，使章炳麟得出结论，他认为重纽区别是现实语言中已经消失了的上古汉语中的区别的痕迹。

重纽区别与上古汉语主元音区别之间有联系的这种事实，暗示重纽也可能涉及中古汉语主元音间的差别。董同龢（1948a[1974]）和周法高（1948a[1968]）在他们有关重纽的文章中，也采取了主元音之别这种方法。他们对"珉"mín<min 和"民"mín<mjin 的构拟列表如下，同时附上有坂秀世的构拟以供比较：

	民	珉
中古汉语	mjin	min
有坂秀世	mi̯en	mï̯en
董同龢	mi̯en	mi̯ěn
周法高	mi̯ěn	mi̯ěn

无论采纳介音区别说还是主元音区别说，都各有其长短之处。显然介音区别的处理办法容易解释重纽三等和重纽四等音节在《切韵》中归作相同的韵类这一事实。支持主元音区别这种处理方法的人，必须解释为什么看起来在划分韵类时似乎非常严谨的《切韵》作者们要把不

同的主元音放在相同的韵类之中。采纳介音区别的似乎也与朝鲜汉字音及汉越语证据相合。不过，用介音区别的处理办法也需要我们假定两个有对立不常见的不圆唇介音-i̯-和-ï̯-，而上古汉语的证据清楚地表明在某一时期，重纽的区别是元音的区别。另外，-jæng（三等）和-jieng（四等）这两个韵母在很多方面与真正的重纽区别可以进行类比，而这两个韵母在《切韵》中分列不同的韵类。也许在曾经有过的某些方言中，真正的重纽区别也就是类似这样的区别。

有可能介音区别说或者主元音区别说都是正确的，只是这两种情况针对的是不同的方言或不同的历史时期。不过这两种解决方式在我提出的构拟体系中很容易加以解释，只是需要对语音历史演变规则作一点小的调整。为了说明这一点，让我们考虑如表7.8中所示的两种中古汉语韵母处理方法：方法1：主元音区别的处理；方法2：类似有坂秀世的介音区别。

表7.8 部分收-n尾韵母的两种分析处理方法

中古汉语	方法1	方法2	上古来源
-æn	/-æn/	/-æn/	*-ran
-ɛn	/-ɛn/	/-ɛn/	*-ren
-jon	/-jʌn/	/-ï̯ʌn/	*-jan
-jen	/-jɛn/	/-ï̯en/	*-rjan, *-rjen
-jien	/-jen/	/-i̯en/	*-jen
-en	/-en/	/-en/	*-en

方法1可以通过 *r-色彩、*a-高化和 *r-脱落这些音变在我的上古汉语构拟中规则地派生出来。我们可以将 *r-色彩音变描述为如下的演变式：

$$V \longrightarrow [-后],[-紧]/r(j)\underline{\quad}。$$

换句话说，带 *-r-介音的音节的主元音前化且松化。对所考虑的音节来说，这个演变式对二等和三等韵母可以作同样充分的解释。在 *r

或 *rj 之后，原来的 *a 被演变为[æ]（可视为冗余的[-紧]），原来的 *e 演变为[ɛ]。[1] 在这种情况下，[æ]和[ɛ]可仍然被分别视作/a/和/e/的音位变体，其条件为 *-r-介音的出现。

*a-高化音变使原来的 *-jan 演变为 -jon[jʌn]，也使得 *-rjan 和 *-rjen 合并；这个音变将 *j 和锐音韵尾之间的低元音高化为中元音：

V ⟶ [-低]/j___[+锐音]。

此演变的效果是把[a]高化为[ʌ]，把[æ]高化为[ɛ]。

最后，*r-脱落音变使得 *-r-介音脱落，不过其结果是[æ]和[ɛ]之前仅仅分别是/a/和/e/的音位变体，现在均变成了区别性的音位。上述各种音变的作用情况见表 7.9。

表 7.9 部分收 -n 尾韵母的历史演变：方法 1（主元音区别分析）

	*-jan	*-ran	*-rjan	*-jen	*-ren	*-rjen	*-en
*r-色彩	——	[-ræn]	[-rjæn]	——	[-rɛn]	[-rjɛn]	——
*a-高化	[-jʌn]		[-rjɛn]				
*r-脱落	——	[-æn]	[-jɛn]	——	[-ɛn]	[-jɛn]	——
演变结果	/-jʌn/	/-æn/	/-jɛn/	/-jen/	/-ɛn/	/-jɛn/	/-en/
中古形式	-jon	-æn	-jen	-jien	-ɛn	-jen	-en

同样的演变式可以用于解释介音区别的第二种分析方法，只是在含介音 *-j- 的音节中 *r-色彩音变不需要包括[-紧]的特性。这种处理方法中，三等音节中并不需要区别[e]和[ɛ]。不过，这个特征仍然需要保留以解释二等韵母 -ɛn。这里将继续保留原来的音变规则，同时假定在较晚的时期，三等韵母中的松紧区别受一种可称为 jɛ >je 音变的影响而消失了。另外，我们必须假定一种 *j-后化的音变，它使得 -j-，或在 *r 之后，或在后元音之前产生后化[+后]（即[ï]）。这种解释介音区别分析法的音变情况见表 7.10。

---

[1] 或者，[-紧]的属性仅作用于[-低]属性的元音。

第七章　上古汉语音节：介音和主元音

表 7.10　部分收 -*n* 尾韵母的历史演变：方法 2（介音区别分析）

	*-jan	*-ran	*-rjan	*-jen	*-ren	*-rjen	*-en
*r-色彩	——	[-ræn]	[-rjæn]	——	[-rɛn]	[-rjɛn]	——
*a-高化	[-jʌn]	——	[-rjɛn]	——	——	——	——
jɛ >je	——	——	——	[-rjen]	——	[-rjen]	——
*j-后化	[-ïʌn]	——	[-rïɛn]	——	——	[-rïen]	——
*r-脱落	——	[-æn]	[-ïen]	——	[-ɛn]	[-ïen]	——
演变结果	/-ïʌn/	/-æn/	/-ïen/	/-jen/	/-ɛn/	/-ïen/	/-en/
中古形式	-jon	-æn	-jen	-jien	-ɛn	-jen	-en

类似的分析方法，可以扩展以解释有坂秀世用介音区别对其它重组的分析。也许对中古汉语及其方言的进一步研究将会表明哪种重组分析方法更佳，不过这里提出的上古汉语构拟体系似乎对哪种分析方法都可以进行解释。

7.3.4　*-j-的来源及语音性质

我标写成 *-j-的这种特性存在无疑，而其具体语音性质如何则尚有争论，这里将这种属性记作前高滑音-j-，基本上与高本汉的 *i̯ 等同。不过，有不少理由使得我们在接受该构拟的时候犹豫不决：

1. 古文献中用来转写外语词的汉字表明带 -j-的字所对应的外语词并没有前高滑音，例如：

（623）佛 fó<*bjut* 对应 Buddha

（624）鳩摩羅什 Jiūmóluóshí<*kjuw-ma-la-dzyip* 对应 Kumārajīva

2. 汉语带 -j-的词其藏缅语同源词通常不带 -j-，例如：

（625）凉 liáng<*ljang*<＊g-rjang（凉）（比较藏文 grang-ba（凉））

（626）九 jiǔ<*kjuwX*<＊kʷjuʔ（九）（比较藏文 dgu（九））

（627）耳 ěr<*nyiX*<＊njiʔ（耳朵）（比较藏文 rna-ba（耳朵））

3. 带 *-j-介音的音节与不带此介音的音节，自由出现于同一谐声系列中。例如：

(628) 余 yú<[yo]<*ljaʔ(我)
(629) 途 tú<du<*la(道路)

前一字是后一字的声符。乍看起来，造字的人在判断语音相似的时候，忽略音节中的某一个音段，这种现象似乎比较奇怪。

4. 三等音节在中古汉语中的比例相当高，根据邵荣芬的统计(1982：137)，《切韵》中半数以上的音节(3603 中的 1871)有三等韵母。前高介音有这么显著的分布，似乎有些蹊跷。这种数据暗示，三等的属性可能来源于某种基本的韵律特征，或者也可能有多种来源。

大体上由于以上这些考虑，关于三等韵母在上古汉语时期的性质，有数家不同的认识。蒲立本起初将三等韵母构拟成有区别性的长元音(1962)，后来他(1973：118—119)将这种区别构拟成音节的重音落在第二个莫拉(A 类，元音上标记作右高左低的重音符号)还是落在第一个莫拉(B 类，标记为元音上左高右低的重音符号)上的区别。假定 B 类音节在早期中古汉语中演变为主元音前的高元音音段 -i-, -ɨ- 或 -u-。Lorenz G.Löffler(1966)提出，为三等音节构拟一个央元音前缀 *ə-，这个前缀影响了主元音且在后来消失了。这一假设的根据是从一种藏缅语 Mru 语中观察到的类似音变现象。雅洪托夫(1965：32)提出类似-j-由浊塞音前缀演化而来的假设。在近期的一篇文章，Pejros 和斯塔罗斯金(1984)将三等音节的上古形式构拟成区别性的短元音——正好与蒲立本早期的假设相反。[1]

包拟古(1980)没有像前面那些假设那样，将 *-j-完全去除掉，他假定在原始汉语时期，存在一种与藏缅语 *y 同源的原生性喻化音(primary yod)和汉语内部因某些特性而产生的次生性喻化音(secondary yod)。他采纳蒲立本左高右低的重音符号来标记带次生性

---

[1] 又见斯塔罗斯金(1989：325—329)。

喻化音的音节（但并没有接受蒲立本对所涉及语音演变的解释）。因此在原始汉语时期，包拟古提出了两个元素：(1) *y 代表原生性喻化音（写作在藏缅语转写中常用的 *y，与后来的 *j 相区别）。(2) B 类音节类型，记作左高右低的重音符号，且表示次生性喻化音。

然而这种原生性和次生性喻化音的区别，主要建立在汉语同藏缅语比较基础之上，很难在上古汉语中找到令人信服的证据，即很难仅依据汉语内部证据来看到这种区别。的确，有些问题可以通过增加一个介音的方式来加以解决。例如，如果我们假定 *K-硬腭化为 TSy-，只出现在原生性喻化音之前，而不出现在次生性喻化音之前（或者正好相反的话），我们就可以对这种确切条件尚且不明的舌根音的硬腭化（见 6.1.5）现象作一个严密的解释。上古汉语中 *-j-似乎通常用作形态功能，这也许可以帮助我们对原生性的和次生性的喻化音作区别，也许原生性喻化音用作形态要素，而次生性喻化音则没有（或者正好相反）。不过，对上古汉语中原生性和次生性喻化音的区别缺乏严格方法的情况下，上述这些假设则大体上只能视为尚未解决的问题的临时性标记。因此我不愿意将此百搭牌加进来，仍只使用一个 *-j-，它的早期来源必须经过进一步的研究才可以加以解决。

至于我记作 *-j-这个要素的语音性质，我发现反对将其构拟成前高滑音的证据并不是非常坚实。借词音的证据比较复杂，可以作多种解释。例如，以 Kumārajīva（鳩摩羅什）这个名字的译音为例，kjuw 这个形式是 4 世纪相关方言中最接近外语 ku 的音节。事实上，如果我们的构拟中**高元音>中元音**的音变是正确的话，那么到了汉代末期，高元音一般都已经低化为中元音，只剩下 *-j-后的高元音未变。唯一还带高元音的音节只是那些带 *-j-的音节。（我的中古形式记作 ku 和 kuw 的音节中的元音当时可能是中元音，甚至是低元音。）因此，如果我们想用高元音来对应外语音节 ku，可能除了使用带-j-的音节之外别无选择。[1]

----

〔1〕 我们可以进一步论证，如果高元音-u-仅出现于-j-之后，那么-ju-在音系上就是/u/。在某些方言中，冗余的-j-可能在语音上已经脱落。因此，即使假定用三等音节来翻译"Buddha"和"Kumārajīva"，可以证明那些方言在这些三等音节中并不带-j-，但也并不能证明上古汉语时期不存在 *-j-。在冗余的情况下，上古汉语的 *-j-有可能已经脱落。

蒲立本关于 A 类音节（即不带我们的 *-j-的音节，见蒲立本 1965，1984：167—168）中舌根声母具有小舌位置音位变体的理论，为此类对译提供了另外一种可能的解释，与将 *-j-构拟成前高滑音相一致。比如，假设"鈎"gōu<kuw 的音值为 [quw]带小舌声母，那么带舌根声母的"鳩"jiū<kjuw [kjuw]则更适宜与外语的舌根声母音节对应，尽管它带着介音[j]。上边的论证足以证明借词对译证据并不能排除在上古汉语时期构拟 *-j-。[1]

*-j-在藏缅语中找不到明显的对应，这并不足以否定为上古汉语构拟这样的前高滑音。汉藏语材料中与上古汉语 *-j-相对应的要素——无论其在汉藏语层次上是怎样一种语音性质——可能到了藏缅语言中已经脱落，也有可能 *-j-是上古汉语中一种新出现的形态要素。类似地，尽管在中古汉语中三等音节这种高比例分布令人生疑，然而这种现象本身又很难向我们透露如何进行构拟。

如果我们来看以我记作 *-j-为条件的音变的话，我们发现将其构拟成前高滑音，事实上有相当好的解释性。似乎前高滑音可以很自然地作为齿音和舌根音的硬腭化条件，以及作为产生声母辅音腭化音位变体的条件。另一个主要的以 *-j-为条件的是**高元音>中元音**，此音变使高元音低化为中元音，而其元音前带 *-j-时却不低化。在这里似乎高滑音自然地使其后的高元音保持在高的位置。

当然，基于音变的自然性基础之上的论证，严格来说，只与音变发生的时代相关。上面所提到的硬腭化和低化音变很可能发生在汉代，因此，最多证明这里讨论的要素在汉代曾经是前高滑音。不过就目前来说，还没有什么证据能够证明此要素不应构拟成 *-j-，而应当构拟成其他。

---

〔1〕 蒲立本早期中古汉语的构拟中（1984），所有的三等韵母以高（音节性的）元音起首，避免了使用介音-j-，在解释借词时更为自然。例如"佛"fó(Buddha) 就是简单的 but，Kumārajīva 中的 ku 就是简单的 kuw。不过这样简洁的构拟却在其他方面付出了代价，蒲立本的构拟中涉及了复杂的音节理论（在此理论中，一个以上音段是[+音节性]），这种构拟也无法直接解释中古汉语的押韵习惯，可参见我对蒲立本（1984）的书评（白一平 1987b）。

第八章　上古汉语音节：
韵尾和复韵尾

本章考察上古汉语音节中的韵尾和复韵尾这两个位置。正如第五章所总结的那样，我在音节的韵尾位置构拟了如下的要素：

*-∅	*-k	*-ng
*-j	*-t	*-n
*-w	*-wk	
	*-p	*-m

此表中没有 *-g、*-d 等高本汉及其他学者用来解释各种中古汉语阴声（以元音或半元音收尾）与入声（以清塞音收尾）关系的浊塞尾。例如在高本汉和李方桂的体系中，为阴声韵字构拟了 *-g 韵尾，似乎表明了同中古收 -k 尾的字之间的押韵或谐声关系。我将在下文（8.3 节）中论证像上古汉语这样的语言，在韵尾位置中有清浊塞音的对立是出人意料的，同时将会论证阴入关系可另作解释：我没有为阴声韵字构拟其后统统消失了的 *-g 韵尾，而为与入声有关系的字构拟了 *-k 韵尾，假定这个 *-k 韵尾在某种条件下消失了（尤其是后接复韵尾 *-s 和 *-ʔ）。然而其他学者构拟为 *-g 的字中很少与入声有联系的这些字我构拟成开音节形式。

此韵尾表中也没有流音韵尾 *-l 和 *-r。一般来说，其他体系中的 *-r 与我的 *-j 对应。与藏缅语言的比较，暗示在某个较早时期汉语中曾经存在过 *-r 或 *-l，或者两者都存在过，不过很难在汉语内部找到直接证据（有关这点详见下文 8.1 节）。

我为复韵尾位置构拟了两个要素：*-ʔ 和 *-s，这两个复韵尾分别用来解释中古汉语上声和去声的演变。中古汉语入声音节并无声调对立的事实,可以用引起后接这些复韵尾的清塞音消失的音变来解释。此假设还用来解释大部分阴入接触关系。

8.1 节讨论上古汉语韵尾;8.2 节讨论上古汉语中的复韵尾和声调问题;8.3 节主要讨论上古汉语中是否存在浊塞尾问题——这个问题既与韵尾有关,也与复韵尾有关。

8.1 上古汉语韵尾

8.1.1 韵尾 *-∅ 、*-j 和 *-w

8.1.1.1 零韵尾(*-∅)

与其他一些上古汉语构拟体系不同的是,这里提出的体系中音节可用一整套元音收尾。也许除 *-i 之外,所有的元音都可以出现在音节末尾的位置:

(*-i)	*-i	*-u
*-e		*-o
	*-a	

尽管这里似乎没有 *-i 韵母,却有一个 *-ij 韵母。另一方面, *-u 确有出现,但它与 *-uw 并不对立。如果我们为这个体系构拟了 *-i 和 *-u 或者构拟了 *-ij 和 *-uw,那么整个体系看起来更为对称;不过目前的构拟似乎在一系列音变的解释上比上述两个任何一个对称体系都要简洁,因此我仍保留目前的体系。[1]

在我构拟的体系为零韵尾(尽管我的 *-a,高本汉是 *-o,我的 *-o, 高本汉是 *-u)的情况下,其他的构拟体系一般带有浊韵尾 *-g(或者在

---

[1] 例如,我为中古汉语的 -ɛj < *-rij 构拟了 *-ij 而非 *-i,以区别于中古 -ɛi < *-re。假如我构拟的形式是 *-ri 而不是 *-rij,目前体系中的**高元音>中元音**的音变则会使得 *-ri 和 *-re 在中古汉语中产生合并。(事实上, -ɛj 和 -ɛi 有可能在某些中古汉语方言中产生了合并。)我为"軌"guǐ<kwijX < *kʷrjuʔ(车轴端)构拟了 *-u而不是 *-uw, *u 圆唇的消失是由**圆唇成分异化**音变导致的。如果我构拟成 *-uw而不是 *-u,这种圆唇成分异化的解释则会更为复杂。

李方桂的体系中有时还有 *-gw)。为了清楚起见，下文列出这五个不带 *-r- 或 *-j- 的零韵尾韵母，与高本汉和李方桂构拟形式进行比较，同时列出中古汉语的形式：

白一平	高本汉	李方桂	中古汉语
*-ɨ	*-əg	*-əg	-oj
*-u	*-ôg	*-əgw	-aw
*-e	*-ieg	*-ig	-ej
*-o	*-u	*-ug	-uw
*-a	*-o	*-ag	-u

注意上古汉语原来的 *-ɨ 和 *-e 演变为带 -j 的韵尾（我称为 *j-插入音变），上古汉语原来的 *-u 和 *-o 到了中古汉语则带上了 *-w 韵尾，发生了双元音化的音变：*-u(K) > *-aw(K) 及 *-o(K) > -uw(K)。

8.1.1.2 韵尾 *-j

韵尾 *-j 出现在所有主元音之后，不过是否存在 *-ej 韵母的证据尚不清楚：

*-ij	*-ij	*-uj
(*-ej)		*-oj
	*-aj	

这里的 *-j 韵尾一般与高本汉的 *-r 对应，与李方桂的 *-r 或者 *-d 对应。下表列出带 *-j 的简单韵母，同时列出高本汉和李方桂的构拟及中古汉语形式[1]：

---

[1] 注意高本汉并未区分 *-ij 和 *-ɨj（李方桂的 *-id 和 *-(i)ed）。这个区别的讨论见 10.1.8 节。

白一平	高本汉	李方桂	中古汉语
*-ij	*-iər	*-id	-ej
*-ij	*-ər/ *-iər	*-əd/ *-iəd	-oj/-ej
*-uj	*-wər	*-əd	-woj
*-oj	*-wâ(r)	*-(u)ar	-wa
*-aj	*-â(r)	*-ar	-a

一般来说,韵尾 *-j 保留到中古汉语时期,只是上古 *-aj(通过 ***-aj 单元音化**音变)变成了单元音。这一音变很可能发生在汉代(这时, *-aj 和 *-raj 开始同 *-ra 通押)。同一音变也引起了 *-waj < *-oj 的演变。这表明 ***-aj 单元音化**出现于**圆唇元音双元音化**之后:

(630) 歌 gē<ka< * kaj(歌唱)
(631) 坐 zuò<dzwaX< * dzwaj? < * dzoj?(坐)

在前人的构拟体系中,歌部的构拟形式通常带韵尾 *-r 或者直接构拟成开音节。高本汉为歌部既构拟了 *-â 也构拟了 *-âr,后者限定于那些与 *-ân 有接触关系的字。董同龢构拟为 *-â,李方桂构拟成 *-ar。我的体系中,歌部构拟成 *-aj 和 *-oj(并尝试性地构拟了 *-ej)。事实上,在汉语内部很少有证据表明这些韵母带 *-r 韵尾,而 *-j 这样的构拟与似乎未受 ***-aj 单元音化**的闽方言和其他一些方言的白读音相当吻合。在其他一些语言中,来自汉语的早期借词也保留了 *-j 韵尾。下边举一些例子[1](汉语方言形式后的数字代表调类):

(632) 舵 duò<daX< * laj?(舵),福州 tuai 6,潮阳 tai 4,越南语 lái。
(633) 磨 mó<ma< * maj(研磨),福州 muai 2,越南语 mài,朝鲜语 may(Martin &

---

〔1〕 闽方言引自罗杰瑞(1969);越南语的例子引自奥德里古(Haudricourt)(1954a[1972]:179)。藏缅语的构拟引自白保罗(Benedict)(1972)和柯蔚南(Coblin)(1986)。其他材料引自郑张尚芳(1983,日期未详:13—15)。

第八章　上古汉语音节：韵尾和复韵尾　　325

Chang 1967, s.v.)[1]

(634) 個 gè<kaH< *kajs(单个)，潮阳 kai 2，温州 kai 5，越南语 cái，龙州壮语 ka:i 5
(635) 我[wǒ]<ngaX< *ngaj?(我)，福州 ŋuai 3，梅县(客家话)ŋai 2；比较藏缅语 *ngay(我)
(636) 蛾 é<nga< *ngaj(蚕蛾)，越南语 ngái
(637) 破 pò<phaH< *phajs(打破)，福州 phuai 5，瑶勉语(兴安方言)phai 5
(638) 跛 bǒ<paX< *paj?(跛)，福州 pai 3，梅县(客家话)pai 2
(639) 簸 bò<paH< *pajs(簸箕)(也读作 bǒ<paX< *paj?)，福州 puai 5，温州 pai 5；比较藏缅语 *pwa·y(谷壳)。

带韵尾 *-j 的字有时表现出与收 *-n 尾的字有多种形式的接触关系。高本汉试图选择用 *-r 韵尾的构拟来解释这种接触关系(1954：300—301)。不过也许 *-j 的构拟可以同样地，甚至更好地解释这种接触关系。韵尾 *-n 的非鼻音化可以很容易使得 *-j 和 *-n 相混，这种音变已经影响了诸如苏州话这样的吴方言。在苏州话里，早期的-aj 和-an(包括源于中古-am 的那些-an)已经合流为前元音：

(640) 來 lái(来)，苏州[le]<晚期中古汉语 laj<早期中古汉语 loj
(641) 藍 lán(蓝色)，苏州[le]<lan<晚期中古汉语 lam<早期中古汉语 lam

据我所知，没有人提出为了解释这种合并需要为苏州话早期的"來"lái 构拟一个 *-r 韵尾。这种合并可以通过假定非鼻音化和双元音的单元音化这些音变来解释。

类似地，非鼻音化的音变似乎也发生在汉代或者更早期的一些汉语方言中，许多早期有关 *-j 和 *-n 接触的文献可能反映的就是这些方

---

[1] 郑张尚芳(1983)还引用了朝鲜语词 mays-tol(磨石)(转写形式见 Martin & Chang 1967, s.v.)。第二个音节仅是"石头"的意思，而第一个音节看起来似乎借自汉语"磨"mò<maH< *majs(磨石)，这个名词由动词"磨"mó<ma< *maj(研磨)派生而来。朝鲜语形式与上古汉语 *maj 的关系毋庸置疑，而朝鲜语形式中的-s 显然是一种表示其后辅音发为紧音的文字符号(Alexander Vovin，个人交流)，因此这个例子不能算作上古汉语 *majs(磨石)中带 *-s 的证据。

言。东部的山东半岛及其邻近地区所讲的方言尤其有较完备的记录,下面是一些例子(罗常培、周祖谟 1958:73—75):

1. 经常发现"殷"写作"衣":

(642) 衣 yī<ʔjɨj<*ʔjɨj(衣服)
(643) 殷 yīn<ʔjɨn<*ʔjɨn(殷代)

(周代金文也有这样的情形;见周法高等1974a,1125条)。例如,《礼记·中庸》中写道:

"壹戎衣"
"消灭大殷(朝)"

《尚书·康诰》中对应的话,则用了"殷"而没有用"衣",祖籍位于山东半岛高密的郑玄(127—200)在为《礼记·中庸》上述文字注疏中说道:"齐人言殷,声如衣,今姓有衣者,殷之胄。"(齐国位于山东半岛)类似地,活跃于汉代建安时期(196—219)的学者高诱,在《吕氏春秋注》中说道:"今兖州(在今天的山东省)人谓殷氏皆曰衣。"这些注似乎都表明这个方言用 *-j 替换了 *-n。

2. 郑玄在对《诗经》231的注中提到,邻近齐鲁(现代山东)的地方,"鲜"和"斯"读音相近:

(644) 鲜 xiān<sjen<*sjen(新鲜)
(645) 斯 sī<sje<*sje(这里)

类似地,《释名》也提到青州和徐州(东汉时期的州名,今山东及其南部地区),"癣"读作"徙":

(646) 癣 xiǎn<sjenX<*sjenʔ(皮癣)
(647) 徙 [xǐ]<sjeX<*sjeʔ(迁徙)

(中古的 sjenX 既可以来自＊sjanʔ 也可以来自＊sjenʔ，不过这里把这些字上古形式的主元音构拟成＊e，可以得到《诗经》押韵的支持："鲜"读作 xiǎn<sjenX，在《诗经》43.1 中不规则地押＊-e 韵。）这些前元音音节中，似乎＊-n 直接脱落了，而不是被＊-j 替换了。

3. 三国时期（公元 3 世纪）为《汉书》作注的如淳，提到位于今山东半岛西边和西南边的陈宋两地口语中，"桓"与"和"读音类似：

（648）桓 huán<hwan<＊wan（木柱）
（649）和 hé<hwa<＊gwaj<＊goj（和谐）

我们可以将此与《诗经》137.2 的押韵序列进行比较，这里＊-an 与＊-aj 通押。《诗经》137 是《陈风》中的一篇，传统上被认为来自同一个地理区域：

差 chā<tsrhɛi<＊tshrjaj（选择）
原 yuán<ngjwon<＊ngʷjan（（专有名词））
麻 má<mæ<＊mraj（麻）
婆娑 pósuō<ba-sa<＊baj-saj（跳舞）

这些例子让我们足以相信，至少在汉代，还可能在更早一些时期，某些东部方言与其他方言的＊-n 尾对应的是非鼻音韵尾。在某些情况下，似乎用＊-j 韵尾来替换＊-n。而在另外一些情况下，也许＊-n 韵尾直接脱落了，当然音变的具体情形很难有信心地构拟出来。这种相同的方言特征，也多见于东汉声训的材料（见柯蔚南 1983：89—92）。这些情况很容易解释成以＊-j 替换＊-n，或者解释成＊-n 韵尾的直接脱落，它们本身很难作为上古汉语构拟＊-r 韵尾的充分理由。[1]

附带地，尽管藏缅语比较暗示原始汉藏语中可能带有诸如＊-r 或者＊-l 或者两者兼有的韵尾，很难为在高本汉和李方桂构拟体系中的

---

[1] 斯塔罗斯金（1989：338—343）根据上古汉语押韵和其他证据提出了上古汉语具有与＊-j 和＊-n 相区别的＊-r 韵尾的论证。斯塔罗斯金的＊-r 与＊-j 有押韵和谐声证据，而其规则的中古汉语形式是-n（不同于高本汉的＊-r，其中古形式为-j 或零形式）。因此我构拟成＊-n 的一些词在他的体系中构拟为＊-r 尾。

*-r 提供支持。事实上在许多情况下,我构拟的 *-j 对应藏缅语 *-y(藏缅语的形式取自白保罗 1972 和柯蔚南 1986):

(650) 移 yí<ye< * ljaj(移动,变),藏缅语 * lay(* B 调)(变)
(651) 死 sǐ<sijX< * sjij?(死亡),藏缅语 * səy(* A 调)[1]
(652) 妣 bǐ<pjijX~pjijH< * pjij? ~ * pjijs(女性祖先),藏缅语 * pəy(* B 调)(祖母)
(653) 蜾 guǒ<kwaX< * kʷaj? 或 * koj?(蜜蜂,黄蜂),藏缅语 * kwa·y(* B 调)(蜜蜂)
(654) 蜗 guā~[wō][2]<kwæ < * kʷraj 或 * kroj(蜗牛),藏缅语 * kroy(* A 调)(贝,贝壳)
(655) 多 duō<ta< * taj(多),侈 chǐ<tsyheX< * thjaj?(大),藏缅语 tay(* A 调)(大;很)[3]
(656) 簸 bǒ~bò<paX~paH< * paj?/s(簸,筛),藏缅语 * pwa·y(谷壳)

8.1.1.3 韵尾 *-w

韵尾 *-w 仅出现于 * i、* e 和 * a 的后边。迄今为止,我尚未发现在其他元音后也构拟此韵尾的必要。我构拟的 *-w 与李方桂的 *-gw,高本汉体系中的圆唇元音后的 *-g 对应。这个韵尾一直保留不变至中古汉语时期:

白一平	高本汉	李方桂	中古汉语
*-iw	*-iôg	*-iəgw	-ew
*-ew	*-iog	*-iagw	-ew
*-aw	*-og	*-agw	-aw

---

[1] 白保罗本来把这个词及上古汉语其他带 *-ij 韵母的词的藏缅语形式构拟成 *-iy,后来他把藏缅语形式构拟成了 *-əy。正如我所指出的(白一平 1985),早期构拟形式和上古汉语形式更为接近(当然这并不意味着这是藏缅语中的正确构拟形式)。

[2] "蜗"这个词在早先(以及台湾)的词典中的读音 guā 是中古 kwæ 的规则读音形式。大陆词典现在的注音为 wō。

[3] 白保罗(1972:66n)比较了藏缅语 * tay 和"太"tài<thajH< * hlats(巨大),柯蔚南(1986:42)也采纳此例,然而在我的体系中"多"* taj 从语音上对应更好。

8.1.2 鼻韵尾 *-m、*-n 和 *-ng

正如我们所看到的,尽管在汉语每个时期可能都有一些方言经历了某种程度的非鼻音化音变,但鼻韵尾从上古汉语到《切韵》的中古汉语时期都相当稳固。我在所有六个主元音后都构拟了 *-m 韵尾,不过后期因为语音合并的缘故,有一些区别已经无法恢复。关于这些带鼻音韵尾相区别的详细论证见 10.3 节:

*-im   *-ɨm   *-um
*-em   *-om
              *-am

这些鼻韵尾与高本汉和李方桂的构拟对比如下:

白一平	高本汉	李方桂	中古汉语
*-im	*-iəm	*-iəm	-em
*-ɨm	*-əm	*-əm	-om
*-um	*-əm	*-əm	-om
*-em	*-iam	*-iam	-em
*-om	*-əm	*-əm	-om
*-am	*-âm	*-am	-am

鼻韵尾 *-m 一直保留到中古时期,受**唇音异化**音变的影响也产生了一些例外:

(657) 風 fēng < pjuwng < *p(r)ji/um(风)[1]

这种异化的确切语音条件尚不清楚,因为在其他条件下鼻韵尾 *-m 并没有脱落,例如"风"的声符"凡":

---

[1] "风"的上古元音或是 *ɨ,或是 *u。如果是 *u 的话,那么则无从推导出 *-r- 的存在。因为 *r-**色彩**并不影响圆唇元音,因此其构拟形式记作 *p(r)ji/um。

(658) 凡 fán<bjom<＊b(r)jom（所有）

在较早时期,可能有一些方言的鼻韵尾 *-m 演变成了 *-ng 的情况更为普遍。根据罗常培和周祖谟(1958：52),汉代的时候,原来的 *-m 司马相如、王褒和扬雄有时押 *-ng 韵,他们都是西汉蜀地（今四川省）的诗人。在《诗经》里, *-m 和 *-ng 相混的现象可能是一种西部方言特征。例如 *-m 和 *-ng 通押的现象见于《诗经》128《秦风》和《诗经》154 的《豳风》,秦和豳均在今天西北的陕西省。

带鼻韵尾 *-n 和 *-ng 音节的分布和构拟情况已在第七章进行了讨论。类似地,这些韵尾大体上没有改变地保留到中古汉语时期,尽管在前元音 *-i 和 *-e 之后,这两个韵尾还存在一些相混的情况。例如：

(659) 命 ming<mjæŋH<＊mrjeng(s)<＊mrjing(s)（命令）

我们将在第十章看到,这个字以及同谐声系列的字在《诗经》中押 *-in,不过中古汉语却带着 -ng 韵尾。我对这一点的解释是假定相关的《诗经》押韵经历了一种 *-ing>*-in 的音变,这种音变结果并没有演变到《切韵》体系中（《切韵》继承的体系 *-ing 没有变为 *-in,而是与 *-eng 合并）。也有一些中古汉语的音节收 -n 尾,而历史比较证据则暗示,其早先形式为 *-ng 尾：

(660) 薪 xīn<sin<＊sjin(<＊sjing?)（柴薪）

比较藏文 sying（木头）,藏缅语 *siŋ（白保罗 1972：55；柯蔚南 1986：162）。

类似地, *-en 和 *-eng 也有频繁的相混现象,例如：

(661) 睘 huán<hwæn<＊wren 或＊gʷren（环绕）,也读作 qióng<gjwieng<＊gʷjeng（恐惧,孤单,无助）

这种相混现象到了汉代已经很普遍,例如柯蔚南(1983：206)引用了一则郑玄的读曰训释（见柯蔚南词表 210 条），说《礼记》中的"繕"读曰"勁"。

(662) 繕 shàn<dzyenH< *gjens（修缮,整理）[1]
(663) 勁 jìng<kjiengH< *kJengs（强壮）[2]

8.1.3 清塞韵尾：*-p、*-t、*-k 及 *-wk

其后未接 *-s 或 *-ʔ 的时候，上古汉语的 *-p、*-t 和 *-k 韵尾到中古汉语时期相对稳固不变。带这些韵尾的韵母大体上跟上文所列的 *-m、*-n 和 *-ng 韵尾的韵母平行。不过，在鼻韵尾中，虽然存在诸如"風 fēng<pjuwng< *p(r)jɨ/um（风）"这样的 *-m 异化为 *-ng 的现象，但是很难找到平行的 *-p 异化为 *-k 的明显例子。[3]

正如与鼻韵尾 *-n 和 *-ng 相混的情况类似，偶尔也有一些 *-t 与 *-k 相混的现象，尤其是出现在前元音之后的时候。下面举一则 *-et 与 *-ek 相混的例子，在《诗经》261.2 毛氏版本中有如下的押韵序列：

幭 miè<met< *met（盖巾）

---

[1] 我为"繕"（中古 dzyenH）构拟了 *-en，这是因为正如声训所示，其中古硬腭声母似乎来自上古的舌根舌根声母。另一个表明此谐声系列带舌根声母的证据如叠韵联绵词"搌搌"thrjenX-kjenX< *trhjenʔ-krjenʔ（丑），*-rj 阻止了后一个音节的硬腭化。这个联绵词出现于数个字词文献，见诸桥（Morohasi 1955—1960，第 12734 和 12458 条）。这两个音节在《广韵》中可见两种排列形式，而诸桥的材料中仅提供了"搌搌"thrjenX-kjenX 这一种顺序。

[2] "勁" *kJengs 中的大写字母 *J 表明这里的舌根声母出人意料地没有发生硬腭化的演变（见 6.1.5）。

[3] 似乎"昱" yù<yuwk（明亮）发生了 *-p> *-k 的异化演变，依《说文》，此字的声符为"立"lì<lip< *C-rjip（丁福保 1928—1932[1976]：2928），但这个字的语音形式是一则未解之谜。注意此字在古文献中又写作"翌"或"翊"，读作 yì<yik（高本汉 1957，第 912a 条），而这个字的声符也是"立"lì（丁福保 1928—1932[1976]：1500）。这些形式也可能反映了存在一种上古汉语方言，在这种方言中无论声母如何，其韵尾 *-m 和 *-p 普遍地分别演变为 *-ng 和 *-k，也许很有必要假定这种方言的存在，以解释"冬"Dōng 和"侵"Qīn 两部在《诗经》中偶尔混押的押韵现象，参见 3.3.1 和 10.3.3 中的讨论。

厄 è<ʔɛk< *ʔrek（牛轭的一部分）

"幭"的中古汉语读音 met 是《切韵》音系的读音，汉字的结构也支持了这种读音，例如其声符"蔑"与"灭"肯定同源：

（664）蔑 miè<met< * met（摧毁）
（665）灭 miè<mjiet（四）< * mjet（消灭）

然而这里"幭"与 *ʔrek 押韵。事实上，《经典释文》将"幭"的读音注为 mek（又读 met）。保留在其他古代典籍中所引用的其他版本的《诗经》没有用"幭"这个字，而用了其他字：

（666）幦 mì<mek< * Npek（车覆笭）

此字更合于押韵[1]，这个字的声符明显地表明韵母为 *-ek：

（667）辟 bì<pjiek< * pjek（统治者），又读 bì<bjiek< *ɦpjek（法律，法规），bì<bek< *ɦpek（内棺）（最后这个意思也许与表示覆盖物义的"幭~幦"有联系）

也许写作"幭"的版本，源于 *-et 和 *-ek 已经合并了的方言。[2]

我们还可以发现中古汉语-it 和-ik 之间的接触，这种接触也许反映了对同一上古汉语 *-jik 在不同方言中的反映形式，例如：

（668）即 jí<tsik< * tsjik（接近）

---

〔1〕 向熹（1986：887n）注明此读音见于《仪礼·既夕礼》《公羊传》《说文》和其他一些文本。

〔2〕 注意前元音假设如何使这一问题得以澄清，正如它澄清了 *-en 和 *-eng 的接触关系一样。高本汉未能看出"幭" * met（他的 * miat）和"幦" * mek< * Npek（他的 * miek）的语音关系，他仅说明前一个字"也用于同义词 * miek"（1957，第311f 条）。

这个字在《诗经》中一直押 *-it 韵(《诗经》89.2A、99.1A、250.6D),它是下面这个字的声符:

(669) 節 jié<tset<*tsit<*tsik(结;植物的节)

有可能"即"tsik 的读音保留了早期的韵尾,而"節"tset 代表的是诸如《诗经》所示方言的转移,原来的 *-ik 演变为 *-it,与由 *-ing 演变为 *-in 的方言平行。

注意中古汉语 -it 和 -et 通常与藏缅语 *-ik 对应,正如"節"中古汉语 tset 本身(比较藏缅语 *tsik(关节))以及同一谐声系列中其他字的情况所反映的那样。下面的例子取自柯蔚南(1986:50,108)[1]:

(670) 垩 jí<tsit<*tsjit<*tsjik(增土于道);比较藏文 rtsig-pa(建筑,筑墙,墙)

这个汉字还用来记录另外一个词:

(671) 垩 jí<tsit<*tsjit<*tsjik(烛烬),比较藏文'tshig-pa(燃烧、火烧;发亮)

这个例子有力地暗示上古汉语某些方言中(显然包括《诗经》中反映的一种或数种方言),上古韵母 *-ing 和 *-ik 分别转移为 *-in 和 *-it。中古汉语的读音也经常表现出同样的交替现象。不过,只有在类似"即"jí<tsik 等不多的例子中,也许还保留着原来的舌根音韵尾。

8.1.3.1 韵尾 *-wk

我仅在 *-i,*-e 和 *-a 这些元音后构拟了 *-wk 韵尾。下表是与高本汉、李方桂的构拟体系及中古形式韵母对应情况:

---

[1] 更多的例子,又见柯蔚南(1986)s.v. 的"louse"(虱子),"sickness/evil"(病,恶),"stagger/fall/stumble"(蹒跚,跌倒,倒下),"to stop up"(塞住),"thicket"(灌木丛)和"tie/knot"(绳,结)。

白一平	高本汉	李方桂	中古汉语
*-iwk	*-iôk	*-iəkw	-ek
*-ewk	*-iok	*-iakw	-ek
*-awk	*-ok	*-akw	-ak ~ -owk ~ -uwk

韵尾 *-wk 通常的演变方式是简化为 *-k——除了有时 *-awk 演变为 -owk 或 -uwk 而不是规则地演变为我们所期待的 -ak。从结构上看，*-wk 有一点孤立：尽管与之平行的还有 *-w，却没有与之对应的鼻韵尾 *-wng。韵尾 *-wk 的分布情况与 *-w 平行，这两个韵尾之间表现出不同类型的接触关系。例如不难发现 *-w 和 *-wk 出现于同一谐声系列之中，请看：

（672）條 tiáo<dew< *liw（枝条）
（673）滌 dí<dek< *liwk（洗涤）

也许这样的例子仅仅表明 *-w 与 *-wk 足够相似，可以出现在同一谐声系列之中。不过在某些情况下，韵尾 *-wk 有必要被分析为 *-w 后接某种可能具有形态功能的复韵尾。在我早期的一篇文章中（白一平 1980b：16—17），提出出现在此类字中的中古汉语韵尾 -k，其上古来源还可能是在复韵尾位置的喉塞音 *ʔ。这个要素可以让我们将下边的两个字联系起来：

（674）喬 qiáo<gjew（三）< *fik(r)jaw（高）
（675）蹻 jué<gjak< *fik(r)jawk（将脚抬高），也读作 kjewX< *k(r)jawʔ（威武）

这两个字有可能与"高"有联系：

（676）高 gāo<kaw< *kaw（高）

不过在目前的构拟体系中，中古 -k< *-ʔ 的构拟无法使用，这是由于我

已将 *-ʔ 构拟为中古上声的来源。所以至少在上古汉语时期我采用 *-wk 的构拟来替换我早先 *-wʔ 的构拟。

8.2 复韵尾与声调的演变

8.2.1 声调的上古汉语来源

我们不能仅仅因为后世汉语含有声调,就假定上古汉语也带有声调。近来对诸种语言声调起源的研究,显示声调经常源于辅音区别的消失(马提索夫(Matisoff)1973)。典型地,声调源于音高的区别,这种区别起初表现为可预见的辅音区别的伴随性属性,例如音节起首的浊辅音可能伴有低调,而韵尾的声门塞音伴有高调。如果这些辅音区别消失了,伴随音高的属性可能变为区别性的属性,此类音变已经在不断增长中的声调起源文献的许多语言中得到了记录(声调起源这个词是由马提索夫造出来的)。声母清浊对立的消失产生高低调的现象,在汉语和其他亚洲语言中很常见,也广为人知。中古汉语入声音节在官话中的演变,也表明韵尾辅音的消失可以产生声调的变化。藏语里有的方言带声调(如拉萨话),有的方言没有声调(如安多方言);诸如拉萨话这样的方言中的声调系统可以表明是由辅音区别消失发展而来的语音创新(见胡坦 1980、1982)。

由于声调可以源自非声调的区别且不一定被继承,所以正像其他类型特征那样,声调不能被用作划分语系的决定性特征。诸如越南语和泰语这样的语言,传统上由于他们带声调而被归作汉藏语系,目前被广泛地认为与汉藏语系没有关系。在东南亚,声调作为一种区域特征在相互没有祖系关系的语言之中扩展,正如非洲南部吸气音(clicks)从布须曼(Bushman)和霍屯督(Hottentot)等科伊桑(Khoisan)语言,扩散到祖鲁(Zulu)和豪萨(Xhosa)等班图(Bantu)语言中(克雷布(Crabb)1988:772)。正如我们不能因为越南语和泰语具有声调就将其归入汉藏语系那样,我们也不能因为上古汉语属于汉藏语系而作出上古汉语也带有声调的结论。

不过,中古汉语的声调区别必定源于上古汉语的某些区别,无论这些区别是声调上的还是非声调上的。有关后来发展为声调的上古汉语特征语音属性更为详尽的讨论,见 8.2.2 节和 8.2.3 节。在本节中,我将使用声调区别和声调范畴等宽泛的说法来指代后来可能发展为声调的上古汉语区别或范畴。

8.2.1.1 声调及其来源的传统观点

指代中古汉语四声的传统术语"平上去入"归功于沈约(441—513)和周颙(大约活跃于 6 世纪初)。他们对声调的兴趣很可能大部分是文学上的兴趣。大约就是在这个时间,声调平仄交替的规则开始在诗歌中扮演了结构性的角色,后来导致律诗中声调平仄交替的复杂规则。当然我们不能下结论说沈约和周颙发明了四声;他们仅仅为四声命了名。学者们这个时候开始意识到声调范畴,有可能是相关的区别性那时刚刚才演变成声调性的区别不久。

四声的传统名称本身也是它们所命名的这些例子。我们可以从它们的中古汉语标记中看出来:

平 *píng*<*bjæng*(平的)(平声,不带声调标记字母)
上[*shǎng*]<*dzyangX*(上升)(上声,标记为-*X*)[1]
去 *qù*<*khjoH*(分开)(去声,标记为-*H*)
入 *rù*<*nyip*(进入)(入声,标记为塞韵尾-*p*, -*t* 或-*k*)

有可能这些名称在创立之初,既是事例说明性的,也是描述性的。或许平声在音高上就是平的,而上声在音高上或者是高的,或者是向上升的。很多人假定去声当时就是下降的,而入声为带清塞音韵尾收尾的音节的声调,在当时或短促,或有阻塞。但是我们很难从传统名称中推导出确切的音值。此外,这种描述有可能适用于某些

---

[1] 汉字"上"事实上在中古汉语中有两个读音:*dzyangX*(上声)和 *dzyangH*(去声)。根据汉语的读音传统,上声形式 *dzyangX* 指的是动词"上",而去声形式 *dzyangH* 指"上边"(周祖谟 1946[1966]: 103)。这两个读音在官话中都规则地变为去声 *shàng*。而官话第三声往往与中古汉语上声对应,由于"上"用于声调名称,习惯上读作第三声 *shǎng*,从而使名称也成为所指声调的示例。

方言,而不适用于其他一些方言。

关于上古汉语声调范畴观念的演变,与第四章所描述的有关韵部观念的演变情况类似。正如早期研究者看到上古汉语押韵松散的印象一样,他们也注意到中古汉语不同调类在《诗经》中混押的现象,于是得出上古汉语诗歌在押韵时很少注意声调的区别。明朝的陈第在《毛诗古音考》(见 4.3.3 节)中说:"四声之辩非古所有,……四声之说起于后世。"(引自董同龢 1968:305)他并不是说四声不存在,而可能是说,诗歌中并没有一贯地对四声加以区别。[1] 清初学者顾炎武也有类似的观点(见 4.3.4 节),他说:"古人四声一贯也。"[2]

的确,《诗经》押韵中有时的确与中古汉语的调类有所偏离,可是不能够认为上古汉语诗歌完全忽视声调范畴。江永(见 4.3.5 节)在对上古汉语押韵进行了详细研究之后,对他所发现的声调规律作出了如下的总结:

> 入声与去声最近,《诗》多通为韵,与上声韵者间有之,与平声韵者少,以其远而不谐也。韵虽通,而入声自如其本音,顾氏于入声皆转为平为上为去大谬。(《古韵标准》卷四,引自周祖谟 1941[1966]:36)

江永所提到的去声和入声之间相对频繁的接触,使得一些学者得出上古汉语去入完全不分的结论。段玉裁(见 4.3.6 节)认为上古汉语有平上入三声,没有去声。孔广森则倾向于另外一种可能性,他认为上古汉语具有平上去三声,而没有入声。[3]

---

[1] 陈第并未完全否认上古汉语声调范畴的存在,他有时为某些字注的古音,其与现代读音仅有声调之别,因此他把"故"gù<kuH(缘因)的读音注为"古"gǔ<kuX(古老),这是因为前者在上古汉语中通常押上声韵(陈第 1606[1957],卷一,第 23 页)。

[2] 引自董同龢(1968:306)。

[3] 孔广森的观点也许受其方言的影响,他是山东曲阜孔子的后裔,他的方言很可能是一种没有入声的北方方言。也许不带入声塞尾的体系,似乎与其阴阳对转理论更为吻合(董同龢 1968:309)。现代语言学家则会担心这样一个体系如何解释南方方言中塞尾的来源,而清代学者则会毫不犹豫地假定无条件的语音分化。

段玉裁有关声调的观点似乎在说，中古汉语的去声和入声可以在上古汉语中自由通押。测试这一理论的办法即是将本书第三章所讨论的方法用于月部和祭部，这两个韵部分别是入声和去声韵部（李方桂将月部构拟为 *-at，将祭部构拟为 *-adh；在我的体系中，月部包括 *-at、*-et 和 *-ot，而祭部包括 *-ats、*-ets 和 *-ots）。假如段玉裁是正确的，那么这两部应当自由通押。

测试这一假设的唯一的困难在于，这两部之间有一些重叠：例如，汉字"説"传统上读为《诗经》14.2 中的入声 yuè<ywet< * ljot，不过在《诗经》16.3 中却读作去声 shuì<sywejH< * hljots。如果我们把《经典释文》和韵书中的传统读音投射到月部和祭部，用第三章的计算方法，则表明我们所观察到的分押现象属于巧合的可能性极其微小。[1] 不过这种方法有可能涉及一些循环论证，根据传统的读音，我们有可能将一些罕用的《诗经》押韵字根据《诗经》押韵习惯列到了月部或祭部（见 3.2.7.2 节中的讨论）。更为谨慎的测试方法是仅使用声调范畴，不依赖于《诗经》押韵就可以建立的更常见的那些字。不过我尚未做过这种测试。

江有诰（见 4.3.10 节）所得出的上古汉语声调范畴的观点，今天已被广泛接受，他认为："古人实有四声，特古人所读之声与后人不同。"[2]（王念孙也独立地得出了类似的结论）。也就是说，无论上古汉语还是中古汉语，其基本调类相同，只是一些字从一个调类转移到了另一调类。

在《诗经》中存在一些长押韵序列，这些序列一贯地使用中古汉语同一调类，这表明调类从上古到中古具有相当的延续性。江有诰的友人夏燮经过详细研究，举出了此类例子（余迺永 1985：15），例如《诗经》177.6A 由七个上声字构成的押韵序列；在《诗经》108.1A 中，我们可以发现五个去声字相押的序列。不过至少早在陈第时期，已经发现有

---

[1] 如果我们用月部和祭部来测试，那么概率 **P** 的最大估计值大约是 2.0×10^{-10}，而在概率 **P**[月]0.95 的置信区间（confidence interval）之中的任何地方，概率 **P** 都未超过 1.2×10^{-8}。

[2] 见董同龢（1968：307）。

时候中古汉语某一调类的字在上古汉语中一贯地属于另一声调范畴。下边举一些例子：

1. "偕"在《切韵》中只有平声读音 *kɛj*,然而在《诗经》中,只与上声押韵(《诗经》110.3B、169.4C、170.5A 和 220.1B)。

(677) 偕[*xié*]<*kɛj*(协同)

2. 传统上"予"有平上两读：

(678) 予 *yú*<*yo*(我)
(679) 予 *yǔ*<*yoX*(给予)

然而在《诗经》中,这个字即使是在表示"我"这个意思时,也只与上声押韵,不与平声押韵(《诗经》141.2B、155.2A、192.9A、201.1A、204.1A 和 258.4A)。[1]

当一个词在中古汉语中的声调为甲调,而在上古汉语重复一贯地押乙调时,我们在上古汉语押韵基础上,为其构拟上古汉语声调范畴,并且假定后来发生了某种不规则的演变。在另外一些情况中,仅出现过一两次《诗经》押韵,或者在《诗经》押韵中的表现并不一致,如：

(680) 陨 *yǔn*<*hwinX*< * *wrjin*(？)(陨落)

这个字在《诗经》237.8A 中像人们期待的那样与上声字相押,却在《诗经》58.4A 中与平声押韵。在这类情况下我们只能在构拟中加括号或其他不确定性的标记。

不规则声调的来源

中古汉语的材料并不总是能够给我们提供上古汉语声调范畴的可

---

[1] 某些此类序列中涉及一些中古去声字,不过多数情况下,都是在上古汉语中与上声押韵的字。例如上文 337 页注释[1]中的"故"*gù*<[*kuH*]< * *kaʔ*(*s*)(缘因)。

靠信息,这一点并不奇怪。这种情况可以与声调从中古汉语到现代方言的演变进行比较。我们在这里也发现类似的声调不规则现象。后者这种声调不规则现象所涉及的机理,可以让我们从中洞察由上古汉语到中古汉语演变中声调的不规则机理。

常见的情况是,同一个汉字在中古汉语材料中标为两读,而只有其中的一个读音在现代汉语方言中得以存留。例如根据中古汉语材料,"深"有如下两读:

(681) 深 shēn<syim< *hljim(深); syimH< *hljims(深度)[1]

按规则,官话当有平声 shēn<syim 和去声 shèn<syimH,然而保留下来的只有平声的读音 shēn。早期的形态区别已不再表示出来。有时两种读音都可以保留,可是仅仅作为传统的旧读保留下来。例如:

(682) 行 xíng<hæng< *grang(行走;行动)

此字传统上读作:

(683) 行 xìng<hængH< *grangs(行动;行为)

可是此读已经废除。1979 年版的《辞海》把第二个意思的读音也注为 xíng,而仅把第四声列为"旧读"。

这些字读音齐一化的部分原因是字形上的原因,无论某个汉字有多少个意思,总存在一字一音的趋势。这种趋势也可以通过观察现代普通话中,同一汉字记录共时上相互无联系的多个语素看出来:

1. 汉字"燕"传统读为第四声 yàn(<ʔenH),表示"燕子";而传统上作为今天北京附近的古国名时,读作第一声 Yān(<ʔen)。然而北京的燕京(Yānjīng)大学现在通常读作 Yànjīng,甚至那些更有学识的人也这样读。

---

[1] 此例引自 Downer(1959:275)。

2. 汉字"濟"传统上表示帮助意思的时候，读为第四声 jì(<tsejH)，而在用作山东一条河流的名称时，读作第三声 Jǐ(<tsejX)，可是山东的济南 Jǐnán 目前通常读作 Jìnán。
3. 在标准官话中，汉字"假"表示"虚假"意思的时候，读作第三声 jiǎ(<kæX)，而在表示"假期"的时候读作第四声 jià(<kæH)。然而许多人将标准的放假 fàng jià，读作 fàng jiǎ，将"假期"jiàqī 读作 jiǎqī[1]。

这些形态上的和字形上的齐一化，无疑也存在于中古汉语之前的时期。肯定存在一些异读形式，没有存活到中古汉语韵书时期。在如下文所示的情况下，《诗经》押韵可以帮我们恢复一些消失了的形式。无论如何，上古汉语与中古汉语声调范畴之间偶尔的不一致现象并不足以为怪。

8.2.2 去声的来源

8.2.2.1 *-s 假设(奥德里古)

我采纳首次由奥德里古(1954a[1972])提出的有关去声起源的假设。奥德里古注意到早期越南语汉语借词中(借用时间早于大量从汉语借词的唐朝)，与中古汉语去声对应的词，或者带"问声"(hỏi)(标记为类似小号的喉塞音声母符号)，或者带"跌声"(ngã)(标记为上加波浪线)。(与之形成对比的是，去声字在后来的汉越语层次中，或者对应于锐声(sắc)，标记为右高左低的重音符号，或者对应于重声(nặng)，标记为下加圆点。)下面是一些汉越语对应词为问声(hỏi)的去声字：

(684) 卦 guà<kwɛiH(占卜)，越南语 quẻ(预言，卜算，占星等的量词)(汉越语 quái(三爻))
(685) 芥 jiè<kɛjH(芥菜)，越南语 cải(白菜，青菜)
(686) 兔 tù<thuH(兔子)，越南语 thỏ(兔子)(汉越语 thố)

带跌声的汉语早期借词，如：

---

[1] 还有另一个读音是 jiǎqí，"期"qí 的读音不同。

(687) 箸 zhù<drjoH(筷子),越南语 đũa(汉越语 trợ)

(688) 帽 mào<mawH<*mus<*muks(帽子),越南语 mū(汉越语 mạo)

问声和跌声的区别,被认为是高低调区别:带清声母的音节后来变为高调的问声,浊声母音节后来则变为低调的跌声。[1]

奥德里古进一步观察到来源于孟高棉语(Mon-Khmer)的词(被认为是越南语中的固有词),其问声和跌声通常对应其他孟高棉语言中的 -h 韵尾,而这个韵尾又反映了更早期的 -s 或 -ś。下面是奥德里古所举的例子,以及来自 Gregerson 和 Thomas 的补充材料(1976)。[2] 这些例子都是越南语的问声:

越南语 bẩy,Mon 语 tpah,Rơngao 语 tơpâih,Chrau 语 pâh,Bahnar 语 tơpơh(七)

越南语 chẻ(切开),Rơngao 语 klah,Pacǒh 语 klah(分开),Chrau 语 chreh(分裂)

越南语 tỏi,Rơngao 语 toih(蒜)

越南语 vải(布),Rơngao 语 kơpeih,Chrau 语 paih,Bahnar 语 kơpaih(棉花),比较梵文 karpāsa(棉花)[3]

下面例子都是跌声:

越南语 muỗi,Chrau 语 moih,Bahnar 语 moih(蚊子)

越南语 mũi,Mon 语 muh(鼻子)

[1] 清浊与高低调之间的关系在经历一系列语音演变之后,在现代越南语中已不复存在。因此高调和低调中都既有清声母又有浊声母。

[2] Gregerson 和 Thomas 所引的一些例子是汉语借词,而不是孟高棉语原有词。(至少)有两个是规则的汉越语借词:越南语 giải(解开) = "解" jiě<kɛiX(解开)、越南语 lễ(礼仪) = "禮" lǐ<lejX(礼仪)。所引的两个例外的形式(即并不像所期待的那样带孟高棉语 -h 尾)也可能是上古汉语借词而不是来自孟高棉语:越南语 dễ,Chrau 语 dê(容易) = "易" yì<yeH<*ljeks(比较汉越语 dị)和越南语 khó,Chrau 语 kho(困难) = "苦" kǔ<khuX<*khaʔ(苦)(比较汉越语 khổ);见 Gregerson & Thomas(1976:81)。

[3] 汉语的"布" bù<puH<*pas(布匹)可能与之同源。梵文 karpāsa 显然没有很好的印欧语来源,有可能是其他语言的借词,也许借自某种南亚语言(Mayrhofer 1956—1972,卷一,第 174—175 页)。

越南语 *rê*, Mon 语 *rüh*, Mnong 语 *ries*, Rơngao语 *rɨh*, Chrau 语 *diyeih*, Bahnar 语 *ro'h*（根）

奥德里古的结论是 *-h* 来源于早期的 *-*s* 这种情况也可能是汉语去声的来源，同时认为在越南语向汉语借用这些词的时候汉语声调也许还没有产生。蒲立本也采纳这种去声的假设，他还为这种 *-*s* 假设找到了番汉中的外语借词对音的证据，这些证据下文即可看到。

我采纳奥德里古的假设，将中古汉语去声音节构拟了一个复韵尾 *-*s*，这个复韵尾可以出现在元音、鼻音和清塞音等所有类型的韵尾之后。例如：

*-*as*>-*uH*

*-*angs*>-*angH*

*-*aks*>-*uH*

正如这些例子所显示的那样，在 *-*s* 前的清塞音韵尾消失了，我假定演变式为如下形式：

*-*ps*> *-*ts*> *-*js*>-*jH*

*-*ts*> *-*js*>-*jH*

*-*ks*> *-*s*>-*H*

*-*wks*>-*ws*>-*wH*

下面详细地考察引起这些演变的音变情况。

*-*ps*> *-*ts*

最早的演变是 ***-*ps*> *-*ts***，这种演变在《诗经》押韵中已经清楚地得到反映，这便意味着 *-*ps* 尾很可能不能仅靠《诗经》押韵证据构拟出来，只能从与收单纯的 *-*p* 尾的词之间的谐声或形态联系中构拟出来。例如《诗经》257.13A 中发现有这样一个押韵序列：

隧 suì<zwijH< *zjuts（小路）
類 lèi<lwijH< *C-rjut/ps（好）
對 duì<twojH< *k-lups（应答）
醉 zuì<tswijH< *tsjuts（醉酒）
悖 bèi<bwojH< *buts（笨）

这里我将对应的"對"构拟为 *-ps 是因为它与同义词"答"有同源关系。

(689) 對 duì<twojH< *k-lups（应答）
(690) 答 dá<top< *k-lup（应答）

后者通常被用来训释前者。[1]

然而这个押韵序列中的其他字可能带 *-ts 韵尾，例如："悖"bèi<bwojH< *buts（笨），还有另外一个同义的读音 bó<bwot< *but（高本汉 1957, 491d 条）。
汉字

(691) 類 lèi<lwijH< *C-rjut/ps

既可以构拟成 *-ts 尾，也可以构拟成 *-ps 尾，假如当为后者，那么也许《诗经》255.3A（《大雅·荡》）中的这个押韵序列则都押 *-ups 尾：

類 lèi<lwijH< *C-rjut/ps（对）
懟 duì<drwijH< *g-ljups（坏心）
對 duì<twojH< *k-lups（应答）
内 nèi<nwojH< *nups（内部）

这个押韵序列中未出现 *-uts 字，这也许表明这首诗出现较早，早于 *-ps> *-ts 音变。事实上，据屈万里(1983a: 512)，这首诗（为推翻商代

---

[1] "對揚"duì yáng（赞美的答对）常见于铜器铭文（也见于《诗经》262.6），在《尚书》（第 42 章, 24 段, 引自许思莱 1987: 107—108）中写作"答揚"dá yáng。

而辩护)很可能成于周代初期,《诗经》257(*-uts 和 *-ups 混押)很可能成于东周早期(1983a:522)。这样一来,则有可能 **-ps > *-ts** 音变在西周某个时期影响了《诗经》的语言,因为太晚,没有影响到《诗经》255,但足以影响《诗经》257。

奥德里古的去声理论的优点之一是,*-ps 和 *-ts 的合并,可以解释为同化;而用其他的假设,这种合并从语音上无法解释。高本汉将我体系中的 *-ps 和 *-ts 构拟成 *-b 和 *-d,可是在他的体系中,无法解释为什么 *-b 和 *-d 合并了,而 *-p 和 *-t 却没有合并。

韵尾复辅音简化

另一个影响去声字的音变可称为**韵尾复辅音简化(final cluster simplification)**:这种音变表现为 *-s 尾前的塞音尾脱落,留下反映为半元音的属性:

*-ts > *-js
*-ks > *-s
*-wks > *-ws

这种音变的结果是,原来带塞音韵尾的去声韵母,与以元音收尾的去声合并;也就是说,*-ks 与 *-s 合并,*-ts 与 *-js 合并等。例如,我为下面这个名词构拟了 *-ks:

(692) 意 yì < ʔiH < *ʔ(r)jiks(想法)

这种构拟的原因是,此字与下列这个动词显然有形态上或字形上的联系:

(693) 憶 yì < ʔik < *ʔ(r)jik(记忆)[1]

---

[1] 根据许思莱(1987),"憶"未见于周代早期文本,这个动词以及由其派生出的名词早期可能用同一个汉字记录。

另一方面,我没有给下面这个字构拟 *-k 韵尾:

(694) 字 zì<dziH< *fitsji(ʔ)s(滋乳)

这样构拟的理由是这个词可能与"子"同源:

(695) 子 zǐ<tsiX< * tsjiʔ(孩子)

也可比较"慈"cí<dzi<fitsji(慈祥)和藏文 mdza'-ba(友人或亲属间的亲爱),这两例引自柯蔚南(1986:107)。在中古汉语时期,经历了**韵尾复辅音简化**音变,"意"*ʔj(r)iks 和"字" *fitsji(ʔ)s 两个字的韵尾均成了 *-iH。

至少某些《诗经》押韵也反映了**韵尾复辅音简化**音变,尽管有可能这种演变表现为多种步骤,而《诗经》时代仅完成了某些步骤。例如在《诗经》124.4A 中有下边这种押韵序列:

夜 yè<yæH< *(l)jAks(夜晚)
居 jū<kjo< * k(r)ja(s)(土房子)

这里的"居"用作名词,整句形式是:

"歸于其居"
I shall join him in his ABODE

同样地,与其平行的另一章(124.5)中:

"歸于其室"
I shall join him in his CHAMBER

"居"jū 在《诗经》124.4A 中与去声"夜"yè<yæH 押韵,这暗示我们应当为"居"构拟一个名词化的读音:

(696) 居 *k(r)jas(土室,居所,位置)

这个读音并没有保留在韵书中,可从其动词形式得出:

(697) 居 jū<kjo< *k(r)ja(居住)

(表示名词意义的"居"jū 似乎也在《诗经》114.1B 中押去声韵。)这里似乎没有理由为在"居" *k(r)ja(s)的韵尾位置构拟 *k。不过,显而易见,另一个押韵字"夜"带 *k 韵尾,而这个字肯定与"夕"有关系:

(698) 夜 yè<yæH< *(l)jAks(夜晚)
(699) 夕 xī<zjek< *z(l)jAk(傍晚)

"居" *k(r)jas 和"夜" *(l)jAks 在《诗经》中通押的现象暗示**韵尾复辅音简化**已经在这个时期出现,并且 *-ks 已经简化为 *-s。

不过有可能**韵尾复辅音简化**音变在多个时期发生过,尽管《诗经》押韵的证据表明 *-ks 已经演化为 *-s,不过至少 *-ats 显然还与 *-ajs 有明显的区别。事实上,*-ts > *-js 显然出现于 *-aj 单元音化音变之后——不然的话,我们则期待 *-ats > *-ajs>中古-aH 这样的演变式。[1]

韵尾复辅音简化中,所涉及的语音合并有时让我们难以确定是否为韵尾位置构拟一个塞音。正如我们所看到的,押韵在这方面的用处很小;谐声字也不总是可以依赖的向导,因为有些谐声字产生于**韵尾复辅音简化**音变之后。在此类情况下,我们有时不得不用括号之类的办法来表示这种不确定的构拟。

---

[1] "大"[dà]~dài<daH~dajH< *lats(大)的多个读音有可能反映了由**韵尾复辅音简化**音变引起的方言差异。daH 可能反映这样一种方言,在这种方言里,至少 *-ts > *-js 这部分的**韵尾复辅音简化**音变先发生了,因此又符合条件地产生了 ***-aj 单元音化**音变。不过需要注意的是,中古汉语 daH 在官话中的规则读音当为 duò 而不是 dà,因此官话 dà 与中古 daH 之间的关系尚难肯定。不过无论如何,是南方方言(如粤语)保留了中古汉语 dajH 的规则读音。

去声形成

影响复韵尾 *-s 的最后一个音变可称之为**去声形成**音变。奥德里古认为在第一步汉语与孟高棉语相似，将 *-s 韵尾演变为 -h 尾，后来 -h 尾脱落，其功能由去声替代。去声有可能是 -h 尾的一种可预测的伴随性属性，来源于在准备发喉擦音 -h 时声带的松弛。这种松弛可能将前边的浊音基频降低，当 -h 尾脱落之后，这种音高的降低则变成区别性属性。我将使用术语**去声形成**来代表这一整套音变过程，不再单独地对过程中各个年代进行确定。我们甚至不能够确定这个过程到了《切韵》时代已经完成。不过有可能某个或多个地位较高的汉语方言，产生了区别性的音高模式，这种演变引起了在诗歌上使用声调的高低平仄。这种诗歌用法在唐诗中达到了鼎盛。

韵尾 *-s 的证据

奥德里古起初关于 *-s 尾的论证当然相当间接，是从孟高棉语类推而来的。然而蒲立本和其他学者找出了这种构拟的更为直接的证据。在汉语早期外语借词的对音材料中，去声字往往被用作转写中的 -s 尾。蒲立本（1962：217—218）的一些例子：

(700) 波羅奈 *Bōluónài*<pa-la-najH，梵文 *Vārāṇasī* 贝拿勒斯（印度东北部城市名）

(701) 阿魏 *ēwèi*<ʔa-ngjwijH 及央匱 *yāngkuì*<ʔjang-gwijH，对译吐火罗语 B（Tocharian B）*aṅkwaṣ*（一种药）

(702) 阿迦貳吒 *Ējiā'èrzhā*<ʔa-kja-nyiH-træ，对译 *Akaniṣṭha*

(703) 都賴 *Dūlài*<tu-lajH，对译 *Talas*（河名）

(704) 對馬 *Duìmǎ*<twojH-mæX，对译 *Tsushima*<*Tusima*（岛名）

在他后来的研究中（1973a，1984），蒲立本提出，可能有的汉语方言晚至 6 世纪初还保留着源于 *-ts 的 -s 尾。蒲立本将这种情况与《切韵》中没有对应的平上声的纯去声韵类"泰"*Tài*（ThajH）、"祭"*Jì*（TsjejH）、"夬"*Guài*（KwæjH）和"廢"*Fèi*（PjojH）联系了起来。纯去声韵类的存在本身并不能证明 *-s 尾存在那么晚，这是因为它们可以整

体地用 *-aj 单元音化音变得以解释。当 *-ts 作为**韵尾复辅音简化**演变的一部分，演变为 -jh 时，大部分原来收 *-ts 尾的韵母与相应的收 *-js 尾的韵母合并，后来又同原来的 *-j 和 *-jʔ 收尾的平声、上声韵尾对应。例如：

（705）蔚 wèi < ʔjwɨjH < *ʔjujs < *ʔjuts（艾蒿（中亚苦蒿））

我将这个字构拟成 *-ts 尾，这是因为它还有另一中古汉语读音 ʔjut < *ʔjut，带有 *-t 尾（未见意义上的差别）。

当"蔚"*ʔjuts 经历了**韵尾复辅音简化**音变，它与"畏"的去声读音合并：

（706）畏 wèi < ʔjwɨjH < *ʔjuj(s)（畏惧）

"蔚"*ʔjuts 和"畏"*ʔjujs 合流为中古的 *ʔjwɨjH，这个去声音节与平声的"威"音节平行：

（707）威 wēi < ʔjwɨj < *ʔjuj（威吓）

（"威"wēi 和"畏"wèi 两个代表的是同一个词根，这个词根既有平声又有去声读音，传统上，平声的读音写作"威"，去声的读音写作"畏"。）"蔚"和"畏"均在《切韵》中属于"未"Wèi(MjɨjH)韵，"威"则出现在与其对应的平声韵"微"Wēi(Mjɨj)韵。

不过在中古汉语的祖方言中，*-aj 单元音化的演变已经使得原来的 *-aj 变为 *-a，这种演变发生于 *-ats 变为 *-ajs 之前。因此，不存在原来的去声 *-ajs 让 *-ats 来与之合并，在平声和上声中，也没有平行的 *-aj 或 *-ajʔ。因此韵尾 *-ajH 在去声中独立地保留为去声。类似地，原来的 *-raj（通过 *-aj 单元音化、*r-色彩和 *r-脱落音变）变为中古 -æ；当 *-rats 后来演变为中古 -æjH 之后，平声和上声中没有对应的 -æj 和 -æjX。由于类似的原因，-jejH < *-(r)jats 和 -jojH < *-jats 也没有对应的平声和上声韵母，因为原来的 *-(r)jaj 已经变为中古的 -je。《切韵》这

些独有去声的韵类,可以独立地用 *-aj**单元音化**予以解释,这些韵类似乎与 *-s 尾何时消失这个问题没有联系。

8.2.2.2 作为派生语素的 *-s 去声尾

正如我们所看到的,同一个字在古汉语读音传统中保留了几个不同的发音形式,对有些字来说,不同的读音意思稍有区别。例如:在6.2.1节中,我们已看到浊声母形式用来表达动词的不及物或被动意义,清声母表示及物或主动的意思。最为常见的此类派生情况,即某一词根的去声与非去声形式之间的区别;按奥德里古的 *-s 尾假设,这些形式表现为带不带 *-s 后缀的情况。有时两种形式用同一个汉字书写,不过在有些情况下也发展出了不同的汉字。这个 *-s 后缀似乎具有多种派生功能,最为常见的一种功能为从动词中派生出名词。下面是基于 Downer(1959) 的一些例子:

(708) 傳 chuán<drjwen< * drjon(传播)
    傳 zhuàn<drjwenH< * drjons(一种书面记录)
(709) 研 yán<ngen< * ngen(研磨)
    硯 yàn<ngenH< * ngens(砚台)
(710) 磨 mó<ma< * maj(研磨)
    磨 mò<maH< * majs(石磨)

尤其有意思的是去声和入声之间的交替,这种交替表现出**韵尾复辅音简化**的音变:

(711) 結 jié<ket< * kit(< * kik)(打结)[1]
    髻 jì<kejH< * kits(< * kiks)(发髻)
(712) 納 nà<nop< * nup(纳入)
    內 nèi<nwojH< * nuts< * nups(内部)
(713) 責 zé<tsrɛk< * tsr(j)ek(索要,要求付钱)

―――――――――

[1] "結" * kit 更早期的读音很可能是 * kik,比较藏文 'khyig-pa(捆)(柯蔚南 1986:149—150)。

债 zhài<tsrɛiH< *tsr(j)eks(债务)
(714) 刺[cì]<tshjek< *tshjek(刺入)
刺 cì<tshjeH< *tshjeks(刺儿)
(715) 塞 sè~sāi<sok< *sik(堵塞)
塞 sài<sojH< *siks(边塞)
(716) 宿 sù<sjuwk< *sjuk(夜宿)
宿 xiù<sjuwH< *sjuks(星宿)

*-s 另外一个常见的功能是由名词派生出动词：

(717) 冠 guān<kwan< *kon(帽子)
冠 guàn<kwanH< *kons(戴帽子(行冠礼))
(718) 衣 yī<ʔjɨj< *ʔjɨj(衣服)
衣 yì<ʔjɨjH< *ʔjɨjs(穿衣)
(719) 雨 yǔ<hjuX< *w(r)jaʔ(雨)
雨 yù<hjuH< *w(r)ja(ʔ)s(下雨(及物动词))
(720) 王 wáng<hjwang< *wjang(国王)
王 wàng<hjwangH< *wjangs(当国王)

有关此类派生情况更为丰富的分析，读者可参阅周祖谟(1946[1966])和 Downer(1959)。

保留下来的这种古代派生形式，受到了清代学者的质疑，他们怀疑这么多的读音，大多是来自5世纪和6世纪经师的杜撰。很可能有些派生情况是根据其他情况类推而来的，可是正如 Downer 所指出的，所有这些古读形式均为人为的可能性非常小(1959:264)。在有些情况下，尽管中古汉语的材料只提供了一个读音，而《诗经》押韵中却反映出了此类派生现象的痕迹。上文所引的作为名词使用的"居"与去声押韵的例子即属此类。下边举另一个可能的例子：

(721) 害 hài<hajH(伤害)

中古汉语的材料显示，这个字在作为"伤害"义时，无论用作名词还是动词均读作去声的 hajH。此字又读作入声 hé<hat，不过这一读音仅用作疑问代词，表示"什么"，此字又写作：

(722) 曷 hé<hat<＊gat(什么)

不过请看下面这行诗：

我獨何害
Why am I alone harmed?

这里的"害"hài 似乎是作动词，表示"受伤害"的意思，在《诗经》类似的章节中出现了两例(《诗经》202.5 和 204.3)，在两种情况下，均押 ＊-at 韵，不押 ＊-ats 韵。另一方面，下面这行诗：

不瑕有害
There is sure to be harm

这里的"害"似乎是名词("有"yǒu(有,存在)的宾语)，在《诗经》中也出现了两例(《诗经》39.3B 和 44.2A)，似乎两例均押 ＊-ats。[1] 这暗示"害"本有去入两读：入声读音形式 ＊-at 表示动词"受伤害"，去声读音形式 ＊-ats 表示派生出的名词"伤害"。此外，"害"肯定与"割"词根相同：

(723) 割 gē<kat<＊kat(伤害(动词))

也许上古汉语的如下派生情况，并没有完整地保留到中古的读音中：

---

[1] 见许思莱(1987：221)。这个押韵序列 39.3B 中既有入声字"辖"xiá<hæt(车辖)，也包含了去声字"迈"mài<mæjH(迈步)和"衛"wèi<hjwejH(卫国)。不过"辖"xiá 似乎在《诗经》218.1 中押 ＊-ats 韵，因此这个字很可能在上古汉语中也是去声。

割 *kat(伤害(及物动词))
害 *ɦkat(受伤害(不及物动词))
害 *ɦkats(伤害(名词))

正如蒲立本所提出的(1973b),由于 -s 在藏文中也有类似的派生功能,上古汉语的 *-s 后缀有可能保留了原始汉藏语的形式。不过我们应当注意,并不是所有的复韵尾 *-s 都一定是后缀,有些情况下,它仅仅是词根的一部分,"二"中的 *-s 可能就属此例:

(724) 二 èr<nyijH< *njijs(二)(比较藏文 gnyis)

8.2.2.3 早期 *-s 尾消失的方言?

尽管《诗经》中的入声和去声分押,但偶尔也有去入通押的情况,这种现象需要一些解释。此类明显的押韵接触关系也许源于文本讹误或者早期派生形式的齐一化。[1] 还有一种可能,即在规则的**韵尾复辅音简化**的音变尚未出现之前,某些方言中诸如 *-ts 和 *-ks 的 *-s 尾已经脱落了。这类早期 *-s 尾的消失则会引起 *-ts 与 *-t 合并、*-ks 与 *-k 的合并等。这也可以解释韵尾 -t 偶尔与 *-p 和 *-ps 出现于同一谐声系列的现象。例如:

(725) 讷 nè<nwot< *nut(可能是一种方言形式,来自< *nuts< *nups)(木讷)

在此例方言中, *-s 尾的消失可能源于早期的 ***-ps > *-ts** 音变,使原来的 *-ps 后世演变式变成了 *-t(另外一种解释是上古形式为 *nut 的"讷",在其声符"内"*nups 已经演变为 *nuts 后才出现)。

有多种证据证明这样的一些方言曾经存在过。首先,《诗经》中去

---

[1] 一个文本讹误的例子很可能是《诗经》304.6A 中的"斾"[pèi]<bajH< *bats,在一个押韵序列中有八个入声字,唯独这个字是去声。这里向熹(1986:329)提供了令人信服的证据,说明这个字可能是"發"fā<pjot< *pjat(出发),这个读音也是高本汉倾向的读音。上文所引的"害"hài 表明通过齐一化可以产生不规则的押韵。

入通押的分布并不均匀,这种通押形式似乎主要见于《小雅》和《大雅》(分别为《诗经》161—234 和 235—265),少见于《国风》(《诗经》1—160)、《鲁颂》(《诗经》297—300)和《商颂》(《诗经》301—305)。[1] 无论从年代上和还是地域上都可以对这种格局予以解释。去入通押最多的《小雅》和《大雅》,一般来说,被认为比去入通押少见的《国风》《鲁颂》《商颂》年代要久远一些。[2] 地域上的解释也是可能的,因为早期的政治文化中心位于西部,后来才移至东部。这一点可以让我们假定去入可能因韵尾复辅音中 *-s 的早期脱落而产生合并,此种特点见于西周时期文化中心区域所讲的西部一些方言中。

后期的另外一些证据也可能支持这一假设。在《切韵》序中,陆法言说道:"秦陇则去声为入。"[3] 秦陇是中国西北地区的古称,大体上对应现今的陕西和甘肃两省。赵振铎(1962: 469)引用了数条来自中古汉语的此类评论。在玄应的《一切经音义》(见 2.2.1.3 节)中我们可以找到下面的这条注释:

"狡狯" *jiǎo*[*kuài*]<*kæwX* ~ *kwajH*(~ *kwæjH*):

《通俗文》云:小儿戏谓之狡狯 *kæwX-kwajH*[或 *kæwX-kwæjH*]。今关中(即陕西的关中平原)言狡刮 *kæwX-kwæt*,讹也。

在唐代初期颜师古所撰的《匡谬正俗》中有这样的注音:

"毙[*bì*<*bjiejH* (四)(死)]音弊[*bjiejH*],……,今关西俗音甓[*bek*]。"[4](《四库全书》本《匡谬正俗》作:"毙者,仆也。音与弊同……,今关中俗呼毙皆作甓。"——译者)

---

〔1〕 此类混押现象似乎偶见于《周颂》部分(《诗经》266—296),不过这部分许多诗本来就不押韵,因此很难得知这里是否押韵。
〔2〕 《诗经》的《商颂》部分尽管名称中有"商",但并非在商代创作,而是成于较晚时期的宋国,其统治者为商代皇室后裔。见 9.3.1。
〔3〕 "秦陇则去声为入"。
〔4〕 在我的体系里,"毙" *bì*<*bjiejH* (四)上古形式就是 * *bjets*,因此我们期待西北地区的读音为中古 *bjiet* (四)< * *bjet*,而不是 *bek*。注意这个例子很可能表明纯的四等 *-e-*(/e/)已经同重纽四等韵母 *-jie-*(很可能是/je/)产生了合并。

慧琳的《一切经音义》：

"無復［*wúfù*<*mju-bjuwH*］：下（第二个字）吴音扶救反［*b*(*ju*)+(*k*)*juwH*＝*bjuwH*］，秦音冯目反［*b*(*juwng*)+(*m*)*juwk*＝*bjuwk*］。"

另外一个反映方言去声和入声合并的例子是：

(726) 鼻［*bí*］<*bjijH*<＊*bjit*(*s*)（鼻子）

从中古汉语的形式推导下来，官话当读作第四声 *bì*。官话第二声中不送气声母 *b-* 可以规则地反映其早期只能是入声，即中古汉语 *bjit*，因为带浊声母的平声字（官话第二声唯一的另一来源）规则地带有送气声母。这个语素"鼻"在仍保留入声的数个方言中，为入声形式。

8.2.3 上声的来源

8.2.3.1 ＊-ʔ 假设

人们早就发现上古汉语中存在与中古汉语上声对应的一个范畴。例如，《诗经》177.6A 中，押"之"部的一个七字上声韵序列：

喜 *xǐ*<*xiX*<＊*x*(*r*)*jiʔ*（欢喜）
祉［*zhǐ*］<*trhiX*<＊*thrjiʔ*（福祉）
久 *jiǔ*<*kjuwX*<＊*kʷjiʔ*（长久）
友 *yǒu*<*hjuwX*<＊*wjiʔ*（朋友）
鲤 *lǐ*<*liX*<＊*C-rjiʔ*（鲤鱼）
矣 *yǐ*<*hiX*<＊*ɦjiʔ*（语气词）
友 *yǒu*<*hjuwX*<＊*wjiʔ*（朋友）

我采纳蒲立本（1962：225—227）和梅祖麟（1970）为中古上声的上古来源在音节的复韵尾位置上构拟喉塞尾 ＊-ʔ 的主张。我们可以将其称为"＊-ʔ 假设"。正如奥德里古的 ＊-s 假设一样，这一点也是受越南语声调起源启发而来的。正如越南语中带问声和跌声的孟高棉固有词早期的-h 韵尾一样,越南语的 sắc(锐声)和 nạng(重声)(分别用左低右高的重音符号和下加圆点表示)对应孟高棉语言中的喉塞尾。梅祖麟(1970：95)引用了奥德里古(1954b[1972]：158)的例子：

越南语 cá,克木语(Khmu) kaʔ,Riang 语 kaʔ(鱼)
越南语 lá,克木语 hlaʔ,Riang 语 laʔ(树叶)
越南语 chó,克木语 soʔ,Riang 语 soʔ(狗)
越南语 gạo,克木语 rənkoʔ,Riang 语 koʔ(稻米)

越南语早期的汉语借词(不同于后世的汉越语借词层),正是这种锐声和重声与汉语的上声对应。锐声的例子如：

(727) 卷 juǎn<kjwenX< *krjonʔ(卷),越南语 cuốn(汉越语 quyển)
(728) 锦 jǐn<kimX< *k(r)jimʔ(织锦),越南语 gấm(汉越语 cẩm)
(729) 藕 ǒu<nguwX< *ng(r)oʔ(莲藕),越南语 ngó(汉越语 ngẫu)

重声的例子如：

(730) 簿 bù<buX< *baʔ(登记),越南语 bạ(汉越语 bộ)
(731) 市 shì<dzyiX< *djiʔ(市场),越南语 chợ(汉越语 thị)

如果我们假定借入越南语中的就是早期汉语喉塞尾,那么上述这些对应情况就可得以解释。此外还有一些其他包括现代汉语方言的证据支持这种喉塞尾的构拟(见下文 8.2.3.2 节)。

在早期研究中,我将上声的上古来源任意地标记成冒号 *:(此符号借自高本汉的中古汉语体系)。我假定其也许带有某种喉音特征,不过认为它的具体语音属性尚不可知。作这样标记的部分原因是因为我早期为中古的 -k 的上古形式构拟了一种 *-wʔ(见前文 8.1.3 节)。在目前的体系中,我通过构拟 *-wk 避免了这种标记上的冲突,在上声上古来源标记上现在采纳被广为接受的喉塞尾。

这个构拟的喉塞尾必须既出现于元音后又出现于鼻音韵尾后：

（732）子 zǐ<tsiX< *tsjiʔ（孩子）
（733）指 zhǐ<tsyijX< *kjijʔ（指点）
（734）早 zǎo<tsawX< *tsawʔ（早）
（735）反 fǎn<pjonX< *pjanʔ（反转）
（736）景 jǐng<kjængX< *krjangʔ（用影子测量）

我们也许应当假设 *-ʔ 后原本可以带派生后缀 *-s，尽管 *-ʔs 在早期已经演变为 *-s。这两种形式似乎在《诗经》押韵中并无区别：

（737）好 hǎo<xawX< *xuʔ（好）
　　　好 hào<xawH< *xu(ʔ)s（喜欢）
（738）坐 zuò<dzwaX< *dzwajX< *dzojʔ（坐下）
　　　座 zuò<dzwaH< *dzwajs< *dzoj(ʔ)s（座位）
（739）種 zhǒng<tsyowngX< *tjongʔ（种子）
　　　種 zhòng<tsyowngH< *tjong(ʔ)s（播种）

这种情况下，我将其标写成 *-(ʔ)s，理由是为在 *-s 尾前作 *ʔ 构拟的依据仅仅是形态上的类推，据我所知，没有押韵证据的支持。

在下文 8.2.3.3 节中，我将讨论 *ʔ 也可能出现于口腔塞音之后，如 *-kʔ 之类的组合。其后口腔塞音消失：*-kʔ > *-ʔ。假如这一点是对的，曾经也许存在过诸如 *-kʔs 这样复杂的韵尾复辅音组合。然而我尚未遇到任何情形有必要做这种形式的构拟。

如果考虑到打字输入的简便，必要时 *ʔ 可以替换成 *' 或者是 *q。

8.2.3.2　*-ʔ 构拟的证据

梅祖麟（1970）在汉语内部找到了相当多的 *-ʔ 假设证据。事实上中古汉语上声字在有些现代汉语方言中就带有喉塞尾。梅祖麟所引用的方言有通常归作吴方言的浙江温州方言和四种闽方言：闽西北的浦城、建阳方言和海南岛上的定安、文昌方言。这些方言包含了一些中古汉语中没有保留的早期汉语特征，上声带喉塞尾也许就是这样的一种特征。

梅祖麟发现早期佛教文献将上声描述为高而短,喉塞尾的构拟也可以很好地解释这一点。此外,上声音节通常用来转写梵文短元音。短促是喉塞尾的自然伴随特征,收喉塞尾的现代方言中,其入声音节也通常有类似的短促特征。至于音高,正如奥德里古在谈到越南语时指出的(1954b[1972]:159),在发喉塞尾的时候,声带必须绷紧,如果声带正在振动时让它绷紧,音高就会上扬。类似地,马提索夫(1970)在解释拉祜语(Lahu)高升调起源的时候,也提出了一个类似的音变解释。当然一旦辅音被音高特征所取代,音高还会接着演变。主要来自上声的官话第三调,事实上已经是低调了(在停顿前的位置,表现为低升)。

*-ʔ 假设也有可能解释偶见的《诗经》上声字与收 *-k 尾字的押韵现象。例如《诗经》249.1A:

子 zǐ<tsiX< * tsjiʔ (儿子)
德 dé<tok< * tɨk (道德)

这种押韵有可能反映了某种方言的从 *-k 到 *-ʔ 或相反方向的合并,当然这样的演变是非常自然的。然而这种押韵也可能仅仅是不当的押韵(hedge rhymes),也可能是文本或者读音上的讹误。

最后,蒲立本举出了许多汉语用上声字与外语 k 对应的借词和转写对音例子(1962:226—227),下面一例显然借自吐火罗语:

(740) 狮子 shīzi<srij-tsiX< * srjɨj-tsjiʔ (狮子),吐火罗语 A ṣecake,吐火罗语 B śiśäk

8.2.3.3 上古汉语口腔塞尾后是否带 *-ʔ?

有一些上声字和入声字之间的形态和谐声上的联系,暗示我们也许应当为上古汉语的口腔塞音韵尾 *-p、*-t、*-k 和 *-wk 之后构拟 *-ʔ 尾。这个 *-ʔ 尾有可能与去声后缀 *-s 尾类似,也是一种派生后缀。例如:

(741) 负 fù<bjuwX< *ɦpjɨ(k)ʔ (背负)

第八章 上古汉语音节：韵尾和复韵尾

这个字可能与上文 5.5 节中所引的"北" běi<pok<*pɨk（北边）和"背" bèi<pwojH<*pɨk(s)（后背）同源。

另外一对有联系的例子，如："有"和"或"。

(742) 有 yǒu<hjuwX<*wjɨʔ(<*wjɨkʔ?)（存在；拥有）
(743) 或 huò<hwok<*wɨk（有些；有时，也许）[1]

上文 6.2.3.1 节中，我在论证 *sr->tsh-演变时，列举了下面同音词之间有词源联系的平行例子：

(744) 采, 採 cǎi<tshojX<*srɨ(k)ʔ（采摘）
　　　穑 sè<srik<*srjɨk（收获）
(745) 采, 彩 cǎi<tshojX<*srɨ(k)ʔ（色彩）
　　　色 sè<srik<*srjɨk（颜色）

与"黑"同源的"晦"在韵书中列为去声，可是在《诗经》90.3A 中押上声韵；在《诗经》255.5A 中与上声和入声混押：

(746) 晦 huì<xwojH<*hmɨ(k)ʔ(s)（晦暗）
(747) 黑 hēi<xok<*hmɨk（黑色）

上声与入声的谐声关系如"舄"及其声符"舄"：

(748) 寫 xiě<sjæX<*sjAʔ(k)ʔ（移植）
(749) 舄 xì<sjek<*sjAk（鞋子）

类似地，又如"浩"及其声符"告"：

---

〔1〕 许思莱则认为"或" huò 是"有" yǒu 的"一个加-k 尾的派生词（具有分布性的意义）"(1987: 261)；按此说这两个字的构拟形式则为不带 *-k 尾的"有" yǒu<*wjɨʔ 和带 *-k 尾的"或" huò<*wɨk。假如许思莱是正确的，我们也许可以把同一个塞尾加给"数" shuò<sræwk<*sr(j)o(ʔ)k（屡次），以别于派生字"数" shǔ<srjuX<*srjoʔ（数数）和 shù<srjuH<*srjo(ʔ)s（数字）。

（750）浩 hào<hawX<﹡gu(k)ʔ（浩大）
（751）告 gào<kawH<﹡kuks，又读作 gù<kowk<﹡kuk（告诉）

以上提及的上声和入声通押的例子，尽管可以简单地解释为用韵不当（hedge rhymes），或者是 ﹡-k 已变为 ﹡-ʔ 的方言中的用韵。不过在有些情况下，也可能反映了某些汉字带 ﹡-k 和 ﹡-kʔ 的交替，而这没有保留到后世读音传统中。例如：

（752）祀 sì<ziX<﹡zjik(ʔ)（祭）

有时押上声韵（见《诗经》245 中的四次押韵；又见《诗经》282.1D、300.3B），有时押入声韵（《诗经》209.4B、212.4B 和 281.1C）。这种格局有可能反映了方言的分歧，不过也有可能这个字本来就有上入两种读音形式，而其入声形式没有保留到中古汉语中。假如 ﹡-ʔ 本来是一个诸如 ﹡-s 那样的派生后缀，那么也可以解释入声以外的其他现象，例如：

（753）長 zhǎng<trjangX<﹡trjangʔ（成长；年长）

这个字似乎与下边两个形式有关系：

（754）張 zhāng<trjang<﹡trjang（拉长）
（755）長 cháng<drjang<﹡ɦtrjang（长，不短）

如果 ﹡-ʔ 这个派生后缀确实存在过，那么似乎很早它就失去了生产性。与 ﹡-s 相比，﹡-ʔ 的例子要少得多。上声和入声接触大多涉及带 ﹡-k 或 ﹡-wk 尾词的事实，暗示多数此类情况的原因是 ﹡-ʔ 和 ﹡-k 语音相混的情形。

8.3 高本汉的浊塞尾假设

具体讨论了我为上古汉语构拟的韵尾和复韵尾体系之后，现在进一步来考察浊塞尾假设——高本汉提出，上古汉语具有与清塞尾 *-p、*-t 和 *-k 对应的一套浊塞尾 *-b、*-d 和 *-g（李方桂又增加了 *-gw 与他体系中的 *-kw 相配）。[1] 按照高本汉的看法，清塞尾保留到了中古汉语时期，而浊塞尾则消失或元音化了。下面是一些例子：

(756) 極 jí（到极点），中古 gik<高本汉构拟：*g'iək，李方桂构拟：*gjək
(757) 其 qí（功能词），中古 gi<高本汉构拟：*g'iəg，李方桂构拟：*gjəg
(758) 結 jié（打结），中古 ket<高本汉构拟：*kiet，李方桂构拟：*kit
(759) 髻 jì（发髻），中古 kejH<高本汉构拟：*kied，李方桂构拟：*kidh
(760) 盍 hé（盖住），中古 hap<高本汉构拟：*g'âp，李方桂构拟：*gap
(761) 蓋 gài（盖子），中古 kajH<高本汉构拟：*kâd<*kâb，李方桂构拟：*kabh

构拟浊塞尾的目的是为了解释中古时期收元音或半元音尾的阴声韵和入声韵之间多种类型的接触关系，例如，入声的"結"和去声的"髻"声符同为"吉"（jí<kjit（吉兆）），这两个字似乎同源。正如我们所看到的，这种联系可以在目前的构拟体系中另作解释，例如："結"和"髻"的联系可以用为后者构拟后缀 *-s 的方式作为解释。不过由于浊塞尾假设已被广为接受，我将对其进行考察，并提出放弃这种假设的理由。这里有必要先简要地介绍一下此假设是如何产生的。

8.3.1 浊塞尾假设的产生

据我所知，上古汉语具浊塞尾的提议首次见于高本汉的 *Analytic Dictionary*（《中日汉字分析字典》，1923[1973]）。高本汉提出这种构拟的目的是为了解释为什么有些在中古汉语中收元音尾或滑音尾的阴声韵字，与入声韵的字有押韵或谐声的关系。高本汉举出的例子如下：

(762) 乍 zhà<dzræH（突然）（我的构拟：*dzraks）
(763) 昨 zuó<dzak（昨天）（我的构拟：*dzak）

---

[1] 没有浊塞韵尾的构拟体系有蒲立本（1977—1978）和王力（1980b）等，见下文 8.3.4 节。

(764) 敝 bì<*bjiejH*(四)(敝陋)(我的构拟：*bjets)
(765) 瞥 piē<*phet*(瞥一眼)(我的构拟：*phet)

另一些情况下，一个字既有阴声读音形式，也有入声读音形式：

(766) 覺 jué<*kæwk*(醒来)(我的构拟：*kruk)，也读作 jiào<*kæwH*(我的构拟：*kruks)

高本汉进一步观察到：

> 这种情况十有八九是韵尾辅音消失之后获得了去声读音(1923[1973]：28)。

注意到浊声母倾向于使音节起首部分的音高降低，产生低调的现象，高本汉推断韵尾浊辅音也可以压低韵母部分的音高，从而产生降调。他提出了 *-d、*-g 和 *-b 的构拟(最后一个因为明显的例子太少，有些犹豫)。高本汉观察到，这里所涉及的要素也可能不是浊塞尾，而是浊擦尾，不过他认为没有理由假定它们就是浊擦音(高本汉 1923[1973]：27—30)。[1]

高本汉此时已经对传统汉语音韵学有些了解，因为他提到汉语音韵学家传统上认为去声是最年轻的声调(1923[1973]：28)。然而他对传统的上古韵部划分并不熟悉，或者他了解这些韵部划分却没有严肃地予以对待。[2] 于是在这个阶段，他有关上古汉语的观点并没有建立在传统研究的基础上，而仅仅建立在谐声系列的中古汉语读音上，他所提出的浊塞尾的唯一证据是谐声证据。例如在《分析字典》的 685

---

[1] Simon(1927—1928)在高本汉构拟为 *-b、*-d 和 *-g 的地方构拟了浊擦音，这是因为他想把高本汉的清塞尾 *-p、*-t 和 *-k 构拟成 *-b、*-d 和 *-g，理由是高本汉的 *-p、*-t 和 *-k 与藏文的 *-b、*-d 和 *-g 对应，藏文表面上看起来为浊音。

[2] 不过高本汉后来更多地利用了传统音韵学研究成果；在其《汉语词族》(*Word Families in Chinese*，1933。(张世禄先生译为《汉语词类》——译者))中，他用到了段玉裁的《六书音均表》和王念孙的《古韵谱》(见 4.3.6 和 4.3.9 节)。高本汉的上古音构拟与董同龢、李方桂等中国学者构拟的一些不同之处在于高本汉更多地依赖王念孙的研究，现代中国学者则更倾向于依赖江有诰的研究。

谐声系列中,"怕"这一条里注明了"<-g",表明这个字本来带有 *-g 尾,理由是其声符"白"中带有-k 尾:

(767) 怕 pà<phæH(害怕)
(768) 白 bái<bæk(白色)

然而在"五"的条目(1280 系列)下,却没有加上述的注释,这是因为在这个系列中,没有入声字:

(769) 五 wǔ<nguX(五)

类似地,在 1069 谐声系列的"砌"条目下,包含了"<-d"的注释,这是因为其声符"切"收-t 尾:

(770) 砌 qì<tshejH(堆砌)
(771) 切 qiē~qiè<tshet(切割)

而在 1215 谐声系列的"稽"却没有类似的注释。这是因为此谐声系列中没有入声字:

(772) 稽 qǐ<khejX(稽首)

类似地,在 203 谐声系列中,为"意"作了"<-g"的注释,这是由于带此声符的其他汉字以带-k 收尾,如同源动词"憶":

(773) 意 yì<ʔiH(思想)
(774) 憶 yì<ʔik(回忆)

而由于谐声系列中没有入声字,"其"中则不带 *-g 的注释:

(775) 其 qí<gi(他的,她的,它的,他们的,那个)

在其后来的著作(如高本汉 1933)中,他保留了在《分析字典》中所提出的诸如有入声联系的"怕"*pà*<*phæH*(因而构拟 *-g 韵尾),与无入声联系的诸如"五"*wǔ*<*nguX*(因而构拟成开音节)之间的区别。然而在其他情况下,他放弃了与入声有联系的字和无入声联系的字之间的区别:因此在更晚的时期,他把"意"*yì*<*ʔiH* 和"其"*qí*<*gi* 分别构拟成形式 *·*iəg* 和 *g'iəg*(见高本汉 1957,957a 条和952a 条),尽管只有前者与-*k*有谐声联系,他为两者都构拟了 *-g。

高本汉决定把没谐声证据支持的"其"*qí*<*gi* 这样的字也构拟成收 *-g 尾,这可能是受《诗经》押韵所致:尽管"其"*qí* 本身并没有与入声有直接的谐声关系,但是可以间接地通过一系列押韵及其谐声关系产生联系。例如"其"(用作小品词,读为 *jī*<*ki*)在《诗经》109.1B—2B 中,与"思"押韵:

(776) 思 *sī*<*si*<*sjɨ*(思考)

而"思"*sī* 又重复多次地与"來"*lái*(在《诗经》30.2A、33.3A、66.1A、91.2A)押韵:

(777) 來 *lái*<*loj*<*C-ri*(*k*)(来;小麦)

"來"与"麥"在《诗经》168.1A、203.4A、242.2A 和 263.6A 与入声押韵。此外,"來"还是"麥"的声符,而且在"麦子"这个意思上,这两个字同源:

(778) 麥 *mài*<*mɛk*<*mrɨk*(小麦)

就是这种间接的连环关系将"其"与收-*k* 尾的字系联起来,因而为它构拟了 *-g 韵尾。

诸如李方桂(1931)和董同龢(1944[1948])等中国学者注意到,在《诗经》押韵中很难分出高本汉所构拟的开音节和他构拟的带浊塞尾的音节。例如,开音节字"旅"与《诗经》290.1C 中与入声押韵的"伯"相押。

(779) 旅 lǚ<ljoX(军旅)(高本汉构拟：*gli̯o)
(780) 伯 bó<pæk<*prak(最年长者)(高本汉构拟：*păk)

李方桂和董同龢于是更倾向于将高本汉的 *-o 和 *-âg 均构拟成 *-âg。这样更合于传统韵部归类，因为高本汉的 *-o 和 *-âg 均属于传统的"鱼"部。类似地，他们没有采纳高本汉有关 *-ug 和开音节韵母 *-u 之间的区别，前者与入声 *-uk 关系密切。这两个构拟 *-ug 和 *-u 均属于传统的"侯"部。由于他们的批评，高本汉所提出的这些区别现在并没有被广泛采纳。

在考察浊塞尾假设时，事实上有必要区别两个不同的问题：

1. 哪些字与入声关系密切？
2. 这种联系应当怎么样构拟出来？

关于第二个问题，我将会在下文论证，在解释阴入联系时构拟浊塞尾并不是一个好的选择。第一个问题我认为高本汉在《分析字典》中的处理方法是正确的。他分别区别 *-o 和 *-âg、*-u 和 *-ug 的做法是正确的。让我们先看这个问题。

8.3.2 与入声的直接接触和间接接触关系

根据浊塞尾假设，构拟浊塞尾是为了解释它与入声音节中清塞尾之间的联系，而这一假设的中心问题在于，什么是与入声的真正联系。例如"路"与入声的联系直接而且明显，因为其声符"各"就是入声：

(781) 路 lù<luH(道路)(高本汉构拟：*glâg,我的构拟：*g-raks)
(782) 各 gè<kak(各个)(高本汉构拟：*klâk,我的构拟：*kak)[1]

"路"本身很有可能与入声字"格"来自同一词根：

(783) 格 gé<kæk(来到)(高本汉构拟：*klak,我的构拟：*krak)

---

[1] 事实上正如雅洪托夫所指出的，"各"这个字早期用来记录 *krak(来到,去)的意思,其后才写作下一例中的"格"。

然而诸如"五"这样的字：

(784) 五 wǔ<nguX(五)(高本汉构拟：*ngo,我的构拟：*ngaʔ)

在李方桂和董同龢的韵尾里,也构拟了 *-g,这个字同入声的联系就没那么直接——我们可以说这种联系是杜撰的。"五"似乎也没有入声的同源词,而且也从来不跟入声字押韵,至多可以通过系联的办法将"五"与入声字联系起来,正像前文中"其"的例子一样。(例如,"五"在《诗经》53.2B 中同"予"yǔ<yoX(给予)押韵,作为第一人称代词的"予"又在《诗经》141.2B 和 258.4A 中同"顧"gù<kuH(注意)押韵,"顧"又在《诗经》207.2A 和 258.6A 中和"莫"mù<muH(晚)押韵；"莫"另有一个入声的读音 mò<mak。)

当然,在静态的共时体系中,我们期待押韵关系,或者甚至谐声关系具有传递性：如果 A 与 B 押韵,且 B 与 C 押韵,于是我们也会期待 A 与 C 押韵,以此类推等等,即使押韵材料中并没有包括 A 和 C 相押的例子。然而这种推理仅仅在语料代表着单一的共时体系中才有代表性。然而实际情况是：

A 与 B 在时间 t_1(或方言 X)中押韵
B 与 C 在时间 t_2(或方言 Y)中押韵

这样我们无法得出 A 与 C 押韵的结论。

《诗经》中的诗歌历经数百年编写而成,我们从中已经看到一些可能的方言差异。把"路"和"五"构拟成同样的韵尾,则视《诗经》材料为单一的静态体系,忽略了文本中存在的音系上的变异。[1] 因此我认为高本汉区别 *-o 和 *-âg 的做法是正确的,尽管我并不接受他具体的构拟音值。

―――――――

〔1〕 具体来说,我构拟成 *-aks 的字似乎在《诗经》押韵中表现出两种格局：在《诗经》较早部分的诗歌中,这些字偶尔与入声 *-ak 通押；而在较晚部分的诗歌里,则与 *-as 通押。这种变化很可能反映了**韵尾复辅音简化演变的不同时期**。

在其他情况下，如构拟成 *-əg 的字中，高本汉也忽视了具有直接入声接触和间接入声接触的情形，不过仍然保留着这种区别。再举同样的例子，"意"和入声的"憶"之间的联系不可否认：

（785）意 yì<ʔiH< *ʔ(r)jɨks（思想）
（786）憶 yì<ʔik< *ʔ(r)jɨk（回忆）

"意" yì<ʔiH 是"憶" yì<ʔik 的声符，这两字肯定同源，在《诗经》192.10A 中押入声韵（"意"用作动词，也许可以视为"憶" yì<ʔik 的假借）。然而正如我们上文所看到的，"其" qí<gi 的入声联系则要间接得多。在下面这个例子中，我们很可能可以指明这种在系联链条中传递性失败的位置。"來"在《诗经》中既与入声字押韵，也与非入声字押韵：

（787）來 lái<loj（来；小麦）

"來"显然在某一时期带 *-k，因为它与入声的联系跟"意" yì<ʔiH 一样明确（见上文 8.3.1 节）。不过重要的是，"來"与入声相押的情况仅限于《诗经》早期诗歌的部分——《小雅》（《诗经》168.1A 和 203.4A）和《大雅》（《诗经》242.2A 和 263.6A）——从不出现在一般来说较晚的《国风》（《诗经》30.2A、33.3A、66.1A、82.3A 和 91.2A）中。这种分布十分明显，暗示着这个常用动词有可能在《诗经》所反映的早期时代与较晚时代的中间经历了某种不规则的音变，而失去了 *-k 尾。假定这个字在整部《诗经》中只有一种读音，则忽视了这种规律性。

总结：有些中古汉语的阴声韵和入声韵的字有明显的联系，这种联系或者是词源上的联系，或者是谐声上的联系，或者是押韵上的联系。另外一些阴入的联系，只能通过系联链条建立，这种间接联系的有效性值得怀疑，因为链条上不同的环节有可能代表着不同的方言，或者不同的时期。完备的上古汉语构拟体系应当对这种直接的（很可能是有效的）联系和间接的（很可能是杜撰的）联系加以区别。1923 年，高本汉通过只为与入声有直接联系的字构拟浊塞尾，来对这两种联系作了区别。这些区别中的有些内容保留到了他的上古汉语构拟体系的最后版本中。然而更严格遵循传统韵部的学者们（如李方桂和董同龢）没有采纳这种区别；对他们来说，如果一个韵部中某些字与入声有联系，那么整个韵部的其他字都被视为具有这种与入声的联系。在这些情况下，我的构拟体系保留了高本汉所提出的区别（尽管在具体的归字方面，并不一定完全相同）：

韵部	李方桂	高本汉	白一平
鱼 Yú	*-ag	$\begin{cases} *\text{-}o \\ *\text{-}âg \end{cases}$	*-a *-aks
侯 Hóu	*-ug	$\begin{cases} *\text{-}u \\ *\text{-}ug \end{cases}$	*-o *-oks
微 Wēi	*-əd	$\begin{cases} *\text{-}ər \\ *\text{-}əd \end{cases}$	*-ij *-its
脂 Zhī	*-id	$\begin{cases} *\text{-}iər \\ *\text{-}ied \end{cases}$	*-ij *-its

不过这种区别在我的体系中比在高本汉体系中更进了一步，还用到了高本汉后来的体系没有区别直接入声联系和间接入声联系的那些韵部。在下面的例子中，按高本汉的体系都带 *-g：

韵部	李方桂	高本汉	白一平
之 Zhī	*-əg	*-əg	$\begin{cases} *\text{-}i \\ *\text{-}iks \end{cases}$
幽 Yōu	*-əgw	*-ôg	$\begin{cases} *\text{-}u \\ *\text{-}uks \end{cases}$
宵 Xiāo	*-agw	*-og	$\begin{cases} *\text{-}aw \\ *\text{-}awks \end{cases}$
支 Zhī	*-ig	*-ieg	$\begin{cases} *\text{-}e \\ *\text{-}eks \end{cases}$

我们大体上回答了上文提到的第一个问题，即哪些字真正具有入

声联系。现在我们来回答第二个问题,即这种联系在构拟体系中应当怎样予以解释。

8.3.3 浊塞尾的构拟不可信

反对浊塞尾构拟的第一条可以这样来说:上古汉语很可能并不是带浊塞尾的语言类型。高本汉为上古汉语构拟一套浊塞尾的最初决定,显然受了其欧洲语言经验的影响,正如下面所引的《分析字典》中的这段话显示了这一点。他在得出诸如"怕"*pà*<*phæH* 带有"后来消失了的爆破音"之后,说道:

> 这些消失了的破裂音,其确切性质究竟是怎么样的?
> 中古汉语带有-*p*、-*t*、-*m*、-*n* 和-*ng*,却不带-*b*、-*d* 和-*g*,就暗示着后者的存在。正如其他语言所表明的那样,很自然地,浊塞尾比清塞尾更容易脱落。再举一些我母语的例子,有许多瑞典方言产生了 *bēd*>*bē* 的音变而 *bēt*>*bēt* 却保持不变。因此很可能诸如'乍''敝'这样的字分别带有 *g* 和 *d* 尾。(高本汉 1923[1973]:28)

总的来说,我并不反对高本汉在构拟上古汉语时,从欧洲语言中寻找想法;评价假设性音变的自然性,我们主要的基础就是跨语言的比较。不过在进行此类比较时,我们必须意识到语言类型的差异:在某类语言中视为自然的现象未必在另一类语言中也是自然的。浊塞尾是一种似乎因语言类型而异的现象。尽管在英语和瑞典语中都可以找到浊塞尾,但是在欧洲语言中并非特别常见。这些浊塞尾一般来自音节中的浊辅音,当其后的元音脱落之后,这些浊辅音成为浊塞尾:例如,英语 *food*(食物)<古英语 *fōda*, *red*(红色)<古英语 *rēad*<原始日耳曼语 *raudhaz,法语 *froide*[frwad](冷)<拉丁语 *frigida*。一旦经过了这种变化,它们通常会经历韵尾清化的音变而消失(正如德语和俄语中的现象)。如果它们还保留着,很可能部分地归因于后缀形式的类推力量,在这种类推的作用下,该塞音因为并不处于韵尾位置因而保留着浊音性:

red

redder

reddest

意第绪语(Yiddish)的例子显示了保留浊塞尾中类推力量的重要性：意第绪语中的浊塞尾似乎已经清化，后来又在带后缀语素保留浊音性的类推作用下恢复成了浊音(萨丕尔(Sapir) 1915[1949])。

总结：在欧洲语言中，浊塞尾多源于词尾(非重读)元音的脱落。而且这些浊塞尾有一种自然的倾向，即通过变为清塞尾从而消失。浊塞尾得以保留的地方，很可能部分地归因于带后缀形式(派生的或屈折的)的类推压力，在这种形式中保留着浊音性。无论词尾非重读元音还是后缀，在汉语或者类型上与汉语相似的语言中都不常见，在这些语言中，单音节居多，派生和屈折后缀相当贫乏。这一事实很可能解释了为什么目前在东亚和东南亚语言中很少见到浊塞尾。当然，语言的类型在历史上也可以改变，我们不能保证上古汉语在类型上与现代汉语方言相似。在目前的构拟体系中，上古汉语在类型上更接近于藏文：仍然是单音节居多，少有或没有屈折变化，然而却比我们所看到的现代汉语方言具有更多的派生形态和更为复杂的音节结构。[1] 因此，尽管我并没有完全排除某种汉藏语言可能带有浊塞尾，但看起来上古汉语并非浊塞尾最可能出现的语言类型。

采纳浊塞尾假设的另外一个问题，就是这种构拟体系中没有或者几乎没有开音节形式，这一点在类型学上也很不常见。董同龢构拟体系中的开音节只有"歌"部，他构拟为 *-â，而李方桂的体系中则一个开音节也没有。支持为上古汉语开音节构拟的学者们，很难不指出：采用董同龢或李方桂的浊塞尾构拟，上古汉语诗歌读起来似乎大为失色。下面举《诗经》265.7 一条肃穆的句子：

於乎哀哉
wūhū āi zāi!

---

[1] 当然，我们不能用仅仅为了让上古汉语看上去像藏文这种方法来构拟上古汉语。这些特点有来自汉语史的证据，尤其是来自古读传统的证据。

中古汉语：*ʔu-xu ʔoj tsoj!*
Oh, alas!

在我的构拟体系中，这些感叹词很可能表示叹息声，均以元音收尾：

*ʔa-xa ʔɨj tsɨ !

用李方桂的体系，这些都成了闭音节形式：

*·ag-hag ·əd tsəg!

当然，我们承认这个论证并不是很有力，因为我们并无资格判定什么样的话对上古汉语时期的说话人听起来庄严肃穆，而什么样的话让他们听起来滑稽可笑。

浊塞尾在解释合音词的时候更为复杂：

(788) 諸 *zhū*<tsyo< *tja（语气词）
(789) 之 *zhī*<tsyi< *tjɨ（第三人称宾格代词）
(790) 於 *yú*<ʔjo< *ʔja（在，顿，从）

传统认为，"諸"是"之"和"於"的合音词，用开音节的体系：

* *tjɨ* + *ʔja> * *tja*

比用李方桂的体系更容易解释：

* *tjəg*+ *·*jag*> * *tjag*

在汉藏比较的时候，将整个传统韵部都构拟成浊塞尾的这种概括，也令人难堪，因为通常构拟为浊塞尾的汉语词多与藏缅语中不带塞尾的词对应。请看下面一些例子（藏缅语形式引自白保罗 1972）：

(791) 吾 wú<ngu< * nga(我)，藏缅语：* ŋa，高本汉构拟：* ngo，李方桂构拟：* ngag

(792) 鱼 yú<ngjo< * ng(r)ja(鱼)，藏缅语：* ŋya，高本汉构拟：* ngi̯o，李方桂构拟：* ngjag

(793) 狐 hú<hu< * gʷa(狐狸)，藏缅语：* gwa，高本汉构拟：* g'wo，李方桂构拟：* gwag

(794) 于 yú<hju< * w(r)ja(去，往)，藏缅语：* s-wa，高本汉构拟：* gi̯o，李方桂构拟：* gwjag

(795) 牛 niú<ngjuw< * ngʷji(牛)，藏缅语：* ŋwa，高本汉构拟：* ngi̯ŭg，李方桂构拟：* ngwjəg

(796) 鸠 jiū<kjuw< * k(r)ju(鸽子；各种鸟)，藏缅语：* kuw(鸽子)，高本汉构拟：* ki̯ôg，李方桂构拟：* kjəgw

(797) 支，枝 zhī<tsye< * kje(分枝；树枝)，藏语：'gye-ba/gyes(被分开)，'gyed-pa/bgyes/bkye(划分)(引自柯蔚南1986：66)，高本汉构拟：* ȶi̯ĕg，李方桂构拟：* krjig

(798) 臊 sāo<saw< * saw(肥肉)，藏缅语：* sa·w(肥肉)，高本汉构拟：* sog，李方桂构拟：* sagw

(799) 熬 áo<ngaw< * ngaw(煎熬)，藏缅语：* r-ngaw，高本汉构拟：* ngog，李方桂构拟：* ngagw

当然，这些比较本身并不能证明带浊塞尾的构拟是错的，因为无法保证上古汉语和藏缅语之间只存在简单的对应关系。如果有好的理由为上古汉语构拟浊塞尾，那么无论汉藏比较研究者的日子多么难过，我们都不得不接受这种构拟。白保罗(1948)注意到了这个问题(正如上述的例子所示，利用高本汉的上古汉语构拟体系问题没有用李方桂体系那么严重)，他提出 *-g 和 *-d 由汉藏语的后滑音 *-w 和 *-y 演变而来。柯蔚南(1986)采用李方桂的上古汉语构拟体系，为汉藏语构拟了 **-ɣ，这个音后来变为上古汉语的 *-g，在藏缅语中普遍地消失。(类似地，柯蔚南为汉藏语构拟的 **-ɣw 演变为上古汉语的 *-gw 和藏缅语的 *-w。)

然而上引例子中没有一个真正而直接地与入声字有联系，构拟成浊塞尾的唯一理由是这些字跟其他有入声联系的字一起，属于相同的上古汉语韵部。此外,在解释由其派生的中古汉语形式时,这些浊塞尾又必须被放弃。不作浊塞尾的构拟,不但简化了汉藏比较,也更合于汉语内部的证据。

最后,高本汉在《分析字典》中最初提出的浊塞尾构拟既可以解释塞音尾的脱落,也可以解释一种特殊声调的演变;可是他其后的一些浊塞尾假设版本解释力则要弱一些,因为这些版本中,都必须假设声调的区别与塞尾的浊音性没有关系。例如在李方桂的体系中,*-ad 仅见于去声,或者去入之间的联系显而易见处,而其他声调的字却与入声只有间接联系。在目前的构拟体系中,这些现象并非偶然。用来解释上声和去声的同一套特征,同时也解释韵尾位置塞音的脱落现象。

8.3.4 入声接触的解释

因为构拟浊塞尾的目的就是为了解释与入声字的接触关系,让我们来看看用我提出的体系能够多么合理地解释这种接触关系。与入声什么样的接触关系需要解释,要如何进行解释呢?让我们再来看一下前文所引的高本汉关于入声与非入声的共处同一谐声系列的论述:

> 这种情况十有八九是韵尾辅音消失之后获得了去声读音。(1923 [1973]:28)

再看一下江永对入声和其他声调之间关系的论述:

> 入声与去声最近,《诗》多通为韵,与上声韵者间有之,与平声韵者少,以其远而不谐也(引自前文 8.2.1.1 节)。

上边这些论述正确地总结了入声接触的真实证据:其中绝大多数是去声字,偶尔涉及上声字,涉及的平声字极少。去入交替的现象可用奥德里古的 *-s 假设予以成功解释。上入接触的情况较少,值得注意的是,上入接触几乎都涉及 *-k 或 *-wk 收尾的音节。*-k 和喉塞尾 *-ʔ 之间的语音相似性,也许足以解释许多此类关系。不过有些可能是具有形

态功能的复韵尾 *-ʔ 之前的 *-k 脱落所致。

还剩下少量似乎与入声有关系的平声字需要解释,让我们谈谈可能解释此类形式的几种机制。

与入声有关系的最常见的平声字是"來"(来),记录这个词的汉字被认为是麦禾的象形:

(800) 來 lái<loj(来;小麦)

这个字肯定与带 *-k 尾的表示小麦的常用词"麥"有关系:

(801) 麥 mài<mɛk<*mrɨk(小麦)

上文我们已经看到"來"lái 偶尔与入声相押(《诗经》168.1A、203.4A、242.2A、263.6A)。这些韵均出自《诗经》中的《小雅》或《大雅》两部分,一般认为这两部分年代早于《国风》,而《国风》中的"來"从不与入声字押韵。从汉字本身以及在《诗经》更早部分的押韵来看,这个字最好用 *C-rɨk 的构拟形式进行解释。不过在更晚部分的押韵以及中古汉语读音 loj 则更适于用不带 *-k 的 *C-rɨ 来解释。"來"是否有可能经过某种不规则音变而丢失了 *-k 呢?

此类音变的一种可能的解释机制是,同义词存在重读和非重读两种形式,不带 *-k 的非重读变体变成了重读形式。这种现象可以用英语第三人称单数中性代词 it(它)从古英语 hit 不规则的脱落 h- 这种例子来说明。许多英语代词还有一个起首 h-脱落了的非重读形式:

	重读	非重读
he	[hi]	[i]
him	[hʌm]	[ʌm]
her	[hɚ]	[ɚ]

不规则的形式 it 取代规则形式 hit,被假定为非重读形式 [ɪt] 类推扩展

到重读位置的结果(Pyles1982:120—121)。类似地,也许 *C-rik 也有一个不带 *-k 尾的非重读变体形式 *C-ri,这个非重读形式通过类推扩展到重读的位置,取代了原来的形式。[1]

塞尾脱落另外一种可能的解释是基于类推作用,这种类推基于去声形式中的塞尾通过**韵尾复辅音简化**形式而脱落。例如,"來"另有去声一读:

(802) 來 lài<lojH< *C-ri(k)s(赠送)

这个意思有可能本为使动式("使来")。在**韵尾复辅音简化**音变发生之前,*C-riks(赠送)与 *C-rik(来)之间的关系仍然透明。可是**韵尾复辅音简化**音变发生之后,这些形式分别变成了 *C-ris 和 *C-rik。此时,有可能从 *C-ris< *C-riks 这个形式逆向构词产生出 *C-ri,当存在一个不带 *-k 的非重读形式时尤其如此。此类来自去声形式的类推演变也许可以很好地解释其他明显的平入接触关系。

来自汉字体系内部类似的类推,也可以解释平声字带入声声符或者正好相反的现象。例如我们以"止"为声符的字为例来看:

(803) 止 zhǐ<tsyiX< *tji?(脚;停止)(高本汉 1957,961a 条)

同一谐声系列许多字为平声:

(804) 持 chí<dri< *drji(操持)
(805) 時 shí<dzyi< *dji(?)(时间)(有时似乎押上声韵,例如《诗经》170.6A)

---

[1] "去"qù<khjoH< *khjas 或 *khjaps(?)(离开)这个词有可能需要作类似的一些解释。谐声证据似乎表明这个字带 *-p 尾,可是如果它真的是 *khjaps,按规则通过 *-ps> *-ts 音变,则演变为 *khjats,最终演变为中古 khjojH。也许韵尾 *-p 在非重读位置上脱落,而这种非重读形式变成了一般的形式。然而还有其他一些问题使这个词的历史更为复杂:"去"qù 在上古汉语中的意思并不像现代汉语那样仅仅表示"去",而更多地是指"离开",很可能与表示"去除"的"去"qù<khjoX 有词源上的关系;这些形式之间的关系并不清楚。这里也有可能带 *-p 和不带 *-p 的两种谐声系列在此相混了。

(806) 詩 shī<syi<＊stjɨ（诗）

同系列中还有去声：

(807) 志 zhì<tsyiH<＊tjɨs（意志）

这个系列中还有一个入声字：

(808) 特[tè]<dok<＊dɨk（公牛，公兽；唯独）

如果我们不为平声构拟塞音尾，那么如何解释"特"这个入声字与诸如"持"chí、"詩"shī 等平声字出现在同一谐声系列中的现象呢？一种可能性是"止"zhǐ<＊tjɨʔ 在这里起连接作用，其喉塞尾与 ＊-k 足够相似，因而可以用作收 ＊-k 尾的声符，而这个喉塞尾又足够弱，使其足够用作开音节声符的字。

不过，另外一个有趣的可能性是**韵尾复辅音简化**音变，使得文字中阴入接触变得普遍之后，"特"tè 这个字才被造出来。这个字似乎未见于早期铭文。高明（1980：188）所举此字首例见于战国时期（公元前475—公元前221年）。"特"的一个异文似乎出现得早一些：

(809) 犆[tè]<dok<＊dɨk（单独）

这里的声符是"直"zhí<＊drik<＊drjɨk（直）。此系列（高本汉 1957 中的第 919 条）都带 ＊-k 尾。高明还记录了甲骨文中的另外一个词"犆"（1980：189），声符为：

(810) 戠 zhī<tsyik<＊tjɨk（黏附）？（其意不明；见高本汉 1957,920a 条）

这个谐声系列也都带 ＊-k 尾。

我推测"犆"和"犆"有可能是"特"的早期形式，更能够代表周代的语音。当**韵尾复辅音简化**使得 *-ks 演变为 *-s 之后，汉字中就出现了足够多的允许 *-is 和 *-ik 谐声接触的例子，例如：

(811) 意 yì<ʔiH< *ʔ(r)jis(< *ʔ(r)jiks)（思想）
(812) 憶 yì<ʔik< *ʔ(r)jik（回忆）
(813) 置 zhì<triH< *trjis(< *trjiks)（放置）
(814) 直 zhí<drik< *drjik（直接）

与此类例子类比，汉字"特" *dɨk 与"志" *tjɨs 出现于同一谐声系列中，似乎并无不当之处。这又使得它间接地同平声的"持"chí< *drji（操持）或"時"shí< *dji (ʔ)（时间）产生了间接的联系。从诸如"特" [tè]< *dɨk 这类后起谐声字中发现的语音相似规律，很可能受到已经在使用的汉字中显示的语音相似性规律的影响，这样便会产生并不一定能代表周代早期音系的谐声关系。(我们将在第九章中回到这个问题。)因此"特"tè<dok 中的 *-k 尾本身并不能够让我们为整个谐声系列构拟一个舌根塞尾。

平声字和入声字之间偶见的押韵和谐声上的接触关系，有可能像上文那样另作解释，少数入声字，并不足以让我们为整个平声字全部构拟成塞音尾。

8.4 与其他构拟体系的比较

为了便于同其他构拟体系中的韵尾和复韵尾比较，表 8.1 中总结了我的体系同蒲立本(1977—1978)、王力(1982)、高本汉(1954)和李方桂(1971[1980])的对应。表中同时列出传统的上古韵部名称，并在我的构拟形式之后列出每个韵母的中古汉语形式。表中仅列出一等韵母(没有一等韵母时，列出四等韵母)。

表 8.1 中包含了所有的传统韵部，不过并没有开列出所有元音与韵尾的配合情况。例如，我为传统"元" Yuán 部构拟了 *-an、*-en 和 *-on，而表中仅列出 *-an，这是因为此处的重点在韵尾和复韵尾，而不是主元音。有关每个韵部的具体构拟，读者可参见第十章。

表 8.1 各家构拟体系中的韵尾和复韵尾

白一平	蒲立本	王力	高本汉	李方桂	部
*-ɨ	>-oj	*-əɣ	*-ə	} *-əg	*-əg	之 Zhī
*-ɨks	>-ojH	*-əks	} *-ək			
*-ɨk	>-ok	*-ək		*-ək	*-ək	職 Zhí
*-ɨng	>-ong	*-əŋ	*-əng	*-əng	*-əng	蒸 Zhēng
*-u	>-aw	*-əw	*-u	} *-ôg	*-əgw	幽 Yōu
*-uks	>-awH	*-əkʷs	} *-uk			
*-uk	>-owk	*-əkʷ		*-ôk	*-əkw	覺 Jué
*-ung	>-owng	*-əŋʷ	*-(u)əm	*-ông	*-əngw	冬 Dōng
*-aw	>-aw	*-aʁ	*-ô	} *-og	*-agw	宵 Xiāo
*-awks	>-awH	*-aqs	} *-ôk			
*-awk	>-ak	*-aq		*-ok	*-akw	藥 Yào
*-o	>-uw	*-aw	*-o	*-u	} *-ug	侯 Hóu
*-oks	>-uwH	*-akʷs	} *-ok	*-ug		
*-ok	>-uwk	*-akʷ		*-uk	*-uk	屋 Wū
*-ong	>-uwng	*-aŋʷ	*-ong	*-ung	*-ung	東 Dōng
*-a	>-u	*-aɣ	*-a	*-o	} *-ag	魚 Yú
*-aks	>-uH	*-aks	} *-ak	*-âg		
*-ak	>-ak	*-ak		*-âk	*-ak	鐸 Duó
*-ang	>-ang	*-aŋ	*-ang	*-âng	*-ang	陽 Yáng
*-e	>-ej	*-aj	*-ye	} *-ieg	*-ig	支 Zhī
*-eks	>-ejH	*-acs	} *-yek			
*-ek	>-ek	*-ac		*-iek	*-ik	錫 Xī
*-eng	>-eng	*-aɲ	*-yeng	*-ieng	*-ing	耕 Gēng
*-ij	>-ej	*-əj	*-yej	*-iər	} *-id	脂 Zhī
*-its	>-ejH	*-əcs	} *-yet	*-ied		
*-it	>-et	*-əc		*-iet	*-it	質 Zhì

续表

白一平		蒲立本	王力	高本汉	李方桂	部
*-in	>-en	*-əɲ	*-yen	*-ien	*-in	真 Zhēn
*-ɨj	>-oj	*-əl	*-əi	*-ər	*-əd	微 Wēi
*-ɨts	>-ojH	*-əts		*-əd		
*-ɨt	>-ot	*-ət	*-ət	*-ət	*-ət	物 Wù
*-ɨn	>-on	*-ən	*-ən	*-ən	*-ən	文 Wén
*-aj	>-a	*-al	*-ai	*-â(r)	*-ar	歌 Gē
*-ats	>-ajH	*-ats	*-at	*-âd	*-adh	祭 Jì
*-at	>-at	*-at		*-ât	*-at	月 Yuè
*-an	>-an	*-an	*-an	*-ân	*-an	元 Yuán
*-əps	>-ojH	*-əps	*-əp	*-əb	*-əbh	(>微 Wēi)
*-əp	>-op	*-əp		*-əp	*-əp	缉 Qī
*-əm	>-om	*-əm	*-əm	*-əm	*-əm	侵 Qīn
*-aps	>-ajH	*-aps	*-ap	*-âb	*-abh	(>祭 Jì)
*-ap	>-ap	*-ap		*-âp	*-ap	盍 Hé
*-am	>-am	*-am	*-am	*-âm	*-am	谈 Tán

正如表 8.1 所表明的那样，我的体系中的韵尾和复韵尾与蒲立本体系的结构最为接近。尽管我们所拟测的音值相去甚远。蒲立本的体系对直接(真)入声联系和间接(伪)入声联系作了区别。王力也作了这个区别，然而他没有区别入声及与入声有联系的去声，把两者的韵尾均构拟了清塞尾，因此王力体系中的 *-ak 对应我的 *-aks 和 *-ak(与蒲立本体系的对应亦如此)。正如在本章前面所提到的，高本汉有时区别直接和间接的入声联系，有时不予区别。李方桂的体系最紧密地遵循传统韵部的划分。在他的体系里，一个韵部中只要任何一个字与入声有关系，那么整个韵部都被视为和入声有关系(都构拟为浊塞尾)。

第九章 《诗经》文本及其用字

第五章至第八章中所勾勒出来的上古汉语构拟体系，其基础主要是从中古汉语音系格局所推导出来的一些假设。例如，圆唇元音假设，是由中古-w-的有限的分布情况得出的；前元音假设，是从一等和四等韵分布上的相似性得出的。这些假设，是否也可以得到上古汉语音系的另外两种证据，即谐声字和《诗经》押韵的支持，尚需确定。本章考察在使用另外这两种证据时所出现的问题。

谐声字在上古汉语构拟中有其用处，这是因为，跟押韵情况类似，谐声字的基础是语音上的相似。为了使表示某个词的汉字用作表示另外一个词的汉字的声符，这两个词必须具有某种语音上的联系。不管这种语音上的联系是如何定义的，让我们将其称为"谐声相似性"。我们有关谐声字讨论的主要观点，有两条：（1）谐声相似性这种语音联系只能限定于该谐声字产生的时间和地域；（2）谐声相似性的标准在时间上随着影响已经使用着的汉字读音的音变而产生变化。产生于周代早期的谐声字，反映周代早期的语音，但是后期谐声字往往反映后期语音和后期谐声相似性的概念。在可能的情况下，使用谐声字的时候，应当与所构拟的语言时代相同。段玉裁所说的"同声必同部"不能盲目地用在产生于不同时代的汉字。

在使用《诗经》文本的时候同样需要注意类似问题。我们使用《诗经》及其押韵来构拟上古汉语，这是因为我们确信《诗经》完成于西周及东周早期。不过今天所见的《诗经》并不是简单的一部周代早期的文献，其用字也并非周代早期的文字。《诗经》文本本身及其书写用字，一直处于演变之中，直到东汉时期才多多少少趋于标准化，这种演变甚至一直延续到当代。如果不注意《诗经》的文本问题，我们则有可能将上古汉语的结论错误地建立在晚至汉代的文本特征之上。

本书的主旨在于提出一个新的汉语上古音构拟体系，古文字或

《诗经》文本这两方面的深入研究，都大大超出了本书的范围。我们不可能讨论每个构拟词的古文字证据，也不可能考察与解释《诗经》押韵相关的所有文本问题。我在本章及第十章中对这些话题的讨论基本上都不成体系，不过这种讨论可以阐明音系学、古文字学和文本历史研究之间的重要关联性。

9.1 汉字的发展阶段

在这一节中，我将提供《说文解字》之前汉字发展的基本情况，以作为构拟上古音时，使用谐声字证据讨论的背景知识。[1]

一些新石器时期的陶器上所带的符号，被认为是文字或原始文字。尽管这些陶器符号的性质是一个有趣的问题，[2]然而通常意义上的汉字文本实例即所谓的甲骨文。于19世纪末期所发现的甲骨文是商代晚期用于卜筮，锲刻在龟甲兽骨上的文字，卜筮的过程是灼烫专门预备好的龟甲或兽骨，直到其产生裂纹，然后解释这些裂纹用来回答所提出的问题。卜筮的年代、所提出的问题、对回答的解释以及有时有关实际结果的记录，均记录在龟甲或兽骨上。由于商代王室日常用这种方法来指导诸多事件，因此这些甲骨文本就晚商历史及社会提供了珍贵的历史信息（例如，见于甲骨文所反映的商王名目，证实了西汉司马迁所著《史记》中所保留的商王表是基本正确的）。锲刻的甲骨文字，尽管因其专门用途也许并不一定就是商代文字的典型情况，但它显然已经是一种成熟的书写体系，已经具有由其发展而来的后世汉字的基本特征。就语言研究来说，不巧的是，这些甲骨文的内容仅限于卜筮相关的事情，尚未见押韵的诗歌，甚至未见通常意义上的叙事文本。尽管大多数常见的汉字已可以识读，其证据尚不足以用来构拟当时的音系。因此，我们将上古汉语定义为比这稍晚的某个时期的可以用汉语证据恢复其音系的最早时期的一种语言。[3]

---

〔1〕 用英语深入讨论汉字书写的发展情况，见罗杰瑞(1988,第三章)。关于汉字发展的非常有用的概述，见李学勤(1985)，本节内容大部分基于此。

〔2〕 两种观点分别见张光裕(1983)和Boltz(1986)。

〔3〕 关于甲骨文更详细的阐释，见吉德炜(Keightley,1985)。

我们还有来自商代中期和晚期的用于祭祖的铜器铭文。早期的铭文都很短，一般记录不外乎与该彝器有关的家族或个人的名字。到晚商时期，开始出现更长一点的铭文，不过尚未见长于五十个字的铭文。

尽管到了周代（公元前11世纪），随着商代统治的灭亡，甲骨卜筮的习俗迅速消失，但制造铜器铭文的习俗不仅得以延续，而且在周代更昌盛。这些彝器典型地用来纪念家族成员所获得的荣誉（例如对周天子有功而得到奖赏之类）。这种彝器其后用于家族祭祖。典型的铭文一般包括日期（有时包括日、月、朔望时期，以及周代年号），对所纪念事件的描述以及天子所赐礼物的记录。后来这类描述越来越详细，有时包含了对赏赐仪式的记录，以及参加者的话语等等。由于财产交换的过程得以记录，这类彝器无疑既起到记录重大事件的作用，又起到了财产所有者的某种法律文件的作用。最长的铭文约有五百个字，且无论风格还是内容，与《书经》部分相似。有一些段落使人想到部分《诗经》内容，其中有些段落还押韵。

毫无疑问，周代早期的青铜器对历史音韵学具有重大价值。它们是第一手材料，没有传世文本经常出现的问题，其年代和地域通常可以精确地得以确定。已有数位学者研究了青铜器铭文押韵的现象。[1] 然而不巧的是，铜器铭文中押韵的总数与《诗经》相比，仍然很少，而且是最常见的在构拟中争议最少的韵部。[2] 由于铜器铭文中押韵的句子，通常嵌于不押韵的文本之中，在许多情况下，难以断定某些句子是否押韵。

战国时期（公元前475—公元前221）的书面材料给人的印象是这个时期的汉字风格与此前各时代相比更为多样化，这也许仅仅反映了我们早期文字样本的不足，不过这种多样性的情况与传统上所认为这

---

[1] 韵文集包括王国维（1917[1968]）、郭沫若（1954）和陈世辉（1979，1981）。（我还没有接触过陈世辉（1979）。）基于这些的韵表见余迺永（1980），他推出的上古汉语构拟体系纳入了青铜器铭文文字及其用韵。

[2] 根据余迺永（1980: 161-176）列出的韵表，青铜器铭文最常出现的韵部包括"之""阳"和"幽"。其中"幽"部，无例外地只包含我构拟成 *-u 的字，不包含我构拟成 *-iw 的字。

个时期在政治和文化上非统一集权的看法相一致。公元前221年,随着秦朝统治的确立,出现了强烈的统一和标准化倾向。这个时期秦国的文字被确定为全国的标准文字。后世汉字基本上是从这个时期所建立的文字体系发展而来的。许慎《说文解字·序》记录了这一发展过程的传统看法:

"其后诸侯力政,不统于王。恶礼乐之害己,而皆去其典籍。分为七国,田畴异亩,车途异轨,律令异法,衣冠异制,言语异声,文字异形。秦始皇帝初兼天下,丞相李斯乃奏同之,罢其不与秦文合者。斯作《仓颉篇》,中车府令赵高作《爰历篇》,大史令胡毋敬作《博学篇》,[1]皆取史籀大篆,[2]或颇省改,所谓小篆也。是时秦烧灭经书,涤除旧典,大发隶卒,兴成役,官狱职务日繁,初有隶书,以趣约易,而古文由此而绝矣。"(见丁福保 1928—1932 [1976]:6729)

隶书产生于秦朝,沿用至汉代并得到发展,汉魏时期由隶书发展出楷书字体,这种楷书直到近年颁布的简体字之前一直作为汉字的标准,沿用至今。

许慎(58—147)的《说文解字》基本上是一部秦朝小篆的字典,这种小篆字体在汉代当时已经成为古老的字体。《说文》把汉字归作540个部首之下,并分析这些汉字的结构。这本字典中还包含了一些称作"籀文"或"古文"的字形。"古文"这种说法也许很可能指的是秦代标准化之前的形式,与周代早期铜器铭文和甲骨文字形相比,这种古文字形已经相当新了。

------

[1] 这三部著作,曾用作启蒙识字课本,其大致确定了新的秦朝文字书写标准,现各仅存其残卷。《仓颉篇》的残卷,最近在安徽省阜阳县双古堆出土,同时出土的还有《诗经》的残卷,见安徽省文物工作队等(1978)。

[2] 史籀,据传为周宣王(公元前827—公元前782在位)时太史,作《史籀篇》,一本类似如前所描述的识字课本。这本书中的文字被称为"籀文"或"大篆",据说春秋战国时期(分别为公元前770—公元前476年和公元前475—公元前221年)曾在秦国使用过。篆书即秦朝的小篆。《史籀篇》的内容现仅见于《说文》的部分引文。

9.2 谐声字及其解释

在构拟汉语上古音时,传统上将古代典籍及《说文解字》中出现的汉字作为上古汉语的材料证据,相当于用汉代(或最早是秦代)的汉字来构拟周代早期的读音。当无法获得正宗的周代字形时,这也是我们能做到的最好的情况。不过,正如上一节中所讨论的,显然采用这种程序在年代上不相合,因为我们知道正如我们所看到的铜器铭文那样,周代早期的文字与目前传世文献中的楷书通常有相当大的区别。即使在汉语古文字学兴盛的本世纪之前,中国的传统学者也注意到存在这种区别,并且在古汉字不再使用且被其他字形替代的地方提醒大家注意。[1] 不过,此类演变通常仅仅被视为纯粹的字形上的简化,其语音价值被广泛忽视(如 Barnard 1978 年所注意到的那样)。

更为精细的汉语上古音及使其演变的音变体系表明许多汉字字形的演变反映了语音的演变,因此在构拟汉语上古音时,必须谨慎地使用谐声字,并注意这些字的演变。在使用谐声字的时候,应当使其与所构拟的语言时期处于同一时代。同时,如果汉字的演变反映了语音上的演变,那么早期汉语文献中的汉字则是一个大部分尚未被利用的有关上古汉语及其后期语音变异和语音演变的信息宝库。进一步的研究则可能将汉字的特征和其特殊的时间阶段与地域联系起来,这种联系反过来使我们利用语音证据来确定早期文献的年代和地域信息。

谐声字可以用于语音构拟,这是因为正如押韵一样,谐声字建立在语音相似性这种关系之上。为了利用这种谐声证据,我们必须对处于同一谐声系列中诸汉字之间的语音联系的性质进行假设,这正如我们必须假定押韵方式以便把押韵作为证据材料使用一样(见第三章的讨论)。

在我们对上古汉语音节结构的分析中,多数谐声字似乎遵循下述这个语音相似性原则:

---

[1] 段玉裁在为《说文解字》作注时,有许多这样的观察。

谐声相似性原则：书写形式上包含相同声符的词，通常必须具有相同的主元音和韵尾，其声母辅音必须具有相同的发音部位（另外，鼻音和阻塞音声母通常各自独立）。前冠音、介音和复韵尾，以及声母的发音方法，可以各不相同。

此条可以用作使用谐声字作为构拟证据时的一般性指导原则。例如，我们为"支"构拟了舌根音声母：

(815) 支 zhī <tsye< *kje（分支）

因为此字是下面这个字的声符：

(816) 技 jì <gjeX（三）< *grje?（技能）

按照对谐声的假设，如果我们为"技"构拟了舌根音声母，则要求我们也要为"支"构拟一个舌根音声母。另一方面，我们可以为"技"自由地构拟介音 *-r-、浊音声母和上声复韵尾 *?。而"支"则没有这些形式。

不过上面这条陈述仅仅是对数百年来用字习惯的大致总结。这种谐声相似性的标准在不同情况下有宽严之别。尽管通常我们要求谐声字的主元音相同，不过我们有时会发现在谐声中也出现 *i 和 *e 之间的交替，或者 *u 或 *o 之间的交替，例如：

(817) 戌 xū <swit< *smjit（地支第十一位）

这个字的主元音是 *i，不过此字很可能是下面这个带 *e 元音字的声符：

(818) 威 xuè <xjwiet（四）< *hmjet（毁灭）

此字又作为声符出现在其更常见（无疑也是相关的）的形式之中：

(819) 滅 miè <mjiet（四）< *mjet（毁灭）

("威"xuè<xjwiet 和"滅"miè<mjiet 二者都必须构拟成 *e,这是因为它们都带中古汉语重纽四等韵母)。

此外,上文所述的谐声相似性原则必须符合两个条件:首先,这种语音相似性只能在该谐声字被创造的时间和区域推导出来。例如,如果一个谐声字始见于战国后期,那么它只能作为战国后期语音的证据,不能作为汉语上古音系的证据。其次,谐声相似性的标准有可能因音变对已经使用的谐声字之间的语音相似性关系形成的干扰而变得有些松散。例如,某个元音的演变可以使原本使用中的某个汉字的主元音与其声符的主元音不同。由此类推,新造的谐声字有可能容忍这种同样的区别。

我们来看上文第一点。在音变的影响下,原本发音不同的字,有可能在发音上变得足够相似,从而可以用同一个声符来记录。同时,原本用同一声符所记录的字,有可能彼此变得不再相似,以至其间的谐声关系不被后世的人所理解。这种情况很可能会促使人们为这些汉字换用语音上更为透明的声符。从汉代以来,至少在使用简体字之前,此类变化被成功地抵制了;不过,从周代早期到汉代之间的书写体系很可能更为任意一些。下面用两则音变对汉字的影响为例来说明这一点。

第一则音变是 *-ps> *-ts,此音变在 8.2.2.1 中已经提及。此音变发生得非常早,早到足以影响《诗经》押韵。某些词中原本的 *-ps 之所以得以恢复,这是部分因为基于 *-p 和 *-ps 原本相似性之上的谐声字还得以存留。例如:

(820) 内 nèi<nwojH< *nuts< *nups(内部)(高本汉构拟: *nwəb,李方桂构拟: *nəbh)

这个字作为声符用于"納"中:

(821) 納 nà<nop< *nup(纳入)(高本汉构拟: *nəp,李方桂构拟: *nəp)

没有得到普遍认识的情况是,由于这个音变的缘故产生了许多收 *-t 或 *-ts 尾声符的谐声字,而不是收 *-p 尾的谐声字。基于在后起的汉字基础上,有些原本带唇音韵尾的被年代错置,构拟成带齿音韵尾了。下面举三个例子：

1. 汉字

（822）廢 *fèi*<*pjojH*（废弃）

其声符为"發"：

（823）發 *fā*<*pjot*<*pjat（发出）

基于"發"的谐声字"廢"，通常被构拟成齿音尾（高本汉构拟：**pi̯wăd*，李方桂构拟：*pjadh）。不过在铜器铭文中，"廢"这个词写作"灋"，"灋"是"法"字的早期形式：

（824）法 *fǎ*<*pjop*<*pjap（法律）

例如《诗经》(261.1) 中出现的"無廢朕命"，其中用字是汉字"廢"，不过在多处铜器铭文中重复出现了一个几乎完全相同的词组"勿灋朕令"，当中用的是"灋"而不是"廢"（周法高等 1974a，第 1297 条）。用"灋"*pjap 作为"廢"的假借字，表明我们应当将"廢"的上古音构拟成 *fèi*<*pjojH*<*pjats<*pjaps，而不是 *pjats。不过一旦 *pjaps 经过 **-ps* > **-ts* 音变影响而演变为 *pjats 后，则"灋"*pjap 看上去就不太适合作为 *pjats 的假借字了，而"發" *fā*<*pjat 则成为适合的声符。带齿音韵尾的构拟，对于已经发生了 **-ps* > **-ts* 音变的"廢"字造出的时期来说是正确的，然而对上古汉语时期来说则并不正确。

2. 汉字

（825）萃[*cuì*][1]<*dzwijH*（汇集）

---

[1] 现代汉语普通话的该不规则送气可能源于对反切"秦醉切"*qín* + *zuì*<中古 *dzin* + *tswijH* 的拼法的历史错位的误解，其反切上字"秦"*qín*<*dzin* 在现代汉语普通话中送气是因其为平声。

第九章 《诗经》文本及其用字

其声符为"卒":

(826) 卒 zú<tswot<*tsut(士兵),又读作 zú<tswit<*tsjut(结束)

于是"萃"的构拟通常以齿音辅音收尾,高本汉构拟形式是 *dzʼiwəd。不过"萃"很可能是同义词"集、辑"的带后缀 *-s 的形式:

(827) 集~辑 jí<dzip<*dzjup(汇集)

"集、辑"常用于早期集注中"萃"的注(王力 1982:594–596)。其在语音和语义上的相似,足以支持我们将其构拟为"萃"[cuì]<dzwijH<*dzjuts<*dzjups。[1]汉字"萃"的声符原本为带 *-t 韵尾的音节,这反映的是音变 *-ps>*-ts 产生之后的汉语语音,不能用作上古汉语的语音。

3. 汉字

(828) 暨 jì<gijH(三)(到达;以及,并且)

其声符为"既":

(829) 既 jì<kjɨjH<*kjɨts(完成)

此字的韵尾经常构拟成齿音。[2]

因此,"暨" jì 通常也被构拟成带齿音韵尾的形式:高本汉构拟为 *gʼiɛd。不过我怀疑这个词是同义词"及"的带后缀 *-s 的形式:

(830) 及 jí<gip(三)<*g(r)jɨp(到达,以及)

---

[1] "萃"[cuì]<dzwijH<*dzjups 的合口韵-wijH 反过来为"集"jí<*dzjup 的圆唇元音提供证据;见 10.3.4。

[2] 事实上,含该声符的字,暂无较好的证据可表明其原始韵尾是齿音还是唇音;这些字在高本汉(1957)的第 515 系列中都是去声字,无含-t 尾或-p 尾的入声字。虽然有些含声符"旡"的字也用作-t 尾,这可能反映的是后来的书写习惯。

因此我们应当作如下的构拟:"既"*jì*<*gijH*<*grjits<*grjips。类似地,带齿音韵尾的构拟形式就"暨"*jì*字产生的时代来说是正确的,不过它反映的是那个时代的语音而不是上古汉语的语音。

我要举的第二个音变的例子是清鼻音声母的**非鼻音化**(**denasalization**):

* *hm->x(w)-*
* *hn->th-*
* *hng->x-*
* *hng^w->xw-*

让我们来看第一则演变式 * *hm->x(w)-*。这里可以构拟成 * *hm-* 的原因是中古带 *x-* 声母的字仍然与 *m-* 声母字有谐声关系,例如:

(831) 黑 *hēi*<*xok*<* *hmɨk*(黑色)

此字是"墨"的声符(也可能是同源词):

(832) 墨 *mò*<*mok*<* *mɨk*(墨水)

在 * *hm->x(w)-*音变发生之后,原本相似的 * *m-* 和 * *hm-* 在这些词中被联系更远一些的 * *m-* 和 * *x-* 所替代,因此就产生了一种压力要求谐声更为合理一些。像"墨"*mò* 这个字能够抵抗这种压力得以存留下来,部分的原因是"黑"*hēi* 也是它的义符(我们可以用同样的方式来解释以"内"*nèi* 为声符的"纳"*nà* 这个字得以存留的原因)。但在其他情况下,由于这种压力使得更为透明的谐声声符替换了原有的谐声声符,例如:

(833) 贿[*huì*]<*xwojX*(给予)

其声符的现在形式是:

(834) 有 yǒu<hjuwX< *wjɨʔ（拥有）

在现代汉语甚至中古汉语语音中,该谐声关系亦不明显,但这些词至晚在东汉时期就属于同一韵部了(罗常培、周祖谟 1958：175)。基于该谐声关系,我们有理由将"贿"构拟成 *hwɨʔ。注意,"有"*wjɨʔ 和"贿"*hwɨʔ 之间的差异仅在介音(即 *-j-对零介音)和声母发音方法(即浊音 *w-对清音 *hw-)上,因此,二者符合上述谐声相似性原则。这也是过去对"贿"进行构拟的关键点所在,考虑如下构拟系统的差异：高本汉构拟为 *χwəg（1957, 995z 条）,李方桂构拟为 *hwəgx（1971[1980]：38）。

但是,根据郑玄对《仪礼》的注(丁福保 1928—1932[1976]：2743),古文版文本一致将"贿"[huì]<xwojX 写作假借字"悔"：

(835) 悔 huǐ<xwojX< *hmɨʔ（后悔）

该字构拟成 *hm-,是因为它的谐声声符为：

(836) 每 měi<mwojX< *mɨʔ（每一个,所有的）

如果郑玄引用的古文版本足够早到能反映出 *hm-和 *hw-之间的区别的话,那么,这些形式将说明,在上古汉语中,"贿"可能是 *hmɨʔ 而不是 *hwɨʔ（许思莱 1987：257）。构拟 *hwɨʔ,对于在 *hm-归并于 *hw-之后"贿"被创造出来的时期可能是正确的,但把上古汉语构拟建立在现代字形的基础上是不合时宜的。

另一个反映该音变的例子是：

(837) 闻 wén<mjun< *mjun（听）

该字的构成为"耳"加声符"門"：

(838) 門 mén<mwon< *mɨn（大门）

注意，我构拟的"門"*mɨn 和"聞"*mjun 具有不同的主元音，这是基于《诗经》押韵(见 10.1.5)。这对例字的构拟显然是违反了上述谐声相似性原则。

但是"聞"可能是相对后起的字。《说文》(丁福保 1928—1932 [1976]: 5356)指出"聞"的一个古文形式是"睧"，其构成为"耳"加声符"昏":

(839) 昏 hūn<xwon<*hmun(暗;愚昧)

实际上，在战国时期前无"聞"字；铜器铭文中用"睧"或一个表示一个人在一个大耳朵旁跪着的象形图(见周法高等 1974a, 1509 条；高明 1980: 136)来作替代。该象形图亦见于甲骨文:[1]

在上古汉语中，"昏"*hmun 用作*mjun(听)的声符可以被接受；但是在音变*hm->*x-之后则不再适用。而且，据该音变的时间，音变**圆唇元音双元音化**和 * w-中和也已经出现，因此，"門"*mj(w)in< *mɨn(大门)，此时作为*mj(w)in< *mjun(听)的声符是合适的，同时形成了一个新的形声字"聞"。段玉裁的"同声必同部"原则适用性很好，但在本例的这种情况下，它并不适用于上古汉语而是适用于稍晚的时期。

用"民"来替代"昏"上面的"氏"，也可能是后期音变的反映，包括音变*hm->x-。如:

---

[1] 其关联形式"問"wèn<mjunH< *mjuns(询问)也可能是后起字。虽然在甲骨文中已发现由"口"和"門"组成的字，但由于其行文太短无法释读，且暂无理由使人相信该字可释为"询问"义(李孝定 1965: 363;池田末利 1964,卷2,页 37)。这样的字形亦见于青铜钟，用于专有名称。该钟名为"史問鍾"，引自徐中舒(1980: 42);我尚未见到完整版的铭文。

第九章 《诗经》文本及其用字

(840) 缗 mín<min(三)<*mrjun(绳,线)

原来的 *mrjun 可能已经变成 *mrjwin(**圆唇元音双元音化**)>*mrj(w)in(**w-中和**)>*mrjin(*r-**色彩**),导致

(841) 民 mín<mjin(四)<*mjin(人民)

感觉上比起"昏"来更适合作为"缗"的声符。当时的抄录者并不知道"民"mín<*mjin 和"缗"mín<*mrjun 在上古汉语中有着不同的主元音。

谐声相似性原则的第二个条件,即因音变影响了已经在使用的汉字的发音,故对相似度的要求可能会减弱。虽然有一些压力驱使着要替换那些不透明却更合理的旧的谐声字,但传统的力量往往会抵消这种压力,以至书写系统积累了越来越多的"不完美的"谐声关系。当新的谐声字被创建时,相应的旧的谐声字依然在使用,这可能会影响谐声相似性的标准。例如,尽管早期的谐声字及其谐声声符,通常拥有相同的主元音,但元音音变有时候中断了这种相同性。下面的字原本拥有相同的主元音:

(842) 残 cán<dzan<*dzan(伤害)
(843) 践 jiàn<dzjenX<*dzjan?(踩踏)

(后者在《诗经》158.2A 和 165.3A 中押 *-an 韵。)但至少在汉代后期,**锐音前化**(可能还有 ***a-高化**)音变使得"践"jiàn 的主元音变成了 *e,导致 *a 和 *e 现在出现在了同一个谐声系列。这种情况可能为后来创造的谐声字中允许 *a 和 *e 之间的交替提供了先例。一个可能的例子是:

(844) 霰 xiàn<senH<*s(k)ens(冰雨,雨夹雪)

我在这里构拟成 *-en,是因为中古汉语四等韵-en;霰 xiàn 在《诗经》

217.3B 中也押 *-ens 韵。但当前该字的声符是：

(845) 散 sǎn<sanX< * sanʔ（散乱），也读作 sàn<sanH< * san(ʔ)s（分散）

"散"的构拟必须为 *-an。因此，我们显然把 *-an 和 *-en 放在同一个谐声系列中，这在上古汉语时期可能是不被允许的。但是汉字"霰"可能是后起的；《说文》（丁福保 1928—1932[1976]：5184）记录了一个异体字"霓"，声符为：

(846) 见 jiàn<kenH< * kens（看见）

"见"的主元音构拟为 * e。"霓"字可能比"霰"更早。据"霓"可知，如果表达"冰雨，雨夹雪"义的词原本音 * skens 的话，形声字"霓"在复辅音简化 * sk-> * s-之后可能会被弃用，简化后使得作为 * sens 的声符"见" * kens 看上去不再合适，而现存谐声系列中的 * a/e 交替使得"散" * sanʔ 成为其可接受的声符。

正如这些观察所示，谐声关系，在谨慎使用时为我们提供了有价值的证据，但不能机械地不加批判地使用。《说文解字》中的谐声关系在许多情况下仍然反映了上古汉语的音系，因为传统上保留了许多早期汉字的使用；但有些汉字的起源较晚，只能通过后来的音变来反映上古汉语的音系。

9.3 《诗经》文本

《诗经》的版本流传史非常复杂，对它的详细叙述超出了本文的研究范围。本节简要介绍《诗经》的现状，以及它的起源和传播，重点讨论那些与使用《诗经》作为语音证据有关的话题。

9.3.1 《诗经》的现状

我们现有的《诗经》由 305 首诗构成，每首诗的长度在 18 个字（《诗经》268）到 492 个字（《诗经》300；见王力 1980b：41）之间。整本

书可分为如下几个部分:[1]

1. 《国风》,含诗 160 篇(《诗经》1—160)。这部分被认为是采集自周王朝各个地区的民歌。
2. 《小雅》,含诗 74 篇(《诗经》161—234)。"雅"(中古 ngæʔ)的含义存在争议;一般认为它是"夏"(中古 hæX < * graʔ)的假借字,西周时期作为地理术语,指西周皇室直接控制的地区。这些诗一般被认为是周朝廷的产物。然而,在内容和风格上,《国风》和《小雅》有一些重叠。
3. 《大雅》,含诗 31 篇(《诗经》235—265)。这些被认为是源于西周时期的王朝赞美诗,其中一些记载了关于周初历史的传说。
4. 《周颂》,含诗 31 篇(《诗经》266—296)。这一部分,显然也可以追溯到西周,包括相对简短的赞美天和周祖先的赞美诗。有几首赞美诗是不押韵的。
5. 《鲁颂》,含诗 4 篇(《诗经》297—300)。虽然像前一部分一样被称为"颂"(赞美诗),但比起《周颂》的诗,这些诗与《国风》和《雅》的诗更相似。它们被认为是相当晚产生的,起源于公元前 7 世纪的鲁国(大致相当于现在山东的南部)。
6. 《商颂》,含诗 5 篇(《诗经》301—305)。这些也都是相当晚产生的,它们代表的不是被周征服的商,而是后来的宋国,其统治家族是商代统治者的后代。这些诗大概可以追溯到公元前 7 世纪。

如上所述,《诗经》的诗歌代表了不同的时代和地点。它们在形式和风格上也是异质的。《国风》中,我们发现有匿名的抒情情歌、婚礼赞美诗、为丈夫去战场的哀歌。《小雅》中也有类似的诗篇,但我们也发现了政治内容的诗歌,它们提到了当时的历史事件及其命名(在某些情况下,包括诗人的名字)。内容上的差异也体现在形式上。《国风》的一个典型形式是由两章或三章组成,除了押韵的字外,它们几乎

---

[1] 该总结主要基于屈万里(1983a,1983b: 327 - 335);更多讨论,见向熹(1986)和高亨(1980)。

是相同内容的重复。[1] 与这种紧凑结构形成鲜明对比的是,《小雅》的政治诗多为结构松散的每章八行的诗。[2] 然而,除了《周颂》部分诗外,所有的诗都押韵,而且几乎都是分章的。

中国古代文献记载了许多有关《诗经》起源的传说。据《汉书·艺文志》[3],在早期,有官员收集歌曲作为一种民意调查,《诗经》就是这样收集的:

"《书》[即《尚书》或称《书经》]曰:'诗[shī < *stji] 言志[zhì < *stjis],[4] 歌咏言。'哀乐之心感,而歌咏之声发。诵其言谓之诗,咏其声谓之歌。[5] 故古有采诗之官,王者所以观风俗,知得失,自考正也。孔子纯取周诗,上采殷[即商],下取鲁,凡三百五篇,遭秦而全者,以其讽诵,不独在竹帛故也。汉兴,鲁申公为《诗》训故,而齐辕固、燕韩生皆为之传。或取《春秋》,采杂说,咸非其本义。与不得已,鲁最为近之。三家皆列于学官。又有毛公之学,自谓子夏所传,而河间献王好之,未得立。"

这里所说的汉代四家《诗经》学流派,传统上称为鲁诗、齐诗、韩诗和毛诗。每家学派显然不仅有自己的文本版本,而且还有自己的解释传统。鲁、齐、韩三家合称"三家诗",在汉代占主流地位,但毛诗最后获胜:今天流行的《诗经》版本即为毛诗本。其他版本如今只存其残卷,尽管韩诗留存到了唐代且被《经典释文》频繁引用。其他版本仅从其他古代文献中的引文和少数石刻碑文中得知。毛派的解释保留在《毛诗诂训传》中,其包含了对难的词和段落的注释。东汉末年的注家郑玄(127—200)撰写了更多的注释,偶有不同于毛诗处。

---

[1] 例见《诗经》4、5、6、7、11、12、16、18、19、20、21、22、24、25、36、44 和 45。

[2] 例见《诗经》167、168、177、191、192 和 193。

[3] 《汉书》,[东汉]班固撰,是一部记录前汉或西汉历史的正史;《艺文志》是其文献目录学部分。

[4] 对"诗"这个词的解释,最初可能是基于它的字形结构;无论如何,"志"可能被视为一种音注。见周策纵(1968)。

[5] 这并不一定意味着诗歌只是简单地朗诵而没有吟诵或歌唱;也许它只是简单地区分了表演的语言和非语言方面。

除了这些传统的已知的《诗经》版本外,以前未见的《诗经》残卷本最近也在安徽省阜阳县双古堆的一个汉墓被发现(见安徽省文物工作队 1978;文物局古文献研究室 1984;胡平生、韩自强 1984)。

说《诗经》是"遭秦而全者,以其讽诵,不独在竹帛故也",这个描述对于我们理解《诗经》文本的现状尤为重要。这里指的是著名的秦始皇"焚书"一事。[1] 无论秦火的实质是什么,许多经典文献的传播都被断绝了,汉代的学者们都专注于重建丢失的经典文献问题。从历史事实和《诗经》文本的现状来看,我们可以得出以下结论:

1. 《诗经》文本从早期开始即以口头和书面两种形式传播:其不仅"在竹帛",而且还在老师的指导下由学生"讽诵"。或许书面版的文本主要是为了帮助记忆;文本的主要形式不是任何书面版本,而是从老师那里学到的版本。强调口头的一个可能的原因是,在公共场合演讲时引用《诗经》的技巧是修辞技巧的一个重要方面。

2. 学习和传播《诗经》的人也学习和传播了关于难字和段落含义的传统,但有许多段落,虽然忠实地记录和传承了下来,却很难理解。否则,就不需要汉代各学派提供丰富的解释了,而且他们的解释也不会如此分歧。在汉代,《诗经》已经是一部古老而难懂的书了。

9.3.2 《诗经》中的"声之误"

如果我们把《毛诗》与其他幸存版本的残卷进行比较,我们发现一些有趣的证据,证实了文本流传的口头性,因为许多差异可以归因于仅部分理解的文本在发音上的细微变化。小川环树(1960[1977])列举了《毛诗》文本和于公元 175 年(熹平四年)在洛阳雕刻和建立的所谓"熹平石经"的现存残卷之间的一些有趣的差异:[2]

---

[1] 更多关于"焚书"的信息,见卜德(Bodde)(1938)。
[2] 最初为四十六块石碑,其上有用隶书撰写的经典文献。其中包括《鲁诗》版《诗经》在内的七部经典著作。虽然它们在唐朝时期被毁坏了,但从宋代就开始有碎片被发现。

1.《诗经》35.3,《毛诗》本有:

我躬不阅
wǒ gōng bú yuè
My person is not liked

("阅"在这里等同于同音字"悦"(喜悦,喜欢)),《熹平石经》本作:

我今不阅
wǒ jīn bú yuè
I am now not liked

也就是说,《熹平石经》本的"今":

(847) 今 *jɪ̆n<kim< *k(r)jɨ/um< *k(r)jɨm*(现在)[1]

在《毛诗》本作:

(848) 躬 *gōng<kjuwng< *k(r)jung*(人,身)

高本汉倾向于读"今"*jɪ̆n*(高本汉 1942—1946[1964],注 97),但是小川环树认为"今"*jɪ̆n* 是从"躬"*gōng* 的韵尾 *-ng* 同化到"不"*bù< *pjɨ* 的声母 **p-*的结果(1960[1977]:13-14)。

2.《诗经》197.2,《毛诗》本有:

假寐永歎
jiǎ mèi yǒng tàn

---

[1] 我尝试将"今"*jɪ̆n* 的上古音构拟为 **im* 而不是 **um*,因为在《诗经》245.8A 中它和 **-ing* 不规则押韵。但在汉代后期,其主元音可能因**唇音成分中和**音变而圆唇化了,**唇音成分中和**即消除了唇音尾前的圆唇元音及其非圆唇元音之间的对立。见 10.3.3。

I can only steal a moment's sleep, and long I am sighing

"假寐"意为"借睡眠"("borrow sleep");高本汉引用东汉注家王逸的注作"睡觉不摘帽子和不解腰带"(高本汉 1942—1946[1964],注594)。[1] 但《熹平石经》本,其前两个字作:

監寐
jiān mèi

(见小川环树 1960[1977]:15—16) 暂时撇开其可能的含义这个有点棘手的问题("監"通常意为"监督"),让我们来研究一下这两个词的读音。《毛诗》本作:

假寐 jiǎ mèi < kæX mjijH < *kraʔ mjits

《熹平石经》本作:

監寐 jiān mèi < kæm mjijH < *kram mjits

这里假设《毛诗》本为更好的版本(因为它至少是有意义的),则《熹平石经》本将"假" *kraʔ 的喉塞韵尾同化为紧随其后的音节的声母 *m-,这在口语朗诵中是一种自然的替代,尤其是当文本含义模糊,且没有干扰口腔的自然倾向时。[2]

很难想象这样的变体会在文本中通过错误传抄而出现;"今"字现在不会,过去也可能不会与"躬"字相似。相反,这些变体一定是通过

---

[1] 高本汉的注释说明了《诗经》文本问题的复杂性。《熹平石经》被认为记载的是《鲁诗》,但高本汉(继王先谦之后)说《鲁诗》作"假寐",就像《毛诗》一样。另一方面,据说《韩诗》本作"瘖寐"(醒和睡)。高本汉推断说:"既然'假寐'已经在两家诗派中被证实,那么它应是可信的。"

[2] 注意该读音支持为二等字"假" jiǎ < kæX < *kraʔ 构拟介音 *-r-;"監" jiān < kæm < *kram 中的介音已有谐声证据,因为"監" *kram 是"藍" lán < lam < *g-ram (靛蓝)的谐声声符。

文本的口头传播而产生的：一位学生不完美地模仿老师的发音（可能受他自己方言的影响），并把错误传给自己的学生。如果学生理解了文本的意思，他的理解就会制约发音的变化；这样的变化最有可能发生在理解不到位的段落，因为这些段落的读音不受任何文本含义的知识的限制（就像美国孩子经常会想出新版本的效忠誓言一样（just as American children often come up with novel versions of the Pledge of Allegiance））。郑玄已经指出了许多这类错误，称之为"声之误"。[1]

就文字而言，《诗经》的所有版本都有大量的所谓"假借字"。术语"假借字"一词有时用来指一个字用另一个发音相同或相似的字来书写的传统用法（如用"來"*lái*（一种小麦）代表"來"*lái*（即将到来））；但在古典文献中有许多所谓的假借字，这可能是因为一些抄写人员不知道或不理解他所写的字；他只是选择一个字来匹配背诵或记忆的文本的声音。例如《诗经》41.3，《毛诗》本有：

偕手同車
xié shǒu tóng jū
I will hold your hand and go with you in your carriage

其最后一个字是：

(849) 車 *jū*<*kjo*< **k(r)ja*（交通工具）

但阜阳汉简《诗经》（胡平生、韩自强 1988：6，残卷 S045）将其替换为：

(850) 居 *jū*<*kjo*< **k(r)ja*（居住）

导致该行解释为"偕手住一起"（"hold hands and live together"）。无论哪个更好，抄写人员在某个时候用一个音 **k(r)ja* 的字代替另一个音 **k(r)ja* 的字，因为它们是同音异义词。

---

[1] 例子见柯蔚南的收集（1983：199-208）。

与谐声字一样,这种替换反映的是它们起源的时间和地点的语音,而不一定是上古汉语的语音。一个说明这一点的文本变体是《诗经》249.1的这一行:

假樂君子
jiǎ lè jūn zǐ
Greatly happy be the lord

其第一个字是:

(851) 假 *jiǎ* < *kæX* < * *kraʔ* (大)

该字属于传统的上古鱼部(我构拟为 *-*a*)。但是《中庸》在引用该行时,将"假"*jiǎ* < * *kraʔ* 替换为:

(852) 嘉 *jiā* < *kæ* < * *kraj* (善,美好)

该字属于传统上的上古歌部。在上古汉语中,这些音节相当不同;它们之间的混淆反映汉代的语音归并,如发生在东汉时期的 * *Kra* 音节和 * *Kraj* 音节的归并(罗常培、周祖谟 1958:13—14)。目前尚不清楚哪一种读法是原始的,但无论如何,这个例子说明了汉代语音是如何影响《诗经》文本的。

9.3.3 影响押韵字的"声之误"

我们欲采用《诗经》押韵作为上古汉语音系的证据,因此我们应该意识到,这种后期的文本变化有时会模糊原来的押韵模式。我将用两个这样的例子来结束这一章。

9.3.3.1 《诗经》95.1 和 145.2 中的"菺"(莲花/兰花)

汉字"菺"*jiān* 出现在《诗经》95.1 和 145.2 中。在两种情况下,它都是押韵字,但在《诗经》145.2 中,它与根据前元音假设必须用 *-*en* 构拟的字押韵;而在《诗经》95.1中,它与一个不能用*-en构拟的字押韵。首先考虑《诗经》145.2,其内容(译自高本汉 1974:92)如下:

彼澤之陂	bǐ zé zhī bēi	
有蒲與茼	yǒu pú yǔ JIĀN	茼 * kren
有美一人	yǒu měi yī rén	
碩大且卷	shuò dà qiě QUÁN	卷 * gʷrjen
寤寐無爲	wù mèi wú wéi	
中心悁悁	zhōng xīn yuān YUĀN	悁 *ʔʷjen

By the shore of that marsh

there are sedges and LOTUS FRUITS;

there is a certain beautiful person,

grandly large and HANDSOME;

waking and sleeping, I know not what to do,

in the core of my heart I am GRIEVED

其入韵字为:

茼 jiān<kεn~kæn(莲花)(或者兰花)

卷 quán<gjwen(三)(英俊)

悁 yuān<ʔjwien(四)(悲伤)

这里的"茼"jiān在读音和意义上都存在争议。《毛诗》注作"蘭"lán<lan(兰花);但郑玄则认为"茼"jiān应为"蓮"lián<len(莲子)。据上述翻译可知,高本汉(1942—1946[1964],注352)采用郑玄的解释,另外两章都在相应的地方提到了莲花植物(第一章的"荷"hé<ha(莲花),第三章的"菡萏"hàndàn<homXdomX(莲花)),这一事实很好地支持了这一解释。至于其读音,《广韵》音 kεn。这非常合于郑玄的解释,因为 kεn 非常规则地对应上古汉语的 * kren。因此,采用郑玄的解释,我们可以将其构拟为:

(853) 茼 jiān<kεn< * kren(莲子)

"萵"必须与现代形式"莲"来自同一词根：

(854) 莲 lián<len<*g-ren(莲子)[1]

根据我的构拟，中古 len 和（假设规则的）kɛn 肯定源自上古汉语的 *-en。我们在"连"中构拟了一个"消失了的 *g-"，是因为其与"萵" *kren 的联系。[2]

郑玄的解释在语音上也与我对这一章中其他押韵字的构拟相一致。"悁"yuān 一定是被构拟成 *-en，因为它是重纽四等韵 -jwien：

(855) 悁 yuān<ʔjwien(四)<*ʔʷjen(悲伤)

"卷"quán(英俊)也被构拟成 *-en：

(856) 卷 quán<gjwen(三)<*gʷrjen(英俊)

中古读音 gjwen 能反映上古的 *gʷrjan 或 *grjon，但是该字在《诗经》103.2A 中也写作"鬈"，押 *-en 韵。[3]

我们现在回过头去看《诗经》95.1（译自高本汉 1974：61）：

溱與洧	Zhēn yǔ Wěi	
方涣涣兮	fāng huàn HUÀN xī	涣 *hwans
士與女	shì yǔ nǚ	
方秉蕳兮	fāng bǐng JIĀN xī	蕳 *kran
The [Zhēn] and the Wěi (streams)		

---

[1] "莲"lián<len(莲子)和"连"lián<ljen(连接)均为后起字；见 10.1.1。

[2] 在该形式中的复辅音构拟，还被越南语的 sen(莲花)形式所支持，该越南语词可能是比较古老的汉语借词（其规则的汉越语形式为 liên）。正如梅祖麟和罗杰瑞(1971：102)所指出的那样，越南语的 s- 往往对应一个早期的复辅音 *Cr-。

[3] 但是"卷"juǎn<kjwenX(卷起)则构拟成 *krjonʔ(《诗经》26.3B)；"卷~鬈"*gʷrjen(英俊)和"卷"*krjonʔ(卷起)的谐声关系可能比较晚，反映了音变**圆唇元音双元音化**和 *r-色彩；见 10.1.1。

are just now AMPLY-FLOWING;
knights and girls
and just holding [JIĀN] plants in their hands

此处《毛诗》注"萠"同于《诗经》145.2,作:

(857) 蘭 *lán*<lan< * *g-ran*(兰花)

(该字被构拟出来一个已经消失了的 * *g*-,是因为在其谐声系列中存在带舌根声母的字,如"諫"*jiàn*<kænH< * *kranʔ*(*s*)(抗议,表示异议)。)《经典释文》此处给"萠"的反切作"古颜反",即 *k*(*uX*) + (*ng*)*æn* = *kæn*,其规则地反映上古汉语的 * *kran*。[1] 在这种情况下,《毛诗》的解释没有受到郑玄的质疑,可能是正确的;该押韵系列规则地押 *-*an* 韵。中古音 *kæn*,如果规则的话,将反映上古汉语的 * *kran*。另一个入韵字:

(858) 渙 *huàn*<xwanH(充分流动)

能反映 * *hwans* 或 * *xons*,但同一个字在《诗经》287 中押 *-*an* 韵(虽然含义不同),且无论在何种情况下,都不会反映 *-*en*,因为它是一等韵。[2]

经考察,将《诗经》145.2 中的"萠"*jiān* 解释为"莲花"* *g-ren* 和将《诗经》95.1 中的"萠"*jiān* 解释为"兰花"* *g-ran*,与我的构拟系统非常吻合,这就要求我们在《诗经》145.2 中将其构拟成 *-*en*,在《诗经》95.1 中将其构拟成 *-*an*。那么,这两个原本不同的词是如何被写成同一个字的呢?在这种情况下,其混淆很可能只是字形上的:《诗经》95.1 中的"萠"可能是"蘭"*lán* 的误写。但像 * *Kran* 和 * *Kren* 这样的音

---

[1] 《经典释文》对《诗经》145.2 的"萠"也赋予了相同的读音,这是基于《毛传》,即将"萠"也表示为"蘭" * *g-ran*。

[2] 据《经典释文》,《韩诗》此处将"渙"*huàn* 作"洹"*huán*<hwan;这也是构拟成 *-*an*。高本汉还列出了其他的异体字形(1942—1946[1964],注 243)。

节在一些方言中很早就合并了也是事实。《切韵》的作者之一颜之推，批评郭璞(276—324)说"諫"jiàn<kænH< * kranʔ(s)读起来像"間"jiān< kɛn< * kren，并在其他地方提到 hɛp 和 hæp 的混淆是北方方言的特征(周祖谟1943[1966]：413,417)。或许 * Kran 和 * Kren 在一些方言中的合并比郭璞的时代还要更早；如果是这样，那么这就能解释为什么《毛诗》将《诗经》95.1 和 145.2 中的"蕑"均释为"兰花"了。[1]

9.3.3.2 《诗经》106.3 中的"反"fǎn(反转)和"變"biàn(变化)

第二个影响押韵字的文本变化的例子在《诗经》106.3 中。《毛诗》作：

猗嗟孌兮	yī jiē LUÁN xī	孌 * b-rjonʔ
清揚婉兮	qīng yáng WǍN xī	婉 * ʔjonʔ
舞則選兮	wǔ zé XUǍN xī	選 * sjon(ʔ)s
射則貫兮	shè zé GUÀN xī	貫 * kons
四矢反兮	sì shǐ FǍN xī	反 * pjanʔ
以禦亂兮	yǐ yù LUÀN xī	亂 * C-rons

Lo! How HANDSOME,
the clear forehead how BEAUTIFUL;
when dancing he is in COUNTING;
when shooting he PIERCES (the target);
his four arrows (REVERT：) come (one after the other)
so as to prevent (DISORDER：) violation of the rules

(翻译改编自高本汉 1974)在《诗经注释》(Glosses on the Book of Odes)(1942—1946[1964]，注 268)中，高本汉指出，《韩诗》倒数第二行的"反"fǎn(反转)作"變"biàn(变化)。如果我采用《毛诗》和郑玄作"反"fǎn，我们会得到一个解释如"四支箭一支接一支回到同一个地方"(The four arrows (revert=) come (one after the other) to the same

---

〔1〕 这里也有可能是《毛传》没有被忠实地保留下来，正如一位清代学者所说，一个"浅人"把《毛传》对《诗经》95.1 的解释转移到了《诗经》145.2 中。

place）；如果我们采用《韩诗》作"孌"biàn，我们会得到一个解释如"这四个箭头互相交替"（The four arrows（change=）succeed one another）。高本汉认为"无法确定哪个版本最能代表原著《诗经》"。

然而，圆唇元音假设，使我们在音韵上更倾向于《韩诗》本的"孌"biàn < *prjons 而不是《毛诗》本的"反"fǎn < *pjanʔ，因为只有前者才更好地入韵："孌"biàn 被构拟成 *-on，"反"fǎn 被构拟成 *-an；但是该章的其他所有入韵字都被构拟成 *-on。

为了证明这一点，让我们先检验一下这一章中其他入韵字的构拟。
1. 下面的两个字一定是构拟成 *-on，因为其中古读音中带 -w-：

（859）孌 [luán] < ljwenX < *b-rjonʔ（英俊）
（860）乱 luàn < lwanH < *C-rons（杂乱）

2. 汉字

（861）婉 [wǎn] < ʔjwonX < *ʔjonʔ（美丽的）

押 *-on 韵，见《诗经》94.1A，以及《诗经》102.3A 与 151.4C 中。

3. 汉字

（862）選 xuǎn < sjwenX < *sjonʔ 通常：（选择），但这里读作 sjwenH < *sjon(ʔ)s（计数），可能与"算"suàn < swanX ~ swanH < *sons（计数）有关联

在《诗经》26.3 中押 *-on 韵。

4. 最后，汉字

（863）贯 guàn < kwanH < *kons（贯穿）

在《诗经》199.7 中押 *-on 韵。

可以将其分解为三个字一组的上声序列和三个字一组的去声序列；但这个问题与当前的问题基本上无关。

回到受争议的字:"䜌"*biàn* 的声符表明,它也要被构拟成 *-on:

(864) 䜌 *biàn*<*pjenH*< * *prjons*(变化)

其声符(亦见于上述的"䜌"[*luán*] < * *b-rjon*? 字)为:

(865) 䜌 *luán*<*lwan*< * *b-ron*(銮铃)

在《诗经》中,由这个声符构成的字一致押 *-on 韵:《诗经》42.2A、102.3A、151.4C 以及此处的"䜌"*luán*<*ljwenX*< * *b-rjon*?(英俊);《诗经》147.1A 的"臠"*luán*<*lwan*< * *b-ron*(瘦削);以及《诗经》261.6A 的"蠻"*mán*<*mæn*< * *mron*(南蛮)。

虽然形声字"䜌"没有出现在铜器铭文中,但据我所知,早在公元前 4 世纪后期的战国碑文"诅楚文"中就有出现(徐中舒 1980:123;高明 1980:82)。事实上,"䜌"*biàn*< * *prjons*(变化)很可能与"亂"同源:

(866) 亂 *luàn*<*lwanH*< * *C-rons*(杂乱)

另一方面,"反"*fǎn* 在其他地方押 *-an 韵,[1]被构拟成:

(867) 反 *fǎn*<*pjonX*< * *pjan*?(反转)

有了圆唇元音假设,就不再是"无法确定哪个版本最能代表原著《诗经》"了,用高本汉的话来说:《韩诗》读"䜌"*biàn* 使这一押韵序列成为一个规则的押 *-on 韵的序列,而《毛诗》读"反"*fǎn* 则使其成为一个 *-on 与 *-an 混合的不规则押韵。这样的读音情况是如何出现的

---

[1] 见《诗经》54.2A、58.6A、220.3A、223.1A、253.5B 以及 274.1B。《诗经》58.6 中出现了一个包含 *-on 的字,但除此之外全是 *-an;这对 *-on 与 *-an 分开押韵原则来说,似乎是一个真正的例外。在《诗经》274.1B 中"反"*fǎn* 与"简"押韵,"简"通常为 *jiǎn*<*kɛnX*< * *kren*?(竹片),但此处的"简简"表示"大"而非"竹片";我怀疑 *-an 和 *-en 的明显不规则押韵是文本讹误的结果(见 10.1.1)。

呢？在汉代，"變"*prjons 可能已经变为 *prjwans（**圆唇元音双元音化**）>*prjans（***w-中和**），故而 *-on 与 *-an 之间的区别就消失了，而"反"fǎn<*pjanʔ（反转）似乎就同"變"biàn 一样可入韵了，并最后通过口头传播中的讹误产生替代。而且，该行的含义十分模糊，尚不足以抵制这样的一个替代。

9.3.3.3 小结

这些例子表明，目前的《诗经》文本不能简单地当作周代文本来看待；我们必须准备好发现来自后来的文字和语音系统的影响（contamination）。用晚清学者俞樾的话来说：

> "执今日传刻之书，而以为是古人之真本，譬犹闻人言笋可食，归而煮其簀也"。[1]

---

[1] 转引自于省吾（1962：144）。

第十章 新上古汉语韵部分类

在这一章中，第五章至第八章概述所构拟的上古汉语系统将被更详细地描述，并将说明它是如何适用于每一组传统的韵部。当新系统和旧系统发生冲突时，我们将会把对旧系统修订的证据展示出来。在此我将按其韵尾对传统韵部进行分类讨论：10.1 节将检验收锐音尾的韵部；10.2 节将检验收零、舌根或唇化舌根音尾的韵部；10.3 节将检验收唇音尾的韵部；10.4 节是对所有结果的总结。

对每一个传统韵部，我将首先按照传统的分析方法，列出每个韵部包含的中古韵目，并讨论我构拟系统的假设如何应用于每个韵部。例如，当同一韵部中一等韵和四等韵存在对立，那么根据前元音假设，它们所对应的上古形式应被构拟为不同的主元音，当它们主元音不同时，可能会出现押韵上分离的情况，只是在传统分析中未能被发现。类似的，如果开口韵（中古无-w-）与合口韵（中古有-w-）存在对立，且-w-介音不属于*K^w-类声母的唇化成分，那么根据圆唇元音假设，它们的上古形式也需要被构拟为不同的主元音；如果它们有不同的主元音，也可能会出现押韵上分离的情况，只是在传统分析中未能被发现。

对于那些我们预测可能存在上述押韵区别的韵部，下一步要做的就是用统计方法检验押韵区别是否真实存在。在此将使用第三章中介绍的统计程序。这个基本程序用来检验那些仅根据中古音就可以构拟其元音的字的押韵情况；我将这类字称为"音位对应无分歧（phonologically unambiguous）"。例如，在传统韵部元部中，有一些字在我的系统中只能被构拟为 *-en，而另一些不能被构拟为 *-en。我们希望通过计算必须被构拟为 *-en 的字和不能被构拟为 *-en 的字是否可以有规律地押韵或不押韵来检验我们的构拟。如果构拟为 *-en 的字与构拟为非 *-en 的字彼此押韵的频率明显低于预期，那么二者在押韵上的分离将被确定——对那些音位对应无分歧的字来说。

将统计检测限制在这些音位对应无分歧字上是为了避免用根据押韵证据确定字的分类,反过来再用押韵证据"证明"分类的正确性,造成循环论证。在特定的押韵样本中,两组字可能在偶然情况下表现为不押韵或鲜少押韵,但这不能说明两组字存在音系上的区别对立。如果我们在没有其他支持证据的情况下,仅根据押韵现象构拟的字来测试我们的假设,将会有极大创造虚假押韵区别的风险。[1]

如果预期的区别在音位对应无分歧字中被确定,那么下一步则将尽力去构拟那些音位对应有分歧字——那些不能仅根据中古时期的语音确定构拟的字。在这一阶段——统计检验完成后——用押韵证据来选择可能的构拟:如果一个字既可能被构拟为 *-en,又可能被构拟为 *-an,但它经常和对应无分歧 *-en 韵部字一起押韵,那么我们将其构拟为 *-en。同样地,假设涉及谐声的字都足够古老时,音位对应有分歧字常常可以用谐声证据来构拟。如果音位对应有分歧的字能以或多或少一致的方式被构拟,这便给了我们一种信心,即我们的构拟是证据充足的。在这一点上,我们从统计数据中得到的帮助很少;构拟工作的总体充分性取决于许多方面的考虑,因此很难从统计学上对其进行检验。

为了节省篇幅,我不会对音位对应有分歧的字进行完整性的讨论。但是,对于那些我认为应进行再分部的传统韵部,我给出了一个给每个类别的押韵序列分类的列表,以及一个收录出现不规则押韵现象的押韵序列的列表,以及一些偶然涉及文本问题或字符替换的情况的注释。(当然,并非所有这些不符合规则的现象都可以得到合理的解释;实际中有太多我们难以理解的地方。)同样地,尽管我为《诗经》中所有韵脚字在附录 C 中进行了构拟,但仍有不少构拟,尤

---

[1] 对于各种各样的样本,准确地计算它的可能性是一个相当复杂的数学问题,我还没有解决。显然,答案部分取决于样本的大小,部分取决于样本中单个字出现的频率。举一个极端的例子,假设一个样本包含一百个押韵对,并且假设样本中没有押韵的字出现超过一次。然后样本中的两百个字可以以任何方式分到组内任意二字不相押韵的两个组中(实际共有 $2^{100}-1$ 种方式,是一个非常大的数字);此外,如果我们将统计检验应用于如此定义的组,押韵的区别的统计结果将始终显示为显著的。而当某些字在样本中出现的频率越高时,这种情况发生的可能性将越小。

其是那些罕见或者在音系上不规则的字,是根据仅有的证据被不完全构拟的,因此很多构拟出的形式会包含带圆括号的元素或众多元素中的一个选择。

当我的构拟与传统韵部情况一致时(比如传统东部和我构拟的 *-ong 完全重合),我将省略这一韵部的《诗经》押韵的讨论,除非我的构拟中有其他创新点。不过,关于《诗经》押韵序列的完整清单可以在附录 B 中找到,附录 C 中将列出全部韵脚。

为消除悬念,我将在这里总结本章分析的结果。关于上古汉语存在圆唇元音假设以及前元音假设大体上得到了证实。证据在出现频率高的韵部如元部和文部中尤为充足。而在那些出现频率较少的韵部中,有时会出现因数据太少而不能得出最终的检验结果的情况。这里有一个极端情况的例子,即传统韵部中的盍部字,我构拟为 *-ap、*-op 和 *-ep,它们在《诗经》中只有五个押韵序列(34.1A, 60.2A,167.4C,260.7A 和 304.7A),且实际上参与押韵的字全都属于 *-ap。显然,如果构拟为 *-ep、*-op 的字不参与《诗经》押韵,那么仅靠《诗经》押韵材料不能为韵部构拟提供任何证据支持。不过,这些构拟依赖于其他证据和假设,包括一个至关重要的假设:所有的韵部都属于一个音系系统,都使用同一套语音元素。即使我们发现我构拟的 *-ap 和 *-ep 互相自由押韵,我们也不应该把后者的构拟改为 *-iap,含高本汉的"强元音"介音 *-i-,除非在其它韵部中也有对 *-i- 的支持。虽然我们分别检验每一个韵部,但不能把它们的构拟看作是相互独立的;我们假设的前提必然是它们属于一个单一音系,对一个韵部的分析必然在某种程度上依赖于对音系中其他韵部的分析。

在修正传统的上古汉语押韵分析中,我将仅用主元音和韵尾为构拟的韵部命名:因此我将传统元部三分,分别将它们称为 *-an、*-en、*-on。正如传统韵部包含字的不同声调,我的 *-an 部也包括语音形式为 *-an、*-anʔ、*-ans 的所有字。我也将所有与入声有关联的去声字一起归为入声的韵部:比如我认为形式为 *-ik 的入声字和形式为 *-iks 的去声字都属于一个韵部的不同部分,并将此韵部的标签设为" *-ik(s)"。然而区分韵部究竟是 *-ks 还是 *-s 是一件很困难的事,所以有时我可能将其中某些字错置了。[1]

10.1 收锐音韵尾的音节

关于收 *-n 尾韵部的构拟，本书已经在第七章进行了详细讨论，收其它锐音尾如 *-t 和 *-j 的韵母情况和它大致平行。在此将对我们的构拟进行简要概括，并用押韵证据检验构拟。我将先讨论元部以及和它对应的月部、祭部、歌部，然后将进一步讨论真部、文部以及和它们对应的韵部。

10.1.1 传统元部

传统元部所包含的中古韵母已在表 10.1 中列出。这张表以及本章的其他类似的表格将中古韵母按等列出（一、二、三或四等；关于中古等的问题详见 2.4），并在表中给出了我对中古音的转写，高本汉的中古汉语构拟，以及韵部中所包含的《切韵》韵目，连同其必要的注释。（高本汉的中古汉语构拟在此给出是为了照顾那些想直接阅览本章但未通读我在第二章写的中古音系统的读者。）"注释"一栏是为了说明这些韵母是否只限于某些声母。其中"部分（in part）"表示这一中古韵中的字还见于其他上古韵部。

表 10.1　元部所包含的中古韵母

	中古汉语	中古汉语（高本汉）	切韵韵目	注　释
一	-(w)an	-(u)ân	寒 Hán(Han)	
二	-(w)æn	-(w)an	删 Shān(Sræn)	
	-ɛn	-ăn	山 Shān(Srɛn)	（部分）

---

[1] 我们会根据词源背景为某些上声字构拟塞音尾（比如上声字"彩" cǎi < tshojX < * sri (k)ʔ（色彩），被假设和入声字"色" sè < srik < * srjik（色彩）在词源上存在联系，所以认为其可能还存在一个塞音尾），但上声字在《诗经》中一般不会和入声字相押韵，这说明在《诗经》时代，塞音尾在这些字中应该已经脱落即 *-kʔ 已经变为了 *-ʔ。由于我在本节的目的是尝试分析《诗经》时期的押韵，所以我把这类字归入阴声韵部而非入声韵部（这种情况下，为 *-i 而非 *-ik）。

第十章 新上古汉语韵部分类

续表

	中古汉语	中古汉语(高本汉)	切韵韵目	注 释
三	-j(w)on	-i̯(w)ɒn	元 Yuán(Ngjwon)	仅钝音
	-j(w)(i)en	-i̯(w)än	仙 Xiān(Sjen)	
四	-(w)en	-i̯(w)en	先 Xiān(Sen)	(部分)

正如第七章中提到的,在本韵部中,开口韵和合口韵在锐音声母后存在对立,所以根据圆唇元音假设,我们需要构拟出 *-an 和 *-on:

(868) 單 dān<tan<*tan(单元)
(869) 端 duān<twan<*ton(顶端,末端)

同样,一等韵 *-an 也和四等韵 *-en 存在对立:

(870) 干 gān<kan<*kan(盾)
(871) 肩 jiān<ken<*ken(肩膀)

这说明根据前元音假设,我们必须为这个韵部再构拟一个与 *-an 形成对立的 *-en。

所提出的包含 *-an、*-en、*-on 的韵部构拟将在下文以表格形式概括,并与高本汉(1954)、李方桂(1971[1980])、蒲立本(1977—1978)等人的系统进行对比。[1]

10.1.1.1 *-an 韵部的构拟

在非唇化声母的音节中,*-an 的语音变化如下表 10.2 所示[2]:

---

[1] 这些等价只是近似的,因为具体构拟出的结果不是一一对应的。比如我将高本汉的 *-ân 等价于我的 *-an(因为高本汉的 *Kân 对应我的 *Kan),并将他的 *-wân 与我的 *-on 等价(因为高本汉的 *Twân 对应我的 *Ton)。这些对应关系大多数情况下是成立的;然而高本汉的 *-wân 也可以对应我的 *-an(比如高本汉构拟为 *Pwân 的字在我这里是 *Pan)。对于具体每个字的构拟详情,必须参考这些作者各自的作品。

[2] 在蒲立本的构拟中,上标的 r, j, w 之类的要素,认为它们不是(转下页)

表 10.2　非唇化声母后 *-an 的演变

白一平	声母类型	中古汉语	高本汉	李方桂	蒲立本
*-an	全部	-an	*-ân	*-an	*-án
*-ran	全部	-æn	*-an	*-ran	*-ʳán
*-jan	钝音	-jon	*-iăn	*-jan	*-àn
	锐音	-jen	*-i̯an	*-jan	*-àn
*-rjan	钝音	-jen(三)	*-i̯an	*-jian	*-ʳàn
	锐音	-jen	*-i̯an	*-rjan	*-ʳàn

在声母为 *TSr- 的音节中，由于 *TSrj-> *TSr- 的音变（详见 7.2.3 节），韵母发生了特殊音变：*TSrjan> *TSrjen> *TSrɛn，如：

(872) 产[chǎn]<srɛnX<srjenX< *sngrjan? (繁殖，生育)

它的声符是：

(873) 彦 yàn<ngjenH(三)< *ngrjans (有装饰的，有才华的，美好的)

而前人的分析中忽略了 *-an 和 *-en 之间区别的原因之一是中古音中的 *-ɛn 在上古有 *-rjan 和 *-ren 两个源头（见下文）。

除了中古合口韵之外，唇化声母音节与非唇化声母音节平行，如表 10.3 所示：

（接上页）音段成分，而是代表声母上或韵母上的特征，蒲立本将它们称为"变音特征(umlauts)"(1977–1978：184)。因此作为上角标的 w 表示受到了前面唇音或圆唇舌根音声母的影响；上角标的 j 则可能表示受到了前面腭音或者腭化音声母的影响。关于蒲立本的声母和这些"变音特征(umlauts)"的问题尚未见完备的解释发表。

第十章 新上古汉语韵部分类

表 10.3 唇化声母后 *-an 的演变

白一平	中古汉语	高本汉	李方桂	蒲立本
*K^wan	Kwan	*Kwân	*Kwan	*K^wán
*K^wran	Kwæn	*Kwan	*Kwran	*K^wrán
*K^wjan	Kjwon	*Kiwăn	*Kwjan	*K^wàn
*K^wrjan	Kjwen(三)	*Kiwan	*Kwjian	*K^wràn

其他 *-an 韵部的例字如下所示：

(874) 安 ān<ʔan< *ʔan(平和)

(875) 寬 kuān<khwan< *k^whan(宽广的,仁慈的)

(876) 顏 yán<ngæn< *ngran(脸,脸色)

(877) 鴈 yàn<ngænH< *ngrans(大雁)

(878) 言 yán<ngjon< *ngjan(说,词)

(879) 反 fǎn<pjonX< *pjanʔ(相反)

(880) 諼 xuān<xjwon< *hwjan(遗忘)

(881) 原 yuán<ngjwon< *ng^wjan(平原,高原)

(882) 虔 qián<gjen(三)< *grjan(砍,杀)

(883) 愆 qiān<khjen(三)< *khrjan(越权,差错,失败)

(884) 媛 yuàn<hjwenH(三)< *wrjans(美女)

(885) 廛 chán<drjen< *drjan(农家庭院)

(886) 山 shān<srɛn< *srjan(山)

(887) 衍 yǎn<yenX< *ranʔ(溢出,丰盈)

10.1.1.2 *-en 韵部的构拟

在非唇化声母的音节中，*-en 的语音变化如表 10.4 所示。[1] 而在声母为 *TSr-的音节中，可能也发生了上述因 *TSrj-> *TSr-而导致

---

[1] 总体上,李方桂构拟的 *-jian 是重纽三等-jen 和重纽四等-jien 共同的源头。我至今尚不清楚为何蒲立本会构拟出与我的系统中平行锐音声母后的 *-jan ≠ *-jen 的区别，以及钝音声母后的 *-rjan ≠ *-rjen 的区别。

*TSrjen> *TSrɛn 的音变。

除了中古的合口韵之外,唇化声母音节与非唇化声母音节平行,如表 10.5 所示。

表 10.4 非唇化声母后 *-en 的演变

白一平	声母类型	中古汉语	高本汉	李方桂	蒲立本
*-en	全部	-en	*-ian	*-ian	*-^{j}án
*-ren	全部	-ɛn	*-ăn	*-rian	*-^rján
*-jen	钝音	-jien(四)	*-i̯an	*-jian	*-^{j}àn
	锐音	-jen	*-i̯an	*-jan	*-(j)àn
*-rjen	钝音	-jen(三)	*-i̯an	*-jian	*-^{r}(j)àn
	锐音	-jen	*-i̯an	*-rjan	*-^{r}(j)àn

表 10.5 唇化声母后 *-en 的演变

白一平	中古汉语	高本汉	李方桂	蒲立本
*K^{w}en	Kwen	*Ki̯wan	*Kwian	*K^{w}ján
*K^{w}ren	Kwæn	*Kwan	*Kwran	*K^{w}rján
*K^{w}jen	Kjwien(四)	*Ki̯wan	*Kwjian	*K^{w}jàn
*K^{w}rjen	Kjwen(三)	*Ki̯wan	*Kwjian	*K^{w}r(j)àn

如果根据开口音节从上古到中古 *-ren>ɛn 的演变进行类推,我们可以预测上古到中古会发生 *K^{w}ren>Kwɛn 的演变,但事实上,它却演变为了 Kwæn,如:

(888) 環 huán<hwæn< *wren(圆环)

这个字一般都与 *-en 部字押韵(《诗经》103.2A)(声符"睘"一般被认为是 *-en 或 *-eng,详见 10.1.1.6),从 *K^{w}ren>Kwæn 的演变可能是由于在部分方言中 *-ren 和 *-ran 相混导致的。这种相混是上古汉语难以将 *-en 从 *-an 和 *-on 中分离出来的另一个原因。

其他 *-en 韵部的例字如下所示：

(889) 肩 jiān<ken< *ken（肩）
(890) 見 jiàn<kenH< *kens（看见）
(891) 間 jiān<kɛn< *kren（中间）
(892) 閑 xián<hɛn< *ɦkren（空闲）
(893) 儇 xuān<xjwien（四）< *hwjen（灵活的，聪明的）
(894) 還 xuán<zjwen< *ɦswjen（敏捷的）

10.1.1.3 *-on 韵部的构拟

在上古汉语中，韵部构拟为 *-on 形式的音节的语音变化如表 10.6 所示：

表 10.6 非唇音声母后 *-on 的演变

白一平	声母类型	中古汉语	高本汉	李方桂	蒲立本
*-on	全部	-wan	*-wân	*-(u)an	*-ʷán
*-ron	全部	-wæn	*-wan	*-r(u)an	*-ʳʷán
*-jon	钝音	-jwon	*-i̯wǎn	*-j(u)an	*-ʷàn
	锐音	-jwen	*-i̯wan	*-juan	*-ʷàn
*-rjon	钝音	-jwen（三）	*-i̯wan	*-jian	*-ʳʷàn
	锐音	-jwen	*-i̯wan	*-rjuan	*-ʳʷàn

在唇音声母的音节中，表 10.6 中的 -w- 介音丢失，或者至少通过 *w- 中和变为没有区别性的成分。

其他 *-on 韵部的例字如下所示：

(895) 鍛 duàn<twanH< *tons（锤打）
(896) 冠 guān<kwan< *kon（冠帽）
(897) 關 guān<kwæn< *kron（障碍，关门）
(898) 壎［xūn］<xjwon< *xjon（埙）
(899) 願 yuàn<ngjwonH< *ngjons（渴望，希望）

（900）苑[yuàn]<ʔjwonX<*ʔjonʔ（愤恨）
（901）選 xuǎn<sjwenX<*sjonʔ（计数）
（902）孿[luán]<ljwenX<*b-rjonʔ（美丽的，英俊的）
（903）卷 juǎn<kjwenX(三)<*krjonʔ（卷）
（904）變 biàn<pjenH(三)<*prjons（改变）
（905）轉 zhuǎn<trjwenX<*trjonʔ（转身）

10.1.1.4 *-an、*-en、*-on 的押韵表现

从上文的表格可以发现，有时可以仅根据中古的读音来推断某一个字应构拟为 *-an、*-en 还是 *-on。比如在元部中，根据我的构拟，中古四等韵中的-en 和-wen 以及重纽四等韵中的-jien 和-jwien 都只能回溯到上古的 *-en 类字，绝不可能是 *-an 或者 *-on；另一方面，中古的 Kjon 音节只能回溯到上古的 *Kjan。因此这些音节可以被称为音位对应无分歧的（phonologically unambiguous）音节。而在另一些例子中，一个给定的音节仅根据其中古语音形式可以与不止一个上古语音形式产生对应关系。比如中古 tsyen 音节可以回溯到上古的 *tjen 或者 *tjan（二者在**锐音前化**后合并为一个音位）；中古的 kjwon 音节可以回溯为 *kjon 或者 *kʷjan（二者因为**圆唇元音双元音化**合并为一个音位），像这样的音节，我们将之称为音位对应有分歧的（phonologically ambiguous）音节。而某些时候，我们虽然不能根据中古音韵地位倒推出其准确的上古拟音，但至少可以推断出它一定不属于哪一种。比如，中古的 kjwon 可以构拟为 *-an（ *kʷjan）或者 *-on（ *kjon），但一定不能被构拟为 *-en。

为了检验我们对元部字构拟的猜想，我会先检验那些一定要被构拟为 *-en 的字和不能被构拟为 *-en 的字能不能自由押韵，然后我会对 *-on 进行同样的分析。计算过程已被省略，具体方法详见第三章。

*-en 的押韵情况

根据前面给出的构拟，我们首先将从材料中确定音位对应无分歧的 *-en 和非 *-en 的字。在元部中，满足以下三个条件之一的便是对应无分歧的音节：

1. 中古的-en、-wen、-jien，一定属于上古 *-en。
2. 中古的-an、-wan、-jon、-jwon，一定属于上古 *-an 或 *-on，一定不

属于上古 *-en。

3. 中古锐音声母(除了 Ts-、Tsr- 及 y-[1])后的 -wæn 和 -jwen，一定属于上古 *-on，一定不属于上古 *-en。

除此之外其他的音节都属于音位对应有分歧。[2]

出于统计目的，我们只会检验音位对应无分歧的音节之间的押韵关系。因此如果一个四字押韵序列中有两个音位对应有分歧、两个音位对应无分歧，那么我们将其视为一个二字押韵序列；如果一个押韵序列中只有一个音位对应无分歧音节，而有一个或多个对应有分歧的音节，那么我们将舍去这个序列。同样，我们会考虑不同声调类型之间的押韵分合，因为声调类型也是会影响到押韵行为的因素(见 3.2 节)。

为了检验音位对应无分歧的 *-en 部字与非 *-en 部字之间分开押韵的显著性，我们首先要估计两部字作为韵脚字出现的相对频率。表 10.7 给出了音位对应无分歧的 *-en 部字与非 *-en 部字在《诗经》中的出现频率，并将它们按声调类型分类。[3] 针对每一种不同的声调类型，我用每类字的

---

[1] 声母为 TS- 和 TSr- 的合口字属于音位对应有分歧字，因为它也可能是 *SK^w(r)jen(带有一个使音位换位的 *S-；见 6.2.3.2 节)变来的，其中的圆唇成分来自声母辅音丛，而不来自主元音；相似地，中古的 ywen 也可能有 *wjen 的源头，因为 *wj- 在前元音前会有规律地腭化，详见 6.1.6 节。

[2] 尽管我认为 -æn 的上古来源是 *-ran，而 -en 的上古来源是 *-ren；但这些韵母不能作为确定其究竟是 *-an 还是 *-en 的可靠指标，因为二者很早就在一些方言中发生了合并(见 9.3.1 节)。

[3] 尽管某些音位对应无分歧音节所在的押韵序列中的其他字都是音位对应有分歧的，但在像这样的表格中包含了这类字在内的所有音位对应无分歧音节，不过在最后的押韵序列不参与音位对应无分歧音节序列的统计计算。例如，"悁" yuān<ʔjwien(四)(伤心的)是一个音位对应无分歧的 *-en 部字，它在《诗经》145.2A 中与两个音位对应有分歧音节的字押韵。这个字在表 10.7 中被算作一个音位对应无分歧的 *-en 部字。但《诗经》145.2A 在表 10.8 中不被算作一个含有音位对应无分歧字的押韵序列，因为这个序列只包含了一个音位对应无分歧的字。(不过这也指向这个押韵序列中的另外两个音位对应有分歧的字应被构拟为 *-en 部字。)中古汉语时期的读音基于《广韵》或《切韵》以及《经典释文》。只有声调上规则的序列被计数；比如，在对平声序列进行计数时，我没有将音位对应无分歧的 *-an 部字 "翰" hàn<hanH 和 "宪" xiàn<xjonH 算入其中，尽管它们看起来确实押平声韵。出于避免循环论证的目的我将它们排除在外，尽管基于押韵证据考虑它们是确定的平声字。排除它们不会引入任何偏差，除了支持零假设，因为它们始终押 *-an 韵；如果将它们纳入考虑只会让模型中 *-en、*-an、*-on 三者的分离程度更强。

出现频率去估计音位对应无分歧的 *-en 部字与非 *-en 部字的出现概率。前者记为 P[*-en]，后者记为 P[非 *-en]。（由于我们只考虑音位对应无分歧的字，所以 P[*-en] + P[非 *-en] = 1。）估计音位对应无分歧的 *-en 部字与非 *-en 部字概率的计算过程已经在 3.2.5 节中讨论过，为了避免妨碍下文讨论的流畅度，我将把具体过程放入圆括号和脚注中。

表 10.7 音位对应无分歧的 *-en 部字与非 *-en 部字的押韵情况

	平	上	去
*-en 部字	3	0	6
非 *-en 部字	73	35	45
所有的两部字	76	35	51
P[*-en]	0.0395	0	0.118
P[非 *-en]	0.9605	1.000	0.882

（根据 3.2.5.1 节中二项分布的方法，平声韵 P[*-en]的 0.94 置信区间是 0.013 到 0.092；去声韵的 0.95 置信区间是 0.039 到 0.196。）

现在我们将列出不同长度的包含音位对应无分歧音节的序列，并检验 *-en 部字与非 *-en 部字之间的分离是否显著。这些序列将按声调类型和序列长度排列，见表 10.8：[1]

表 10.8 音位对应无分歧的 *-en 部字与非 *-en 部字的押韵序列

声调	序列长度	总序列	*-en	非 *-en	混押
平	2	13	1	12	0
	3	7	0	7	0
	4	1	0	1	0

---

[1] 独押的平声序列有：两字 *-en 序列 97.1A；两字非 *-en 序列 39.3A、58.2A、86.1A、184.1B－2B、197.8A、200.4A、219.1A、241.8A、250.5B、253.5A、254.7A 和 305.6A；三字非 *-en 序列 56.1A、69.1A、76.3A、147.1A、164.3A、177.5A 以及 250.2A；四字非 *-en 序列 112.1A。上声序列有：两字非 *-en 序列 42.2A、89.1A、102.3A、106.3A、151.4C、165.3A、169.3B、223.1A、253.5B。五字非 *-en 序列 254.1A。去声序列有：两字 *-en 序列 298.3A；两字非 *-en 序列 34.3A、75.1B－3B、82.1A、106.3B、215.3A、259.7A、263.5A；三字 *-en 序列 217.3B；三字非 *-en 序列 124.3A 和 250.6A；五字混押序列 58.6A。

续表

声调	序列长度	总序列	*-en	非 *-en	混押
上	2	9	0	9	0
	5	1	0	1	0
去	2	8	1	7	0
	3	3	1	2	0
	5	1	0	0	1

请注意,该样本内的所有押韵序列中,只有一例音位对应无分歧的 *-en 部字与非 *-en 部字混押的情况(即《诗经》58.6A);再者,样本中的三类序列(两字平声序列、两字去声序列、三字去声序列)中不仅是没有混押,而且还有一个是频率较低的 *-en 部字。这意味着我们可以应用 3.2.6 节中提出的更精确的方法。

第三章的方法可以用来计算样本所有部分的组合结果:音位对应无分歧的 *-en 部字与非 *-en 部字之间达到这种程度的分离的偶发概率是:

$$P = 0.000002$$

(对任意落在上述置信区间内的 P[*-en],这一数值不超过 0.000008。)由于输出数据远小于 $P = 0.05$ 的标准值,结果强烈支持为该韵部构拟前元音的假设。下面就让我们转向 *-on 部字与非 *-on 部字之间押韵区别的检验。

*-on 的押韵情况

本节我们将检验基于圆唇元音假设的猜想,即我构拟的 *-on 部字将在押韵表现上区别于 *-an 和 *-en。

在上古元部中,符合如下要求的字属于音位对应无分歧的 *-on 和非 *-on:

1. 所有锐音声母(除了 TS-、TSr-及 y-)后的中古合口韵一定是 *-on。
2. 除了唇音字(-w-介音可能因为 *w-中和化而丢失)外,所有的开口字一定是非 *-on。

3. 中古韵为-en、-jien、-wen 以及-jwien，一定属于上古 *-en，而非 *-on。

音位对应无分歧的 *-on 和非 *-on 部字的出现概率已在表 10.9 中列出。[1]

表 10.9　音位对应无分歧的 *-on 部字与非 *-on 部字的押韵情况

	平	上	去
*-on 部字	3	5	3
非 *-on 部字	77	13	47
所有的两部字	80	18	50
P[*-on]	0.0375	0.278	0.060
P[非 *-on]	0.9625	0.722	0.940

现在我们将列出《诗经》中包含音位对应无分歧的 *-on 部字与非 *-on 部字的押韵序列。这些序列将按声调类型和序列长度进行排列，见表 10.10：[2]

表 10.10　音位对应无分歧的 *-on 部字与非 *-on 部字的押韵序列

声调	序列长度	总序列	*-on	非 *-on	混押
平	2	14	1	13	0
	3	4	0	4	0
	4	2	0	2	0

〔1〕 平声韵 P[*-on]的 0.95 置信区间是 0.0125 到 0.100；上声韵 P[*-on]的 0.95 置信区间是 0.111 到 0.556；去声韵 P[*-on]0.95 置信区间是 0.020 到 0.160。

〔2〕 平声序列为：二字 *-on 序列，147.1A；二字非 *-on 序列，39.3A、76.3A、86.1A、111.1A、139.3A、145.2A、164.3A、189.1A、197.8A、200.4A、220.3A、253.5A 和 256.7A；三字非 *-on 序列，58.2A、69.1A、97.1A 和 177.5A；四字非 *-on 序列，125.1B－3B 和 241.8A；五字非 *-on 序列，112.1A；和六字的非 *-on 序列，305.6A。上声序列是：两字非 *-on 序列，165.3A 和 254.1A。去声序列为：两字 *-on 序列，250.6A；两字非 *-on 序列，34.3A、171.2A、215.3A、241.5A、254.8D、259.7A、263.5A 和 298.3A；三字非 *-on 序列，80.3A、82.1A、124.3A、217.3B；四字非 *-on 序列，58.6A。

续表

声调	序列长度	总序列	*-on	非 *-on	混押
平	5	1	0	1	0
	6	1	0	1	0
上	2	2	0	2	0
去	2	9	1	8	0
	3	4	0	4	0
	4	1	0	1	0

根据表 10.10 中的数据，可以发现没有音位对应无分歧的 *-on 部字和非 *-on 类字混押的序列。再者，在两字平声序列和两字去声序列中，出现频率较低的音位对应无分歧 *-on 部字存在单独押韵的序列，因此可以应用 3.2.6 节中的公式。将这个样本中所有部分的结果整合起来，我们得到了一个概率：

$$P = 0.000076$$

该结果说明 *-on 和非 *-on 两部字的单独押韵现象是非常显著的（对任意落在上述置信区间内的 P[*-on]，这一数值不超过 0.00012。）由于这一数值远小于 0.05 的标准值，所以我们必须拒绝音位对应无分歧的 *-on 和非 *-on 部字可以自由押韵的零假设。

这一结果进一步说明对于我构拟的音位对应无分歧的 *-an、*-en、*-on 三部字，它们都有独立的押韵表现，一般不能相互自由押韵。下面我们将转向对音位对应有分歧音节构拟问题的相关讨论。

音位对应有分歧字

研究的下一个阶段是探究是否可以根据押韵表现和谐声关系将音位对应有分歧字分配到 *-an、*-en、*-on 三种类型中。回答是肯定的，虽然会出现一些不规则情况。

有些音位对应有分歧字可以根据与它有谐声关系的音位对应无分歧字构拟上古语音形式，比如：

（906）旃 zhān<tsyen（小品词）

这个字可以被构拟为 *tjan 或者 *tjen（这两类在后来因**锐音前化**音变而合并），但它的声符是一个音位对应无分歧字：

（907）丹 dān<tan<*tan（朱砂）

再有，"旃"在《诗经》125.1B－3B 中又与 *-an 押韵，因此我们有理由将其构拟为 *tjan 而不是构拟为 *tjen。

同样地，在中古音中：

（908）踐 jiàn<dzjenX（踩，踏）

这个字可以被构拟为 *dzjanʔ 或者 *dzjenʔ，但在其谐声系列中我们找到了一个音位对应无分歧的 *-an 部字：

（909）殘 cán<dzan（伤害）

这让我们选择将"踐"也构拟为 *-an；而且在《诗经》中的 158.2A 和 165.3A 两个押韵序列中，它都是和 *-an 部字押韵。因此我们有理由将"踐"构拟为 *dzjanʔ 而不是 *dzjenʔ。

而在一些例子中，尽管在隶楷文字的字形中观察不出谐声关系，但更早的字形可以帮助我们选择合理的构拟形式，比如：

（910）然 rán<nyen（这样；燃烧）

这个字根据中古语音形式既可以被构拟为 *njan 也可以被构拟为 *njen，而现代的字形无法帮助我们辨别它究竟属于哪一类；根据《说文》（丁福保 1928—1932[1976]：4454），它的声符是"肰"rán<nyen（狗肉），依旧是一个音位对应有分歧字（丁福保 1928—1932[1976]：4454、1811）。但更早的文字中，它的声符是一个音位对应无分歧字 *-an：

(911) 難 nán<nan< *nan(困难)

(见周法高等 1974a,1324项),据此我们可将"然"构拟为 *njan(ʔ)。[1]这一构拟也符合"然"rán 的押韵表现,在《诗经》中,它与 *-an 类字押韵(《诗经》125.1B－3B,223.2A,254.1A)。

正如第九章所见,一些谐声字可能已经受音变影响(尤其是**锐音前化**和/或 ***r-色彩**的影响),使得一些中古音节成为音位对应有分歧音节;出于这种原因,对于这类字来说谐声关系不再是上古语音形式构拟的可靠依据。当元音不同的字拥有相同的声符时,我们一般会发现其中所涉及的某些字都是较晚才出现的。总而言之,谐声字出现的时期越早,就会越适合我们的构拟。

当谐声证据和押韵证据足够丰富和可靠时,我们便有信心为那些音位对应有分歧字构拟上古语音形式;另一方面,当一个字只在押韵中出现一两次,谐声关系也是模棱两可时,我们的构拟将缺少确定性。我们会遇到一些不规则的押韵,但没有像传统的韵部中那么多;其中一些明显的押韵不规则现象可以归因于《诗经》文本的后期变化。

为了展示 *-an、*-en、*-on 之间的三分对立可以扩展到音位对应有分歧音节中,我将列出各组中规则的押韵序列(完整的押韵序列将在附录 B 中展示)。随后列出关于文本和字形的问题,并讨论不规则押韵序列。

10.1.1.5 *-an、*-en、*-on 的押韵序列

下列押韵序列包含 *-an 而无 *-en 或 *-on:34.3A、39.3A、39.4A、47.3A、54.2A、55.1B－2B、56.1A、69.1A、76.3A、78.3B、80.3A、82.1A、86.1A、89.1A、95.1A、112.1A、124.3A、125.1B－3B、127.3A、137.2A、139.3A、153.1A－3A、158.2A、164.3A、165.3A、169.3B、171.2A、177.5A、184.1B－2B、189.1A、197.8A、200.4A、203.3A、209.4A、215.3A、219.1A、220.3A、223.1A、223.2A、228.1A、229.1A、231.2B、241.5A、241.6C、

---

[1] 由于"然"有时跟平声押韵,有时跟上声押韵,所以我认为它可能存在 ʔ 韵尾(置于括号中)。

241.8A、244.4A、250.2A、250.3A、250.5B、250.6C、253.5A、254.1A、254.2A、254.7A、254.8D、256.7A、256.12B、259.1B、259.7A、262.4A、263.5A、274.1B、287.1B 及 305.6A。

下列押韵序列包含 *-en 而无 *-an 或 *-on: 43.1A、97.1A、103.2A、111.1A、145.2A、217.3B 及 298.3A。

下列押韵序列包含 *-on 而无 *-an 或 *-en: 26.3B、42.2A、94.1A、102.3A、102.3B、106.3A、106.3B、128.3A、147.1A、151.4C、199.7A、201.3A、250.6A 及 261.6A。

四个押韵序列中似乎出现了 *-an、*-en 及 *-on 间的不规则押韵；它们是 58.2A、58.6A、75.1B – 3B 及 253.5B。见下文 10.1.7 讨论。

10.1.1.6 附加说明

我在此展示出对一些不规则押韵及谐声关系（至少从其现代字形来看）的字的评述，并对《诗经》文本有关押韵证据的解读进行了评述。

"官"系列

声符"官"所代表的语音形式应该是 $*K^w an$，但晚起的从此声符得声的字的语音形式可以是 $*Kon$。那么这类汉字可能是在**圆唇元音双元音化**之后产生的。

1. "管" guǎn<kwanX 表示"长笛"或"管道"时押 $*kon\text{?}$ 韵（《诗经》42.2A），但是表示"疲劳的"时押 $*k^w an\text{?}$ 韵（《诗经》254.1A，在《诗经》169.3B 中也写作"痯"）。注意 $*kon\text{?}$（长笛；管道）也写作"筦"（丁福保 1928—1932 [1976]: 1928），声符"完"暗示着 *-on（见 7.1.1.2）。也许"筦"字在这个意义上比"管"字要时代久远。[1]

2. "館" [guǎn]<kwanH（旅馆，寄宿）在《诗经》75.1B – 3B 中押 *-an 韵，但在《诗经》250.6A 中押 *-on 韵。因为《诗经》250 明显早于《诗经》75，所以我将《诗经》250 中的段落视为常规，将"館"构拟为 $*kons$。注意这个词在铜器铭文中写作为"舘"，声符为"宛"：

---

[1] 事实上，在阜阳汉简的《诗经》在《诗经》42.2 中的字是"筦" $*Kon\text{?}$，不是毛诗中的"管"（胡平生、韩自强 1988: 56, 简 S048）。

(912) 宛[wǎn]<ʔjwonX< *ʔjonʔ

"宛"一般表示 *-on。[1] 这个例子说明《诗经》75.1B‑3B 中的押韵序列属于不规则现象。

3. 还要注意的是在下面的例子中，一个带唇化舌根辅音声母（*K^w-）的字在不规则的情况下会作为舌根辅音（*K-）声母字的声符：

(913) 菅 jiān<kæn< *kran（一种草本植物）

声符"袁"和"睘"
根据《诗经》的押韵证据（详见附录 C），在下面两个词中，声符"袁"代表 *-an：

(914) 遠 yuǎn<hjwonX< *wjanʔ（遥远）
(915) 園 yuán<hjwon< *wjan（园子）

《说文》认为声符为"睘"的字包括声符为"袁"的字（丁福保 1928—1932[1976]：1423），有 *-en 和 *-eng：

(916) 環 huán<hwæn< *wren（圆环）(《诗经》103.2A)
(917) 儇 xuán<zjwen< *ɦswjen（敏捷的）(《诗经》97.1A, 111.1A)
(918) 煢 qióng<gjwieng< *g^wjeng（孤独而无助）(见于《诗经》119.2A；在 192.3 和 192.13 中写作"惸"，在 119 和 192 中写作"煢"）

目前，我无法对此现象做出解释，但我怀疑《说文》的判断是错误的。也许原始的"袁"（*-an）和"睘"（*-en）出现了混淆。声符"睘"同时代表 *-en 和 *-eng 反映了后期方言中 *-en 和 *-eng 的混淆；可能汉字"煢"（带常规的 *-eng 声符）是更古老的形式。

---

[1] "䈰"字在周法高等（1974a）中无独立词条，但"䈰"出现在辰臣卣（编号 2730）和辰臣盉（编号 1951）中，在周法高等（1974a, 0223 项）中有引用。

另一个证明声符"睘"的元音是前元音的证据来自马王堆出土的《老子》(26章):

(919) 環官 huánguān<hwæn-kwan< *wren-k^wan

而目前的版本形式是:

(920) 榮觀 róngguàn<hjwæng-kwanH< *wrjeng-k^wans(< *wrjeng-kons?)

它通常被释义为"皇宫"(见周祖谟 1984:88)。因为"榮"róng< *wrjeng 的元音确定是前元音,所以这一证据支持我们将"環"huán< *wren 的元音拟为 *e。文本的两个版本反映了韵尾 *-n 和 *-ng 的混淆,可能是受前元音 *e 的影响,也可能是声母 *k^w- 的同化作用,也可能两种影响兼有。

声符"原"和"元"

(921) 原 yuán<ngjwon< *ng^wjan(平原,高原)

此字在押韵中反复出现并确定无疑是 *-an,但是,

(922) 願 yuàn<ngjwonH< *ngjons(渴望,希望)

此字的声符虽是"原",但根据其在《诗经》中的押韵表现,都是和 *-ons 押韵(《诗经》94.1A,并在《易经》出现三次)。[1] 汉字"願"的出现可能是很晚的事情;在战国时期的中山王方鼎和其他出土器物上,这个字记为:

---

〔1〕 在《易经》卦象 11、52、58 中出现。

而从"元"声符得声的字,为 *-on 是规则现象:

(923) 元 yuán<ngjwon< * Nkjon(头,准则)

(见高明 1980:157)

声符"閒"和"閑"
可能在早期"閒"的语音形式为 * Kren(到中古通常变为 Kεn),而"閑"的语音形式为 Kran(到中古通常变为 Kæn),但这类音节很早就在某些方言中发生了合并,使得这两个声符出现了混淆。这种混淆可能不仅在语音形式上,还有在字形上。"閒"本身在押韵中表现为和 *-en:

(924) 閒~間 jiān<kεn< * kren(之间,中间)(《诗经》97.1A、111.1A)

表达形式:

(925) 閑閑 xiánxián<hεn-hεn(悠闲地)

在《诗经》111.1A 中押 *-en 韵,应该是"闲"的重复形式:

(926) 閒~閑 xián<hεn< *fikren(悠闲)

这个词很有可能和"閒"jiān< * kren(之间)有关(见高本汉 1942—1946 [1964],注 844)。汉字"閑"押 *-an 韵时的意思是"控制、训练"(* gran 或 *fikran,见《诗经》127.3A 和 177.5A),其重叠形式"閑閑"的意思为"大"(《诗经》241.8A、305.6A)。该重叠式还可能是"簡簡"的同源词:

(927) 簡簡 jiǎnjiǎn<kεnX-kεnX< * kran? -kran?(大)

"簡"还押 *-an 韵(《诗经》274.1B),尽管它的声符为 *-en 的"閒"。
我们在第九章中就已经指出汉字"萠"jiān< * kεn~kæn 过去写作:

(928) 蘭 lán<lan< *g-ran（兰花）

在《诗经》95.1 中，它押 *-an 韵，但在《诗经》145.2A 中，它被用为：

(929) 蓮 lián<len< *g-ren（莲子）

在此它的韵为 *-en（见高本汉 1942—1946[1964]：注 352）。[1] 汉字"蓮"lián<len< *g-ren 是很晚才出现的字，它的声符：

(930) 連 lián<ljen< *C-rjan（连接）

押 *-an 韵，而非押 *-en 韵，也正如从它得声的字：

(931) 漣 lián<ljen< *C-rjan（涟漪）

"連" *C-rjan 在隶楷文字中成为"蓮" *g-ren 的声符，这反映了 *C-rjan 中的 *a 在**锐音前化**音变影响下前化（或者也可能是受了 *r- 色彩音变的影响）。

声符"卷"

韵为 *-on 的汉字"卷"通常的读音和意义如下：

(932) 卷 juǎn<kjwenX< *krjon?（卷）（在《诗经》26.3B 中押 *-on 韵）

但它在以下情况中押 *-en 韵：

(933) 卷~鬈 quán<gjwen（三）< *g^{w}rjen（英俊）（《诗经》103.2A 和 145.2A）

这个字可能和"儇"字有关：

---

[1] 高本汉在书中错误地认为"蓮"为 li̯än（＝中古 ljen）而非 lien（＝中古 len）。

(934) 儇 xuān<xjwien (四) < *hwjen (灵活的,聪明的)

音节 *Krjon 和 *K^wrjen 的混淆是由于**圆唇元音双元音化和 *r-色彩影响**造成的。我推测用"卷"字代表 quán< *g^wrjen (英俊) 这个词可能晚于该音变的年代;在更早时期,这个词可能以另一种形式书写,比如带声符"睘"。

其他的单项字

1."泉"字

(935) 泉 quán<dzjwen< *Sg^wjan (源泉,泉水)

它是一个锐音声母的合口字,但它始终押 *-an 韵,雅洪托夫(1960b:106,1970:57)指出合口成分-w-反映了其声母辅音丛含有唇化舌根音成分。

2."鲜"字

(936) 鲜 xiǎn<sjenX< *sjen? (稀有,稀少)

在《诗经》43.1A 中押 *-ej 韵,这说明其可能是 *-en,由于在某些方言中韵尾的 *-n 和 *-j 早已相混(见 8.1.1 节)。

3."展"字

(937) 展 zhǎn<trjenX< *trjen? (滚动,展开)

看起来是 *-en;注意 *e/o 交替联绵词:

(938) 輾轉 zhǎnzhuǎn<trjenX-trjwenX< *trjen? -trjon? (辗转)

但根据其在《诗经》中的押韵表现(《诗经》47.3A),"展"押 *-an 韵,不过这个字实则借为:

(939) 襢 zhàn<trjenX~trjenH< *trjan(ʔ)s(裸露,未装饰的(长袍))

这个字的声符是确定的 *-an：

(940) 亶 dǎn<tanX< *tanʔ(真诚,真实)

(详见向熹 1986：625—626。)"展" *trjenʔ 对"襢" *trjan(ʔ)s 的替换可能发生在原始的 *-a 因**锐音前化**或 ***r-色彩**音变的影响前化之后。

4. "霰"字

(941) 霰 xiàn<senH< *s(k)ens(雨夹雪)

此字是确定的 *-en，因为它中古时期的韵是-en，在《诗经》的押韵表现中也是 *-en(《诗经》217.3B)。然而作为隶楷文字中的声符，"散"只能被构拟为 *-an：

(942) 散 sǎn<sanX< *sanʔ(散布)，也读作 sàn<sanH< *san(ʔ)s(分散)

这点已在第九章中指出，隶楷文字"霰"出现的时期可能晚于**锐音前化**音变发生的时期，这直接导致 *-an 和 *-en 两部字可以出现在同一个谐声系列中。《说文》保留的汉字"覸"，它的声符可以确定是 *-en 类字：

(943) 見 jiàn<kenH< *kens(看见)，也读作 xiàn<henH< *ɦkens(出现)(=现)

5. "宴"字

(944) 宴 yàn<ʔenH< *ʔens(宴会)

为 *-en，尽管它和这些 *-an 的字字形相似：

第十章 新上古汉语韵部分类

(945) 安 ān<ʔan< *ʔan(安静的)
(946) 晏 yàn<ʔænH< *ʔrans(安静的,温和的)

"晏"字在《诗经》217.3B 和 298.3A 中押 *-en 韵(此处写作同音字"燕")。它还在《诗经》58.6A 中不规则的押 *-an 韵。根据《说文》,"安"ān< *ʔan 是"晏"yàn< *ʔrans 的声符,但不是"宴"yàn< *ʔens 的声符。(但在《说文》中,"安"是"宴"的声训,详见丁福保 1928—1932[1976]: 3230。)

6. "關"字

(947) 關 guān<kwæn< *kron(关隘)

的原始声符被认为是:

(948) 丱 guàn<kwænH< *krons(古代儿童所束角辫)

此字被认为是"卵"字的古老形式:

(949) 卵 luǎn<lwanX< *C-ronʔ(蛋,卵)[1]

它们三者之间的联系为我们将"關"构拟为 *-on 提供了支持。且我们注意到"關"作为末字,存在于 *e/o 交替联绵词中,见《诗经》218:

(950) 間關 jiānguān<kɛn-kwæn< *kren-kron(拟声词,车行声)

对于此表达更多详细解释见高本汉(1942—1946[1964]: 148)。

---

[1]《说文》认为"丱"是"礦"[kuàng]<kwængX< *kʷrangʔ(矿石)的古文,但这一点被段玉裁(丁福保 1928—1932[1976]: 4177)推翻。《说文》的陈述是基于《周礼》中的一段话,其中"丱"被用作"礦"的假借——这种可能是**圆唇元音双元音化**之后发生的替代。

7. 表达形式

（951）繾綣 qiǎnquǎn<khjienX-khjwonX< * khjenʔ -khjonʔ（依附于,不离散）

这个联绵词在《诗经》253.5B 中与 *-an 押韵,但我们还是要将这个词构拟为 * khjenʔ -khjonʔ,并将此视为不规则押韵,因为"繾綣"的各项特点都表明它是一个典型的 * e/o 交替联绵词。且"綣"的声符"卷"juǎn< * krjonʔ（卷）的韵是 *-on 也支持我们对"綣"的构拟。

《诗经》102.3B

此处出现了 *-on 和 *-en 混合押韵的情况,但 *-en 韵的字（"見"）可能并未真正入韵,在现有的版本中,该章为：

婉兮孌兮	WǍN xī LUÁN xī	婉 *ʔjonʔ,孌 * b-rjonʔ
總角丱兮	zǒng jiǎo GUÀN xī	丱 * krons
未幾見兮	wèi jǐ jiàn xī	（見 * kens）
突而弁兮	tū ér BIÀN xī	弁 * brjons

How BEAUTIFUL, how HANDSOME!
The CHILDHOOD HAIR-TUFTS in two tied horns!
When you see him after a while,
all of a sudden he will be wearing the CAP OF
    MANHOOD

（翻译引自高本汉 1974：67。）"見"所处的第三行末尾,在一般情况下被认为是入韵的字,如果真是这样,那么此序列是一个 *-on 和 *-en 混押的序列。但《经典释文》中还提供了如下版本,原诗中的第三行变为：

未幾見之
wèi jǐ jiàn zhī

最末的字由"兮"变为了"之"。这一现象说明第三行并不入韵（和一般第三行入韵的诗章不一样）；这一句可能在"丱"和"弁"的元音发生音变后入韵：

（952）丱 guàn<kwænH<＊krons（古代儿童所束角辫）
（953）弁 biàn<bjenH（三）<＊brjons（冠帽）

它们在＊r-色彩音变影响下前化，然后"之"变为"兮"去匹配诗章中其他行列。

《诗经》106.3B

（954）反 fǎn<pjonX<＊pjanʔ（转向）

在一般情况下都与＊-an 押韵，唯有《诗经》106.3B 例外，在此处，它与＊-ons押韵。然而，正如在第九章中指出的，在《韩诗》中，此处不是"反"字而是"變"字：

（955）變 biàn<pjenH<＊prjons（改变）

在这种读音情况下，此序列是一个规则的押＊-on 韵的序列。"反"的替换可能发生在**圆唇元音双元音化**之后。

10.1.1.7　＊-an、＊-en、＊-on 间的不规则押韵联系
在解释完上面的诸多情况后，仍有四个押韵序列反映了＊-an、＊-en、＊-on 间混合押韵的情况，它们是《诗经》58.2A、58.6A、75.1B－3B 以及 253.5B。在《诗经》58.2A 中的表达

（956）復關 fùguān<pjuwk-kwæn<＊pjuk-kron（意义不明）

押＊-an 韵。对于这一表达，有多种不同关于其意义的解释。有人认为这是一个地名，也有人认为它是一个人名。这是"關"在《诗经》中仅有的参与押韵的例子，根据此押韵实例，我们只能将"關"拟作＊kʷran 而非＊kron；但其他证据都指向"關"应该拟作＊kron（至少在此处的"關"是其常见意义的情况下可以这样构拟）。正如我们前面所见的那样，段玉裁认为"關"的声符是"卵"luǎn<lwanX<＊C-ronʔ。

《诗经》58.6A 混押了 *-an、*-en、*-on。《诗经》75.1B–3B 以及 253.5B 混押了 *-an、*-on。《诗经》58(《卫风·氓》)中出现了两个不规则的序列,这是一个奇怪的现象。这首诗从文学的角度来说是不同寻常的,因为它的个人叙述很长,因此其出现的时期可能是相当晚的。不管怎么说,《诗经》75 和 58 大概在东周时期出现(高亨 1980:7—8;屈万里 1983a:133)。不过《诗经》253 不是这样的,它大概诞生于西周时代。

在整本《诗经》中共有大约四例 *-an、*-on 混押的例子,而仅有一例(《诗经》58.6A) *-an、*-en、*-on 三者混押的押韵序列。

10.1.2 传统的月部和祭部

上古月部包含的中古韵在表 10.11 中列出;属于上古祭部的中古韵与其大致平行,在表 10.12 中给出。

表 10.11 上古月部包含的中古韵

	中古汉语	中古汉语(高本汉)	切韵韵目	注 释
一	-(w)at	-(u)ât	末 Mò(Mat)	
二	-(w)æt	-(w)at	鎋 Xiá(Hæt)	
	-(w)ɛt	-(w)ăt	黠 Xiá(Hɛt)	部分
三	-j(w)ot	-i̯(w)ɒt	月 Yuè(Ngjwot)	仅有钝音
	-j(w)(i)et	-i̯(w)ät	薛 Xuē(Sjet)	
四	-(w)et	-i(w)et	屑 Xiè(Set)	部分

表 10.12 上古祭部包含的中古韵

	中古汉语	中古汉语(高本汉)	切韵韵目	注 释
一	-(w)ajH	-(w)âi	泰 Tài(ThajH)	不含平上声
二	-(w)æjH	-(w)ai-	夬 Guài(KwæjH)	不含平上声
	-(w)ɛjH	-(w)ăi-	怪 Guài(KwɛjH)	部分,与皆(Kɛj)韵相配的去声韵

续表

	中古汉语	中古汉语(高本汉)	切韵韵目	注　　释
三	-j(w)ojH	-i̯(w)ɒi-	废 Fèi(PjojH)	不含平上声；仅有钝音
	-j(w)(i)ejH	-i̯(w)äi-	祭 Jì(TsjejH)	不含平上声
四	-(w)ejH	-i(w)ei-	霁 Jì(TsejH)	部分，与齐(Dzej)韵相配的去声韵

在第四章的分析中已经提到入声字和非入声字在上古应属于不同的类，所以考虑将入声的月部和只包含去声字的祭部区分开来。月部包含入声字，例如：

（957）脱 tuō<thwat< *hlot（脱下，放开）

然而字形一样但读作去声的语音形式（二者大概同源）被分到祭部：

（958）脱 tuì<thwajH< *hlots（简易的，从容的）

在我的构拟中，二者除了后缀 *-s 之外并无不同。二者在音韵上的关系应该类似于"思"的平声去声两种读音之间的关系：

（959）思 sī～sì<si(H)< *sjɨ(s)（思考，思想）（可能在最初的形式中，动词读 *sjɨ，名词读 *sjɨs）

"思"的两种形式在传统韵部中都被归为之部。由于我构拟的韵部中含有不同的后缀，因此我会将含有 *-at 和 *-ats 的韵部统称为 *-at(s)；同样地，还有 *-et(s) 和 *-ot(s)。在我的新系统中，*-at(s)、*-et(s) 和 *-ot(s) 取代了传统韵部中的月部和祭部。然而 *-t 和 *-ts 在押韵中一般会明显区分开来，所以我在进行统计分析时会将入声韵和去声韵分开计算，正如在非入声韵部，如元部，我将对平声的 *-an，上声的 *-anʔ

以及去声的 *-ans 分开统计。

由于月部和祭部在锐音声母后均存在开口与合口的对立（如 Tat ≠ Twat, TajH ≠ TwajH），在考虑中古一等字和四等字之间的对立时（如-at ≠ -et, -ajH ≠ -ejH），我们必须设置三分对立，如在元部：*-at ≠ *-et ≠ *-ot 以及 *-ats ≠ *-ets ≠ *-ots。具体的构拟将在下文呈现。

10.1.2.1　*-at(s)韵部的构拟

*-at(入声)

含有 *-at 的非唇化声母音节的语音演变在表 10.13 中给出；含有唇化声母的音节的语音演变与之基本平行，在表 10.14 中给出：[1]

表 10.13　含有 *-at 的非唇化声母音节的语音演变

白一平	声母类型	中古汉语	高本汉	李方桂	蒲立本
*-at	全部	-at	*-ât	*-at	*-át
*-rat	全部	-æt	*-wat	*-rat	*-ʳát
*-jat	钝音	-jot	*-i̯ăt	*-jat	*-àt
*-jat	锐音	-jet	*-i̯at	*-jat	*-àt
*-rjat	钝音	-jet(三)	*-i̯at	*-jiat	*-ʳàt
*-rjat	锐音	-jet	*-i̯at	*-rjat	*-ʳàt

表 10.14　含有 *-at 的唇化声母音节的语音演变

白一平	中古汉语	高本汉	李方桂	蒲立本
*Kʷat	Kwat	*Kwât	*Kwat	*Kʷát
*Kʷrat	Kwæt	*Kwat	*Kwrat	*Kʷrát
*Kʷjat	Kjwot	*Ki̯wăt	*Kwjat	*Kʷàt
*Kʷrjat	Kjwet(三)	*Ki̯wat	*Kwjiat	*Kʷràt

---

[1] 总的来说，李方桂将单个韵母 *-jiat 构拟为重纽韵-jet(三)和-jiet(四)的起源。对我来说，尚不清楚蒲立本是否会在锐音声母之后构拟与我的构拟平行的 *-jat ≠ *-jet 的区别，或在钝音声母之后构拟 *-rjat ≠ *-rjet 的区别。

在声母为 *TSr-的音节中，由于 *TSrj-> *TSr-的音变而导致 *TSrjat> *TSrjet> *TSrɛt，比如：

（960）殺 shā<srɛt（< *srjet）< *srjat（杀），也读作 shài<srɛjH（< *srjets）< *srjats（消灭，减少）

*-ats（去声）

*-ats 的情况与上文的 *-at 的情况大致平行。含有 *-ats 的非唇化声母音节的语音演变在表 10.15 中给出。（我们根据 *TSrj-> *TSr-假设发生了 *TSrjats> *TSrjejH> *TSrɛjH 的音变。）含有唇化声母音节的语音演变与之基本平行，在 10.16 中给出：

表 10.15　含有 *-ats 的非唇化声母音节的语音演变

白一平	声母类型	中古汉语	高本汉	李方桂	蒲立本
*-ats	全部	-ajH	*-âd	*-adh	*-áts
*-rats	全部	-æjH	*-ad	*-radh	*-ʹáts
*-jats	钝音	-jojH	*-iăd	*-jadh	*-àts
	锐音	-jejH	*-i̯ad	*-jadh	*-àts
*-rjats	钝音	-jejH(三)	*-i̯ad	*-jiadh	*-ʹàts
	锐音	-jejH	*-i̯ad	*-rjadh	*-ʹàts

表 10.16　含有 *-ats 的唇化声母音节的语音演变

白一平	中古汉语	高本汉	李方桂	蒲立本
*K^{w}ats	KwajH	*Kwâd	*Kwadh	*K^{w}áts
*K^{w}rats	KwæjH	*Kwad	*Kwradh	*K^{w}ráts
*K^{w}jats	KjwojH	*Ki̯wăd	*Kwjadh	*K^{w}àts
*K^{w}rjats	KjwejH(三)	*Ki̯wad	*Kwjiadh	*K^{w}ràts

其他 *-at(s) 韵部的例字如下所示：

（961）怛 dá<tat<*tat（悲伤）
（962）渴 kě<khat<*khat（渴）
（963）活 huó<hwat<*g^wat（生活,使活着）
（964）秣 mò<mat<*mat（喂马）
（965）舝 xiá<hæt<*grat（贯穿车轴的键）
（966）發 fā<pjot<*pjat（出发）
（967）竭 jié<gjot<*gjat（或 *ɦkhjat?）（使干涸）
（968）傑 jié<gjet（三）<*grjat（杰出的）
（969）烈 liè<ljet<*C-rjat（使燃烧）
（970）月 yuè<ngjwot<*ng^wjat（或 *Nwjat?）（月亮,月份）
（971）越 yuè<hjwot<*wjat（越过,违背）
（972）艾 ài<ngajH<*ngats（白发的,年长的）
（973）害 hài<hajH<*ɦkat(s)（（受到）伤害）
（974）大 dà~dài<dajH<*lats（大）
（975）外 wài<ngwajH<*ng^wats（外面）
（976）敗 bài<bæjH<*ɦprats（被打败）
（977）蠆 chài<trhæjH<*hrjats（蝎子）
（978）邁 mài<mæjH<*mrats（走,向前进）
（979）逝 shì<dzyejH<*djats（过去,往）
（980）世 shì<syejH<*hljats<*hljaps（世代,年龄）
（981）歲 suì<sjwejH<*swjat(s)（年,木星）
（982）衛 wèi<hjwejH（三）<*wrjats（防御,保护）
（983）晢[zhé]<tsyejH<*tjats（闪耀的）

10.1.2.2 *-et(s)韵部的构拟

**-et(入声)*

含有 *-et 的非唇化声母音节的语音演变在表 10.17 中给出（我们根据 * **TSrj**-> * **TSr**-假设发生了 * TSrjet > * TSrεt 的音变,正如对 * TSrjat 的处理）;含有唇化声母的音节的语音演变与之基本平行,在 10.18 中给出。请注意,我假设发生了 * K^wret>Kwæt 的音变,而不是变为了 Kwεt;这与上文所提到的 * K^wren>Kwæn 演变和下文将提到的 * K^wrets>KwæjH 平行。

表 10.17　含有 *-et 的非唇化声母音节的语音演变

白一平	声母类型	中古汉语	高本汉	李方桂	蒲立本
*-et	全部	-et	*-iat	*-iat	*-ʲát
*-ret	全部	-ɛt	*-ăt	*-riat	*-ᵑát
*-jet	钝音	-jiet(四)	*-i̯at	*-jiat	*-ʲàt
*-jet	锐音	-jet	*-i̯at	*-jat	*-(ʲ)àt
*-rjet	钝音	-jet(三)	*-i̯at	*-jiat	*-ʳ(ʲ)àt
*-rjet	锐音	-jet	*-i̯at	*-rjat	*-ʳ(ʲ)àt

表 10.18　含有 *-et 的唇化声母音节的语音演变

白一平	中古汉语	高本汉	李方桂	蒲立本
*Kʷet	Kwet	*Kiwat	*Kwiat	*Kʷját
*Kʷret	Kwæt	*Kwat	*Kwrat	*Kʷrát
*Kʷjet	Kjwiet(四)	*Ki̯wat	*Kwjiat	*Kʷjàt
*Kʷrjet	Kjwet(三)	*Ki̯wat	*Kwjiat	*Kʷr(j)àt

*-ets(去声)

含有 *-ets 的音节与 *-et 平行。非唇化声母音节的语音演变在表 10.19 中给出。(我同样根据 *TSrj-> *TSr-假设发生了 *TSrjets > *TSrɛjH 的音变。) 含有唇化声母的音节的语音演变与之基本平行,在表 10.20 中给出。

表 10.19　含有 *-ets 的非唇化声母音节的语音演变

白一平	声母类型	中古汉语	高本汉	李方桂	蒲立本
*-ets	全部	-ejH	*-iad	*-iadh	*-ʲáts
*-rets	全部	-ɛjH	*-ăd	*-riadh	*-ᵑáts
*-jets	钝音	-jiejH(四)	*-i̯ad	*-jiadh	*-ʲàts
*-jets	锐音	-jejH	*-i̯ad	*-jadh	*-(ʲ)àts

续表

白一平	声母类型	中古汉语	高本汉	李方桂	蒲立本
*-rjets	钝音	-jejH(三)	*-i̯ad	*-jiadh	*-ʳ(ʲ)àts
	锐音	-jejH	*-i̯ad	*-rjadh	*-ʳ(ʲ)àts

表10.20　含有 *-ets 的唇化声母音节的语音演变

白一平	中古汉语	高本汉	李方桂	蒲立本
*Kʷets	KwejH	*Ki̯wad	*Kwiadh	*Kʷjáts
*Kʷrets	KwæjH	*Kwad	*Kwradh	*Kʷráts
*Kʷjets	KjwiejH(四)	*Ki̯wad	*Kwjiadh	*Kʷjàts
*Kʷrjets	KjwejH(三)	*Ki̯wad	*Kwjiadh	*Kʷr(j)àts

正如上古的 *Kʷren 变成了中古的 Kwæn 以及 *Kʷret 变成 Kwæt，而不是变为预期的 Kwɛn 和 Kwɛt，上古的 *Kʷrets 也变为了中古 KʷwæjH 而非 KwɛjH，比如：

(984) 快 kuài<khwæjH<*kʷhrets(快乐的)

它的声符：

(985) 夬 jué<kwet<*kʷet(钩弦用的扳指)

其他 *-et(s) 韵部的例字如下所示：

(986) 嚖 huì<xwejH<*hwets(小的，微弱的)
(987) 瘵 zhài<tsrɛjH<*tsr(j)ets(受苦，伤害)
(988) 灭 miè<mjiet(四)<*mjet(熄灭，毁坏)
(989) 威 xuè<xjwiet(四)<*hmjet(熄灭，毁坏)
(990) 热 rè<nyet<*ngjet(热)
(991) 彻 chè<trhjet<*thrjet(理解，穿透)(也读作 drjet<*fithrjet)

10.1.2.3　*-ot(s) 韵部的构拟

*-ot(入声)

含有 *-ot 的非唇音声母音节的语音演变在表 10.21 中给出:

表 10.21　含有 *-ot 的非唇音声母音节的语音演变

白一平	声母类型	中古汉语	高本汉	李方桂	蒲立本
*-ot	全部	-wat	*-wât	*-(u)at	*-^{w}át
*-rot	全部	-wɛt	*-wat	*-r(u)at	*-^{rw}át
*-jot	钝音	-jwot	*-i̯wăt	*-j(u)at	*-^{w}àt
*-jot	锐音	-jwet	*-i̯wat	*-juat	*-àt
*-rjot	钝音	-jwet(三)	*-i̯wat	*-jiat	*-^{rw}àt
*-rjot	锐音	-jwet	*-i̯wat	*-rjuat	*-^{rw}àt

*P-类唇音声母的情况与之平行,除了含有 -w- 介音的音节发生了介音丢失或 *w- 中和化使唇音字在中古时期不再区分开合口。

存在 *-rot 变为 -wɛt 的情况(唇音后为 -ɛt),如:

(992) 拔 bá<bɛt<*brot(拔)

汉字"拔"在《诗经》237.8C 和 241.3A 中均有出现,均押 *-ots 韵。[1] 要注意 *-rot>-wɛt 的音变和收 *-n 尾的韵不平行,比如 *-ron 一般到中古会变为 -(w)æn,而非 -(w)ɛn,如:

(993) 蠻 mán<mæn<*mron(南蛮)

*-ots(去声)

含有 *-ots 的非唇音声母的音节的语音演变在表 10.22 中给出,它

---

[1]《经典释文》认为这里应该读 bèi<bajH,对应上古的 *bots。但即便如此,高本汉认为语义为"使稀疏"的"拔"bèi<bajH<*bots 可能与"拔 *brot"有同源关系。

的情况与 *-ot 的演变平行：

表 10.22 含有 *-ots 的非唇音声母音节的语音演变

白一平	声母类型	中古汉语	高本汉	李方桂	蒲立本
*-ots	全部	-wajH	*-wâd	*-(u)adh	*-ʷáts
*-rots	全部	-wɛjH	*-wad	*-r(u)adh	*-ʳʷáts
*-jots	钝音	-jwojH	*-i̯wăd	*-j(u)adh	*-ʷàts
	锐音	-jwejH	*-i̯wad	*-juadh	*-ʷàts
*-rjots	钝音	-jwejH(三)	*-i̯wad	*-jiadh	*-ʳʷàts
	锐音	-jwejH	*-i̯wad	*-rjuadh	*-ʳʷàts

*P-类唇音声母的情况与之平行，除了含有-w-介音的音节发生了介音丢失或 *w-中和化使唇音字在中古不区分开合口。同样，* rots 在中古对应的是-wɛjH（在唇音声母后为-ɛjH），而不是-wæjH。比如在《诗经》16.3A 中的"拜"押 *-ots 韵（虽然这个字可能假借为源出"拔" * brots 的某个字）：

(994) 拜 bài<pɛjH< * prots（下拜）

其他 *-ot(s) 韵部的例字如下所示：

(995) 捋 luō<lwat< * C-rot（聚拢，摘）
(996) 掇 duō<twat< * tot（捡拾，聚拢）
(997) 髪 fà<pjot< * pjot（头发）
(998) 蕨 jué<kjwot< * kjot（蕨）
(999) 说 shuō<sywet< * hljot（解释，借口）
(1000) 说 yuè<ywet< * ljot（喜悦，高兴）
(1001) 雪 xuě<sjwet< * sjot（雪）
(1002) 惙[chuò]<trjwet< * trjot（悲伤）
(1003) 兑 duì<dwajH< * lots（疏通，清理）
(1004) 吠 fèi<bjojH< * bjots（犬吠）

(1005）喙 *huì*<*xjwojH*<＊*xjots*（喘息）

(1006）帨 *shuì*<*sywejH*<＊*hljots*（围巾）

10.1.2.4　*-at(s)、*-et(s)、*-ot(s) 的押韵情况

对于那些可以明确被构拟出的字，它们的押韵情况显示 *-at(s)、*-et(s)、*-ot(s) 三者间存在对立。同时还存在 *-et(s)、*-it(s) 间的押韵倾向及 *-ot(s)、*-ut(s) 间的押韵倾向；而这种倾向性也为 *-at(s)、*-et(s)、*-ot(s) 三者的分立提供了证据。然而那些音位对应有分歧音节并不能被准确构拟。因为这类字样本容量太小，并且这些字在不同的本子里多有异文，对这些字的解释也令人怀疑。此问题会在下文进行讨论。

*-et(s) 的押韵情况

我们将传统月部的音节根据下面的条件分为 *-et 类和非 *-et 类：

1. 中古的 -et、-wet、-jiet 以及 -jwiet 一定属于上古 *-et。
2. 中古的 -at、wat、jot、jwot，一定属于上古 *-at 或 *-ot，一定不属于上古 *-et。
3. 大部分中古锐音声母后的 -wɛt 和 -jwet 一定属于上古 *-ot 而不属于 *-et；但类似于 TSjwet 和 TSrwɛt 之类的音节中的 -w- 介音可能来自于 *S- 和唇化声母 K^w- 的换位 (metathesizing) 产生的辅音丛，属于音位对应有分歧的音节。

带 *-s 韵尾的音节中 *-ets 类与非 *-ets 类与其大致平行：

1. 中古的 -ejH、-wejH、-jiejH 以及 -jwiejH 一定属于上古 *-ets。
2. 中古的 -ajH、wajH、jojH、jwojH 一定属于上古 *-ats 或 *-ots，一定不属于上古的 *-ets。
3. 大部分中古锐音声母后的 -wɛjH 和 -jwejH 一定属于上古 *-ots 而不属于 *-ets；但声母为 *TS(r)- 的音节属于音位对应有分歧的音节。

在 8.2.2.1 节中已经提到自从上古音中 *-ps 混入 *-ts 中之后，仅根据中古材料无法将 *-ps 类从 *-ts 类中分出，且在《诗经》中至少某些情况下 *-ps 类可以与 *-ts 类押韵。这意味着只能依据 *-ps 和 *-p 的谐声关系和语源上的联系来区分 *-ps 和 *-ts。不过对于我们的研究而言，*-ps 混入 *-ts 中后并不影响整体的计算；只能说明我们分析的现象所处的时间

晚于第一章定义的上古音的时间。如果对这一阶段押韵情况的分析证实了前元音和圆唇元音的假设,那么这些假设对 *-ps > *-ts 音变前的阶段可能同样有效。我将在10.3节中重点讨论 *-ps 和 *-ts 之间的区别关系。

在此首先讨论 *-et 部与非 *-et 部的字的押韵情况;接着再讨论 *-ets 部字,这部字往往会有特殊问题。共有 5 个音位对应无分歧的 *-et 类字和 66 个音位对应无分歧的非 *-et 部字在《诗经》中作为韵脚出现,共计 71 个。我们在此进行如下计算:

$$P[\,*\text{-}et\,] = 5/71 = 0.070$$
$$P[\,\text{非}\,*\text{-}et\,] = 66/71 = 0.930$$

(根据二项分布的方法,$P[\,*\text{-}et\,]$ 的 0.95 置信区间是 0.014~0.127。)包含音位对应无分歧的 *-et 部与非 *-et 部字的押韵序列在表 10.23 中列出。[1]

表 10.23　包含音位对应无分歧的 *-et 部与非 *-et 部字的押韵序列

序列长度	总序列	*-et	非 *-et	混押
2	16	1	15	0
3	4	0	4	0
5	1	0	0	1
6	1	0	0	1

注意表 10.23 里所列出的两字序列中,都是不混押的序列,其中还有一个来自不常见的 *-et 部,所以 3.2.6 中的特殊计算方法可以在此应用。有四个不混押的三字序列,全都符合前元音假设,由于它来自常见的非 *-et 部,所以在计算中只占很小的比重。最后有一个五字混押序列和一个六字混押序列,它们均来自《诗经》304(304.2A 和 304.6A),在每个序列中 *-et 只出现了一次,且均为同一个汉字:

[1]　单个押韵序列为:两字 *-et 序列:192.8A;两字非 *-et 序列:8.2A、16.1A、31.4A、31.5A、72.1A、102.2B、149.1B、150.3A、154.1B、202.5A、218.1A、245.2A、255.8A、260.3B 和 290.1E;三字非 *-et 序列:14.2A、91.3A、99.2A 和 225.2A;五字混押序列:304.2A;六字混押序列:304.6A。

(1007) 截 *jié*<*dzet*<*dzet（限制,统治）

这个字不曾见于《诗经》其他韵脚。我目前尚无法对此现象做出解释，但要注意的是《诗经》304《商颂·长发》基本属于《诗经》中年代最晚的诗之一；屈万里（1983a：616）将成诗日期定为宋襄公时期，即公元前650—公元前637年。不管怎么说，这些押韵都意味着 P_5 和 P_6 都等于一。

应用3.2.6中提出的计算方法，通过表10.23中的入声序列可得出以下概率：

$$P = 0.0056$$

（对上述0.95置信区间内任意 P[*-*et*]，这一数值不会超过0.0069。）这是一个显著的统计学结果，低于0.05的标准值。

我将不会用统计学方法去计算音位对应无分歧的 *-*ets* 部字的押韵情况，因为我们很难去确认这类字；且它们绝大多数也可以被构拟为 *-*its*（例如，中古汉语的 -*ejH* 和 -*wejH* 可以对应上古 *-*ets* 或 *-*its*。上古的这两个韵因**高元音>中元音**而合并），不过我认为"戾"字可以确定构拟为 *-*ets*：

(1008) 戾 *lì*<*lejH*<*C-rets（邪恶的）

而其他学者一般都把"戾"归到脂部或者质部，即对应我的系统中的 *-*its* 部。原因之一是"戾"在《诗经》中既和 *-*et*(*s*) 部字押韵，也和 *-*it*(*s*) 部字押韵（比如它在《诗经》194.2A中和"滅" *miè*<*mjiet*（四）<*mjet（毁灭）押韵，而在256.1B中和"疾" *jí*<*dzit*<*dzjit（疾病）押韵）。事实上，不论是谐声关系还是押韵关系，*-*et*(*s*) 和 *-*it*(*s*) 之间的关系都非常紧密。因此在进行统计分析时，我会将传统分析中属于不同韵部或不同调类的字归为一组（比如将 *-*et*(*s*) 和 *-*it*(*s*) 合为一组计算，以及去声 *-*ets* 与入声 *-*et* 合为一组）。

然而，不规则的模式本身就是有用的证据。最能说明问题的便是传统月部和祭部中的和 *-*it*(*s*) 部字押韵的字就是我所构拟的 *-*et*(*s*)

类字,而非 *-ot(s) 部或 *-at(s) 部字。说明 *-it(s) 和 *-et(s) 在早期的方言或谐声中已然相混,也为 *-et(s) 有别于 *-ot(s) 部和 *-at(s) 部提供了间接证据(与之平行的是 *-ot(s) 与 *-ut(s) 相混,将在下文详细说明)。与 *-it(s) 部字是否存在不规则押韵行为是判断是否为 *-et(s) 部字的证据之一。

综上所述,根据统计结果,音位对应无分歧的 *-et 部与非 *-et 部字之间的区别显著。而音位对应无分歧的 *-ets 部与非 *-ets 部字的数据太少,无法进行统计检验;但有其他证据表明二者间也存在区别。

*-ot(s) 的押韵情况

我们根据下面的条件可将音节分为 *-ot 部和非 *-ot 部:

1. 传统月部中锐音声母后的合口韵一定是 *-ot,除了在 TS-、TSr- 后,因为其后的圆唇成分可能来自 *$SK^w(r)$-。
2. 除了唇音字外(因为其中的 -w- 介音可能因 *w- 中和化而脱落),所有的开口字一定是非 *-ot。
3. 中古韵为 -et、-wet、-jiet 或 -jwiet,一定属于上古 *-et,因而是非 *-ot。

带 *-s 韵尾的音节中 *-ots 类与非 *-ots 类与其部分平行:

1. 传统祭部中锐音声母后的合口韵一定是 *-ots,除了在 TS-、TSr- 后。
2. 除了唇音字外,所有的开口字一定是非 *-ots。

严格说来,祭部后来变为 -ejH、-wejH、-jiejH 和 -jwiejH 的中古韵母都属于确定的 *-ets 部,所以是非 *-ots 部。但是在《诗经》韵脚中并没有中古韵母为 -jiejH 和 -jwiejH 的字,也不能确定中古韵母为 -ejH、-wejH 类的字究竟是否可以归于祭部;它们之中的一些可能属于 *-its 部而非 *-ets 部。不管怎么样,没有 -(w)ejH 类的字和音位对应无分歧的 *-ots 类字押韵,因此在我们的统计计算中如若将这类字从 *-ots 类中排除并不会对最终结果产生影响。

音位对应无分歧的 *-ot(s) 部与非 *-ot(s) 部字在《诗经》押韵中的相遇关系在表 10.24 中列出:

表 10.24　音位对应无分歧的 *-ot(s) 部与非 *-ot(s) 部字的押韵情况

	入(*-ot)	去(*-ots)
*-ot(s) 部字	9	9
非 *-ot(s) 部字	48	45
所有的两部字	57	54
P[*-ot(s)]	0.158	0.167
P[非 *-ot(s)]	0.842	0.833

(入声 P[*-ot]的 0.95 置信区间是 0.070—0.246;去声 P[*-ots]的 0.95 置信区间是 0.074—0.259。)

根据序列长度和声调类型排列的包含音位对应无分歧的 *-ot(s) 部与非 *-ot(s) 部字的押韵序列在表 10.25 中列出:[1]

表 10.25　包含音位对应无分歧的 *-ot(s) 部与非 *-ot(s) 部字的押韵序列

声调	序列长度	总序列	*-ot(s)	非 *-ot(s)	混押
入(*-ot)	2	12	3	9	0
	3	2	0	2	0
	6	1	0	1	0
去(*-ots)	2	11	2	9	0
	3	1	0	1	0
	4	1	0	1	0

我们可以从表格中观察到没有任何一个序列出现 *-ot(s) 部与非 *-ot(s) 部字相混押的情况;再者,在二字押韵序列中,无论是入声序列

---

[1]　入声单独押韵序列有:二字 *-ot 序列:8.2A、14.2A、225.2A;二字非 *-ot 序列:62.1A、66.2A、102.2B、149.1A、154.1B、167.2C、192.8A、203.7B 和 218.1A;三字非 *-ot 序列:57.4A、304.2A;六字非 *-ot 序列:304.6A。去声单独押韵序列为:二字 *-ots 序列:23.3A 和 237.8C,二字非 *-ots 序列:34.1B、44.2A、63.2A、111.2A、182.2A、224.2B、225.4A、255.8A 和 264.1B;三字非 *-ots 序列:300.5C;四字非 *-ots 序列:253.4A。

还是去声序列都包含不常见的 *-ot(s) 的不混押序列。如果我们采取 3.2.6 中的计算方法,将整个表 10.25 样本中的结果整合起来,结果如下[1]:

$$P = 0.000104$$

(在各自置信区间内的任意 P[*-ot] 和 P[*-ots],这一数值不会超过 0.00034。)再一次,这个计算结果也是显著的,P 值小于 0.05。因此音位对应无分歧的 *-ot(s) 部与非 *-ot(s) 部字之间的分离被清楚证明,支持上古圆唇元音假设。

10.1.2.5 含有 *-at(s)、*-et(s)、*-ot(s) 部字的押韵序列

下列《诗经》押韵序列包含了 *-at 或 *-ats:16.1A、16.2A、31.5A(带 *-ot(s)?)、34.1B、39.3B、44.2A、57.4A、62.1A、63.2A、66.2A、72.1A、72.3A、91.3A、99.2A、102.2B、111.2A、114.2B、137.3A、140.2A(带 *-ot(s)?)、149.1A、154.1B、167.2C、182.2A、192.8A(带 *-et(s)?)、195.5B、202.5A、203.7B、204.3A、216.3A、218.1A、224.2B(带 *-et(s)?)、225.4A、229.5A、245.2A、245.7C、252.7A、252.8A、253.4A、254.2B、255.8A、256.6A、260.3B、264.1B(带 *-et(s)?)、265.6A、287.1B(带 *-an)、290.1E、299.1B(带 *-ot(s)?)、300.5C、304.2A(带 *-et(s))及 304.6A(带 *-et(s),*-ot(s)?)。

在这些序列中 304.2A 和 304.6A 已经在上文提及过,是 *-at(s)、*-et(s) 混押的序列,*-ets 的字是"截"jié<dzet。《诗经》299.1B 可能是真正的 *-at(s)、*-ot(s) 混押的例子。其他的不规则情况可能与晚期的文字分化有关,会在下文详细讨论。

下列《诗经》押韵序列包含了 *-et 或 *-ets:192.8A(带 *-it(s),*-at(s)?),193.8C(带 *-it(s)),194.2A,197.4A(带 *-it(s)),220.1C

---

[1] 事实上,3.2.6 节中的方法适用于不存在混押序列且有一个来自低频字的不混押序列。我们在这个样本中发现如果对三个未混押序列(入声)或两个未混押序列(去声)进行计算得出的概率会更精确。但其中的计算过程相当复杂,对于这两种情况,出于我们的研究目的,计算不存在未混押序列的情况或者存在至少一个未混押 *-ot(s) 的事件概率就足够了。

(带 *-it(s)),222.2B(带 *-it(s)),224.2B(带 *-at(s)?),241.2B(带 *-ejs?),257.5A(带 *-it(s)),264.1B(带 *-it(s),*-at(s)?),304.2A(带 *-at),304.6A(带 *-at)。

正如前文所提及的那般,可能 304.2A 和 304.6A 是真正的 *-at(s)、*-et(s)混押的序列。其他 *-at(s)、*-et(s)共现的例外情况会在下文详细讨论。*-et(s)和 *-it(s)之间的混押与前元音假设不矛盾,反而支持了前元音假设。

下列《诗经》押韵序列包含了 *-ot 或 *-ots:8.2A、14.2A、16.3A、23.3A、31.4A、31.5A(带 *-at(s)?)、58.3D、140.2A(带 *-at(s)?)、150.3A、151.1A(带 *-ut(s))、151.4A(带 *-ut(s))、168.2B(带 *-ut(s))、225.2A、237.8C、241.3A、245.4C(带 *-ut(s))、264.2B、299.1B(带 *-at(s)?)和 304.6A(带 *-et(s),*-at(s)?)。

要注意的是 *-ot(s)和 *-ut(s)间的混押倾向与 *-et(s)和 *-it(s)之间的混押倾向相平行。其他的不规则现象则会在下文进行讨论。

10.1.2.6　附加说明
声符"列"

(1009) 烈 liè<ljet< * C-rjat(杰出的,卓越的)

它是一个音位对应有分歧的字,中古的 ljet 可能来自上古的 * C-rjat 或 * C-rjet。但是"烈"在《诗经》中明确只与 *-at 的字押韵(见附录 C),而且在铜器铭文中,它的声符写作:

(1010) 剌 là<lat< * C-rat

"剌"最原始的本义已无从知晓(见周法高等 1974a:803)。
但另一方面:

(1011) 栵 lì<ljejH< * C-rjets?（一种树）

其声符为"列",看起来在241.2B中为前元音,它和"翳"押韵:

(1012) 翳 yì <ʔejH< *ʔe/ijs(覆盖)

此字可能借为:

(1013) 殪 yì <ʔejH< *ʔits(枯死的树)

这是《韩诗》中的形式(高本汉1942—1946[1964],注释822)。"翳"和"殪"都必须被构拟为前元音,因为它们的中古语音形式是ʔejH,具体解释较为模糊。

"厉"和"戾"

这些字在解释上较为困难,且经常会彼此混淆。但 *-at(s) 和 *-et(s) 之间的区别可以帮我们理清二者的意义。

汉字"厉" lì<ljejH 在一些情况中和 *-ats 押韵而在另一些情况中和 *-ets 押韵。与 *-ats 部字押韵时,采用的是基本字义:

(1014) 厉 lì<ljejH< * C-rjats(拖拽某物使其擦伤或受潮)(许思莱1987: 374 - 375)

(见《诗经》34.1B,63.2A,225.4A。)然而在《诗经》264.1B 中,它与 *-et(s) 和 *-it(s) 部字押韵:

惠 huì<hwejH< * wets(善良)
厉 lì<ljejH<? (邪恶)
瘵 zhài<tsrɛjH< * tsr(j)ets(受苦)
疾 jí<dzit< * dzjit(受伤)
届 jiè<kɛjH< * krets(限制,调整)

在此处,"厉"的意义是"残忍,邪恶",出现于:

降此大厉
jiàng cǐ dà Lì
"(Heaven) sends down this great EVIL"

对于此种字义,其可能假借为 *-ets* 的字:

(1015) 戾 *lì*<*lejH*< * *C-rets*(邪恶的)

事实上,在《诗部》191.5 中,同样一行内容出现在了类似的段落中,且同样与 *-et(s)* 和 *-it(s)* 部字押韵,只不过韵脚是"戾"而非"厉":

降此大戾
jiàng cǐ dà Lì

最后,"厉"在《诗经》253.4A 中和 *-ats* 押韵,具体内容如下:

以谨丑厉
yǐ jǐn chǒu Lì
"and so make the evil and WICKED ONES careful"

从其他诗章中平行的内容可明确得知"丑厉"是指某种程度上邪恶的人,但具体的意义还有待讨论。然而根据我们的构拟,"厉"不能被认为假借为"戾" *lì* * *C-rets*(邪恶的),因为在这里"厉"押 *-ats* 韵并非 *-ets* 韵。我认为"厉"所代表的是:

(1016) 虿 *chài*<*trhæjH*< * *C-hrjats*(蝎子)

这个字规则的和 *-ats* 押韵(如《诗经》225.4A)。短语"丑厉"在此的意义可能是"邪恶的蝎子"或者"很多蝎子"。

声符"祭"

大体上,声符"祭"代表 *-ets*,我将从"祭"得声的"瘵"构拟为 *-ets*:

（1017）瘵 zhài<tsrɛjH< * tsr(j)ets（受苦，伤害）

此字在 264.1B（见前文）中和 *-ets 押韵，但同样的字在 224.2B 中和 *-ats 押韵，具体诗歌内容如下：

上帝甚蹈 shàng dì shèn dào
無自瘵焉 wú zì ZHÀI yān

高本汉（1974：178）翻译如下：

God on high is very changeable,
do not HURT yourself on him

这里依据的是《毛诗》的解释，把"瘵"解释为"生病"。然而如果我们用"祭"字来代表 *-ets 类字，我们需认为这里是 *-ets 与 *-ats 混合押韵的情况，这个诗段的韵脚如下所示：

愒 qì<khjejH< * khrjats
瘵 zhài<tsrɛjH<?
邁 mài<mæjH< * mrats

从音位的角度看，郑玄的解释更为合理。他将"瘵"视为与"接"同义：

（1018）接 jiē<tsjep< * tsjap（连接，接触）

正如段玉裁所指出的（丁福保 1928—1932 [1976]：6516），这说明郑玄在此认为"瘵"假借为"際"：

（1019）際 jì<tsjejH< * tsjats< * tsjaps（结合，连接）

尽管这个字后来的字形声符为"祭",但"際"一定是"接"*jiē* < *tsjap(连接)加后缀 **-s* 而来。在《诗经》时代"際" *tsjaps 因 **-ps* > **-ts* 的音变变为 *tsjats,因此才可以在此处和 **-ats* 押韵。"際"和"接"作为韵脚不见于《诗经》其他位置,但还有其他文献支持我们 **-ap*(而不是 **-ep*)的构拟。[1]

根据郑玄的解释,这两行诗的意义为:

God on high is very changeable,
do not COME IN CONTACT with him

如此解释可以在语义上与第一诗章的文字平行:

上帝甚蹈 *shàng dì shèn dào*
無自暱焉 *wú zì NÌ yān*
God on high is very changeable,
do not BRING YOURSELF TOO NEAR him

高本汉更倾向于采取《毛诗》的解释,因为这样便不必改变传统的文本,并且他认为诗章间的对应关系已经"足够好"了(高本汉 1942—1946[1964],注释 725)。然而郑玄的解释无论在语音上还是语义上都更加通畅。

"祭"*jì*<*tsjejH*< *tsjets 一般表示 **-et(s)*,但"蔡"为 **-at(s)*:

(1020) 蔡 *cài*<*tshajH*< *srats(草原(?);国名)

但"蔡"是一个晚起的汉字,在铜器铭文中,"蔡"写作:

---

[1] 例如,"接"*jiē* 在《楚辞·国殇》中和"甲"*jiǎ*<*kæp* < *krap 押韵,而在《易经》(13,《象传》)中和"法"*fǎ*<*pjop* < *pjap 押韵。"際"*jì* *tsjats < *tsjaps 在《易经》(泰 14306)中和"外"*wài* < *ngwajH* < **ng^{w}ats*、"大"*dà*<*daH* ~ *dajH*< *lats 押韵(见朱骏声 1833,引自丁福保 1928—1932[1976]:5419)。

(周法高等 1974a,0398 项),此字在《说文》中被认为是"殺"的古文:

(1021) 殺 shā<srɛt<srjet< *srjat(杀)

声符"埶"
从"埶"得声的字一般被认为是确定的 *-et(s)部。这个字本身:

(1022) 埶~藝 yì<ngjiejH(四)< *ngJets(播种,种植,培养)

通过语义引申变为"藝":

(1023) 藝 yì<ngjiejH(四)< *ngJets(艺术,方法,规则)

此处的 *J 代表预期中在 *j 和前元音组合前的舌根音会出现的腭化没有出现。元音为前元音是确定的,然而在从此得声的同一谐声系列且都有腭化成分的字中:

(1024) 勢 shì<syejH< *hngjets(力量,影响)
(1025) 熱 rè<nyet< *ngjet(热)

后字在《诗经》257.5A 中和 *-it(s)部字押韵。

声符"market"
声符"市"一般代表圆唇元音的韵母,比如:

(1026) 茀 fú<pjut< *pjut(蔽膝)

根据中古韵母,这个字的上古韵母为 *-jut(或 *jɨt),在《诗经》151.1A 中它与 *-ot(s)押韵。另一个从"市"得声为 *-ot(s)或 *-ut(s)的例子是：

（1027）旆旆［pèipèi］<bajH-bajH< *bots-bots（飘动貌）

它在《诗经》168.2B 和 245.4C 中都押 *-ut(s) 韵,尽管若根据中古韵母倒推,它的韵母应该是 *-ots（或 *-ats）。

然而,同样意义的词在 299.1B 中押 *-at(s) 韵,它的书写形式如下：

（1028）茷茷［pèipèi］<bajH-bajH< *bots-bots（飘动貌）

根据声符推断,此字也应是 *-at(s),与其押 *-at(s) 韵相匹配,但它的意义明显是"飘动貌",所以对于此,最好认为它是 *-ot(s) 和 *-at(s) 混押的例子。（当然这个意义有两种语音形式：*bots-bots 和 *bats-bats 也不是不可能。）注意《诗经》299 是《鲁颂》的部分,是《诗经》中年代最晚的几首诗；屈万里认为它基本成诗于鲁僖公十三年（屈万里 1983a：605—607）。[1]

汉字"旆"在《诗经》304.6A 中作为韵脚参与押韵,与大量的 *-at(s) 一起押韵（除了其中混入了一个为 *-et 的"截"jié<dzet< *dzet（限制））：

旆［pèi］<bajH< *bots（出发,见下文）
鉞 yuè<hjwot< *ujat（斧子）
烈 liè<ljet< *C-rjat（炽热的）
曷 hé<hat< *fikat（伤害）
蘖［niè］<ngat< *ngat（新芽）
達 dá<dat< *lat（发达）
截 jié<dzet< *dzet（限制）
伐 fá<bjot< *bjat（攻击）
桀 jié<gjet（三）< *grjat（人名）

---

［1］ 还有一种可能是《诗经》299 的作者在模仿早期的诗风与用词,使用了他自己并不完全理解的时代较早的诗歌词汇。

现在一般公认"芾"假借为:

(1029) 發 *fā*<*pjot*< *pjat(出发)

这种读法见于《韩诗》和《鲁诗》(高本汉 1942—1946 [1964],注释 1198)。这就解决了这个不规则押韵现象,因为"發"确定只押 *-at 韵,且作为韵脚在《诗经》中多次重复出现(见 99.2A、149.1A、154.1B、202.5A、204.3A、260.3B)。(注意这一序列也出现了 *-et 和 *-at 间的不规则押韵)。

最后,在《诗经》140.2A 中:

(1030) 肺肺 *pèipèi*<*phajH-phajH*< *phots-phots?(茂盛的)(也读作 *fèi*<*phjojH*< *phjots< *phjops(?)(肺脏))

这个词作为韵脚押 *-at(s) 韵。这是含义为"飘动貌"的另一个表达形式,而根据它的声符,它的韵应为 *-ot(s),所以这可能是一个不规则押韵的例子。

比较语言学的证据表明这一系列词中的部分最初都有一个 *-p 尾。如包拟古(1980:115)所引:

(1031) 肺 *fèi*<*phjojH*< *phjots< *phjops(肺脏)

Chepang 语 *pop*,原始瑶语 * *plAp* 7(繁茂的),Lepcha 语 *a-plóp*(野草),它们都与"飘动貌"和"繁茂"的意义有关联。唇音尾可以解释这一系列词出现的不一致押韵现象,致使这类字时而与 *-ots 押韵,时而与 *-ats 押韵。很可能在早期方言的分化过程中不同的方言对唇音尾前的圆唇元音有不同的处理:有些方言中如 * Pops 类的音节中的元音发生了异化,变为了 * Paps,再晚些又演变为 * Pats;而在另一些方言中圆唇元音得到了保留,直接发生了 * Pops > * Pots 的演变。还有许多比较语言学证据支持了 *-op > *-ot 和 *-up > *-ut 的演变,如包拟古(1980:116)比较了"市"*fú*<*pjut*< * *pjut*(< * *pjup*?)(蔽膝)和藏语中的

phub(盾)。

《诗经》31 中的"阔"

《诗经》31 中"阔"作为韵脚出现了两次,一次和 *-ot* 部字押韵,一次和 *-at* 部字押韵。但我怀疑原文因受到后来发生的音变影响而变得模糊不清。在诗的第四章中,押韵诗行如下:

死生契阔 *sǐ shēng QIÈKUÒ*
與子成説 *yǔ zǐ chéng SHUŌ*

高本汉(1974:19)翻译为:

In death and life (we are) SEPARATED AND FAR APART;
with you I made an AGREEMENT.

这里的"説"是个确定的 *-ot* 部字:

(1032) 説 *shuō<sywet<*hljot*(解释,言说,同意)

词语"契阔"是一个 *e/o* 交替联绵词:

(1033) 契阔 *qièkuò<khet-khwat<*khet-khot*(分离)(?)

在此"阔"和"説"*shuō<*hljot* 属于规则押韵。

尽管"契阔"的语音形式看起来是清晰的,但这个联绵词的含义依旧存在值得考虑和怀疑的地方。《毛诗》认为它是"劳累的、痛苦的"的含义;《韩诗》则将它解释为"一起",但高本汉则支持朱熹的解释"分离"——与《韩诗》的解释正好相反。我认为《韩诗》的解释是正确的。将这个词和另一个语义和语音形式相近的 *e/o* 交替联绵词相比较:

(1034) 繾綣 *qiǎnquǎn<khjienX-khjwonX<*khjenʔ-khjonʔ*(依附于,不离散)

这个词在《诗经》253.5 中出现（尽管它的语义也很不确定，见高本汉 1942—1946[1964]，注释 919）。将这句解释为"生死都要在一起"也更符合原诗语境。诗的第四章更像一个军人的妻子回忆他们当初结婚的誓言（内容中包含词语"偕老"，是典型的结婚誓言的语境。也见于《诗经》47.1、58.6 以及 82.2）。

在这首诗的第五章，押韵行如下：

于嗟阔兮 *xū jiē KUÒ xī*
不我活兮 *bù wǒ HUÓ xī*

高本汉将其翻译为：

Oh, how FAR AWAY,
you do not (keep me ALIVE =) support me

在这个押韵序列中，另一个韵脚字为：

(1035) 活 *huó*<*hwat*<*$g^w at$*（存活）

在《诗经》290.1E 中押 *-at 韵，而且根据其谐声系列，它的语音形式应为 *$K^w at$ 而非 *Kot。如果此处的"阔"和诗的第四章中的"阔"是一个词，那么这将是一个 *-at 与 *-ot 混押的序列。但我认为这个序列最初是一个规则的押韵序列。诗的第五章的"阔" *$K^w hat$（遥远的）和第四章的"契阔" *khet-khot 没有联系。在**圆唇元音双元音化**及语义模糊后，同样一个汉字记录了两种原本不一致的语音形式：*khwat* < *khot* 和 *khwat* < *$k^w hat$*。

声符"世"

(1036) 世 *shì*<*syejH*<*hljats*<*hljaps*（叶子，世代）

这个字在早期存在韵尾 *-p，在早期的文字形式中可以和"葉"交替使用：

(1037) 葉 yè<yep<*ljap（叶子）

以中古音韵地位为基础,二者均可构拟为 *-ap(s) 或者 *-ep(s),但将它们构拟为 *-ap(s) 更好:"世"在《诗经》255.8A 中押 *-at(s) 韵;"葉"在《诗经》34.1A、60.2A、304.7A 中最好理解为押 *-ap 韵。比较藏缅语的 *lap（叶子）（白保罗 1972:70）。但从"世"得声的字也确实存在应构拟为 *-ep 的中古四等字,比如:

(1038) 蝴蝶 húdié<hu-dep<*ga-lep（蝴蝶）

不过这两个字可能是后起字;或者通常的谐声关系对不常用字而言较松散。我暂时将"勩"构拟为 *-ets(<*-eps?):

(1039) 勩 yì<yejH<*ljets<*ljeps?（跋涉,疲劳）

这个字在《诗经》194.2A 中与 *-et(s) 押韵,尽管其文本形式尚不清楚（见高本汉 1942—1946[1964],注释 566）。

当"世"用作韵尾为 *-t 类字的声符时,可能是"曳"字后期的替代形式,反映了 ***-ps>*-ts** 的音变现象:

(1040) 泄~洩 xiè<sjet<*sljat（泄漏）

《老子》中的上古 *-at(s)、*-et(s)、*-ot(s)

有趣的是 *-at(s)、*-et(s)、*-ot(s) 三者之间的区别似乎在《老子》中得到了很好的保留。《老子》中月部和祭部的押韵情况在下文给出（基于朱谦之 1984:319）。在其第 25、35、39、73 章中共有四例 *-at(s) 类字的押韵现象:

第 25 章:
  大 dà<daH~dajH<*lats
  逝 shì<dzyejH<*djats

第 35 章:
害 hài<hajH< *ɦkat(s)
太 tài<thajH< * hlats

第 39 章:
裂 liè<ljet< * C-rjat
發 fā<pjot< * pjat
歇 xiē<xjot< * xjat
竭 jié<gjot< * gjat
[滅 miè<mjiet(四)< * mjet]
蹶 jué<kjwot< * kʷjat

根据我们的构拟,"滅"miè< * mjet,在这里属于不规则押韵,但这里所列出的行显然是后来加入的,因为这一行不见于马王堆出土的《老子》中,也不见于其他早期版本(朱谦之 1984:157;马王堆汉墓帛书整理小组 1976:13)。请注意,根据我们的构拟,即使没有这个证据,这句的存在也是可疑的。这说明了音韵学研究可以帮助反映文本的历史,反之亦然。

第 73 章:
殺 shā<srɛt< * srjat
活 huó<hwat< * gʷat
害 hài<hajH< *ɦkat(s)

朱谦之(1984:262)依江有诰之说,列出了如下的押韵序列:"散" sàn<sanH< * san(?)s、"亂"luàn< * C-rons、"末"mò<mat< * mat(第 64 章)。但我怀疑这一段并没有用韵。

《老子》中押 *-et(s)韵的例子出现在第 45 章、58 章、79 章:

第 45 章:
缺 quē<khwet~khjwiet< * kʷh(j)et
敝 bì<bjiejH(四)< * bjets

第 58 章:
察 chá<tsrhɛt< * tshrjet

缺 quē<khwet~khjwiet<*kʷh(j)et

第79章：

契 qì<khejH<*khets

徹 chè<trhjet<*thrjet

要注意"契"qì<khejH 确定无疑是 *-ets。"徹"chè<trhjet 在《诗经》中和 *-it 部字押韵(《诗经》193.8C)，这是 *-et(s) 部字和 *-it(s) 部字存在联系的典型例子。

《老子》中只有一个押 *-ot 韵的序列，在第54章：

拔 bá<bɛt<*brot

脱 tuō<thwat<*hlot

輟[chuò]<trjwet<*trjot

-at(s)、-et(s)、*-ot(s) 三韵部在《老子》中分开押韵的情况进一步证明了三者在上古音系中的对立。

10.1.3 传统歌部

上古歌部所含中古韵在表10.26中列出：

表10.26 属于上古歌部的中古韵

	中古汉语	中古汉语(高本汉)	切韵韵目	注　释
一	-(w)a	-(u)â	歌 Gē(Ka)	
二	-(w)æ	-(w)a	麻 Má(Mæ)	部分
三	-j(w)e	-(w)iɛ̯	支 Zhī(Tsye)	部分
	-jæ	-ia̯	麻 Má(Mæ)	部分

在这个韵部中我们需要构拟出 *-aj 和 *-oj 间的对立以反映锐音声母后开口字与合口字的对立关系。

(1041) 侈 chǐ<tsyheX<*thjajʔ（大）

（1042）吹 chuī<tsyhwe< * thjoj(吹)

将它们韵尾构拟为 *-j 的原因已在第八章有过详细讨论（见 8.1.1.2 节）。

尽管在某些地方与元部、月部、祭部的情况平行，歌部也表现出了一些显著区别。其中一个区别是此韵部中不存在后来发生声母唇齿化音变的字。前文所讨论的韵部包含后来的中古韵-jon、-jot 和-jojH，这些韵母前的唇音声母都发生了唇齿化的音变（如"發"* pjat>pjot>fā）；但歌部中就没有这些会让唇音声母在中古时期发生唇齿化的音节。另一个区别是在后来变为三等字的内部还存在 *-je 和 *-jæ 的边际对立，未在之前讨论的韵部中发现有与之平行的现象。

按照一般定义，此韵部只有发展为中古一等韵的字而没有变为中古四等韵的字，但这里有一些证据表明在最开始的时候歌部也存在 *-aj 和 *-ej 的对立。在阐释完关于 *-aj 和 *-oj 的构拟问题后，我将再回来讨论这一问题。

10.1.3.1　*-aj 韵部的构拟

含有 *-aj 的非唇化声母音节的语音演变在下面的表 10.27 中给出。

表 10.27　含有 *-aj 的非唇化声母音节的语音演变

白一平	声母类型	中古汉语	高本汉	李方桂	蒲立本
*-aj	全部	-a	*-â(r)	*-ar	*-ál
*-raj	全部	-æ	*-a	*-ra	*-ʳál
*-jaj	钝音	-je(三)	*-ia, *-iar	*-j(i)ar	*-àl
	锐音	-je	*-ia, *-iar	*-jiar	*-àl
*-jAj	锐音	-jæ	*-ia	*-jar	*-à:l(?)
*-rjaj	钝音	-je(三)	*-ia, *-iar	*-j(i)ar	*-(ʳ)àl
	锐音	-je	*-ia	*-rj(i)ar(?)	*-(ʳ)àl

高本汉试图将其分为 *-âr 和 *-â 两部，其中 *-âr 部和 *-ân、*ər 两部之间存在联系，而 *-â 部则没有这样的联系。我们应将此观点吸收到我们的系统中，不过要将 *-ar 或 *-al 构拟为 *-aj，但我倾向于假定 *-an 和 *-aj 之间的联系反映在某一确定方言非鼻音化的过程中（尤其是东部的某个方言）；这点我已在 8.1.1.2 中进行了讨论，高本汉的 *-r 尾在当前的系统中大致对应 *-j 尾。

两个中古三等韵（*-je 和 *-jæ）在此韵部中的存在是一个尚未解决的问题。我将暂定 *-jaj>-je 和 *-jAj>-jæ，但这仅仅是符号上的区分；我推测 -jæ 的出现是由方言混合引起或其他特殊的重音环境条件引起，或者二者兼有。该组中 -jæ 类字的数量很少，包括叹词：

（1043）嗟 jiē<tsjæ < * tsjAj（叹词）

还包括小品词：

（1044）也 yě<yæX < * ljAj（语法词）

除此之外还有：

（1045）蛇 shé<zyæ < * LjAj（蛇）（也读作 yí<ye < * ljaj）（顺从的；自满的）

下面的例子反映了 *-je 和 *-jæ 之间的交替。

（1046）哆 chě ~ chǐ<tsyhæX ~ tsyheX < * thjA/ajʔ（大）（高本汉 1942—1946 [1964]，注释 617）

请注意韵母 *-jaj 和 *-rjaj 在钝音声母后合并。这说明在此语音环境下 *-jaj 和 *-rjaj 不能再维持对立；因此我会用 *-(r)jaj 来代表这两种形式。这种合并一定存在，而且在 *-an 和 *-at(s) 部中都发现了这种合并的倾向性：晚期中古汉语也存在 Kjon < * Kjan 和 Kjen（三）< * Krjan 之间的合并（在韵图中均为三等）。但在 *-an 和 *-at(s) 部中

声母的**唇齿化**发生在这个合并音变之前，所以 *Pjon* < *Pjan 和 *Pjen*（三）< *Prjan 之间没有出现合并。显然，韵母 **-jaj* 的元音前化发生在更早的时期，我将这个音变称为 ***-aj 单元音化**，因为它可能包含了 **-aj* > **-æ* 的音变（见附录 A）。这种音变所导致的结果便是原始音节如 *Pjaj 的元音不再是后元音，也就不再符合声母唇齿化发生的条件。（像 *Pjoj 这样的音节由于**圆唇元音双元音化**以及 **w-*中和很早就与 *Pjaj 合并：*Pjoj > *Pjwaj > *Pjaj。）

　　唇化声母的音节与非唇化声母的音节大致平行，其具体语音演变情况如表 10.28 所示：

表 10.28　含有 *-aj 的唇化声母的音节的语音演变

白一平	中古汉语	高本汉	李方桂	蒲立本
**K^w aj*	*Kwa*	**Kwâ(r)*	*Kwar	**K^w ál*
**K^w raj*	*Kwæ*	**Kwa(r)*	*Kwrar	**K^w rál*
**K^w(r)jaj*	*Kjwe*（三）	*Kwia, *Kiwăr	**Kwj(i)ar*	**K^w(r)àl*

其他 *-aj 韵部的例字：

（1047）歌 *gē* < *ka* < *kaj（歌唱）
（1048）過 *guò* < *kwa*(H) < **k^w aj(s)*（越过，违反）
（1049）波 *bō* < *pa* < *paj（波浪）
（1050）多 *duō* < *ta* < *taj（多）
（1051）加 *jiā* < *kæ* < *kraj（加）
（1052）化 *huà* < *xwæ*H < **hng^w raj(s)*（转化）
（1053）麻 *má* < *mæ* < *mraj（大麻）
（1054）差 *chā* ~ *chāi* ~ *cī* < *tsrhæ* ~ *tsrhɛi* ~ *tsrhje* < **tshr(j)aj*（不同，选择，不均）

中古汉语的 *tsrhɛi* 可能来自由 **TSrj->TSr-**诱发的 *tsrhje* < *tshrjaj 音变。

（1055）奇 *qí* < *gje*（三）< **g(r)jaj*（奇怪）
（1056）爲 *wéi* < *hjwe*（三）< **w(r)jaj*（做，是）
（1057）皮 *pí* < *bje*（三）< **b(r)jaj*（皮肤）

（1058）移 yí<ye< *ljaj（转移）

10.1.3.2　*-oj 韵部的构拟

如上所述，我们必须构拟出一个与 *-aj 对应的 *-oj 才能解释锐音声母后开口与合口的对立。我对 *-oj 部字的构拟如表 10.29 所示：

表 10.29　非唇音声母后 *-oj 部字的语音演变

白一平	声母类型	中古汉语	高本汉	李方桂	蒲立本
*-oj	全部	-wa	*-wâ(r)	*-(u)ar, *-ər	*-^{w}ál
*-roj	全部	-wæ	*-wa	*-r(u)ar	*-^{rw}ál
*-joj	钝音	-jwe(三)	*-wia, *-i̯wăr	*-j(i)ar, *-jər	*-^{w}àl
	锐音	-jwe	*-wia, *-i̯wăr, *-i̯war	*-juar, *-jər	*-^{w}àl
*-rjoj	钝音	-jwe(三)	*-wia, *-i̯wăr	*-j(i)ar, *-jər	*-^{rw}àl
	锐音	-jwe	*-ia, *-i̯wăr	*-rjuar, *-rjər	*-^{rw}àl

唇音声母音节的情况与之平行，除了 -w- 介音丢失或通过 *w- 中和音变而失去对立。

以董同龢（1944[1948]：106）的研究为基础，李方桂将一些传统的微部字构拟为 *-ər，尽管其中有些中古语音形式为 -(w)a 或者 -j(w)e 的来自上古歌部的字。一些例字似乎显示出 *-oj 与微部的 *-uj 存在某种联系（与前文提到的 *-ot(s) 与 *ut(s) 间的联系相平行）：

（1059）蓑 suō<swa< *swaj< *soj（李方桂构拟：*sər[1]）（蓑衣）

在《广韵》中这个字又读 swoj，反映异读 *suj 的形式。

同样，*-uj 和 *-oj 的混淆还发生在从声符"妥"得声的字上：

（1060）妥 tuǒ<thwaX< *hnojʔ（安静的，平静的）

---

〔1〕 在李方桂的系统中，元音 *ə 在声母和韵尾都是锐音的音节中变为圆唇元音。

(1061) 綏 suí<swij<*snjuj（使安静，安慰）

这两个例字有同一个词根，因此它们在最初可能拥有同样的主元音，但由于*-uj 和 *-oj 的混淆，现在古典作品中它们很难区分，在遇到这个字时也很难在两种语音形式中做出正确选择。在同样的谐声系列中，还有：

(1062) 餒 něi<nwojX<*nuj?（饥饿）

*-aj 和 *-ij 也可能至少在某些语音环境中已在早期方言里合并。我们找到了一组语义为"蚂蚁"的词的例子：

(1063) 蟻 yǐ<ngjeX(三)<*ng(r)jaj?（蚂蚁）
(1064) 螘 yǐ<ngjijX<*ngjij?（蚂蚁）（见于《楚辞》，参高本汉 1957, 548i 项）

另一组如下所示：

(1065) 燬 huǐ<xjweX(三)<*hm(r)jaj?(?)（摧毁）
(1066) 烜 huǐ<xjwijX<*hmjij?（摧毁）

在《诗经》10.3 中"燬"与 *-ij 押韵，而在有些版本中，这个字被"烜"字代替（根据《经典释文》，引自向熹 1986: 178）。所以这些词最原始的词根应该为 *-ij 而非 *-aj；而 *hm(r)jaj? ~ *hmjij?（摧毁）也应该与"火"同源：

(1067) 火 huǒ<xwaX<*hmaj?<*hmij?（火）

"火"最初为 *-ij（见 10.1.8.2）。在说明这种语音演变之后，我们可以预期同样的混淆发生在 *-waj< *-oj 和 *-wij< *-uj 中，这就解释了 *-oj 和 *-uj 之间的一些明显的接触。不过奇怪的是，所有显示 *-aj 和 *-ij 有联系的例字都是上声字。

注意这种联系一般发生在 *-oj 和 *-uj，*-aj 和 *-ij 之间，即传统韵部歌部和微部之间，这便支持了同样的韵尾（*-j）包含在这些韵部内的假设。而其他系统常常为这几个韵部构拟不同的韵尾。比如李方桂的系统为微部构拟了 *-d 尾而为歌部构拟了 *-r 尾。

其他 *-oj 韵部的例字：

（1068）和 hé<hwa< * g^waj< * goj（和谐）
（1069）坐 zuò<dzwaX< * dzojʔ（坐）
（1070）随 suí<zjwe< * zljoj（跟随）

10.1.3.3 *-ej 韵部字的构拟

这一部分的内容和元、月、祭部的情况大体平行。那么就意味着我们需要在歌部中寻找 *-ej 与相应的 *-aj 和 *-oj 对应。如果这个韵母真实存在的话，根据我们假定的音变规则，会期待其发展成如下：

1. *-ej 保持不变，成为中古的 -ej，并与原始的 *-ij（因**高元音>中元音**而变为 -ej）以及 *-e（由于 *j-**插入**而变为 -ej，见 10.2.7 节）发生合并。
2. *-rej 可能变为中古的 -ɛj，就像 *-rij 变为 *-rej（因**高元音>中元音**），或像 *-re 一样变为中古的 -ɛi。
3. 锐音声母后的 *-jej 可能会变为中古的 -je，与最原始的 *-je 和 *-jaj 相混。而钝音声母的音节会在重纽四等韵中出现 -jie，因为 *-j- 后跟随着一个前元音。
4. *-rjej 的情况和 *-jej 的情况类似，除了会使锐音声母卷舌化，另外在钝音声母后变为中古重纽三等韵 -je。

结果是我们无法将 *-ej 类和 *-e 类进行区分。然而还有一种识别 *-ej 类的可能性便是常见的 *-j 和 *-n 的交替。第八章中已经指出这种交替可能反映了一些早期方言发生的韵母非鼻音化的音变，特别是今山东附近的东部方言。《诗经》137.2A 就是一个典型例子（《陈风·东门之枌》）：

差 chā<tsrhɛi < * tshrjaj（选择）
原 yuán<ngjwon< * ng^wjan（平原）

麻 *má*<*mæ* < * *mraj*（大麻）

婆娑 *pósuō*<*ba-sa*< * *baj-saj*（舞蹈）

根据早期文献中的证据，这一地区读"殷"*yīn*< *ʔjɨn 为"衣"*yī*< *ʔjɨj（详见 8.1.1.2 节），将这种情况进行类推，我们预期 *-*ej* 和 *-*en* 之间也存在且这种联系是可以帮我们识别 *-*ej* 的线索。押韵序列 43.1A（《邶风·新台》）便是一个例子：

泚 *cǐ*<*tshjeX*< * *tshjej*ʔ（明亮的，闪亮的）

瀰 *mǐ*<*mjieX*（四）< * *mjej*ʔ（充满）

鲜 *xiǎn*<*sjenX*< * *sjen*ʔ（稀有的，特别的）

邶国的位置即是今天河南的北部，紧邻山东的西部，因此这首诗混淆了 *-*j* 和 *-*n* 符合该现象的地理分布。同一首诗的第二章反映了 *-*ij* 和 *-*in* 的混淆。[1]

根据它们所属的中古音韵地位，"泚" *cǐ*<*tshjeX* 和 "瀰" *mǐ*<*mjieX*（四）看起来属于上古支部（我们构拟为 *-*e*）；由于"瀰" *mǐ*<*mjieX* 是重纽四等字，所以至少它的主元音一定是前元音。但由于它们在这里与元部的"鲜" *xiǎn*<*sjenX* 押韵，所以我们更有理由将它们归为 *-*ej* 部而非 *-*e* 部。

"泚"的声符：

（1071）此 *cǐ*<*tshjeX*< * *tshjej*ʔ（这）

这个字应该为 *-*ej*。另一个从"此"得声的例子是：

（1072）骴 *zì*<*dzjeH*< * *dzjejs*（动物尸体）

---

[1]《邶风》《鄘风》《卫风》都被认为源自更早期的《卫风》，后来被人为划分为了三个不同的部分（屈万里 1983a: 41—42）。但由于这首诗指的是"河"（即黄河），因此它可能源自卫国北边的地区。

这个字在《诗经》179.5 中写作"柴",与 *-ij 不规则押韵(见向熹 1986:666)。*-ij 与 *-ej 之间的押韵,与 *-it(s) 和 *-et(s) 间的押韵情况平行。

另一个 *-ej 部的例子如下所示,高本汉将其包括在他的 *-âr 部:

(1073) 臡 中古 nej～na< * nej～naj(带骨的腌肉)(高本汉 1957,1521 项)

中古的 na 肯定源于上古的 * naj, 而中古的 nej 可以追溯到上古的 * nej。根据《说文》(丁福保 1928—1932〔1976〕: 1798),这个字是"胒"的替换形式:

(1074) 胒 ér<nye< * njej(带骨的腌肉)

总而言之,我所构拟属于 *-ej 部的字最后演变到与 *-e 部字合并为一类。之所以把这些字分出来是因为它们在押韵或者谐声方面与元部字存在联系。《诗经》韵脚中属于这类字的只有上述提到的"泚" * tshjej?,"瀰" * mjej?,"柴"(= 骴) * dzjejs。[1]

10.1.3.4 *-aj、*-ej、*-oj 间的押韵关系

就我所知没有确切存在的 *-aj、*-ej 部混合押韵的例子,但由于 *-ej 部字本身较少且很难准确地找出,我们不能指望找到足够的数据通过统计分析来证明二者间存在押韵上的区别。同样地,只有较少的字可以确定是 *-oj 部字,且大部分与 *-uj 部混押,因此它们可能是 *-oj 部字,也可能是 *-uj 部字。音位对应无分歧的字非常少,因此通过统计计算确定 *-aj/ *-oj 间的区别关系变得困难。不过,在那些可以确定被构拟为 *-oj 的字中,全不与 *-aj 部字共现。我为下面几个《诗经》韵脚字构拟为 *-oj:

(1075) 吹 chuī<tsyhwe< * thjoj(吹)
(1076) 和 hè<hwaH< * gojs(以歌相应,积参与)(也读作 hé<hwa< * goj

---

〔1〕 但不必要认为声符"彌"一定指向 *-ej。《诗经》43.1 中"瀰"可以写作"洋"(见屈万里 1983a: 42)。

　　　　　（和谐））
（1077）萎[wěi]<ʔjwe(三)<*ʔ(r)joj(枯萎)
（1078）莝[=莁]cuò<tshwaH<*tshojs(秣草)(向熹 1986：64)

"吹"是锐音声母合口字,根据圆唇元音假设必须被构拟为 *-oj。它在《诗经》85.1B 中与"和"hè 押韵。"和"hè～hé<hwa(H)是一个音位对应有分歧的字,但其他的证据表明它可以确定被构拟为 *-oj：在《老子》中它押 *-oj 韵(见下文),并且它是"萎"*ʔ(r)joj 的声符[1]。"萎"wěi<ʔjwe<*ʔ(r)joj 在过去的系统中被归入微部而非歌部,但其中古音为ʔjwe,且它的声符"和"属于歌部；在《诗经》201.3A 中它和 *-uj、*-on 押韵。最后,"莝"一般读作[cuī]<dzwoj(暗示一个 *dzuj 的构拟),但据《经典释文》,在《诗经》216.4A 中读作 cuò<tshwaH(暗示 *tshojs)。该说来自郑玄,认为"莝"*dzuj 在此假借为：

（1079）莁 cuò<tshwaH<*tshojs(秣草)

(注意它的声符是"坐"zuò<dzwaX<*dzojʔ(坐下)),在《诗经》216.4A 中它与"绥"suí<swij<*snjuj(绥靖)押韵。[2]

尽管《诗经》提供的押韵材料不足计算,但 *-aj 与 *-oj 间的区别可由《老子》中的材料证实：其中 *-aj 和 *-oj 毫无例外地分开押韵。《老子》中有八个含有歌部字的押韵序列,其中六个是 *-aj 的序列,两个是 *-oj 的序列。[3] *-aj 的押韵序列如下所示：

第 20 章：
　　阿 ē<ʔa<*ʔaj
　　何 hé<ha<*gaj

---

〔1〕根据《说文》小徐本(丁福保 1928—1932 [1976]：5579)。
〔2〕高本汉认为用"莝"cuī 作为"莁"cuò 的借字是错误的(高本汉 1942—1946 [1964],注释 696),因为他的构拟使得"莁"cuò<*tshojs(他的 *tsʼwâ)和"绥"suí<*snjuj(他的 *sniwər)在语音上差距太大。
〔3〕还有两个押韵序列(第 10 章和第 28 章)为 *-jaj 与 *-je 押韵,说明 *-aj 的前化——该音变导致上文所说的诱发声母唇齿化的韵母消失——已经开始了。

第 37 章：

爲 wéi<hjwe(三)< *w(r)jaj
爲 wéi<hjwe(三)< *w(r)jaj
化 huà<xwæH< *hng^w raj(s)

第 44 章：

化 huò<xwaH< *hng^w aj(s)
多 duō<ta< *taj

第 57 章：

爲 wéi<hjwe(三)< *w(r)jaj
化 huà<xwæH< *hng^w raj(s)

第 58 章：

禍 huò<hwaX< *g^w ajʔ
倚 yǐ<ʔjeX(三)< *ʔ(r)jajʔ

第 64 章：

貨 huò<xwaH< *hng^w aj(s)
過 guō<kwa< *k^w aj
爲 wéi<hjwe(三)< *w(r)jaj

两个 *-oj 的押韵序列如下所示：

第 2 章：

和 hé<hwa< *goj
隨 suí<zjwe< *zljoj

第 29 章：

隨 suí<zjwe< *zljoj
吹 chuī<tsyhwe< *thjoj
羸 léi<ljwe< *C-rjoj
隳 huī<xjwie(四)< *hljoj[1]

---

〔1〕 尽管中古汉语中的"隳"huī<xjwie(四)（毁坏）的语音发展尚不清楚，但它的韵必须是 *-oj。中古的 x-声母看起来是在某些方言中从 *hl-发展过来的，因为根据它的谐声序列，它应该是属于 *l-声母类型，韵为 *-oj 的字；试比较这个字的替换形式"墮"（毁灭，摧毁墙壁）读作 duò<dwaX< *lojʔ 和 huī<xjwie（四）< *hljoj。它的声母是锐音声母可能与它是重纽四等韵-jwie 有关。

最后一个四字押韵序列是 *-oj 作为一个独立韵部的重要证据。

10.1.4 传统真部

传统真部字包含的中古韵如表 10.30 所示。

表 10.30 传统真部包含的中古韵

	中古汉语	中古汉语(高本汉)	切韵韵目	注　释
二	-(w)ɛn	-(w)ăn	山 Shān(Srɛn)	部分
三	-(j)(w)in	-i(w)ěn	真 Zhēn(Tsyin)	部分
	(TSr)in	-i̯ɛn	臻 Zhēn(Tsrin)	部分(仅 TSr-)
四	-(w)en	-i(w)en	先 Xiān(Sen)	部分

这个韵部包含中古四等韵母 -(w)en 却不包含中古一等韵母,所以根据前元音假设将其构拟为主元音为前元音的韵母 *-in。中古的开合口字在此韵部可以全归为唇化声母和非唇化声母的区别:

(1080) 询[xún]<swin< *swjin(询问)

(1081) 旬 xún<zwin< *ɦswjin(十天,一直)

与"洵"对比:

(1082) 洵[xún]<xwen< *hwin(遥远)

少部分归于该部的字在中古有 *-ng 韵尾,正如 8.1.2 中解释的那样,我认为这些字的原始形式是 *-ing,在某些方言中与 *-in 合并而在另一些方言中与 *-eng 合并。比如:

(1083) 命 mìng<mjængH< *mrjeng(s)< *mrjing(s)(命令)

在《诗经》中与 *-in 押韵。有时似乎存在 *-jing>-ing,比如:

(1084) 令 *lìng*<*ljengH*< * *C-rjing*(*s*)（命令）

根据《经典释文》，在《诗经》100.2 中它应该为 *lingH* 而非 *ljengH*。然而在大部分情况中，很难确定地将某些字构拟为 *-*ing*。

10.1.4.1　*-in 韵部的构拟

含有 *-*in* 的非唇化声母音节的语音演变在表 10.31 中给出。

表 10.31　含有 *-*in* 的非唇化声母音节的语音演变

白一平	声母类型	中古汉语	高本汉	李方桂	蒲立本
*-*in*	全部	-*en*	*-*ien*	*-*in*	*-ə́ɲ
*-*rin*	全部	-*ɛn*	*-*ăn*	*-*rin*	*-ʳə́ɲ
*-*jin*	钝音	-*jin*（四）	*-*iěn*	*-*jin*	*-ə̀ɲ
	锐音	-*in*	*-*iěn*	*-*jin*	*-ə̀ɲ
*-*rjin*	钝音	-*in*（三）	*-*iěn*	*-*jin*	*-ʳə̀ɲ
	锐音	-*in*	*-*iěn*	*-*rjin*	*-ʳə̀ɲ

含有 *-*in* 的唇化声母音节的语音演变与前者平行，在表 10.32 中给出：

表 10.32　含有 *-*in* 的唇化声母音节的语音演变

白一平	中古汉语	高本汉	李方桂	蒲立本
*Kʷin	*Kwen*	*Kiwen	*Kwin	**Kʷə́ɲ*
*Kʷrin	*Kwɛn*	*Kwěn	*Kwrin	**Kʷrə́ɲ*
*Kʷjin	*Kjwin*（四）	*Kiwěn	*Kwjin	**Kʷə̀ɲ*
*Kʷrjin	*Kwin*（三）	*Kiwěn	*Kwjin	**Kʷrə̀ɲ*

中古重纽四等字和前元音韵部之间的关系早已被广泛关注，但可能是出于已知这二者之间关系的原因，重纽三等韵中存在前元音的字的现象往往被忽略或被视为不规则现象。但在我的系统中，*-*rj*-介音后跟前元音是一个规则现象。比如下面韵母为 *-*rjin* 的中古三等字：

(1085) 筠 yún<hwin(三)<*wrjin(竹子的青皮)

这里的 *-r-介音不仅仅表示该字是重纽三等, 也是阻止 *w-腭化的语音条件, 比较

(1086) 畇 yún<ywin<*wjin(开垦田地)(也读作 swin<*swjin 及 zwin<*ɦswjin)

这个字显示了当 *-r-介音不存在时前元音前会出现 *wj->yw-的音变(在6.1.6中已有讨论), 同样我们应将"嚚"构拟为 *-rjin:

(1087) 嚚 yín<ngin(三)<*ngrjin(或 *Nkrjin)(不诚实的, 不真诚的)

根据《说文》, 它的声符是"臣"(丁福保 1928—1932[1976]: 923):

(1088) 臣 chén<dzyin<*gjin(仆人)

它就是因为音节中不含有 *-r-介音所以声母腭化。

其他 *-in 韵部的例字:

(1089) 年 nián<nen<*nin(丰收, 年)
(1090) 玄 xuán<hwen<*g^win(深色的)
(1091) 人 rén<nyin<*njin(人)
(1092) 民 mín<mjin(四)<*mjin(人民)
(1093) 均 jūn<kjwin(四)<*k^wjin(均衡的)
(1094) 真 zhēn<tsyin<*tjin(真实的)
(1095) 榛 zhēn<tsrin<*tsrjin(榛树)

10.1.4.2 *-ing 韵部的构拟

对于韵母 *-ing, 我暂时将其演变列于表10.33。

表 10.33 非唇化声母后 *-ing 部字的语音演变

白一平	声 母	中 古 汉 语
*-ing	全部	-en ~ -eng
*-ring	全部	-ɛn ~ -ɛng
*-jing	钝音	-jin(四) ~ -ing ~ -jieng(四)
	锐音	-in ~ -ing ~ -jeng
*-rjing	钝音	-in(三) ~ -ing ~ -jæng
	锐音	-in ~ -ing ~ -jeng

*-ing 韵部的唇化声母音节的语音演变与之相平行。

除了将其构拟为 *-ing，我对这一部的处理与传统韵部无甚差别，所以对该韵部的押韵分析在此不再赘述。

10.1.5 传统文部

传统文部包含的中古韵如表 10.34 所示。

表 10.34 传统文部包含的中古韵

	中古汉语	中古汉语(高本汉)	切韵韵目	注　释
一	-on	-ən	痕 Hén(Hon)	仅有 *K-
	-won	-uən	魂 Hún(Hwon)	
二	-(w)ɛn	-(w)ăn	山 Shān(Srɛn)	部分
三	-jin	-iən	殷 Yīn(ʔJin)	仅有钝音
	-jun	-iuən	文 Wén(Mjun)	仅有钝音
	-(w)in	-i(w)ěn	真 Zhēn(Tsyin)	部分
	(TSr)in	-iɛn	臻 Zhēn(Tsrin)	部分(仅有 TSr-)
四	-(w)en	-i(w)en	先 Xiān(Sen)	部分

这一个韵部同时包含了中古的一等韵 -on 和四等韵 -en，因此第一反应是可能需要为这个韵部构拟前元音和后元音。但正如 7.1.3 中所

指出的那样,-on 和 -en 在该部中完全属于互补分布：前者只出现在钝音声母后,后者只出现在锐音声母后。我假定诸如"先"中的 -en：

（1096）先 xiān<sen<*sin（起初）

这是在 *i-前化后再高元音>中元音音变的结果：*sin>sin>sen。因此,该韵部中出现前元音是一个后起现象,不需要回溯到上古汉语中。
然而该韵部字在锐音声母后表现出了开合口的对立：

（1097）辰 chén<dzyin<*djin（时间）
（1098）鹑 chún<dzywin<*djun（鹌鹑）

根据圆唇元音假设,我将为这组字构拟 *-in 和 *-un 来解释开合口的对立。下文我们将用押韵证据来证明这种对立的存在。

10.1.5.1 *-in 韵部的构拟

非唇化声母的 *-in 的后续演变在表 10.35 中给出。[1] 唇化声母的 *-in 的后续演变在表 10.36 中给出。

表 10.35 含有 *-in 的非唇化声母音节的语音演变

白一平	声母类型	中古汉语	高本汉	李方桂	蒲立本
*-in	*K-	-on	*-ən	*-ən	*-ə́n
	*P-	-won	*-wən	*-ən	*-ə́n
	锐音	-en	*-iən	*-iən	*-(j)ə́n(?)
*-rin	全部	-ɛn	*-ɛn	*-r(i)ən	*-rə́n
*-jin	*K-	-jin	*-iən	*-jən	*-ə̀n
	*P-	-jun	*-iwən	*-jən	*-ə̀n
	锐音	-in	*-iən	*-jiən	*-ə̀n

---

〔1〕李方桂认为 *-ən 在锐音后滋生出了合口介音 -w-；因此在他的系统中古钝音声母后的 -ɛn 上古源头是 *-rən,而锐音声母后的 -ɛn 上古源头是 *-riən。

第十章　新上古汉语韵部分类

续表

白一平	声母类型	中古汉语	高本汉	李方桂	蒲立本
*-rjin	钝音	-in(三)	*-iɛn	*-jiən	*-ˊən
	锐音	-in	*-iən	*-rjiən	*-ˊən

表 10.36　含有 *-in 的唇化声母音节的语音演变

白一平	中古汉语	高本汉	李方桂	蒲立本
*Kʷin	Kwon	*Kwən	*Kwən	*Kʷə́n
*Kʷrin	Kwɛn	*Kwɛn	*Kwrən	*Kʷrə́n
*Kʷjin	Kjun	*Kiwən	*Kwjən	*Kʷə̀n
*Kʷrjin	Kwin(三)	*Kiwɛn	*Kwjiən	*Kʷrə̀n

其他 *-in 韵部的例字：

（1099）恩 ēn<ʔon<*ʔin（善良）

（1100）門 mén<mwon<*min（大门，门）

（1101）先 xiān<sen<*sin（起初）

（1102）殄[tiǎn]<denX<*din?（停止，毁坏）

（1103）艱 jiān<kɛn<*krin（窘境，困境）

（1104）鰥 guān<kwɛn<*kʷrin（鰥夫）

（1105）近 jìn<gjinX<*gjin?（邻近）

（1106）芬 fēn<phjun<*phjin（芬芳）

（1107）雲 yún<hjun<*wjin（云）

（1108）辰 chén<dzyin<*djin（星辰，日期）

（1109）巾 jīn<kin(三)<*krjin（围巾）

（1110）隕 yǔn<hwinX(三)<*wrjin(?)（坠落，掉落）

（1111）貧 pín<bin(三)<*brjin（贫穷）

（1112）塵 chén<drin<*drjin（尘土）

（1113）詵 shēn<srin<*srjin（大量的）

10.1.5.2　*-un 韵部的构拟

非唇音声母的 *-un 的后续演变在表 10.37 中展示。

表 10.37　含有 *-un 的非唇音声母音节的语音演变

白一平	声母类型	中古汉语	高本汉	李方桂	蒲立本
*-un	全部	-won	*-wən	*-ən	*-ʷə́n
*-run	全部	-wɛn	*-wɛn	*-rən	*-ʳʷə́n
*-jun	钝音	-jun	*-i̯wən	*-jən	*-ʷə̀n
	锐音	-win	*-i̯wən	*-jən	*-ʷə̀n
*-rjun	钝音	-win(三)	*-i̯wɛn	*-wjən	*-ʳʷə̀n
	锐音	-win	*-i̯wən	*-rjən	*-ʳʷə̀n

我认为**圆唇元音双元音化**早于 * **r-色彩**音变，比如：

(1114) 綸 guān<kwɛn<kwrin< * krun（头巾）（也读作 lún<lwin< * C-rjun（扭动，缠绕）；词根义可能是"包装或扭曲"？）

其原因可能是 * **r-色彩**的音变只发生在不圆唇元音的音节中。

唇音声母的字的演变情况与表 10.37 中的情况平行，除了-w-丢失或因 * **w-中和**音变导致其变得不对立，比如：

(1115) 緡 mín<min(三)< * mrjun（绳索，扭动）

这个字在 24.3A 中押 *-un 韵，因此一定与前文提及的例子有关，详见 7.3.2 中的讨论。由于**圆唇主元音双元音化**以及 * **w-中和**，* mrjun 与如下的字合并：

(1116) 閔 mǐn ~ 瘠 mín<min(X)(三)< * mrjin(?)（受苦）

在 155.1A、206.1A（误写为"痕"qi，详见下文）和 257.4A 中它押 *-in 韵。"闻"字的情况与之类似：

(1117) 聞 wén<mjun< * mjun（听）（早期字形声符为"昏" * hmun，见第九章及

下文的讨论)

该字与"文"合并:

(1118) 文 wén<mjun< * mjɨn(模式,文化)

其他 *-un 韵部的例字:

(1119) 昆[kūn]<kwon< * kun(长兄)
(1120) 奔 bēn<pwon< * pun(奔跑,逃跑)
(1121) 啍 tūn<thwon< * thun(隆隆声)
(1122) 君 jūn<kjun< * kjun(君主)
(1123) 愠 yùn<ʔjunH< *ʔjuns(憎恶)
(1124) 焚 fén<bjun< * bjun(焚烧)
(1125) 春 chūn<tsyhwin< * thjun(春天)
(1126) 川 chuān<[tsyhwen]< * KHju/on(河)

中古汉语的"川",据高本汉(1957,462a 项),是一个不规则的形式。这个字在预料之外的环境中出现了舌根声母腭化,因此用大写字母 * KH-构拟其声母。

(1127) 麇 jūn<kwin(三)< * krjun(獐子)
(1128) 囷 qūn<khwin(三)< * khrjun(圆形谷仓)
(1129) 輪 lún<lwin< * C-rjun(轮子)

10.1.5.3 *-in 和 *-un 的押韵关系

我们用下面的标准来判断某个字是否属于确定的 *-in 和 *-un 部:
1. 除了唇音字外,开口字都是确定的 *-in 部。
2. 锐音声母合口字是确定的 *-un 部,除了 TS(r)-类声母(这类声母可能对应 * SKʷ(r)-辅音丛)字。

音位对应无分歧的 *-in 和 *-un 两部字的押韵情况展示在表10.38 中(平声的 **P**[*-un] 的 0.95 置信区间是 0.222—0.556;去声 **P**[*-un]

的 0.94 置信区间是 0.286—0.857）：

表 10.38　音位对应无分歧的 *-in 和 *-un 两部字的押韵情况

	平	上	去
*-un 部字	10	0	4
*-in 部字	17	5	3
所有的两部字	27	5	7
P[*-un]	0.370	0	0.571
P[*-in]	0.630	1.000	0.429

《诗经》中相关的押韵序列按声调和序列长度排序后如表 10.39 所示：[1]

表 10.39　包含音位对应无分歧的 *-in 和 *-un 两部字的押韵序列

声调	序列长度	总序列	*-un	*-in	混押
平	2	5	0	5	0
	4	1	1	0	0
上	无				
去	2	1	0	1	0

包含音位对应无分歧的字的押韵序列相对较少，事实上根本不包含上声字。但四字 *-un 平声押韵序列（《诗经》112.3A）是一个很有价值的例子，因为 *-un 相比 *-in 不常出现。用 3.2.6 中的统计方法，我们得出：

$$P = 0.00042$$

（对上述 0.95 置信区间内任意 P[*-un]，这一结果不会大于 0.0042），因此这个结果支持圆唇元音假设出现在这一韵部。

---

〔1〕 平声二字 *-in 序列：5.1A、40.1A、155.1A、248.5A 和 257.4 A；四字 *-un 序列：112.3A。去声二字 *-in 序列：197.6A。

大部分音位对应有分歧的字不难根据押韵材料和谐声系列来构拟。具体的构拟详见附录 C；包含 *-in 和 *-un 两部字的《诗经》押韵序列将在下文给出。

10.1.5.4 包含 *-in 和 *-un 的押韵序列

下列《诗经》押韵序列包含 *-in：5.1A、40.1A、43.2A（带 *-ij）、58.4A、93.1A（见下文 10.1.5.5 第三项）、104.1A、155.1A、169.4C（带 *-ij、*-ij）、182.3A（带 *-ij）、192.12B、197.6A、197.6B、199.1A、206.1A（带 *-e?）、210.2A、222.2A（带 *-ij）、237.8A、247.6A、248.5A（带 *-un）、257.4A、261.4C、290.1B 及 299.1A（带 *-ij）。只有一个序列（248.5A）出现了 *-in 和 *-un 混押；见下文讨论。

下列《诗经》押韵序列包含 *-un：23.1A、24.3A、49.1A、49.2B、71.3B、73.2A、82.3B、112.3A、128.3A（带 *-uj，*-on）、190.1A、209.4A（带 *-an）、237.8B、248.5A（显然带 *-in，但是见下文附加说明）、256.2A 及 258.5A；可能还有 183.1A（带 *-uj，*-ij?）、183.2A（带 *-uj?）及 269.1B（带 *-in，*-eng?）。也可能包含序列 183.1A、183.2A、269.1B，这几首诗的相关韵脚字是否入韵尚且存疑。

10.1.5.5 附加说明

1. 从"員""分""云"得声的字一般被构拟为 *-in 部；从"君""困"得声的字一般构拟为 *-un 部。

2. 我将"聞"构拟为 *-un 部，它可能与"問"字同源，不过二者的声符"門"应构拟为 *-in。这可能是由于隶楷文字的出现晚于**圆唇元音双元音化**以及 *w-中和，详见第九章：

(1130) 聞 wén<mjun<*mjun(听)

(1131) 問 wèn<mjunH<*mjuns(问)

(1132) 門 mén<mwon<*mɨn(大门,门)

3. 我认为"存"字发生了 *-in > *-un 的例外音变：

(1133) 存 *cún*<[*dzwon*]<*dzin(存在)

尽管它是一个中古合口字，但我们应将其主元音构拟为 *i：它在《诗经》93.1A 以及其他典籍中都与 *-*in* 部字押韵。[1] 根据《说文》，"存"的声符是：

(1134) 才 *cái*<*dzoj*<*dzi（物质，价值，天赋）（丁福保 1928—1932[1976]：6607）

按照规则音变，*dzin 应根据 *i-前化规则演变为中古的 *dzen*，然后演变至今天的 *qián*。发生这种例外演变可能是根据"在"的音变类推的，因而保留了后元音：

(1135) 在 *zài*<*dzojX*<**dzi?*（存在）

根据《尔雅》，二者互训。

其主元音发生前化，因此可以预料从"存"得声的字也有类似演变：

(1136) 荐 *jiàn*<*dzenH*<*dzins（草，草药）

但《经典释文》为这个字保留了其他不一样的读音，显示了其在方言中的差异。书中对《尔雅》中"荐"的注释为：

[发音] 徂薦反 [*dzu*+*tsenH* = *dzenH*]；也作徂逊反 [*dzu*+*swonH* = *dzwonH*]；[根据] Guō 郭 [Pú 璞]，徂很反 [*dzu*+*honX* = *dzonX*]（陆德明 583[1975]：411）。

丁邦新（1975：220‑221）描述了"存"在魏晋时期的特殊押韵表现：在曹魏时它与元韵类字押韵，而到了晋代则与魂韵类字押韵。也就是说它早期还是规则的 *dzen*，而到了中古变为了 *dzwon*（也可能是 *dzon* = [*dzʌn*]）。

---

[1] 比如在《老子》中的第 4 章和第 6 章中，它押 *-*in* 韵。

4. 从"熏"得声的字一般构拟为 *-un：

（1137） 薰 xūn<xjun< * xjun（烟熏）（《诗经》258.5A）

但"壎"应构拟为 *-on：

（1138） 壎[xūn]<xjwon< * xjon（埙）

不过重叠联绵词"熏熏"xūnxūn<xjun-xjun 在《诗经》248.5A 中押 *-in 韵。这事实上是《诗经》押韵序列中仅有的反映 *-in 和 *-un 之间联系的例子（除了上文已经提及的"存"，见《诗经》93.1A）。尽管高本汉将其解释为"被熏过的"（高本汉 1942—1942[1964]，注释894），但其实这一表达的意义是否与"熏"的本义（烟熏）有关还存疑。《毛诗》对其的解释是"和悦"，因此可能此处写为"熏"是后来出现的版本中的写法。

5.《诗经》57.2B 的押韵序列含有以下韵脚：[1]

倩 qiàn<tshenH（暗红）
盼 pàn<phɛnH（黑白对比）

"盼"由于从"分"fēn< * pjin 得声，所以在传统的韵部分析中归入文部；如果我们根据这一事实按自己的系统构拟，我会将这个字构拟为 * phrins。但其他证据都指向我们应把此押韵序列构拟为押 *-ins 韵。其中古音 phɛnH 除了对应 * phrins 外还对应 * phrins 和 * phrens。这个序列中的另一个字也很难构拟出明确的形式，因为"倩"qiàn<tshenH 从"青" *-eng 得声；其中古的读音 tshenH 可以倒推至上古的 *-ens、*-ins 或者 *-ins。但根据《论语·八佾》，这个押韵序列应构拟为 *-ins，因为《论语》中的引文多了一行，其韵脚为：

---

[1] 在一些版本中这里的字是"盻"xì<hejH 或 ngejH 而不是"盼"pàn（如哈佛燕京学社（Harvard-Yenching Institute）1934 [1962]：12），但是我遵循通常的观点，认为这是一个抄写错误（向熹 1986：327—328）。

(1139) 絢 xuàn<xwenH<＊hwins(华美的)[1]

无论从声符角度还是中古音韵地位角度,这个字都应构拟为 *-in。尽管此序列其他字的字形上的证据存在冲突之处,传统中保留的读音可以帮助我们确定此序列押 *-in 韵。出于这种原因,我把这三个字都归入真部 *-in。

6. "塵"字

(1140) 塵 chén<drin<＊drjin(灰尘)

一般被归入真部,但我却将其归入 *-in。它只在《诗经》韵脚中出现过一次(206.1A),《毛诗》版本中出现的韵脚如下:

塵 chén<drin<＊drjin(尘土)
疷 qí<gjie(四)<＊gJe(生病)

"疷"qí 字被简单的注为"病"。我们无法根据此序列确定该字的构拟,因为《诗经》中再没其他例子出现 *-e 与 *in 或者 *-in 押韵的情况。戴震(引自向熹1986: 348)认为"疷"是"痻"的讹误,"痻"是"瘖"的简写形式:

(1141) 痻 mín<min(三)<＊mrjin(生病)

尽管这个字从"昏"hūn<＊hmun 得声,让它看起来应被构拟为 *-un,但我还是将它构拟为 *-in:因为它在 257.4A 中与 *-in 押韵,且它与"閔"同源:

(1142) 閔 mǐn<minX(三)<＊mrjin(?)(受苦)

比如《诗经》257.4 中出现的短语:

---

[1] 王先谦(1915 [1973]: 103)认为这是《鲁诗》的版本。

多我觏痻

duō wǒ gòu mín

"I have seen much distress"

与《诗经》26.4 中的"闵" *mǐn* 平行：

觏闵既多

gòu mǐn jì duō

"I have met with suffering in plenty"

"闵"的声符是"文" *wén* < * *mjin*（丁福保 1928—1932[1976]: 5340），且"闵"在《诗经》155.1A 中押 *-*in* 韵（其中另一个韵脚字是平声字，这说明"闵" *mǐn* < *minX* 和"痻" *mín* < *min* 间的声调差别或为晚起）。

如果《诗经》206.1 中的"疧"当真为"痻 ~ 闵 *mín ~ mǐn* < * *mrjin*（？）"，这说明我们应将"疧"构拟为 *-*in*。尽管此字在《诗经》中作为韵脚只出现了一次，但在《老子》中，它两次出现在韵脚位置，且都押 *-*in* 韵。[1]

10.1.6 传统质部

质部是与真部对应的入声韵部。它包含的中古韵在表 10.40 中给出。

表 10.40　上古质部包含的中古韵

	中古汉语	中古汉语（高本汉）	切韵韵目	注　释
二	-(w)ɛt	-(w)ăt	黠 Xiá (Hɛt)	部分
三	-(j)(w)it	-i̯(w)ĕt	質 Zhì (Tsyit)	部分
	(TSr)it	-iɛt	櫛 Zhì (Tsrit)	部分（仅有 TSr-）
四	-(w)et	-i(w)et	屑 Xiè (Set)	部分

---

[1]《老子》中的相关押韵序列出现在其第 4 章和第 56 章中，根据我的构拟都是押 *in 韵的；但是由于《老子》中存在 *-*in* 和 *-*iŋ* 混押的情况，因此可能无法提供可靠的证据来证明这种区别。

我将此韵部中的韵构拟为 *-it。还包括与其有押韵、谐声或同源关系的去声字 *-it(s)；这类字的后续演变会在下文总结。由于存在**韵尾复辅音简化**音变而导致的 *-its> *-ijs，在一些例子中我们很难将 *-its 和 *-ijs 区分开来。

与真部相同，质部只含有后来的中古四等韵而不含中古一等韵，且所有的合口字都可归入唇化声母组。该韵部内少部分字在中古有 *-k 韵尾，至少在一些字中这个韵尾是原生的。比如：

(1143) 即 jí<tsik< * tsjik(接近)

这个字在《诗经》89.2A、99.1A 以及 250.6D 中都与 *-it 部字押韵。这个字是"節"的声符：

(1144) 節 jié<tset< * tsit< * tsik(关节或竹节)

这个字可比较藏缅语中的 * tsik(关节)(白保罗 1972：27—28)。也许还有其他例子中的 *-it 实则为 *-ik，但仅根据汉语的资料很难将二者区分。

10.1.6.1 *-it(s)韵部的构拟

非唇化声母后的 *-it 部字的演变在表 10.41 中列出：[1]

表 10.41 非唇化声母后的 *-it 部字的语音演变

白一平	声母类型	中古汉语	高本汉	李方桂	蒲立本
*-it	全部	-et	*-iet	*-it	*-ə́c
*-rit	全部	-ɛt	—	*-rit	*-ˊə́c

---

[1] 在这个韵部中高本汉并未构拟中古二等韵-ɛt 的上古来源。比如，他将"黠"xiá<hɛt< * grit(狡黠的)构拟为 * g'ăt（高本汉 1957，373v 条），就好像它属于传统月部一样。尽管它的声符是"吉"jí<kijt(四)< * kJit(吉祥的)，高本汉将其构拟为 * kiĕt，属于质部。但与其他韵部进行对比，我们会发现这里应该构拟为 * g'ĕt 而不是 * g'ăt。

续表

白一平	声母类型	中古汉语	高本汉	李方桂	蒲立本
*-jit	钝音	-jit(四)	*-i̯ĕt	*-jit	*-ə̀c
	锐音	-it	*-i̯ĕt	*-jit	*-ə̀c
*-rjit	钝音	-it(三)	*-i̯ĕt	*-jit	*-ʳə̀c
	锐音	-it	*-i̯ĕt	*-rjit	*-ʳə̀c

唇化声母后的 *-it 部字的演变在表 10.42 中列出：

表 10.42　唇化声母后的 *-it 部字的语音演变

白一平	中古汉语	高本汉	李方桂	蒲立本
*Kʷit	Kwet	*Kiwet	*Kwit	*Kʷə́c
*Kʷrit	Kwɛt	—	*Kwrit	*Kʷrə́c
*Kʷjit	Kjwit(四)	*Ki̯wĕt	*Kwjit	*Kʷə̀c
*Kʷrjit	Kwit(三)	*Ki̯wĕt	*Kwjit	*Kʷrə̀c

非唇化声母和唇化声母后的 *-its 部字的演变在表 10.43 和 10.44 中列出，它们在后来与 *-ijs 合并（对比后文的表 10.55 和 10.56）：

表 10.43　非唇化声母后的 *-its 部字的语音演变

白一平	声母类型	中古汉语	高本汉	李方桂	蒲立本
*-its	全部	-ejH	*-ied	*-idh	*-ə́cs
*-rits	全部	-ɛjH	*-ĕd	*-ridh	*-ʳə́cs
*-jits	钝音	-jijH(四)	*-i̯ĕd	*-jidh	*-ə̀cs
	锐音	-ijH	*-i̯ĕd	*-jidh	*-ə̀cs
*-rjits	钝音	-ijH(三)	*-i̯ĕd	*-jidh	*-ʳə̀cs
	锐音	-ijH	*-i̯ĕd	*-rjidh	*-ʳə̀cs

表 10.44　唇化声母后的 *-its 部字的语音演变

白一平	中古汉语	高本汉	李方桂	蒲立本
*K^wits	KwejH	*Kiwed	*Kwidh	*K^wə́cs
*K^writs	KwɛjH	*Kwĕd	*Kwridh	*K^wrə́cs
*K^wjits	KjwijH(四)	*Ki̯wĕd	*Kwjidh	*K^wə̀cs
*K^wrjits	KwijH(三)	*Ki̯wĕd	*Kwjidh	*K^wrə̀cs

　　正如所构拟的其他前元音的韵部一样，我认为在此韵部中同时包含中古的重纽三等和重纽四等韵，有许多很好的例子可以证明我的构拟，比如以下几组：

　　(1145) 蜜 *mì*<*mjit*(四) < **mjit*(蜂蜜)(见于《楚辞》)
　　(1146) 密 *mì*<*mit*(三) < **mrjit*(<**Nprjit*?)(茂密)

后者有 *r 介音已经被跟它同义或同源的来母字所证实：

　　(1147) 栗 *lì*<*lit*< **C-rjit*(茂密,紧密)

另一组对比对如下所示：

　　(1148) 必 *bì*<*pjit*(四) < **pjit*(必须)
　　(1149) 柲 *bì*<*pit*(三) < **prjit*(把手,板条)，又读 *bì*<*pijH*(三) < **prjits*

然而大部分的构拟都将这种对立视为不规则(比如李方桂 1971 [1980]：64)。
　　将这类字的上古形式构拟为 *-ik 的证据是不足的，但我暂时为它们构拟如下音变：

　　*-ik>-ek ~ -et
　　*-(r)jik>-ik ~ -it

除了我构拟的 *-ik,和其他学者认为应属于脂部但与 *-it 有联系的去声字,我对这个韵部的构拟和传统的韵部构拟并无矛盾之处,所以我不再对此韵部展开详细讨论。

其他 *-it(s)韵部的例字:

(1150) 結 jié<ket< * kit(< * kik?)(结)

可与藏语' khyig-pa(联结)比较(柯蔚南 1986:150)

(1151) 髻 jì<kejh< * kits(< * kiks?)(发髻)
(1152) 血 xiě~xuè<xwet< * hwit(血)
(1153) 黠 xiá<hɛt< * grit(狡黠的)
(1154) 吉 jí<kjit(四)< * kJit(吉祥的)
(1155) 一 yī<ʔjit(四)<*ʔjit(一)
(1156) 日 rì<nyit< * njit(太阳,日子)
(1157) 至 zhì<tsyijH< * tjits(到达)
(1158) 室 shì<syit< * stjit(屋子,厅室)

10.1.7 传统物部

传统的物部是与文部对应的入声韵部。物部含有的中古韵在表 10.45 中列出:

表 10.45 传统物部中含有的中古韵

	中古汉语	中古汉语(高本汉)	切韵韵目	注 释
一	-(w)ot	-(u)ət	没 Mò(Mwot)	
二	-(w)ɛt	-(w)ăt	黠 Xiá(Hɛt)	部分
三	-jit	-iət	迄 Qì(Xjit)	仅有钝音
	-jut	-iuət	物 Wù(Mjut)	仅有钝音
	-(w)it	-i(w)ĕt	质 Zhì(Tsyit)	部分
	(TSr)it	-iĕt	栉 Zhì(Tsrit)	部分(仅有 TSr-)
四	-(w)et	-i(w)et	屑 Xiè(Set)	部分(仅有锐音)

正如文部中后来的中古一等-on 和四等-en 在上古呈互补分布，物部的-ot 和-et 在上古也呈互补分布。因此这个韵部可以只构拟后元音作为主元音；中古的前元音韵-et 来自语音形式的后续演变。物部中的典型-et 韵字不易寻找，在此举一个双音节词中的-et 韵的字的例子：

(1159) 饕餮 tāotiè<thaw-thet< * thaw-th*i*t (饕餮)

然而由于该韵部在锐音声母后存在开合口对立，所以我们将根据圆唇元音假设构拟出 *-*it* 和 *-ut* 两部字。

同样因为**韵尾复辅音简化**，*-*i*ts 和 *-uts 在后来分别与 *-ijs 和 *-ujs 合流，但我们一般可以根据谐声关系和同源关系区分这两部。我将 *-*i*t 和 *-*i*ts 合称 *-*i*t(s)部；*-ut 和 *-uts 合称 *-ut(s)部。由于在《诗经》时代已经出现了 *-ps 和 *-ts 相混的证据，所以我将 *-*i*ps 和 *-ups 分别归入 *-*i*t(s)部和 *-ut(s)部中进行讨论。

10.1.7.1 *-*i*t(s) 韵部的构拟

非唇化声母后的 *-*i*t 部字的语音演变在表 10.46 中列出；唇化声母后的 *-*i*t 部字的语音演变在表 10.47 中列出，情况与前者平行。

表 10.46 非唇化声母后的 *-*i*t 部字的语音演变

白一平	声母类型	中古汉语	高本汉	李方桂	蒲立本
*-*i*t	* K-	-ot	*-ət	*-ət	*-ə́t
	* P-	-wot	*-wət	*-ət	*-ə́t
	锐音	-et	*-iət	*-iət	*-(ʲ)ə́t(?)
*-ri*t	全部	-ɛt	*-ɛt	*-r(i)ət	*-ʳə́t
*-ji*t	* K-	-jit	*-iət	*-jət	*-ə̀t
	* P-	-jut	*-iwət	*-jət	*-ə̀t
	锐音	-it	*-iət	*-jiət	*-ə̀t
*-rji*t	钝音	-it(三)	*-i̯ɛt	*-jiət	*-ʳə̀t
	锐音	-it	*-iət	*-rjiət	*-ʳə̀t

表 10.47　唇化声母后的 *-it 部字的语音演变

白一平	中古汉语	高本汉	李方桂	蒲立本
*$K^w\dot{\imath}t$	Kwot	*$Kw\partial t$	*$Kw\partial t$	*$K^w\acute{\partial}t$
*$K^wr\dot{\imath}t$	Kwɛt	*$Kw\varepsilon t$	*$Kwr\partial t$	*$K^wr\acute{\partial}t$
*$K^wj\dot{\imath}t$	Kjut	*$Ki̯w\partial t$	*$Kwj\partial t$	*$K^w\grave{\partial}t$
*$K^wrj\dot{\imath}t$	Kwit(三)	*$Ki̯w\varepsilon t$	*$Kwji\partial t$	*$K^wr\grave{\partial}t$

非唇化声母和唇化声母后的去声韵 *-its 部字的演变在表 10.48 和表 10.49 中列出，它们后来与 *-ijs 合并（对比后文的表 10.57 和表 10.58）。

表 10.48　非唇化声母后的 *-its 部字的语音演变

白一平	声母类型	中古汉语	高本汉	李方桂	蒲立本
*-i̯ts	*K-	-ojH	*-əd	*-ədh	*-ə́ts
	*P-	-wojH	*-wəd	*-ədh	*-ə́ts
	锐音	-ejH	*-iəd	*-iədh	*-(ʲ)ə́ts(?)
*-ri̯ts	全部	-ɛjH	*-ɛd	*-r(i)ədh	*-ʳə́ts
*-ji̯ts	钝音	-jijH	*-i̯əd	*-jədh	*-ə̀ts
	锐音	-ijH	*-i̯əd	*-jiədh	*-ə̀ts
*-rji̯ts	钝音	-ijH(三)	*-i̯ɛd	*-jiədh	*-ʳə̀ts
	锐音	-ijH	*-i̯əd	*-rjiədh	*-ʳə̀ts

表 10.49　唇化声母后的 *-its 部字的语音演变

白一平	中古汉语	高本汉	李方桂	蒲立本
*$K^w\dot{\imath}ts$	KwojH	*$Kw\partial d$	*$Kw\partial dh$	*$K^w\acute{\partial}ts$
*$K^wr\dot{\imath}ts$	KwɛjH	*$Kw\varepsilon d$	*$Kwr\partial dh$	*$K^wr\acute{\partial}ts$
*$K^wj\dot{\imath}ts$	KjwijH	*$Ki̯w\partial d$	*$Kwj\partial dh$	*$K^w\grave{\partial}ts$
*$K^wrj\dot{\imath}ts$	KwijH(三)	*$Ki̯w\varepsilon d$	*$Kwji\partial dh$	*$K^wr\grave{\partial}ts$

*-it(s) 韵部的例字：

(1160) 爱 ài<ʔojH< *ʔits (爱护,吝惜)
(1161) 逮 dài<dojH ~ dejH< *(g-)lits(< *(g-)lips)(来到,达到,向前)
(1162) 棣 dì<dejH< *lits(< *lips)(棠棣)

请注意在上面后两个例子中中古的 doiH 和 dejH 均来自原始的 *lips（或者 *(g-)lips）。我把这归因于不同方言中 *i-前化音变的应用差异：dejH 可能反映了某种 *i-前化音变发生在 *-ps> *-ts 音变之后的方言，导致这种方言发生了 *lips> *lits> *lits>dejH 的音变。dojH 可能来自一种 *i-前化音变发生在 *-ps> *-ts 音变之前或者甚至没能发生的方言。更进一步的讨论见 10.1.7.5 和 10.3.4。

(1163) 溉 gài<kojH< *kits(冲洗)
(1164) 妹 mèi<mwojH< *mits(妹妹)
(1165) 謂 wèi<hjwijH< *wjits(说,把……叫做)
(1166) 位 wèi<hwijH< *wrjits< *(w)rjips(位置,站立)

上面最后一个例子的音韵地位有些令人疑惑之处，详见下文讨论。

(1167) 壻 xì<xjijH< *xjits(拿走)
(1168) 肄 yì<yijH<< *ljits(< *ljips)(劳苦,嫩枝)

10.1.7.2 *-ut(s) 韵部的构拟

非唇音声母后 *-ut 部字的语音演变在表 10.50 中列出。

表 10.50　非唇音声母后 *-ut 部字的语音演变

白一平	声母类型	中古汉语	高本汉	李方桂	蒲立本
*-ut	全部	-wot	*-wət	*-ət	*-ʷə́t
*-rut	全部	-wɛt	*-wɛt	*-rət	*-ʳʷə́t

续表

白一平	声母类型	中古汉语	高本汉	李方桂	蒲立本
*-jut	钝音	-jut	*-i̯wət	*-jət	*-ʷə̀t
	锐音	-wit	*-i̯wət	*-jət	*-ʷə̀t
*-rjut	钝音	-wit(三)	*-i̯wɛt	*-jiət	*-ʳʷə̀t
	锐音	-wit	*-i̯wət	*-rjət	*-ʳʷə̀t

唇音声母音节中的-w-丢失或通过*w-中和音变而使唇音声母后的-w-无对立，比如：

(1169) 笔 bǐ<pit<*prjut(笔)

此字存在如下音变：*prjut>*prjwɨt(圆唇元音双元音化)>*prjɨt(*w-中和)>pit(*r-色彩，*r-脱落)。

去声音节*-uts(后与*-ujs合并)的情况与*-ut平行；其语音演变如表10.51所示(可与表10.59对比)：

表10.51 非唇音声母后*-uts的语音演变

白一平	声母类型	中古汉语	高本汉	李方桂	蒲立本
*-uts	全部	-wojH	*-wəd	*-ədh	*-ʷə́ts
*-ruts	全部	-wɛjH	*-wɛd	*-rədh	*-ʳʷə́ts
*-juts	钝音	-jwijH	*-i̯wəd	*-jədh	*-ʷə̀ts
	锐音	-wijH	*-i̯wəd	*-jədh	*-ʷə̀ts
*-rjuts	钝音	-wijH(三)	*-i̯wɛd	*-jiədh	*-ʳʷə̀ts
	锐音	-wijH	*-i̯wəd	*-rjədh	*-ʳʷə̀ts

与*-ut部字相同，唇音声母后的-w-通过*w-中和音变而使唇音声母后的-w-无对立。

其他上古*-ut(s)韵部的例字：

(1170) 忽 hū<xwot<*hmut(粗心的，混淆的)(可能与"昏"hūn<xwon<

* hmun(昏暗,昏庸)有关)

(1171) 溃[kuì]<hwojH< * guts(精力充沛的,混乱的,暴力的)

(1171*) 悖 bèi<bwojH< * buts(无序的,愚蠢的)

(1172) 没 mò<mwot< * mut(终止,消失,耗尽)

(1173) 内 nèi<nwojH< * nuts< * nups(内部)

(1174) 退 tuì<thwojH< * hnuts< * hnups(撤退,退休)

(1175) 出 chū<tsyhwit< * thjut(外出),也读作 chuì<tsyhwijH< * thjuts(带出)

(1176) 憝[duì]<drwijH< * g-ljuts< * g-ljups(招致怨恨)

(1177) 芾 fú<pjut< * pjut(韨,古代礼服上的蔽膝)

(1178) 律 lù<lwit< * b-rjut(行,律管)

(1179) 述 shù<zywit< * Ljut(继续,传递,传送)

(1180) 率 shuài<srwijH< * srjuts(率领),也读作 srwit< * srjut

(1181) 物 wù<mjut< * mjut(类别,事物)

(1182) 卒 zú<tswit< * tsjut< * Stjut(结束,停止,耗尽)

(1183) 醉 zuì<tswijH< * tsjuts(喝醉的)

10.1.7.3 *-it(s)和 *-ut(s)间的押韵关系

《诗经》中音位对应无分歧的 *-it(s)部和 *-ut(s)部字的押韵表现说明二者是可区分的韵部。但正如 *-at(s)、*-et(s)、*-ot(s)间的关系一样,我们通常很难确认那些音位对应有分歧的字具体归属于哪一个韵部。有些可能是文本传抄中的讹误导致的,也有些可能是不同方言后世发展的表现,这些问题在对 *-ps 韵尾前的元音构拟上尤其严重。

我们将用下列标准说明哪些字是确定的 *-it(s)部和 *-ut(s)部:

1. 除了唇音声母字,所有的中古开口字都是确定的 *-it(s)部。
2. 除了可能对应含唇化舌根音的辅音丛的 TS(r)-类声母字,其余合口字都是确定的 *-ut(s)部。

音位对应无分歧的 *-it(s)部和 *-ut(s)部字的押韵情况在表 10.52 中列出:[1]

---

* 原书有两个 1171。

[1] P[*-it](入声)的 0.99 置信区间从 0/6 = 0.00 到 3/6 = 0.50;P[*-its](去声)的 0.95 置信区间从 8/26 = 0.308 到 18/26 = 0.692。

表 10.52　音位对应无分歧的 *-it(s) 部和
　　　　　*-ut(s) 部字的押韵情况

	入	去
*-it(s) 部字	1	13
*-ut(s) 部字	5	13
所有的两部字	6	26
P[*-it(s)]	0.167	0.500
P[*-ut(s)]	0.833	0.500

《诗经》中包含音位确定的 *-it(s) 部和 *-ut(s) 部字的押韵序列按声调和序列长度排列在表 10.53 中：[1]

表 10.53　包含音位对应无分歧的 *-it(s) 部和
　　　　　*-ut(s) 部字的押韵序列

声调	序列长度	总序列	*-it(s)	*-ut(s)	混押
入	2	1	0	1	0
去	2	5	3	2	0
	4	1	0	1	0

正如表 10.53 所展示的一样，所有音位对应无分歧的 *-it(s) 部和 *-ut(s) 部字都未出现混合押韵的情况。尽管数据样本非常小，但统计计算出的结果依旧是显著的。这一现象的偶发概率为：

P = 0.0028

(对任意 0.95 置信区间内的 P[*-it] 和 P[*-its] 这一数值不会超过 0.015。)因此我们有充足的证据说明音位对应无分歧的 *-it(s) 部和 *-ut(s) 部字分属两个独立的韵部。

---

〔1〕　入声序列为 29.4A(没有混押的 *-ut 序列)。去声序列是：二字 *-its 序列：35.6B、251.3A 和 257.6B；二字 *-uts 序列：194.A 和 257.13A；四字 *-uts 序列：255.3A。

10.1.7.4 含有 *-it(s)部和 *-ut(s)部字的押韵序列

下列《诗经》押韵序列包含 *-it(s)（不规则序列见下文讨论）：10.2A（带 *-it(s)）、20.3A、35.6B（带 *-ut(s)?）、132.3A（带 *-ut(s)?）、[178.1C,2C,3B（带 *-ut(s)?）]、228.4A、236.5A、241.8C（带 *-ut(s)）、249.4B、251.3A 及 257.6B。

下列《诗经》押韵序列包含 *-ut(s)：29.4A，35.6B（有可能是，带 *-it(s)?）、60.1B-2B（带 *-it(s)?）、65.2B（带 *-it(s)）、132.3A（带 *-it(s)）、141.2A、151.1A（带 *-ot(s)）、151.4A（带 *-ops）、168.2B（带 *-ot(s)?）、178.1C、2C、3B（带 *-ips?）、194.4A（带 *-o/up）、194.5A、202.2A、202.6A、232.2A、241.3B（带 *-it(s)）、241.8C（带 *-it(s)）、245.4C（带 *-ot(s)）、247.5B、255.3A、257.13A 及 264.5D。

10.1.7.5 附加说明

尽管音位对应无分歧的字作韵脚时不存在混押序列，但还有很多包含音位对应有分歧字的不规则押韵序列。其中有些不规则可能与文本传抄过程中的错误有关，有些可能与不完全押韵或方言音系不同有关。除了 *-ot(s)部和 *-ut(s)部的混押情况（我们已经讨论过的常见现象），其他主要的类型将在下文详细讨论。

*-it(s)部或 *-ut(s)部与 *-it(s)部字押韵

序列 10.2A、60.1B－2B、65.2B 以及 241.3B 都是这类押韵序列。这些序列无论在传统分析中还是在本书的分析中都属于例外，因为它们包含传统物部和质部的交叉部分。[1] 然而，我们需要明确的一点是 60.1B－2B 中的不规则序列与后期文本变更有关。在《毛诗》中有下列序列：

遂 suì < zwijH < * zjuts（玉佩）
悸 jì < gjwijH（四）< * g^{w}jits（下垂）

但在《韩诗》中，"悸"被"萃"取代：

---

[1] 用传统术语来说，即"物质合韵"。

第十章　新上古汉语韵部分类　499

(1184) 萃[cuì]〔1〕<dzwijH< * dzjuts(可能< * dzjups?)(下垂)

这个字与"遂" * zjuts 属于规则押韵(见高本汉 1942—1946[1964]：注释 191)。

而其他三个押韵序列：10.2A、65.2B 以及 241.3B 中的不规则情况看起来是一开始就有的。值得注意的是《诗经》241 里包含的一些不规则押韵情况，可能是受后世版本传抄的影响。

*-it(s)部和 *-ut(s)部的押韵

根据我构拟的系统，共有四个序列包含了 *-it(s)部和 *-ut(s)部字的混押，因此可以被认为是反对圆唇元音假设的潜在证据。具体序列是 35.6B、132.3A、178.1C – 3C 以及 241.8C。其中序列 241.8C 十分不符合常规，我对它也没什么别的解释。不过其他例子还有值得商榷之处。

押韵序列 35.6B 含有的韵脚字：

溃[kuì]<hwojH< * guts(暴力的)(第五行)
肄 yì<yijH< * ljits< * ljips(劳苦)(?)(第六行)
憩 xì<xjɨjH< * xjits(休憩)(第八行)

第一个字我根据其声符"贵"将其构拟为 *-uts 部：

(1185) 贵 guì<kjwijH< * kjuts(珍贵的，昂贵的)(比较藏语 gus-po(昂贵的)、gus-pa(尊重，尊敬)，引自柯蔚南 1986：121)

当然，也很有可能这个字是很晚才出现的，因此这个字实际上应该是 * g^wits。不过无论怎样说，这个字位于奇数行；阅读这首诗是不会直观认为这个字必须是韵脚字。

押韵序列 132.3A 含有的韵脚字：

─────

〔1〕请注意，现代发音中不规则的送气音声母，可能反映对反切(秦醉切)的解读的时代错误("秦" dzin 在现代普通话中为送气声母)。

棣 dì<dejH< *lips（棠棣）
檖 suì<zwijH< *zjuts（梨树）
醉 zuì<tswijH< *tsjuts（喝醉的）

首先在这个序列中上面三字都是毋庸置疑的韵脚字。我认为此处的不规则押韵现象可能与唇音韵尾在不同方言中的差异表现有关。为"棣"构拟 *-p 韵尾是因为它的声符为"隶"：

（1186）隶~逮 dài<dojH< *(g-)lips（达到）

这个字在早期和无 *-s 尾的语音形式的字"眔"是可以互换的：

（1187）眔[tà]<dop< *(g-)lip（达到）

中古时期"棣"有不止一种读音：在《广韵》中为 dejH，在《经典释文》中为 dwojH（根据晋代的一本字典《字林》，见《诗经》24 下的注释），和在《诗经》26.3 的短语"棣棣"（美好）中读为 dojH（假借字"逮"）。dejH 的读音可能来自在 *-ps > *-ts 的同化音变发生后发生 *i-前化 的方言：*lips > *lits > *lits>dejH；而 dojH 的读音可能来自 *-ps > *-ts 的同化音变发生后没有发生 *i-前化 的方言：*lips > *lits > *lijH>dojH。最后，合口的读音 dwojH 可能来自后元音在唇音韵尾前圆唇化的方言：*lips > *lups > *luts>dwojH。[1]

元音在唇音韵尾前圆唇化的例子还可见于《诗经》178：

溾 lì<lijH< *C-rjɨps（到达）
率 shuài<srwit~srwijH< *srjut(s)（带领）

对于这两个字是不是押韵的韵脚字还存在争议，但我怀疑它们之间是相互押韵的。中古的 lijH 可以倒推为上古的 *C-rjɨps（或者 *C-rjips），

---

〔1〕 或者，我们可以构拟"棣" *lups，这种形式在某些方言中保留，在其他方言中异化为 *lips。

但在《经典释文》中它被注音为 lwijH,可倒推为上古的 * C-rjups;这便是某些方言中元音在唇音韵尾前圆唇化的例子,从原始的 * C-rjɨps 派生出 * C-rjups。[1] 这种方言的影响也可能是如下两个字语音产生费解的一个原因:

(1188) 位 wèi<hwijH< *(w)rjɨps(可能来自 * rjups 之类的形式,即 * rjɨps? 的方言形式)(站立,位置)

这个字很久以前就被认为和"立"字有关:

(1189) 立 lì<lip< * C-rjip(站立)(比较藏缅语 * g-ryap(站立),白保罗 1972:57)

但二者之间具体的语音联系尚不清楚。[2]

10.1.8 传统的脂部和微部

王力(1937)是一篇重要且影响力极大的论文,指出原来江有诰所划分出的脂部应分为脂微两个韵部:脂部的元音是前元音,微部的元音是非前元音。[3] 这一观点被之后的学者广泛接受。[4] 简单地说,王力的脂部基本等同于我构拟的 *-ij 部,而王力的微部包含了我的 *-ɨj 部和 *-uj 部;但由于我质疑王力并没有给出一个划分脂微二部的准确界限,我将把这两个韵部放在一起讨论。

我的构拟主要包含了对王力的构拟的两点修正:(1)有一些王力

---

〔1〕 请注意,在 * r、* l 相混的方言中,此处的"涖"lì<lijH< * C-rjips(到达)可能与上文述及的"逮"dài<dojH< *(g-)lips(到达)同源。

〔2〕 "位"wèi<hwijH 声母的构拟始终是一个问题。可能在一些方言中 * r-变成了 * wr-或者 *fiwr-,参见包拟古(1980:87-89)。

〔3〕 王力受到一些早期学者的影响,这些学者已经看到了进一步细分江有诰所分的脂部的可能性,其中包括章炳麟和黄侃。参见王力(1937〔1980〕:141-148)。

〔4〕 王力的提议并未被高本汉接受,他在王力的论文发表时就已经制定了他的上古汉语构拟的大部分内容。

归入脂部的字我认为其实应属于微部;(2)根据圆唇元音假设,微部应再二分为 *-ij 部和 *-uj 部。[1]

江有诰的脂部所包含的中古韵在表 10.54 中列出:[2]

表 10.54 江有诰的脂部所包含的中古韵

	中古汉语	中古汉语(高本汉)	切韵韵目	注 释
一	-oj	-ậi	咍 Hāi(Xoj)	部分(仅有 K-)
	-woj	-uậi	灰 Huī(Xwoj)	部分
二	-(w)ɛj	-(w)ăi	皆 Jiē(Kɛj)	部分
三	-j(w)ij	-(w)ei	微 Wēi(Mjij)	仅有钝音
	-(w)ij	-(w)i	脂 Zhī(Tsyij)	
	-j(w)e	-(w)i̯e	支 Zhī(Tsye)	部分
四	-(w)ej	-i(w)ei	齐 Qí(Dzej)	部分

注意这个韵部同时包含了中古一等韵-oj 和中古四等韵-ej 的对立,比如下列的最小对比对:

(1190) 岂 kǎi<khojX< *khij? (快乐的)
(1191) 稽 qǐ<khejX< *khij? (稽首)

根据前元音假设,我们必须为这个韵部构拟一个前元音和一个后元音。这与王力将脂部一分为二的观点相符合:脂部的主元音是前元音,微部的主元音是后元音。

除此之外,在主元音为非前元音的脂部中,构拟出圆唇和不圆唇的对立是十分必要的,可解释如下两个字的对立:

(1192) 妻 qī<tshej<tshij(妻子)

---

[1] 这里有一些字属于王力的微部,而我将它们归为脂部并构拟为 *-ij;比如"维"wéi < ywij < *wjij(维系)。

[2] 中古的-oj 确实会出现在除了 *K-系声母之外的其他系列声母之后,但这类音节都来自其他韵部(比如"臺"tái <doj< *lɨ(塔)属于上古之部)。

(1193) 崔 cuī<tshwoj< *tshuj（地名）

因此我为传统微部构拟了 *-ij 部和 *-uj 部。[1]

王力基本只根据中古音韵地位来判断哪些字属于脂部、哪些字属于微部。在江有诰的脂部字中，王力指出：

1. 所有-(w)ej 韵——《广韵》的齐 Qí(Dzej) 韵——归于脂 Zhī 部。
2. 所有-(w)oj 或-j(w)ɨj 韵——《广韵》的灰 Huī(Xwoj) 韵、咍 Hāi(Xoj) 韵和微 Wēi(Mjɨj) 韵——归于微 Wēi 部。
3. 《广韵》的脂 Zhī(Tsyij) 韵和皆 Jiē(Kɛj) 韵字来自脂微两部：开口字（中古的-(j)ij 和-ɛj）归于脂 Zhī 部，合口字（中古的-(j)wij 和-wɛj）归于微 Wēi 部。（例外：以"癸"guǐ<kjwijX（三）和"季"jì<kjwijH（四）为声符的字归于脂 Zhī 部，即使它们是合口韵。）[2]

王力用《诗经》押韵证据来证明他的观点：他找到了略多于一百个含有脂部字和微部字的押韵序列，用上述区分方法确定哪些字属于脂部、哪些字属于微部，然后发现在 3/4 的序列中二者是分开押韵的。[3]

董同龢基本上支持王力的观点，但在具体确定哪个字归哪一部时参考了谐声证据。他大致接受上面的 1、2 两条规则，但质疑第 3 条规则，他认为中古的脂韵和皆韵不管开合，都应该一起被分入其中一个韵部，因为两个韵中的字之间存在很紧密的谐声关系（1944[1948]：67-72）。

王力的构拟很值得肯定的一点是他为传统的韵部分析填补了一个空档。正如我们所看到的那样，在传统的韵部分析中，所有韵部都可根

―――――
〔1〕 事实上，中古汉语中在脂部与微部的最小对立只能反映出元音的二分对立：*-ij 可以出现在"稽"qí<khejX 和"妻"qī<tshej 中；*-ɨj 可以出现在"恺"kǎi<khojX 和"崔"cuī<tshwoj 之中，并且根据语音变化规律，*-ɨj 在锐音声母之后变为了中古的-woj。（这基本上就是李方桂系统对 *id 和 *-əd 的处理。）如果要解释《诗经》押韵，则必须要三个主元音，因为像"恺"和"崔"这样的字在《诗经》中不能自由押韵（即使它们声调相同）。
〔2〕 王力没有说明这个标准是如何应用于唇音声母字的；例如，他将"眉"méi<mij（三）（眉毛）列为脂部字，将"悲"bēi <pij（三）（悲伤）列为微部字（1937[1980]：143）。
〔3〕 确切数字因不同的印刷版本而异。1980 年版本（1937[1980]：146）列出了 110 个押韵，其中有 84 个未混押，有 26 个混押。王力对此的总结见上文第 3.2 节的开头处。

据中古韵尾的差异分到阴、阳、入三类之中：阴声韵是开韵尾，阳声韵是鼻音韵尾，入声韵是清塞音韵尾。三者之间存在对应关系，所以阴声韵部的鱼部对应于阴声韵部的阳部和入声韵部的铎部。但在江有诰的分析中，脂部同时对应真部（一般被构拟为前元音）和文部（一般被构拟为后元音）两个阳声韵部，因此王力的处理使得音系更加整齐：主元音为前元音的脂部字作为阴声韵与阳声韵真部对应；主元音为非前元音的微部字作为阴声韵与阳声韵文部对应。

然而，在王力定义的韵部中，阴阳对应的关系还是不够完美。因为中古四等-en 类字自很早之前就被认为有一部分来自上古真部（我系统中的 *-in）或文部（我系统中的 *-in）：[1]

(1194) 田 tián<den<* din（田地）
(1195) 先 xiān<sen<* sin（首先）

在我的系统中，非前元音 *i 在如"先" xiān<* sin 等字中因 *i-前化音变而前化；在高本汉和李方桂的系统中，"先"被构拟为 *-iən，主元音的前化归因于"强元音"介音 *-i-的影响。

同样地，一般认为中古的-in 可以来自真部或者文部，比如下面两个在上古存在最小对立但到中古变为同音的字：

(1196) 真 zhēn<tsyin<* tjin（真实）
(1197) 振 zhēn<tsyin<* tjin（大量的，威严的）

二者的合并同样归因于 *i-前化。

如果脂部和微部确实分别对应真部和文部，那么正如中古音中-en 和-in 来自真部和文部那样，中古的-ej 和-ij 来自脂部和微部。但根据王力的标准，所有的-ej 和-ij 都属于脂部，没有字属于微部。[2]

---

[1] 当然，中古的-en 也可以来自元 Yuán 部（我系统中的 * -en），因此它具有三个不同的上古来源。详见第 7 章第 7.1.3 节。
[2] 王力认识到"西"xī<sej<* sij 是例外，但他未将其分给微部而是将它分给了文部来作为解释（1937 [1980]：137）。

第十章 新上古汉语韵部分类

不过事实上有一部分中古韵为-ej 和-ij 的字在《诗经》中与 *-ij 类字押韵，因此我们可以认为王力将一些本来应分作脂微两部的字合并在了一个韵部中。比如：

（1198）跻 jī<tsej< * tsij（攀登）

王力根据其中古的-ej 韵把它归入脂部。这个字在《诗经》中作为韵脚字出现了三次（129.2A、189.4B 以及 304.3A），在这三个序列中，它均与王力认为应归微部的字押韵，所以他将这三个序列都视为不规则押韵序列。[1] 而事实上，"跻"也是一个微部字，那些序列也都是规则的押韵序列。我们可以将"跻"构拟为 * tsij，与属于文部的"先"xiān< * sin 字相平行：这两个字从上古到中古都经历了 *i-**前化**的音变。

同样地，王力根据他的第三条标准将"遟"字归入了脂部，因为它在中古属脂韵开口字：

（1199）遟 chí<drij< * drjij（延迟）

但根据《诗经》的押韵表现，这个字同样应被构拟为 *-ij。在我所认为的 9 个"遟"作为韵脚的押韵序列中，王力将 4 个押韵序列都视为不规则序列（168.6A、209.5C、300.1A、304.3A）；他将其中两个序列分别分解为两个短序列以适应他的分类（154.2C、167.6A）；他认为"遟"在 35.2A 中不算韵脚字；他将 138.1A[2] 处理为规则的脂部押韵序列；另一个序列（162.1A）没有被他提及。但如果我们将"遟"的情况与文部字中的"辰""尘"类比，将其构拟为 *-ij，上述所有序列将变为规则序列。在修正了王力这一错误后，不仅能让上古音系变得更加对称具有对称性，还

---

〔1〕 同样的字也写作"隮"，在《诗经》51.2A 中押 *-ij 韵（未被王力识别出的句内押韵），且在 151.4B 中和 *-ij 部字"饥"jī<kij 押韵，王力将后一个序列视为规则的脂部字押韵序列，因为他也错误地将"饥"归入了脂部，而董同龢正确地将"饥"分到了微部。

〔2〕 138.1A 中的另一个韵脚字是"饥"，在上一条注释中提到，它与"隮"jī< * tsij 押韵。

大量减少了《诗经》中不规则押韵序列的数量。[1]

我的归部标准如下所示：

1. 江有诰的脂部中中古韵为-(w)oj 或者-j(w)ij 的字一定属于上古微部，是 *-ij 部或者 *-uj 部（同王力的第二条标准相同）。
2. 钝音声母后韵母为-(w)ej 或者-j(w)ij（四）的字一定是上古脂部 *-ij 字。
3. 锐音声母的合口韵上古一定属于微部的 *-uj 部（TS(r)-声母后的字可能是例外，因为这组声母可能反应 *S-和 *K^w-声母换位音变产生的辅音丛如"維"字的 *w-声母的腭化）。
4. 除上述三条之外其他江有诰归为脂部的字都是音位对应有分歧的字，除了中古音韵地位之外还需参考其他证据进行构拟，主要是《诗经》押韵证据或者谐声证据。

最后一类音位对应有分歧的字的数量很多，这里面的很多字（比如"蠐"和"遲"）曾多次作为韵脚出现，因此可以确定其韵部；但那些较少作韵脚的字则很难确定究竟应归属哪一部。后面的附加说明部分讨论了其中一些问题。下面一个部分将展示 *-ij、*-ij、*-uj 三韵部的具体构拟。

10.1.8.1 *-ij 韵部的构拟

上古非唇化声母的 *-ij 部的语音演变情况如表 10.55 所示；唇化声母类的情况与之平行，语音演变情况在表 10.56 中列出。

表 10.55　上古非唇化声母的 *-ij 部的语音演变情况

白一平	声母类型	中古汉语	高本汉	李方桂	蒲立本
*-ij	全部	-ej	*-iər	*-id	*-əj
*-rij	全部	-ɛj	*-ɛr	*-rid	*-^{r}əj

---

[1] 押韵序列如下，在王力的 26 个不规则序列中，有 21 个在我的构拟中是规则的（剩下的一些不规则可能是由于文本中的后起字造成的；详见下文）。在他通过重新分析排除的 15 个不规则例子中，有 11 例在我的构拟中是规则的。同时，在我的构拟中，他列出的其余 68 个规则序列中有 8 个序列在我的构拟中变得不规则。

续表

白一平	声母类型	中古汉语	高本汉	李方桂	蒲立本
*-jɨj	钝音	-jij(四)	*-iər, *-iɛr	*-jid	*-əj
	锐音	-ij	*-iər	*-jid	*-əj
*-rjɨj	钝音	-ij(三)	*-iɛr	*-jid	*-ˈəj
	锐音	-ij	*-iər	*-rjid	*-ˈəj

表 10.56　上古唇化声母的 *-ɨj 部的语音演变情况

白一平	中古汉语	高本汉	李方桂	蒲立本
*Kʷɨj	Kwej	*Kiwər	*Kwid	*Kʷəj
*Kʷrɨj	Kwɛj	*Kwɛr	*Kwrid	*Kʷrə́j
*Kʷjɨj	Kjwij(四)	*Kiwɛr	*Kwjid	*Kʷə́j
*Kʷrjɨj	Kwij(三)	*Kiwɛr	*Kwjid	*Kʷrə́j

其他 *-ɨj 韵部的例字：

（1200）迷 mí<mej<*mij（迷路）

（1201）禮 lǐ<lejX<*C-rij?（仪式）

（1202）體 tǐ<thejX<*hrij?（身体，形状，形式）

（1203）皆 jiē<kɛj<*krij（全，都）

（1204）偕[xié]<kɛj<*krij(?)（一起）

（1205）妣 bǐ<pjijX(四)<*pjij?（已故的母亲，女性祖先）

（1206）鸱 chī<tsyhij<*thjij（猫头鹰，雀鹰）

（1207）葵 kuí<gjwij(四)<*gʷjij（向日葵，葵花）

（1208）视 shì<dzyijX/H<*gjij?/s（看）

（1209）死 sǐ<sijX<*sjij?（死亡）

（1210）麋 mí<mij(三)<*mrjij(?)（边缘）

（1211）师 shī<srij<*srjij（人群，军队，师傅）

（1212）維 wéi<ywij<*wjij（联结，系）

(1213) 屎 xī<xjij(四)<*xJij(?)(呻吟)
(1214) 脂 zhī<tsyij<*kjij(脂肪,油脂)
(1215) 秭 zǐ<tsijX<*tsjijʔ(较大的数额)

10.1.8.2　*-ij 韵部的构拟

上古非唇化声母的 *-ij 部的语音演变情况如表 10.57 所示；唇化声母类的情况与之平行,语音演变情况在表 10.58 中列出。

一些中古韵为-a 和-je 的字也被归入这一韵部,特别是一些上声字。我在 10.1.3.2 节中已经提到过一些 *-aj 和 *-ij 的上声字存在混淆

表 10.57　上古非唇化声母的 *-ij 部的语音演变情况

白一平	声母类型	中古汉语	高本汉	李方桂	蒲立本
*-ij	*K-	-oj	*-ər	*-əd	*-ə́l
	*P-	-woj	*-wər	*-əd	*-ə́l
	锐音	-ej	*-iər	*-iəd	*-ʲə́l(?)
*-rij	全部	-ɛj	*-ɛr	*-r(i)əd	*-ʳə́l
*-jɨj	钝音	-jɨj	*-i̯(w)ər	*-jəd	*-ə̀l
	锐音	-ij	*-i̯ər	*-jiəd	*-ə̀l
*-rjɨj	钝音	-ij(三)	*-i̯ɛr	*-jiəd	*-ʳə̀l
	锐音	-ij	*-i̯ər	*-rjiəd	*-ʳə̀l

表 10.58　上古唇化声母的 *-ij 部的语音演变情况

白一平	中古汉语	高本汉	李方桂	蒲立本
*Kʷij	Kwoj	*Kwər	*Kwəd	*Kʷə́l
*Kʷrij	Kwɛj	*Kwɛr	*Kwrəd	*Kʷrə́l
*Kʷjɨj	Kjwɨj	*Ki̯wər	*Kwjəd	*Kʷə̀l
*Kʷrjɨj	Kwij(三)	*Ki̯wɛr	*Kwjiəd	*Kʷrə̀l

情况。尽管具体的音变条件还不是很清楚,但我认为很可能一些方言中发生了 *-ijʔ 到 *-ajʔ 的音变。比如:

(1216) 火 huǒ<xwaX< *hmɨjʔ（火）

这个字在《诗经》154.1A－3A、212.2C 中押 *-ɨj 韵,它可能与"燬"有联系:

(1217) 燬 huǐ<xjweX(三)< *hmjajʔ < *hmjɨjʔ（?）（毁坏）

这个字的异体字:

(1218) 焜 huǐ<xjwɨjX< *hmjɨjʔ（毁坏）

另一个 *-jɨjʔ >中古-jeX 的例子是:

(1219) 邇 ěr<nyeX< *njɨjʔ（近）

这个字在 10.3A、169.4C 以及可能的 246.2A（这里的韵脚写作"爾",是一处不规则的押韵）中押 *-ɨj 韵,在这个声符的谐声系列中既包含 *-aj 部也包含 *-ɨj 部,但我们还是最好将其构拟为 *-aj 部,因为:

(1220) 爾 ěr<nyeX< *njajʔ（你）

这个字的主元音应该与同为第二人称的"汝"字一致:

(1221) 汝 rǔ<nyoX< *njaʔ（你）

其他 *-ɨj 韵部的例字:

(1222) 哀 āi<ʔoj< *ʔɨj（怜悯）
(1223) 愷 kǎi<khojX< *khɨjʔ（快乐的）
(1224) 回 huí<hwoj< *wɨj（旋转,转向）
(1225) 妻 qī<tshej< *tshɨj（妻子）
(1226) 齊 qí<dzej< *Hts(h)ɨj（平均）
(1227) 衣 yī<ʔjɨj< *ʔjɨj（服饰）

(1228) 夷 yí<yij<*ljɨj(平坦的,平静的,平和的)
(1229) 飛 fēi<pjɨj<*pjɨj(飞行)
(1230) 歸 guī<kjwɨj<*kʷjɨj(<*kʷjuj?)(归去,回家)

这个字下文会详细讨论。

(1231) 私 sī<sij<*sjɨj(私人的)
(1232) 微[wēi]<mjɨj<*mjɨj(微小)
(1232*) 尾 wěi<mjɨjX<*mjɨj?(尾巴)
(1233) 飢 jī<kij(三)<*krjɨj(饥饿)
(1234) 悲 bēi<pij(三)<*prjɨj(不高兴的,痛苦的)

10.1.8.3　*-uj 韵部的构拟

在非唇音声母之后, *-uj 韵部的语音演变如表 10.59 所示:

表 10.59　非唇音声母之后 *-uj 韵部的语音演变情况

白一平	声母类型	中古汉语	高本汉	李方桂	蒲立本
*-uj	全部	-woj	*-wər	*-əd	*-ʷəl
*-ruj	全部	-wɛj	*-wɛr	*-rəd	*-ʳʷəl
*-juj	钝音	-jwij	*-iwər	*-jəd	*-ʷəl
	锐音	-wij	*-iwər	*-jəd	*-ʷəl
*-rjuj	钝音	-wij(三)	*-iwɛr	*-jiəd	*-ʳʷəl
	锐音	-wij	*-iwər	*-rjəd	*-ʳʷəl

在我们的预期中唇音声母字的情况会与非唇音声母平行,但事实上据我所知没有 *Puj、*Pruj、*Pjuj 或 *Prjuj 这类音节的字。可能在最开始时 *-uj 可以出现在唇音声母之后,但在《诗经》时代之前 *-uj 就异化为了 *-ij。这种可能性会在后面的 10.1.8.6 节中进行讨论。[1]

---

*　原书有两个 1232。

[1]　*Kʷ-后平行的异化音变可以解释"歸 guī<kjwɨj<*kʷjɨj(<*kʷjuj?)"的不规则押韵现象,请参阅下面的讨论。

*-uj 韵部的例字：

（1235） 推 tuī<thwoj< * thuj（推走）
（1236） 雷 léi<lwoj< * C-ruj（雷声）
（1237） 罪 zuì<dzwojX< * dzujʔ（犯罪，冒犯，罪行）
（1238） 懷 huái<hwɛj< * gruj（怀抱，渴望）
（1239） 水 shuǐ<sywijX< * h[l]jujʔ（水）

（这个字的声母辅音不确定。）

（1240） 綏 [suí]<swij< * snjuj（使平静，安慰）
（1241） 威 wēi<ʔjwij< *ʔjuj（使敬畏，使畏惧）
（1242） 畏 wèi<ʔjwijH< *ʔjujs（畏惧，惊惧）
（1243） 遺 yí<ywij< * ljuj（留下，下达）
（1244） 追 zhuī<trwij< * trjuj（追求）

10.1.8.4　*-ij 部与 *-uj 部间的押韵关系

尽管我已经重新修改了王力所制定的脂部和微部间的界限，但对于二者之间是独立韵部的既定事实没有意义，也不再进一步讨论；我进行的修改只减少了脂部和微部字混押的不规则序列的数量。（感兴趣的读者可以将本文后面的押韵序列和王力 1937［1980］所列的押韵序列进行比较。）除此之外，本节主要将重点放在微部内部 *-ij 部与 *-uj 部是否为两个可独立押韵的韵部问题的讨论上。

*-ij 部与 *-uj 部是否为两个独立韵部的判定很大程度上取决于我们对微部和脂部之间的界限的界定。为了强调本文结论的可靠性，我决定先在王力定义的微部内进行统计计算，观察其是否可再二分为两个独立押韵的韵部。[1] 在王力的微部中，我们可以通过以下两个标准

---

[1] 无论我们使用哪一种对微部的定义，都会发现 *-ij 部与 *-uj 部字之间存在显著的押韵区别。采取我对微部的定义相比采取王力对微部的定义会增加确定的 *-ij 部字的数量，并且 *-ij 部字未混押序列的数量更多。在我的构拟中，圆唇元音假设得到了更好地体现。但是这种趋势在一定程度上被以下事实所抵消：我的分析中 *-ij 部字作为韵脚字的出现概率大于王力的分析，所以没有混押的 *-ij 序列的出现更可能是偶然现象。

寻找音位对应无分歧的 *-ij 部与 *-uj 部字：

1. 韵母为-oj 和-jij 的中古开口韵一定可以倒推为上古的 *-ij，除了唇音声母字。
2. 除了 TS(r)-类声母(可能对应 * SK^w(r)-)，以及读音为 ywij 的词(可能对应上古的 * wjij，在后世演变中 * w-声母腭化)，其他锐音声母后的中古合口韵-woj 或-wij 类字都一定是确定的 *-uj 部。

按照以上两个标准找到的音位对应无分歧的 *-ij 部与 *-uj 部字的押韵情况在表 10.60 中列出（平声中的 P[*-uj] 的 0.95 置信区间是 0.195—0.463。我们不会在上声或去声中使用 P[*-uj]）：

表 10.60　音位对应无分歧的 *-ij 部与 *-uj 部字的押韵情况

	平	上	去
*-uj 部字	13	7	0
*-ij 部字	28	1	0
所有两部字	41	8	0
P[*-uj]	0.317	0.875	
P[*-ij]	0.683	0.125	

含有音位对应无分歧的 *-ij 部与 *-uj 部字在《诗经》中的押韵序列在表格 10.61 中列出：[1]

表 10.61　音位对应无分歧的 *-ij 部与 *-uj 部字的押韵序列

声调	序列长度	总序列	*-uj	*-ij	混押
平	2	7	3	4	0
上	[无]				
去	[无]				

---

[1] 单个平声序列为：两字 *-uj 序列，3.2A、178.4B、258.3A；两字 *-ij 序列，57.1A、100.2A、167.6A 和 195.2A。

由于没有包含上声和去声字的押韵序列,我们在此只讨论平声字的情况。用 3.2.6 节中的计算方法计算在所有序列中至少包含一个 *-uj 部序列且所有序列都是不混押序列的概率为:

$$P = (P[\text{*-}uj]^2 + P[\text{*-}ij]^2)^7 - (P[\text{*-}ij]^2)^7$$
$$= ((0.317)^2 + (0.683)^2)^7 - ((0.683)^2)^7 = 0.014$$

(对 0.95 置信区间内任意 P[*-uj]这一数值不会超过 0.025。)因此我们可以认为对于那些音位对应无分歧的 *-ij 部与 *-uj 部字,它们在《诗经》中都是独立押韵的。详细的含有 *-ij 部、*-ij 部与 *-uj 部的字和押韵序列将在下文列出。

10.1.8.5 含有 *-ij 部、*-ij 部与 *-uj 部字的押韵序列

不论我们如何定义 *-ij 部与 *-ij 部间的界限,总会出现许多二者混合押韵的序列,因此在确定某一个具体的字是属于 *-ij 部还是 *-ij 部时常常遇到很大困难。

造成不规则现象的可能原因是 *i-前化音变在不同的上古方言中有不同的表现,或是发生的年代不同。在有些方言中(或某些语音环境中),这个音变发生得很早,以至于影响到了《诗经》中的押韵表现,比如:

(1245) 弟 dì<dejX< * di/ijʔ (弟弟)

这个字在某些序列中押 *-ij 韵(164.1A、173.3A、240.2B、246.2A;35.2B 中也有可能),而在另一些序列中押 *-ij 韵(39.2A、51.1B、110.3B)。[1] 我认为 * dijʔ 是这个字的早期形式,后来在《诗经》时期(或《诗经》所反映的地域特点中),韵母变为了 *-ij;且值得注意的是"弟"在所有《国

---

[1] "弟"的其他押韵情况尚不清楚。下面讨论序列 71.1A – 3A、92.1A – 2A 和 183.1A,其中"弟"似乎押 * -uj 韵。而在 209.5C 中,"弟"可能把 *-ij,但尚不清楚它是不是确定的韵脚字。当在叠韵词"岂弟"kǎi [tì] <khojX-dejX< * khij-dijX(快乐的,愉悦的)中被用作韵脚字时,汉字"弟"的押韵似乎始终为 *-ij(105.2A、173.3A、239.1A)。

风》篇章中都押 *-ij 韵。

在大多数情况下 *-ij 与 *-uj 之间的区别是明确的,少数例外会在下文详细讨论。

下列《诗经》押韵序列包括 *-ij: 35.1D、39.2A(带"弟"dì)、51.1B(带"弟"dì)、52.3、53.1(带 *-it(s))、110.3(带"弟"dì)、119.1B - 2B、153.3B、170.2B、170.5A、179.5A(带 *-ej)、180.4A、191.3A、198.6A、203.1A、213.1B、220.1B、222.5A(带 *-ets)、245.7b、257.3B、264.3A、279.1B、290.1G。

下列《诗经》押韵序列混押 *-ij 和 *-ij: 57.2A、133.1A - 3A、169.4C、195.2A、209.5C、246.1A 及 254.5A。要注意 57.2A 在出土的阜阳《诗经》残卷(胡平生、韩自强 1988: 63 - 66,残卷 S069)中的内容与《毛诗》的版本有较大差异,或许后代文本的传抄错误是导致不规则序列出现的原因。而序列 133.1A - 3A 中例外的韵脚字都出现在奇数行且每章重复出现,不是确定的入韵字。在 209.5C 中,唯一的 *-ij 类字是一个音位对应有分歧的字:

(1246) 尸 shī<syij< * hljij(尸体)

这个字还在混合押韵序列 254.5A 中出现,以及在 209.5C 中出现,不过在奇数行,可能不是入韵字。如果这个字不入韵,或者应构拟为 *-ij 而非 *-ij,那么 209.5C 便是一个规则的押韵序列。而如果 254.5A 再修改一个音位对应有分歧字"懠"的构拟,或者把这个字从韵脚字中排除,那么也将变为一个规则序列:

(1247) 懠 jì<dzejH< * dzijs(愤怒)

而对于序列 169.4C、195.2A,我无法为它们的不规则做出解释。

包括 *-ij 的序列: 2.1B、2.3A、10.1A、10.3A、13.3B、14.3A、26.5A、28.1A、28.2A、28.3A、35.1C、35.2A、36.1A、36.2A、39.2A、41.2A、42.2B、42.3A、43.2A(带 *-in)、51.1B、51.2A、54.2B(带 *-it(s))、57.1A、88.4A、90.1A、100.2A、105.2A、110.3B、129.2A、138.1A、147.2A、151.4B、

154.1A、154.2A、154.2C、154.3A、156.1B、156.4B、159.4A、160.1B、162.1A、162.2A、164.1A、167.1A、167.2A、167.3A、167.5A、167.6A、168.6A、169.2B、169.2C、173.3A、174.1A、177.1A、182.3A（带 *-in）、189.4B、191.5C、193.1B、200.1A、204.2A、204.8A、208.2A、212.2C、212.3A、212.3B、221.2B、222.2A（带 *-in）、239.1A、239.6A、240.2B、246.2A、250.4A、252.9C、257.2A、259.6A、260.8A、263.6D、264.6C、298.2B、299.1A（带 *-in）、300.1A、303.1E（带 *-aj）以及 304.3A。这里列出的序列省略了包含上述 *-ij 和 *-ij 的混押序列以及上面提到的"弟"押 *-ij 韵的序列。

《诗经》包含 *-uj 的押韵序列为 3.2A、4.1A、30.4A、40.3A、76.1B‑3B、104.3A、128.3A（带 *-un，*-on）、156.2E、164.2A、171.3A、178.4B、183.2A（带 *-un）、194.1B、198.1B、201.2A、201.3A（带 *-oj，*-on）、216.4A（带 *-oj）、254.7C、258.3A 及 284.1B。

下面的序列是 *-ij 与 *-uj 混押的序列：68.1B‑3B、71.1A‑3A、92.1A‑2A、101.1A、101.1B、183.1A、251.2B 和 284.1C。

10.1.8.6 固定押韵成分作为不规则的源头

如果我们更仔细地研究 *-ij 和 *-uj 混押的押韵关系，我们可能会发现一些与文本的文学史有关的有趣问题。

首先，在上文列出的 *-ij 与 *-uj 混押的序列中，有三个序列都出现了在同一首诗的不同诗章重复出现的情况（68.1B‑3B、71.1A‑3A、92.1A‑2A）。这种情况可以为不规则押韵现象提供解释：一般情况下，如果一个句子在一首诗中重复出现，那么这个句子的末尾字将不再与每个诗章内部的其他韵脚字押韵。押韵的功能一般是将同一诗章中的诗句在结构上联系起来，而重复的诗句将诗章之间联系起来，且不一定押韵。比如《诗经》69，这首诗共有三章，每章有六行诗句，其中每章的一、三行都完全相同：

中谷有蓷 zhōng gǔ yǒu tuī

……

有女仳離 yǒu nǚ pǐ lí

......

In the midst of the valley there are motherworts,

......

there is a girl who has been (separated:) rejected,

......

这里的"蓷"*tuī*<*thwoj*<**thuj*(益母草)和"離"*lí*<*lje*<**C-rjaj*(分离)不属于同一个韵部,所以一般认为这两个字不入韵。由此类推,我们认为押韵序列 68.1B–3B、71.1A–3A、92.1A–2A 中的重复诗句本不押韵。

不过,也不是说存在一个重复的诗句末尾字都不入韵的原则。因此,如果我们假设这些字真的是押韵的,那么一个更有趣的可能性就出现了。有些重复的诗句并不只是仅仅在同一首诗的不同诗章重复,还会在不只一首诗中重复出现。这表明,这些诗句可能代表了一种固定的或公式化的传统材料,被《诗经》的创作者所借鉴。如果这些诗句是诗人对于传统材料的继承,那么它便可能会保留早于《诗经》时代的音系的痕迹。非语言学因素对《诗经》押韵情况造成的干扰已经在第三章中进行了讨论。这便是另一个对前面所罗列出的不规则押韵序列的解释。

举个例子:

(1248) 歸 *guī*<*kjwij*<**k^{w}jij*(回家)

这个字的中古音为 *kjwij*,倒推至上古,可能是 **k^{w}jij*,也可能是 **kjuj*(或者也有可能是 **k^{w}juj*)。但因为它是一个《诗经》中的常见韵脚字,且基本押 **-ij* 韵,所以我将它构拟为 **k^{w}jij*。[1] 但在少数情况中,它会出现在 **-uj* 韵部字的押韵序列中,其中一些是重复出现的诗句,可能是从更早时期继承下来的。比如 68.1B–3B 中的重复诗句:

---

[1] 参见《诗经》2.3A、13.3B、28.1A–3A、36.1A–2A、41.2A、88.4A、147.2A、154.2C、156.1B、156.4B、159.4A、162.1A、162.2A、167.1A–3A、168.6A、169.2C、174.1A、204.2A、209.5C(可能是 **-ij*,请参见上文)、259.6A、260.8A、263.6D 和 298.2B。

第十章 新上古汉语韵部分类

懷哉懷哉　　　huái zāi HUÁI zāi　　　　懷 hwɛj< * gruj
曷月予還歸哉　hé yuè yú huán GUĪ zāi?　歸 kjwij

I yearn, I YEARN,
what month shall I RETURN HOME?

注意：

（1249）懷 huái<hwɛj< * gruj（渴求）

在其他地方都确定和 *-uj 部字押韵。[1] 另一个例子是《诗经》101.1：

南山崔崔　　nán shān cuī CUĪ　　　崔 tswij< * Sduj
雄狐綏綏　　xióng hú suí SUÍ　　　綏 swij< * snjuj
魯道有蕩　　Lǔ dào yǒu dàng
齊子由歸　　Qí zǐ yóu GUĪ　　　　歸 kjwij
既曰歸止　　jì yuē GUĪ zhǐ　　　　歸 kjwij
曷又懷止　　hé yòu HUÁI zhǐ　　　懷 hwɛj< * gruj

高本汉（1974：65）将其翻译为：

The Southern mountain in scraggily HIGH;
the male fox has walked SLOWLY (slyly);
the road to [Lǔ] is smooth and easy,
the young lady of [Qí] WENT by it TO HER NEW HOME;
since she has now GONE TO HER NEW HOME,
why do you still YEARN for her?

为了便于统计计算，我将 101.1A 和 101.1B 分为两个韵部（因为韵脚字从第四音节变为了第三音节），但从文本可得知这是一个固定使用的成分，且同样的"懷/歸"组对也在 68.1B-3B 中出现。

---

[1] 见 3.2A、30.4A、156.2E、164.2A 和 201.2A。

我推测在《诗经》之前的时代,"歸"的语音形式为 $*k^wjuj$,属于 $*-uj$ 部;而《诗经》时代主元音发生了异化,变为了 $*k^wjɨj$,即主元音受唇舌根声母 $*k^w$-影响,丢失了圆唇成分。(相同的异化音变可以用来解释上文提及的唇音声母后缺少 $*-uj$ 部字的典型例子。)尽管二者在《诗经》时代两个字的主元音已经不同,不符合严格的押韵语音条件,但在许多诗歌中"歸/懷"会作为固定的一组对应概念使用。

在明确这种可能的存在后,我们认为在前《诗经》时代,"薇"的语音形式为 $*mjuj$:

(1250) 薇 [wēi] <mjɨj< * mjɨj< * * mjuj(薇草)(许思莱 1987:637)

这是另一个与"歸"组成固定组合的词,在 167.1A - 3A 中,有如下重复的诗句:

采薇采薇　　cǎi wēi cǎi WĒI　　薇 mjɨj
……
曰歸曰歸　　yuē guī yuē GUĪ　　歸 kjwɨj
……

We gather the wēi plant, we gather the WĒI plant,
……
oh, to go home, to GO HOME
……

不过这个例子仍是一个规则押韵序列,两个字的主元音都受声母影响发生了异化音变。

在序列 251.2B 中,我们发现了一组即使不入韵也至少是固定组合的词:"歸"与"罍"押韵:

(1251) 罍 léi <lwoj< * C-ruj(陶罐)

含有"歸"的诗歌的文本如下:

| 豈弟君子 | *kǎitì jūnzǐ* | |
| 民之攸歸 | *mín zhī yōu GUĪ* | 歸 *kjwij* |

the joyous and pleasant lord
is one to whom the people TURN

其中使用了古老的助词"攸"（即后世的"所"），说明这是一篇早期的诗歌。

这同样说明"弟"在更早的时候主元音也是圆唇元音，后来发生了"弟"**duj?*（?）>**dij?*>**dij?*>*dejX*>*dì* 的语音演变。已在前文展示了这个字早期为 *-ij*，后期在《国风》中押 *-ij* 韵。早期的叠韵联绵词更支持了 *-ij* 的构拟：

(1252) 豈弟 *kǎi*[*tì*]<*khojX-dejX*<**khij?-dij?*（快乐的，愉悦的）

这个联绵词的第二个音节现在写作"弟"（有时也会加竖心旁），但从语源上意义为"弟弟"的"弟"与意义为快乐高兴的"豈弟"没有任何联系。在《诗经》173.3A 中"弟"不仅与"豈弟"押韵，还与"豈"押韵（可能是一种文字游戏），在结合了字形上的证据后，我们认为"弟"可以被确定构拟为 *-ij*。

"弟"和 *-uj* 部字押韵的序列也是重复的诗句，分别出现在 71.1A–3A 和 92.1A–2A 中。在《诗经》71 中有：

緜緜葛藟	*mián mián gé LĚI*	藟 *lwijX*<**C-rjuj?*
……		
終遠兄弟	*zhōng yuǎn xiōng DÌ*	弟 *dejX*
……		

Long-drawn-out are the *gé* creepers and the *LĚI* creepers,
……
far away indeed I am from my BROTHERS,
……

这里的另一个韵脚字是音位对应无分歧的 *-uj* 部字：

(1253) 藟 *lěi*<*lwijX*< * *C-rjujʔ* (藤蔓)

这些诗句与《诗经》92 中的相似,具体"弟"出现的诗句如下:

扬之水　　*yáng zhī* SHUǏ　　　水 *sywijX*< * *h[l]jujʔ*
……
终鲜兄弟　*zhōng xiǎn xiōng* DÌ　弟 *dejX*
……
(Even) stirred WATERS
……
few indeed are we BROTHERS,
……

这里的另一个韵脚字是:

(1254) 水 *shuǐ*<*sywijX*< * *h[l]jujʔ* (水,河)

这个字虽然声母不确定,但韵母是确定的 *-*uj*。

在序列 183.1A 中,"弟"和"水"以及和"隼"也可能押韵:

(1255) 隼 *sǔn*<*swinX*< * *sjunʔ* (鹰,隼)

但这个例子缺乏确定性。

如果"弟"的早期形式是 * *dujʔ*,那它主元音丢失圆唇性质的过程是不确定的;在我们的预期中它应该会变为中古的 *dwojX*。不过也要注意在藏缅语的同源词 * *doy* (* *B* 调)(弟弟)中的圆唇元音(柯蔚南 1986:49)。

10.1.8.7　附加说明
1. "济"字

(1256) 济 *jǐ*<*tsejX*< * *tsɨjʔ* (宏大的)

这个字一般都押 *-ijʔ* 韵，只有在《诗经》290.1G 中例外，押 *-ijʔ* 韵。在这篇中它的意思一般被解释为"很多"。我推测在最初有两个形式：* *tsijʔ*（很多）与"秭"*zǐ<tsijX< * tsjijʔ*（大数字）同源；还有一个 * *tsijʔ*（庄严的）与"齐"*qí<dzej< * dzij*（或 **fits(h)ij*）（相等，一致）同源。* *tsijʔ*（很多）的原始字形不知出于何种原因，在《诗经》290.1G 中与"濟"相混，这个字的声符是 *-ij*。[1]

2. "洒"字

(1257) 洒 *xǐ<sejX< * sijʔ*（洗）

它在《诗经》43.2A 中与 *-ijʔ* 和 *-inʔ* 押韵，《经典释文》根据《韩诗》，将其读音归为 *tshwojX*；在《韩诗》文本中，此处的字写为"漼"*cuǐ< tshwojX*（向熹 1986：385）。这种读音形式会指向将这个字构拟为 *-uj*，那么这就是一个不规则的押韵序列。但"洒"还是应构拟为 *-ij* 部，因为它的声符是：

(1258) 西 *xī<sej< * sij*（西方）

再者，"洒"一般认为可以是"洗"的替换形式：

(1259) 洗 *xǐ<sejX< * sijʔ*（洗）

声符"先"*xiān<sen< * sin* 也说明它的主元音是 **i*。

3. "喈"字

(1260) 喈 *jiē<kɛj< * krij*（鸟叫声或铃响声）

这个字有时会被认为与"皆"*jiē<kɛj< * krij(ʔ)*（一同）有关，但这种观

---

[1] 如果该假设成立，则应该将《诗经》239.1A 中的"榛楛濟濟"解释为"榛树和楛树非常壮观"，而不是"榛树和楛树数量很多"，因为"濟濟"*jǐjǐ<tsejX-tsejX* 在这里押 *-ijʔ* 韵。

点是值得被怀疑的,因为这两个字有不同的主元音:"喈"一般押 *-ij 韵(2.1B、41.2A、90.1A、168.6A、208.2A、252.9C、260.8A),而"皆"和与它确定有关的"偕"押 *-ij(ʔ)韵(110.3B、170.5A、220.1B、279.1B;但"偕"在169.4C中押 *-ijʔ 韵)。

4. 我将"颣"构拟为 *-ij:

(1261) 颣 kuí<gwij(三)<*gʷrjij(结实的)

因为它押 *-ij 韵(167.5A、177.1A、257.2A、260.8A),尽管它的声符"癸"guǐ<kjwijX<*Kʷjijʔ(天干第十)因为是中古重纽四等字所以一定要将其主元音构拟为前元音。请注意"颣"kuí<gwij 是中古三等韵。

5. 隶楷文字"祁":

(1262) 祁 qí<gij(三)<*grjij(大的,多的)

这个字的声符是"示"shì<zyijX/H<*sgjijʔ/s,据此应将"祁"构拟为 qí<gij(三)<*grjij;但它在押韵中都确定和 *-ij 部字押韵(见 13.3B、154.2C、168.6A、212.3A),除了在《诗经》303.1E 中与 *-aj 押韵。

6. 尽管"坻"的声符一般认为是"氐":

(1263) 坻 chí<drij(小岛)

"氐"一般认为应构拟为 *-ij(见《诗经》191.3A 中的"氐",以及 203.1A 中的"砥"),但"坻"在《诗经》129.2A 的长押韵序列中押 *-ij 韵。我推测这个字与"墀"存在同源关系:

(1264) 墀 chí<drij<*drjij(宫殿内的台阶)

这个字的声符的韵为 *-ij(试比较上文的"遲"chí<*drjij(延迟))。

同样"氐"也是"祇"的声符:

（1265）祇 zhī<tsyij< *tjɨj（尊重）

这个字在长押韵序列 304.3A 中也押 *-ij 韵。但形声字"祇"是它现在的形式，在金文中，它写作：

（周法高等 1974a，条目 13。）这个字的元音为 *i 被一个与它语音意义详尽的字证明：

（1266）振 zhēn<tsyin< *tjɨn（宏伟的）

这个字在 5.1A 中押 *-ɨn 韵，朱骏声认为这个字是"祇"的假借字（丁福保 1928—1932［1976］：38）。

前面的部分展示了支持锐音声母后构拟六元音系统的押韵证据；对传统韵部的划分的修正也是有必要的。以收 *-n 尾的字为例，传统的韵部分析共分出三个韵部（元部、真部、文部），重新考察押韵证据后确定一定存在六个韵部，正如前元音假设和圆唇元音假设所预计的那样：

*-in   *-ɨn   *-un
*-en   *-on
     *-an

现在我们把目光转向其他类型韵尾的音节。

10.2 开音节或舌根音韵尾音节

10.2.1 传统之部

上古之部包含的中古韵在下表 10.62 中列出。这个韵部只包含中古一等韵而不包含中古四等韵，因此不必为此韵部构拟主元音为前元音的音节。由于也不存在带锐音声母的合口字,所以我们不需要构拟圆唇元音。总的来说,我将此韵部构拟为 *-ɨ,不过在详细说明构拟之前,还有一些问题需要拿出来讨论。

表 10.62　上古之部包含的中古韵

	中古汉语	中古汉语(高本汉)	切韵韵目	注　释
一	-oj	-ậi	哈 Hāi(Xoj)	部分
	-woj	-uậi	灰 Huī(Xwoj)	部分
	-uw	-ə̯u	侯 Hóu(Huw)	部分—仅有唇音
二	-(w)ɛj	-(w)ăi	皆 Jiē(Kɛj)	部分
三	-i	-i	之 Zhī(Tsyi)	
	-juw	-iə̯u	尤 Yóu(Hjuw)	部分—仅有钝音
	-ij	-(j)i(三)	脂 Zhī(Tsyij)	部分—仅有 P-
	-wij	-(j)wi(三)	脂 Zhī(Tsyij)	部分—仅有 K-

10.2.1.1　Pwoj 和 Puw 之间的区别

第一个问题就是唇音声母后对立的两个一等韵 -woj 和 -uw 在传统的韵部分析中都被归入之部。比如最小对立对:

(1267) 母 mǔ<muwX(母亲)

(1268) 每 měi<mwojX(每个)

高本汉(1954:330)为了将二者区别,构拟为 *Pəg > Puw 以及 *Pwəg>Pwoj。董同龢(1944[1948]:80-81)认为这是一种长短对立(短元音用下加一点表示): *Puə̯g>Pwoj, *Puə̯̂g>Puw;李方桂(1971[1980]:38)认为此问题尚存有争议,未给出确定构拟。所有的前人构拟都没有解释为何这种对立仅存在于唇音声母之后。

我认为应构拟:

*Pɨ >Pwoj

*P(r)o>Puw

(之所以将 *r 置于括号中,是因为主元音为 *o 声母又是钝音时,无法确定音节中是否有 *-r-介音,详见 10.2.10 中的讨论)。

因此我们有:

(1269)母 mǔ<muwX< *m(r)oʔ(母亲)
(1270)每 měi<mwojX< *miʔ(每个)

这种构拟(白一平 1977:291—95,1980:24—25)很好地解释了这两个字从上古到中古的语音演变:上古的 *-(r)o 一般被认为是中古-uw 的源头,而 *-i >-woj 的音变常见于唇音声母后(-w-介音因 *w-中和化而插入)。问题是我构拟的 *P(r)o 在《诗经》中常与 *-i 押韵(见附录 C 中列出的"母"字的押韵),也与 *-i 存在谐声上的联系(如前面所引证的例子)。我将这种现象归咎于 *P(r)o 和 *P(r)i 在某些上古汉语方言中早已合并,并在《诗经》和谐声字中有部分表现。不过这种发生合并的方言并不是中古《切韵》的祖先,因为《切韵》中还保留着二者的区别。在第一章中,我就指出《诗经》中的语言系统并非《切韵》直接对应的祖先;而上古汉语应被认为是二者的祖语。*P(r)o 和 *P(r)i 的合并可以至少代表《诗经》时代某些方言的创新音变,但这些发生创新音变的方言不是后来中古音的祖先。

为了证明我的观点,还要注意构拟 *P(r)o 可以填补上古汉语音节库中的空档,除此之外没有其他字需要被构拟为这种形式。我们预期也可以在传统侯部中发现应当构拟为 *P(r)o 的字,例如"偶"这样的字:

(1271)偶 ǒu<nguwX< *ng(r)oʔ(配偶,对手)

但传统被归为侯部的中古唇音声母的-uw、-uwX、-uwH 韵字另有别的上古源头而非 *P(r)o。根据董同龢(1944[1948]:149)的音韵表,侯部只包括两个形式为 Puw 的音节,且都是去声字:phuwH 和 muwH。音

节为 *phuwH* 的只有一个字：

（1272）扑[pū] < *phuwH* < *ph(r)oks（扑倒）（也读作 pū < *phuwk* < *phok（杆,棒)）[1]

现在在我的系统中,中古的 *phuwH* 的来源为上古的 *ph(r)os 或者 *ph(r)oks；但在此我们很明确应将其构拟为 *ph(r)oks,因为它存在一个可替换的 *phuwk* < *phok 的替换读音,且它的声符是：

（1273）卜 bǔ < *puwk* < *pok（用贝壳或兽骨占卜）

关于董同龢认为中古读音为 *muwH* 的侯部字,应都被构拟为 *muwH* < *mjuwH* < *m(r)jus；它们反映了早期中古汉语发生的 **mjuw(K)>muw(K)** 的音变（见河野六郎 1954[1979]: 253,注 7；10.2.13 节）。在上古汉语中这些字的主元音是 *u 而非 *o,它们实际上属于上古幽部而不是侯部。例如：

（1274）懋[mào] < *muwH*(< *mjuwH*) < *m(r)jus（努力）

它的声符是：

（1275）矛[máo] < *mjuw* < *m(r)ju（长矛）

它是一个属于幽部的字（见《诗经》133.1B 和 191.8B 中的押韵情况）。不过董同龢显然没有意识到 **mjuw(K)>muw(K)** 的音变,便把像这样的字都归入侯部,只因它们的中古韵是 -uwH。

由于不存在 *P(r)o>Puw 的侯部字,那么这里提出的假设解释了这个空档：由于 *P(r)o 在《诗经》中和 *-i 押韵,这些有关系的字应

---

[1]《广韵》中"扑"字还有一个入声读音 *bok*。中古的 *bok* 通常来自 *bik,所以也许这段文字反映了我们在《诗经》中发现的 *o 到 *i 的方言变化情况。

该被包含在之部中。

正如我们所见到的，谐声关系也反映了《诗经》类型的方言存在 *P(r)o 变为 *P(r)i；根据《说文》，"母" *m(r)oʔ 是"每" *miʔ 的声符，但也有谐声证据说明应为"母"构拟 *o。比如，"母" *m(r)oʔ 作为声符在：

(1276) 侮 wǔ<mjuX<*m(r)joʔ(s)（冒犯、侮辱、虐待）

这个字在《诗经》中一贯押 *-o 韵（见 192.2A、237.9B、241.8B、246.6A）。再有，汉字"母"在金文里经常被用作"毋"字的假借：

(1277) 毋 wú<mju<*m(r)jo（不要）

根据与"母"的谐声关系，我将"毋"构拟为 *m(r)jo。以前的学者一般都把"毋"构拟为"無"的同音词：

(1278) 無 wú<mju<*m(r)ja（尚未）

这个字在古代典籍中也有相同的意思。但"毋"和"無"的混淆应该是比较晚的事。不管"母"的语音形式是 *m(r)oʔ 还是 *miʔ，对应任何一个构拟，将"毋"构拟为 *m(r)ja 都是不合理的，因为它们主元音不同。[1] 但如果我们把"母"构拟为 *m(r)oʔ 然后"毋"构拟为 *m(r)jo，问题就迎刃而解了。"毋"和"無"字形上的混淆反映了 *-ja>-jo 的音变，这个音变最终导致了上古的 *P(r)jo 和 *P(r)ja 合并为中古的 Pju。

另一个奇怪的证据来自表达形式：

---

[1] 许思莱(1987: 647)将"毋"wú 构拟为 *mjə，大概是因为它与"母"字有关，因为他将"母"构拟为 *məʔ，但这使中古汉语中的"毋"wú<mju 变得不规则，因为许思莱的 *mjə 按规律应变成中古的 m(j)uw，而不是 mju；试比较"谋"móu<muw<mjuw<*mji，许思莱将其构拟为 *mjə。

(1279) 鞞琫 bǐngběng<pengX-puwngX< *peng?-pong? (刀鞘上的饰物)

这个词在《诗经》213.2 和 250.2 中均有出现。[1] 请注意第二个字的主元音一定要构拟为 *o,整个音节构拟为 *pong?,才能和中古音韵地位相匹配。在《左传》(桓公二年)中,这一表达也有出现,写作"鞞鞛",第二个字的声符是"音"。"音"字的读音和意义都是不清楚的,但传统分析时一般把它归入之部,从它得声的字我一般都构拟为 *P(r)o:

(1280) 剖 pǒu<phuwX< *ph(r)o? (劈开,剖开)
(1281) 掊 pǒu<phuwX~puwX< *p(h)(r)o(k)? (打击、压碎)

段玉裁(引自丁福保 1928—1932[1976]:2148)还指出根据《易经》(55.4)的押韵序列,这个字和它的派生词都属于侯部(他的第四部)而不是之部(他的第一部):

菩 bù<buwX~phuwX< *b(r)o? ~ *ph(r)o? (屏)
斗 dǒu<tuwX< *to? (长柄勺)
主 zhǔ<tsyuX< *tjo? (主人)

这个押韵序列代表了未受 *P(r)o> *P(r)i 音变影响的方言。这些韵脚来自于爻辞,可能出现于西周早期(屈万里 1983b:309—313)。

所有证据都认同我为声符"音"构拟元音 *o。"鞞鞛"的鼻音韵母尚不能解释,但这个词看起来是一个典型的 *e/o 交替联绵词(如"辗转"zhǎnzhuǎn<trjenX-trjwenX< *trjen?-trjon? (辗转反侧)及其它)。

最后,与藏语的比较至少也可作为证据:

(1282) 母 mǔ<muwX< *m(r)o? (母亲),藏语 mo(雌性)

---

[1] 对于《诗经》213.2,毛诗用的是"鞞"字而非"鞞"字(向熹 1986:832),但这一定是一个抄写错误。

（1283）畝 *mǔ<muwX<*m(r)oʔ*（亩），藏语 *rmo*（耕地）[1]

一系列证据可以通过构拟 **P(r)o* 和 *Pɨ 得到最好的解释，并且可以解释它们到中古时期的演变，只不过 **P(r)o*>**P(r)ɨ* 的音变只出现在《诗经》反映的上古汉语方言中。

10.2.1.2 圆唇成分同化

这个韵部中的第二个问题便是中古钝音声母后 *-juw* 和 *-(w)ij* 间的最小对立形成的原因。从表面上看，之部中中古 *-juw* 韵字的构拟问题与 *Puw* 的构拟问题平行，但事实上中古唇音和唇化舌根音声母后的 *-juw* 回溯到上古的 **-jɨ* 是规则现象，例如：

（1284）丘 *qiū<khjuw<*kʷhjɨ*（山丘）
（1285）牛 *niú<ngjuw<*ngʷjɨ*（牛）
（1286）裘 *qiú<gjuw<*gʷjɨ*（裘衣）
（1287）尤 *yóu<hjuw<*wjɨ*（罪恶，错误，责备）
（1288）不[*bù*]<*pjuw<*pjɨ*（不）（后世发音为 *pwot*）

上面这些字发生的音变我称为**圆唇成分同化**：

**-jɨ* >*-juw*/[唇音]_____

这里的"[唇音]"包括双唇音、唇化舌根音以及唇化喉音。丁邦新（1975：253-255）指出这一音变似乎发生在多个时期。罗常培和周祖谟（1958：17-18）认为含有唇化舌根音或者唇化喉音声母 **Kʷ-* 的音

---

[1]"畝"在早期有"亩"和"犁"两个意思，二者之间的关系可能为"亩"是"犁"的某种单位。尽管它的意思一般是"亩"，但在早期文献中"犁"的概念才是最基本的。"畝"经常被用作动词（通常被解释为"规划土地"），将"畝丘"（《诗经》200.7）一词的解释为"山地面积"（高本汉）似乎有点不妥。为了使语义更相近，我将其与英语中的 acre 进行了比较，在古英语中它的意思是："一天能用一对公牛耕地的地区"，来自早期的"田地"这个意义（Pokorny 1989：6）。

节早在西汉(前206–23)时期就已经受到影响,而含有唇音声母的音节(包含 *w-)受到影响大约是三国时期(220–280)的事。[1] 这一音变过程同样影响了 *-jik 和 *-jing,我们将在下文看到,但这些不同韵母的音变不必发生在同一时期。

圆唇成分同化会受到 *-r-介音的阻碍,可能是音变 *r-色彩使得 *-r-后的元音前化,所以不符合**圆唇成分同化**音变的条件。例如:

(1289) 龜 guī<kwij(三)<*kʷrjɨ (海龟,乌龟)
(1290) 丕 pī<phij(三)<*phrjɨ (大,广)
(1291) 鮪 wěi<hwijX(三)<*wrjɨʔ (鲟鱼)

因此 *P-和 *Kʷ-类型声母后的 *-jɨ 和 *-rjɨ 到了中古还保持对立。

然而到了中古时期 *Kjɨ 和 *Krjɨ 显然已经合并,所以 *K-类声母音节很难仅通过中古汉语的读音来区分 *-j-和 *-rj-。不过在有些时候,一些其他证据可以证明 *r 的存在;比如在《白虎通义》(东汉时期对经典文本讨论的汇编)中:

(1292) 里 lǐ<liX<*C-rjɨʔ (区分界域)

它作为"紀"的声训:

(1293) 紀[jǐ]<kiX<*k(r)jɨʔ (思绪,规则,引导)

这说明我们应为"紀"构拟 *r 介音。不过在绝大多数时候 *Kjɨ 和 *Krjɨ 之间是难以辨别的;这种情况我会记为 *K(r)jɨ。导致 *-jɨ 和 *-rjɨ 融合的音变我将其简单称为 *-jɨ(K)>-i(K);此音变还影响了收 *-k 尾和 *-ng 尾的字。此音变的具体音变公式还不清楚,但不管怎么说它应该是一个中古时期的音变而非上古时期的音变。

---

[1] 周祖谟(1983:92);另见于罗常培、周祖谟(1958:18)、Juhl(1974:422)。

10.2.1.3 *-i 韵部的构拟

除了上述提到的那些问题,这个韵部的构拟是相对简单的。我们将其称为 *-i 部;它的演变在表 10.63 中列出。我要强调的是 *-i 部字只有一部分与传统的之部字一致,其他部分之部字被我归入 *-o 部;还有一部分与入声字有联系的字我归入 *-ik(s) 部(见下文 10.2.2)。[1]

表 10.63 *-i 部的语音演变

白一平	声母类型	中古汉语	高本汉	李方桂	蒲立本
*-i	不圆唇	-oj	*-əg	*-əg	*-ə́ɣ
	*Kʷ-, *P-	-woj	*-wəg	*-əg	*-ʷə́ːɣ (?)
*-rɨ	不圆唇, *P-	-ɛj	*-ɛg	*-rəg	*-ʳə́ɣ
	*Kʷ-	-wɛj	*-wɛg	*-rəg	*-ʳʷə́ɣ
*-jɨ	不圆唇	-i	*-iəg	*-jəg	*-ə̀ɣ
	*Kʷ-, *P-	-juw	*-iŭg	*-jəg	*-ʷə̀ɣ
*-rjɨ	锐音	-i	*-iəg	*-rjəg	*-ʳə̀ɣ
	*K-	-i	*-iəg	*-jəg	*-ə̀ɣ
	*Kʷ-	-wij	*-iwəg	*-jiəg	*-ʳʷə̀ɣ
	*P-	-ij	*-iəg	*-jiəg	*-ʳʷə̀ɣ

为了解释 *-i > -oj 和 *-rɨ > ɛj 中 *-j 韵尾的音变。我假定存在 **j-插入音变**,此音变在中不圆唇元音的韵母后插入一个韵尾 -j:

∅ > j / V _____ #
$$\begin{bmatrix} -\text{高} \\ -\text{低} \\ -\text{圆} \end{bmatrix}$$

---

[1] 在锐音声母的音节中,我的 *-rjɨ 对应李方桂的 *-rjəg 和蒲立本的 *-ʳə̀ɣ;但我还假设存在 *Krjɨ 音节(与 *Kjɨ 在中古汉语中没有区别),而李方桂和蒲立本的系统中分别是 *-jəg 和 *-ə̀ɣ。

同样的音变也可能发生在中古-ej< *-e 中（见 10.2.7）。也许有些方言 *j-*插入音变也发生在高元音之后；这便解释了某些中古时期的方言发生了脂韵和之韵的合并。

10.2.1.4　其他 *-ɨ 韵部的例字

（1294）臺 *tái*<*doj*< * *lɨ*（塔）
（1295）態 *tài*<*thojH*< * *hnɨs*（显形，姿态，方法）
（1296）梅 *méi*<*mwoj*< * *mɨ*（梅）
（1297）賄［*huì*］<*xwojX*< * *hwɨʔ*< * *hmɨʔ*（呈现，布置，贵重物品，嫁妆/彩礼）
（1298）埋 *mái*<*mɛj*< * *mrɨ*（埋）
（1299）豺 *chái*<*dzrɛj*< * *dzrɨ*（狼）
（1300）耳 *ěr*<*nyiX*< * *njɨʔ*（耳朵）
（1301）恥 *chǐ*<*trhiX*< * *hnrjɨʔ*（羞耻）
（1302）子 *zǐ*<*tsiX*< * *tsjɨʔ*（孩子）
（1303）久 *jiǔ*<*kjuwX*< * *kʷjɨʔ*（长久）
（1304）婦 *fù*<*bjuwX*< * *bjɨʔ*（妇女）
（1305）謀 *móu*<(*muw*<)*mjuw*< * *mjɨ*（计划，咨询）
（1306）箕 *jī*<*ki*< * *k(r)jɨ*（簸箕）
（1307）使 *shǐ*<*sriX*< * *srjɨʔ*（派遣，雇佣，导致）

10.2.2　传统职部

包含在传统职部的中古韵在表 10.64 中给出。

这个韵部和前面一个韵部大体平行；我将它构拟为 *-ɨk*。锐音声母后无圆唇对立；表中的合口韵只出现在喉音声母后。大体上这个韵部中是不包含中古四等字的，但高本汉（1954：326）认为有一个字：

表 10.64　包含在传统职部的中古韵

	中古汉语	中古汉语（高本汉）	切韵韵目	注　释
一	-(w)ok	-(w)ək	德 Dé(Tok)	
二	-(w)ɛk	-(w)ɛk	麥 Mài(Mɛk)	部分

续表

	中古汉语	中古汉语(高本汉)	切韵韵目	注　释
三	-(w)ik	-i̯(w)ək	職 Zhí(Tsyik)	
	-juwk	-i̯uk	屋 Wū(ʔUwk)	部分-仅有钝音

(1308) 殈 xù<xwek< *hwik(燃烧,劈开(蛋壳))

这是一个非常罕见的字(只在《礼记》中的《乐记》中出现过);它的语音形式可能反映了某些方言中 *-ik 与 *-it 合并的音变,比如:

(1309) 節 jié<tset< *tsit< *tsik(节点,竹节),比较藏缅语 *tsik(关节)

(这个问题已在第八章和 10.1.6 节中讨论过。)我将假设原始的 *-ik 常常与 *-it 合并,但有时在中古汉语中会表现为-ik< *-jik 以及-ek< *-ik。在 *-jik 中也存在和 *-ji 一样的**圆唇成分同化**音变。在没有介音 *-r-时,圆唇声母后的 *-jik 在中古音中变为-juwk:

(1310) 福 fú<pjuwk< *pjik(福利,帮助,好运)
(1311) 彧 yù<ʔjuwk< *ʔʷjik(茂盛)
(1312) 牧 mù<mjuwk< *mjik(牧场,牧民)[1]

不过介音 *-r-会阻碍**圆唇成分同化**音变:

(1313) 域 yù<hwik< *wrjik(边境,领土)

为了支持为这样的例子构拟 *-r-介音,可以考虑如下的同源关系:

---

[1] 高本汉(1957,条目 1037a)将这个字构拟为 *mi̯ôk,并将其归入觉部(我的 *-uk)。这是一种错误的归部,因为它在《诗经》168.1A 中清楚地押 *-ik 韵;朱骏声(1833)记录了另一个来自《周书》的 *-ik 押韵(引自丁福保 1928—1932 [1976]:1373)。

(1314) 力 lì<lik< * C-rjɨk(力量,权力)
偪 bī<pik< * prjɨk(拥挤,侵占,施压,接近)
逼 bī<pik< * prjɨk(敦促,逼迫,迫近)

对于"力",越南语有早期借词 sức(力量),它的声母形式 s-说明这个字早期存在复辅音丛 * Cr-(梅祖麟 & 罗杰瑞 1971: 102);可与汉越语中的 lực 进行比较:

(1315) 扐 lè<lok< * C-rɨk(指间空隙(用以放置占卜用的木棍))
阞 lè<lok< * C-rɨk(地脉,摩擦)
泐 lè<lok< * C-rɨk(按纹理分开(如石头))
仂 lè<lok~lik< * C-r(j)ɨk(十分之一)
疈 pì<pɛk~phik(劈开,切开)< * prɨk~ * phrjɨk
副 pì<phik< * phrjɨk(劈开,分开)(也读作 fù<phjuwH< * phjiks(一种头饰))

最后两个字可与藏语中的 phrag(中间的空间,间隔)进行比较。

和前面构拟的韵部一样,对于不圆唇的 * K-类型的声母,由于 *-jɨ(K)>-i(K)的音变,一般几乎不可能区分 * Kjɨk 与 * Krjɨk,因此我们一般将其记为 * K(r)jɨk。不过,如在之部那样,某些情况下我们可以找到构拟为 *-rj-的证据。比如,我为"棘"构拟了 *-rj-:

(1316) 棘 jí<kik< * krjɨk(枣树,棘刺)

这里有两条为其构拟 *-r-的证据:
1.《说文》指出"棘"读若"戟"(丁福保 1928—1932[1976]: 5679):

(1317) 戟 jǐ<kjæk< * krjak(戟)

根据当前的系统这个字必须构拟 *-rj-(见下文的 10.2.5)。《说文》时期 *-r-介音依旧存在。再有,根据东汉注家郑众(卒于公元 83 年),他认为《周礼》中的"棘 jí< * Krjɨk 应读为"戟 jǐ< * Krjak(引自柯蔚南

1983：152，条目 133）。

2. 在《诗经》189.4 中，"棘"是韵脚字，但在《韩诗》中这个字被"朸"替代：

(1318) 朸 *lì*<*lik*<＊*C-rjik*（角落）

这也是一个为"棘"构拟 ＊-*r*-的证据。同样的"朸"对"棘"（词义为"荆棘"）的替代还在马王堆出土的《老子》（第三十章）中被发现。[1]

由于**韵尾复辅音简化**的音变，＊-*ikʔ* 和 *iks* 与 ＊-*iʔ* 和 ＊-*is* 合并，这让是否为上声字和去声字构拟 ＊-*k* 韵尾的抉择变得困难。大体上我会为与 ＊-*ik* 有明确形态联系和押韵关系的字构拟 ＊-*ikʔ* 和 ＊-*iks*。在有争议的情况中，我将 ＊*k* 放入圆括号内。

10.2.2.1　＊-ik(s)韵部的构拟

非唇化声母音节的 ＊-*ik* 部字的语音演变在表 10.65 中列出。唇化声母音节的 ＊-*ik* 部字的语音演变与之大体平行，在表 10.66 中列出。

表 10.65　非唇化声母音节的 ＊-*ik* 部字的语音演变

白一平	声母类型	中古汉语	高本汉	李方桂	蒲立本
＊-*ik*	全部	-ok	＊-ək	＊-ək	＊-ə̂k
＊-*rik*	全部	-ɛk	＊-ɛk	＊-rək	＊-'ək
＊-*jik*	不圆唇	-ik	＊-i̯ək	＊-jək	＊-ə̂k
	＊P-	-juwk	＊-i̯ŭk	＊-jək	＊-ə̂k
＊-*rjik*	锐音	-ik	＊-i̯ək	＊-rjək	＊-'ə̂k
	＊K-	-ik	＊-i̯ək	＊-jək	＊-(r)ə̂k(?)
	＊P-	-ik	＊-i̯ək	＊-jiək	＊-'ə̂k

---

〔1〕周祖谟（1984：89）提到了这一点，但他将其放在第 27 章中。这似乎是一个错误；根据马王堆汉墓帛书整理小组（1976：92），它在第 30 章中。

表 10.66　唇化声母音节的 *-ik 部字的语音演变

白一平	中古汉语	高本汉	李方桂	蒲立本
*Kʷik	Kwok	*Kwək	*Kwək	*Kʷə́k
*Kʷrik	Kwɛk	*Kwɛk	*Kwrək	*Kʷrə́k
*Kʷjik	Kjuwk	*Kiŭk	*Kwjək	*Kʷə̀k
*Kʷrjik	Kwik	*Kiwək	*Kwjiək	*Kʷrə̀k

正如我们所见到的，音变原因与导致 *-i 部语音演变的原因大致一样，除了不存在 *j-插入音变。含有 *-ikʔ 和 iks 的音节丢失了韵尾 *k（韵尾复辅音简化），之后的语音演变分别和 *-iʔ 和 *-is 一致。

在第八章中我们已经提到，有些 *-k 的丢失与类推有关：

(1319) 來 lái<loj< *C-ri < *C-rik（麦子，来）

这个字确定是"麥"的声符，且两字之间有明确的密切联系：

(1320) 麥 mài<mɛk< *mrik（麦子）

10.2.2.2　其他 *-ik(s) 韵部的例字

(1321) 克 kè<khok< *khik（克服）
(1322) 德 dé<tok< *tik（美德）
(1323) 黑 hēi<xok< *hmik（黑）
(1324) 國 guó<kwok< *kʷik（国家）
(1325) 革 gé<kɛk< *krik（改革，兽皮）
(1326) 戒 jiè<kɛjH< *kriks（抵御，告诫）
(1327) 馘 guó<kwɛk< *kʷrik（斩下敌人的首级或耳朵）
(1328) 北 běi<pok< *pik（北）
(1329) 背 bèi<pwojH< *piks（后背，后方）
(1330) 織 zhī<tsyik< *tjik（织动词）
(1331) 億 yì<ʔik< *ʔ(r)jik（一亿）

第十章 新上古汉语韵部分类

（1332） 福 *fú*<*pjuwk*< *pjɨk（福利，帮助，好运）
（1333） 富 *fù*<*pjuwH*< *pjɨks（富裕）
（1334） 域 *yù*<*hwik*< *wrjɨk（边界，领土）

10.2.3 传统蒸部

包含在传统蒸部的中古韵在表 10.67 中给出。

表 10.67　包含在传统蒸部的中古韵

	中古汉语	中古汉语（高本汉）	切韵韵目	注　释
一	-(*w*)*ong*	-(*w*)*əng*	登 Dēng(Tong)	
二	-(*w*)*eng*	-(*w*)*ɛng*	耕 Gēng(Kɛng)	部分
三	-(*w*)*ing*	-*i̯*(*w*)*əng*	蒸 Zhēng(Tsying)	
三	-*juwng*	-*i̯ung*	東 Dōng(Tuwng)	部分-仅有钝音

这个韵部与前两个韵部平行；我将其构拟为 **-ɨng*；圆唇成分同化也发生在这个韵部中，有如下例子：

（1335） 弓 *gōng*<*kjuwng*< *kʷjɨng（弓）
（1336） 夢 *mèng*(<*muwng*(*H*))<*mjuwng*(*H*)< *mjɨng(*s*)（梦）

（后一个字也受到 *mjuw*(*K*)>*muw*(*K*) 音变的影响。）

但圆唇成分同化的音变受到了 **-r-*介音的阻拦。一个特别明显的关于 **-r-*介音的例子来自如下一组字：

（1337） 冰 *bīng*<*ping*< *prjɨng（冰）
（1338） 凌 *líng*<*ling*< *C-rjɨng（冰）

两个字都在《诗经》中一个有趣的篇章出现（《豳风·七月》，《诗经》154.8）：

二之日鑿冰沖沖　　*èr zhī rì zuò bīng* CHŌNG-CHŌNG
三之日納于凌陰　　*sān zhī rì nà yú* LÍNG YĪN

In the days of the second, we cut out the ice, (it sounds)
　[* G-LJUNG-G-LJUNG];
In the days of the third we take it into the ICE-HOUSE.
(翻译摘自高本汉 1974: 99。)

正如前面的两个韵部，*-jing 和 *-rjing 在非圆唇的喉音声母后合并，因此我一般将其记为 *K(r)jing，比如：

(1339) 興 xīng<xing< * x(r)jing (起,升)

10.2.3.1　*-ing 韵部的构拟

非唇化声母音节的 *-ing 部字的语音演变在表 10.68 中列出。

表 10.68　非唇化声母音节的 *-ing 部字的语音演变

白一平	声母类型	中古汉语	高本汉	李方桂	蒲立本
*-ing	全部	-ong	*-əng	*-əng	*-ə́ŋ
*-ring	全部	-ɛng	*-ɛng	*-rəng	*-ʳə́ŋ
*-jing	不圆唇	-ing	*-i̯əng	*-jəng	*-ə̀ŋ
	*P-	-juwng	*-i̯ŭng	*-jəng	*-ʷə̀ŋ
*-rjing	锐音	-ing	*-i̯əng	*-rjəng	*-ʳə̀ŋ
	*K-	-ing	*-i̯əng	*-jəng	*-(ʳ)ə̀ŋ
	*P-	-ing	*-i̯əng	*-jiəng	*-ʳʷə̀ŋ

唇化声母音节的 *-ing 部字的语音演变与之大体平行，在表 10.69 中列出。

表 10.69　唇化声母音节的 *-ing 部字的语音演变

白一平	中古汉语	高本汉	李方桂	蒲立本
*Kʷing	Kwong	*Kwəng	*Kwəng	*Kʷə́ŋ
*Kʷring	Kwɛng	*Kwɛng	*Kwrəng	*Kʷrə́ŋ

续表

白一平	中古汉语	高本汉	李方桂	蒲立本
*K^wjing	Kjuwng	*$K\underset{\cdot}{i}ǔng$	*Kwjəng	*K^wəŋ
*K^wrjing	Kwing(?)	*$K\underset{\cdot}{i}wəng$	*Kwjiəng	*K^wrəŋ

中古语音形式为-wing 的字理论上应来自上古的 *K^wrjing 音节，但实际上《切韵》中并不存在这种音节。

10.2.3.2 其他 *-ing 韵部的例字

（1340）登 dēng<tong< *ting（攀登）
（1341）崩 bēng<pong< *ping（崩塌）
（1342）薨 hōng<xwong< *hming（死，嗡嗡声）
（1343）肱 gōng<kwong< *k^wing（上臂）
（1344）绷 bēng<pɛng< *pring（缠束）
（1345）宏 hóng<hwɛng< *g^wring（大）
（1346）胜 shèng<syingH< *hljings（攻克）
（1347）蒸 zhēng<tsying< *tjing（蒸）
（1348）雄 [xióng]<hjuwng< *wjing（（鸟兽）雄性）

"雄"字声母的语音演变是不规则的。早期中古汉语的 hj- 在晚期中古汉语就已丢失了擦音成分，因此这个字按规则应演变为早期中古汉语 hjuwng 到普通话 yóng（根据我们第一章讨论过的音变也可能是 róng）。但根据《韵镜》的排列，"雄"这个字在晚期中古汉语依旧保有擦音，因此在现代官话中它的声母还是 x-[ɕ-]。

10.2.4 传统鱼部

包含在传统鱼部的中古韵在表 10.70 中给出。

在这个韵部中，-w- 在锐音声母之后不形成对立，所以不需要构拟圆唇与不圆唇的对立。这个韵部中只有中古一等字而没有中古四等字，所以我只构拟了后元音 *-a，而未构拟前元音。这个韵部的主要问

题是对 -jo 与 -jæ 之间的对立的解释。

表 10.70　包含在传统鱼部的中古韵

	中古汉语	中古汉语(高本汉)	切韵韵目	注　释
一	-u	-uo	模 Mú(Mu)	
二	-(w)æ	-(w)a	麻 Má(Mæ)	部分
三	-jo	-iwo	魚 Yú(Ngjo)	
三	-jæ	-i̯a	麻 Má(Mæ)	部分-仅有锐音
三	-ju	-i̯u	虞 Yú(Ngju)	部分-仅有钝音

10.2.4.1 -jo/-jæ 的对立

这个韵部里中古时期 -jo/-jæ 的对立只出现在硬腭音和齿咝音声母后(尽管一些相关的字的声母是舌根音声母)。高本汉和李方桂认为是上古韵母不同导致这一对立的存在：

中古汉语	高本汉	李方桂
-jo	*-i̯o	*-jag
-jæ	*-i̯å	*-jiag

高本汉的解决方式需要 *o 和 *å 两个可以互相押韵的不同主元音；李方桂的构拟值得怀疑则是因为他的系统中只有 *-jiag 而没有 *-iag。再有，没有任何一个构拟可以解释为何 -jæ 的出现只局限在部分声母后。

在我的系统中，中古三等字的对立一般会归因于 *-rj- 和 *-j- 的对立；但这种解决方式不适合这个韵部，因为 *-rj- 会使声母带有卷舌色彩，但无论 -jo 还是 -jæ 都不仅出现在卷舌声母后。相同的问题也在 *-ak(s) 中平行出现，详见下一小节。

我怀疑这种对立是由于方言的混合产生的，但目前我尚在我的构拟中保留二者的对立，用 *-jA 对应中古的 -jæ；用 *-ja 对应中古的 -jo（和 -ju）。(*-ak(s) 中的处理也相同，见下文 10.2.5 节。) 大写字母 *A 在此仅仅是一个区别符号，来标记一个尚未解决的问题；我声明这个字

母在语音形式上与 *a 并无不同。

不过,还可能中古的-jo 和-jæ 都来自上古的 *-ja。-jæ 的产生可能与 *-jA(k) 前化音变有关,该音变使某些特定锐音声母后的 *-ja 前化。*-jA(k) 前化音变的条件肯定在不同方言中存在差异。我们的中古音有时反映这一种,有时反映另一种,有时两者都反映。以下是与这个问题有关的一些进一步的事实:

1. 认为-jo 和-jæ 拥有同样的源头并归为同一个韵部,是基于有一定数量的字同时存在这两种韵母的读音的事实。比如在《广韵》中"諸"在作为姓氏时有 tsyo 和 tsyæ 两种读音。"余"作为姓氏时有 yo 和 dzyæ 两读;在 dzyæ 读音下的注释说明这个读音来自南昌郡(今江西省)。同一个姓氏的不同读音尤其反映出了不同方言间的差别。再有,下面一个字的两个读音都被保留,出现在《诗经》7.1 中:

(1349) 罝 jiē~jū<tsjæ ~ tsjo< * tsjA ~ * tsja(兔笼)

2. 在 yo 和 yæ 的对立中,有一种很强的倾向性是读为 yo 的字的声符一般是"與""予"和"余",这些字我一般将它们的声母构拟为 *l-;而韵母为 yæ 的字声符通常是:

(1350) 牙 yá<ngæ < * ngra(牙齿)[1]

从它得声的字可能发生了 y-< * r-的音变(见 6.1.3.2),例如:

(1351) 邪 yé<yæ < * rA(地名)(琅邪 Lángyé<lang-yæ < * C-rang-rA,今山东)[2]

---

[1] 根据段玉裁的说法,由于传抄错误,"耶"这个字用"耳"替换了"牙"作为声符,见丁福保(1928—1932 [1976]:2868)。

[2] 有一种可能是在琅琊这个地方出现了 * C-rang-ra 和 * C-rang-ngra 的混淆,因此"牙"* ngra 才会成为 * ra 的声符。但值得注意的是我们在"藥"yào<yak< * rawk(开药,治疗)中发现了类似的 * ngr-~ * r-交替形式:它的声符是"樂"yuè< ngæwk< * ngrawk(音乐);还读作 lè<lak< * g-rawk(快乐)。

这一模式说明 yo 和 yæ 的对立可能与上古不同的声母语音环境有关。
请注意"車"的两个读音的不同韵母之间的关系还不清楚：

(1352) 車 jū<kjo< * k(r)ja(车)
(1353) 車 chē<tsyhæ < * KHjA(车)

第二种读音的腭化以及前元音早在《释名》时期就已经出现了，书里说
"車"早期读如"居"(jū<kjo< * k(r)ja(居住))，但在"现在"(《释名》时
期)已读如"舍"shè < syæH < * hljAks(宿舍)(丁福保 1928—1932
[1976]:6398)。[1]

3. 很多-jæ 韵字在早期都有韵尾 *-k。在这些例子中 *-jA(k)前化
音变发生时 *-k 应该还存在。与 *-ja 类字相比，它们可能遵循了不同
的语音条件。例如：

(1354) 舍 shě<syæX< * hljA(k)ʔ(放在一边,舍弃,授予)

这个字可能与下面这几个字有关：

(1355) 釋 shì<syek< * hljAk(解开,溶解,释放)
(1356) 赦 shè<syæH< * hljAks(原谅,赦免)
(1357) 射 shè<zyæH< * LjAks(射击,射手)

另一个例子是(如果我们将它构拟为 * sl-,那么它可能与上述提到的例
子有关)：

(1358) 寫 xiě<sjæX< * s(l)jAkʔ(卸下,缓解)

---

〔1〕《经典释文》还记录了《老子》中"車"读 khjo< * kh(r)ja。《说文》段注中
也提到了这一点(丁福保 1928—1932 [1976]:6399)。与 kjo 相比,khjo 与 tsyhæ <
* KHjA 之间的关系更加密切。这里可能发生了与"赤"tsyhek< * KHjAk(* khrjak?)
相同的音变： * khrj->tsyh-,详见下文。在传统读音中,kjo 这个读音可能是从《释
名》的声训"居"kjo< * k(r)ja 中产生的"幽灵词"(lexicographical ghost)。

它的声符是：

(1359) 舄 xì<sjek< *sjAk (鞋子，大)

这样的例子都归为 *-ak(s) 类而非 *-a 类。详见下文对 *-jA(k) 前化音变的讨论。

10.2.4.2 *-a 韵部的构拟

对 *-a 部字的构拟在表 10.71 中列出。

表 10.71 *-a 部字的语音演变

白一平	声母类型	中古汉语	高本汉	李方桂	蒲立本
*-a	不圆唇	-u	*-o	*-ag	*-áɤ
	*K^w-, *P-	-u	*-wo	*-ag	*-^{w}áɤ
*-ra	不圆唇	-æ	*-å	*-rag	*-^{r}áɤ
	*K^w-, *P-	-wæ	*-wå	*-rag	*-^{rw}áɤ
*-ja	不圆唇	-jo	*-i̯o	*-jag	*-àɤ
	*K^w-, *P-	-ju	*-i̯wo	*-jag	*-àɤ
*-jA	部分锐音？	-jæ	*-i̯å	*-jiag	*-à:ɤ (?)
*-rja	锐音	-jo	*-i̯o	*-rjag	*-^{r}àɤ
	*K-	-jo	*-i̯o	*-jag	*-àɤ
	*K^w-, *P-	-ju	*-i̯wo	*-jag	*-^{w}àɤ

上述演变是由 *-jA(k) 前化音变、*-ja>*-jo、*r-色彩化，*-a>-u 和 *r-脱落导致的。请注意 *-a>-u 的音变使得 *Ka 和 *K^wa 在中古合并为 Ku；我们必须假设在某个时间点上 *K^wu 被重新分析为 Ku。不过上古的 *Ka 和 *K^wa 常常是可以区别，因为中古二等字和三等字来自相同的谐声系列。因此我会将"狐"的声母构拟为唇舌根音：

(1360) 狐 hú<hu< *g^wa (狐狸) (试比较藏缅语 *gwa (狐狸)；见白保罗

1972：34，注释111)

因为它的声符是"瓜"，所以需要为它构拟唇化舌根音声母：

（1361）瓜 guā<kwæ < * $k^w ra$(香瓜)

但我为"湖"字中构拟了非唇化的 *ga：

（1362）湖 hú<hu< * ga(湖泊)

这个字在中古和"弧" hú< * $g^w a$(狐狸)同音。之所以不为它构拟唇化声母是因为"湖" hú 所在的谐声系列都是 *K-而非 *K^w-，在这个系列中还有：

（1363）居 jū<kjo< * k(r)ja(居住)

这个字一定要被构拟为非唇化的 *k-。因为上古的 *K^w(r)ja 不会演变为中古的 Kjo 而会变为中古的 Kju，比如：

（1364）瞿 qú<gju< * g^w(r)ja(一种矛)

请注意，在钝音声母后一般很难区分 *-rja 和 *-ja(锐音声母后的 *-r-介音会因卷舌特征而保留)。如果我们认为 *-ja> *-jo 发生在 *r-色彩之前，那么 *-rja 和 *-ja 的合并可以归因于 *r-色彩的音变不会发生在含有圆唇元音的音节中。因此中古的读音无法使我们确定 *-r-介音是否存在于类似于 Kjo，Kju 或者 Pju 这样的音节中。不过有些谐声关系可以帮助确定 *-r-介音的存在。比如：

（1365）筥 jǔ<kjoX< * krjaʔ(圆篮子)

它的声符是：

(1366) 吕 lǚ<ljoX<*g-rjaʔ (脊椎骨)

柯蔚南(1986：138)将"吕"lǚ<*g-rjaʔ 与藏语中的 gra-ma 进行比较，他对这个词给出了以下释义：

  谷物的芒、刚毛或穗(通常有对称的排列)；鱼的骨头或骨骼(具有多层对称的鬓毛)；格子，框架。

另一个我们应该构拟 *-r-的例子是：

(1367) 膚 fū<pju<*prja((人的)皮肤)

它与中古来母字有谐声关系：

(1368) 廬[lú]<ljo<*C-rja(小屋，借宿)

但我们不能保证所有这些*r都会在谐声系列中显示出来。因此，对存疑的字，我将其记为*-(r)ja。

10.2.4.3 其他 *-a 韵部的例字

(1369) 吾 wú<ngu<*nga(我)

与藏缅语的 *ŋa，*A 调比较 (柯蔚南 1986：96)

(1370) 五 wǔ<nguX<*ngaʔ (五)

与藏缅语的 *l-ŋa，*B 调比较 (柯蔚南 1986：80)

(1371) 苦 kǔ<khuX<*khaʔ (苦)

与藏缅语的 *ka, *B 调比较(柯蔚南 1986：44)

(1372) 家 jiā<kæ < *kra(家)
(1373) 馬 mǎ<mæX< *mraʔ(马)
(1374) 寡 guǎ<kwæX< *kʷraʔ(单个的,孤独的)
(1375) 于 yú<hju< *w(r)ja(前往)

与藏缅语的 *s-wa, *A 调比较(柯蔚南 1986：86)

(1376) 雨 yǔ<hjuX< *w(r)jaʔ(雨)

与藏缅语的 *r-wa, *A 调比较(柯蔚南 1986：122)

(1377) 無 wú<mju< *m(r)ja(尚未)
(1378) 衢 qú<gju< *gʷ(r)ja(街道,航向)
(1379) 魚 yú<ngjo< *ng(r)ja(鱼)

与藏缅语的 *ngya, *B 调比较(柯蔚南 1986：80)

(1380) 許 xǔ<xjoX< *hng(r)jaʔ(许可)

10.2.5 传统铎部

包含在传统铎部的中古韵在表 10.72 中给出。

表 10.72　包含在传统铎部的中古韵

	中古汉语	中古汉语(高本汉)	切韵韵目	注　　释
一	-(w)ak	-(w)âk	鐸 Duó(Dak)	
二	-(w)æk	-(w)ɒk	陌 Mò(Mæk)	
三	-j(w)ak	-i̯(w)ak	藥 Yào(Yak)	部分
	-j(w)æk	-i̯(w)ɒk	陌 Mò(Mæk)	部分
	-jek	-i̯äk	昔 Xī(Sjek)	部分-仅有锐音

只有喉音声母后有-w-介音,所以在这个韵部中不需要在上古构拟圆唇元音。

高本汉将一些中古-ek 韵字归到这个韵部,将它们构拟为 *-iak;我认为这类字应构拟为 *-ek,属于传统锡部。比如:

(1381) 幂 mì<mek< *mek(覆盖)

高本汉将这个字构拟为 *miak 而非 *miek(我们的 *mek),因为它的声符是:

(1382) 莫 mò<mak< *mak(没有)

但这个字似乎在《毛诗》261.2 中以 mì<mek 的读音作为韵脚出现,写作:

(1383) 幦 miè<met< *met(覆盖物)

正如我们在 8.1.3 节中见到的,尽管根据它的声符这个字应属于 *-et 部,但这个序列中的其他韵脚字是 *-ek 部,并且该字在其他版本的《诗经》中的异文也属于 *-ek 部,因此我将这个字归入 *-ek 部。《毛诗》的版本反映了某些方言中 *-ek 和 *-et 的混淆(见 8.1.3 节)。因此不需要为传统铎部构拟为 *a 之外的主元音。

一部分铎部字也在《切韵》的麦韵中出现,最明显的一个是:

(1384) 获 huò<hwɛk< *wrak(取得,获得,打击,成功)

它的中古语音形式是 hwɛk,一般可回溯到上古的 *-ek 或者 *-ik,但不论是谐声证据还是押韵证据,都指向它应构拟为 *-ak。读音 hwɛk 的产生可能与中古常见的 -ɛ-和-æ-的相混有关(回忆一下 *K^{w}ren 与 *K^{w}ran 合并导致其在中古出乎预料地变为 Kwæn 而不是预料的 Kwɛn)。

10.2.5.1　-jak/-jek 间的对立

与 *-a 部字中-jo/-jæ 的对立平行,我们发现锐音声母后的 *-ak 在中古存在-jak 和-jek 的对立。同样，在这个例子中，我会假设-jek 是 *-jA(k)前化音变后演变而来的，是方言混合或其它因素导致了此对立的存在。*-ak 部中含有的对立的字比 *-a 部中含有的要少；在 *-ak 部字中 *-jA(k)前化音变似乎影响到了除了 * n-和 l-< * C-r-类声母之外的所有锐音声母音节。但为了使我构拟的 *-a 部的符号一致性，我还是将 *-jAk 视为-jek 的源头，*-jAks 视为-jæH 的源头。例如：

(1385) 赤 chì<tsyhek< * KHjAk(红)[1]
(1386) 石 shí<dzyek< * djAk(石头,岩石)
(1387) 借 jiè<tsjæH～tsjek< * tsjAk(s)(暂借,出借)
(1388) 席 xí<zjek< * zljAk(席子)
(1389) 尺 chǐ<tsyhek< * thjAk(度量单位,度量)

而在闽语的口语层，入声字并未受 *-jA(k)前化音变的影响；反映这一现象的四个闽语口语词在表 10.73 中列出（数据来自罗杰瑞 1969，符号上有轻微调整）。

表 10.73 所展示的闽语反映通常对应的中古-jak<上古 *-jak。在-ioʔ 中找不到与中古汉语-jek< *-jek 对应的形式。这说明中古时期发生的 *-jAk 和 *-jek 的融合并没有发生在闽语的口语层中。现在的闽语中还保持着上古 *-jAk 和 *-jek 间的区别（《切韵》中已无区别）是一条重要证据，使我们相信闽语不是从中古音分化出的子方言，而是从更早的时期分化出来的。

表 10.73　闽语口语层与上古 *-jAk 的对应

	石	借	席	尺
上古汉语	* djAk	* tsjAk	* zljAk	* thjAk
中古汉语	dzyek	tsjek	zjek	tsyhek

---

[1] 前文已经提到过 * KH-对应着例外的"腭化"舌根音。在李方桂的系统中，"赤"chì<tsyhek 的原始形式是 * khrjak(1976[1980]：92)；龚煌城(1980：464)将其与藏语词 khrag(血)进行了比较。

	石	借	席	尺
福州话	sioʔ 8	tsioʔ 7	tsioʔ 8	tshioʔ 7
厦门话	tsioʔ 8	tsioʔ 7	tsioʔ 8	tshioʔ 7

《颜氏家训》(见第二章)提到吕静的《韵集》(一本现已亡佚的前《切韵》时代的韵书)有这样的记录:

(1390)石 shí<dzyek< *djAk(石头,岩石)

和"益"没有放在一个韵内:

(1391)益 yì<ʔjiek< *ʔjek(加,增加)

(见周祖谟 1943[1966]:420。)吕静生活在晋代(265-420),祖籍山东(周祖谟 1943[1966]:436)。他的韵书反映了当时那个地方的方言,与闽语口语层相同, *-jAk 和 *-jek 的合并没有发生。

在《切韵》中尽管 *-jAk 和 *-jek 合并,但 *-jAks 和 *-jeks 二者间还保留着区别: *-jAks 一般演变为-jæH;而 *-jeks 一般变为-jeH。下面为-jæH< *-jAks 的例子:

(1392)炙 zhì<tsyek~tsyæH< *tjAk(s)(烤,焙)
(1393)射 shè<zyæH< *LjAks(射,射手),也读作 yæH< *ljAks、zyek< *LjAk、yek< *ljAk

而-jeH< *-jeks 的变化发生在以下字当中:

(1394)易 yì<yek< *ljek(改变),也读作 yì<yeH< *ljeks(简单,忽视)
(1395)积 jī<tsjek< *tsjek(收集,积累),也读作 tsjeH< *tsjeks
(1396)刺 cì<tshjek~tshjeH< *tshjek(s)(刺,穿刺)

10.2.5.2　*-rjak 的演变

这一韵部中,中古的 -jæk 一般被构拟为 *-rjak;主元音的前化主要是因为 *r- 色彩音变。正如在第七章中所指出的那样,*r- 色彩音变指在 *-r- 介音环境下主元音前化、松化。在一般情况下,这些音变都是次音位的(subphonemic),直到公元 500 年左右,诱发该音变的 *-r- 介音丢失。

*-rjak 在锐音声母后的演变是不清晰的,似乎在中古的 TSr(j)æk、TSr(j)ɛk、TSrjak,甚至 TSræwk 间游移不定(中古时期 TSr- 和 TSrj- 的合并使分类变得困难),比如:

(1397) 朔 shuò<sræwk<*sngr(j)ak[1](北,每月第一天)

还有:

(1398) 索 suǒ<sak<*sak(绳索,搜寻),也读作 srjæk~srɛk<*srjak

这个问题将在与其平行的 *-ang 中更清晰:*TSrjang 变为了中古的 TSrjang 而非 TSrjæng(见下文 10.2.6)。

10.2.5.3　*-ak(s) 韵部的构拟

非唇化声母音节的 *-ak 部字的语音演变在表 10.74 中列出。

表 10.74　非唇化声母音节的 *-ak 部字的语音演变

白一平	声母类型	中古汉语	高本汉	李方桂	蒲立本
*-ak	全部	-ak	*-âk	*-ak	*-ák
*-rak	全部	-æk	*-ǎk	*-rak	*-ʳák
*-jak	全部	-jak	*-i̯ak	*-jak	*-àk

---

[1] "朔" shuò 的 *sng- 声母辅音丛由其声符"屰" nì<ngjæk<*ngrjak 确定;在《说文》《释名》《白虎通义》中,从"鱼"*ngja 得声的"蘇" sū<su<*snga 是"朔"的声训,见丁福保 1928—1932 [1976]: 2995。

续表

白一平	声母类型	中古汉语	高本汉	李方桂	蒲立本
*-jAk	锐音	-jek	*-iăk	*-jiak	*-ʲàk
*-rjak	锐音	-jæk/-jak(?)	*-iak/ *-iăk	*-rj(i)ak	*-ʳàk
	钝音	-jæk	*-iăk	*-jiak	*-ʳàk

唇化声母音节的 *-ak 部字的语音演变与之平行,在表 10.75 中列出。

表 10.75 唇化声母音节的 *-ak 部字的语音演变

白一平	中古汉语	高本汉	李方桂	蒲立本
*Kʷak	Kwak	*Kwâk	*Kwak	*Kʷák
*Kʷrak	Kwæk~Kwɛk	*Kwăk	*Kwrak	*Kʷrák
*Kʷjak	Kjwak	*Kiwak	*Kwjak	*Kʷàk
*Kʷrjak	Kjwæk	*Kiwăk	*Kwjiak	*Kʷràk

由于**韵尾复辅音简化**音变,*-aks 的语音发展与原始的 *-as 一致。

10.2.5.4 其他 *-ak(s) 韵部的例字

(1399) 恶 è<ʔak< *ʔak(邪恶),也读作 wù<ʔuH< *ʔaks(憎恨)
(1400) 度 duó<dak< *lak(度量),也读作 dù<duH< *laks(长度单位)
(1401) 作 zuò<tsak< *tsak(采取行动),也读作 tsuH< *tsaks
(1402) 墓 mù<muH< *maks(墓地)
(1403) 百 bǎi<pæk< *prak(一百)
(1404) 怕 pà<phæH< *phraks(惧怕)
(1405) 客 kè<khæk< *khrak(客人)
(1406) 诈 zhà<tsræH< *tsraks(欺骗)
(1407) 略 lüè<ljak< *g-rjak(磨利,定义)
(1408) 𦟗 jué<gjak< *gjak(舌头)
(1409) 据 jù<kjoH< *k(r)jaks(取决于)
(1410) 缚 fù<bjak< *bjak(绑,包装,卷)

(1411) 卻 què<khjak< * khjak(谢绝,拒绝)
(1412) 綌 [xì] <khjæk< * khrjak(粗葛布)
(1413) 逆 nì<ngjæk< * ngrjak(违背)
(1414) 碧 bì<pjæk< * prjak(玉石)
(1415) 攫 jué<kjwak< * kʷjak(抓取)

10.2.6 传统阳部

包含在传统阳部的中古韵在表 10.76 中给出。

表 10.76 包含在传统阳部的中古韵

	中古汉语	中古汉语(高本汉)	切韵韵目	注 释
一	-(w)ang	-(w)âng	唐 Táng(Dang)	
二	-(w)æng	-(w)ɒng	庚 Gēng(Kæng)	
三	-j(w)ang	-i̯(w)ang	陽 Yáng(Yang)	
	-j(w)æng	-i̯(w)ɒng	庚 Gēng(Kæng)	部分

和鱼部与铎部一样,这个韵部只包含中古一等韵而不包含四等韵,且在锐音声母后不存在开合口对立。它可以被构拟为 *-ang。

10.2.6.1 *-ang 韵部的构拟

非唇化声母音节的 *-ang 部字的语音演变在表 10.77 中列出:

表 10.77 非唇化声母音节 *-ang 部字的语音演变

白一平	声母类型	中古汉语	高本汉	李方桂	蒲立本
*-ang	全部	-ang	*-âng	*-ang	*-áŋ
*-rang	全部	-æng	*-ǎng	*-rang	*-ʳáŋ
*-jang	全部	-jang	*-i̯ang	*-jang	*-àŋ
*-rjang	锐音	-jang	*-i̯ang	*-rjang	*-ʳàŋ
	钝音	-jæng	*-i̯ǎng	*-jiang	*-ʳàŋ

请注意,虽然主元音 *a 在有些音节中发生了前化,比如: *Krjang>

中古 Kjæng，但是在锐音声母后它依旧保持不变，比如＊TSrjang＞中古 TSrjang。可能这里的现象与 Schane（1971）在法语中发现的元音鼻化音变相似。法语的元音鼻化主要分为三个步骤：（1）所有鼻辅音前的元音都鼻音化；（2）某些环境下丢失鼻辅音；（3）被保留的鼻辅音前的元音发生非鼻音化。这个音变的结果是鼻化色彩只保留在那些音系对立的位置上（因为后面的鼻辅音丢掉了），而无法保留在那些可以被预测的位置上（因为鼻辅音保留）。同样的＊r-色彩音变保留在那些介音＊-r-已经丢失的音节中（比如＊Krjang＞中古 Kjæng），但在那些声母保留＊-r-介音卷舌色彩的位置则不会影响主元音（比如＊TSrjang＞TSrjang）。

唇化声母音节的＊-ang 部字的语音演变与非唇化声母的音节平行，在表 10.78 中列出。

表 10.78　唇化声母音节的＊-ang 部字的语音演变

白一平	中古汉语	高本汉	李方桂	蒲立本
＊Kʷang	Kwang	＊Kwâng	＊Kwang	＊Kʷáŋ
＊Kʷrang	Kwæng	＊Kwăng	＊Kwrang	＊Kʷráŋ
＊Kʷjang	Kjwang	＊Ki̯wang	＊Kwjang	＊Kʷàŋ
＊Kʷrjang	Kjwæng	＊Ki̯wăng	＊Kwjiang	＊Kʷràŋ

10.2.6.2　＊-ang 韵部的例字

(1416) 藏 cáng＜dzang＜＊ɦtshang（或＊ɦsrang?）（掩藏，储藏），也读作 zàng＜dzangH＜＊ɦtshangs 或＊ɦsrangs（储备，宝藏）

(1417) 光 guāng＜kwang＜＊kʷang（光明）

(1418) 荒 huāng＜xwang＜＊hmang（浪费）

(1419) 更 gēng＜kæng＜＊krang（更改）

(1420) 孟 mèng＜mængH＜＊mrangs（兄或姐）

(1421) 觥 gōng＜kwæng＜＊kʷrang（一种酒器）

(1422) 让 ràng＜nyangH＜＊njangs（产生）

(1423) 襄 xiāng<sjang<*snjang(升起)

(1424) 王 wáng<hjwang<*wjang(国王),也读作 wàng<hjwangH<*wjangs(称王)

(1425) 方 fāng<pjang<*pjang(方形)

(1426) 永 yǒng<hjwængX<*wrjangʔ(永远)

(1427) 明 míng<mjæng<*mrjang(明亮)

这个字可能与"亮"同源：

(1428) 亮 liàng<ljangH<*C-rjangs(光线)

(1429) 凉 liáng<ljang<*g-rjang(凉)

与藏缅语中的 *graŋ(冷)比较(白保罗 1972:39)。

(1430) 京 jīng<kjæng<*krjang(土堆,都城)

(1431) 霜 shuāng<srjang<*srjang(霜)

(1432) 丙 bǐng<pjængX<*prjangʔ(天干第三位)

(1433) 兩 liǎng<ljangX<*b-rjangʔ(一对)

10.2.7 传统支部

包含在传统支部的中古韵在表 10.79 给出。

表 10.79 包含在传统支部的中古韵

	中古汉语	中古汉语(高本汉)	切韵韵目	注　　释
二	-(w)ɛi	-(w)ai	佳 Jiā(Kɛi)	
三	-j(w)(i)e	-(w)i̯e	支 Zhī(Tsye)	部分
四	-(w)ej	-i(w)ei	齊 Qí(Dzej)	部分

这个韵部只包含中古四等韵而不包含一等韵,所以只需要为构拟前元音；我将其构拟为 *-e。不需要在此构拟圆唇元音,因为合口字只在喉音声母后出现。

10.2.7.1 *-e 韵部的构拟

非唇化声母音节的上古 *-e 部字的语音演变在表 10.80 中列出。

表 10.80 非唇化声母音节的 *-e 部字的语音演变

白一平	声母类型	中古汉语	高本汉	李方桂	蒲立本
*-e	全部	-ej	*-ieg	*-ig	*-áj
*-re	全部	-ɛi	*-ěg	*-rig	*-ʳáj
*-je	钝音	-jie(四)	*-iěg	*-jig	*-àj
*-je	锐音	-je	*-iěg	*-jig	*-àj
*-rje	钝音	-je(三)	*-iěg	*-jig	*-ʳàj
*-rje	锐音	-je	*-iěg	*-rjig	*-ʳàj

在卷舌声母后出现了中古 TSrɛi <TSrje，这是基于 **TSrj->TSr-** 而发生的音变。

唇化声母音节的上古 *-e 部字的语音演变与非唇化声母平行，在表 10.81 中列出。

表 10.81 唇化声母音节的上古 *-e 部字的语音演变

白一平	中古汉语	高本汉	李方桂	蒲立本
*Kʷe	Kwej	*Kiweg	*Kwig	*Kʷáj
*Kʷre	Kwɛi	*Kwěg	*Kwrig	*Kʷráj
*Kʷje	Kjwie(四)	*Ki̯wěg	*Kwjig	*Kʷàj
*Kʷrje	Kjwe(三)	*Ki̯wěg	*Kwjig	*Kʷràj

中古 Kjwe(三) < *Kʷrje 在理论上是可能的，但就我所知尚没有确切的实例。

j-插入音变

请注意 *j*-插入音变使得 *-e 后插入韵尾-j，导致它与-ej< *-ij 合并。这也是导致原始的 *-i 类和 *-ij 类合并为中古-oj 的原因（见 10.2.1）；以上音变可以公式化地概括为在不圆唇中元音后插入-j 韵尾。

j-插入音变是否发生在 *-re 和 *-je 中尚不清楚。在《切韵》里，中

古-ɛi < *-re 保持与中古-ɛj（对应上古的 *-rij、*-rij 和 *-ri）对立。但在那些 j-插入音变也发生在 *-re 的方言中，可以预期发生 *-re > [rɛ]（*r-色彩）> [rɛj]（j-插入）> 中古-ɛj。在一些方言中可能发生了这样的音变，因为现在的一些证据指向中古的-ɛi 与-ɛj 合并，比如：

（1434）牌 pái<bɛi < *bre（招牌）
（1435）排 pái<bɛj < *brij（推开）

但中古 Kɛi < *Kre 的现代读音是不一致的，有时中古的 Kɛi 与中古 Kɛj 合并，有时与中古 Kæ 合并，比如：

（1436）街 jiē<kɛi < *kre（街道）

与"皆"合并：

（1437）皆 jiē<kɛj < *krij（全都）

但是：

（1438）佳 jiā<kɛi < *kre（好）

尽管根据《切韵》，"佳"与"街"同音，但它已经与"家"合并：

（1439）家 jiā<kæ < *kra（家庭）

"佳"读作 jiā<kɛi 可能与某些方言在 j-插入音变之前二等-ɛ-低化为-æ-有关。另一种可能是 *r-色彩音变在不同方言中有不同表现，因此 *r 后的 *e 变为中古的-æ-而非-ɛ-。在任何一种可能中，j-插入音变需要的中元音条件不存在。

有趣的是像中古 Kwɛi < *Kʷre 这样的音节选择了后者，与 Kwæ 合并而不与 Kwɛj 合并：

(1440) 卦 guà<kwɛiH<*kʷres（预测，卦象）

这说明在某些方言中［w］后的*-re规则地变为［æ］——我们在像"環" huán<hwæn<*wren（环状）这样的字中发现了相同的演变，它最终变为了-wæn而非-wɛn（见上文10.1.1节）。

重纽四等-jie和重纽三等-je

如其他前元音为主元音的韵部一样，重纽三等字经常在构拟时被忽略，或者被视为不规则现象。在我的系统中，它是由钝音后的*-rje演变而来的规则形式，正如在：

(1441) 碑 bēi<pje（三）<*prje（碑）

与"卑"对比：

(1442) 卑 bēi<pjie（四）<*pje（低下）

"技"也是重纽三等韵：

(1443) 技 jì<gjeX（三）<*grjeʔ（能力，天赋）

它的声符：

(1444) 支~枝 zhī<tsye<*kje（树枝）

展示了*kj-在前元音前的正常腭化。而在"技"*grjeʔ字中，腭化受到了介音*-r-的阻碍。

10.2.7.2 其他*-e韵部的例字

(1445) 觿 xī<hwej~xjwie（四）<*we~*hwje（用以解结的锥子）
(1446) 倪 ní<ngej<*nge（弱小）

(1447) 雞 jī<kej< * ke(鸡)
(1448) 提 tí<dej< * de(提起)
(1449) 圭 guī<kwej< * kʷe(一种玉器)
(1450) 解 jiě<kɛiX< * kreʔ(解开,松开)
(1451) 買 mǎi<mɛiX< * mreʔ(买)
(1452) 兒 ér<nye< * ngje(孩童)
(1453) 是 shì<dzyeX< * djeʔ(这)
(1454) 企 qǐ<khjieX(四)< * khJeʔ(踮脚)
(1455) 規 guī<kjwie(四)< * kʷje(圆规)
(1456) 知 zhī<trje< * trje(知道)

10.2.8 传统锡部

包含在传统锡部的中古韵在表 10.82 给出。

表 10.82 包含在传统锡部的中古韵

	中古汉语	中古汉语(高本汉)	切韵韵目	注 释
二	-(w)ɛk	-(w)ɛk	麥 Mài(Mɛk)	部分
三	-j(w)(i)ek	-i̯(w)äk	昔 Xī(Sjek)	部分
	-j(w)æk	-i̯(w)ɒk	陌 Mò(Mæk)	部分
四	-(w)ek	-i(w)ek	錫 Xī(Sek)	

像与其平行的支部一样,这个韵部只包含四等韵而不包含一等韵,且合口字只出现在喉音声母之后。因此我将这个韵部构拟为 *-ek。

10.2.8.1 *-ek(s)韵部的构拟

非唇化声母音节的上古 *-ek 部字的语音演变在表 10.83 中列出。

表 10.83 非唇化声母音节的上古 *-ek 部字的语音演变

白一平	声母类型	中古汉语	高本汉	李方桂	蒲立本
*-ek	全部	-ek	*-iek	*-ik	*-ác
*-rek	全部	-ɛk	*-ĕk	*-rik	*-ʳác

续表

白一平	声母类型	中古汉语	高本汉	李方桂	蒲立本
*-jek	钝音	-jiek(四)	*-i̯ĕk	*-jik	*-àc
	锐音	-jek	*-i̯ĕk	*-jik	*-àc
*-rjek	钝音	-jæk(三)	*-i̯ĕk	*-jik	*-ʳàc
	锐音	-jek	*-i̯ĕk	*-rjik	*-ʳàc

在卷舌声母后现了中古 TSrɛk< *TSrjek，这是基于 **TSrj->TSr-** 的音变。

唇化声母音节的上古 *-ek 部字的语音演变与非唇化声母平行，在表 10.84 中列出：

表 10.84　唇化声母音节的上古 *-ek 部字的语音演变

白一平	中古汉语	高本汉	李方桂	蒲立本
*Kʷek	Kwek	*Kiwek	*Kwik	*Kʷác
*Kʷrek	Kwɛk	*Kwĕk	*Kwrik	*Kʷrác
*Kʷjek	Kjwiek(四)	*Ki̯wĕk	*Kwjik	*Kʷàc
*Kʷrjek	Kjwæk(三)	*Ki̯wĕk	*Kwjik	*Kʷràc

中古 Kjwæk< *Kʷrjek 在理论上是可能的，但尚未找到确切的实例。

*-eks 由于**韵尾复辅音简化**的音变与 *-es 合并，二者演变方向一致。

严格来说中古的 -jiek 和 -jæk 不是重纽韵，因为它们在《切韵》中分为两个韵：昔(Sjek)韵和陌(Mæk)韵；但是这两个韵表现得与重纽韵相似：-jiek 被韵图放在四等的位置，而 -jæk 被放在三等的位置。此韵部后来是 -jæk 的字一般被认为是不规则的，但在我的系统中它们是由 *-rjek 规则演化而来。例如：

(1457) 屐 jī<gjæk< *grjek(木屐)

这个字的声符"支"的主元音是 *e。另一个例子是 *e/o 交替联绵词：

(1458) 迅曲[xì]qū<khjæk-khjowk< *khrjek-kh(r)jok(弯腰行走)

这个表达还被写作"邵曲",用"邵"[xì]<khjæk<*khrjak 代替了"迟"
*khrjek(见丁福保 1928—1932[1976]: 768;诸桥辙次 1955–1960,
39940.4 项)。这里的"曲"qū<中古 khjowk 既可以读*khjok 也可以读
*khrjok(因为*r-色彩音变不会影响到圆唇元音),但第一个音节中的
*-r- 暗示了这个联绵词的第二个音节应构拟为*khrjok。

10.2.8.2 其他 *-ek(s) 韵部的例字

(1459) 擊 jī<kek<*kek(打击)
(1460) 繫 jì<kejH<*keks(*kiks?)(系),也读作 xì<hejH<*fikeks(<*fikiks?)

这个字可能与"結"jié<ket<*kit<*kit(系)和(或)"繼"jì<kejH<*keks
(<*kiks?)(继续)相关。比较藏语'khyig-pa(联结)(柯蔚南 1986: 150)。

(1461) 錫 xī<sek<*slek(锡)
(1462) 帝 dì<tejH<*teks(君主)
(1463) 鶪 jú<kwek<*kʷek(伯劳)
(1464) 鬲 lì<lek<*C-rek(一种炊具)

以它为声符是中古二等字:

(1465) 隔 gé<kɛk<*krek(隔断)
(1466) 脈 mài<mɛk<*mrek(血管)
(1467) 畫~劃[huà]<hwɛk<*wrek(描画,画出)

中古的 hwɛk 按规律会变为普通话中的 huò; huà 的读音可能来自与其
相关的形式:

(1468) 畫 huà<hwɛiH<*wreks(图画)

我认为这个字的入声形式 hwɛk<*wrek 最开始代表动词,去声形式

第十章 新上古汉语韵部分类   561

hwɛɨH< * wreks 代表名词（广东话：waahk wá（画画））。而在普通话中去声形式最终扩展到了两种意义上。

（1469）易 yì<yek< * ljek（改变）
（1470）易 yì<yeH< * ljeks（简单的）
（1471）益 yì<ʔjiek< * ʔjek（增加）
（1472）僻 pì<phjiek（四）< * phjek（倾斜的，邪僻的）
（1473）避 bì<bjieH（四）< * bjeks（避开，避免）
（1474）役 yì<ywek< * wjek（兵役）

在现代的语音形式中，这个字丢失了介音 -w-，这在前元音之前并不罕见；高本汉（1957，851a 项）未能发现"役"在中古是合口字，因此构拟了错误的中古汉语形式 iäk< * di̯ěk。董同龢（1944［1948］：91）指出了高本汉的错误。

（1475）責 zé<tsrɛk< * tsr(j)ek（担责）
（1476）債 zhài<tsrɛiH< * tsr(j)eks（债务）

10.2.9　传统耕部

包含在传统耕部的中古韵在表 10.85 给出。我将其构拟为 *-eng，与支部 *-e 和锡部 *-ek 相平行。

表 10.85　包含在传统耕部的中古韵

	中古汉语	中古汉语（高本汉）	切韵韵目	注　释
二	-(w)ɛng	-(w)ɐng	耕 Gēng(Kɛng)	部分
三	-j(w)(i)eng	-i̯(w)äng	清 Qīng(Tshjeng)	
三	-j(w)æng	-i̯(w)ɒng	庚 Gēng(Kæng)	部分
四	-(w)eng	-i(w)eng	青 Qīng(Tsheng)	

10.2.9.1　*-eng 韵部的构拟

非唇化声母音节的上古 *-eng 部字的语音演变在表 10.86 中列出。

中古摇摆在 *TSrjæng* 和 *TSræng* 间的字可以追溯到 * *Tsrjeng*；*TSræng* 的读音反映了音变 ***TSrj->TSr-***。

表 10.86　非唇化声母音节的上古 *-*eng* 部字的语音演变

白—平	声母类型	中古汉语	高本汉	李方桂	蒲立本
*-*eng*	全部	-*eng*	*-*ieng*	*-*ing*	*-*áɲ*
*-*reng*	全部	-*ɛng*	*-*ĕng*	*-*ring*	*-ʳ*áɲ*
*-*jeng*	钝音	-*jieng*（四）	*-*i̯ĕng*	*-*jing*	*-*àɲ*
	锐音	-*jeng*	*-*i̯ĕng*	*-*jing*	*-*àɲ*
*-*rjeng*	钝音	-*jæng*（三）	*-*i̯ĕng*	*-*jing*	*-ʳ*àɲ*
	T-	-*jeng*	*-*i̯ĕng*	*-*rjing*	*-ʳ*àɲ*
	TS-	-(*j*)*æng*	*-*i̯ĕng*	*-*r*(*j*)*ing*	*-ʳ*àɲ*

唇化声母音节的上古 *-*eng* 部字的语音演变与非唇化声母的语音演变平行，在表 10.87 中列出。

表 10.87　唇化声母音节的上古 *-*eng* 部字的语音演变

白—平	中古汉语	高本汉	李方桂	蒲立本
*Kʷeng	*Kweng*	*Kiweng	*Kwing	*Kʷáɲ
*Kʷreng	*Kwɛng*	*Kwĕng	*Kwring	*Kʷráɲ
*Kʷjeng	*Kjwieng*（四）	**Ki̯wĕng*	*Kwjing	*Kʷàɲ
*Kʷrjeng	*Kjwæng*（三）	**Ki̯wĕng*	*Kwjing	*Kʷràɲ

和前面的韵部相同，中古的 -*jieng* 和 -*jæng* 严格来说不是重纽韵，因为它们属于《切韵》中不同的韵（清韵和庚韵），但在韵图中，-*jieng* 被放在四等位置，而 -*jæng* 被放在三等位置，且其他方面都与重纽韵平行。与支部和锡部的字一样，三等位置的 -*jæng* 在其他构拟体系中一般被认为是不规则的。而在我的系统中，它就是 *-*rjeng* 规则演变而来的，正如：

(1477) 驚 *jīng* < *kjæng*（三） < * *krjeng*（惊吓，专心的）
(1478) 荆 *jīng* < *kjæng*（三） < * *krjeng*（荆棘）

(1479) 平 píng<bjæng(三)<*brjeng(平坦,公平)
(1480) 鸣 míng<mjæng(三)<*mrjeng(动物或乐器鸣叫或发出声响)(许思莱 1987：422)

这个字与"名"有最小对立(但二者也可能相关):

(1481) 名 míng<mjieng(四)<*mjeng(名字)

可能"鸣"*mrjeng(发出声响)的语义与下面两个字中的一个有关,也可能与两个都有关:

(1482) 铃 líng<leng<*C-reng(铃)
(1483) 笙 shēng<sræng<srjæng<*srjeng(一种乐器)

另一个重纽三等韵的例子是:

(1484) 荣 róng<hwjæng(三)<*wrjeng(茂盛,繁荣)

它和"营"形成对立:

(1485) 营 yíng<yweng<*wjeng(规划,计划,建造)

一般 *wj-在前元音前都会腭化为 yw-,这里没有发生腭化是由于受到了介音 *-r-的阻碍。

10.2.9.2 其他 *-eng 韵部的例字

(1486) 青 qīng<tsheng<*sreng(青)(这个字的声母问题,见前文 6.1.4 节)
(1487) 鼎 dǐng<tengX<*teng?(三足鼎)
(1488) 贞[zhēn]<trjeng<*trjeng(测试,测验)
(1489) 荧 yíng<hweng<*weng(眩目,迷惑,欺骗)
(1490) 耕 gēng<kɛng<*kreng(耕地)

(1491) 迸 bèng<pengH<*prengs(逐出,降级)

(1492) 峥嵘[zhēng]róng<dzreng-hwɛng<*dzreng-wreng(高的,陡峭的)

(1493) 成 chéng<dzyeng<*djeng(成就,完成)

(1494) 聲 shēng<syeng<*xjeng(声音)

(1495) 磬 qìng<khengH<*khengs(石磬)

(1496) 傾 qīng<khjwieng(四)<*kʷhjeng(斜的)

(1497) 生 shēng<sræng<srjæng<*srjeng(生活,活着)

10.2.10 传统侯部

包含在传统侯部的中古韵在表 10.88 给出。

表 10.88 包含在传统侯部的中古韵

	中古汉语	中古汉语（高本汉）	切韵韵目	注 释
一	-uw	-ə̯u	侯 Hóu(Huw)	
三	-ju	-i̯u	虞 Yú(Ngju)	部分
	-juw	-i̯ə̯u	尤 Yóu(Hjuw)	部分(仅有 TSr-)

因为这个韵部只包含中古一等韵而不包含中古四等韵,所以要为其构拟一个后元音作主元音。我将其构拟为 *-o。这个韵部的字在中古时期不存在开合口对立。

唇音声母字 *P(r)o 预期会出现在这个韵部,而事实上这类字在一些方言中变为了 *P(r)i,包括《诗经》押韵表现。因此这些字一般都被包括在之部而非侯部。*P(r)o>*P(r)i 的音变不在中古音系中反映,除了:

(1498) 母 mǔ<muwX<*m(r)oʔ(母亲)

(见 10.2.1。)

这个韵部特殊的一点是它不含有二等韵,我认为该现象(还有其他的相关事实)是 *r-色彩音变导致的。这个音变一般决定了独立二等韵的语音发展,但无法作用在主元音是圆唇元音的音节上。如果一个原始的圆唇元音在 *r-色彩音变发生前丢失了圆唇特征,那么它将

也会受到影响,如:

(1499) 蛮 mán<mæn<*mrwan<*mron(南蛮)

但如果双元音化没有发生,那么主元音也不会受到影响。因此一般不可能将 *-o 和 *-ro 或者 *-jo 和 *-rjo 在钝音声母的音节中区分开。[1] 在钝音声母音节中 *-ro 和 *-rjo 的介音 *-r-因 **r-脱落** 音变丢失,但不会影响到其后的元音。不过,在有时我们也有确切的证据为其中某些字构拟 *-r-介音,比如:
1.

(1500) 屦 jù<kjuH<*krjos(木屦,鞋子)

这个字应构拟 *-r-介音,因为它的声符是:

(1501) 娄 lú<lju<*C-rjo(拖,拉)

2. 辅音丛也可以出现在大量与"弯曲"义有关的词中,如:

(1502) 佝偻 gōulóu<kuw-luw<*k(r)o-C-ro(?)(佝偻)
(1503) 痀瘘 jūlú<kju-lju<*k(r)jo-C-rjo(佝偻)

这些双音节词可能是像 *kro 或者 *krjo 这样音节的延伸。因此我们可以推断在基本词根中存在辅音丛:

(1504) 句 gōu<kuw<*kro(钩子,弯曲的)[2]

---

[1] 原始的不圆唇元音如果在 *r-色彩音变之前变为圆唇元音,那么也不会受到影响。比如上文 10.2.4.2 中的例子:筥 jǔ<kjoX<*krjo?<*krja?。
[2] 它还可能和 *e/o 交替联绵词"迟曲" xìqū<khjæk-khjowk<*khrjek-kh(r)jok(弯腰行走)有关(第 10.2.8 节),因为其第一个音节中含有 *-r-介音,所以合理推断第二个音节中也存在 *-r-介音。

3. 对"敝漏"一词：

(1505) 敝漏 bì lòu<bjiejH-luwH< * bjets-C-ros（损坏且有泄露）(？)

这个词出自《易经》(48.2)，在马王堆的版本中为：

(1506) 敝句 bì gōu<bjiejH-kuw< * bjets-kro（意义不明）

(见周祖谟 1984：89。)这便意味着"句"中可能含有 *-r-介音，在马王堆帛书的提示下，这个词可以和《诗经》104 中的表达进行对照：

(1507) 敝筍 bì gǒu<bjiejH-kuwX< * bjets-k(r)o?（渔具）

4. 最后，"邂逅"这个词：

(1508) 邂逅 xièhòu<hɛiH-huwH< * gres-gros（不期而遇）

这是一个典型的 *e/o 交替联绵词，由于首字是二等字，所以我们必须要为其构拟 *-r-介音；由于一般联绵词中的两个字都有相同的介音，我们推断 *-r-介音可能也存在于第二个音节中。

10.2.10.1 *-o 韵部的构拟

上古 *-o 部字的语音演变在表 10.89 中列出。

表 10.89　上古 *-o 部字的语音演变

白一平	声母类型	中古汉语	高本汉	李方桂	蒲立本
*-(r)o	全部	-uw	*-u	*-ug	*-áw
*-jo	全部	-ju	*-iu̯	*-jug	*-àw
*-rjo	钝音	-ju(w)	*-iu̯	*-rjug	*-ʳàw
	锐音	-ju	*-iu̯	*-jug	*-(ʳ)àw(?)

上古的 *-(r)o 和 *-(r)jo 变为中古的 -uw 和 -ju 的细节尚不清楚；因此，目前我会将音变简单用 *-o(K)>-uw(K) 和 *-jo>-ju 来表达。请注意 *-o 和 *-jo 在上古时期是可以互相押韵的，但到了中古时期便不再能相互押韵。丁邦新(1975: 239)认为这种转变发生在魏晋时期。

我们经常发现中古有 *TSrjuw< * TSrjo* 音变，而不是变为预期的 *TSrju*。比如：

(1509) 骤 *zhòu<dzrjuwH< * dzrjos*(快速移动的)

10.2.10.2 其他 *-o 韵部的例字

(1510) 投 *tóu<duw< * do*(扔)
(1511) 口 *kǒu<khuwX< * kh(r)oʔ*(嘴)
(1512) 偶 *ǒu<nguwX< * ng(r)oʔ*(配偶，对手)
(1513) 寇 *kòu<khuwH< * kh(r)os*(抢劫，强盗)
(1514) 走 *zǒu<tsuwX< * tso(k)ʔ*(跑)(可能和足 *zú<tsjowk< * tsjok*(脚)有关系)
(1515) 殳[*shū*]<*dzyu< * djo*(一种长矛)
(1516) 區 *qū<khju< * kh(r)jo*(部分，种类)
(1517) 逾 *yú<yu< * ljo*(传递，违反)
(1518) 主 *zhǔ<tsyuX< * tjoʔ*(主人)
(1519) 取 *qǔ<tshjuX< * tshjoʔ*(拿取)
(1520) 芻[*chú*]<*tsrhju< * tshrjo*(干草，饲料)
(1521) 儒 *rú<nyu< * njo*(学者，文人)
(1522) 需 *xū<sju< * snjo*(逗留，等待)

10.2.11 传统屋部

包含在传统屋部的中古韵在表10.90给出。屋部是与侯部匹配的入声韵部。

和前面的韵部一样，这个韵部只包含中古一等韵而不包含四等韵，因此可以被构拟为后元音；我将其构拟为 *-ok*。这个韵部没有开合口对立。

表 10.90　包含在传统屋部的中古韵

	中古汉语	中古汉语(高本汉)	切韵韵目	注　　释
一	-uwk	-uk	屋 Wū (ʔUwk)	
二	-æwk	-åk	覺 Jué (Kæwk)	部分
三	-jowk	-i̯wok	燭 Zhú (Tsyowk)	

不过与侯部不同的是,屋部含有独立二等韵;下文会提及的东部中也可以看到独立二等韵。这可能说明 *-o(K) >-uw(K) 的音变在有舌根辅音韵尾的 *-ok 和 *-ong 中的应用不同于在开音节 *-o 中的应用。可能在 *r-色彩音变发生时, *-ok 和 *-ong 已经有不圆唇主元音,而 *-o 还依旧是圆唇元音,因此 *r-色彩音变没有影响到它们。(请注意这可能是将侯部构拟为开音节的间接论据。)具体的语音细节是模糊的,且可能因方言而异,但不管怎样所有 *-rok 都变为了中古的-æwk。不过请注意, *-jok 和 *-rjok 在钝音声母后发生了合并,因为有 *-j-介音的韵母没有受到 *-o(K) >-uw(K) 音变的影响。

10.2.11.1　*-ok(s) 韵部的构拟

上古汉语 *-ok 的语音演变表 10.91 中给出。

表 10.91　*-ok 的语音演变

白一平	声母类型	中古汉语	高本汉	李方桂	蒲立本
*-ok	全部	-uwk	*-uk	*-uk	*-ák^w
*-rok	全部	-æwk	*-ŭk	*-ruk	*-^{r}ák^w
*-jok	全部	-jowk	*-i̯uk	*-juk	*-àk^w
*-rjok	钝音	-jowk	*-i̯uk	*-juk	*-(ʹ)àk^w(?)
	锐音	-jowk	*-i̯uk	*-rjuk	*-^{r}àk^w

上古的 *-oks 和 *-os 的语音演变相同,因为二者受**韵尾复辅音简化**音变影响合并。由于 *-roks 在中古无法和 *-oks 区分,说明**韵尾复辅音简化**音变在 *-o(K) >-uw(K) 音变之前已经完成。

10.2.11.2 *-ok 韵部的例字

（1523）族 zú<dzuwk<*dzok（宗族）
（1524）屋 wū<ʔuwk<*ʔok（房子）
（1525）木 mù<muwk<*mok（木材）
（1526）卜 bǔ<puwk<*pok（用龟壳或兽骨占卜）
（1527）耨 nòu<nuwH<*noks（锄头）
（1528）角 jiǎo~jué<kæwk<*krok（角,角落）
（1529）濁 zhuó<dræwk<*drok（浑浊的）
（1530）剝 bāo~bō<pæwk<*prok（切碎,剥）

这个字的声符很有可能与"录"有关：

（1531）录 lù<luwk<*C-rok（雕刻木材）

下面这个字构拟 *-r-介音的原因是双声联绵词 "迟曲" [xì] qū<khjæk-khjowk<*khrjek-kh(r)jok（弯腰行走）的前字有 *-r-介音（见10.2.8）

（1532）曲 qū<khjowk<*kh(r)jok（弯曲的）
（1533）玉 yù<ngjowk<*ng(r)jok（玉）
（1534）足 zú<tsjowk<*tsjok（脚）
（1535）赴 fù<phjuH<*ph(r)joks（奔赴）
（1536）辱 rǔ<nyowk<*njok（侮辱）

10.2.12　传统东部

包含在传统东部的中古韵在表 10.92 给出。

表 10.92　包含在传统东部的中古韵

	中古汉语	中古汉语（高本汉）	切韵韵目	注　释
一	-uwng	-ung	東 Dōng(Tuwng)	
二	-æwng	-ång	江 Jiāng(Kæwng)	部分
	-jowng	-iwong	鍾 Zhōng(Tsyowng)	

这个韵部是与屋部平行的阳声韵部。与屋部相同,大部分情况下无法在钝音声母后面区分 *-jong 和 *-rjong。一个可确定构拟为 *-rjong 的字是:

(1537) 恭 gōng<kjowng< * krjong(尊敬)

这是西周一位王的名字,在金文中写作:

其声符为:

(1538) 龍 lóng<ljowng< * C-rjong(龙)

(见周法高等 1947a, 条目 321。)

10.2.12.1 *-ong 韵部的构拟

上古 *-ong 部字的语音演变如表 10.93 所示。

表 10.93 上古 *-ong 部字的语音演变

白一平	声母类型	中古汉语	高本汉	李方桂	蒲立本
*-ong	全部	-uwng	*-ung	*-ung	*-áŋ^w
*-rong	全部	-æwng	*-ŭng	*-rung	*-´áŋ^w
*-jong	全部	-jowng	*-i̯ung	*-jung	*-àŋ^w
*-rjong	钝音	-jowng	*-i̯ung	*-jung	*-(´)àŋ^w(?)
	锐音	-jowng	*-i̯ung	*-rjung	*-´àŋ^w

10.2.12.2 *-ong 韵部的例字

(1539) 東 dōng<tuwng< * tong(东方)

（1540）工 gōng<kuwng<*kong（工作）
（1541）蓬 péng<buwng<*bong（繁茂的）
（1542）邦 bāng<pæwng<*prong（国家）
（1543）封 fēng<pjowng<*p(r)jong（封地）
（1544）用 yòng<yowngH<*ljongs（使用）
（1545）宠 chǒng<trhjowngX<*hrjongʔ（偏爱）
（1546）重 chóng<drjowng<*drjong（双重）
（1547）衝 chōng<tsyhowng<*thjong（冲击）

10.2.13 传统幽部

包含在上古幽部的中古韵在表 10.94 中列出。

表 10.94 包含在上古幽部的中古韵

	中古汉语	中古汉语（高本汉）	切韵韵目	注 释
一	-aw	-âu	豪 Háo(Haw)	部分
	-uw	-ə̯u	侯 Hóu(Huw)	部分-仅有唇音
二	-æw	-au	肴 Yáo(Hæw)	部分
三	-juw	-i̯ə̯u	尤 Yóu(Hjuw)	部分
	-wij	-jwi	脂 Zhī(Tsyij)	部分-仅有喉音
	-jiw	-iě̯u	幽 Yōu(ʔJiw)	仅有钝音
四	-ew	-ieu	萧 Xiāo(Sew)	部分

这个韵部中含有一四等韵的对立，比如下面这个最小对立：

（1548）骚 sāo<saw（移动，晃动，扰动）
（1549）萧 xiāo<sew（艾草，风或动物的啸声）

根据前元音假设，这意味着我们要在这个韵部中同时构拟前元音和后元音。我分别构拟了-aw<*-u 和-ew<*-iw。

除此之外此韵部中还包含-aw 和-uw 这两个一等韵的对立：

（1550）袍 páo<baw（长袍）
（1551）裒 póu<buw（收集，聚集）

只有少量-uw 韵属于这一韵部。我们可以构拟 *-u 和 *-iw 以反映这种对立。但我并没有在《诗经》中找到此构拟的押韵证据。目前对这一问题尚没有解决办法；为了区别二者，我会用大写字母 *-U 作为-uw 韵在此韵部中的源头。

不过中古 muw 在这个韵部中未必对应 * mU，而可能是其他音变造成的，即发生在早期中古汉语的 **mjuw (K) >muw (K)**。被移除的-j-是声母唇齿化的条件，因此这个音变阻止了 m-类字的唇齿化。比如：

（1552）贸[mào]<muwH<mjuwH< * mrjus（交易，交换）

根据这个字的声符"卯"，它应有 *-r-介音：

（1553）卯 mǎo<mæwX< * mruʔ（地支第四位）

另一个例子是：

（1554）矛[máo]<muw<mjuw< * m(r)ju（矛）

在《广韵》中"矛"的读音是 mjuw，但在《经典释文》对《诗经》79.2 的注释中，注的读音是 muw，反映了 **mjuw (K) >muw (K)** 的音变（这一音变还影响了发生**圆唇成分同化**从上古 * mji (K)变到中古 mjuw(K)的字，见 10.2.1)。

幽部字中存在少量在预期中应为 Pjuw 而实际语音形式为 Pju 的字，这可能是受北部方言的影响：北部方言的 Pju 对应南部方言的 Pjuw。慧琳《一切经音义》给出了这两种读音，但说明 Pjuw 只存在于吴楚方言中（引自河野六郎 1954[1979]：253）。

10.2.13.1　*-u 韵部的构拟

*-u 部字的语音演变如 10.95 所示。[1]

---

[1] 高本汉错误地将含有这个韵母的字归为之部。因此高本汉的（转下页）

第十章 新上古汉语韵部分类

表 10.95 *-u 部字的语音演变

白一平	声母类型	中古汉语	高本汉	李方桂	蒲立本
*-u	全部	-aw	*-ôg	*-əgw	*-ə́w
*-U	*P-ʔ	-uw			
*-ru	全部	-æw	*-o̯g	*-rəgw	*-'ə́w
*-ju	全部	-juw	*-i̯ôg	*-jəgw	*-ə̂w
*-rju	锐音	-juw	*-i̯ôg	*-rjəgw	*-'ə̂w
	*K-, *P-	-jiw	*-i̯ôg	*-jəgw	*-ə̂w
	*Kʷ-	Kwij (三)	*-i̯wəg	*-jiəgw	*-'ə̂w

为了解释 *-u 和 *-ru 的语音演变，必须假设一个我称之为 *-u(K) > -aw(K) 的音变，当音节中没有 *-j-介音时，原始的 *-u 变为了双元音。这个音变导致原始的 *-u 和 *-ru 分别和原始的 *-aw 和 *-raw 合并；这一音变必须发生在 *r-色彩音变之前，因为我们有二等字 -æw < *-raw < *-ru 的例子：

(1555) 包 bāo < *pæw < *praw < *pru（包装，捆束）

由于 *r-色彩音变显然没有影响圆唇元音，因此，除非 *-u(K) > -aw(K) 音变已经发生，*r-色彩音变不会影响 *pru。

有 *-j-介音的音节没有受 *-u(K) > -aw(K) 音变影响，那么 *r-色彩音变看起来也不会产生作用。*-rju 和 *-ju 基本在钝音声母后合并，尽管我们有时还可以根据其他证据推断出有些形式中含有 *-r-介音。比如，"求"字中就可能含有 *-r-介音：

(1556) 求 qiú < *gjuw < *grju（寻找）

（接上页）*Ki̯wəg 同时对应我的 *Kʷrji（李方桂的 *Kʷji̯əg）和我的 *kʷrju（李方桂的 *Kʷji̯əgw）。后者如"軌"guǐ < *kwijX < *kʷrjuʔ，高本汉构拟为 *kiwəg，但在《诗经》34.2B 中该字押 *-uʔ 韵（高氏的 *-ôg）。由于谐声关系，高本汉还将一些本属 *-i̯ôg 的字构拟为 *-i̯ŭg，如"九"jiǔ < *kjuwX < *k(ʷ)juʔ，被高本汉构拟为 *kiŭg，属之部。

在《毛诗》本《诗经》1中,用"流"释"求"(寻找):

(1557) 流 *liú*<*ljuw*< * *C-rjuw*(流动)

如果这里"流"不是"求"的误写版本,那么这可能是一个声训。包拟古(1967: 34)引用了壮语中意义为"球"的词 *klau*,可能是早期"球"字的借入形式:

(1558) 球 *qiú*<*gjuw*< * *grju*(球)

不过我认为 *-*r*-介音确实有影响到像"軌"这样的音节:

(1559) 軌 *guǐ*<*kwijX*(三)< * *kʷrjuʔ*(车轴头)

李方桂认为唇化舌根音导致了这类字的不规则演变(如李方桂 1971 [1980]: 42)。而我认为在 * *r*-色彩音变前发生我称之为**圆唇成分异化**音变(将圆唇成分从主元音中移除),该音变使得 * *Kʷrju* 变为 * *Kʷrjɨ*。在这种影响下,一批字从 *-*u*(幽)部转移到 *-*ɨ*(之)部,在此之后的语音演变都与 *-*ɨ* 部字相同,如:

(1560) 龜 *guī*<*kwij*(三)< * *kʷrjɨ*(海龟,乌龟)

主元音圆唇成分的丢失使得音节变得符合 * *r*-色彩音变的条件,使主元音前化,最终变为了中古重纽三等-*wij*。

圆唇成分异化音变的公式可写作:

$$u \to \dot{\imath} / K^w(r)j _____$$

我们假设这个音变还可能影响到没有 *-*r*-介音的音节,比如"軌"的声符"九":

(1561) 九 jiǔ<kjuwX< *$k^wju\textipa{P}$（九）

但像 *k^wju> *$k^wjɨ$ 这样发生**圆唇成分异化**音变的音节很快又经历了**圆唇成分同化**音变，这个音变必须单独设置，以解释之部字中的一些主元音圆唇化，比如：

(1562) 牛 niú<ngjuw< *$ng^wjɨ$（牛）

(见 10.2.1 中的讨论。)不过**圆唇成分同化**会被 *-r-介音阻碍（或者可能被 *-r-介音带给主元音的前化色彩阻碍）。

这一系列包含**圆唇成分异化**、***r-色彩**、**圆唇成分同化**的音变导致的复杂结果可以在四个音节中总结出来：两个 *-u 部字、一个含有 *-r-介音的 *-i 部字、一个不含有 *-r-介音的 *-i 部字。具体语音演变见表 10.96：

表 10.96　圆唇成分异化、*-r-色彩和圆唇成分同化的影响

	九	軌	牛	龜
上古汉语	*$k^wju\textipa{P}$	*$k^wrju\textipa{P}$	*$ng^wjɨ$	*$k^wrjɨ$
圆唇成分异化	*$k^wjɨ\textipa{P}$	*$k^wrjɨ\textipa{P}$	——	——
*r-色彩	——	*$k^wrjɨ\textipa{P}$	——	*$k^wrjɨ$
圆唇成分同化	*$k^wju\textipa{P}$	——	*ng^wju	——
中古汉语	kjuwX	kwijX(三)	ngjuw	Kwij(三)

这三种音变的结果是有 *-r-介音的两个字演变路径类似，没有 *-r-介音的两个字演变路径类似，原始的主元音差异消失。

其他 *-u 韵部的例字：

(1563) 寶 bǎo<pawX< *$pu\textipa{P}$（宝贵的）

(1564) 草 cǎo<tshawX< *$tshu\textipa{P}$（草）

(1565) 道 dào<dawX< *$lu\textipa{P}$（道路）

(1566) 好 hǎo<xawX< *$xu\textipa{P}$（好的）

（1567）滔 tāo<thaw< * hlu（弥漫）

（1568）裒 póu<buw< * bU（收集，聚集）

（1569）茅 máo<mæw< * mru（一种草）

（1570）犨 chóu<dzyuw< * Gju（对手）

（1571）醜 chǒu<tsyhuwX< * thjuʔ（丑陋）

（1572）臭 chòu<tsyhuwH< * KHjus（气味）

（1573）酒 jiǔ<tsjuwX< * tsjuʔ（酒）

（1574）茂［mào］<muwH<(mjuwH)< * m(r)juʔ(s)（繁荣的）

（1575）戊［wù］<muwH<(mjuwH)< * m(r)jus（天干第五位）

（1576）牡 mǔ<muwX<(mjuwX)< * m(r)ju（雄性动物）

（1577）首 shǒu<syuwX< * hljuʔ（头）

（1578）洲 zhōu<tsyuw< * tju（河中的岛）

（1579）柳 liǔ<ljuwX< * C-rjuʔ（柳）

（1580）杻 niǔ<nrjuwX< * nrjuʔ（一种树）

（1581）簋 guǐ<kwijX(三)< * kʷrjuʔ（一种食器）

（1582）逵 kuí<gwij(三)< * gʷrju（大路）

现在我们转向前元音 *-iw 韵部的构拟。

10.2.13.2 *-iw 韵部的构拟

上古 *-iw 部字的语音演变如 10.97 所示:[1]

表 10.97   *-iw 部字的语音演变

白一平	声母类型	中古汉语	高本汉	李方桂	蒲立本
*-iw	全部	-ew	*-iôg	*-iəgw	*-ʲə́w
*-riw	全部	-æw	*-ôg	*-rəgw	*-ʳə́w
*-jiw	钝音	-jiw	*-iŏg	*-jiəgw	*-ʲə̀w
	锐音	-juw	*-iôg	*-jəgw	*-ə̀w

[1] 高本汉将中古韵-jiw（高本汉中古-iĕu）归入宵部而非幽部。

续表

白一平	声母类型	中古汉语	高本汉	李方桂	蒲立本
*-rjiw	钝音	-jiw	*-i̯ôg	*-jiəgw	*-ʲə̂w
	锐音	-juw	*-i̯ôg	*-rjəgw	*-ʳə̂w

我认为 *-iw 和 *-riw 在**高元音>中元音**音变的影响下变为了 *-ew 和 *-rew，即没有 *-j-介音音节中的主元音从高元音变为中元音（见 7.1.3）。韵母 -rew < *-riw 最终与原始的 *-raw 以及 *-raw < *-ru 合并，变为中古二等韵 -æw。如果 *-rew 与 *-raw 和 *-ren 与 *-ran 平行，那么在我们的预期中会出现两类中古二等韵 -ɛw 和 -æw，正如 -ɛn 和 -æn。不过即使真有这种对立，显然也已经在《切韵》时代丢失了。

锐音声母后的原始 *-jiw 变为 -juw，至少在《切韵》所代表的方言[1]中是这样的：

（1583）秋 qiū < tshjuw < *tshjiw（秋天）
（1584）周 zhōu < tsyuw < *tjiw（包围）

请注意"周"作为声符通常表示 *-iw，如：

（1585）調 tiáo < dew < *diw（曲调，调整）

*-jiw(k) > -juw(k) 的音变是非常自然的，它本质上涉及成音节性的转换。[2] 这条音变导致锐音声母后 *-jiw 和 *-ju 的区别在中古消失，它们的构拟必须要依靠押韵和谐声证据。

不过钝音声母后 *-jiw 的前元音至少在《切韵》的一个底层音系中得到了保留，尽管它们在中古汉语中常常是模糊的。因此《广韵》中

---

[1] 正如我在白一平（1986b：273-275）中指出的那样，来自原始《玉篇》的反切（据周祖谟 1966a 研究）表明：一些早期中古汉语方言，无论是锐音声母还是钝音声母后都保持了 -jiw 和 -juw 的对立。这个问题值得进一步研究。
[2] 正如我在白一平（1986b：276，注释 11）中提到的，古英语 cēosan "to choose"也经历了类似的音变，成为现代英语 choose。

"丩"字的读音为 *kjuw*：

(1586) 丩 *jiū*<*kjiw*~*kjuw*< * *k(r)jiw*（使扭曲）

但这个字的替换形式"弓"读音为 *kjiw*。同样的，《广韵》中"疛"有 *kjiw*, *kjuw*, *kæwX* 三种读音：

(1587) 疛 *jiū*<*kjiw*~*kjuw*~*kæwX*< * *k(r)jiw*~*kriw?*（胃疼）

这个字可能与"丩"* *k(r)jiw*（使扭曲）同词根。

究竟将中古的 *-jiw* 构拟为 *-*jiw* 还是 *-*rjiw* 是一个困难的决定。中古的 *-jiw* 被放在韵图的四等位置（*-ji*-介音位置），这个位置的字对应的上古形式通常是 *-*j*-加上一个前元音，而不含有 *-*r*-介音。但很多中古 *-jiw* 的例子显示它们的上古形式需要构拟 *-*r*-，比如：

(1588) 樛 *jiū*<*kjiw*< * *krjiw*（向下弯曲的）

它的声符是：

(1589) 翏 *liù*<*ljuwH*< * *C-rjiws*（风啸声）

支持这一系列字构拟前元音为主元音的证据是四等字"蓼"：

(1590) 蓼 *liǎo*<*lewX*< * *C-riw?*（蓼属植物）

在同一谐声系列中，还有：

(1591) 谬 *miù*<*mjiwH*< * *mrjiws*（谎言，错误）

许多这一系列的词似乎都有"扭曲"或"卷"义。（"谬"的"错误"义可能是"扭曲"义的隐喻引申，可与英语中的 *wring* 和 *wrong* 进行对比。）

除此之外还有联绵词：

（1592）绸缪 chóumóu<drjuw-mjiw<＊drjiw-mrjiw（紧密缠绕）(《诗经》118.1 和 155.2)

我认为该词根和下面的藏语词族有联系，上古汉语的 *-w 与藏语中的 *-l 系统对应（见包拟古 1980：75－79）：

'gril-ba（被扭成一团）
sgril-ba（缠绕，或环绕，或卷起来）
'dril-ba（被转动，卷成一团，拧成一团）
'khril-ba（环绕，拥抱）
'khyil-ba（卷起来，扭起来）

不管怎么说，由于一些 *-r 介音确切存在于一些中古 Kjiw 类字对应的上古音中，我构拟了 Kjiw<＊K(r)jiw。对于没有 *-r 介音的音节（如＊Kjiw），一般预期它的舌根声母发生腭化，比如：

（1593）收 shōu<syuw<＊xjiw（收集）

根据《说文》它的声符是"丩"（丁福保 1928—1932[1976]：1361）：

（1594）丩 jiū<kjiw<＊k(r)jiw（使扭曲）

尽管我们经常会在构拟体系中发现没有发生腭化的例外字，但我还在犹豫是否为这些没有腭化的字都加上 *-r 介音。

其他 *-iw 韵部的例字：

总的来说，那些在谐声上和中古 -ew 或者 -jiw 类字有联系的字以及在《诗经》中和音位对应无分歧的 *-iw 押韵的字构拟为 *-iw。包含从翏、丩、秋、周、幽、肅得声的字，比如：

（1595）膠 jiāo<kæw< * kriw（胶水）（在《诗经》90.2A、228.3A 中押 *-iw 韵）

（1596）秋 qiū<tshjuw< * tshjiw（秋天）（在《诗经》72.2A 中押 *-iw 韵）

（1597）瘳 chōu<trhjuw< * hrjiw（改进，治疗）（在《诗经》90.2A、264.1C中押 *-iw 韵）

"裯"字：

（1598）裯 chóu<drjuw（晚礼服）（？）

根据声符应构拟为 *-iw，但在《毛诗》本《诗经》21.2B 中它押 *-u 韵。不过其它版本中它写作：

（1599）幬 chóu<drjuw< * drju（遮盖物，或床帘）

（向熹 1986：54。）而"幬"的声符是规则的 *-u 部。可能这里的"裯"是"幬"的假借字。

其他 *-iw 韵部的例字：

（1600）鳥［niǎo］<tewX< * tiwʔ（鸟）

（1601）條 tiáo<dew< * liw（向外伸展的枝条）

（1602）調 tiáo<dew< * diw（调音，调整）

（1603）幽 yōu<ʔjiw(X)< *ʔ(r)jiw(ʔ)（深色，黑色）

（1604）彪 biāo<pjiw< * p(r)jiw（专有名词）

（1605）幼 yòu<ʔjiwH< *ʔ(r)jiws（年轻）

10.2.13.3　*-iw 和 *-u 的押韵关系

在我的早期论文中（白一平 1986b），我用卡方检验检测了 *-iw 和 *-u 的押韵关系；这里我将用第三章中提到的新方法重新检验。

根据前面的构拟，幽部中音位对应无分歧的 *-iw 和 *-u 可以被如下标准确定：

1. 中古的-aw、-uw 和-u 以及钝音声母后的-juw、-ju 和-wij 上古都是音位对应无分歧的 *-u。

2. 中古的 -ew 或者 -jiw 上古都是音位对应无分歧的 *-iw。

《诗经》中音位对应无分歧的 *-iw 部字和 *-u 部字的押韵情况在表 10.98 中列出。(平声字 P[*-iw] 的 0.96 置信区间是 0.071 到 0.212；上声字 P[*-iw] 的 0.95 置信区间是 0.010 到 0.083，我们不会使用到去声的 P[*-iw]。)

表 10.98 《诗经》中音位对应无分歧的 *-iw 部字和 *-u 部字的押韵情况

	平	上	去
*-iw 部字	12	4	1
*-u 部字	73	92	30
所有的两部字	85	96	31
P[*-iw]	0.141	0.042	0.032
P[*-u]	0.859	0.958	0.968

《诗经》中含有这些音位对应无分歧的 *-iw 和 *-u 部字的押韵序列在表 10.99 中根据声调和序列长短列出。[1]

表 10.99 《诗经》中含有的音位对应无分歧的 *-iw 和 *-u 部字押韵序列

声调	序列长度	总序列	*-iw	*-u	混押
平	2	17	1	14	2
	3	3	0	3	0
	4	3	0	3	0

---

[1] 平声序列为：二字 *-u 序列：1.1A、7.2B、9.1A、39.4B、54.1B、65.1C−3C、70.2A、157.3A、164.2B、176.4A、193.8B、243.2A、250.4B 和 264.6B；二字 *-iw 序列：117.1B−2B；二字混合序列：215.4A 和 292.1B。三字 *-u 序列：133.1B、223.8A 和 262.1A。四字 *-u 序列：114.3B、253.2A 和 304.4A。上声序列为：二字 *-iw 序列：289.1A、291.1C；二字 *-u 序列：34.2B、46.1A、75.2A、78.3A、82.2B、136.3A、143.2A、154.6B、154.8B、174.2A、195.3A、200.5A、210.5A、212.2A、217.3A、234.4B、257.6D、260.3A、261.1B、282.1C、283.1B、286.1A 和 299.3A。三字 *-u 序列：97.2A、179.2A、180.1A、245.5A 和 259.5B。四字 *-u 序列：115.2A、165.2B 和 197.2A。

续表

声调	序列长度	总序列	*-iw	*-u	混押
上	2	25	2	23	0
	3	5	0	5	0
	4	3	0	3	0
去	[无]				

表 10.99 中显示存在两个平声字的混押序列，但我认为这种混押是人为的，它们同时包含"觓"这个字：

(1606) 觓 qiú<gjiw（长而弯）

根据上述判断条件，这是一个音位对应无分歧的 *-iw 部字，因为它的中古韵是-jiw；但这个字两次在《诗经》中出现时都与 *-u 部字押韵而不是与 *-iw 部字押韵。我推测这个字在此处错误地代替了另一个字。为了避免循环论证，在进行统计计算时把这个字归入 *-iw 部字。

请注意在上声字中不存在音位对应无分歧字的混押序列，不过有两个 *-iw 部字的押韵序列，使用 3.2.6 节中提到的计算方法，得出的结果是：

$$P = 0.000394$$

这是在零假设下两个韵部分离的偶发概率。（对上述 0.95 的置信区间中任意 P[*-iw] 这一数值不超过 0.002。）因此两个韵部的押韵区别在音位对应无分歧的字中是可以被确定的。

10.2.13.4 *-iw 和 *-u 的押韵序列

下列《诗经》押韵序列包含 *-iw（混合 *-iw 和 *-u 的序列将被分开讨论，因此它们在下面的列表中被剔除）：69.2A（带 *-iwk(s)）、72.2A、90.2A、117.1B－2B、137.3B、143.1A（带 *-ew）、153.2B、154.4A（带 *-ew）、155.4A（带 *-ew）、179.5B（带 *-ong?）、179.7A、228.3A、264.1C、

289.1A 及 291.1C(带 *-ew)。

要注意 *-iw 类字和 *-ew 类字的混合押韵倾向,这与前面发现的 *-it 和 *-et 的混押类似(见 10.1.2)。

下列《诗经》押韵序列包含 *-u(序列显然混合了 *-iw 和 *-u,见下文讨论):1.1A、1.2A、7.2B、9.1A、21.2B、23.1B、26.1A、29.2A(带 *-uks)、31.4B、34.2B、35.4A、35.5A、39.4B、46.1A、54.1B、59.4A、64.1B、64.2B、64.3B、65.1C、65.2C、65.3C、67.2A(带 *-aw)、70.2A(带 *-uk)、75.2A、77.2A、78.3A、79.3A(带 *-uk)、81.2A、82.2B、82.3C、97.2A、105.4A(带 *-aw)、114.3B、115.2A、120.2A、123.1B−2B(带 *-iks)、123.2A、127.1A、128.2A、133.1B、135.2A、136.3A、143.2A、154.6B、154.7D、154.8B、157.3A、164.2B、165.2B、166.6B、167.2B、170.1A、170.2A、170.3A、172.4A、174.2A、175.3A、176.4A、178.4A、179.2A、180.1A、189.1B、191.8B、192.12A(带 *-aw)、193.1A、193.8B、194.5B、195.3A、197.2A、197.7A、200.5A、200.6B、205.6A、208.3A、209.6C、210.5A、212.2A、215.4A(带 *-aw)、217.3A、218.3A、220.4A(带 *-aw)、221.1B、223.8A(带 *-aw)、224.1A−2A、229.2A、231.2A−4A、231.4B、233.3A、234.4B、235.7B、238.1A(带 *-o)、240.3B(带 *-aw)、240.4B、243.2A、244.3B、245.5A、245.7A、250.4B、252.2A、253.2A、255.3B(带 *-uks)、256.3B(带 *-aw)、256.6B、257.1A、257.6D、259.5B、260.3A、261.1B、262.1A、262.6A、263.3A、263.5B、264.6B、265.4A、282.1C、282.1G、283.1B、286.1A、291.1D、292.1A(带 *-i)、292.1B、298.2A、299.3A、299.5B、299.7A 及 304.4A。

下面是混合了 *-iw 和 *-u 的序列:39.4B、54.1B、59.4A、116.2A、123.2A、128.1A、215.4A、267.1A、292.1B 及 299.7A。

10.2.13.5 附加说明

上面提到的押韵上的一些明显的不规则可能是由于文字中后来的字符演变或者文本替换造成的:

1. 有三个押韵序列:215.4A、292.1B 和 299.7A 是规则的 *-u 部序列,除了"觩"qiú<gjiw<*g(r)jiw(?)字。正如前面提到的,根据这个字的中古语音形式,它应该属于 *-iw 部,但却不存在

"觓"与 *-iw 部字押韵的例子。可能这个版本这个位置上的字是错误的,我们应该把它构拟为 *g(r)ju(根据其声符推论得出)而非 *g(r)jiw。

2. 同样的,序列 39.4B 和 54.1B 是规则的 *-u 部字序列,除了叠音词:

(1607) 悠悠[yōuyōu]<yuw-yuw< * ljiw-ljiw(思绪悠长,遥远,痕迹长久)

其声符暗示它属于 *-iw。同样,它的同音词:

(1608) 慫慫 yóuyóu<yuw-yuw< * ljiw-ljiw(?)(流动)

在 59.4A 中出现,除了这个字外都是 *-u 序列。这可能是晚期出现的分化字。不过"悠悠"看起来在 179.7A 的行内部押 *-iw 韵。

3. 在《诗经》116.2 中,有一行诗:

素衣朱繡
sù yī zhū XIÙ
"white robe and red EMBROIDERY"

这里的"繡"字:

(1609) 繡 xiù<sjuwH< * sjiw(k)s(刺绣)

不符合预期地与 *-u(以及 *-uk)押韵。(我将"繡"根据谐声证据归入 *-iw 部,比较四等字"蕭"xiāo<sew< * siw。)我推测这里的"繡"是"袖"的假借:

(1610) 袖 xiù<zjuwH< * zjus(袖子)

这是一个规则的 *-u 部字(比较《诗经》120.2A;在 245.5A 中有假借用

法)。下文的"素衣朱襮"是与第一章诗平行的：

素衣朱襮
sù yī zhū BÓ
"white robe and red COLLAR"

4. 最后,要注意 267.1A 可能不入韵,因为它是《周颂》中的一首诗,这部分诗很多是不押韵的,或者押韵表现十分不规则。

对于剩下的不规则序列(123.2A 和 128.1A),我无法对之做出解释。不过可能从 *-jiw 到 *-juw 的音变在某些方言中发生得足够早,以至于影响到了《诗经》的押韵表现(见白一平 1986b)。

10.2.14 传统觉部

包含在传统觉部的中古韵在表 10.100 中列出。

因为这个韵部同时包含了中古一等 -owk 和中古四等 -ek,根据前元音假设,我们必须为其同时构拟前元音和后元音。我构拟了 *-uk 和 *-iwk,与幽部的 *-u 和 *-iw 平行。

表 10.100 包含在传统觉部的中古韵

	中古汉语	中古汉语(高本汉)	切韵韵目	注 释
一	-owk	-uok	沃 Wò (ʔOwk)	(部分)
二	-æwk	-åk	覺 Jué (Kæwk)	(部分)
三	-juwk	-i̯uk	屋 Wū (ʔUwk)	(部分)
四	-ek	-iek	錫 Xī (Sek)	(部分)

10.2.14.1 *-uk(s) 韵部的构拟

*-uk 部字的语音演变如表 10.101 所示。

表 10.101　*-uk 部字的语音演变

白一平	声母类型	中古汉语	高本汉	李方桂	蒲立本
*-uk	全部	-owk	*-ôk	*-əkw	*-ə́kʷ
*-ruk	全部	-æwk	*-ôk	*-rəkw	*-ʳə́kʷ
*-(r)juk	全部	-juwk	*-i̯ôk	*-(r)jəkw	*-(ʳ)ə̀kʷ

上古的 *-uks 的语音演变方向与 *-us 一致（见前面的 10.2.13），二者很早就因为**韵尾复辅音简化**音变而合并。

表 10.101 显示 *-uk 和 *-ruk 在中古汉语中保持区别，我认为这归功于 *-u(K)>-aw(K) 的音变，这个音变发生在没有 *-j-介音的音节，并且发生在 *r-色彩音变之前：*-ruk> *-rawk>中古-æwk。（这意味着中古-owk 应当被分析为/-awk/< *-uk，与中古-aw< *-u 的演变平行。）例如：

（1611）覺 jué<kæwk< *kruk（醒来）（也读作 jiào<kæwH< *kruks）

（1612）學 xué<hæwk< *ɦkruk（学习，学校，模仿）

有 *-r-介音的例子可以与下面的进行比较：

（1613）告 gào<kawH< *kuks（宣告，通知）也读作 gù<kowk< *kuk

不过，由于 *-u(K)>-aw(K) 音变不会影响有 *-j-介音的音节，*r-色彩音变不会作用到韵母 *-rjuk 上。因此钝音声母后的 *-rjuk 和 *-juk 难以区分。然而在有些情况下，可以根据中古音以外的其他证据构拟 *-rjuk，比如：

（1614）睦 mù<mjuwk< *mrjuk（和睦，和谐）

它的声符是：

（1615）坴＝六 liù~lù<ljuwk< *C-rjuk（六）

可与藏缅语中 *d-ruk(六)进行比较(白保罗 1972:94)。

其他上古 *-uk(s)韵部的例字：

(1616) 毒 dú<dowk<*duk(毒)

与藏缅语中的 *duk~tuk 比较(柯蔚南 1986:120)。

(1617) 宿 sù<sjuwk<*sjuk(过夜,借宿);也读作 xiù<sjuwH<*sjuks(古代星座)
(1618) 鞠~鞫 jū<kjuwk<*k(r)juk(疲劳的,用尽的)
(1619) 祝 zhù<tsyuwk<*tjuk(巫祝);也读作 zhòu<tsyuwH<*tjuks(诅咒)
(1620) 腹 fù<pjuwk<*p(r)juk(腹部)

与藏缅语中的 *pu'k~buk(洞穴,肚子)进行比较(柯蔚南 1986:53)。

10.2.14.2 *-iwk(s)韵部的构拟

*-iwk 部字的语音演变如表 10.102 所示。

表 10.102 *-iwk 部字的语音演变

白一平	声母类型	中古汉语	高本汉	李方桂	蒲立本
*-iwk	全部	-ek	*-iôk	*-iəkw	*-ʲə́kʷ
*-riwk	全部	-æwk(?)	*-o̭k	*-rəkw	*-ʳə́kʷ
*-(r)jiwk	全部	-juwk	*-i̯ôk	*-(r)jəkw	*-(ʳ)ə́kʷ

韵母 -æwk<*-riwk 在理论上存在可能,但没有找到实际的例子。

上古的 *-iwks 的语音演变方向与 *-iws 一致(见前面的 10.2.13),二者很早就因为**韵尾复辅音简化**音变而合并。

请注意我们必须假设存在音变 ***-wk>-k**,这样才能解释从 *-iwk 到中古 -ek 的音变(见附录 A)。中古韵尾 -wk 可能是一个单独的语音演变,因为它一般可追溯到上古的 *-k 而非上古的 *-wk。

与幽部字 *-(r)jiw 至少在一些方言中在钝音声母后保持与

-(r)ju 的对立不同，-(r)jiwk 几乎完全和 *-(r)juk 合并。这意味着中古汉语仅能在那些不含有 *-r-介音和 *-j-介音的音节中区分 *-uk 和 *-iwk 两类韵母。因此只有少数字属于音位对应无分歧的 *-uk 和 *-iwk，这里提供了如下两条判断依据：

1. 该韵部中所有中古 -owk 韵字都是音位对应无分歧的 *-uk 类字。
2. 该韵部中所有中古 -ek 韵字都是音位对应无分歧的 *-iwk 类字。

不幸的是，根据这些条款，《诗经》中只出现了一个音位对应无分歧的 *-iwk 部韵脚字：

(1621) 迪 dí<dek< *liwk（前进）

让情况更糟糕的是，它只在《诗经》中出现了一次 (257.11A)，而且还是与音位对应无分歧的 *-uk 类字"毒"dú<dowk< *duk（毒药）押韵。出于这些原因，我无法应用统计方法检验 *-iwk 和 *-uk 在《诗经》中的押韵情况，因为例子太少且太不规则。我所构拟的 *-iwk 和 *-uk 实际相互押韵的例子是很少的，只在 154.6A、188.2A、207.3A、247.3B 和 257.11A 中出现过。再者，很多不规则都可能是文本问题导致的，而且很多包含的词都是意义不明的。但是对 24 个左右含有 *-uk 和 *-iwk 的序列来说，这些押韵序列的数量依然太多了。现在尚不清楚不规则的源头是版本错误还是方言混杂，又或是仅因构拟系统的不充分。不过还是有一些 *-iwk 和 *-uk 间区别的痕迹支持前元音假设基本上是正确的。

首先是"叔"的谐声序列：

(1622) 叔 shū<syuwk< *stjiwk（较幼的）

(高本汉 1957，条目 1031。)包含了许多四等韵 -ek< *-iwk，并且这个字可以充当 *-iwk 类字的声符。这个谐声系列的声母辅音十分复杂，因此在构拟上是存在挑战的。例如：

(1623) 戚 qī<tshek< *Sthiwk（?）（悲戚，关切）
(1624) 寂 jì<dzek< *Sdiwk（?）（平静，安静）

第十章 新上古汉语韵部分类

再者,在金文中"叔"*stjiwk 被写作"弔"字的早期形式：

(1625) 弔 diào<tewH< * ti/ewks,也读作 dì<tek< * ti/ewk

这个字是中古四等韵,说明在上古它的主元音是前元音(见高本汉 1957,条目 1165),且在 149.2A 中押 *-ew 韵。

回到《诗经》押韵系统,我们找到了其他为这个声符构拟前元音的证据,比如：

(1626) 淑 shū<dzyuwk< * djiwk(好)

它是 69.2A 和 257.5B 的韵脚字,序列 69.2A：

脩 xiū<sjuw< * sljiw(干枯的)
歗 xiào<sewH< * siw(k)s(哀号)
歗 xiào<sewH< * siw(k)s(哀号)
淑 shū<dzyuwk< * djiwk(好)

"歗"是中古四等字,主元音确定为前元音;而"脩"与"條"声符相同：

(1627) 條 tiáo<dew< * liw(枝条,嫩枝)

在序列 257.5B 中,出现了 *-iwk 和 *-ewk 之间的押韵,与前面在其他韵部发现的 *i/e 的接触平行：

削 xuē<sjak< * s(l)jewk(毁坏)
爵 jué<tsjak< * tsjewk(官位等级)
濯 zhuó<dræwk< * lrewk(弄湿)
淑 shū<dzyuwk< * djiwk(好)
溺 nì<nek< * newk(下沉)

其它四个韵脚字中的任何一个字都有充足的证据构拟前元音。"削"

谐声系列的字一般都是 *-ew 或 *-ewk。"爵"在 38.2B 和 220.1F 中都押 *-ewk 韵。"濯"可能是"涤"dí<dek<*liwk（洗）的同源词，且声符是中古四等字"翟"dí<dek<lewk。最后，"溺"自己本身就是中古四等字。

由于上述的押韵序列都或多或少包含了一些不规则的情况（*-iwk 与 *-iw 或 *-ewk 押韵），所以难以应用第三章讨论的统计方法去研究它们押韵的分合情况。但有一点清楚的是这些聚合在一起的前元音语音形式证实了前元音假设的存在，尽管还是存在一些不规则现象发生在押韵序列中。

其他 *-iwk(s) 韵部的例字：

（1628）俶 chù<tsyhuwk<*thjiwk（开始）

（1629）菽 shū<syuwk<*stjiwk（大豆）

（1630）肃 sù<sjuwk<*sjiwk（肃穆）

（1631）蓫[zhú]<trhjuwk<*hlrjiwk（酸模）

（1632）穆 mù<mjuwk<*mrjiwk（肃穆）（在 282.1B 中押 *-iwk 韵）

（1633）穋 lù<ljuwk<*C-rjiwk~*C-rjuk(?)（早熟的谷）

"穆"的声符似乎表明它应构拟为 *C-rjiwk（见前面 *-iw 部字的讨论），但它的替换形式字的声符是"坴＝六"liù<ljuwk<*C-rjuk（向熹 1986：281）。事实上这个字在《诗经》中两次出现在韵脚位置（154.7B 和 300.1B）都押 *-ik 韵，而不与 *-uk 或者 *-iwk 押韵。再者，在两个韵段中另一个入韵的字都是"麦"mài<mɛk<*mrɨk（麦子）。也许涉及一个程式化用法或固定短语，因而保留了更早时期的音系面貌（见 10.1.8.6 的讨论）。

10.2.14.3 含有 *-uk(s) 和 *-iwk(s) 的押韵序列

下列是规则的 *-uk(s) 部字的押韵序列，或者是 *-uk 与除了 *-iwk 部字之外的韵部有联系的押韵序列：35.5B、53.3B、56.3A、70.2A、79.3A、101.3B、116.2A（带 *-u；这里我把"繡"xiù 改为"褎"xiù，见上文 10.2.13）、117.2A、122.2A、156.1C（带 *-ok）、159.3A、202.4A、209.5A（带 *-iks）、226.1A（带 *-ok）、245.1B（带 *-ik）、255.3B（带 *-us）及 256.2B（带 *-ik）。

至于剩下的序列(154.6A、188.2A、207.3A、247.3B 以及 257.11A)都是 *-uk 和 *-iwk 部字混押的序列。154.7B 和 300.1B 中"穆"与 *-ik 类字混押(见上文);69.2A 和 257.5B 仅包含前元音韵母 *-iw、*-iwk(s) 以及 *-ewk;序列 282.1B 可能是一个规则的 *-iwk 押韵序列,但确定"穆"归属的信息太少了。267.1A 中含有"收"shōu < *xjiw 和"篤" dǔ < *tuk 混押的序列,但这个序列出自《周颂》,这两个字可能都不入韵。

10.2.15 传统冬部

包含在传统冬部的中古韵在表 10.103 中列出。

表 10.103 包含在传统冬部的中古韵

	中古汉语	中古汉语(高本汉)	切韵韵目	注 释
一	-owng	-uong	冬 Dōng(Towng)	
二	-æwng	-ång	江 Jiāng(Kæwng)	部分
三	-juwng	-i̯ung	東 Dōng(Tuwng)	部分

冬部在传统的押韵分析中被认为是和阴声韵幽部、入声韵觉部平行的阳声韵部。但与这两个韵部不同的是,冬部不含有中古四等韵。事实上它只与这两个韵部后元音的部分平行,即与 *-u 和 *-uk 平行,而没有与 *-iw 和 *-iwk 平行的有鼻韵尾的字。我将这个韵部构拟为 *-ung。

10.2.15.1 *-ung 韵部的构拟

*-ung 部字的语音演变在表 10.104 中列出。

表 10.104 *-ung 部字的语音演变

白一平	声母类型	中古汉语	高本汉	李方桂	蒲立本
*-ung	全部	-owng	*-ông	*-əngw	*-əŋʷ
*-rung	全部	-æwng	*-ông	*-rəngw	*-ʳəŋʷ
*-(r)jung	全部	-juwng	*-i̯ông	*-(r)jəngw	*-(ʳ)əŋʷ

与 *-u 部和 *-uk 部相同，我假设 *-u (K) >-aw (K) 音变影响到了 *-ung 和 *-rung，但不影响 *-jung 和 *-rjung。（这意味着中古的 -owng 可以被分析为 /-awŋ/，与中古 -aw< *-u 平行。）因此 *r-色彩音变影响了 *-rung（已变为 *-rawng>-æwng），但不影响含有圆唇元音的 *-rjung；因此 *-jung 和 *-rjung 在钝音声母后基本合并。下面是有 *-r- 介音的例子：

(1634) 降 jiàng<kæwngH< * krungs（下降），也读作 xiáng<hæwng< *ɦkrung（投降）

同一个序列中，"隆"字也有确定的 *-r- 介音：

(1635) 隆 lóng<ljuwng< * C-rjung（高的，显赫的）

由于这个韵部的构拟与传统韵部分析一致，就不再需要讨论押韵细节。冬部字在押韵时有时与侵部字存在联系，导致一些学者否认传统分析中二者的区别。在 3.3.1 节中，我展示出两个韵部间存在显著的押韵区别，因此它们不能简单被认为应归为一个韵部。二者之间的押韵联系可能是更早期音系的体现，或者反映出了某些方言中 *-m 和 *-ng 的合并。下面讨论侵部时会再回到这个问题。（10.3.3 节）

其他 *-ung 韵部的例字：

(1636) 宗 zōng<tsowng< * tsung（宗庙）

(1637) 冬 dōng<towng< * tung（冬天）

(1638) 终 zhōng<tsyuwng< * tjung（结束）（很可能与冬 * tung（一年的结束）同源）

(1639) 戎 róng<nyuwng< * njung（武器，军事）

(1640) 崇 chóng<dzrjuwng< * dzrjung（垒高）

(1641) 中 zhōng<trjuwng< * k-ljung（中间），比较藏语 gzhung（中间）（包拟古 1980: 123）

这个字在东汉的《白虎通义》中被用作"宫"的声训：

(1642) 宫 gōng<kjuwng< *k(r)jung(宫室)(柯蔚南 1983：156)。

10.2.16 传统宵部

包含在传统宵部的中古韵在表 10.105 列出。

表 10.105* 包含在传统宵部的中古韵

	中古汉语	中古汉语(高本汉)	切韵韵目	注 释
一	-aw	-âu	豪 Háo(Haw)	部分
二	-æw	-au	肴 Yáo(Hæw)	部分
三	-j(i)ew	-iäu	宵 Xiāo(Sjew)	
四	-ew	-ieu	箫 Xiāo(Sew)	部分

这个韵部中不含有开口与合口的对立，但存在中古一等 -aw 和中古四等 -ew 的对立，比如下面的最小对比对：

(1643) 敖 áo<ngaw< *ngaw(戏弄)

(1644) 尧 yáo<ngew< *ngew(高，帝尧)

因此根据前元音假设，我们必须在这个韵部中同时构拟前后元音。我分别构拟为 *-aw 和 *-ew。

10.2.16.1 *-aw 韵部的构拟

*-aw 部字的语音演变在表 10.106 中列出。

表 10.106 *-aw 部字的语音演变

白一平	声母类型	中古汉语	高本汉	李方桂	蒲立本
*-aw	全部	-aw	*-og	*-agw	*-áʁ
*-raw	全部	-æw	*-ŏg	*-ragw	*-ʳáʁ

---

* 原书标作 103，与前面的表号重复，今据改。此后顺延。

续表

白一平	声母类型	中古汉语	高本汉	李方桂	蒲立本
*-jaw	钝音	-jew(三)	*-i̯og	*-jagw	*-àʁ
	锐音	-jew	*-i̯og	*-jagw	*-àʁ
*-rjaw	钝音	-jew(三)	*-i̯og	*-jagw	*-ʳàʁ
	锐音	-jew	*-i̯og	*-rjagw	*-ʳàʁ

除了含有 *-r-介音和 *-j-介音的音节以外，上表中的其他韵母到中古基本都保持不变。请注意钝音声母后的 *-jaw 和 *-rjaw 在中古无法区分，它们合并为中古三等-jew。（出于这种原因，我一般将中古-jew 的原始形式记为 *-(r)jaw。）从这个角度来看，*-aw 类字和 *-aj 类字相似。后者属歌部，其中 *-jaj 和 *-rjaj 合并为中古三等韵-je。再者，无论是中古-je < *-jaj，还是中古-jew < *-jaw 都没有引发晚期中古汉语唇音声母的唇齿化，这与-jon < *-jan 不同；这种音变导致在现代普通话中没有类似 fao 的音节。如果我们假设音节中像 *-jaj 和 *-jaw 主元音前化的过程存在，那么上述现象就可以解释得通了，因为我是在假设后元音之前的介音-j-就是**唇齿化**音变发生的条件。但在此我让这个问题保持开放，因为相比上古音研究，它是中古音研究更关注的领域。[1]

***-aw* 韵部的例字：**

（1645）高 *gāo* < *kaw* < * *kaw*（高）

（1646）刀 *dāo* < *taw* < * *taw*（刀）

（1647）毛 *máo* < *maw* < * *maw*（毛发，皮毛）

---

[1] 根据高本汉的唇齿化音变理论，声母的唇齿化是由介音组合-jw-触发的，在这种情况下，他可能提供一个更自然的解释。为了使得高本汉的理论与唇音不分开合的理论更加一致，我们可以认为在 *Pj-和后元音之间会增生-w-介音，而 *Pjw-会发生声母的唇齿化。因此这与我假设的唇齿化发生的条件是相一致的。然而如果-w-在唇齿化音变发生前因异化音变而丢失，比如 *Pjwaw 在唇齿化音变发生前变成了 *Pjaw，那么它最后也不会变成轻唇音。*Pjaj 轻唇化失败则还需要其他的解释。

(1648) 到 dào<tawH<*taws(到达)
(1649) 郊 jiāo<kæw<*kraw(郊外)
(1650) 昭 zhāo<tsyew<*tjaw(光明的,光荣的)
(1651) 苗 miáo<mjew(三)<*m(r)jaw(嫩苗)
(1652) 朝 zhāo<trjew<*trjaw(早上);也读作 cháo<drjew<*fitrjaw(朝廷)
(1653) 骄 jiāo<kjew(三)<*k(r)jaw(傲慢的,高的)(可能和"高"同源)
(1654) 夭 yāo<ʔjew(三)<*ʔ(r)jaw(美丽的,苗条的)
(1655) 镳 biāo<pjew(三)<*p(r)jaw(马嚼子)

10.2.16.2　*-ew 韵部的构拟

*-ew 部字的语音演变在表 10.107 中列出。

表 10.107　*-ew 部字的语音演变

白一平	声母类型	中古汉语	高本汉	李方桂	蒲立本
*-ew	全部	-ew	*-iog	*-iagw	*-ʲáʁ
*-rew	全部	-æw	*-ŏg	*-ragw	*-ʳáʁ
*-jew	钝音	-jiew(四)	*-i̯og	*-jiagw	*-ʲàʁ
	锐音	-jew	*-i̯og	*-jagw	*-àʁ
*-rjew	钝音	-jew(三)	*-i̯og	*-jagw	*-(ʹ)àʁ
	锐音	-jew	*-i̯og	*-rjagw	*-ʳàʁ

根据我的假设,理论上应该存在从上古 *-rjew 变为中古三等 -jew 的字,但我并未找到确切的例子。

请注意这个韵部中不存在像元部中出现的 -æn 和 -ɛn 对立的中古二等重韵。上古 *-raw 和 *-rew 合并为中古的 -æw。在中古后期,所有的二等重韵都发生合并,所以可能这个过程在这个韵部发生的时间早于其他韵部。

**-ew 韵部的例字:*

(1656) 尧 yáo<ngew<*ngew(高,帝尧)
(1657) 哓 xiāo<xew<*hngew(惊叫)

(1658) 皎 jiǎo<kewX<＊kewʔ（明亮的）
(1659) 燒 shāo<syew<＊hngjew（燃烧）
(1660) 小 xiǎo<sjewX<＊s(l)jewʔ（小）

从"小"得声的字基本都是 *-ew 部字；试比较：

(1661) 悄 qiǎo<tshjewX<＊tshjewʔ（悲伤的）
(1662) 漂 piāo<phjiew（四）<＊phjew（漂流）

这个谐声系列中的字确定押 *-ew 韵，见《诗经》26.4A, 85.2B 和 149.2A，以及比较：

(1663) 摽 biào<bjiewX（四）<＊bjewʔ（掉落）
(1664) 要 yāo<ʔjiew（四）<＊ʔjew（腰）
(1665) 焦 jiāo<tsjew<＊tsjew（烤，烧）

从"焦"得声的字一般都是 *-ew。同样的字，或者至少是有同词根的"鱻"：

(1666) 鱻 jiāo<tsjew<＊tsjew（灼烧龟甲而不产生能够用以占卜的裂纹）（诸桥辙次 1955－1960, 48860 项）

根据《说文》（丁福保 1928—1932[1976]：3126）这个字是"秋"的原始声符：

(1667) 秋 qiū<tshjuw<＊tshjiw（秋天）

这是另一个 *-iw 和 *-ew 经常存在联系的例子。

10.2.16.3　*-aw 和 *-ew 的押韵关系

根据我们的构拟，可以建立如下两条确定音位对应无分歧的 *-aw

和 *-ew 的标准:

1. 中古的 -aw 是上古音位对应无分歧的 *-aw。
2. 中古的 -ew 和 -jiew(四) 是上古音位对应无分歧的 *-ew。

音位对应无分歧的 *-aw 和 *-ew 的押韵情况在表 10.108 中列出。

表 10.108 音位对应无分歧的 *-aw 和 *-ew 的押韵情况

	平	上	去
*-ew 部字	11	4	1
*-aw 部字	35	8	18
所有的两部字	46	12	19
P[*-ew]	0.239	0.333	0.053
P[*-aw]	0.761	0.667	0.947

(平声字 P[*-ew] 的 0.95 置信区间是 0.130 到 0.370;上声字 P[*-ew] 的 0.95 置信区间是 0.083 到 0.583,在此不讨论去声字 P[*-ew] 的情况。)

《诗经》中包含音位对应无分歧的 *-aw 和 *-ew 部字的押韵序列在表10.109 中按声调和序列长度列出。[1]

平声中存在不少音位对应无分歧字的混合押韵序列,这部分例子本身不是支持前元音假设的有力证据。不过,这里不存在混合押韵的上声字序列,且上声字序列中包含一个频率较低的 *-ew 部字序列,

表 10.109 音位对应无分歧的 *-aw 和 *-ew 部字的押韵序列

声调	序列长度	总序列	*-ew	*-aw	混押
平	2	11	3	6	2
	3	3	0	1	2

---

[1] 平声序列有:二字 *-aw 序列:57.3A、113.3B、181.3A、193.7A、202.1A、232.1A;二字 *-ew 序列:85.2B、149.2A 和 155.4A;二字混合序列:142.1A 和 254.3A;三字 *-aw 序列:179.3A;三字混合序列:161.2A、210.5B。上声序列:二字 *-aw 序列:15.1B、221.1A-3A;二字 *-ew 序列:143.1A。

续表

声调	序列长度	总序列	*-ew	*-aw	混押
上	2	3	1	2	0
去	[无]				

所以 3.2.6 中的方法可以在此应用。当把整个例子输入计算程序,得到了结果:

$$P = 0.0488$$

这便是这个例子中两类字表现出这样的分离情况的偶发概率。这是一个显著的结果,因为它低于 0.05。然而,在平声字和上声字 P[*-ew] 的 0.95 置信区间中,P 值最高可达 0.086。因此,尽管存在两韵部分押的证据,但相比前面的大部分韵部,这都是一个相对较弱的证明。不过不论怎样,前元音假设在其它韵部中得到了有力证明,它并不仅仅依赖于这一组韵部的证据。

*-aw 和 *-ew 的押韵序列:

宵部中含有大量的音位对应有分歧字,即根据中古音韵地位既可以构拟为 *-aw 也可以构拟为 *-ew 的字。常与某类字押韵可以帮助构拟,但这个韵部中出现的大量不规则现象使得这种构拟显得证据不足。一些有待商榷的问题将在下文讨论。

下列序列包含 *-aw 而不包含 *-ew: 1.5A(带 *-awk(s))、15.1B、30.1A(带 *-awks)、32.1B、53.1A、57.3A、58.5A、58.5B(带 *-awk(s))、61.2A、64.2A、65.1B、67.2A(带 *-u)、100.1B、102.1B、105.4A(带 *-u)、109.1A、113.3B、127.3B、143.3A、146.1A、153.4A、168.2A、179.3A、181.3A、186.1A、192.11A(带 *-awk)、192.12A(带 *-u)、193.7A、202.1A、205.5A、[215.4A(带 *-u?)]、218.2A、218.3A(带 *-u)、220.4A(带 *-u?)、221.1A−3A、223.2B、227.1A、232.1A、239.5A、240.3B(带 *-u)、250.2B、254.4A(带 *-awk(s))、256.3B(带 *-u)、256.11A(带 *-awk(s))、261.5A(带 *-awk(s))、290.1F 和 299.2A。

下面的序列包含 *-ew 而不包含 *-aw: 26.4A、143.1A、149.2A(带 *-ewk(s))、154.4A(带 *-iw)、155.4A(带 *-iw)。

下列序列显示出 *-aw 和 *-ew 的相混：79.2A、142.1A、146.3A、161.2A、210.5B、223.7A、242.3A 和 254.3A。一些《诗经》文本中的问题将在下一节讨论。

10.2.16.4　附加说明

1. 在《诗经》223.8A 中，"髳"*máo<maw*（一种蛮夷的族群名称）与 *-u 韵字押韵，但是现在的文字形式中，该字的声符是 *-aw 韵的"毛"*máo<maw<*maw*（皮毛）。但同样，这个字也能以 *-u 韵的"矛"[*máo*]<*muw<mjuw<m(r)ju*（长矛）作为声符（向熹 1986：291）。在押韵及后者字形的基础上，我们应该将"髳"构拟为 **mu*，视作一个规则的 *-u 韵字。

2. 在《诗经》192.12A 与 218.3A 中，有明显的 *-u 与 *-aw 间的押韵：

（1668）酒 *jiǔ<tsjuwX<*tsjuʔ*（酒）

（1669）殽 [*yáo*]<*hæw<*graw*（食品）

考虑到这些押韵的存在，我们可以将"殽"*yáo* 构拟作 **gru(ʔ)*，但在 109.1A 中，它与 *-aw 押韵。另一种可能性是："酒"*jiǔ* 与"殽"*yáo* 和"懷"*huái* 与"歸"*guī* 一样，是一组在更早的时代相互押韵的组合，但到了《诗经》时代，它们间的押韵不再那么完美（参见 10.1.8.6 一节中的讨论）。

3. 在 155.4A 中，一般会将"搖"*yáo<yew* 构拟为 **ljaw*；它在 65.1B 中和 *-aw 押韵，诗句如下：

中心搖搖
zhōng xīn yáo YÁO
"In the core of my heart I am (SHAKEN:) agitated"

但在 155.4A 中"搖"与四个前元音为主元音的字押韵，再者，在叠韵联绵词"漂搖"中：

(1670) 漂摇 piāoyáo<phjiew-yew< * phjew-ljew(漂泊)

这里的"漂"是 *-ew 部字(因为该字是中古重纽四等字)。

4. 押韵序列 146.3A 可能混押了 *-aw(k)s 和 *-ewks：

(1671) 曜 yào<yewH< * lja/ewks(光明的)

这个字根据谐声系列一定是 *-ewk 而非 *-awk。在 242.3A 中有同样的情况，这个谐声系列中的其他字押 *-aw(k)s 韵。

5. 在 161.2A 中，传统的读音表明应为"佻"构拟前元音为主元音：

(1672) 佻 tiāo<thew< * hlew(轻蔑的,刻薄的)

但与之押韵的四个字都是 *-aw 部字。不过请注意，《毛传》将"愉"作为该字的声训：

(1673) 愉 yú<yu< * ljo

通常义为"开心,愉快"，在这里这个字被解释为与"偷"等价：

(1674) 偷 tōu<thuw< * hlo(偷窃,粗鲁,刻薄)

这个《毛传》中的声训表明为"佻"构拟前元音是错误的；音节 * hlo 更容易被用作 * hlaw 的声训而不是 * hlew 的声训。

6. 序列 210.5B 中

(1675) 膋 liáo<lew< * C-rew(猪油)

和 *-aw 部字押韵。这里的文字可能记录错误，实际的字应是与其字形相似的"膏"：

(1676) 膏 gāo<kaw< * kaw(油脂)

这个字放在这里也符合上下文意，且可以使得押韵符合规则。

10.2.17 传统药部

包含在传统药部的中古韵在表 10.110 中列出。

表 10.110 包含在传统药部的中古韵

	中古汉语	中古汉语（高本汉）	切韵韵目	注　释
一	-ak	-âk	鐸 Duó(Dak)	部分
	-owk	-uok	沃 Wò(ʔOwk)	部分
二	-æwk	-ăk	覺 Jué(Kæwk)	部分
三	-jak	-i̯ak	藥 Yào(Yak)	部分
四	-ek	-iek	錫 Xī(Sek)	部分

这个韵部中后来的中古一等韵会摇摆在 -ak,-owk,-uwk 之间，像下面展示的例字，在《广韵》中有三种不同的读音：

(1677) 熇 hè<xak～xowk～xuwk<﹡xawk(火焰)

多种读音可能反映了方言的混合，即韵尾 ﹡-wk 不同的变化。﹡-wk 的主流演变是与原始的 ﹡-k 的合并（通过 ﹡-wk>-k 音变），所以有：

(1678) 樂 lè<lak<﹡g-rawk(快乐)

与"落"合并：

(1679) 落 luò<lak<﹡g-rak(落下)〔1〕

再如"激"与"擊"合并：

---

〔1〕 我不知道为何在现代读音中它们不是同音词。在一些官话中它们和中古一样是同音词。有一种可能是现代 lè/luò 的区别某种程度上反映了原始 ﹡-awk/ ﹡-ak 的区别，虽然这种可能性极小。

（1680）激 jī<kek<﹡kewk（激起水流）
（1681）擊 jī<kek<﹡kek（打击）

-owk<﹡-awk 的对应关系可能代表某种方言中这种合并完全没有发生（至少在这一环境下没有）。（我转写作-owk 的韵在音系上可以视作/-awk/或/-ak^w/，可以参考 10.2.15 一节中关于中古汉语中 -owng 相关分析的讨论。）尽管最小对比对很少，但这一组依然体现了一等和四等韵的对立：

（1682）樂 lè<lak<﹡g-rawk（快乐）
（1683）櫟 lì<lek<﹡C-rewk（橡树）

请注意前面的字是后面的字的声符，这两个字在 132.2A 中押韵。

然而一些谐声系列和押韵序列看起来是完全由前元音构成的，因此我会在这个韵部中同时构拟﹡-awk 和﹡-ewk。

10.2.17.1　﹡-awk（s）韵部的构拟

上古﹡-awk 的语音演变在表 10.111 中列出。

表 10.111　上古﹡-awk 的语音演变

白一平	声母类型	中古汉语	高本汉	李方桂	蒲立本
﹡-awk	全部	-ak/-owk/-uwk	﹡-ok	﹡-akw	﹡-áq
﹡-rawk	全部	-æwk	﹡-ŏk	﹡-rakw	﹡-ʳáq
﹡-(r)jawk	全部	-jak	﹡-i̯ok	﹡-(r)jakw	﹡-(ʹ)àq

请注意上古﹡-rjawk 和﹡-jawk 间的区别在中古钝音声母后消失。

上古﹡-awks 与﹡-aws 的演变方向相同（见 10.2.16.1），二者因**韵尾复辅音简化**音变而合并。

﹡-awk（s）韵部的例字：

（1684）樂 lè<lak<﹡g-rawk（快乐）
（1685）樂 yuè<ngæwk<﹡ngrawk（音乐），也读作 yào<ngæwH<﹡ngrawks（娱

乐)(《经典释文》认为《诗经》1.5 中的"樂"字读此音)

(1686) 藥 yào<yak<*rawk(药)
(1687) 襮 bó<pak~powk<*pawk(衣领)
(1688) 虐 nüè<ngjak<*ng(r)jawk(残酷,反对)
(1689) 謔 xuè<xjak<*hng(r)jawk(讥讽,开玩笑)

10.2.17.2　*-ewk(s)韵部的构拟

上古 *-ewk 的语音演变在表 10.112 中列出。

表 10.112　上古 *-ewk 的语音演变

白一平	声母类型	中古汉语	高本汉	李方桂	蒲立本
*-ewk	全部	-ek	*-iok	*-iakw	*-ʲáq
*-rewk	全部	-æwk	*-ŏk	*-rakw	*-ʳáq
*-(r)jewk	全部	-jak	*-iok	*-(r)jakw	*-(ʳ)àq

原始的 *-ewks 与 *-ews 的演变方向相同(见 10.2.16.2),二者因**韵尾复辅音简化**音变而合并。

*-ewk(s)韵部的例字：

(1690) 激 jī<kek<*kewk(激起水流),也读作中古 kewH<*kewks
(1691) 溺 nì<nek<*newk(下沉),也读作 niào<newH<*newks(尿)
(1692) 弱 ruò<nyak<*njewk(弱小的)
(1693) 的 dì<tek<*tewk(目标)
(1694) 釣 diào<tewH<*tewks(钓)
(1695) 灼 zhuó<tsyak<*tjewk(炙烤)
(1696) 勺 sháo<dzyak<*fitjewk(勺子)
(1697) 籥 yuè<yak<*ljewk(竹笛)

这个字可能是"笛"的同源词

(1698) 笛~篴 dí<dek<*liwk(笛子)
(1699) 約 yuē<ʔjak<*ʔ(r)jewk(约束),也读作ʔjieuH(四)<*ʔjewks

请注意去声重纽四等的读音,这让构拟前元音 *e 作为主元音变得确定。

10.2.17.3 *-awk 和 *-ewk 的押韵关系

可以根据如下两条标准确定音位对应无分歧的 *-awk 和 *-ewk:

1. 所有的中古-ak 或者-owk 形式都可回溯到音位对应无分歧的 *-awk。
2. 所有的中古-ek 都属于音位对应无分歧的 *-ewk。

很不幸,根据这两条标准,所能找到音位对应无分歧字太少,以至于难以应用统计方法。比如,在整本《诗经》中,音位对应无分歧的 *-ewk 类字只在韵脚位置出现了三次。不过,还可以根据其他证据说明 *-ewk 和 *-awk 存在明显差异。

比如:

(1700) 爵 jué<tsjak< *tsjewk(爵位)

这个字在韵脚位置共出现三次:《诗经》38.2B、220.1F、257.5B。三个序列中含有的字都与前元音有密切的联系。将这些字联系起来,就可以大致将 *-awk 和 *-ewk 两部字区分开。

下列序列包含 *-awk 而不包含 *-ewk:1.5A、30.1A(带 *-aw)、55.3B、58.5B(带 *-aws)、95.1C – 2C、116.1A、171.1A、192.11A(带 *-awʔ)、198.3B、228.2A、254.4、256.11A(带 *-aw)和 261.5A(带 *-aws)。

下列序列包含 *-ewk(s)而不包含 *-awk(s):38.2B、149.2A(带 *-ew)、220.1F、257.5B(一个五字序列)。

下列序列混押了 *-ewk(s) 和 *-awk(s):132.2A、146.3A、242.3A 和 259.4B。132.2A 就是上面提到的混押了"櫟"lì< *C-rewk 和"樂"lè< *g-rawk 的序列。剩下的不规则序列都包含音位对应有分歧的声符"翟"dí< *lewk 的字与 *-awk 类字押韵的情况。[1]

---

[1] 在《诗经》47.2A 中"翟"dí<dek< *lewk 押 *-ek 韵,但它可能是"狄"dí< dek< *lek 的假借字(屈万里 1983a:86)。"翟"对"狄"的替换反映了 *-wk>-k 的音变(见附录 A)。

10.3 收唇音尾的音节

收唇音尾的音节与其他类型的音节相比出现的频率低很多；可能是由于异化音变导致许多这类音节较早丢失（包拟古 1980：113—124）。任何一个不常见的韵部，都会在押韵过程中更低频地出现，因为很难能找到与它们相押韵的字，且会有押韵从宽的倾向性。这些问题在这些韵部的谐声系列的判断标准中同样存在。因此，我们无法在这些韵部的押韵中应用统计分析来支持我们的元音系统就不足为奇了。不过，其他许多证据都指向完整的六元音系统在收唇音尾的音节中也是存在的（收 *-p 尾的去声字是尤其重要的证据）。

10.3.1 传统谈部

包含在传统谈部的中古韵在表 10.113 中列出。

表 10.113　包含在传统谈部的中古韵

	中古汉语	中古汉语（高本汉）	切韵韵目	注　释
一	-am	-âm	談 Tán(Dam)	
	-om	-ậm	覃 Tán(Dom)	部分
二	-æm	-am	銜 Xián(Hæm)	
	-ɛm	-ăm	咸 Xián(Hɛm)	部分
三	-j(i)em	-iäm	鹽 Yán(Yem)	
	-jæm	-i̯ɒm	嚴 Yán(Ngjæm)	
	-jom	-iwɒm	凡 Fán(Bjom)	
四	-em	-iem	添 Tiān(Them)	部分

根据表 10.113 所展示的内容，这个韵部包含两类对立的中古一等韵：-am 和-om。我将它们的上古形式构拟为 *-am 和 *-om，比如在下面的最小对立中：

（1701）酣 hán<ham<*gam（酒酣）

（1702）函 hán<hom<*gom（信封，包含）

高本汉和李方桂都没有发现谈部内部还可以再做细分。他们将所有的中古-om 韵字都归入上古侵部，并将它们构拟为 *-əm。但董同龢发现了可以为谈部构拟两个主元音的理由，我们将在下文详细讨论。

这个韵部中还存在中古一等韵与四等韵的对立，我将与一等韵对立的四等韵的上古形式构拟为 *-em：

（1703）談 tán<dam<*lam（说话）

（1704）恬 tián<dem<*lem（冷静，恬静）

因此我在这个韵部构拟了 *-am ≠ *-em ≠ *-om 的三分对立，与元部 *-an ≠ *-en ≠ *-on 的情况相平行。

不幸的是，仅根据《诗经》中的押韵证据无法得出三者区分的结论，因为在文本中只有不超过 10 个押韵序列中有这个韵部的字充当韵脚字。不过，还有其他证据可以支持前面提出的构拟方案。其中一些是董同龢提出的，他最早提出应把谈部再重新分为两个韵部。

其中一个为谈部分别构拟 *-am 和 *-om 的原因是中古的-om 韵字在《诗经》中可以和一般被分析为谈部的-jæm 韵字押韵（比如押韵序列 145.3A 中）。董同龢（1944[1948]：108 – 112）认为基于某些谐声证据，部分-om 韵字应归于谈部。他发现这个韵部可以根据谐声关系再下位分类为两个不同的韵部。第一个下位分部展现了下面三个《切韵》韵中的谐声关系：

談 Tán(Dam)，中古-am

銜 Xián(Hæm)，中古-æm

鹽 Yán(Yem)，中古-j(i)em

第二个下位分部展现了下面四个韵在谐声关系中的联系：

覃 Tán(Dom), 中古 -om
咸 Xián(Hεm), 中古 -ɛm
鹽 Yán(Yem), 中古 -j(i)em
添 Tiān(Them), 中古 -em

他将前一分部字构拟为 *-âm 和 *-am；后一分部字构拟为 *-êm 和 *-ɐm（对于收 *-p 尾的字他持有同样观点）。

我将董同龢的 *-âm/-am 部字构拟为 *-am，而他的 *-êm/-ɐm 部字可以再继续被分为两部，我将它们分别构拟为 *-om 和 *-em。令人奇怪的是，在董同龢构拟的 *-êm/-ɐm 部字中，没有一个谐声系列可以涵盖《切韵》中的四个韵，它们有的展示了覃韵、咸韵、盐韵之间的联系（即我构拟的 *-om 类），有的展示了咸韵、盐韵、添韵之间的联系（即我构拟的 *-em 类），但没有一个系列混合了覃韵和添韵。再有，从分布的角度看，在董同龢的构拟中 *-i-介音只出现在 *-ɐm 之前而不出现在 *-am 之前是很奇怪的事情。这些都表明我们应进一步二分董同龢所构拟的 *-êm/ *-ɐm 部字：与添韵有关的字应构拟为 *-em，与覃韵有关的字应构拟为 *-om。具体构拟细节将在下文进一步讨论。

10.3.1.1 *-am 韵部的构拟

上古 *-am 部字的语音演变在表 10.114 中列出。

表 10.114 上古 *-am 部字的语音演变

白一平	声母类型	中古汉语	高本汉	李方桂	蒲立本
*-am	全部	-am	*-âm	*-am	*-ám
*-ram	全部	-æm	*-am	*-ram	*-ʳám
*-jam	锐音	-jem	*-i̯am	*-jam	*-àm
*-jam	*K-	-jæm	*-i̯ăm	*-jam	*-àm
*-jam	*P-	-jom	*-i̯wăm	*-jam	*-àm
*-rjam	锐音	-jem	*-i̯am	*-rjam	*-ʳàm
*-rjam	钝音	-jem(三)~ -jæm?	*-i̯am	*-jiam	*-ʲàm(?)

表 10.114 中所展示出的语音演变与 *-an 部字大体相似,但一些字在中古的区别很难被确定下来。中古的 -jæm 和 -jom 基本上完全是互补分布的;除此之外,中古的 -jæm 和 -jem 的对立也很难被确定。有一种可能是 *-jam 和 *-rjam 很早就在 *K-系声母后合并,正如 -jon < *-jan 和 -jen(三) < *-rjan 在元部中的表现一样。

-am 韵部的例字:

(1705) 甘 gān < kam < *kam(甜)
(1706) 担 dān < tam < *tam 或 *k-lam(肩负);也读作 dàn < tamH < *tams 或 *k-lams(?)(负担)

比较南亚语系中的克木语的 klam(用肩膀背)的形式(引自包拟古 1980:112);但书面缅语的形式是 thâm, ə-thâm(用肩膀背)(白保罗 1976a:54)。

(1707) 瞻 zhān < tsyem < *tjam(看)
(1708) 蓝 lán < lam < *g-ram(靛蓝)(与原始台语 *gram 比较,见李方桂 1977:231)
(1709) 监 jiān < kæm < *kram(监督)
(1710) 盐 yán < yem < *r(j)am(盐)

可与藏语中 rgyam-tshwa(一种矿物盐)比较。[1]

(1711) 炎 yán < hjem < *ɦljam(?)(火焰,燃烧)

如果不是不规则的话,此处的中古声母 hj- 则是不寻常的。李方桂认为它由 *gwjam 演变而来,这是一种可能的情况,但是这个字所在的谐声系列包括与它有关的字看起来都含有 *l-:

---

〔1〕 柯蔚南(1986:128)认可李方桂将"盐"构拟为 *grjam,并且举出了藏语 rgyam-tshwa 是从原始藏语 *gryam 分化出的例子;但根据李方桂的研究,藏语的 rgy- 也可以溯源至 *ry-,见李方桂(1959)。

(1712) 惔 tán<dam<*lam（燃烧着的，忧心的）（高本汉 1957，条目 617k）

包拟古（1980：100）还引用了书面缅语ə-hlyam（火焰的光芒）。

10.3.1.2　*-em 韵部的构拟

上古 *-em 部字的语音演变在表 10.115 中列出。

表 10.115　上古 *-em 部字的语音演变

白一平	声母类型	中古汉语	高本汉	李方桂	蒲立本
*-em	全部	-em	*-iam	*-iam	*-ʲám
*-rem	全部	-ɛm	*-ăm	*-riam	*-ʳám
*-jem	锐音	-jem	*-i̯am	*-jam	*-àm
*-jem	钝音（仅有ʔ-?)	-jiem（四）	*-i̯ăm	*-jiam	*-ʲàm
*-rjem	锐音	-jem	*-i̯am	*-rjam	*-ʳàm
*-rjem	钝音	-jem（三）	*-i̯am	*-jiam	*-ʲam(?)

上古的 *-em 到中古基本一直保持不变，除了受 *r-色彩音变和 *r-脱落音变影响的音节。在我们的预期中所有钝音声母后的 *-jem 都会变为中古的四等-jiem，但由于某种尚不清楚的原因，仅有喉塞音声母后的韵母在中古发生了这样的音变，比如：

(1713) 厭 yàn<ʔjiemH（四）<*ʔjems（满足，满意）

《诗经》中唯一一个参与押韵的音位对应无分歧的 *-em 类字是：

(1714) 玷［diàn］<temX<*temʔ（瑕疵，缺陷）

在《诗经》265.3A 中它与"贬"押韵：

(1715) 貶 biǎn<pjemX<*prje/amʔ（贬低）

出于这个原因我们应该把它构拟为 *-em。然而在"贬"所处的谐声系列中,还有:

(1716) 泛 fá<bjop< * bja/op(缺少)

这个字的声母是唇齿音,因此它的主元音一定不是前元音。
　　从"占"得声的字一般认为应被构拟为 *-em:

(1717) 占 zhān<tsyem< * tjem(占卜)
(1718) 點 diǎn<demX< * tem?(点)

在下面这个谐声系列中同时发现了舌根辅音声母字和中古来母字,在我的构拟中这是难以被解释的:

(1719) 兼 jiān<kem< * kem(混合,同时)
(1720) 廉 lián<ljem< * C-rjem(角,有角的,谦虚的)

10.3.1.3　*-om 韵部的构拟

上古 *-om 部字的语音演变在表 10.116 中列出。

表 10.116　上古 *-om 部字的语音演变

白一平	声母类型	中古汉语	高本汉	李方桂	蒲立本
*-om	全部	-om	*-əm	*-əm	*-ə́m
*-rom	全部	-ɛm	*-ăm	*-riam	*-ʳám
*-jom	锐音	-jem	*-iɛm	*-jam	*-àm
	* K-	-jæm	*-i̯ăm	*-jam	*-àm
	* P-	-jom	*-i̯wăm	*-jam	*-àm
*-rjom	锐音	-jem	*-iɛm	*-rjam	*-ʳàm
	* K-	-jæm	*-i̯ăm	*-jam	*-àm(?)
	* P-	-jom	*-i̯wăm	*-jam	*-àm(?)

第十章 新上古汉语韵部分类

在上古汉语与中古汉语间的某个时刻，在唇音韵尾前，圆唇与否变得不再是区别特征，我们尚不清楚这一变化是以异化的形式发生（*-om>[-ʌm]）还是与之相反以同化的形式发生，且不同的方言可能采取不同的变化路径。我把这一音变称为**唇音成分中和**。在古代越南语借词（这些借词借入越南语的时代早于主要的汉越语层次）中常有与中古汉语-om 和-op 对应的圆唇元音。王力曾列举了如下例子以证明越南语中有时为此创造了特殊的文字，被称作"字喃"（王力 1948[1958]：371）：

喃 nôm（俗的，民众的），南声，"南"nán<nom<*nɨm（南方）（比较汉越语 nam）；又比较 nốm（南风）

椷 hòm（箱，柜），函声，"函"hán<hom<*gom（包含）（汉越语 hàm）

纳 nộp（缴纳），就是"纳"字，"纳"nà<nop<*nup（缴纳）（汉越语 nạp）

盒 hộp（箱子），就是"盒"字，"盒"hé<hop<*gop（箱子）

早期越南语借词中的这些圆唇元音证明：无论元音在上古汉语中是否是圆唇的，在这些对应的汉语原始形式是拥有圆唇元音的（至少在这批借词源出的方言中是有的）。因而，**唇音成分中和**是一种同化过程：在元音后唇音的影响下，元音同样变成了圆唇。根据我上文所拟定的音变，我们认为 *-um 和 *-ɨm 由于**高元音>中元音**音变分别低化为 *-om 和 *-ʌm；由于**唇音成分中和**的影响，它们会与上古音中原有的 *-om 合并为中古音中的-om。

对三等韵的构拟是试探性的。在下列谐声系列中可能含有 *-om~ *-um：

(1721) 凡 fán<bjom<*brjom（全，都）；与原始台语 *brɔm 比较（奥德里古 1954a[1972]：174）

大量迹象都表明这其中包含介音 *-r-。在主元音不是圆唇元音的音节中，介音组合 *-rj-阻碍了声母**唇齿化**音变，但在圆唇元音的音节中，可

以预期到 *-rjom 和 *-jom 的合并。[1] 其他的例子包括：

(1722) 梵 fàn<bjomH< * brjoms（梵天,梵文,印度）（来自印度语 brahmā）
(1723) 帆 [fān]<bjom< * brjom（帆）

"风"字的音节中也存在 *-r-介音：

(1724) 风 fēng<pjuwng< * p(r)ji/um（风）

韵尾 *-m 在此处的异化音变非常有名。"风"的主元音目前还是不确定的,因为本来 *-im 和 *-um 间就很难区分（见下文 10.3.3 节）。即使这里的原始主元音是 *i, 但在 *r-色彩音变发生作用时已被同化为 *u, 因此其主元音增加了圆唇性,不再受到影响。这个词可能与原始台语中的 * dluom A2（风）（李方桂 1977：125, 273）有关；请注意原始台语中的 * dl-与上古汉语中的 * pr-的对应关系还存在于"剥"字中：

(1725) 剥 bāo ~ bō<pæwk< * prok（剥开）,可与原始台语中的 * dlɔk D2L（剥皮）和 * pɔk D1L（剥皮）比较（李方桂 1977：62, 125, 277）。

其他 *-om 韵部的例字：

(1726) 菡萏 hàndàn<homX-domX< * gomʔ-(g-) lomʔ（莲花）（在《诗经》145.3A 中押韵）[2]
(1727) 涵 hán< * hom< * gom（吸收,溢出）（在《诗经》198.2A 中押韵）
(1728) 感 gǎn<komX< * komʔ（感觉,触碰）

10.3.2 传统盍部

这是与谈部对应的入声韵部。包含在传统盍部的中古韵在表

---

〔1〕 有一种可能性是 * K-l-复辅音存在于"萏"dàn 的谐声系列中,见包拟古（1980：110）。
〔2〕 这与包拟古（1980：118-119）所引的我的早期观点有所不同。

10.117 中列出。

表 10.117　包含在传统盍部的中古韵

	中古汉语	中古汉语(高本汉)	切韵韵目	注　释
一	-ap	-âp	盍 Hé(Hap)	
	-op	-âp	合 Hé(Hop)	
二	-æp	-ap	狎 Xiá(Hæp)	
	-ɛp	-ăp	洽 Qià(Hɛp)	部分
三	-j(i)ep	-iäp	葉 Yè(Yep)	
	-jæp	-iɒp	業 Yè(Ngjæp)	
	-jop	-iwɒp	乏 Fá(Bjop)	
	-ep	-iep	帖 Tiē(Thep)	部分

支持谈部再分部的论据也适用于这一韵部,因而我的构拟与前面谈部平行:*-ap、*-ep、*-op。在这个韵部中,参与押韵的字甚至比谈部更少:在整本《诗经》中盍部字作为韵脚字仅在五个押韵序列中出现过(34.1A、60.2A、167.4C、260.7A 以及 304.7A),且据我所知,这些字都应被构拟为 *-ap。

不过在这个韵部中,原始的主元音差异可以依靠早期 *-ps 变为 *-ts 的音变中的 *-s 后缀推断出来;由于这个音变的发生,这类字避开了**唇音成分中和**音变,因此它们原始的圆唇成分得到了保留,例如:[1]

(1729) 會 huì<hwajH< *gwats< *gots< *gops(收集,一同,混合)

我将这个字构拟为 *-op,因为一方面这个韵母后来的演变与 *-ots 相同(经历**圆唇元音双元音化**的音变后变为-wats,然后在**韵尾复辅音简化**音变和**去声形成**后变为-wajH);另一方面,这个字在字形和语源上可能

---

〔1〕"會"huì ~ "合"hé 的例子及下面所列举的很多其它例子都是俞敏(1948)提及的。

与"合"有关：

(1730) 合 hé<hop< *gop（联合，收集，和谐）

"合"是"會"早期形式的声符，且在《说文》中用"合"来解释"會"（可能是早期声训）（丁福保 1928—1932[1976]：2226；周法高等 1974a，条目 0693）。高本汉和李方桂的构拟都未能展示出这两个字之间的联系：高本汉将"會"构拟为 *g'wâd（高本汉 1957，条目 321a），将"合"构拟为 *g'əp（条目 675a）；同样的，李方桂（1971[1980]：43,52）构拟为 *gwadh 和 *gəp。

另一方面，在"蓋"字中显然包含不圆唇的主元音：

(1731) 蓋 gài<kajH< *kats< *kaps（覆盖，掩盖）

由于这个字的语音演变与 *-ats 部字相同，该现象支持把它构拟为 *-ap 类字而非 *-op 部字，这里是它同源词中的情况：

(1732) 蓋 hé<hap< *fikap（用茅草覆盖屋顶）

10.3.2.1　*-ap(s) 韵部的构拟

上古 *-ap 部字的语音演变在表 10.118 中列出。*-aps 部字的语音演变方向与 *-ats 部字相同（见上文 10.1.2 节）。

表 10.118　上古 *-ap 部字的语音演变

	白一平	声母类型	中古汉语	高本汉	李方桂	蒲立本
一	*-ap	全部	-ap	*-âp	*-ap	*-áp
二	*-rap	全部	-æp	*-ap	*-rap	*-ʳáp
三	*-jap	锐音	-jep	*-i̯ap	*-jap	*-àp
		*K-	-jæp	*-i̯ăp	*-jap	*-àp

续表

	白一平	声母类型	中古汉语	高本汉	李方桂	蒲立本
三	*-rjap	*P-	-jop	*-i̯wăp	*-jap	*-àp
		锐音	-jep	*-i̯ap	*-rjap	*-ʳàp
		钝音	-jep(三) ~ -jæp?	*-i̯ap	*-jiap	*-ʲàp(?)

*-ap(s)韵部的例字：

(1733) 甲 jiǎ<kæp<*krap（甲壳，天干第一位）（与藏语 khrab（盾牌，信封，鱼鳞）比较）

(1734) 法 fǎ<pjop<*pjap（法律，模范，效法）

(1735) 廢 fèi<pjojH<*pjats<*pjaps（废止）

在早期文字形式中，写作"灋"的字是这个 *pjaps 的假借形式，等同于"法"fǎ<*pjap，见前文 9.2 节中的说明。

(1736) 葉 yè<yep<*ljap（叶子）（与藏缅语 *lap 比较）

这个字的早期形式可与"世"交替使用：

(1737) 世 shì<syejH<*hljaps（世代）

(1738) 接 jiē<tsjep<*tsjap（连接，接触）

与藏语中的 chabs（一起）、书面缅语中的 cap（加入，团结，连接）以及藏缅语中的 *tsyap 进行比较（柯蔚南 1986：57），除此之外它还与"際"有联系：

(1739) 際 jì<tsjejH<*tsjaps（联合，连接）

这个字在押韵序列 224.2B 中（写作假借字"瘵"）押 *-ats 韵，详见 10.1.2 节的讨论。

(1740) 業 yè<ngjæp< *ng(r)jap(工作,事务,成就)

10.3.2.2　*-ep(s)韵部的构拟

上古 *-ep 部字的语音演变在表 10.119 中列出。*-eps 部音节与 *-ets 部音节因 *-ps > *-ts 音变合并,随后 *-eps 部音节与 *-ets 部音节语音演变方向一致,见 10.1.2 节。与 *-em 部字相同,奇怪的是重纽四等韵 -jiep 仅出现在喉塞音声母之后,比如在:

(1741) 靨 yè<ʔjiep(四)< *ʔjep(酒窝)

表 10.119　上古 *-ep 部字的语音演变

白一平	声母类型	中古汉语	高本汉	李方桂	蒲立本
*-ep	全部	-ep	*-i̯ap	*-iap	*-ʲáp
*-rep	全部	-ɛp	*-ăp	*-riap	*-ʳáp
*-jep	锐音	-jep	*-i̯ap	*-jap	*-àp
*-jep	钝音(仅有ʔ-?)	-jiep(四)	*-i̯ăp	*-jiap	*-ʲàp
*-rjep	锐音	-jep	*-i̯ap	*-rjap	*-ʳàp
*-rjep	钝音	-jep(三)	*-i̯ap	*-jiap	*-ʲap(?)

其他 *-ep(s)韵部的例字:

(1742) 叶 xié<hep< *gep(和谐,一起)

这个字的声符看起来是"十"shí<dzyip< *gjip,表现出了 *i 和 *e 的混淆。尽管《说文》未这样说(丁福保 1928—1932[1976]:1002),但我怀疑"十"是"計"的声符:

(1743) 計 jì<kejH< *keps(计算)

"計"的主元音可以构拟为 $*i$ 或者 $*e$,因为它们经常出现谐声上的联系。如果将"計"构拟为 $*kips$,那么"十"$*gjip$ 可能与它同词根。但我倾向于将"計"的主元音构拟为 $*e$,因为它在 $*e/o$ 交替联绵词"計會"$jìkuài < *keps\text{-}kops$ 中出现。《说文》中对"計"的解释非常有趣:

會也;筭也
kuài [原文如此] yě; suàn yě
"to calculate; to reckon"

请注意"計"和"會"的相似性:

(1744) 會 [kuài] < kwajH < $*kops$（年终结算）

根据传统,"計"$*keps$ 指月底的结算;而"會"$*kops$ 则指年底的结算（诸桥辙次 1955—1960,词条 14306.48,35220.23）。"會計"$*kops\text{-}keps$ 后来演变为现代汉语意义中的"会计";而"計會"$*keps\text{-}kops$ 用作计算或重复计算义早在战国时期（公元前 475—公元前 221）就已出现。后者是典型的 $*e/o$ 交替联绵词。

(1745) 夾 jiā < kɛp < $*krep$（从两旁夹住）
(1746) 狹 xiá < hɛp < $*ɦkrep$（狭窄）

这个谐声系列也包含 ts- 声母字,其可能来源于原始 $*Sk$-辅音丛:

(1747) 挾 [jiā] < hep~tsep < $*ɦkep \sim *Skep$（抓住,持有）
(1748) 聶 niè < nrjep < $*nrjep$（发誓）
(1749) 攝 shè < syep < $*hnjep$（抓住,持有,收集）

10.3.2.3 $*\text{-op(s)}$ 韵部的构拟

上古 $*\text{-op}$ 部字的语音演变在表 10.120 中列出。

表 10.120　上古 *-op 部字的语音演变

白一平	声母类型	中古汉语	高本汉	李方桂	蒲立本
*-op	全部	-op	*-əp	*-əp	*-ə́p
*-rop	全部	-ɛp	*-ăp	*-riap	*-ʳáp
*-jop	锐音	-jep	*-i̯ɛp	*-jap	*-àp
*-jop	*K-	-jæp	*-i̯ăp	*-jap	*-àp
*-jop	*P-	-jop	*-i̯wăp	*-jap	*-àp·
*-rjop	锐音	-jep	*-i̯ɛp	*-rjap	*-ʳàp
*-rjop	*K-	-jæp	*-i̯ăp	*-jap	*-àp(?)
*-rjop	*P-	-jop	*-i̯wăp	*-jap	*-àp(?)

*-ops 部字与 *-ots 部字合并，且后续语音演变方向与 *-ots 部字一致（见 10.1.2.3）。

***-op(s)韵部的例字：**

（1750）臿 chā<tsrhɛp(<tsrhjep)<*tshrjop(舂谷)
（1751）桑 chuì<ts(r)hjwejH<*tsh(r)jops(连续重击)

段玉裁注意到了这两个字之间的联系。《说文》中，在"桑"这个字的词条中：

（1752）桑 cuì<tshjwejH<*tshjots(也许是<*tshjops?)(一种祭品)

他注释到：

讀若舂麥爲桑之桑
dú ruò chōng mài wéi chuì zhī chuì
'read like chuì as in "to pound wheat[with a mortar and pestle] is chuì"'〔1〕

----

〔1〕这说明段玉裁进行了修正，将"桑"改为"桑"（丁福保 1928—1932[1976]：67）。

段玉裁认为此处的"曑"与"舌"是等同的,并且指出"曑"和"舌"是古今字关系(丁福保 1928—1932[1976]:67,3180)。

前文列举的"會"和"合"也是这样的关系。

10.3.3 传统侵部

包含在传统侵部的中古韵在表 10.121 中列出。[1]

表 10.121 包含在传统侵部的中古韵

	中古汉语	中古汉语(高本汉)	切韵韵目	注　释
一	-om	-ậm	覃 Tán(Dom)	
二	-ɛm	-ăm	咸 Xián(Hɛm)	部分
三	-(j)im	-i̯ǝm	侵 Qīn(Tshim)	
四	-em	-iem	添 Tiān(Them)	部分

上古侵部包含中古一等韵-om 和中古四等韵-em,所以根据前元音假设我们必须同时为这个韵部构拟前元音和后元音。除此之外,尽管这个韵部中没有开口/合口字的对立,但一些其他证据支持应该构拟 *-im 和 *-um。我会首先讨论 *-im 和 *-um 之间的区别,随后讨论二者与 *-im 的区别。

10.3.3.1 *-im 部和 *-um 部间的区别

*-im 和 *-um 间的区别的一个证据是当一些侵部字与收-ng 尾的字不规则押韵时,其中一部分字与 *-ing 押韵,而另一部分字与 *-ung 押韵。[2] 这意味着侵部字中与 *-ing 押韵的字属于 *-im,而与 *-ung 押韵的字属于 *-um。*-m 尾与 *-ng 尾的押韵可以被认为是一种方言现象或者是诗歌中的特殊韵例。这种押韵现象可能是西部方言的特

---

[1] 这个韵部中的一些字,如"風"fēng<pjuwng(风),在中古时期变为了 -juwng 韵(属于《切韵》中的东韵);见下文讨论。

[2] 正如我们接下来将看到的一样,同样的区别证据在与其平行的入声韵部缉部中也存在。

征,因为在国风中它仅出现在《秦风》(128.2B 和 128.3B)和《豳风》中(154.8A),二者都被认为起源于西部。这些押韵现象至少可以被用作少部分侵部字构拟的指导。

比如,在一首诗歌中(《秦风·小戎》,编号128),我们在其第二章和第三章中找到了如下押韵序列:

章2:
中 *zhōng*<*trjuwng*< * *k-ljung*(中央)
骖 *cān*<*tshom*< * *srum*(外侧的马)

章3:
膺 *yīng*<*ʔing*< *ʔ(*r*)*jing*(胸甲)
弓 *gōng*<*kjuwng*< * *kʷjing*(弯腰)
縢 *téng*<*dong*< * *ling*(束)
兴 *xīng*<*xing*< * *x*(*r*)*jing*(升起)
音 *yīn*<*ʔim*< *ʔ(*r*)*jim*(名声)

这里侵部中的"骖"字与 *-*ung* 在章2中押韵;而侵部中的"音"字在章3中与 *-*ing* 押韵。这意味着应将"骖"构拟为 *-*um*,而将"音"构拟为 *-*im*。

如果这些韵脚字出现在不同的诗歌里,那么则可以将"骖"和"音"构拟为相同的韵(如李方桂和高本汉系统中的 *-*əm*),这个 *-*əm* 韵在一个方言中与 *-*ing* 押韵而在另一个方言中与 *-*ung* 押韵。但由于二者出现在同一首诗里,这种解释就意味着需要认为两诗章来自两种不同的方言,这不是完全不可能,但不合理。

我找出了十一个侵部字与收 *-*ng* 尾的字押韵的序列。与 *-*ung* 押韵的有 128.2B、154.6A、240.3A、250.4C、255.1B 以及 258.2A;与 *-*ing* 押韵的有 128.3B、236.7B[1]、245.3B、245.8A 以及 300.5A。基

---

〔1〕 236.7B 中唯一一个收 *-*ng* 尾的字是"兴"*xīng*<*xing*< * *x*(*r*)*jing*,但这可能是一个存在错误的文本。熹平石经(一般认为其反映了鲁诗文本)中这里的字实际为"歆"*xīn*<*xim*< * *x*(*r*)*jim*(小川环树 1960[1977]:18)。但尽管"兴"是一个替换字,这里本来的字也应该是不圆唇的 *-*im* 而非圆唇的 * *um*;而且"兴"在 245.3B(见下文)中也和 *-*im* 押韵。

于这些字与 *-ung 押韵的证据,可以将下列字构拟为 *-um：

(1753) 驂 cān<tshom< *srum（三马并行,外侧的马）(128.2B)

我在这里构拟了 tsh-< *sr-,因为与之相关的形式：

(1754) 参 shēn<srim< *srjum（猎户座的三颗星宿）

显然,二者都与数字"三"有关：

(1755) 三 sān<[sam]< *sum（三）；可与藏语中的 gsum（三）,藏缅语中的 *g-sum 进行比较（柯蔚南 1986：149）

请注意,中古 sam 的语音形式在很早就被发现是不规则演变,在预期中其语音形式应为 som。

(1756) 陰 yīn<ʔim< *ʔ(r)jum（阴影,多云）(154.8A,在词语"凌陰"（冰窖）中)

这个条目被柯蔚南(1986：60)拿来与藏语中的 rum（黑暗）进行比较。

(1757) 臨 lín<lim< *b-rjum（接近）(240.3A 和 258.2A)

特别值得注意的是这个字在两首不同的诗中与 *-ung 押韵。再有,在《诗经》241 中,《毛诗》版本中"臨"字出现的位置在《韩诗》中被"隆"代替(向熹 1986：274),这进一步支持了为"臨"构拟圆唇主元音。

(1758) 飲 yìn<ʔimH< *ʔ(r)jum(ʔ)s（饮马）(250.4C)
(1759) 諶 chén<dzyim< *Gjum（可靠的,信任）(255.1B)

在这里构拟舌根辅音作为声母（大写是因为它的腭化是不符合

预期的）是因为在它所属的谐声系列中的其它字都是舌根辅音作声母，如：

(1760) 堪 kān<khom< *khum（能够忍受，相等）
(1761) 甚 shèn<dzyimX< *Gjumʔ（超出）(258.2A)

那么基于这些字与 *-ung 部字押韵而将它们构拟为 *-um 的行为是否可以延伸到为其他字构拟 *-um 呢？我已经假设许多意义为"三"的同词根的不同形式的侵部字主元音应构拟为相同元音；这便通过所假设的同源关系将 *-um 的构拟延伸到其他字中。同样的，我们可以假设"飲" yǐn 为 *ʔ(r)jumʔ 带 *-um，因为其使役形式"飲" yìn 在上古也带 *-um，在《诗经》250.4C。

除此之外还可以根据谐声关系将这类构拟进一步扩展。比如，上面最后两个例子属于同一谐声系列；这说明为同一个谐声系列的其它字都构拟 *-um 可能是合理的。因此我们可以构拟：

(1762) 椹 zhēn<tsyim< *Kjum（砧板）

这个字很可能与"枕"同词根：

(1763) 枕 zhěn<tsyimX< *Kjumʔ（枕头）

这两个例子都可以与藏缅语中的 *kum（声调*A）（阻碍）进行比较（柯蔚南 1986：118）。但需要记住的是不是所有谐声关系都足够古老到可以反映上古汉语音系。

现在转向与 *-ing 押韵的侵部字，基于这些字与 *-ing 押韵，可以将它们构拟为 *-im：

(1764) 音 yīn<ʔim< *ʔ(r)jim（声音）(128.3B)
(1765) 林 lín<lim< *C-rjim（树林）(236.7B, 245.3B)
(1766) 心 xīn<sim< *sjim（心）(236.7B)

(1767) 歆 xīn<xim<*x(r)jim（享受，兴高采烈的）(245.8A)
(1768) 今 jīn<kim<*k(r)jim（现在）(245.8A)[1]
(1769) 綅 qīn<tshim~tsim~sjem<*tshjim(?)（细线）(300.5A)

尽管"綅"字在300.5A中押*-ing韵，但它的声符指向它应构拟为*-im，详见下文。

不过为其他字构拟这样的区别是困难的，很大程度上是因为这种区别完全被**唇音成分中和**音变破坏。这个音变导致仅根据中古音韵地位无法在音节中确定构拟出*-im和*-um间的区别。音位对应有分歧音节的缺失导致我们无法应用第三章中提到的计算模型去检验*-im/*-um间的区别。即使在《诗经》时代，二者间的区别可能已不能从《诗经》所记录的所有汉语变体中观察到；比如在《诗经》20.2A中，发现了如下押韵序列：

三 sān<[sam]<*sum（三）
今 jīn<kim<*k(r)jim（现在）

二者的押韵看起来越过了本文在前面试图设定的界限。一种很大的可能性是，**唇音成分中和**音变发生足够早，以至于影响到了现在我们在经典文本中发现的谐声系列。出于这些原因，除了上述的与*-ing和*-ung押韵的字和那些与类字看上去有同源关系的字外，我不打算将*-im/*-um间的对立延伸到其他字上。（尽管这些构拟也都只是试探性的。）当遇到不确定的字时，会将其写为*i/um以示两种情况都可能存在。进一步确定这种差异的进展可能来自对早期汉语方言差异的进一步研究，对包含大量韵脚的语料库的研究，以及汉藏语的比较语言学研究。

---

[1] 对这一构拟有一些怀疑的声音，因为《诗经》35.3中，毛诗的韵脚"躬"字 gōng<kjuwng<*k(r)jung 在熹平石经（175年）中为"今" jīn<kim（见小川环树 1960[1977]：13）。但这一现象可能仅仅反映了这一文字替代发生时受**唇音成分中和**化音变的影响，不一定意味着"今"在上古音中主元音是圆唇的。

10.3.3.2   *-im 韵部和 *-um 韵部的构拟

正如前面的讨论所表明的那样，*-im 部字和 *-um 部字后期的演变基本相同，具体的语音演变在表 10.122 中列出。

表 10.122   *-im 部字和 *-um 部字的语音演变

白一平	声母类型	中古汉语	高本汉	李方桂	蒲立本
*-im, *-um	全部	-om	*-əm	*-əm	*-ə́m
*-rim, *-rum	全部	-ɛm	*-ɛm	*-rəm	*-ʳə́m
*-jim, *-jum	*K^w-, *P-	-juwng	*-i̯əm	*-jəm	*-ə̀m
	*K-	-im(三)	*-i̯əm	*-jəm	*-ə̀m
	锐音	-im	*-i̯əm	*-jəm	*-ə̀m
*-rjim, *-rjum	*K^w-, *P-	-juwng	*-i̯əm	*-jəm	*-ə̀m
	*K-	-im(三)	*-i̯əm	*-jəm	*-ə̀m
	锐音	-im	*-i̯əm	*-rjəm	*-ʳə̀m

表 10.122 假设**唇音成分中和**音变将 *-im 变为 *-um，而不是反过来，且该音变发生在 *r-**色彩音变**之前。根据这一假设，"风"字可被构拟为 *prjum、*prjim、*pjum 或者 *pjim；不论是哪种可能性，在 *r-**色彩音变**时期都已变为圆唇元音，四个音都不受其影响。如果**唇音成分中和**发生在 *r-**色彩音变**之后，那么 *prjim 就不再是"风"字构拟形式的候选项（因为它会变为中古的 pim），但 *prjum 依旧是可能的。如果用不同的方式来表示**唇音成分中和**音变，还会产生其他的结果。

其他 *-im 韵部和 *-um 韵部的例字：

还有与"风"平行的异化的例子：

(1770) 熊 xióng < hjuwng < *wj(r)i/um(熊)；可与藏缅语中的 *d-wam（声调 *A）比较（柯蔚南 1986：40）。

一个音节中是否含有 *r 介音取决于**唇音成分中和**音变发生的顺序以

及它的表现方式。

(1771) 禁 jìn<kimH<krjɨ/ums(禁止)

它的声符是"林"*C-rjɨm。与"森"比较：

(1772) 森 sēn<srim<*srjɨm(森林)

在这里我构拟 *-im 而不构拟 *-um 的原因是我认为其与"林"lin<*C-rjɨm 存在同源关系。

(1773) 深 shēn<syim<*hljɨm(深)

10.3.3.3 上古 *-im 韵部的构拟

现在我们转向上古 *-im 韵部，根据前元音假设，只有这样的构拟才能解释中古的四等韵-em 和偶尔出现的重纽四等韵-jiem。根据我的假设，上古的 *-im 部字的语音演变如表 10.123 所示：

表 10.123　*-im 部字的语音演变

白一平	声母类型	中古汉语	高本汉	李方桂	蒲立本
*-im	全部	-em	*-iəm	*-iəm	*-ʲəm
*-rim	全部	-ɛm	*-ɛm	*-rəm	*-ʳəm
*-jim	钝音	-jim(四)	*-iəm	*-jiəm	*-ʲəm
	锐音	-im	*-iəm	*-jəm	*-ə̀m
*-rjim	钝音	-im(三)	*-iəm	*-j(i)əm	*-ʳəm
	锐音	-im	*-iəm	*-rjəm	*-ə̀m

值得注意的是，出于某种尚不明确的原因，中古重纽四等韵-jim 只在喉塞音声母后出现，比如：

(1774) 愔 yīn<ʔjim(四)<*ʔjim(温和的,和平的)

尽管侵部已经是所有收唇音尾的字中最常见的韵部,但其包含的字还是不够进行前元音假设的统计检验,因为只有很少的字可以确定被归为 *-im 部。不过我们可以发现它们之间区别的痕迹。比如在 189.6A 中,存在由中古四等字所组成的押韵序列:

(1775) 簟 diàn<demX< *limʔ (竹席)

这个字在序列中和"寑"字押韵:

(1776) 寑 qǐn<tshimX< *tshjimʔ (睡)

现在碰巧的是这个字以及这个谐声系列可能与藏缅语中 *-im 的词有同源关系。"寑"可以和藏语中的 gzim-pa(入睡),gzim-gzim 以及 tshim-tshim(目眩)进行比较(柯蔚南 1986:134)。另一个例子是:

(1777) 侵 qīn<tshim< *tshjim(< *Sthjimʔ)(入侵,侵犯)

可与藏语中的 stim-pa(进入,穿透沉溺于)进行比较(包拟古 1980:57),它还可能与现在的"浸"字同词根:

(1778) 浸 jìn<tsimH< *tsjims(< *Stjimsʔ)(溢出,吸收)(柯蔚南 1986:73;包拟古 1980:57)

还有另一个例子是:

(1779) 祲 jìn<tsimH< *tsjims(< *Skjimsʔ)(日旁云气,不祥之兆)

这个字可与藏语中的 khyim(围绕着太阳的光晕),'khyims-pa(被光环包围)进行比较(包拟古 1980:58;柯蔚南 1986:90)。

在 162.5A 中有一个含有这个谐声系列中另一个字的押韵序列,这也是一个为它们构拟 *-im 的证据,这个序列由"駸""諗"组成:

(1780) 駸 qīn<tsrhim< *tshrjim（马疾驰）

(1781) 谂 shěn<syimX< *hnjimʔ（抗议，报告）

"谂"字的声符是四等字"念"，也支持将它构拟为 *-im：

(1782) 念 niàn<nemH< *nims（想到）

令人奇怪的是这些有证据指向应构拟 *-im 的字在《诗经》的韵脚中聚集在一起。但还有其他三个序列，在这些序列里中古-em 韵似乎与 *-im 押韵：

1. 在 208.4A 中，存在：

(1783) 僭 jiàn<tshemH ~ tsemH ~ tsrhim< *tshims ~ *tsims ~ *tshrji/im（错误，混乱）

这个字与 *-i/um 押韵（包含 *-im 韵的"音"yīn< *ʔ(r)jim）。

2. 在 257.9A 中，存在：

(1784) 譖 jiàn<tsemH< *tsims（指控，诽谤）

这个字与 *-im 韵字"林"lín< *C-rjim 押韵。（在一些版本中这里的字是"僭"而非"譖"。）

3. 在 256.9B 中，"僭"（一些版本中的字是"譖"）与 *-im 韵字"心"xīn< *sjim 押韵。

最后，先前提到过的"綅"字，它所属的谐声系列大多数是 *-im 部字的例子，与 *-ing 在《诗经》300.5A 中押韵。可能在一些方言中 *-ing 与 *-im 合并（或者至少二者可以押韵），或者一些不规则演变发生在了"僭"和"譖"字的音节中（二者谐声系列中包含中古一等-om）。不幸的是，《诗经》中的押韵数据不足以解决这些问题，因此这个韵部的构拟还保留着不确定性。

10.3.4 传统缉部

传统缉部所包含的中古韵在表 10.124 中列出。

这个韵部中的中古韵包含一等 -op 和四等 -ep 的最小对立,所以根据前元音假设必须构拟前元音和非前元音的对立。还有一些证据指向后元音中存在圆唇不圆唇的对立,所以我构拟了 *-ip、*-up、*-ip。《诗经》的所有押韵序列中只有十四个包含这个韵部中的字,且没有典型

表 10.124　传统缉部所包含的中古韵

	中古汉语	中古汉语(高本汉)	切韵韵目	注　释
一	-op	-ập	合 Hé(Hop)	
二	-ɛp	-ăp	洽 Qià(Hɛp)	部分
三	-(j)ip	-iəp	緝 Qī(Tship)	
三	-jep	-i̯äp	葉 Yè(Yep)	
四	-ep	-iep	帖 Tiē(Thep)	部分

的 *-ip 部字的例子。但与盍部相同,原始的主元音差异可以依靠去声形式的 *-s 后缀推断出来,因为这些音节中原始的元音对立保留得更好。我将先总结我提出的构拟,随后在后文详细举例说明这一构拟。

10.3.4.1　*-ip(s)韵部和 *-up(s)韵部的构拟

由于**唇音成分中和**音变,导致没有后缀的 *-ip 部字和 *-up 部字难以区分。具体情况如表 10.125 所示。

表 10.125　*-ip 部字和 *-up 部字的语音演变

白一平	声母类型	中古汉语	高本汉	李方桂	蒲立本
*-ip, *-up	全部	-op	*-əp	*-əp	*-ə́p
*-rip, *-rup	全部	-ɛp	*-ɛp	*-rəp	*-ˈəp
*-jip, *-jup	*Kʷ-, *P-	-juwk(?)	*-i̯əp	*-jəp	*-ə̀p
*-jip, *-jup	*K-	-ip(三)	*-i̯əp	*-jəp	*-ə̀p

续表

白一平	声母类型	中古汉语	高本汉	李方桂	蒲立本
*-rjɨp, *-rjup	锐音	-ip	*-iəp	*-jəp	*-ə̂p
	*K^w-, *P-	-juwk(?)	*-iəp	*-jəp	*-ə̂p
	*K-	-ip(三)	*-iəp	*-jəp	*-ə̂p
	锐音	-ip	*-iəp	*-rjəp	*-ʳə̂p

如果韵母-juwk 真的属于这个韵部,那么应该与"風"fēng<*p(r)jɨ/um 和"熊"xióng<*w(r)jɨ/um 的-juwng 韵平行,它可能会出现在:

(1785) 昱 yù<yuwk<*(w)rjɨ/up(阳光)

《说文》中认为"立"lì<*C-rjɨp 是它的声符。如果假设"昱"的声母是某种唇音,那么就可以认为其韵母发生了与"風"和"熊"一样的异化音变。但可惜它的声母是预料之外的硬腭辅音 y-;从*wrjɨp 或*wrjup 可以预测变为 hjuwk(一种中古汉语存在的音节)而不是 yuwk。

请注意在中古时期,上古的*-up 和*-op 只能在*-j-介音之后被区分出来,因此有时对于存在争议的字写作*-o/up。

尽管*-ip 部字和*-up 部字无条件地合并了,但因为音变*-ps>*-ts,*-ips 与*-its 及*-ups 和*-uts 有相同的语音演变方向。所以有时可以据此推断出那些无后缀的字的主元音到底是什么。例如:

(1786) 内 nèi<nwojH<*nuts<*nups(内部)

此处的中古合口韵-wojH 暗示这个字的原始形式主元音含有圆唇成分,与它相关且同词根的"納"字也一样:

(1787) 納 nà<nop<*nup(接纳)

在早期字形中,汉字"内"用作"内"和"納"共同的书写形式。

（1788）入 rù<nyip<﹡njup（进入）

显然现代普通话中"入"的主元音-u 与上古﹡njup 中的﹡u 存在某种关联；中古"入"nyip 如果音变规则，应变为现代官话中的 rì（还保留在这个字的文读层中）。

（1789）退 tuì<thwojH<﹡hnuts<﹡hnups（撤退，退休）（即退回某人自己的领土？）

这个字在马王堆出土简牍和早期文献中以"内"作为声符。这里有许多形式可以与藏缅语中的﹡nup（下降）进行比较（柯蔚南 1986：73）。

（1790）對 duì<twojH<﹡tuts<﹡tups<﹡k-lups（回应，回答）
（1791）答 dá<top<﹡tup<﹡k-lup（回应）
（1792）萃［cuì］<dzwijH<﹡dzjuts<﹡dzjups（收集，萃取）

"萃"出现在《诗经》141.2 中，《毛诗》对它的解释是：

（1793）集～輯 jí<dzip<﹡dzjup（集中，沉降，鸟类聚集）

这些看起来是一群同词根的形式（见前文 9.2 节中的讨论）。
﹡-ip(s)部中可能包括（也是 9.2 节中提到的）：

（1794）曁 jì<gijH（三）<﹡grjits<﹡grjips（达到，带来，遇到，和）

我认为这个字是其同义词"及"的﹡-s 后缀形式：

（1795）及 jí<gip（三）<﹡g(r)jip（达到，相等，成功，和）

这两个字可能都与下面的两个形式有联系（已在 10.1.7 中提到），尽管声母部分存在一些问题，可能有些方言混淆了﹡-r-和﹡-l-，或者它们的辅音丛：

第十章 新上古汉语韵部分类

(1796) 逮 dài<dojH< *lits< *(g-)lips（来到,达到）

(1797) 眔 tà<dop< *(g-)lip（触碰,到达,和）（发现于金文中）

正如本书早已指出的（10.1.7.5 节），传统读音保留了"逮"及其同形异义词的各种不同的发音,其中也包括 dejH（ *-ps > *-ts 后发生了 *i -前化音变）和 dwojH（ *-ps > *-ts 前可能发生了**唇音成分中和**音变）。它们可能反映了中国早期存在的方言差异。

下面是既可能是 *-ip 也可能是 *-ip 的字：

(1798) 执 zhí<tsyip< *tji/ip（持有,抓住,得到）

其 *-s 后缀的形式有：

(1799) 挚 zhì<tsyijH< *tji/ips（抓住）

以及：

(1800) 贽 zhì<tsyijH< *tji/ips（仪式性的礼物）（由某人所持有?）。

"位"的语音形式是：

(1801) 位 wèi<hwijH< *(w)rjips(?)（站立,地位,位置）

这很难解释。在早期的文字中,这个字是可以和"立"互换的：

(1802) 立 lì<lip< *C-rjip（站）（与藏缅语 *g-ryap 比较,见柯蔚南 1986：140）。

*i 元音在这里是不确定的,但它同谐声系列的"泣"字与"及" *g(r)jip 押韵,这便是一个为它构拟 *-ip 的证据（见前文）：

(1803) 泣 qì<khip< *khrjip（哭泣）（与藏缅语中的 *krap 进行比较,柯蔚南

1986：159）

与藏缅语的比较也暗示"站立"义词的主元音不是圆唇元音，并且指向"位"*hwijH*字的主元音应该是不圆唇的。但如果"位"在上古时期主元音是不圆唇的，那中古时期的-w-介音是从哪里来的呢？*w-前缀可能是它产生的原因，但只有少量证据支持这种前缀的存在。还有一种可能性是中古的*hwijH*源于产生了"遂"*dwojH*读音的方言——**圆唇成分中和**音变导致在*-ps>*-ts音变前发生了*-ip变为*-up的音变，所以*-ips和*-ups合并。但声母辅音还存在一些问题，可能存在*firjips?（见包拟古1980：86，*fir-可能是*r-的早期形式之一。）

10.3.4.2　*-ip 韵部的构拟

最后，让我们来考虑上古*-ip韵部构拟的相关证据。如果*-ip部存在，那么它的演变预期将如表10.126所示。

表10.126　*-ip 部字的语音演变

白一平	声母类型	中古汉语	高本汉	李方桂	蒲立本
*-ip	全部	-ep	*-iəp	*-iəp	*-ʲə́p
*-rip	全部	-ɛp	*-ɛp	*-rəp	*-ʳə́p
*-jip	钝音	-jip（四）	*-iəp	*-jiəp	*-ʲə̀p
	锐音	-ip	*-iəp	*-jəp	*-ə̀p
*-rjip	钝音	-ip（三）	*-iəp	*-j(i)əp	*-ʳə̀p
	锐音	-ip	*-iəp	*-rjəp	*-ə̀p

-ip部可以通过中古四等韵-ep<-ip 或者(在有后缀的形式)-ejH<*-its<*-ips确认。可惜这种例子非常少。前文提到的"計"*ji* < *keps的声符可能是：

(1804) 十 *shí* < *dzyip* < *gjip*（十）（比较藏缅语*gip，柯蔚南1986：147）

（请注意*gj-在前元音前规则腭化。）如果情况属实，那么这支持了为

"十"构拟前元音作为主元音,这与藏缅语比较中的证据一致。

10.3.4.3　*-ip 部字和 *-up 部字的押韵关系

如果我们根据去声同源词去区分 *-ip 部字和 *-up 部字,我们可以根据这些特征将《诗经》中的缉部字分为 *-ip 部和 *-up 部。比如根据我们的假设,"及"jí<gip 与"曁"jì 之间有联系,那么就可以认为"及"在押韵序列中作 *-ip 部字出现;在我们的假设中"集"jí 和"輯"jí<dzip 与"萃"cuì<dzwijH 有关,那么就可以认为这些字在押韵序列中为 *-up 序列。遗憾的是,不存在 *-ip 部字作韵脚的典型例子,尽管一两个被列在 *-ip 的字可能可以被归为 *-ip。

根据这些标准,下列《诗经》押韵序列包含 *-ip：5.3A、28.2C、69.3A、163.1B、177.1B(带 *-ik)、190.1B、238.3A 和 260.7A(带 *-ap)。

下列《诗经》押韵序列包含 *-up：128.2C(带 *-op)、164.7A(带 *-op)、194.4A(带 *-uts)、236.4A(带 *-op)、240.4A(带 *-ik?)和 254.2C(带 *-op)。240.4A 中的押韵序列("式"shì<syik<*hljik 和"入"rù<nyip<*njup)是奇怪的,但可能这首诗整体都是不规则的。

10.4　上古韵部总结

对每个韵部的考察表明,本文所提出的构拟体系为修正传统的汉语古韵部分析提供了充分的依据。我们可以根据不同的韵尾来分类总结我们的构拟。

收齿音韵尾 *-n、*-t 和 *-j 为我们的构拟提供了强有力的支持。这些韵部的字在押韵时被经常使用,并且韵部内部含有大量音位对应无分歧的字,即它们的元音可以根据中古音韵地位被准确构拟。大体上,由统计计算的结果可知,根据前元音假设和圆唇元音假设构拟出的不同主元音之间的分离程度很高,不能用随机现象解释。因此,我所提出的构拟系使得识别一些在传统分析中被忽视的押韵区别成为可能。

对于那些零韵尾和收舌根音韵尾的字,传统的押韵分析与所构拟的新系统大体一致,几乎不需要修改。例外的是传统幽部,我们发现

*-u 和 *-iw 的押韵表现之间存在显著区别,但在与之平行的入声韵部觉部中,样本量过小导致结果不显著,但韵部内部分离的迹象可以在其他地方找到。至于收 *-w 尾的宵部字,其中 *-aw 和 *-ew 的分离情况处于显著和不显著的边界;只要对 *-aw 和 *-ew 的初始频率估计相对准确,那么结果就一定是显著的。与其平行的入声韵部药部出现的频率太低以至于统计方法难以被使用,不过 *-awk 和 *-ewk 之间区别的痕迹也可以在其他地方被找到。

收唇音尾 *-m 和 *-p 的韵部内部的再分部未能得到统计学上的显著结果,一部分原因是它们出现在韵脚位置的频率很低,另一方面则是由于它们当中只有很少的字可以仅根据中古音韵地位被构拟为音位对应无分歧的形式以应用到独立的统计学检验当中。但其他迹象表明原始的六元音系在这里也是成立的,具体表现在收 *-m 尾的字与收 *-ng 尾的字的不规则押韵中,以及有 *-s 后缀的形式中,这些字早期经历了 *-ps 到 *-ts 的音变,因此避开了受唇音尾影响的主元音合并。

这些押韵现象确认了前元音假设和圆唇元音假设。简单地说,这些假设表明,在上古音系中没有与高本汉所谓的"强元音介音" *-i-或者 *-w-相对应的元素。有人可能会说,这只适用于那些统计结果显著的押韵组,但是收齿音尾的音节的结果会对整个语音系统产生显著影响。如果没有证据指向可以为收齿音尾和舌根音尾的这些样本量足够大的字构拟 *-i-介音和 *-w-介音,那么更没有理由为那些低频率出现的韵部构拟这些介音。

押韵证据也间接证明所提出的上古汉语中存在 *-j-介音和 *-r-介音的理论。因此我们一般只用押韵证据构拟上古韵部系统,并且说明我们所构拟的韵部如何演变为现在所呈现的中古汉语韵母系统。

当然,还有许多问题有待进一步研究。声母的构拟是系统中最试验性的部分,在这一领域还有许多未解决的问题。虽然已经确认了韵母系统构拟的基本充分性,但通常很难决定哪一种构拟对某一特定的字来说是最好的。这些问题需要等待进一步的研究,包括汉藏语比较研究。

为了方便,在表 10.127 中我总结了我所构拟的上古韵母系统和清代音韵学家(见表 4.1)归纳的韵部之间的关系。图表中的每个方框代表一个传统类别,并标有其传统名称;每个方框中的构拟形式根据现有的构拟再划分为不同的小类。韵部按它们所收韵尾进行排列,与本章前面的论述顺序相同。

表 10.127　韵部总结

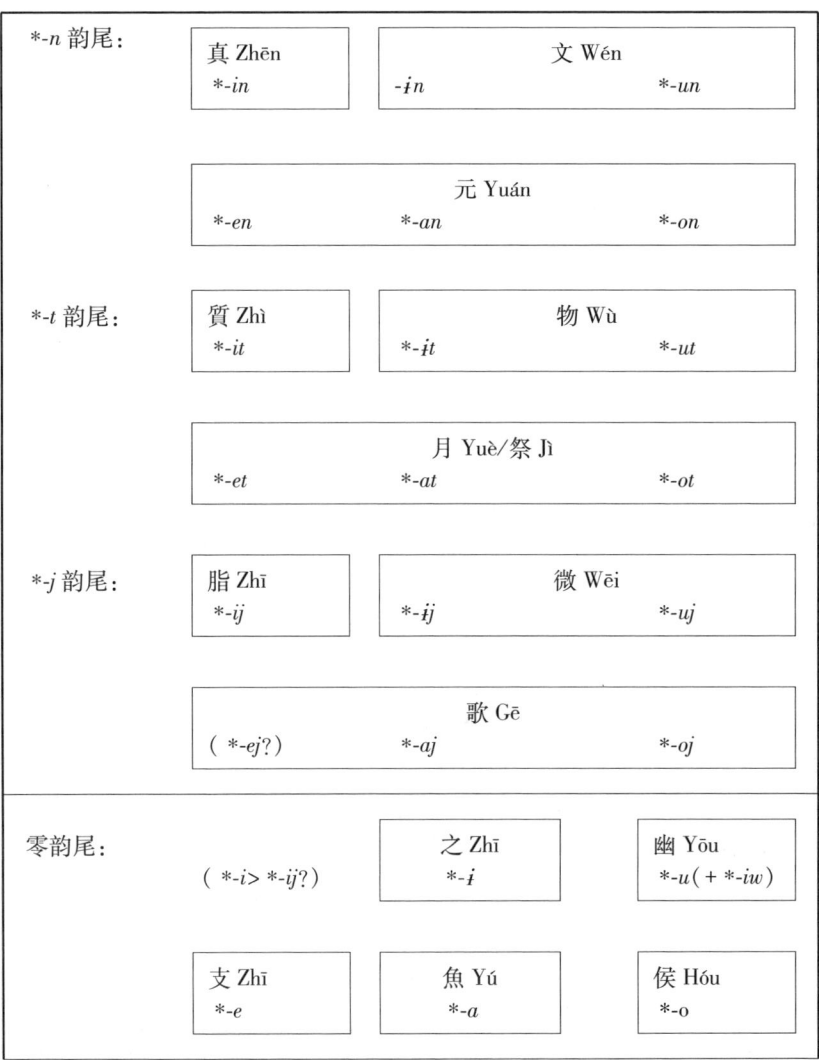

*-k 韵尾：

(*-ik> *-it)	職 Zhí *-ik	覺 Jué *-uk(+ *-iwk)
錫 Xī *-ek	鐸 Duó *-ak	屋 Wū *-ok

*-ng 韵尾：

(*-ing> *-in)	蒸 Zhēng *-ing	冬 Dōng *-ung
耕 Gēng *-eng	陽 Yáng *-ang	東 Dōng *-ong

*-w 韵尾：

幽 Yōu
*-iw(+ *-u)

宵 Xiāo	
*-ew	*-aw

*-wk 韵尾：

覺 Jué
*-iwk(+ *-uk)

藥 Yào	
*-ewk	*-awk

*-m 韵尾：

*-im	侵 Qīn *-im	*-um
*-em	談 Tán *-am	*-om

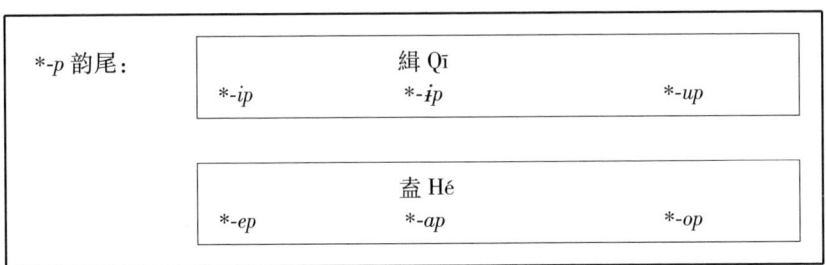

复韵尾 *-s 和 *-ʔ 在总结中暂略,但需要注意**韵尾复辅音简化**音变,它导致了 *-s 尾前的塞音尾丢失,将去声字从存在塞音尾的韵部转移到开音节的韵部。因此当 *-iks 变为 *-is,其中的一些字就从 *-ik 部移入了 *-i 部。这样的一系列变化可能早在《诗经》时代就已经发生。

附录 A　上古汉语到中古汉语的音变

本附录按大致的年代顺序总结了从上古汉语音节发展到中古汉语《切韵》音节的主要音变。这并不是一个详尽的清单，而且这类演变的许多细节仍不清楚；但大部分主要音变过程都能得以确定。这些音变表述虽是非正式的，但它们通常具有足够的精度使得它们可以再用另一种表示形式纳入到任何特征系统。尽管这些音变顺序大致是按年代排列的，但还有很多音变不能被精确地确定日期，而且在很多情况下，还存在若干演变顺序的可能。我在每个音变之后列出了对本书原文的引用参考，在那里可以找到更多的信息和例子。

A.1　*-ps > *-ts

音变 *-ps > *-ts 是韵尾 *-p 向其后的复韵尾 *-s 同化的一种结果；这一音变完成后，原属于 *-ps 的词的后续发展变化就同于原属于 *-ts 的词。例如：

(1805) 内 nèi < nwojH < **nuts* < **nups*（里面）

其肯定与

(1806) 纳 nà < nop < **nup*（缴纳）

和

(1807) 入 rù < nyip < **njup*（进入）

同源。

该音变,有证据表明其发生在周初,如在《诗经》中 *-ps 和 *-ts 至少在某些情况下已经出现了互押(见《诗经》257.13A)。古文字学研究可资确定该音变出现的时间和地点。至少在汉代(公元前 206 年~公元 220 年),一些原本属于 *-ps 的词已经开始用包含韵尾 *-t 的声符来书写。例如:

(1808)萃[cuì]<dzwijH< * dzjuts< * dzjups(聚集,汇集)

可能是

(1809)集 jí<dzip< * dzjup(集合,聚集)

的 *-s 后缀形式,但现在其书写形式的声符是:

(1810)卒 zú<tswit< * Stjut(完毕,末尾)

由于《诗经》押韵和谐声证据往往已经反映了音变 *-ps > *-ts,因此,*-ps 尾常常只在这些情况下被构拟,即与 *-p 形式有谐声或假借关系的情况(如"内"nèi 和"納"nà),或被构拟成 *-ts 形式且存在与其有形态关联的 *-p 形式并行的情况(如"萃"cuì 和"集"jí)。更多讨论和例子见 8.2.2.1,9.2 和 10.3。

A.2   *P(r)o> *P(r)ɨ

我假定原始唇音声母音节形式 * P(r)o 在一些早期方言中变 *P(r)ɨ,包括《诗经》所反映的一个或多个方言。(介音 *-r-之所以被放在圆括号里,是因为上古汉语韵母 *-o 和 *-ro 在钝音声母后通常不被区分,见 10.2.10。)因此,*P(r)o 形式的字在《诗经》中通常押 *-ɨ 韵,且在传统上属于之部而不是侯部:

(1811) 母 *m(r)iʔ (《诗经》) < *m(r)oʔ (妈妈)

然而,作为中古汉语的直接来源的方言显然没有受到这种变化的影响,因为在中古汉语中,*P(r)o 如预期变成了 Puw,而不是源自原始 *Pi 的 Pwoj(或源自 *Pri 的 Pɛj):

(1812) 母 mǔ<muwX< *m(r)oʔ (妈妈)

与下面带有原始 *Pi 的词相比较:

(1813) 每 měi<mwojX< *miʔ (每一个)

尽管有《诗经》押韵,用 *-o 构拟"母"mǔ 不仅得到了中古汉语形式 muwX 的支持,而且还得到了谐声和假借字的支持,其中"母"用作 *-o 类词的声符,例如:

(1814) 侮 wǔ<mjuX< *mj(r)oʔ (冒犯,侮辱)
(1815) 毋 wú<mju< *m(r)jo (不要)

当然也有谐声字反映 *P(r)o > *P(r)i 这一音变的;这种情况,在古文字研究上也能得到阐明。更多的讨论见 10.2.1.1。

A.3　圆唇元音双元音化(rounding diphthongization)

圆唇元音双元音化这一音变,使得在锐音韵尾 *-n、*-t 和 *-j 前的原始圆唇元音 *u 和 *o 分别变成了 *wi 和 *wa,如下例所示。(带锐音复韵尾 *-s 的序列 *-us 或 *-os,不受该音变的影响。)

(1816) 轮 lún<lwin< *(C-)rwjin< *C-rjun (轮子)
(1817) 冠 guān<kwan< *kon (帽子)
(1818) 吹 chuī<tsyhwe< *thjwaj< *thjoj (吹)

(1819) 出 chū<tsyhwit<＊thjwɨt<＊thjut（出来，出去）

正如我们所看到的，上古汉语有唇化舌根音和唇化喉音声母＊K^w-，但无自由出现的介音-w-。然而**圆唇元音双元音化**创造了在锐音声母及钝音声母之后出现介音＊-w-的实例：

(1820) 锻 duàn<twanH<＊tons（锤）

因此，一个独立的介音＊-w-进入到音系中，同时原始音节形式＊K^wan 可能被再分析为＊Kwan，并入＊Kwan<＊Kon。一个最小对立对例子，如：

(1821) 元 yuán<ngjwon<＊ngjon(<＊Nkjon?)（头，首）
(1822) 原 yuán<ngjwon<＊ng^wjan（平原、高原）

唇音声母后，由**圆唇元音双元音化**而来的＊-w-，又经过＊**w-中和**音变（讨论见下文）而变得无对立，因此＊Pwan<＊Pon 并入＊Pan<＊Pan。

在《诗经》中的一些不规则押韵表明，**圆唇元音双元音化**在一些方言中出现得足够早，从而影响了《诗经》押韵——或许是在春秋时期（公元前 770—公元前 476 年）。至少，到了汉代，在锐音韵尾前的原始圆唇元音和不圆唇元音之间互相押韵了。对汉代押韵的进一步研究或许会揭示出是否存在保留了原始圆唇音区别的汉代方言。更多讨论，见 7.1.1 和 10.1。

A.4 ＊w-中和（＊w-neutralization）

音变＊w-中和导致由**圆唇元音双元音化**而来的介音＊-w- 在唇音声母后变得无辩义区别。例如，原始＊Pan 和＊Pon 到中古归并为 Pan，原始＊Pɨn 和＊Pun 到中古归并为 Pwon。就这些例子所示，目前尚不清楚此类归并涉及的是＊-w-的丢失还是增生；也许这在不同方言之间或不同语音环境之间是不同的。由＊w-中和导致归并的近似最小对立的例子，如：

(1823) 蠻 mán<mæn< *mran< *mrwan< *mron（南方蛮族）(《诗经》261.6A 押 *-on 韵)

(1824) 慢 màn<mænH< *mrans（缓慢的,疏忽的）(《诗经》78.3B 押 *-an(s)韵)

因为 *w-中和大概未影响到押韵,所以很难确定其出现的时间,当然,它一定是在圆唇元音双元音化,即首先在该环境下产生了 *-w-之后产生的。

A.5 唇音成分中和(labial neutralization)

唇音成分中和是指,消除唇音尾前的圆唇和不圆唇元音之间的对立的过程。如第 10.3 节所述,有证据表明,所有上古六元音在唇音尾前最初都是有对立的;但这些对立到中古时期大都消失了。与 *w-中和一样,这些归并所涉及的是同化还是异化,并不总是清楚的。例如,中古汉语的-om 韵母,可对应上古汉语的 *-im、*-um 或 *-om,可能在一些中古汉语方言中的音值是[om],在其他方言中的音值是[ʌm]。

唇音成分中和的出现是在音变 *-ps > *-ts 之后,因为原始 *-ps 通常保留了原始圆唇音的对立(即有无-w-的对立):

(1825) 蓋 gài<kajH< *kats< *kaps（覆盖）(不圆唇元音)

(1826) 會 huì<hwajH< *gwats< *gots< *gops（聚在一起）(圆唇元音)

不过,**唇音成分中和**音变可能在某些方言中出现得更早,这就能解释一些带原始 *-ps 的词的传统读音总在开口与合口之间摇摆不定:

(1827) 棣 dì<dejH~dojH~dwojH< *li/ups（野李子/梅子）

如果该字是原始的 *lips(正如我所推测的那样),那么读音 dwojH(见《经典释文》对《诗经》164 的注)反映出一种方言,其在 *-ps > *-ts 之前,**唇音成分中和**将原来的 *i 变成了 *u: *lips> *lups> *luts> *lwits> 中古汉语 dwojH。如果该字是原始的 *lups,那么读音 dojH 反映出一种方言,其在 *-ps> *-ts 之前,唇音成分中和将原来的 * u 变成了 *i：
* lups> * lips> * lits> 中古汉语 dojH。更多讨论见 10.3.4。

A.6 韵尾复辅音简化(final cluster simplification)

韵尾复辅音简化使 *-ks、*-wks 和 *-ts 分别简化成 *-s、*-ws 和 *-js。(原始 *-ps 已经变成了 *-ts。)音变 *-ks> *-s 出现得较早,以至于影响到了《诗经》押韵。例如：

(1828) 路 lù<luH< *(g-)ras< * g-raks(路;大)

在《诗经》241.2D 中与 *-as 押韵。

韵尾复辅音简化先于音变 *-ja>-jo 产生,音变 *-ja>-jo 以同样的方式影响原始 *-jas 和从 *-jaks 变来的 *-jas：

(1829) 絮 xù<sjoH< * snjas(粗生丝,生丝)
(1830) 據 jù<kjoH< * k(r)jas< * k(r)jaks(抓紧,依靠)

比较下面带 *-ak 但不受音变 *-ja>-jo 影响的字：

(1831) 臄 juè<gjak< * gjak(舌(食物))

该音变的各个部分并不一定同时发生,例如,《诗经》中似乎没有将 *-ats 与 *-ajs 相混押的趋势,所以音变 *-ts> *-js 出现的时间可能比较晚。更多讨论见 8.2.2。

A.7 齿音腭化(dental palatalization)

齿音腭化可归纳为公式 * Tj-> * TSy-;原始齿音声母 * t、* th、* d 和 * n 在 *-j-介音前分别腭化为中古汉语的 tsy-、tsyh-、dzy-和 ny-：

(1832) 終 zhōng<tsyuwng< * tjung（结束）（可能与"冬" dōng<towng< * tung（冬天）同源）

该音变可能发生在汉代的某个时期；柯蔚南(1983：54–60)从声训的角度论证，到东汉时期，该音变已经影响到了部分方言。更多讨论和例子见6.1.2。

A.8 舌根音硬腭化（velar palatalization）

上古汉语舌根音和喉音声母 * K-在条件不完全清楚的情况下，硬腭化为中古汉语硬腭塞擦音和硬腭擦音 TSy-，且各方言之间必然会有所不同。这个音变公式似乎涵盖了大多数情况（蒲立本 1962 年提出，形式略有不同），即舌根音在后接介音 *-j-加前元音时腭化：

(1833) 支~枝 zhī<tsye< * kje（分支）
(1834) 熱 rè<nyet< * ngjet（热）

然而，*-rj-组合阻止了腭化：

(1835) 技 jì<gjeX（三）< * grje?（能力，才能）

然而，这一音变公式有许多例外，至今还没有令人满意的解释。作为一种标记符号，我将那些出乎意料腭化的上古汉语的舌根音声母大写：

(1836) 車 chē< * KHjA（交通工具）（又音 jū<kjo< * k(r)ja）
(1837) 鍼 zhēn<tsyim< * Kjɨ/um（针）

当舌根音硬腭化出乎意料没有发生时，我将后接介音 *-J-大写：

(1838) 吉 jí<kjit（四）< * kJit（幸运）

舌根音硬腭化像齿音腭化一样，显然至少在汉代的一些方言中就出现了（柯蔚南 1983：57－60）。更多细节和讨论见 6.1.5。

A.9 圆唇成分异化（rounding dissimilation）

这是一个微小的音变，旨在解释如下这些形式的演变：

(1839) 逵 $kuí<gwij$（三）$< *g^w rji < *g^w rju$（通路）
(1840) 軓 $guǐ<kwijX$（三）$< *k^w rji? < *k^w rju?$（车轴头）

这些字在《诗经》（见《诗经》7.2B，34.2B）中押 *-u 韵，但发展到中古汉语，则变为类似 $*k^w rji$ 形式的字，如：

(1841) 龜 $guī<kwij$（三）$< *k^w rji$（海龟，陆龟）

因此，我推测如"逵"$kuí$ 和"軓"$guǐ$ 这类字的圆唇元音 *-u 在唇化舌根音声母的影响下异化为 *-i：$*K^w(r)ju > *K^w(r)ji$。为了最大限度地概括，可以假定**圆唇成分异化**不仅适用于上述带介音 *-r- 的例子的音节，而且也适用于形式为 $*K^w ju$（如"九"$jiǔ < *k^w ju?$（九个））的音节；但后者，其最初的异化很快就被**圆唇成分同化**机制所逆转（见下）：

(1842) 九 $jiǔ<kjuwX< *k^{(w)}ju? < *k^w ji? < *k^w ju?$

为了使此公式起作用，**圆唇成分异化**必须在 *r-色彩（*r-color）之前。该音变在西汉（公元前 206 年至公元 23 年）的押韵上已有所反映（罗常培，周祖谟 1958：13）。更多讨论见 10.2.13。

A.10 *-aj 单元音化（*-aj monophthongization）

有大量证据显示传统歌部最初带有一个某种锐音韵尾，我将其构拟为 *-j。然而，到了中古汉语时期，该韵尾在大多数方言里都消失了。

该演变是由 *-aj 单元音化引起的：

(1843) 多 duō<ta<*tæ<*taj(很多)
(1844) 和 hé<hwa<*gwæ<*gwaj<*goj(和谐)

单元音化的第一阶段可能是 *aj 变为一个前低元音[æ]；到中古汉语时期，[æ]再变为[a]。但原始的 *-aj 不能混同于原始的 *a，因为上古汉语韵母 *-aj 和 *-a 在中古依然保持差异，分别对应于-a 和-u。不过，东汉时期(公元 25–220)，在 *-a 受到其他音变(见下文关于 *-jA(k)前化和 *r-色彩(*r-color)的讨论)的影响前化为[æ]的情况下，原始 *-aj 和 *-a 有过一个合并的过程。这表明我们应该将 ***-aj 单元音化**的第一阶段(*aj>[æ])确定在东汉之前的某个时间。注意，韵尾 *-j 常常保留在闽方言中(也偶见于东南的其他地区)，这些方言可能不受 *-aj 单元音化的影响。详见 8.1.1 和 10.1.3。

A.11   *-jA(k)前化(*-jA(k) fronting)

*-jA(k)前化音变导致原始 *-jA 和 *-jAk 的元音前化，可能为前低元音[æ]。因此，我们有中古汉语-jæ < *-jA 和-jek(<-jæk) < *-jAk。例子包括：

(1845) 置 jiē<tsjæ<*tsjA(捕兔网)(也读作 jū<tsjo<*tsja)
(1846) 社 shè<dzyæX<*djAʔ(社坛)
(1847) 車 chē<tsyhæ<*KHjA(交通工具)(也读作 jū<kjo<*k(r)ja)
(1848) 石 shí<dzyek<*djAk(石头)
(1849) 舄 xì<sjek<*sjAk(拖鞋)

这里大写的 *A 仅仅是一个标记符号，用来区分 *-ja 和 *-jak 中哪些前化了哪些没有前化；其演变的确切条件尚不清楚，但似乎只有带锐音声母(在音变产生时)的音节才参与其中。这种明显的不规则现象可能是由方言混合或文本问题或两者兼而有之导致的。到中古汉语时期，

*-jAk 和原始 *-jek 合并为中古-jek：

（1850）易 yì<yek<＊ljek（改变）
（1851）液［yè］<yek<＊(l)jAk（液体）

然而，*-jAks 和 *-jeks 在中古汉语中仍然保持区别，甚至到今天仍保持区别：

（1852）易 yì<yeH<＊ljeks（容易）
（1853）夜 yè<yæH<＊(l)jAks（晚上）

这可能表明 *-jA(k)前化过程至少有两个阶段：前期阶段，影响 *-jA、*-jAk 和 *-jAks；后期阶段，仅影响 *-jAk。

在闽语的口语层，*-jAk 并不像中古汉语那样与 *-jek 合并；相反，*-jAk 与 *-jak 有着相同的反映。这清楚地证明了人们普遍持有的观点，即闽语不可能是中古汉语的后裔。更多讨论见 10.2.4 和 10.2.5。

A.12　　*-ja>-jo

音变 *-ja>-jo，是零韵尾前的原始 *-a 圆唇化和高化过程的一部分。另一部分是下文描述的音变 *-a>-u。这些变化的确切语音细节难以捉摸；标签 *-ja>-jo 和 *-a>-u 是基于我对中古汉语韵母的转写。事实上，中古-jo<*-ja 和-u<*-a 的元音在大多数中古汉语方言中可能是一样的，虽然长江口一带的方言在押韵上有所区别（罗常培 1931a）。*-ja>-jo 的例子如：

（1854）魚 yú<ngjo<＊ng(r)ja（鱼）
（1855）女 nǚ<nrjoX<＊nrjaʔ（女性）

在唇音或唇化舌根音声母之后，*-(r)ja 变为-ju 而不是-jo：

(1856) 虞 yú<ngju<*ng^w(r)ja(忧虑)
(1857) 雨 yǔ<hjuX<*w(r)jaʔ(雨)
(1858) 膚 fū<pju<*prja(皮肤)

将该圆唇化和高化过程分成两个部分(*-ja>-jo 和 *-a>-u)的原因是，前置介音 *-r- 对 *-ja 和 *-a 的影响不同：*-rja 似乎未受影响(如上述的"膚"fū<*prja)，而 *-ra 则前化为[ræ]从而避开了 *-a>-u(如下所述)的影响。这些事实，可以用 *r-色彩(*r-color)音变出现的先后顺序，即 *-ja>-jo 在 *r-色彩(*r-color)之前发生，*-a>-u 在 *r-色彩(*r-color)之后发生，以及假定 *r-色彩(*r-color)不影响圆唇元音来解释。更多讨论见 10.2.4。

A.13   *-u(K)>-aw(K)

音变 *-u(K)>-aw(K)，使在舌根音韵尾及零韵尾前的，且无介音 *-j- 的原始 *-u 双元音化为 *-aw：

(1859) 道 dào<dawX<*luʔ(道路)
(1860) 包 bāo<pæw<*praw<*pru(包装)
(1861) 告 gào<kawH<*kuks(告诉)，也读作 gù<kowk<*kuk
(1862) 冬 dōng<towng(/tawŋ/?)<*tung(冬天)

这一分析表明，我所转写的中古汉语韵母 -owk 和 -owng 应该从语音上分析为 /-awk/ 和 /-awŋ/。

带介音 *-j- 的音节不受该音变的影响：*-ju，*-juk，*-jung 变为中古的 -juw，-juw，-juwng。

很可能音变 *-u(K) > *-aw(K) 实际上存在不止一个阶段，大概为 *-u(K) > *-ɨw(K) >-aw(K)。原始 *-u 与原始 *-aw 在魏晋时期(公元 220 年–公元 420 年)普遍押韵(丁邦新 1975：238)，但上声的 *-uʔ 在汉代已经开始与 *-awʔ 相互押韵了(罗常培，周祖谟 1958：19‑20)。此外，由于我假设 *r-色彩(*r-color)对圆唇元音没有影响，所以如果

我们假设音变 *-u(K)>-aw(K) 发生在 *r-色彩（*r-color）之前，就可以很容易地解释像"包"bāo<pæw<*pru 这样的词项。更多讨论见 10.2.13, 10.2.14 和 10.2.15。

A.14　*-o(K)>-uw(K)

音变 *-o(K)>-uw(K)，使带舌根音韵尾或零韵尾的音节中的原始 *-o- 变为-uw-。确切的语音细节还不清楚：

（1863）斗 dǒu<tuwX<*toʔ（勺）
（1864）東 dōng<tuwng<*tong（东方）
（1865）速 sù<suwk<*s(t)ok（迅速）

与音变 *-u(K)>-aw(K) 一样，*-o(K)>-uw(K) 也被限制在无介音 *-j- 的音节中；韵母 *-jo, *-jong 和 *-jok，分别变为中古汉语的-ju,-jowng 和-jowk。

我认为该音变对开音节的影响可能不同于带舌根音韵尾 *-ng 和 *-k 的音节。原始 *-rong 和 *-rok 产生了二等韵的-æwng 和-æwk；这表明这些韵母在应用音变 *r-色彩（*r-color）时,-ong 和-ok 或许已经变为[ʌwng]和[ʌwk]，带了非圆唇的主元音，因此受到了 *r-色彩（*r-color）的影响：

（1866）江 jiāng<kæwng<*krong（（扬子）江）
（1867）角 jiǎo<kæwk<*krok（号角）

但是侯部开音节中无二等韵音节，这说明像 *Kro 这样的音节只是简单地与原始 *Ko 合并，可能是因为这样的音节仍然有一个圆唇的主元音，因此不受 *r-色彩（*r-color）的影响。因此，在钝音声母之后，通常无法区分韵母 *-o 和 *-ro：

（1868）口 kǒu<khuwX<*kh(r)oʔ（嘴、口腔）。

原始 *-roks 的演变同 *-ros，而不是 *-rok，这表明 *-o(K)>-uw(K) 的相关阶段是在**韵尾复辅音简化**之后产生的：

(1869) 渥 wò<ʔæwk< *ʔrok（沾湿）又读作ʔuwH< *ʔroks（浸泡）

A.15 *r-色彩(*r-color)

我用"*r-色彩(*r-color)"这个名字来表示一个影响深远的音变，即介音 *-r-对其后的主元音发音的影响。当我阐述该音变时，认为它只应用于不圆唇的元音，并导致它们前化和（至少在某些情况下）松弛化。直到公元 500 年左右，介音 *-r-消失后，*r-色彩(*r-color) 的全部音韵结果才出现；只要 *-r-仍然存在，它对后面元音的影响通常都是次音位的(subphonemic)。假设词项如：

(1870) 姦 jiān<kæn(/kæn/)<kræn(/kran/)< *kran（奸邪）

可能早在汉代就读作了前元音[æ]；但在介音 *-r-消失前，该[æ]只是/a/的一个音位变体。这一点得到了带中古-æn 和-an 的字在魏晋时期相互押韵的事实（丁邦新 1975：246）的支持（虽然没有得到确凿的证明，见第三章）。我认为[æ]和[a]成为相互独立的音位是 *r-脱落（见下文）的结果。

然而，在某些情况下，*r-色彩(*r-color) 具有更早的音韵影响结果。例如，东汉时期，*-ra 在押韵上，不与 *-a 押韵，而与 *-aj 和 *-raj 押韵（见上文 *-aj-单元音化）。这些证据和其他证据均表明，我们应该把 *r-色彩(*r-color) 的年代定在西汉时期（公元前 206 年–公元 23 年）。更多讨论见 7.2 和 7.3。

A.16 锐音前化(acute fronting)

锐音前化，使带介音 *-j-和非后韵尾(nonback codas)的锐音声母音节中的主元音前化。例如：

(1871) 然 rán<nyen< * njan(那样)

"然"rán 等字受**锐音前化**的影响,在《诗经》中押 *-an 韵,但到了魏晋时期,原始 *-an 和 *-jan 则分属不同的韵类(丁邦新 1975:246)。这可能表明,*-jan 已经变为了 *-jen。(从 *-jan 到 *-jen 的音变,可被分解为前化的 *-jan>-jæn 和高化的-jæn>-jen;也许后一个步骤可被归为 ***a-高化**音变,如下文所述。)

从中古汉语的对应关系来看,明显的**锐音前化**并不影响带有钝音声母的音节;下面这些词项的中古汉语元音可能是后元音:

(1872) 言 yán<ngjon([ngjʌn])< * ngjan(言词)

类似地,中古汉语带高元音的情况,我们可以看到类似这样的对比:

(1873) 忍 rěn<nyinX< * njɨnʔ(忍耐)(前元音)
(1874) 垠 yín<ngjɨn< * ngjɨn(界限,堤)(后元音)

中古汉语韵母-jon 和-jɨn 仅限于钝音声母音节。我的解释是,假设**锐音前化**至少在作为中古汉语的来源的方言中只应用于带锐音声母的音节。另一方面,在魏晋时期,中古汉语读-jon 和-jɨn 的字似乎与前元音押韵;这种押韵实践可以代表一种方言,在该方言中**锐音前化**的应用更普遍。注意,***ɨ-前化**(如下文所述)类似于**锐音前化**,但环境稍有不同;这两个过程之间的关系可能因方言而异。

我在第九章提出**锐音前化**(及 * *a-*高化)造成了许多案例,其中[a]和[e]存在于同一谐声系列中,削弱了后起汉字中的"谐声相似性"条件,更多讨论见第九章。

A.17 圆唇成分同化(rounding assimilation)

该音变使位于声母为唇音和唇化舌根音,韵尾为舌根音或零韵尾,且无 *-r-介音的音节中的 *-ɨ 韵母的元音圆唇化:

（1875）福 fú<pjuwk< *pjɨk（好运）

（1876）弓 gōng<kjuwng< *kʷjing（弓箭）

作为该音变的结果，一些属于传统之部的字到中古汉语中变为-juw 韵：

（1877）久 jiǔ<kjuwX< *kʷjɨʔ（时间长）

（1878）有 yǒu<hjuwX< *wjɨʔ（拥有）

（1879）谋 móu<muw<mjuw< *mjɨ（谋划）

如果像"九"jiǔ< *kʷjuʔ（九个）这样的字项中的 *-u 被更早的音变圆唇成分异化（见上文）展唇化为 *ɨ，那么我们就可以认为圆唇成分同化又将其变回到 *-u。但注意，圆唇成分同化并不像圆唇成分异化，它会被介音 *-r- 阻止，以至于这类元音并不圆唇化，如：

（1880）龜 guī<kwij（三）< *kʷrjɨ（乌龟）

（1881）逵 kuí<gwij（三）< *gʷrjɨ< *gʷrju（通路）

我们可以通过假设圆唇成分异化先于 *r-色彩（ *r-color）出现，而圆唇成分同化在其后出现来解释这一点。见 10.2.1.2 和 10.2.13.1 以及上文关于圆唇成分异化的讨论。

A.18 *-a>-u

这是应用于韵母 *-a 的圆唇化和高化过程（见上文关于 *-ja>-jo 的讨论）的第二部分：

（1882）五 wǔ<nguX< *ngaʔ（五个）

该过程无疑分为若干步骤：[a]>[ɔ]>[o]>[u]。我对中古汉语韵母的转写-u 可能在早期甚至晚期的中古汉语中依然音[o]。更多讨论见 10.2.4。

A.19　唇音异化（labial dissimilation）

唇音异化音变，是指在唇音或唇化音声母的影响下使唇音韵尾异化为舌根音韵尾。例如：

(1883) 风 fēng<pjuwng< *p(r)jɨ/um(风)
(1884) 熊 xióng<hjuwng< *wj(r)i/um(熊)。

然而，该音变的确切条件尚不清楚，因为中古汉语依然存在一些音节，其唇音同时出现在声母和韵尾位置：

(1884) 凡 fán<bjom< *brjom(全部)

唇音异化显然已经出现在了东汉时期的一些方言中（柯蔚南 1983：119）。更多讨论见 8.1.2, 10.3.1.3, 10.3.3.2 和 10.3.4.1。

A.20　非鼻音化（denasalization）

非鼻音化音变，使得清鼻音声母变为其它辅音：

* hm->x(w)-
* hn->th-
* hng->x-
* hng^w->xw-

这些音变（不一定是同时发生的）可能已经出现在了东汉时期的一些方言中（柯蔚南 1983：43-76）。更多讨论和例子，见 5.2, 6.1 和 9.2。

A.21　*-wk>-k

原始的上古汉语 *-wk 在中古汉语中通常变成-k；因此，上古汉语

的 *-ewk 与原始的 *-ek 合并,而 *-awk 通常与原始的 *-ak 合并:

(1885) 的 dì<tek<*tewk(标记目标)
(1886) 鶴 hè<hak<*gawk(白鹤)
(1887) 藥 yào<yak<*rawk(药材)

注意,中古汉语也可能有尾韵-wk,但中古汉语-wk 通常不源自上古汉语的 *-wk;中古汉语的-wk 出现在由于音变 *-u(K)>-aw(K) 和 *-o(k)>-uw(K) 使得圆唇元音双元音化的音节中:

(1888) 毒 dú<dowk(/dawk/?)<*duk(毒药)
(1889) 族 zú<dzuwk<*dzok(宗族)

这些-wk 的情况,要么是在 *-wk>-k 音变之后发展起来的,要么是 *-wk>-k 音变被限制而不适用于它们。无论如何,这些发展在不同的方言中肯定不同,因为上古汉语 *-awk 到中古汉语,有时除了通常的-ak 之外,还表现为中古的-owk 或-uwk。更多讨论见 10.2.14 和 10.2.17。

A.22　*-jiw(k)>-juw(k)

该音变解释了上古汉语 *-jiw 和 *-jiwk 分别发展到中古汉语的-juw 和-juwk:

(1890) 秋 qiū<tshjuw<*tshjiw(秋天)
(1891) 淑 shū<dzyuwk<*djiwk(善)

在《切韵》记载的中古汉语中,该音变一般适用于上古汉语的 *-jiwk,而 *-jiw 只在带有锐音声母的音节中受到影响。*-jiw 在钝音声母后(至少在某些情况下)到中古汉语时仍然为-jiw。但中古汉语的-jiw 和-juw 经常混淆,因此,该音变可能在一些方言中应用得更普遍,而在一些方言中,该音变根本就没有发生。一些《诗经》押韵表现为 *-jiw 与 *-u 相押；这些可能反映了 *-jiw>-juw 出现较早的方言。更多讨论和例子见 10.2.13.2 和 10.2.14.2。

A.23　*i̯-前化（*i̯-fronting）

该音变使声母和韵尾都是锐音的音节中的原始 *i̯ 前化为 i。在不带介音 *-j- 的音节中，[i] 由于音变**高元音>中元音**（**hi>mid**）（见下文）低化为 [e]。例如：

(1892) 先 xiān<sen< * sin< * si̯n（首先）
(1893) 晨 chén<dzyin< * djin< * dji̯n（早晨）
(1894) 妻 qī<tshej< * tshij< * tshi̯j（妻子）

带钝音声母的音节不受影响：

(1895) 根 gēn<kon< * ki̯n（根源）
(1896) 開 kāi<khoj< * khi̯j（打开）

该音变可以确定在魏晋时期就已经发生了；这可能发生得更早一些，但从押韵材料上很难判断，因为在汉代，文部和微部（分别对应于 *-i̯n 和 *-i̯j）与真部和脂部（我的构拟为 *-in 和 *-ij）普遍混淆。更多讨论见 7.1.3，10.1.5 和 10.1.8。

A.24　高元音>中元音（hi>mid）

音变**高元音>中元音**（**hi>mid**）使不带介音 *-j- 的音节中的高元音低化为中元音。当 * i 低化后，归并于 * e；如此，*-in 和 *-en 归并到中古汉语的 -en，*-iw 和 *-ew 归并到中古汉语的 -ew，等等：

(1897) 堅 jiān<ken< * kin（坚固，坚定）
(1898) 肩 jiān<ken< * ken（肩膀）

(1899) 蓼 liǎo<lewX< * C-riw? (植物名)
(1900) 瞭 liǎo<lewX< * C-rew? (眼珠明亮)

这些演变反映了魏晋时期的押韵情况(丁邦新 1975:238,246)。另一方面,在带有介音 *-j- 的音节中,这些元音仍然保持区别;例如,*-jin 和 *-jen 到中古汉语仍然是 -(j)in 和 -j(i)en。

元音 *i 低化到中元音,产生了一个中展唇元音[ʌ],它开始可能是/i/的音位变体,但最终变成了一个独立的音位;无论如何,到晋代(公元 265-420 年),原始的 *-in 不再与 *-jin 押韵,以及原始的 *-ing 不再与 *-jing 押韵(丁邦新 1975:244,246)。该音变有助于解释中古汉语读 -on< *-in(《切韵》中的痕韵)的字是如何变得与早期中古汉语读 -jon< *-jan(《切韵》中的元韵)的字押韵的;见下文的 *a-高化。关于音变**高元音>中元音(hi>mid)**的更多讨论,见第七章。

A.25　去声形成(qùshēng formation)

去声形成,是我对复韵尾 *-s 消失后,被一种有区别意义的声调所取代的过程的称呼。很难准确地确定这一过程的时期。蒲立本(1973a,1984:223-224)认为,在一些南方方言中,去声的韵尾 -s 一直保留到六世纪初。更多的讨论见 8.2。

A.26　j-插入(j-insertion)

音变 *j*-插入,指在零韵尾音节中的中不圆唇元音[e],[ʌ]和[ɛ]后插入一个韵尾 -j。结果,原始 *-e 与 -ej(来自原始 *-ij 因音变**高元音>中元音**)合并;以及[-ʌ](来自原始的 *-i 因音变**高元音>中元音**)与[ʌj](来自原始的 *-ij)合并。例如:

(1901) 雞 jī<kej< * ke(鸡肉)

变成了"稽"的同音字:

（1902）稽 jī<*kej*< *kej< *kij（检查）

又例如：

（1903）梅 *méi*<*mwoj*[m(w)ʌj]<[m(w)ʌ]< *mɨ（梅花）

变成了"枚"的同音字：

（1904）枚 *méi*<*mwoj*[m(w)ʌj]< *mij（树干）

类似的，*-*rɨ* 与 *-*rij* 合并：

（1905）埋 *mái*<*mɛj*<[mrɛj]<[mrɛ]<[mrɯ]< *mrɨ（埋葬）

与"排"有着相同的中古汉语韵母：

（1906）排 *pái*<*bɛj*<[brɛj]<[brɯj]< *brij（推开）

这些由 *j*-插入引起的合并在南北朝时期（公元 420 年-581 年）的押韵中有所体现（丁邦新 1975：238，240）。

原始的 *-*re* 的演变可能因方言而异。我们预期 *-*re*>[rɛ]（ *r-色彩（ *r-color））>[rɛj]（*j*-插入）>中古-*ɛj*（ *r-脱落），与原始的 *-*rij*、*-*rɨj* 和 *-*rɨ* 合并，这可能在某些方言中发生过；但在其他方言中，也许 *-*re* 很早就与原始的 *-*raj* 和 *-*ra* 合并，成为中古汉语的-*æ*（这种情况会发生在 *r-色彩（ *r-color）使 *re 变成[ræ]而不是[rɛ]的方言中）。《切韵》将-*ɛi* < *-*re* 与-*æ* 和-*ɛj* 分开，但这可能是《切韵》作者在方言上的折中；在现代方言中，-*ɛi* 在某些情况下像中古汉语的-*æ* 一样发展演变，在其他情况下像中古汉语的-*ɛj* 一样发展演变。更多讨论见 10.2.1.3 和 10.2.7.1。

A.27 *a-高化（ *a-raising）

音变 *a-高化，使位于介音 *-*j*-和锐音韵尾之间的原始的 *a 高化为中元音[ʌ]。例如：

(1907) 言 yán<ngjon[ŋjʌn]<*ngjan(发言)

该音变对于解释为什么像"言"yán<*ngjan 这样的字在早期中古汉语中不再与原始的 *-an（如"干"gān<kan<*kan(盾牌)）押韵，而是变为与原始的 *-in（如"痕"hén<hon<*gin(疤痕)）押韵是很有必要的。早期中古汉语押韵的这一特征是一个长期存在的谜团；我们可以这样来解释，即假设上面讨论过的**高元音>中元音**音变，将原始的 *-in 低化为[ʌn]，而 *a-高化将原始的 *-jan 高化为[jʌn]。然而，这一系列演变过程可能仅限于某些方言。相关讨论见 7.3.3。

A.28　*j-后化（*j-backing）

音变 *j-后化可被假设为将中古汉语"重纽"的区别归结为介音的区别的方式。根据这一分析，原始介音 *-j-在两种环境下变为[+后]（即[ï]）：（1）当在介音 *-r-之后，或（2）在一个后元音之前。相关讨论见 7.3.3。

A.29　*r-脱落（*r-loss）

音变 *r-脱落导致介音 *-r-在带钝音声母的音节中丢失。在带锐音声母的音节中，介音 *-r-作为一个卷舌特征得到保留，被重新分析为声母的一部分。由于 *r-脱落的出现，使得那些因更早的音变 *r-色彩（*r-color）而出现的特殊元音特征，被音位化；前低元音[æ]和前中松元音[ɛ]，迄今仍被认为是/a/和/e/以介音 *-r-为条件的音位变体，已变成了独立的音位：

(1908) 干 gān<kan<*kan(盾牌)
(1909) 姦 jiān<kæn<[kræn]（/kran/）<*kran(奸邪)
(1910) 肩 jiān<ken<*ken(肩膀)

(1911) 間 jiān<kɛn<[krɛn](/kren/)< *kren(之間)

这些演变在南北朝时期的押韵上有所体现，此时，中古汉语的二等韵成为独立的韵类。

关于 *r-脱落如何应用于带介音 *-rj-的音节的细节还不清楚。我假定这些音节是所谓的重纽三等韵音节的主要来源，但正如 7.3.3 节中所指出的重纽音节的区别至少可以用两种方式来解释：介音方案，即将其差异归于介音；主元音方案，将其差异归于主元音。更多关于介音 *-r-及其在各种情况下的发展演变的讨论，见 7.2 和 7.3。

A.30 *-ji̯(K)>-i(K)

该小音变 *-ji̯(K)>-i(K) 是为了解释在中古汉语中，*Kji̯、*Kji̯ng 和 *Kji̯k 音节分别与 *Krji̯、*Krji̯ng 和 *Krji̯k 合并的事实。这可能是在音变**高元音>中元音**(hi>mid)后仍然保留的[i̯]的普遍前化的结果。更多讨论见 10.2.1，10.2.2 和 10.2.3。

A.31 TSrj->TSr-

音变 **TSrj->TSr-**，可能发生在中古汉语早期或之前，导致卷舌声母 TSr-后的介音-j-丢失：

(1912) 生 shēng<sræng<srjæng<*srjeng(生存，出生)
(1913) 产[chǎn]<srɛnX<srjɛnX<*sngrjanʔ(生产)

其结果是，最初带有介音 *-j-的 TSr-型声母的音节后来被视为二等韵，而不是三等韵。董同龢注意到了该分布，并将卷舌音的发展归因于一个独特的二等韵的出现；在目前的分析中，正是介音 *-r-(产生了卷舌)导致了二等韵的产生。这一分析解释了中古汉语用一个原始的前元音（在其他构拟中被视为不规则的）来读"生" sræng 的原因，也解释了一些原本含有上古汉语 *-an 的音节中出现二等韵-ɛn（通常表示为

*-*ren*、*-*rin* 或 *-*rin*）的发展演变的原因。更多讨论见 7.2.3 和 7.3.1.3。

A.32　*jɛ* >*je*

这是在对重纽韵的发展演变的分析中假设出的一个小音变（minor change），相关讨论见 7.3.3。

A.33　*mjuw*（*K*）>*muw*（*K*）

这是一个小音变（minor change），它删除了以 *mjuw*-开头的音节中的介音-*j*-。它发生在中古汉语时期，并产生了一些明显的不规则现象。例如，《广韵》将"貿"读为 *muwH*：

(1914) 貿 [*mào*] <*muwH*<*mjuwH*< * *m*（*r*）*jus*（贸易）

通常情况下，中古汉语的一等韵-*uwH* 应该源自上古汉语的 *-（*r*）*o*（*k*）*s*；但该字中的 * *u* 的构拟是得到了同一谐声序列中其他字的押韵情况的支持的，例如：

(1915) 卯 *mǎo*<*mæwX*< * *mruʔ*（地支第 4 位）

其在《诗经》193.1A 中押 *-*uʔ* 韵。

A.34　唇齿化（labiodentalization）

唇齿化发生在早期中古汉语和晚期中古汉语之间。继赵元任（1941）之后，我把该音变应用于其后跟着一个介音-*j*-加后元音的唇音声母上：

(1916) 方 *fāng*<晚期中古汉语 *faăŋ* <早期中古汉语 *pjang*< * *pjang*（方形，

区域)

(1917) 非 *fēi* <晚期中古汉语 *fji* <早期中古汉语 *pjɨj* < * *pjɨj*(不是)

更多讨论见 6.1.1。

  正如本附录一开始所强调的那样,上述音变只是部分地、初步地说明了上古汉语和中古汉语之间的发展演变。然而,这些音变中的大多数都会在这一时期的任何版本的语音史中有其对应版本。充分解释早期中古汉语时期的各种方言的发展差异无疑是必要的,这依然是一个未被充分认识的主题。

附录 B 《诗经》押韵

下面逐诗逐章列出《诗经》押韵系列。章内换韵，则用英语大写字母 ABC 等标记不同押韵系列。不规则的形式外加方括号。不规则或有疑问的押韵情形，此处不议。同本书所提出的构拟相关的押韵，详见第十章的讨论。

1   *Zhōu nán* 周南：*Guān jū* 关雎

1.1	鸠	*jiū*	<	*kjuw*	<	**k(r)ju*	A
	洲	*zhōu*	<	*tsyuw*	<	*tju	A
	逑	*qiú*	<	*gjuw*	<	**g(r)ju*	A
1.2	流	*liú*	<	*ljuw*	<	*C-rju	A
	求	*qiú*	<	*gjuw*	<	*grju	A
1.3	得	*dé*	<	*tok*	<	*tɨk	A
	服	*fú*	<	*bjuwk*	<	*bjɨk	A
	侧	[*cè*]	<	*tsrik*	<	*tsrjɨk	A
1.4	采	*căi*	<	*tshojX*	<	**srɨ(k)ʔ*	A
	友	*yŏu*	<	*hjuwX*	<	*wjɨʔ	A
1.5	芼	*mào*	<	*mawH*	<	**maw(k)s*	A
	乐	*lè*	<	*lak*	<	*g-rawk	A

2   *Zhōu nán* 周南：*Gé tán* 葛覃

2.1	谷	*gŭ*	<	*kuwk*	<	*kok	A
	萋	*qī*	<	*tshej*	<	*tshɨj	B
	飞	*fēi*	<	*pjɨj*	<	*pjɨj	B
	木	*mù*	<	*muwk*	<	*mok	A
	喈	*jiē*	<	*kɛj*	<	*krɨj	B

2.2	莫	mò	<	mak	<	*mak	A
	濩	huò	<	hwak	<	*wak	A
	綌	[xì]	<	khjæk	<	*khrjak	A
	斁	yì	<	yek	<	*ljAk	A
2.3	歸	guī	<	kjwɨj	<	*kʷjɨj	A
	私	sī	<	sij	<	*sjɨj	A
	衣	yī	<	ʔjɨj	<	*ʔjɨj	A
	否	fǒu	<	pjuwX	<	*pjɨʔ	B
	母	mǔ	<	muwX	<	*m(r)o/ɨʔ	B

3 Zhōu nán 周南: Juǎn ěr 卷耳

3.1	筐	kuāng	<	khjwang	<	*kʷhjang	A
	行	xíng	<	hæng	<	*grang	A
3.2	崔	[cuī]	<	dzwoj	<	*Sduj	A
	嵬	wéi	<	ngwoj	<	*nguj	A
	虺	huī	<	xwoj	<	*xuj	A
	隤	tuí	<	dwoj	<	*luj	A
	罍	léi	<	lwoj	<	*C-ruj	A
	懷	huái	<	hwɛj	<	*gruj	A
3.3	岡	gāng	<	kang	<	*kang	A
	黃	huáng	<	hwang	<	*gʷang	A
	觥	gōng	<	kwæng	<	*kʷrang	A
	傷	shāng	<	syang	<	*hljang	A
3.4	砠	[jū]	<	tshjo	<	*tshja	A
	瘏	tú	<	du	<	*da	A
	痡	[pū]	<	phju	<	*ph(r)ja	A
	吁	xū	<	xju	<	*hw(r)ja	A

4 Zhōu nán 周南: Jiū mù 樛木

4.1	纍	léi	<	lwij	<	*C-rjuj	A
	綏	[suí]	<	swij	<	*snjuj	A

4.2	荒	huāng	<	xwang	<	*hmang	A
	將	jiāng	<	tsjang	<	*tsjang	A
4.3	縈	[yíng]	<	ʔjwieng	<	*ʔʷjeng	A
	成	chéng	<	dzyeng	<	*djeng	A

5　Zhōu nán 周南：Zhōng sī 螽斯

5.1	詵	shēn	<	srin	<	*srjɨn	A
	振	zhēn	<	tsyin	<	*tjɨn	A
5.2	薨	hōng	<	xwong	<	*hmɨng	A
	繩	shéng	<	zying	<	*fijɨng	A
5.3	揖	jí	<	tsip	<	*tsjip	A
	蟄	[zhé]	<	tsyhip	<	*thjip	A

6　Zhōu nán 周南：Táo yāo 桃夭

6.1	華	huā	<	xwæ	<	*hwra	A
	家	jiā	<	kæ	<	*kra	A
6.2	實	shí	<	zyit	<	*Ljit	A
	室	shì	<	syit	<	*stjit	A
6.3	蓁	zhēn	<	tsrin	<	*tsrjin	A
	人	rén	<	nyin	<	*njin	A

7　Zhōu nán 周南：Tù jiē 兔罝

7.1	罝	jiē	<	tsjæ/o	<	*tsjA/a	A
	丁	zhēng	<	trɛng	<	*treng	B
	夫	fū	<	pju	<	*p(r)ja	A
	城	chéng	<	dzyeng	<	*djeng	B
7.2	罝	jiē	<	tsjæ/o	<	*tsjA/a	A
	逵	kuí	<	gwij	<	*gʷrju	B
	夫	fū	<	pju	<	*p(r)ja	A
	仇	qiú	<	gjuw	<	*g(r)ju	B
7.3	罝	jiē	<	tsjæ/o	<	*tsjA/a	A

林	lín	<	lim	<	*C-rjɨm	B
夫	fū	<	pju	<	*p(r)ja	A
心	xīn	<	sim	<	*sjɨm	B

8 Zhōu nán 周南：*Fóu yǐ* 芣苢

8.1	采	cǎi	<	tshojX	<	*srɨ(k)ʔ	A
	有	yǒu	<	hjuwX	<	*wjɨʔ	A
8.2	掇	duō	<	twat	<	*tot	A
	捋	luō	<	lwat	<	*C-rot	A
8.3	袺	jié	<	ket	<	*kit	A
	襭	xié	<	het	<	*git	A

9 Zhōu nán 周南：*Hàn guǎng* 漢廣

9.1	休	xiū	<	xjuw	<	*x(r)ju	A
	求	qiú	<	gjuw	<	*grju	A
	廣	guǎng	<	kwangX	<	*kʷangʔ	B
	泳	[yǒng]	<	hjwængH	<	*wrjangs	C
	永	yǒng	<	hjwængX	<	*wrjangʔ	B
	方	fāng	<	pjang	<	*pjang	C
9.2	楚	chǔ	<	tsrhjoX	<	*tsrhjaʔ	A
	馬	mǎ	<	mæX	<	*mraʔ	A
	廣	guǎng	<	kwangX	<	*kʷangʔ	B
	泳	[yǒng]	<	hjwængH	<	*wrjangs	C
	永	yǒng	<	hjwængX	<	*wrjangʔ	B
	方	fāng	<	pjang	<	*pjang	C
9.3	蔞	[lóu]	<	lju	<	*C-rjo	A
	駒	jū	<	kju	<	*k(r)jo	A
	廣	guǎng	<	kwangX	<	*kʷangʔ	B
	泳	[yǒng]	<	hjwængH	<	*wrjangs	C
	永	yǒng	<	hjwængX	<	*wrjangʔ	B
	方	fāng	<	pjang	<	*pjang	C

10 Zhōu nán 周南: Rǔ fén 汝坟

10.1	枚	méi	<	mwoj	<	*mɨj	A
	飢	jī	<	kij	<	*krjɨj	A
10.2	肄	yì	<	yijH	<	*ljɨps	A
	棄	qì	<	khjijH	<	*khjits	A
10.3	尾	wěi	<	mjɨjX	<	*mjɨjʔ	A
	燬	huǐ	<	xjweX	<	*hm(r)jajʔ	A
	燬	huǐ	<	xjweX	<	*hm(r)jajʔ	A
	邇	ěr	<	nyeX	<	*njɨjʔ	A

11 Zhōu nán 周南: Lín zhī zhǐ 麟之趾

11.1	趾	zhǐ	<	tsyiX	<	*tjɨʔ	A
	子	zǐ	<	tsiX	<	*tsjɨʔ	A
11.2	定	dìng	<	tengH	<	*tengs	A
	姓	xìng	<	sjengH	<	*sjengs	A
11.3	角	jiǎo	<	kæwk	<	*krok	A
	族	zú	<	dzuwk	<	*dzok	A

12 Shào nán 召南: Què cháo 鹊巢

12.1	居	jū	<	kjo	<	*k(r)ja	A
	御	yà	<	ngæH	<	*ngra(k)s	A
12.2	方	fāng	<	pjang	<	*pjang	A
	將	jiāng	<	tsjang	<	*tsjang	A
12.3	盈	yíng	<	yeng	<	*(l)jeng	A
	成	chéng	<	dzyeng	<	*djeng	A

13 Shào nán 召南: Cǎi fán 采蘩

13.1	沚	zhǐ	<	tsyiX	<	*tjɨʔ	A
	事	shì	<	dzriH	<	*ɦsrjɨʔ(s)	A
13.2	中	zhōng	<	trjuwng	<	*k-ljung	A
	宮	gōng	<	kjuwng	<	*k(r)jung	A

13.3	僮	tóng	<	duwng	<	* dong	A
	公	gōng	<	kuwng	<	* kong	A
	祁	qí	<	gij	<	* grjɨj	B
	歸	guī	<	kjwɨj	<	* kʷjɨj	B

14 Shào nán 召南: Cǎo chóng 草虫

14.1	蟲	chóng	<	drjuwng	<	* lrjung	A
	螽	zhōng	<	tsyuwng	<	* tjung	A
	忡	chōng	<	trhjuwng	<	* kh-ljung	A
	降	xiáng	<	hæwng	<	*ɦkrung	A
14.2	蕨	jué	<	kjwot	<	* kjot	A
	惙	[chuò]	<	trjwet	<	* trjot	A
	說	yuè	<	ywet	<	* ljot	A
14.3	薇	[wēi]	<	mjɨj	<	* mjɨj	A
	悲	bēi	<	pij	<	* prjɨj	A
	夷	yí	<	yij	<	* ljɨj	A

15 Shào nán 召南: Cǎi pín 采蘋

15.1	蘋	pín	<	bjin	<	* bjin	A
	濱	bīn	<	pjin	<	* pjin	A
	藻	zǎo	<	tsawX	<	* tsawʔ	B
	潦	lǎo	<	lawX	<	* C-rawʔ	B
15.2	筥	jǔ	<	kjoX	<	* krjaʔ	A
	釜	[fǔ]	<	bjuX	<	* b(r)jaʔ	A
15.3	下	xià	<	hæX	<	* graʔ	A
	女	nǚ	<	nrjoX	<	* nrjaʔ	A

16 Shào nán 召南: Gān táng 甘棠

16.1	伐	fá	<	bjot	<	* bjat	A
	茇	[bá]	<	bat	<	* bat	A
16.2	敗	bài	<	pæjH	<	* prats	A

	憩	qì	<	khjejH	<	* khrjats	A
16.3	拜	bài	<	pɛjH	<	* prots	A
	說	shuì	<	sywejH	<	* hljots	A

17　Shào nán 召南：Háng lù 行露

17.1	露	lù	<	luH	<	* g-raks	A
	夜	yè	<	yæH	<	*(l)jAks	A
	露	lù	<	luH	<	* g-raks	A
17.2	角	jiǎo	<	kæwk	<	* krok	A
	屋	wū	<	ʔuwk	<	*ʔok	A
	獄	yù	<	ngjowk	<	* ng(r)jok	A
	獄	yù	<	ngjowk	<	* ng(r)jok	A
	足	zú	<	tsjowk	<	* tsjok	A
17.3	牙	yá	<	ngæ	<	* ngra	A
	墉	[yōng]	<	yowng	<	* ljong	B
	家	jiā	<	kæ	<	* kra	A
	訟	sòng	<	zjowngH	<	* sgjongs	B
	訟	sòng	<	zjowngH	<	* sgjongs	B
	從	cóng	<	dzjowng	<	* dzjong	B

18　Shào nán 召南：Gāo yáng 羔羊

18.1	皮	pí	<	bje	<	* b(r)jaj	A
	紽	tuó	<	da	<	* laj	A
	蛇	yí	<	ye	<	* ljaj	A
18.2	革	gé	<	kɛk	<	* krɨk	A
	緎	yù	<	hwik	<	* wrjɨk	A
	食	shí	<	zyik	<	* Ljɨk	A
18.3	縫	féng	<	bjowng	<	* b(r)jong	A
	總	zōng	<	tsuwng	<	* tsong	A
	公	gōng	<	kuwng	<	* kong	A

19　*Shào nán* 召南：*Yīn qí léi* 殷其雷

19.1	陽	yáng	<	yang	<	* ljang	A
	遑	huáng	<	hwang	<	* wang	A
19.2	側	[cè]	<	tsrik	<	* tsrjɨk	A
	息	xī	<	sik	<	* sjɨk	A
19.3	下	xià	<	hæX	<	* graʔ	A
	處	chǔ	<	tsyhoX	<	* KHjaʔ	A

20　*Shào nán* 召南：*Biào yǒu méi* 摽有梅

20.1	七	qī	<	tshit	<	* tshjɨt	A
	吉	jí	<	kjit	<	* kJit	A
20.2	三	sān	<	[sam]	<	* sum	A
	今	jīn	<	kim	<	* k(r)jɨm	A
20.3	墍	xì	<	xjɨjH	<	* xjɨts	A
	謂	wèi	<	hjwɨjH	<	* wjɨts	A

21　*Shào nán* 召南：*Xiǎo xīng* 小星

21.1	星	xīng	<	seng	<	* seng	A
	東	dōng	<	tuwng	<	* tong	B
	征	zhēng	<	tsyeng	<	* tjeng	A
	公	gōng	<	kuwng	<	* kong	B
	同	tóng	<	duwng	<	* dong	B
21.2	星	xīng	<	seng	<	* seng	A
	昴	mǎo	<	mæwX	<	* mruʔ	B
	征	zhēng	<	tsyeng	<	* tjeng	A
	裯	chóu	<	drjuw	<	* drju	B
	猶	yóu	<	yuw	<	* ju	B

22　*Shào nán* 召南：*Jiāng yǒu sì* 江有汜

22.1	汜	sì	<	ziX	<	* zjɨʔ	A
	以	yǐ	<	yiX	<	* ljɨʔ	A

	以	yǐ	<	yiX	<	* ljɨʔ	A
	悔	huǐ	<	xwojX	<	* hmɨʔ	A
22.2	渚	zhǔ	<	tsyoX	<	* tjaʔ	A
	與	yǔ	<	yoX	<	* ljaʔ	A
	與	yǔ	<	yoX	<	* ljaʔ	A
	處	chǔ	<	tsyhoX	<	* KHjaʔ	A
22.3	沱	tuó	<	da	<	* laj	A
	過	guō	<	kwa	<	* kʷaj	A
	過	guō	<	kwa	<	* kʷaj	A
	歌	gē	<	ka	<	* kaj	A

23　Shào nán 召南: Yě yǒu sǐ jūn 野有死麕

23.1	麕	jūn	<	kwin	<	* krjun	A
	包	bāo	<	pæw	<	* pru	B
	春	chūn	<	tsyhwin	<	* thjun	A
	誘	[yòu]	<	yuwX	<	* ljuʔ	B
23.2	樕	sù	<	suwk	<	* sok	A
	鹿	lù	<	luwk	<	* C-rok	A
	束	shù	<	syowk	<	* hjok	A
	玉	yù	<	ngjowk	<	* ng(r)jok	A
23.3	脫	[tuō]	<	thwajH	<	* hlots	A
	帨	shuì	<	sywejH	<	* hljots	A
	吠	fèi	<	bjojH	<	* bjots	A

24　Shào nán 召南: Hé bǐ nóng yǐ 何彼襛矣

24.1	華	huā	<	xwæ	<	* hwra	A
	車	jū	<	kjo	<	* k(r)ja	A
24.2	李	lǐ	<	liX	<	* C-rjɨʔ	A
	子	zǐ	<	tsiX	<	* tsjɨʔ	A
24.3	緡	mín	<	min	<	* mrjun	A
	孫	sūn	<	swon	<	* sun	A

25 *Shào nán* 召南: *Zōu yú* 驺虞

25.1	葭	jiā	<	kæ	<	*kra	A
	豝	bā	<	pæ	<	*pra	A
	虞	yú	<	ngju	<	*ng^w(r)ja	A
25.2	蓬	péng	<	buwng	<	*bong	A
	豵	zōng	<	tsuwng	<	*tsong	A

26 *Bèi fēng* 邶风: *Bǎi zhōu* 柏舟

26.1	舟	zhōu	<	tsyuw	<	*tju	A
	流	liú	<	ljuw	<	*C-rju	A
	憂	yōu	<	ʔjuw	<	*ʔ(r)ju	A
	酒	jiǔ	<	tsjuwX	<	*tsjuʔ	A
	遊	yóu	<	yuw	<	*ju	A
26.2	茹	[rú]	<	nyoH	<	*njas	A
	據	jù	<	kjoH	<	*k(r)jaks	A
	愬	sù	<	suH	<	*sngaks	A
	怒	[nù]	<	nuX	<	*naʔ	A
26.3	石	shí	<	dzyek	<	*djAk	A
	轉	zhuǎn	<	trjwenX	<	*trjonʔ	B
	席	xí	<	zjek	<	*zljAk	A
	卷	juǎn	<	kjwenX	<	*krjonʔ	B
	選	xuǎn	<	sjwenX	<	*sjonʔ	B
26.4	悄	qiǎo	<	tshjewX	<	*tshjewʔ	A
	小	xiǎo	<	sjewX	<	*s(l)jewʔ	A
	少	shǎo	<	syewX	<	*h(l)jewʔ	A
	摽	biào	<	bjiewX	<	*bjewʔ	A
26.5	微	[wēi]	<	mjɨj	<	*mjɨj	A
	衣	yī	<	ʔjɨj	<	*ʔjɨj	A
	飛	fēi	<	pjɨj	<	*pjɨj	A

27　*Bèi fēng* 邶风: *Lǜ yī* 绿衣

27.1	裏	lǐ	<	liX	<	*C-rjɨʔ	A
	已	yǐ	<	yiX	<	*ljɨʔ	A
27.2	裳	cháng	<	dzyang	<	*djang	A
	亡	wáng	<	mjang	<	*mjang	A
27.3	絲	sī	<	si	<	*sjɨ	A
	治	chí	<	dri	<	*lrjɨ	A
	訧	yóu	<	hjuw	<	*wjɨ	A
27.4	風	fēng	<	pjuwng	<	*p(r)jɨ/um	A
	心	xīn	<	sim	<	*sjɨm	A

28　*Bèi fēng* 邶风: *Yàn yàn* 燕燕

28.1	飛	fēi	<	pjɨj	<	*pjɨj	A
	羽	yǔ	<	hjuX	<	*w(r)jaʔ	B
	歸	guī	<	kjwɨj	<	*kʷjɨj	A
	野	yě	<	yæX	<	*ljAʔ	B
	雨	yǔ	<	hjuX	<	*w(r)jaʔ	B
28.2	飛	fēi	<	pjɨj	<	*pjɨj	A
	頏	háng	<	hang	<	*gang	B
	歸	guī	<	kjwɨj	<	*kʷjɨj	A
	將	jiāng	<	tsjang	<	*tsjang	B
	及	jí	<	gip	<	*g(r)jɨp	C
	泣	qì	<	khip	<	*khrjɨp	C
28.3	飛	fēi	<	pjɨj	<	*pjɨj	A
	音	yīn	<	ʔim	<	*ʔ(r)jɨm	B
	歸	guī	<	kjwɨj	<	*kʷjɨj	A
	南	nán	<	nom	<	*nɨm	B
	心	xīn	<	sim	<	*sjɨm	B
28.4	淵	yuān	<	ʔwen	<	*ʔʷin	A
	身	shēn	<	syin	<	*hljin	A
	人	rén	<	nyin	<	*njin	A

29 Bèi fēng 邶风: Rì yuè 日月

29.1	土	tǔ	<	thuX	<	*hlaʔ	A
	處	chù	<	tsyhoH	<	*KHjas	A
	顧	gù	<	kuH	<	*kaʔ(s)	A
29.2	冒	mào	<	mawH	<	*muks	A
	好	hào	<	xawH	<	*xu(ʔ)s	A
	報	bào	<	pawH	<	*pus	A
29.3	方	fāng	<	pjang	<	*pjang	A
	良	liáng	<	ljang	<	*C-rjang	A
	忘	wàng	<	mjang(H)	<	*mjang	A
29.4	出	chū	<	tsyhwit	<	*thjut	A
	卒	zú	<	tswit	<	*Stjut	A
	述	shù	<	zywit	<	*Ljut	A

30 Bèi fēng 邶风: Zhōng fēng 终风

30.1	暴	bào	<	bawH	<	*bawks	A
	笑	xiào	<	sjewH	<	*sjaws	A
	敖	ào	<	ngawH	<	*ngaws	A
	悼	dào	<	dawH	<	*dawks	A
30.2	霾	mái	<	mɛj	<	*mrɨ	A
	來	lái	<	loj	<	*C-rɨ(k)	A
	來	lái	<	loj	<	*C-rɨ(k)	A
	思	sī	<	si	<	*sjɨ	A
30.3	曀	yì	<	ʔejH	<	*ʔits	A
	曀	yì	<	ʔejH	<	*ʔits	A
	寐	mèi	<	mjijH	<	*mjits	A
	嚏	[tì]	<	tejH	<	*tits	A
30.4	靁	léi	<	lwoj	<	*C-ruj	A
	懷	huái	<	hwɛj	<	*gruj	A

31　　Bèi fēng 邶风：Jī gǔ 击鼓

31.1	鏜	tāng	<	thang	<	*thang	A
	兵	bīng	<	pjæng	<	*prjang	A
	行	xíng	<	hæng	<	*grang	A
31.2	仲	zhòng	<	drjuwngH	<	*g-ljungs	A
	宋	sòng	<	sowngH	<	*sungs	A
	忡	chōng	<	trhjuwng	<	*kh-ljung	A
31.3	處	chǔ	<	tsyhoX	<	*KHjaʔ	A
	馬	mǎ	<	mæX	<	*mraʔ	A
	下	xià	<	hæX	<	*graʔ	A
31.4	闊	kuò	<	khwat	<	*khot	A
	説	yuè	<	ywet	<	*ljot	A
	手	shǒu	<	syuwX	<	*hjuʔ	B
	老	lǎo	<	lawX	<	*C-ruʔ	B
31.5	闊	kuò	<	khwat	<	*khot	A
	活	huó	<	hwat	<	*gʷat	A
	洵	[xún]	<	xwen	<	*hwin	B
	信	[xìn]	<	syin	<	*hnjin	B

32　　Bèi fēng 邶风：Kǎi fēng 凯风

32.1	南	nán	<	nom	<	*nɨm	A
	心	xīn	<	sim	<	*sjɨm	A
	夭	yāo	<	ʔjew	<	*ʔ(r)jaw	B
	勞	láo	<	law	<	*C-raw	B
32.2	薪	xīn	<	sin	<	*sjin(g)	A
	人	rén	<	nyin	<	*njin	A
32.3	下	xià	<	hæX	<	*graʔ	A
	苦	kǔ	<	khuX	<	*khaʔ	A
32.4	音	yīn	<	ʔim	<	*ʔ(r)jɨm	A
	心	xīn	<	sim	<	*sjɨm	A

33　　Bèi fēng 邶风: Xióng zhì 雄雉

33.1	羽	yǔ	<	hjuX	<	*w(r)jaʔ	A
	阻	zǔ	<	tsrjoX	<	*tsrjaʔ	A
33.2	音	yīn	<	ʔim	<	*ʔ(r)jɨm	A
	心	xīn	<	sim	<	*sjɨm	A
33.3	思	sī	<	si	<	*sjɨ	A
	來	lái	<	loj	<	*C-rɨ(k)	A
33.4	行	[xíng]	<	hængH	<	*grangs	A
	臧	zāng	<	tsang	<	*tsang	A

34　　Bèi fēng 邶风: Páo yǒu kǔ yè 匏有苦叶

34.1	葉	yè	<	yep	<	*ljap	A
	涉	shè	<	dzyep	<	*djap	A
	厲	lì	<	ljejH	<	*C-rjats	B
	揭	qì	<	khjejH	<	*khrjats	B
34.2	盈	yíng	<	yeng	<	*(l)jeng	A
	鳴	míng	<	mjæng	<	*mrjeng	A
	軌	guǐ	<	kwijX	<	*kʷrjuʔ	B
	牡	mǔ	<	muwX	<	*m(r)juʔ	B
34.3	鴈	yàn	<	ngænH	<	*ngrans	A
	旦	dàn	<	tanH	<	*tans	A
	泮	pàn	<	phanH	<	*phans	A
34.4	子	zǐ	<	tsiX	<	*tsjɨʔ	A
	否	fǒu	<	pjuwX	<	*pjɨʔ	A
	否	fǒu	<	pjuwX	<	*pjɨʔ	A
	友	yǒu	<	hjuwX	<	*wjɨʔ	A

35　　Bèi fēng 邶风: Gǔ fēng 谷风

35.1	風	fēng	<	pjuwng	<	*p(r)jɨ/um	A
	雨	yǔ	<	hjuX	<	*w(r)jaʔ	B
	心	xīn	<	sim	<	*sjɨm	A

	怒	[nù]	<	nuX	<	*naʔ	B
	菲	fěi	<	phjɨjX	<	*phjɨjʔ	C
	體	tǐ	<	thejX	<	*hrijʔ	D
	違	wéi	<	hjwɨj	<	*wjɨj	C
	死	sǐ	<	sijX	<	*sjijʔ	D
35.2	遲	chí	<	drij	<	*drjɨj	A
	違	wéi	<	hjwɨj	<	*wjɨj	A
	畿	[jī]	<	gjɨj	<	*gjɨj	A
	薺	jì	<	dzejX	<	*dzɨjʔ	B
	弟	dì	<	dejX	<	*dɨ/ijʔ	B
35.3	止	zhǐ	<	tsyiX	<	*tjɨʔ	A
	以	yǐ	<	yiX	<	*ljɨʔ	A
	笱	gǒu	<	kuwX	<	*k(r)oʔ	B
	後	hòu	<	huwX	<	*ɦ(r)oʔ	B
35.4	舟	zhōu	<	tsyuw	<	*tju	A
	游	yóu	<	yuw	<	*ju	A
	亡	wáng	<	mjang	<	*mjang	B
	求	qiú	<	gjuw	<	*grju	A
	喪	sàng	<	sangH	<	*smang(s)	B
	救	jiù	<	kjuwH	<	*k(r)jus	A
35.5	雔	chóu	<	dzyuw	<	*Gju	A
	售	shòu	<	dzyuwH	<	*djus	A
	鞫	jū	<	kjuwk	<	*k(r)juk	B
	覆	fù	<	phjuwk	<	*ph(r)juk	B
	育	yù	<	yuwk	<	*ljuk	B
	毒	dú	<	dowk	<	*duk	B
35.6	冬	dōng	<	towng	<	*tung	A
	窮	qióng	<	gjuwng	<	*g(r)jung	A
	潰	[kuì]	<	hwojH	<	*guts	B
	肄	yì	<	yijH	<	*ljɨps	B
	堅	xì	<	xjɨjH	<	*xjɨts	B

36　Bèi fēng 邶风：Shì wēi 式薇

36.1	微	[wēi]	<	mjɨj	<	*mjɨj	A
	歸	guī	<	kjwɨj	<	*kʷjɨj	A
	故	gù	<	kuH	<	*kaʔ(s)	B
	露	lù	<	luH	<	*g-raks	B
36.2	微	[wēi]	<	mjɨj	<	*mjɨj	A
	歸	guī	<	kjwɨj	<	*kʷjɨj	A
	躬	gōng	<	kjuwng	<	*k(r)jung	B
	中	zhōng	<	trjuwng	<	*k-ljung	B

37　Bèi fēng 邶风：Máo qiū 旄丘

37.1	節	jié	<	tset	<	*tsik	A
	日	rì	<	nyit	<	*njit	A
37.2	處	chǔ	<	tsyhoX	<	*KHjaʔ	A
	與	yǔ	<	yoX	<	*ljaʔ	A
	久	jiǔ	<	kjuwX	<	*kʷjɨʔ	B
	以	yǐ	<	yiX	<	*ljɨʔ	B
37.3	戎	róng	<	nyuwng	<	*njung	A
	東	dōng	<	tuwng	<	*tong	A
	同	tóng	<	duwng	<	*dong	A
37.4	子	zǐ	<	tsiX	<	*tsjɨʔ	A
	耳	ěr	<	nyiX	<	*njɨʔ	A

38　Bèi fēng 邶风：Jiǎn xī 简兮

38.1	舞	wǔ	<	mjuX	<	*m(r)jaʔ	A
	處	chǔ	<	tsyhoX	<	*kHjaʔ	A
	俣	yǔ	<	ngjuX	<	*ngʷ(r)jaʔ	A
	舞	wǔ	<	mjuX	<	*m(r)jaʔ	A
38.2	虎	hǔ	<	xuX	<	*xaʔ(?)	A
	組	zǔ	<	tsuX	<	*tsaʔ	A
	籥	yuè	<	yak	<	*ljewk	B

	翟	dí	<	dek	<	* lewk	B
	爵	jué	<	tsjak	<	* tsjewk	B
38.3	榛	zhēn	<	tsrin	<	* tsrjin	A
	苓	líng	<	leng	<	* C-ring	A
	人	rén	<	nyin	<	* njin	A
	人	rén	<	nyin	<	* njin	A
	人	rén	<	nyin	<	* njin	A

39 Bèi fēng 邶风：Quán shuǐ 泉水

39.1	淇	qí	<	gi	<	* g(r)jɨ	A
	思	sī	<	si	<	* sjɨ	A
	姬	jī	<	ki	<	* k(r)jɨ	A
	謀	móu	<	mjuw	<	* mjɨ	A
39.2	沚	jǐ	<	tsejX	<	* tsijʔ	A
	禰	nǐ	<	nejX	<	* nijʔ	A
	弟	dì	<	dejX	<	* dɨ/ijʔ	A
	姊	zǐ	<	tsijX	<	* tsjijʔ	A
39.3	干	gān	<	kan	<	* kan	A
	言	yán	<	ngjon	<	* ngjan	A
	轚	xiá	<	hæt	<	* grat	B
	邁	mài	<	mæjH	<	* mrats	B
	衛	wèi	<	hjwejH	<	* wrjats	B
	害	hài	<	hajH	<	*ɦkat(s)	B
39.4	泉	quán	<	dzjwen	<	* Sgʷjan	A
	歎	tàn	<	thanH	<	* hnans	A
	漕	cáo	<	dzaw	<	* dzu	B
	悠	[yōu]	<	yuw	<	* ljiw	B
	遊	yóu	<	yuw	<	* ju	B
	憂	yōu	<	ʔjuw	<	*ʔ(r)ju	B

40 Bèi fēng 邶风: Běi mén 北门

40.1	門	mén	<	mwon	<	* mɨn	A
	殷	yīn	<	ʔjɨn	<	*ʔjɨn	A
	貧	pín	<	bin	<	* brjɨn	A
	艱	jiān	<	kɛn	<	* krɨn	A
40.2	適	shì	<	syek	<	* stjek	A
	益	yì	<	ʔjiek	<	*ʔjek	A
	謫	zhé	<	drɛk	<	* drek	A
40.3	敦	duī	<	twoj	<	* tuj	A
	遺	wèi	<	ywijH	<	* ljujs	A
	摧	[cuī]	<	dzwoj	<	* dzuj	A

41 Bèi fēng 邶风: Běi fēng 北风

41.1	涼	liáng	<	ljang	<	* g-rjang	A
	雱	[páng]	<	phang	<	* phang	A
	行	xíng	<	hæng	<	* grang	A
	邪	xú	<	zjo	<	* z(ng)ja	B
	且	jū	<	tsjo	<	* tsja	B
41.2	喈	jiē	<	kɛj	<	* krɨj	A
	霏	fēi	<	phjɨj	<	* phjɨj	A
	歸	guī	<	kjwɨj	<	* kʷjɨj	A
	邪	xú	<	zjo	<	* z(ng)ja	B
	且	jū	<	tsjo	<	* tsja	B
41.3	狐	hú	<	hu	<	* gʷa	A
	烏	wū	<	ʔu	<	*ʔa	A
	車	jū	<	kjo	<	* k(r)ja	A
	邪	xú	<	zjo	<	* z(ng)ja	B
	且	jū	<	tsjo	<	* tsja	B

42 Bèi fēng 邶风: Jìng nǚ 静女

42.1	姝	[shū]	<	tsyhu	<	* thjo	A

	隅	yú	<	ngju	<	* ng(r)jo	A
	蹰	chú	<	drju	<	* drjo	A
42.2	孌	[luán]	<	ljwenX	<	* b-rjonʔ	A
	管	guǎn	<	kwanX	<	* konʔ	A
	煒	wěi	<	hjwɨjX	<	* wjɨjʔ	B
	美	měi	<	mijX	<	* mrjɨjʔ	B
42.3	荑	tí	<	dej	<	* lɨj	A
	異	yì	<	yiH	<	* ljɨks	B
	美	měi	<	mijX	<	* mrjɨjʔ	A
	貽	yí	<	yi	<	* ljɨ	B

43 *Bèi fēng* 邶风: *Xīn tái* 新台

43.1	泚	cǐ	<	tshjeX	<	* tshjejʔ	A
	瀰	mǐ	<	mjieX	<	* mjejʔ	A
	鮮	xiǎn	<	sjenX	<	* sjenʔ	A
43.2	洒	xǐ	<	sejX	<	* sɨjʔ	A
	浼	měi	<	mwojX	<	* mɨjʔ	A
	殄	[tiǎn]	<	denX	<	* dɨnʔ	A
43.3	離	lí	<	lje	<	* C-rjaj	A
	施	shī	<	sye	<	* hljaj	A

44 *Bèi fēng* 邶风: *Èr zǐ chéng zhōu* 二子乘舟

44.1	景	jǐng	<	kjængX	<	* krjangʔ	A
	養	yǎng	<	yangX	<	*(l)jangʔ	A
44.2	逝	shì	<	dzyejH	<	* djats	A
	害	hài	<	hajH	<	*ɦkat(s)	A

45 *Yōng fēng* 鄘风: *Bǎi zhōu* 柏舟

45.1	河	hé	<	ha	<	* gaj	A
	儀	yí	<	ngje	<	* ng(r)jaj	A
	它	[tā]	<	tha	<	* hlaj	A

	天	tiān	<	then	<	*hlin	B
	人	rén	<	nyin	<	*njin	B
45.2	側	[cè]	<	tsrik	<	*tsrjik	A
	特	[tè]	<	dok	<	*dɨk	A
	慝	tè	<	thok	<	*hnɨk	A
	天	tiān	<	then	<	*hlin	B
	人	rén	<	nyin	<	*njin	B

46　Yōng fēng 鄘风：Qiáng yǒu cí 墙有茨

46.1	埽	sǎo	<	sawX	<	*suʔ	A
	道	dào	<	dawX	<	*luʔ	A
	道	dào	<	dawX	<	*luʔ	A
	醜	chǒu	<	tsyhuwX	<	*thjuʔ	A
46.2	襄	xiāng	<	sjang	<	*snjang	A
	詳	xiáng	<	zjang	<	*z(l)jang	A
	詳	xiáng	<	zjang	<	*z(l)jang	A
	長	cháng	<	drjang	<	*ɦtrjang	A
46.3	束	shù	<	syowk	<	*hjok	A
	讀	dú	<	duwk	<	*lok	A
	讀	dú	<	duwk	<	*lok	A
	辱	rǔ	<	nyowk	<	*njok	A

47　Yōng fēng 鄘风：Jūnzǐ xié lǎo 君子偕老

47.1	珈	jiā	<	kæ	<	*kraj	A
	佗	tuó	<	da	<	*laj	A
	河	hé	<	ha	<	*gaj	A
	宜	yí	<	ngje	<	*ng(r)jaj	A
	何	hé	<	ha	<	*gaj	A
47.2	翟	dí	<	dek	<	*lewk	A
	髢	[dí]	<	dejH	<	*le(k)s	A
	揥	tì	<	thejH	<	*theks	A

	晳	xī	<	sek	<	*sek	A
	帝	dì	<	tejH	<	*teks	A
47.3	展	[zhǎn]	<	trjenH	<	*trjan(ʔ)s	A
	袢	fán	<	bjon	<	*bjan	A
	顔	yán	<	ngæn	<	*ngran	A
	媛	yuàn	<	hjwenH	<	*wrjans	A

48 Yōng fēng 鄘风: Sāng zhōng 桑中

48.1	唐	táng	<	dang	<	*g-lang	A
	鄉	xiāng	<	xjang	<	*xjang	A
	姜	jiāng	<	kjang	<	*k(l)jang	A
	中	zhōng	<	trjuwng	<	*k-ljung	B
	宮	gōng	<	kjuwng	<	*k(r)jung	B
48.2	麥	mài	<	mɛk	<	*mrɨk	A
	北	běi	<	pok	<	*pɨk	A
	弋	yì	<	yik	<	*ljɨk	A
	中	zhōng	<	trjuwng	<	*k-ljung	B
	宮	gōng	<	kjuwng	<	*k(r)jung	B
48.3	葑	fēng	<	phjowng	<	*ph(r)jong	A
	東	dōng	<	tuwng	<	*tong	A
	庸	[yōng]	<	yowng	<	*ljong	A
	中	zhōng	<	trjuwng	<	*k-ljung	B
	宮	gōng	<	kjuwng	<	*k(r)jung	B

49 Yōng fēng 鄘风: Chún zhī bēn bēn 鹑之奔奔

49.1	鹑	chún	<	dzywin	<	*djun	A
	奔	bēn	<	pwon	<	*pun	A
	彊	jiāng	<	kjang	<	*kjang	B
	良	liáng	<	ljang	<	*C-rjang	B
	兄	xiōng	<	xjwæng	<	*hwrjang	B
49.2	彊	jiāng	<	kjang	<	*kjang	A

	鹑	chún	<	dzywin	<	*djun	B
	奔	bēn	<	pwon	<	*pun	B
	良	liáng	<	ljang	<	*C-rjang	A
	君	jūn	<	kjun	<	*kjun	B

50　*Yōng fēng* 鄘风：*Dìng zhī fāng zhōng* 定之方中

50.1	中	zhōng	<	trjuwng	<	*k-ljung	A
	宫	gōng	<	kjuwng	<	*k(r)jung	A
	日	rì	<	nyit	<	*njit	B
	室	shì	<	syit	<	*stjit	B
	栗	lì	<	lit	<	*C-rjit	B
	漆	qī	<	tshit	<	*tshjit	B
	瑟	sè	<	srit	<	*sprjit	B
50.2	虚	[xū]	<	khjo	<	*kh(r)ja	A
	楚	chǔ	<	tsrhjoX	<	*tsrhja?	A
	堂	táng	<	dang	<	*dang	B
	京	jīng	<	kjæng	<	*krjang	B
	桑	sāng	<	sang	<	*sang	B
	臧	zāng	<	tsang	<	*tsang	B
50.3	零	líng	<	leng	<	*C-ring	A
	人	rén	<	nyin	<	*njin	A
	田	tián	<	den	<	*din	A
	人	rén	<	nyin	<	*njin	A
	渊	yuān	<	ʔwen	<	*ʔʷin	A
	千	qiān	<	tshen	<	*snin	A

51　*Yōng fēng* 鄘风：*Dì dōng* 蝃蝀

51.1	蝃	[dōng]	<	tuwngX	<	*tong?	A
	東	dōng	<	tuwng	<	*tong	A
	指	zhǐ	<	tsyijX	<	*kjij?	B
	弟	dì	<	dejX	<	*dɨ/ij?	B

附录 B 《诗经》押韵　　　　685

51.2	隮	jī	<	tsej	<	*tsɨj	A
	西	xī	<	sej	<	*sɨj	A
	雨	yǔ	<	hjuX	<	*w(r)jaʔ	B
	母	mǔ	<	muwX	<	*m(r)oʔ/ɨʔ	B
51.3	人	rén	<	nyin	<	*njin	A
	姻	yīn	<	ʔjin	<	*ʔjin	A
	信	xìn	<	sinH	<	*snjins	A
	命	mìng	<	mjængH	<	*mrjing(s)	A

52　Yōng fēng 鄘风: Xiàng shǔ 相鼠

52.1	皮	pí	<	bje	<	*b(r)jaj	A
	儀	yí	<	ngje	<	*ng(r)jaj	A
	儀	yí	<	ngje	<	*ng(r)jaj	A
	爲	wéi	<	hjwe	<	*w(r)jaj	A
52.2	齒	chǐ	<	tsyhiX	<	*thjɨʔ	A
	止	zhǐ	<	tsyiX	<	*tjɨʔ	A
	止	zhǐ	<	tsyiX	<	*tjɨʔ	A
	俟	sì	<	zriX	<	*zrjɨʔ	A
52.3	體	tǐ	<	thejX	<	*hrijʔ	A
	禮	lǐ	<	lejX	<	*C-rijʔ	A
	禮	lǐ	<	lejX	<	*C-rijʔ	A
	死	sǐ	<	sijX	<	*sjijʔ	A

53　Yōng fēng 鄘风: Gān máo 干旄

53.1	旄	máo	<	maw	<	*maw	A
	郊	jiāo	<	kæw	<	*kraw	A
	紕	[pí]	<	bjijH	<	*bjɨjs	B
	四	sì	<	sijH	<	*s(p)jɨj/ts	B
	畀	bì	<	pjijH	<	*pjits	B
53.2	旟	yú	<	yo	<	*lja	A
	都	dū	<	tu	<	*ta	A

	組	zǔ	<	tsuX	<	* tsaʔ	B
	五	wǔ	<	nguX	<	* ngaʔ	B
	予	yǔ	<	yoX	<	* ljaʔ	B
53.3	旌	jīng	<	tsjeng	<	* tsjeng	A
	城	chéng	<	dzyeng	<	* djeng	A
	祝	zhù	<	tsyuwk	<	* tjuk	B
	六	liù	<	ljuwk	<	* C-rjuk	B
	告	gù	<	kowk	<	* kuk	B

54　Yōng fēng 鄘风：Zài chí 载驰

54.1	驅	qū	<	khju	<	* kh(r)jo	A
	侯	hóu	<	huw	<	* g(r)o	A
	悠	[yōu]	<	yuw	<	* ljiw	B
	漕	cáo	<	dzaw	<	* dzu	B
	憂	yōu	<	ʔjuw	<	*ʔ(r)ju	B
54.2	反	fǎn	<	pjonX	<	* pjanʔ	A
	遠	yuàn	<	hjwonH	<	* wjans	A
	濟	jì	<	tsejH	<	* tsɨjs	B
	閟	bì	<	pijH	<	* prjits	B
54.3	甿	méng	<	mæng	<	* mrang	A
	行	xíng	<	hæng	<	* grang	A
	狂	kuáng	<	gjwang	<	* gʷjang	A
54.4	麥	mài	<	mɛk	<	* mrɨk	A
	極	jí	<	gik	<	* g(r)jɨk	A
	尤	yóu	<	hjuw	<	* wjɨ	B
	思	sī	<	si	<	* sjɨ	B
	之	zhī	<	tsyi	<	* tjɨ	B

55　Wèi fēng 卫风：Qí yù 淇奥

55.1	猗	yī	<	ʔje	<	*ʔ(r)jaj	A
	磋	cuō	<	tsha	<	* tshaj	A

	磨	mó	<	ma	<	*maj	A
	偘	xiàn	<	hænX	<	*granʔ	B
	咺	[xuān]	<	xjwonX	<	*hwjanʔ	B
	諼	xuān	<	xjwon	<	*hwjan	B
55.2	青	[qīng]	<	tseng	<	*tseng	A
	瑩	yíng	<	hjwæng	<	*wrjeng	A
	星	xīng	<	seng	<	*seng	A
	偘	xiàn	<	hænX	<	*granʔ	B
	咺	[xuān]	<	xjwonX	<	*hwjanʔ	B
	諼	xuān	<	xjwon	<	*hwjan	B
55.3	簀	zé	<	tsrɛk	<	*tsr(j)ek	A
	錫	xī	<	sek	<	*slek	A
	璧	bì	<	pjiek	<	*pjek	A
	綽	chuò	<	tsyhak	<	*thjawk	B
	較	jué	<	kæwk	<	*krawk	B
	謔	xuè	<	xjak	<	*hng(r)jawk	B
	虐	nüè	<	ngjak	<	*ng(r)jawk	B

56 Wèi fēng 卫风: Kǎo pán 考槃

56.1	澗	jiàn	<	kænH	<	*krans	A
	寬	kuān	<	khwan	<	*kʷhan	A
	言	yán	<	ngjon	<	*ngjan	A
	諼	xuān	<	xjwon	<	*hwjan	A
56.2	阿	ē	<	ʔa	<	*ʔaj	A
	薖	kē	<	khwa	<	*kʷhaj	A
	歌	gē	<	ka	<	*kaj	A
	過	guō	<	kwa	<	*kʷaj	A
56.3	陸	lù	<	ljuwk	<	*C-rjuk	A
	軸	zhóu	<	drjuwk	<	*lrjuk	A
	宿	sù	<	sjuwk	<	*sjuk	A

	告	gào	<	kawH	<	* kuks	A

57 *Wèi fēng* 卫风: *Shuò rén* 硕人

57.1	頎	qí	<	gjɨj	<	* gjɨj	A
	衣	yī	<	ʔjɨj	<	*ʔjɨj	A
	妻	qī	<	tshej	<	* tshɨj	A
	姨	yí	<	yij	<	* ljɨj	A
	私	sī	<	sij	<	* sjɨj	A
57.2	荑	tí	<	dej	<	* lɨj	A
	脂	zhī	<	tsyij	<	* kjij	A
	蠐	qí	<	dzej	<	* dzɨj	A
	犀	xī	<	sej	<	* sɨj	A
	眉	méi	<	mij	<	* mrjɨj	A
	倩	qiàn	<	tshenH	<	* tshins	B
	盼	pàn	<	phɛnH	<	* phrins	B
57.3	敖	áo	<	ngaw	<	* ngaw	A
	郊	jiāo	<	kæw	<	* kraw	A
	驕	[jiāo]	<	khjew	<	* kh(r)jaw	A
	鑣	biāo	<	pjew	<	* p(r)jaw	A
	朝	cháo	<	drjew	<	*ɦtrjaw	A
	勞	láo	<	law	<	* C-raw	A
57.4	活	guō	<	kwat	<	* kʷat	A
	濊	huò	<	xwat	<	* hwat	A
	發	bō	<	pat	<	* pat	A
	揭	jiē	<	kjot	<	* kjat	A
	孽	niè	<	ngjet	<	* ngrjat	A
	朅	qiè	<	khjet	<	* khrjat	A

58 *Wèi fēng* 卫风: *Méng* 氓

58.1	蚩	chī	<	tsyhi	<	* thjɨ	A
	絲	sī	<	si	<	* sjɨ	A

	絲	sī	<	si	<	* sjɨ	A
	謀	móu	<	mjuw	<	* mjɨ	A
	淇	qí	<	gi	<	* g(r)jɨ	A
	丘	qiū	<	khjuw	<	* kʷhjɨ	A
	期	[qī]	<	gi	<	* g(r)jɨ	A
	媒	méi	<	mwoj	<	* mɨ	A
	期	[qī]	<	gi	<	* g(r)jɨ	A
58.2	垣	yuán	<	hjwon	<	* wjan	A
	關	guān	<	kwæn	<	* kron	A
	關	guān	<	kwæn	<	* kron	A
	漣	lián	<	ljen	<	* C-rjan	A
	關	guān	<	kwæn	<	* kron	A
	言	yán	<	ngjon	<	* ngjan	A
	言	yán	<	ngjon	<	* ngjan	A
	遷	qiān	<	tshjen	<	* tshjan	A
58.3	落	luò	<	lak	<	* g-rak	A
	若	ruò	<	nyak	<	* njak	A
	葚	shèn	<	zyimX	<	* sGjumʔ (?)	B
	耽	dān	<	tom	<	* tum	B
	耽	dān	<	tom	<	* tum	C
	說	shuō	<	sywet	<	* hljot	D
	耽	dān	<	tom	<	* tum	C
	說	shuō	<	sywet	<	* hljot	D
58.4	隕	yǔn	<	hwinX	<	* wrjɨn(ʔ)	A
	貧	pín	<	bin	<	* brjɨn	A
	湯	shāng	<	syang	<	* hljang	B
	裳	cháng	<	dzyang	<	* djang	B
	爽	shuǎng	<	srjangX	<	* srjangʔ	B
	行	[xíng]	<	hængH	<	* grangs	B
	極	jí	<	gik	<	* g(r)jɨk	C
	德	dé	<	tok	<	* tɨk	C

58.5	勞	láo	<	law	<	* C-raw	A
	朝	zhāo	<	trjew	<	* trjaw	A
	暴	bào	<	bawH	<	* bawks	B
	笑	xiào	<	sjewH	<	* sjaws	B
	悼	dào	<	dawH	<	* dawks	B
58.6	怨	yuàn	<	ʔjwonH	<	*ʔjons	A
	岸	àn	<	nganH	<	* ngans	A
	泮	pàn	<	phanH	<	* phans	A
	宴	yàn	<	ʔenH	<	*ʔens	A
	晏	yàn	<	ʔænH	<	*ʔrans	A
	旦	dàn	<	tanH	<	* tans	A
	反	fǎn	<	pjonX	<	* pjanʔ	A
	思	sī	<	si	<	* sjɨ	B
	哉	zāi	<	tsoj	<	* tsɨ	B

59 Wèi fēng 卫风: Zhú gān 竹竿

59.1	淇	qí	<	gi	<	* g(r)jɨ	A
	思	sī	<	si	<	* sjɨ	A
	之	zhī	<	tsyi	<	* tjɨ	A
59.2	右	yòu	<	hjuwX/H	<	* wjɨʔ (s)	A
	母	mǔ	<	muwX	<	* m(r)o/ɨʔ	A
59.3	左	zuǒ	<	tsaX	<	* tsajʔ	A
	瑳	[cuō]	<	tshaX	<	* tshajʔ	A
	儺	[nuó]	<	naX	<	* najʔ	A
59.4	滺	yóu	<	yuw	<	* ljiw	A
	舟	zhōu	<	tsyuw	<	* tju	A
	遊	yóu	<	yuw	<	* ju	A
	憂	yōu	<	ʔjuw	<	*ʔ(r)ju	A

60 *Wèi fēng* 卫风: *Wán lán* 芄兰

60.1	支	zhī	<	tsye	<	*kje	A
	觿	xī	<	xjwie	<	*hwje	A
	觿	xī	<	xjwie	<	*hwje	A
	知	zhī	<	trje	<	*trje	A
	遂	suì	<	zwijH	<	*zjuts	B
	悸	jì	<	gjwijH	<	*g^{w}jits	B
60.2	葉	yè	<	yep	<	*ljap	A
	韘	shè	<	syep	<	*hljap	A
	韘	shè	<	syep	<	*hljap	A
	甲	jiǎ	<	kæp	<	*krap	A
	遂	suì	<	zwijH	<	*zjuts	B
	悸	jì	<	gjwijH	<	*g^{w}jits	B

61 *Wèi fēng* 卫风: *Hé guǎng* 河广

61.1	杭	háng	<	hang	<	*gang	A
	望	wàng	<	mjangH	<	*mjangs	A
61.2	刀	dāo	<	taw	<	*taw	A
	朝	zhāo	<	trjew	<	*trjaw	A

62 *Wèi fēng* 卫风: *Bó xī* 伯兮

62.1	朅	qiè	<	khjet	<	*khrjat	A
	桀	jié	<	gjet	<	*grjat	A
	殳	[shū]	<	dzyu	<	*djo	B
	驅	qū	<	khju	<	*kh(r)jo	B
62.2	東	dōng	<	tuwng	<	*tong	A
	蓬	péng	<	buwng	<	*bong	A
	容	róng	<	ywong	<	*(l)jong	A
62.3	日	rì	<	nyit	<	*njit	A
	疾	jí	<	dzit	<	*dzjit	A

62.4	背	bèi	<	bwojH	<	*ɦpɨks	A
	痗	mèi	<	mwojH	<	*mɨks	A

63 Wèi fēng 卫风: Yǒu hú 有狐

63.1	梁	liáng	<	ljang	<	*C-rjang	A
	裳	cháng	<	dzyang	<	*djang	A
63.2	厉	lì	<	ljejH	<	*C-rjats	A
	带	dài	<	tajH	<	*tats	A
63.3	侧	[cè]	<	tsrik	<	*tsrjɨk	A
	服	fú	<	bjuwk	<	*bjɨk	A

64 Wèi fēng 卫风: Mù guā 木瓜

64.1	瓜	guā	<	kwæ	<	*kʷra	A
	琚	jū	<	kjo	<	*k(r)ja	A
	报	bào	<	pawH	<	*pus	B
	好	hào	<	xawH	<	*xu(ʔ)s	B
64.2	桃	táo	<	daw	<	*g-law	A
	瑶	yáo	<	yew	<	*ljaw	A
	报	bào	<	pawH	<	*pus	B
	好	hào	<	xawH	<	*xu(ʔ)s	B
64.3	李	lǐ	<	liX	<	*C-rjɨʔ	A
	玖	jiǔ	<	kjuwX	<	*kʷjɨʔ	A
	报	bào	<	pawH	<	*pus	B
	好	hào	<	xawH	<	*xu(ʔ)s	B

65 Wáng fēng 王风: Shǔ lí 黍离

65.1	离	lí	<	lje	<	*C-rjaj	A
	苗	miáo	<	mjew	<	*m(r)jaw	B
	靡	mǐ	<	mjeX	<	*m(r)jajʔ	A
	摇	yáo	<	yew	<	*ljaw	B
	忧	yōu	<	ʔjuw	<	*ʔ(r)ju	C

	求	qiú	<	gjuw	<	*grju	C
	天	tiān	<	then	<	*hlin	D
	人	rén	<	nyin	<	*njin	D
65.2	離	lí	<	lje	<	*C-rjaj	A
	穗	suì	<	zwijH	<	*ɦswjits(?)	B
	靡	mǐ	<	mjeX	<	*m(r)jajʔ	A
	醉	zuì	<	tswijH	<	*tsjuts	B
	憂	yōu	<	ʔjuw	<	*ʔ(r)ju	C
	求	qiú	<	gjuw	<	*grju	C
	天	tiān	<	then	<	*hlin	D
	人	rén	<	nyin	<	*njin	D
65.3	離	lí	<	lje	<	*C-rjaj	A
	實	shí	<	zyit	<	*Ljit	B
	靡	mǐ	<	mjeX	<	*m(r)jajʔ	A
	噎	yē	<	ʔet	<	*ʔit	B
	憂	yōu	<	ʔjuw	<	*ʔ(r)ju	C
	求	qiú	<	gjuw	<	*grju	C
	天	tiān	<	then	<	*hlin	D
	人	rén	<	nyin	<	*njin	D

66　Wáng fēng 王风：Jūnzǐ yú yì 君子于役

66.1	期	[qī]	<	gi	<	*g(r)jɨ	A
	哉	zāi	<	tsoj	<	*tsɨ	A
	塒	shí	<	dzyi	<	*djɨ	A
	來	lái	<	loj	<	*C-rɨ(k)	A
	思	sī	<	si	<	*sjɨ	A
66.2	月	yuè	<	ngjwot	<	*ngʷjat	A
	佸	huó	<	hwat	<	*gʷat	A
	桀	jié	<	gjet	<	*grjat	A
	括	[kuò]	<	kwat	<	*kʷat	A
	渴	kě	<	khat	<	*khat	A

67　*Wáng fēng* 王风：*Jūnzǐ yáng yáng* 君子阳阳

67.1	陽	yáng	<	yang	<	* ljang	A
	簧	huáng	<	hwang	<	* g^wang	A
	房	fáng	<	bjang	<	* bjang	A
67.2	陶	yáo	<	[yew]	<	* lju	A
	翿	[dào]	<	daw	<	* du	A
	敖	áo	<	ngaw	<	* ngaw	A

68　*Wáng fēng* 王风：*Yáng zhī shuǐ* 扬之水

68.1	薪	xīn	<	sin	<	* sjin(g)	A
	申	shēn	<	syin	<	* hljin	A
	懷	huái	<	hwɛj	<	* gruj	B
	歸	guī	<	kjwɨj	<	* k^wjɨj	B
68.2	楚	chǔ	<	tsrhjoX	<	* tsrhjaʔ	A
	甫	fǔ	<	pjuX	<	* p(r)jaʔ	A
	懷	huái	<	hwɛj	<	* gruj	B
	歸	guī	<	kjwɨj	<	* k^wjɨj	B
68.3	蒲	pú	<	bu	<	* ba	A
	許	xǔ	<	xjoX	<	* hng(r)jaʔ	A
	懷	huái	<	hwɛj	<	* gruj	B
	歸	guī	<	kjwɨj	<	* k^wjɨj	B

69　*Wáng fēng* 王风：*Zhōng gǔ yǒu tuī* 中谷有蓷

69.1	乾	gān	<	kan	<	* kan	A
	嘆	[tàn]	<	than	<	* hnan	A
	嘆	[tàn]	<	than	<	* hnan	A
	難	nán	<	nan	<	* nan	A
69.2	脩	xiū	<	sjuw	<	* sljiw	A
	歗	xiào	<	sewH	<	* siw(k)s	A
	歗	xiào	<	sewH	<	* siw(k)s	A
	淑	shū	<	dzyuwk	<	* djiwk	A

69.3	溼	shī	<	syip	<	*hjɨ/up	A
	泣	qì	<	khip	<	*khrjɨp	A
	泣	qì	<	khip	<	*khrjɨp	A
	及	jí	<	gip	<	*g(r)jɨp	A

70 Wáng fēng 王风：Tù yuán 兔爰

70.1	羅	luó	<	la	<	*C-raj	A
	爲	wéi	<	hjwe	<	*w(r)jaj	A
	罹	lí	<	lje	<	*C-rjaj	A
	吪	é	<	ngwa	<	*ngʷaj	A
70.2	罦	[fú]	<	[phju]	<	*ph(r)ju	A
	造	zào	<	dzawX	<	*dzuʔ	A
	憂	yōu	<	ʔjuw	<	*ʔ(r)ju	A
	覺	jué	<	kæwk	<	*kruk	A
70.3	罿	[tóng]	<	tsyhowng	<	*thjong	A
	庸	[yōng]	<	yowng	<	*ljong	A
	凶	xiōng	<	xjowng	<	*x(r)jong	A
	聰	cōng	<	tshuwng	<	*tshong	A

71 Wáng fēng 王风：Gé lěi 葛藟

71.1	藟	lěi	<	lwijX	<	*C-rjujʔ	A
	滸	hǔ	<	xuX	<	*hngaʔ	B
	弟	dì	<	dejX	<	*dɨ/ijʔ	A
	父	fù	<	bjuX	<	*b(r)jaʔ	B
	父	fù	<	bjuX	<	*b(r)jaʔ	B
	顧	gù	<	kuH	<	*kaʔ(s)	B
71.2	藟	lěi	<	lwijX	<	*C-rjujʔ	A
	涘	sì	<	zriX	<	*zrjɨʔ	B
	弟	dì	<	dejX	<	*dɨ/ijʔ	A
	母	mǔ	<	muwX	<	*m(r)o/ɨʔ	B
	母	mǔ	<	muwX	<	*m(r)o/ɨʔ	B

	有	yǒu	<	hjuwX	<	* wjɨʔ	B
71.3	蘽	lěi	<	lwijX	<	* C-rjujʔ	A
	淳	chún	<	zywin	<	*fistjun(?)	B
	弟	dì	<	dejX	<	* dɨ/ijʔ	A
	昆	[kūn]	<	kwon	<	* kun	B
	昆	[kūn]	<	kwon	<	* kun	B
	聞	wén	<	mjun	<	* mjun	B

72　*Wáng fēng* 王风：*Cǎi gé* 采葛

72.1	葛	gé	<	kat	<	* kat	A
	月	yuè	<	ngjwot	<	* ng^wjat	A
72.2	蕭	xiāo	<	sew	<	* siw	A
	秋	qiū	<	tshjuw	<	* tshjiw	A
72.3	艾	ài	<	ngajH	<	* ngats	A
	歲	suì	<	sjwejH	<	* swjat(s)	A

73　*Wáng fēng* 王风：*Dà jū* 大车

73.1	檻	[kǎn]	<	hamX	<	* gamʔ	A
	菼	tǎn	<	thamX	<	* hlamʔ	A
	敢	gǎn	<	kamX	<	* kamʔ	A
73.2	啍	tūn	<	thwon	<	* thun	A
	璊	mén	<	mwon	<	* mun	A
	奔	bēn	<	pwon	<	* pun	A
73.3	室	shì	<	syit	<	* stjit	A
	穴	xué	<	hwet	<	* wit	A
	日	rì	<	nyit	<	* njit	A

74　*Wáng fēng* 王风：*Qiū zhōng yǒu má* 丘中有麻

74.1	麻	má	<	mæ	<	* mraj	A
	嗟	jiē	<	tsjæ	<	* tsjAj	A
	嗟	jiē	<	tsjæ	<	* tsjAj	A

	施	shī	<	sye	<	* hljaj	A
74.2	麥	mài	<	mɛk	<	* mrɨk	A
	國	guó	<	kwok	<	* kʷɨk	A
	國	guó	<	kwok	<	* kʷɨk	A
	食	shí	<	zyik	<	* Ljɨk	A
74.3	李	lǐ	<	liX	<	* C-rjɨʔ	A
	子	zǐ	<	tsiX	<	* tsjɨʔ	A
	子	zǐ	<	tsiX	<	* tsjɨʔ	A
	玖	jiǔ	<	kjuwX	<	* kʷjɨʔ	A

75   Zhèng fēng 郑风: Zī yī 缁衣

75.1	宜	yí	<	ngje	<	* ng(r)jaj	A
	爲	wéi	<	hjwe	<	* w(r)jaj	A
	館	[guǎn]	<	kwanH	<	* kons	B
	粲	càn	<	tshanH	<	* tshans	B
75.2	好	hǎo	<	xawX	<	* xuʔ	A
	造	zào	<	dzawX	<	* dzuʔ	A
	館	[guǎn]	<	kwanH	<	* kons	B
	粲	càn	<	tshanH	<	* tshans	B
75.3	蓆	xí	<	zjek	<	* zljAk	A
	作	zuò	<	tsak	<	* tsak	A
	館	[guǎn]	<	kwanH	<	* kons	B
	粲	càn	<	tshanH	<	* tshans	B

76   Zhèng fēng 郑风: Qiāng zhòng zǐ 将仲子

76.1	里	lǐ	<	liX	<	* C-rjɨʔ	A
	杞	qǐ	<	khiX	<	* kh(r)jɨʔ	A
	母	mǔ	<	muwX	<	* m(r)o/ɨʔ	A
	懷	huái	<	hwɛj	<	* gruj	B
	畏	wèi	<	ʔjwɨjH	<	*ʔjuj(s)	B
76.2	牆	qiáng	<	dzjang	<	* dzjang	A

	桑	sāng	<	sang	<	*sang	A
	兄	xiōng	<	xjwæng	<	*hwrjang	A
	懷	huái	<	hwɛj	<	*gruj	B
	畏	wèi	<	ʔjwɨjH	<	*ʔjuj(s)	B
76.3	園	yuán	<	hjwon	<	*wjan	A
	檀	tán	<	dan	<	*dan	A
	言	yán	<	ngjon	<	*ngjan	A
	懷	huái	<	hwɛj	<	*gruj	B
	畏	wèi	<	ʔjwɨjH	<	*ʔjuj(s)	B

77　Zhèng fēng 郑风：Shū yú tián 叔于田

77.1	田	tián	<	den	<	*din	A
	人	rén	<	nyin	<	*njin	A
	人	rén	<	nyin	<	*njin	A
	仁	rén	<	nyin	<	*njin	A
77.2	狩	shòu	<	syuwH	<	*stjus	A
	酒	jiǔ	<	tsjuwX	<	*tsjuʔ	A
	酒	jiǔ	<	tsjuwX	<	*tsjuʔ	A
	好	hǎo	<	xawX	<	*xuʔ	A
77.3	野	yě	<	yæX	<	*ljAʔ	A
	馬	mǎ	<	mæX	<	*mraʔ	A
	馬	mǎ	<	mæX	<	*mraʔ	A
	武	wǔ	<	mjuX	<	*Np(r)jaʔ	A

78　Zhèng fēng 郑风：Dà shū yú tián 大叔于田

78.1	馬	mǎ	<	mæX	<	*mraʔ	A
	組	zǔ	<	tsuX	<	*tsaʔ	A
	舞	wǔ	<	mjuX	<	*m(r)jaʔ	A
	舉	jǔ	<	kjoX	<	*k(r/l)jaʔ	A
	虎	hǔ	<	xuX	<	*xaʔ(?)	A
	所	suǒ	<	srjoX	<	*s(k)rjaʔ	A

	女	rǔ	<	nyoX	<	*njaʔ	A
78.2	黄	huáng	<	hwang	<	*gʷang	A
	襄	xiāng	<	sjang	<	*snjang	A
	行	háng	<	hang	<	*gang	A
	扬	yáng	<	yang	<	*ljang	A
	射	shè	<	zyæH	<	*LjAks	B
	御	yù	<	ngjoH	<	*ng(r)jaks	B
	控	kòng	<	khuwngH	<	*khongs	C
	送	sòng	<	suwngH	<	*songs	C
78.3	鸨	bǎo	<	pawX	<	*puʔ	A
	首	shǒu	<	syuwX	<	*hljuʔ	A
	手	shǒu	<	syuwX	<	*hjuʔ	A
	阜	fù	<	bjuwX	<	*b(r)juʔ	A
	慢	màn	<	mænH	<	*mrans	B
	罕	hǎn	<	xanX	<	*xanʔ	B
	挪	bīng	<	ping	<	*prjɨng	C
	弓	gōng	<	kjuwng	<	*kʷjɨng	C

79 Zhèng fēng 郑风: Qīng rén 清人

79.1	彭	péng	<	bæng	<	*brang	A
	旁	[páng]	<	pæng	<	*prang	A
	英	yīng	<	ʔjæng	<	*ʔrjang	A
	翔	xiáng	<	zjang	<	*z(l)jang	A
79.2	消	xiāo	<	sjew	<	*s(l)jew	A
	麃	biāo	<	pjew	<	*p(r)jaw	A
	乔	qiáo	<	gjew	<	*ɦk(r)jaw	A
	遥	yáo	<	yew	<	*ljaw	A
79.3	轴	zhóu	<	drjuwk	<	*lrjuk	A
	陶	dào	<	dawH	<	*b-lus	A
	抽	chōu	<	trhjuw	<	*hlrju	A
	好	hào	<	xawH	<	*xu(ʔ)s	A

80   Zhèng fēng 郑风：*Gāo qiú* 羔裘

80.1	濡	rú	<	nyu	<	*njo	A
	侯	hóu	<	huw	<	*g(r)o	A
	渝	yú	<	yu	<	*ljo	A
80.2	飾	shì	<	syik	<	*hljɨk	A
	力	lì	<	lik	<	*C-rjɨk	A
	直	zhí	<	drik	<	*drjɨk	A
80.3	晏	yàn	<	ʔænH	<	*ʔrans	A
	粲	càn	<	tshanH	<	*tshans	A
	彥	yàn	<	ngjenH	<	*ngrjans	A

81   Zhèng fēng 郑风：*Zūn dà lù* 遵大路

81.1	路	lù	<	luH	<	*g-raks	A
	袪	qū	<	khjo	<	*kh(r)ja	A
	惡	wù	<	ʔuH	<	*ʔaks	A
	故	gù	<	kuH	<	*kaʔ(s)	A
81.2	手	shǒu	<	syuwX	<	*hjuʔ	A
	魗	chóu	<	dzyuw(X)	<	*dju(ʔ)	A
	好	hǎo	<	xawX	<	*xuʔ	A

82   Zhèng fēng 郑风：*Nǚ yuē jī míng* 女曰鸡鸣

82.1	旦	dàn	<	tanH	<	*tans	A
	爛	làn	<	lanH	<	*C-rans	A
	鴈	yàn	<	ngænH	<	*ngrans	A
82.2	加	jiā	<	kæ	<	*kraj	A
	宜	yí	<	ngje	<	*ng(r)jaj	A
	酒	jiǔ	<	tsjuwX	<	*tsjuʔ	B
	老	lǎo	<	lawX	<	*C-ruʔ	B
	好	hǎo	<	xawX	<	*xuʔ	B
82.3	來	lái	<	loj	<	*C-rɨ(k)	A
	贈	zèng	<	dzongH	<	*dzɨngs	A

		順	shùn	<	zywinH	<	*ɦsKjuns	B
		問	wèn	<	mjunH	<	* mjuns	B
		好	hào	<	xawH	<	* xu(ʔ)s	C
		報	bào	<	pawH	<	* pus	C

83 Zhèng fēng 郑风: Yǒu nǚ tóng jū 有女同车

83.1		車	jū	<	kjo	<	* k(r)ja	A
		華	huā	<	xwæ	<	* hwra	A
		翔	xiáng	<	zjang	<	* z(l)jang	B
		琚	jū	<	kjo	<	* k(r)ja	A
		姜	jiāng	<	kjang	<	* k(l)jang	B
		都	dū	<	tu	<	* ta	A
83.2		行	xíng	<	hæng	<	* grang	A
		英	yīng	<	ʔjæng	<	*ʔrjang	A
		翔	xiáng	<	zjang	<	* z(l)jang	B
		將	qiāng	<	tshjang	<	* tshjang	A
		姜	jiāng	<	kjang	<	* k(l)jang	B
		忘	wàng	<	mjang(H)	<	* mjang	A

84 Zhèng fēng 郑风: Shān yǒu fú sū 山有扶苏

84.1		蘇	sū	<	su	<	* snga	A
		華	huā	<	xwæ	<	* hwra	A
		都	dū	<	tu	<	* ta	A
		且	jū	<	tsjo	<	* tsja	A
84.2		松	sōng	<	sjowng	<	* skjong	A
		龍	lóng	<	ljowng	<	* C-rjong	A
		充	chōng	<	tsyhuwng	<	* thjo/ung(ʔ)	A
		童	tóng	<	duwng	<	* dong	A

85 Zhèng fēng 郑风: Tuò xī 萚兮

| 85.1 | | 蘀 | tuò | < | thak | < | * hlak | A |

	吹	chuī	<	tsyhwe	<	*thjoj	B
	伯	bó	<	pæk	<	*prak	A
	和	hè	<	hwaH	<	*gojs	B
85.2	撰	tuò	<	thak	<	*hlak	A
	漂	piāo	<	phjiew	<	*phjew	B
	伯	bó	<	pæk	<	*prak	A
	要	yāo	<	ʔjiew	<	*ʔjew	B

86　Zhèng fēng 郑风：Jiǎo tóng 狡童

86.1	言	yán	<	ngjon	<	*ngjan	A
	餐	cān	<	tshan	<	*tshan	A
86.2	食	shí	<	zyik	<	*Ljɨk	A
	息	xī	<	sik	<	*sjɨk	A

87　Zhèng fēng 郑风：Qiān cháng 褰裳

87.1	溱	zhēn	<	tsrin	<	*tsrjin	A
	人	rén	<	nyin	<	*njin	A
87.2	洧	wěi	<	hwijX	<	*wrjɨʔ	A
	士	shì	<	dzriX	<	*fisrjɨʔ	A

88　Zhèng fēng 郑风：Fēng 丰

88.1	丰	fēng	<	phjowng	<	*ph(r)jong	A
	巷	xiàng	<	hæwngH	<	*grongs	A
	送	sòng	<	suwngH	<	*songs	A
88.2	昌	chāng	<	tsyhang	<	*thjang	A
	堂	táng	<	dang	<	*dang	A
	將	jiāng	<	tsjang	<	*tsjang	A
88.3	裳	cháng	<	dzyang	<	*djang	A
	行	xíng	<	hæng	<	*grang	A
88.4	衣	yī	<	ʔjɨj	<	*ʔjɨj	A
	歸	guī	<	kjwɨj	<	*kʷjɨj	A

89 Zhèng fēng 郑风: Dōng mén zhī shàn 东门之墠

89.1	墠	shàn	<	dzyenX	<	*djanʔ	A
	阪	[bǎn]	<	pjonX	<	*pjanʔ	A
	遠	yuǎn	<	hjwonX	<	*wjanʔ	A
89.2	栗	lì	<	lit	<	*C-rjit	A
	室	shì	<	syit	<	*stjit	A
	即	jí	<	tsik	<	*tsjik	A

90 Zhèng fēng 郑风: Fēng yǔ 风雨

90.1	淒	qī	<	tshej	<	*tshɨj	A
	喈	jiē	<	kɛj	<	*krɨj	A
	夷	yí	<	yij	<	*ljɨj	A
90.2	瀟	xiāo	<	sew	<	*siw	A
	膠	jiāo	<	kæw	<	*kriw	A
	瘳	chōu	<	trhjuw	<	*hrjiw	A
90.3	晦	huì	<	xwojH	<	*hmɨ(k)ʔ(s)	A
	已	yǐ	<	yiX	<	*ljɨʔ	A
	子	zǐ	<	tsiX	<	*tsjɨʔ	A
	喜	xǐ	<	xiX	<	*x(r)jɨʔ	A

91 Zhèng fēng 郑风: Zǐ jīn 子衿

91.1	衿	jīn	<	kim	<	*k(r)jɨm	A
	心	xīn	<	sim	<	*sjɨm	A
	音	yīn	<	ʔim	<	*ʔ(r)jɨm	A
91.2	佩	[pèi]	<	bwojH	<	*bɨs	A
	思	sī	<	si	<	*sjɨ	A
	來	lái	<	loj	<	*C-rɨ(k)	A
91.3	達	tà	<	that	<	*hlat	A
	闕	què	<	khjwot	<	*kʷhjat	A
	月	yuè	<	ngjwot	<	*ngʷjat	A

92 Zhèng fēng 郑风: Yáng zhī shuǐ 扬之水

92.1	水	shuǐ	<	sywijX	<	*h[l]juj?	A
	楚	chǔ	<	tsrhjoX	<	*tsrhja?	B
	弟	dì	<	dejX	<	*dɨ/ij?	A
	女	rǔ	<	nyoX	<	*nja?	B
	女	rǔ	<	nyoX	<	*nja?	B
92.2	水	shuǐ	<	sywijX	<	*h[l]juj?	A
	薪	xīn	<	sin	<	*sjin(g)	B
	弟	dì	<	dejX	<	*dɨ/ij?	A
	人	rén	<	nyin	<	*njin	B
	信	xìn	<	sinH	<	*snjins	B

93 Zhèng fēng 郑风: Chū qí dōng mén 出其东门

93.1	门	mén	<	mwon	<	*mɨn	A
	雲	yún	<	hjun	<	*wjɨn	A
	雲	yún	<	hjun	<	*wjɨn	A
	存	cún	<	[dzwon]	<	*dzɨn	A
	巾	jīn	<	kin	<	*krjɨn	A
	員	yún	<	hjun	<	*wjɨn	A
93.2	闍	dū	<	tu	<	*ta	A
	荼	tú	<	du	<	*la	A
	荼	tú	<	du	<	*la	A
	且	cú	<	dzu	<	*dza	A
	藘	lú	<	ljo	<	*C-rja	A
	娛	yú	<	ngju	<	*ngʷ(r)ja	A

94 Zhèng fēng 郑风: Yě yǒu màn cǎo 野有蔓草

94.1	漙	tuán	<	dwan	<	*don	A
	婉	[wǎn]	<	ʔjwonX	<	*ʔjon?	A
	願	yuàn	<	ngjwonH	<	*ngjons	A

94.2	瀼	ráng	<	nyang	<	* njang	A
	揚	yáng	<	yang	<	* ljang	A
	臧	zāng	<	tsang	<	* tsang	A

95 Zhèng fēng 郑风: Zhēn wěi 溱洧

95.1	渙	huàn	<	xwanH	<	* hwans	A
	蕑	jiān	<	kæn	<	* kran	A
	乎	[hū]	<	hu	<	*ɦa	B
	且	cú	<	dzu	<	* dza	B
	乎	[hū]	<	hu	<	*ɦa	B
	樂	lè	<	lak	<	* g-rawk	C
	謔	xuè	<	xjak	<	* hng(r)jawk	C
	藥	yào	<	yak	<	* rawk	C
95.2	清	qīng	<	tshjeng	<	* tshjeng	A
	盈	yíng	<	yeng	<	*(l)jeng	A
	乎	[hū]	<	hu	<	*ɦa	B
	且	cú	<	dzu	<	* dza	B
	乎	[hū]	<	hu	<	*ɦa	B
	樂	lè	<	lak	<	* g-rawk	C
	謔	xuè	<	xjak	<	* hng(r)jawk	C
	藥	yào	<	yak	<	* rawk	C

96 Qí fēng 齐风: Jī míng 鸡鸣

96.1	鳴	míng	<	mjæng	<	* mrjeng	A
	盈	yíng	<	yeng	<	*(l)jeng	A
	鳴	míng	<	mjæng	<	* mrjeng	A
	聲	shēng	<	syeng	<	* xjeng	A
96.2	明	míng	<	mjæng	<	* mrjang	A
	昌	chāng	<	tsyhang	<	* thjang	A
	明	míng	<	mjæng	<	* mrjang	A
	光	guāng	<	kwang	<	* k^{w}ang	A

96.3	薨	hōng	<	xwong	<	*hmɨng	A
	夢	mèng	<	mjuwng(H)	<	*mjɨng(s)	A
	憎	zēng	<	tsong	<	*tsɨng	A

97 *Qí fēng* 齐风: Xuán 还

97.1	還	xuán	<	zjwen	<	*ɦswjen	A
	間	jiān	<	kɛn	<	*kren	A
	肩	jiān	<	ken	<	*ken	A
	儇	xuān	<	xjwien	<	*hwjen	A
97.2	茂	[mào]	<	muwH	<	*m(r)juʔ(s)	A
	道	dào	<	dawX	<	*luʔ	A
	牡	mǔ	<	muwX	<	*m(r)juʔ	A
	好	hǎo	<	xawX	<	*xuʔ	A
97.3	昌	chāng	<	tsyhang	<	*thjang	A
	陽	yáng	<	yang	<	*ljang	A
	狼	láng	<	lang	<	*C-rang	A
	臧	zāng	<	tsang	<	*tsang	A

98 *Qí fēng* 齐风: Zhù 著

98.1	著	[zhù]	<	drjo	<	*drja	A
	素	sù	<	suH	<	*saks	A
	華	huá	<	hwæ	<	*wra	A
98.2	庭	tíng	<	deng	<	*leng	A
	青	qīng	<	tsheng	<	*sreng	A
	瑩	yíng	<	hjwæng	<	*wrjeng	A
98.3	堂	táng	<	dang	<	*dang	A
	黄	huáng	<	hwang	<	*g^{w}ang	A
	英	yīng	<	ʔjæng	<	*ʔrjang	A

99 *Qí fēng* 齐风: Dōng fāng zhī rì 东方之日

99.1	日	rì	<	nyit	<	*njit	A

	室	shì	<	syit	<	*stjit	A
	室	shì	<	syit	<	*stjit	A
	即	jí	<	tsik	<	*tsjik	A
99.2	月	yuè	<	ngjwot	<	*ngʷjat	A
	闥	tà	<	that	<	*hlat	A
	闥	tà	<	that	<	*hlat	A
	發	fā	<	pjot	<	*pjat	A

100　Qí fēng 齐风: Dōng fāng wèi míng 东方未明

100.1	明	míng	<	mjæng	<	*mrjang	A
	裳	cháng	<	dzyang	<	*djang	A
	倒	dǎo	<	tawX	<	*tawʔ	B
	召	zhào	<	drjewH	<	*drjaws	B
100.2	晞	xī	<	xjɨj	<	*xjɨj	A
	衣	yī	<	ʔjɨj	<	*ʔjɨj	A
	顛	diān	<	ten	<	*tin	B
	令	lìng	<	lingH	<	*C-rjings	B
100.3	圃	[pǔ]	<	puH	<	*pas	A
	瞿	jù	<	gjuH	<	*gʷ(r)jas	A
	夜	yè	<	yæH	<	*(l)jAks	A
	莫	mù	<	muH	<	*maks	A

101　Qí fēng 齐风: Nán shān 南山

101.1	崔	[cuī]	<	dzwoj	<	*Sduj	A
	綏	[suí]	<	swij	<	*snjuj	A
	歸	guī	<	kjwɨj	<	*kʷjɨj	A
	歸	guī	<	kjwɨj	<	*kʷjɨj	B
	懷	huái	<	hwɛj	<	*gruj	B
101.2	兩	liǎng	<	ljangX	<	*b-rjangʔ	A
	雙	shuāng	<	sræwng	<	*sCr(j)ong	B
	蕩	dàng	<	dangX	<	*langʔ	A

		庸	[yōng]	<	yowng	<	*ljong	B
		庸	[yōng]	<	yowng	<	*ljong	B
		從	cóng	<	dzjowng	<	*dzjong	B
101.3		畝	mǔ	<	muwX	<	*m(r)o/ɨʔ	A
		母	mǔ	<	muwX	<	*m(r)o/ɨʔ	A
		告	gù	<	kowk	<	*kuk	B
		鞫	jū	<	kjuwk	<	*k(r)juk	B
101.4		克	kè	<	khok	<	*khɨk	A
		得	dé	<	tok	<	*tɨk	A
		得	dé	<	tok	<	*tɨk	B
		極	jí	<	gik	<	*g(r)jɨk	B

102 *Qí fēng* 齐风: *Fǔ tián* 甫田

102.1		田	tián	<	den	<	*din	A
		驕	jiāo	<	kjew	<	*k(r)jaw	B
		人	rén	<	nyin	<	*njin	A
		忉	dāo	<	taw	<	*taw	B
102.2		田	tián	<	den	<	*din	A
		桀	jié	<	kjot	<	*kjat	B
		人	rén	<	nyin	<	*njin	A
		怛	dá	<	tat	<	*tat	B
102.3		婉	[wǎn]	<	ʔjwonX	<	*ʔjonʔ	A
		孌	[luán]	<	ljwenX	<	*b-rjonʔ	A
		丱	guàn	<	kwænH	<	*krons	B
		弁	biàn	<	bjenH	<	*brjons	B

103 *Qí fēng* 齐风: *Lú líng* 卢令

103.1		令	líng	<	leng	<	*C-ring	A
		仁	rén	<	nyin	<	*njin	A
103.2		環	huán	<	hwæn	<	*wren	A
		鬈	quán	<	gjwen	<	*g^{w}rjen	A

103.3	鋂	méi	<	mwoj	<	*mɨ	A
	偲	cāi	<	tshoj	<	*tshɨ	A

104 *Qí fēng* 齐风: *Bì gǒu* 敝笱

104.1	鰥	guān	<	kwɛn	<	*kʷrɨn	A
	雲	yún	<	hjun	<	*wjɨn	A
104.2	鱮	xù	<	zjoX	<	*zljaʔ	A
	雨	yǔ	<	hjuX	<	*w(r)jaʔ	A
104.3	唯	wěi	<	ywijX	<	*ljujʔ	A
	水	shuǐ	<	sywijX	<	*h[l]jujʔ	A

105 *Qí fēng* 齐风: *Zài qū* 载驱

105.1	薄	[bó]	<	phak	<	*phak	A
	鞹	kuò	<	khwak	<	*kʷhak	A
	夕	xī	<	zjek	<	*z(l)jAk	A
105.2	濟	jǐ	<	tsejX	<	*tsɨjʔ	A
	瀰	nǐ	<	nejX	<	*nɨjʔ	A
	弟	[tì]	<	dejX	<	*dɨjʔ	A
105.3	湯	shāng	<	syang	<	*hljang	A
	彭	bāng	<	pang	<	*pang	A
	翔	xiáng	<	zjang	<	*z(l)jang	A
105.4	滔	tāo	<	thaw	<	*hlu	A
	儦	biāo	<	pjew	<	*p(r)jaw	A
	敖	áo	<	ngaw	<	*ngaw	A

106 *Qí fēng* 齐风: *Yī jiē* 猗嗟

106.1	昌	chāng	<	tsyhang	<	*thjang	A
	長	cháng	<	drjang	<	*ɦtrjang	A
	揚	yáng	<	yang	<	*ljang	A
	揚	yáng	<	yang	<	*ljang	A
	蹌	qiāng	<	tshjang	<	*tshjang	A

	臧	zāng	<	tsang	<	* tsang	A
106.2	名	míng	<	mjieng	<	* mjeng	A
	清	qīng	<	tshjeng	<	* tshjeng	A
	成	chéng	<	dzyeng	<	* djeng	A
	正	zhēng	<	tsyeng	<	* tjeng	A
	甥	shēng	<	srjæng	<	* srjeng	A
106.3	孌	[luán]	<	ljwenX	<	* b-rjon?	A
	婉	[wǎn]	<	ʔjwonX	<	*ʔjon?	A
	選	[xuǎn]	<	sjwenH	<	* sjon(ʔ)s	B
	貫	guàn	<	kwanH	<	* kons	B
	變	biàn	<	pjenH	<	* prjons	B
	亂	luàn	<	lwanH	<	* C-rons	B

107 *Wèi fēng* 魏风: *Gé jù* 葛屨

107.1	霜	shuāng	<	srjang	<	* srjang	A
	裳	cháng	<	dzyang	<	* djang	A
	棘	jí	<	kik	<	* k(r)jɨk	B
	服	fú	<	bjuwk	<	* bjɨk	B
107.2	提	tí	<	dej	<	* de	A
	辟	bì	<	bjieH	<	* bjeks	A
	揥	tì	<	thejH	<	* theks	A
	刺	cì	<	tshjeH	<	* tshjek(s)	A

108 *Wèi fēng* 魏风: *Fén jù rù* 汾沮洳

108.1	洳	rù	<	nyoH	<	* njas	A
	莫	mù	<	muH	<	* maks	A
	度	dù	<	duH	<	* laks	A
	度	dù	<	duH	<	* laks	A
	路	lù	<	luH	<	* g-raks	A
108.2	方	fāng	<	pjang	<	* pjang	A
	桑	sāng	<	sang	<	* sang	A

	英	yīng	<	ʔjæng	<	*ʔrjang	A
	英	yīng	<	ʔjæng	<	*ʔrjang	A
	行	háng	<	hang	<	*gang	A
108.3	曲	qū	<	khjowk	<	*kh(r)jok	A
	藚	xù	<	zjowk	<	*zljok	A
	玉	yù	<	ngjowk	<	*ng(r)jok	A
	玉	yù	<	ngjowk	<	*ng(r)jok	A
	族	zú	<	dzuwk	<	*dzok	A

109 Wèi fēng 魏风: Yuán yǒu táo 园有桃

109.1	桃	táo	<	daw	<	*g-law	A
	殽	[yáo]	<	hæw	<	*graw	A
	谣	yáo	<	yew	<	*ljaw	A
	骄	jiāo	<	kjew	<	*k(r)jaw	A
	哉	zāi	<	tsoj	<	*tsɨ	B
	其	jī	<	ki	<	*k(r)jɨ	B
	之	zhī	<	tsyi	<	*tjɨ	B
	之	zhī	<	tsyi	<	*tjɨ	B
	思	sī	<	si	<	*sjɨ	B
109.2	棘	jí	<	kik	<	*krjɨk	A
	食	shí	<	zyik	<	*Ljɨk	A
	國	guó	<	kwok	<	*kʷɨk	A
	極	jí	<	gik	<	*g(r)jɨk	A
	哉	zāi	<	tsoj	<	*tsɨ	B
	其	jī	<	ki	<	*k(r)jɨ	B
	之	zhī	<	tsyi	<	*tjɨ	B
	之	zhī	<	tsyi	<	*tjɨ	B
	思	sī	<	si	<	*sjɨ	B

110 Wèi fēng 魏风: Zhì hù 陟岵

110.1	岵	hù	<	huX	<	*gaʔ	A

	父	fù	<	bjuX	<	*b(r)ja?	A
	子	zǐ	<	tsiX	<	*tsjɨ?	B
	已	yǐ	<	yiX	<	*ljɨ?	B
	止	zhǐ	<	tsyiX	<	*tjɨ?	B
110.2	屺	qǐ	<	khiX	<	*kh(r)jɨ?	A
	母	mǔ	<	muwX	<	*m(r)o/ɨ?	A
	季	jì	<	kjwijH	<	*kʷjits	B
	寐	mèi	<	mjijH	<	*mjits	B
	棄	qì	<	khjijH	<	*khjits	B
110.3	岡	gāng	<	kang	<	*kang	A
	兄	xiōng	<	xjwæng	<	*hwrjang	A
	弟	dì	<	dejX	<	*dɨ/ij?	B
	偕	[xié]	<	kɛj	<	*krij(?)	B
	死	sǐ	<	sijX	<	*sjij?	B

111 Wèi fēng 魏风: Shí mǔ zhī jiān 十亩之间

111.1	間	jiān	<	kɛn	<	*kren	A
	閑	xián	<	hɛn	<	*ɦkren	A
	還	xuán	<	zjwen	<	*ɦswjen	A
111.2	外	wài	<	ngwajH	<	*ngʷats	A
	泄	yì	<	yejH	<	*ljats	A
	逝	shì	<	dzyejH	<	*djats	A

112 Wèi fēng 魏风: Fá tán 伐檀

112.1	檀	tán	<	dan	<	*dan	A
	干	gān	<	kan	<	*kan	A
	漣	lián	<	ljen	<	*C-rjan	A
	廛	chán	<	drjen	<	*drjan	A
	貆	huán	<	hwan	<	*wan	A
	餐	cān	<	tshan	<	*tshan	A
112.2	輻	fú	<	pjuwk	<	*pjɨk	A

	側	[cè]	<	tsrik	<	*tsrjɨk	A
	直	zhí	<	drik	<	*drjɨk	A
	億	yì	<	ʔik	<	*ʔ(r)jɨk	A
	特	[tè]	<	dok	<	*dɨk	A
	食	shí	<	zyik	<	*Ljɨk	A
112.3	輪	lún	<	lwin	<	*C-rjun	A
	漘	chún	<	zywin	<	*ɦstjun(?)	A
	淪	lún	<	lwin	<	*C-rjun	A
	囷	qūn	<	khwin	<	*khrjun	A
	鶉	chún	<	dzywin	<	*djun	A
	飧	sūn	<	swon	<	*sun	A

113 Wèi fēng 魏风: Shuò shǔ 硕鼠

113.1	鼠	shǔ	<	syoX	<	*hjaʔ	A
	黍	shǔ	<	syoX	<	*hjaʔ	B
	女	rǔ	<	nyoX	<	*njaʔ	A
	顧	gù	<	kuH	<	*kaʔ(s)	B
	女	rǔ	<	nyoX	<	*njaʔ	A
	土	tǔ	<	thuX	<	*hlaʔ	B
	土	tǔ	<	thuX	<	*hlaʔ	B
	所	suǒ	<	srjoX	<	*s(k)rjaʔ	B
113.2	鼠	shǔ	<	syoX	<	*hjaʔ	A
	麥	mài	<	mɛk	<	*mrɨk	B
	女	rǔ	<	nyoX	<	*njaʔ	A
	德	dé	<	tok	<	*tɨk	B
	女	rǔ	<	nyoX	<	*njaʔ	A
	國	guó	<	kwok	<	*kʷɨk	B
	國	guó	<	kwok	<	*kʷɨk	B
	直	zhí	<	drik	<	*drjɨk	B
113.3	鼠	shǔ	<	syoX	<	*hjaʔ	A
	苗	miáo	<	mjew	<	*m(r)jaw	B

女	rǔ	<	nyoX	<	*njaʔ	A
勞	láo	<	law	<	*C-raw	B
女	rǔ	<	nyoX	<	*njaʔ	A
郊	jiāo	<	kæw	<	*kraw	B
郊	jiāo	<	kæw	<	*kraw	B
號	háo	<	haw	<	*gaw	B

114　Táng fēng 唐风: Xīshuài 蟋蟀

114.1	堂	táng	<	dang	<	*dang	A
	莫	mù	<	muH	<	*maks	B
	除	zhù	<	drjoH	<	*lrjas	B
	康	kāng	<	khang	<	*khang	A
	居	jū	<	kjo	<	*k(r)ja	B
	荒	huāng	<	xwang	<	*hmang	A
	瞿	jù	<	gjuH	<	*gʷ(r)jas	B
114.2	堂	táng	<	dang	<	*dang	A
	逝	shì	<	dzyejH	<	*djats	B
	邁	mài	<	mæjH	<	*mrats	B
	康	kāng	<	khang	<	*khang	A
	外	wài	<	ngwajH	<	*ngʷats	B
	荒	huāng	<	xwang	<	*hmang	A
	蹶	guì	<	gjwejH	<	*gʷrjats	B
114.3	堂	táng	<	dang	<	*dang	A
	休	xiū	<	xjuw	<	*x(r)ju	B
	慆	tāo	<	thaw	<	*hlu	B
	康	kāng	<	khang	<	*khang	A
	憂	yōu	<	ʔjuw	<	*ʔ(r)ju	B
	荒	huāng	<	xwang	<	*hmang	A
	休	xiū	<	xjuw	<	*x(r)ju	B

115　Táng fēng 唐风: Shān yǒu shū 山有枢

115.1	樞	[shū]	<	ʔuw	<	*ʔ(r)o	A
	榆	yú	<	yu	<	*ljo	A
	婁	lú	<	lju	<	*C-rjo	A
	驪	qū	<	khju	<	*kh(r)jo	A
	愉	yú	<	yu	<	*ljo	A
115.2	栲	kǎo	<	khawX	<	*khuʔ	A
	杻	niǔ	<	nrjuwX	<	*nrjuʔ	A
	埽	sǎo	<	sawX	<	*suʔ	A
	考	kǎo	<	khawX	<	*khuʔ	A
	保	bǎo	<	pawX	<	*puʔ	A
115.3	漆	qī	<	tshit	<	*tshjit	A
	栗	lì	<	lit	<	*C-rjit	A
	瑟	sè	<	srit	<	*sprjit	A
	日	rì	<	nyit	<	*njit	A
	室	shì	<	syit	<	*stjit	A

116　Táng fēng 唐风: Yáng zhī shuǐ 扬之水

116.1	鑿	záo	<	tsak	<	*tsawk	A
	襮	bó	<	pak	<	*pawk	A
	沃	wò	<	ʔowk	<	*ʔawk	A
	樂	lè	<	lak	<	*g-rawk	A
116.2	皓	hào	<	hawX	<	*gu(k)ʔ	A
	繡	xiù	<	sjuwH	<	*sjiw(k)s	A
	鵠	hú	<	howk	<	*guk	A
	憂	yōu	<	ʔjuw	<	*ʔ(r)ju	A
116.3	鄰	lín	<	lin	<	*C-rjin	A
	命	mìng	<	mjængH	<	*mrjing(s)	A
	人	rén	<	nyin	<	*njin	A

117　*Táng fēng* 唐风：*Jiāo liáo* 椒聊

117.1	升	shēng	<	sying	<	*h(l)jɨng	A
	朋	péng	<	bong	<	*bɨng	A
	聊	liáo	<	lew	<	*C-riw	B
	條	tiáo	<	dew	<	*liw	B
117.2	匊	jū	<	kjuwk	<	*k(r)juk	A
	篤	dǔ	<	towk	<	*tuk	A
	聊	liáo	<	lew	<	*C-riw	B
	條	tiáo	<	dew	<	*liw	B

118　*Táng fēng* 唐风：*Chóu móu* 绸缪

118.1	薪	xīn	<	sin	<	*sjin(g)	A
	天	tiān	<	then	<	*hlin	A
	人	rén	<	nyin	<	*njin	A
	人	rén	<	nyin	<	*njin	A
118.2	芻	[chú]	<	tsrhju	<	*tshrjo	A
	隅	yú	<	ngju	<	*ng(r)jo	A
	逅	hòu	<	huwH	<	*gros	A
	逅	hòu	<	huwH	<	*gros	A
118.3	楚	chǔ	<	tsrhjoX	<	*tsrhja?	A
	户	hù	<	huX	<	*ga?	A
	者	zhě	<	tsyæX	<	*tjA?	A
	者	zhě	<	tsyæX	<	*tjA?	A

119　*Táng fēng* 唐风：*Dì dù* 杕杜

119.1	杜	dù	<	duX	<	*la?	A
	湑	xǔ	<	sjoX	<	*sngja?	A
	踽	jǔ	<	kjuX	<	*kʷ(r)ja?	A
	父	fù	<	bjuX	<	*b(r)ja?	A
	比	[bǐ]	<	bjijH	<	*bjijs	B
	佽	cì	<	tshijH	<	*tshjijs	B

119.2	菁	jīng	<	tsjeng	<	* tsjeng	A
	睘	qióng	<	gjwieng	<	* gʷjeng	A
	姓	xìng	<	sjengH	<	* sjengs	A
	比	[bǐ]	<	bjijH	<	* bjijs	B
	佽	cì	<	tshijH	<	* tshjijs	B

120 *Táng fēng* 唐风: *Gāo qiú* 羔裘

120.1	袪	qū	<	khjo	<	* kh(r)ja	A
	居	jū	<	kjo	<	* k(r)ja	A
	故	gù	<	kuH	<	* kaʔ(s)	A
120.2	褎	xiù	<	zjuwH	<	* zjus	A
	究	[jiū]	<	kjuwH	<	* k(r)jus	A
	好	hào	<	xawH	<	* xu(ʔ)s	A

121 *Táng fēng* 唐风: *Bǎo yǔ* 鸨羽

121.1	羽	yǔ	<	hjuX	<	* w(r)jaʔ	A
	栩	xǔ	<	xjuX	<	* hw(r)jaʔ	A
	盬	gǔ	<	kuX	<	* kaʔ	A
	黍	shǔ	<	syoX	<	* hjaʔ	A
	怙	hù	<	huX	<	* gaʔ	A
	所	suǒ	<	srjoX	<	* s(k)rjaʔ	A
121.2	翼	yì	<	yik	<	* ljɨk	A
	棘	jí	<	kik	<	* krjɨk	A
	稷	jì	<	tsik	<	* tsjɨk	A
	食	shí	<	zyik	<	* Ljɨk	A
	極	jí	<	gik	<	* g(r)jɨk	A
121.3	行	háng	<	hang	<	* gang	A
	桑	sāng	<	sang	<	* sang	A
	梁	liáng	<	ljang	<	* C-rjang	A
	嘗	cháng	<	dzyang	<	* djang	A
	常	cháng	<	dzyang	<	* djang	A

122　Táng fēng 唐风: Wú yī 无衣

122.1	七	qī	<	tshit	<	* tshjit	A
	吉	jí	<	kjit	<	* kJit	A
122.2	六	liù	<	ljuwk	<	* C-rjuk	A
	燠	yù	<	ʔjuwk	<	*ʔ(r)juk	A

123　Táng fēng 唐风: Yǒu dì zhī dù 有杕之杜

123.1	左	zuǒ	<	tsaX	<	* tsajʔ	A
	我	[wǒ]	<	ngaX	<	* ngajʔ	A
	好	hào	<	xawH	<	* xu(ʔ)s	B
	食	sì	<	ziH	<	* zljɨks	B
123.2	周	zhōu	<	tsyuw	<	* tjiw	A
	遊	yóu	<	yuw	<	* ju	A
	好	hào	<	xawH	<	* xu(ʔ)s	B
	食	sì	<	ziH	<	* zljɨks	B

124　Táng fēng 唐风: Gé shēng 葛生

124.1	楚	chǔ	<	tsrhjoX	<	* tsrhjaʔ	A
	野	yě	<	yæX	<	* ljAʔ	A
	處	chǔ	<	tsyhoX	<	* KHjaʔ	A
124.2	棘	jí	<	kik	<	* krjɨk	A
	域	yù	<	hwik	<	* wrjɨk	A
	息	xī	<	sik	<	* sjɨk	A
124.3	粲	càn	<	tshanH	<	* tshans	A
	爛	làn	<	lanH	<	* C-rans	A
	旦	dàn	<	tanH	<	* tans	A
124.4	夜	yè	<	yæH	<	*(l)jAks	A
	居	jū	<	kjo	<	* k(r)ja	A
124.5	日	rì	<	nyit	<	* njit	A
	室	shì	<	syit	<	* stjit	A

125 Táng fēng 唐风：Cǎi líng 采苓

125.1	苓	líng	<	leng	<	*C-ring	A
	顛	diān	<	ten	<	*tin	A
	言	yán	<	ngjon	<	*ngjan	B
	信	xìn	<	sinH	<	*snjins	A
	旃	zhān	<	tsyen	<	*tjan	B
	然	rán	<	nyen	<	*njan	B
	言	yán	<	ngjon	<	*ngjan	B
	焉	[yān]	<	hjen	<	*ɦ(r)jan	B
125.2	苦	kǔ	<	khuX	<	*khaʔ	A
	下	xià	<	hæX	<	*graʔ	A
	言	yán	<	ngjon	<	*ngjan	B
	與	yǔ	<	yoX	<	*ljaʔ	A
	旃	zhān	<	tsyen	<	*tjan	B
	然	rán	<	nyen	<	*njan	B
	言	yán	<	ngjon	<	*ngjan	B
	焉	[yān]	<	hjen	<	*ɦ(r)jan	B
125.3	葑	fēng	<	phjowng	<	*ph(r)jong	A
	東	dōng	<	tuwng	<	*tong	A
	言	yán	<	ngjon	<	*ngjan	B
	從	cóng	<	dzjowng	<	*dzjong	A
	旃	zhān	<	tsyen	<	*tjan	B
	然	rán	<	nyen	<	*njan	B
	言	yán	<	ngjon	<	*ngjan	B
	焉	[yān]	<	hjen	<	*ɦ(r)jan	B

126 Qín fēng 秦风：Jū lín 车邻

126.1	鄰	lín	<	lin	<	*C-rjin	A
	顛	diān	<	ten	<	*tin	A
	令	lìng	<	ljeng(H)	<	*C-rjing(s)	A
126.2	漆	qī	<	tshit	<	*tshjit	A

	栗	lì	<	lit	<	*C-rjit	A
	瑟	sè	<	srit	<	*sprjit	A
	絰	dié	<	det	<	*dit	A
126.3	桑	sāng	<	sang	<	*sang	A
	楊	yáng	<	yang	<	*ljang	A
	簧	huáng	<	hwang	<	*gʷang	A
	亡	wáng	<	mjang	<	*mjang	A

127 *Qín fēng* 秦风: *Sì tiě* 驷驖

127.1	阜	fù	<	bjuwX	<	*b(r)juʔ	A
	手	shǒu	<	syuwX	<	*hjuʔ	A
	狩	shòu	<	syuwH	<	*stjus	A
127.2	碩	shuò	<	dzyek	<	*djAk	A
	獲	huò	<	hwɛk	<	*wrak	A
127.3	園	yuán	<	hjwon	<	*wjan	A
	閑	xián	<	[hɛn]	<	*gran	A
	鑣	biāo	<	pjew	<	*p(r)jaw	B
	驕	jiāo	<	kjew	<	*k(r)jaw	B

128 *Qín fēng* 秦风: *Xiǎo róng* 小戎

128.1	收	shōu	<	syuw	<	*xjiw	A
	輈	zhōu	<	trjuw	<	*trju	A
	驅	qū	<	khju	<	*kh(r)jo	B
	續	xù	<	zjowk	<	*zljok	B
	轂	gǔ	<	kuwk	<	*kok	B
	馵	zhù	<	tsyuH	<	*tjoks	B
	玉	yù	<	ngjowk	<	*ng(r)jok	B
	屋	wū	<	ʔuwk	<	*ʔok	B
	曲	qū	<	khjowk	<	*kh(r)jok	B
128.2	阜	fù	<	bjuwX	<	*b(r)juʔ	A
	手	shǒu	<	syuwX	<	*hjuʔ	A

	中	zhōng	<	trjuwng	<	* k-ljung	B
	驂	cān	<	tshom	<	* srum	B
	合	hé	<	hop	<	* gop	C
	軜	nà	<	nop	<	* nup	C
	邑	yì	<	ʔip	<	*ʔ(r)jup	C
	期	[qī]	<	gi	<	* g(r)jɨ	D
	之	zhī	<	tsyi	<	* tjɨ	D
128.3	羣	qún	<	gjun	<	* gjun	A
	錞	duì	<	dwojH	<	* dujs	A
	苑	[yuàn]	<	ʔjwonX	<	*ʔjonʔ	A
	膺	yīng	<	ʔing	<	*ʔ(r)jɨng	B
	弓	gōng	<	kjuwng	<	* kʷjɨng	B
	縢	téng	<	dong	<	* lɨng	B
	興	xīng	<	xing	<	* x(r)jɨng	B
	音	yīn	<	ʔim	<	*ʔ(r)jɨm	B

129 Qín fēng 秦风: Jiān jiā 蒹葭

129.1	蒼	cāng	<	tshang	<	* srang(ʔ)	A
	霜	shuāng	<	srjang	<	* srjang	A
	方	fāng	<	pjang	<	* pjang	A
	長	cháng	<	drjang	<	*ɦtrjang	A
	央	yāng	<	ʔjang	<	*ʔjang	A
129.2	淒	qī	<	tshej	<	* tshɨj	A
	晞	xī	<	xjɨj	<	* xjɨj	A
	湄	méi	<	mij	<	* mrjɨj	A
	躋	jī	<	tsej	<	* tsɨj	A
	坻	chí	<	drij	<	* drjɨj	A
129.3	采	cǎi	<	tshojX	<	* srɨ(k)ʔ	A
	已	yǐ	<	yiX	<	* ljɨʔ	A
	涘	sì	<	zriX	<	* zrjɨʔ	A
	右	yòu	<	hjuwX/H	<	* wjɨʔ(s)	A

	沚	zhǐ	<	tsyiX	<	*tjɨʔ	A

130 *Qín fēng* 秦风: *Zhōng nán* 终南

130.1	梅	méi	<	mwoj	<	*mɨ	A
	裘	qiú	<	gjuw	<	*gʷjɨ	A
	哉	zāi	<	tsoj	<	*tsɨ	A
130.2	堂	táng	<	dang	<	*dang	A
	裳	cháng	<	dzyang	<	*djang	A
	將	qiāng	<	tshjang	<	*tshjang	A
	忘	wàng	<	mjang(H)	<	*mjang	A

131 *Qín fēng* 秦风: *Huáng niǎo* 黄鸟

131.1	棘	jí	<	kik	<	*krjɨk	A
	息	xī	<	sik	<	*sjɨk	A
	息	xī	<	sik	<	*sjɨk	A
	特	[tè]	<	dok	<	*dɨk	A
	穴	xué	<	hwet	<	*wit	B
	慄	lì	<	lit	<	*C-rjit	B
	天	tiān	<	then	<	*hlin	C
	人	rén	<	nyin	<	*njin	C
	身	shēn	<	syin	<	*hljin	C
131.2	桑	sāng	<	sang	<	*sang	A
	行	háng	<	hang	<	*gang	A
	行	háng	<	hang	<	*gang	A
	防	fáng	<	bjang	<	*bjang	A
	穴	xué	<	hwet	<	*wit	B
	慄	lì	<	lit	<	*C-rjit	B
	天	tiān	<	then	<	*hlin	C
	人	rén	<	nyin	<	*njin	C
	身	shēn	<	syin	<	*hljin	C
131.3	楚	chǔ	<	tsrhjoX	<	*tsrhjaʔ	A

虎	hǔ	<	xuX	<	*xaʔ (?)		A
虎	hǔ	<	xuX	<	*xaʔ (?)		A
禦	yù	<	ngjoX	<	*ng(r)jaʔ		A
穴	xué	<	hwet	<	*wit		B
慄	lì	<	lit	<	*C-rjit		B
天	tiān	<	then	<	*hlin		C
人	rén	<	nyin	<	*njin		C
身	shēn	<	syin	<	*hljin		C

132 Qín fēng 秦风: Chén fēng 晨风

132.1	風	fēng	<	pjuwng	<	*p(r)jɨ/um	A
	林	lín	<	lim	<	*C-rjɨm	A
	欽	qīn	<	khim	<	*kh(r)jɨm	A
	何	hé	<	ha	<	*gaj	B
	多	duō	<	ta	<	*taj	B
132.2	櫟	lì	<	lek	<	*C-rewk	A
	駁	bó	<	pæwk	<	*pra/ewk	A
	樂	lè	<	lak	<	*g-rawk	A
	何	hé	<	ha	<	*gaj	B
	多	duō	<	ta	<	*taj	B
132.3	棣	dì	<	dejH	<	*lɨps	A
	檖	suì	<	zwijH	<	*zjuts	A
	醉	zuì	<	tswijH	<	*tsjuts	A
	何	hé	<	ha	<	*gaj	B
	多	duō	<	ta	<	*taj	B

133 Qín fēng 秦风: Wú yī 无衣

133.1	衣	yī	<	ʔjɨj	<	*ʔjɨj	A
	袍	páo	<	baw	<	*bu	B
	師	shī	<	srij	<	*srjij	A
	矛	[máo]	<	mjuw	<	*m(r)ju	B

	仇	qiú	<	gjuw	<	* g(r)ju	B
133.2	衣	yī	<	ʔjɨj	<	*ʔjɨj	A
	澤	zé	<	dræk	<	* lrak	B
	師	shī	<	srij	<	* srjɨj	A
	戟	jǐ	<	kjæk	<	* krjak	B
	作	zuò	<	tsak	<	* tsak	B
133.3	衣	yī	<	ʔjɨj	<	*ʔjɨj	A
	裳	cháng	<	dzyang	<	* djang	B
	師	shī	<	srij	<	* srjɨj	A
	兵	bīng	<	pjæng	<	* prjang	B
	行	xíng	<	hæng	<	* grang	B

134 Qín fēng 秦风: Wèi yáng 渭阳

134.1	陽	yáng	<	yang	<	* ljang	A
	黃	huáng	<	hwang	<	* gʷang	A
134.2	思	sì	<	siH	<	* sjɨs	A
	佩	[pèi]	<	bwojH	<	* bɨs	A

135 Qín fēng 秦风: Quán yú 权舆

135.1	乎	[hū]	<	hu	<	*ɦa	A
	渠	qú	<	gjo	<	* g(r)ja	A
	餘	yú	<	yo	<	* lja	A
	乎	[hū]	<	hu	<	*ɦa	A
	輿	yú	<	yo	<	* lja	A
135.2	簋	guǐ	<	kwijX	<	* kʷrjuʔ	A
	飽	bǎo	<	pæwX	<	* pruʔ	A
	乎	[hū]	<	hu	<	*ɦa	B
	輿	yú	<	yo	<	* lja	B

136 Chén fēng 陈风: Wǎn qiū 宛丘

| 136.1 | 湯 | tāng | < | thang | < | * hlang | A |

	上	shàng	<	dzyangH	<	* djangs	A
	望	wàng	<	mjangH	<	* mjangs	A
136.2	鼓	gǔ	<	kuX	<	* kaʔ	A
	下	xià	<	hæX	<	* graʔ	A
	夏	xià	<	hæX	<	* g/ɦraʔ	A
	羽	yǔ	<	hjuX	<	* w(r)jaʔ	A
136.3	道	dào	<	dawX	<	* luʔ	A
	缶	fǒu	<	pjuwX	<	* p(r)juʔ	A
	翿	dào	<	dawH	<	* lus	A

137 *Chén fēng* 陈风: *Dōng mén zhī fén* 东门之枌

137.1	栩	xǔ	<	xjuX	<	* hw(r)jaʔ	A
	下	xià	<	hæX	<	* graʔ	A
137.2	差	chā	<	tsrhɛi	<	* tshrjaj	A
	原	yuán	<	ngjwon	<	* ngʷjan	A
	麻	má	<	mæ	<	* mraj	A
	娑	suō	<	sa	<	* saj	A
137.3	逝	shì	<	dzyejH	<	* djats	A
	迈	mài	<	mæjH	<	* mrats	A
	茇	qiáo	<	[gjiew]	<	* g(r)jiw	B
	椒	jiāo	<	[tsjew]	<	* tsjiw	B

138 *Chén fēng* 陈风: *Héng mén* 衡门

138.1	迟	chí	<	drij	<	* drjɨj	A
	饥	jī	<	kij	<	* krjɨj	A
138.2	鲂	fáng	<	bjang	<	* bjang	A
	姜	jiāng	<	kjang	<	* k(l)jang	A
138.3	鲤	lǐ	<	liX	<	* C-rjɨʔ	A
	子	zǐ	<	tsiX	<	* tsjɨʔ	A

139 Chén fēng 陈风: Dōng mén zhī chí 东门之池

139.1	池	chí	<	drje	<	* lrjaj	A
	麻	má	<	mæ	<	* mraj	A
	歌	gē	<	ka	<	* kaj	A
139.2	紵	zhù	<	drjoX	<	* drjaʔ	A
	語	yǔ	<	ngjoX	<	* ng(r)jaʔ	A
139.3	菅	jiān	<	kæn	<	* kran	A
	言	yán	<	ngjon	<	* ngjan	A

140 Chén fēng 陈风: Dōng mén zhī yáng 东门之杨

140.1	楊	yáng	<	yang	<	* ljang	A
	牂	zāng	<	tsang	<	* tsang	A
	煌	huáng	<	hwang	<	* wang	A
140.2	肺	pèi	<	phajH	<	* phots	A
	晢	[zhé]	<	tsyejH	<	* tjats	A

141 Chén fēng 陈风: Mù mén 墓门

141.1	斯	sī	<	srje	<	* srje	A
	知	zhī	<	trje	<	* trje	A
	已	yǐ	<	yiX	<	* ljɨʔ	B
	矣	yǐ	<	hiX	<	*ɦjɨʔ	B
141.2	萃	[cuì]	<	dzwijH	<	* dzjups	A
	訊	suì	<	swijH	<	* sjuts	A
	顧	gù	<	kuH	<	* kaʔ(s)	B
	予	yú	<	[yo]	<	* ljaʔ	B

142 Chén fēng 陈风: Fáng yǒu què cháo 防有鹊巢

142.1	巢	cháo	<	dzræw	<	* dzraw	A
	苕	tiáo	<	dew	<	* dew	A
	忉	dāo	<	taw	<	* taw	A
142.2	甓	[pì]	<	bek	<	* bek	A

	鶃	yì	<	ngek	<	*ngek	A
	惕	tì	<	thek	<	*hlek	A

143 Chén fēng 陈风: Yuè chū 月出

143.1	皎	jiǎo	<	kewX	<	*kewʔ	A
	僚	liǎo	<	lewX	<	*C-rewʔ	A
	纠	[jiū]	<	[gjewX]	<	*g(r)jiwʔ	A
	悄	qiǎo	<	tshjewX	<	*tshjewʔ	A
143.2	皓	hào	<	hawX	<	*gu(k)ʔ	A
	懰	[liú]	<	ljuwX	<	*C-rjuʔ	A
	受	shòu	<	dzyuwX	<	*djuʔ	A
	慅	cǎo	<	tshawX	<	*tshuʔ	A
143.3	照	zhào	<	tsyewH	<	*tjaws	A
	燎	liào	<	ljewH	<	*C-rjaws	A
	绍	shào	<	dzyewX	<	*djawʔ	A
	慘	cǎn	<	tshomX	<	*srumʔ	A

144 Chén fēng 陈风: Zhū lín 株林

144.1	林	lín	<	lim	<	*C-rjɨm	A
	南	nán	<	nom	<	*nɨm	A
	林	lín	<	lim	<	*C-rjɨm	A
	南	nán	<	nom	<	*nɨm	A
144.2	馬	mǎ	<	mæX	<	*mraʔ	A
	野	yě	<	yæX	<	*ljAʔ	A
	駒	jū	<	kju	<	*k(r)jo	B
	株	zhū	<	trju	<	*trjo	B

145 Chén fēng 陈风: Zé bēi 泽陂

145.1	陂	bēi	<	pje	<	*p(r)jaj	A
	荷	hé	<	ha	<	*gaj	A
	何	hé	<	ha	<	*gaj	A

	爲	wéi	<	hjwe	<	*w(r)jaj	A
	沱	tuó	<	da	<	*laj	A
145.2	蕑	jiān	<	kɛn	<	*kren	A
	卷	quán	<	gjwen	<	*gʷrjen	A
	悁	yuān	<	ʔjwien	<	*ʔʷjen	A
145.3	菡	hàn	<	homX	<	*gomʔ	A
	萏	dàn	<	domX	<	*(g-)lomʔ	A
	儼	yǎn	<	ngjæmX	<	*ngrjomʔ (?)	A
	枕	zhěn	<	tsyimX	<	*Kjumʔ	A

146 Guì fēng 桧风: Gāo qiú 羔裘
146.1	遥	yáo	<	yew	<	*ljaw	A
	朝	cháo	<	drjew	<	*ftrjaw	A
	忉	dāo	<	taw	<	*taw	A
146.2	翱	xiáng	<	zjang	<	*z(l)jang	A
	堂	táng	<	dang	<	*dang	A
	傷	shāng	<	syang	<	*hljang	A
146.3	膏	gào	<	kawH	<	*kaws	A
	曜	yào	<	yewH	<	*lja/ewks	A
	悼	dào	<	dawH	<	*dawks	A

147 Guì fēng 桧风: Sù guān 素冠
147.1	冠	guān	<	kwan	<	*kon	A
	欒	luán	<	lwan	<	*b-ron	A
	慱	tuán	<	dwan	<	*don	A
147.2	衣	yī	<	ʔjɨj	<	*ʔjɨj	A
	悲	bēi	<	pij	<	*prjɨj	A
	歸	guī	<	kjwɨj	<	*kʷjɨj	A
147.3	韠	bì	<	pjit	<	*pjit	A
	結	jié	<	ket	<	*kit/k	A
	一	yī	<	ʔjit	<	*ʔjit	A

148 *Guì fēng* 桧风: *Xí yǒu cháng chǔ* 隰有苌楚

148.1	枝	zhī	<	tsye	<	*kje	A
	知	zhī	<	trje	<	*trje	A
148.2	華	huā	<	xwæ	<	*hwra	A
	家	jiā	<	kæ	<	*kra	A
148.3	實	shí	<	zyit	<	*Ljit	A
	室	shì	<	syit	<	*stjit	A

149 *Guì fēng* 桧风: *Fěi fēng* 匪风

149.1	發	fā	<	pjot	<	*pjat	A
	偈	[jié]	<	khjet	<	*khrjat	A
	怛	dá	<	tat	<	*tat	A
149.2	飄	[piāo]	<	bjiew	<	*bjew	A
	嘌	piāo	<	phjiew	<	*phjew	A
	弔	diào	<	tewH	<	*ti/ew(k)s	A
149.3	曁	xín	<	zim	<	*zjɨm	A
	音	yīn	<	ʔim	<	*ʔ(r)jɨm	A

150 *Cáo fēng* 曹风: *Fúyóu* 蜉蝣

150.1	羽	yǔ	<	hjuX	<	*w(r)jaʔ	A
	楚	chǔ	<	tsrhjoX	<	*tsrhjaʔ	A
	處	chǔ	<	tsyhoX	<	*KHjaʔ	A
150.2	翼	yì	<	yik	<	*ljɨk	A
	服	fú	<	bjuwk	<	*bjɨk	A
	息	xī	<	sik	<	*sjɨk	A
150.3	閱	yuè	<	ywet	<	*ljot	A
	雪	xuě	<	sjwet	<	*sjot	A
	説	shuì	<	sywejH	<	*hljots	A

151 *Cáo fēng* 曹风: *Hòu rén* 候人

| 151.1 | 祋 | duì | < | twajH | < | *tots | A |

	芾	fú	<	pjut	<	*pjut	A
151.2	翼	yì	<	yik	<	*ljɨk	A
	服	fú	<	bjuwk	<	*bjɨk	A
151.3	咮	zhòu	<	trjuwH	<	*trjo(k)s	A
	媾	gòu	<	kuwH	<	*k(r)os	A
151.4	薈	[huì]	<	ʔwajH	<	*ʔops	A
	蔚	wèi	<	ʔjwɨjH	<	*ʔjuts	A
	隮	jī	<	tsej	<	*tsɨj	B
	婉	[wǎn]	<	ʔjwonX	<	*ʔjonʔ	C
	孌	[luán]	<	ljwenX	<	*b-rjonʔ	C
	飢	jī	<	kij	<	*krjɨj	B

152 *Cáo fēng* 曹风: *Shījiū* 鸤鸠

152.1	七	qī	<	tshit	<	*tshjit	A
	一	yī	<	ʔjit	<	*ʔjit	A
	一	yī	<	ʔjit	<	*ʔjit	A
	結	jié	<	ket	<	*kit/k	A
152.2	梅	méi	<	mwoj	<	*mɨ	A
	絲	sī	<	si	<	*sjɨ	A
	絲	sī	<	si	<	*sjɨ	A
	騏	qí	<	gi	<	*g(r)jɨ	A
152.3	棘	jí	<	kik	<	*krjɨk	A
	忒	tè	<	thok	<	*hlɨk	A
	忒	tè	<	thok	<	*hlɨk	A
	國	guó	<	kwok	<	*kʷɨk	A
152.4	榛	zhēn	<	tsrin	<	*tsrjin	A
	人	rén	<	nyin	<	*njin	A
	人	rén	<	nyin	<	*njin	A
	年	nián	<	nen	<	*nin	A

153 Cáo fēng 曹风: Xià quán 下泉

153.1	泉	quán	<	dzjwen	<	* $Sg^w jan$	A
	稂	láng	<	lang	<	* C-rang	B
	嘆	[tàn]	<	than	<	* hnan	A
	京	jīng	<	kjæng	<	* krjang	B
153.2	泉	quán	<	dzjwen	<	* $Sg^w jan$	A
	蕭	xiāo	<	sew	<	* siw	B
	嘆	[tàn]	<	than	<	* hnan	A
	周	zhōu	<	tsyuw	<	* tjiw	B
153.3	泉	quán	<	dzjwen	<	* $Sg^w jan$	A
	蓍	shī	<	syij	<	* xjɨj	B
	嘆	[tàn]	<	than	<	* hnan	A
	師	shī	<	srij	<	* srjɨj	B
153.4	膏	gào	<	kawH	<	* kaws	A
	勞	[láo]	<	lawH	<	* C-raws	A

154 Bīn fēng 豳风: Qī yuè 七月

154.1	火	huǒ	<	xwaX	<	* hmɨjʔ	A
	衣	yī	<	ʔjɨj	<	*ʔjɨj	A
	發	fā	<	pjot	<	* pjat	B
	烈	liè	<	ljet	<	* C-rjat	B
	褐	hè	<	hat	<	* gat	B
	歲	suì	<	sjwejH	<	* swjat(s)	B
	耜	sì	<	ziX	<	* zljɨʔ	C
	趾	zhǐ	<	tsyiX	<	* tjɨʔ	C
	子	zǐ	<	tsiX	<	* tsjɨʔ	C
	畝	mǔ	<	muwX	<	* m(r)o/ɨʔ	C
	喜	xǐ	<	xiX	<	* x(r)jɨʔ	C
154.2	火	huǒ	<	xwaX	<	* hmɨjʔ	A
	衣	yī	<	ʔjɨj	<	*ʔjɨj	A
	陽	yáng	<	yang	<	* ljang	B

	庚	gēng	<	kæng	<	*krang	B
	筐	kuāng	<	khjwang	<	*kʷhjang	B
	行	xíng	<	hæng	<	*grang	B
	桑	sāng	<	sang	<	*sang	B
	遅	chí	<	drij	<	*drjɨj	C
	祁	qí	<	gij	<	*grjɨj	C
	悲	bēi	<	pij	<	*prjɨj	C
	歸	guī	<	kjwɨj	<	*kʷjɨj	C
154.3	火	huǒ	<	xwaX	<	*hmɨjʔ	A
	韙	wěi	<	hjwɨjX	<	*wjɨjʔ	A
	桑	sāng	<	sang	<	*sang	B
	斨	qiāng	<	tshjang	<	*tshjang	B
	揚	yáng	<	yang	<	*ljang	B
	桑	sāng	<	sang	<	*sang	B
	鵙	jú	<	kwek	<	*kʷek	C
	績	jī	<	tsek	<	*tsek	C
	黃	huáng	<	hwang	<	*gʷang	D
	陽	yáng	<	yang	<	*ljang	D
	裳	cháng	<	dzyang	<	*djang	D
154.4	葽	yāo	<	ʔjiew	<	*ʔjew	A
	蜩	tiáo	<	dew	<	*diw	A
	穫	huò	<	hwak	<	*wak	B
	檴	tuò	<	thak	<	*hlak	B
	貉	hé	<	hak	<	*gak	B
	貍	lí	<	li	<	*C-rjɨ	C
	裘	qiú	<	gjuw	<	*gʷjɨ	C
	同	tóng	<	duwng	<	*dong	D
	功	gōng	<	kuwng	<	*kong	D
	豵	zōng	<	tsuwng	<	*tsong	D
	公	gōng	<	kuwng	<	*kong	D
154.5	股	gǔ	<	kuX	<	*kaʔ	A

附录 B 《诗经》押韵

	羽	yǔ	<	hjuX	<	*w(r)jaʔ	A
	野	yě	<	yæX	<	*ljAʔ	A
	宇	yǔ	<	hjuX	<	*w(r)jaʔ	A
	戶	hù	<	huX	<	*gaʔ	A
	下	xià	<	hæX	<	*graʔ	A
	鼠	shǔ	<	syoX	<	*hjaʔ	A
	戶	hù	<	huX	<	*gaʔ	A
	處	chǔ	<	tsyhoX	<	*KHjaʔ	A
154.6	奧	yù	<	ʔjuwk	<	*ʔ(r)juk	A
	菽	shū	<	syuwk	<	*stjiwk	A
	棗	zǎo	<	tsawX	<	*tsuʔ	B
	稻	dào	<	dawX	<	*luʔ	B
	酒	jiǔ	<	tsjuwX	<	*tsjuʔ	B
	壽	shòu	<	dzyuwX	<	*djuʔ	B
	瓜	guā	<	kwæ	<	*kʷra	C
	壺	hú	<	hu	<	*g/ɦa	C
	苴	[jū]	<	tshjo	<	*tshja	C
	樗	chū	<	trhjo	<	*hlrja(ʔ)	C
	夫	fū	<	pju	<	*p(r)ja	C
154.7	圃	[pǔ]	<	puH	<	*pas	A
	稼	jià	<	kæH	<	*kras	A
	穋	lù	<	ljuwk	<	*C-rjiwk	B
	麥	mài	<	mɛk	<	*mrɨk	B
	同	tóng	<	duwng	<	*dong	C
	功	gōng	<	kuwng	<	*kong	C
	茅	máo	<	mæw	<	*mru	D
	綯	táo	<	daw	<	*lu	D
	屋	wū	<	ʔuwk	<	*ʔok	E
	穀	gǔ	<	kuwk	<	*kok	E
154.8	沖	[chōng]	<	drjuwng	<	*g-ljung	A
	陰	yīn	<	ʔim	<	*ʔ(r)jum	A

蚤	zǎo	<	tsawX	<	*tsuʔ	B	
韭	jiǔ	<	kjuwX	<	*k(r)juʔ	B	
霜	shuāng	<	srjang	<	*srjang	C	
場	cháng	<	drjang	<	*g-ljang	C	
饗	xiǎng	<	xjangX	<	*xjangʔ	C	
羊	yáng	<	yang	<	*(l)jang	C	
堂	táng	<	dang	<	*dang	C	
觥	gōng	<	kwæng	<	*kʷrang	C	
疆	jiāng	<	kjang	<	*kjang	C	

155　Bīn fēng 豳风：Chīxiāo 鸱鸮

155.1	恩	ēn	<	ʔon	<	*ʔɨn	A
	勤	qín	<	gjɨn	<	*gjɨn	A
	閔	mǐn	<	minX	<	*mrjɨn(ʔ)	A
155.2	雨	yǔ	<	hjuX	<	*w(r)jaʔ	A
	土	dù	<	duX	<	*laʔ	A
	戶	hù	<	huX	<	*gaʔ	A
	予	yú	<	[yo]	<	*ljaʔ	A
155.3	據	jū	<	kjo	<	*k(r)ja	A
	荼	tú	<	du	<	*la	A
	租	zū	<	tsu	<	*tsa	A
	瘏	tú	<	du	<	*da	A
	家	jiā	<	kæ	<	*kra	A
155.4	譙	qiáo	<	dzjew	<	*dzjew	A
	翛	xiāo	<	sew	<	*sliw	A
	翹	qiáo	<	gjiew	<	*gJew	A
	搖	yáo	<	yew	<	*ljaw	A
	嘵	xiāo	<	xew	<	*hngew	A

156　Bīn fēng 豳风：Dōng shān 东山

156.1	東	dōng	<	tuwng	<	*tong	A

	濛	méng	<	muwng	<	* mong	A
	歸	guī	<	kjwɨj	<	* kʷjɨj	B
	悲	bēi	<	pij	<	* prjɨj	B
	衣	yī	<	ʔjɨj	<	*ʔjɨj	B
	枚	méi	<	mwoj	<	* mɨj	B
	蜀	zhú	<	dzyowk	<	* djok	C
	野	yě	<	yæX	<	* ljAʔ	D
	宿	sù	<	sjuwk	<	* sjuk	C
	下	xià	<	hæX	<	* graʔ	D
156.2	東	dōng	<	tuwng	<	* tong	A
	濛	méng	<	muwng	<	* mong	A
	實	shí	<	zyit	<	* Ljit	B
	宇	yǔ	<	hjuX	<	* w(r)jaʔ	C
	室	shì	<	syit	<	* stjit	B
	戶	hù	<	huX	<	* gaʔ	C
	場	cháng	<	drjang	<	* g-ljang	D
	行	xíng	<	hæng	<	* grang	D
	畏	wèi	<	ʔjwɨjH	<	*ʔjuj(s)	E
	懷	huái	<	hwɛj	<	* gruj	E
156.3	東	dōng	<	tuwng	<	* tong	A
	濛	méng	<	muwng	<	* mong	A
	垤	dié	<	det	<	* dit	B
	室	shì	<	syit	<	* stjit	B
	窒	zhì	<	trit	<	* trjit	B
	至	zhì	<	tsyijH	<	* tjits	B
	薪	xīn	<	sin	<	* sjin(g)	C
	年	nián	<	nen	<	* nin	C
156.4	東	dōng	<	tuwng	<	* tong	A
	濛	méng	<	muwng	<	* mong	A
	飛	fēi	<	pjɨj	<	* pjɨj	B
	羽	yǔ	<	hjuX	<	* w(r)jaʔ	C

	歸	guī	<	kjwɨj	<	*kʷjɨj	B
	馬	mǎ	<	mæX	<	*mraʔ	C
	縭	lí	<	lje	<	*C-rjaj	D
	儀	yí	<	ngje	<	*ng(r)jaj	D
	嘉	jiā	<	kæ	<	*kraj	D
	何	hé	<	ha	<	*gaj	D

157　*Bīn fēng* 豳风：*Pò fŭ* 破斧

157.1	斨	qiāng	<	tshjang	<	*tshjang	A
	皇	huáng	<	hwang	<	*wang	A
	將	jiāng	<	tsjang	<	*tsjang	A
157.2	錡	qí	<	gje	<	*g(r)jaj	A
	吪	é	<	ngwa	<	*ngʷaj	A
	嘉	jiā	<	kæ	<	*kraj	A
157.3	銶	qiú	<	gjuw	<	*g(r)ju	A
	遒	qiú	<	dzjuw	<	*dzju	A
	休	xiū	<	xjuw	<	*x(r)ju	A

158　*Bīn fēng* 豳风：*Fá kē* 伐柯

158.1	克	kè	<	khok	<	*khɨk	A
	得	dé	<	tok	<	*tɨk	A
158.2	遠	yuǎn	<	hjwonX	<	*wjanʔ	A
	踐	jiàn	<	dzjenX	<	*dzjanʔ	A

159　*Bīn fēng* 豳风：*Jiŭ yù* 九罭

159.1	魴	fáng	<	bjang	<	*bjang	A
	裳	cháng	<	dzyang	<	*djang	A
159.2	渚	zhǔ	<	tsyoX	<	*tjaʔ	A
	所	suǒ	<	srjoX	<	*s(k)rjaʔ	A
	處	chǔ	<	tsyhoX	<	*KHjaʔ	A
159.3	陸	lù	<	ljuwk	<	*C-rjuk	A

附录 B 《诗经》押韵

	復	fù	<	bjuwk	<	*b(r)juk	A
	宿	sù	<	sjuwk	<	*sjuk	A
159.4	衣	yī	<	ʔjɨj	<	*ʔɨj	A
	歸	guī	<	kjwɨj	<	*kʷjɨj	A
	悲	bēi	<	pij	<	*prjɨj	A

160 Bīn fēng 豳风: Láng bá 狼跋

160.1	胡	hú	<	hu	<	*ga	A
	尾	wěi	<	mjɨjX	<	*mjɨjʔ	B
	膚	fū	<	pju	<	*prja	A
	几	jǐ	<	kijX	<	*krjɨjʔ	B
160.2	胡	hú	<	hu	<	*ga	A
	膚	fū	<	pju	<	*prja	A
	瑕	xiá	<	hæ	<	*gra	A

161 Xiǎo yǎ 小雅: Lù míng 鹿鸣

161.1	鳴	míng	<	mjæng	<	*mrjeng	A
	苹	píng	<	bjæng	<	*brjeng	A
	笙	shēng	<	srjæng	<	*srjeng	A
	簧	huáng	<	hwang	<	*gʷang	B
	將	jiāng	<	tsjang	<	*tsjang	B
	行	xíng	<	hæng	<	*grang	B
161.2	蒿	hāo	<	xaw	<	*xaw	A
	昭	zhāo	<	tsyew	<	*tjaw	A
	恌	tiāo	<	thew	<	*hlew	A
	傲	xiào	<	hæwH	<	*graws	A
	敖	áo	<	ngaw	<	*ngaw	A
161.3	芩	qín	<	gim	<	*g(r)jɨm	A
	琴	qín	<	gim	<	*g(r)jɨm	A
	琴	qín	<	gim	<	*g(r)jɨm	A
	湛	dān	<	tom	<	*k-lɨm	A

	心	xīn	<	sim	<	*sjɨm	A

162　Xiǎo yǎ 小雅: Sì mǔ 四牡

162.1	騑	fēi	<	phjɨj	<	*phjɨj	A
	遲	chí	<	drij	<	*drjɨj	A
	歸	guī	<	kjwɨj	<	*kʷjɨj	A
	悲	bēi	<	pij	<	*prjɨj	A
162.2	騑	fēi	<	phjɨj	<	*phjɨj	A
	馬	mǎ	<	mæX	<	*mraʔ	B
	歸	guī	<	kjwɨj	<	*kʷjɨj	A
	盬	gǔ	<	kuX	<	*kaʔ	B
	處	chǔ	<	tsyhoX	<	*KHjaʔ	B
162.3	下	xià	<	hæX	<	*graʔ	A
	栩	xǔ	<	xjuX	<	*hw(r)jaʔ	A
	盬	gǔ	<	kuX	<	*kaʔ	A
	父	fù	<	bjuX	<	*b(r)jaʔ	A
162.4	止	zhǐ	<	tsyiX	<	*tjɨʔ	A
	杞	qǐ	<	khiX	<	*kh(r)jɨʔ	A
	母	mǔ	<	muwX	<	*m(r)o/ɨʔ	A
162.5	駸	qīn	<	tsrhim	<	*tshrjim	A
	諗	shěn	<	syimX	<	*hnjimʔ	A

163　Xiǎo yǎ 小雅: Huáng huáng zhě huā 皇皇者华

163.1	華	huā	<	xwæ	<	*hwra	A
	隰	xí	<	zip	<	*zjɨp	B
	夫	fū	<	pju	<	*p(r)ja	A
	及	jí	<	gip	<	*g(r)jɨp	B
163.2	駒	jū	<	kju	<	*k(r)jo	A
	濡	rú	<	nyu	<	*njo	A
	驅	qū	<	khju	<	*kh(r)jo	A
	諏	[zōu]	<	tsju	<	*tsjo	A

163.3	騏	qí	<	gi	<	*g(r)jɨ	A
	絲	sī	<	si	<	*sjɨ	A
	謀	móu	<	mjuw	<	*mjɨ	A
163.4	駱	luò	<	lak	<	*C-rak	A
	若	ruò	<	nyak	<	*njak	A
	度	duó	<	dak	<	*lak	A
163.5	駰	yīn	<	ʔjin	<	*ʔjin	A
	均	jūn	<	kjwin	<	*kʷjin	A
	詢	[xún]	<	swin	<	*swjin	A

164 *Xiǎo yǎ* 小雅：*Cháng dì* 常棣

164.1	韡	wěi	<	hjwɨjX	<	*wjɨjʔ	A
	弟	dì	<	dejX	<	*dɨ/ijʔ	A
164.2	威	wēi	<	ʔjwɨj	<	*ʔjuj	A
	懷	huái	<	hwɛj	<	*gruj	A
	裒	póu	<	buw	<	*bU	B
	求	qiú	<	gjuw	<	*grju	B
164.3	原	yuán	<	ngjwon	<	*ngʷjan	A
	難	nán	<	nan	<	*nan	A
	歎	[tàn]	<	than	<	*hnan	A
164.4	務	wù	<	mjuH	<	*m(r)jos	A
	戎	róng	<	nyuwng	<	*njung	A
164.5	平	píng	<	bjæng	<	*brjeng	A
	寧	níng	<	neng	<	*neng	A
	生	shēng	<	srjæng	<	*srjeng	A
164.6	豆	dòu	<	duwH	<	*dos	A
	飫	yù	<	ʔjuH	<	*ʔ(r)joks	A
	具	jù	<	gjuH	<	*g(r)jos	A
	孺	[rú]	<	nyuH	<	*njos	A
164.7	合	hé	<	hop	<	*gop	A
	琴	qín	<	gim	<	*g(r)jɨm	B

	翕	xì	<	xip	<	*x(r)jo/up	A
	湛	dān	<	tom	<	*k-l<u>i</u>m	B
164.8	家	jiā	<	kæ	<	*kra	A
	帑	nú	<	nu	<	*na	A
	圖	tú	<	du	<	*d/la	A
	乎	[hū]	<	hu	<	*ɦa	A

165　Xiǎo yǎ 小雅：Fá mù 伐木

165.1	丁	zhēng	<	trɛng	<	*treng	A
	嚶	yīng	<	ʔɛng	<	*ʔreng	A
	谷	gǔ	<	kuwk	<	*kok	B
	木	mù	<	muwk	<	*mok	B
	聲	shēng	<	syeng	<	*xjeng	C
	聲	shēng	<	syeng	<	*xjeng	C
	生	shēng	<	srjæng	<	*srjeng	C
	平	píng	<	bjæng	<	*brjeng	C
165.2	許	hǔ	<	xuX	<	*hngaʔ	A
	藇	xù	<	zjoX	<	*zljaʔ	A
	羜	zhù	<	drjoX	<	*drjaʔ	A
	父	fù	<	bjuX	<	*b(r)jaʔ	A
	顧	gù	<	kuH	<	*kaʔ(s)	A
	埽	sào	<	sawH	<	*sus	B
	簋	guǐ	<	kwijX	<	*kʷrjuʔ	B
	牡	mǔ	<	muwX	<	*m(r)juʔ	B
	舅	jiù	<	gjuwX	<	*g(r)juʔ	B
	咎	jiù	<	gjuwX	<	*g(r)juʔ	B
165.3	阪	[bǎn]	<	pjonX	<	*pjanʔ	A
	衍	yǎn	<	yenX	<	*ranʔ	A
	踐	jiàn	<	dzjenX	<	*dzjanʔ	A
	遠	yuǎn	<	hjwonX	<	*wjanʔ	A
	愆	qiān	<	khjen	<	*khrjan	A

	湑	xǔ	<	sjoX	<	*sngjaʔ	B
	酤	[gū]	<	huX	<	*gaʔ	B
	鼓	gǔ	<	kuX	<	*kaʔ	B
	舞	wǔ	<	mjuX	<	*m(r)jaʔ	B
	暇	[xiá]	<	hæH	<	*gras	B
	湑	xǔ	<	sjoX	<	*sngjaʔ	B

166　Xiǎo yǎ 小雅：Tiān bǎo 天保

166.1	固	gù	<	kuH	<	*kas	A
	除	zhù	<	drjoH	<	*lrjas	A
	庶	shù	<	syoH	<	*stjaks	A
166.2	穀	gǔ	<	kuwk	<	*kok	A
	祿	lù	<	luwk	<	*b-rok	A
	足	zú	<	tsjowk	<	*tsjok	A
166.3	興	xīng	<	xing	<	*x(r)jɨng	A
	陵	líng	<	ling	<	*b-rjɨng	A
	增	zēng	<	tsong	<	*tsɨng	A
166.4	享	xiǎng	<	xjangX	<	*xjangʔ	A
	嘗	cháng	<	dzyang	<	*djang	A
	王	wáng	<	hjwang	<	*wjang	A
	疆	jiāng	<	kjang	<	*kjang	A
166.5	福	fú	<	pjuwk	<	*pjɨk	A
	食	shí	<	zyik	<	*Ljɨk	A
	德	dé	<	tok	<	*tɨk	A
166.6	恆	gèng	<	kongH	<	*kɨngs	A
	升	shēng	<	sying	<	*h(l)jɨng	A
	壽	shòu	<	dzyuwX	<	*djuʔ	B
	崩	bēng	<	pong	<	*pɨng	A
	茂	[mào]	<	muwH	<	*m(r)juʔ(s)	B
	承	chéng	<	dzying	<	*djɨng	A

167　Xiǎo yǎ 小雅：Cǎi wēi 采薇

167.1	薇	[wēi]	<	mjɨj	<	*mjɨj	A
	作	zuò	<	tsak	<	*tsak	B
	歸	guī	<	kjwɨj	<	*kʷjɨj	A
	莫	mù	<	muH	<	*maks	B
	家	jiā	<	kæ	<	*kra	C
	故	gù	<	kuH	<	*kaʔ(s)	C
	居	jū	<	kjo	<	*k(r)ja	C
	故	gù	<	kuH	<	*kaʔ(s)	C
167.2	薇	[wēi]	<	mjɨj	<	*mjɨj	A
	柔	róu	<	nyuw	<	*nju	B
	歸	guī	<	kjwɨj	<	*kʷjɨj	A
	憂	yōu	<	ʔjuw	<	*ʔ(r)ju	B
	烈	liè	<	ljet	<	*C-rjat	C
	渴	kě	<	khat	<	*khat	C
	定	dìng	<	dengH	<	*dengs	D
	聘	[pìn]	<	phjiengH	<	*phjengs	D
167.3	薇	[wēi]	<	mjɨj	<	*mjɨj	A
	剛	gāng	<	kang	<	*kang	B
	歸	guī	<	kjwɨj	<	*kʷjɨj	A
	陽	yáng	<	yang	<	*ljang	B
	盬	gǔ	<	kuX	<	*kaʔ	C
	處	chǔ	<	tsyhoX	<	*KHjaʔ	C
	疚	jiù	<	kjuwH	<	*kʷjɨ(k)s	D
	來	lái	<	loj	<	*C-rɨ(k)	D
167.4	何	hé	<	ha	<	*gaj	A
	華	huā	<	xwæ	<	*hwra	B
	何	hé	<	ha	<	*gaj	A
	車	jū	<	kjo	<	*k(r)ja	B
	駕	jià	<	kæH	<	*krajs	A
	業	yè	<	ngjæp	<	*ng(r)jap	C

附录 B 《诗经》押韵

	捷	*jié*	<	dzjep	<	* dzjap	C
167.5	騤	*kuí*	<	gwij	<	* $g^w rj\dot{i}j$	A
	依	*yī*	<	ʔjɨj	<	*ʔjɨj	A
	腓	*féi*	<	bjɨj	<	* bjɨj	A
	翼	*yì*	<	yik	<	* ljɨk	B
	服	*fú*	<	bjuwk	<	* bjɨk	B
	戒	*jiè*	<	kɛjH	<	* krɨk(s)	B
	棘	*jí*	<	kik	<	* krjɨk	B
167.6	依	*yī*	<	ʔjɨj	<	*ʔjɨj	A
	霏	*fēi*	<	phjɨj	<	* phjɨj	A
	遲	*chí*	<	drij	<	* drjɨj	A
	飢	*jī*	<	kij	<	* krjɨj	A
	悲	*bēi*	<	pij	<	* prjɨj	A
	哀	*āi*	<	ʔoj	<	*ʔɨj	A

168   Xiǎo yǎ 小雅: Chū jū 出车

168.1	牧	*mù*	<	mjuwk	<	* mjɨk	A
	來	*lái*	<	loj	<	* C-rɨ (k)	A
	載	*zài*	<	tsojH	<	* tsɨ (k)s	A
	棘	*jí*	<	kik	<	* krjɨk	A
168.2	郊	*jiāo*	<	kæw	<	* kraw	A
	旐	*zhào*	<	drjewX	<	* drjawʔ	A
	旄	*máo*	<	maw	<	* maw	A
	旆	[*pèi*]	<	bajH	<	* bots	B
	瘁	[*cuì*]	<	dzwijH	<	* dzjuts	B
168.3	方	*fāng*	<	pjang	<	* pjang	A
	彭	*péng*	<	bæng	<	* brang	A
	央	[*yāng*]	<	ʔjæng	<	*ʔrjang	A
	方	*fāng*	<	pjang	<	* pjang	A
	襄	*xiāng*	<	sjang	<	* snjang	A
168.4	華	*huā*	<	xwæ	<	* hwra	A

	塗	tú	<	du	<	*la	A
	居	jū	<	kjo	<	*k(r)ja	A
	書	shū	<	syo	<	*stja	A
168.5	蟲	chóng	<	drjuwng	<	*lrjung	A
	螽	zhōng	<	tsyuwng	<	*tjung	A
	忡	chōng	<	trhjuwng	<	*kh-ljung	A
	降	xiáng	<	hæwng	<	*ɦkrung	A
	戎	róng	<	nyuwng	<	*njung	A
168.6	遲	chí	<	drij	<	*drjɨj	A
	萋	qī	<	tshej	<	*tshɨj	A
	喈	jiē	<	kɛj	<	*krɨj	A
	祁	qí	<	gij	<	*grjɨj	A
	歸	guī	<	kjwɨj	<	*kʷjɨj	A
	夷	yí	<	yij	<	*ljɨj	A

169 *Xiǎo yǎ* 小雅: *Dì dù* 杕杜

169.1	杕	dù	<	duX	<	*laʔ	A
	實	shí	<	zyit	<	*Ljit	B
	盬	gǔ	<	kuX	<	*kaʔ	A
	日	rì	<	nyit	<	*njit	B
	陽	yáng	<	yang	<	*ljang	C
	傷	shāng	<	syang	<	*hljang	C
	遑	huáng	<	hwang	<	*wang	C
169.2	杕	dù	<	duX	<	*laʔ	A
	萋	qī	<	tshej	<	*tshɨj	B
	盬	gǔ	<	kuX	<	*kaʔ	A
	悲	bēi	<	pij	<	*prjɨj	B
	萋	qī	<	tshej	<	*tshɨj	C
	悲	bēi	<	pij	<	*prjɨj	C
	歸	guī	<	kjwɨj	<	*kʷjɨj	C
169.3	杞	qǐ	<	khiX	<	*kh(r)jɨʔ	A

	母	mǔ	<	muwX	<	*m(r)o/ɨʔ	A
	幝	chǎn	<	tsyhenX	<	*thjanʔ	B
	痯	guǎn	<	kwanX	<	*kʷanʔ	B
	遠	yuǎn	<	hjwonX	<	*wjanʔ	B
169.4	載	zài	<	tsojH	<	*tsɨ(k)s	A
	來	lái	<	loj	<	*C-rɨ(k)	A
	疚	jiù	<	kjuwH	<	*kʷjɨ(k)s	A
	至	zhì	<	tsyijH	<	*tjits	B
	恤	xù	<	swit	<	*swjit	B
	偕	[xié]	<	kɛj	<	*krij(ʔ)	C
	近	jìn	<	gjɨnX	<	*gjɨnʔ	C
	邇	ěr	<	nyeX	<	*njɨjʔ	C

170 Xiǎo yǎ 小雅: Yú lí 鱼丽

170.1	罶	liǔ	<	ljuwX	<	*C-rjuʔ	A
	鯊	shā	<	sræ	<	*sCraj	B
	酒	jiǔ	<	tsjuwX	<	*tsjuʔ	A
	多	duō	<	ta	<	*taj	B
170.2	罶	liǔ	<	ljuwX	<	*C-rjuʔ	A
	鱧	lǐ	<	lejX	<	*C-rijʔ	B
	酒	jiǔ	<	tsjuwX	<	*tsjuʔ	A
	旨	zhǐ	<	tsyijX	<	*kjijʔ	B
170.3	罶	liǔ	<	ljuwX	<	*C-rjuʔ	A
	鯉	lǐ	<	liX	<	*C-rjɨʔ	B
	酒	jiǔ	<	tsjuwX	<	*tsjuʔ	A
	有	yǒu	<	hjuwX	<	*wjɨʔ	B
170.4	多	duō	<	ta	<	*taj	A
	嘉	jiā	<	kæ	<	*kraj	A
170.5	旨	zhǐ	<	tsyijX	<	*kjijʔ	A
	偕	[xié]	<	kɛj	<	*krij(ʔ)	A
170.6	有	yǒu	<	hjuwX	<	*wjɨʔ	A

| | 時 | shí | < | dzyi | < | *djɨ (?) | A |

171 Xiǎo yǎ 小雅：Nán yǒu jiā yú 南有嘉鱼

171.1	罩	zhào	<	træwH	<	*trawks	A
	樂	lè	<	lak	<	*g-rawk	A
171.2	汕	shàn	<	srænH	<	*s(C)r(j)ans	A
	衎	kàn	<	khanH	<	*khans	A
171.3	纍	léi	<	lwij	<	*C-rjuj	A
	綏	[suí]	<	swij	<	*snjuj	A
171.4	來	lái	<	loj	<	*C-rɨ (k)	A
	又	yòu	<	hjuwH	<	*wjɨ(k)s	A

172 Xiǎo yǎ 小雅：Nán shān yǒu tái 南山有台

172.1	臺	tái	<	doj	<	*lɨ	A
	萊	lái	<	loj	<	*C-rɨ	A
	基	jī	<	ki	<	*k(r)jɨ	A
	期	[qī]	<	gi	<	*g(r)jɨ	A
172.2	桑	sāng	<	sang	<	*sang	A
	楊	yáng	<	yang	<	*ljang	A
	光	guāng	<	kwang	<	*kʷang	A
	疆	jiāng	<	kjang	<	*kjang	A
172.3	杞	qǐ	<	khiX	<	*kh(r)jɨʔ	A
	李	lǐ	<	liX	<	*C-rjɨʔ	A
	子	zǐ	<	tsiX	<	*tsjɨʔ	A
	母	mǔ	<	muwX	<	*m(r)o/ɨʔ	A
	子	zǐ	<	tsiX	<	*tsjɨʔ	A
	已	yǐ	<	yiX	<	*ljɨʔ	A
172.4	栲	kǎo	<	khawX	<	*khuʔ	A
	杻	niǔ	<	nrjuwX	<	*nrjuʔ	A
	壽	shòu	<	dzyuwX	<	*djuʔ	A
	茂	[mào]	<	muwH	<	*m(r)juʔ(s)	A

172.5	枸	[jǔ]	<	gjuX	<	*g(r)joʔ	A
	楰	[yú]	<	yuX	<	*joʔ	A
	耇	gǒu	<	kuwX	<	*k(r)oʔ	A
	後	hòu	<	huwX	<	*ɦ(r)oʔ	A

173 *Xiǎo yǎ* 小雅: *Lù xiāo* 蓼萧

173.1	湑	xǔ	<	sjoX	<	*sngjaʔ	A
	寫	xiě	<	sjæX	<	*sjA(k)ʔ	A
	語	yǔ	<	ngjoX	<	*ng(r)jaʔ	A
	處	chǔ	<	tsyhoX	<	*KHjaʔ	A
173.2	瀼	ráng	<	nyang	<	*njang	A
	光	guāng	<	kwang	<	*kʷang	A
	爽	shuǎng	<	srjangX	<	*srjangʔ	A
	忘	wàng	<	mjang(H)	<	*mjang	A
173.3	泥	nǐ	<	nejX	<	*nɨjʔ	A
	弟	[tì]	<	dejX	<	*dɨjʔ	A
	弟	dì	<	dejX	<	*dɨ/ijʔ	A
	豈	kǎi	<	khojX	<	*khɨjʔ	A
173.4	濃	nóng	<	[nuwng]	<	*nung(ʔ)	A
	沖	[chōng]	<	drjuwng	<	*g-ljung	A
	雝	yōng	<	ʔjowng	<	*ʔ(r)jong	A
	同	tóng	<	duwng	<	*dong	A

174 *Xiǎo yǎ* 小雅: *Zhàn lù* 湛露

174.1	晞	xī	<	xjɨj	<	*xjɨj	A
	歸	guī	<	kjwɨj	<	*kʷjɨj	A
174.2	草	cǎo	<	tshawX	<	*tshuʔ	A
	考	kǎo	<	khawX	<	*khuʔ	A
174.3	棘	jí	<	kik	<	*krjɨk	A
	德	dé	<	tok	<	*tɨk	A
174.4	椅	yī	<	ʔje	<	*ʔ(r)jaj	A

	離	lí	<	lje	<	*C-rjaj	A
	儀	yí	<	ngje	<	*ng(r)jaj	A

175　Xiǎo yǎ 小雅：Tóng gōng 彤弓

175.1	藏	cáng	<	dzang	<	*fitshang	A
	貺	[kuàng]	<	xjwangH	<	*hwjangs	A
	饗	xiǎng	<	xjangX	<	*xjangʔ	A
175.2	載	zài	<	tsojH	<	*tsɨ(k)s	A
	喜	xǐ	<	xiX	<	*x(r)jɨʔ	A
	右	yòu	<	hjuwX/H	<	*wjɨʔ(s)	A
175.3	櫜	gāo	<	kaw	<	*ku	A
	好	hào	<	xawH	<	*xu(ʔ)s	A
	醻	chóu	<	dzyuw	<	*dju	A

176　Xiǎo yǎ 小雅：Jīng jīng zhě é 菁菁者莪

176.1	莪	é	<	nga	<	*ngaj	A
	阿	ē	<	ʔa	<	*ʔaj	A
	儀	yí	<	ngje	<	*ng(r)jaj	A
176.2	沚	zhǐ	<	tsyiX	<	*tjɨʔ	A
	喜	xǐ	<	xiX	<	*x(r)jɨʔ	A
176.3	陵	líng	<	ling	<	*b-rjɨng	A
	朋	péng	<	bong	<	*bɨng	A
176.4	舟	zhōu	<	tsyuw	<	*tju	A
	浮	fú	<	bjuw	<	*b(r)ju	A
	休	xiū	<	xjuw	<	*x(r)ju	A

177　Xiǎo yǎ 小雅：Liù yuè 六月

177.1	棲	xī	<	sej	<	*sɨj	A
	飭	chì	<	trhik	<	*hrjɨk	B
	騤	kuí	<	gwij	<	*gʷrjɨj	A
	服	fú	<	bjuwk	<	*bjɨk	B

	熾	*chì*	<	tsyhiH	<	*thjɨk(s)	B
	急	*jí*	<	kip	<	*k(r)jɨp	B
	國	*guó*	<	kwok	<	*kʷɨk	B
177.2	則	*zé*	<	tsok	<	*tsɨk	A
	服	*fú*	<	bjuwk	<	*bjɨk	A
	里	*lǐ*	<	liX	<	*C-rjɨʔ	B
	子	*zǐ*	<	tsiX	<	*tsjɨʔ	B
177.3	顒	*yóng*	<	ngjowng	<	*ng(r)jong	A
	公	*gōng*	<	kuwng	<	*kong	A
	翼	*yì*	<	yik	<	*ljɨk	B
	服	*fú*	<	bjuwk	<	*bjɨk	B
	服	*fú*	<	bjuwk	<	*bjɨk	B
	國	*guó*	<	kwok	<	*kʷɨk	B
177.4	茹	[*rú*]	<	nyoH	<	*njas	A
	穫	[*huò*]	<	huH	<	*waks	A
	方	*fāng*	<	pjang	<	*pjang	B
	陽	*yáng*	<	yang	<	*ljang	B
	章	*zhāng*	<	tsyang	<	*tjang	B
	央	[*yāng*]	<	ʔjæng	<	*ʔrjang	B
	行	*háng*	<	hang	<	*gang	B
177.5	安	*ān*	<	ʔan	<	*ʔan	A
	軒	[*xuān*]	<	xjon	<	*xjan	A
	閑	*xián*	<	[hɛn]	<	*gran	A
	原	*yuán*	<	ngjwon	<	*ngʷjan	A
	憲	*xiàn*	<	xjonH	<	*xjans	A
177.6	喜	*xǐ*	<	xiX	<	*x(r)jɨʔ	A
	祉	[*zhǐ*]	<	trhiX	<	*thrjɨʔ	A
	久	*jiǔ*	<	kjuwX	<	*kʷjɨʔ	A
	友	*yǒu*	<	hjuwX	<	*wjɨʔ	A
	鯉	*lǐ*	<	liX	<	*C-rjɨʔ	A
	矣	*yǐ*	<	hiX	<	*ɦjɨʔ	A

	友	yǒu	<	hjuwX	<	*wjɨʔ	A

178 *Xiǎo yǎ* 小雅: *Cǎi qǐ* 采芑

178.1	芑	qǐ	<	khiX	<	*kh(r)jɨʔ	A
	田	tián	<	den	<	*din	B
	畝	mǔ	<	muwX	<	*m(r)oʔ/ɨʔ	A
	涖	lì	<	lijH	<	*C-rjɨps	C
	千	qiān	<	tshen	<	*snin	B
	試	shì	<	syiH	<	*hljɨk(s)	D
	率	[shuài]	<	srwit	<	*srjut	C
	騏	qí	<	gi	<	*g(r)jɨ	A
	翼	yì	<	yik	<	*ljɨk	D
	奭	[shì]	<	xik	<	*x(r)jɨk	D
	服	fú	<	bjuwk	<	*bjɨk	D
	革	gé	<	kɛk	<	*krɨk	D
178.2	田	tián	<	den	<	*din	A
	鄉	xiāng	<	xjang	<	*xjang	B
	涖	lì	<	lijH	<	*C-rjɨps	C
	千	qiān	<	tshen	<	*snin	A
	央	[yāng]	<	ʔjæng	<	*ʔrjang	B
	率	[shuài]	<	srwit	<	*srjut	C
	衡	héng	<	hæng	<	*grang	B
	瑲	qiāng	<	tshjang	<	*tshjang	B
	皇	huáng	<	hwang	<	*wang	B
	珩	héng	<	hæng	<	*grang	B
178.3	天	tiān	<	then	<	*hlin	A
	涖	lì	<	lijH	<	*C-rjɨps	B
	千	qiān	<	tshen	<	*snin	A
	率	[shuài]	<	srwit	<	*srjut	B
	鼓	gǔ	<	kuX	<	*kaʔ	C
	旅	lǚ	<	ljoX	<	*g-rjaʔ	C

	淵	yuān	<	ʔwen	<	*ʔʷin	D
	閴	tián	<	den	<	*din	D
178.4	讎	chóu	<	dzyuw	<	*Gju	A
	老	lǎo	<	lawX	<	*C-ruʔ	A
	猶	yóu	<	yuw	<	*ju	A
	醜	chǒu	<	tsyhuwX	<	*thjuʔ	A
	焞	[tūn]	<	thwoj	<	*thuj	B
	雷	léi	<	lwoj	<	*C-ruj	B
	威	wēi	<	ʔjwɨj	<	*ʔjuj	B

179　Xiǎo yǎ 小雅: Jū gōng 车攻

179.1	攻	gōng	<	kuwng	<	*kong	A
	同	tóng	<	duwng	<	*dong	A
	龐	lóng	<	luwng	<	*b-rong	A
	東	dōng	<	tuwng	<	*tong	A
179.2	好	hǎo	<	xawX	<	*xuʔ	A
	阜	fù	<	bjuwX	<	*b(r)juʔ	A
	草	cǎo	<	tshawX	<	*tshuʔ	A
	狩	shòu	<	syuwH	<	*stjus	A
179.3	苗	miáo	<	mjew	<	*m(r)jaw	A
	嚻	áo	<	ngaw	<	*ngaw	A
	旄	máo	<	maw	<	*maw	A
	敖	áo	<	ngaw	<	*ngaw	A
179.4	奕	yì	<	yek	<	*jAk	A
	舄	xì	<	sjek	<	*sjAk	A
	繹	yì	<	yek	<	*ljAk	A
179.5	佽	cì	<	tshijH	<	*tshjijs	A
	調	tiáo	<	dew	<	*diw	B
	同	tóng	<	duwng	<	*dong	B
	柴	zì	<	dzjeH	<	*dzjejs	A
179.6	駕	jià	<	kæH	<	*krajs	A

	猗	[yī]	<	ʔjeH	<	*ʔ(r)jajs	A
	馳	chí	<	drje	<	*lrjaj	A
	破	pò	<	phaH	<	*phajs	A
179.7	蕭	xiāo	<	sew	<	*siw	A
	鳴	míng	<	mjæng	<	*mrjeng	B
	悠	[yōu]	<	yuw	<	*ljiw	A
	旌	jīng	<	tsjeng	<	*tsjeng	B
	驚	jīng	<	kjæng	<	*krjeng	B
	盈	yíng	<	yeng	<	*(l)jeng	B
179.8	征	zhēng	<	tsyeng	<	*tjeng	A
	聲	shēng	<	syeng	<	*xjeng	A
	成	chéng	<	dzyeng	<	*djeng	A

180   Xiǎo yǎ 小雅: Jí rì 吉日

180.1	戊	[wù]	<	muwH	<	*m(r)jus	A
	禱	dǎo	<	tawX	<	*tuʔ	A
	好	hǎo	<	xawX	<	*xuʔ	A
	阜	fù	<	bjuwX	<	*b(r)juʔ	A
	阜	fù	<	bjuwX	<	*b(r)juʔ	A
	醜	chǒu	<	tsyhuwX	<	*thjuʔ	A
180.2	午	wǔ	<	nguX	<	*ngaʔ	A
	馬	mǎ	<	mæX	<	*mraʔ	A
	同	tóng	<	duwng	<	*dong	B
	麌	yǔ	<	ngjuX	<	*ngʷ(r)jaʔ	A
	從	cóng	<	dzjowng	<	*dzjong	B
	所	suǒ	<	srjoX	<	*s(k)rjaʔ	A
180.3	有	yǒu	<	hjuwX	<	*wjɨʔ	A
	俟	sì	<	zriX	<	*zrjɨʔ	A
	友	yǒu	<	hjuwX	<	*wjɨʔ	A
	右	yòu	<	hjuwX/H	<	*wjɨʔ(s)	A
	子	zǐ	<	tsiX	<	*tsjɨʔ	A

180.4	矢	shǐ	<	syijX	<	* hljijʔ	A
	兕	sì	<	zijX	<	* zjijʔ	A
	醴	lǐ	<	lejX	<	* C-rijʔ	A

181　Xiǎo yǎ 小雅: Hóng yàn 鴻雁

181.1	羽	yǔ	<	hjuX	<	* w(r)jaʔ	A
	野	yě	<	yæX	<	* ljAʔ	A
	寡	guǎ	<	kwæX	<	* kʷraʔ	A
181.2	澤	zé	<	dræk	<	* lrak	A
	作	zuò	<	tsak	<	* tsak	A
	宅	zhái	<	dræk	<	* drak	A
181.3	嗸	áo	<	ngaw	<	* ngaw	A
	勞	láo	<	law	<	* C-raw	A
	驕	jiāo	<	kjew	<	* k(r)jaw	A

182　Xiǎo yǎ 小雅: Tíng liáo 庭燎

182.1	央	yāng	<	ʔjang	<	*ʔjang	A
	光	guāng	<	kwang	<	* kʷang	A
	將	qiāng	<	tshjang	<	* tshjang	A
182.2	艾	ài	<	ngajH	<	* ngats	A
	晣	[zhé]	<	tsyejH	<	* tjats	A
	噦	huì	<	xwajH	<	* hwats	A
182.3	晨	chén	<	dzyin	<	* djɨn	A
	煇	huī	<	xjwɨj	<	* hwjɨj	A
	旂	qí	<	gjɨj	<	* gjɨj	A

183　Xiǎo yǎ 小雅: Miǎn shuǐ 沔水

183.1	水	shuǐ	<	sywijX	<	* h[l]jujʔ	A
	海	hǎi	<	xojX	<	* hmɨʔ	B
	隼	sǔn	<	swinX	<	* sjunʔ	A
	止	zhǐ	<	tsyiX	<	* tjɨʔ	B

	弟	dì	<	dejX	<	* dɨ/ij?	A
	友	yǒu	<	hjuwX	<	* wjɨ?	B
	母	mǔ	<	muwX	<	* m(r)o/ɨ?	B
183.2	水	shuǐ	<	sywijX	<	* h[l]juj?	A
	湯	shāng	<	syang	<	* hljang	B
	隼	sǔn	<	swinX	<	* sjun?	A
	揚	yáng	<	yang	<	* ljang	B
	行	xíng	<	hæng	<	* grang	B
	忘	wàng	<	mjang(H)	<	* mjang	B
183.3	陵	líng	<	ling	<	* b-rjɨng	A
	懲	chéng	<	dring	<	* drjɨng	A
	興	xīng	<	xing	<	* x(r)jɨng	A

184　*Xiǎo yǎ* 小雅：*Hè míng* 鶴鳴

184.1	野	yě	<	yæX	<	* ljA?	A
	渚	zhǔ	<	tsyoX	<	* tja?	A
	園	yuán	<	hjwon	<	* wjan	B
	檀	tán	<	dan	<	* dan	B
	擇	tuò	<	thak	<	* hlak	C
	石	shí	<	dzyek	<	* djAk	C
	錯	cuò	<	tshak	<	* tshak	C
184.2	天	tiān	<	then	<	* hlin	A
	淵	yuān	<	ʔwen	<	*ʔʷin	A
	園	yuán	<	hjwon	<	* wjan	B
	檀	tán	<	dan	<	* dan	B
	穀	gǔ	<	kuwk	<	* kok	C
	玉	yù	<	ngjowk	<	* ng(r)jok	C

185　*Xiǎo yǎ* 小雅：*Qí fù* 祈父

185.1	牙	yá	<	ngæ	<	* ngra	A
	居	jū	<	kjo	<	* k(r)ja	A

185.2	士	shì	<	dzriX	<	*ɦsrjɨʔ	A
	止	zhǐ	<	tsyiX	<	*tjɨʔ	A
185.3	聰	cōng	<	tshuwng	<	*tshong	A
	饔	yōng	<	ʔjowng	<	*ʔ(r)jong	A

186 Xiǎo yǎ 小雅: Bái jū 白驹

186.1	苗	miáo	<	mjew	<	*m(r)jaw	A
	朝	zhāo	<	trjew	<	*trjaw	A
	遙	yáo	<	yew	<	*ljaw	A
186.2	藿	huò	<	xwak	<	*hwak	A
	夕	xī	<	zjek	<	*z(l)jAk	A
	客	kè	<	khæk	<	*khrak	A
186.3	思	sī	<	si	<	*sjɨ	A
	期	[qī]	<	gi	<	*g(r)jɨ	A
	思	sī	<	si	<	*sjɨ	A
186.4	谷	gǔ	<	kuwk	<	*kok	A
	束	shù	<	syowk	<	*hjok	A
	玉	yù	<	ngjowk	<	*ng(r)jok	A
	音	yīn	<	ʔim	<	*ʔ(r)jɨm	B
	心	xīn	<	sim	<	*sjɨm	B

187 Xiǎo yǎ 小雅: Huáng niǎo 黄鸟

187.1	穀	gǔ	<	kuwk	<	*kok	A
	粟	sù	<	sjowk	<	*sjok	A
	穀	gǔ	<	kuwk	<	*kok	A
	族	zú	<	dzuwk	<	*dzok	A
187.2	桑	sāng	<	sang	<	*sang	A
	梁	liáng	<	ljang	<	*C-rjang	A
	明	míng	<	mjæng	<	*mrjang	A
	兄	xiōng	<	xjwæng	<	*hwrjang	A
187.3	栩	xǔ	<	xjuX	<	*hw(r)jaʔ	A

	黍	shǔ	<	syoX	<	*hjaʔ	A
	處	chǔ	<	tsyhoX	<	*KHjaʔ	A
	父	fù	<	bjuX	<	*b(r)jaʔ	A

188 Xiǎo yǎ 小雅: Wǒ xíng qí yě 我行其野

188.1	樗	chū	<	trhjo	<	*hlrja(ʔ)	A
	居	jū	<	kjo	<	*k(r)ja	A
	家	jiā	<	kæ	<	*kra	A
188.2	蓫	[zhú]	<	trhjuwk	<	*hlrjiwk	A
	宿	sù	<	sjuwk	<	*sjuk	A
	蓄	xù	<	xjuwk	<	*x(r)juk(ʔ)	A
	復	fù	<	bjuwk	<	*b(r)juk	A
188.3	葍	fú	<	pjuwk	<	*pjɨk	A
	特	[tè]	<	dok	<	*dɨk	A
	富	fù	<	pjuwH	<	*pjɨk(s)	B
	異	yì	<	yiH	<	*ljɨks	B

189 Xiǎo yǎ 小雅: Sī gān 斯干

189.1	干	gān	<	kan	<	*kan	A
	山	shān	<	srɛn	<	*srjan	A
	苞	bāo	<	pæw	<	*pru	B
	茂	[mào]	<	muwH	<	*m(r)juʔ(s)	B
	好	hào	<	xawH	<	*xu(ʔ)s	B
	猶	yóu	<	yuw	<	*ju	B
189.2	祖	zǔ	<	tsuX	<	*tsaʔ	A
	堵	dǔ	<	tuX	<	*taʔ	A
	戶	hù	<	huX	<	*gaʔ	A
	處	chǔ	<	tsyhoX	<	*KHjaʔ	A
	語	yǔ	<	ngjoX	<	*ng(r)jaʔ	A
189.3	閣	gé	<	kak	<	*kak	A
	橐	tuó	<	thak	<	*thak	A

	除	zhù	<	drjoH	<	*lrjas	B
	去	qù	<	khjoH	<	*kh(r)jas	B
	芋	[yǔ]	<	xju	<	*hw(r)ja	B
189.4	翼	yì	<	yik	<	*ljɨk	A
	棘	jí	<	kik	<	*krjɨk	A
	革	gé	<	kɛk	<	*krɨk	A
	飛	fēi	<	pjɨj	<	*pjɨj	B
	躋	jī	<	tsej	<	*tsɨj	B
189.5	庭	tíng	<	deng	<	*leng	A
	楹	yíng	<	yeng	<	*(l)jeng	A
	正	zhēng	<	tsyeng	<	*tjeng	A
	冥	míng	<	meng	<	*meng	A
	寧	níng	<	neng	<	*neng	A
189.6	簟	diàn	<	demX	<	*limʔ	A
	寢	qǐn	<	tshimX	<	*tshjimʔ	A
	興	xīng	<	xing	<	*x(r)jɨng	B
	夢	mèng	<	mjuwng(H)	<	*mjɨng(s)	B
	何	hé	<	ha	<	*gaj	C
	羆	[pí]	<	pje	<	*p(r)jaj	C
	蛇	shé	<	zyæ	<	*LjAj	C
189.7	羆	[pí]	<	pje	<	*p(r)jaj	A
	祥	xiáng	<	zjang	<	*z(l)jang	B
	蛇	shé	<	zyæ	<	*LjAj	A
	祥	xiáng	<	zjang	<	*z(l)jang	B
189.8	牀	chuáng	<	dzrjang	<	*dzrjang	A
	裳	cháng	<	dzyang	<	*djang	A
	璋	zhāng	<	tsyang	<	*tjang	A
	喤	[huáng]	<	hwæng	<	*wrang	A
	皇	huáng	<	hwang	<	*wang	A
	王	wáng	<	hjwang	<	*wjang	A
189.9	地	dì	<	[dijH]	<	*lrjajs(?)	A

	裼	tì	<	thejH	<	*hleks	A
	瓦	wǎ	<	ngwæX	<	*ngʷrajʔ	B
	儀	yí	<	ngje	<	*ng(r)jaj	B
	議	yì	<	ngjeH	<	*ng(r)jajs	B
	羅	lí	<	lje	<	*C-rjaj	B

190　Xiǎo yǎ 小雅：Wú yáng 无羊

190.1	羣	qún	<	gjun	<	*gjun	A
	犉	rún	<	nywin	<	*njun	A
	濈	jí	<	tsrip	<	*tsrjɨ/up	B
	濕	shī	<	syip	<	*hjɨ/up	B
190.2	阿	ē	<	ʔa	<	*ʔaj	A
	池	chí	<	drje	<	*lrjaj	A
	訛	é	<	ngwa	<	*ngʷaj	A
	餱	hóu	<	huw	<	*g(r)o	B
	具	jù	<	gjuH	<	*g(r)jos	B
190.3	蒸	zhēng	<	tsying	<	*tjɨng	A
	雄	[xióng]	<	hjuwng	<	*wjɨng	A
	兢	[jīng]	<	ging	<	*g(r)jɨng	A
	崩	bēng	<	pong	<	*pɨng	A
	肱	gōng	<	kwong	<	*kʷɨng	A
	升	shēng	<	sying	<	*h(l)jɨng	A
190.4	魚	yú	<	ngjo	<	*ng(r)ja	A
	旟	yú	<	yo	<	*lja	A
	魚	yú	<	ngjo	<	*ng(r)ja	A
	年	nián	<	nen	<	*nin	B
	旟	yú	<	yo	<	*lja	A
	溱	zhēn	<	tsrin	<	*tsrjin	B

191　Xiǎo yǎ 小雅：Jié nán shān 节南山

191.1	巖	yán	<	ngæm	<	*ngram	A

	瞻	zhān	<	tsyem	<	* tjam	A
	惔	tán	<	dam	<	* lam	A
	談	tán	<	dam	<	* lam	A
	斬	zhǎn	<	tsrɛmX	<	* tsrjamʔ	A
	監	jiān	<	kæm	<	* kram	A
191.2	猗	yī	<	ʔje	<	*ʔ(r)jaj	A
	何	hé	<	ha	<	* gaj	A
	瘥	cuó	<	dza	<	* dzaj	A
	多	duō	<	ta	<	* taj	A
	嘉	jiā	<	kæ	<	* kraj	A
	嗟	jiē	<	tsjæ	<	* tsjAj	A
191.3	師	shī	<	srij	<	* srjij	A
	氐	dǐ	<	tejX	<	* tijʔ	A
	均	jūn	<	kjwin	<	* k^wjin	B
	維	wéi	<	ywij	<	* wjij	A
	毗	pí	<	bjij	<	* bjij	A
	迷	mí	<	mej	<	* mij	A
	天	tiān	<	then	<	* hlin	B
	師	shī	<	srij	<	* srjij	A
191.4	親	qīn	<	tshin	<	* tshjin	A
	信	xìn	<	sinH	<	* snjins	A
	仕	shì	<	dzriX	<	*ɦsrjɨʔ	B
	子	zǐ	<	tsiX	<	* tsjɨʔ	B
	已	yǐ	<	yiX	<	* ljɨʔ	B
	殆	dài	<	dojX	<	* lɨʔ	B
	仕	shì	<	dzriX	<	*ɦsrjɨʔ	B
191.5	憒	chōng	<	trhjowng	<	* hlrjong	A
	訩	xiōng	<	xjowng	<	* x(r)jong	A
	惠	huì	<	hwejH	<	* wets	B
	戾	lì	<	lejH	<	* C-rets	B
	屆	jiè	<	kɛjH	<	* krets	B

	闋	què	<	khwet	<	* k^whit	B
	夷	yí	<	yij	<	* ljɨj	C
	違	wéi	<	hjwɨj	<	* wjɨj	C
191.6	定	dìng	<	dengH	<	* dengs	A
	生	shēng	<	srjæng	<	* srjeng	A
	寧	níng	<	neng	<	* neng	A
	酲	chéng	<	drjeng	<	* lrjeng	A
	成	chéng	<	dzyeng	<	* djeng	A
	政	zhèng	<	tsyengH	<	* tjengs	A
	姓	xìng	<	sjengH	<	* sjengs	A
191.7	領	lǐng	<	ljengX	<	* C-rjengʔ	A
	騁	chěng	<	trhjengX	<	* hlrjengʔ	A
191.8	惡	è	<	ʔak	<	*ʔak	A
	矛	[máo]	<	mjuw	<	* m(r)ju	B
	懌	yì	<	yek	<	* ljAk	A
	醻	chóu	<	dzyuw	<	* dju	B
191.9	平	píng	<	bjæng	<	* brjeng	A
	寧	níng	<	neng	<	* neng	A
	正	zhèng	<	tsyengH	<	* tjengs	A
191.10	誦	sòng	<	zjowngH	<	* zljongs	A
	訩	xiōng	<	xjowng	<	* x(r)jong	A
	邦	bāng	<	pæwng	<	* prong	A

192　Xiǎo yǎ 小雅: Zhēng yuè 正月

192.1	霜	shuāng	<	srjang	<	* srjang	A
	傷	shāng	<	syang	<	* hljang	A
	將	jiāng	<	tsjang	<	* tsjang	A
	京	jīng	<	kjæng	<	* krjang	A
	痒	yáng	<	yang	<	*(l)jang	A
192.2	瘉	[yù]	<	yuX	<	* ljoʔ	A
	後	hòu	<	huwX	<	*ɦ(r)oʔ	A

	口	kǒu	<	khuwX	<	*kh(r)oʔ	A
	口	kǒu	<	khuwX	<	*kh(r)oʔ	A
	愈	[yù]	<	yuX	<	*ljoʔ	A
	侮	wǔ	<	mjuX	<	*m(r)joʔ(s)	A
192.3	禄	lù	<	luwk	<	*b-rok	A
	僕	[pú]	<	buwk	<	*bok	A
	禄	lù	<	luwk	<	*b-rok	A
	屋	wū	<	ʔuwk	<	*ʔok	A
192.4	蒸	zhēng	<	tsying	<	*tjɨng	A
	夢	mèng	<	mjuwng(H)	<	*mjɨng(s)	A
	勝	shēng	<	sying	<	*hljɨng	A
	憎	zēng	<	tsong	<	*tsɨng	A
192.5	陵	líng	<	ling	<	*b-rjɨng	A
	懲	chéng	<	dring	<	*drjɨng	A
	夢	mèng	<	mjuwng(H)	<	*mjɨng(s)	A
	雄	[xióng]	<	hjuwng	<	*wjɨng	A
192.6	局	jú	<	gjowk	<	*ɦkh(r)jok	A
	蹐	jí	<	tsjek	<	*tsjek	A
	脊	jǐ	<	tsjek	<	*tsjek	A
	蜴	[yì]	<	sek	<	*slek	A
192.7	特	[tè]	<	dok	<	*dɨk	A
	克	kè	<	khok	<	*khɨk	A
	則	zé	<	tsok	<	*tsɨk	A
	得	dé	<	tok	<	*tɨk	A
	力	lì	<	lik	<	*C-rjɨk	A
192.8	結	jié	<	ket	<	*kit/k	A
	厲	lì	<	ljejH	<	*C-rjats	A
	滅	miè	<	mjiet	<	*mjet	A
	威	xuè	<	xjwiet	<	*hmjet	A
192.9	雨	yǔ	<	hjuX	<	*w(r)jaʔ	A
	輔	[fǔ]	<	bjuX	<	*b(r)jaʔ	A

	予	yú	<	[yo]	<	*lja?	A
192.10	輻	fú	<	pjuwk	<	*pjɨk	A
	載	zài	<	tsojH	<	*tsɨ(k)s	A
	意	yì	<	ʔiH	<	*ʔ(r)jɨks	A
192.11	沼	zhǎo	<	tsyewX	<	*tjawʔ	A
	樂	lè	<	lak	<	*g-rawk	A
	炤	zhāo	<	tsyak	<	*tjawk	A
	虐	nüè	<	ngjak	<	*ng(r)jawk	A
192.12	酒	jiǔ	<	tsjuwX	<	*tsjuʔ	A
	殽	[yáo]	<	hæw	<	*graw	A
	云	yún	<	hjun	<	*wjɨn	B
	慇	yīn	<	ʔjɨn	<	*ʔjɨn	B
192.13	屋	wū	<	ʔuwk	<	*ʔok	A
	穀	gǔ	<	kuwk	<	*kok	A
	祿	lù	<	luwk	<	*b-rok	A
	椓	zhuó	<	træwk	<	*trok	A
	獨	dú	<	duwk	<	*dok	A

193 Xiǎo yǎ 小雅: Shí yuè zhī jiāo 十月之交

193.1	卯	mǎo	<	mæwX	<	*mruʔ	A
	醜	chǒu	<	tsyhuwX	<	*thjuʔ	A
	微	[wēi]	<	mjɨj	<	*mjɨj	B
	微	[wēi]	<	mjɨj	<	*mjɨj	B
	哀	āi	<	ʔoj	<	*ʔɨj	B
193.2	行	xíng	<	hæng	<	*grang	A
	良	liáng	<	ljang	<	*C-rjang	A
	常	cháng	<	dzyang	<	*djang	A
	臧	zāng	<	tsang	<	*tsang	A
193.3	電	diàn	<	denH	<	*dins	A
	令	lìng	<	ljeng(H)	<	*C-rjing(s)	A
	騰	téng	<	dong	<	*lɨng	B

	崩	bēng	<	pong	<	*pɨng	B
	陵	líng	<	ling	<	*b-rjɨng	B
	懲	chéng	<	dring	<	*drjɨng	B
193.4	士	shì	<	dzriX	<	*ɦsrjɨʔ	A
	徒	tú	<	du	<	*da	B
	宰	zǎi	<	tsojX	<	*tsɨʔ	A
	夫	fū	<	pju	<	*p(r)ja	B
	史	shǐ	<	sriX	<	*srjɨʔ	A
	馬	mǎ	<	mæX	<	*mraʔ	C
	處	chǔ	<	tsyhoX	<	*KHjaʔ	C
193.5	時	shí	<	dzyi	<	*djɨ(ʔ)	A
	謀	móu	<	mjuw	<	*mjɨ	A
	萊	lái	<	loj	<	*C-rɨ	A
	矣	yǐ	<	hiX	<	*ɦjɨʔ	A
193.6	向	[xiàng]	<	syangH	<	*hjangs	A
	藏	zàng	<	dzangH	<	*ɦtshangs	A
	王	wáng	<	hjwang	<	*wjang	A
	向	[xiàng]	<	syangH	<	*hjangs	A
193.7	勞	láo	<	law	<	*C-raw	A
	嚻	áo	<	ngaw	<	*ngaw	A
	天	tiān	<	then	<	*hlin	B
	人	rén	<	nyin	<	*njin	B
193.8	里	lǐ	<	liX	<	*C-rjɨʔ	A
	痗	mèi	<	mwojH	<	*mɨks	A
	憂	yōu	<	ʔjuw	<	*ʔ(r)ju	B
	休	xiū	<	xjuw	<	*x(r)ju	B
	徹	chè	<	trhjet	<	*thrjet	C
	逸	yì	<	yit	<	*ljit	C

194　*Xiǎo yǎ* 小雅：*Yǔ wú zhèng* 雨无正

| 194.1 | 德 | dé | < | tok | < | *tɨk | A |

	國	guó	<	kwok	<	*kʷɨk	A
	威	wēi	<	ʔjwɨj	<	*ʔuj	B
	圖	tú	<	du	<	*d/la	C
	罪	zuì	<	dzwojX	<	*dzujʔ	B
	辜	gū	<	ku	<	*ka	C
	罪	zuì	<	dzwojX	<	*dzujʔ	B
	鋪	pū	<	phu	<	*pha	C
194.2	滅	miè	<	mjiet	<	*mjet	A
	戾	lì	<	lejH	<	*C-rets	A
	勩	yì	<	yejH	<	*ljeps(ʔ)	A
	夜	yè	<	yæH	<	*(l)jAks	B
	夕	xī	<	zjek	<	*z(l)jAk	B
	惡	è	<	ʔak	<	*ʔak	B
194.3	天	tiān	<	then	<	*hlin	A
	信	xìn	<	sinH	<	*snjins	A
	臻	zhēn	<	tsrin	<	*tsrjin	A
	身	shēn	<	syin	<	*hljin	A
	天	tiān	<	then	<	*hlin	A
194.4	退	tuì	<	thwojH	<	*hnups	A
	遂	suì	<	zwijH	<	*zjuts	A
	瘁	[cuì]	<	dzwijH	<	*dzjuts	A
	誶	suì	<	swijH	<	*sjuts	A
	荅	dá	<	top	<	*k-lup	A
	退	tuì	<	thwojH	<	*hnups	A
194.5	出	[chū]	<	tsyhwijH	<	*thjuts	A
	瘁	[cuì]	<	dzwijH	<	*dzjuts	A
	流	liú	<	ljuw	<	*C-rju	B
	休	xiū	<	xjuw	<	*x(r)ju	B
194.6	仕	shì	<	dzriX	<	*ɦsrjɨʔ	A
	殆	dài	<	dojX	<	*lɨʔ	A
	使	shǐ	<	sriX	<	*srjɨʔ	A

	子	zǐ	<	tsiX	<	*tsjɨʔ	A
	使	shǐ	<	sriX	<	*srjɨʔ	A
	友	yǒu	<	hjuwX	<	*wjɨʔ	A
194.7	都	dū	<	tu	<	*ta	A
	家	jiā	<	kæ	<	*kra	A
	血	xuè	<	xwet	<	*hwit	B
	疾	jí	<	dzit	<	*dzjit	B
	居	jū	<	kjo	<	*k(r)ja	A
	室	shì	<	syit	<	*stjit	B

195　Xiǎo yǎ 小雅：Xiǎo mín 小旻

195.1	土	tǔ	<	thuX	<	*hlaʔ	A
	沮	[jǔ]	<	dzjoX	<	*dzjaʔ	A
	從	cóng	<	dzjowng	<	*dzjong	B
	用	yòng	<	yowngH	<	*ljongs	B
	邛	qióng	<	gjowng	<	*g(r)jong	B
195.2	哀	āi	<	ʔoj	<	*ʔɨj	A
	違	wéi	<	hjwɨj	<	*wjɨj	A
	依	yī	<	ʔjɨj	<	*ʔjɨj	A
	底	[dǐ]	<	tsyijX	<	*tjijʔ	A
195.3	猶	yóu	<	yuw	<	*ju	A
	就	jiù	<	dzjuwH	<	*dzjus	A
	咎	jiù	<	gjuwX	<	*g(r)juʔ	A
	道	dào	<	dawX	<	*luʔ	A
195.4	程	chéng	<	drjeng	<	*lrjeng	A
	經	jīng	<	keng	<	*keng	A
	聽	tīng	<	theng	<	*hleng	A
	爭	zhēng	<	tsrɛng	<	*tsr(j)eng	A
	成	chéng	<	dzyeng	<	*djeng	A
195.5	止	zhǐ	<	tsyiX	<	*tjɨʔ	A
	否	fǒu	<	pjuwX	<	*pjɨʔ	A

	憮	wǔ	<	[mjuX]	<	*m(j)ɨ	A
	謀	móu	<	mjuw	<	*mjɨ	A
	艾	yì	<	ngjojH	<	*ngjats	B
	敗	bài	<	pæjH	<	*prats	B
195.6	河	hé	<	ha	<	*gaj	A
	他	[tā]	<	tha	<	*hlaj	A
	兢	jīng	<	king	<	*k(r)jɨng	B
	冰	bīng	<	ping	<	*prjɨng	B

196 Xiǎo yǎ 小雅: Xiǎo wǎn 小宛

196.1	天	tiān	<	then	<	*hlin	A
	人	rén	<	nyin	<	*njin	A
	人	rén	<	nyin	<	*njin	A
196.2	克	kè	<	khok	<	*khɨk	A
	富	fù	<	pjuwH	<	*pjɨk(s)	A
	又	yòu	<	hjuwH	<	*wjɨ(k)s	A
196.3	采	cǎi	<	tshojX	<	*srɨ(k)ʔ	A
	負	fù	<	bjuwX	<	*ɦpjɨ(k)ʔ	A
	似	sì	<	ziX	<	*zljɨʔ	A
196.4	令	líng	<	leng	<	*C-ring	A
	鳴	míng	<	mjæng	<	*mrjeng	A
	征	zhēng	<	tsyeng	<	*tjeng	A
	生	shēng	<	srjæng	<	*srjeng	A
196.5	扈	hù	<	huX	<	*gaʔ	A
	粟	sù	<	sjowk	<	*sjok	B
	寡	guǎ	<	kwæX	<	*kʷraʔ	A
	獄	yù	<	ngjowk	<	*ng(r)jok	B
	卜	bǔ	<	puwk	<	*pok	B
	穀	gǔ	<	kuwk	<	*kok	B
196.6	木	mù	<	muwk	<	*mok	A
	谷	gǔ	<	kuwk	<	*kok	A

	兢	jīng	<	king	<	*k(r)jɨng	B
	冰	bīng	<	ping	<	*prjɨng	B

197　*Xiǎo yǎ* 小雅：*Xiǎo pán* 小弁

197.1	斯	sī	<	sje	<	*sje	A
	提	shí	<	dzye	<	*dje	A
	罹	lí	<	lje	<	*C-rjaj	B
	何	hé	<	ha	<	*gaj	B
	何	hé	<	ha	<	*gaj	B
197.2	道	dào	<	dawX	<	*luʔ	A
	草	cǎo	<	tshawX	<	*tshuʔ	A
	擣	dǎo	<	tawX	<	*tuʔ	A
	老	lǎo	<	lawX	<	*C-ruʔ	A
	首	shǒu	<	syuwX	<	*hljuʔ	A
197.3	梓	zǐ	<	tsiX	<	*tsjɨʔ	A
	止	zhǐ	<	tsyiX	<	*tjɨʔ	A
	母	mǔ	<	muwX	<	*m(r)o/ɨʔ	A
	裏	lǐ	<	liX	<	*C-rjɨʔ	A
	在	zài	<	dzojX	<	*dzɨʔ	A
197.4	嘒	huì	<	xwejH	<	*hwets	A
	淠	pì	<	phejH	<	*phits	A
	届	jiè	<	kɛjH	<	*krets	A
	寐	mèi	<	mjijH	<	*mjits	A
197.5	伎	qí	<	gje	<	*grje	A
	雌	cī	<	tshje	<	*tshje	A
	枝	zhī	<	tsye	<	*kje	A
	知	zhī	<	trje	<	*trje	A
197.6	先	xiàn	<	senH	<	*sɨns	A
	墐	jìn	<	ginH	<	*grjɨns	A
	忍	rěn	<	nyinX	<	*njɨnʔ	B
	狁	yǔn	<	ʔjunX	<	*ʔʷjɨnʔ	B

197.7	醻	chóu	<	dzyuw	<	*dju	A
	究	[jiū]	<	kjuwH	<	*k(r)jus	A
	掎	jǐ	<	kjeX	<	*k(r)jajʔ	B
	扡	chǐ	<	trhjeX	<	*hlrjajʔ	B
	佗	[tuó]	<	thaH	<	*hlajs	B
197.8	山	shān	<	srɛn	<	*srjan	A
	泉	quán	<	dzjwen	<	*Sgʷjan	A
	言	yán	<	ngjon	<	*ngjan	A
	垣	yuán	<	hjwon	<	*wjan	A
	笱	gǒu	<	kuwX	<	*k(r)oʔ	B
	後	hòu	<	huwX	<	*ɦ(r)oʔ	B

198　Xiǎo yǎ 小雅：Qiǎo yán 巧言

198.1	且	[qiě]	<	tshjo	<	*tshja	A
	辜	gū	<	ku	<	*ka	A
	幠	hū	<	xu	<	*hma	A
	威	wēi	<	ʔjwɨj	<	*ʔjuj	B
	罪	zuì	<	dzwojX	<	*dzujʔ	B
	幠	hū	<	xu	<	*hma	C
	辜	gū	<	ku	<	*ka	C
198.2	涵	hán	<	hom	<	*gom	A
	讒	chán	<	dzrɛm	<	*dzrjom	A
	怒	[nù]	<	nuX	<	*naʔ	B
	沮	[jǔ]	<	dzjoX	<	*dzjaʔ	B
	祉	[zhǐ]	<	trhiX	<	*thrjɨʔ	C
	已	yǐ	<	yiX	<	*ljɨʔ	C
198.3	盟	[méng]	<	mjæng	<	*mrjang	A
	長	cháng	<	drjang	<	*ɦtrjang	A
	盜	dào	<	dawH	<	*daw(k)s	B
	暴	bào	<	bawH	<	*bawks	B
	甘	gān	<	kam	<	*kam	C

	餤	tán	<	dam	<	*lam	C
	共	gōng	<	kjowng	<	*k(r)jong	D
	邛	qióng	<	gjowng	<	*g(r)jong	D
198.4	作	zuò	<	tsak	<	*tsak	A
	莫	mò	<	mak	<	*mak	A
	度	duó	<	dak	<	*lak	A
	獲	huò	<	hwɛk	<	*wrak	A
198.5	樹	shù	<	dzyuH	<	*djos	A
	數	shǔ	<	srjuX	<	*skrjo(k)ʔ	A
	口	kǒu	<	khuwX	<	*kh(r)oʔ	A
	厚	hòu	<	huwX	<	*g(r)oʔ	A
198.6	麋	mí	<	mij	<	*mrjij	A
	勇	yǒng	<	yowngX	<	*ljongʔ	B
	階	jiē	<	kɛj	<	*krij	A
	尰	[zhǒng]	<	dzyowngX	<	*djongʔ	B
	何	hé	<	ha	<	*gaj	C
	多	duō	<	ta	<	*taj	C
	何	hé	<	ha	<	*gaj	C

199 *Xiǎo yǎ* 小雅: *Hé rén sī* 何人斯

199.1	艱	jiān	<	kɛn	<	*krɨn	A
	門	mén	<	mwon	<	*mɨn	A
	云	yún	<	hjun	<	*wjɨn	A
199.2	行	xíng	<	hæng	<	*grang	A
	禍	huò	<	hwaX	<	*gʷajʔ	B
	梁	liáng	<	ljang	<	*C-rjang	A
	我	[wǒ]	<	ngaX	<	*ngajʔ	B
	可	kě	<	khaX	<	*khajʔ	B
199.3	陳	chén	<	drin	<	*drjin	A
	身	shēn	<	syin	<	*hljin	A
	人	rén	<	nyin	<	*njin	A

	天	tiān	<	then	<	* hlin	A
199.4	風	fēng	<	pjuwng	<	* p(r)jɨ/um	A
	南	nán	<	nom	<	* nɨm	A
	心	xīn	<	sim	<	* sjɨm	A
199.5	舍	shě	<	syæX	<	* hljA(k)ʔ	A
	車	jū	<	kjo	<	* k(r)ja	A
	盱	xū	<	xju	<	* hw(r)ja	A
199.6	易	yì	<	yeH	<	* ljeks	A
	知	zhī	<	trje	<	* trje	A
	衹	qí	<	gjie	<	* gJe	A
199.7	壎	[xūn]	<	xjwon	<	* xjon	A
	篪	chí	<	drje	<	* lrje	B
	貫	guàn	<	kwanH	<	* kons	A
	知	zhī	<	trje	<	* trje	B
	斯	sī	<	sje	<	* sje	B
199.8	蜮	yù	<	hwok/hwik	<	* w(rj)ɨk	A
	得	dé	<	tok	<	* tɨk	A
	極	jí	<	gik	<	* g(r)jɨk	A
	側	[cè]	<	tsrik	<	* tsrjɨk	A

200 Xiǎo yǎ 小雅: Xiàng bó 巷伯

200.1	萋	qī	<	tshej	<	* tshɨj	A
	斐	fěi	<	phjɨjX	<	* phjɨjʔ	A
	錦	jǐn	<	kimX	<	* k(r)jɨ/umʔ	B
	甚	shèn	<	dzyimX	<	* Gjumʔ	B
200.2	哆	chě	<	tsyhæX	<	* thjAjʔ	A
	侈	chǐ	<	tsyheX	<	* thjajʔ	A
	箕	jī	<	ki	<	* k(r)jɨ	B
	謀	móu	<	mjuw	<	* mjɨ	B
200.3	翩	piān	<	ph(ji)en	<	* phin	A
	人	rén	<	nyin	<	* njin	A

	信	xìn	<	sinH	<	* snjins	A
200.4	幡	fān	<	phjon	<	* phjan	A
	言	yán	<	ngjon	<	* ngjan	A
	遷	qiān	<	tshjen	<	* tshjan	A
200.5	好	hǎo	<	xawX	<	* xuʔ	A
	草	cǎo	<	tshawX	<	* tshuʔ	A
	天	tiān	<	then	<	* hlin	B
	人	rén	<	nyin	<	* njin	B
	人	rén	<	nyin	<	* njin	B
200.6	食	shí	<	zyik	<	* Ljɨk	A
	北	běi	<	pok	<	* pɨk	A
	受	shòu	<	dzyuwX	<	* djuʔ	B
	昊	hào	<	hawX	<	* guʔ	B
200.7	丘	qiū	<	khjuw	<	* kʷhjɨ	A
	詩	shī	<	syi	<	* stjɨ	A
	之	zhī	<	tsyi	<	* tjɨ	A

201 Xiǎo yǎ 小雅：Gǔ fēng 谷风

201.1	雨	yǔ	<	hjuX	<	* w(r)jaʔ	A
	女	rǔ	<	nyoX	<	* njaʔ	A
	予	yú	<	[yo]	<	* ljaʔ	A
201.2	頹	tuí	<	dwoj	<	* d/luj	A
	懷	huái	<	hwɛj	<	* gruj	A
	遺	yí	<	ywij	<	* ljuj	A
201.3	崔	[cuī]	<	dzwoj	<	* Sduj	A
	嵬	wéi	<	ngwoj	<	* nguj	A
	萎	[wěi]	<	ʔjwe	<	*ʔ(r)joj	A
	怨	yuàn	<	ʔjwonH	<	*ʔjons	A

202 Xiǎo yǎ 小雅：Lù é 蓼莪

202.1	蒿	hāo	<	xaw	<	* xaw	A

	勞	láo	<	law	<	* C-raw	A
202.2	蔚	wèi	<	ʔjwɨjH	<	*ʔjuts	A
	瘁	[cuì]	<	dzwijH	<	* dzjuts	A
202.3	恥	chǐ	<	trhiX	<	* hnrjɨʔ	A
	久	jiǔ	<	kjuwX	<	* k^{w}jɨʔ	A
	恃	shì	<	dzyiX	<	* djɨʔ	A
	恤	xù	<	swit	<	* swjɨt	B
	至	zhì	<	tsyijH	<	* tjits	B
202.4	鞠	jū	<	kjuwk	<	* k(r)juk	A
	畜	xù	<	xjuwk	<	* x(r)juk(?)	A
	育	yù	<	yuwk	<	* ljuk	A
	復	fù	<	bjuwk	<	* b(r)juk	A
	腹	fù	<	pjuwk	<	* p(r)juk	A
	德	dé	<	tok	<	* tɨk	B
	極	jí	<	gik	<	* g(r)jɨk	B
202.5	烈	liè	<	ljet	<	* C-rjat	A
	發	fā	<	pjot	<	* pjat	A
	害	hài	<	hajH	<	*ɦkat(s)	A
202.6	律	lǜ	<	lwit	<	* b-rjut	A
	弗	fú	<	pjut	<	* pjut	A
	卒	zú	<	tswit	<	* Stjut	A

203 *Xiǎo yǎ* 小雅: *Dà dōng* 大东

203.1	匕	bǐ	<	pjijX	<	* pjɨjʔ	A
	砥	[dǐ]	<	tsyijX	<	* tjɨjʔ	A
	矢	shǐ	<	syijX	<	* hljɨjʔ	A
	履	[lǚ]	<	lijX	<	* C-rjɨjʔ	A
	視	shì	<	dzyijX/H	<	* gjɨjʔ/s	A
	涕	[tì]	<	thejX	<	* thijʔ	A
203.2	東	dōng	<	tuwng	<	* tong	A
	空	kōng	<	khuwng	<	* khong	A

	霜	shuāng	<	srjang	<	*srjang	B
	行	háng	<	hang	<	*gang	B
	來	lái	<	loj	<	*C-rɨ(k)	C
	疚	jiù	<	kjuwH	<	*kʷjɨ(k)s	C
203.3	泉	quán	<	dzjwen	<	*Sgʷjan	A
	薪	xīn	<	sin	<	*sjin(g)	B
	歎	tàn	<	thanH	<	*hnans	A
	人	rén	<	nyin	<	*njin	B
	薪	xīn	<	sin	<	*sjin(g)	B
	載	zài	<	tsojH	<	*tsɨ(k)s	C
	人	rén	<	nyin	<	*njin	B
	息	xī	<	sik	<	*sjɨk	C
203.4	來	lái	<	loj	<	*C-rɨ(k)	A
	服	fú	<	bjuwk	<	*bjɨk	A
	裘	qiú	<	gjuw	<	*gʷjɨ	A
	試	shì	<	syiH	<	*hljɨk(s)	A
203.5	漿	jiāng	<	tsjang	<	*tsjang	A
	長	cháng	<	drjang	<	*ɦtrjang	A
	光	guāng	<	kwang	<	*kʷang	A
	襄	xiāng	<	sjang	<	*snjang	A
203.6	襄	xiāng	<	sjang	<	*snjang	A
	章	zhāng	<	tsyang	<	*tjang	A
	箱	xiāng	<	sjang	<	*sjang	A
	明	míng	<	mjæng	<	*mrjang	A
	庚	gēng	<	kæng	<	*krang	A
	行	háng	<	hang	<	*gang	A
203.7	揚	yáng	<	yang	<	*ljang	A
	漿	jiāng	<	tsjang	<	*tsjang	A
	舌	shé	<	zyet	<	*Ljat	B
	揭	jiē	<	kjot	<	*kjat	B

204　　Xiǎo yǎ 小雅: Sì yuè 四月

204.1	夏	xià	<	hæX	<	*g/ɦraʔ	A
	暑	shǔ	<	syoX	<	*stjaʔ	A
	予	yú	<	[yo]	<	*ljaʔ	A
204.2	淒	qī	<	tshej	<	*tshɨj	A
	腓	féi	<	bjɨj	<	*bjɨj	A
	歸	guī	<	kjwɨj	<	*kʷjɨj	A
204.3	烈	liè	<	ljet	<	*C-rjat	A
	發	fā	<	pjot	<	*pjat	A
	害	hài	<	hajH	<	*ɦkat(s)	A
204.4	梅	méi	<	mwoj	<	*mɨ	A
	尤	yóu	<	hjuw	<	*wjɨ	A
204.5	濁	zhuó	<	dræwk	<	*drok	A
	穀	gǔ	<	kuwk	<	*kok	A
204.6	紀	[jì]	<	kiX	<	*k(r)jɨʔ	A
	仕	shì	<	dzriX	<	*ɦsrjɨʔ	A
	有	yǒu	<	hjuwX	<	*wjɨʔ	A
204.7	天	tiān	<	then	<	*hlin	A
	淵	yuān	<	ʔwen	<	*ʔʷin	A
204.8	薇	[wēi]	<	mjɨj	<	*mjɨj	A
	桋	yí	<	yij	<	*ljɨj	A
	哀	āi	<	ʔoj	<	*ʔɨj	A

205　　Xiǎo yǎ 小雅: Běi shān 北山

205.1	杞	qǐ	<	khiX	<	*kh(r)jɨʔ	A
	子	zǐ	<	tsiX	<	*tsjɨʔ	A
	事	shì	<	dzriH	<	*ɦsrjɨʔ(s)	A
	母	mǔ	<	muwX	<	*m(r)o/ɨʔ	A
205.2	下	xià	<	hæX	<	*graʔ	A
	土	tǔ	<	thuX	<	*hlaʔ	A
	濱	bīn	<	pjin	<	*pjin	B

	臣	chén	<	dzyin	<	* gjin	B
	均	jūn	<	kjwin	<	* k^wjin	B
	賢	xián	<	hen	<	* gin	B
205.3	彭	bāng	<	pang	<	* pang	A
	傍	[páng]	<	pæng	<	* prang	A
	將	jiāng	<	tsjang	<	* tsjang	A
	剛	gāng	<	kang	<	* kang	A
	方	fāng	<	pjang	<	* pjang	A
205.4	息	xī	<	sik	<	* sjɨk	A
	國	guó	<	kwok	<	* k^wɨk	A
	牀	chuáng	<	dzrjang	<	* dzrjang	B
	行	xíng	<	hæng	<	* grang	B
205.5	號	hào	<	hawH	<	* gaws	A
	勞	láo	<	law	<	* C-raw	A
	仰	yǎng	<	ngjangX	<	* ngjangʔ	B
	掌	zhǎng	<	tsyangX	<	* tjangʔ	B
205.6	酒	jiǔ	<	tsjuwX	<	* tsjuʔ	A
	咎	jiù	<	gjuwX	<	* g(r)juʔ	A
	議	yì	<	ngjeH	<	* ng(r)jajs	B
	爲	wéi	<	hjwe	<	* w(r)jaj	B

206　Xiǎo yǎ 小雅：Wú jiāng dà jū 无将大车

206.1	塵	chén	<	drin	<	* drjɨn	A
	疷	qí	<	gjie	<	* gJe	A
206.2	冥	míng	<	meng	<	* meng	A
	熲	jiǒng	<	kwengX	<	* k^wengʔ	A
206.3	雝	[yōng]	<	ʔjowngX	<	*ʔ(r)jongʔ	A
	重	chóng	<	drjowng	<	* drjong	A

207　Xiǎo yǎ 小雅：Xiǎo míng 小明

207.1	土	tǔ	<	thuX	<	* hlaʔ	A

	野	yě	<	yæX	<	*ljAʔ	A
	暑	shǔ	<	syoX	<	*stjaʔ	A
	苦	kǔ	<	khuX	<	*khaʔ	A
	雨	yǔ	<	hjuX	<	*w(r)jaʔ	A
	罟	gǔ	<	kuX	<	*kaʔ	A
207.2	除	zhù	<	drjoH	<	*lrjas	A
	莫	mù	<	muH	<	*maks	A
	庶	shù	<	syoH	<	*stjaks	A
	暇	[xiá]	<	hæH	<	*gras	A
	顧	gù	<	kuH	<	*kaʔ(s)	A
	怒	nù	<	nuH	<	*nas	A
207.3	奧	yù	<	ʔjuwk	<	*ʔ(r)juk	A
	蹙	[cù]	<	tsjuwk	<	*Stjiwk	A
	菽	shū	<	syuwk	<	*stjiwk	A
	戚	qī	<	tshek	<	*Sthiwk	A
	宿	sù	<	sjuwk	<	*sjuk	A
	覆	fù	<	phjuwk	<	*ph(r)juk	A
207.4	處	chù	<	tsyhoH	<	*KHjas	A
	與	yǔ	<	yoX	<	*ljaʔ	A
	女	rǔ	<	nyoX	<	*njaʔ	A
207.5	息	xī	<	sik	<	*sjɨk	A
	直	zhí	<	drik	<	*drjɨk	A
	福	fú	<	pjuwk	<	*pjɨk	A

208　*Xiǎo yǎ* 小雅：*Gǔ zhōng* 鼓钟

208.1	將	qiāng	<	tshjang	<	*tshjang	A
	湯	shāng	<	syang	<	*hljang	A
	傷	shāng	<	syang	<	*hljang	A
	忘	wàng	<	mjang(H)	<	*mjang	A
208.2	喈	jiē	<	kɛj	<	*krɨj	A
	湝	[jiē]	<	hɛj	<	*grɨj	A

	悲	bēi	<	pij	<	* prjɨj	A
	回	huí	<	hwoj	<	* wɨj	A
208.3	皋	gāo	<	kaw	<	* ku	A
	洲	zhōu	<	tsyuw	<	* tju	A
	妯	chōu	<	trhjuw	<	* hlrju	A
	猶	yóu	<	yuw	<	* ju	A
208.4	欽	qīn	<	khim	<	* kh(r)jɨm	A
	琴	qín	<	gim	<	* g(r)jɨm	A
	音	yīn	<	ʔim	<	*ʔ(r)jɨm	A
	南	nán	<	nom	<	* nɨm	A
	僭	jiàn	<	ts(h)emH	<	* ts(h)i/ɨms	A

209 Xiǎo yǎ 小雅: Chǔ cí 楚茨

209.1	棘	jí	<	kik	<	* krjɨk	A
	稷	jì	<	tsik	<	* tsjɨk	A
	翼	yì	<	yik	<	* ljɨk	A
	億	yì	<	ʔik	<	*ʔ(r)jɨk	A
	食	shí	<	zyik	<	* Ljɨk	A
	祀	sì	<	ziX	<	* zjɨk(ʔ)	A
	侑	yòu	<	hjuwH	<	* wjɨ(k)s	A
	福	fú	<	pjuwk	<	* pjɨk	A
209.2	蹌	qiāng	<	tshjang	<	* tshjang	A
	羊	yáng	<	yang	<	*(l)jang	A
	嘗	cháng	<	dzyang	<	* djang	A
	亨	pēng	<	phæng	<	* phrang	A
	將	jiāng	<	tsjang	<	* tsjang	A
	祊	bēng	<	pæng	<	* prang	A
	明	míng	<	mjæng	<	* mrjang	A
	皇	huáng	<	hwang	<	* wang	A
	饗	xiǎng	<	xjangX	<	* xjangʔ	A
	慶	qìng	<	khjængH	<	* khrjang(s)	A

	疆	jiāng	<	kjang	<	* kjang	A
209.3	踖	[jí]	<	tshjek	<	* tshjAk	A
	碩	shuò	<	dzyek	<	* djAk	A
	炙	zhì	<	tsyæH	<	* tjAks	A
	莫	mò	<	[mɛk]	<	* mrak	A
	庶	shù	<	syoH	<	* stjaks	A
	客	kè	<	khæk	<	* khrak	A
	錯	cuò	<	tshak	<	* tshak	A
	度	dù	<	duH	<	* laks	A
	獲	huò	<	hwɛk	<	* wrak	A
	格	gé	<	kæk	<	* krak	A
	酢	zuò	<	dzak	<	* dzak	A
209.4	燸	[nǎn]	<	nyenX	<	* njanʔ	A
	愆	qiān	<	khjen	<	* khrjan	A
	孫	sūn	<	swon	<	* sun	A
	祀	sì	<	ziX	<	* zjɨk(ʔ)	B
	食	shí	<	zyik	<	* Ljɨk	B
	福	fú	<	pjuwk	<	* pjɨk	B
	式	shì	<	syik	<	* hljɨk	B
	稷	jì	<	tsik	<	* tsjɨk	B
	極	jí	<	gik	<	* g(r)jɨk	B
	億	yì	<	ʔik	<	*ʔ(r)jɨk	B
209.5	備	bèi	<	bijH	<	* brjɨks	A
	戒	jiè	<	kɛjH	<	* krɨk(s)	A
	告	gào	<	kawH	<	* kuks	A
	止	zhǐ	<	tsyiX	<	* tjɨʔ	B
	起	qǐ	<	khiX	<	* kh(r)jɨʔ	B
	尸	shī	<	syij	<	* hljij	C
	歸	guī	<	kjwɨj	<	* kʷjɨj	C
	遲	chí	<	drij	<	* drjɨj	C
	弟	dì	<	dejX	<	* dɨ/ijʔ	C

	私	sī	<	sij	<	* sjɨj	C
209.6	奏	zòu	<	tsuwH	<	* tso(k)s	A
	祿	lù	<	luwk	<	* b-rok	A
	將	jiāng	<	tsjang	<	* tsjang	B
	慶	qìng	<	khjængH	<	* khrjang(s)	B
	飽	bǎo	<	pæwX	<	* pruʔ	C
	首	shǒu	<	syuwX	<	* hljuʔ	C
	考	kǎo	<	khawX	<	* khuʔ	C
	盡	jìn	<	dzinX	<	* dzjinʔ	D
	引	yǐn	<	yinX	<	* ljinʔ	D

210 Xiǎo yǎ 小雅: Xìn nán shān 信南山

210.1	甸	diàn	<	denH	<	* dins	A
	田	tián	<	den	<	* din	A
	理	lǐ	<	liX	<	* C-rjɨʔ	B
	畝	mǔ	<	muwX	<	* m(r)o/ɨʔ	B
210.2	雲	yún	<	hjun	<	* wjɨn	A
	雰	fēn	<	phjun	<	* phjɨn	A
	霂	mù	<	muwk	<	* mok	B
	渥	wò	<	ʔæwk	<	*ʔrok	B
	足	zú	<	tsjowk	<	* tsjok	B
	穀	gǔ	<	kuwk	<	* kok	B
210.3	翼	yì	<	yik	<	* ljɨk	A
	彧	yù	<	ʔjuwk	<	*ʔʷjɨk	A
	稷	sè	<	srik	<	* srjɨk	A
	食	shí	<	zyik	<	* Ljɨk	A
	賓	bīn	<	pjin	<	* pjin	B
	年	nián	<	nen	<	* nin	B
210.4	廬	[lú]	<	ljo	<	* C-rja	A
	瓜	guā	<	kwæ	<	* kʷra	A
	菹	zū	<	tsrjo	<	* tsrja	A

	祖	zǔ	<	tsuX	<	*tsaʔ	A
	祜	hù	<	huX	<	*gaʔ	A
210.5	酒	jiǔ	<	tsjuwX	<	*tsjuʔ	A
	牡	mǔ	<	muwX	<	*m(r)juʔ	A
	考	kǎo	<	khawX	<	*khuʔ	A
	刀	dāo	<	taw	<	*taw	B
	毛	máo	<	maw	<	*maw	B
	膋	liáo	<	lew	<	*C-rew	B
210.6	享	xiǎng	<	xjangX	<	*xjangʔ	A
	明	míng	<	mjæng	<	*mrjang	A
	皇	huáng	<	hwang	<	*wang	A
	疆	jiāng	<	kjang	<	*kjang	A

211　Xiǎo yǎ 小雅：Fǔ tián 甫田

211.1	田	tián	<	den	<	*din	A
	千	qiān	<	tshen	<	*snin	A
	陳	chén	<	drin	<	*drjin	A
	人	rén	<	nyin	<	*njin	A
	年	nián	<	nen	<	*nin	A
	畝	mǔ	<	muwX	<	*m(r)o/ɨʔ	B
	耔	zǐ	<	tsiX	<	*tsjɨʔ	B
	薿	nǐ	<	ngiX	<	*ng(r)ɨ(k)ʔ	B
	止	zhǐ	<	tsyiX	<	*tjɨʔ	B
	士	shì	<	dzriX	<	*ɦsrjɨʔ	B
211.2	明	míng	<	mjæng	<	*mrjang	A
	羊	yáng	<	yang	<	*(l)jang	A
	方	fāng	<	pjang	<	*pjang	A
	臧	zāng	<	tsang	<	*tsang	A
	慶	qìng	<	khjængH	<	*khrjang(s)	A
	鼓	gǔ	<	kuX	<	*kaʔ	B
	祖	zǔ	<	tsuX	<	*tsaʔ	B

	雨	yǔ	<	hjuX	<	*w(r)jaʔ	B
	黍	shǔ	<	syoX	<	*hjaʔ	B
	女	nǚ	<	nrjoX	<	*nrjaʔ	B
211.3	止	zhǐ	<	tsyiX	<	*tjɨʔ	A
	子	zǐ	<	tsiX	<	*tsjɨʔ	A
	畝	mǔ	<	muwX	<	*m(r)o/ɨʔ	A
	喜	xǐ	<	xiX	<	*x(r)jɨʔ	A
	右	yòu	<	hjuwX/H	<	*wjɨʔ(s)	A
	否	fǒu	<	pjuwX	<	*pjɨʔ	A
	畝	mǔ	<	muwX	<	*m(r)o/ɨʔ	A
	有	yǒu	<	hjuwX	<	*wjɨʔ	A
	敏	mǐn	<	minX	<	*mrjɨ(n)ʔ	A
211.4	梁	liáng	<	ljang	<	*C-rjang	A
	京	jīng	<	kjæng	<	*krjang	A
	倉	cāng	<	tshang	<	*tshang	A
	箱	xiāng	<	sjang	<	*sjang	A
	梁	liáng	<	ljang	<	*C-rjang	A
	慶	qìng	<	khjængH	<	*khrjang(s)	A
	疆	jiāng	<	kjang	<	*kjang	A

212　Xiǎo yǎ 小雅：Dà tián 大田

212.1	戒	jiè	<	kɛjH	<	*krɨk(s)	A
	事	shì	<	dzriH	<	*ɦsrjɨʔ(s)	A
	耜	sì	<	ziX	<	*zljɨʔ	A
	畝	mǔ	<	muwX	<	*m(r)o/ɨʔ	A
	碩	shuò	<	dzyek	<	*djAk	B
	若	ruò	<	nyak	<	*njak	B
212.2	皂	zào	<	dzawX	<	*dzuʔ	A
	好	hǎo	<	xawX	<	*xuʔ	A
	莠	yǒu	<	yuwX	<	*ljuʔ	A
	螣	[tè]	<	dok	<	*lɨk	B

	贼	zéi	<	dzok	<	* dzɨk	B
	穉	zhì	<	drijH	<	* drjɨjs	C
	火	huǒ	<	xwaX	<	* hmɨj?	C
212.3	萋	qī	<	tshej	<	* tshɨj	A
	祁	qí	<	gij	<	* grjɨj	A
	私	sī	<	sij	<	* sjɨj	A
	穉	zhì	<	drijH	<	* drjɨjs	B
	穧	jì	<	dzejH	<	* dzɨjs	B
	穗	suì	<	zwijH	<	*ɦswijts(?)	C
	利	lì	<	lijH	<	* C-rjɨj/ts	C
212.4	止	zhǐ	<	tsyiX	<	* tjɨ?	A
	子	zǐ	<	tsiX	<	* tsjɨ?	A
	畝	mǔ	<	muwX	<	* m(r)o/ɨ?	A
	喜	xǐ	<	xiX	<	* x(r)jɨ?	A
	祀	sì	<	ziX	<	* zjɨk(?)	B
	黑	hēi	<	xok	<	* hmɨk	B
	稷	jì	<	tsik	<	* tsjɨk	B
	祀	sì	<	ziX	<	* zjɨk(?)	B
	福	fú	<	pjuwk	<	* pjɨk	B

213　Xiǎo yǎ 小雅：Zhān bǐ luò yǐ 瞻彼洛矣

213.1	矣	yǐ	<	hiX	<	*ɦjɨ?	A
	止	zhǐ	<	tsyiX	<	* tjɨ?	A
	茨	cí	<	dzij	<	* dzjɨj	B
	师	shī	<	srij	<	* srjɨj	B
213.2	矣	yǐ	<	hiX	<	*ɦjɨ?	A
	止	zhǐ	<	tsyiX	<	* tjɨ?	A
	珌	bì	<	pjit	<	* pjit	B
	室	shì	<	syit	<	* stjit	B
213.3	矣	yǐ	<	hiX	<	*ɦjɨ?	A
	止	zhǐ	<	tsyiX	<	* tjɨ?	A

同	tóng	<	duwng	<	*dong		B
邦	bāng	<	pæwng	<	*prong		B

214 *Xiǎo yǎ* 小雅：*Cháng cháng zhě huā* 裳裳者华

214.1	湑	xǔ	<	sjoX	<	*sngjaʔ	A
	寫	xiě	<	sjæX	<	*sjA(k)ʔ	A
	寫	xiě	<	sjæX	<	*sjA(k)ʔ	A
	處	chǔ	<	tsyhoX	<	*KHjaʔ	A
214.2	黃	huáng	<	hwang	<	*gʷang	A
	章	zhāng	<	tsyang	<	*tjang	A
	章	zhāng	<	tsyang	<	*tjang	A
	慶	qìng	<	khjængH	<	*khrjang(s)	A
214.3	白	bái	<	bæk	<	*brak	A
	駱	luò	<	lak	<	*C-rak	A
	駱	luò	<	lak	<	*C-rak	A
	若	ruò	<	nyak	<	*njak	A
214.4	左	zuǒ	<	tsaX	<	*tsajʔ	A
	宜	yí	<	ngje	<	*ng(r)jaj	A
	右	yòu	<	hjuwX/H	<	*wjɨʔ(s)	B
	有	yǒu	<	hjuwX	<	*wjɨʔ	B
	有	yǒu	<	hjuwX	<	*wjɨʔ	B
	似	sì	<	ziX	<	*zljɨʔ	B

215 *Xiǎo yǎ* 小雅：*Sāng hù* 桑扈

215.1	扈	hù	<	huX	<	*gaʔ	A
	羽	yǔ	<	hjuX	<	*w(r)jaʔ	A
	胥	xū	<	sjo	<	*sngja	A
	祜	hù	<	huX	<	*gaʔ	A
215.2	扈	hù	<	huX	<	*gaʔ	A
	領	lǐng	<	ljengX	<	*C-rjengʔ	B
	胥	xū	<	sjo	<	*sngja	A

	屏	píng	<	beng	<	*beng	B
215.3	翰	hàn	<	hanH	<	*gans	A
	憲	xiàn	<	xjonH	<	*xjans	A
	難	nán	<	nan	<	*nan	A
	那	nuó	<	na	<	*naj	A
215.4	觓	qiú	<	gjiw	<	*g(r)jiw(?)	A
	柔	róu	<	nyuw	<	*nju	A
	敖	ào	<	ngawH	<	*ngaws	A
	求	qiú	<	gjuw	<	*grju	A

216　Xiǎo yǎ 小雅：Yuān yāng 鸳鸯

216.1	羅	luó	<	la	<	*C-raj	A
	宜	yí	<	ngje	<	*ng(r)jaj	A
216.2	翼	yì	<	yik	<	*lj<i>i</i>k	A
	福	fú	<	pjuwk	<	*pj<i>i</i>k	A
216.3	秣	mò	<	mat	<	*mat	A
	艾	ài	<	ngajH	<	*ngats	A
216.4	摧	cuò	<	tshwaH	<	*tshojs	A
	綏	[suí]	<	swij	<	*snjuj	A

217　Xiǎo yǎ 小雅：Kuǐ biàn 頍弁

217.1	何	hé	<	ha	<	*gaj	A
	嘉	jiā	<	kæ	<	*kraj	A
	他	[tā]	<	tha	<	*hlaj	A
	蘿	luó	<	la	<	*C-raj	A
	柏	bǎi	<	pæk	<	*prak	B
	弈	yì	<	yek	<	*jAk	B
	懌	yì	<	yek	<	*ljAk	B
217.2	期	jī	<	ki	<	*k(r)j<i>i</i>	A
	時	shí	<	dzyi	<	*dj<i>i</i>(?)	A
	來	lái	<	loj	<	*C-r<i>i</i>(k)	A

	上	shàng	<	dzyangH	<	*djangs	B
	怲	[bǐng]	<	pjængH	<	*prjangs	B
	臧	zāng	<	tsang	<	*tsang	B
217.3	首	shǒu	<	syuwX	<	*hljuʔ	A
	阜	fù	<	bjuwX	<	*b(r)juʔ	A
	舅	jiù	<	gjuwX	<	*g(r)juʔ	A
	霰	xiàn	<	senH	<	*s(k)ens	B
	見	jiàn	<	kenH	<	*kens	B
	宴	yàn	<	ʔenH	<	*ʔens	B

218 Xiǎo yǎ 小雅: Jū xiá 车舝

218.1	舝	xiá	<	hæt	<	*grat	A
	逝	shì	<	dzyejH	<	*djats	A
	渴	kě	<	khat	<	*khat	A
	括	[kuò]	<	hwat	<	*gʷat	A
	友	yǒu	<	hjuwX	<	*wjɨʔ	B
	喜	xǐ	<	xiX	<	*x(r)jɨʔ	B
218.2	鷮	jiāo	<	kjew	<	*k(r)jaw	A
	教	jiào	<	kæwH	<	*kraw(k)s	A
	譽	yù	<	yoH	<	*ljas	B
	射	yì	<	yek	<	*ljAk	B
218.3	酒	jiǔ	<	tsjuwX	<	*tsjuʔ	A
	殽	[yáo]	<	hæw	<	*graw	A
	女	rǔ	<	nyoX	<	*njaʔ	B
	舞	wǔ	<	mjuX	<	*m(r)jaʔ	B
218.4	湑	xǔ	<	sjoX	<	*sngjaʔ	A
	寫	xiě	<	sjæX	<	*sjA(k)ʔ	A
218.5	仰	yǎng	<	ngjangX	<	*ngjangʔ	A
	行	xíng	<	hæng	<	*grang	A
	琴	qín	<	gim	<	*g(r)jɨm	B
	心	xīn	<	sim	<	*sjɨm	B

219　Xiǎo yǎ 小雅：Qīng yíng 青蝇

219.1	樊	fán	<	bjon	<	*bjan	A
	言	yán	<	ngjon	<	*ngjan	A
219.2	棘	jí	<	kik	<	*krjɨk	A
	極	jí	<	gik	<	*g(r)jɨk	A
	國	guó	<	kwok	<	*kʷɨk	A
219.3	榛	[zhēn]	<	dzrin	<	*dzrjin	A
	人	rén	<	nyin	<	*njin	A

220　Xiǎo yǎ 小雅：Bīn zhī chū yán 宾之初筵

220.1	楚	chǔ	<	tsrhjoX	<	*tsrhjaʔ	A
	旅	lǔ	<	ljoX	<	*g-rjaʔ	A
	旨	zhǐ	<	tsyijX	<	*kjijʔ	B
	偕	[xié]	<	kɛj	<	*krij(ʔ)	B
	設	shè	<	syet	<	*h(l)jet	C
	逸	yì	<	yit	<	*ljit	C
	抗	kàng	<	khangH	<	*khangs	D
	張	zhāng	<	trjang	<	*trjang	D
	同	tóng	<	duwng	<	*dong	E
	功	gōng	<	kuwng	<	*kong	E
	的	dì	<	tek	<	*tewk	F
	爵	jué	<	tsjak	<	*tsjewk	F
202.2	舞	wǔ	<	mjuX	<	*m(r)jaʔ	A
	鼓	gǔ	<	kuX	<	*kaʔ	A
	祖	zǔ	<	tsuX	<	*tsaʔ	A
	壬	rén	<	nyim	<	*njɨm	B
	林	lín	<	lim	<	*C-rjɨm	B
	湛	dān	<	tom	<	*k-lɨm	B
	能	néng	<	nong	<	*nɨ(ng)	C
	又	yòu	<	hjuwH	<	*wjɨ(k)s	C
	時	shí	<	dzyi	<	*djɨ(ʔ)	C

220.3	反	fǎn	<	pjonX	<	*pjanʔ	A
	幡	fān	<	phjon	<	*phjan	A
	遷	qiān	<	tshjen	<	*tshjan	A
	仙	xiān	<	sjen	<	*sjan	A
	抑	yì	<	ʔik	<	*ʔ(r)jik	B
	怭	bì	<	bjit	<	*bjit	B
	秩	zhì	<	drit	<	*lrjit	B
220.4	號	háo	<	haw	<	*gaw	A
	呶	náo	<	nræw	<	*nru(ʔ)	A
	僛	qī	<	khi	<	*kh(r)jɨ	B
	郵	yóu	<	hjuw	<	*wjɨ	B
	俄	é	<	nga	<	*ngaj	C
	傞	suō	<	sa	<	*saj	C
	福	fú	<	pjuwk	<	*pjɨk	D
	德	dé	<	tok	<	*tɨk	D
	嘉	jiā	<	kæ	<	*kraj	E
	儀	yí	<	ngje	<	*ng(r)jaj	E
220.5	否	fǒu	<	pjuwX	<	*pjɨʔ	A
	史	shǐ	<	sriX	<	*srjɨʔ	A
	恥	chǐ	<	trhiX	<	*hnrjɨʔ	A
	怠	dài	<	dojX	<	*lɨʔ	A
	語	yǔ	<	ngjoX	<	*ng(r)jaʔ	B
	羖	gǔ	<	kuX	<	*kaʔ	B
	識	shí	<	syik	<	*stjɨk	C
	又	yòu	<	hjuwH	<	*wjɨ(k)s	C

221 *Xiǎo yǎ* 小雅：*Yú zǎo* 鱼藻

221.1	藻	zǎo	<	tsawX	<	*tsawʔ	A
	首	shǒu	<	syuwX	<	*hljuʔ	B
	鎬	hào	<	hawX	<	*gawʔ	A
	酒	jiǔ	<	tsjuwX	<	*tsjuʔ	B

221.2	藻	zǎo	<	tsawX	<	* tsawʔ	A
	尾	wěi	<	mjɨjX	<	* mjɨjʔ	B
	鎬	hào	<	hawX	<	* gawʔ	A
	豈	kǎi	<	khojX	<	* khɨjʔ	B
221.3	藻	zǎo	<	tsawX	<	* tsawʔ	A
	蒲	pú	<	bu	<	* ba	B
	鎬	hào	<	hawX	<	* gawʔ	A
	居	jū	<	kjo	<	* k(r)ja	B

222 Xiǎo yǎ 小雅：Cǎi shū 采菽

222.1	筥	jǔ	<	kjoX	<	* krjaʔ	A
	予	yǔ	<	yoX	<	* ljaʔ	A
	予	yǔ	<	yoX	<	* ljaʔ	A
	馬	mǎ	<	mæX	<	* mraʔ	A
	予	yǔ	<	yoX	<	* ljaʔ	A
	黼	fǔ	<	pjuX	<	* p(r)jaʔ	A
222.2	芹	qín	<	gjɨn	<	* gjɨn	A
	旂	qí	<	gjɨj	<	* gjɨj	A
	淠	pì	<	phejH	<	* phits	B
	嘒	huì	<	xwejH	<	* hwets	B
	駟	sì	<	sijH	<	* s(p)jij/ts	B
	届	jiè	<	kɛjH	<	* krets	B
222.3	股	gǔ	<	kuX	<	* kaʔ	A
	下	xià	<	hæX	<	* graʔ	A
	紓	shū	<	syo	<	* hlja	A
	予	yǔ	<	yoX	<	* ljaʔ	A
	命	mìng	<	mjængH	<	* mrjing(s)	B
	申	shēn	<	syin	<	* hljin	B
222.4	蓬	péng	<	buwng	<	* bong	A
	邦	bāng	<	pæwng	<	* prong	A
	同	tóng	<	duwng	<	* dong	A

	從	cóng	<	dzjowng	<	* dzjong	A
222.5	維	wéi	<	ywij	<	* wjij	A
	葵	kuí	<	gjwij	<	* g"jij	A
	膍	pí	<	bjij	<	* bjij	A
	戾	lì	<	lejH	<	* C-rets	A

223　Xiǎo yǎ 小雅：Jiǎo gōng 角弓

223.1	反	fǎn	<	pjonX	<	* pjanʔ	A
	遠	yuǎn	<	hjwonX	<	* wjanʔ	A
223.2	遠	yuǎn	<	hjwonX	<	* wjanʔ	A
	然	rán	<	nyen	<	* njan	A
	教	jiào	<	kæwH	<	* kraw(k)s	B
	傚	xiào	<	hæwH	<	* graws	B
223.3	裕	yù	<	yuH	<	* ljoks	A
	瘉	[yù]	<	yuX	<	* ljoʔ	A
223.4	良	liáng	<	ljang	<	* C-rjang	A
	方	fāng	<	pjang	<	* pjang	A
	讓	ràng	<	nyangH	<	* njangs	A
	亡	wáng	<	mjang	<	* mjang	A
223.5	駒	jū	<	kju	<	* k(r)jo	A
	後	hòu	<	huwX	<	*ɦ(r)oʔ	A
	饇	yù	<	ʔjuH	<	*ʔ(r)jos	A
	取	qǔ	<	tshjuX	<	* tshjoʔ	A
223.6	木	mù	<	muwk	<	* mok	A
	附	fù	<	bjuH	<	* b(r)jos	A
	屬	shǔ	<	dzyowk	<	* djok	A
223.7	瀌	biāo	<	b/pjew	<	* b/p(r)jaw	A
	消	xiāo	<	sjew	<	* s(l)jew	A
	驕	jiāo	<	kjew	<	* k(r)jaw	A
223.8	浮	fú	<	bjuw	<	* b(r)ju	A
	流	liú	<	ljuw	<	* C-rju	A

	髦	máo	<	maw	<	*mu	A
	憂	yōu	<	ʔjuw	<	*ʔ(r)ju	A

224 Xiǎo yǎ 小雅: Wǎn liǔ 菀柳

224.1	柳	liǔ	<	ljuwX	<	*C-rjuʔ	A
	息	xī	<	sik	<	*sjɨk	B
	蹈	[dǎo]	<	dawH	<	*lus	A
	暱	nì	<	[nrit]	<	*nrjɨk	B
	極	jí	<	gik	<	*g(r)jɨk	B
224.2	柳	liǔ	<	ljuwX	<	*C-rjuʔ	A
	愒	qì	<	khjejH	<	*khrjats	B
	蹈	[dǎo]	<	dawH	<	*lus	A
	瘵	zhài	<	tsrɛjH	<	*tsr(j)ets	B
	邁	mài	<	mæjH	<	*mrats	B
224.3	天	tiān	<	then	<	*hlin	A
	臻	zhēn	<	tsrin	<	*tsrjin	A
	矜	[jīn]	<	king	<	*kjing	A

225 Xiǎo yǎ 小雅: Dū rén shì 都人士

225.1	黃	huáng	<	hwang	<	*gʷang	A
	章	zhāng	<	tsyang	<	*tjang	A
	望	wàng	<	mjangH	<	*mjangs	A
225.2	撮	cuō	<	tshwat	<	*tshot	A
	髮	fà	<	pjot	<	*pjot	A
	說	yuè	<	ywet	<	*ljot	A
225.3	實	shí	<	zyit	<	*Ljit	A
	吉	jí	<	kjit	<	*kJit	A
	結	jié	<	ket	<	*kit/k	A
225.4	厲	lì	<	ljejH	<	*C-rjats	A
	蠆	chài	<	trhæjH	<	*hrjats(ʔ)	A
	邁	mài	<	mæjH	<	*mrats	A

225.5	餘	yú	<	yo	<	* lja	A
	旟	yú	<	yo	<	* lja	A
	盱	xū	<	xju	<	* hw(r)ja	A

226　Xiǎo yǎ 小雅：Cǎi lǜ 采绿

226.1	緑	lǜ	<	ljowk	<	* C-rjok	A
	匊	jū	<	kjuwk	<	* k(r)juk	A
	局	jú	<	gjowk	<	*ɦkh(r)jok	A
	沐	mù	<	muwk	<	* mok	A
226.2	藍	lán	<	lam	<	* g-ram	A
	襜	chān	<	tsyhem	<	* thjam	A
	詹	zhān	<	tsyem	<	* tjam	A
226.3	弓	gōng	<	kjuwng	<	* kʷjɨng	A
	繩	shéng	<	zying	<	*ɦjɨng	A
226.4	鱮	xù	<	zjoX	<	* zljaʔ	A
	鱮	xù	<	zjoX	<	* zljaʔ	A
	者	zhě	<	tsyæX	<	* tjAʔ	A

227　Xiǎo yǎ 小雅：Shǔ miáo 黍苗

227.1	苗	miáo	<	mjew	<	* m(r)jaw	A
	膏	gào	<	kawH	<	* kaws	A
	勞	[láo]	<	lawH	<	* C-raws	A
227.2	牛	niú	<	ngjuw	<	* ngʷjɨ	A
	哉	zāi	<	tsoj	<	* tsɨ	A
227.3	御	yù	<	ngjoH	<	* ng(r)jaks	A
	旅	lǚ	<	ljoX	<	* g-rjaʔ	A
	處	chǔ	<	tsyhoX	<	* KHjaʔ	A
227.4	營	yíng	<	yweng	<	* wjeng	A
	成	chéng	<	dzyeng	<	* djeng	A
227.5	平	píng	<	bjæng	<	* brjeng	A
	清	qīng	<	tshjeng	<	* tshjeng	A

	成	chéng	<	dzyeng	<	*djeng	A
	寧	níng	<	neng	<	*neng	A

228　Xiǎo yǎ 小雅：Xí sāng 隰桑

228.1	阿	ē	<	ʔa	<	*ʔaj	A
	難	nán	<	nan	<	*nan	A
	何	hé	<	ha	<	*gaj	A
228.2	沃	wò	<	ʔowk	<	*ʔawk	A
	樂	lè	<	lak	<	*g-rawk	A
228.3	幽	yōu	<	ʔjiw(X)	<	*ʔ(r)jiw(ʔ)	A
	膠	jiāo	<	kæw	<	*kriw	A
228.4	愛	ài	<	ʔojH	<	*ʔɨts	A
	謂	wèi	<	hjwɨjH	<	*wjɨts	A
	藏	cáng	<	dzang	<	*ɦtshang	B
	忘	wàng	<	mjang(H)	<	*mjang	B

229　Xiǎo yǎ 小雅：Bái huā 白华

229.1	菅	jiān	<	kæn	<	*kran	A
	束	shù	<	syowk	<	*hjok	B
	遠	yuàn	<	hjwonH	<	*wjans	A
	獨	dú	<	duwk	<	*dok	B
229.2	茅	máo	<	mæw	<	*mru	A
	猶	yóu	<	yuw	<	*ju	A
229.3	田	tián	<	den	<	*din	A
	人	rén	<	nyin	<	*njin	A
229.4	薪	xīn	<	sin	<	*sjin(g)	A
	煁	chén	<	dzyim	<	*Gjɨ/um	B
	人	rén	<	nyin	<	*njin	A
	心	xīn	<	sim	<	*sjɨm	B
229.5	外	wài	<	ngwajH	<	*ngʷats	A
	邁	mài	<	mæjH	<	*mrats	A

229.6	林	lín	<	lim	<	*C-rjɨm	A
	心	xīn	<	sim	<	*sjɨm	A
229.7	梁	liáng	<	ljang	<	*C-rjang	A
	翼	yì	<	yik	<	*ljɨk	B
	良	liáng	<	ljang	<	*C-rjang	A
	德	dé	<	tok	<	*tɨk	B
229.8	卑	bēi	<	pjie	<	*pje	A
	疧	qí	<	gjie	<	*gJe	A

230 *Xiǎo yǎ* 小雅: *Mián mán* 緜蛮

230.1	阿	ē	<	ʔa	<	*ʔaj	A
	何	hé	<	ha	<	*gaj	A
	食	sì	<	ziH	<	*zljɨks	B
	诲	huì	<	xwojH	<	*hmɨ(k)s	B
	载	zài	<	tsojH	<	*tsɨ(k)s	B
230.2	隅	yú	<	ngju	<	*ng(r)jo	A
	趋	qū	<	tshju	<	*tshjo	A
	食	sì	<	ziH	<	*zljɨks	B
	诲	huì	<	xwojH	<	*hmɨ(k)s	B
	载	zài	<	tsojH	<	*tsɨ(k)s	B
230.3	侧	[cè]	<	tsrik	<	*tsrjɨk	A
	极	jí	<	gik	<	*g(r)jɨk	A
	食	sì	<	ziH	<	*zljɨks	B
	诲	huì	<	xwojH	<	*hmɨ(k)s	B
	载	zài	<	tsojH	<	*tsɨ(k)s	B

231 *Xiǎo yǎ* 小雅: *Hù yè* 瓠叶

231.1	亨	pēng	<	phæng	<	*phrang	A
	尝	cháng	<	dzyang	<	*djang	A
231.2	首	shǒu	<	syuwX	<	*hljuʔ	A
	燔	fán	<	bjon	<	*bjan	B

	酒	jiǔ	<	tsjuwX	<	*tsjuʔ	A
	獻	xiàn	<	xjonH	<	*hngjans	B
231.3	首	shǒu	<	syuwX	<	*hljuʔ	A
	炙	zhì	<	tsyek	<	*tjAk	B
	酒	jiǔ	<	tsjuwX	<	*tsjuʔ	A
	酢	zuò	<	dzak	<	*dzak	B
231.4	首	shǒu	<	syuwX	<	*hljuʔ	A
	炮	páo	<	bæw	<	*bru	B
	酒	jiǔ	<	tsjuwX	<	*tsjuʔ	A
	醻	chóu	<	dzyuw	<	*dju	B

232 Xiǎo yǎ 小雅：Chán chán zhī shí 渐渐之石

232.1	高	gāo	<	kaw	<	*kaw	A
	勞	láo	<	law	<	*C-raw	A
	朝	cháo	<	drjew	<	*ɦtrjaw	A
232.2	卒	zú	<	tswit	<	*Stjut	A
	沒	mò	<	mwot	<	*mut	A
	出	chū	<	tsyhwit	<	*thjut	A
232.3	波	bō	<	pa	<	*paj	A
	沱	tuó	<	da	<	*laj	A
	他	[tā]	<	tha	<	*hlaj	A

233 Xiǎo yǎ 小雅：Tiáo zhī huā 苕之华

233.1	黃	huáng	<	hwang	<	*g^{w}ang	A
	傷	shāng	<	syang	<	*hljang	A
233.2	青	[qīng]	<	tseng	<	*tseng	A
	生	shēng	<	srjæng	<	*srjeng	A
233.3	首	shǒu	<	syuwX	<	*hljuʔ	A
	罶	liǔ	<	ljuwX	<	*C-rjuʔ	A
	飽	bǎo	<	pæwX	<	*pruʔ	A

附录 B 《诗经》押韵

234 Xiǎo yǎ 小雅：Hé cǎo bù huáng 何草不黄

234.1	黄	huáng	<	hwang	<	*g^wang	A
	行	xíng	<	hæng	<	*grang	A
	將	jiāng	<	tsjang	<	*tsjang	A
	方	fāng	<	pjang	<	*pjang	A
234.2	玄	xuán	<	hwen	<	*g^win	A
	矜	guān	<	kwɛn	<	*k^wrin	A
	民	mín	<	mjin	<	*mjin	A
234.3	虎	hǔ	<	xuX	<	*xaʔ (?)	A
	野	yě	<	yæX	<	*ljAʔ	A
	夫	fū	<	pju	<	*p(r)ja	A
	暇	[xiá]	<	hæH	<	*gras	A
234.4	狐	hú	<	hu	<	*g^wa	A
	草	cǎo	<	tshawX	<	*tshuʔ	B
	車	jū	<	kjo	<	*k(r)ja	A
	道	dào	<	dawX	<	*luʔ	B

235 Dà yǎ 大雅：wén wáng 文王

235.1	天	tiān	<	then	<	*hlin	A
	新	xīn	<	sin	<	*sjin	A
	時	shí	<	dzyi	<	*djɨ (?)	B
	右	yòu	<	hjuwX/H	<	*wjɨʔ (s)	B
235.2	已	yǐ	<	yiX	<	*ljɨʔ	A
	子	zǐ	<	tsiX	<	*tsjɨʔ	A
	子	zǐ	<	tsiX	<	*tsjɨʔ	A
	世	shì	<	syejH	<	*hljaps	B
	士	shì	<	dzriX	<	*ɦsrjɨʔ	A
	世	shì	<	syejH	<	*hljaps	B
235.3	翼	yì	<	yik	<	*ljɨk	A
	國	guó	<	kwok	<	*k^wɨk	A
	生	shēng	<	srjæng	<	*srjeng	B

	楨	[zhēn]	<	trjeng	<	*trjeng	B
	寧	níng	<	neng	<	*neng	B
235.4	止	zhǐ	<	tsyiX	<	*tjɨʔ	A
	子	zǐ	<	tsiX	<	*tsjɨʔ	A
	億	yì	<	ʔik	<	*ʔ(r)jɨk	B
	服	fú	<	bjuwk	<	*bjɨk	B
235.5	常	cháng	<	dzyang	<	*djang	A
	京	jīng	<	kjæng	<	*krjang	A
	冔	xǔ	<	xjuX	<	*hw(r)jaʔ	B
	祖	zǔ	<	tsuX	<	*tsaʔ	B
235.6	德	dé	<	tok	<	*tɨk	A
	福	fú	<	pjuwk	<	*pjɨk	A
	帝	dì	<	tejH	<	*teks	B
	易	yì	<	yeH	<	*ljeks	B
235.7	身	shēn	<	syin	<	*hljin	A
	天	tiān	<	then	<	*hlin	A
	臭	chòu	<	tsyhuwH	<	*KHjus	B
	孚	[fú]	<	[phju]	<	*ph(r)ju	B

236 Dà yǎ 大雅: Dà míng 大明

236.1	上	shàng	<	dzyangH	<	*djangs	A
	王	wáng	<	hjwang	<	*wjang	A
	方	fāng	<	pjang	<	*pjang	A
236.2	商	shāng	<	syang	<	*h(l)jang	A
	京	jīng	<	kjæng	<	*krjang	A
	行	xíng	<	hæng	<	*grang	A
	王	wáng	<	hjwang	<	*wjang	A
236.3	翼	yì	<	yik	<	*ljɨk	A
	福	fú	<	pjuwk	<	*pjɨk	A
	國	guó	<	kwok	<	*kʷɨk	A
236.4	集	jí	<	dzip	<	*dzjup	A

	合	hé	<	hop	<	* gop	A
	涘	sì	<	zriX	<	* zrɨʔ	B
	止	zhǐ	<	tsyiX	<	* tjɨʔ	B
	子	zǐ	<	tsiX	<	* tsjɨʔ	B
236.5	妹	mèi	<	mwojH	<	* mɨts	A
	渭	wèi	<	hjwɨjH	<	* wjɨts	A
	梁	liáng	<	ljang	<	* C-rjang	B
	光	guāng	<	kwang	<	* k^wang	B
236.6	天	tiān	<	then	<	* hlin	A
	王	wáng	<	hjwang	<	* wjang	B
	京	jīng	<	kjæng	<	* krjang	B
	莘	shēn	<	srin	<	* srjin	A
	行	xíng	<	hæng	<	* grang	B
	王	wáng	<	hjwang	<	* wjang	B
	商	shāng	<	syang	<	* h(l)jang	B
236.7	旅	lǚ	<	ljoX	<	* g-rjaʔ	A
	林	lín	<	lim	<	* C-rjɨm	B
	野	yě	<	yæX	<	* ljAʔ	A
	興	xīng	<	xing	<	* x(r)jɨng	B
	女	rǔ	<	nyoX	<	* njaʔ	A
	心	xīn	<	sim	<	* sjɨm	B
236.8	洋	yáng	<	yang	<	*(l)jang	A
	煌	huáng	<	hwang	<	* wang	A
	彭	bāng	<	pang	<	* pang	A
	揚	yáng	<	yang	<	* ljang	A
	王	wáng	<	hjwang	<	* wjang	A
	商	shāng	<	syang	<	* h(l)jang	A
	明	míng	<	mjæng	<	* mrjang	A

237　Dà yǎ 大雅: Mián 緜

237.1	垤	dié	<	det	<	*lit	A
	漆	qī	<	tshit	<	*tshjit	A
	穴	xué	<	hwet	<	*wit	A
	室	shì	<	syit	<	*stjit	A
237.2	父	fǔ	<	pjuX	<	*p(r)jaʔ	A
	馬	mǎ	<	mæX	<	*mraʔ	A
	滸	hǔ	<	xuX	<	*hngaʔ	A
	下	xià	<	hæX	<	*graʔ	A
	女	nǚ	<	nrjoX	<	*nrjaʔ	A
	宇	yǔ	<	hjuX	<	*w(r)jaʔ	A
237.3	憮	wǔ	<	[mjuX]	<	*m(j)ɨ	A
	飴	yí	<	yi	<	*ljɨ	A
	謀	móu	<	mjuw	<	*mjɨ	A
	龜	guī	<	kwij	<	*kʷrjɨ	A
	時	shí	<	dzyi	<	*djɨ(ʔ)	A
	兹	zī	<	tsi	<	*tsjɨ	A
237.4	止	zhǐ	<	tsyiX	<	*tjɨʔ	A
	右	yòu	<	hjuwX/H	<	*wjɨʔ(s)	A
	理	lǐ	<	liX	<	*C-rjɨʔ	A
	畝	mǔ	<	muwX	<	*m(r)o/ɨʔ	A
	事	shì	<	dzriH	<	*ɦsrjɨʔ(s)	A
237.5	徒	tú	<	du	<	*da	A
	家	jiā	<	kæ	<	*kra	A
	直	zhí	<	drik	<	*drjɨk	B
	載	zài	<	tsojH	<	*tsɨ(k)s	B
	翼	yì	<	yik	<	*ljɨk	B
237.6	陾	réng	<	nying	<	*njɨng	A
	薨	hōng	<	xwong	<	*hmɨng	A
	登	dēng	<	tong	<	*tɨng	A
	馮	píng	<	bing	<	*brjɨng	A

	興	xīng	<	xing	<	*x(r)jɨng	A
	勝	shēng	<	sying	<	*hljɨng	A
237.7	伉	kàng	<	khangH	<	*khangs	A
	將	qiāng	<	tshjang	<	*tshjang	A
	行	xíng	<	hæng	<	*grang	A
237.8	殄	[tiǎn]	<	denX	<	*dɨnʔ	A
	慍	yùn	<	ʔjunH	<	*ʔjuns	B
	隕	yǔn	<	hwinX	<	*wrjɨn(ʔ)	A
	問	wèn	<	mjunH	<	*mjuns	B
	拔	bèi	<	bajH	<	*bots	C
	駾	[tuì]	<	dwajH	<	*lots	C
	兌	[duì]	<	thwajH	<	*hlots	C
	喙	[huì]	<	xjwojH	<	*xjots	C
237.9	成	chéng	<	dzyeng	<	*djeng	A
	生	shēng	<	srjæng	<	*srjeng	A
	附	fù	<	bjuH	<	*b(r)jos	B
	後	hòu	<	huwH	<	*ɦ(r)os	B
	奏	zòu	<	tsuwH	<	*tso(k)s	B
	侮	wǔ	<	mjuX	<	*m(r)joʔ(s)	B

238 Dà yǎ 大雅: Yù pǔ 棫樸

238.1	槱	[yóu]	<	yuwX	<	*juʔ	A
	趣	qù	<	tshjuH	<	*tshjos	A
238.2	王	wáng	<	hjwang	<	*wjang	A
	璋	zhāng	<	tsyang	<	*tjang	A
	峨	é	<	nga	<	*ngaj	B
	宜	yí	<	ngje	<	*ng(r)jaj	B
238.3	楫	[jí]	<	[tsjep]	<	*tsjɨp	A
	及	jí	<	gip	<	*g(r)jɨp	A
238.4	天	tiān	<	then	<	*hlin	A
	人	rén	<	nyin	<	*njin	A

238.5	章	zhāng	<	tsyang	<	*tjang	A
	相	xiāng	<	sjang	<	*sjang	A
	王	wáng	<	hjwang	<	*wjang	A
	方	fāng	<	pjang	<	*pjang	A

239　Dà yǎ 大雅：Hàn lù 旱麓

239.1	濟	jǐ	<	tsejX	<	*tsɨjʔ	A
	弟	[tì]	<	dejX	<	*dɨjʔ	A
239.2	中	zhōng	<	trjuwng	<	*k-ljung	A
	降	jiàng	<	kæwngH	<	*krungs	A
239.3	天	tiān	<	then	<	*hlin	A
	淵	yuān	<	ʔwen	<	*ʔʷin	A
	人	rén	<	nyin	<	*njin	A
239.4	載	zài	<	tsojH	<	*tsɨ(k)s	A
	備	bèi	<	bijH	<	*brjɨks	A
	祀	sì	<	ziX	<	*zjɨk(ʔ)	A
	福	fú	<	pjuwk	<	*pjɨk	A
239.5	燎	liào	<	ljewH	<	*C-rjaws	A
	勞	[láo]	<	lawH	<	*C-raws	A
239.6	枚	méi	<	mwoj	<	*mɨj	A
	回	huí	<	hwoj	<	*wɨj	A

240　Dà yǎ 大雅：Sī zhāi 思齊

240.1	母	mǔ	<	muwX	<	*m(r)o/ɨʔ	A
	婦	fù	<	bjuwX	<	*bjɨʔ	A
	音	yīn	<	ʔim	<	*ʔ(r)jɨm	B
	男	nán	<	nom	<	*nɨm	B
240.2	公	gōng	<	kuwng	<	*kong	A
	恫	tōng	<	thuwng	<	*thong	A
	妻	qī	<	tshej	<	*tshɨj	B
	弟	dì	<	dejX	<	*dɨ/ijʔ	B

	邦	bāng	<	pæwng	<	*prong	A
240.3	宮	gōng	<	kjuwng	<	*k(r)jung	A
	廟	miào	<	mjewH	<	*m(r)jaws	B
	臨	lín	<	lim	<	*b-rjum	A
	保	bǎo	<	pawX	<	*puʔ	B
240.4	式	shì	<	syik	<	*hljɨk	A
	入	rù	<	nyip	<	*njup	A
	造	zào	<	dzawX	<	*dzuʔ	B
	士	shì	<	dzriX	<	*ɦsrjɨʔ	B

241 Dà yǎ 大雅: Huáng yǐ 皇矣

241.1	赫	hè	<	xæk	<	*xrak	A
	莫	mò	<	mak	<	*mak	A
	獲	huò	<	hwɛk	<	*wrak	A
	度	duó	<	dak	<	*lak	A
	廓	kuò	<	khwak	<	*kʷhak	A
	宅	zhái	<	dræk	<	*drak	A
241.2	屏	bǐng	<	pjiengX	<	*pjengʔ	A
	翳	yì	<	ʔejH	<	*ʔe/ijs	B
	平	píng	<	bjæng	<	*brjeng	A
	栵	lì	<	ljejH	<	*C-rjets(?)	B
	辟	bì	<	bjiek	<	*bjek	C
	椐	[jū]	<	khjo	<	*kh(r)ja	D
	剔	tī	<	thek	<	*hlek	C
	柘	zhè	<	tsyæH	<	*tjAks	D
	路	lù	<	luH	<	*g-raks	D
	固	gù	<	kuH	<	*kas	D
241.3	拔	bèi	<	bajH	<	*bots	A
	兌	duì	<	dwajH	<	*lots	A
	對	duì	<	twojH	<	*k-lups	B
	季	jì	<	kjwijH	<	*kʷjits	B

	兄	xiōng	<	xjwæng	<	* hwrjang	C
	慶	qìng	<	khjængH	<	* khrjang(s)	C
	光	guāng	<	kwang	<	* kʷang	C
	喪	sàng	<	sangH	<	* smang(s)	C
	方	fāng	<	pjang	<	* pjang	C
241.4	心	xīn	<	sim	<	* sjɨm	A
	音	yīn	<	ʔim	<	*ʔ(r)jɨm	A
	悔	huǐ	<	xwojX	<	* hmɨʔ	B
	沚	[zhǐ]	<	trhiX	<	* thrjɨʔ	B
	子	zǐ	<	tsiX	<	* tsjɨʔ	B
241.5	援	yuán	<	hjwon	<	* wjan	A
	羨	xiàn	<	zjenH	<	* zjans(?)	A
	岸	àn	<	nganH	<	* ngans	A
	恭	gōng	<	kjowng	<	* krjong	B
	邦	bāng	<	pæwng	<	* prong	B
	共	gōng	<	kjowng	<	* k(r)jong	B
	怒	[nù]	<	nuX	<	* naʔ	C
	旅	lǚ	<	ljoX	<	* g-rjaʔ	C
	旅	lǚ	<	ljoX	<	* g-rjaʔ	C
	怙	hù	<	huX	<	* gaʔ	C
	下	xià	<	hæX	<	* graʔ	C
241.6	京	jīng	<	kjæng	<	* krjang	A
	疆	jiāng	<	kjang	<	* kjang	A
	岡	gāng	<	kang	<	* kang	A
	阿	ē	<	ʔa	<	*ʔaj	B
	泉	quán	<	dzjwen	<	* Sgʷjan	C
	池	chí	<	drje	<	* lrjaj	B
	原	yuán	<	ngjwon	<	* ngʷjan	C
	陽	yáng	<	yang	<	* ljang	A
	將	jiāng	<	tsjang	<	* tsjang	A
	方	fāng	<	pjang	<	* pjang	A

241.7	王	wáng	<	hjwang	<	* wjang	A
	德	dé	<	tok	<	* tɨk	A
	色	sè	<	srik	<	* srjɨk	A
	革	gé	<	kɛk	<	* krɨk	A
	則	zé	<	tsok	<	* tsɨk	A
	王	wáng	<	hjwang	<	* wjang	B
	方	fāng	<	pjang	<	* pjang	B
	兄	xiōng	<	xjwæng	<	* hwrjang	B
	衝	chōng	<	tsyhowng	<	* thjong	C
	墉	[yōng]	<	yowng	<	* ljong	C
241.8	閑	xián	<	[hɛn]	<	* gran	A
	言	yán	<	ngjon	<	* ngjan	A
	連	lián	<	ljen	<	* C-rjan	A
	安	ān	<	ʔan	<	*ʔan	A
	附	fù	<	bjuH	<	* b(r)jos	B
	侮	wǔ	<	mjuX	<	* m(r)joʔ(s)	B
	茀	fú	<	pjut	<	* pjut	C
	仡	yì	<	ngjɨt	<	* ngjɨt	C
	肆	sì	<	sijH	<	* sljɨps	C
	忽	hū	<	xwot	<	* hmut	C
	拂	fú	<	bjut	<	* bjut	C

242 Dà yǎ 大雅: Líng tái 灵台

242.1	營	yíng	<	yweng	<	* wjeng	A
	成	chéng	<	dzyeng	<	* djeng	A
242.2	亟	jí	<	kik	<	* k(r)jɨk	A
	來	lái	<	loj	<	* C-rɨ(k)	A
	囿	yòu	<	hjuwH	<	* wjɨ(k)s	A
	伏	fú	<	bjuwk	<	* bjɨk	A
242.3	濯	zhuó	<	dræwk	<	* lrewk	A
	翯	hè	<	hæwk	<	* grawk	A

		沼	[zhǎo]	<	tsyewH	<	*tjaws	A
		躍	yuè	<	yak	<	*lja/ewk	A
242.4		樅	cōng	<	tshjowng	<	*tshjong	A
		鏞	[yōng]	<	yowng	<	*ljong	A
		鍾	zhōng	<	tsyowng	<	*tjong	A
		雝	yōng	<	ʔjowng	<	*ʔ(r)jong	A
242.5		鍾	zhōng	<	tsyowng	<	*tjong	A
		雝	yōng	<	ʔjowng	<	*ʔ(r)jong	A
		逢	péng	<	buwng	<	*bong	A
		公	gōng	<	kuwng	<	*kong	A

243 Dà yǎ 大雅: Xià wǔ 下武

243.1		王	wáng	<	hjwang	<	*wjang	A
		京	jīng	<	kjæng	<	*krjang	A
243.2		求	qiú	<	gjuw	<	*grju	A
		孚	[fú]	<	[phju]	<	*ph(r)ju	A
243.3		式	shì	<	syik	<	*hljɨk	A
		則	zé	<	tsok	<	*tsɨk	A
243.4		德	dé	<	tok	<	*tɨk	A
		服	fú	<	bjuwk	<	*bjɨk	A
243.5		許	xǔ	<	xjoX	<	*hng(r)jaʔ	A
		武	wǔ	<	mjuX	<	*Np(r)jaʔ	A
		祜	hù	<	huX	<	*gaʔ	A
243.6		賀	hè	<	haH	<	*gajs	A
		佐	[zuǒ]	<	tsaH	<	*tsajs	A

244 Dà yǎ 大雅: Wén wáng yǒu shēng 文王有声

244.1		聲	shēng	<	syeng	<	*xjeng	A
		聲	shēng	<	syeng	<	*xjeng	A
		寧	níng	<	neng	<	*neng	A
		成	chéng	<	dzyeng	<	*djeng	A

244.2	功	gōng	<	kuwng	<	*kong	A
	崇	chóng	<	dzrjuwng	<	*dzrjung	A
	豐	fēng	<	[phjuwng]	<	*ph(r)jong(?)	A
244.3	淢	xù	<	xjwit	<	*hwjit	A
	匹	pǐ	<	phjit	<	*phjit	A
	猶	yóu	<	yuw	<	*ju	B
	孝	xiào	<	xæwH	<	*xrus	B
244.4	垣	yuán	<	hjwon	<	*wjan	A
	翰	hàn	<	hanH	<	*gans	A
244.5	績	jī	<	tsek	<	*tsek	A
	辟	bì	<	pjiek	<	*pjek	A
244.6	廱	yōng	<	ʔjowng	<	*ʔ(r)jong	A
	東	dōng	<	tuwng	<	*tong	A
	北	běi	<	pok	<	*pɨk	B
	服	fú	<	bjuwk	<	*bjɨk	B
244.7	王	wáng	<	hjwang	<	*wjang	A
	京	jīng	<	kjæng	<	*krjang	A
	正	zhèng	<	tsyengH	<	*tjengs	B
	成	chéng	<	dzyeng	<	*djeng	B
244.8	芑	qǐ	<	khiX	<	*kh(r)jɨʔ	A
	仕	shì	<	dzriX	<	*fisrjɨʔ	A
	謀	móu	<	mjuw	<	*mjɨ	A
	子	zǐ	<	tsiX	<	*tsjɨʔ	A

245 Dà yǎ 大雅: Shēng mín 生民

245.1	祀	sì	<	ziX	<	*zjɨk(ʔ)	A
	子	zǐ	<	tsiX	<	*tsjɨʔ	A
	敏	mǐn	<	minX	<	*mrjɨ(n)ʔ	A
	止	zhǐ	<	tsyiX	<	*tjɨʔ	A
	夙	sù	<	sjuwk	<	*sjuk	B
	育	yù	<	yuwk	<	*ljuk	B

	稷	jì	<	tsik	<	*tsjɨk	B
245.2	月	yuè	<	ngjwot	<	*ng^w jat	A
	達	tà	<	that	<	*hlat	A
	害	hài	<	hajH	<	*ɦkat(s)	A
	靈	líng	<	leng	<	*C-reng	B
	寧	níng	<	neng	<	*neng	B
	祀	sì	<	ziX	<	*zjɨk(ʔ)	C
	子	zǐ	<	tsiX	<	*tsjɨʔ	C
245.3	字	zì	<	dziH	<	*ɦtsjɨ(ʔ)s	A
	林	lín	<	lim	<	*C-rjɨm	B
	林	lín	<	lim	<	*C-rjɨm	B
	冰	bīng	<	ping	<	*prjɨng	B
	翼	yì	<	yik	<	*ljɨk	A
	去	qù	<	khjoH	<	*kh(r)jas	C
	呱	gū	<	ku	<	*k^w a	C
245.4	訏	xū	<	xju	<	*hw(r)ja	A
	路	lù	<	luH	<	*g-raks	A
	匐	fú	<	bok/bjuwk	<	*b(j)ɨk	B
	嶷	nì	<	ngik	<	*ng(r)jɨk	B
	食	shí	<	zyik	<	*Ljɨk	B
	旆	[pèi]	<	bajH	<	*bots	C
	穗	suì	<	zwijH	<	*zjuts	C
	懞	měng	<	muwngX	<	*mongʔ	D
	埲	běng	<	puwngX	<	*pongʔ	D
245.5	道	dào	<	dawX	<	*luʔ	A
	草	cǎo	<	tshawX	<	*tshuʔ	A
	茂	[mào]	<	muwH	<	*m(r)juʔ(s)	A
	苞	bāo	<	pæw	<	*pru	A
	褎	xiù	<	zjuwH	<	*zjus	A
	秀	xiù	<	sjuwH	<	*sljus	A
	好	hǎo	<	xawX	<	*xuʔ	A

	栗	lì	<	lit	<	*C-rjit	B
	室	shì	<	syit	<	*stjit	B
245.6	秠	pī	<	phij(X)	<	*phrjɨ(ʔ)	A
	芑	qǐ	<	khiX	<	*kh(r)jɨʔ	A
	秠	pī	<	phij(X)	<	*phrjɨ(ʔ)	A
	畝	mǔ	<	muwX	<	*m(r)oʔ/ɨʔ	A
	芑	qǐ	<	khiX	<	*kh(r)jɨʔ	A
	負	fù	<	bjuwX	<	*ɦpjɨ(k)ʔ	A
	祀	sì	<	ziX	<	*zjɨk(ʔ)	A
245.7	蕕	yóu	<	yuw	<	*lju	A
	蹂	róu	<	nyuw	<	*nju	A
	叟	sōu	<	srjuw	<	*srju	A
	浮	fú	<	bjuw	<	*b(r)ju	A
	惟	wéi	<	ywij	<	*wjij	B
	脂	zhī	<	tsyij	<	*kjij	B
	軷	[bá]	<	bat	<	*bat	C
	烈	liè	<	ljet	<	*C-rjat	C
	歲	suì	<	sjwejH	<	*swjat(s)	C
245.8	登	dēng	<	tong	<	*tɨng	A
	升	shēng	<	sying	<	*h(l)jɨng	A
	歆	xīn	<	xim	<	*x(r)jɨm	A
	時	shí	<	dzyi	<	*djɨ(ʔ)	B
	祀	sì	<	ziX	<	*zjɨk(ʔ)	B
	悔	huǐ	<	xwojX	<	*hmɨʔ	B
	今	jīn	<	kim	<	*k(r)jɨm	A

246 Dà yǎ 大雅: Háng wěi 行葦

246.1	葦	wěi	<	hjwɨjX	<	*wjɨjʔ	A
	履	[lǚ]	<	lijX	<	*C-rjijʔ	A
	體	tǐ	<	thejX	<	*hrijʔ	A
	泥	nǐ	<	nejX	<	*nɨjʔ	A

246.2	弟	dì	<	dejX	<	*dɨ/ijʔ	A
	爾	ěr	<	nyeX	<	*njɨjʔ	A
	几	jǐ	<	kijX	<	*krjɨjʔ	A
246.3	席	xí	<	zjek	<	*zljAk	A
	御	yù	<	ngjoH	<	*ng(r)jaks	A
	酢	zuò	<	dzak	<	*dzak	A
	斝	jiǎ	<	kæX	<	*kraʔ	A
246.4	炙	zhì	<	tsyek	<	*tjAk	A
	臄	jué	<	gjak	<	*gjak	A
	咢	è	<	ngak	<	*ngak	A
246.5	堅	jiān	<	ken	<	*kin	A
	鈞	jūn	<	kjwin	<	*kʷjin	A
	均	jūn	<	kjwin	<	*kʷjin	A
	賢	xián	<	hen	<	*gin	A
246.6	句	[gōu]	<	kuwH	<	*k(r)os	A
	鍭	[hóu]	<	huwH	<	*g(r)os	A
	樹	shù	<	dzyuH	<	*djos	A
	侮	wǔ	<	mjuX	<	*m(r)joʔ(s)	A
246.7	主	zhǔ	<	tsyuX	<	*tjoʔ	A
	醹	[rú]	<	nyuX	<	*njoʔ	A
	斗	dǒu	<	tuwX	<	*toʔ	A
	耉	gǒu	<	kuwX	<	*k(r)oʔ	A
246.8	背	bèi	<	pwojH	<	*pɨk(s)	A
	翼	yì	<	yik	<	*ljɨk	A
	祺	qí	<	gi	<	*g(r)jɨ	A
	福	fú	<	pjuwk	<	*pjɨk	A

247 Dà yǎ 大雅：Jì zuì 既醉

247.1	德	dé	<	tok	<	*tɨk	A
	福	fú	<	pjuwk	<	*pjɨk	A
247.2	將	jiāng	<	tsjang	<	*tsjang	A

		明	míng	<	mjæng	<	* mrjang	A
247.3		融	róng	<	yuwng	<	* ljung	A
		終	zhōng	<	tsyuwng	<	* tjung	A
		俶	chù	<	tsyhuwk	<	* thjiwk	B
		告	gù	<	kowk	<	* kuk	B
247.4		何	hé	<	ha	<	* gaj	A
		嘉	jiā	<	kæ	<	* kraj	A
		儀	yí	<	ngje	<	* ng(r)jaj	A
247.5		時	shí	<	dzyi	<	* dji(ʔ)	A
		子	zǐ	<	tsiX	<	* tsjɨʔ	A
		匱	[kuì]	<	gwijH	<	* grjuts	B
		類	lèi	<	lwijH	<	* C-rjut/ps	B
247.6		壼	kǔn	<	khwonX	<	* kʷhɨnʔ	A
		胤	yìn	<	yinH	<	*(l)jɨns	A
247.7		禄	lù	<	luwk	<	* b-rok	A
		僕	[pú]	<	buwk	<	* bok	A
247.8		士	shì	<	dzriX	<	*ɦsrjɨʔ	A
		士	shì	<	dzriX	<	*ɦsrjɨʔ	A
		子	zǐ	<	tsiX	<	* tsjɨʔ	A

248　Dà yǎ 大雅：Fú yī 凫鹥

248.1		涇	jīng	<	keng	<	* keng	A
		寧	níng	<	neng	<	* neng	A
		清	qīng	<	tshjeng	<	* tshjeng	A
		馨	[xīn]	<	xeng	<	* xeng	A
		成	chéng	<	dzyeng	<	* djeng	A
248.2		沙	shā	<	sræ	<	* sCraj	A
		宜	yí	<	ngje	<	* ng(r)jaj	A
		多	duō	<	ta	<	* taj	A
		嘉	jiā	<	kæ	<	* kraj	A
		爲	wèi	<	hjweH	<	* w(r)jajs	A

248.3	渚	zhǔ	<	tsyoX	<	*tjaʔ	A
	處	chǔ	<	tsyhoX	<	*KHjaʔ	A
	湑	xǔ	<	sjoX	<	*sngjaʔ	A
	脯	fǔ	<	pjuX	<	*p(r)jaʔ	A
	下	xià	<	hæX	<	*graʔ	A
248.4	潨	[zhōng]	<	dzuwng	<	*dzung	A
	宗	zōng	<	tsowng	<	*tsung	A
	宗	zōng	<	tsowng	<	*tsung	A
	降	xiáng	<	hæwng	<	*ɦkrung	A
	崇	chóng	<	dzrjuwng	<	*dzrjung	A
248.5	亹	mén	<	mwon	<	*mɨn	A
	熏	xūn	<	xjun	<	*xjun	A
	欣	xīn	<	xjɨn	<	*xjɨn	A
	芬	fēn	<	phjun	<	*phjɨn	A
	艱	jiān	<	kɛn	<	*krɨn	A

249 Dà yǎ 大雅: Xià lè 下乐

249.1	子	zǐ	<	tsiX	<	*tsjɨʔ	A
	德	dé	<	tok	<	*tɨk	A
	人	rén	<	nyin	<	*njin	B
	天	tiān	<	then	<	*hlin	B
	命	mìng	<	mjængH	<	*mrjing(s)	C
	申	shēn	<	syin	<	*hljin	C
249.2	福	fú	<	pjuwk	<	*pjɨk	A
	億	yì	<	ʔik	<	*ʔ(r)jɨk	A
	皇	huáng	<	hwang	<	*wang	B
	王	wáng	<	hjwang	<	*wjang	B
	忘	wàng	<	mjang(H)	<	*mjang	B
	章	zhāng	<	tsyang	<	*tjang	B
249.3	抑	yì	<	ʔik	<	*ʔ(r)jik	A
	秩	zhì	<	drit	<	*lrjit	A

	匹	pǐ	<	phjit	<	*phjit	A
	疆	jiāng	<	kjang	<	*kjang	B
	綱	gāng	<	kang	<	*kang	B
249.4	紀	[jì]	<	kiX	<	*k(r)jɨʔ	A
	友	yǒu	<	hjuwX	<	*wjɨʔ	A
	士	shì	<	dzriX	<	*ɦsrjɨʔ	A
	子	zǐ	<	tsiX	<	*tsjɨʔ	A
	位	wèi	<	hwijH	<	*(w)rjɨps	B
	塈	xì	<	xjɨjH	<	*xjɨts	B

250 Dà yǎ 大雅: Gōng liú 公刘

250.1	康	kāng	<	khang	<	*khang	A
	疆	jiāng	<	kjang	<	*kjang	A
	倉	cāng	<	tshang	<	*tshang	A
	糧	liáng	<	ljang	<	*C-rjang	A
	囊	náng	<	nang	<	*nang	A
	光	guāng	<	kwang	<	*kʷang	A
	張	zhāng	<	trjang	<	*trjang	A
	揚	yáng	<	yang	<	*ljang	A
	行	xíng	<	hæng	<	*grang	A
250.2	原	yuán	<	ngjwon	<	*ngʷjan	A
	繁	fán	<	bjon	<	*bjan	A
	宣	xuān	<	sjwen	<	*swjan	A
	歎	[tàn]	<	than	<	*hnan	A
	巘	yǎn	<	ngjenX	<	*ng(r)janʔ	A
	原	yuán	<	ngjwon	<	*ngʷjan	A
	瑤	yáo	<	yew	<	*ljaw	B
	刀	dāo	<	taw	<	*taw	B
250.3	泉	quán	<	dzjwen	<	*Sgʷjan	A
	原	yuán	<	ngjwon	<	*ngʷjan	A
	岡	gāng	<	kang	<	*kang	B

	京	jīng	<	kjæng	<	* krjang	B
	野	yě	<	yæX	<	* ljAʔ	C
	處	chǔ	<	tsyhoX	<	* KHjaʔ	C
	旅	lǚ	<	ljoX	<	* g-rjaʔ	C
	語	yǔ	<	ngjoX	<	* ng(r)jaʔ	C
250.4	依	yī	<	ʔjɨj	<	*ʔjɨj	A
	濟	jǐ	<	tsejX	<	* tsɨjʔ	A
	几	jǐ	<	kijX	<	* krjɨjʔ	A
	依	yī	<	ʔjɨj	<	*ʔjɨj	A
	曹	cáo	<	dzaw	<	* dzu	B
	牢	láo	<	law	<	* C-ru	B
	匏	páo	<	bæw	<	* bru	B
	飲	yìn	<	ʔimH	<	*ʔ(r)jums	C
	宗	zōng	<	tsowng	<	* tsung	C
250.5	長	cháng	<	drjang	<	*ɦtrjang	A
	岡	gāng	<	kang	<	* kang	A
	陽	yáng	<	yang	<	* ljang	A
	泉	quán	<	dzjwen	<	* Sg^{w}jan	B
	單	dān	<	tan	<	* tan	B
	原	yuán	<	ngjwon	<	* ng^{w}jan	B
	糧	liáng	<	ljang	<	* C-rjang	A
	陽	yáng	<	yang	<	* ljang	A
	荒	huāng	<	xwang	<	* hmang	A
250.6	館	[guǎn]	<	kwanH	<	* kons	A
	亂	luàn	<	lwanH	<	* C-rons	A
	鍛	duàn	<	twanH	<	* tons	A
	理	lǐ	<	liX	<	* C-rjɨʔ	B
	有	yǒu	<	hjuwX	<	* wjɨʔ	B
	澗	jiàn	<	kænH	<	* krans	C
	澗	jiàn	<	kænH	<	* krans	C
	密	mì	<	mit	<	* mrjit	D

	即	jí	<	tsik	<	*tsjik	D

251 Dà yǎ 大雅：Jiǒng zhuó 泂酌

251.1	兹	zī	<	tsi	<	*tsjɨ	A
	饎	chì	<	tsyhiH	<	*KHjɨʔ (s)	A
	子	zǐ	<	tsiX	<	*tsjɨʔ	A
	母	mǔ	<	muwX	<	*m(r)oʔ/ɨʔ	A
251.2	兹	zī	<	tsi	<	*tsjɨ	A
	罍	léi	<	lwoj	<	*C-ruj	B
	子	zǐ	<	tsiX	<	*tsjɨʔ	A
	歸	guī	<	kjwɨj	<	*kʷjɨj	B
251.3	兹	zī	<	tsi	<	*tsjɨ	A
	溉	gài	<	kojH	<	*kɨts	B
	子	zǐ	<	tsiX	<	*tsjɨʔ	A
	塈	xì	<	xjɨjH	<	*xjɨts	B

252 Dà yǎ 大雅：Juǎn ē 卷阿

252.1	阿	ē	<	ʔa	<	*ʔaj	A
	南	nán	<	nom	<	*nɨm	B
	歌	gē	<	ka	<	*kaj	A
	音	yīn	<	ʔim	<	*ʔ(r)jɨm	B
252.2	游	yóu	<	yuw	<	*ju	A
	休	xiū	<	xjuw	<	*x(r)ju	A
	酋	qiú	<	dzjuw	<	*dzju	A
252.3	厚	hòu	<	huwX	<	*g(r)oʔ	A
	主	zhǔ	<	tsyuX	<	*tjoʔ	A
252.4	長	cháng	<	drjang	<	*ɦtrjang	A
	康	kāng	<	khang	<	*khang	A
	常	cháng	<	dzyang	<	*djang	A
252.5	翼	yì	<	yik	<	*ljɨk	A
	德	dé	<	tok	<	*tɨk	A

	翼	yì	<	yik	<	*ljɨk	A
	則	zé	<	tsok	<	*tsɨk	A
252.6	卬	áng	<	ngang	<	*ngang	A
	璋	zhāng	<	tsyang	<	*tjang	A
	望	wàng	<	mjangH	<	*mjangs	A
	綱	gāng	<	kang	<	*kang	A
252.7	翽	huì	<	xwajH	<	*hwats	A
	止	zhǐ	<	tsyiX	<	*tjɨʔ	B
	藹	[ǎi]	<	ʔajH	<	*ʔats	A
	士	shì	<	dzriX	<	*fisrjɨʔ	B
	使	shǐ	<	sriX	<	*srjɨʔ	B
	子	zǐ	<	tsiX	<	*tsjɨʔ	B
252.8	翽	huì	<	xwajH	<	*hwats	A
	天	tiān	<	then	<	*hlin	B
	藹	[ǎi]	<	ʔajH	<	*ʔats	A
	人	rén	<	nyin	<	*njin	B
	命	mìng	<	mjængH	<	*mrjing(s)	B
	人	rén	<	nyin	<	*njin	B
252.9	鳴	míng	<	mjæng	<	*mrjeng	A
	岡	gāng	<	kang	<	*kang	B
	生	shēng	<	srjæng	<	*srjeng	A
	陽	yáng	<	yang	<	*ljang	B
	萋	qī	<	tshej	<	*tshɨj	C
	喈	jiē	<	kɛj	<	*krɨj	C
252.10	車	jū	<	kjo	<	*k(r)ja	A
	多	duō	<	ta	<	*taj	B
	馬	mǎ	<	mæX	<	*mraʔ	A
	馳	chí	<	drje	<	*lrjaj	B
	多	duō	<	ta	<	*taj	B
	歌	gē	<	ka	<	*kaj	B

253 Dà yǎ 大雅: Mín láo 民劳

253.1	康	kāng	<	khang	<	* khang	A
	方	fāng	<	pjang	<	* pjang	A
	良	liáng	<	ljang	<	* C-rjang	A
	明	míng	<	mjæng	<	* mrjang	A
	王	wáng	<	hjwang	<	* wjang	A
253.2	休	xiū	<	xjuw	<	* x(r)ju	A
	逑	qiú	<	gjuw	<	* g(r)ju	A
	怓	náo	<	nræw	<	* nru(ʔ)	A
	憂	yōu	<	ʔjuw	<	*ʔ(r)ju	A
	休	xiū	<	xjuw	<	* x(r)ju	A
253.3	息	xī	<	sik	<	* sjɨk	A
	國	guó	<	kwok	<	* kʷɨk	A
	極	jí	<	gik	<	* g(r)jɨk	A
	慝	tè	<	thok	<	* hnɨk	A
	德	dé	<	tok	<	* tɨk	A
253.4	愒	qì	<	khjejH	<	* khrjats	A
	泄	yì	<	yejH	<	* ljats	A
	厲	lì	<	ljejH	<	* C-rjats	A
	敗	bài	<	bæjH	<	*ɦprats	A
	大	[dà]	<	dajH	<	* lats	A
253.5	安	ān	<	ʔan	<	*ʔan	A
	殘	cán	<	dzan	<	* dzan	A
	綣	quǎn	<	khjwonX	<	* khjonʔ	B
	反	fǎn	<	pjonX	<	* pjanʔ	B
	諫	jiàn	<	kænH	<	* krans	B

254 Dà yǎ 大雅: Bǎn 板

254.1	板	bǎn	<	pænX	<	* pranʔ	A
	癉	[dàn]	<	tanX	<	* tanʔ	A
	然	rán	<	nyen	<	* njan	A

	遠	yuǎn	<	hjwonX	<	*wjanʔ	A
	管	guǎn	<	kwanX	<	*kʷanʔ	A
	亶	dǎn	<	tanX	<	*tanʔ	A
	遠	yuǎn	<	hjwonX	<	*wjanʔ	A
	諫	jiàn	<	kænH	<	*krans	A
254.2	難	nán	<	nan	<	*nan	A
	憲	xiàn	<	xjonH	<	*xjans	A
	蹶	guì	<	gjwejH	<	*gʷrjats	B
	泄	yì	<	yejH	<	*ljats	B
	輯	jí	<	dzip	<	*dzjup	C
	洽	[qià]	<	hɛp	<	*grop	C
	懌	yì	<	yek	<	*ljAk	D
	莫	mò	<	mak	<	*mak	D
254.3	寮	liáo	<	lew	<	*C-rew	A
	囂	áo	<	ngaw	<	*ngaw	A
	笑	xiào	<	sjewH	<	*sjaws	A
	蕘	ráo	<	nyew	<	*ngjew	A
254.4	虐	nüè	<	ngjak	<	*ng(r)jawk	A
	謔	xuè	<	xjak	<	*hng(r)jawk	A
	蹻	jué	<	gjak	<	*ɦk(r)jawk	A
	耄	mào	<	mawH	<	*maw(k)s	A
	謔	xuè	<	xjak	<	*hng(r)jawk	A
	熇	hè	<	xowk	<	*xawk	A
	藥	yào	<	yak	<	*rawk	A
254.5	懠	[qí]	<	dzejH	<	*dzɨjs	A
	毗	pí	<	bjij	<	*bjij	A
	迷	mí	<	mej	<	*mij	A
	尸	shī	<	syij	<	*hljij	A
	屎	xī	<	xjij	<	*xJij(ʔ)	A
	葵	kuí	<	gjwij	<	*gʷjij	A
	資	zī	<	tsij	<	*tsjij	A

	師	shī	<	srij	<	*srjij	A
254.6	篪	chí	<	drje	<	*lrje	A
	圭	guī	<	kwej	<	*kʷe	A
	攜	[xié]	<	hwej	<	*we	A
	益	yì	<	ʔjiek	<	*ʔjek	B
	易	yì	<	yek	<	*ljek	B
	辟	pì	<	phjiek	<	*phjek	B
	辟	pì	<	phjiek	<	*phjek	B
254.7	藩	fān	<	pjon	<	*pjan	A
	垣	yuán	<	hjwon	<	*wjan	A
	屏	píng	<	beng	<	*beng	B
	翰	hàn	<	hanH	<	*gans	A
	寧	níng	<	neng	<	*neng	B
	城	chéng	<	dzyeng	<	*djeng	B
	壞	huài	<	hwɛjH	<	*ɦkrujs	C
	畏	wèi	<	ʔjwɨjH	<	*ʔjuj(s)	C
254.8	怒	[nù]	<	nuX	<	*naʔ	A
	豫	yù	<	yoH	<	*ljas	A
	渝	yú	<	yu	<	*ljo	B
	驅	qū	<	khju	<	*kh(r)jo	B
	明	míng	<	mjæng	<	*mrjang	C
	王	wáng	<	hjwang	<	*wjang	C
	旦	dàn	<	tanH	<	*tans	D
	衍	[yǎn]	<	yenH	<	*rans	D

255　Dà yǎ 大雅: Dàng 荡

255.1	帝	dì	<	tejH	<	*teks	A
	辟	bì	<	pjiek	<	*pjek	A
	帝	dì	<	tejH	<	*teks	A
	辟	bì	<	pjiek	<	*pjek	A
	諶	chén	<	dzyim	<	*Gjum	B

	終	zhōng	<	tsyuwng	<	*tjung	B
255.2	克	kè	<	khok	<	*khɨk	A
	服	fú	<	bjuwk	<	*bjɨk	A
	德	dé	<	tok	<	*tɨk	A
	力	lì	<	lik	<	*C-rjɨk	A
255.3	類	lèi	<	lwijH	<	*C-rjut/ps	A
	憝	[duì]	<	drwijH	<	*g-ljups	A
	對	duì	<	twojH	<	*k-lups	A
	內	nèi	<	nwojH	<	*nups	A
	祝	zhòu	<	tsyuwH	<	*tjuks	B
	究	[jiū]	<	kjuwH	<	*k(r)jus	B
255.4	國	guó	<	kwok	<	*kʷɨk	A
	德	dé	<	tok	<	*tɨk	A
	德	dé	<	tok	<	*tɨk	A
	側	[cè]	<	tsrik	<	*tsrjɨk	A
	明	míng	<	mjæng	<	*mrjang	B
	卿	qīng	<	khjæng	<	*khrjang	B
255.5	式	shì	<	syik	<	*hljɨk	A
	止	zhǐ	<	tsyiX	<	*tjɨʔ	A
	晦	huì	<	xwojH	<	*hmɨ(k)ʔ(s)	A
	呼	hū	<	xu	<	*hwa	B
	夜	yè	<	yæH	<	*(l)jAks	B
255.6	商	shāng	<	syang	<	*h(l)jang	A
	螗	táng	<	dang	<	*g-lang	A
	羹	gēng	<	kæng	<	*krang	A
	喪	sàng	<	sangH	<	*smang(s)	A
	行	xíng	<	hæng	<	*grang	A
	方	fāng	<	pjang	<	*pjang	A
255.7	時	shí	<	dzyi	<	*djɨ(ʔ)	A
	舊	jiù	<	gjuwH	<	*gʷjɨʔ(s)	A
	刑	xíng	<	heng	<	*geng	B

	聽	tīng	<	theng	<	*hleng	B
	傾	qīng	<	khjwieng	<	*kʷhjeng	B
255.8	揭	jiē	<	kjot	<	*kjat	A
	害	hài	<	hajH	<	*ɦkat(s)	A
	撥	bō	<	bat	<	*bat	A
	世	shì	<	syejH	<	*hljaps	A

256 Dà yǎ 大雅：Yì 抑

256.1	隅	yú	<	ngju	<	*ng(r)jo	A
	愚	yú	<	ngju	<	*ng(r)jo	A
	疾	jí	<	dzit	<	*dzjit	B
	戾	lì	<	lejH	<	*C-rets	B
256.2	訓	xùn	<	xjunH	<	*xjuns	A
	順	shùn	<	zywinH	<	*ɦsKjuns	A
	告	gù	<	kowk	<	*kuk	B
	則	zé	<	tsok	<	*tsɨk	B
256.3	政	zhèng	<	tsyengH	<	*tjengs	A
	酒	jiǔ	<	tsjuwX	<	*tsjuʔ	B
	紹	shào	<	dzyewX	<	*djawʔ	B
	刑	xíng	<	heng	<	*geng	A
256.4	尚	shàng	<	dzyangH	<	*djangs	A
	亡	wáng	<	mjang	<	*mjang	A
	章	zhāng	<	tsyang	<	*tjang	A
	馬	mǎ	<	mæX	<	*mraʔ	B
	兵	bīng	<	pjæng	<	*prjang	A
	作	zuò	<	tsak	<	*tsak	B
	方	fāng	<	pjang	<	*pjang	A
256.5	度	duó	<	dak	<	*lak	A
	虞	yú	<	ngju	<	*ngʷ(r)ja	A
	儀	yí	<	ngje	<	*ng(r)jaj	B
	嘉	jiā	<	kæ	<	*kraj	B

	磨	mó	<	ma	<	* maj	C
	爲	wéi	<	hjwe	<	* w(r)jaj	C
256.6	舌	shé	<	zyet	<	* Ljat	A
	逝	shì	<	dzyejH	<	* djats	A
	儔	chóu	<	dzyuw	<	* Gju	B
	報	bào	<	pawH	<	* pus	B
	友	yǒu	<	hjuwX	<	* wjɨʔ	C
	子	zǐ	<	tsiX	<	* tsjɨʔ	C
	繩	shéng	<	zying	<	* Ljɨng	D
	承	chéng	<	dzying	<	* djɨng	D
256.7	顔	yán	<	ngæn	<	* ngran	A
	愆	qiān	<	khjen	<	* khrjan	A
	漏	lòu	<	luwH	<	* C-ros	B
	覯	gòu	<	kuwH	<	* k(r)os	B
	格	gé	<	kæk	<	* krak	C
	度	duó	<	dak	<	* lak	C
	射	yì	<	yek	<	* ljAk	C
256.8	嘉	jiā	<	kæ	<	* kraj	A
	儀	yí	<	ngje	<	* ng(r)jaj	A
	賊	zéi	<	dzok	<	* dzɨk	B
	則	zé	<	tsok	<	* tsɨk	B
	李	lǐ	<	liX	<	* C-rjɨʔ	C
	子	zǐ	<	tsiX	<	* tsjɨʔ	C
256.9	絲	sī	<	si	<	* sjɨ	A
	基	jī	<	ki	<	* k(r)jɨ	A
	僭	jiàn	<	ts(h)emH	<	* ts(h)i/ɨms	B
	心	xīn	<	sim	<	* sjɨm	B
256.10	子	zǐ	<	tsiX	<	* tsjɨʔ	A
	否	fǒu	<	pjuwX	<	* pjɨʔ	A
	事	shì	<	dzriH	<	*fisrjɨʔ(s)	A
	耳	ěr	<	nyiX	<	* njɨʔ	A

	子	zǐ	<	tsiX	<	*tsjɨʔ	A
	盈	yíng	<	yeng	<	*(l)jeng	B
	成	chéng	<	dzyeng	<	*djeng	B
256.11	昭	zhāo	<	tsyew	<	*tjaw	A
	樂	lè	<	lak	<	*C-rawk	A
	慅	cǎo	<	tshawX	<	*tshawʔ	A
	藐	[miǎo]	<	mæwk	<	*mrawk	A
	教	jiào	<	kæwH	<	*kraw(k)s	A
	虐	nüè	<	ngjak	<	*ng(r)jawk	A
	耄	mào	<	mawH	<	*maw(k)s	A
256.12	子	zǐ	<	tsiX	<	*tsjɨʔ	A
	止	zhǐ	<	tsyiX	<	*tjɨʔ	A
	謀	móu	<	mjuw	<	*mjɨ	A
	悔	huǐ	<	xwojX	<	*hmɨʔ	A
	難	nàn	<	nanH	<	*nans	B
	國	guó	<	kwok	<	*kʷɨk	C
	遠	yuǎn	<	hjwonX	<	*wjanʔ	B
	忒	tè	<	thok	<	*hlɨk	C
	德	dé	<	tok	<	*tɨk	C
	棘	jí	<	kik	<	*krjɨk	C

257　Dà yǎ 大雅：Sāng róu 桑柔

257.1	柔	róu	<	nyuw	<	*nju	A
	旬	xún	<	zwin	<	*ɦswjin	B
	劉	liú	<	ljuw	<	*C-rju	A
	民	mín	<	mjin	<	*mjin	B
	憂	yōu	<	ʔjuw	<	*ʔ(r)ju	A
	填	chén	<	drin	<	*drjin	B
	天	tiān	<	then	<	*hlin	B
	矜	[jīn]	<	king	<	*kjing	B
257.2	騤	kuí	<	gwij	<	*gʷrjɨj	A

	翩	piān	<	ph(ji)en	<	*phin	B
	夷	yí	<	yij	<	*ljɨj	A
	泯	mǐn	<	mjinX	<	*mjinʔ	B
	黎	lí	<	lej	<	*C-rɨj	A
	燼	jìn	<	dzinH	<	*dzjins	B
	哀	āi	<	ʔoj	<	*ʔɨj	A
	頻	pín	<	bjin	<	*bjin	B
257.3	將	jiāng	<	tsjang	<	*tsjang	A
	往	wǎng	<	hjwangX	<	*wjangʔ	A
	維	wéi	<	ywij	<	*wjɨj	B
	競	jìng	<	gjængH	<	*grjangs	A
	階	jiē	<	kɛj	<	*krɨj	B
	梗	gěng	<	kængX	<	*krangʔ	A
257.4	愍	yīn	<	ʔjɨn	<	*ʔjɨn	A
	宇	yǔ	<	hjuX	<	*w(r)jaʔ	B
	辰	chén	<	dzyin	<	*djɨn	A
	怒	[nù]	<	nuX	<	*naʔ	B
	處	chǔ	<	tsyhoX	<	*KHjaʔ	B
	瘖	mín	<	min	<	*mrjɨn(ʔ)	A
	圉	yǔ	<	ngjoX	<	*ng(r)jaʔ	B
257.5	毖	bì	<	pijH	<	*prjits	A
	削	xuē	<	sjak	<	*s(l)jewk	B
	恤	xù	<	swit	<	*swjit	A
	爵	jué	<	tsjak	<	*tsjewk	B
	熱	rè	<	nyet	<	*ngjet	A
	濯	zhuó	<	dræwk	<	*lrewk	B
	淑	shū	<	dzyuwk	<	*djiwk	B
	溺	nì	<	nek	<	*newk	B
257.6	風	fēng	<	pjuwng	<	*p(r)jɨ/um	A
	愛	ài	<	ʔojH	<	*ʔɨts	B
	心	xīn	<	sim	<	*sjɨm	A

	逮	dài	<	dojH	<	*(g-)l*i*ps	B
	穡	sè	<	srik	<	*srj*i*k	C
	食	shí	<	zyik	<	*Lj*i*k	C
	寶	bǎo	<	pawX	<	*puʔ	D
	好	hǎo	<	xawX	<	*xuʔ	D
257.7	王	wáng	<	hjwang	<	*wjang	A
	賊	zéi	<	dzok	<	*dz*i*k	B
	痒	yáng	<	yang	<	*(l)jang	A
	國	guó	<	kwok	<	*kʷ*i*k	B
	荒	huāng	<	xwang	<	*hmang	A
	力	lì	<	lik	<	*C-rj*i*k	B
	蒼	cāng	<	tshang	<	*srang(?)	A
257.8	瞻	zhān	<	tsyem	<	*tjam	A
	相	xiāng	<	sjang	<	*sjang	A
	臧	zāng	<	tsang	<	*tsang	A
	腸	cháng	<	drjang	<	*g-ljang	A
	狂	kuáng	<	gjwang	<	*gʷjang	A
257.9	林	lín	<	lim	<	*C-rj*i*m	A
	鹿	lù	<	luwk	<	*C-rok	B
	譖	jiàn	<	tsemH	<	*tsi/*i*ms(?)	A
	穀	gǔ	<	kuwk	<	*kok	B
	谷	gǔ	<	kuwk	<	*kok	B
257.10	里	lǐ	<	liX	<	*C-rj*i*ʔ	A
	喜	xǐ	<	xiX	<	*x(r)j*i*ʔ	A
	能	néng	<	nong	<	*n*i*(ng)	A
	忌	jì	<	giH	<	*g(r)j*i*ʔ(s)	A
257.11	迪	dí	<	dek	<	*liwk	A
	復	fù	<	bjuwk	<	*b(r)juk	A
	毒	dú	<	dowk	<	*duk	A
257.12	谷	gǔ	<	kuwk	<	*kok	A
	穀	gǔ	<	kuwk	<	*kok	A

	垢	[gòu]	<	kuwX	<	*k(r)oʔ	A
257.13	隧	suì	<	zwijH	<	*zjuts	A
	類	lèi	<	lwijH	<	*C-rjut/ps	A
	對	duì	<	twojH	<	*k-lups	A
	醉	zuì	<	tswijH	<	*tsjuts	A
	悖	bèi	<	bwojH	<	*buts	A
257.14	作	zuò	<	tsak	<	*tsak	A
	獲	huò	<	hwɛk	<	*wrak	A
	赫	hè	<	xæk	<	*xrak	A
257.15	極	jí	<	gik	<	*g(r)jɨk	A
	背	bèi	<	pwojH	<	*pɨk(s)	A
	克	kè	<	khok	<	*khɨk	A
	力	lì	<	lik	<	*C-rjɨk	A
257.16	可	kě	<	khaX	<	*khajʔ	A
	詈	lì	<	ljeH	<	*C-rjajs	A
	歌	gē	<	ka	<	*kaj	A

258 Dà yǎ 大雅：Yún hàn 云汉

258.1	天	tiān	<	then	<	*hlin	A
	人	rén	<	nyin	<	*njin	A
	臻	zhēn	<	tsrin	<	*tsrjin	A
	牲	shēng	<	srjæng	<	*srjeng	B
	聽	tīng	<	theng	<	*hleng	B
258.2	甚	shèn	<	dzyimX	<	*Gjɨ/umʔ	A
	蟲	chóng	<	drjuwng	<	*lrjung	A
	宮	gōng	<	kjuwng	<	*k(r)jung	A
	宗	zōng	<	tsowng	<	*tsung	A
	臨	lín	<	lim	<	*b-rjum	A
	躬	gōng	<	kjuwng	<	*k(r)jung	A
258.3	推	tuī	<	thwoj	<	*thuj	A
	雷	léi	<	lwoj	<	*C-ruj	A

	遺	yí	<	ywij	<	*ljuj	A
	遺	yí	<	ywij	<	*ljuj	A
	畏	wèi	<	ʔjwɨjH	<	*ʔjuj(s)	A
	摧	[cuī]	<	dzwoj	<	*dzuj	A
258.4	沮	[jǔ]	<	dzjoX	<	*dzjaʔ	A
	所	suǒ	<	srjoX	<	*s(k)rjaʔ	A
	顧	gù	<	kuH	<	*kaʔ(s)	A
	助	zhù	<	dzrjoH	<	*dzrjas	A
	祖	zǔ	<	tsuX	<	*tsaʔ	A
	予	yú	<	[yo]	<	*ljaʔ	A
258.5	川	chuān	<	tsyhwen	<	*KHju/on	A
	焚	fén	<	bjun	<	*bjun	A
	薰	xūn	<	xjun	<	*xjun	A
	聞	wén	<	mjun	<	*mjun	A
	遯	dùn	<	dwonH	<	*luns	A
258.6	去	qù	<	khjoH	<	*kh(r)jas	A
	故	gù	<	kuH	<	*kaʔ(s)	A
	莫	mù	<	muH	<	*maks	A
	虞	yú	<	ngju	<	*ngʷ(r)ja	A
	怒	[nù]	<	nuX	<	*naʔ	A
258.7	紀	[jì]	<	kiX	<	*k(r)jɨʔ	A
	宰	zǎi	<	tsojX	<	*tsɨʔ	A
	右	yòu	<	hjuwX/H	<	*wjɨʔ(s)	A
	止	zhǐ	<	tsyiX	<	*tjɨʔ	A
	里	lǐ	<	liX	<	*C-rjɨʔ	A
258.8	星	xīng	<	seng	<	*seng	A
	嬴	yíng	<	yeng	<	*(l)jeng	A
	成	chéng	<	dzyeng	<	*djeng	A
	正	zhēng	<	tsyeng	<	*tjeng	A
	寧	níng	<	neng	<	*neng	A

259　Dà yǎ 大雅：Sōng gāo 崧高

259.1	天	tiān	<	then	<	*hlin	A
	神	shén	<	zyin	<	*Ljin	A
	申	shēn	<	syin	<	*hljin	A
	翰	hàn	<	hanH	<	*gans	B
	蕃	fān	<	pjon	<	*pjan	B
	宣	xuān	<	sjwen	<	*swjan	B
259.2	事	shì	<	dzriH	<	*fisrjɨʔ(s)	A
	式	shì	<	syik	<	*hljɨk	A
	伯	bó	<	pæk	<	*prak	B
	宅	zhái	<	dræk	<	*drak	B
	邦	bāng	<	pæwng	<	*prong	C
	功	gōng	<	kuwng	<	*kong	C
259.3	邦	bāng	<	pæwng	<	*prong	A
	庸	[yōng]	<	yowng	<	*ljong	A
	田	tián	<	den	<	*din	B
	人	rén	<	nyin	<	*njin	B
259.4	營	yíng	<	yweng	<	*wjeng	A
	城	chéng	<	dzyeng	<	*djeng	A
	成	chéng	<	dzyeng	<	*djeng	A
	藐	[miǎo]	<	mæwk	<	*mrawk	B
	蹻	jué	<	gjak	<	*fik(r)jawk	B
	濯	zhuó	<	dræwk	<	*lrewk	B
259.5	馬	mǎ	<	mæX	<	*mraʔ	A
	土	tǔ	<	thuX	<	*hlaʔ	A
	寶	bǎo	<	pawX	<	*puʔ	B
	舅	jiù	<	gjuwX	<	*g(r)juʔ	B
	保	bǎo	<	pawX	<	*puʔ	B
259.6	郿	méi	<	mij	<	*mrjɨj	A
	歸	guī	<	kjwɨj	<	*kʷjɨj	A
	疆	jiāng	<	kjang	<	*kjang	B

	粻	zhāng	<	trjang	<	*trjang	B
	行	xíng	<	hæng	<	*grang	B
259.7	番	[fān]	<	pa	<	*paj	A
	嘽	tān	<	than	<	*than	A
	翰	hàn	<	hanH	<	*gans	A
	憲	xiàn	<	xjonH	<	*xjans	A
259.8	德	dé	<	tok	<	*tɨk	A
	直	zhí	<	drik	<	*drjɨk	A
	國	guó	<	kwok	<	*kʷɨk	A
	碩	shuò	<	dzyek	<	*djAk	B
	伯	bó	<	pæk	<	*prak	B

260 Dà yǎ 大雅: Zhēng mín 烝民

260.1	則	zé	<	tsok	<	*tsɨk	A
	德	dé	<	tok	<	*tɨk	A
	下	xià	<	hæX	<	*graʔ	B
	甫	fǔ	<	pjuX	<	*p(r)jaʔ	B
260.2	德	dé	<	tok	<	*tɨk	A
	則	zé	<	tsok	<	*tsɨk	A
	色	sè	<	srik	<	*srjɨk	A
	翼	yì	<	yik	<	*ljɨk	A
	式	shì	<	syik	<	*hljɨk	A
	力	lì	<	lik	<	*C-rjɨk	A
	若	ruò	<	nyak	<	*njak	B
	賦	fù	<	pjuH	<	*p(r)jas	B
260.3	考	kǎo	<	khawX	<	*khuʔ	A
	保	bǎo	<	pawX	<	*puʔ	A
	舌	shé	<	zyet	<	*Ljat	B
	外	wài	<	ngwajH	<	*ngʷats	B
	發	fā	<	pjot	<	*pjat	B
260.4	將	jiāng	<	tsjang	<	*tsjang	A

	明	míng	<	mjæng	<	*mrjang	A
	身	shēn	<	syin	<	*hljin	B
	人	rén	<	nyin	<	*njin	B
260.5	茹	[rú]	<	nyoX	<	*njaʔ	A
	吐	tǔ	<	thuX	<	*hlaʔ	A
	甫	fǔ	<	pjuX	<	*p(r)jaʔ	B
	茹	[rú]	<	nyoX	<	*njaʔ	B
	吐	tǔ	<	thuX	<	*hlaʔ	B
	寡	guǎ	<	kwæX	<	*kʷraʔ	B
	禦	yù	<	ngjoX	<	*ng(r)jaʔ	B
260.6	舉	jǔ	<	kjoX	<	*k(r/l)jaʔ	A
	圖	tú	<	du	<	*d/la	A
	舉	jǔ	<	kjoX	<	*k(r/l)jaʔ	A
	助	zhù	<	dzrjoH	<	*dzrjas	A
	補	bǔ	<	puX	<	*paʔ	A
260.7	業	yè	<	ngjæp	<	*ng(r)jap	A
	捷	jié	<	dzjep	<	*dzjap	A
	及	jí	<	gip	<	*g(r)jɨp	A
	彭	bāng	<	pang	<	*pang	B
	鏘	qiāng	<	tshjang	<	*tshjang	B
	方	fāng	<	pjang	<	*pjang	B
260.8	騤	kuí	<	gwij	<	*gʷrjɨj	A
	喈	jiē	<	kɛj	<	*krɨj	A
	齊	qí	<	dzej	<	*ʄits(h)ɨj	A
	歸	guī	<	kjwɨj	<	*kʷjɨj	A
	風	fēng	<	pjuwng	<	*p(r)jɨ/um	B
	心	xīn	<	sim	<	*sjɨm	B

261 Dà yǎ 大雅: Hán yì 韩奕

261.1	甸	diàn	<	denH	<	*dins	A
	道	dào	<	dawX	<	*luʔ	B

	命	mìng	<	mjængH	<	*mrjing(s)	A
	考	kǎo	<	khawX	<	*khuʔ	B
	解	[xiè]	<	kɛiH	<	*kreks	C
	易	yì	<	yek	<	*ljek	C
	辟	bì	<	pjiek	<	*pjek	C
261.2	張	zhāng	<	trjang	<	*trjang	A
	王	wáng	<	hjwang	<	*wjang	A
	章	zhāng	<	tsyang	<	*tjang	A
	衡	héng	<	hæng	<	*grang	A
	錫	yáng	<	yang	<	*ljang	A
	幭	[miè]	<	mek	<	*mek	B
	厄	è	<	ʔɛk	<	*ʔrek	B
261.3	祖	zǔ	<	tsuX	<	*tsaʔ	A
	屠	tú	<	du	<	*da	A
	壺	hú	<	hu	<	*g/ɦa	A
	魚	yú	<	ngjo	<	*ng(r)ja	A
	蒲	pú	<	bu	<	*ba	A
	車	jū	<	kjo	<	*k(r)ja	A
	且	jū	<	tsjo	<	*tsja	A
	胥	xū	<	sjo	<	*sngja	A
261.4	子	zǐ	<	tsiX	<	*tsjɨʔ	A
	止	zhǐ	<	tsyiX	<	*tjɨʔ	A
	里	lǐ	<	liX	<	*C-rjɨʔ	A
	彭	bāng	<	pang	<	*pang	B
	鏘	qiāng	<	tshjang	<	*tshjang	B
	光	guāng	<	kwang	<	*kʷang	B
	雲	yún	<	hjun	<	*wjɨn	C
	門	mén	<	mwon	<	*mɨn	C
261.5	到	dào	<	tawH	<	*taws	A
	樂	lè	<	lak	<	*C-rawk	A
	土	tǔ	<	thuX	<	*hlaʔ	B

	訏	xǔ	< xjuX	< *hw(r)jaʔ	B
	甫	fǔ	< pjuX	< *p(r)jaʔ	B
	噳	yǔ	< ngjuX	< *ngʷ(r)jaʔ	B
	虎	hǔ	< xuX	< *xaʔ (?)	B
	居	jū	< kjo	< *k(r)ja	C
	譽	[yù]	< yo	< *lja	C
261.6	完	[wán]	< hwan	< *ɦkon	A
	蠻	mán	< mæn	< *mron	A
	貊	mò	< mæk	< *mrak	B
	伯	bó	< pæk	< *prak	B
	壑	hè	< xak	< *xak	B
	籍	jí	< dzjek	< *dzjAk	B
	皮	pí	< bje	< *b(r)jaj	C
	羆	[pí]	< pje	< *p(r)jaj	C

262   Dà yǎ 大雅：Jiāng Hàn 江汉

262.1	浮	fú	< bjuw	< *b(r)ju	A
	滔	tāo	< thaw	< *hlu	A
	遊	yóu	< yuw	< *ju	A
	求	qiú	< gjuw	< *grju	A
	車	jū	< kjo	< *k(r)ja	B
	旟	yú	< yo	< *lja	B
	舒	shū	< syo	< *hlja	B
	鋪	pū	< phu	< *pha	B
262.2	湯	shāng	< syang	< *hljang	A
	洸	guāng	< kwang	< *kʷang	A
	方	fāng	< pjang	< *pjang	A
	王	wáng	< hjwang	< *wjang	A
	平	píng	< bjæng	< *brjeng	B
	定	dìng	< dengH	< *dengs	B
	爭	zhēng	< tsrɛng	< *tsr(j)eng	B

	寧	níng	<	neng	<	*neng	B
262.3	滸	hǔ	<	xuX	<	*hnga?	A
	虎	hǔ	<	xuX	<	*xa? (?)	A
	土	tǔ	<	thuX	<	*hla?	A
	棘	jí	<	kik	<	*krjɨk	B
	極	jí	<	gik	<	*g(r)jɨk	B
	理	lǐ	<	liX	<	*C-rjɨ?	C
	海	hǎi	<	xojX	<	*hmɨ?	C
262.4	宣	xuān	<	sjwen	<	*swjan	A
	翰	hàn	<	hanH	<	*gans	A
	子	zǐ	<	tsiX	<	*tsjɨ?	B
	似	sì	<	ziX	<	*zljɨ?	B
	祉	[zhǐ]	<	trhiX	<	*thrjɨ?	B
262.5	人	rén	<	nyin	<	*njin	A
	田	tián	<	den	<	*din	A
	命	mìng	<	mjængH	<	*mrjing(s)	A
	命	mìng	<	mjængH	<	*mrjing(s)	A
	年	nián	<	nen	<	*nin	A
262.6	首	shǒu	<	syuwX	<	*hlju?	A
	休	xiū	<	xjuw	<	*x(r)ju	A
	考	kǎo	<	khawX	<	*khu?	A
	壽	shòu	<	dzyuwX	<	*dju?	A
	子	zǐ	<	tsiX	<	*tsjɨ?	B
	已	yǐ	<	yiX	<	*ljɨ?	B
	德	dé	<	tok	<	*tɨk	C
	國	guó	<	kwok	<	*kʷɨk	C

263 Dà yǎ 大雅: *Cháng wǔ* 常武

263.1	祖	zǔ	<	tsuX	<	*tsa?	A
	父	fù	<	pjuX	<	*p(r)ja?	A
	戒	jiè	<	kɛjH	<	*krɨk(s)	B

	國	guó	<	kwok	<	*kʷɨk	B
263.2	父	fù	<	bjuX	<	*b(r)jaʔ	A
	旅	lǚ	<	ljoX	<	*g-rjaʔ	A
	浦	pǔ	<	phuX	<	*phaʔ	A
	土	tǔ	<	thuX	<	*hlaʔ	A
	處	chǔ	<	tsyhoX	<	*KHjaʔ	A
	緒	xù	<	zjoX	<	*zjaʔ (?)	A
263.3	遊	yóu	<	yuw	<	*ju	A
	騷	sāo	<	saw	<	*su	A
	霆	tíng	<	deng	<	*leng	B
	驚	jīng	<	kjæng	<	*krjeng	B
263.4	武	wǔ	<	mjuX	<	*Np(r)ja(k)ʔ	A
	怒	[nù]	<	nuX	<	*naʔ	A
	虎	hǔ	<	xuX	<	*xaʔ (?)	A
	虜	lǔ	<	luX	<	*C-raʔ	A
	浦	pǔ	<	phuX	<	*phaʔ	A
	所	suǒ	<	srjoX	<	*s(k)rjaʔ	A
263.5	嘽	tān	<	than	<	*than	A
	翰	hàn	<	hanH	<	*gans	A
	漢	hàn	<	xanH	<	*xans	A
	苞	bāo	<	pæw	<	*pru	B
	流	liú	<	ljuw	<	*C-rju	B
	翼	yì	<	yik	<	*ljɨk	C
	克	kè	<	khok	<	*khɨk	C
	國	guó	<	kwok	<	*kʷɨk	C
263.6	塞	sāi	<	sok	<	*sɨk	A
	來	lái	<	loj	<	*C-rɨ (k)	A
	同	tóng	<	duwng	<	*dong	B
	功	gōng	<	kuwng	<	*kong	B
	平	píng	<	bjæng	<	*brjeng	C
	庭	tíng	<	deng	<	*leng	C

	回	huí	<	hwoj	<	*wɨj	D
	歸	guī	<	kjwɨj	<	*kʷjɨj	D

264 Dà yǎ 大雅: Zhān yǎng 瞻卬

264.1	天	tiān	<	then	<	*hlin	A
	惠	huì	<	hwejH	<	*wets	B
	寧	níng	<	neng	<	*neng	A
	厲	lì	<	ljejH	<	*C-rjats	B
	定	dìng	<	dengH	<	*dengs	A
	瘵	zhài	<	tsrɛjH	<	*tsr(j)ets	B
	疾	jí	<	dzit	<	*dzjit	B
	屆	jiè	<	kɛjH	<	*krets	B
	收	shōu	<	syuw	<	*xjiw	C
	瘳	chōu	<	trhjuw	<	*hrjiw	C
264.2	田	tián	<	den	<	*din	A
	人	rén	<	nyin	<	*njin	A
	奪	duó	<	dwat	<	*lot	B
	說	shuì	<	sywejH	<	*hljots	B
	成	chéng	<	dzyeng	<	*djeng	C
	傾	qīng	<	khjwieng	<	*kʷhjeng	C
264.3	鴟	chī	<	tsyhij	<	*thjɨj	A
	階	jiē	<	kɛj	<	*krij	A
	天	tiān	<	then	<	*hlin	B
	人	rén	<	nyin	<	*njin	B
	誨	huì	<	xwojH	<	*hmɨ(k)s	C
	寺	sì	<	ziH	<	*sdjɨs(?)	C
264.4	忒	tè	<	thok	<	*hlɨk	A
	背	bèi	<	pwojH	<	*pɨk(s)	A
	極	jí	<	gik	<	*g(r)jɨk	A
	慝	tè	<	thok	<	*hnɨk	A
	倍	bèi	<	bwojX	<	*bɨʔ	B

	識	shí	<	syik	<	* stjɨk	A
	事	shì	<	dzriH	<	*ɦsrjɨʔ(s)	B
	織	zhī	<	tsyik	<	* tjɨk	A
264.5	刺	cì	<	tshjeH	<	* tshjek(s)	A
	富	fù	<	pjuwH	<	* pjɨk(s)	B
	狄	dí	<	dek	<	* lek	A
	忌	jì	<	giH	<	* g(r)jɨʔ(s)	B
	祥	xiáng	<	zjang	<	* z(l)jang	C
	類	lèi	<	lwijH	<	* C-rjut/ps	D
	亡	wáng	<	mjang	<	* mjang	C
	瘁	[cuì]	<	dzwijH	<	* dzjuts	D
264.6	罔	wǎng	<	mjangX	<	* mjangʔ	A
	優	yōu	<	ʔjuw	<	*ʔ(r)ju	B
	亡	wáng	<	mjang	<	* mjang	A
	憂	yōu	<	ʔjuw	<	*ʔ(r)ju	B
	罔	wǎng	<	mjangX	<	* mjangʔ	A
	幾	jǐ	<	kjɨj	<	* kjɨj	C
	亡	wáng	<	mjang	<	* mjang	A
	悲	bēi	<	pij	<	* prjɨj	C
264.7	深	shēn	<	syim	<	* hljɨm	A
	今	jīn	<	kim	<	* k(r)jɨm	A
	後	hòu	<	huwX	<	*ɦ(r)oʔ	B
	鞏	gǒng	<	kjowngX	<	* k(r)jongʔ	B
	後	hòu	<	huwX	<	*ɦ(r)oʔ	B

265　Dà yǎ 大雅：Shào mín 召旻

265.1	喪	sàng	<	sangH	<	* smang(s)	A
	亡	wáng	<	mjang	<	* mjang	A
	荒	huāng	<	xwang	<	* hmang	A
265.2	訌	[hòng]	<	huwng	<	* gong	A
	共	gōng	<	kjowng	<	* k(r)jong	A

	邦	bāng	<	pæwng	<	*prong	A
265.3	玷	[diàn]	<	temX	<	*temʔ	A
	貶	biǎn	<	pjemX	<	*prjemʔ	A
265.4	茂	[mào]	<	muwH	<	*m(r)juʔ(s)	A
	止	zhǐ	<	tsyiX	<	*tjɨʔ	A
265.5	富	fù	<	pjuwH	<	*pjɨk(s)	A
	時	shí	<	dzyi	<	*djɨ(ʔ)	B
	疚	jiù	<	kjuwH	<	*kʷjɨ(k)s	A
	茲	zī	<	tsi	<	*tsjɨ	B
	替	tì	<	thejH	<	*thij/ts	C
	引	yǐn	<	yinX	<	*ljinʔ	C
265.6	竭	jié	<	gjot	<	*gjat	A
	竭	jié	<	gjot	<	*gjat	A
	中	zhōng	<	trjuwng	<	*k-ljung	B
	害	hài	<	hajH	<	*ɦkat(s)	A
	弘	hóng	<	hwong	<	*gʷɨng	B
	躬	gōng	<	kjuwng	<	*k(r)jung	B
265.7	里	lǐ	<	liX	<	*C-rjɨʔ	A
	里	lǐ	<	liX	<	*C-rjɨʔ	A
	哉	zāi	<	tsoj	<	*tsɨ	A
	舊	jiù	<	gjuwH	<	*gʷjɨʔ(s)	A

266 *Zhōu sòng* 周颂：*Qīng miào* 清庙

[无押韵]

267 *Zhōu sòng* 周颂：*Wéi tiān zhī mìng* 维天之命

267.1	收	shōu	<	syuw	<	*xjiw	A
	篤	dǔ	<	towk	<	*tuk	A

268 *Zhōu sòng* 周颂：*Wéi qīng* 维清

| 268.1 | 禋 | yīn | < | ʔjin | < | *ʔjin | A |

成	chéng	<	dzyeng	<	*djeng	A
禎	[zhēn]	<	trjeng	<	*trjeng	A

269 Zhōu sòng 周颂: Liè wén 烈文

269.1	公	gōng	<	kuwng	<	*kong	A
	疆	jiāng	<	kjang	<	*kjang	A
	邦	bāng	<	pæwng	<	*prong	A
	功	gōng	<	kuwng	<	*kong	A
	皇	huáng	<	hwang	<	*wang	A
	人	rén	<	nyin	<	*njin	B
	訓	xùn	<	xjunH	<	*xjuns	B
	刑	xíng	<	heng	<	*geng	B

270 Zhōu sòng 周颂: Tiān zuò 天作

270.1	荒	huāng	<	xwang	<	*hmang	A
	康	kāng	<	khang	<	*khang	A
	行	xíng	<	hæng	<	*grang	A

271 Zhōu sòng 周颂: Hào tiān yǒu chéng mìng 昊天有成命
[无押韵]

272 Zhōu sòng 周颂: Wǒ jiāng 我将

272.1	方	fāng	<	pjang	<	*pjang	A
	王	wáng	<	hjwang	<	*wjang	A
	饗	xiǎng	<	xjangX	<	*xjangʔ	A

273 Zhōu sòng 周颂: Shí mài 时迈
[无押韵]

274 Zhōu sòng 周颂: Zhí jìng 执竞

274.1	王	wáng	<	hjwang	<	*wjang	A

康	kāng	<	khang	<	*khang	A
皇	huáng	<	hwang	<	*wang	A
康	kāng	<	khang	<	*khang	A
方	fāng	<	pjang	<	*pjang	A
明	míng	<	mjæng	<	*mrjang	A
喤	[huáng]	<	hwæng	<	*wrang	A
將	qiāng	<	tshjang	<	*tshjang	A
穰	ráng	<	nyang	<	*njang	A
簡	jiǎn	<	[kɛnX]	<	*kranʔ	B
反	fǎn	<	pjonX	<	*pjanʔ	B
反	fǎn	<	pjonX	<	*pjanʔ	B

275　Zhōu sòng 周颂: Sī wén 思文

275.1	稷	jì	<	tsik	<	*tsjɨk	A
	天	tiān	<	then	<	*hlin	B
	民	mín	<	mjin	<	*mjin	B
	極	jí	<	gik	<	*g(r)jɨk	A

276　Zhōu sòng 周颂: Chén gōng 臣工

276.1	工	gōng	<	kuwng	<	*kong	A
	公	gōng	<	kuwng	<	*kong	A

277　Zhōu sòng 周颂: Yī xī 噫嘻

　　　[无押韵]

278　Zhōu sòng 周颂: Zhèn lù 振鹭

278.1	雝	yōng	<	ʔjowng	<	*ʔ(r)jong	A
	容	róng	<	yowng	<	*(l)jong	A
	惡	è	<	ʔak	<	*ʔak	B
	斁	yì	<	yek	<	*ljAk	B
	夜	yè	<	yæH	<	*(l)jAks	B

譽	yù	<	yoH	<	*ljas	B

279 Zhōu sòng 周颂：Fēng nián 丰年

279.1	黍	shǔ	<	syoX	<	*hja?	A
	稌	[tú]	<	duX	<	*la?	A
	秭	zǐ	<	tsijX	<	*tsjɨj?	B
	醴	lǐ	<	lejX	<	*C-rij?	B
	妣	bǐ	<	pjijX	<	*pjɨj?	B
	禮	lǐ	<	lejX	<	*C-rij?	B
	皆	jiē	<	kɛj	<	*krij	B

280 Zhōu sòng 周颂：Yǒu gǔ 有瞽

280.1	瞽	gǔ	<	kuX	<	*ka?	A
	虡	jù	<	gjoX	<	*g(r)ja?	A
	羽	yǔ	<	hjuX	<	*w(r)ja?	A
	鼓	gǔ	<	kuX	<	*ka?	A
	圉	yǔ	<	ngjoX	<	*ng(r)ja?	A
	舉	jǔ	<	kjoX	<	*k(r/l)ja?	A
	聲	shēng	<	syeng	<	*xjeng	B
	鳴	míng	<	mjæng	<	*mrjeng	B
	聽	tīng	<	theng	<	*hleng	B
	成	chéng	<	dzyeng	<	*djeng	B

281 Zhōu sòng 周颂：Qián 潜

281.1	沮	jū	<	ts(h)jo	<	*ts(h)ja	A
	魚	yú	<	ngjo	<	*ng(r)ja	A
	鮪	wěi	<	hwijX	<	*wrjɨ?	B
	鯉	lǐ	<	liX	<	*C-rjɨ?	B
	祀	sì	<	ziX	<	*zjɨk(?)	C
	福	fú	<	pjuwk	<	*pjɨk	C

282　Zhōu sòng 周颂：Yōng 雝

282.1	雝	yōng	<	ʔjowng	<	*ʔ(r)jong	A
	肅	sù	<	sjuwk	<	*sjiwk	B
	公	gōng	<	kuwng	<	*kong	A
	穆	mù	<	mjuwk	<	*m(r)jiwk	B
	牡	mǔ	<	muwX	<	*m(r)juʔ	C
	祀	sì	<	ziX	<	*zjɨ(ʔ)	D
	考	kǎo	<	khawX	<	*khuʔ	C
	子	zǐ	<	tsiX	<	*tsjɨʔ	D
	人	rén	<	nyin	<	*njin	E
	后	hòu	<	huwX	<	*g(r)oʔ	F
	天	tiān	<	then	<	*hlin	E
	後	hòu	<	huwX	<	*ɦ(r)oʔ	F
	壽	shòu	<	dzyuwX	<	*djuʔ	G
	祉	[zhǐ]	<	trhiX	<	*thrjɨʔ	H
	考	kǎo	<	khawX	<	*khuʔ	G
	母	mǔ	<	muwX	<	*m(r)o/ɨʔ	H

283　Zhōu sòng 周颂：Zài jiàn 载见

283.1	王	wáng	<	hjwang	<	*wjang	A
	章	zhāng	<	tsyang	<	*tjang	A
	陽	yáng	<	yang	<	*ljang	A
	央	yāng	<	ʔjang	<	*ʔjang	A
	鶬	qiāng	<	tshjang	<	*tshjang	A
	光	guāng	<	kwang	<	*kʷang	A
	考	kǎo	<	khawX	<	*khuʔ	B
	享	xiǎng	<	xjangX	<	*xjangʔ	A
	壽	shòu	<	dzyuwX	<	*djuʔ	B
	保	bǎo	<	pawX	<	*puʔ	B
	祜	hù	<	huX	<	*gaʔ	C
	嘏	[gǔ]	<	kæX	<	*kraʔ	C

284 Zhōu sòng 周颂：Yǒu kè 有客

284.1	馬	mǎ	<	mæX	<	* mraʔ	A
	且	[jū]	<	tshjoX	<	* tshjaʔ	A
	旅	lǚ	<	ljoX	<	* g-rjaʔ	A
	馬	mǎ	<	mæX	<	* mraʔ	A
	追	zhuī	<	trwij	<	* trjuj	B
	綏	[suí]	<	swij	<	* snjuj	B
	威	wēi	<	ʔjwɨj	<	*ʔjuj	C
	夷	yí	<	yij	<	* ljɨj	C

285 Zhōu sòng 周颂：Wǔ 武
　　　[无押韵]

286 Zhōu sòng 周颂：Mǐn yú xiǎo zǐ 闵予小子

286.1	造	zào	<	dzawX	<	* dzuʔ	A
	考	kǎo	<	khawX	<	* khuʔ	A
	孝	xiào	<	xæwH	<	* xrus	A
	庭	tíng	<	deng	<	* leng	B
	敬	jìng	<	kjængH	<	* krjengs	B
	王	wáng	<	hjwang	<	* wjang	C
	忘	wàng	<	mjang(H)	<	* mjang	C

287 Zhōu sòng 周颂：Fǎng luò 访落

287.1	艾	ài	<	ngajH	<	* ngats	B
	渙	huàn	<	xwanH	<	* hwans	B
	難	nán	<	nan	<	* nan	B
	下	xià	<	hæX	<	* graʔ	C
	家	jiā	<	kæ	<	* kra	C

288 Zhōu sòng 周颂：Jìng zhī 敬之

| 288.1 | 之 | zhī | < | tsyi | < | * tjɨ | A |

思	sī	<	si	<	*sjɨ	A
哉	zāi	<	tsoj	<	*tsɨ	A
士	shì	<	dzriX	<	*fisrjɨʔ	A
兹	zī	<	tsi	<	*tsjɨ	A
子	zǐ	<	tsiX	<	*tsjɨʔ	A
止	zhǐ	<	tsyiX	<	*tjɨʔ	A
將	jiāng	<	tsjang	<	*tsjang	B
明	míng	<	mjæng	<	*mrjang	B
行	xíng	<	hæng	<	*grang	B

289 Zhōu sòng 周颂: Xiǎo bì 小毖
289.1	鳥	[niǎo]	<	tewX	<	*tiwʔ	A
	蓼	liǎo	<	lewX	<	*C-riwʔ	A

290 Zhōu sòng 周颂: Zài shān 载芟
290.1	柞	zé	<	tsræk	<	*tsrak	A
	澤	shì	<	syek	<	*hljAk	A
	耘	yún	<	hjun	<	*wjɨn	B
	畛	zhěn	<	tsyinX	<	*tjɨnʔ	B
	伯	bó	<	pæk	<	*prak	C
	旅	lǚ	<	ljoX	<	*g-rjaʔ	C
	以	yǐ	<	yiX	<	*ljɨʔ	D
	婦	fù	<	bjuwX	<	*bjɨʔ	D
	士	shì	<	dzriX	<	*fisrjɨʔ	D
	耜	sì	<	ziX	<	*zljɨʔ	D
	畝	mǔ	<	muwX	<	*m(r)o/ɨʔ	D
	活	huó	<	hwat	<	*gʷat	E
	達	dá	<	dat	<	*lat	E
	傑	jié	<	gjet	<	*grjat	E
	苗	miáo	<	mjew	<	*m(r)jaw	F
	麃	biāo	<	pjew	<	*p(r)jaw	F

濟	jǐ	<	tsejX	<	* tsij?	G
秭	zǐ	<	tsijX	<	* tsjij?	G
醴	lǐ	<	lejX	<	* C-rij?	G
妣	bǐ	<	pjijX	<	* pjij?	G
禮	lǐ	<	lejX	<	* C-rij?	G
香	xiāng	<	xjang	<	* xjang	H
光	guāng	<	kwang	<	* kʷang	H
馨	[xīn]	<	xeng	<	* xeng	I
寧	níng	<	neng	<	* neng	I

291 Zhōu sòng 周頌: Liáng sì 良耜

291.1	耜	sì	<	ziX	<	* zlji?	A
	畝	mǔ	<	muwX	<	* m(r)o/ɨ?	A
	女	rǔ	<	nyoX	<	* nja?	B
	筥	jǔ	<	kjoX	<	* krja?	B
	黍	shǔ	<	syoX	<	* hja?	B
	糾	[jiū]	<	kjiwX	<	* k(r)jiw?	C
	趙	[tiǎo]	<	dewX	<	* lew?	C
	蓼	liǎo	<	lewX	<	* C-riw?	C
	朽	xiǔ	<	xjuwX	<	* x(r)ju?	D
	茂	[mào]	<	muwH	<	* m(r)ju?(s)	D
	挃	zhì	<	trit	<	* trjit	E
	栗	lì	<	lit	<	* C-rjit	E
	櫛	zhì	<	tsrit	<	* tsrjit	E
	室	shì	<	syit	<	* stjit	E
	盈	yíng	<	yeng	<	*(l)jeng	F
	寧	níng	<	neng	<	* neng	F
	角	jiǎo	<	kæwk	<	* krok	G
	續	xù	<	zjowk	<	* zljok	G

292　Zhōu sòng 周颂：Sī yī 丝衣

292.1

紑	[fóu]	<	phjuw	<	*phjɨ		A
俅	qiú	<	gjuw	<	*g(r)ju		A
基	jī	<	ki	<	*k(r)jɨ		A
牛	niú	<	ngjuw	<	*ngʷjɨ		A
鼐	zī	<	tsi	<	*tsjɨ		A
觩	qiú	<	gjiw	<	*g(r)jiw(?)		B
柔	róu	<	nyuw	<	*nju		B
休	xiū	<	xjuw	<	*x(r)ju		B

293　Zhōu sòng 周颂：Zhuó 酌
[无押韵]

294　Zhōu sòng 周颂：Huán 桓

294.1

王	wáng	<	hjwang	<	*wjang	A
士	shì	<	dzriX	<	*ɦsrjɨʔ	B
方	fāng	<	pjang	<	*pjang	A
之	zhī	<	tsyi	<	*tjɨ	B

295　Zhōu sòng 周颂：Lài 赉

295.1

止	zhǐ	<	tsyiX	<	*tjɨʔ	A
之	zhī	<	tsyi	<	*tjɨ	A
思	sī	<	si	<	*sjɨ	A
定	dìng	<	dengH	<	*dengs	B
命	mìng	<	mjængH	<	*mrjing(s)	B
思	sī	<	si	<	*sjɨ	A

296　Zhōu sòng 周颂：Pán 般
[无押韵]

297　*Lǔ sòng* 鲁颂：*Jiōng* 駉

297.1	馬	mǎ	<	mæX	<	*mraʔ	A
	野	yě	<	yæX	<	*ljAʔ	A
	者	zhě	<	tsyæX	<	*tjAʔ	A
	皇	huáng	<	hwang	<	*wang	B
	黃	huáng	<	hwang	<	*gʷang	B
	彭	bāng	<	pang	<	*pang	B
	疆	jiāng	<	kjang	<	*kjang	B
	臧	zāng	<	tsang	<	*tsang	B
297.2	馬	mǎ	<	mæX	<	*mraʔ	A
	野	yě	<	yæX	<	*ljAʔ	A
	者	zhě	<	tsyæX	<	*tjAʔ	A
	駓	pī	<	ph/bij	<	*ph/brjɨ	B
	騏	qí	<	gi	<	*g(r)jɨ	B
	伾	pī	<	phij	<	*phrjɨ	B
	期	[qī]	<	gi	<	*g(r)jɨ	B
	才	cái	<	dzoj	<	*dzɨ	B
297.3	馬	mǎ	<	mæX	<	*mraʔ	A
	野	yě	<	yæX	<	*ljAʔ	A
	者	zhě	<	tsyæX	<	*tjAʔ	A
	駱	luò	<	lak	<	*C-rak	B
	雒	luò	<	lak	<	*C-rak	B
	繹	yì	<	yek	<	*ljAk	B
	斁	yì	<	yek	<	*ljAk	B
	作	zuò	<	tsak	<	*tsak	B
297.4	馬	mǎ	<	mæX	<	*mraʔ	A
	野	yě	<	yæX	<	*ljAʔ	A
	者	zhě	<	tsyæX	<	*tjAʔ	A
	騢	xiá	<	hæ	<	*gra	B
	魚	yú	<	ngjo	<	*ng(r)ja	B
	祛	qū	<	khjo	<	*kh(r)ja	B

	邪	xié	<	zjæ	<	*z(ng)jA	B
	徂	cú	<	dzu	<	*dza	B

298　Lǔ sòng 鲁颂: Yǒu bì 有骇

298.1	黄	huáng	<	hwang	<	*gʷang	A
	明	míng	<	mjæng	<	*mrjang	A
	下	xià	<	hæX	<	*graʔ	B
	舞	wǔ	<	mjuX	<	*m(r)jaʔ	B
298.2	牡	mǔ	<	muwX	<	*m(r)juʔ	A
	酒	jiǔ	<	tsjuwX	<	*tsjuʔ	A
	飛	fēi	<	pjɨj	<	*pjɨj	B
	歸	guī	<	kjwɨj	<	*kʷjɨj	B
298.3	駽	xuān	<	xwen(H)	<	*hwen(s)	A
	燕	yàn	<	ʔenH	<	*ʔens	A
	始	shǐ	<	syiX	<	*hljɨʔ	B
	有	yǒu	<	hjuwX	<	*wjɨʔ	B
	子	zǐ	<	tsiX	<	*tsjɨʔ	B

299　Lǔ sòng 鲁颂: Pàn shuǐ 泮水

299.1	芹	qín	<	gjɨn	<	*gjɨn	A
	旂	qí	<	gjɨj	<	*gjɨj	A
	茷	[pèi]	<	bajH	<	*bots	B
	噦	[huì]	<	xwajH	<	*hwats	B
	大	[dà]	<	dajH	<	*lats	B
	邁	mài	<	mæjH	<	*mrats	B
299.2	藻	zǎo	<	tsawX	<	*tsawʔ	A
	蹻	[jué]	<	kjewX	<	*k(r)jaw(k)ʔ	A
	蹻	[jué]	<	kjewX	<	*k(r)jaw(k)ʔ	A
	昭	[zhāo]	<	tsyewX	<	*tjawʔ	A
	笑	xiào	<	sjewH	<	*sjaws	A
	教	jiào	<	kæwH	<	*kraw(k)s	A

299.3	茆	mǎo	<	mæwX	<	*mruʔ	A
	酒	jiǔ	<	tsjuwX	<	*tsjuʔ	A
	酒	jiǔ	<	tsjuwX	<	*tsjuʔ	A
	老	lǎo	<	lawX	<	*C-ruʔ	A
	道	dào	<	dawX	<	*luʔ	A
	醜	chǒu	<	tsyhuwX	<	*thjuʔ	A
299.4	德	dé	<	tok	<	*tɨk	A
	則	zé	<	tsok	<	*tsɨk	A
	武	wǔ	<	mjuX	<	*Np(r)ja(k)ʔ	B
	祖	zǔ	<	tsuX	<	*tsaʔ	B
	祜	hù	<	huX	<	*gaʔ	B
299.5	德	dé	<	tok	<	*tɨk	A
	服	fú	<	bjuwk	<	*bjɨk	A
	馘	guó	<	kwɛk	<	*kʷrɨk	A
	陶	yáo	<	[yew]	<	*lju	B
	囚	qiú	<	zjuw	<	*zju	B
299.6	心	xīn	<	sim	<	*sjɨm	A
	南	nán	<	nom	<	*nɨm	A
	皇	huáng	<	hwang	<	*wang	B
	揚	yáng	<	yang	<	*ljang	B
	訩	xiōng	<	xjowng	<	*x(r)jong	C
	功	gōng	<	kuwng	<	*kong	C
299.7	觩	qiú	<	gjiw	<	*g(r)jiw(ʔ)	A
	搜	sōu	<	srjuw	<	*srju	A
	博	bó	<	pak	<	*pak	B
	斁	yì	<	yek	<	*ljAk	B
	逆	nì	<	ngjæk	<	*ngrjak	B
	獲	huò	<	hwɛk	<	*wrak	B
299.8	林	lín	<	lim	<	*C-rjɨm	A
	黮	shèn	<	zyimX	<	*sGɨ/umʔ (ʔ)	A
	音	yīn	<	ʔim	<	*ʔ(r)jɨm	A

	琛	chēn	<	trhim	<	* hlrjɨm	A
	金	jīn	<	kim	<	* k(r)jɨm	A

300 Lǔ sòng 鲁颂: Bì gōng 闵宫

300.1	枚	méi	<	mwoj	<	* mɨj	A
	回	huí	<	hwoj	<	* wɨj	A
	依	yī	<	ʔjɨj	<	*ʔjɨj	A
	遲	chí	<	drij	<	* drjɨj	A
	稷	jì	<	tsik	<	* tsjɨk	B
	福	fú	<	pjuwk	<	* pjɨk	B
	穆	lù	<	ljuwk	<	* C-rjiwk	B
	麥	mài	<	mɛk	<	* mrɨk	B
	國	guó	<	kwok	<	* kʷɨk	B
	穡	sè	<	srik	<	* srjɨk	B
	黍	shǔ	<	syoX	<	* hjaʔ	C
	秬	jù	<	gjoX	<	* g(r)jaʔ	C
	土	tǔ	<	thuX	<	* hlaʔ	C
	緒	xù	<	zjoX	<	* zjaʔ (?)	C
300.2	王	wáng	<	hjwang	<	* wjang	A
	陽	yáng	<	yang	<	* ljang	A
	商	shāng	<	syang	<	* h(l)jang	A
	武	wǔ	<	mjuX	<	* Np(r)ja(k)ʔ	B
	緒	xù	<	zjoX	<	* zjaʔ (?)	B
	野	yě	<	yæX	<	* ljAʔ	B
	虞	yú	<	ngju	<	* ngʷ(r)ja	B
	女	rǔ	<	nyoX	<	* njaʔ	B
	旅	lǔ	<	ljoX	<	* g-rjaʔ	B
	父	fù	<	bjuX	<	* b(r)jaʔ	B
	魯	lǔ	<	luX	<	* C-raʔ	B
	宇	yǔ	<	hjuX	<	* w(r)jaʔ	B
	輔	[fǔ]	<	bjuX	<	* b(r)jaʔ	B

300.3	公	gōng	<	kuwng	<	* kong	A
	東	dōng	<	tuwng	<	* tong	A
	庸	[yōng]	<	yowng	<	* ljong	A
	子	zǐ	<	tsiX	<	* tsjɨʔ	B
	祀	sì	<	ziX	<	* zjɨk(ʔ)	B
	耳	ěr	<	nyiX	<	* njɨʔ	B
	解	[xiè]	<	kɛiH	<	* kreks	C
	忒	tè	<	thok	<	* hlɨk	D
	帝	dì	<	tejH	<	* teks	C
	稷	jì	<	tsik	<	* tsjɨk	D
	犧	xī	<	xje	<	* hng(r)jaj	E
	宜	yí	<	ngje	<	* ng(r)jaj	E
	多	duō	<	ta	<	* taj	E
	祖	zǔ	<	tsuX	<	* tsaʔ	F
	女	rǔ	<	nyoX	<	* njaʔ	F
300.4	嘗	cháng	<	dzyang	<	* djang	A
	衡	héng	<	hæng	<	* grang	A
	剛	gāng	<	kang	<	* kang	A
	將	qiāng	<	tshjang	<	* tshjang	A
	羹	gēng	<	kæng	<	* krang	A
	房	fáng	<	bjang	<	* bjang	A
	洋	yáng	<	yang	<	*(l)jang	A
	慶	qìng	<	khjængH	<	* khrjang(s)	A
	昌	chāng	<	tsyhang	<	* thjang	A
	臧	zāng	<	tsang	<	* tsang	A
	方	fāng	<	pjang	<	* pjang	A
	常	cháng	<	dzyang	<	* djang	A
	崩	bēng	<	pong	<	* pɨng	B
	騰	téng	<	dong	<	* lɨng	B
	朋	péng	<	bong	<	* bɨng	B
	陵	líng	<	ling	<	* b-rjɨng	B

300.5	乘	shèng	<	zyingH	<	*Ljings	A
	縢	téng	<	dong	<	*lɨng	A
	弓	gōng	<	kjuwng	<	*kʷjɨng	A
	綅	qīn	<	tshim	<	*tshji/ɨm	A
	增	zēng	<	tsong	<	*tsɨng	A
	膺	yīng	<	ʔing	<	*ʔ(r)jɨng	A
	懲	chéng	<	dring	<	*drjɨng	A
	承	chéng	<	dzying	<	*djɨng	A
	熾	chì	<	tsyhiH	<	*thjɨk(s)	B
	富	fù	<	pjuwH	<	*pjɨk(s)	B
	背	bèi	<	pwojH	<	*pɨk(s)	B
	試	shì	<	syiH	<	*hljɨk(s)	B
	大	[dà]	<	dajH	<	*lats	C
	艾	ài	<	ngajH	<	*ngats	C
	歲	suì	<	sjwejH	<	*swjat(s)	C
	害	hài	<	hajH	<	*ɦkat(s)	C
300.6	巖	yán	<	ngæm	<	*ngram	A
	詹	zhān	<	tsyem	<	*tjam	A
	蒙	méng	<	muwng	<	*mong	B
	東	dōng	<	tuwng	<	*tong	B
	邦	bāng	<	pæwng	<	*prong	B
	同	tóng	<	duwng	<	*dong	B
	從	cóng	<	dzjowng	<	*dzjong	B
	功	gōng	<	kuwng	<	*kong	B
300.7	繹	yì	<	yek	<	*ljAk	A
	宅	zhái	<	dræk	<	*drak	A
	邦	bāng	<	pæwng	<	*prong	B
	貊	mò	<	mæk	<	*mrak	A
	從	cóng	<	dzjowng	<	*dzjong	B
	諾	nuò	<	nak	<	*nak	A
	若	ruò	<	nyak	<	*njak	A

300.8	嘏	[gǔ]	<	kæX	<	*kraʔ	A
	魯	lǔ	<	luX	<	*C-raʔ	A
	許	xǔ	<	xjoX	<	*hng(r)jaʔ	A
	宇	yǔ	<	hjuX	<	*w(r)jaʔ	A
	喜	xǐ	<	xiX	<	*x(r)jɨʔ	B
	母	mǔ	<	muwX	<	*m(r)o/ɨʔ	B
	士	shì	<	dzriX	<	*fisrjɨʔ	B
	有	yǒu	<	hjuwX	<	*wjɨʔ	B
	祉	[zhǐ]	<	trhiX	<	*thrjɨʔ	B
	齒	chǐ	<	tsyhiX	<	*thjɨʔ	B
300.9	柏	bǎi	<	pæk	<	*prak	A
	度	duó	<	dak	<	*lak	A
	尺	chǐ	<	tsyhek	<	*thjAk	A
	舄	xì	<	sjek	<	*sjAk	A
	碩	shuò	<	dzyek	<	*djAk	A
	奕	yì	<	yek	<	*jAk	A
	作	zuò	<	tsak	<	*tsak	A
	碩	shuò	<	dzyek	<	*djAk	A
	若	ruò	<	nyak	<	*njak	A

301 Shāng sòng 商頌: Nuó 那

301.1	猗	yī	<	ʔje	<	*ʔ(r)jaj	A
	那	nuó	<	na	<	*naj	A
	鼓	gǔ	<	kuX	<	*kaʔ	B
	祖	zǔ	<	tsuX	<	*tsaʔ	B
	假	jiǎ	<	kæX	<	*kraʔ	B
	成	chéng	<	dzyeng	<	*djeng	C
	聲	shēng	<	syeng	<	*xjeng	C
	平	píng	<	bjæng	<	*brjeng	C
	聲	shēng	<	syeng	<	*xjeng	C
	聲	shēng	<	syeng	<	*xjeng	C

斁	yì	<	yek	<	*ljAk	D
奕	yì	<	yek	<	*jAk	D
客	kè	<	khæk	<	*khrak	D
懌	yì	<	yek	<	*ljAk	D
昔	xī	<	sjek	<	*sjAk	D
作	zuò	<	tsak	<	*tsak	D
夕	xī	<	zjek	<	*z(l)jAk	D
恪	kè	<	khak	<	*khak	D
嘗	cháng	<	dzyang	<	*djang	E
將	jiāng	<	tsjang	<	*tsjang	E

302　*Shāng sòng* 商頌: *Liè zǔ* 烈祖

302.1	祖	zǔ	<	tsuX	<	*tsaʔ	A
	祜	hù	<	huX	<	*gaʔ	A
	所	suǒ	<	srjoX	<	*s(k)rjaʔ	A
	酤	[gū]	<	huX	<	*gaʔ	A
	成	chéng	<	dzyeng	<	*djeng	B
	平	píng	<	bjæng	<	*brjeng	B
	爭	zhēng	<	tsrɛng	<	*tsr(j)eng	B
	疆	jiāng	<	kjang	<	*kjang	C
	衡	héng	<	hæng	<	*grang	C
	鶬	qiāng	<	tshjang	<	*tshjang	C
	享	xiǎng	<	xjangX	<	*xjangʔ	C
	將	jiāng	<	tsjang	<	*tsjang	C
	康	kāng	<	khang	<	*khang	C
	穰	ráng	<	nyang	<	*njang	C
	饗	xiǎng	<	xjangX	<	*xjangʔ	C
	疆	jiāng	<	kjang	<	*kjang	C
	嘗	cháng	<	dzyang	<	*djang	C
	將	jiāng	<	tsjang	<	*tsjang	C

303　Shāng sòng 商颂：Xuán niǎo 玄鸟

303.1

商	shāng	<	syang	<	*h(l)jang	A
芒	máng	<	mang	<	*mang	A
湯	tāng	<	thang	<	*hlang	A
方	fāng	<	pjang	<	*pjang	A
有	yǒu	<	hjuwX	<	*wjɨʔ	B
殆	dài	<	dojX	<	*lɨʔ	B
子	zǐ	<	tsiX	<	*tsjɨʔ	B
勝	shēng	<	sying	<	*hljɨng	C
乘	shèng	<	zyingH	<	*Ljɨngs	C
承	chéng	<	dzying	<	*djɨng	C
里	lǐ	<	liX	<	*C-rjɨʔ	D
止	zhǐ	<	tsyiX	<	*tjɨʔ	D
海	hǎi	<	xojX	<	*hmɨʔ	D
祁	qí	<	gij	<	*grjɨj	E
河	hé	<	ha	<	*gaj	E
宜	yí	<	ngje	<	*ng(r)jaj	E
何	hè	<	haX	<	*gajʔ	E

304　Shāng sòng 商颂：Cháng fā 长发

304.1

商	shāng	<	syang	<	*h(l)jang	A
祥	xiáng	<	zjang	<	*z(l)jang	A
芒	máng	<	mang	<	*mang	A
方	fāng	<	pjang	<	*pjang	A
疆	jiāng	<	kjang	<	*kjang	A
長	cháng	<	drjang	<	*fitrjang	A
將	jiāng	<	tsjang	<	*tsjang	A
商	shāng	<	syang	<	*h(l)jang	A

304.2

撥	bō	<	pat	<	*pat	A
達	dá	<	dat	<	*lat	A
達	dá	<	dat	<	*lat	A

	越	yuè	<	hjwot	<	*wjat	A
	發	fā	<	pjot	<	*pjat	A
	烈	liè	<	ljet	<	*C-rjat	A
	截	jié	<	dzet	<	*dzet	A
304.3	違	wéi	<	hjwɨj	<	*wjɨj	A
	齊	qí	<	dzej	<	*ɦits(h)ɨj	A
	遲	chí	<	drij	<	*drjɨj	A
	躋	jī	<	tsej	<	*tsɨj	A
	遲	chí	<	drij	<	*drjɨj	A
	祗	zhī	<	tsyij	<	*tjɨj	A
	圍	wéi	<	hjwɨj	<	*wjɨj	A
304.4	球	qiú	<	gjuw	<	*grju	A
	旒	liú	<	ljuw	<	*C-rju	A
	休	xiū	<	xjuw	<	*x(r)ju	A
	絿	qiú	<	gjuw	<	*g(r)ju	A
	柔	róu	<	nyuw	<	*nju	A
	優	yōu	<	ʔjuw	<	*ʔ(r)ju	A
	遒	[qiú]	<	tsjuw	<	*tsju	A
304.5	共	gōng	<	kjowng	<	*k(r)jong	A
	厖	máng	<	mæwng	<	*mrong	A
	龍	lóng	<	ljowng	<	*C-rjong	A
	勇	yǒng	<	yowngX	<	*ljongʔ	A
	動	dòng	<	duwngX	<	*dongʔ	A
	竦	sǒng	<	sjowngX	<	*sjongʔ	A
	總	zǒng	<	tsuwngX	<	*tsongʔ	A
304.6	旆	[pèi]	<	bajH	<	*bots	A
	鉞	yuè	<	hjwot	<	*wjat	A
	烈	liè	<	ljet	<	*C-rjat	A
	曷	hé	<	hat	<	*ɦkat	A
	糵	[niè]	<	ngat	<	*ngat	A
	達	dá	<	dat	<	*lat	A

	截	jié	<	dzet	<	*dzet	A
	伐	fá	<	bjot	<	*bjat	A
	桀	jié	<	gjet	<	*grjat	A
304.7	葉	yè	<	yep	<	*ljap	A
	業	yè	<	ngjæp	<	*ng(r)jap	A
	子	zǐ	<	tsiX	<	*tsjɨʔ	B
	士	shì	<	dzriX	<	*fisrjɨʔ	B
	衡	héng	<	hæng	<	*grang	C
	王	wáng	<	hjwang	<	*wjang	C

305 Shāng sòng 商颂: Yīnwǔ 殷武

305.1	武	wǔ	<	mjuX	<	*Np(r)ja(k)ʔ	A
	楚	chǔ	<	tsrhjoX	<	*tsrhjaʔ	A
	阻	zǔ	<	tsrjoX	<	*tsrjaʔ	A
	旅	lǚ	<	ljoX	<	*g-rjaʔ	A
	所	suǒ	<	srjoX	<	*s(k)rjaʔ	A
	緒	xù	<	zjoX	<	*zjaʔ(?)	A
305.2	鄉	xiāng	<	xjang	<	*xjang	A
	湯	tāng	<	thang	<	*hlang	A
	羌	qiāng	<	khjang	<	*kh(l)jang	A
	享	xiǎng	<	xjangX	<	*xjangʔ	A
	王	wáng	<	hjwang	<	*wjang	A
	常	cháng	<	dzyang	<	*djang	A
305.3	辟	bì	<	pjiek	<	*pjek	A
	績	jī	<	tsek	<	*tsek	A
	辟	bì	<	pjiek	<	*pjek	A
	適	[shì]	<	drɛk	<	*drek	A
	解	[xiè]	<	kɛiH	<	*kreks	A
305.4	監	jiān	<	kæm	<	*kram	A
	嚴	yán	<	ngjæm	<	*ng(r)jam	A
	濫	làn	<	lamH	<	*g-rams	A

	國	guó	<	kwok	<	*kʷɨk	B
	福	fú	<	pjuwk	<	*pjɨk	B
305.5	翼	yì	<	yik	<	*ljɨk	A
	極	jí	<	gik	<	*g(r)jɨk	A
	聲	shēng	<	syeng	<	*xjeng	B
	靈	líng	<	leng	<	*C-reng	B
	寧	níng	<	neng	<	*neng	B
	生	shēng	<	srjæng	<	*srjeng	B
305.6	山	shān	<	srɛn	<	*srjan	A
	丸	[wán]	<	hwan	<	*wan	A
	遷	qiān	<	tshjen	<	*tshjan	A
	虔	qián	<	gjen	<	*grjan	A
	梴	chān	<	trhjen	<	*hlrjan	A
	閑	xián	<	[hɛn]	<	*gran	A
	安	ān	<	ʔan	<	*ʔan	A

附录 C 《诗经》韵字

本附录按音序列出《诗经》押韵用字,每字标出现代读音(汉语拼音)、中古音转写和上古音构拟。(中古和上古形式中, æ 列于 a 后, ɛ 列于 e 后, ɦ 列于 h 后, ï 列于 i 后, ü 列于 u 后。喉塞音、方括号和圆括号均不参与排序。)其中一些上古音的构拟实乃暂拟,声母部分的尤其如此。增加交叉引用,以连接不同的读音。

另外,每个韵字后面列出该字在高本汉《汉文典》(*Grammata serica resensa* [1957])里的序号,置圆括号中,同时还列出该字在《诗经》中全部的押韵出处。《诗经》出处如"287.1B",表示该字出现于 287 号诗第 1 章的 B 押韵序列中。(一首诗的某章里,即使没有 B 和 C 押韵序列,该章的押韵序列依然标成 A。)同一字如果在某一押韵序列中重现,均按出现次数分列出处。《诗经》的押韵序列见附录 B。

如果某一形式无法按规则从早期形式推断出来,该形式就外加方括号以示区别,如下面字表第三条"蔼[ǎi]<ʔajH<*ʔats",这里的方括号表示 ǎi 这个发音不规则。由于中古形式是去声ʔajH,照规则应当推断出去声的 ài。类似地,"三 sān<[sam]<*sum"表示中古 sam 这个读音不规则,押韵显示这个字上古读音为 *sum,按规则当发展为中古的 som,而不是 sam。

阿 ā 见 ē<ʔa

哀 āi<ʔoj<*ʔɨj (550h): 167.6A, 193.1B, 195.2A, 204.8A, 257.2A

蔼 [ǎi]<ʔajH<*ʔats (313a'): 252.7A, 252.8A

艾 ài<ngajH<* ngats (347c): 72.3A, 182.2A, 216.3A, 287.1B, 300.5C (又见 yì<ngjojH)

爱 ài<ʔojH<*ʔɨts (508a): 228.4A

僾 ài<ʔojH<*ʔɨts (508d): 257.6B

安 ān<ʔan< *ʔan（146a）：177.5A, 241.8A, 253.5A, 305.6A
岸 àn<nganH< *ngans（139e'）：58.6A, 241.5A
卬 áng<ngang< *ngang（699a）：252.6A
敖 áo<ngaw< *ngaw（1130a）：57.3A, 67.2A, 105.4A, 161.2A, 179.3A
（又见 ào<ngawH）
警 áo<ngaw< *ngaw（1130f）：181.3A
嚣 áo<ngaw< *ngaw（1140a）：179.3A, 193.7A, 254.3A
奥 ào 见 yù<ʔjuwk
燠 ào 见 yù<ʔjuwk
赘 ào<ngawH< *ngaws（1130a）：30.1A, 215.4A（又见 áo<ngaw）

豝 bā<pæ< *pra（39d）：25.1A
拔 bá 见 bèi<bajH
軷 [bá]<bat< *bat（276e）：245.7C
茇 [bá]<bat< *bat（276g）：16.1A
白 bái<bæk< *brak（782a）：214.3A
柏 bǎi<pæk< *prak（782j）：217.1B, 300.9A
败 bài<bæjH< *ɦprats（320f）：253.4A（又见 bài<pæjH）
败 bài<pæjH< *prats（320f）：16.2A, 195.5B（又见 bài<bæjH）
拜 bài<pɛjH< *prots（328a）：16.3A
板 bǎn<pænX< *pranʔ（262j）：254.1A
阪 [bǎn]<pjonX< *pjanʔ（262g）：89.1A, 165.3A
彭 bāng<pang< *pang（750a）：105.3A, 205.3A, 236.8A, 260.7B, 261.4B, 297.1B（又见 péng<bæng）
邦 bāng<pæwng< *prong（1197e）：191.10A, 213.3B, 222.4A, 240.2A, 241.5B, 259.2C, 259.3A, 265.2A, 269.1A, 300.6B, 300.7B
傍 bàng 见 [páng]<pæng
包 bāo<pæw< *pru（1113a）：23.1B
苞 bāo<pæw< *pru（1113c）：189.1B, 245.5A, 263.5B
保 bǎo<pawX< *puʔ（1057a）：115.2A, 240.3B, 259.5B, 260.3A, 283.1B

寶 bǎo\<pawX< * puʔ（1059a）: 257.6D, 259.5B

鴇 bǎo\<pawX< * puʔ（1060b）: 78.3A

飽 bǎo\<pæwX< * pruʔ（1113d）: 135.2A, 209.6C, 233.3A

暴 bào\<bawH< * bawks（1136a）: 30.1A, 58.5B, 198.3B

報 bào\<pawH< * pus（1058a）: 29.2A, 64.1B, 64.2B, 64.3B, 82.3C, 256.6B

悲 bēi\<pij< * prjɨj（579u）: 14.3A, 147.2A, 154.2C, 156.1B, 159.4A, 162.1A, 167.6A, 169.2B, 169.2C, 208.2A, 264.6C

陂 bēi\<pje< * p(r)jaj（25i）: 145.1A

卑 bēi\<pjie< * pje（874a）: 229.8A

北 běi\<pok< * pɨk（909a）: 48.2A, 200.6A, 244.6B

拔 bèi\<bajH< * bots（276h）: 237.8C, 241.3A

備 bèi\<bijH< * brjɨks（984d）: 209.5A, 239.4A

悖 bèi\<bwojH< * buts（491d）: 257.13A

背 bèi\<bwojH< *fipɨks（909e）: 62.4A（又见 bèi\<pwojH）

倍 bèi\<bwojX< * bɨʔ（999c′）: 264.4B

背 bèi\<pwojH< * pɨk(s)（909e）: 246.8A, 257.15A, 264.4A, 300.5B（又见 bèi\<bwojH）

奔 bēn\<pwon< * pun（438a）: 49.1A, 49.2B, 73.2A

祊 bēng\<pæng< * prang（740j′）: 209.2A

崩 bēng\<pong< * pɨng（886m）: 166.6A, 190.3A, 193.3B, 300.4B

琫 běng\<puwngX< * pongʔ（1197d′）: 245.4D

比［bǐ］\<bjijH< * bjijs（566g）: 119.1B, 119.2B

匕 bǐ\<pjijX< * pjijʔ（565a）: 203.1A

妣 bǐ\<pjijX< * pjijʔ（566n）: 279.1B, 290.1G

辟 bì\<bjieH< * bjeks（853a）: 107.2A（又见 bì\<pjiek, bì\<bjiek, pì\<phjiek）

辟 bì\<bjiek< * bjek（853a）: 241.2C（又见 bì\<bjieH, bì\<pjiek, pì\<phjiek）

怭 bì\<bjit< * bjit（405d）: 220.3B

毖 bì\<pijX< * prjits（405k）: 257.5A

閟 bì\<pijH< * prjits（405n）: 54.2B

辟 bì\<pjiek< * pjek（853a）: 244.5A, 255.1A, 255.1A, 261.1C, 305.3A,

305.3A（又见 bì<bjieH, bì<bjiek, pì<phjiek）

璧 bì<pjiek< * pjek（853d）：55.3A

畀 bì<pjijH< * pjits（521a）：53.1B

珌 bì<pjit< * pjit（405c）：213.2B

韠 bì<pjit< * pjit（407m）：147.3A

貶 biǎn<pjemX< * prjem?（641d）：265.3A

弁 biàn<bjenH< * brjons（220a）：102.3B

變 biàn<pjenH< * prjons（178o）：106.3B

瀌 biāo<b/pjew< * b/p(r)jaw（1170c）：223.7A

麃 biāo<pjew< * p(r)jaw（1170a）：79.2A, 290.1F

儦 biāo<pjew< * p(r)jaw（1170b）：105.4A

鑣 biāo<pjew< * p(r)jaw（1170e）：57.3A, 127.3B

摽 biào<bjiewX< * bjew?（1157l）：26.4A

賓 bīn<pjin< * pjin（389a）：210.3B

濱 bīn<pjin< * pjin（389j）：15.1A, 205.2B

掤 bīng<ping< * prjɨng（886n）：78.3C

冰 bīng<ping< * prjɨng（899b）：195.6B, 196.6B, 245.3B

兵 bīng<pjæng< * prjang（759a）：31.1A, 133.3B, 256.4A

怲 [bǐng]<pjængH< * prjangs（757g）：217.2B

屏 bǐng<pjiengX< * pjeng?（824f）：241.2A（又见 píng<beng）

撥 bō<bat< * bat（275d）：255.8A（又见 bō<pat）

波 bō<pa< * paj（25l）：232.3A

發 bō<pat< * pat（275c）：57.4A（又见 fā<pjot）

撥 bō<pat< * pat（275d）：304.2A（又见 bō<bat）

博 bó<pak< * pak（771a）：299.7B

襮 bó<pak< * pawk（1136d）：116.1A

伯 bó<pæk< * prak（782i）：85.1A, 85.2A, 259.2B, 259.8B, 261.6B, 290.1C

柏 bó 见 bǎi<pæk

駁 bó<pæwk< * pra/ewk（1127a）：132.2A

薄 [bó]<phak< * phak（771p）：105.1A

卜 bǔ<puwk< *pok（1210a）：196.5B
補 bǔ<puX< *paʔ（102c′）：260.6A

偲 cāi<tshoj< *tshɨ（973f）：103.3A
才 cái<dzoj< *dzɨ（943a）：297.2B
采 cǎi<tshojX< *srɨ(k)ʔ（942a）：1.4A, 8.1A, 129.3A, 196.3A
餐 cān<tshan< *tshan（154c）：86.1A, 112.1A
驂 cān<tshom< *srum（647c）：128.2B
殘 cán<dzan< *dzan（155c）：253.5A
慘 cǎn<tshomX< *srumʔ（647e）：143.3A
粲 càn<tshanH< *tshans（154b）：75.1B, 75.2B, 75.3B, 80.3A, 124.3A
鶬 cāng 见 qiāng<tshjang
倉 cāng<tshang< *tshang 或 *srang(?)（703a）：211.4A, 250.1A
蒼 cāng<tshang< *srang（703e）：129.1A, 257.7A
藏 cáng<dzang< *ɦsrang 或 ɦtshang(?)（727g′）：175.1A, 228.4B（又见 zàng<dzangH）
曹 cáo<dzaw< *dzu（1053a）：250.4B
漕 cáo<dzaw< *dzu（1053e）：39.4B, 54.1B
懆 cǎo<tshawX< *tshawʔ（1134l）：256.11A
草 cǎo<tshawX< *tshuʔ（1049b）：174.2A, 179.2A, 197.2A, 200.5A, 234.4B, 245.5A
慅 cǎo<tshawX< *tshuʔ（1112e）：143.2A
側 [cè]<tsrik< *tsrjɨk（906c）：1.3A, 19.2A, 45.2A, 63.3A, 112.2A, 199.8A, 230.3A, 255.4A
差 chā<tsrhɛi< *tshrjaj（5f）：137.2A
柴 chái 见 zì<dzjeH
蠆 chài<trhæjH< *hrjats（326a）：225.4A
梴 chān<trhjen< *hlrjan（203d）：305.6A
襜 chān<tsyhem< *thjam（619e）：226.2A
廛 chán<drjen< *drjan（204a）：112.1A
讒 chán<dzrɛm< *dzrjom（612d）：198.2A

幝 chǎn<tsyhenX< * thjanʔ（147u）：169.3B

昌 chāng<tsyhang< * thjang（724a）：88.2A，96.2A，97.3A，106.1A，300.4A

場 cháng<drjang< * g-ljang（720x）：154.8C，156.2D

腸 cháng<drjang< * g-ljang（720y）：257.8A

長 cháng<drjang< *ɦtrjang（721a）：46.2A，106.1A，129.1A，198.3A，203.5A，250.5A，252.4A，304.1A

裳 cháng<dzyang< * djang（725d）：27.2A，58.4B，63.1A，88.3A，100.1A，107.1A，130.2A，133.3B，154.3D，159.1A，189.8A

常 cháng<dzyang< * djang（725e）：121.3A，193.2A，235.5A，252.4A，300.4A，305.2A

嘗 cháng<dzyang< * djang（725f）：121.3A，166.4A，209.2A，231.1A，300.4A，301.1E，302.1C

朝 cháo<drjew< *ɦtrjaw（1143a）：57.3A，146.1A，232.1A（又见 zhāo< trjew）

巢 cháo<dzræw< * dzraw（1169a）：142.1A

車 chē 见 jū<kjo

哆 chě<tsyhæX< * thjAjʔ（3k）：200.2A

徹 chè<trhjet< * thrjet（286c）：193.8C

琛 chēn<trhim< * hlrjɨm（666e）：299.8A

陳 chén<drin< * drjin（373a）：199.3A，211.1A

填 chén<drin< * drjin（375u）：257.1B

塵 chén<drin< * drjɨn（374a）：206.1A

煁 chén<dzyim< * Gjɨ/um（658b）：229.4B

諶 chén<dzyim< * Gjum（658c）：255.1B

辰 chén<dzyin< * djɨn（455a）：257.4A

晨 chén<dzyin< * djɨn（455h）：182.3A

臣 chén<dzyin< * gjin（377a）：205.2B

乘 chéng 见 shèng<zyingH

懲 chéng<dring< * drjɨng（891b）：183.3A，192.5A，193.3B，300.5A

程 chéng<drjeng< * lrjeng（835t）：195.4A

醒 *chéng*<*drjeng*< * *lrjeng*（835v）：191.6A

成 *chéng*<*dzyeng*< * *djeng*（818a）：4.3A，12.3A，106.2A，179.8A，191.6A，195.4A，227.4A，227.5A，237.9A，242.1A，244.1A，244.7B，248.1A，256.10B，258.8A，259.4A，264.2C，268.1A，280.1B，301.1C，302.1B

城 *chéng*<*dzyeng*< * *djeng*（818e）：7.1B，53.3A，254.7B，259.4A

承 *chéng*<*dzying*< * *djɨng*（896c）：166.6A，256.6D，300.5A，303.1C

騁 *chěng*<*trhjengX*< * *hlrjengʔ*（817a）：191.7A

蚩 *chī*<*tsyhi*< * *thjɨ*（962d）：58.1A

鴟 *chī*<*tsyhij*< * *thjij*（590s）：264.3A

治 *chí*<*dri*< * *lrjɨ*（976z）：27.3A

坻 *chí*<*drij*< * *drjɨj*（590l）：129.2A

遲 *chí*<*drij*< * *drjɨj*（596d）：35.2A，138.1A，154.2C，162.1A，167.6A，168.6A，209.5C，300.1A，304.3A，304.3A

池 *chí*<*drje*< * *lrjaj*（4t）：139.1A，190.2A，241.6B

馳 *chí*<*drje*< * *lrjaj*（4x）：179.6A，252.10B

篪 *chí*<*drje*< * *lrje*（870c）：199.7B，254.6A

哆 *chǐ* 见 *chě*<*tsyhæX*

恥 *chǐ*<*trhiX*< * *hnrjɨʔ*（959a）：202.3A，220.5A

扡 *chǐ*<*trhjeX*< * *hlrjajʔ*（4d'）：197.7B

尺 *chǐ*<*tsyhek*< * *thjAk*（794a）：300.9A

侈 *chǐ*<*tsyheX*< * *thjajʔ*（3i）：200.2A

齒 *chǐ*<*tsyhiX*< * *thjɨʔ*（961l）：52.2A，300.8B

飭 *chì*<*trhik*< * *hrjɨk*（921g）：177.1B

饎 *chì*<*tsyhiH*< * *KHjɨʔ*（*s*）（955m）：251.1A

熾 *chì*<*tsyhiH*< * *thjɨk*(*s*)（920l）：177.1B，300.5B

沖 [*chōng*]<*drjuwng*< * *g-ljung*（1007p）：154.8A，173.4A

憧 *chōng*<*trhjowng*< * *hlrjong*（1185y）：191.5A

忡 *chōng*<*trhjuwng*< * *kh-ljung*（1007n）：14.1A，31.2A，168.5A

衝 *chōng*<*tsyhowng*< * *thjong*（1188j）：241.7C

充 *chōng*<*tsyhuwng*< * *thjo/ung*(?)（1011a）：84.2A

重 chóng<drjowng< * drjong（1188a）：206.3A

蟲 chóng<drjuwng< * lrjung（1009c）：14.1A, 168.5A, 258.2A

崇 chóng<dzrjuwng< * dzrjung（1003h）：244.2A, 248.4A

妯 chōu<trhjuw< * hlrju（1079e）：208.3A

抽 chōu<trhjuw< * hlrju（1079f）：79.3A

瘳 chōu<trhjuw< * hrjiw（1069k）：90.2A, 264.1C

仇 chóu 见 qiú<gjuw

裯 chóu<drjuw< * drju（1083n）：21.2B

醻 chóu<dzyuw< * dju（1090o）：175.3A, 191.8B, 197.7A, 231.4B

儔 chóu<dzyuw< * Gju（1091a）：35.5A, 178.4A, 256.6B

讎 chóu<dzyuw(X)< * dju(ʔ)（1090p）：81.2A

讎 chǒu 见 chóu<dzyuw(X)

醜 chǒu<tsyhuwX< * thjuʔ（1089a）：46.1A, 178.4A, 180.1A, 193.1A, 299.3A

臭 chòu<tsyhuwH< * KHjus（1088a）：235.7B

樗 chū<trhjo< * hlrja(ʔ)（1242b）：154.6C, 188.1A

出 [chū]<tsyhwijH< * thjuts（496a）：194.5A（又见 chū<tsyhwit）

出 chū<tsyhwit< * thjut（496a）：29.4A, 232.2A（又见 [chū]<tsyhwijH）

除 chú 见 zhù<drjoH

蹰 chú<drju< * drjo（127n）：42.1A

芻 [chú]<tsrhju< * tshrjo（132a）：118.2A

楚 chǔ<tsrhjoX< * tsrhjaʔ（88a）：9.2A, 50.2A, 68.2A, 92.1B, 118.3A, 124.1A, 131.3A, 150.1A, 220.1A, 305.1A

處 chǔ<tsyhoX< * KHjaʔ（85a）：19.3A, 22.2A, 31.3A, 37.2A, 38.1A, 124.1A, 150.1A, 154.5A, 159.2A, 162.2B, 167.3C, 173.1A, 187.3A, 189.2A, 193.4C, 214.1A, 227.3A, 248.3A, 250.3C, 257.4B, 263.2A（又见 chù<tsyhoH）

處 chù<tsyhoH< * KHjas（85a）：29.1A, 207.4A（又见 chǔ<tsyhoX）

俶 chù<tsyhuwk< * thjiwk（1031h）：247.3B

川 chuān<tsyhwen< * KHju/on（462a）：258.5A

牀 chuáng<dzrjang< * dzrjang（727r）：189.8A, 205.4B

吹 chuī<tsyhwe< *thjoj（30a）：85.1B

春 chūn<tsyhwin< *thjun（463a）：23.1A

錞 chún 见 duì<dwojH

鹑 chún<dzywin< *djun（464j）：49.1A, 49.2B, 112.3A

淳 chún<zywin< *ɦstjun（？）（455v）：71.3B, 112.3A

惙［chuò］<trjwet< *trjot（295d）：14.2A

綽 chuò<tsyhak< *thjawk（1126g）：55.3B

雌 cī<tshje< *tshje（358f）：197.5A

雌 cí 见 cī<tshje

茨 cí<dzij< *dzjij（555i）：213.1B

泚 cǐ<tshjeX< *tshjeʔ（358h）：43.1A

佽 cì<tshijH< *tshjijs（555c）：119.1B, 119.2B, 179.5A

刺 cì<tshjeH< *tshjek(s)（868d）：107.2A, 264.5A

樅 cōng<tshjowng< *tshjong（1191i）：242.4A

聰 cōng<tshuwng< *tshong（1199f）：70.3A, 185.3A

潀 cóng 见［zhōng］<dzuwng

從 cóng<dzjowng< *dzjong（1191d）：17.3B, 101.2B, 125.3A, 180.2B, 195.1B, 222.4A, 300.6B, 300.7B

且 cú<dzu< *dza（46a）：93.2A, 95.1B, 95.2B（又见 jū<tsjo）

徂 cú<dzu< *dza（46i'）：297.4B

蹙［cù］<tsjuwk< *Stjiwk（1031t）：207.3A

摧［cuī］<dzwoj< *dzuj（575l'）：40.3A, 258.3A（又见 cuò<tshwaH）

崔［cuī］<dzwoj< *Sduj（575d'）：3.2A, 101.1A, 201.3A

洒 cuǐ 见 xǐ<sejX

萃［cuì］<dzwijH< *dzjups（490m）：141.2A

瘁［cuì］<dzwijH< *dzjuts（490k）：168.2B, 194.4A, 194.5A, 202.2A, 264.5D

存 cún<[drwon]< *dzɨn（432a）：93.1A

磋 cuō<tsha< *tshaj（5j）：55.1A

瑳［cuō］<tshaX< *tshajʔ（5i）：59.3A

撮 cuō<tshwat< *tshot（325e）：225.2A

瘥 cuó<dza< * dzaj（5l）：191.2A

錯 cuò<tshak< * tshak（798s）：184.1C，209.3A

摧 cuò<tshwaH< * tshojs（575l′）：216.4A（又见［cuī］<dzwoj）

達 dá<dat< * lat（271b）：290.1E，304.2A，304.2A，304.6A（又见 tà<that）

怛 dá<tat< * tat（149g）：102.2B，149.1A

荅 dá<top< * k-lup（676b）：194.4A

大［dà］<dajH< * lats（317a）：253.4A，299.1B，300.5C

逮 dài<dojH< *(g-)lips（509c）：257.6B

怠 dài<dojX< * lɨʔ（976k′）：220.5A

殆 dài<dojX< * lɨʔ（976l′）：191.4B，194.6A，303.1B

帶 dài<tajH< * tats（315a）：63.2A

單 dān<tan< * tan（147a）：250.5B

湛 dān<tom< * k-lɨm（658l）：161.3A，164.7B，220.2B

耽 dān<tom< * tum（656l）：58.3B，58.3C，58.3C

亶 dǎn<tanX< * tanʔ（148a）：254.1A

黮 dàn 见 shèn<zyimX

餤 dàn 见 tán<dam

萏 dàn<domX< *(g-)lomʔ（672j）：145.3A

旦 dàn<tanH< * tans（149a）：34.3A，58.6A，82.1A，124.3A，254.8D

癉［dàn］<tanX< * tanʔ（147l）：254.1A

荡 dàng<dangX< * langʔ（720p′）：101.2A

刀 dāo<taw< * taw（1131a）：61.2A，210.5B，250.2B

忉 dāo<taw< * taw（1131c）：102.1B，142.1A，146.1A

蹈［dǎo］<dawH< * lus（1078l）：224.1A，224.2A

倒 dǎo<tawX< * tawʔ（1132c）：100.1B

擣 dǎo<tawX< * tuʔ（1090r）：197.2A

禱 dǎo<tawX< * tuʔ（1090s）：180.1A

倒 dào 见 dǎo<tawX

翿［dào］<daw< * du（1090z）：67.2A

陶 dào<dawH< *b-lus（1047d）：79.3A（又见 yáo<[yew]）
悼 dào<dawH< *dawks（1126l）：30.1A，58.5B，146.3A
盗 dào<dawH< *daw(k)s（1133a）：198.3B
翿 dào<dawH< *lus（1090z）：136.3A
道 dào<dawX< *luʔ（1048a）：46.1A，46.1A，97.2A，136.3A，195.3A，197.2A，234.4B，245.5A，261.1B，299.3A
稻 dào<dawX< *luʔ（1078h）：154.6B
到 dào<tawH< *taws（1132a）：261.5A
得 dé<tok< *tɨk（905d）：1.3A，101.4A，101.4B，158.1A，192.7A，199.8A
德 dé<tok< *tɨk（919k）：58.4C，113.2B，166.5A，174.3A，194.1A，202.4B，220.4D，229.7B，235.6A，241.7A，243.4A，247.1A，249.1A，252.5A，253.3A，255.2A，255.4A，255.4A，256.12C，259.8A，260.1A，260.2A，262.6C，299.4A，299.5A
登 dēng<tong< *tɨng（883e）：237.6A，245.8A
的 dí 见 dì<tek
髢 [dí]<dejH< *le(k)s（4e'）：47.2A
狄 dí<dek< *lek（856a）：264.5A
翟 dí<dek< *lewk（1124a）：38.2B，47.2A
迪 dí<dek< *liwk（1079q）：257.11A
坻 dǐ 见 chí<drij
氐 dǐ<tejX< *tijʔ（590a）：191.3A
底 [dǐ]<tsyijX< *tjɨjʔ（590c）：195.2A
砥 [dǐ]<tsyijX< *tjɨjʔ（590o）：203.1A
棣 dì<dejH< *lips（509f）：132.3A
弟 dì<dejX< *dɨ/ijʔ（591a）：35.2B，39.2A，51.1B，71.1A，71.2A，71.3A，92.1A，92.2A，110.3B，164.1A，173.3A，183.1A，209.5C，240.2B，246.2A（又见 [tì]<dejX）
地 dì<[dijH]< *lrjajs(?)（4b'）：189.9A
帝 dì<tejH< *teks（877a）：47.2A，235.6B，255.1A，255.1A，300.3C
的 dì<tek< *tewk（1120h）：220.1F

顛 diān<ten< *tin（375m）：100.2B，125.1A，126.1A

簟 diàn<demX< *lim?（646j）：189.6A

甸 diàn<denH< *dins（362g）：210.1A，261.1A

電 diàn<denH< *dins（385m）：193.3A

玷 [diàn]<temX< *tem?（618l）：265.3A

弔 diào<tewH< *ti/ew(k)s（1165a）：149.2A

垤 dié<det< *dit（413n）：156.3B

耋 dié<det< *dit（413r）：126.2A

眣 dié<det< *lit（402i）：237.1A

丁 dīng 见 zhēng<trɛng

定 dìng<dengH< *dengs（833z）：167.2D，191.6A，262.2B，264.1A，295.1B（又见 dìng<tengH）

定 dìng<tengH< *tengs（833z）：11.2A（又见 dìng<dengH）

冬 dōng<towng< *tung（1002a）：35.6A

東 dōng<tuwng< *tong（1175a）：21.1B，37.3A，48.3A，51.1A，62.2A，125.3A，156.1A，156.2A，156.3A，156.4A，179.1A，203.2A，244.6A，300.3A，300.6B

蝀 [dōng]<tuwngX< *tong?（1175h）：51.1A

動 dòng<duwngX< *dong?（1188m）：304.5A

斗 dǒu<tuwX< *to?（116a）：246.7A

豆 dòu<duwH< *dos（118a）：164.6A

都 dū<tu< *ta（45e'）：53.2A，83.1A，84.1A，194.7A

闍 dū<tu< *ta（45h'）：93.2A

毒 dú<dowk< *duk（1016a）：35.5B，257.11A

獨 dú<duwk< *dok（1224i）：192.13A，229.1B

讀 dú<duwk< *lok（1023m）：46.3A，46.3A

篤 dǔ<towk< *tuk（1019g）：117.2A，267.1A

堵 dǔ<tuX< *ta?（45y）：189.2A

度 dù<duH< *laks（801a）：108.1A，108.1A，209.3A（又见 duó<dak）

土 dù<duX< *la?（62a）：155.2A（又见 tǔ<thuX）

杜 dù<duX< *la?（62g）：119.1A，169.1A，169.2A

鍛 duàn<twanH< *tons（172c）：250.6A

敦 duī<twoj< *tuj（464p）：40.3A

敦 duì 见 duī<twoj

憝 ［duì］<drwijH< *g-ljups（511i）：255.3A

兑 duì<dwajH< *lots（324a）：241.3A（又见［duì］<thwajH）

錞 duì<dwojH< *dujs（464g）：128.3A

兑 ［duì］<thwajH< *hlots（324a）：237.8C（又见 duì<dwajH）

祋 duì<twajH< *tots（323a）：151.1A

對 duì<twojH< *k-lups（511a）：241.3B，255.3A，257.13A

敦 dūn 见 duī<twoj

錞 dūn 见 duì<dwojH

遯 dùn<dwonH< *luns（428d）：258.5A

多 duō<ta< *taj（3a）：132.1B，132.2B，132.3B，170.1B，170.4A，
191.2A，198.6C，248.2A，252.10B，252.10B，300.3E

掇 duō<twat< *tot（295h）：8.2A

度 duó<dak< *lak（801a）：163.4A，198.4A，241.1A，256.5A，256.7C，
300.9A（又见 dù<duH）

奪 duó<dwat< *lot（274a）：264.2B

阿 ē<ʔa< *ʔaj（1m）：56.2A，176.1A，190.2A，228.1A，230.1A，
241.6B，252.1A

俄 é<nga< *ngaj（2h）：220.4C

峨 é<nga< *ngaj（2k）：238.2B

莪 é<nga< *ngaj（2m）：176.1A

吪 é<ngwa< *ngʷaj（19d）：70.1A，157.2A

訛 é<ngwa< *ngʷaj（19e）：190.2A

惡 è<ʔak< *ʔak（805h）：191.8A，194.2B，278.1B（又见 wù<ʔuH）

厄 è<ʔɛk< *ʔrek（844a）：261.2B

咢 è<ngak< *ngak（788f）：246.4A

恩 ēn<ʔon< *ʔɨn（370j）：155.1A

爾 ěr<nyeX< *njɨjʔ（359a）：246.2A

邇 ěr<nyeX< * njɨjʔ（359c）：10.3A，169.4C

耳 ěr<nyiX< * njɨʔ（981a）：37.4A，256.10A，300.3B

發 fā<pjot< * pjat（275c）：99.2A，149.1A，154.1B，202.5A，204.3A，260.3B，304.2A（又见 bō<pat）

茷 fá 见 [pèi]<bajH

伐 fá<bjot< * bjat（307a）：16.1A，304.6A

髮 fà<pjot< * pjot（276i）：225.2A

幡 fān<phjon< * phjan（195d）：200.4A，220.3A

蕃 fān<pjon< * pjan（195m）：259.1B

藩 fān<pjon< * pjan（195s）：254.7A

蕃 fán 见 fān<pjon

袢 fán<bjon< * bjan（181m）：47.3A

燔 fán<bjon< * bjan（195i）：231.2B

樊 fán<bjon< * bjan（263b）：219.1A

繁 fán<bjon< * bjan（265b）：250.2A

反 fǎn<pjonX< * pjanʔ（262a）：54.2A，58.6A，220.3A，223.1A，253.5B，274.1B，274.1B

方 fāng<pjang< * pjang（740a）：9.1C，9.2C，9.3C，12.2A，29.3A，108.2A，129.1A，168.3A，168.3A，177.4B，205.3A，211.2A，223.4A，234.1A，236.1A，238.5A，241.3C，241.6A，241.7B，253.1A，255.6A，256.4A，260.7B，262.2A，272.1A，274.1A，294.1A，300.4A，303.1A，304.1A

房 fáng<bjang< * bjang（740y）：67.1A，300.4A

防 fáng<bjang< * bjang（740z）：131.2A

魴 fáng<bjang< * bjang（740b'）：138.2A，159.1A

菲 fēi 见 fěi<phjɨjX

霏 fēi<phjɨj< * phjɨj（579j）：41.2A，167.6A

騑 fēi<phjɨj< * phjɨj（579k）：162.1A，162.2A

飛 fēi<pjɨj< * pjɨj（580a）：2.1B，26.5A，28.1A，28.2A，28.3A，156.4B，189.4B，298.2B

腓 féi<bjɨj<*bjɨj (579q): 167.5A, 204.2A
斐 fěi<phjɨjX<*phjɨjʔ (579i): 200.1A
菲 fěi<phjɨjX<*phjɨjʔ (579l): 35.1C
肺 fèi 见 pèi<phajH
芾 fèi 见 fú<pjut
吠 fèi<bjojH<*bjots (348a): 23.3A
芬 fēn<phjun<*phjɨn (471i): 248.5A
雰 fēn<phjun<*phjɨn (471j): 210.2A
焚 fén<bjun<*bjun (474a): 258.5A
丰 fēng<phjowng<*ph(r)jong (1197a): 88.1A
葑 fēng<phjowng<*ph(r)jong (1197k): 48.3A, 125.3A
豐 fēng<[phjuwng]<*ph(r)jong(?) (1014a): 244.2A
風 fēng<pjuwng<*p(r)jɨ/um (625h): 27.4A, 35.1A, 132.1A, 199.4A, 257.6A, 260.8B
逢 féng 见 péng<buwng
馮 féng 见 píng<bing
縫 féng<bjowng<*b(r)jong (1197x): 18.3A
紑 [fóu]<phjuw<*phjɨ (999g): 292.1A
否 fǒu<pjuwX<*pjɨʔ (999e): 2.3B, 34.4A, 34.4A, 195.5A, 211.3A, 220.5A, 256.10A
缶 fǒu<pjuwX<*p(r)juʔ (1107a): 136.3A
膚 fū<pju<*prja (69g): 160.1A, 160.2A
夫 fū<pju<*p(r)ja (101a): 7.1A, 7.2A, 7.3A, 154.6C, 163.1A, 193.4B, 234.3A
拂 fú<bjut<*bjut (500h): 241.8C
浮 fú<bjuw<*b(r)ju (1233l): 176.4A, 223.8A, 245.7A, 262.1A
服 fú<bjuwk<*bjɨk (934d): 1.3A, 63.3A, 107.1B, 150.2A, 151.2A, 167.5B, 177.1B, 177.2A, 177.3B, 177.3B, 178.1D, 203.4A, 235.4B, 243.4A, 244.6B, 255.2A, 299.5A
伏 fú<bjuwk<*bjɨk (935a): 242.2A
匐 fú<bok/bjuwk<*b(j)ɨk (933m): 245.4B

孚 [fú]<[phju]< *ph(r)ju (1233a)：235.7B, 243.2A
罦 [fú]<[phju]< *ph(r)ju (1233j)：70.2A
弗 fú<pjut< *pjut (500a)：202.6A
茀 fú<pjut< *pjut (500k)：241.8C
芾 fú<pjut< *pjut (501c)：151.1A
福 fú<pjuwk< *pjɨk (933d)：166.5A, 207.5A, 209.1A, 209.4B, 212.4B, 216.2A, 220.4D, 235.6A, 236.3A, 239.4A, 246.8A, 247.1A, 249.2A, 281.1C, 300.1B, 305.4B
菔 fú<pjuwk< *pjɨk (933i)：188.3A
輻 fú<pjuwk< *pjɨk (933j)：112.2A, 192.10A
釜 [fŭ]<bjuX< *b(r)jaʔ (102f)：15.2A
輔 [fŭ]<bjuX< *b(r)jaʔ (102v)：192.9A, 300.2B
父 fŭ<pjuX< *p(r)jaʔ (102a)：237.2A, 263.1A（又见 fŭ<bjuX）
甫 fŭ<pjuX< *p(r)jaʔ (102n)：68.2A, 260.1B, 260.5B, 261.5B
脯 fŭ<pjuX< *p(r)jaʔ (102r)：248.3A
黼 fŭ<pjuX< *p(r)jaʔ (102t)：222.1A
附 fù<bjuH< *b(r)jos (136k)：223.6A, 237.9B, 241.8B
復 fù<bjuwk< *b(r)juk (1034d)：159.3A, 188.2A, 202.4A, 257.11A
婦 fù<bjuwX< *bjɨʔ (1001a)：240.1A, 290.1D
阜 fù<bjuwX< *b(r)juʔ (1108a)：78.3A, 127.1A, 128.2A, 179.2A, 180.1A, 180.1A, 217.3A
負 fù<bjuwX< *ɦpjɨ(k)ʔ (1000a)：196.3A, 245.6A
父 fù< bjuX< *b(r)jaʔ (102a)：71.1B, 71.1B, 110.1A, 119.1A, 162.3A, 165.2A, 187.3A, 263.2A, 300.2B（又见 fŭ<pjuX）
覆 fù<phjuwk< *ph(r)juk (1034m)：35.5B, 207.3A
賦 fù<pjuH< *p(r)jas (104g)：260.2B
富 fù<pjuwH< *pjɨk(s) (933r)：188.3B, 196.2A, 264.5B, 265.5A, 300.5B
腹 fù<pjuwk< *p(r)juk (1034h)：202.4A

溉 gài<kojH< *kɨts (515l)：251.3B

甘 gān<kam< *kam (606a)：198.3C

干 gān<kan< *kan (139a)：39.3A, 112.1A, 189.1A

乾 gān<kan< *kan (140c)：69.1A

敢 gǎn<kamX< *kamʔ (607a)：73.1A

岡 gāng<kang< *kang (697a)：3.3A, 110.3A, 241.6A, 250.3B, 250.5A, 252.9B

剛 gāng<kang< *kang (697b)：167.3B, 205.3A, 300.4A

綱 gāng<kang< *kang (697e)：249.3B, 252.6A

膏 gāo 见 gào<kawH

高 gāo<kaw< *kaw (1129a)：232.1A

櫜 gāo<kaw< *ku (1068e)：208.3A

櫜 gāo<kaw< *ku (1068f)：175.3A

鎬 gǎo 见 hào<hawX

膏 gào<kawH< *kaws (1129i)：146.3A, 153.4A, 227.1A

告 gào<kawH< *kuks (1039a)：56.3A, 209.5A（又见 gù<kowk）

歌 gē<ka< *kaj (1q)：22.3A, 56.2A, 139.1A, 252.1A, 252.10B, 257.16A

閣 gé<kak< *kak (766f)：189.3A

葛 gé<kat< *kat (313i)：72.1A

格 gé<kæk< *krak (766z)：209.3A, 256.7C

革 gé<kɛk< *kri̭k (931a)：18.2A, 178.1D, 189.4A, 241.7A

庚 gēng<kæng< *krang (746a)：154.2B, 203.6A

羹 gēng<kæng< *krang (747a)：255.6A, 300.4A

梗 gěng<kængX< *krangʔ (745e)：257.3A

恆 gèng<kongH< *ki̭ngs (881d)：166.6A

共 gōng<kjowng< *k(r)jong (1182c)：198.3D, 241.5B, 265.2A, 304.5A

恭 gōng<kjowng< *krjong (1182l)：241.5B

宮 gōng<kjuwng< *k(r)jung (1006a)：13.2A, 48.1B, 48.2B, 48.3B, 50.1A, 240.3A, 258.2A

躬 gōng<kjuwng< *k(r)jung (1006e)：36.2B, 258.2A, 265.6B

弓 gōng<kjuwng< *kʷjɨng（901a）：78.3C，128.3B，226.3A，300.5A
工 gōng<kuwng< *kong（1172a）：276.1A
功 gōng<kuwng< *kong（1172d）：154.4D，154.7C，220.1E，244.2A，
　259.2C，263.6B，269.1A，299.6C，300.6B
攻 gōng<kuwng< *kong（1172e）：179.1A
公 gōng<kuwng< *kong（1173a）：13.3A，18.3A，21.1B，154.4D，
　177.3A，240.2A，242.5A，269.1A，276.1A，282.1A，300.3A
觥 gōng<kwæng< *kʷrang（706i）：3.3A，154.8C
肱 gōng<kwong< *kʷɨng（887f）：190.3A
鞏 gǒng<kjowngX< *k(r)jongʔ（1172c'）：264.7B
共 gòng 见 gōng<kjowng
枸 gōu 见 ［jǔ］<gjuX
句 ［gōu］<kuwH< *k(r)os（108a）：246.6A
枸 gǒu 见 ［jǔ］<gjuX
笱 gǒu<kuwX< *k(r)oʔ（108e）：35.3B，197.8B
耇 gǒu<kuwX< *k(r)oʔ（108f）：172.5A，246.7A
媾 gòu<kuwH< *k(r)os（109e）：151.3A
觏 gòu<kuwH< *k(r)os（109j）：256.7B
垢 ［gòu］<kuwX< *k(r)oʔ（112d）：257.12A
辜 gū<ku< *ka（49p）：194.1C，198.1A，198.1C
呱 gū<ku< *kʷa（41b）：245.3C
酤 ［gū］<huX< *gaʔ（49b'）：165.3B，302.1A
鵠 gǔ 见 hú<howk
椵 ［gǔ］<kæX< *kraʔ（33d）：283.1C，300.8A
谷 gǔ<kuwk< *kok（1202a）：2.1A，165.1B，186.4A，196.6A，257.9B，
　257.12A
穀 gǔ<kuwk< *kok（1226i）：154.7E，166.2A，184.2C，187.1A，
　187.1A，192.13A，196.5B，204.5A，210.2B，257.9B，257.12A
瞉 gǔ<kuwk< *kok（1226j）：128.1B
罟 gǔ<kuX< *kaʔ（49m）：207.1A
盬 gǔ<kuX< *kaʔ（49q）：121.1A，162.2B，162.3A，167.3C，169.1A，

169.2A

鼓 gǔ<kuX< *kaʔ (50a)：136.2A, 165.3B, 178.3C, 211.2B, 220.2A, 280.1A, 301.1B

瞽 gǔ<kuX< *kaʔ (50g)：280.1A

股 gǔ<kuX< *kaʔ (51a)：154.5A, 222.3A

羖 gǔ<kuX< *kaʔ (51b)：220.5B

告 gù<kowk< *kuk (1039a)：53.3B, 101.3B, 247.3B, 256.2B（又见 gào<kawH）

固 gù<kuH< *kas (49f)：166.1A, 241.2D

顧 gù<kuH< *kaʔ(s) (53g)：29.1A, 71.1B, 113.1B, 141.2B, 165.2A, 207.2A, 258.4A

故 gù<kuH< *kaʔ(s) (49i)：36.1B, 81.1A, 120.1A, 167.1C, 167.1C, 258.6A

呱 guā 见 gū<ku

瓜 guā<kwæ< *kʷra (41a)：64.1A, 154.6C, 210.4A

寡 guǎ<kwæX< *kʷraʔ (42a)：181.1A, 196.5A, 260.5B

冠 guān<kwan< *kon (160a)：147.1A

關 guān<kwæn< *kron (187b)：58.2A, 58.2A, 58.2A

矜 guān<kwɛn< *kʷrin (369a)：234.2A（又见 [jīn]<king）

鰥 guān<kwɛn< *kʷrɨn (481a)：104.1A

館 [guǎn]<kwanH< *kons (157k)：75.1B, 75.2B, 75.3B, 250.6A

管 guǎn<kwanX< *konʔ（管子）(157h)：42.2A（又见 guǎn<kwanX< *kʷanʔ（疲劳貌））

痯 guǎn<kwanX< *kʷanʔ（疲劳貌）(157g)：169.3B

管 guǎn<kwanX< *kʷanʔ（疲劳貌）(157h)：254.1A（又见 guǎn<kwanX< *konʔ（管子））

冠 guàn 见 guān<kwan

貫 guàn<kwanH< *kons (159a)：106.3B, 199.7A

丱 guàn<kwænH< *krons (187a)：102.3B

光 guāng<kwang< *kʷang (706a)：96.2A, 172.2A, 173.2A, 182.1A, 203.5A, 236.5B, 241.3C, 250.1A, 261.4B, 283.1A, 290.1H

洸 guāng<kwang<*kʷang（706f）：262.2A

廣 guǎng<kwangX<*kʷangʔ（707h）：9.1B, 9.2B, 9.3B

歸 guī<kjwɨj<*kʷjɨj（570a）：2.3A, 13.3B, 28.1A, 28.2A, 28.3A, 36.1A, 36.2A, 41.2A, 68.1B, 68.2B, 68.3B, 88.4A, 101.1A, 101.1B, 147.2A, 154.2C, 156.1B, 156.4B, 159.4A, 162.1A, 162.2A, 167.1A, 167.2A, 167.3A, 168.6A, 169.2C, 174.1A, 204.2A, 209.5C, 251.2B, 259.6A, 260.8A, 263.6D, 298.2B

圭 guī<kwej<*kʷe（879a）：254.6A

龜 guī<kwij<*kʷrjɨ（985a）：237.3A

簋 guǐ<kwijX<*kʷrjuʔ（986a）：135.2A, 165.2B

軌 guǐ<kwijX<*kʷrjuʔ（992k）：34.2B

蹶 guì<gjwejH<*gʷrjats（301f）：114.2B, 254.2B

過 guō<kwa<*kʷaj（18e）：22.3A, 22.3A, 56.2A

活 guō<kwat<*kʷat（302m）：57.4A（又见 huó<hwat）

馘 guó<kwɛk<*kʷrɨk（929u）：299.5A

國 guó<kwok<*kʷɨk（929o）：74.2A, 74.2A, 109.2A, 113.2B, 113.2B, 152.3A, 177.1B, 177.3B, 194.1A, 205.4A, 219.2A, 235.3A, 236.3A, 253.3A, 255.4A, 256.12C, 257.7B, 259.8A, 262.6C, 263.1B, 263.5C, 300.1B, 305.4B

過 guò 见 guō<kwa

海 hǎi<xojX<*hmɨʔ（947x）：183.1B, 262.3C, 303.1D

害 hài<hajH<*ɦkat(s)（314a）：39.3B, 44.2A, 202.5A, 204.3A, 245.2A, 255.8A, 265.6A, 300.5C

涵 hán<hom<*gom（643g）：198.2A

罕 hǎn<xanX<*xanʔ（139f'）：78.3B

焊 hàn 见 [赧]<nyenX

翰 hàn<hanH<*gans（140f）：215.3A, 244.4A, 254.7A, 259.1B, 259.7A, 262.4A, 263.5A

菡 hàn<homX<*gomʔ（643h）：145.3A

漢 hàn<xanH<*xans（144c）：263.5A

杭 háng<hang< *gang（698e）：61.1A

頏 háng<hang< *gang（698g）：28.2B

行 háng<hang< *gang（748a）：78.2A，108.2A，121.3A，131.2A，131.2A，177.4B，203.2B，203.6A（又见 xíng<hæ，[xíng]<hæH）

蒿 hāo<xaw< *xaw（1129q）：161.2A，202.1A

號 háo<haw< *gaw（1041q）：113.3B，220.4A（又见 hào<hawH）

好 hǎo<xawX< *xuʔ（1044a）：75.2A，77.2A，81.2A，82.2B，97.2A，179.2A，180.1A，200.5A，212.2A，245.5A，257.6D（又见 hào<xawH）

號 hào<hawH< *gaws（1041q）：205.5A（又见 háo<haw）

鎬 hào<hawX< *gawʔ（1129o）：221.1A，221.2A，221.3A

昊 hào<hawX< *guʔ（1042a）：200.6B

皓 hào<hawX< *gu(k)ʔ（1039h）：116.2A，143.2A

好 hào<xawH< *xu(ʔ)s（1044a）：29.2A，64.1B，64.2B，64.3B，79.3A，82.3C，120.2A，123.1B，123.2B，175.3A，189.1B（又见 hǎo<xawX）

和 hé 见 hè<hwaH

何 hé<ha< *gaj（1f）：47.1A，132.1B，132.2B，132.3B，145.1A，156.4D，167.4A，167.4A，189.6C，191.2A，197.1B，197.1B，198.6C，198.6C，217.1A，228.1A，230.1A，247.4A（又见 hè<haX）

河 hé<ha< *gaj（1g）：45.1A，47.1A，195.6A，303.1E

荷 hé<ha< *gaj（1o）：145.1A

貉 hé<hak< *gak（766h）：154.4B

曷 hé<hat< *fikat（313d）：304.6A

合 hé<hop< *gop（675a）：128.2C，164.7A，236.4A

賀 hè<haH< *gajs（15j）：243.6A

褐 hè<hat< *gat（313g）：154.1B

何 hè<haX< *gajʔ（1f）：303.1E（又见 hé<ha）

翯 hè<hæwk< *grawk（1129v）：242.3A

和 hè<hwaH< *gojs（8e）：85.1B

壑 hè<xak< *xak（767a）：261.6B

赫 hè<xæk< *xrak（779a）：241.1A，257.14A

熇 hè<xowk< *xawk（1129u）：254.4A

黑 hēi<xok< *hmɨk（904a）：212.4B

亨 hēng 见 pēng<phæng

恆 héng 见 gèng<kongH

珩 héng<hæng< *grang（748g）：178.2B

衡 héng<hæng< *grang（748h）：178.2B，261.2A，300.4A，302.1C，304.7C

薨 hōng<xwong< *hmɨng（902g）：5.2A，96.3A，237.6A

訌 hóng 见 [hòng]<huwng

弘 hóng<hwong< *g^{w}ɨng（887g）：265.6B

訌 [hòng]<huwng< *gong（1172k）：265.2A

侯 hóu<huw< *g(r)o（113a）：54.1A，80.1A

餱 hóu<huw< *g(r)o（113j）：190.2B

鍭 [hóu]<huwH< *g(r)os（113i）：246.6A

逅 hòu<huwH< *gros（112c）：118.2A，118.2A

後 hòu<huwH< *ɦ(r)os（115a）：237.9B（又见 hòu<huwX）

后 hòu<huwX< *g(r)oʔ（112a）：282.1F

厚 hòu<huwX< *g(r)oʔ（114a）：198.5A，252.3A（又见 hòu<huwH）

後 hòu<huwX< *ɦ(r)oʔ（115a）：35.3B，172.5A，192.2A，197.8B，223.5A，264.7B，264.7B，282.1F

幠 hū 见 wǔ<mjuX

乎 [hū]<hu< *ɦa（55a）：95.1B，95.1B，95.2B，95.2B，135.1A，135.1A，135.2B，164.8A

幠 hū<xu< *hma（103n）：198.1A，198.1C

呼 hū<xu< *hwa（55h）：255.5B

忽 hū<xwot< *hmut（503l）：241.8C

鵠 hú<howk< *guk（1039n）：116.2A

胡 hú<hu< *ga（49a'）：160.1A，160.2A

壺 hú<hu< *g/ɦa（56a）：154.6C，261.3A

狐 hú<hu< *g^{w}a（41i）：41.3A，234.4A

許 hǔ<xuX< * hngaʔ（60i）：165.2A（又见 xǔ<xjoX）

滸 hǔ<xuX< * hngaʔ（60k）：71.1B, 237.2A, 262.3A

虎 hǔ < xuX < * xaʔ（？）（57b）：38.2A, 78.1A, 131.3A, 131.3A, 234.3A, 261.5B, 262.3A, 263.4A

岵 hù<huX< * gaʔ（49v）：110.1A

怙 hù<huX< * gaʔ（49x）：121.1A

祜 hù<huX< * gaʔ（49y）：210.4A, 215.1A, 241.5C, 243.5A, 283.1C, 299.4B, 302.1A

户 hù<huX< * gaʔ（53a）：118.3A, 154.5A, 154.5A, 155.2A, 156.2C, 189.2A

扈 hù<huX< * gaʔ（53c）：196.5A, 215.1A, 215.2A

華 huā<xwæ < * hwra（44a）：6.1A, 24.1A, 83.1A, 84.1A, 148.2A, 163.1A, 167.4B, 168.4A（又见 huá<hwæ）

華 huá<hwæ < * wra（44a）：98.1A（又见 huā<xwæ）

懷 huái<hwɛj< * gruj（600c）：3.2A, 30.4A, 68.1B, 68.2B, 68.3B, 76.1B, 76.2B, 76.3B, 101.1B, 156.2E, 164.2A, 201.2A

壞 huài<hwɛjH< *ɦkrujs（600d）：254.7C

還 huán 见 xuán<zjwen

貆 huán<hwan< * wan（164l）：112.1A

環 huán<hwæn< * wren（256n）：103.2A

渙 huàn<xwanH< * hwans（167b）：95.1A, 287.1B

荒 huāng<xwang< * hmang（742e'）：4.2A, 114.1A, 114.2A, 114.3A, 250.5A, 257.7A, 265.1A, 270.1A

黄 huáng<hwang< * gʷang 或 *ɦkʷang（？）（707a）：3.3A, 78.2A, 98.3A, 134.1A, 154.3D, 214.2A, 225.1A, 233.1A, 234.1A, 297.1B, 298.1A

簧 huáng<hwang< * gʷang（707g）：67.1A, 126.3A, 161.1B

皇 huáng<hwang< * wang（708a）：157.1A, 178.2B, 189.8A, 209.2A, 210.6A, 249.2B, 269.1A, 274.1A, 297.1B, 299.6B

煌 huáng<hwang< * wang（708g）：140.1A, 236.8A

遑 huáng<hwang< * wang（708i）：19.1A, 169.1C

喤 [huáng]<hwæng< * wrang (708n)：189.8A, 274.1A
煇 huī<xjwɨj< * hwjɨj (458k)：182.3A
虺 huī<xwoj< * xuj (572a)：3.2A
回 huí<hwoj< * wɨj (542a)：208.2A, 239.6A, 263.6D, 300.1A
虺 huǐ 见 huī<xwoj
燬 huǐ<xjweX< * hm(r)jajʔ (356b)：10.3A, 10.3A
悔 huǐ<xwojX< * hmɨʔ (947s)：22.1A, 241.4B, 245.8B, 256.12A
惠 huì<hwejH< * wets (533a)：191.5B, 264.1B
薈 [huì]<ʔwajH< *ʔops (321n)：151.4A
喙 [huì]<xjwojH< * xjots (171i)：237.8C
翙 huì<xwajH< * hwats (346g)：252.7A, 252.8A
噦 huì<xwajH< * hwats (346j)：182.2A, 299.1B
嘒 huì<xwejH< * hwets (527c)：197.4A, 222.2B
晦 huì<xwojH< * hmɨ(k)ʔ(s) (947t)：90.3A, 255.5A
誨 huì<xwojH< * hmɨ(k)s (947u)：230.1B, 230.2B, 230.3B, 264.3C
佸 huó<hwat< * gʷat (302l)：66.2A
活 huó<hwat< * gʷat (302m)：31.5A, 290.1E（又见 guō<kwat）
火 huǒ<xwaX< * hmɨjʔ (353a)：154.1A, 154.2A, 154.3A, 212.2C
穫 [huò]<huH< * waks (784h)：177.4A（又见 huò<hwak）
穫 huò<hwak< * wak (784h)：154.4B（又见 [huò]<huH）
濩 huò<hwak< * wak (784j)：2.2A
禍 huò<hwaX< * gʷajʔ (18f)：199.2B
獲 huò<hwɛk< * wrak (784d)：127.2A, 198.4A, 209.3A, 241.1A, 257.14A, 299.7B
瞿 huò<xwak< * hwak (775e)：186.2A
濊 huò<xwat< * hwat (346h)：57.4A

几 jī 见 jǐ<kijX
幾 [jǐ]<gjɨj< * gjɨj (547l)：35.2A
其 jī<ki< * k(r)jɨ (952a)：109.1B, 109.2B
箕 jī<ki< * k(r)jɨ (952f)：200.2B

基 jī<ki<＊k(r)jɨ（952g）: 172.1A, 256.9A, 292.1A

期 jī<ki<＊k(r)jɨ（952k）: 217.2A（又见［qī］<gi）

姬 jī<ki<＊k(r)jɨ（960f）: 39.1A

飢 jī<kij<＊krjɨj（602f）: 10.1A, 138.1A, 151.4B, 167.6A

幾 jī<kjɨj<＊kjɨj（547a）: 264.6C

躋 jī<tsej<＊tsɨj（593p）: 129.2A, 189.4B, 304.3A

隮 jī<tsej<＊tsɨj（593r）: 51.2A, 151.4B

績 jī<tsek<＊tsek（868v）: 154.3C, 244.5A, 305.3A

輯 jí<dzip<＊dzjup（688d）: 254.2C

集 jí<dzip<＊dzjup（691a）: 236.4A

疾 jí<dzit<＊dzjit（494a）: 62.3A, 194.7B, 256.1B, 264.1B

籍 jí<dzjek<＊dzjAk（798a'）: 261.6B

極 jí<gik<＊g(r)jɨk（910e）: 54.4A, 58.4C, 101.4B, 109.2A, 121.2A, 199.8A, 202.4B, 209.4B, 219.2A, 224.1B, 230.3A, 253.3A, 257.15A, 262.3B, 264.4A, 275.1A, 305.5A

及 jí<gip<＊g(r)jɨp（681a）: 28.2C, 69.3A, 163.1B, 238.3A, 260.7A

亟 jí<kik<＊k(r)jɨk（910a）: 242.2A

棘 jí<kik<＊krjɨk（911a）: 109.2A, 121.2A, 124.2A, 131.1A, 152.3A, 167.5B, 168.1A, 174.3A, 189.4A, 209.1A, 219.2A, 256.12C, 262.3B

襋 jí<kik<＊k(r)jɨk（911c）: 107.1B

急 jí<kip<＊k(r)jɨp（681g）: 177.1B

吉 jí<kjit<＊kJit（393a）: 20.1A, 122.1A, 225.3A

踖 ［jí］<tshjek<＊tshjAk（798k）: 209.3A

即 jí<tsik<＊tsjik（399a）: 89.2A, 99.1A, 250.6D

揖 jí<tsip<＊tsjip（688g）: 5.3A

蹐 jí<tsjek<＊tsjek（852b）: 192.6A

楫 ［jí］<［tsjep］<＊tsjɨp（688h）: 238.3A

濈 jí<tsrip<＊tsrjɨ/up（688f）: 190.1B

幾 jǐ 见 jī<kjɨj

几 jǐ<kijX<＊krjɨjʔ（602a）: 160.1B, 246.2A, 250.4A

戟 jǐ<kjæk< * krjak（785a）：133.2B
掎 jǐ<kjeX< * k(r)jajʔ（1y）：197.7B
濟 jǐ<tsejX< * tsijʔ（很多）（593o）：290.1G（又見 jǐ<tsejX< * tsɨjʔ（宏大的），jì<tsejH< * tsɨjs（渡河））
泲 jǐ<tsejX< * tsijʔ（554-）：39.2A
濟 jǐ<tsejX< * tsɨjʔ（宏大的）（593o）：105.2A, 239.1A, 250.4A（又見 jǐ<tsejX< * tsijʔ（很多），jì<tsejH< * tsɨjs（渡河））
脊 jǐ<tsjek< * tsjek（852a）：192.6A
伎 jǐ 見 qí<gje
穧 jì<dzejH< * dzɨjs（593m）：212.3B
薺 jì<dzejX< * dzɨjʔ（593l）：35.2B
忌 jì<giH< * g(r)jɨʔ(s)（953s）：257.10A, 264.5B
悸 jì<gjwijH< * gʷjits（538e）：60.1B, 60.2B
紀 [jì]<kiX< * k(r)jɨʔ（953i）：204.6A, 249.4A, 258.7A
季 jì<kjwijH< * kʷjits（538a）：110.2B, 241.3B
濟 jì<tsejH< * tsɨjs（渡河）（593o）：54.2B（又見 jǐ<tsejX< * tsijʔ（很多），jǐ<tsejX< * tsɨjʔ（宏大的））
稷 jì<tsik< * tsjɨk（922b）：121.2A, 209.1A, 209.4B, 212.4B, 245.1B, 275.1A, 300.1B, 300.3D
家 jiā<kæ< * kra（32a）：6.1A, 17.3A, 148.2A, 155.3A, 164.8A, 167.1C, 188.1A, 194.7A, 237.5A, 287.1C
葭 jiā<kæ< * kra（33e）：25.1A
加 jiā<kæ< * kraj（15a）：82.2A
珈 jiā<kæ< * kraj（15d）：47.1A
嘉 jiā<kæ< * kraj（15g）：156.4D, 157.2A, 170.4A, 191.2A, 217.1A, 220.4E, 247.4A, 248.2A, 256.5B, 256.8A
甲 jiǎ<kæp< * krap（629a）：60.2A
假 jiǎ<kæX< * kraʔ（33c）：301.1B
斝 jiǎ<kæX< * kraʔ（34a）：246.3A
駕 jià<kæH< * krajs（15e）：167.4A, 179.6A
稼 jià<kæH< * kras（32f）：154.7A

監 jiān<kæm< *kram（609a）：191.1A，305.4A

菅 jiān<kæn< *kran（157n）：139.3A，229.1A

葌 jiān<kæn< *kran（兰花）（191f）：95.1A（又见 jiān<kɛn< *kren（莲花））

肩 jiān<ken< *ken（240a）：97.1A

堅 jiān<ken< *kin（368c）：246.5A

艱 jiān<kɛn< *krɨn（480c）：40.1A，199.1A，248.5A

間 jiān<kɛn< *kren（191a）：97.1A，111.1A

葌 jiān<kɛn< *kren（莲花）（191f）：145.2A（又见 jiān<kæn< *kran（兰花））

簡 jiǎn<[kɛnX]< *kranʔ（大）（191d）：274.1B

監 jiàn 见 jiān<kæm

踐 jiàn<dzjenX< *dzjanʔ（155o）：158.2A，165.3A

檻 [jiàn]<hamX< *gamʔ（609g）：73.1A

諫 jiàn<kænH< *krans（185b）：253.5B，254.1A

澗 jiàn<kænH< *krans（191i）：56.1A，250.6C，250.6C

見 jiàn<kenH< *kens（241a）：217.3B

譖 jiàn<tsemH< *tsi/ɨms(?)（660j）：257.9A

僭 jiàn<ts(h)emH< *ts(h)i/ɨms(?)（660l）：208.4A，256.9B

彊 jiāng<kjang< *kjang（710e）：49.1B，49.2A

疆 jiāng<kjang< *kjang（710h）：154.8C，166.4A，172.2A，209.2A，210.6A，211.4A，241.6A，249.3B，250.1A，259.6B，269.1A，297.1B，302.1C，302.1C，304.1A

姜 jiāng<kjang< *k(l)jang（711a）：48.1A，83.1B，83.2B，138.2A

將 jiāng<tsjang< *tsjang（727f）：4.2A，12.2A，28.2B，88.2A，157.1A，161.1B，192.1A，205.3A，209.2A，209.6B，234.1A，241.6A，247.2A，257.3A，260.4A，288.1B，301.1E，302.1C，302.1C，304.1A（又见 qiāng<tshjang）

漿 jiāng<tsjang< *tsjang（727v）：203.5A，203.7A

降 jiàng<kæwngH< *krungs（1015a）：239.2A（又见 xiáng<hæwng）

郊 jiāo<kæw< *kraw（1166n）：53.1A，57.3A，113.3B，113.3B，168.2A

膠 jiāo<kæw< * kriw（1069s）：90.2A，228.3A
驕 [jiāo]<khjew< * kh(r)jaw（1138o）：57.3A（又见 jiāo<kjew）
鷮 jiāo<kjew< * k(r)jaw（1138n）：218.2A
驕 jiāo<kjew< * k(r)jaw（1138o）：102.1B，109.1A，127.3B，181.3A，
    223.7A（又见 [jiāo]<khjew）
椒 jiāo<[tsjew]< * tsjiw（1031q）：137.3B
角 jiǎo<kæwk< * krok（1225a）：11.3A，17.2A，291.1G
皎 jiǎo<kewX< * kewʔ（1166y）：143.1A
較 jiào 见 jué<kæwk
教 jiào<kæwH< * kraw(k)s（1167k）：218.2A，223.2B，256.11A，
    299.2A
湝 [jiē]<hɛj< * grɨj（599f）：208.2A
皆 jiē<kɛj< * krij（599a）：279.1B
階 jiē<kɛj< * krij（599d）：198.6A，257.3B，264.3A
喈 jiē<kɛj< * krɨj（599c）：2.1B，41.2A，90.1A，168.6A，208.2A，
    252.9C，260.8A
揭 jiē<kjot< * kjat（313n）：57.4A，203.7B，255.8A（又见 qì<khjejH）
嗟 jiē<tsjæ< * tsjAj（5n）：74.1A，74.1A，191.2A
罝 jiē<tsjæ/o< * tsjA/a（46h）：7.1A，7.2A，7.3A
截 jié<dzet< * dzet（310a）：304.2A，304.6A
捷 jié<dzjep< * dzjap（636b）：167.4C，260.7A
桀 jié<gjet< * grjat（284a）：62.1A，66.2A，304.6A（又见 jié<kjot）
傑 jié<gjet< * grjat（284b）：290.1E
竭 jié<gjot< * gjat（313r）：265.6A，265.6A
祜 jié<ket< * kit（393q）：8.3A
結 jié<ket< * kit/k（393p）：147.3A，152.1A，192.8A，225.3A
偈 [jié]<khjet< * khrjat（313p）：149.1A
桀 jié<kjot< * kjat（284a）：102.2B（又见 jié<gjet）
節 jié<tset< * tsik（399e）：37.1A
解 jiě 见 [xiè]<kɛiH
届 jiè<kɛjH< * krets（510b）：191.5B，197.4A，222.2B，264.1B

戒 jiè<kɛjH< *krɨk(s)（990a）：167.5B, 209.5A, 212.1A, 263.1B
今 jīn<kim< *k(r)jɨm（651a）：20.2A, 245.8A, 264.7A
衿 jīn<kim< *k(r)jɨm（651g）：91.1A
金 jīn<kim< *k(r)jɨm（652a）：299.8A
巾 jīn<kin< *krjɨn（482a）：93.1A
矜 [jīn]<king< *kjing（369a）：224.3A, 257.1B（又见 guān<kwɛn）
锦 jǐn<kimX< *k(r)jɨ/umʔ（652e）：200.1B
燼 jìn<dzinH< *dzjins（381c）：257.2B
盡 jìn<dzinX< *dzjinʔ（381a）：209.6D
堇 jìn<ginH< *grjɨns（480n）：197.6A
近 jìn<gjɨnX< *gjɨnʔ（443g）：169.4C
兢 [jīng]<ging< *g(r)jɨng（888a）：190.3A（又见 jīng<king）
經 jīng<keng< *keng（831c）：195.4A
涇 jīng<keng< *keng（831g）：248.1A
兢 jīng<king< *k(r)jing（888a）：195.6B, 196.6B（又见 [jīng]<ging）
京 jīng<kjæng< *krjang（755a）：50.2B, 153.1B, 192.1A, 211.4A, 235.5A, 236.2A, 236.6B, 241.6A, 243.1A, 244.7A, 250.3B
驚 jīng<kjæng< *krjeng（813g）：179.7B, 263.3B
菁 jīng<tsjeng< *tsjeng（812f'）：119.2A
旌 jīng<tsjeng< *tsjeng（812v）：53.3A, 179.7B
景 jǐng<kjængX< *krjangʔ（755d）：44.1A
競 jìng<gjængH< *grjangs（754a）：257.3A
敬 jìng<kjængH< *krjengs（813a）：286.1B
熲 jiǒng<kwengX< *kʷengʔ（828d）：206.2A
糾 [jiū]<gjewX< *g(r)jiwʔ（1064b）：143.1A（又见 [jiū]<kjiwX）
糾 [jiū]<kjiwX< *k(r)jiwʔ（1064b）：291.1C（又见 [jiū]<gjewX）
鳩 jiū<kjuw< *k(r)ju（992n）：1.1A
究 [jiū]<kjuwH< *k(r)jus（992o）：120.2A, 197.7A, 255.3B
韭 jiǔ<kjuwX< *k(r)juʔ（1065a）：154.8B
久 jiǔ<kjuwX< *kʷjɨʔ（993a）：37.2B, 177.6A, 202.3A
玖 jiǔ<kjuwX< *kʷjɨʔ（993c）：64.3A, 74.3A

酒 jiǔ<tsjuwX< * tsjuʔ (1096k)：26.1A, 77.2A, 77.2A, 82.2B, 154.6B, 170.1A, 170.2A, 170.3A, 192.12A, 205.6A, 210.5A, 218.3A, 221.1B, 231.2A, 231.3A, 231.4A, 256.3B, 298.2A, 299.3A, 299.3A

究 jiù 见 [jiū]<kjuwH

就 jiù<dzjuwH< * dzjus (1093a)：195.3A

舊 jiù<gjuwH< * $g^w jɨʔ$ (s) (1067c)：255.7A, 265.7A

舅 jiù<gjuwX< * g(r)juʔ (1067b)：165.2B, 217.3A, 259.5B

咎 jiù<gjuwX< * g(r)juʔ (1068a)：165.2B, 195.3A, 205.6A

救 jiù<kjuwH< * k(r)jus (1066m)：35.4A

疚 jiù<kjuwH< * $k^w jɨ$ (k)s (993d)：167.3D, 169.4A, 203.2C, 265.5A

椐 [jū]<khjo< * kh(r)ja (49t')：241.2D

居 jū<kjo< * k(r)ja (49c')：12.1A, 114.1B, 120.1A, 124.4A, 167.1C, 168.4A, 185.1A, 188.1A, 194.7A, 221.3B, 261.5C

据 jū<kjo< * k(r)ja (49o')：155.3A

琚 jū<kjo< * k(r)ja (49p')：64.1A, 83.1A

車 jū<kjo< * k(r)ja (74a)：24.1A, 41.3A, 83.1A, 167.4B, 199.5A, 234.4A, 252.10A, 261.3A, 262.1B

鞠 jū<kjuwk< * k(r)juk (1017h)：101.3B, 202.4A

鞫 jū<kjuwk< * k(r)juk (1017j)：35.5B

駒 jū<kju< * k(r)jo (108r)：9.3A, 144.2B, 163.2A, 223.5A

沮 jū<ts(h)jo< * ts(h)ja (46k)：281.1A（又见 [jǔ]<dzjoX）

砠 [jū]<tshjo< * tshja (46q)：3.4A

苴 [jū]<tshjo< * tshja (46t)：154.6C

且 [jū]<tshjoX< * tshjaʔ (46a)：284.1A（又见 jū<tsjo, cú<dzu）

置 jū 见 jiē<tsjæ/a

且 jū<tsjo< * tsja (46a)：41.1B, 41.2B, 41.3B, 84.1A, 198.1A, 261.3A（又见 [jū]<tshjoX, cú<dzu）

局 jú<gjowk< *ɦkh(r)jok (1214a)：192.6A, 226.1A

匊 jú<kjuwk< * k(r)juk (1017a)：117.2A, 226.1A

鶪 jú<kwek< * $k^w ek$ (860b)：154.3C

沮［jǔ］<dzjoX< * dzjaʔ（46k）：195.1A，198.2B，258.4A（又见 jū< ts(h)jo）

枸［jǔ］<gjuX< * g(r)joʔ（108o）：172.5A

筥 jǔ<kjoX< * krjaʔ（76j）：15.2A，222.1A，291.1B

舉 jǔ<kjoX< * k(r/l)jaʔ（75a）：78.1A，260.6A，260.6A，280.1A

踽 jǔ<kjuX< * kʷ(r)jaʔ（99g）：119.1A

句 jù 见［gōu］<kuwH

虡 jù<gjoX< * g(r)jaʔ（78e）：280.1A

秬 jù<gjoX< * g(r)jaʔ（95j）：300.1C

具 jù<gjuH< * g(r)jos（121a）：164.6A，190.2B

瞿 jù<gjuH< * gʷ(r)jas（96c）：100.3A，114.1B

據 jù<kjoH< * k(r)jaks（803f）：26.2A

卷 juǎn<kjwenX< * krjonʔ（卷动）（226a）：26.3B（又见 quán<gjwen< * gʷrjen（俊））

卷 juàn 见 juǎn<kjwenX，quán<gjwen

嗟 juē 见 jiē<tsjæ

臄 jué<gjak< * gjak（803h）：246.4A

蹻 jué<gjak< * ɦk(r)jawk（1138q）：254.4A，259.4B（又见［jué］<kjewX）

角 jué 见 jiǎo<kæwk

覺 jué<kæwk< * kruk（1038f）：70.2A

較 jué<kæwk< * krawk（1166b′）：55.3B

蹻［jué］<kjewX< * k(r)jawʔ（1138q）：299.2A，299.2A（又见 jué<gjak）

蕨 jué<kjwot< * kjot（301d）：14.2A

爵 jué<tsjak< * tsjewk（1121a）：38.2B，220.1F，257.5B

君 jūn<kjun< * kjun（459a）：49.2B

均 jūn<kjwin< * kʷjin（391c）：163.5A，191.3B，205.2B，246.5A

鈞 jūn<kjwin< * kʷjin（391e）：246.5A

麏 jūn<kwin< * krjun（485d）：23.1A

豈 kǎi<khojX<﹡khɨjʔ（548a）：173.3A，221.2B

檻 kǎn 见［jiàn］<hamX

衎 kàn<khanH<﹡khans（139p）：171.2A

康 kāng<khang<﹡khang（746h）：114.1A，114.2A，114.3A，250.1A，252.4A，253.1A，270.1A，274.1A，274.1A，302.1C

抗 kàng<khangH<﹡khangs（698b）：220.1D

伉 kàng<khangH<﹡khangs（698c）：237.7A

考 kǎo<khawX<﹡khuʔ（1041d）：115.2A，174.2A，209.6C，210.5A，260.3A，261.1B，262.6A，282.1C，282.1G，283.1B，286.1A

栲 kǎo<khawX<﹡khuʔ（1041o）：115.2A，172.4A

藖 kē<khwa<﹡kʷhaj（18h）：56.2A

渴 kě<khat<﹡khat（313j）：66.2A，167.2C，218.1A

可 kě<khaX<﹡khajʔ（1a）：199.2B，257.16A

恪 kè<khak<﹡khak（766g）：301.1D

客 kè<khæk<﹡khrak（766d'）：186.2A，209.3A，301.1D

克 kè<khok<﹡khɨk（903a）：101.4A，158.1A，192.7A，196.2A，255.2A，257.15A，263.5C

空 kōng<khuwng<﹡khong（1172h）：203.2A

控 kòng<khuwngH<﹡khongs（1172z）：78.2C

口 kǒu<khuwX<﹡kh(r)oʔ（110a）：192.2A，192.2A，198.5A

苦 kǔ<khuX<﹡khaʔ（49u）：32.3A，125.2A，207.1A

寬 kuān<khwan<﹡kʷhan（165b）：56.1A

筐 kuāng<khjwang<﹡kʷhjang（739v）：3.1A，154.2B

狂 kuáng<gjwang<﹡gʷjang（739o）：54.3A，257.8A

眖［kuàng］<xjwangH<﹡hwjangs（765h）：175.1A

葵 kuí<gjwij<﹡gʷjɨj（605g）：222.5A，254.5A

骙 kuí<gwij<﹡gʷrɨj（605h）：167.5A，177.1A，257.2A，260.8A

逵 kuí<gwij<﹡gʷrju（989a）：7.2B

匱［kuì］<gwijH<﹡grjuts（540g）：247.5B

潰［kuì］<hwojH<﹡guts（540d）：35.6B

昆［kūn］<kwon<﹡kun（417a）：71.3B，71.3B

壼 kǔn<khwonX< * kʷhɨnʔ (424a)：247.6A

括 [kuò]<hwat< * gʷat (302h)：218.1A（又见 [kuò]<kwat）

廓 kuò<khwak< * kʷhak (774g)：241.1A

鞹 kuò<khwak< * kʷhak (774h)：105.1A

闊 kuò<khwat< * khot (302q)：31.4A，31.5A

括 [kuò]<kwat< * kʷat (302h)：66.2A（又见 [kuò]<hwat）

莱 lái<loj< * C-rɨ (944j)：172.1A，193.5A

來 lái<loj< * C-rɨ (k) (944a)：30.2A，30.2A，33.3A，66.1A，82.3A，91.2A，167.3D，168.1A，169.4A，171.4A，203.2C，203.4A，217.2A，242.2A，263.6A

藍 lán<lam< * g-ram (609k)：226.2A

濫 làn<lamH< * g-rams (609j)：305.4A

爛 làn<lanH< * C-rans (1851)：82.1A，124.3A

狼 láng<lang< * C-rang (735l)：97.3A

粮 láng<lang< * C-rang (735o)：153.1B

勞 láo<law< * C-raw (1135a)：32.1B，57.3A，58.5A，113.3B，181.3A，193.7A，202.1A，205.5A，232.1A

牢 láo<law< * C-ru (1056a)：250.4B

勞 [láo]<lawH< * C-raws (1135a)：153.4A，227.1A，239.5A

潦 lǎo<lawX< * C-rawʔ (1151u)：15.1B

老 lǎo<lawX< * C-ruʔ (1055a)：31.4B，82.2B，178.4A，197.2A，299.3A

樂 lè<lak< * g-rawk (1125a)：1.5A，95.1C，95.2C，116.1A，132.2A，171.1A，192.11A，228.2A，256.11A，261.5A

纍 léi<lwij< * C-rjuj (577f)：4.1A，171.3A

蠝 léi<lwoj< * C-ruj (577l)：3.2A，251.2B

畾 léi<lwoj< * C-ruj (577n)：30.4A

雷 léi<lwoj< * C-ruj (577o)：178.4B，258.3A

蕾 lěi<lwijX< * C-rjujʔ (577g)：71.1A，71.2A，71.3A

類 lèi<lwijH< * C-rjut/ps (529a)：247.5B，255.3A，257.13A，264.5D

黎 lí<lej< * C-rij（519k）：257.2A
貍 lí<li< * C-rjɨ（978h）：154.4C
縭 lí<lje< * C-rjaj（23d）：156.4D
離 lí<lje< * C-rjaj（23f）：43.3A, 65.1A, 65.2A, 65.3A, 174.4A
罹 lí<lje< * C-rjaj（24a）：70.1A, 189.9B, 197.1B
禮 lǐ<lejX< * C-rijʔ（597d）：52.3A, 52.3A, 279.1B, 290.1G
醴 lǐ<lejX< * C-rijʔ（597e）：180.4A, 279.1B, 290.1G
鱧 lǐ<lejX< * C-rijʔ（597h）：170.2B
里 lǐ<liX< * C-rjɨʔ（978a）：76.1A, 177.2B, 193.8A, 257.10A, 258.7A, 261.4A, 265.7A, 265.7A, 303.1D
理 lǐ<liX< * C-rjɨʔ（978d）：210.1B, 237.4A, 250.6B, 262.3C
裏 lǐ<liX< * C-rjɨʔ（978e）：27.1A, 197.3A
鯉 lǐ<liX< * C-rjɨʔ（978j）：138.3A, 170.3B, 177.6A, 281.1B
李 lǐ<liX< * C-rjɨʔ（980a）：24.2A, 64.3A, 74.3A, 172.3A, 256.8C
戾 lì<lejH< * C-rets（532a）：191.5B, 194.2A, 222.5A, 256.1B
櫟 lì<lek< * C-rewk（1125i）：132.2A
涖 lì<lijH< * C-rjɨps（520a）：178.1C, 178.2C, 178.3B
力 lì<lik< * C-rjɨk（928a）：80.2A, 192.7A, 255.2A, 257.7B, 257.15A, 260.2A
栗 lì<lit< * C-rjit（403a）：50.1B, 89.2A, 115.3A, 126.2A, 245.5B, 291.1E
慄 lì<lit< * C-rjit（403d）：131.1B, 131.2B, 131.3B
詈 lì<ljeH< * C-rjajs（872a）：257.16A
厲 lì<ljejH< * C-rjats（340a）：34.1B, 63.2A, 192.8A, 225.4A, 253.4A, 264.1B
栵 lì<ljejH< * C-rjets(?)（291g）：241.2B
利 lì<lijH< * C-rjits（519a）：212.3C
連 lián<ljen< * C-rjan（213a）：241.8A
漣 lián<ljen< * C-rjan（213b）：58.2A, 112.1A
良 liáng<ljang< * C-rjang（735a）：29.3A, 49.1B, 49.2A, 193.2A, 223.4A, 229.7A, 253.1A

糧 liáng<ljang< * C-rjang（737d）：250.1A, 250.5A

梁 liáng<ljang< * C-rjang（738a）：63.1A, 199.2A, 211.4A, 229.7A, 236.5B

梁 liáng<ljang< * C-rjang（738b）：121.3A, 187.2A, 211.4A

涼 liáng<ljang< * g-rjang（755l）：41.1A

兩 liǎng<ljangX< * b-rjangʔ（736a）：101.2A

脊 liáo<lew< * C-rew（1135b）：210.5B

寮 liáo<lew< * C-rew（1151i）：254.3A

聊 liáo<lew< * C-riw（1114u）：117.1B, 117.2B

僚 liǎo<lewX< * C-rewʔ（1151h）：143.1A

蓼 liǎo<lewX< * C-riwʔ（1069p）：289.1A, 291.1C

燎 liào<ljewH< * C-rjaws（1151e）：143.3A, 239.5A

烈 liè<ljet< * C-rjat（291d）：154.1B, 167.2C, 202.5A, 204.3A, 245.7C, 304.2A, 304.6A

臨 lín<lim< * b-rjum（669e）：240.3A, 258.2A

林 lín<lim< * C-rjɨm（655a）：7.3B, 132.1A, 144.1A, 144.1A, 220.2B, 229.6A, 236.7B, 245.3B, 245.3B, 257.9A, 299.8A

鄰 lín<lin< * C-rjin（387c）：116.3A

鄰 lín<lin< * C-rjin（387i）：126.1A

令 líng<leng< * C-reng（823a）：103.1A, 196.4A（又见 lìng<lingH, líng<ljeng(H)）

靈 líng<leng< * C-reng（836i）：245.2B, 305.5B

苓 líng<leng< * C-ring（823o）：38.3A, 125.1A

零 líng<leng< * C-ring（823u）：50.3A

陵 líng<ling< * b-rjɨng（898c）：166.3A, 176.3A, 183.3A, 192.5A, 193.3B, 300.4B

領 lǐng<ljengX< * C-rjengʔ（823f）：191.7A, 215.2B

令 lìng<lingH< * C-rjings（823a）：100.2B（又见 líng<leng, lìng<ljeng(H)）

令 lìng<ljeng(H)< * C-rjing(s)（823a）：126.1A, 193.3A（又见 líng<leng, lìng<lingH）

流 liú<ljuw< * C-rju (1104a)：1.2A, 26.1A, 194.5B, 223.8A, 263.5B
旒 liú<ljuw< * C-rju (1104c)：304.4A
劉 liú<ljuw< * C-rju (1114a′)：257.1A
慺 [liú]<ljuwX< * C-rjuʔ (1114b′)：143.2A
柳 liǔ<ljuwX< * C-rjuʔ (1114l)：224.1A, 224.2A
罶 liǔ<ljuwX< * C-rjuʔ (1114x)：170.1A, 170.2A, 170.3A, 233.3A
六 liù<ljuwk< * C-rjuk (1032a)：53.3B, 122.2A
龍 lóng<ljowng< * C-rjong (1193a)：84.2A, 304.5A
龐 lóng<luwng< * b-rong (1192i)：179.1A
婁 lóu 见 lú<lju
蔞 [lóu]<lju< * C-rjo (123e)：9.3A
漏 lòu<luwH< * C-ros (120a)：256.7B
廬 [lú]<ljo< * C-rja (69q)：210.4A
虜 lǔ<luX< * C-raʔ (69e)：263.4A
魯 lǔ<luX< * C-raʔ (70a)：300.2B, 300.8A
穋 lù<ljuwk< * C-rjiwk (1069x)：154.7B, 300.1B
陸 lù<ljuwk< * C-rjuk (1032f)：56.3A, 159.3A
路 lù<luH< * g-raks (766l′)：81.1A, 108.1A, 241.2D, 245.4A
露 lù<luH< * g-raks (766t′)：17.1A, 17.1A, 36.1B
祿 lù<luwk< * b-rok (1208h)：166.2A, 192.3A, 192.3A, 192.13A, 209.6A, 247.7A
鹿 lù<luwk< * C-rok (1209a)：23.2A, 257.9B
孌 [luán]<ljwenX< * b-rjonʔ (178k)：42.2A, 102.3A, 106.3A, 151.4C
欒 luán<lwan< * b-ron (178d)：147.1A
亂 luàn<lwanH< * C-rons (180c)：106.3B, 250.6A
淪 lún<lwin< * C-rjun (470d)：112.3A
輪 lún<lwin< * C-rjun (470f)：112.3A
捋 luō<lwat< * C-rot (299e)：8.2A
羅 luó<la< * C-raj (6a)：70.1A, 216.1A
蘿 luó<la< * C-raj (6b)：217.1A
雒 luò<lak< * C-rak (766q)：297.3B

駱 luò<lak< * C-rak（766s）: 163.4A, 214.3A, 214.3A, 297.3B
落 luò<lak< * g-rak（766q'）: 58.3A
蘆 lú<ljo< * C-rja（69u）: 93.2A
婁 lú<lju< * C-rjo（123a）: 115.1A
履 [lǚ]<lijX< * C-rjijʔ（562a）: 203.1A, 246.1A
旅 lǚ<ljoX< * g-rjaʔ（77a）: 178.3C, 220.1A, 227.3A, 236.7A, 241.5C,
    241.5C, 250.3C, 263.2A, 284.1A, 290.1C, 300.2B, 305.1A
綠 lǜ<ljowk< * C-rjok（1208k）: 226.1A
律 lǜ<lwit< * b-rjut（502c）: 202.6A

麻 má<mæ< * mraj（17a）: 74.1A, 137.2A, 139.1A
馬 mǎ<mæX< * mraʔ（40a）: 9.2A, 31.3A, 77.3A, 77.3A, 78.1A,
    144.2A, 156.4C, 162.2B, 180.2A, 193.4C, 222.1A, 237.2A,
    252.10A, 256.4B, 259.5A, 284.1A, 284.1A, 297.1A, 297.2A,
    297.3A, 297.4A
霾 mái<mɛj< * mrɨ（978n）: 30.2A
邁 mài< mæjH< * mrats（267d）: 39.3B, 114.2B, 137.3A, 224.2B,
    225.4A, 229.5A, 299.1B
麥 mài<mɛk< * mrɨk（932a）: 48.2A, 54.4A, 74.2A, 113.2B, 154.7B,
    300.1B
蠻 mán<mæn< * mron（178p）: 261.6A
慢 màn<mænH< * mrans（266h）: 78.3B
芒 máng<mang< * mang（742k）: 303.1A, 304.1A
厖 máng<mæwng< * mrong（1201a）: 304.5A
毛 máo<maw< * maw（1137a）: 210.5B
旄 máo<maw< * maw（1137c）: 53.1A, 168.2A, 179.3A
髦 máo<maw< * mu（1137e）: 223.8A
茅 máo<mæw< * mru（1109c）: 154.7D, 229.2A
矛 [máo]<mjuw< * m(r)ju（1109a）: 133.1B, 191.8B
卯 mǎo<mæwX< * mruʔ（1114a）: 193.1A
茆 mǎo<mæwX< * mruʔ（1114f）: 299.3A

昴 mǎo<mæwX< * mruʔ（1114g）：21.2B
芼 mào<mawH< * maw(k)s（1137g）：1.5A
耄 mào<mawH< * maw(k)s（1137h）：254.4A, 256.11A
冒 mào<mawH< * muks（1062a）：29.2A
茂 [mào]<muwH< * m(r)juʔ(s)（1231f）：97.2A, 166.6B, 172.4A, 189.1B, 245.5A, 265.4A, 291.1D
没 méi 见 mò<mwot
眉 méi<mij< * mrɨj（567a）：57.2A
湄 méi<mij< * mrɨj（567g）：129.2A
郿 méi<mij< * mrɨj（567-）：259.6A
梅 méi<mwoj< * mɨ（947l）：130.1A, 152.2A, 204.4A
鋂 méi<mwoj< * mɨ（947n）：103.3A
媒 méi<mwoj< * mɨ（948c）：58.1A
枚 méi<mwoj< * mɨj（546a）：10.1A, 156.1B, 239.6A, 300.1A
美 měi<mijX< * mrɨjʔ（568a）：42.2B, 42.3A
浼 měi<mwojX< * mɨjʔ（222l）：43.2A
寐 mèi<mjijH< * mjits（531i）：30.3A, 110.2B, 197.4A
痗 mèi<mwojH< * mɨks（947q）：62.4A, 193.8A
妺 mèi<mwojH< * mɨts（531k）：236.5A
門 mén<mwon< * mɨn（441a）：40.1A, 93.1A, 199.1A, 261.4C
亹 mén<mwon< * mɨn（585a）：248.5A
璊 mén<mwon< * mun（183f）：73.2A
幪 méng 见 měng<muwngX
甿 méng<mæng< * mrang（742s）：54.3A
盟 [méng]<mjæng< * mrjang（760e）：198.3A
蒙 méng<muwng< * mong（1181a）：300.6B
濛 méng<muwng< * mong（1181d）：156.1A, 156.2A, 156.3A, 156.4A
幪 měng<muwngX< * mongʔ（1181b）：245.4D
夢 mèng<mjuwng(H)< * mjɨng(s)（902a）：96.3A, 189.6B, 192.4A, 192.5A
靡 mí 见 mǐ<mjeX

迷 mí<mej< * mij（598e）：191.3A, 254.5A

麋 mí<mij< * mrjij（598f）：198.6A

濔 mǐ 见 nǐ<nejX

靡 mǐ<mjeX< * m(r)jajʔ（17h）：65.1A, 65.2A, 65.3A

瀰 mǐ<mjieX< * mjejʔ（359o）：43.1A

密 mì<mit< * mrjit（405p）：250.6D

苗 miáo<mjew< * m(r)jaw（1159a）：65.1B, 113.3B, 179.3A, 186.1A, 227.1A, 290.1F

藐 [miǎo]<mæwk< * mrawk（1171c）：256.11A, 259.4B

廟 miào<mjewH< * m(r)jaws（1160a）：240.3B

幭 [miè]<mek< * mek（311f）：261.2B

滅 miè<mjiet< * mjet（294b）：192.8A, 194.2A

瘠 mín<min< * mrjin(ʔ)（457r）：257.4A

緍 mín<min< * mrjun（457x）：24.3A

民 mín<mjin< * mjin（457a）：234.2A, 257.1B, 275.1B

閔 mǐn<minX< * mrjin(ʔ)（475q）：155.1A

敏 mǐn<minX< * mrjɨ(n)ʔ（1251q）：211.3A, 245.1A

泯 mǐn<mjinX< * mjinʔ（457c）：257.2B

冥 míng<meng< * meng（841a）：189.5A, 206.2A

明 míng<mjæng< * mrjang（760a）：96.2A, 96.2A, 100.1A, 187.2A, 203.6A, 209.2A, 210.6A, 211.2A, 236.8A, 247.2A, 253.1A, 254.8C, 255.4B, 260.4A, 274.1A, 288.1B, 298.1A

鳴 míng<mjæng< * mrjeng（827a）：34.2A, 96.1A, 96.1A, 161.1A, 179.7B, 196.4A, 252.9A, 280.1B

名 míng<mjieng< * mjeng（826a）：106.2A

命 mìng<mjængH< * mrjing(s)（762a）：51.3A, 116.3A, 222.3B, 249.1C, 252.8B, 261.1A, 262.5A, 262.5A, 295.1B

磨 mó<ma< * maj（17f）：55.1A, 256.5C

莫 mò<mak< * mak（802a）：2.2A, 198.4A, 241.1A, 254.2D（又见 mò<[mɛk], mù<muH）

秣 mò<mat< * mat（277c）：216.3A

貊 mò<mæk<＊mrak（781f）：261.6B，300.7A

莫 mò<[mɛk]<＊mrak（802a）：209.3A（又见 mò<mak，mù<muH）

没 mò<mwot<＊mut（492b）：232.2A

謀 móu<mjuw<＊mjɨ（948f）：39.1A，58.1A，163.3A，193.5A，195.5A，200.2B，237.3A，244.8A，256.12A

母 mǔ<muwX<＊m(r)o/ɨʔ（947a）：2.3B，51.2B，59.2A，71.2B，71.2B，76.1A，101.3A，110.2A，162.4A，169.3A，172.3A，183.1B，197.3A，205.1A，240.1A，251.1A，282.1H，300.8B

畝 mǔ<muwX<＊mo/ɨʔ（949a）：101.3A，154.1C，178.1A，210.1B，211.1B，211.3A，211.3A，212.1A，212.4A，237.4A，245.6A，290.1D，291.1A

牡 mǔ<muwX<＊m(r)juʔ（1063a）：34.2B，97.2A，165.2B，210.5A，282.1C，298.2A

牧 mù<mjuwk<＊mjɨk（1037a）：168.1A

穆 mù<mjuwk<＊m(r)jiwk（1035a）：282.1B

莫 mù<muH<＊maks（802a）：100.3A，108.1A，114.1B，167.1B，207.2A，258.6A（又见 mò<mak，mò<[mɛk]）

木 mù<muwk<＊mok（1212a）：2.1A，165.1B，196.6A，223.6A

沐 mù<muwk<＊mok（1212e）：226.1A

霂 mù<muwk<＊mok（1212f）：210.2B

那 nà 见 nuó<na

衲 nà<nop<＊nup（695i）：128.2C

難 nán<nan<＊nan（152d）：69.1A，164.3A，215.3A，228.1A，254.2A，287.1B（又见 nàn<nanH）

男 nán<nom<＊nɨm（649a）：240.1B

南 nán<nom<＊nɨm（650a）：28.3B，32.1A，144.1A，144.1A，199.4A，208.4A，252.1B，299.6A

赧 [nǎn]<nyenX<＊njanʔ（144b）：209.4A

難 nàn<nanH<＊nans（152d）：256.12B（又见 nán<nan）

囊 náng<nang<＊nang（730l）：250.1A

呶 náo<nræw< *nru(?) (1244i): 220.4A
怓 náo<nræw< *nru(?) (1244j): 253.2A
内 nèi<nwojH< *nups (695e): 255.3A
能 néng<nong< *nɨ(ng) (885a): 220.2C, 257.10A
泥 ní 见 nǐ<nejX
禰 nǐ<nejX< *nij? (359h): 39.2A
瀰 nǐ<nejX< *nɨj? (359g): 105.2A
泥 nǐ<nejX< *nɨj? (563d): 173.3A, 246.1A
蘙 nǐ<ngiX< *ng(r)jɨ(k)? (956e): 211.1B
溺 nì<nek< *newk (1123d): 257.5B
嶷 nì<ngik< *ng(r)jɨk (956c): 245.4B
逆 nì<ngjæk< *ngrjak (788c): 299.7B
暱 nì<[nrit]< *nrjɨk (777n): 224.1B
年 nián<nen< *nin (364a): 152.4A, 156.3C, 190.4B, 210.3B, 211.1A, 262.5A
鳥 [niǎo]<tewX< *tiw? (1116a): 289.1A
蘖 [niè]<ngat< *ngat (289-): 304.6A
孽 niè<ngjet< *ngrjat (289g): 57.4A
寧 níng<neng< *neng (837a): 164.5A, 189.5A, 191.6A, 191.9A, 227.5A, 235.3B, 244.1A, 245.2B, 248.1A, 254.7B, 258.8A, 262.2B, 264.1A, 290.1I, 291.1F, 305.5B
牛 niú<ngjuw< *ngʷjɨ (998a): 227.2A, 292.1A
杻 niǔ<nrjuwX< *nrju? (1076e): 115.2A, 172.4A
濃 nóng<[nuwng]< *nung(?) (1005i): 173.4A
帑 nú<nu< *na (94y): 164.8A
怒 nù<nuH< *nas (94a′): 207.2A (又见 [nù]<nuX)
怒 [nù]<nuX< *na? (94a′): 26.2A, 35.1B, 198.2B, 241.5C, 254.8A, 257.4B, 258.6A, 263.4A (又见 nù<nuH)
那 nuó<na< *naj (350a): 215.3A, 301.1A
儺 [nuó]<naX< *naj? (152k): 59.3A
諾 nuò<nak< *nak (777f): 300.7A

女 nǚ<nrjoX< * nrjaʔ（94a）：15.3A, 211.2B, 237.2A（又见 rǔ<nyoX）
虐 nüè < ngjak < * ng(r)jawk（1118a）：55.3B, 192.11A, 254.4A, 256.11A

泮 pàn<phanH< * phans（181f）：34.3A, 58.6A
盼 pàn<phɛnH< * phrins（471x）：57.2B
龎 páng 见 lóng<luwng
厐 páng 见 máng<mæwng
旁 [páng]<pæng< * prang（740f'）：79.1A
傍 [páng]<pæng< * prang（740m'）：205.3A
雱 [páng]<phang< * phang（740c'）：41.1A
袍 páo<baw< * bu（1113i）：133.1B
匏 páo<bæw< * bru（1113f）：250.4B
炮 páo<bæw< * bru（1113g）：231.4B
茷 [pèi]<bajH< * bots（307f）：299.1B
斾 [pèi]<bajH< * bots（501d）：168.2B, 245.4C, 304.6A
佩 [pèi]<bwojH< * bɨs（915a）：91.2A, 134.2A
肺 pèi<phajH< * phots（501g）：140.2A
亨 pēng<phæng< * phrang（716b）：209.2A, 231.1A
彭 péng<bæng< * brang（750a）：79.1A, 168.3A（又见 bāng<pang）
朋 péng<bong< * bɨng（886a）：117.1A, 176.3A, 300.4B
逢 péng<buwng< * bong（1197o）：242.5A
蓬 péng<buwng< * bong（1197y）：25.2A, 62.2A, 222.4A
紕 pī 见 [pí]<bjijH
駓 pī<ph/bij< * ph/brjɨ（999m）：297.2B
伾 pī<phij< * phrjɨ（999l）：297.2B
秠 pī<phij(X)< * phrjɨ(ʔ)（999n）：245.6A, 245.6A
皮 pí<bje< * b(r)jaj（25a）：18.1A, 52.1A, 261.6C
膍 pí<bjij< * bjij（566f'）：222.5A
毗 pí<bjij< * bjij（566u）：191.3A, 254.5A
紕 [pí]<bjijH< * bjijs（566t）：53.1B

附录 C 《诗经》韵字

罷 [pí] <pje< *p(r)jaj（26b）：189.6C，189.7A，261.6C
匹 pǐ<phjit< *phjit（408a）：244.3A，249.3A
甓 [pì] <bek< *bek（853n）：142.2A
淠 pì<phejH< *phits（521d）：197.4A，222.2B
辟 pì<phjiek< *phjek（853a）：254.6B，254.6B（又见 bì<bjieH，bì<pjiek，bì<bjiek）
翩 piān<ph(ji)en< *phin（246k）：200.3A，257.2B
飘 [piāo] <bjiew< *bjew（1157e）：149.2A
嘌 piāo<phjiew< *phjew（1157h）：149.2A
漂 piāo<phjiew< *phjew（1157i）：85.2B
貧 pín<bin< *brjɨn（471v）：40.1A，58.4A
频 pín<bjin< *bjin（390a）：257.2B
蘋 pín<bjin< *bjin（390d）：15.1A
聘 [pìn] <phjiengH< *phjengs（839d）：167.2D
屏 píng<beng< *beng（824f）：215.2B，254.7B（又见 bǐng<pjiengX）
馮 píng<bing< *brjɨng（899d）：237.6A
平 píng<bjæng< *brjeng（825a）：164.5A，165.1C，191.9A，227.5A，241.2A，262.2B，263.6C，301.1C，302.1B
苹 píng<bjæng< *brjeng（825c）：161.1A
破 pò<phaH< *phajs（25o）：179.6A
裒 póu<buw< *bU（1230a）：164.2B
痡 [pū] <phju< *ph(r)ja（102g'）：3.4A
鋪 pū<phu< *pha（102h'）：194.1C，262.1B
蒲 pú<bu< *ba（102n'）：68.3A，221.3B，261.3A
僕 [pú] <buwk< *bok（1210b）：192.3A，247.7A
浦 pǔ<phuX< *phaʔ（102f'）：263.2A，263.4A
圃 [pǔ] <puH< *pas（102z）：100.3A，154.7A

棲 qī 见 xī<sej
期 [qī] <gi< *g(r)jɨ（952k）：58.1A，58.1A，66.1A，128.2D，172.1A，186.3A，297.2B（又见 jī<ki）

僛 qī<khi< *kh(r)jɨ（952f'）：220.4B
妻 qī<tshej< *tshɨj（592a）：57.1A, 240.2B
凄 qī<tshej< *tshɨj（592f）：90.1A, 129.2A, 204.2A
萋 qī<tshej< *tshɨj（592g）：2.1B, 168.6A, 169.2B, 169.2C, 200.1A, 212.3A, 252.9C
戚 qī<tshek< *Sthiwk（1031f）：207.3A
七 qī<tshit< *tshjit（400a）：20.1A, 122.1A, 152.1A
漆 qī<tshit< *tshjit（401b）：50.1B, 115.3A, 126.2A, 237.1A
其 qí 见 jī<ki
期 qí 见 [qī]<gi, jī<ki
蠐 qí<dzej< *dzɨj（593g）：57.2A
齊 qí<dzej< *fits(h)ɨj（593a）：260.8A, 304.3A
懠 [qí]<dzejH< *dzɨjs（593j）：254.5A
騏 qí<gi< *g(r)jɨ（952a'）：152.2A, 163.3A, 178.1A, 297.2B
祺 qí<gi< *g(r)jɨ（952y）：246.8A
淇 qí<gi< *g(r)jɨ（952-）：39.1A, 58.1A, 59.1A
祁 qí<gij< *grjɨj（553i）：13.3B, 154.2C, 168.6A, 212.3A, 303.1E
錡 qí<gje< *g(r)jaj（1v）：157.2A
伎 qí<gje< *grje（864j）：197.5A
疧 qí<gjie< *gJe（867g）：206.1A, 229.8A
祇 qí<gjie< *gJe（867i）：199.6A
頎 qí<gjɨj< *gjɨj（443m）：57.1A
旂 qí<gjɨj< *gjɨj（443p）：182.3A, 222.2A, 299.1A
豈 qǐ 见 kǎi<khojX
屺 qǐ<khiX< *kh(r)jɨʔ（953k）：110.2A
杞 qǐ<khiX< *kh(r)jɨʔ（953l）：76.1A, 162.4A, 169.3A, 172.3A, 205.1A
芑 qǐ<khiX< *kh(r)jɨʔ（953q）：178.1A, 244.8A, 245.6A, 245.6A
起 qǐ<khiX< *kh(r)jɨʔ（953r）：209.5B
泣 qì<khip< *khrjɨp（694h）：28.2C, 69.3A, 69.3A
揭 qì<khjejH< *khrjats（313n）：34.1B（又见 jiē<kjot）

愒 qì<khjejH< * khrjats（313s）：224.2B，253.4A
憩 qì<khjejH< * khrjats（329a）：16.2A
棄 qì<khjijH< * khjits（535a）：10.2A，110.2B
洽 [qià]<hɛp< * grop（675m）：254.2C
愆 qiān<khjen< * khrjan（197b）：165.3A，209.4A，256.7A
千 qiān < tshen < * snin（365a）：50.3A，178.1B，178.2A，178.3A，211.1A
遷 qiān<tshjen< * tshjan（206c）：58.2A，200.4A，220.3A，305.6A
虔 qián<gjen< * grjan（198a）：305.6A
倩 qiàn<tshenH< * tshins（1250c）：57.2B
羌 qiāng<khjang< * kh(l)jang（712a）：305.2A
鶬 qiāng<tshjang< * tshjang（703f）：283.1A，302.1C
瑲 qiāng<tshjang< * tshjang（703h）：178.2B
蹌 qiāng<tshjang< * tshjang（703j）：106.1A，209.2A
斨 qiāng<tshjang< * tshjang（727d）：154.3B，157.1A
將 qiāng<tshjang< * tshjang（727f）：83.2A，130.2A，182.1A，208.1A，237.7A，274.1A，300.4A（又见 jiāng<tsjang）
鏘 qiāng<tshjang< * tshjang（727z）：260.7B，261.4B
彊 qiáng 见 jiāng<kjang
牆 qiáng<dzjang< * dzjang（727j）：76.2A
譙 qiáo<dzjew< * dzjew（1148j）：155.4A
喬 qiáo<gjew< * ɦk(r)jaw（1138a）：79.2A
翹 qiáo<gjiew< * gJew（1164h）：155.4A
苃 qiáo<[gjiew]< * g(r)jiw（1139a）：137.3B
悄 qiǎo<tshjewX< * tshjewʔ（1149s）：26.4A，143.1A
且 qiě 见 cú<dzu，jū<tsjo
朅 qiè<khjet< * khrjat（313m）：57.4A，62.1A
欽 qīn<khim< * kh(r)jɨm（652f）：132.1A，208.4A
綅 qīn<tshim< * tshjɨm（661e）：300.5A
親 qīn<tshin< * tshjin（382o）：191.4A
駸 qīn<tsrhim< * tshrjɨm（661l）：162.5A

芩 qín<gim< * g(r)jɨm (651o): 161.3A

琴 qín<gim< * g(r)jɨm (651q): 161.3A, 161.3A, 164.7B, 208.4A, 218.5B

芹 qín<gjɨn< * gjɨn (443f): 222.2A, 299.1A

勤 qín<gjɨn< * gjɨn (480x): 155.1A

寑 qǐn<tshimX< * tshjim? (661f): 189.6A

卿 qīng<khjæng< * khrjang (714o): 255.4B

傾 qīng<khjwieng< * kʷhjeng (828b): 255.7B, 264.2C

青 [qīng]<tseng< * tseng (812c'): 55.2A, 233.2A (又见 qīng<tsheng)

青 qīng<tsheng< * sreng (812c'): 98.2A (又见 [qīng]<tseng)

清 qīng<tshjeng< * tshjeng (812i'): 95.2A, 106.2A, 227.5A, 248.1A

慶 qìng<khjængH< * khrjang(s) (753a): 209.2A, 209.6B, 211.2A, 211.4A, 214.2A, 241.3C, 300.4A

邛 qióng<gjowng< * g(r)jong (1172s): 195.1B, 198.3D

窮 qióng<gjuwng< * g(r)jung (1006g): 35.6A

睘 qióng<gjwieng< * gʷjeng (829a): 119.2A

丘 qiū<khjuw< * kʷhjɨ (994a): 58.1A, 200.7A

秋 qiū<tshjuw< * tshjiw (1092a): 72.2A

酉 qiú<dzjuw< * dzju (1096l): 252.2A

遒 qiú<dzjuw< * dzju (1096o): 157.3A (又见 [qiú]<tsjuw)

觩 qiú<gjiw< * g(r)jiw(?) (1066i): 215.4A, 292.1B, 299.7A

仇 qiú<gjuw< * g(r)ju (992p): 7.2B, 133.1B

求 qiú<gjuw< * grju (1066a): 1.2A, 9.1A, 35.4A, 65.1C, 65.2C, 65.3C, 164.2B, 215.4A, 243.2A, 262.1A

球 qiú<gjuw< * grju (1066f): 304.4A

絿 qiú<gjuw< * g(r)ju (1066h): 304.4A

逑 qiú<gjuw< * g(r)ju (1066k): 1.1A, 253.2A

觩 qiú<gjuw< * g(r)ju (1066l): 157.3A

俅 qiú<gjuw< * g(r)ju (1066n): 292.1A

裘 qiú<gjuw< * gʷjɨ (1066e): 130.1A, 154.4C, 203.4A

遒 [qiú]<tsjuw< * tsju (1096o): 304.4A (又见 qiú<dzjuw)

囚 *qiú*<*zjuw*< *zju（1094a）：299.5B
祛 *qū*<*khjo*< **kh(r)ja*（642e）：81.1A, 120.1A, 297.4B
曲 *qū*<*khjowk*< **kh(r)jok*（1213a）：108.3A, 128.1B
驅 *qū*<*khju*< **kh(r)jo*（122c）：54.1A, 62.1B, 115.1A, 128.1B, 163.2A, 254.8B
趨 *qū*<*tshju*< *tshjo（132c）：230.2A
瞿 *qú* 见 *jù*<*gjuH*
渠 *qú*<*gjo*< **g(r)ja*（95g）：135.1A
取 *qǔ*<*tshjuX*< *tshjoʔ（131a）：223.5A
去 *qù*<*khjoH*< **kh(r)jas*（642a）：189.3B, 245.3C, 258.6A
趣 *qù*<*tshjuH*< *tshjos（131g）：238.1A
泉 *quán*<*dzjwen*< *Sgʷjan（237a）：39.4A, 153.1A, 153.2A, 153.3A, 197.8A, 203.3A, 241.6C, 250.3A, 250.5B
卷 *quán*<*gjwen*< *gʷrjen（俊）（226a）：145.2A（又见 *juǎn*<*kjwenX*< *krjonʔ（卷动））
鬈 *quán*<*gjwen*< *gʷrjen（俊）（226e）：103.2A
綣 *quǎn*<*khjwonX*< *khjonʔ（226m）：253.5B
闕 *què*<*khjwot*< *kʷhjat（301h）：91.3A
闃 *què*<*khwet*< *kʷhit（605k）：191.5B
困 *qūn*<*khwin*< *khrjun（485a）：112.3A
羣 *qún*<*gjun*< *gjun（459d）：128.3A, 190.1A

然 *rán*<*nyen*< *njan（217a）：125.1B, 125.2B, 125.3B, 223.2A, 254.1A
瀼 *ráng*<*nyang*< *njang（730f）：94.2A, 173.2A
穰 *ráng*<*nyang*< *njang（730h）：274.1A, 302.1C
讓 *ràng*<*nyangH*< *njangs（730i）：223.4A
蕘 *ráo*<*nyew*< *ngjew（1164e）：254.3A
熱 *rè*<*nyet*< *ngjet（330j）：257.5A
壬 *rén*<*nyim*< *njɨm（667a）：220.2B
人 *rén*<*nyin*< *njin（388a）：6.3A, 28.4A, 32.2A, 38.3A, 38.3A,

38.3A, 45.1B, 45.2B, 50.3A, 50.3A, 51.3A, 65.1D, 65.2D, 65.3D, 77.1A, 77.1A, 87.1A, 92.2B, 102.1A, 102.2A, 116.3A, 118.1A, 118.1A, 131.1C, 131.2C, 131.3C, 152.4A, 152.4A, 193.7B, 196.1A, 196.1A, 199.3A, 200.3A, 200.5B, 200.5B, 203.3B, 203.3B, 211.1A, 219.3A, 229.3A, 229.4A, 238.4A, 239.3A, 249.1B, 252.8B, 252.8B, 258.1A, 259.3B, 260.4B, 262.5A, 264.2A, 264.3B, 269.1B, 282.1E

仁 rén<nyin< * njin（388f）：77.1A, 103.1A

忍 rěn<nyinX< * nji̞n?（456c）：197.6B

陾 réng<nying< * nji̞ng（982i）：237.6A

日 rì < nyit < * njit（404a）：37.1A, 50.1B, 62.3A, 73.3A, 99.1A, 115.3A, 124.5A, 169.1B

戎 róng<nyuwng< * njung（1013a）：37.3A, 164.4A, 168.5A

容 róng<yowng< *(l)jong（1187a）：62.2A, 278.1A

融 róng<yuwng< * ljung（1009d）：247.3A

柔 róu < nyuw < * nju（1105a）：167.2B, 215.4A, 257.1A, 292.1B, 304.4A

蹂 róu<nyuw< * nju（1105d）：245.7A

茹 [rú]<nyoH< * njas（94r）：26.2A, 177.4A（又见 [rú]<nyoX）

茹 [rú]<nyoX< * nja?（94r）：260.5A, 260.5B（又见 rú<nyoH）

濡 rú<nyu< * njo（134f）：80.1A, 163.2A

檽 [rú]<nyuH< * njos（134d）：164.6A

醹 [rú]<nyuX< * njo?（134j）：246.7A

辱 rǔ<nyowk< * njok（1223a）：46.3A

女 rǔ<nyoX< * nja?（94a）：78.1A, 92.1B, 92.1B, 113.1A, 113.1A, 113.2A, 113.2A, 113.3A, 113.3A, 201.1A, 207.4A, 218.3B, 236.7A, 291.1B, 300.2B, 300.3F（又见 nǚ<nrjoX）

入 rù<nyip< * njup（695a）：240.4A

洳 rù<nyoH< * njas（94q）：108.1A

犉 rún<nywin< * njun（464m）：190.1A

若 ruò<nyak< * njak（777a）：58.3A, 163.4A, 212.1B, 214.3A, 260.

2B，300.7A，300.9A

塞 sāi<sok< * sɨk（908a）：263.6A

三 sān<[sam]< * sum（648a）：20.2A

桑 sāng<sang< * sang（704a）：50.2B，76.2A，108.2A，121.3A，126.3A，131.2A，154.2B，154.3B，154.3B，172.2A，187.2A

喪 sàng<sangH< * smangs（705a）：35.4B，241.3C，255.6A，265.1A

騷 sāo<saw< * su（1112g）：263.3A

埽 sǎo<sawX< * suʔ（1087f）：46.1A，115.2A（又见 sào<sawH）

埽 sào<sawH< * sus（1087f）：165.2B（又见 sǎo<sawX）

塞 sè 见 sāi<sok

穡 sè<srik< * srjɨk（926e）：210.3A，257.6C，300.1B

色 sè<srik< * srjɨk（927a）：241.7A，260.2A

瑟 sè<srit< * sprjit（411a）：50.1B，115.3A，126.2A

沙 shā<sræ < * sCraj（16a）：248.2A

鯊 shā<sræ < * sCraj（16d）：170.1B

山 shān<srɛn< * srjan（193a）：189.1A，197.8A，305.6A

墠 shàn<dzyenX< * djanʔ（147a'）：89.1A

汕 shàn<srænH< * s(C)r(j)ans（193d）：171.2A

傷 shāng<syang< * hljang（720j'）：3.3A，146.2A，169.1C，192.1A，208.1A，233.1A

湯 shāng<syang< * hljang（720z）：58.4B，105.3A，183.2B，208.1A，262.2A（又见 tāng<thang）

商 shāng<syang< * h(l)jang（734a）：236.2A，236.6B，236.8A，255.6A，300.2A，303.1A，304.1A，304.1A

尚 shàng<dzyangH< * djangs（725a）：256.4A

上 shàng<dzyangH< * djangs（726a）：136.1A，217.2B，236.1A

少 shǎo<syewX< * h(l)jewʔ（1149e）：26.4A

紹 shào<dzyewX< * djawʔ（1131z）：143.3A，256.3B

蛇 shé<zyæ < * LjAj（41）：189.6C，189.7A（又见 yí<ye）

舌 shé<zyet< * Ljat（288a）：203.7B，256.6A，260.3B

舍 *shě*<syæX< * *hljA(k)ʔ* (48a)：199.5A

舍 *shè* 见 *shě*<syæX

涉 *shè*<dzyep< * *djap* (634a)：34.1A

韘 *shè*<syep< * *hljap* (633o)：60.2A, 60.2A

設 *shè*<syet< * *h(l)jet* (290a)：220.1C

射 *shè*<zyæH< * *LjAks* (807a)：78.2B（又见 *yì*<yek）

莘 *shēn*<srin< * *srjin* (382h)：236.6A

詵 *shēn*<srin< * *srjɨn* (478n)：5.1A

深 *shēn*<syim< * *hljɨm* (666c)：264.7A

申 *shēn*<syin< * *hljin* (385a)：68.1A, 222.3B, 249.1C, 259.1A

身 *shēn*<syin< * *hljin* (386a)：28.4A, 131.1C, 131.2C, 131.3C, 194.3A, 199.3A, 235.7A, 260.4B

神 *shén*<zyin< * *Ljin* (385j)：259.1A

谂 *shěn*<syimX< * *hnjimʔ* (670g)：162.5A

甚 *shèn*<dzyimX< * *Gjumʔ* (658a)：200.1B, 258.2A

黮 *shèn*<zyimX< * *sGjɨ/umʔ* (?) (658n)：299.8A

葚 *shèn*<zyimX< * *sGjumʔ* (?) (658i)：58.3B

生 *shēng*<srjæng< * *srjeng* (812a)：164.5A, 165.1C, 191.6A, 196.4A, 233.2A, 235.3B, 237.9A, 252.9A, 305.5B

牲 *shēng*<srjæng< * *srjeng* (812e)：258.1B

甥 *shēng*<srjæng< * *srjeng* (812g)：106.2A

笙 *shēng*<srjæng< * *srjeng* (812h)：161.1A

聲 *shēng*<syeng< * *xjeng* (822a)：96.1A, 165.1C, 165.1C, 179.8A, 244.1A, 244.1A, 280.1B, 301.1C, 301.1C, 301.1C, 305.5B

勝 *shēng*<sying< * *hljɨng* (893p)：192.4A, 237.6A, 303.1C

升 *shēng*<sying< * *h(l)jɨng* (897a)：117.1A, 166.6A, 190.3A, 245.8A

繩 *shéng*<zying< * *ɦljɨng* (892b)：5.2A, 226.3A, 256.6D

勝 *shèng* 见 *shēng*<sying

乘 *shèng*<zyingH< * *Ljɨngs* (895a)：300.5A, 303.1C

師 *shī*<srij< * *srjij* (559a)：133.1A, 133.2A, 133.3A, 153.3B, 191.3A, 191.3A, 213.1B, 254.5A

施 shī<sye< * hljaj（41′）：43.3A，74.1A

詩 shī<syi< * stjɨ（961d′）：200.7A

尸 shī<syij< * hljij（561a）：209.5C，254.5A

蓍 shī<syij< * xjij（552q）：153.3B

濕 shī<syip< * hjɨ/up（692a）：190.1B

溼 shī<syip< * hjɨ/up（693a）：69.3A

提 shí<dzye< * dje（866n）；197.1A（又见 tí<dej）

石 shí<dzyek< * djAk（795a）：26.3A，184.1C

碩 shí 见 shuò<dzyek

塒 shí<dzyi< * djɨ（961j′）：66.1A

時 shí<dzyi< * djɨ（?）（961z）：170.6A，193.5A，217.2A，220.2C，235.1B，237.3A，245.8B，247.5A，255.7A，265.5B

識 shí<syik< * stjɨk（920k）：220.5C，264.4A

食 shí<zyik< * Ljɨk（921a）：18.2A，74.2A，86.2A，109.2A，112.2A，121.2A，166.5A，200.6A，209.1A，209.4B，210.3A，245.4B，257.6C（又见 sì<ziH）

實 shí<zyit< * Ljit（398a）：6.2A，65.3B，148.3A，156.2B，169.1B，225.3A

屎 shǐ 见 xī<xjij

史 shǐ<sriX< * srjɨʔ（975a）：193.4A，220.5A

使 shǐ<sriX< * srjɨʔ（975n）：194.6A，194.6A，252.7B

矢 shǐ<syijX< * hljijʔ（560a）：180.4A，203.1A

始 shǐ<syiX< * hljɨʔ（976e′）：298.3B

適 [shì]<drek< * drek（877s）：305.3A

事 shì<dzriH< *ɦsrjɨʔ（s）（971a）：13.1A，205.1A，212.1A，237.4A，256.10A，259.2A，264.4B

士 shì<dzriX< *ɦsrjɨʔ（970a）：87.2A，185.2A，193.4A，211.1B，235.2A，240.4B，247.8A，247.8A，249.4A，252.7B，288.1A，290.1D，294.1B，300.8B，304.7B

仕 shì<dzriX< *ɦsrjɨʔ（970d）：191.4B，191.4B，194.6A，204.6A，244.8A

逝 shì<dzyejH< * djats（287m）：44.2A，111.2A，114.2B，137.3A，218.1A，256.6A

視 shì<dzyijX/H< * gjɨjʔ/s（553h）：203.1A

恃 shì<dzyiX< * djɨʔ（961y）：202.3A

世 shì<syejH< * hljaps（339a）：235.2B，235.2B，255.8A

澤 shì<syek< * hljAk（790o）：290.1A（又见 zé<dræk）

適 shì<syek< * stjek（877s）：40.2A（又见［shì］<drɛk）

試 shì<syiH< * hljɨk(s)（918n）：178.1D，203.4A，300.5B

式 shì<syik< * hljɨk（918f）：209.4B，240.4A，243.3A，255.5A，259.2A，260.2A

飾 shì<syik< * hljɨk（921h）：80.2A

室 shì<syit< * stjit（413j）：6.2A，50.1B，73.3A，89.2A，99.1A，99.1A，115.3A，124.5A，148.3A，156.2B，156.3B，194.7B，213.2B，237.1A，245.5B，291.1E

奭［shì］<xik< * x(r)jɨk（913a）：178.1D

收 shōu<syuw< * xjiw（1103a）：128.1A，264.1C，267.1A

手 shǒu<syuwX< * hjuʔ（1101a）：31.4B，78.3A，81.2A，127.1A，128.2A

首 shǒu<syuwX< * hljuʔ（1102a）：78.3A，197.2A，209.6C，217.3A，221.1B，231.2A，231.3A，231.4A，233.3A，262.6A

售 shòu<dzyuwH< * djus（1091e）：35.5A

受 shòu<dzyuwX< * djuʔ（1085a）：143.2A，200.6B

壽 shòu<dzyuwX< * djuʔ（1090g）：154.6B，166.6B，172.4A，262.6A，282.1G，283.1B

狩 shòu<syuwH< * stjus（1099c）：77.2A，127.1A，179.2A

殳［shū］<dzyu< * djo（130a）：62.1B

淑 shū<dzyuwk< * djiwk（1031j）：69.2A，257.5B

紓 shū<syo< * hlja（83j）：222.3A

舒 shū<syo< * hlja（83k）：262.1B

書 shū<syo< * stja（45t）：168.4A

菽 shū<syuwk< * stjiwk（1031g）：154.6A，207.3A

姝［shū］<tsyhu< * thjo（128p）：42.1A

樞［shū］<ʔuw< *ʔ(r)o（122q）：115.1A

屬 shǔ<dzyowk< * djok（1224s）：223.6A

數 shǔ<srjuX< * skrjo(k)ʔ（123r）：198.5A

鼠 shǔ<syoX< * hjaʔ（92a）：113.1A，113.2A，113.3A，154.5A

黍 shǔ<syoX< * hjaʔ（93a）：113.1B，121.1A，187.3A，211.2B，279.1A，291.1B，300.1C

暑 shǔ<syoX< * stjaʔ（45x）：204.1A，207.1A

數 shù 见 shǔ<sruX

樹 shù<dzyuH< * djos（127j）：198.5A，246.6A

庶 shù<syoH< * stjaks（804a）：166.1A，207.2A，209.3A

束 shù<syowk< * hjok（1222a）：23.2A，46.3A，186.4A，229.1B

述 shù<zywit< * Ljut（497e）：29.4A

率［shuài］<srwit< * srjut（498a）：178.1C，178.2C，178.3B

雙 shuāng<sræwng< * sCr(j)ong（1200a）：101.2B

霜 shuāng<srjang< * srjang（731g）：107.1A，129.1A，154.8C，192.1A，203.2B

爽 shuǎng<srjangX< * srjangʔ（733a）：58.4B，173.2A

水 shuǐ<sywijX< * h[l]jujʔ（576a）：92.1A，92.2A，104.3A，183.1A，183.2A

帨 shuì<sywejH< * hljots（324g）：23.3A

説 shuì<sywejH< * hljots（324q）：16.3A，150.3A，264.2B（又见 shuō<sywet，yuè<ywet）

順 shùn<zywinH< *ɦsKjuns（462c）：82.3B，256.2A

説 shuō<sywet< * hljot（324q）：58.3D，58.3D（又见 shuì<sywejH，yuè<ywet）

碩 shuò<dzyek< * djAk（795e）：127.2A，209.3A，212.1B，259.8B，300.9A，300.9A

思 sī<si< * sjɨ（973a）：30.2A，33.3A，39.1A，54.4B，58.6B，59.1A，66.1A，91.2A，109.1B，109.2B，186.3A，186.3A，288.1A，295.1A，295.1A（又见 sì<siH）

絲 sī<si< * sjɨ (974a)：27.3A, 58.1A, 58.1A, 152.2A, 152.2A, 163.3A, 256.9A

私 sī<sij< * sjɨj (557b)：2.3A, 57.1A, 209.5C, 212.3A

斯 sī<sje< * sje (869a)：197.1A, 199.7B（又见 sī<srje）

斯 sī<srje< * srje (869a)：141.1A（又见 sī<sje）

死 sǐ<sijX< * sjɨjʔ (558a)：35.1D, 52.3A, 110.3B

思 sì<siH< * sjɨs (973a)：134.2A（又见 sī<si）

肆 sì<sijH< * sljɨps (509h)：241.8C

四 sì<sijH< * s(p)jɨj/ts (518a)：53.1B

驷 sì<sijH< * s(p)jits (518e)：222.2B

寺 sì<ziH< * sdjɨs(?) (961m)：264.3C

食 sì<ziH< * zljɨks (921a)：123.1B, 123.2B, 230.1B, 230.2B, 230.3B（又见 shí<zyik）

兕 sì<zijX< * zjɨjʔ (556a)：180.4A

汜 sì<ziX< * zjɨʔ (967i)：22.1A

祀 sì<ziX< * zjɨk(?) (967d)：209.1A, 209.4B, 212.4B, 212.4B, 239.4A, 245.1A, 245.2C, 245.6A, 245.8B, 281.1C, 282.1D, 300.3B

似 sì<ziX< * zljɨʔ (976h)：196.3A, 214.4B, 262.4B

耜 sì<ziX< * zljɨʔ (976k)：154.1C, 212.1A, 290.1D, 291.1A

俟 sì<zriX< * zrjɨʔ (976m)：52.2A, 180.3A

涘 sì<zriX< * zrjɨʔ (976o)：71.2B, 129.3A, 236.4B

松 sōng<sjowng< * skjong (1190a)：84.2A

竦 sǒng<sjowngX< * sjongʔ (1222n)：304.5A

宋 sòng<sowngH< * sungs (1004a)：31.2A

送 sòng<suwngH< * songs (1179a)：78.2C, 88.1A

讼 sòng<zjowngH< * sgjongs (1190b)：17.3B, 17.3B

诵 sòng<zjowngH< * zljongs (1185o)：191.10A

叟 sōu<srjuw< * srju (1097b)：245.7A

搜 sōu<srjuw< * srju (1097d)：299.7A

搜 sǒu 见 sōu<srjuw

蘇 sū<su< * snga（67e）：84.1A

粟 sù<sjowk< * sjok（1221a）：187.1A，196.5B

蕭 sù<sjuwk< * sjiwk（1028a）：282.1B

宿 sù<sjuwk< * sjuk（1029a）：56.3A，156.1C，159.3A，188.2A，207.3A

夙 sù<sjuwk< * sjuk（1030a）：245.1B

素 sù<suH< * saks（68a）：98.1A

愬 sù<suH< * sngaks（769b）：26.2A

槭 sù<suwk< * sok（1222p）：23.2A

綏 [suí]<swij< * snjuj（354g）：4.1A，101.1A，171.3A，216.4A，284.1B

歲 suì<sjwejH< * swjat(s)（346a）：72.3A，154.1B，245.7C，300.5C

誶 suì<swijH< * sjuts（490q）：141.2A，194.4A

穗 suì<zwijH< * fiswjits(?)（533h）：65.2B，212.3C

遂 suì<zwijH< * zjuts（526d）：60.1B，60.2B，194.4A

檖 suì<zwijH< * zjuts（526h）：132.3A

穟 suì<zwijH< * zjuts（526k）：245.4C

隧 suì<zwijH< * zjuts（526m）：257.13A

孫 sūn<swon< * sun（434a）：24.3A，209.4A

飧 sūn<swon< * sun（436a）：112.3A

隼 sǔn<swinX< * sjunʔ（467a）：183.1A，183.2A

傞 suō<sa< * saj（5k）：220.4C

娑 suō<sa< * saj（16e）：137.2A

所 suǒ<srjoX< * s(k)rjaʔ（91a）：78.1A，113.1B，121.1A，159.2A，180.2A，258.4A，263.4A，302.1A，305.1A

它 [tā]<tha< * hlaj（4a）：45.1A

他 [tā]<tha< * hlaj（4c′）：195.6A，217.1A，232.3A

達 tà<that< * hlat（271b）：91.3A，245.2A（又见 dá<dat）

闥 tà<that< * hlat（271e）：99.2A，99.2A

臺 tái<doj< * lɨ（939a）：172.1A

嘽 tān<than< * than（147m）：259.7A，263.5A

惔 tán<dam< * lam（617k）：191.1A

谈 tán<dam< * lam（617l）：191.1A
餤 tán<dam< * lam（617p）：198.3C
檀 tán<dan< * dan（148e）：76.3A, 112.1A, 184.1B, 184.2B
菼 tǎn<thamX< * hlam?（617j）：73.1A
嘆 [tàn]<than< * hnan（152a）：69.1A, 69.1A, 153.1A, 153.2A, 153.3A
歎 [tàn]<than< * hnan（152c）：164.3A, 250.2A
歎 tàn<thanH< * hnans（152c）：39.4A, 203.3A
湯 tāng<thang< * hlang（720z）：136.1A, 303.1A, 305.2A（又见 shāng<syang）
鏜 tāng<thang< * thang（725e'）：31.1A
堂 táng<dang< * dang（725s）：50.2B, 88.2A, 98.3A, 114.1A, 114.2A, 114.3A, 130.2A, 146.2A, 154.8C
唐 táng<dang< * g-lang（700a）：48.1A
螗 táng<dang< * g-lang（700e）：255.6A
帑 tǎng 见 nú<nu
慆 tāo<thaw< * hlu（1078b）：114.3B
滔 tāo<thaw< * hlu（1078d）：105.4A, 262.1A
陶 táo 见 dào<dawH, yáo<[yew]
桃 táo<daw< * g-law（1145u）：64.2A, 109.1A
綯 táo<daw< * lu（1047e）：154.7D
特 [tè]<dok< * dɨk（961h'）：45.2A, 112.2A, 131.1A, 188.3A, 192.7A
螣 [tè]<dok< * lɨk（893u）：212.2B
忒 tè<thok< * hlɨk（918g）：152.3A, 152.3A, 256.12C, 264.4A, 300.3D
慝 tè<thok< * hnɨk（777o）：45.2A, 253.3A, 264.4A
滕 téng<dong< * lɨng（893t）：128.3B, 300.5A
騰 téng<dong< * lɨng（893v）：193.3B, 300.4B
剔 tū<thek< * hlek（850h）：241.2C
提 tí<dej< * de（866n）：107.2A（又见 shí<dzye）
荑 tí<dej< * lɨj（551k）：42.3A, 57.2A
體 tǐ<thejX< * hrij?（597i）：35.1D, 52.3A, 246.1A

弟 [tì]<dejX< * dij̯ʔ (591a)：105.2A, 173.3A, 239.1A（又见 dì<dejX）

嚏 [tì]<tejH< * tits (415e)：30.3A

裼 tì<thejH< * hleks (850m)：189.9A

揥 tì<thejH< * theks (877e)：47.2A, 107.2A

替 tì<thejH< * thij/ts (1241j)：265.5C

涕 [tì]<thejX< * thij̯ʔ (591m)：203.1A

惕 tì<thek< * hlek (850i)：142.2A

天 tiān<then< * hlin (361a)：45.1B, 45.2B, 65.1D, 65.2D, 65.3D, 118.1A, 131.1C, 131.2C, 131.3C, 178.3A, 184.2A, 191.3B, 193.7B, 194.3A, 194.3A, 196.1A, 199.3A, 200.5B, 204.7A, 224.3A, 235.1A, 235.7A, 236.6A, 238.4A, 239.3A, 249.1B, 252.8B, 257.1B, 258.1A, 259.1A, 264.1A, 264.3B, 275.1B, 282.1E

田 tián<den< * din (362a)：50.3A, 77.1A, 102.1A, 102.2A, 178.1B, 178.2A, 210.1A, 211.1A, 229.3A, 259.3B, 262.5A, 264.2A

闐 tián<den< * din (375r)：178.3D

填 tiǎn 见 chén<drin

殄 [tiǎn]<denX< * din̯ʔ (453k)：43.2A, 237.8A

佻 tiāo<thew< * hlew (1145i)：161.2A

苕 tiáo<dew< * dew (1131d')：142.1A

蜩 tiáo<dew< * diw (1083v)：154.4A

調 tiáo<dew< * diw (1083x)：179.5B

條 tiáo<dew< * liw (1077f)：117.1B, 117.2B

趙 [tiǎo]<dewX< * lew̯ʔ (1149u)：291.1C

聽 tīng<theng< * hleng (835d')：195.4A, 255.7B, 258.1B, 280.1B

庭 tíng<deng< * leng (835h)：98.2A, 189.5A, 263.6C, 286.1B

霆 tíng<deng< * leng (835m)：263.3B

恫 tōng<thuwng< * thong (1176k)：240.2A

同 tóng<duwng< * dong (1176a)：21.1B, 37.3A, 154.4D, 154.7C, 173.4A, 179.1A, 179.5B, 180.2B, 213.3B, 220.1E, 222.4A, 263.6B, 300.6B

童 tóng<duwng< * dong（1188o）：84.2A
僮 tóng<duwng< * dong（1188r）：13.3A
罿 [tóng]<tsyhowng< * thjong（1188c'）：70.3A
屠 tú<du< * da（45i'）：261.3A
瘏 tú<du< * da（45j'）：3.4A, 155.3A
徒 tú<du< * da（62e）：193.4B, 237.5A
圖 tú<du< * d/la（64a）：164.8A, 194.1C, 260.6A
塗 tú<du< * la（82d'）：168.4A
荼 tú<du< * la（82x）：93.2A, 93.2A, 155.3A
稌 [tú]<duX< * la? （82b'）：279.1A
土 tǔ<thuX< * hla?（62a）：29.1A, 113.1B, 113.1B, 195.1A, 205.2A, 207.1A, 259.5A, 261.5B, 262.3A, 263.2A, 300.1C（又见 dù<duX）
吐 tǔ<thuX< * hla?（62d）：260.5A, 260.5B
摶 tuán<dwan< * don（231o）：147.1A
漙 tuán<dwan< * don（231q）：94.1A
推 tuī<thwoj< * thuj（575a'）：258.3A
穨 tuí<dwoj< * d/luj（544b）：201.2A
隤 tuí<dwoj< * luj（544a）：3.2A
駾 [tuì]<dwajH< * lots（324d）：237.8C
退 tuì<thwojH< * hnups（512a）：194.4A, 194.4A
焞 [tūn]<thwoj< * thuj（464r）：178.4B
啍 tūn<thwon< * thun（464t）：73.2A
脱 [tuō]<thwajH< * hlots（324m）：23.3A
佗 tuó<da< * laj（4h）：47.1A（又见 [tuó]<thaH）
紽 tuó<da< * laj（4j）：18.1A
沱 tuó<da< * laj（4k）：22.3A, 145.1A, 232.3A
佗 [tuó]<thaH< * hlajs（4h）：197.7B（又见 tuó<da）
橐 tuó<thak< * thak（795p）：189.3A
籜 tuò<thak< * hlak（790r）：85.1A, 85.2A, 154.4B, 184.1C

附录 C 《诗经》韵字

瓦 *wǎ*<*ngwæX*< * *ng^wrajʔ*（20a）：189.9B
外 *wài*<*ngwajH*< * *ng^wats*（322a）：111.2A, 114.2B, 229.5A, 260.3B
完 [*wán*]<*hwan*< *figkon（257m）：261.6A
丸 [*wán*]<*hwan*< * *wan*（163a）：305.6A
婉 [*wǎn*]<*ʔjwonX*< *ʔjonʔ（260g）：94.1A, 102.3A, 106.3A, 151.4C
王 *wáng*<*hjwang*< * *wjang*（739a）：166.4A, 189.8A, 193.6A, 236.1A, 236.2A, 236.6B, 236.6B, 236.8A, 238.2A, 238.5A, 241.6A, 241.7B, 243.1A, 244.7A, 249.2B, 253.1A, 254.8C, 257.7A, 261.2A, 262.2A, 272.1A, 274.1A, 283.1A, 286.1C, 294.1A, 300.2A, 304.7C, 305.2A
亡 *wáng*<*mjang*< * *mjang*（742a）：27.2A, 35.4B, 126.3A, 223.4A, 256.4A, 264.5C, 264.6A, 264.6A, 265.1A
往 *wǎng*<*hjwangX*< * *wjangʔ*（739k）：257.3A
罔 *wǎng*<*mjangX*< * *mjangʔ*（742l）：264.6A, 264.6A
忘 *wàng*<*mjang(H)*< * *mjang*（742i）：29.3A, 83.2A, 130.2A, 173.2A, 183.2B, 208.1A, 228.4B, 249.2B, 286.1C
望 *wàng*<*mjangH*< * *mjangs*（742m）：61.1A, 136.1A, 225.1A, 252.6A
威 *wēi*<*ʔjwɨj*< *ʔjuj（574a）：164.2A, 178.4B, 194.1B, 198.1B, 284.1C
微 [*wēi*]<*mjɨj*< * *mjɨj*（584d）：26.5A, 36.1A, 36.2A, 193.1B, 193.1B
薇 [*wēi*]< *mjɨj*< * *mjɨj*（584f）：14.3A, 167.1A, 167.2A, 167.3A, 204.8A
唯 *wéi* 见 *wěi*<*ywijX*
爲 *wéi*<*hjwe*< * *w(r)jaj*（27a）：52.1A, 70.1A, 75.1A, 145.1A, 205.6B, 256.5C（又见 *wèi*<*hjweH*）
違 *wéi*<*hjwɨj*< * *wjɨj*（571d）：35.1C, 35.2A, 191.5C, 195.2A, 304.3A
圍 *wéi*<*hjwɨj*< * *wjɨj*（571g）：304.3A
嵬 *wéi*<*ngwoj*< * *nguj*（569j）：3.2A, 201.3A
惟 *wéi*<*ywij*< * *wjij*（575n）：245.7B
維 *wéi*<*ywij*< * *wjij*（575o）：191.3A, 222.5A, 257.3B
煒 *wěi*<*hjwɨjX*< * *wjɨjʔ*（571j）：42.2B
葦 *wěi*<*hjwɨjX*< * *wjɨjʔ*（571n）：154.3A, 246.1A

韡 wěi<hjwɨjX< * wjɨjʔ (571q)：164.1A
鮪 wěi<hwijX< * wrjɨʔ (995y)：281.1B
洧 wěi<hwijX< * wrjɨʔ (995-)：87.2A
萎 [wěi]<ʔjwe< *ʔ(r)joj (357d)：201.3A
尾 wěi<mjɨjX< * mjɨjʔ (583a)：10.3A, 160.1B, 221.2B
唯 wěi<ywijX< * ljujʔ (575i)：104.3A
爲 wèi<hjweH< * w(r)jajs (27a)：248.2A（又见 wéi<hjwe）
衞 wèi<hjwejH< * wrjats (342a)：39.3B
謂 wèi<hjwɨjH< * wjɨts (523d)：20.3A, 228.4A
渭 wèi<hjwɨjH< * wjɨts (523-)：236.5A
位 wèi<hwijH< *(w)rjɨps (539a)：249.4B
畏 wèi<ʔjwɨjH< *ʔjuj(s) (573a)：76.1B, 76.2B, 76.3B, 156.2E, 254.7C, 258.3A
蔚 wèi<ʔjwɨjH< *ʔjuts (525f)：151.4A, 202.2A
遺 wèi<ywijH< * ljujs (540m)：40.3A（又见 yí<ywij）
聞 wén<mjun< * mjun (441f)：71.3B, 258.5A
問 wèn<mjunH< * mjuns (441g)：82.3B, 237.8B
我 [wǒ]<ngaX< * ngajʔ (2a)：123.1A, 199.2B
渥 wò<ʔæwk< *ʔrok (1204g)：210.2B
沃 wò<ʔowk< *ʔawk (1141l)：116.1A, 228.2A
烏 wū<ʔu< *ʔa (61a)：41.3A
屋 wū<ʔuwk< * ʔok (1204a)：17.2A, 128.1B, 154.7E, 192.3A, 192.13A
武 wǔ<mjuX< * Np(r)jaʔ (104a)：77.3A, 243.5A, 263.4A, 299.4B, 300.2B, 305.1A
膴 wǔ<[mjuX]< * m(j)ɨ(ʔ) (103o)：195.5A, 237.3A
舞 wǔ<mjuX< * m(r)jaʔ (103g)：38.1A, 38.1A, 78.1A, 165.3B, 218.3B, 220.2A, 298.1B
侮 wǔ<mjuX< * m(r)joʔ(s) (138a)：192.2A, 237.9B, 241.8B, 246.6A
五 wǔ<nguX< * ngaʔ (58a)：53.2B
午 wǔ<nguX< * ngaʔ (60a)：180.2A

骛 wù<mjuH< *m(r)jos（1109j）：164.4A

戊 [wù]<muwH< *m(r)jus（1231a）：180.1A

恶 wù<ʔuH< *ʔaks（805h）：81.1A（又见 è<ʔak）

裼 xī 见 tì<thejH

栖 xī<sej< *sɨj（592l）：177.1A

西 xī<sej< *sɨj（594a）：51.2A

犀 xī<sej< *sɨj（596a）：57.2A

晳 xī<sek< *sek（857c）：47.2A

锡 xī<sek< *slek（850n）：55.3A

息 xī<sik< *sjɨk（925a）：19.2A，86.2A，124.2A，131.1A，131.1A，150.2A，203.3C，205.4A，207.5A，224.1B，253.3A

昔 xī<sjek< *sjAk（798a）：301.1D

犠 xī<xje< *hng(r)jaj（2z）：300.3E

屎 xī<xjɨj< *xJɨj(?)（561d）：254.5A

晞 xī<xjɨj< *xjɨj（549c）：100.2A，129.2A，174.1A

觿 xī<xjwie< *hwje（880e）：60.1A，60.1A

夕 xī<zjek< *z(l)jAk（796a）：105.1A，186.2A，194.2B，301.1D

㩦 [xié]<hwej< *we（880c）：254.6A

翕 xí<zip< *zjɨp（692b）：163.1B

席 xí<zjek< *zljAk（797a）：26.3A，246.3A

蓆 xí<zjek< *zljAk（797b）：75.3A

洒 xǐ<sejX< *sɨjʔ（594g）：43.2A

喜 xǐ<xiX< *x(r)jɨʔ（955a）：90.3A，154.1C，175.2A，176.2A，177.6A，211.3A，212.4A，218.1B，257.10A，300.8B

绤 [xì]<khjæk< *khrjak（776d）：2.2A

舄 xì<sjek< *sjAk（799a）：179.4A，300.9A

翕 xì<xip< *x(r)jo/up（675q）：164.7A

塈 xì<xjɨjH< *xjɨts（515h）：20.3A，35.6B，249.4B，251.3B

瑕 xiá<hæ< *gra（33h）：160.2A

騢 xiá<hæ< *gra（33l）：297.4B

暇 [xiá]<hæH< * gras（33g）：165.3B, 207.2A, 234.3A
鎋 xiá<hæt< * grat（282a）：39.3B, 218.1A
夏 xià<hæX< * g/Hraʔ（36a）：136.2A, 204.1A
下 xià<hæX< * graʔ（35a）：15.3A, 19.3A, 31.3A, 32.3A, 125.2A, 136.2A, 137.1A, 154.5A, 156.1D, 162.3A, 205.2A, 222.3A, 237.2A, 241.5C, 248.3A, 260.1B, 287.1C, 298.1B
先 xiān 见 xiàn<senH
鲜 xiān 见 xiǎn<sjenX
僊 xiān<sjen< * sjan（206b）：220.3A
贤 xián<hen< * gin（368e）：205.2B, 246.5A
闲 xián<[hɛn]< * gran（限制）（192a）：127.3A, 177.5A, 241.8A, 305.6A（又见 xián<hɛn< *ɦkren（闲暇））
闲 xián<hɛn< *ɦkren（闲暇）（192a）：111.1A（又见 xián<[hɛn]< * gran（限制））
鲜 xiǎn<sjenX< * sjenʔ（209a）：43.1A
俔 xiàn<hænX< * granʔ（191g）：55.1B, 55.2B
先 xiàn<senH< * sins（478a）：197.6A
霰 xiàn<senH< * s(k)ens（156d）：217.3B
献 xiàn<xjonH< * hngjans（252e）：231.2B
宪 xiàn<xjonH< * xjans（250a）：177.5A, 215.3A, 254.2A, 259.7A
羡 xiàn<zjenH< * zjans(?)（207a）：241.5A
相 xiāng<sjang< * sjang（731a）：238.5A, 257.8A
箱 xiāng<sjang< * sjang（731f）：203.6A, 211.4A
襄 xiāng< sjang< * snjang（730a）：46.2A, 78.2A, 168.3A, 203.5A, 203.6A
乡 xiāng<xjang< * xjang（714c）：48.1A, 178.2B, 305.2A
香 xiāng<xjang< * xjang（717a）：290.1H
降 xiáng<hæwng< *ɦkrung（1015a）：14.1A, 168.5A, 248.4A（又见 jiàng<kæwngH）
祥 xiáng<zjang< * z(l)jang（732n）：189.7B, 189.7B, 264.5C, 304.1A
翔 xiáng<zjang< * z(l)jang（732p）：79.1A, 83.1B, 83.2B, 105.3A,

146.2A

詳 xiáng<zjang< *z(l)jang（732q）：46.2A, 46.2A

饗 xiǎng<xjangX< *xjangʔ（714j）：154.8C, 175.1A, 209.2A, 272.1A, 302.1C

享 xiǎng<xjangX< *xjangʔ（716a）：166.4A, 210.6A, 283.1A, 302.1C, 305.2A

巷 xiàng<hæwngH< *grongs（1182s）：88.1A

向 [xiàng]<syangH< *hjangs（715a）：193.6A, 193.6A

削 xiāo 见 xuē<sjak

蕭 xiāo<sew< *siw（1028i）：72.2A, 153.2B, 179.7A

瀟 xiāo<sew< *siw（1028j）：90.2A

翛 xiāo<sew< *sliw（1077l）：155.4A

消 xiāo<sjew< *s(l)jew（1149j）：79.2A, 223.7A

嘵 xiāo<xew< *hngew（1164e）：155.4A

殽 xiáo 见 [yáo]<hæw

小 xiǎo<sjewX< *s(l)jewʔ（1149a）：26.4A

傚 xiào<hæwH< *graws（1166u）：161.2A, 223.2B

歗 xiào<sewH< *siw(k)s（1028g）：69.2A, 69.2A

笑 xiào<sjewH< *sjaws（1150a）：30.1A, 58.5B, 254.3A, 299.2A

孝 xiào<xæwH< *xrus（1168a）：244.3B, 286.1A

襭 xié<het< *git（393y）：8.3A

偕 [xié]<kɛj< *krij(ʔ)（599b）：110.3B, 169.4C, 170.5A, 220.1B

邪 xié<zjæ< *z(ng)jA（47a）：297.4B（又见 xú<zjo）

血 xiě 见 xuè<xwet

寫 xiě<sjæX< *sjA(k)ʔ（799f）：173.1A, 214.1A, 214.1A, 218.4A

泄 xiè 见 yì<yejH

解 [xiè]<kɛiH< *kreks（861a）：261.1C, 300.3C, 305.3A

心 xīn<sim< *sjɨm（663a）：7.3B, 27.4A, 28.3B, 32.1A, 32.4A, 33.2A, 35.1A, 91.1A, 161.3A, 186.4B, 199.4A, 218.5B, 229.4B, 229.6A, 236.7B, 241.4A, 256.9B, 257.6A, 260.8B, 299.6A

新 xīn<sin< *sjin（382k）：235.1A

薪 xīn<sin<＊sjin(g)（382n）：32.2A，68.1A，92.2B，118.1A，156.3C，203.3B，203.3B，229.4A

馨［xīn］<xeng<＊xeng（832f）：248.1A，290.1I

歆 xīn<xim<＊x(r)jɨm（653j）：245.8A

欣 xīn<xjɨn<＊xjɨn（443i）：248.5A

鱻 xín<zim<＊zjɨm（660k）：149.3A

信 xìn<sinH<＊snjins（384a）：51.3A，92.2B，125.1A，191.4A，194.3A，200.3A（又见［xìn］<syin）

信［xìn］<syin<＊hnjin（384a）：31.5B（又见 xìn<sinH）

星 xīng<seng<＊seng（812x）：21.1A，21.2A，55.2A，258.8A

興 xīng<xing<＊x(r)jɨng（889a）：128.3B，166.3A，183.3A，189.6B，236.7B，237.6A

行 xíng<hæng<＊grang（748a）：3.1A，31.1A，41.1A，54.3A，83.2A，88.3A，133.3B，154.2B，156.2D，161.1B，183.2B，193.2A，199.2A，205.4B，218.5A，234.1A，236.2A，236.6B，237.7A，250.1A，255.6A，259.6B，270.1A，288.1B（又见 háng<hang，［xíng］<hængH）

行［xíng］<hængH<＊grangs（748a）：33.4A，58.4B（又见 háng<hang，xíng<hæng）

刑 xíng<heng<＊geng（808b）：255.7B，256.3A，269.1B

姓 xìng<sjengH<＊sjengs（812q）：11.2A，119.2A，191.6A

凶 xiōng<xjowng<＊x(r)jong（1183a）：70.3A

訩 xiōng<xjowng<＊x(r)jong（1183c）：191.5A，191.10A，299.6C

兄 xiōng<xjwæng<＊hwrjang（765a）：49.1B，76.2A，110.3A，187.2A，241.3C，241.7B

雄［xióng］<hjuwng<＊wjɨng（887l）：190.3A，192.5A

脩 xiū<sjuw<＊sljiw（1077e）：69.2A

休 xiū<xjuw<＊x(r)ju（1070a）：9.1A，114.3B，114.3B，157.3A，176.4A，193.8B，194.5B，252.2A，253.2A，253.2A，262.6A，292.1B，304.4A

朽 xiǔ<xjuwX<＊x(r)juʔ（1041m）：291.1D

臭 *xiù* 见 *chòu<tsyhuwH*

繡 *xiù<sjuwH< * sjiw(k)s* (1028e)：116.2A

秀 *xiù<sjuwH< * sljus* (1095a)：245.5A

褎 *xiù<zjuwH< * zjus* (1079n)：120.2A, 245.5A

虛 [*xū*] *<khjo< * kh(r)ja* (78a)：50.2A

胥 *xū<sjo< * sngja* (90e)：215.1A, 215.2A, 261.3A

吁 *xū<xju< * hw(r)ja* (97c)：3.4A

盱 *xū<xju< * hw(r)ja* (97u)：199.5A, 225.5A

訏 *xū<xju< * hw(r)ja* (97v)：245.4A（又见 *xǔ<xjuX*）

邪 *xú<zjo< * z(ng)ja* (47a)：41.1B, 41.2B, 41.3B（又见 *xié<zjæ*）

湑 *xǔ < sjoX < * sngjaʔ* (90f)：119.1A, 165.3B, 165.3B, 173.1A, 214.1A, 218.4A, 248.3A

許 *xǔ<xjoX< * hng(r)jaʔ* (60i)：68.3A, 243.5A, 300.8A（又见 *hǔ<xuX*）

詡 *xǔ<xjuX< * hw(r)jaʔ* (97v)：261.5B（又见 *xū<xju*）

冔 *xǔ<xjuX< * hw(r)jaʔ* (97d′)：235.5B

栩 *xǔ<xjuX< * hw(r)jaʔ* (98c)：121.1A, 137.1A, 162.3A, 187.3A

恤 *xù<swit< * swjit* (410e)：169.4B, 202.3B, 257.5A

畜 *xù<xjuwk< * x(r)juk(ʔ)* (1018a)：188.2A, 202.4A

洫 *xù<xjwit< * hwjit* (410d)：244.3A

續 *xù<zjowk< * zljok* (1023u)：128.1B, 291.1G

藚 *xù<zjowk< * zljok* (1023v)：108.3A

緒 *xù<zjoX< * zjaʔ*(?) (45s)：263.2A, 300.1C, 300.2B, 305.1A

藇 *xù<zjoX< * zljaʔ* (89n)：165.2A

鱮 *xù<zjoX< * zljaʔ* (89o)：104.2A, 226.4A, 226.4A

宣 *xuān<sjwen< * swjan* (164t)：250.2A, 259.1B, 262.4A

軒 [*xuān*] *<xjon< * xjan* (139g′)：177.5A

儇 *xuān<xjwien< * hwjen* (256z)：97.1A

諼 *xuān<xjwon< * hwjan* (255k)：55.1B, 55.2B, 56.1A

咺 [*xuān*] *<xjwonX< * hwjanʔ* (164q)：55.1B, 55.2B

鍛 *xuān<xwen(H)< * hwen(s)* (228k)：298.3A

玄 xuán<hwen< * gʷin（366a）：234.2A

還 xuán<zjwen< *ɦswjen（256k）：97.1A, 111.1A

選 [xuǎn]<sjwenH< * sjon(ʔ)s（433f）：106.3B（又见 xuǎn<sjwenX）

選 xuǎn<sjwenX< * sjonʔ（433f）：26.3B（又见 [xuǎn]<sjwenH）

削 xuē<sjak< * s(l)jewk（1149c′）：257.5B

穴 xué<hwet< * wit（409a）：73.3A, 131.1B, 131.2B, 131.3B, 237.1A

雪 xuě<sjwet< * sjot（297a）：150.3A

謔 xuè<xjak< * hng(r)jawk（1118d）：55.3B, 95.1C, 95.2C, 254.4A, 254.4A

威 xuè<xjwiet< * hmjet（294a）：192.8A

血 xuè<xwet< * hwit（410a）：194.7B

熏 xūn<xjun< * xjun（461a）：248.5A

薰 xūn<xjun< * xjun（461e）：258.5A

壎 [xūn]<xjwon< * xjon（461j）：199.7A

詢 [xún]<swin< * swjin（392p）：163.5A

洵 [xún]<xwen< * hwin（392l）：31.5B

旬 xún<zwin< *ɦswjin（392a）：257.1B

訓 xùn<xjunH< * xjuns（422d）：256.2A, 269.1B

牙 yá<ngæ < * ngra（37a）：17.3A, 185.1A

御 yà<ngæH< * ngra(k)s（60l）：12.1A（又见 yù<ngjoH）

焉 [yān]<hjen< *ɦ(r)jan（200a）：125.1B, 125.2B, 125.3B

巖 yán<ngæm< * ngram（607l）：191.1A, 300.6A

顔 yán<ngæn< * ngran（199c）：47.3A, 256.7A

嚴 yán<ngjæm< * ng(r)jam（607h）：305.4A

言 yán<ngjon< * ngjan（251a）：39.3A, 56.1A, 58.2A, 58.2A, 76.3A, 86.1A, 125.1B, 125.1B, 125.2B, 125.2B, 125.3B, 125.3B, 139.3A, 197.8A, 200.4A, 219.1A, 241.8A

儼 yǎn<ngjæmX< * ngrjomʔ（ʔ）（607k）：145.3A

巘 yǎn<ngjenX< * ng(r)janʔ（252h）：250.2A

衍 [yǎn]<yenH< * rans（197a）：254.8D（又见 yǎn<yenX）

衍 yǎn<yenX< *ranʔ（197a）：165.3A（又见［yǎn］<yenH）
晏 yàn<ʔænH< *ʔrans（146f）：58.6A，80.3A
燕 yàn<ʔenH< *ʔens（243a）：298.3A
宴 yàn<ʔenH< *ʔens（253b）：58.6A，217.3B
鴈 yàn<ngænH< *ngrans（186a）：34.3A，82.1A
彦 yàn<ngjenH< *ngrjans（199a）：80.3A
央 yāng <ʔjang< *ʔjang（718a）：129.1A，182.1A，283.1A（又见［yāng］<ʔjæng）
央［yāng］<ʔjæng< *ʔrjang（718a）：168.3A，177.4B，178.2B（又见 yāng<ʔjang）
羊 yáng<yang< *(l)jang（732a）：154.8C，209.2A，211.2A
洋 yáng<yang< *(l)jang（732h）：236.8A，300.4A
痒 yáng<yang< *(l)jang（732i）：192.1A，257.7A
陽 yáng < yang < * ljang（720e）：19.1A，67.1A，97.3A，134.1A，154.2B，154.3D，167.3B，169.1C，177.4B，241.6A，250.5A，250.5A，252.9B，283.1A，300.2A
揚 yáng < yang < * ljang（720j）：78.2A，94.2A，106.1A，106.1A，154.3B，183.2B，203.7A，236.8A，250.1A，299.6B
楊 yáng<yang< * ljang（720q）：126.3A，140.1A，172.2A
鍚 yáng<yang< * ljang（720t）：261.2A
仰 yǎng<ngjangX< * ngjangʔ（699c）：205.5B，218.5A
養 yǎng<yangX< *(l)jangʔ（732j）：44.1A
夭 yāo<ʔjew< *ʔ(r)jaw（1141a）：32.1B
要 yāo<ʔjiew< *ʔjew（1142a）：85.2B
葽 yāo<ʔjiew< *ʔjew（1142d）：154.4A
殽［yáo］<hæw< * graw（1167e）：109.1A，192.12A，218.3A
摇 yáo<yew< * ljaw（1144g）：65.1B，155.4A
瑶 yáo<yew< * ljaw（1144i）：64.2A，250.2B
謠 yáo<yew< * ljaw（1144j）：109.1A
遥 yáo<yew< * ljaw（1144k）：79.2A，146.1A，186.1A
陶 yáo<［yew］< * lju（1047d）：67.2A，299.5B（又见 dào<dawH）

要 yào 见 yāo<ʔjiew

藥 yào<yak< * rawk（1125p）：95.1C, 95.2C, 254.4A

曜 yào<yewH< * lja/ewks（1124i）：146.3A

野 yě<yæX< * ljAʔ（831）：28.1B, 77.3A, 124.1A, 144.2A, 154.5A, 156.1D, 181.1A, 184.1A, 207.1A, 234.3A, 236.7A, 250.3C, 297.1A, 297.2A, 297.3A, 297.4A, 300.2B

噎 yē<ʔet< *ʔit（395b）：65.3B

業 yè<ngjæp< * ng(r)jap（640a）：167.4C, 260.7A, 304.7A

夜 yè<yæH< *(l)jAks（800j）：17.1A, 100.3A, 124.4A, 194.2B, 255.5B, 278.1B

葉 yè<yep< * ljap（633d）：34.1A, 60.2A, 304.7A

揖 yī 见 jí<tsip

椅 yī<ʔje< *ʔ(r)jaj（1g′）：174.4A

猗 yī<ʔje< *ʔ(r)jaj（1h′）：55.1A, 191.2A, 301.1A（又见 [yī]<ʔjeH）

猗 [yī]<ʔjeH< *ʔ(r)jajs（1h′）：179.6A（又见 yī<ʔje）

一 yī<ʔjit< *ʔjit（394a）：147.3A, 152.1A, 152.1A

衣 yī<ʔjɨj< *ʔjɨj（550a）：2.3A, 26.5A, 57.1A, 88.4A, 100.2A, 133.1A, 133.2A, 133.3A, 147.2A, 154.1A, 154.2A, 156.1B, 159.4A

依 yī<ʔjɨj< *ʔjɨj（550f）：167.5A, 167.6A, 195.2A, 250.4A, 250.4A, 300.1A

儀 yí<ngje< * ng(r)jaj（2u）：45.1A, 52.1A, 52.1A, 156.4D, 174.4A, 176.1A, 189.9B, 220.4E, 247.4A, 256.5B, 256.8A

宜 yí<ngje< * ng(r)jaj（21a）：47.1A, 75.1A, 82.2A, 214.4A, 216.1A, 238.2B, 248.2A, 300.3E, 303.1E

蛇 yí<ye< * ljaj（4l）：18.1A（又见 shé<zyæ）

貽 yí<yi< * ljɨ（976x）：42.3B

飴 yí<yi< * ljɨ（976y）：237.3A

夷 yí<yij< * ljɨj（551a）：14.3A, 90.1A, 168.6A, 191.5C, 257.2A, 284.1C

姨 yí<yij< * ljɨj（551e）：57.1A

棭 yí<yij<＊ljɨj（551j）：204.8A

遺 yí<ywij<＊ljuj（540m）：201.2A, 258.3A, 258.3A（又见 wèi<ywijH）

椅 yǐ 见 yī<ʔje

矣 yǐ<hiX<＊ɦjɨʔ（976l）：141.1B, 177.6A, 193.5A, 213.1A, 213.2A, 213.3A

以 yǐ<yiX<＊ljɨʔ（976a）：22.1A, 22.1A, 35.3A, 37.2B, 290.1D

已 yǐ<yiX<＊ljɨʔ（977a）：27.1A, 90.3A, 110.1B, 129.3A, 141.1B, 172.3A, 191.4B, 198.2C, 235.2A, 262.6B

翳 yì<ʔejH<＊ʔe/ijs（589f）：241.2B

瞖 yì<ʔejH<＊ʔits（395i）：30.3A, 30.3A

意 yì<ʔiH<＊ʔ(r)jɨks（957a）：192.10A

抑 yì<ʔik<＊ʔ(r)jik（915a）：220.3B, 249.3A

億 yì<ʔik<＊ʔ(r)jɨk（957e）：112.2A, 209.1A, 209.4B, 235.4B, 249.2A

邑 yì<ʔip<＊ʔ(r)jup（683a）：128.2C

益 yì<ʔjiek<＊ʔjek（849a）：40.2A, 254.6B

鷁 yì<ngek<＊ngek（855h）：142.2A

議 yì<ngjeH<＊ng(r)jajs（2v）：189.9B, 205.6B

仡 yì<ngjɨt<＊ngjɨt（517m）：241.8C

艾 yì<ngjojH<＊ngjats（347c）：195.5B（又见 ài<ngajH）

蜴 [yì]<sek<＊slek（850f）：192.6A

易 yì<yeH<＊ljeks（850a）：199.6A, 235.6B（又见 yì<yek）

泄 yì<yejH<＊ljats（339h）：111.2A, 253.4A, 254.2B

勩 yì<yejH<＊ljeps(?)（339k）：194.2A

奕 yì<yek<＊jAk（800d）：179.4A, 300.9A, 301.1D

弈 yì<yek<＊jAk（800f）：217.1B

懌 yì<yek<＊ljAk（790c）：191.8A, 217.1B, 254.2D, 301.1D

斁 yì<yek<＊ljAk（790d）：2.2A, 278.1B, 297.3B, 299.7B, 301.1D

繹 yì<yek<＊ljAk（790e）：179.4A, 297.3B, 300.7A

射 yì<yek<＊ljAk（807a）：218.2B, 256.7C（又见 shè<zyæH）

易 yì<yek<＊ljek（850a）：254.6B, 261.1C（又见 yì<yeH）

翼 yì<yiH<＊ljɨks（954a）：42.3B，188.3B

肄 yì<yijH<＊ljɨps（509g）：10.2A，35.6B

弋 yì<yik<＊ljɨk（918a）：48.2A

翼 yì<yik<＊ljɨk（954d）：121.2A，150.2A，151.2A，167.5B，177.3B，178.1D，189.4A，209.1A，210.3A，216.2A，229.7B，235.3A，236.3A，237.5B，245.3A，246.8A，252.5A，252.5A，260.2A，263.5C，305.5A

逸 yì<yit<＊ljit（396a）：193.8C，220.1C

音 yīn<ʔim<＊ʔ(r)jɨm（653a）：28.3B，32.4A，33.2A，91.1A，128.3B，149.3A，186.4B，208.4A，240.1B，241.4A，252.1B，299.8A

陰 yīn<ʔim<＊ʔ(r)jum（651y）：154.8A

殷 yīn<ʔjɨn<＊ʔjɨn（448a）：40.1A

慇 yīn<ʔjɨn<＊ʔjɨn（448e）：192.12B，257.4A

姻 yīn<ʔjin<＊ʔjin（370f）：51.3A

駰 yīn<ʔjin<＊ʔjin（370g）：163.5A

禋 yīn<ʔjin<＊ʔjin（483g）：268.1A

飲 yǐn 见 yìn<ʔimH

引 yǐn<yinX<＊ljinʔ（371a）：209.6D，265.5C

飲 yìn<ʔimH<＊ʔ(r)jums（654a）：250.4C

胤 yìn<yinH<＊(l)jɨns（451a）：247.6A

嚶 yīng<ʔɛng<＊ʔreng（814f）：165.1A

膺 yīng<ʔing<＊ʔ(r)jɨng（890e）：128.3B，300.5A

英 yīng<ʔjæng<＊ʔrjang（718k）：79.1A，83.2A，98.3A，108.2A，108.2A

瑩 yíng<hjwæng<＊wrjeng（843k）：55.2A，98.2A

縈 [yíng]<ʔjwieng<＊ʔʷjeng（843h）：4.3A

盈 yíng<yeng<＊(l)jeng（815a）：12.3A，34.2A，95.2A，96.1A，179.7B，256.10B，291.1F

楹 yíng<yeng<＊(l)jeng（815c）：189.5A

嬴 yíng<yeng<＊(l)jeng（816f）：258.8A

營 yíng<yweng<＊wjeng（843f）：227.4A，242.1A，259.4A

傭 yōng 见 chōng<trhjowng

雝 yōng<ʔjowng< *ʔ(r)jong（1184c）：173.4A, 278.1A, 282.1A

雍 yōng<ʔjowng< *ʔ(r)jong（1184j）：242.4A, 242.5A, 244.6A

饔 yōng<ʔjowng< *ʔ(r)jong（1184m）：185.3A

雍 [yōng]<ʔjowngX< *ʔ(r)jongʔ（1184h）：206.3A

鏞 [yōng]<yowng< *ljong（1185a'）：242.4A

庸 [yōng]<yowng< *ljong（1185x）：48.3A, 70.3A, 101.2B, 101.2B, 259.3A, 300.3A

墉 [yōng]<yowng< *ljong（1185z）：17.3B, 241.7C

顒 yóng<ngjowng< *ng(r)jong（124p）：177.3A

泳 [yǒng]<hjwængH< *wrjangs（764j）：9.1C, 9.2C, 9.3C

永 yǒng<hjwængX< *wrjangʔ（764a）：9.1B, 9.2B, 9.3B

勇 yǒng<yowngX< *ljongʔ（1185k）：198.6B, 304.5A

用 yòng<yowngH< *ljongs（1185a）：195.1B

幽 yōu<ʔjiw(X)< *ʔ(r)jiw(ʔ)（1115c）：228.3A

憂 yōu<ʔjuw< *ʔ(r)ju（1071a）：26.1A, 39.4B, 54.1B, 59.4A, 65.1C, 65.2C, 65.3C, 70.2A, 114.3B, 116.2A, 167.2B, 193.8B, 223.8A, 253.2A, 257.1A, 264.6B

優 yōu<ʔjuw< *ʔ(r)ju（1071d）：264.6B, 304.4A

悠 [yōu]<yuw< *ljiw（1077c）：39.4B, 54.1B, 179.7A

尤 yóu<hjuw< *wjɨ（996a）：54.4B, 204.4A

訧 yóu<hjuw< *wjɨ（996d）：27.3A

郵 yóu<hjuw< *wjɨ（997a）：220.4B

游 yóu<yuw< *ju（1080f）：35.4A, 252.2A

遊 yóu<yuw< *ju（1080g）：26.1A, 39.4B, 59.4A, 123.2A, 262.1A, 263.3A

猶 yóu<yuw< *ju（1096r）：21.2B, 178.4A, 189.1B, 195.3A, 208.3A, 229.2A, 244.3B

滺 yóu<yuw< *ljiw（1077q）：59.4A

揄 yóu<yuw< *lju（125p）：245.7A

槱 [yóu]<yuwX< *juʔ（1096j）：238.1A

友 yǒu<hjuwX< * wjɨʔ (995e)：1.4A, 34.4A, 177.6A, 177.6A, 180.3A, 183.1B, 194.6A, 218.1B, 249.4A, 256.6C

有 yǒu<hjuwX< * wjɨʔ (995o)：8.1A, 71.2B, 170.3B, 170.6A, 180.3A, 204.6A, 211.3A, 214.4B, 214.4B, 250.6B, 298.3B, 300.8B, 303.1B

莠 yǒu<yuwX< * ljuʔ (1095d)：212.2A

又 yòu<hjuwH< * wjɨ(k)s (995a)：171.4A, 196.2A, 220.2C, 220.5C

侑 yòu<hjuwH< * wjɨ(k)s (995q)：209.1A

囿 yòu<hjuwH< * wjɨ(k)s (995u)：242.2A

右 yòu<hjuwX/H< * wjɨʔ(s) (995i)：59.2A, 129.3A, 175.2A, 180.3A, 211.3A, 214.4B, 235.1B, 237.4A, 258.7A

誘 [yòu]<yuwX< * ljuʔ (1095e)：23.1B

揄 yú 见 yóu<yuw

魚 yú<ngjo< * ng(r)ja (79a)：190.4A, 190.4A, 261.3A, 281.1A, 297.4B

愚 yú<ngju< * ng(r)jo (124g)：256.1A

隅 yú<ngju< * ng(r)jo (124i)：42.1A, 118.2A, 230.2A, 256.1A

娛 yú<ngju< * ng^w(r)ja (59g)：93.2A

虞 yú<ngju< * ng^w(r)ja (59h)：25.1A, 256.5A, 258.6A, 300.2B

餘 yú<yo< * lja (82l)：135.1A, 225.5A

輿 yú<yo< * lja (89j)：135.1A, 135.2B

旟 yú<yo< * lja (89l)：53.2A, 190.4A, 190.4A, 225.5A, 262.1B

予 yú<[yo]< * ljaʔ (83a)：141.2B, 155.2A, 192.9A, 201.1A, 204.1A, 258.4A (又见 yǔ<yoX)

愉 yú<yu< * ljo (125f)：115.1A

榆 yú<yu< * ljo (125g)：115.1A

渝 yú<yu< * ljo (125h)：80.1A, 254.8B

楀 [yú]<yuX< * joʔ (126d)：172.5A

宇 yǔ<hjuX< * w(r)jaʔ (97h)：154.5A, 156.2C, 237.2A, 257.4B, 300.2B, 300.8A

羽 yǔ<hjuX< * w(r)jaʔ (98a)：28.1B, 33.1A, 121.1A, 136.2A,

150.1A, 154.5A, 156.4C, 181.1A, 215.1A, 280.1A

雨 yǔ<hjuX< * w(r)jaʔ (100a): 28.1B, 35.1B, 51.2B, 104.2A, 155.2A, 192.9A, 201.1A, 207.1A, 211.2B

語 yǔ<ngjoX< * ng(r)jaʔ (58t): 139.2A, 173.1A, 189.2A, 220.5B, 250.3C

圉 yǔ<ngjoX< * ng(r)jaʔ (81a): 257.4B, 280.1A

俁 yǔ<ngjuX< * ng^w(r)jaʔ (59f): 38.1A

麌 yǔ<ngjuX< * ng^w(r)jaʔ (59j): 180.2A

噳 yǔ<ngjuX< * ng^w(r)jaʔ (59k): 261.5B

芋 [yǔ]<xju< * hw(r)ja (97o): 189.3B

予 yǔ<yoX< * ljaʔ (83a): 53.2B, 222.1A, 222.1A, 222.1A, 222.3A（又见 yú<[yo]）

與 yǔ<yoX< * ljaʔ (89b): 22.2A, 22.2A, 37.2A, 125.2A, 207.4A

芋 yù 见 [yǔ]<xju

域 yù<hwik< * wrjɨk (929e): 124.2A

緎 yù<hwik< * wrjɨk (929n): 18.2A

蜮 yù<hwok/hwik< * w(rj)ɨk (929r): 199.8A

飫 yù<ʔjuH< *ʔ(r)joks (1242a): 164.6A

饇 yù<ʔjuH< *ʔ(r)jos (122p): 223.5A

奧 yù<ʔjuwk< *ʔ(r)juk (1045a): 207.3A

燠 yù<ʔjuwk< *ʔ(r)juk (1045d): 122.2A

薁 yù<ʔjuwk< *ʔ(r)juk (1045e): 154.6A

彧 yù<ʔjuwk< *ʔ^{w}jɨk (929y): 210.3A

御 yù<ngjoH< * ng(r)jaks (60l): 78.2B, 227.3A, 246.3A（又见 yà<ngæH）

獄 yù<ngjowk< * ng(r)jok (1215a): 17.2A, 17.2A, 196.5B

玉 yù<ngjowk< * ng(r)jok (1216a): 23.2A, 108.3A, 108.3A, 128.1B, 184.2C, 186.4A

禦 yù<ngjoX< * ng(r)jaʔ (60p): 131.3A, 260.5B

譽 [yù]<yo< * lja (89i): 261.5C（又见 yù<yoH）

豫 yù<yoH< * ljas (83e): 254.8A

譽 yù<yoH< * ljas（89i）：218.2B, 278.1B（又见 [yù]<yo）
裕 yù<yuH< * ljoks（1202h）：223.3A
育 yù<yuwk< * ljuk（1020a）：35.5B, 202.4A, 245.1B
愈 [yù]<yuX< * ljoʔ（125d）：192.2A
瘉 [yù]<yuX< * ljoʔ（125j）：192.2A, 223.3A
悁 yuān<ʔjwien< *ʔʷjen（228c）：145.2A
淵 yuān < ʔwen < *ʔʷin（367a）：28.4A, 50.3A, 178.3D, 184.2A, 204.7A, 239.3A
員 yuán 见 yún<hjun
垣 yuán<hjwon< * wjan（164m）：58.2A, 197.8A, 244.4A, 254.7A
援 yuán<hjwon< * wjan（255e）：241.5A
園 yuán<hjwon< * wjan（256b）：76.3A, 127.3A, 184.1B, 184.2B
原 yuán<ngjwon< * ngʷjan（258a）：137.2A, 164.3A, 177.5A, 241.6C, 250.2A, 250.2A, 250.3A, 250.5B
遠 yuǎn<hjwonX< * wjanʔ（256f）：89.1A, 158.2A, 165.3A, 169.3B, 223.1A, 223.2A, 254.1A, 254.1A, 256.12B（又见 yuàn<hjwonH）
媛 yuàn<hjwenH< * wrjans（255g）：47.3A
遠 yuàn<hjwonH< * wjans（256f）：54.2A, 229.1A（又见 yuǎn<hjwonX）
怨 yuàn<ʔjwonH< *ʔjons（260c）：58.6A, 201.3A
苑 [yuàn]<ʔjwonX< *ʔjonʔ（260d）：128.3A
願 yuàn<ngjwonH< * ngjons（258f）：94.1A
樂 yuè 见 lè<lak
鉞 yuè<hjwot< * wjat（303d）：304.6A
越 yuè<hjwot< * wjat（303e）：304.2A
月 yuè<ngjwot< * ngʷjat（或 * Nwjat）（306a）：66.2A, 72.1A, 91.3A, 99.2A, 245.2A
躍 yuè<yak< * lja/ewk（1124f）：242.3A
籥 yuè<yak< * ljewk（1119c）：38.2B
閱 yuè<ywet< * ljot（324p）：150.3A
説 yuè<ywet< * ljot（324q(o)）：14.2A, 31.4A, 225.2A（又见 shuì<sywejH, shuō<sywet）

員 yún<hjun< *wjɨn（227a）：93.1A

云 yún<hjun< *wjɨn（460a）：192.12B, 199.1A

雲 yún<hjun< *wjɨn（460b）：93.1A, 93.1A, 104.1A, 210.2A, 261.4C

耘 yún<hjun< *wjɨn（460e）：290.1B

隕 yǔn<hwinX< *wrjɨn(ʔ)（227g）：58.4A, 237.8A（又见 yǔn<ʔjunX）

隕 yǔn<ʔjunX< *ʔʷjɨnʔ（227g）：197.6B（又见 yǔn<hwinX）

愠 yùn<ʔjunH< *ʔjuns（426e）：237.8B

哉 zāi<tsoj< *tsɨ（943v）：58.6B, 66.1A, 109.1B, 109.2B, 130.1A, 227.2A, 265.7A, 288.1A

宰 zǎi<tsojX< *tsɨʔ（965b）：193.4A, 258.7A

在 zài<dzojX< *dzɨʔ（943i）：197.3A

載 zài<tsojH< *tsɨ(k)s（943a′）：168.1A, 169.4A, 175.2A, 192.10A, 203.3C, 230.1B, 230.2B, 230.3B, 237.5B, 239.4A

牂 zāng<tsang< *tsang（727t）：140.1A

臧 zāng<tsang< *tsang（727f′）：33.4A, 50.2B, 94.2A, 97.3A, 106.1A, 193.2A, 211.2A, 217.2B, 257.8A, 297.1B, 300.4A

藏 zàng<dzangH< *ɦtshangs 或 *ɦsrangs(?)（727g′）：193.6A（又见 cáng<dzang）

鑿 záo<tsak< *tsawk（1128a）：116.1A

藻 zǎo<tsawX< *tsawʔ（1134n）：15.1B, 221.1A, 221.2A, 221.3A, 299.2A

棗 zǎo<tsawX< *tsuʔ（1050a）：154.6B

蚤 zǎo<tsawX< *tsuʔ（1112d）：154.8B

造 zào<dzawX< *dzuʔ（1051a）：70.2A, 75.2A, 240.4B, 286.1A

皂 zào<dzawX< *dzuʔ（1054a）：212.2A

澤 zé<dræk< *lrak（790o）：133.2B, 181.2A（又见 shì<syek）

則 zé<tsok< *tsɨk（906a）：177.2A, 192.7A, 241.7A, 243.3A, 252.5A, 256.2B, 256.8B, 260.1A, 260.2A, 299.4A

柞 zé<tsræk< *tsrak（806p）：290.1A

簀 zé<tsrɛk< *tsr(j)ek（868q）：55.3A

贼 zéi<dzok< *dzɨk（907a）：212.2B，256.8B，257.7B

譖 zèn 见 jiàn<tsemH

增 zēng<tsong< *tsɨng（884c）：166.3A，300.5A

憎 zēng<tsong< *tsɨng（884d）：96.3A，192.4A

赠 zèng<dzongH< *dzɨngs（884j）：82.3A

宅 zhái<dræk< *drak（780b）：181.2A，241.1A，259.2B，300.7A

瘵 zhài<tsrɛjH< *tsr(j)ets（337h）：224.2B，264.1B

詹 zhān<tsyem< *tjam（619a）：226.2A，300.6A

瞻 zhān<tsyem< *tjam（619c）：191.1A，257.8A

旃 zhān<tsyen< *tjan（150c）：125.1B，125.2B，125.3B

展 [zhǎn]<trjenH< *trjan(ʔ)s（201a）：47.3A

斩 zhǎn<tsrɛmX< *tsrjamʔ（611a）：191.1A

湛 zhàn 见 dān<tom

张 zhāng<trjang< *trjang（721h）：220.1D，250.1A，261.2A

粻 zhāng<trjang< *trjang（721i）：259.6B

章 zhāng<tsyang< *tjang（723a）：177.4B，203.6A，214.2A，214.2A，225.1A，238.5A，249.2B，256.4A，261.2A，283.1A

璋 zhāng<tsyang< *tjang（723h）：189.8A，238.2A，252.6A

掌 zhǎng<tsyangX< *tjangʔ（725j）：205.5B

朝 zhāo<trjew< *trjaw（1143a）：58.5A，61.2A，186.1A（又见 cháo<drjew）

炤 zhāo<tsyak< *tjawk（1131n）：192.11A

昭 zhāo<tsyew< *tjaw（1131m）：161.2A，256.11A（又见 [zhāo]<tsyewX）

昭 [zhāo]<tsyewX< *tjawʔ（1131m）：299.2A（又见 zhāo<tsyew）

沼 [zhǎo]<tsyewH< *tjaws（1131p）：242.3A（又见 zhǎo<tsyewX）

沼 zhǎo<tsyewX< *tjawʔ（1131p）：192.11A（又见 [zhǎo]<tsyewH）

赵 zhào 见 [tiǎo]<dewX

召 zhào<drjewH< *drjaws（1131e）：100.1B

旐 zhào<drjewX< *drjawʔ（1145c）：168.2A

罩 zhào<træwH< *trawks（1126i）：171.1A

照 zhào<tsyewH< * tjaws（1131o）: 143.3A

謫 zhé<drɛk< * drek（877u）: 40.2A

晣 [zhé]<tsyejH< * tjats（287i）: 182.2A

哲 [zhé]<tsyejH< * tjats（287j）: 140.2A

蟄 [zhé]<tsyhip< * thjip（685g）: 5.3A

者 zhě<tsyæX< * tjAʔ（45a）: 118.3A, 118.3A, 226.4A, 297.1A, 297.2A, 297.3A, 297.4A

宅 zhè 见 zhái<dræk

柘 zhè<tsyæH< * tjAks（795l）: 241.2D

榛 [zhēn]<dzrin< * dzrjin（380f）: 219.3A

禎 [zhēn]<trjeng< * trjeng（834j）: 268.1A

楨 [zhēn]<trjeng< * trjeng（834l）: 235.3B

榛 zhēn<tsrin< * tsrjin（380f）: 38.3A, 152.4A

溱 zhēn<tsrin< * tsrjin（380g）: 87.1A, 190.4B

臻 zhēn<tsrin< * tsrjin（380h）: 194.3A, 224.3A, 258.1A

蓁 zhēn<tsrin< * tsrjin（380i）: 6.3A

振 zhēn<tsyin< * tjɨn（455p）: 5.1A

枕 zhěn<tsyimX< * Kjumʔ（656g）: 145.3A

畛 zhěn<tsyinX< * tjɨnʔ（453d）: 290.1B

振 zhèn 见 zhēn<tsyin

丁 zhēng<trɛng< * treng（833a）: 7.1B, 165.1A

爭 zhēng<tsrɛng< * tsr(j)eng（811a）: 195.4A, 262.2B, 302.1B

正 zhēng<tsyeng< * tjeng（833j）: 106.2A, 189.5A, 258.8A（又见 zhèng<tsyengH）

征 zhēng<tsyeng< * tjeng（833o）: 21.1A, 21.2A, 179.8A, 196.4A

蒸 zhēng<tsying< * tjɨng（896k）: 190.3A, 192.4A

正 zhèng<tsyengH< * tjengs（833j）: 191.9A, 244.7B（又见 zhēng<tsyeng）

政 zhèng<tsyengH< * tjengs（833r）: 191.6A, 256.3A

知 zhī<trje< * trje（863a）: 60.1A, 141.1A, 148.1A, 197.5A, 199.6A, 199.7B

支 zhī<tsye< * kje（864a）：60.1A

枝 zhī<tsye< * kje（864b）：148.1A，197.5A

之 zhī<tsyi< * tjɨ（962a）：54.4B，59.1A，109.1B，109.1B，109.2B，
   109.2B，128.2D，200.7A，288.1A，294.1B，295.1A

脂 zhī<tsyij< * kjij（552g）：57.2A，245.7B

祇 zhī<tsyij< * tjɨj（590p）：304.3A

織 zhī<tsyik< * tjɨk（920f）：264.4A

蟄 zhí 见 [zhé]<tsyhip

直 zhí<drik< * drjɨk（919a）：80.2A，112.2A，113.2B，207.5A，237.5B，
   259.8A

底 zhǐ 见 [dǐ]<tsyijX

砥 zhǐ 见 [dǐ]<tsyijX

祇 zhǐ 见 qí<gjie

祉 [zhǐ]<trhiX< * thrjɨʔ（961k）：177.6A，198.2C，241.4B，262.4B，
   282.1H，300.8B

旨 zhǐ<tsyijX< * kjij?（552a）：170.2B，170.5A，220.1B

指 zhǐ<tsyijX< * kjij?（552f）：51.1B

止 zhǐ<tsyiX< * tjɨʔ（961a）：35.3A，52.2A，52.2A，110.1B，162.4A，
   183.1B，185.2A，195.5A，197.3A，209.5B，211.1B，211.3A，
   212.4A，213.1A，213.2A，213.3A，235.4A，236.4B，237.4A，
   245.1A，252.7B，255.5A，256.12A，258.7A，261.4A，265.4A，
   288.1A，295.1A，303.1D

趾 zhǐ<tsyiX< * tjɨʔ（961g）：11.1A，154.1C

沚 zhǐ<tsyiX< * tjɨʔ（961h）：13.1A，129.3A，176.2A

治 zhì 见 chí<dri

穉 zhì<drijH< * drjɨjs（596e）：212.2C，212.3B

秩 zhì<drit< * lrjit（402f）：220.3B，249.3A

挃 zhì<trit< * trjit（413f）：291.1E

窒 zhì<trit< * trjit（413h）：156.3B

櫛 zhì<tsrit< * tsrjit（399g）：291.1E

炙 zhì<tsyæH< * tjAks（791a）：209.3A（又见 zhì<tsyek）

炙 zhì<tsyek< * tjAk（791a）：231.3B，246.4A（又见 zhì<tsyæH）
至 zhì<tsyijH< * tjits（413a）：156.3B，169.4B，202.3B
潨 [zhōng]<dzuwng< * dzung（1010f）：248.4A
中 zhōng<trjuwng< * k-ljung（1007a）：13.2A，36.2B，48.1B，48.2B，48.3B，50.1A，128.2B，239.2A，265.6B
鍾 zhōng<tsyowng< * tjong（1188g）：242.4A，242.5A
終 zhōng<tsyuwng< * tjung（1002e）：247.3A，255.1B
螽 zhōng<tsyuwng< * tjung（1002f）：14.1A，168.5A
歱 [zhǒng]<dzyowngX< * djongʔ（1188k）：198.6B
重 zhòng 见 chóng<drjowng
仲 zhòng<drjuwngH< * g-ljungs（1007f）：31.2A
輖 zhōu<trjuw< * trju（1084g）：128.1A
周 zhōu<tsyuw< * tjiw（1083a）：123.2A，153.2B
舟 zhōu<tsyuw< * tju（1084a）：26.1A，35.4A，59.4A，176.4A
洲 zhōu<tsyuw< * tju（1086d）：1.1A，208.3A
軸 zhóu<drjuwk< * lrjuk（1079p）：56.3A，79.3A
咮 zhòu<trjuwH< * trjo(k)s（128u）：151.3A
祝 zhòu<tsyuwH< * tjuks（1025a）：255.3B（又见 zhù<tsyuwk）
株 zhū<trju< * trjo（128f）：144.2B
軸 zhú 见 zhóu<drjuwk
蠋 zhú<dzyowk< * djok（1224d）：156.1C
蓫 [zhú]<trhjuwk< * hlrjiwk（1022e）：188.2A
屬 zhǔ 见 shǔ<dzyowk
渚 zhǔ<tsyoX< * tjaʔ（45k）：22.2A，159.2A，184.1A，248.3A
主 zhǔ<tsyuX< * tjoʔ（129a）：246.7A，252.3A
著 [zhù]<drjo< * drja（45n'）：98.1A
除 zhù<drjoH< * lrjas（82m）：114.1B，166.1A，189.3B，207.2A
紵 zhù<drjoX< * drjaʔ（84e）：139.2A
苧 zhù<drjoX< * drjaʔ（84f）：165.2A
助 zhù<dzrjoH< * dzrjas（46z）：258.4A，260.6A
翥 zhù<tsyuH< * tjoks（1232a）：128.1B

祝 zhù<tsyuwk< * tjuk（1025a）：53.3B（又见 zhòu<tsyuwH）

轉 zhuǎn<trjwenX< * trjonʔ（231e）：26.3B

僮 zhuàng 见 tóng<duwng

追 zhuī<trwij< * trjuj（543d）：284.1B

濁 zhuó<dræwk< * drok（1224p）：204.5A

濯 zhuó<dræwk< * lrewk（1124h）：242.3A, 257.5B, 259.4B

琢 zhuó<træwk< * trok（1218c）：192.13A

菑 zī<tsi< * tsjɨ（943r）：292.1A

茲 zī<tsi< * tsjɨ（966b）：237.3A, 251.1A, 251.2A, 251.3A, 265.5B, 288.1A

資 zī<tsij< * tsjij（555h）：254.5A

姊 zǐ<tsijX< * tsjijʔ（554b）：39.2A

秭 zǐ<tsijX< * tsjijʔ（554d）：279.1B, 290.1G

子 zǐ<tsiX< * tsjɨʔ（964a）：11.1A, 24.2A, 34.4A, 37.4A, 74.3A, 74.3A, 90.3A, 110.1B, 138.3A, 154.1C, 172.3A, 172.3A, 177.2B, 180.3A, 191.4B, 194.6A, 205.1A, 211.3A, 212.4A, 235.2A, 235.2A, 235.4A, 236.4B, 241.4B, 244.8A, 245.1A, 245.2C, 247.5A, 247.8A, 249.1A, 249.4A, 251.1A, 251.2A, 251.3A, 252.7B, 256.6C, 256.8C, 256.10A, 256.10A, 256.12A, 261.4A, 262.4B, 262.6B, 282.1D, 288.1A, 298.3B, 300.3B, 303.1B, 304.7B

耔 zǐ<tsiX< * tsjɨʔ（964m）：211.1B

梓 zǐ<tsiX< * tsjɨʔ（965a）：197.3A

字 zì<dziH< * ɦtsjɨ(ʔ)s（964n）：245.3A

柴 zì<dzjeH< * dzjejs（358x）：179.5A

宗 zōng<tsowng< * tsung（1003a）：248.4A, 248.4A, 250.4C, 258.2A

豵 zōng<tsuwng< * tsong（1191k）：25.2A, 154.4D

總 zōng<tsuwng< * tsong（1199i）：18.3A（又见 zǒng<tsuwngX）

總 zǒng<tsuwngX< * tsongʔ（1199i）：304.5A（又见 zōng<tsuwng）

諏 [zōu]<tsju< * tsjo（131j）：163.2A

奏 zòu<tsuwH< * tso(k)s（1229a）：209.6A, 237.9B

菹 zū<tsrjo< *tsrja（46n'）：210.4A

租 zū<tsu< *tsa（46d'）：155.3A

族 zú<dzuwk< *dzok（1206a）：11.3A, 108.3A, 187.1A

足 zú<tsjowk< *tsjok（1219a）：17.2A, 166.2A, 210.2B

卒 zú<tswit< *Stjut（490a）：29.4A, 202.6A, 232.2A

阻 zǔ<tsrjoX< *tsrjaʔ（46y）：33.1A, 305.1A

祖 zǔ<tsuX< *tsaʔ（46b'）：189.2A, 210.4A, 211.2B, 220.2A, 235.5B, 258.4A, 261.3A, 263.1A, 299.4B, 300.3F, 301.1B, 302.1A

组 zǔ<tsuX< *tsaʔ（46e'）：38.2A, 53.2B, 78.1A

罪 zuì<dzwojX< *dzujʔ（513a）：194.1B, 194.1B, 198.1B

醉 zuì<tswijH< *tsjuts（490h）：65.2B, 132.3A, 257.13A

佐 [zuǒ]<tsaH< *tsajs（5e）：243.6A

左 zuǒ<tsaX< *tsajʔ（5a）：59.3A, 123.1A, 214.4A

鑿 zuò 见 záo<tsak

柞 zuò 见 zé<tsræk

酢 zuò<dzak< *dzak（806t）：209.3A, 231.3B, 246.3A

作 zuò<tsak< *tsak（806l）：75.3A, 133.2B, 167.1B, 181.2A, 198.4A, 256.4B, 257.14A, 297.3B, 300.9A, 301.1D

参 考 文 献

Ānhuī Shěng Wénwù Gōngzuò Duì 安徽省文物工作队 [Ānhuī province cultural relics work team] et al.

1978 "Fùyáng Shuānggǔduī Xī Hàn Rǔ Yīn hóu mù fājué jiǎnbào 阜阳双古堆西汉汝阴侯墓发掘简报" [Brief report on the excavation of the Western Hàn tomb of the marquis of Rǔ Yīn, at Shuānggǔduī, Fùyáng], *Wénwù* 文物 [Cultural relics], 1978, no. 8: 12-31.

Arisaka Hideyo 有坂秀世

1937-1939 [1957] "Karlgren-shi no yō'onsetsu o hyōsu カルグレン氏の拗音説を評す" [A critical study on Karlgren's medial *i* theory], in: *Kokugo on'inshi no kenkyū* 国語音韻史の研究 [Studies on the historical phonology of the national language], revised and enlarged by Kindaichi Kyōsuke 金田一京助, 327-357. Tokyo: Sanseidō. [英文版见 Arisaka 1962.]

1962 "A critical study on Karlgren's medial *i* theory", *Memoirs of the Research Department of Tōyō Bunko* 21: 49-75. Kōno Rokurō 河野六郎据 Arisaka 1937-1939 [1957] 英译.

Ballard, W. L.

1969 Phonological history of Wu. [Unpublished Ph.D. dissertation, University of California, Berkeley.]

Barnard, Noel

1978 "The nature of the Ch'in 'Reform of the Script' as reflected in archaeological documents excavated under conditions of control", in: David T. Roy & Tsuen-hsuin Tsien (eds.), *Ancient China: studies in early civilization*, 181-213. Hong Kong: The Chinese University Press.

Baudouin de Courtenay, J. [Boduèn de Kurtenè]
- 1903 [1963] "Lingvističeskie zametki i aforizmy" [Linguistic notes and aphorisms], in: *Izbrannye trudy po obščemu jazykoznaniju* [Selected works on general linguistics], edited by O. G. Barxudarov, vol. 2, 33 - 55. Moscow: Izdatel'stvo Akademii Nauk SSSR.

Baxter, William H. [Bái Yīpíng 白一平]
- 1977   Old Chinese origins of the Middle Chinese chóngniǔ doublets: A study using multiple character readings. [Unpublished Ph.D. dissertation, Cornell University.]
- 1979   "Studies in Old Chinese rhyming: some further results", paper presented to the 12th International Conference on Sino-Tibetan Languages and Linguistics, Paris, October 19 - 21.
- 1980a   "Old Chinese *-ij, *-ɨj, and *-uj", paper presented to the 13th International Conference on Sino-Tibetan Languages and Linguistics, Charlottesville, Virginia, October 24 - 26.
- 1980b   "Some proposals on Old Chinese phonology", in: Frans van Coetsem & Linda R. Waugh (eds.), 1 - 33.
- 1982   "Computer-assisted statistical study of Old Chinese rhyming", paper presented to the 15th International Conference on Sino-Tibetan Languages and Linguistics, Beijing, August 17 - 19.
- 1983a   "A look at the history of Chinese color terminology", *Journal of the Chinese Language Teachers Association* 19: 1 - 25.
- 1983b   "Shànggǔ Hànyǔ * sr- de fāzhǎn 上古汉语 * sr-的发展" [The development of Old Chinese * sr-], *Yǔyán Yánjiū* 语言研究 [Language research] 4: 22 - 26.

1984	"Reconstructing Old Chinese: the Bodman-Baxter system", paper presented at the 17th International Conference on Sino-Tibetan Languages and Linguistics, Eugene, Oregon, September 7–9.
1985	"Tibeto-Burman cognates of Old Chinese *-ij and *-ɨj", in: Graham Thurgood, James A. Matisoff, & David Bradley (eds.), 242–263.
1986a	"New rhyme categories for Old Chinese", paper presented at the 19th International Conference on Sino-Tibetan Languages and Linguistics, Columbus, Ohio, September 11–14.
1986b	"Old Chinese *-u and *-iw in the Shī-jīng", in: John McCoy & Timothy Light (eds.), 258–282.
1987a	"An annotated translation of 'On the hypothesis of a genetic connection between the Sino-Tibetan languages and the Yeniseian and North-Caucasian languages', by S. A. Starostin", paper presented to the 20th International Conference on Sino-Tibetan Languages and Linguistics, Vancouver. [译自 Starostin 1984].
1987b	Review of Pulleyblank 1984. *Harvard Journal of Asiatic Studies* 47: 635–656.
付印中	"Zhōu and Hàn phonology in the *Shījīng*", in: Michael C. Shapiro & William G. Boltz (eds.), *Studies in the historical phonology of Asian languages*.

Benedict, Paul K. (白保罗)

1948	"Archaic Chinese *g and *d", *Harvard Journal of Asiatic Studies* 11: 197–206.
1972	*Sino-Tibetan: A conspectus*. Contributing editor: James A. Matisoff. Cambridge: Cambridge University Press.
1976a	"Rhyming dictionary of Written Burmese", *Linguistics of the Tibeto-Burman Area* 3 (1): i-x, 1–93.
1976b	"Sino-Tibetan: another look", *Journal of the American*

	Oriental Society 96: 167 – 197.
1987	"Archaic Chinese initials", in: The Chinese Language Society of Hong Kong (ed.), *Wang Li memorial volumes* [王力先生纪念论文集 *Wáng Lì xiānshēng jìniàn lùnwénjí*], English volume, 25 – 71.

Bodde, Derk (卜德)

1938	*China's first unifier: a study of the Ch'in dynasty as seen in the life of Li Ssǔ (280? – 208 B.C.).* (Sinica Leidensia 3.) Leiden: E. J. Brill.

Bodman, Nicholas C. [Bāo Nǐgǔ 包拟古]

1954	*A linguistic study of the Shih-ming: initials and consonant clusters.* Cambridge, Mass.: Harvard University Press.
1967	"Historical linguistics", in: Thomas A. Sebeok (ed.), *Current trends in linguistics II: Linguistics in East Asia and South East Asia*, 3 – 58. The Hague: Mouton.
1969	"Tibetan *sdud* 'folds of a garment', the character 卒, and the *st- hypothesis", *Bulletin of the Institute of History and Philology*, Academia Sinica 39: 327 – 345.
1971	"A phonological scheme for Old Chinese", paper presented to the Chinese Linguistics Project, Princeton University.
1972	"Old Chinese *s-* clusters, some dialect alternations, and traces of the Sino-Tibetan *s-* causative", paper presented to the 5th International Conference on Sino-Tibetan Languages and Linguistics, Ann Arbor, Michigan, October 20 – 21.
1973	"Some Chinese reflexes of Sino-Tibetan s-clusters", *Journal of Chinese Linguistics* 1: 383 – 396.
1974a	"Some random comments on Paul Benedict's 'The Chinese sorgy'", paper presented to the 7th International Conference on Sino-Tibetan Languages and Linguistics, Atlanta, October 18 – 19.
1974b	"Tibetan evidence for the *-ps, *-ts and *-ks origin of

	part of the Chinese *ch'ü-sheng*", paper presented to the 7th International Conference on Sino-Tibetan Languages and Linguistics, Atlanta, October 18 – 19.
1975	"Tibeto-Burman correspondences to the Chinese *teng* (divisions 1, 2, 3, 4) and the concept of 'primary yod' in Sino-Tibetan", paper presented to the 8th International Conference on Sino-Tibetan Languages and Linguistics, Berkeley, October 24 – 26.
1976	"Syllable types and yod in Sino-Tibetan", paper presented to the 9th International Conference on Sino-Tibetan Languages and Linguistics, Copenhagen, October 22 – 24.
1978	"Old Chinese reflexes of Sino-Tibetan *-ʔ, *-:k and related problems", paper for the 11th International Conference on Sino-Tibetan Languages and Linguistics, Tucson, Arizona, October 20 – 22.
1980	"Proto-Chinese and Sino-Tibetan: data towards establishing the nature of the relationship", in: Frans van Coetsem & Linda R. Waugh (eds.), 34 – 199.
1983	"The reflexes of initial nasals in Proto-Southern Min-Hinghua", paper presented to the 16th International Conference on Sino-Tibetan Languages and Linguistics, Seattle.
1985	"Evidence for l and r medials in Old Chinese and associated problems", in: Graham Thurgood, James A. Matisoff, & David Bradley (eds.), 146 – 167.

Bol'šaja sovetskaja ènciklopedija [Great Soviet encyclopedia]
 1970 – 1981 (3rd edition). 31 vols. Moscow: Izdatel'stvo Sovetskaja Ènciklopedija. [英文版见 *Great Soviet encyclopedia*.]

Boltz, William G.
 1986 "Early Chinese writing", *World Archaeology* 17: 420 – 436.

Chang, Betty Shefts & Kun Chang [Zhāng Kūn 张琨]

1976 "The prenasalized stop initials of Miao-Yao, Tibeto-Burman and Chinese: a result of diffusion or evidence of a genetic relationship?", *Bulletin of the Institute of History and Philology, Academia Sinica* 47: 467–502.

1977 "Tibetan prenasalized initials", *Bulletin of the Institute of History and Philology, Academia Sinica* 48: 229–243.

1977–1978 "On the relationship of Chinese 稠 * $dj\partial ug$ and 濃 * $n\partial u\eta$, * $nj\partial u\eta$." *Monumenta Serica* 33: 162–170.

Chāng Hòu 昌厚　见 Lǐ Róng 李荣

Chang, Kun [Zhāng Kūn 张琨]

1974 "Ancient Chinese phonology and the *Ch'ieh-yün*", *Tsing Hua Journal of Chinese Studies*, n.s. 10: 61–82.

Chang, Kun [Zhāng Kūn 张琨] & Betty Shefts Chang

1972 *The Proto-Chinese final system and the Ch'ieh-yün.* (IHP Monographs, series A, 26.) Taipei: Institute of History and Philology, Academia Sinica.

Chang Yü-hung [Zhāng Yùhóng 张裕宏]

1972 *The Hinghwa dialects of Fukien: a descriptive linguistic study.* [Unpublished Ph.D. dissertation, Cornell University.]

Chao, Yuen Ren [Zhào Yuánrèn 赵元任]

1941 "Distinctions within Ancient Chinese", *Harvard Journal of Asiatic Studies* 5: 203–233.

1976 "Some contrastive aspects of the Chinese National Language movement", in *Aspects of Chinese sociolinguistics: essays by Yuen Ren Chao*, edited by Anwar S. Dil, 97–105. Stanford: Stanford University Press.

Chén Bānghuái 陈邦怀

1984 "Liǎng Zhōu jīnwén yùndú jíyí 两周金文韵读集遗" [Additional collected rhymes in bronze inscriptions of Western and Eastern Zhōu], *Gǔ wénzì yánjiū* 古文字研究 [Paleographical research] 9: 445–462.

Chén Dì 陈第

    1606[1957] *Máo shī gǔyīn kǎo* 毛诗古音考 [Investigation of the ancient pronunciation of the Máo *Shī*]. Chéngdū: Sìchuān Rénmín Chūbǎnshè 四川人民出版社.

Chén Hóngtiān 陈宏天 & Lǚ Lán 吕岚

    1984   *Shījīng suǒyǐn* 诗经索引 [Index to the *Shījīng*]. (*Gǔjí xuǎndú cóngshū* 古籍选读丛书 [Selected readings from ancient texts].) Běijīng: Shūmù Wénxiàn Chūbǎnshè 书目文献出版社.

Chén Lǐ 陈澧

    1842 [1965] *Qièyùn kǎo* 切韵考 [Investigation of the *Qièyùn*]. Taipei: Táiwān Xuéshēng Shūjú 台湾学生书局.

Chén Shìhuī 陈世辉

    1979   "Liǎng Zhōu jīnwén yùndú hébiān 两周金文韵读合编" [Compilation of rhymes in bronze inscriptions of Western and Eastern Zhōu]. [Mimeographed MS, Jílín Dàxué 吉林大学. 转引自 Yú Nǎiyǒng 1985: 339.]

    1981   "Jīnwén yùndú xùjí (1) 金文韵读续集 (一)" [Supplementary collection of rhymes in bronze inscriptions (1)], *Gǔ wénzì yánjiū* 古文字研究 [Paleographical research] 5: 169–190.

Chén Yínkè 陈寅恪

    1949   "Cóng shǐshí lùn *Qièyùn* 从史实论切韵" [A discussion of the *Qièyùn* based on historical facts], *Lǐngnán Xuébào* 岭南学报 [Lǐngnán Journal] 9: 1–18.

Cheung Kwong-yue [Zhāng Guāngyù 张光裕]

    1983   "Recent archaeological evidence relating to the origin of Chinese characters", in: David N. Keightley (ed.), 323–391. [Noel Barnard 翻译.]

Cheung Yat-shing 见 Zhāng Rìshēng 张日昇

Chomsky, Noam (乔姆斯基)

1957   *Syntactic structures*. (Janua linguarum, Series minor, 4.) The Hague: Mouton.

Chomsky, Noam(乔姆斯基) & Morris Halle(哈勒)
1968   *The sound pattern of English.* New York: Harper & Row.

Chou Fa-kao 见 Zhōu Fǎgāo 周法高

Chow Tse-tsung [Zhōu Cèzòng 周策纵]
1968   "The early history of the Chinese word *shih* (poetry)", in: Chow Tse-tsung (ed.), *Wen-lin: studies in the Chinese humanities*, 151–209. Madison: University of Wisconsin Press.

Cíhǎi 辞海 [Sea of words]
1979   3 vols. Shànghǎi: Shànghǎi Císhū Chūbǎnshè. 上海辞书出版社.

Cíhǎi: Yǔyán wénzì fēncè 辞海：语言文字分册 [Sea of words: separate fascicle on language and writing]
1978   Shànghái: Shànghǎi Císhū Chūbǎnshè 上海辞书出版社.

Coblin, W. South(柯蔚南)
1983   *A handbook of Eastern Han sound glosses.* Hong Kong: The Chinese University Press.
1986   *A sinologist's handlist of Sino-Tibetan lexical comparisons.* (Monumenta Serica monograph series, 18.) Nettetal: Steyler Verlag.

Couvreur, Séraphin
1934   *Cheu king: texte chinois avec une double traduction en français et en latin, une introduction et un vocabulaire.* (3rd edition.) Sien Hien: Imprimerie de la Mission Catholique.

Crabb, David W.
1988   "Niger-Congo languages", *Encylopædia Britannica* 22: 760–772.

Csongor, Barnabás
1953   "Chinese glosses in the Uighur script of the T'ang period",

	Acta Orientalia Academiae Scientiarum Hungaricae 2: 73 – 121.
1954	"Some more Chinese glosses in Uighur script", Acta Orientalia Academiae Scientiarum Hungaricae 4: 251 – 257.
1960	"Some Chinese texts in Tibetan script from Tun-huang", Acta Orientalia Academiae Scientiarum Hungaricae 10: 97 – 140.
1962	"Chinese glosses in Uighur texts written in Brāhmī", Acta Orientalia Academiae Scientiarum Hungaricae 15: 49 – 53.

Dīng Bāngxīn 丁邦新　见 Ting Pang-hsin

Dīng Fúbǎo 丁福保

1928 – 1932 [1976] *Shuōwén jiězì gǔlín jí bǔyí* 说文解字诂林及补遗 [Forest of philological commentaries on the *Shuōwén jiězì*, with supplement]. 17 vols. Taipei: Táiwān Shāngwù Yìnshūguǎn 台湾商务印书馆.

Dīng Shēngshù 丁声树

1940　"*Shī* Juǎn ěr Fóu yǐ '*Cǎi cǎi*' shuō 诗卷耳芣苢采采说" [Explanation of the phrase "*Cǎi cǎi*" in the poems "Juǎn ěr" and "Fóu yǐ" of the *Shījīng*], *Guólì Běijīng Dàxué sìshí zhōunián jìniàn lùnwén jí*, yǐ biān, shàng 国立北京大学四十周年纪念论文集·乙编(上) [Collected papers in commemoration of the fortieth anniversary of the founding of National Beijing University, vol. 1], 1 – 15. Kūnmíng. [This volume is treated as vol. 6, no.3 of *Guóxué Jìkān* 国学季刊 (Sinological quarterly).]

Dīng Shēngshù 丁声树 & Lǐ Róng 李荣

1981　*Gǔ-jīn zìyīn duìzhào shǒucè* 古今字音对照手册 [Comparative handbook of ancient and modern character pronunciations]. Beijing: Zhōnghuá Shūjú 中华书局. [一个早期版本(Běijīng: Kēxué Chūbǎnshè 科学出版社, 1960)的修订本.]

Dǒng Tónghé 董同龢

1944 [1948] "Shànggǔ yīnyùn biǎo gǎo 上古音韵表稿"[Draft phonological tables for Old Chinese], *Bulletin of the Institute of History and Philology, Academia Sinica* 18：1 - 249.[据 1944 年石印版修正重印.]

1948a [1974] "Guǎngyùn chóngniǔ shì shì 广韵重组试释"[Tentative explanation of the repeated entries in the *Guǎngyùn*], in：Dǒng Tónghé 1974：13 - 32.[原刊于 *Bulletin of the Institute of History and Philology, Academia Sinica* 13：1 - 20.]

1948b [1974] "Quánběn Wáng Rénxū *Kānmiù bǔquē Qièyùn* de fǎnqiè xià zì 全本王仁煦刊谬补缺切韵的反切下字"[The final fǎnqiè spellers of the complete manuscript version of Wáng Rénxū's *Kānmiù bǔquē Qièyùn*], in：Dǒng Tónghé 1974：113 - 152.[原刊于 *Bulletin of the Institute of History and Philology, Academia Sinica* 19：549 - 588.]

1952 [1974] "Quánběn Wáng Rénxū *Kānmiù bǔquē Qièyùn* de fǎnqiè shàng zì 全本王仁煦刊谬补缺切韵的反切上字"[The initial fǎnqiè spellers of the complete manuscript version of Wáng Rénxū's *Kānmiù bǔquē Qièyùn*], in：Dǒng Tónghé 1974：101 - 112.[原刊于 *Bulletin of the Institute of History and Philology, Academia Sinica* 23：511 - 522.]

1968 *Hànyǔ yīnyùnxué* 汉语音韵学 [Phonology of the Hàn language]. Taipei：Wáng Shǒujīng 王守京；distributed by Xuéshēng Shūjú 学生书局.

1974 *Dǒng Tónghé xiānsheng yǔyánxué lùnwén xuǎnjí* 董同龢先生语言学论文选集 [Selected papers on linguistics by Professor Dǒng Tónghé], edited by Ting Pang-hsin [Dīng Bāngxīn 丁邦新]. Taipei：Shíhuò Chūbǎnshè 食货出版社.

Downer, G. B.

1959 "Derivation by tone-change in Classical Chinese", *Bulletin* of the School of Oriental and African Studies 22: 258 – 290.

Elman, Benjamin A.
1984   From philosophy to philology: intellectual and social aspects of change in late Imperial China. (Harvard East Asian Monographs, 110.) Cambridge, Mass.: Council on East Asian Studies, Harvard University.

Fújiàn Shěng Bówùguǎn 福建省博物馆 [Fújiàn Provincial Museum] & Chóng'ān Xiàn Wénhuàguǎn 崇安县文化馆 [Chóng'ān County Cultural Center]
1980   "Fújiàn Chóng'ān Wǔyí shān Báiyán yádòng mù qīnglǐ jiǎnbào 福建崇安武夷山白岩崖洞墓清理简报" [Brief report on the sorting out of the tombs in the grottoes of Báiyán, Wǔyí mountain, Chóng'ān], Wénwù 文物 [Cultural relics], 1980, no. 6: 12 – 20.

Gāo Hēng 高亨
1980   Shījīng jīn zhù 诗经今注 [Modern annotations to the Shījīng]. (Zhōngguó gǔdiǎn wénxué cóngshū 中国古典文学丛书 [Chinese classical literature series].) Shànghǎi: Shànghǎi Gǔjí Chūbǎnshè 上海古籍出版社.

Gāo Míng 高明
1980   Gǔ wénzì lèibiān 古文字类编 [Classified table of ancient scripts]. Běijīng: Zhōnghuá Shūjú 中华书局.

Gě Yìqīng 葛毅卿 [Ku Yeh-ching]
1932   "On the consonantal value of 喻-class words", T'oung Pao 29: 100 – 103.

Gong Hwang-cherng [Gōng Huángchéng 龚煌城]
1980   "A comparative study of the Chinese, Tibetan, and Burmese vowel systems", Bulletin of the Institute of History

and *Philology*, *Academia Sinica* 51: 455 – 490.

Great Soviet encyclopedia
    1973 – 1983   32 vols. New York: Macmillan. Translation of *Bol' šaja sovetskaja ènciklopedija*, 3rd edition.

Gregerson, Kenneth, & David Thomas
    1976   "Vietnamese hỏi and ngã tones and Mon-Khmer -h finals", in: Kenneth J. Gregerson & David Thomas (eds.), *Mon-Khmer Studies V*, 76 – 83. Manila: Summer Institute of Linguistics.

Guō Mòruò 郭沫若
    1954   "Jīnwén yùndú bǔyí 金文韵读补遗" [Additional rhymes in bronze inscriptions], in: *Jīnwén cóng kǎo* 金文丛考 [Collected investigations on bronze inscriptions] (修订版), vol. 2, 137 – 161. Běijīng: Rénmín Chūbǎnshè 人民出版社.

Hartman, Lawton M.
    1944 [1957]   "The segmental phonemes of the Peiping dialect", in: Martin Joos (ed.), *Readings in linguistics I: the development of descriptive linguistics in America 1925 – 1956* (4th edition), 116 – 123. Chicago: The University of Chicago Press. [原刊于 *Language* 20: 28 – 42.]

Harvard-Yenching Institute
    1934 [1962]   *A concordance to Shih ching* (*Máo Shī yǐndé* 毛诗引得). (Sinological index series, supplement no. 9.) Tokyo: The Japan Council for East Asian Studies.

Hashimoto Mantarō 桥本万太郎
    1978 – 1979   *Phonology of Ancient Chinese*. 2 vols. (Study of languages & cultures of Asia & Africa monograph series, 10.) Tokyo: Institute for the Study of Languages and Cultures of Asia and Africa.

Haudricourt, André(奥德里古)
    1954a［1972］ "Comment reconstruire le chinois archaïque", in: Haudricourt 1972: 161 - 182. ［原刊于 *Word* 10: 351 - 364.］
    1954b［1972］ "De l'origine des tons en vietnamien", in: Haudricourt 1972: 147 - 160. ［原刊于 *Journal Asiatique* 242: 69 - 82.］
    1972 *Problèmes de phonologie diachronique.* (Langues et civilisations à tradition orale, 1.) Paris: Société pour l'Étude des Langues Africaines.

Hoel, Paul G., Sidney C. Port, & Charles J. Stone
    1971 *Introduction to probability theory.* (The Houghton-Mifflin series in statistics.) Boston: Houghton Mifflin.

Hóng Gù 洪固
    1978 *Dài Dōngyuán zhī shēngyùnxué* 戴东原之声韵学 [The phonological studies of Dài Dōngyuán (Dài Zhèn 戴震)]. Taipei: Wénjīn Chūbǎnshè 文津出版社.

Hsu, Cho-yun [Xǔ Zhuōyún 许倬云]
    1984 *Xī Zhōu shǐ* 西周史 [History of Western Zhōu]. Taipei: Liánjīng Chūbǎn Shìyè Gōngsī 联经出版事业公司.

Hú Píngshēng 胡平生 & Hán Zìqiáng 韩自强
    1988 *Fùyáng Hàn jiǎn Shījīng yánjiū* 阜阳汉简诗经研究 [Investigation of the Hàn-dynasty bamboo-strip version of the *Shījīng* from Fùyáng]. Shànghǎi: Shànghǎi Gǔjí Chūbǎnshè 上海古籍出版社.

Hu Shih [Hú Shì 胡适]
    1943 "A note on Ch'üan Tsu-wang, Chao I-ch'ing and Tai Chen: a study of independent convergence in research as illustrated in their works on the *Shui-Ching Chu*", in: Arthur E. Hummel (ed.), 970 - 982.

Hú Tǎn 胡坦
    1980 "Zàngyǔ (Lāsà huà) shēngdiào yánjiū 藏语(拉萨话)声调

研究"[Study of the tones of Tibetan (Lhasa dialect)], *Mínzú Yǔwén* 民族语文[Minority languages] 1980, no.1: 22-36. [法文版见 Hú Tǎn 1982.]

1982 "Recherches sur les tons du tibétain (dialecte de Lhasa)", *Cahiers de Linguistique Asie Orientale* 11 (1): 11-46. [Michel Desirat 据 Hú Tǎn 1980 翻译.]

Huáng Cuìbó 黄淬伯

1930 "Huìlín *Yíqiè jīng yīn yì* fǎnqiè shēnglèi kǎo 慧琳一切经音义反切声类考" [Investigation of the initial fǎnqiè categories of Huìlín's *Yíqiè jīng yīn yì*], *Bulletin of the Institute of History and Philology*, Academia Sinica 1: 165-182.

Hummel, Arthur E. (ed.)

1943-1944 *Eminent Chinese of the Ch'ing period (1644-1912)*. 2 vols. Washington: U. S. Government Printing Office.

Ikeda Suetoshi 池田末利

1964 *Inkyo shokei kōhen shakubun kō* 殷虚書契後編釋文稿 [Draft interpretations of the *Yīnxū shūqì hòubiān* (Inscriptions from the Yīn ruins, latter volume, by Luó Zhènyù 罗振玉)]. Hiroshima: Hiroshima Daigaku Bungakubu Chūgoku Tetsugaku Kenkyūshitsu 廣島大学文学部中国哲学研究室.

Jakobson, Roman & Morris Halle

1971 *Fundamentals of language*. The Hague: Mouton.

Jaxontov, Sergej Evgen'evič [Xiè Yè Yǎhóngtuōfū 谢·叶·雅洪托夫]

1959 "Fonetika kitajskogo jazyka 1 tysjačeletija do n. e. (sistema finalej)" [The phonology of the Chinese language of the 1st millennium B.C. (system of finals)], *Problemy Vostokovedenija* [Problems of Oriental studies] 1959, no.

2: 137 – 147. [英文版见 Jaxontov 1968.]

1960a   *Consonant combinations in Archaic Chinese.* (Papers presented by the USSR delegation at the 25th International Congress of Orientalists, Moscow.) Moscow: Oriental Literature Publishing House. [这是 Jaxontov 1963 的英文版;中文版见 Jaxontov 1986: 42 – 52.]

1960b   "Fonetika kitajskogo jazyka 1 tysjačeletija do n. e. (labializovannye glasnye)" [The phonology of the Chinese language of the 1st millennium B.C. (rounded vowels)], *Problemy Vostokovedenija* [Problems of Oriental studies] 1960, no. 6: 102 – 115. [英文版见 Jaxontov 1970;中文版见 Jaxontov 1986: 53 – 77.]

1963   "Sočetanija soglasnyx v drevnekitajskom jazyke" [Consonant combinations in Archaic Chinese], in: *Trudy dvadcat' pjatogo meždunarodnogo kongressa vostokovedov, Moskva, 9 – 16 avgusta 1960 g.* [Works of the 25th International Congress of Orientalists, Moscow, 9 – 16 August 1960]. Vol. 5: *Zasedanija sekcij XVI-XX* [Sessions of sections XVI-XX], 89 – 95. Moscow: Izdatel′stvo Vostočnoj Literatury. [这是 Jaxontov 1960a 的俄文版;中文版见 Jaxontov 1986: 42 – 52.]

1965   *Drevnekitajskij jazyk* [The Old Chinese language]. (*Jazyki narodov Azii i Afriki* [Languages of the peoples of Asia and Africa].) Moscow: Izdatel′stvo《Nauka》. [相关摘录的英文翻译见 Jaxontov 1978 – 1979.]

1968   "Chinese phonology of the first millennium B.C.", *Chi-Lin* 麒麟(*Unicorn*) 1: 1 – 20 (separately paged). [这是罗杰瑞对 Jaxontov 1959 的英文翻译版.]

1970   "The phonology of Chinese of the first millennium B.C. (rounded vowels)", *Chi-Lin* 麒麟(*Unicorn*) 6: 52 – 75. [这是罗杰瑞对 Jaxontov 1960b 的英文翻译版.]

1978 – 1979 "Old Chinese phonology", *Early China* 4: 37 – 40. [这是罗杰瑞对 Jaxontov 1965 相关摘录的英文翻译版。]

  1986　　*Hànyǔ shǐ lùnjí* 汉语史论集 [Collected studies on the history of the Hàn language]. Edited by Táng Zuòfān 唐作藩 and Hú Shuāngbǎo 胡双宝. Běijīng: Běijīng Dàxué Chūbǎnshè 北京大学出版社.

Jiàoyù Bù Dúyīn Tǒngyī Huì 教育部读音统一会 [Committee for the unification of character pronunciations, Ministry of Education]

  1919　　*Guóyīn zìdiǎn* 国音字典 [Dictionary of national pronunciation]. Shànghǎi: Shāngwù Yìnshūguǎn 商务印书馆.

Juhl, Robert A.

  1972　　A survey of the rhyming of poets from the Wei dynasty into the Early T'ang. [Unpublished Ph.D. dissertation, University of Wisconsin.]

  1974　　"Phonological evolution of the Chinese rhymes: Wei to Liang", *Journal of the American Oriental Society* 94: 408 – 430.

  1975　　"The literary dialect of Xie Zhuang", *Journal of Chinese Linguistics* 3: 129 – 153.

Karlgren, Bernhard (高本汉)

  1915 – 1926 *Études sur la phonologie chinoise.* Leiden: E. J. Brill.

  1923 [1973] *Analytic dictionary of Chinese and Sino-Japanese.* Taipei: Ch'eng-wen Publishing Co. (Chéngwén Chūbǎnshè 成文出版社). [原版为 Paris: Geuthner, 1923.]

  1933　　"Word families in Chinese", *Bulletin of the Museum of Far Eastern Antiquities* 5: 9 – 120.

  1940　　"Grammata serica: script and phonetic in Chinese and Sino-Japanese", *Bulletin of the Museum of Far Eastern Antiquities* 12: 1 – 471.

  1942 – 1946 [1964] *Glosses on the Book of odes.* Stockholm: Museum of

	Far Eastern Antiquities. ［原刊于 *Bulletin of the Museum of Far Eastern Antiquities* 14: 71 – 247, 16: 25 – 169, and 18: 1 – 198.］
1954	"Compendium of phonetics in Ancient and Archaic Chinese", *Bulletin of the Museum of Far Eastern Antiquities* 26: 211 – 367.
1956	"Cognate words in the Chinese phonetic series", *Bulletin of the Museum of Far Eastern Antiquities* 28: 1 – 18.
1957	"Grammata serica recensa", *Bulletin of the Museum of Far Eastern Antiquities* 29: 1 – 332.
1974	*The book of odes: Chinese text, transcription and translation.* Stockholm: Museum of Far Eastern Antiquities. ［翻译原刊于 *Bulletin of the Museum of Far Eastern Antiquities*, vols 16 and 17.］

Keightley, David N.

1985	*Sources of Shang history: the oracle-bone inscriptions of Bronze Age China.* (1st paperback printing.) Berkeley and Los Angeles: University of California Press. ［原版刊于 1978.］

Keightley, David N. (ed.)

1983	*The origins of Chinese civilization.* (Studies on China, 1.) Berkeley and Los Angeles: University of California Press.

Kōno Rokurō 河野六郎

1939	"Chōsen kanji'on no ichi tokushitsu 朝鮮漢字音の一特質" ［A characteristic of Sino-Korean］, *Gengo Kenkyū* 言語研究 (Journal of the Linguistic Society of Japan) 3: 27 – 53.
1954 ［1979］	"Tōdai Chōan'on ni okeru 微 bibu ni tsuite 唐代長安音に於ける微母に就いて" ［The initial 微 Wēi in the pronunciation of Cháng'ān in Táng times］, in: Kōno 1979, vol. 2, 249 – 259.
1964 – 1967［1979］	"Chōsen kanji'on no kenkyū 朝鮮漢字音の研究"

[Research on the Sino-Korean readings of Chinese characters], in: Kōno 1979, vol. 2, 295–512.

1979　　*Kōno Rokurō chosaku shū* 河野六郎著作集 [Collected works of Kōno Rokurō]. 3 vols. Tokyo: Heibonsha 平凡社.

Ku Ye-ching 见 Gě Yìqīng 葛毅卿

Ladefoged, Peter (彼得·赖福吉)

1971　　*Preliminaries to linguistic phonetics.* Chicago: University of Chicago Press.

Legge, James

1893–1895 [1960] *The She king, or the Book of poetry.* (2nd edition, with minor text corrections.) Vol. 4 of *The Chinese Classics, with a translation, critical and exegetical notes, prolegomena, and copious indexes.* Reprint. Hong Kong: Hong Kong University Press.

Li Fang-kuei [Lǐ Fānggùi 李方桂]

1931　　"*Qièyùn* â de láiyuán 切韵 â 的来源" [Origins of the Ancient Chinese vowel â], *Bulletin of the Institute of History and Philology, Academia Sinica* 3: 1–38.

1935　　"Archaic Chinese *-i̯wəng, *-i̯wək and *-i̯wəg", *Bullerin of the Institute of History and Philology, Academia Sinica* 5: 65–74.

1945　　"Some Old Chinese loanwords in the Tai languages", *Harvard Journal of Asiatic Studies* 8: 333–342.

1959　　"Tibetan glo-ba'-'dring", in: Søren Egerod & Else Glahn (eds.), *Studia serica Bernhard Karlgren dedicata: studies dedicated to Bernhard Karlgren on his seventieth birthday, October fifth, 1959,* 55–59. Copenhagen: E. Munksgaard.

1970 [1980] "Zhōngguó Shànggǔyīn shēngmǔ wèntí 中国上古音声母问题" [Problems of the initial consonants of Old Chinese], in: Li 1980: 95–103. [Text of a lecture at the Chinese

University of Hong Kong, 25 August 1970.]

1971 [1980] "Shànggǔ yīn yánjiū 上古音研究"[Studies on Old Chinese pronunciation], in: Li 1980: 1 – 83. [原刊于 *Tsing Hua Journal of Chinese Studies*, n.s. 9: 1 – 61.]

1974 – 1975 "Studies on Archaic Chinese", *Monumenta Serica* 31: 219 – 287. [Translation, by G.L. Mattos, of Li 1971 [1980].]

1976 [1980] "Jǐgè shànggǔ shēngmǔ wèntí 几个上古声母问题" [Several problems on Old Chinese initials], in: Li 1980: 85 – 94. [原刊于 *Zǒngtǒng Jiǎnggōng shìshì zhōunián lùnwén jí* "总统""蒋公"逝世周年论文集(Collected papers in commemoration of the anniversary of the death of President Jiǎng), 1143 – 1150. Taipei: Zhōng Yán Yuàn "中研院"(Academia Sinica), 1976.]

1977 *A handbook of comparative Tai*. (Oceanic Linguistics special publication no. 15.) Honolulu: University Press of Hawaii.

1980 *Shànggǔ yīn yánjiū* 上古音研究 [Studies on Old Chinese pronunciation]. Běijīng: Shāngwù Yìnshūguǎn 商务印书馆.

1983 "Archaic Chinese", in: David N. Keightley (ed.), 393 – 408.

Lǐ Róng 李荣

1956 *Qièyùn yīnxì* 切韵音系[The sound system of the *Qièyùn*]. Běijīng: Kēxué Chūbǎnshè 科学出版社.

1961 – 1962 [1982] "Suí yùnpǔ 隋韵谱"[Rhyme tables for the Suí dynasty], in: Lǐ Róng 1982: 135 – 209. [原刊于 *Zhōngguó Yǔwén* 中国语文(Chinese language) 1961: 10 – 11, 47 – 57; 1962, no.1: 38 – 49, no. 2: 70 – 84, 162 – 166, 笔名为 Chāng Hòu 昌厚.]

1965 [1982] "Cóng xiàndài fāngyán lùn gǔ 群 Qún mǔ yǒu yī, èr, sì děng 从现代方言论古群母有一、二、四等"[Showing from

	modern dialects that the 群 Qún initial had divisions I, II, and IV], in: Lǐ Róng 1982: 119–126.
1982	*Yīnyùn cún gǎo* 音韵存稿 [Accumulated drafts on phonology]. Běijīng: Shāngwù Yìnshūguǎn 商务印书馆.
1982 [1985]	"Lùn Běijīng huà '荣 róng' zì de yīn 论北京话'荣'字的音" [On the pronunciation of the character '荣 róng' in the Beijing dialect], in: *Yǔwén lùn héng* 语文论衡 [Considerations on language], 103–106. Běijīng: Shāngwù Yìnshūguǎn 商务印书馆.
1985	"Guānhuà fāngyán de fēnqū 官话方言的分区" [The subgroups of the Mandarin dialects], *Fāngyán* 方言 [Dialect] 7: 2–5.

Lǐ Xiàodìng 李孝定

1965	*Jiǎgǔ wénzì jí shì* 甲骨文字集释 [Collected explanations of oracle-bone script]. 14 vols. Taipei: Academia Sinica.

Lǐ Xīnkuí 李新魁

1982	*Yùnjìng jiàozhèng* 韵镜校证 [The *Yùnjìng* collated and verified]. Běijīng: Zhōnghuá Shūjú 中华书局.
1983	*Hànyǔ děngyùnxué* 汉语等韵学 [Chinese rhyme-table phonology]. (1st edition.) Běijīng: Zhōnghuá Shūjú 中华书局.

Lǐ Xuéqín 李学勤

1985	*Gǔ wénzìxué chūjiē* 古文字学初阶 [Initial steps in paleography]. (*Wén shǐ zhīshi cóngshū* 文史知识丛书 [Knowledge of literary history].) Běijīng: Zhōnghuá Shūjú 中华书局.

Ligeti, Louis

1956	"Le *Po kia sing* (百家姓) en écriture 'Phags-pa", *Acta Orientalia Academiae Scientiarum Hungaricae* 6: 1–52.
1961	"Trois notes sur l'écriture 'Phags-pa", *Acta Orientalia Academiae Scientiarum Hungaricae* 13: 201–237.
1968	"Notes sur le lexique sino-tibétain de Touen-houang en

écriture tibétaine", *Acta Orientalia Academiae Scientiarum Hungaricae* 21: 265–288.

Lín Tāo 林焘
1962 "Lù Démíng de *Jīngdiǎn shìwén* 陆德明的经典释文" [The *Jīngdiǎn shìwén* of Lù Démíng], *Zhōngguó Yǔwén* 中国语文 [Chinese language] 1962, no. 3: 132–136.

Lín Zǔtài 林祖泰
1978 *Yīnxū bǔcí tōngjiǎ yánjiū* 殷虚卜辞通假研究 [An investigation of loan-characters in the oracular inscriptions of the ruins of Yīn]. Taipei: Gōngchéng Yìnshuāsuǒ 功成印刷所.

Liú Fù 刘复, Luó Chángpéi 罗常培, & Wèi Jiàngōng 魏建功 (编著)
1937 *Shíyùn huìbiān* 十韵汇编 [A compilation of ten rhyme books]. 3 vols. Běijīng: Běijīng Dàxué 北京大学.

Löffler, Lorenz G.
1966 "The contribution of Mru to Sino-Tibetan linguistics", *Zeitschrift der Deutschen Morgenländischen Gesellschaft* 116: 118–170.

Lóng Yǔchún 龙宇纯
1968 *Táng xiě quánběn Wáng Rénxū Kānmiù bǔquē Qièyùn jiàojiān* 唐写全本王仁煦刊谬补缺切韵校笺 [A critical edition of the complete Táng manuscript version of Wáng Rénxū's *Kānmiù bǔquē Qièyùn*]. Hong Kong: The Chinese University Press.

Lú Wénchāo 卢文弨
1791 [1968] *Jīngdiǎn shìwén kǎozhèng* 经典释文考证 [Textual research on the *Jīngdiǎn shìwén*]. Taipei: Wénhǎi Chūbǎnshè 文海出版社.

Lù Démíng 陆德明
583 [1975] *Jīngdiǎn shìwén* 经典释文 [Explanatory glosses on the classics], edited by Yáng Jiāluò 杨家骆. Taipei: Dǐngwén

Shūjú 鼎文书局.

Lù Zhìwéi 陆志韦

1947 ［1971］ *Gǔyīn shuōlüè* 古音说略 ［Summary discussion of Old Chinese pronunciation］. (*Yānjīng Xuébào* 燕京学报 ［Yānjīng Journal］ Monograph no. 20.) Taipei：Táiwān Xuéshēng Shūjú 台湾学生书局.

Lù Zōngdá 陆宗达

1932 "Wáng Shíqú xiānshēng *Yùn pǔ Hé yùn pǔ* yí gǎo bá 王石臞先生韵谱合韵谱遗稿跋" ［Postscript to the posthumous manuscripts *Yùn pǔ* and *Hé yùn pǔ* by Wáng Shíqú (Wáng Niànsūn 王念孙)］, *Guóxué Jìkān* 国学季刊 ［Sinological quarterly］ 3(1)：163 – 174.

1935 "Wáng Shíqú xiānshēng *Yùn pǔ Hé yùn pǔ* gǎo hòu jì 王石臞先生韵谱合韵谱稿后记" ［Notes on the posthumous manuscripts *Yùn pǔ* and *Hé yùn pǔ* by Wáng Shíqú (Wáng Niànsūn 王念孫)］, *Guóxué Jìkān* 国学季刊 ［Sinological quarterly］ 5(2)：275 – 320.

Luó Chángpéi 罗常培

1931a "*Qièyùn* 鱼 Yú 虞 Yú zhī yīnzhí jí qí suǒ jù fāngyīn kǎo 切韵鱼虞之音值及其所据方音考" ［The value of the *Qièyùn* rhymes 鱼 Yú and 虞 Yú and the ancient dialects on which their distinction was based］, *Bulletin of the Institute of History and Philology, Academia Sinica* 2：258 – 385.

1931b "知 Zhī 徹 Chè 澄 Chéng 娘 Niáng yīnzhí kǎo 知徹澄娘音值考" ［An investigation of the phonetic values of the initials 知 Zhī, 徹 Chè, 澄 Chéng, and 娘 Niáng］, *Bulletin of the Institute of History and Philology, Academia Sinica* 3：121 – 157.

1933 "Shì nèi wài zhuǎn 释内外转" ［Explaining the terms *nèizhuǎn* and *wàizhuǎn*］, *Bulletin of the Institute of History and Philology, Academia Sinica* 4：209 – 226.

1935 "*Tōngzhì Qīyīn lüè* yánjiū 通志七音略研究" ［Research on

the *Tōngzhì Qīyīn lüè*], *Bulletin of the Institute of History and Philology*, *Academia Sinica* 5: 521 – 536.

1950　*Běijīng sú qǔ bǎi zhǒng zhāi yùn* 北京俗曲百种摘韵 [Rhymes from a hundred vernacular songs of Beijing]. Běijīng: Láixūn Gé Shūdiàn 来薰阁书店.

Luó Chángpéi 罗常培 & Zhōu Zǔmó 周祖谟

1958　*Hàn Wèi Jìn Nán-běi cháo yùnbù yǎnbiàn yánjiū* 汉魏晋南北朝韵部演变研究 [A study of the evolution of rhyming categories in the Hàn, Wèi-Jìn, and Nán-běi cháo periods], vol. 1. Běijīng: Kēxué Chūbǎnshè 科学出版社.

McCoy, John

1966　Szeyap data for a first approximation of Proto-Cantonese. [Unpublished Ph.D. dissertation, Cornell University.]

1980　"The reconstruction of upper register nasals and laterals in Proto-Cantonese", in: Frans van Coetsem & Linda R. Waugh (eds.), 200 – 213.

1986　"Modern suprasegmental evidence for consonant clusters in Proto-Yue", in: John McCoy & Timothy Light (eds.), 367 – 374.

McCoy, John & Timothy Light (eds.)

1986　*Contributions to Sino-Tibetan studies*. (Cornell linguistic contributions, vol. 5.) Leiden: E. J. Brill.

Maclay, R. S. & C. C. Baldwin

1929　*Dictionary of the Foochow dialect*. Revised and enlarged by Samuel H. Leger. Shanghai: The Presbyterian Mission Press.

Manaster Ramer, Alexis

日期未详　Metrics and the Wizard of Oz. [Unpublished MS.]

Mannheim, Bruce

日期未详　On semantic parallelism in Quechua verse. [Unpublished MS.]

Martin, Samuel E.
1953   The phonemes of Ancient Chinese. Supplement to *Journal of the American Oriental Society* 73: 2.

Martin, Samuel E. & Sung-Un Chang
1967   *A Korean-English dictionary*. New Haven: Yale University Press.

Mathews, R. H.
1943   *Mathews' Chinese-English dictionary*. (Revised American edition.) Cambridge, Mass.: Harvard University Press.

Matisoff, James A. (马提索夫)
1970   "Glottal dissimilation and the Lahu high-rising tone; a tonogenetic case study", *Journal of the American Oriental Society* 90: 13 – 44.
1973   "Tonogenesis in Southeast Asia", in: Larry Hyman (ed.), *Consonant types and tone*, 71 – 96. (Southern California occasional papers in linguistics, 1.) Los Angeles: University of Southern California.

Mǎwángduī Hàn Mù Bóshū Zhěnglǐ Xiǎozǔ 马王堆汉墓帛书整理小组 [Small team for sorting out the silk manuscripts from the Hàn tombs at Mǎwángduī]
1976   *Mǎwángduī Hàn mù bóshū Lǎozǐ* 马王堆汉墓帛书老子 [The silk manuscript versions of *Lǎozǐ* from the Hàn tombs at Mǎwángduī]. Beijing: Wénwù Chūbǎnshè 文物出版社.

Mayrhofer, Manfred
1956 – 1972 *Kurzgefasstes etymologisches Wörterbuch des Altindischen*. 4 vols. (Indogermanische Bibliothek, 2. Reihe: Wörterbücher.) Heidelberg: Carl Winter/Universitätsverlag.

Mei, Tsu-lin [Méi Zǔlín 梅祖麟]
1970   "Tones and prosody in Middle Chinese and the origin of the rising tone", *Harvard Journal of Asiatic Studies* 30: 86 – 110.

1982a   "Gēn 见 jiàn xì zì xiéshēng de 照三 zhàosān xì zì 跟见系字谐声的照三系字" [Characters of the 照三 Zhào-sān (palatal) series in phonetic series with characters of the 见 Jiàn (velar) series], *Zhōngguó Yǔyán Xuébào* 中国语言学报 [Chinese linguistics journal] 1: 114 – 126.

1982b   "Shuō shǎngshēng 说上声" [On the rising tone], *Tsing Hua Journal of Chinese Studies*, n.s. 14: 233 – 241.

Mei, Tsu-lin [Méi Zǔlín 梅祖麟] & Jerry L. Norman [Luó Jiéruì 罗杰瑞]

1971   "Shì lùn jǐgè Mǐnběi fāngyán zhōng de lái lái mǔ S- shēng zì 试论几个闽北方言中的来母 S-声字" [*Cl->s-* in some Northern Min dialects], *Tsing Hua Journal of Chinese Studies*, n.s. 9: 96 – 105.

Miller, Roy Andrew

1967   *The Japanese language.* Chicago: University of Chicago Press.

Molino, Jean & Joëlle Tamine

1982   *Introduction à l'analyse linguistique de la poésie.* Paris: Presses Universitaires de France.

Morohashi Tetsuji 诸桥辙次

1955 – 1960   *Dai Kan-Wa jiten* 大漢和辭典. 13 vols. Tokyo: Taishūkan 大修馆. [Compact edition, 1966 – 1968.]

Mosteller, Frederick, Robert E. K. Rourke, & George B. Thomas

1961   *Probability with statistical applications.* (Addison-Wesley series in statistics.) Reading, Mass.: Addison-Wesley.

Nivison, David S.

1983   "The dates of Western Chou", *Harvard Journal of Asiatic Studies* 43: 481 – 580.

Norman, Jerry L. [罗杰瑞 Luó Jiéruì]

1969   The Kienyang dialect of Fukien. [Unpublished Ph. D. dissertation, University of California, Berkeley.]

1973   "Tonal development in Min", *Journal of Chinese Linguistics*

　　　　　　　1: 222–238.
1974　　　　"The initials of Proto-Min", *Journal of Chinese Linguistics* 2: 27–36.
1977–1978　"A preliminary report on the dialects of Mintung", *Monumenta Serica* 33: 326–348.
1981　　　　"The Proto-Min finals", in: *Zhōngyāng Yánjiūyuàn Guójì Hànxué Huìyì lùnwén jí: Yǔyán wénzì zǔ*"中研院"国际汉学会议论文集: 语言文字组 [Proceedings of the Academia Sinica International Conference on Sinology, Section on language and script], 35–73. Taipei: Zhōngyāng Yánjiūyuàn "中研院"(Academia Sinica).
1986　　　　"The origin of the Proto-Min softened stops", in: John McCoy & Timothy Light (eds.), 375–384.
1988　　　　*Chinese.* (Cambridge language surveys.) Cambridge: Cambridge University Press.

Norman, Jerry L.(罗杰瑞) & Tsu-lin Mei [Méi Zǔlín 梅祖麟]
1976　　　　"The Austroasiatics in ancient South China: some lexical evidence", *Monumenta Serica* 32: 274–301.

Ogawa Tamaki 小川环树
1960 [1977] "*Shikyō* ibun no on'inteki tokushitsu 詩經異文の音韻的特質" [Phonological characteristics of textual variants in the *Shījīng*], in: In *Chūgoku gogaku kenkyū* 中國語學研究 [Research in Chinese linguistics], 5–31. (Tōyōgaku sōsho 東洋學叢書 [East Asian studies series].) Tokyo: Sōbunsha 創文社.

Pankenier, David W.
1981–1982 "Astronomical dates in Shang and Western Zhou", *Early China* 7: 2–37.

Pejros, Il'ja Iosifovič & Sergej Anatol'evič Starostin

1977	"O genetičeskom sravnenii kitajskogo i tibetskogo jazykov (fonetičeskie sootvetstvija)" [On the genetic relationship of the Chinese and Tibetan languages (phonetic correspondences)], in: *Rannjaja ètničeskaja istorija narodov vostočnoj Azii* [Early ethnic history of the peoples of East Asia], 209 – 221. Moscow: Izdatel'stvo 《Nauka》, Glavnaja Redakcija Vostočnoj Literatury.
1984	"Sino-Tibetan and Austro-Tai", *Computational Analyses of Asian & African Languages* 22: 123 – 127.

Pokorny, Julius.

1989	*Indogermanisches etymologisches Wörterbuch.* (2nd edition.) 2 vols. Bern: Francke.

Poppe, Nicholas

1970	*Mongolian language handbook.* Washington: Center for Applied Linguistics.

Pound, Ezra

1954	*The Classic anthology according to Confucius.* Cambridge: Harvard University Press. [Translation of the *Shījīng* 诗经. Reprint: New York: New Directions, 1959, under the title *The Confucian odes: The classic anthology defined by Confucius.*]

Pulleyblank, Edwin G. [Pú Lìběn 蒲立本]

1962	"The consonantal system of Old Chinese", *Asia Major* 9: 58 – 144, 206 – 265.
1963	"An interpretation of the vowel systems of Old Chinese and Written Burmese", *Asia Major* 10: 200 – 221.
1965	"The transcription of Sanskrit *k* and *kh* in Chinese", *Asia Major* 11: 199 – 210.
1968	"The rhyming categories of Li Ho (791 – 817)", *Tsing Hua Journal of Chinese Studies*, n.s. 7: 1 – 25.
1970 – 1971	"Late Middle Chinese", *Asia Major* 15: 197 – 239, 16:

	121-168.
1973a	"Some further evidence regarding Old Chinese -s and its time of disappearance", *Bulletin of the School of Oriental and African Studies* 36: 368-373.
1973b	"Some new hypotheses concerning word families in Chinese", *Journal of Chinese Linguistics* 1: 111-125.
1977-1978	"The final consonants of Old Chinese", *Monumenta Serica* 33: 180-206.
1984	*Middle Chinese: a study in historical phonology.* Vancouver: University of British Columbia Press.
1986	"Ablaut and initial voicing in Old Chinese morphology: *a as an infix and prefix", paper for the 2nd International Conference on Sinology, Taipei, December 1986.

Purnell, H. C.

1970 Toward a reconstruction of Proto-Miao-Yao. [Unpublished Ph.D. dissertation, Cornell University.]

Pyles, Thomas & John Algeo

1982 *The origins and development of the English language.* (3rd edition.) New York: Harcourt Brace Jovanovich.

Qū Wànlǐ 屈万里

1963 [1983] "Lùn *Guó fēng* fēi mínjiān gēyáo de běnlái miànmù 论国风非民间歌谣的本来面目"[On the fact that the *Guó fēng* odes do not have the original appearance of folksongs], in: Lín Qìngzhāng 林庆彰(ed.), *Shījīng yánjiū lùnjí* 诗经研究论集 [Collected researches on the *Shījīng*], 19-38. Taipei: Táiwān Xuéshēng Shūjú 台湾学生书局. [原刊于 *Bulletin of the Institute of History and Philology*, *Academia Sinica* 34: 477-491.]

1983a *Shījīng quán shì* 诗经诠释[Explanations of the *Shījīng*]. (Qū Wànlǐ Xiānsheng quánjí 屈万里先生全集 [Complete works of Qū Wànlǐ], 5.) Taipei: Liánjīng Chūbǎn Shìyè

Gōngsī 联经出版事业公司.

1983b   *Xiān Qín wén shǐ zīliào kǎo biàn* 先秦文史资料考辨 [Critical investigation of pre-Qín literary materials]. (Qū Wànlǐ Xiānsheng quán jí 屈万里先生全集 [Complete works of QūWànlǐ], 4.) Taipei: Liánjīng Chūbǎn Shìyè Gōngsī 联经出版事业公司.

Sagart, Laurent(沙加尔)

1984   "Le destin des obstruantes sonores du chinois ancien dans les dialectes Min", *Cahiers de Linguistique Asie Orientale* 13: 91–99.

Sapir, Edward(萨丕尔)

1915 [1949] "Notes on Judeo-German phonology", in: *Selected writings of Edward Sapir in language, culture and personality*, edited by David G. Mandelbaum, 252–272. Berkeley: University of California Press.

Schane, Sanford

1971   "The phoneme revisited", *Language* 47: 503–521.

Schuessler, Axel(许思莱)

1985   "The function of *qusheng* in Early Zhou Chinese", in: Graham Thurgood, James A. Matisoff, & David Bradley (eds.), 344–362.

1987   *A dictionary of Early Zhou Chinese*. Honolulu: University of Hawaii Press.

Shào Róngfēn 邵荣芬

1982   *Qièyùn yánjiū* 切韵研究 [A study of the *Qièyùn*]. Běijīng: Zhōngguó Shèhuì Kēxué Chūbǎnshè 中国社会科学出版社.

Shěn Jiānshì 沈兼士

1945 [1977] *Guǎngyùn shēng xì* 广韵声系 [The sound system of the *Guǎngyùn*]. Taipei: Dàhuà Shūjú 大化书局.

Simon, Walter

1927–1928 "Zur Rekonstruktion der altchinesischen Endkonsonanten",

Mitteilungen des Seminars für orientalische Sprache 30: 147–167,31: 157–204.

Starostin, Sergej Anatol'evič(斯塔罗斯金)

1982 "Praenisejskaja rekonstrukcija i vnešnie svjazi enisejskix jazykov" [Proto-Yeniseian reconstruction and the external connections of the Yeniseian languages], in: E. A. Alekseenko et al. (eds.), *Ketskij sbornik: antropologija, ètnografija, mifologija, lingvistika* [Collected Ket papers: anthropology, ethnography, mythology, linguistics], 144–237. Leningrad: Izdatel'stvo 《Nauka》.

1984 "Gipoteza o genetičeskix svjazjax sinotibetskix jazykov s enisejskimi i severnokavkazskimi jazykami" [On the hypothesis of a genetic connection between the Sino-Tibetan languages and the Yeniseian and North-Caucasian languages], in: *Lingvističeskaja rekonstrukcija i drevnejšaja istorija vostoka: tezisy i doklady konferencii* [Linguistic reconstruction and the earliest history of the East: theses and conference papers], part 4: *Drevnejšaja jazykovaja situacija v vostočnoj Azii* [The earliest linguistic situation in East Asia], 19–38. Moscow: Izdatel'stvo 《Nauka》. [英译版见 Baxter 1987a.]

1989 *Rekonstrukcija drevnekitajskoj fonologičeskoj sistemy* [A reconstruction of the Old Chinese phonological system]. Moscow: 《Nauka》, Glavnaja Redakcija Vostočnoj Literatury.

Starostin, Sergej Anatol'evič(斯塔罗斯金), & Il'ja Iosifovič Pejros

日期未详 Materialy k ètimologičeskomu slovarju sinotibetskix jazykov [Materials for an etymological dictionary of the Sino-Tibetan languages]. [Unpublished MS.]

Stimson, Hugh M.

1966 *The* Jongyuan in yunn: *a guide to Old Mandarin*

pronunciation. (Sinological series, no. 12.) New Haven: Yale University Far Eastern Publications.

Thurgood, Graham, James A. Matisoff (马提索夫), & David Bradley (编著)
    1985   *Linguistics of the Sino-Tibetan area: the state of the art — Papers presented to Paul K. Benedict for his 71st birthday.* (Pacific Linguistics, Series C, No. 87.) Canberra: The Australian National University.

Ting Pang-hsin [Dīng Bāngxīn 丁邦新]
    1975   *Chinese phonology of the Wei-Chin period: Reconstruction of the finals as reflected in poetry.* (IHP special publications, no. 65.) Taipei: Institute of History and Philology, Academia Sinica.
    1977–1978   "Archaic Chinese *g, *gw, *ɣ, and *ɣw", *Monumenta Serica* 33: 171–179.

Van Coetsem, Frans & Linda R. Waugh (eds.)
    1980   *Contributions to historical linguistics: Issues and materials.* (Cornell linguistic contributions, vol 3.) Leiden: E. J. Brill.

Waley, Arthur (trans.)
    1954   *The book of songs.* (2nd edition.) London: G. Allen & Unwin. [*Shījīng* 诗经的翻译版.]

Walton, A. Ronald
    1986   "The Taishun phonological system: a descriptive study of a Northeastern Min dialect", in: John McCoy & Timothy Light (eds.), 426–477.

Wáng Guówéi 王国维
    1917   *Jīnběn Zhú shū jì nián shūzhèng* 今本竹书纪年疏证

[Critical commentary on the modern version of the *Bamboo annals*]. Taipei: Yìwén Yìnshūguǎn 艺文印书馆. Published (on pages 39–138) in a single volume with *Gǔběn Zhú shū jì nián jí jiào* 古本竹书纪年辑校 [Critical edition of the ancient version of the *Bamboo annals*] (pages 1–38).

1917 [1968] "Liǎng Zhōu jīnshíwén yùndú 两周金石文韵读" [Rhymed passages in bronze and stone inscriptions of Western and Eastern Zhōu], in: *Wáng Guāntáng xiānsheng quán jí* 王观堂先生全集 [Complete works of Professor Wáng Guāntáng (Wáng Guówéi 王国维)], vol. 6, 1961–1988. Taipei: Wén Huá Chūbǎn Gōngsī 文华出版公司.

Wáng Lì 王力

1936 "Nán-běi cháo shīrén yòng yùn kǎo 南北朝诗人用韵考" [Investigation of the rhyme practice of poets of the Nán-běi cháo period], *Tsing Hua Journal of Chinese Studies* 11: 783–842. [重印本见 Wáng Lì 1936 [1958] 和 1936 [1980], 稍有改动.]

1936 [1958] "Nán-běi cháo shīrén yòng yùn kǎo 南北朝诗人用韵考" [Investigation of the rhyme practice of poets of the Nán-běi cháo period], in: Wáng Lì 1958: 1–76. [Wáng Lì 1936 的重印本, 稍有改动.]

1936 [1980] "Nán-běi cháo shīrén yòng yùn kǎo 南北朝诗人用韵考" [Investigation of the rhyme practice of poets of the Nán-běi cháo period], in: Wáng Lì 1980a, vol. 1, 1–62. [Wáng Lì 1936 的重印本, 稍有改动.]

1936–1937 *Zhōngguó yīnyùnxué* 中国音韵学 [Chinese phonology]. 2 vols. Shànghǎi: Shāngwù Yìnshūguǎn 商务印书馆.

1936–1937 [1957] *Hànyǔ yīnyùnxué* 汉语音韵学 [Phonology of the Hàn language]. Běijīng: Zhōnghuá Shūjú 中华书局. [Wáng Lì 1936–1937 的重印单卷本, 稍有修改.]

1937	"Shànggǔ yùnmǔ xìtǒng yánjiū 上古韵母系统研究"［A study of the Old Chinese system of finals］, *Tsing Hua Journal of Chinese Studies* 12: 433‑540.［重印本见 Wáng Lì 1937［1958］和 1937［1980］,稍有改动.］
1937［1958］	"Shànggǔ yùnmǔ xìtǒng yánjiū 上古韵母系统研究"［A study of the Old Chinese system of finals］, in: Wáng Lì 1958: 77‑156.［Wáng Lì 1937 的重印本,稍有改动.］
1937［1980］	"Shànggǔ yùnmǔ xìtǒng yánjiū 上古韵母系统研究"［A study of the Old Chinese system of finals］, in: Wáng Lì 1980a: 80‑154.［Wáng Lì 1937 的重印本,稍有改动.］
1948［1958］	"Hàn-Yuè yǔ yánjiū 汉越语研究"［A study of Sino-Vietnamese］, in: Wáng Lì 1958: 290‑406.
1957［1973］	*Hànyǔ shīlǜxué* 汉语诗律学［Prosody of the Hàn language］. Hong Kong: Zhōnghuá Shūjú Xiānggǎng Fēnjú 中华书局香港分局.［最初出版于 Zhōnghuá Shūjú 中华书局, Běijīng.］
1958	*Hànyǔ shǐ lùnwén jí* 汉语史论文集［Collected papers on the history of the Hàn language］. Běijīng: Kēxué Chūbǎnshè 科学出版社.
1980a	*Lóng chóng bìng diāo zhāi wén jí* 龙虫并雕斋文集［Collected papers from the studio in which both dragons and bugs are carved］. 2 vols. Běijīng: Zhōnghuá Shūjú 中华书局.
1980b	*Shījīng yùn dú* 诗经韵读［The rhymes of the *Shījīng*］. Shànghǎi: Shànghǎi Gǔjí Chūbǎnshè 上海古籍出版社.［又载于 Wáng Lì 1984‑, vol.6.］
1981	*Zhōngguó yǔyánxué shǐ* 中国语言学史［History of Chinese linguistics］. Tàiyuán: Shānxī Rénmín Chūbǎnshè 山西人民出版社.
1982	*Tóngyuán zìdiǎn* 同源字典［Dictionary of etymologically related words］. Běijīng: Shāngwù Yìnshūguǎn 商务印书馆.
1984	"*Jīngdiǎn shìwén* fǎnqiè kǎo 经典释文反切考"［An

	investigation of the fǎnqiè spellings of the *Jīngdiǎn shìwén*], in: Zhōngguó Yīnyùnxué Yánjiū Huì 1984: 23–77.
1984–	*Wáng Lì wén jí* 王力文集 [Collected writings of Wáng Lì]. 6 vols. to date. Jǐnán 济南: Shāndōng Jiàoyù Chūbǎnshè 山东教育出版社.

Wáng Xiānqiān 王先谦

1915 [1973]	*Shī sān jiā yì jí shū* 诗三家义集疏 [Collected commentaries on the *Shījīng* interpretations of the 'three schools']. (Guó-xué míngzhù zhēnběn huìkān: Jìn sānbǎi nián jīngxué míngzhù huìkān 国学名著珍本汇刊近三百年经学名著汇刊 [Collected rare editions of famous works of sinology: Collected famous works of classical studies of the last three hundred years, 1.] Taipei: Dǐngwén Shūjú 鼎文书局. [Bound together with *Shījīng xué zuǎn yào* 诗经学纂要 (Essentials of *Shījīng* study), by Xú Chéngyǔ 徐澄宇 (Xú Yīng 徐英)].

Webster's New World dictionary of the American language

1980	2nd college edition. Cleveland: William Collins.

Wénwù Jú Gǔ Wénxiàn Yánjiūshì 文物局古文献研究室 [Ancient Document Research Center, Bureau of Cultural Relics], Ānhuī Fùyáng Dìqū Bówùguǎn 安徽阜阳地区博物馆 [Fùyáng Regional Museum, Ānhuī Province], & Fùyáng Hànjiǎn Zhěnglǐ Zǔ 阜阳汉简整理组 [Team for sorting out the Hàn bamboo strips from Fùyáng]

1984	"Fùyáng Hànjiǎn *Shījīng* 阜阳汉简《诗经》" [The Hàn bamboo-strip version of the *Shījīng* from Fùyáng]. *Wénwù* 文物 [Cultural relics], 1984, no. 8: 1–12.

Xiàng Xī 向熹

1986	*Shījīng cídiǎn* 诗经词典 [Dictionary of the *Shījīng*]. Chéngdū: Sìchuān Rénmín Chūbǎnshè 四川人民出版社.

Xú Zhōngshū 徐中舒(ed.)

  1980   *Hànyǔ gǔwénzì zìxíng biǎo* 汉语古文字字形表 [Table of character shapes of ancient Hàn scripts]. (1st edition.) Chéngdū: Sìchuān Rénmín Chūbǎnshè 四川人民出版社. [重印本: Hong Kong: Zhōnghuá Shūjú 中华书局, 1981.]

Xǔ Zhuōyún 许倬云 见 Hsu, Cho-yun

Xuě Rú 雪如

  1928 [1971] *Běipíng gēyáo jí* 北平歌谣集 [Collection of Běipíng folk songs]. (Guólì Běijīng Dàxué Zhōngguó Mínsú Xuéhuì Mínsú cóngshū, dì èr jí 国立北京大学中国民俗学会民俗丛书第二辑 [Folklore series of the Chinese Folklore Society of National Beijing University, second series], 36.) Taipei: Dōngfāng Wénhuà Shūjú 东方文化书局 [The Orient Cultural Service].

Yakhontov, S. E. 见 Jaxontov, Sergej Evgen'evič

Yú Mǐn 俞敏

  1948   "Lùn gǔ yùn 合 Hé 怗 Tiē 屑 Xiè 没 Mò 曷 Hé wǔ bù zhī tōngzhuǎn 论古韵合怗屑没曷五部之通转" [On the etymological relations of words of the five ancient rhymes 合 Hé, 怗 Tiē, 屑 Xiè, 没 Mò, and 曷 Hé], *Yānjīng Xuébào* 燕京学报 [Yānjīng Journal] 34: 29–48.

Yú Nǎiyǒng 余迺永 [Yu Nai-wing]

  1980   *Liǎng Zhōu jīnwén yīnxì kǎo* 两周金文音系考 [An investigation of the phonological system of bronze inscriptions of Western and Eastern Zhōu]. [Unpublished Ph.D. dissertation, Taiwan Normal University.]

  1985   *Shànggǔ yīnxì yánjiū* 上古音系研究 [A study of the Old Chinese sound system]. Hong Kong: Zhōngwén Dàxué Chūbǎnshè 中文大学出版社 [The Chinese University Press].

Yú Xǐngwú 于省吾

1962 "Cóng gǔ wénzìxué fāngmiàn lái píngpàn Qīng dài wénzì, shēngyùn, xùngǔ zhī xué de dé-shī 从古文字学方面来评判清代文字声韵训诂之学的得失" [Evaluating the accomplishments and failings of Qīng-dynasty paleography, phonology, and philology from the point of view of paleography], *Lìshǐ Yánjiū* 历史研究 [Historical research] 1962, no. 6: 135–144.

Zhān Bóhuì 詹伯慧

1981 [1985] *Xiàndài Hànyǔ fāngyán* 现代汉语方言 [The dialects of the modern Hàn language]. (*Xiàndài Hànyǔ zhīshi cóngshū* 现代汉语知识丛书 [Knowledge about the Modern Hàn language].) N.p: Húběi Jiàoyù Chūbǎnshè 湖北教育出版社. [1981 原版: n.p.: Húběi Rénmín Chūbǎnshè 湖北人民出版社.]

Zhāng Guāngyù 张光裕   见 Cheung Kwong-yue

Zhāng Qǐzhī 张岂之

1982 *Gù Yánwǔ* 顾炎武 [Gù Yánwǔ]. Běijīng: Zhōnghuá Shūjú 中华书局.

Zhāng Rìshēng 张日昇 [Cheung Yat-shing]

1968 "Shì lùn shànggǔ sìshēng 试论上古四声" [A study of the tones in Archaic Chinese], *Journal of the Institute of Chinese Studies of the Chinese University of Hong Kong* 1: 113–170.

Zhāng Yùhóng 张裕宏   见 Chang Yü-hung

Zhāng Yǔnzhōng 张允中

1987 *Shījīng gǔ yùn jīn zhù* 诗经古韵今注 [Modern notes on the ancient rhymes of the *Shījīng*]. Taipei: Táiwān Shāngwù Yìnshūguǎn 台湾商务印书馆.

Zhào Yuánrèn 赵元任   见 Chao, Yuen Ren

Zhào Zhènduó 赵振铎
    1962 "*Cóng Qièyùn xù lùn Qièyùn* 从切韵序论切韵" [Discussion of the *Qièyùn* on the basis of the *Qièyùn* preface], *Zhōngguó Yǔwén* 中国语文 [Chinese language] 1962, no. 10: 467–476.

Zhèng-Zhāng Shàngfāng 郑张尚芳
    1983 "*Wēnzhōu fāngyán* 歌 Gē *yùn dúyīn de fēnhuà hé lìshǐ céngcì* 温州方言歌韵读音的分化和历史层次" [Splits and historical levels in the readings of the 歌 Gē rhyme group in the Wēnzhōu dialect], *Yǔyán Yánjiū* 语言研究 [Language research] 1983, no. 2: 108–120.

    1987 "*Shànggǔ yùnmǔ xìtǒng hé sìděng, jièyīn, shēngdiào de fāyuán wèntí* 上古韵母系统和四等、介音、声调的发源问题" [The Old Chinese final system and the problem of the origins of division IV, medials, and tones]. *Wēnzhōu Shīyuàn Xuébào (Shèhuì Kēxué Bǎn)* 温州师院学报（社会科学版）[Journal of Wēnzhōu Normal College (Social Science edition)] 1987, no. 4: 67–90.

    日期未详 *Hànyǔ shànggǔ yīnxì biǎo jiě* 汉语上古音系表解 [The Old Chinese phonological system explained in tables]. [Unpublished MS.]

Zhōngguó Yīnyùnxué Yánjiū Huì 中国音韵学研究会 [Chinese Phonological Research Association]
    1984 *Yīnyùnxué yánjiū* 音韵学研究 [Phonological research]. Vol. 1. Běijīng: Zhōnghuá Shūjú 中华书局.

Zhōu Cèzòng 周策纵　见 Chow Tse-tsung

Zhōu Fǎgāo 周法高
    1948a [1968] "*Guǎngyùn chóngniǔ de yánjiū* 广韵重纽的研究" [A study of the repeated entries of the *Guǎngyùn*], in: Zhōu Fǎgāo 1968b: 1–69. [原刊于 *Bulletin of the Institute of History and Philology*, Academia Sinica 13: 49–117.]

1948b [1968] "Xuányìng fǎnqiè kǎo 玄应反切考"[An investigation of the fǎnqiè spellings of Xuányìng], in: Zhōu Fǎgāo 1968b: 153–238. [原刊于 Bulletin of the Institute of History and Philology, Academia Sinica 20: 359–444.]

1954 [1968] "Lùn gǔdài Hànyǔ de yīnwèi 论古代汉语的音位"[On the phonemes of Ancient Chinese], in: Zhōu Fǎgāo 1968b: 263–281. [原刊于 Bulletin of the Institute of History and Philology, Academia Sinica 25: 1–19.]

1968a "Lùn Qièyùn yīn 论切韵音"[On the phonology of Ancient Chinese], Journal of the Institute of Chinese Studies of the Chinese University of Hong Kong 1: 89–112.

1968b Zhōngguó yǔyánxué lùnwén jí 中国语言学论文集 [Collected writings on Chinese linguistics]. Hong Kong: Chóngjī Shūdiàn 崇基书店.

1969 "Lùn Shànggǔ yīn 论上古音"[On Old Chinese pronunciation], Journal of the Institute of Chinese Studies of the Chinese University of Hong Kong 2: 109–178.

1970 "Lùn Shànggǔ yīn hé Qièyùn yīn 论上古音和切韵音"[On the phonology of Archaic and Ancient Chinese], Journal of the Institute of Chinese Studies of the Chinese University of Hong Kong 3: 321–457.

1971 "Chronology of the Western Chou dynasty", Journal of the Institute of Chinese Studies of the Chinese University of Hong Kong 4: 173–205.

Zhōu Fǎgāo 周法高, Zhāng Rìshēng 张日昇, Xú Zhǐyí 徐芷仪, & Lín Jiémíng 林洁明 (eds.)

1974a An etymological dictionary of ancient Chinese bronze inscriptions (Jīnwén gǔlín 金文诂林). 16 vols. Hong Kong: The Chinese University Press of Hong Kong.

1974b A pronouncing dictionary of Chinese characters in Archaic & Ancient Chinese, Mandarin & Cantonese (Hànzì gǔ-jīn yīn *huì* 汉字古今音汇). Hong Kong: The Chinese University Press.

Zhōu Zǔmó 周祖谟

    1941 [1966] "*Gǔyīn yǒu wú shǎng qù èr shēng biàn* 古音有无上去二声辨" [On whether ancient pronunciation had the rising and departing tones], in: Zhōu Zǔmó 1966d: 32–80. [又见于 Zhōu Zǔmó 1957: 159–188.]

    1943 [1966] "*Yán shì jiā xùn yīn cí piān zhù bǔ* 颜氏家训音辞篇注补" [Supplement to *Notes on the chapter on sounds and words of the Family instructions of the Yán clan*], in: Zhōu Zǔmó 1966d: 405–433. [又见于 Zhōu Zǔmó 1957: 75–88.]

    1945 [1966] "*Wú Yù de gǔyīnxué* 吴棫的古音学" [The studies of Wú Yù on ancient pronunciation], in: Zhōu Zǔmó 1966d: 213–217.

    1946 [1966] "*Sì shēng bié yì shì lì* 四声别义释例" [Cases where the four tones distinguish meanings: sample interpretations], in: Zhōu Zǔmó 1966d: 81–119. [又见于 Zhōu Zǔmó 1957: 51–74.]

    1957 *Hànyǔ yīnyùn lùnwén jí* 汉语音韵论文集 [Collected papers on the phonology of the Hàn language]. Shànghǎi: Shāngwù Yìnshūguǎn 商务印书馆.

    1963 [1966] "*Qièyùn de xìngzhì hé tāde yīnxì jīchǔ* 切韵的性质和它的音系基础" [The nature of the *Qièyùn* phonological system and its phonological foundation], in: Zhōu Zǔmó 1966d: 434–473. [原刊于 *Yǔyánxué lùncóng* 语言学论丛 (Collected articles on linguistics) 5: 39–70. 英译版见 Zhōu Zǔmó 1968.]

    1966a "*Banshō meigi zhōng zhī yuánběn Yùpiān yīnxì* 万象名义中之原本玉篇音系" [The sound system of the original version of the *Yùpiān* as found in the *Banshō meigi*], in: Zhōu

	Zǔmó 1966d: 270–404.
1966b	"*Shījīng* yùn zì biǎo 诗经韵字表" [Table of *Shījīng* rhyme words], in: Zhōu Zǔmó 1966d: 218–269.
1966c	"Wáng Rénxū *Qièyùn* zhùzuò niándài shì yí 王仁煦切韵著作年代释疑" [Resolving doubts on the date of composition of Wáng Rénxū's version of the *Qièyùn*], in: Zhōu Zǔmó 1966d: 483–493.
1966d	*Wèn xué jí* 问学集 [Collected scholarly inquiries]. 2 vols. Běijīng: Zhōnghuá Shūjú 中华书局.
1968	"Chou Tsu-mo on the Ch'ieh-yün", *Bulletin of the Museum of Far Eastern Antiquities* 40: 33–78. [Göran Malmqvist 据 Zhōu Zǔmó 1963 [1966] 翻译.]
1983	"Wèi Jìn Sòng shíqī shīwén yùnbù de yǎnbiàn 魏晋宋时期诗文韵部的演变" [The evolution of rhyme categories in poetry of the Wèi-Jìn and Sòng periods], *Zhōngguó Yǔyán Xuébào* 中国语言学报 [Chinese linguistics journal] 1: 91–113.
1984	"Hàn dài zhúshū yǔ bóshū zhōng de tōngjiǎ zì yǔ gǔyīn de kǎodìng 汉代竹书与帛书中的通假字与古音的考订" [Loan characters in bamboo and silk manuscripts of the Hàn dynasty and the establishment of ancient pronunciation], in: Zhōngguó Yīnyùnxué Yánjiū Huì 1984: 78–91.

Zhū Déxī 朱德熙 & Qiú Xīguī 裘锡圭

1984	"Qīshí niándài Zhōngguó chūtǔ de Qín Hàn jiǎncè hé bóshū 七十年代中国出土的秦汉简册和帛书" [Bamboo slips and silk manuscripts of the Qín and Hàn dynasties excavated in China in the seventies], *Zhōngguó Yǔwén Yánjiū* 中国语文研究 [Chinese language study] 6: 3–12.

Zhū Jùnshēng 朱骏声

1833	*Shuōwén tōng xùn dìng shēng* 说文通训定声 [Connecting glosses to establish the sounds of the *Shuōwén*]. 翻印于

Dīng Fúbǎo 1928 – 1932 [1976].

Zhū Qiānzhī 朱谦之

    1984   *Lǎozǐ jiào shì* 老子校释 [Textual notes and interpretations of the *Lǎozǐ*]. (Xīn biān zhū zǐ jí chéng 新编诸子集成 [New series of ancient authors], 1.) Běijīng: Zhōnghuá Shūjú 中华书局.

索 引

*-a>-u（音变） 543,648,649,653
*-aj 单元音化（音变） 18,234,324,347, 349,350,466,646,647
*a- 高化（音变） 77,306,315—317,393, 652,657,658,659
安徽省 384,397
奥德里古（Haudricourt, André） 324,341—343,345,348,350,355,356,358,373,611
奥卡姆剃刀原理 22
Bahnar 语 342,343
Barnard Noel 5,385
八思巴字母 13,82
巴利语（巴利文） 55
白保罗（Benedict, Paul K.） 198,218,219, 221,222,232,234,238,252,324,328, 330,371,372,461,488,501,543,554, 587,608
《白虎通义》 254,530,550,592
白话 10
班固 396
　　又见《汉书》
班图语（Bantu） 335
半齿音 58
包拟古（Bodman, Nicholas C.） 5,6,12,14, 25,26,190,197,208,211,213—215, 232,237,243,248,249,251—254,269, 289,318,319,458,501,574,579,592, 605,608,609,612,626,632

包拟古-白一平体系（Bodman-Baxter system）6
北方方言（见 官话方言）
北京 10,38—40,169,340
北京大学 176
北京话 38,43
　　又见 官话方言
北齐(550—577) 72
邶（古国名） 470
比较法 11,34
伯努利试验（Bermoulli trails） 107,108, 110,118,120
《博学篇》 384
不规则读音 16
布须曼语（Bushman） 335
部（韵部） 149
部落（马克思主义语言学） 8,9
部首（汉字） 41,251,384
部族（马克思主义语言学） 8
Chepang 语 458
Chrau 语 342,343
《仓颉篇》 384
长安 37,38
长江 10,162,221,293,648
长沙 11
朝鲜汉字音（Sino-Korean） 13,82,262—264,312,313,315
　　又见 朝鲜语
朝鲜语 13,324,325

又见 朝鲜汉字音(Sino-Korean)
潮阳话　324,325
　　又见 闽方言(闽语)
陈(古国名)　327
陈第　162,163,182,337,338
陈澧　56,58
齿音腭化(音变)　644,646
抽象度(Abstractness)　18
重纽(*见* 中古汉语:重纽)
《楚辞》　468,490
传统音韵学　34,46,49,52,94,147,148,
　　183,362
唇齿化(音变)　48,50,77,85,202,464,
　　466,472,572,594,611,661
唇音成分中和(音变)　398,611,613,623,
　　624,628,631,643,644
唇音异化(音变)　329,654
辞源学著作(作为证据)　13
次清　46,47,170
次生性喻化音　318,319
次浊　47
Devanāgarī 字母　46
Downer, G. B.　350,351
大篆　384
　　又见 汉字:早期汉字字形
戴震　38,159,169,171—176,486
丹麦语　9
德语　97,369
等　43,44—45
　　又见 中古汉语:等
等韵学　42,166
　　又见 韵图
棣莫弗(DeMoivre, Abraham)　117,121
棣莫弗-拉普拉斯定理　120,138,143
典籍训释　13
电脑(计算机)　29,31,117,121,134

叠韵联绵词　513,519,579,599
丁邦新　4,143,160,223,284,285,287,484,
　　529,567,649,651,652,657,658
丁声树　29,57,158
定安方言　357
东汉(音系)　401,647,654
　　又见 汉代(前206—220)
东南亚　11
东周　345,381,436
　　又见 周代
董同龢
　　中古汉语构拟　83,314
　　上古汉语构拟　179,225,267—268,
　　　270,271,295—296,302,324,362,
　　　364—365,366,368,370,467,503,
　　　505,524,525—526,561,606—607,
　　　660
《读书杂志》(王念孙)　176
杜台卿　37
段玉裁　147,150,168—171,173,174,176,
　　179—182,251,273,337,338,362,381,
　　385,392,433,435,454,528,541,618,
　　619
敦煌　39
钝音声母　62
多民族国家(马克思主义语言学)　8
*e/o 交替联绵词　431,433,434,459,528,
　　559,565,566,617
俄语　8,9,96—98,369
《尔雅》　13,41,176,311,484
法语　93,97—101,369,553
反切　34—36,40—42,45,50,52,56,58,61,
　　65,66,70,73,74,79,81,83,85,160—
　　162,200,220,263,264,272,294,295,
　　308,388,404,498,577
梵文　2,18,20,46,51,55,69,148,342,348,

358

方法论(Methodology) 6,20,26,91,280

方言(定义) 8

《方言》(扬雄) 14

方言混合 237,465,548,647

 又见 汉语：方言；中古汉语：方言；上古汉语：方言

非鼻音化(音变) 325,329,390,465,469,553,654

非重读形式重读(Restressing of unstressed forms) 203,374,375

非洲语言 335

芬兰语 98

佛(Buddha) 317

佛教(Buddhism) 358

福建省 11

福州 11,82,224,324,325,549

福州话 82,224,549

 又见 闽方言(闽语)

阜阳诗(见《诗经》：阜阳本)

复韵尾(见 上古汉语：复韵尾)

Gregerson, Kenneth 342

感叹词 371

赣方言 10,11

高本汉(Karlgren, Bernhard) 3—5,16,20,29—31,249

 《中日汉字分析字典》(Analytic Dictionary of Chinese and Sino-Japanese) 28,361

 中古汉语构拟 3—4,12,15,19,28,29,33,51,54,58,59,66,67,69,73,82,84,86—90(表 2.29),261—263,264—265,285,288—289,312,313,411—413,430,561

  又见 中古汉语

 上古汉语构拟 14,15,18,19,23,24,148,179,189,190,192—193,203,207,215,225,235,240,255,261,264,265,271—273,275,279,288—289,291,298—300,321—325,327—329,332,333—334,345,360—377,377—379,413—414,464—465,472,481,488,501,504,524,532—533,540,547,561,572—573,576,606,614,634

  又见 上古汉语

 关于《诗经》的研究 398—399,402,405,454,455,459—460,472,485,517

唇齿化理论 594

"喻化"理论(yodisation theory) 73,74

高加索语言 4

高明 240,376,392,407,429

《高邮王氏遗书》 176

高诱 310,326

高元音>中元音(hi>mid,音变) 143,191,195,274,275,281,286(表 7.4),287,319,320,322,447—469,478,577,611,656—657,660

葛毅卿 61

《公羊传》 41,332

龚煌城 230,548

共同语(用于马克思主义语言学) 9

构拟体系(Reconstruction system) 2

古代官话 15,48,82

 又见 官话方言

古代越南语(汉语借词) 611

 又见 越南语

古法语 310

古日语 82

 又见 日语

古文 384

古文字学(见汉字:早期汉字字形)
古英语 24,369,374,529,577
《古韵标准》(江永) 166,337
《古韵谱》(王念孙) 176,362
固定押韵成分(Stock rhymes) 515—520,590,599
顾炎武 163—169,176,180,182,337
顾野王 14,41
官话方言 9,10,15,48,56,71,94,287,295,335,336,341,347,355,358,539,601,631
 不规则读音 185,225,272,328,336,341,347,388,499,560—561,601,630
 押韵 101
 声调演变 47
广东省 11
广西省 11
《广雅》 176
《广雅疏证》 176
《广韵》 29,39,40,56,58,59,65,66,88,149,154,164,168,173,182,183,220,247,295,331,402,419,467,500,503,526,541,572,577,578,601,661
广州 11
贵州省 10
郭璞(276—324) 36,72,160,405
国际音标(IPA) 17,21,45,46,50,60,187,188,208
Hottentot 语 335
海南省 11,357
汉藏语 1,27,210,216,218,230,320,335,370,372,623,634
汉代(前206—220) 5,13,35,397
 方言 326,330
 音系 319,320,324,398,640,642,645,646,649,651,656
 文字 384
 书写标准化 381
 又见 东汉,西汉
《汉书》(班固) 327,396
 《艺文志》 396
汉学(见汉学派)
汉学派 163
汉语
 历史时期(阶段) 14—15
 方言 11,25,26,34,46—48,51,52,56,59,61,66,82,100,182,285,296,340,358,658
 音节结构 6—8,18,185,370,385
 又见 官话方言,粤方言,等等
汉语中的印度借词(Indic loans in Chinese) 612
汉越语 13,51,52,82,312,313,315,341,342,356,403,534,611
 又见 越南语
汉字 5,12,160
 汉字证据 3
 早期汉字字形 244,297,302,394
 又见 金文,大篆,楷书,隶书,甲骨文,小篆,篆书
汉族(汉民族) 9,10
豪萨语(Xhosa) 335
合口 43,44,65
合音词(Fusion words) 371
《合韵谱》(王念孙) 176,178
河南省 470
河野六郎 84,202,262,264,312,526,572
黑体(Boldface type) 16
喉音 58,61
胡适 171
胡毋敬 384

索 引

湖南省 10,11

《淮南子》 310

黄侃 183,263,501

慧琳 42,264,308,355,572

 又见《一切经音义》(慧琳)

*i-前化(音变) 190,270,274,275,478,484,494,500,504,505,513,631,652,656

*-$jA(k)$前化(音变) 541,542,543,548,647,648

*-ja>-jo(音变) 309,527,543,544,644,648—649

je>je(音变) 316,317(表 7.10),661

*-$ji(K)$>-$i(K)$(音变) 308,530,534,660

*-$jiw(k)$>-$juw(k)$(音变) 577,655

*-jo>-ju(音变) 567

j-插入(音变) 323,469,531,532,536,555,556,657—658

*j-后化(音变) 316,317,659

《集韵》 39,40,274

济南 341

嘉戎语 213

甲骨文 3,5,240,376,382,384,392

 又见 汉字：早期汉字字形

假借字 400,500,523,580,604,615,641

假设(音系) 18

尖音 38,53

简体字 384,387

建阳方言 357

江苏省 10

江西省 11,165,541

江永 165—169,171,173,176,180,182,337,373

江有诰 148,149,176,179—183,338,362,462,501—504,506

焦竑 161

介音 7

 又见 中古汉语：介音；上古汉语：介音

金陵 37,38

金文(Bronze inscriptions) 5,176,326,523,527,570,589,631

 又见 汉字：早期汉字字形

晋代(265—420) 484,549,657

晋语 10

《经典释文》 13,38,41,42,160,162,235,295,332,338,396,404,419,434,443,468,472,475,484,500,521,542,572,602,643

景颇语 213—215

Kalevala 98

Kanauri 语 216

Khoisan 语 335

Kumārajīva(鸠摩罗什) 317,319

卡方检验 580

开口 43,44,65,66

楷书 384,385

《康熙字典》 41

考古派 167,173,177

柯蔚南(Coblin, W. South) 35,199,210,212,216,254,310,324,327,328,330,331,333,346,350,372,400,491,499,520,534,545,546,560,587,593,608,615,621,622,624,626,630—632,645,646,654

克木语(Khmu? language) 253,356,608

客家方言(客家话) 10,11,49

 又见 梅县话

空海 41

孔广森 171,174,175,178,180,337

孔子 174,337,396

《匡谬正俗》 354

Laplace, Pierre Simon, Marquis de 120

又见 棣莫弗-拉普拉斯定理
Lepcha 语　214,232,458
Löffler, Lorenz G.　318
拉丁语　2,24,310,369
拉丁字母　13
拉祜语　358
《老子》　41,130,428,461—463,472,484,
　　487,535,542
　　马王堆版　428,462,535
　　押韵　130,461—463,472—473,484,
　　　487
类推(Analogy)　16,35,67,106,247,291,
　　302,306,348,351,357,366,369,370,
　　374,375,387,416,470,484,516,536
类型学　22,193,369—371
《礼记》　41,273,331,533
李方桂　212,242
　　上古汉语构拟　138,150,177,178,
　　　182,193,223,230,243,244,247,
　　　260,268,272—273,277—280,285,
　　　288,291,299,321,322—323,324,
　　　328,329,333—334,338,361,362,
　　　364—365,366,368,370,377—379,
　　　413,415,438,467,469,478,503,
　　　504,524,531,540,548,573,606,
　　　608—609,614
李季节　36,37,72
李荣　3,10,19,28,29,31,40,47,57,65,79,
　　83,217,224,262,283,303
李斯　384
理论假设　17—27
例子中的标记　15—16
隶书　384,397
梁代(502—557)　284
刘熙　14
刘勰　283

刘歆　1
《六书音均表》(段玉裁)　169,362
陇(古代区域名)　354
鲁(古国名)　326
陆德明　13,41,162,182,235,295,484
陆法言　14,34,36,37,39,354
陆机　160
陆志韦　54,83,84
《论语》(引《诗经》语)　485
　　又见《诗经》:文本问题
罗常培　32,42,43,51,101,149,159,176,
　　326,330,391,401,529,530,646,648,
　　649
罗杰瑞(Norman, Jerry)　11,13,79,197,
　　212,224,236,237,324,382,403,534,
　　548
罗振玉　176
洛阳　37,397
吕静　37,549
《吕氏春秋》　326
律诗　92,93,99,182,336
Manaster Ramer, Alexis　97,98
Martin, Samuel E.　13
mjuw(K)>muw(K)(音变)　202,526,537,
　　572,661
Mnong 语　343
Mon 语　342,343
Mru 语　318
马克思主义语言学　8—9
马瑞辰　158
马提索夫(Matisoff, James A.)　335,358
马王堆出土简牍　630
日伪满洲国　176
满族人　163
《毛诗古音考》　162,163,337
《毛诗群经楚辞古韵谱》　176

梅县话　325
　　又见 客家方言（客家话）
梅膺祚　41
梅祖麟　3,355—358,403,534
美国词典　38
美国结构主义　17
蒙古族　9
孟高棉语言　342,348,355—356
　　又见 南亚语,越南语
缅语　216,221,222,608,609,615
　　又见 藏缅语言
苗瑶语　197,253
　　又见 瑶语（Yao（Mien）Languages）
民族（马克思主义语言学）　8,9
闽北方言（话）　11
　　又见 闽方言（闽语）
闽方言（闽语）　10,11,15,25,34,48,49,
　　52,60,82,197,212,224,237,324,357,
　　647
　　又见 潮阳话,福州话,厦门话
闽南话　11
　　又见 闽方言（闽语）
模糊理论（fuzzy theory）　93
南北朝（420—589）　160
　　音系　658,660
　　押韵　283
南京　37,163
南亚语　253,342,370,608
　　又见 孟高棉语言,越南语
Nivison, David S.　1
内转　43
纽　79
挪威语　9
*-o(K)>-uw(K)（音变）　282,323,567,
　　568,650—651,655
欧洲语言　2,193,369,370

*P(r)o>*P(r)i（音变）　524—529,564,
　　640
Pacǒh 语　342
Pankenier, David W.　1
Pejros, I. I.　318
-ps>-ts（音变）　164,343—345,353,387,
　　389,445—446,455,461,494,500,616,
　　631,632,639—640,643
拼音形式　15,16
平声　336
蒲立本（Pulleyblank, E. G.）　15,46,320
　　早期中古汉语构拟　54,60,75,84,
　　　195,320,657
　　晚期中古汉语构拟　49,200,201,202
　　上古汉语构拟　75, 189—190, 207,
　　　208,225,228,229,237,240,248,
　　　249,255,266,267,280,288,309,
　　　318,343,348—350,355,377—379,
　　　413
　　转写证据　358
浦城方言　357
普通话　9,10
　　又见 官话方言
Quechua 语　92
《七音略》　42
齐（古国名）　326
前冠音（见上古汉语：前冠音）
前元音假设　190,191,255,256,259,261,
　　269,270,305,332,381,401,409,411,
　　413,446,451,474,502,523,571,585,
　　588,590,593,597,598,619,625,626,
　　628,633,634
钱大昕　171
《切韵》　7,14,34,36—40,149,412,607
　　所代表的语言　14,37—39,279,283,
　　　312,330,405,548,555—556,577,

655,658
又见 中古汉语：方言
音系 31,49,72,73,220,283,292,
294—295,296,299,303,313,315,
330,332,348,525,539,548,549,
555,556,577,655,657,658
序 36—37,354
去声韵 65,348,350,352,436—437
（表10.12）
《切韵指掌图》 45
亲属（Genetic relationship） 21
秦（古国名） 354,355
秦朝
　焚书 397
　文字 383,384
秦始皇 384,397
青州（汉代地名） 326
轻唇音（唇齿音） 49,594
清代（1644—1911） 3,5,171
　传统音韵学 5,147—149,150,264,
277,351,362
区别特征 17,191,266,611
区域特征（Areal features） 335
曲（文体） 94
屈万里 101,273,344,394,436,447,457,
470,471,528,604
去声 35,177,193,336,341—355
去声形成（音变） 348,613,657
全清 46
全浊 47
Racine, Jean 99
Riang 语 356
Rơngao 语 342
*r-假设 189,213,255,287—289,291,305
*r-色彩（*r-color）（音变） 196,284—
287,293,297,299,309,311,315—317,

329,349,425,432,435,480,495,530,
543,544,550,553,556,560,564,565,
568,573—575,586,609,612,624
*r-脱落（音变） 16,195,284—287,301,
304,309,311,315—317,349,495,543,
565,609,651,658,659,660
*rj-假设 189,211,255,289,309—311
日本 13,41
日本汉字音（Sino-Japanese） 13,15
　又见 日语
日耳曼语 369
日语 13,55,97,312
　又见 吴音（Go'on），古日语，日本汉字音
（Sino-Japanese）
如淳 327
入声 149,164,167,173,177,180,193,336
锐音前化（音变） 77,307,393,418,424,
425,430,432,651,652
锐音声母 62,63,70,77,79,82,83,85,86,
88,191,195,230,256,257,267,272,
274,275,278,279,284,299,303,307,
413,419,421,431,438,445,448,463,
467,469,472,473,478,481,492,503,
506,512,523,524,531,532,539,541,
544,547,548,550,552,553,577,642,
647,651,652,655,659
瑞典语 9,369
Schane, Sanford 553
Simon, Walter 362
Sino-xenic loans 13
*-s 假设 193,341,343,355,373
三国时期（220—280） 327,530
三十六字母 14,45,47,49,56
山东半岛 326,327
山东省 326
山西省 10,160

索 引

陕西省 330

商代 3,344,383,395,396

    被征服 1

    卜筮 382

上古汉语

    韵尾 185,192,195,256,257,321—335

    复辅音 23,185—187,206,208,210—212,218,230,242,289,354,357,394,403,534,612

    定义(definition) 1,14,24—25,382,525

    方言 326,331,333,353—354,429,448,469,484,494,496,498,500,501,513,525—529,532,547,585,619—620,623,630,640,641,642,643

        又见 方言混合

    证据 3

    声母 5,185,187—188,193,197—254,257,273,275—277,634

    介音 *-j- 63,74,189,210,255,296—320,658,660

    介音 *-l- 190

    介音 *-r- 63,189,195,256,283—296,611

        又见 *r-假设

    介音 *-rj- 188—189,196,255,296—320,645,653

        又见 *rj-假设

    介音 22,185,188—191

    形态学 18,186,187,193,197,210,224,235,238,319,320,334,340,341,343,345,370,535,640

    复韵尾 185,188,192—194,196,321,322,334,335,343,348,353,355,360,374,377—379,386,637,639,641,657

    前冠音 185—187,193,194,209,210,216,235,237,238,242,246,386

    韵文(作为证据) 255,269,284,549

    押韵(传统分析) 5,91,264—266,268—269,270,273,275,277,297,503

    音节结构 185

    调类 7,8,321,335—360

    元音 4,187,191,270—283

    又见 上古汉语韵部;清代:传统音韵学

上古汉语韵部 149—157

    冬 156(表4.1),174,178,180,331,591—593

    东 156(表4.1),174,178,180,297—298,411,569—571

    铎 152(表4.1),504,546—552

    歌 152(表4.1),313—314,324,370,401,412,463—474,594,646

    耕 157(表4.1),296,301—307,561—564

    盍 155(表4.1),411,612—619,628

    侯 152(表4.1),167,168,169,174,286,365,525—529,564—567,568,640,650

    祭 154(表4.1),173,412,436—463,469

    觉 151(表4.1),169,533,585—591,634

    缉 155(表4.1),619,628—633

    侵 138,156(表4.1),167,331,592,619—627

    谈 155(表4.1),167,605—612

    微 149,153—154(表4.1),104,132,148,173,177,178,180,467,469,472,501—523,656

文　157(表4.1), 167, 169, 173, 176, 264, 271, 272, 273, 274, 314, 411, 412, 477—487, 492, 504—505, 523, 656

屋　152(表4.1), 169, 567—569

物　154(表4.1), 173, 491—501

锡　153(表4.1), 169, 558—561, 562

宵　151(表4.1), 167, 307—309, 576, 593—601, 634

阳　156(表4.1), 296, 298—301, 302, 303—304, 305, 383, 504, 552—554

药　151(表4.1), 601—605, 634

幽　151(表4.1), 159, 167, 169, 174, 383, 526, 571—585, 587, 591, 633

鱼　152(表4.1), 167, 169, 365, 401, 504, 539—546, 552

元　122, 157(表4.1), 167, 173, 264, 265—269, 270, 271, 272, 274, 297, 304—307, 308, 409, 410, 411, 412—435, 464, 469, 470, 471, 523, 606, 608

月　154(表4.1), 173, 412, 436—463, 469, 488

真　157(表4.1), 167, 169, 173, 176, 264, 271, 272, 273, 274, 314, 412, 474—476, 486, 488, 504, 523, 656

蒸　138, 156(表4.1), 174, 300, 537—539

支　153(表4.1), 169, 182, 313—314, 470, 554—558, 562

脂　104, 132, 148, 149, 153(表4.1), 173, 177, 178, 180, 182, 491, 501—523, 656

之　149, 150(表4.1), 159, 169, 174, 182, 383, 437, 502, 523—532, 564, 572, 574, 653,

职　150(表4.1), 169, 532—537

质　153(表4.1), 169, 487—491, 498

至(王念孙分析)　177, 178, 180

"上古"语言　24, 25

上海　10

上声　185, 193, 336
　起源　355—360

《尚书》(见《书经》)

邵荣芬　3, 28, 82, 83, 294, 296, 318

舌根音硬腭化(音变)　189, 220, 224—228, 229, 319—320, 331, 579, 632, 645—646
　例外　331, 645
　出乎意料　481, 542, 548, 621—622, 645

摄(等韵学)　29, 31

沈约　336

沈重　160—162

审音派　166, 167, 173

声调　7, 8, 33, 35
　不规则　339—341
　传统名称　336—337

声调起源(tonogenesis)　335, 355

《声类表》(戴震)　171

声母　7

《声韵考》(戴震)　171

《诗集传》(朱熹)　160, 295

《诗经》　3, 6
　邶风　470
　豳风　330, 620
　陈风　327
　日期　447
　大雅　354, 367, 374, 395
　方言特征　330, 332, 354, 367
　引用形式　16
　阜阳本　397, 400, 426, 514
　国风　354, 367, 374, 395, 513—514, 519, 620

索 引

韩诗本　396,399,404,405,406,407,435,452,458,459,498,521,535,621

不规则押韵　91,104,105,133,143,169,398,407,410,425,426,434,435,448,458,462,471,498—500,505,510,515,516,619,634,642

语言　24—25,101,279,640

鲁颂　354,395,457

鲁诗本　396,397,399,458,486,620

毛诗本　3,41,396,397,398,399,400,402,404,405,406,407,426,454,455,459,485,486,498,514,528,547,574,580,621,623,630

口头传播　400,408

起源　396

并行于铜器铭文　383

声之误　397—408

秦风　330,620

齐诗本　396

押韵证据　158—162,276,278,302,364—368,381,418—423,425,445—450,471—473,481—482,496—498,503,505,506,511—515,525,526,547,572,580—583,588—591,596—599,604,606—607,609,613,621,626—627,633,640,646,655,661

商颂　354,395,447

版本流传史　394—408

文本问题　332,381—382,434,451—461,584—585,588,600,627

声调区别　335,336—339,351—353

版本　396—397

卫风　470

小雅　354,367,374,395,396

熹平石经本　397,398,399,620,623

鄘风　470

周颂　354,395,396,585,591

《诗经韵读》(江有诰)　176,180

《诗声类》　174

《史记》(司马迁)　382

《史籀篇》　254,384

氏族(用于马克思主义语言学)　8,9

《释名》(刘熙)　14,326,542,550

《书经》　3,344,383,396
　并行于金文　383

蜀(古国名)　330

双古堆　384,397

双向(biuniqueness)　17

《说文解字》(许慎)　5,14,41,150,169,183,186,242,249—251,260,291,382,384,385,394
　部首　41,251,384

《说文解字注》(段玉裁)　169,171

司马迁　382

司马相如　330

斯塔罗斯金(Starostin, S. A.)　3,197,211,275,318,327

四川省　10

四库丛书　171

《四声切韵表》(江永)　166

宋(古国名)　327,395

宋代(960—1279)　11,14,39,160,162

宋学派　163

苏州　160,325

苏州话　10,325
　又见 吴方言(吴语)

俗梵文(Prakrit languages)　55

隋代(581—618)　31,32,34,37,283,303
　押韵　31,32,283

Thomas, David　342

Thulung 语　213

TSrj->TSr-（音变）　55,71,247,283,294—
　　296,303,466,555,559,562,660

台湾　11,15,328

台语（Tai languages）　608,611
　　又见 泰语（Thai language）

泰语（Thai language）　190,211,213,214,
　　289,335
　　又见 台语（Tai languages）

唐代（618—907）　3,13,14,182
　　诗歌　348

《唐韵》　39

《通俗文》　354

《通志》　42

同音字组（用于韵书）　36,79
　　又见 韵书

吐火罗语　348,358

团音　38,53

-u(K)>-aw(K)（音变）　282,285,573,
　　586,592,649—650,655

-wk>-k（音变）　587,601,604,654,655

*w-*中和（音变）　276,294,392,393,408,
　　417,421,443,444,448,466,467,480,
　　483,495,525,642,643

佤语　253

外转　43,44

晚期中古汉语　14,15,30,31,34,42,43,
　　48—50,54—56,62,67,70,72,78,86,
　　200—202,264,287,295,304—306,308,
　　312,325,465,539,594,661,662
　　又见 中古汉语；蒲立本：晚期中古汉语
　　构拟

皖学派　165

《万象名义》（见《篆隶万象名义》（空海））
　　42

万叶假名　13,82,312

又见 日语

王襃　330

王国维　39,383

王力　4,22,38,39,41,82,94,103,104,113,
　　130—132,134—138,142,148,149,153,
　　160,161,163,165—168,171,174,176—
　　178,180,263,268,283,361,377—379,
　　389,394,501—506,511,611
　　上古汉语构拟　268,377—379

王念孙　147—149,171,176—183,338,362

王仁煦　36,37,39,40,65,72,73,220

王逸　399

维克多·雨果（Hugo, Victor）　99

维吾尔文　13

魏晋时期（220—420）
　　音系　160,284—287,484,567,649,
　　651,656,657

魏彦渊　37

温州话（方言）　325,357
　　又见 吴方言（吴语）

文昌话（文昌方言）　357

《文心雕龙》（刘勰）　283—284

吴（古地名）　355

吴地　41

吴方言（吴语）　10,47,71,325,357
　　又见 苏州话，温州话（方言）

吴音（Go'on）　15

吴棫　162,170

西汉（前206—23）
　　音系　159,530
　　又见 汉代（前206—220）

西周　297,345,354,381,395,436,528,570
　　又见 周代

希伯来语（Hebrew language）　92

希腊语　2

夏侯该　37

厦门话 49,52,224,549
　　又见 闽方言(闽语)
夏燮 338
香港 11
湘方言 10,11,47
萧该 37
小川环树 397—399,620,623
小样本分析法 121—124
小音变(Minor sound changes) 20,660,661
小篆 5,249,254,384
　　又见 汉字:早期汉字字形
谐声相似性 381,386,387,391—393,652
谐声字
　　作为证据 12,23—24,55,149—150,
　　　　170—171,177,187,189,190,199,
　　　　205,207—208,224—225,242—
　　　　243,244,258—261,270,276,277—
　　　　278,289—291,297,299,309—310,
　　　　321,333—334,347,359,361—363,
　　　　375,381,382,385—394,399,423—
　　　　425,426—431,447,503,527,541,
　　　　543—545,547,565,570,577,579,
　　　　584,586,588—590,596,600,602,
　　　　606—607,608,610,616,622,626,
　　　　640,652
　　后起字 234,392,403
新儒学 163
*号(星号) 16
徐州(汉代地名) 326
徐葳 170
徐锴 251
徐铉 251
许慎 13,384
许思莱(Schuessler, Axel) 3,16,344,345,
　　352,359,391,452,518,527,563
宣(周王) 254,384

玄应 38,42,354
玄奘 42
循环论证(用于统计论证) 101,128—130,
　　133,138,338,410,419,582
押韵的统计分析 5,103—135,148,410,
　　633—634
押韵分析(不充分的) 148
押韵关系 93,366
押韵证据 12
牙音 60—61
雅洪托夫(Jaxontov, S. E. /Yakhontov, S.
　　E.) 3,5,23,24,148,186,189,191,
　　242,255,256,258,259,260,261,273,
　　274,275,288,291,318,365,431
雅克·伯努利(Bernoulli, Jacques) 107
颜师古 354
《颜氏家训》(颜之推) 54,235,549
颜之推 37,54,72,235,405
燕京大学 340
扬雄 14,330
阳声韵 164—165,174—176
阳休之 37
杨慎 161
杨树达 250
瑶语(Yao (Mien) languages) 237,253,
　　325,458
　　又见 苗瑶语
叶韵理论 158—162,163
邺 37,38
《一切经音义》(慧琳) 264,308,355,572
《一切经音义》(玄应) 38,42,354
《仪礼》 41,332,391
彝缅语 214
《易经》 3,428,455,528,566
　　马王堆本 566
　　押韵 428,455,528

意第绪语(Yiddish) 370
阴声韵 164,173—177,192—193
阴阳对转 174—176
音变 4,16,18—20,147
 命名 16
 又见 不规则读音
音节结构 18
《音谱》(李季节) 36,37,72
音位 17,96
音位对等假设 91,96—100,266,268,269,
 273
音位对应无分歧字 410,419,423,424,
 582,597,604
音系的表达 17
音系构拟 4,18,19,28,147
音系规则 17
《音学辨微》(江永) 166
《音学五书》(顾炎武) 163,164
印度 42,348,612
印度音系(Indian phonology) 35
印欧语 1,2,24,25,342
英语 19,38,310,369,529
有坂秀世 84,263,264,312—315,317
余迺永 3,62,170,338,383
俞樾 408
语言学 2,3,8,9,12,17,24,32,96,103,
 147,337,458,516,623
语音换位(Metathesis) 186
《玉篇》(顾野王) 14,38,41,42,577
喻化(Yodisation) 73—75,85,87
元代(1279—1368) 13,15,82
《爰历篇》 384
原生性喻化(Primary yod) 318,319
原始汉藏语(见 汉藏语)
原始汉语 25,26,252,253,279,318,319
原始苗瑶语(见 苗瑶语)

原始闽语(见 闽方言(闽语))
原始台语(见 台语)
原始佤语 253
原始文字 382
原始瑶语(见 瑶语)
原始彝缅语(见 彝缅语)
原始印欧语(见 印欧语)
原始语言 24
圆唇成分同化(音变) 159,301,529,530,
 533,537,572,575,646,652—653
圆唇成分异化(音变) 322,574,575,646,
 653
圆唇元音假设 190,191,231,255,256,258,
 259,261,270,273,280,381,406,407,
 409,411,413,421,450,472,478,482,
 492,499,502,511,523,633,634
圆唇元音双元音化(音变) 191,195,258,
 275,276,279,285,286,294,324,392,
 393,403,408,418,426,431,433,435,
 460,466,480,483,495,613,641—643,
 655
越南语 13,313,324,325,335,341—343,
 355,356,358,403,534,611
 又见 古代越南语,汉越语
粤方言(粤语) 9—11,50,60,287,296,347
云南省 10
韵 149
《韵补》(吴棫) 162,170
"韵缓"理论(Loose rhyming theory) 162,
 182
《韵集》(吕静) 37,549
《韵镜》 33,42
 排列 29
 语言 539
 韵母表示 43—45
 声母表示 45

索 引

又见 韵图
《韵略》(杜台卿) 37
《韵略》(夏侯该) 37
《韵略》(阳休之) 37
韵母 7
　　又见 中古汉语
《韵谱》(王念孙) 176
韵书 14,33,34—42
　　又见《切韵》《广韵》
韵图 14,31,33,34,42—45,54,65,67,69,
　　76,78,220,263,306,312
韵尾 7
　　又见 中古汉语：韵尾；上古汉语：韵尾
韵尾复辅音简化(音变) 18,345—347,
　　349,350,353,366,375—377,488,492,
　　535,536,551,559,568,586,587,602,
　　603,613,637,644,651
藏缅语言 25—27,197,218,219,221,222,
　　230,232,234,317,318,320,321,325,
　　328,330,333,371—372,461,501,521,
　　533,543,545—546,554,587,615,621,
　　622,624,626,630,631—632
　　又见 缅语，拉祜语，彝缅语，藏语等
藏语 221,222,254,335,372,458,491,499,
　　528,534,545,548,560,579,592,608,
　　615,621,626
　　声调 335—336
　　又见 藏缅语言
藏族 9
早期中古汉语 14,15,30—31,41,42,48,
　　58,67,69,70,539
　　押韵 262,659
　　又见 中古汉语；蒲立本：早期中古汉语
　　构拟
詹伯慧 9,49
战国时期(前 475—前 221) 15,137,376,

383,384,392,428,617
　　金文 428
　　语言 617
　　文字 383
张琨 25,38,39,238,279
张麟之 42
张揖 176
章炳麟 82,84,136,183,314,501
赵高 384
赵元任 38,48,65,275,300,661
赵振铎 354
浙江省 10
正齿音 55,56
郑樵 42
郑玄 326,330,391,396,400,402—405,
　　454,455,472
郑张尚芳 3,324
郑众 534
直音 35
中古汉语 3,5—8,10,11,15,16,18—21,
　　23—26,28—90,608
　　重组 6,30,34,41,66,67,69,76,77,
　　　79—86,88,189,196,211,212,
　　　226—228,230,252,255,263,264,
　　　267,278,289,307—315,317,354,
　　　387,403,415,418,438,469,470,
　　　473,475,476,490,522,557,559,
　　　562,563,574,600,604,616,625,
　　　659—661
　　韵尾 64—66
　　方言 41,70,72—73,86,195,283,295,
　　　303,312,315,322,353—355,556,
　　　572,577,601,648,652,655,658,
　　　662
　　又见《切韵》
　　一等韵 67—69,263,270,275,280,381

二等韵 70—73,188—189,196,213,
　　252,255,256,269—270,283—296,
　　595,660
三等韵 72—86,189,252,255,263,
　　269,296—320
四等韵 69—70,255,257,263—264,
　　269,275,280,381
等 43—45
韵 67—90
独立三等韵 76—78
声母 33,41,42,45—64,65,68,69,
　　73—76,189,202—207,220—221,
　　229—230,263,294—296
不规则读音 70,621
-jo/-jæ 的对立 540—543
唇齿化韵 464
主元音 64
介音 80—86
混合三等韵 76,78,79
其他构拟 28
入声韵 321,335,504
简单韵母 270
转写 28,31,32,61,296,412
阳声韵 504
阴声韵 321,361,504
　　又见 高本汉：中古汉语构拟；早期中古
汉语；晚期中古汉语
中山王方鼎 428
《中庸》 401
《中原音韵》(周德清) 15,94,185,287
重唇音 49
周代 1,3,5,14
　　灭商 1,383

　　又见 东周,西周
周法高 83,266
　　中古汉语构拟 314
　　上古汉语构拟 280
《周礼》 41,433,534
《周书》 533
周颂(见《诗经》：周颂)
周颙 336
周祖谟 36,42,529
籀文 384
朱骏声 455,523,533
朱谦之 461,462
朱熹 160,161,295,459
诸桥辙次 274,310,560,596,617
注音符号(标音体系) 183
转 43
　　又见 内转,外转
转写证据 12,13,14,16,317,319,320,358
《篆隶万象名义》(空海) 42
篆书 384
　　又见 大篆,小篆
壮语 325,574
浊塞尾假设 360,361,365,370,373
　　又见 高本汉：上古汉语构拟
子夏 396
自然性(Naturalness) 4,17,20,21,84,320,
　　369
《字汇》(梅膺祚) 41
《字林》 500
字母(见 三十六字母)
字喃 611
祖鲁语(Zulu) 335
《左传》 41,528

汉译本后记

这本书是美国密歇根大学教授白一平(William H. Baxter)先生的大作 *A Handbook of Old Chinese Phonology* 的汉译本。英文原著于1992年由德国的 Mouton De Gruyter 出版社出版。白先生是国际著名的汉语历史音韵学专家,他的这部书是实至名归的集大成之作,在国内外学界影响很大,汉语史研究者案头必备。现在汉译本已校好即将付梓,我交待一下翻译的情况和体例。

除我以外,复旦大学中文系研究生陈鹏和翁琳佳(同为第二译者,署名按姓氏音序排列)也参加了部分翻译和校对工作。两位同学是在2020年加入的,都非常喜欢音韵学。翁琳佳续译了第三章约三分之二内容,独立翻译了本书篇幅很长的第十章。陈鹏续译了第九章后一半,独立翻译了附录A和索引。全书译文与原文核校工作,我也交由陈鹏完成。此外的翻译由龚群虎完成,之前大部分是录音译就的。在此衷心感谢不愿具名的好友转写录音,并提供全书例表和编号例字构拟形式的打字稿,这为全书的翻译工作提供了极大的便利。

体例方面,有几点提请汉译本读者注意一下。一是为研究方便,全书例字均采用繁体字;二是国外人名、语言名等专有名词,有定译且在学界广为人知的才用中文名,如 Bernhard Karlgren 译为"高本汉",其余径用英文名,以避免音译造成误解;三是《诗经》篇目翻译时也依原著用高本汉的编号,具体请查附录B。

本书译就,算是完成了我的一个夙愿。早在2001年,我还在新加坡国立大学文学院做博士后研究工作的时候,国内的一场激烈的辩论引起大家思考当代汉语音韵学的研究方向和研究方法。我那之前念博士学位的几年间,深受导师潘悟云先生和方言课老师郑张尚芳先生的影响,对汉语音韵学,进而对汉语跟其他东亚语言的关系产生了浓厚的兴趣。也就是在那个时候,对白一平教授的大作和法国东亚语言研究中心(CRLAO)高级研究员沙加尔(Laurent Sagart)先生的 *The Roots of Old Chinese*(《上古汉语词根》)有一定了解。

新加坡国立大学的"博士后研究员"每周仅要求为学校工作两个小时或开一门课,其余时间自己研究,我于是萌生了把这两部重要的音韵学著作翻译成汉语的想法。我给白先生写了一封电子邮件询问此事,没及时收到回复,于是就直接打电话过去了。白先生简要介绍了其著作出版情况,告诉我版权并不属于他个人,出版社说了算,但他也可以协助向出版社询问。后因出版社久无回音,这桩译事计划也就搁置下了。其后我联系了沙加尔先生,他的著作版权联系顺利,协议很快达成,我就先翻译了他的大作,取名《上古汉语词根》,2004 年底由上海教育出版社出版。之后白先生大作的汉译本又成我心头事。好在后来上海教育出版社终有版权联系结果,我回头又着手翻译这部大作。当时已在复旦任教,一边调查描写扎巴语,一边筹备调查中国手语,心有旁骛,无法投入,加之白先生著作部头大,让人望而生畏,无法一气呵成了。

本书英文版定价极高,有一次开会茶歇时间,跟一位国外来的研究生聊起这本书,他立刻抱怨说"太贵了,500 美元,我们学生怎么买得起!"。2005 年白先生来电邮请我参加在上海举办的上古音研究大会,我们初次见面。2006 年 5 月,游汝杰教授请白先生来复旦中文系集中讲了一个月汉语上古音的课,此间白先生送了我一本签名原著,笑着说人多了他也送不起。

2007 年,我赴美国韦恩州立大学做客座教授一年。其间白先生请我到他任职的密歇根大学做了个讲座,那年他还开车带着我去芝加哥大学参加了一次学术会议。我临回国之前,他又携全家陪我一起去参观了底特律艺术学院。记得有一回,他邀请我去底特律的一家音乐厅,看到他穿着燕尾服上场在合唱团里高歌,我才得知白先生除了汉语音韵、方言和数学特长之外,对音乐竟然还有这么深的爱好。

2014 年,白先生跟沙加尔先生多年深入合作的汉语上古音新构拟体系成书出版(*Old Chinese: A New Reconstruction*, by William H. Baxter and Laurent Sagart, New York:Oxford University Press, 2014)。我本担心还没译毕的这本书没面世即被新书替换,翻看新书后放下了心,新构

拟主要讨论声母构拟,并不是用来替换这本的,觉得白先生原来这部著作还是得尽快译出。美国手语研究专家 Susan Fischer 教授从我这里认识了白先生,2016 年,她第一时间告诉我白先生和沙加尔先生的那本新构拟荣获美国布龙菲尔德图书奖,让我写信祝贺。

  前些日子我跟白先生信中说,大作汉译本再不出版的话,上古汉语恐怕要变成原始汉语了。翻译过程中,我们同白一平先生保持着联系,他了解翻译过程和进度,看过部分译稿,并为此汉译本撰写了序言,特此谨表谢意。同时感谢上海教育出版社编辑,他们为此书的出版付出了辛勤的劳动。"译事三难",此汉译本唯求信达,错误在所难免。敬请读者方家不吝指教。

复旦大学中文系 龚群虎
2020 年 12 月 20 日
记于复旦大学光华楼西主楼 1216 室

图书在版编目（CIP）数据

汉语上古音手册 /（美）白一平著；龚群虎等译. —上海：
上海教育出版社，2020.12（2021.9重印）
ISBN 978-7-5720-0332-5

Ⅰ. ①汉… Ⅱ. ①白… ②龚… Ⅲ. ①汉语-上古音-手册
Ⅳ. ①H111-62

中国版本图书馆CIP数据核字(2020)第223642号

Baxter, William H.: A Handbook of Old Chinese Phonology © Walter de Gruyter GmbH Berlin
Boston. All rights reserved.
This work may not be translated or copied in whole or part without the written permission of the
publisher (Walter de Gruyter GmbH, Genthiner Straße 13,10785 Berlin, Germany).

简体中文版由上海教育出版社取得授权独家出版。
上海市版权局著作权合同登记号 图字09-2021-0138号

责任编辑　周典富　王　鹂　毛　浩
封面设计　郭伟星　周　吉

国际汉藏语研究译丛
汉语上古音手册
[美] 白一平　著
龚群虎　陈　鹏　翁琳佳　译

出版发行　上海教育出版社有限公司
官　　网　www.seph.com.cn
地　　址　上海市永福路123号
邮　　编　200031
印　　刷　上海展强印刷有限公司
开　　本　640×965　1/16　印张63.5　插页5
字　　数　943千字
版　　次　2020年12月第1版
印　　次　2021年9月第2次印刷
书　　号　ISBN 978-7-5720-0332-5/H·0012
定　　价　298.00元

如发现质量问题，读者可向本社调换　　电话：021-64377165